三门县地名志

SANMEN XIAN DIMING ZHI

三门县地名委员会　编

方志出版社
Publishing House of Local Records

三门县行政中心大楼

海游街道老城区

海游街道大湖塘新区

滨海新城

亭旁镇区

沿海工业城

健跳港

三门县站

海游街道湫水大道

珠岙镇余庆街

亭旁红色广场

三门中学校园

浙能集团台州第二发电厂

三门核电站

吴岙街

潘家小镇

清定上师舍利塔

黄泥洞村

吴岙文昌阁

娄坑俞氏家庙

广润寺千佛楼

东屏村亚魁第

亭旁起义纪念馆

多宝讲寺

三门农博园

花桥

木杓沙滩

牛头门

穿岩

仙岩洞八仙浮雕

石笋山仙岩洞

野人洞

隐龙山

蛇蟠石宕

三门县国土大楼

三门县总商会大厦

三门县电力大厦

三门县人民医院

三门县公安大楼

保罗大酒店

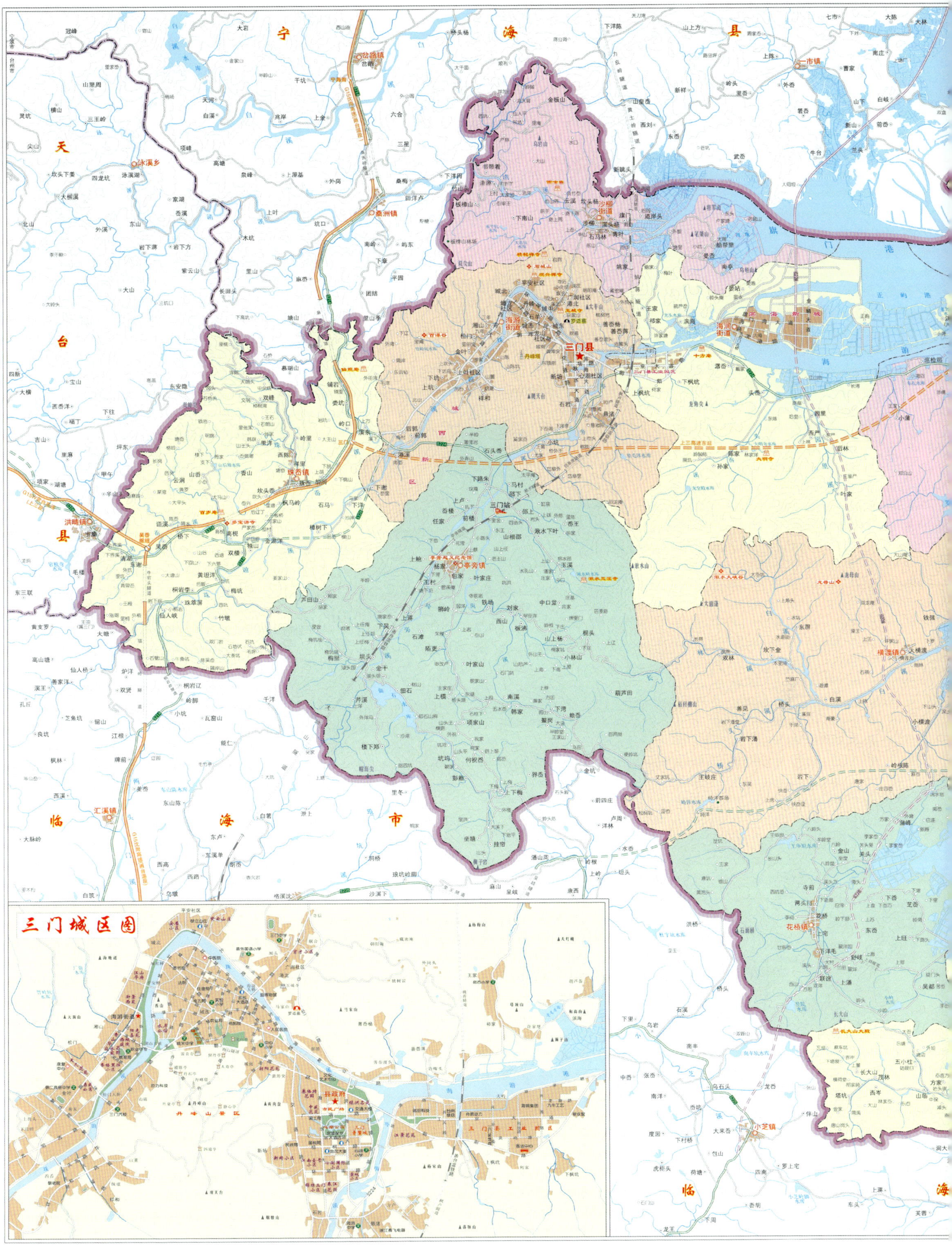

三门城区图
宁
海
县
天
台
县
临
海
市
三门县
海游街道
沙柳街道
海润街道
珠岙镇
亭旁镇
横渡镇
花桥镇
浦坝港镇
健跳镇
小芝镇
汇溪镇
洪畴镇
泳溪乡
岔路镇
桑洲镇
一市镇
三门站
县政府
市民广场
丹岭山景区
三门县工业园区
海游街道

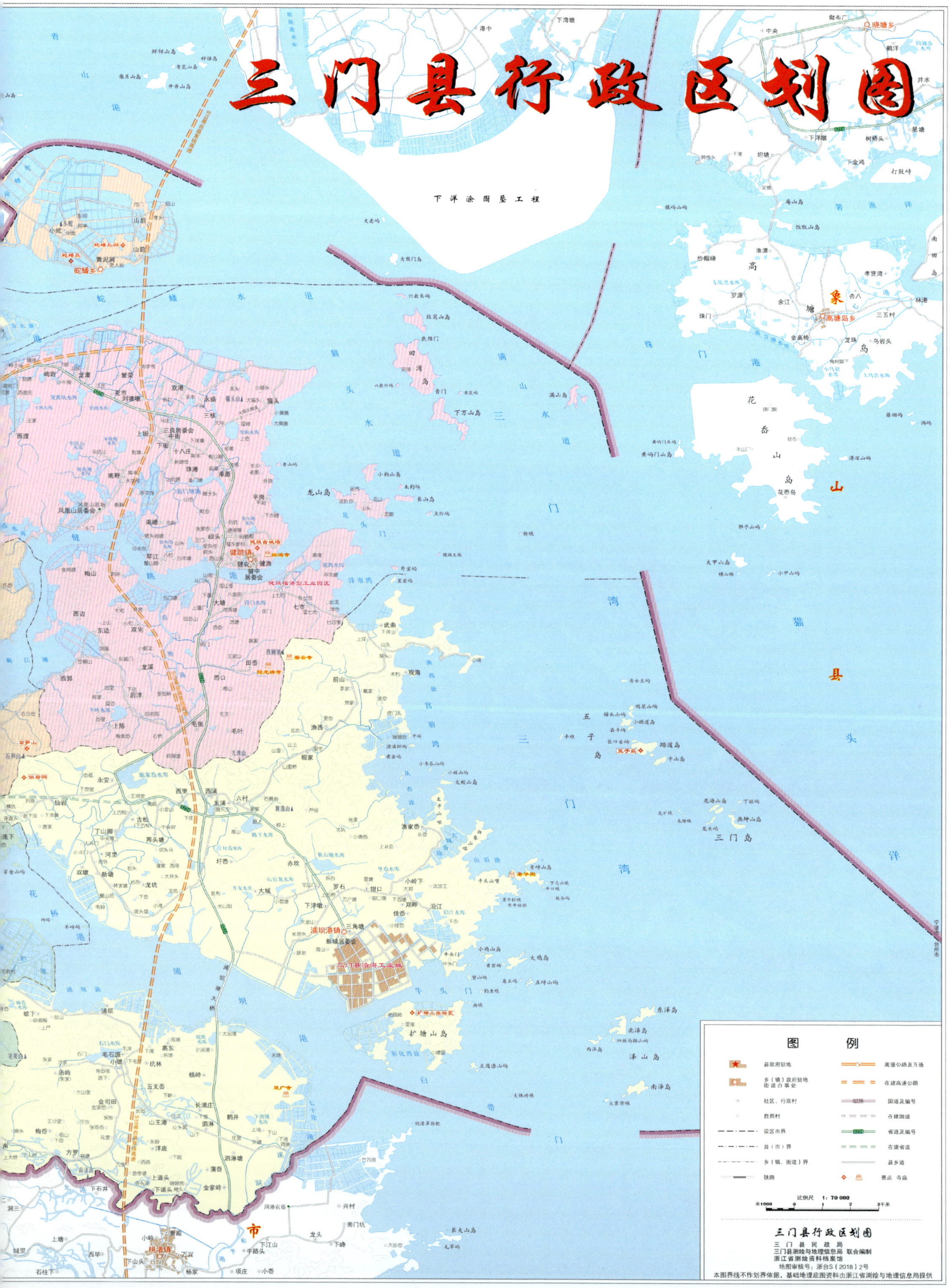
三门县行政区划图
下洋涂围垦工程
蛇蟠水道
猫头水道
满山水道
三门湾
猫头洋
高塘岛
花岙山岛
扩塘山岛
三门岛
五子岛
田湾岛
龙山岛
象山县
蛇蟠乡
海游街道
健跳镇
浦坝港镇
晓塘乡
高塘岛乡
桃渚镇
图例
县政府驻地
乡（镇）政府驻地 街道办事处
社区、行政村
自然村
设区市界
县（市）界
乡（镇、街道）界
铁路
高速公路及互通
在建高速公路
国道及编号
在建国道
省道及编号
在建省道
县乡道
景点 寺庙
比例尺 1：70 000
米1000 0 1 2 3千米
三门县行政区划图
三门县民政局
三门县测绘与地理信息局 联合编制
浙江省测绘资料档案馆
地图审核号：浙台S（2018）2号
本图界线不作划界依据，基础地理底图资料由浙江省测绘与地理信息局提供

《三门县地名志》编纂委员会

主　任：缪世钿

委　员：叶未国　李　峰　林咸国　董雪珍　韩　雄

《三门县地名志》编辑部

主　任：李　峰

委　员：叶以孟　陈建华

主　编：陈建华

编　辑：陈　玥　李　靖

序

寒暑三度，日夜逾千，《三门县地名志》经全体编撰人员的共同努力，数易其稿，终于付梓成书。该志是继1986年7月出版的《三门县地名志》之后又一部地名专志，是三门县地名工作极具深远意义的一项文化工程。

地名是人们赋予某一特定空间位置上的地理实体的专有名称，具有鲜明的社会性、时代性、民族性、地域性和代表性。地名是各类地理实体的名称，从地名蕴含的由来、演变等信息中，可以窥见三门几千年历史、地理、社会发展的轨迹，是三门历史的活化石。深入了解三门县地名变化规律，对加强爱国主义教育、乡土文化教育，推动两个文明建设，都具有重要作用。

地名是一个地方乡情乡愁的物质承载。习近平总书记强调，要“注重文明传承、文化延续，让城市留下记忆，让人们记住乡愁”，而三门人的乡愁，同样融化在一个个地名中。人依地栖，地以人传。地名不仅是一个名称所代表的空间范围和时间范围，还承载着人们的“乡愁”和对优秀传统的寻根感怀。一方水土一方人，世世代代的三门人就在这片热土上繁衍生息、薪火相传。这些口口相传的地名，牵动着万千游子的思乡愁肠，指引着我们回家的方向。

地名是社会交往的媒介工具。任何单位和个人都要使用地名，才能正常便捷地工作、生活和学习。随着我国现代化建设的高速发展，地名信息的需求量越来越大，快速获得和传递地名信息的要求越来越高，标准化、规范化的地名越来越重要，所以编纂地名志既有历史意义，又有现实的政治、经济意义。《三门县地名志》的出版将帮助人们了解我县的地理、历史沿革兴替，了解我县社会主义建设的伟大成就，是进行爱国主义、社会主义教育具体、生动的乡土教材，将对我县今后的城市规划、政区设置、户口整理以及经济、文教、科研、交通、旅游等各方面事业的发展起到重要作用。

地名是城市外化形象的标识。我们对接融入宁波都市圈、海洋港口一体化建设，吹响“勇立潮头、裂变发展，开创海洋经济新时代”冲锋号，收拢五指加快城市东进，北上接轨勇当“桥头堡”，以“海开三门、湾纳百川”的气度推动城镇裂变发展，努力建设科技型、生态型、湾区型长三角卫星城市。这不仅需要建设通畅的交通网络、繁荣的工商业区、宽敞的住宅小区、方便的生活设施、优美的生态环境，同时也要命名一大批与之相称、含义健康、品位高雅、使用方便的地名。本着突出三门地域特色、注重历史文化内涵、充分尊重民意和好找易记的原则，近年来，三门县民政局十分重视地名信息化建设和服务，创新地名文化宣传模式，三次公布地名文化遗产保护名录，建成了红色地名馆，真正使地名文化建设接地气、聚人气、见实效。

铭史励志传薪火，继往开来谱新篇。三门古韵悠然，生机勃勃，大气浩然。如今，三门大发展蓝图业已绘就，大建设序幕已开启。在大开发中，我们要珍惜已有宝贵资源，像保护有形文物一样保护地名这种非物质文化遗产，不至于让一些富有继承价值的地名因无实体可载而消亡、湮灭。《三门县地名志》记录地名历史，传扬地名文化，它的出版发行，对于我们弘扬地名文化和时代精神，增强民族认同，凝聚地方力量，在“打造宜居宜业宜游的现代化滨海城市”的奋斗目标进程中，必将发挥独特作用。

三门县民政局局长 缪世翔

凡　例

一、本书以马克思列宁主义、毛泽东思想、邓小平理论、“三个代表”重要思想、科学发展观、习近平新时代中国特色社会主义思想为指导，坚持辩证唯物主义和历史唯物主义的立场、观点和方法，客观、翔实地收录三门县境内政区地名及自然地理实体地名等。顺序按同类集中编排，采用条目释文式编纂，每条地名标注汉语拼音，根据内容所需，适当插入图表。

二、三门县行政区划历来变化较大，书中所记均系现行政辖区范围，凡涉及明清前的版图，均加注说明。

三、历史断代上限时间不定，下限原则上截至2016年年底。所涉及统计数字，截至2016年12月31日，人口以户籍统计为准。

四、1949年以前均沿用中国历史纪年（括注公元），1949年10月1日后采用公元纪年。本志所称“解放前”“解放后”，以1949年2月17日为界；“新中国成立前”“新中国成立后”，以1949年10月1日为界。

五、本书计量单位、标点符号、历史纪年、数字用法等，均按国家现行规定表述。因历史原因，面积单位中亩、公顷、平方米等并用。

六、所撰内容大多参考志书文献与调查采访记录。尽可能标注地理方位、行政归属及地名的由来、含义、演变等信息。

七、摘录古籍的地名，以原记载的名称为准。收录的文献中个别字，由于年代久远，虫蛀鼠咬，不能识别，则以“□”代替。

八、历史地名，反映过去曾经使用过，目前已不再使用的地名。历史地名众多，收录的只是其中一部分。为查阅方便，此类地名单独设编。

九、本书资料在地名普查的基础上，取自各级馆藏档案、县志、宗谱，以及调查采访的资料，一般不注明出处。

十、2018年8月三门县开展行政村规模调整工作，形成新村136个，全县调整后总村数为275个，作为附录附后。

十一、为方便查阅，书后列“地名条目索引”，索引部分分编以条目首字（首字同按第二字，类推）的汉语拼音字母音序排列。

目　录

第一编

县情综述

第一章 概况

三门县位于中国黄金海岸线中段三门湾畔，地处杭州湾产业带和温台沿海产业带的重要节点，属浙东沿海丘陵平原交界地带。北接宁波，南连温州，为上海经济区南翼。县境东西长约72.5公里（径距，下同），南北宽约39.5公里，总面积1510平方公里。其中大陆部分东西长约50公里，南北宽约38公里，面积1072平方公里；海域面积438平方公里，海岸线长378.9公里，其中大陆岸线243公里，海岛岸线135.9公里；岛屿礁石166个，其中面积500平方米以上的岛屿139个，岛礁总面积27.23平方公里。辖海游、海润、沙柳3个街道，珠岙、亭旁、健跳、横渡、花桥、浦坝港6个镇，蛇蟠1个乡。总人口44.36万人。县政府驻海游街道广场路18号。

三门，“水有渔盐之利，陆有林矿之饶”。物产丰富，素称“一年之耕，三年之食，山多林木，海富鱼盐”，有“金银滩”之美誉，具有丰富的资源优势。全县浅海面积59万亩，滩涂面积21万亩，海水中微生物富集度居全国海域前列，适宜发展海水养殖。全县共有水产养殖面积23.9万亩，是浙江省海水养殖第一大县。其中青蟹养殖面积8.6万亩，产量近万吨，约占全省的1/3和全国的1/9。三门青蟹、缢蛏、望潮、跳跳鱼等获国家地理标志商标，三门县被命名为中国青蟹之乡、浙江对虾之乡、牡蛎之乡、缢蛏之乡。沿海平畴沃野盛产粮食、瓜果，农水产品蜚声中外，农业资源开发前景广阔。蛇蟠省级现代农业（渔业）综合区、六敖北塘农业园区建成，“滨海绿谷”形象已初步显现。三门县是全国平原绿化先进县和柑橘出口基地县、国家级生态县、省级森林城市、省级示范文明县城。

境内有旗门港、海游港、健跳港、浦坝港、洞港5条港湾，猫头山、扩塘山、洋市涂、牛山涂和黄门峡是得天独厚的核电、火电、潮汐电的厂址，新能源、造船、汽车等临港产业迅速发展。尤其是电力资源开发潜力巨大，县内可建大型核电厂两座，大型火电厂两座，大中型潮汐能电厂和抽水蓄能电站多座，终期装机容量2000余万千瓦，是华东地区理想的能源基地。采用全球最先进技术AP1000的三门核电1号机组进入运行试验，火电项目正式投运，中广核龙母山风电、渔光互补光伏发电等项目启动。工业经济发展迅速，已经形成机械电器、橡塑皮革、医药化工、工艺制品、纺织制衣、食品酿造六大支柱行业综合发展的工业体系。三角带年产量约占全国总产量的1/3，输送带及各类传动带年产量约占全国1/5，是浙江省胶带产业示范基地和全省唯一的胶带出口基地、中国胶带工业城所在地。对外贸易有了长足的发展，一批具有较高科技含量的产品跻身国内外市场。创新转型的步伐加快，三门湾开发上升为省级战略，33家企业在国内外上市（挂牌），拥有省级以上著名（驰名）商标32件，名牌20个，其中中国驰名商标行政认定3件，连续三年入围中国电商百强县。2016年全县实现生产总值186.02亿元，财政总收入24.77亿元，其中地方财政收入15.58亿元，城镇居民人均可支配收入3.8万元，农村居民人均可支配收入2.04万元。

三门县区位优越，交通便捷，通信先进，道路四通八达。宁波机场、台州路桥机场距县城均在100公里之内。G15沈海高速公路、常台高速公路穿境而过，S224省道、S326省道、S214省道交会境内，甬台温铁路及建设中的浙江沿海高速公路等交通大动脉贯境而过。沿海公路、石亭公路、蛇蟠环岛公路等县乡道相继完工，全县范围内形成一小时交通圈。健跳港为天然深水良港，是台州市水运中心、省定台轮停泊点，货轮可通沿海港口及周边各国。

三门，历史悠久，人杰地灵，山海形胜，风光旖旎，人文景观与自然景观争相媲美。人类在此繁衍生息的历史可追溯到新石器时代。据记载，六敖尖坑山、亭旁包家上坟墩和山根部等地都发现了新石器遗址，出土了石刀、石斧、石镞、石锛等文物。三门历史上人才辈出，北宋水利学家罗适，明初以布衣入明史的叶兑，晚清翰林章梫，现代作家林淡秋、教育家林迪生、外交家章文晋等。县内名胜古迹众多，被称为“千洞岛”的AAAA级景区蛇蟠岛，有文天祥驻足过的仙岩洞、戚继光浴血抗倭的健跳古城、始建于晋代的多宝讲寺、中国传统村落东屏村等。丰富的历史积淀和传承，赋予了三门独特的县情和文化特质，民风强悍，屡有义举。在革命斗争中，一批革命志士为人民的解放事业，抛头颅，洒热血，谱写了一曲曲不朽的壮歌。1928年5月亭旁起义打响了浙江省武装反抗国民党反动派的第一枪，成立亭旁区苏维埃政府革命委员会，为浙江省第一个苏维埃政权。1949年2月17日三门解放，是全省第一个解放的县。

第一节　位置区域

三门县位于浙江省东部沿海，台州市的东北部，平面图形状像“佛手”。东濒三门湾，与象山县南田列岛隔水相望，南毗临海市，西连天台县，北接宁海县。地理坐标北纬28°50′18″~29°11′48″，东经121°12′00″~121°56′36″。地势西北高，东南低，中、西部为低山丘陵地区，间有小块河谷平地，东部为滨海平原，河道纵横，土壤肥沃，最高点王戏梁海拔882.4米。

以三门县政府驻地为中心，东35.3公里至满山西北海域，即北纬29°06′12″、东经121°44′18″处，为三门、宁海、象山三县海域交界点，北距象山县政府驻地43公里。自此向南转东经五子岛、三门岛以东海域至北纬28°52′00″、东经121°56′36″处，为三门、象山、临海3个县（市）海域的分界点，距三门县政府驻地东南62.5公里。其以东一线为与象山县的分界线，北距象山县政府驻地68公里，西距临海市区81公里。自此向西经南泽岛、大铁砖岛以南海域至洞港水甩壶口即北纬28°51′12″、东经121°38′06″处，入临海市陆地，西距临海市区50.5公里。自此西经天德闸、山场溪、涧陡门闸、白岩山、滩头山384高地、鹅冠山399高地、十八朗271高地、小芝岭头，转西北经张山岭头、南丰岭、狮子头372高地、石面桶384高地、枫树岭、白岩山655.4高地、大岗头493.6高地，转南折西北经狮子岩610高地、龙洞岗609高地、稻蓬岩446高地、隔岸山头467高地、双峰尖445高地，至枫树岭头，即北纬29°01′36″、东经121°12′00″处，为三门、临海、天台三县（市）的分界点，距三门县政府驻地西南20公里。其以南一线为与临海市的分界线，西南距临海市区21.5公里，西北距天台县政府驻地21公里。自此向东北经分水岭头、双峰尖626高地，至天灯盏624高地之北0.6公里，即北纬29°07′00″、东经121°15′00″处，为三门、天台、宁海三县分界点，距三门县政府驻地西12公里。其以西一线为与天台县的分界线，西距天台县政府22公里，东北距宁海县政府驻地25.3公里。自此向东经麻岙岭头、里山岗头381高地、双尖山523.1高地，转北经老鹰山371.9高地，向东经金板山471高地以东0.5公里，转南折东至旗门塘坝，即北纬29°09′42″、东经121°26′00″处，北距宁海县政府驻地14公里。自此入旗门港、青山港，转东南至满山西北海域三门、宁海、象山三县的分界点，其以北一线为与宁海县的分界线，西北距宁海县政府驻地36.5公里。

南至台州市人民政府驻地椒江区51公里。西北至浙江省省会杭州市172.5公里。

第二节　自然环境

一、地　质

三门县属浙东丘陵区，天台山余脉分支遍布全境。中西部以丘陵山地为主，间有小块河谷平地。湫水山脉在中部蟠结耸峙，缓延至沿海一带扩展为平原，自北而南，分布有六敖、沿赤、泗淋3个小平原。

海岸线曲折，岛屿众多，港湾深嵌内陆。

按地貌类型、地域分布、经济状况等，全县大体分为四个区域。西部、中部低山区：海拔在500~1000米之间，由凝灰岩类酸性火山岩组成，坡度相对较大，既是水土流失区，又是水源涵养的重要区域；东部丘陵区：海拔在10~500米之间，地势低平，灌溉便利，宜于农耕；滨海平原区：一般海拔在10米以下，地势平坦，土层深厚，土壤肥沃，沟渠纵横，最宜农耕；沿海岛礁区：风力强劲，潮差较大，是发展风力发电和潮汐发电的理想基地。

三门县属天台山脉余脉延伸，地质构造背景是环太平洋火山岩带西翼的浙、闽、粤沿海“华力西褶皱带”，构造线方向大致呈北东—东西方向，境内广泛分布着侏罗纪与白垩纪的陆相中酸性火山岩系夹河湖相沉积岩系。在燕山运动晚期，曾有强烈的断裂活动和大量的火山喷发，并伴有花岗岩浆侵入。本县处于三海（镇海、宁海、临海）断裂带的中间，地层被深厚的火山岩系所覆盖，地壳处于相对宁静阶段。据历史记载，三门县受地震影响曾出现震感7次，其中最近一次发生在1984年5月21日23时39分，烈度为4度。

二、地　貌

三门县的地貌主要由低山、丘陵、平原构成，并有滩涂和海岛。地势西北高、东南低，由西北向东南倾斜。天台山脉自西南伸入，多呈西南、东北走向，山间形成河谷平原。湫水山在中部蟠结耸峙，形成低山丘陵地貌，残丘没入东海。海岸曲折，岛屿众多，海域广阔，港湾深嵌内陆，有群岛3处，群礁1处，岛屿礁石166个，岛礁面积27.23平方公里。

“七山一水二分田”是三门县地貌的基本特征。全县山地以斜坡、陡坡面积为主，中西部以丘陵山地为主，湫水山脉缓延至沿海一带，扩展为平原，是三门县粮食及柑橘等主要经济作物区和水产养殖区。

山脉起于天台山脉中支之苍山山脉，向东逶迤，入县境天灯盏。自北而南分6支，海拔多在1000米以下。

极北支：乌岩山脉。在沙柳街道，以中心主峰乌岩山（最高山峰海拔508米，黄海高程，下同）得名。自宁海县的王爱山、桑洲岭头、前山头岗、犁头山一线，蜿蜒延伸至西坑村老鹰岩，入县境，向东北，经白岩岭、洋架山至凤凰山，再分东支和南支。东支止于沙柳岭、殿后山。南支经金板山，至本山脉主峰乌岩山（俗名大雷山），再分西支与南支。西支终于书带看山。南支终于清溪北岸大家园、后山周、淡竹岙一线。

北支：双尖山脉。自天台山的宝华山、望海尖，入县境珠岙镇的天灯盏（海拔624米）。双尖山脉绵延珠岙、海游、沙柳、健跳等四个乡镇街道，是珠游溪和清溪的分水岭。

中北支：大龙山脉。自三门、临海、天台三县（市）交界点的枫树岭（位于珠岙镇下界溪村王田自然村之西）入县境。以该山脉经大龙岭（海拔563米）得名。自枫树岭向东伸展，经猫狸岭与临海市交界的双峰尖、桐岩岭和隔岸山头，到双门岩，再经大麦坑山，入亭旁镇的九岩山。

中支：湫水山脉。横亘于县境中部，是中支群山的主体。岗峦交错，沟壑纵横，蟠结耸峙，路深林密。平均海拔400米，主峰王戏梁（海拔882.4米）是本县的最高峰，可观日出奇景。

中南支：石笋山脉。以主山石笋山得名。白岩山（海拔655.4米）为该山脉最高峰，余均在500米以下。但入海延伸而隆起为岛屿的，则该山脉为最多。石笋山脉自临海市与本县花桥镇交界的白岩山起，向东延伸，经花桥镇的帽尖山、西坑岙山，到八岭头。

南支：长大山脉。自临海市的双峰山向东南，至与本县花桥镇交界的南丰岭入境。从南丰岭向东，经花桥龙头山，到本山脉主峰长大山（海拔469米）、上潘岭。

三、河流水系

三门县属浙东丘陵区，地势自西向东倾斜。境内山丘溪流密布，平原河网纵横交错，沿海港湾众多。

县境河流短小，集水面积不大，水位季节变化明显，易涨易落，下游易受潮汐影响。全县主要海港5条，山区河道924条，河网河道681条。河道总长1737公里，密度1.6公里每平方公里。其中海游港、健跳港和洞港3条为市级河道，总长51公里；珠游溪、亭旁溪、清溪、旗门港、白溪、花桥溪、浦坝港、头岙溪、园里溪和山场溪10条为县级河道，长141公里；县级以下河道1597条，总长1545公里。主要河流有8条，为清溪、珠游溪、亭旁溪、头岙溪、园里溪、白溪、花桥溪、山场溪，分别注入旗门港、海游港、健跳港、浦坝港、洞港，故有“五港八溪”之称(1992年版《三门县志》把头岙溪和园里溪并为一溪，称之“七溪”)，总长110.9公里，其中县境内97.5公里，流域面积562.58平方公里，多年平均径流量9.085亿立方米。

四、土　壤

三门县土壤类型复杂，土种繁多，初步查明，可分为5个大类，12个亚类，35个土属，100个土种。

山地大部分是火山岩类风化的残积物，近山地区多是山上冲刷下来的坡积物或洪积物，河谷平原是河流冲积物，沿海平原是近代浅海沉积物。这些不同的成土母质，在不同的生物、气候、地形、成土年龄的影响下，形成不同的土壤。根据三门县的自然条件和农业生产特点，全县可分为山地丘陵区、河谷地区、滨海平原区3个区域。

山地丘陵区土壤　黄壤类主要分布在600米以上的山地，其土体中氧化铁的水化度高，土体呈黄色或棕黄色，表土中有机质积累量大，腐殖质层厚度大，有机质含量高。黄壤在三门县分布面积较少，仅在湫水山、龙母山、稻蓬山、双尖山等几座山头上，分布着山地黄泥土土属。

红壤分布在600米以下的低山丘陵，其中红壤亚类分布面积不大，代表性土种有红泥土、红黏土、红泥砂土等。三门县最主要的地带性土壤是黄红壤亚类，是红壤向黄壤的过渡类型，与红壤亚类呈交错分布。因生物条件、气候条件和岩石性质的限制，红壤化作用较弱，土体呈黄红或黄棕红，黏粒含量低于红壤亚类，砾质性也较明显，土体紧实，土壤呈酸性反应，主要土属有黄泥土土属、粉红泥土土属等，少量是红砂土土属。

低山陡坡上石砂土分布面积较大，特别是健跳港以南山地上，因岩性疏松，土壤结持性差。植被稀疏，易被冲刷、侵蚀，成为石砂土，有的成为岩秃。石砂土呈酸性，全土层仅10余厘米，一般不足30厘米，土体石质性强。

红壤性水稻土是在低山丘陵红壤上种植水稻而形成。母质为红壤，多为梯田，土壤肥力不等，缺磷较为突出，代表性土种有红泥田、红泥砂田、黄泥田、砂性黄泥田、黄泥砂田等。

河谷地区土壤　是指分布在河流的河漫滩土壤，地势低平，两侧常受山所限，主要分布在清溪、珠游溪、亭旁溪、白溪、花桥溪、山场溪等河流两岸，溪水均顺河道下游方向排泄，一般可进行自流灌溉，排灌均较为方便。土壤母质为洪积物和冲积物，质地比较疏松，养分缺乏。

三门县河流源短流急，比降大，冲积物泥砂混杂，多为泥砂田，唯有海游一带比较宽阔，土壤质地比较均匀，且有较明显的层次性，分布有培泥砂田。

山口多为洪积堆，洪积扇不发育。在洪积扇上以及河谷盆地缓坡阶地上，常有古红土分布，形成两元结构土壤。土体上层为谷口泥或泥砂覆盖，下层为第四纪红土，如亭旁、浦坝港等地区即是。

河谷地区土壤一般呈微酸性或接近中性。土壤形成的历史长短不一，有的是呈形成的河谷阶地，有的是新冲积起来的新河漫滩地，绝大部分适宜种植水稻，发育成水稻土，少数为旱地，分布规律明显。由于地形部位、土壤的水热条件、土壤质地、成土年龄以及农业利用历史长短不同，因而可概分为洪积泥砂田、老黄筋泥田、泥砂田、培泥砂田。其中泥砂田分布面积最广，发育年代较久，土壤水热条件较好，其剖面有明显的发育，大部分是水稻、春花（绿肥）三熟田，是河谷地区的基本农田。

滨海平原区土壤　三门县海涂属港湾海涂，土粒匀细，土层深厚，质地黏重，健跳港和浦坝港的出口处则含少量砂粒，质地较轻。主要分布在旗门港、海游港、健跳港、浦坝港、洞港两岸和沿海地区以及各岛屿的海边地带，成为三门县粮食、油料、经济作物以及果园、养殖基地。其成土母质为浅海沉积物，按成土过程的不同，可分为盐土类、潮土类和水稻土类三个土类。

盐土类，包括滨海盐土和潮土化盐土两个亚类。滨海盐土（海涂）三门县约有17.6万亩，其共同特点是剖面无分化，1米土体内含盐量在0.8%以上，全层呈强烈的石灰反应，作物不能生长。潮土化盐土，分布在滨海盐土内侧，是滨海盐土向钙质潮土过渡的土壤类型，处于脱盐脱钙过程中，含盐量大部分在0.1%~0.3%之间，属轻成粒土，一般耐盐作物均能种植，遇到严重干旱，仍受盐害。

潮土类，主要土种是淡涂泥。由轻咸黏土进一步脱盐发育而成，属钙质潮土亚类。含盐量已降到0.1%以下，土壤耕性、结构性变好。

水稻土类，绝大部分属淡涂团土属，分布在滨海平原内侧与河谷地区接壤处。母质为浅海沉积物，土体已脱盐淡化，有的已脱钙，质地多为轻黏至中黏。其土种划分主要根据剖面石灰反应的有无而分为脱钙淡涂田、淡涂田、钙质淡涂田等土种。出于种稻年代已久，剖面已经分化，土壤的熟化度也高，是本县主要粮食产区。

在谷口前的老海塘分布有黄斑田土属。母质为老海积物，上层常有洪冲积物覆盖，质地重壤至轻黏，由淡涂田发育而来，底土黄斑明显。

滨海平原土壤总的特点是母质层深厚，土质黏重，质地匀细，并含有丰富的石灰质，呈碱性至中性，靠近海塘的地方，由于受海水和地下水影响而出现返盐现象。又由于质地黏重，水稻生长表现为“小苗不发发大苗”。土壤保肥保水性能好，耕性差，所以有“晴天像把刀，下雨滥糟糟”“晴天红砖铺地，下雨猢狲做戏”等俗话来形容土壤的性质。

五、植　被

三门县地处亚热带季风气候区，气候温和湿润，植物生长茂盛，加速了生物小循环。原生植被属中亚热带常绿阔叶林，北部地带——浙闽山丘木荷、甜储植被区，天台山、括苍山、山地岛屿植被片。由于长期、频繁的人为活动，原生植被保留甚少。除耕作地带外，多为次生林和人工栽培的用材林、经济林和薪炭林。主要可分为8个型组。

针叶林型组　包括暖性、温性针叶林及针阔混交林3个植被型，以常绿暖性针叶林为主，植种以马尾松为主体，广布于各地山丘。黑松在三门县林场有成片生长，在沿海山丘有零星分布。其次为杉木和柏木，主要分布在湫水山和沙柳境内的板樟山一带。下层植被多乌饭、白栎、檵木、映山红等灌木及狼衣、茅草、蕨类等草本植物。针阔混交林，主要形式是马尾松—木荷林。

阔叶林型组　包括常绿阔叶林（甜储—木荷林）、常绿落叶阔叶林（苦槠—枫香林）。此外，尚有梓、榛、樟、青冈栎、泡桐、栗、榆等树种，生长范围以中部湫水山脉为主。据调查，湫水山有47科100种阔叶林木本植物生长，主要有木荷、栎、樟等乡土阔叶树种及银杏、刨花楠、浙江樟、三尖杉、山茶等。此外，岙口白岩山及长大山的吴都岭、倒尖峰、大泥湾亦有少量分布，总面积为5万亩。下层多檵木、映山红、山姜、茅草、狼衣、蕨类等植物。层外有常春藤、中华猕猴桃、紫藤等植物。

竹林型组　分温性、暖性2个植被型。包括毛竹和杂竹，面积1.96万亩，散布于各地。杂竹种类繁多，有青皮竹、金竹、四季竹、箭竹、凤尾竹、斑竹、山白竹、箸竹、乌竹、苦竹、方竹、佛竹、淡竹等。引种的有早竹、绿竹、刚竹、角竹等。

灌丛型组　有檵木、白栎、化香、映山红、乌饭、冬青、蜡瓣花、茅栗等多种植物。分布在部分荒山、疏林地带。

草丛型组　以白茅、金茅、芒等植物为主，间杂算盘子、菝葜、节节草、甘草等。分布在海拔800米以上的湫水山顶，覆盖度极高，也散见于部分荒山、疏林。

盐生型组　此类植物有盐蒿、盐节草、海莲子、田菁、苦橄榄、海碎、芦苇、大米草、狗尾草等。分布在滨海含盐碱成分较高的土壤中。

经济林型组 分落叶经济林（乌桕、桑、油桐）和常绿经济林（油茶、茶园），面积3.84万亩。油桐多植于桐岩岭，油茶分布于湫水山林场和亭旁山区，茶叶分布在亭旁、珠岙、健跳各镇。

果园型组 分常绿果树（柑橘、杨梅、枇杷）和落叶果树（柿、梨、李、桃、梅、杏）两个植被亚型，面积共8.06万亩，以柑橘为主，分布在浦坝港两岸及健跳滨海地区。枇杷、桃分布矮山、丘陵地带，杨梅分布在松门、石滩、小蒲、舒岐各村的低山。

第三节 自然资源

一、土地资源

三门县地形多种多样，主要有丘陵台地、河谷平原。土地开发利用历史悠久，利用类型有耕地、林地、居民点及工矿用地、交通用地、水域、未利用土地等七大类。

2016年年末，三门县辖区内土地利用总面积11.0576万公顷，其中农用地面积8.6892万公顷，占土地总面积的78.58%；未利用地面积1.3984万公顷，占土地总面积的12.65%；建设用地面积0.97万公顷，占土地总面积的8.77%。

三门县土地利用结构比例为耕地2.1018万公顷，占土地利用总面积19.01%；园地0.5299万公顷，占土地利用总面积4.79%；林地5.351万公顷，占土地利用总面积48.39%；居民点及工矿用地0.7932万公顷，占土地利用总面积7.17%；交通用地0.1819万公顷，占土地利用总面积1.65%；水域1.776万公顷，占土地利用总面积16.06%；其他土地0.3238万公顷，占土地利用总面积2.93%。划定基本农田1.8553万公顷，永久基本农田示范区0.618万公顷。

二、水资源

三门县多年平均地表水资源量为10.447亿立方米，人均地表水资源量为2610立方米，略高于全省人均水资源量水平。就三门县空间分布而言，东部水资源量较少，西部人均水资源量较为充沛。三门县多年平均水资源可利用量为2.5223亿立方米，现状供水以地表水源为主，占总供水量的84%左右，地下水源供水和其他水源供水所占比重较低，而在地表水源供水中，又以蓄水供水为主，供水手段比较单一。佃石水库工程于2006年12月24日开工，2010年5月拦河大坝、溢洪道、输水建筑物等主体工程建成，并通过蓄水安全鉴定、清库验收等，于2010年8月下闸蓄水。佃石水库年供水量2001万立方米，基本上解决了县城及亭旁沿线居民生活生产用水需求；白溪地下水库已建成供水，改善了沿海工业园区及周边乡镇用水需求。2016年，三门县总用水量为8849万立方米，其中生活用水1401万立方米，占16%；工业用水1076万立方米，占12%；农业用水6372万立方米，占72%。

三、森林资源

三门县境内多山，低山丘陵面积占陆地面积2/3以上，气候温和湿润，常年雨量充沛，适宜各类树木生长，素称“陆有林矿之饶”。

原生植被属中亚热带常绿阔叶林，由于人为活动频繁，原生植被保留极少，现以次生的常绿亚热带针叶林为主，其次是常绿阔叶林、常绿阔叶与常绿针叶混交林。亚热带常绿针叶林以马尾松林为主体，主要树种有马尾松、杉木、柏木。林中乔木层伴生树种有木荷、苦槠、枫香、甜槠，灌木层有乌饭、白栎、杉檵木、映山红，草本层以狼衣、茅草、蕨类为主。马尾松分布极广，全县各地随处可见，杉、柏等大都是人工种植。

亚热带常绿阔叶林树木种类繁多，初步鉴定有80科124种，其中珍稀树种有9科14种。常见的树种有青岗栎、石栎、木荷、甜槠、苦槠、樟树等，主要分布在湫水山及周围的横渡镇东屏、长林、南林、善见、王岐庄、岩下、桥头、铁强，海润街道孙家、岭脚陈、后林、叶家、林家洋，海游街道悬渚，亭旁镇邵家一带，另外还有人工林、柑橘、绿茶、油茶等。

落叶阔叶林主要树种有枫香、枫杨、锥栗、麻栎、白栎、楝树、檫树、泡桐、银杏、酸枣、香椿、臭椿、刺槐、白榆、悬铃木、水杉、金钱松、杨树、柳树等。针阔混交林以马尾松与木荷林为主体，夹杂毛竹林、青皮竹林，山地灌丛（草地），分布在湫水山山顶。

1989年，县政府提出了“五年消灭荒山，10年绿化三门”的目标。1994年，经省政府批准成为浙江省“灭荒合格县”，全县有林地面积由45.8万亩增加到89.8万亩。

2016年，三门县有林业用地面积96.32万亩，其中乔木林地面积7.6941万亩，疏林地面积0.0821万亩，灌木林地面积12.8949万亩，未成林地面积4.1683万亩，无林地面积2.6207万亩，宜林地面积1.0885万亩。全县经济林面积共12.07万亩，其中柑橘5.31万亩，茶叶面积1.68万亩，杨梅面积1.04万亩，板栗面积0.49万亩，枇杷面积0.5万亩，桃面积0.21万亩，油茶面积0.32万亩，柿子面积0.1万亩，梨面积0.38万亩，其他面积0.08万亩。竹林总面积1.96万亩，其中毛竹林面积1.91万亩，杂竹林面积0.05万亩。森林覆盖率达56.63%，绿化率58.75%。活立木总蓄积量180.1016万立方米，其中乔木蓄积174.004万立方米，四旁树蓄积5.6644万立方米，散生木蓄积3931立方米，疏林蓄积401立方米，毛竹549.11万株。

四、气候资源

分　区

三门县气候区属浙中浙南农业气候区之浙中浙南冬次冷夏秋湿润、半湿润副区；海游、沙柳街道等地则属浙北农业气候区之浙北冬次冷夏秋半湿润副区，根据实际情况，可划分为中、西部丘陵山地温凉湿润区和东部滨海平原温和次湿润区。

四　季

境内四季冬夏长，春秋短。

春季自3月下旬至6月上旬，持续78天，最长102天（1992年），最短49天（1996年）。北方冷空气与南方暖湿空气交绥频繁，温度波状上升，天气冷暖多变，晴阴不定。遇到强冷空气影响时，出现“倒春寒”的天气，据三门县气象站1968年建站以来气象数据显示，共有17个年份出现过，在1968—1996年期间，基本上为两年一遇，1997—2008年未出现“倒春寒”天气。季风向多偏东风，天气变化较剧烈，冰雹偶有发生。

夏季自6月中旬至9月下旬，持续105天，最长132天（2005年），最短72天（1982年）。历年入夏最早5月24日（1997年），最晚7月9日（1992年）。在太平洋副热带高压控制下，多偏南风。初夏时节，恰处“梅雨”时段，多阴雨连绵。境内一般自6月中旬初入梅，6月底出梅，但历年梅雨量及出入梅变化较大，梅雨期短的仅数天甚或“空梅”。进入盛夏，持续晴热，是一年中的相对干热期，此时受稳定的副热带高压控制，降水以局部雷阵雨为主。7月是一年中最热月，平均气温28.4℃，日极端最高气温≥35℃的日数平均为9.9天。8—9月，常受台风雨影响，为第二个多雨期。日照是全年最多的季节，占全年的31.5%。

秋季自9月下旬至11月下旬，持续65天，最长84天（1982年），最短44天（1992年和2009年）。10月开始，是夏季风向冬季风转换时期，冷暖空气相遇，气温缓慢波状下降，昼夜温差大，天气少雨稳定，故有秋高气爽之感。季平均气温17.3℃，极端最低-4.4℃（1976年11月24日），极端最高35.2℃（1999年10月2日）。平均季雨日21.6天，占年雨日12.7%，是全年最少季节；季平均雨量147毫米，占全年降水量的8.9%。季最大降水量304.4毫米（1974年），季最少降水量24.3毫米（1969年）。日照占全年的16.7%。

冬季自12月上旬至翌年3月中旬，持续118天。本县位于西伯利亚—蒙古高压东南部，盛行偏北风。太阳辐射量和日照时数减少，多晴朗寒冷天气，且多霜雪，严寒期较短。季平均气温7.7℃，极端最低-9.3℃（1977年1月31日），极端最高28.2℃（1968年12月2日）。全年日最低气温≤0.0℃，日数多年平均为23天。平均季雨日44.7天，占年雨日的27%；平均季雨量263.8毫米，占年降水量的15%，季最大降水量410.1毫米（1972年），季最少降水量171.7毫米（1979年），降水量为全年第二个少雨季节，且相对变率较大。日照占全年的24.2%。

气象要素

温　度

平均气温　气温的月变化，呈单峰型。2—7月逐月升高，8月至翌年1月逐月降低。多年平均气温为17.1℃。1月最冷，月平均气温为5.7℃，极端最低气温为-9.3℃（1977年1月31日）。7月最热，月平均气温28.4℃，极端最高气温为42℃（2013年8月8日）。年较差为22.7℃。

极端气温　1977年1月31日测得极端最低气温零下9.3℃，为历年低温纪录之最。日最低气温出现0℃以下的天数，年均有25.5天，而最多年份达42天（1976年和1980年），最少年仅10天（1998年）。最低气温低于零下5℃的天数，年均1.6天，最多年可达8天（1980年）。2013年8月8日，测得极端最高气温42℃，为历年高温纪录之最。日最高气温35℃以上称高温天气，境内年均高温日数15.8天。2007年出现高温异常变化，该年7月高温日数达26天，历年高温日数最多的年份为2003年和2013年，达43天。

界限温度　日平均气温稳定≥0℃，积温6221.3℃，气温≥5℃，积温5911.8℃，气温≥10℃，积温5354.84℃，气温≥15℃，积温4684℃。其中，界限温度稳定通过10℃表征喜温植物生长期，平均初日3月24日，最早2月21日（2002年），最迟4月17日（2010年）；平均终日11月26日，最早11月7日（1981年），最晚12月10日（2000年）；常年平均持续期246天，最长277天（2002年），最短223天（1976年）。

地温　多年平均地面温度19.5℃，地面平均最高温度31℃，极端最高地温为71.7℃（2013年8月8日）；地面平均最低温度为12℃，极端最低地温为-12.5℃（1977年1月31日）。

离地面5厘米深处多年平均温度为18.9℃，离地面10厘米、15厘米深处多年平均温度为18.7℃，离地面20厘米深处年平均温度为18.5℃。一般表现为越深层年变化越小。

降　水

多年平均降水量为1696.3毫米，最多的1990年为2465.3毫米，最少的2003年为1055.8毫米，年际差1409.5毫米，一日最大降水量为352.5毫米（1977年9月22日）。历年降水最多月份为1990年9月，达732.8毫米；1973年12月和1979年10月全月无降水。全年降水变化有两个相对的多雨季和两个相对的少雨季，呈双峰型分布。3—6月是第一个雨季，其中3—4月为春雨，多年平均雨量在241.7毫米，占年降水量的14%，雨日在33天左右，此时正值春播育秧和大小麦抽穗扬灌浆期，易造成烂秧和赤霉病发生；5—6月是梅雨期，多年平均降水量在394.3毫米，占年降水量的23%，雨日35天左右。7月是第一个相对少雨期，本县处于太平洋副热带高压脊控制下，晴热少雨，蒸发量大。7月平均降水量为195.5毫米，占年降水量的11.5%，雨日在15天左右。8—9月受台风暴雨影响，是为第二个雨季，但变化较大，多的年份达1100多毫米，少的年份仅300毫米左右；多年平均降水在516毫米左右，占年降水量的30%，雨日在32天左右。10月至次年2月是为第二个相对少雨期，降水量一般在350毫米左右，占全年降水量的20.5%，雨日在52天左右。历年最长连续降水日数26日（1989年8月30日至9月15日），最长连续无降水日数42天（1988年11月18日至12月29日）。

日　照

全县多年平均日照为1693小时，最多年为2200.3小时（1971年），最少年为1353.7小时（2000年）。一年中以7月最多，平均217.6小时，占全年日照时数的12.9%；2月最少，平均96.3小时，仅占全年日照时数的5.7%。最多月与最少月可相差1倍多，特别是日照之间变化较大，年与年之差达846.6小时，接近于多年平均日照的1/2。

山区由于高山阻挡，云雾多，故日照时数一般比平原地区少。年际和月变化与日照的变化基本一致，而6月占全年日照时数的百分率最少。

湿　度

本县位于沿海，空气中所含水汽较多，相对湿度较大。在地区分布上，东部沿海地区高于中、西部丘陵山区。根据干湿指数≥2.0为干燥，2.0~1.5为半干燥，1.5~1.0为半湿润，1.0~0.5为湿润，0.5为潮湿之等级标准规定，全年干湿指数0.71，属湿润区。

从季节上看，干湿状况与年降水量及季节分配基本一致。春夏季节干湿指数明显小于秋冬季节。

风

风向　属季风性气候，风向随季节转换。夏季受副热带高压影响，多偏南风，冬天多偏北风。境内全年主导风向东北偏北风，所占频率11%。

风速　年平均风速1.6米/秒，年际变化在0.7~2.2米/秒之间。根据观测结果，平原地区的风速从早晨7时左右开始逐渐增强，午后1—2时最大，其后渐减，夜间较微，黎明前后最小，即一日内风速变化与气温变化相类似。其变化的较差（一日内最大风速与最小风速之差），冬季小，夏季大，并随天气情况而异，云量多时较差小，晴天较差大。三门本站年平均大风日数5天，最多年34天（1969年），1993年和1999年无大风记录。

海陆风　沿海地区在晴朗而昼夜温差较大时，白天海风吹向陆地，夜晚则陆风吹向海上，故夏季比内陆凉爽；山区白天谷风吹向山上，晚间山风从山上吹向谷底，故夜晚凉爽。

天气现象

霜　一般出现在11月至翌年4月，主要集中在11月至翌年3月，年平均霜日为29.4天，最多年达45天（1983年），最少年为15天（1994年、2006年、2012年）。年平均初霜期为11月24日，最早初霜日为10月22日（1979年），最晚初霜日为12月22日（1994年、2000年）；平均终霜期为3月14日，最早终霜日为2月12日（2007年），最晚终霜日为4月16日（1987年）。初霜出现率以11月中、下旬为最高，终霜出现率以3月上、中旬为最高。无霜期最短为210天（1979年），最长为298天（2007年），平均无霜期为254天，极差88天。在中、西部山区、丘陵、河谷、盆地、洼地，初霜早，终霜迟，霜期长；东部沿海地区初霜迟，终霜早，霜期短。

雪　多年平均初雪日在12月24日，最早初雪日为11月17日（2009年）；平均终雪日在2月25日，最早终雪日为1月12日（1999年），最迟终雪日为4月11日（1993年）。多年平均降雪日数4.6天，最多年为20天（1984年），三门县气象站建站以来有4年全年没有出现降雪现象（1995年、2001年、2002年和2007年。该统计中包括雪、冰粒、米雪、霰4种固态降水现象）。积雪期主要在1—2月，尤以1月为最多。历年平均积雪日数为2.4天，最多为13天（1977年）。最大积雪深度出现于1972年2月8日，县气象站雪深达23厘米。

冰　常年12月上旬始见结冰，3月上旬终冰。最早始冰1992年11月10日，最晚终冰1974年3月28日。年均结冰日数26.8天，1971年最多43天，最少2000年10天。以冬季累计，1969/1970年、1973/1974年、1975/1976年、1976/1977年、1983/1984年、1985/1986年冬季累计结冰日数均达40天以上。

雾　年均雾日19.6天，最多1974年出现44天，最少2012年仅3天。雾多见于南方暖湿气流北抬季节，春秋季节多与冬夏季节，历年最多月雾日可达10天。

浮尘和霾　皆为大气中的尘埃。浮尘大多经上层气流从远方传播而来，常由冷空气南下挟带。境内年均浮尘日数11.5天，在20世纪70年代平均5.9天，其中1973年最多也只出现过10天。自20世纪80年代起浮尘现象增多，80年代年均达32.8天，其中1981年最多，达52天。90年代开始浮尘天气减少，进入21世纪后，浮尘天气更少。

霾是大量极细微干尘粒等悬浮于空中造成的一种天气现象，多见于稳定晴好天气，境内历年平均霾日数12天，1968—1975年间境内未出现霾的天气记录。1981—1985年霾现象出现较多，年均有11.4天。1986—2001年霾现象出现较少，年均仅1.3天。2002—2013年霾日逐渐增多，这一时期年均霾日达37.6天，其中2011年霾日最多，达96天。

五、矿产资源

三门县境内发现各类矿产13种，已开发利用4种，经过地质勘查发现的矿产地22处，其中小型规模2处，矿化点8个。金属矿产有铜、铁、铅锌、金、银、钼，非金属矿产有硫、叶蜡石、黏土矿、褐煤以及普通建筑石料和砖瓦黏土等，能利用的矿产资源较少，仅有花桥铅锌矿、里金铁锌矿。

金属矿产以铅、锌、银、铁、铜为主，花桥铅锌矿、里金铁锌矿为三门县重要的金属矿产地。

花桥铅锌矿位于长大山正长斑岩体西侧，地层产状较平缓，总体属向北东缓倾斜的单斜构造，区内断裂构造较发育，与铅锌矿有关的主要控矿构造为北西—南东向断裂带。截至2011年，矿山保有资源储量（矿石量）347.59千吨，铅金属量4404吨，锌金属量5826吨。

里金铁锌矿位于龙珠山—大龙岭背斜两翼，矿体产状与地层一致。截至2011年，矿山保有资源储量（矿石量）454千吨，铁矿石量225.5千吨，硫矿石量165.9千吨，铁矿石量24.2千吨，锌矿石量38.4千吨，锌金属量1.607千吨。

非金属矿产以页岩矿、煤矿、普通建筑石料矿、建筑石材等为主。

页岩矿主要分布于沙柳街道的下南山，矿体分布在临海—宁海新华夏系构造带于上第三系中上新统嵊县组底部沉积层中，呈层状产出。长约720米，厚0.67~9.87米，平均厚6.13米，地质勘查工作程度较低。

煤矿主要分布于浦坝港镇的泗淋褐煤矿，矿体位于溪口—胡陈新华夏系构造带南东面产于上第三系中上新统嵊县组底部页岩中，呈似层状产出。长约1000米，厚1.5~2.5米，地质勘查工作程度较低。

普通建筑石料矿，满足基本工业指标要求的凝灰岩、花岗岩等普通建筑石料，在全县有大面积分布。经过破碎加工均可用于基础设施、围垦回填、港口建设。

建筑石材主要分布在中门、泗淋等地，岩性以花岗岩为主，加工为条石、块石、板材等。

矿泉水主要分布在海润街道晏站西的葫芦岙矿泉水，产于北东向断裂带中，属锶锂型矿泉水。

六、海洋资源

海洋位于三门县东北、东、东南三面，海域面积438平方公里，占三门县总面积的29.01%，北与宁海县海域相连，东与象山县海域相接，南与临海市海域相邻。大陆岸线北起沙柳街道与宁海县交界，南至洞港（水甩壶口）与临海市交界，岸线曲折，港湾众多。海岸多山脉，走向与海岸线方向多成直交或斜交。

滩涂资源

三门县浅海面积59万亩，滩涂面积21万亩，其中可以围垦面积约10万亩。滩涂资源丰富，分布于健跳港、蛇蟠洋、海游港和旗门港等海域。自北而南有正屿涂（已围涂建设滨海新城）、高泥堍涂、洋市涂、后坑涂、牛山涂、从岙涂、大域涂、山后涂等。这些海湾海涂有些自然风光优美，滩涂相连，气势磅礴，构成滨海景观，具有发展旅游的基础；有些成为大面积海塘养殖区，主要养殖青蟹、蛏子、对虾、血蛤等，成为水产品养殖基地；有些依托周边航道水深、水宽等条件，结合良好的海岸线资源，可发展为港口码头，开发码头仓储区和临港工业区。

滩涂围垦即可用于水产养殖和种植业，又可以作为临海工业及城镇建设等用地。解放以后，特别是20世纪60—90年代，为发展生产，结合三门滩涂面积多，围垦条件好的优势，进行了持续的围垦造田，逐步由高涂向中涂或低涂延伸。但滩涂资源的开发利用要按可持续发展要求，按滩涂资源分布、淤涨自然条件、环境特点和社会属性进行，使滩涂资源配置实现社会效益、经济效益和生态效益相协调。

海岛资源

三门县所辖海域内海岛数量为166个，其中有居民岛4个，无居民岛162个，全县面积大于500平方米的海岛共有139个，海岛个数居台州市第四位。三门海岛陆域总面积约为27.2291平方公里，海岛岸线长约135.9公里，其中有居民海岛陆域总面积约为15.4461平方公里，岸线长约24.9639公里；无居民海岛陆域总面积约为11.783平方公里，岸线长约110.9321公里。面积最小的海岛为奶儿岛，仅有37.89平方米，面积在1平方公里以上的海岛有4个。面积最大的海岛为蛇蟠岛，面积为14.7平方公里。

海岛呈弧形排列于三门湾内及湾口，且趋近大陆。所有海岛均为离岸距离小于10公里的沿岸海岛，其中有66个海岛离岸距离小于1公里，最远的海岛为小满山岛，离岸距离为8.97公里。海岛虽面积较小，岩石裸露，但岛屿周围均具一定的水深，水质清澈，饵料丰富，是鱼虾类索饵、栖息和繁殖的理想场所，具有发展浅海增殖和海珍品养殖所必备的自然环境条件。

渔业资源

三门县海域宽阔，岛屿星罗棋布，港湾盘曲，滩涂广阔，潮流畅通，海水盐度适宜，水质肥沃，自然饵料丰富，适宜鱼、虾、贝、藻类繁衍生长，海洋生物种类繁多，渔业资源丰富。沿海海洋生物中浮游植物5门133种；浮游动物16个大类108种，其中以桡足类最多，达36种，其次是水母类有23种，底栖生物共92种。四季渔获物达100余种，其中鱼类有70余种，甲壳动物35种，软体动物4种。同时，三门县也是浙江省重要的贝类苗种基地。但近年来由于过度捕捞，使鱼类资源特别是大型经济鱼类资源明显衰退，渔业资源日益枯竭。

港口航道资源

三门县岸线曲折，岛礁林立，岛岛之间、岛岸之间多潮流通道。健跳港是台州市沿海主要港口之一，港域口门有龙山岛和小狗头山等岛屿作屏障，为天然的避风良港。三门航道资源十分丰富，蛇蟠、猫头、满山和健跳四条深水航道贯穿在三门海岛周围。蛇蟠航道介于大陆岸滩与蛇蟠岛之间，呈东西走向，可通航8千吨级以下船舶；猫头航道位于三门湾南侧，由田湾岛和下万山岛与满山航道相隔，其北端接蛇蟠水道，呈西北—东南走向，可通航1万吨级以下船舶，是出入海游港、正屿港、旗门港、沥洋港和胡陈港的主航线；满山航道西南侧为田湾岛和下万山岛等岛屿，呈西北—东南走向，可通航5千吨级以下船舶；健跳航道位于龙山岛以西的健跳港内，呈西北—东南走向，可通航3.5万~5万吨级船舶，是贯通健跳港与三门湾的咽喉要道。2016年健跳港货物吞吐量达到600万吨。

滨海旅游资源

三门县沿海群山环抱，岛屿罗列，旅游资源主要分为海岸旅游资源和海岛旅游资源。海岸旅游资源主要有滩涂资源、沙滩资源、渔家风情资源、电力工业景观资源、山岳景观等。主要景观景点有蛇蟠岛、扩塘山、五子岛和三门岛群、牛头门附近岛礁岛群、山后涂附近岛礁岛群、泽山岛群、木杓沙滩、隐龙山等，蛇蟠岛建有野人洞、海盗村、滑泥公园等景区、景点及蛇蟠岛度假酒店等休闲度假设施。

可再生能源

三门县属亚热带季风气候区，沿海风能资源丰富，特别是岛屿地区是我国风能资源较丰富的区域之一。

三门县沿岸岸线蜿蜒曲折，水道纵横交叉，潮大流急，海洋能资源蕴藏量十分丰富。蛇蟠水道、海游港、浦坝港、健跳港潮汐能资源丰富。此外，牛头山、风动岩和狮子山等处亦有开发潮汐能资源的自然条件。健跳港已被科学技术部和浙江省选作中型潮汐电站的理想厂址。随着科学技术的进步，海洋能源开发技术将会出现突破，海洋能资源开发利用前景广阔。

第四节　灾害天气

三门县是极地大陆气团与热带海洋气团随季节变化相互交绥的强烈地区，锋面活动频繁，形成多种特殊天气气候现象，其中对工、农业生产和交通运输影响很大的灾害性天气有暴雨、倒春寒、伏旱、秋旱、台风、秋季低温、霜冻、寒潮、冰雹等。

暴雨　夏季台风活动及海上东风活动是产生暴雨的主要天气系统，集中在5—10月，以8月最多，9月和6月次之，其中降水强度在100毫米以上的大暴雨多发生在8—9月。暴雨时若遇海潮顶托，极易发生洪涝灾害。全县年均暴雨（日降水量≥50毫米）日数5.2天，最多1975年达12天。历年以1972—1977年、1989—1994年、1999—2007年为相对多暴雨时段，年均暴雨日数6.4—6.8天。暴雨多见于5—10月，占总数95%，其中日雨量100毫米以上的大暴雨绝大多数出现在7—9月，尤于8月、9月所占比例达71%。城区特大暴雨7次：1977年9月26日降水量352.5毫米，1987年9月10日降水量317.7毫米，1988年7月29日至30日降水量354.9毫米，1990年9月5日至6日降水量274.8毫米，1992年9月22日降水量256.8毫米，2009年8月9日降水量275.1毫米，2013年10月6日至7日降水量287.9毫米。1969—2013年出现的236次暴雨中，8月有70次，占29.7%；6月和9月分别有45次和49次，分别占19.1%和20.8%。地区分布，中部丘陵山区出现暴雨的机会比东部滨海平原多，以2004年起陆续建设的区域自动气象站为数据来源，显示六敖、小雄、花桥、三角塘、浬浦等地区年平均暴雨次数在6次以上，花桥自动气象站2012年暴雨达14次，其中100毫米以上有3次；其他地区年平均暴雨次数一般在4~5次。

台风　三门县属台风重影响区。每年5—11月都有影响，根据台风进入警戒线后过程降雨量≥50毫米或阵风17米/秒（8级）的标准，1968—2013年对境内有影响台风82个，年均1.8个，多的年份一年5次（1990年）。7—9月为台风季节，出现在该时段的台风占全年90.2%。尤以8月最多，占43.9%。

干旱　严重干旱为历史重大灾祸。中华人民共和国成立以来，干旱仍然是主要自然灾害。20世纪70年代和90年代处夏秋旱相对频繁时段。1969—2013年，三门县有6年属“旱”级别，13年属“偏旱”级别。21世纪伊始的大旱年为2003年，5—9月合计雨量比常年减少近一半，其中7月降水量36毫米，只达到历年平均的1/4，雨水短缺一直持续到2004年秋季。针对雨量严重偏少的情况，全省于8月组织了12次飞机人工增雨作业，三门县也自行组织了2次火箭人工增雨作业。另外2013年也属大旱年，浙江省卫星遥感气象干旱监测显示8月中旬（15日）三门县大部分地区已达到重旱—特旱。

雷暴　年均雷暴日数40天，历年平均初雷3月5日，最早出现在2002年1月16日。平均终雷10月10日，最晚1992年12月27日。雷暴活动多集中于3—9月，雷暴日数占全年96%，其中7—8月占全年50%；1975年和2010年7月为历年雷暴最多月份，月记录的雷暴日数达19天。雷暴活动常伴短时暴雨、大风现象。雷击灾害除造成人员伤亡和引发火灾外，随现代城市经济发展，对电力、信息网络及弱电设施安全等构成威胁。

冰雹　俗称“勃”。根据三门县国家气象观测站观测数据显示，出现冰雹记录仅8次，均出现在3—7月，以冷暖空气交汇频繁的3月尤为集中，占总数37%。降雹时伴有雷暴，多数出现大风。降雹持续时间较短，一般5~10分钟不等。

寒潮　多见于冬春季节，为北方冷空气强烈袭境。寒潮过境前常有一段持续升温或骤暖天气，随之出现凛冽的偏北大风，降温剧烈，甚或大雪冰冻接踵而来。故民间有“一日赤膊，三日头冻缩”之谚。境内1968—2013年共发生53次寒潮过程，年均1.15次，最多年4次（1969年、2010年）。出现时段为11

月至翌年4月，以12月和1月最多，占47%概率。历年来，一月之中发生两次寒潮的情况，仅在1979年11月、1996年3月、2008年12月出现过。未出现寒潮的年份占近4成。寒潮袭境时间最早出现在1979年11月6日，最迟为2010年4月14日。统计寒潮过程的平均降温幅度，24小时和48小时分别达到9℃、11.5℃，其中，最大降温值出现在1988年3月16日，48小时降温15.7℃。

大雪　以平地积雪深度4厘米以上为大雪，境内20世纪70年代出现4次，80年代5次，90年代未见出现，21世纪3次（2003年1月7日雪深6厘米，2010年12月16日雪深13厘米，2013年1月5日雪深5厘米），其中，1986—2002年连续17年没有下过大雪。雪灾压折果木竹树，阻碍交通，造成作物冻害等。

第五节　人口状况

三门县人口规模是在我国中原人口南移过程中逐渐发展形成的。据现存宗谱记载，从秦汉到明清的2000余年间，迁入的始祖有122个。其中从北方直接迁入9姓，从北方迁入浙江后再转迁三门的90姓，从北方迁入福建再转迁三门20姓。历史上曾出现三次大迁入。东晋建立之后出现多批南迁移民，到了唐朝，北方兵燹连年，生产遭受严重破坏，而南方经济相对繁荣，黄河流域人口大批南迁，迁徙三门的始祖有26个，这是第一次大迁入；北宋末，宋高宗赵构建都临安，大批人口随之南迁，迁居三门的始祖有32个，这是第二次大迁入；到明朝，由于三门地处东南沿海，自然资源丰富，地理环境优越，吸引大批南迁徙民，迁入始祖30个，出现了第三次人口大迁入。到了清朝人口迁移渐趋稳定。

一、人口规模

区域分布　三门县位于浙江东部沿海，乡镇之间人口分布极不平衡。辖境西南山脉绵延，人户居住稀少；东濒三门湾，地域平坦，土地肥沃，经济发达，均多聚族而居，人口稠密。2000年以后，人口开始向集镇地发展，城市化初成规模。如海游镇68963人，健跳镇32118人，六敖镇31244人，浬浦镇30427人，仍然是沿海乡镇人口高于山区乡镇。2016年，全县总户数145899户，总人口443573人，总人口中城镇人口14.48万人。

人口密度　随着三门经济的快速发展，外来人口涌入，人口密度不断提高。由1989年的每平方公里361人增加到2016年每平方公里409人，增加了48人。但各乡镇人口分布极不平衡，人口密度差距很大。尤其是海游镇作为县城，2010年"六普"时人口密度比1990年"四普"增长了72.06%。

二、人口变动

自然变动　改革开放以来，随着社会经济的发展，三门人口持续向"低出生、低死亡、低增长"的现代型人口生产方式转变。1989—2013年，共出生125264人，年均人口出生率12.33‰，共死亡54855人，年均死亡率自增率5.42‰，年均自然增长率6.92‰。2016年，共出生5124人，死亡2243人，人口出生率11.58‰，死亡率5.07‰，人口自然增长率6.51‰，

迁移变动　随着改革开放的不断深化和社会经济的快速发展，加速了城乡之间和地区之间的人口流动。2010年，全县流动（迁移）人口总量117837人，其中，外来人口33164人，外出人口105063人，属净外出人口地区。

据2000年"五普"资料，三门离开户口登记地乡镇半年以上的外出人口达107227人，形成"十万大军"外出求发展。到2010年"六普"时，外出人口已趋于下降，外入人口则继续增加，对三门经济带来深远影响。

三、人口构成

民族 三门县人口以汉族为主体，是少数民族的散居地区。1990年，有少数民族7个，人口数101人，占全县登记人口的0.03%。2000年，全县少数民族人口增加到559人，十年间增加了458人，增长了4.53倍。到了2010年，全县已有少数民族37个，人口数达到1996人，比2000年增长2.6倍，占全县总人口的比重从2000年的0.2%上升到0.6%。

性别 从三次人口普查数据来看，在常住人口中，2000年“五普”相比1990年“四普”性别比下降了3.2%，而2010年“六普”的性别比比“五普”上升了0.23%，主要是0~4岁婴幼儿性别比出现较大反弹，达到129.62∶100，比“五普”时增加了9.4个百分点。2016年，全县总人口443573人，其中男性232061人，女性211512人，男女性别比为109.7。

年龄 全县常住人口年龄结构表明，0~14岁人口占总人口比重不断下降，65岁以上人口比重不断加大，人口老龄化不断加剧。从劳动适龄人口的年龄结构上来看，中老年适龄劳动人口比重明显上升，青年人口比重下降，说明适龄劳动人口结构日趋老化。2016年，18岁以下89632人，占总人口的20.21%；18~34岁95056人，占总人口的21.43%；35~59岁183522人，占总人口的41.37%；60岁以上75363人，占总人口的16.99%。

行业 就业人口受教育水平的提高，高学历人口比重不断上升，受产业结构调整的影响，在第二、三产业就业人口增幅的同时，第一产业就业人口相应减少。2016年，全年就业人员21.97万人，从事第一产业5.48万人，第二产业9.69万人，第三产业6.8万人。全县城镇集体及以上单位从业人员3.16万人，年末城镇实有登记失业人员1063人，城镇登记失业率1.91%。

四、人口素质

健康和寿命 进入20世纪90年代后，社会经济的快速发展，人口质量普遍提高，人口平均期望寿命、儿童死亡率等都发生了较大的变化。随着死亡率的降低，平均死亡年龄的后移，人口预期寿命稳步提高，全县高龄组人数不断增多，比重上升，老龄化程度进一步扩大。1989年婴幼儿死亡率5.59‰，平均预期寿命71.67岁。2010年，常住人口死亡率6.86‰，平均死亡年龄70.2岁，平均预期寿命77.72岁。

三门人口自20世纪90年代初期开始由成年型向老年型过渡，21世纪初期正式步入人口老龄化进程，在经过世纪末十年的迅速发展后，受外来人口因素的影响，2000—2010年这十年间，人口老龄化速度较前十年略有放缓，但发展实质未改变，进入了老龄人口延续增长期。1990年第四次人口普查、2000年第五次人口普查、2010年第六次人口普查，65岁及以上人口分别为30707人、40886人、52258人，分别占总人口的8.21%、12.96%、15.89%。75岁及以上人口分别为20321人、28933人、36302人，分别占总人口的5.43%、9.17%、11.04%。

人口普查数据显示，三门80岁以上高龄老人人口总量迅速增加，所占比重越来越高，高龄化发展态势明显。1990年第四次人口普查、2000年第五次人口普查、2010年第六次人口普查80岁以上高龄人口分别2647人、4321人、7134人，分别占总人口的0.71%、1.37%、2.17%。100岁及以上人口分别为1人、1人、5人。

文化程度 三门县在提高人口文化素质方面作出了很大努力，至2010年全国第六次人口普查，每十万人拥有受高等教育的人数大幅度增长，但文化素质依然偏低。小学人数与全市水平差不多持平，列全市第五位；初中学历低于全市平均水平，列末位；高中人数列第七位；大专以上学历列第五位。

1990年第四次人口普查合计374154人、2000年第五次人口普查合计315405人、2010年第六次人口普查合计328887人，其中未上过小学（文盲）分别77706人、50624人、40820人，小学161642人、120728人、106046人，初中68028人、91225人、102239人，高中（中专）20730人、27835人、37457人，大专及以上1610人、4571人、17689人。

第六节 经济概述

2016年，三门县实现生产总值186.02亿元，其中，第一产业增加值27.47亿元，第二产业增加值67.89亿元，第三产业增加值90.66亿元，三次产业增加值结构为14.8：36.5：48.7。人均生产总值为42054元，按年平均汇率折算达6331美元。

固定资产投资施工项目261个，其中新开工项目218个。全年完成固定资产投资149.39亿元，其中第一产业完成投资0.7亿元，第二产业完成投资92.66亿元，第三产业完成投资56.04亿元。固定资产投资中，基础设施完成投资81.7亿元，国有投资79亿元。

一、第一产业

2016年，三门县实现农林牧渔业增加值27.47亿元，按可比价计算，比上年增长3.9%。其中，农业增加值7.95亿元，增长2.9%；林业增加值0.21亿元，增长4.5%；牧业增加值2.03亿元，增长4.1 %；渔业增加值17.29亿元，增长4.4%。

全年农作物总播种面积1.91万公顷，粮食作物播种面积0.84万公顷；全年粮食总产量达5.23万吨，每公顷单产为6195公斤；非粮作物播种面积1.07万公顷。粮食作物与非粮食作物播种面积的比例为44.2：55.8。全年蔬菜产量16.53万吨；水果（包括果用瓜）产量15.56万吨，其中柑橘产量6.71万吨，果用瓜产量7.86万吨。

全县完成营造林面积1220公顷，其中人工造林面积12公顷，人工更新面积12公顷，森林抚育面积1192公顷，零星植树11万株。年末实有封山育林面积652公顷，有林地面积5.2772万公顷，森林覆盖率为56.63%。

全年肉类总产量为1.0502万吨，其中猪肉产量8908吨，禽肉产量1255吨，禽蛋产量5681吨。全年肥猪出栏9.09万头，家禽出栏98.94万只。全年水产品总产量25.21万吨，其中海水产品产量24.82万吨，淡水产品产量0.39万吨。

全县有效灌溉面积达到1.313万公顷，节水灌溉面积9700公顷，堤防达标长为281.91公里，水土流失综合治理面积3.143万公顷。已建成水库49座，全年水利工程实际供水量达到10719万立方米，其中向农业灌溉供水4288万立方米。年末全县拥有农业机械总动力28.25万千瓦，全年农村用电量4.63亿千瓦时。

二、第二产业

2016年，三门县实现工业增加值50.25亿元。全县年主营业务收入2000万元及以上工业企业（以下简称规模以上工业企业）家数为159家，实现工业增加值39.17亿元。

全县规模以上轻工业实现增加值4.54亿元，重工业实现增加值34.63亿元。增加值排在前三位的电力热力生产和供应业、橡胶和塑料制品业、电气机械和器材制造业分别实现增加值11.63亿元、11.22亿元、3.21亿元。

规模以上工业企业累计实现主营业务收入178.99亿元，实现利税总额13.52亿元，其中实现利润总额8.21亿元。规模以上工业企业亏损面达17%，亏损额达到0.59亿元。规模以上工业企业产品产销率为96.2%，实现新产品产值39.64亿元。

实现建筑业增加值17.72亿元。资质上建筑企业完成房屋建筑施工面积692.35万平方米，竣工面积268.27万平方米。完成房地产开发投资17.55亿元，房屋施工面积277.55万平方米，竣工面积47.21万平方米，商品房销售面积28.8万平方米。

三、第三产业

2016年，三门县实现社会消费品零售总额86.88亿元，其中实现商品零售79.73亿元，实现餐饮收入

7.14 亿元。按销售区域分，城镇实现零售额 60.65 亿元，乡村实现零售额 26.23 亿元。

全年外贸进出口总额 44.53 亿元，其中出口总额 42.82 亿元，进口总额 1.71 亿元。权重行业总体呈回升态势。全年四大权重行业出口 28.1 亿元，其中汽车配件及内装饰、建材出口分别增长 21.8%、0.2%；橡胶制品、机电出口分别下降 1.3%、5.6%。全县利用外资新批项目 3 个，协议利用外资 3.71 亿元，实际利用外资 21 万元。

全县共接待国内旅游者 358.08 万人次，国内旅游收入 37.7 亿元，接待入境旅游者人数 0.16 万人次，累计外汇收入 54.26 万美元，折合人民币 360.41 万元；全年国内国际旅游总收入 37.42 亿元。

2016 年年末，全县金融机构本外币存款余额 241.35 亿元，当年新增存款 31.36 亿元。本外币住户存款余额 132.75 亿元，当年新增 17.1 亿元。年末金融机构本外币贷款余额 343.08 亿元，当年新增贷款 33.62 亿元。年末金融机构本外币存贷比为 142.2%。

全县金融机构人民币存款余额 238.18 亿元，当年新增存款 29.8 亿元。人民币住户存款余额 132.21 亿元，当年新增 16.91 亿元。年末金融机构人民币贷款余额 314.63 亿元，当年新增贷款 36.05 亿元。年末金融机构人民币存贷比为 132.1%。

第七节　社会发展

一、科技

截至 2016 年，三门县科技投入 2.53 亿元，企业用于研究与试验发展 (R&D) 经费支出 2.15 亿元。有科技活动的企业 75 家，参加科技活动人员 1427 人，其中，R&D 人员 1348 人。全县实现规模以上高新技术产业增加值 10.05 亿元。全年申请专利 1172 项，专利授权 604 项，其中发明申请量 141 项，发明授权量 44 项。

二、教育

截至 2016 年，三门县有幼儿园 68 所，在园幼儿人数 11289 人；全县有普通小学 36 所（不包括 6 个教学点），在校生 28121 人，教职工数 1536 人；普通中学 21 所，其中，初级中学 16 所，在校生 12459 人，高中 4 所，在校生 5110 人，普通中学教职工数 1448 人；中等职业教育学校在校生 3289 人，教职工数 276 人；特殊教育学校 1 所。2016 年，学前三年入园率 99.05%，小学入学率和巩固率均达到 100%，初中入学率 100%，巩固率达到 100%，全县初升高比例达到 99.42%，高中毛入学率 99.42%。全县九年义务教育完成率 100%，“十一五”期间教育普及率 98.35%，小学英语教育普及率达到 100%。

三、文化广电

截至 2016 年，三门县图书馆藏书量达到 31.89 万册，其中，本年新增藏量 12.32 万册，总流通 83.21 万人次，书刊文献外借 22.66 万册次。全年组织文艺活动 109 次，观众达到 82.5 万人次。

三门祭冬被列入国家非物质文化遗产保护名录，上鲍单档布偶戏、海游六兽、杨家板龙、花桥龙灯、高枧古亭台阁、三门石窗艺术、缠足苦、杨家祭冬、小蜜蜂、三门平调、小坑七心拳被列入浙江省非物质文化遗产保护名录，亭旁起义旧址（亭山小学旧址）、路上周周氏宗祠、娄坑俞氏宗祠、吴岙吴氏宗祠、任家任氏宗祠、悬渚俞氏家庙、祁家祁氏宗祠、王家王氏宗祠、健跳所城遗址、蒲西巡检司城、祁家祁宅被列为浙江省文物保护单位。

广播电视事业取得新进展，数字电视全部转换成功。全县拥有数字电视覆盖用户数达到 14.32 万户，数字电视实际用户数 8.86 万户。全年公共广播节目播出 5366 小时，播出自制节目 3154 小时，公共电视节目播出 4063 小时，播出自制节目 958 小时。全年广播被中央电台采用新闻类节目 6 条，电视被中央电视台采用新闻类节目6条。广播和电视人口综合覆盖率均达到100%。

四、卫生体育

截至2016年，三门县有各类医疗卫生机构156个，其中医院6家。年末实有床位1510张，其中医院1080张。各类卫生技术人员2205人，其中医院1236人。全县有医生951人，注册护士903人。年末每千人拥有卫生技术人员5人，其中医生2.1人。全县婴儿死亡率2.44‰，其中5岁以下儿童死亡率3.9‰。

2016年，全县运动员参加国家级比赛中共获得金牌4枚，铜牌1枚；省级比赛中获得金牌15枚，银牌8枚，铜牌15枚；市级比赛中获得金牌5枚，银牌4枚，铜牌1枚。

五、社会保障

截至2016年，三门县城镇职工基本养老保险、基本医疗保险、工伤保险、生育保险和失业保险参保人数分别达到8.07万人、7.23万人、8.85万人、3.79万人和4.53万人。年末全县有18.56万人参加城乡居民社会养老保险，有41.86万人参加城乡居民基本医疗保险。

全县城乡居民最低生活保障人数达12703人，其中农村最低生活保障人数12420人。农村集中五保供养人数178人。全年共投入低保资金3653.9万元。

全年居民人均可支配收入28105元，城镇常住居民可支配收入37908元，农村常住居民人均可支配收入20428元，城乡居民收入差距倍数为1.86。年末城镇常住居民与农村常住居民人均现住房建筑面积分别为43.28平方米和63.43平方米。

第二章 建置沿革及行政区划

第一节 建置沿革

三门县域新石器时代就有人类在这块土地上繁衍生息。夏、商、周为瓯越地。春秋战国为越国地。公元前306年，楚灭越，属楚国，为东越地。秦时，为东越地，隶属闽中郡。

汉惠帝三年（前192年），立摇为东海王，都东瓯（今温州），史称东瓯王，时属东瓯国。汉建元六年（前135年），闽越王郢被诛，立郢之弟余善为东越王，时为东越地，属会稽郡，隶扬州。汉武帝元鼎六年（前111年），东越王余善反。汉元封元年（前110年），杀余善，将其民徙处江淮间，东越地虚。汉昭帝始元二年（前85年），以东瓯地建回浦县，治章安，时为回浦县地，属会稽郡。东汉光武时（25—57年），改回浦县为章安县，时为章安县地。

三国吴大帝时（222—252年），分章安县西部分境域，置临海县，三门为临海县境地，属会稽郡，隶扬州。三国吴太平二年（257年），分会稽郡东部置临海郡，时属临海郡，隶扬州。晋太康元年（280年），分鄞县八百户，临海县安北乡二百户，置宁海县，时三门分属临海、宁海两县，属临海郡。隋废郡为州，临海郡废，改入处州，并改东扬州为吴州，废宁海县，时为临海县地，属处州，隶吴州。隋开皇十二年（592年），改处州为括州。隋炀帝大业元年（605年），又改州为郡，废括州，置永嘉郡，时为临海县地，属永嘉郡。

唐武德元年（618年），以临海县置海州。武德四年（621年），分临海县，复置宁海县，治海游。同年改永嘉郡为括州，时三门分属临海、宁海两县，隶海州。武德五年（622年），改海州为台州。武德七年(624年)，废宁海县并入章安县，八年（625年）又废章安县，并入临海县，时为临海县地，属台州。唐贞观元年（627年），台州隶江南道，治苏州。唐永昌元年（689年），分临海县东北部置宁海县，治广度里（今宁海县城），时三门又分为临海、宁海两县地，属台州。唐天宝元年（742年），台州复称临海郡。唐乾元元年（758年），临海郡复称台州。同年设浙江东道，治越州，时属台州，隶浙江东道。

宋时，于浙江境域置两浙路。宋熙宁七年（1074年），分两浙路为两浙东路、两浙西路，时分属临海、宁海两县，隶台州。元地方行政实行“行省”制度，元至元十四年（1277年）改台州为台州路，置总管府，治临海，时三门分属临海、宁海两县，属台州路，隶江浙等处行中书省浙东道。明地方政区制度袭元朝，改台州路为台州府。清承袭明朝，设杭嘉湖、宁绍台、金衢严、温处四个道，时三门为临海、宁海两县地，属台州，隶浙江宁绍台道。

清雍正六年（1728年）至光绪三十四年（1908年），施行乡庄制，三门原属宁海县部分有2个乡，21个庄，原属临海县部分有2个乡，14个庄。

清同治三年（1864年），台州知府刘璈巡行临海东乡，认为临海地广民众，台州府城至沿江有一百五六十里之遥，管理上鞭长莫及，欲割宁海之南与临海之东分而为县。将此事报请朝廷批准，但清政府以经费浩繁，事务繁杂，而搁置之。

清宣统元年(1909年)，施行地方自治，颁布城乡自治章程，规定5万人以上为镇，以下为乡，乡下辖庄。三门原属临海县部分的行政区划有1个镇，1个乡，14个庄。芙桃镇辖小雄、吴都、张司岙、泗淋、山场、梅岙6个庄。城关乡辖城门、关头、仙岩、黄荆坛、渔西、赤坎、沿江、大域8个庄。原属宁海县部分的行政区划有1个镇，3个乡，21个庄。海游镇辖海游、上叶、悬渚、头岙、葛岙、沙柳6个庄。亭旁乡辖包家、杨家、任家、邵家、梅家5个庄。星聚乡辖大横渡、小横渡、西洞、岭根陈、石桥5个庄。五云乡辖珠岙、石马、娄坑、高枧、吴岙5个庄。

民国初时，三门仍分属临海、宁海两县，沿用清末旧制。民国元年(1912年)，分象山县地设南田县，治樊岙，县以主岛南田岛命名，辖南田岛、高塘岛、坦塘岛、花岙岛、对面山岛、檀头山岛、北渔山岛、南渔山岛八岛。民国三年（1914年），曾任过南田县长的胡常瑛，联合台州六县绅士向省议会提出“设置县治开发三门湾”的议案，未被采纳。民国十五年（1926年），奉化人庄菘甫建议改南田县为三门县，因人事困难不了了之。

民国十七年（1928年），推行村里制，县以下设区、村、里、闾、邻。五户为邻，五邻为闾，闾以上在乡为村，在城为里；百户以上编为乡、镇，不满百户者联并成乡。三门原属宁海县部分有3个区，4个镇，44个乡；头岙、仙源、巡检、蛇蟠、敖山、三门、花月、五屿、琴江（镇）、狮峰、四顾、桥岭、上段、六保、龙山、八保、松杳、屏山、金桥、白岩20个乡（镇）属第三区。海游（镇）、上叶、葛善、石所、南站、悬渚、石岩、小坑、枫坑、鹤山（镇）、虎陇、分水、杨家（镇）、方岩、梅坑、宁和、任家、邵家、湫水下叶、湫水岙、东金、南溪、娄坑、石谢、珠溪、高枧、吴岙27个乡（镇）属第四区。沙柳乡属第五区。民国二十四年（1935年），乡、镇以下改行保甲制，初以十户为甲，十甲为保，后辖数不等。三门原属宁海县部分调整为1个镇，22个乡，分属3个督导区。仙源乡并头岙乡，蛇蟠乡并巡检乡，花月、五屿两乡并三门乡，琴江镇及狮峰、四顾两乡合改琴江乡，桥岭、上段、六保3个乡合改蛟龙乡，八保、松杳两乡并龙山乡，屏山、金桥、白岩3个乡合改双溪乡，以及敖山乡，共8个乡，属第三督导区；葛善、石所、南站3个乡合改葛岙乡，石岩、小坑、枫坑3个乡并悬渚乡，鹤山（镇）、虎陇、分水3个乡（镇）合改包家乡，杨家（镇）、方岩、梅坑、宁和4个乡（镇）合改杨家乡，湫水下叶、湫水岙两乡并邵家乡，东金、南溪两乡合改梅家乡，以及任家、沙柳、上叶、海游（镇）共10个乡（镇），属第四督导区；娄坑、石马、珠溪、高枧、吴岙5个乡从第四区改属第五督导区。民国二十八年（1939年），又调整为1个镇，17个乡，分属2个区。头岙、巡检两乡合改永丰乡，敖山、三门两乡合改六敖乡，任家、邵家两乡合改任邵乡，以及琴江、蛟龙、龙山、双溪、沙柳、海游（镇）、上叶、葛岙、悬渚、包家、杨家、梅家共15个乡（镇），属海游区；石马、娄坑两乡合改石娄乡，高枧、吴岙两乡合改高吴乡，以及珠溪共3个乡，属桑洲区。原属临海县部分的行政区划，调整为城关、山场、小雄、沿江、澧浦5个乡。

三门县建置沿革简表

表1

朝代（时期）	纪年	公元	隶	属	县	备注
夏		前21—前16世纪	越	瓯地		《禹贡》属扬州之域
商		前16—前11世纪	越	瓯地		《禹贡》属扬州之域
西周		前11—前771年	越	瓯地		《禹贡》属扬州之域
春秋		前770—前476年	越国	越地		《禹贡》属扬州之域
战国		前475—前221年	楚国	东越地		《禹贡》属扬州之域

续表 1

朝代（时期）	纪年	公元	隶	属	县	备注
秦		前 221—前 207 年	闽中郡	东越地		《禹贡》属扬州之域
西汉	惠帝三年	前 192 年	东瓯	东海地		
	武帝建元三年	前 138 年	扬州	会稽郡		
	昭帝始元二年	前 85 年	扬州	会稽郡	回浦县地	治章安，此为台州建县之始
东汉	光武帝建武	25—56 年	扬州	会稽郡	章安县地	回浦县改名为章安县
三国	吴大帝	222—252 年	扬州	会稽郡	临海县地	析章安县，置临海县
	吴太平二年	257 年	扬州	临海郡	临海县地	
西晋	武帝太康元年	280 年	扬州	临海郡	临海县地 宁海县地	析临海、鄞两县地，置宁海县，治白峤
东晋		317—420 年	扬州	临海郡	临海县地 宁海县地	
南北朝		420—589 年	扬州、东扬州	临海郡	临海县地 宁海县地	
隋	文帝开皇九年	589 年	吴州	处州	临海县地	废宁海县，复入临海县，此为宁海第一次废县
	文帝开皇十二年	592 年	吴州	括州	临海县地	
	炀帝大业三年	607 年	吴州	永嘉郡	临海县地	
唐	高祖武德四年	621 年	括州	海州	临海县地 宁海县地	析临海县，复置宁海县，治海游，此为宁海第二次置县
	高祖武德五年	622 年	括州	台州	临海县地 宁海县地	改海州为台州，台州之名始此
	高祖武德七年	624 年	越州	台州	临海县地 宁海县地	废宁海县，并入章安县，此宁海县第二次废县
	高祖武德八年	625 年	越州	台州	临海县地	废章安县，并入临海县
	太宗贞观元年	627 年	江南道	台州	临海县地	
	武后永昌元年	689 年	江南道	台州	临海县地 宁海县地	析临海县，复置宁海县，治广度里，此为宁海第三次置县
	玄宗开元二十一年	733 年	江南东道	台州	临海县地 宁海县地	

续表 1

朝代（时期）	纪年	公元	隶	属	县	备注
唐	玄宗天宝元年	742 年	江南东道	临海郡	临海县地	
					宁海县地	
	肃宗乾元元年	758 年	浙江东道	台州	临海县地	
					宁海县地	
	代宗大历十四年	779 年	浙江西道	台州	临海县地	
					宁海县地	
	德宗建中元年	780 年	浙江东道	台州	临海县地	
					宁海县地	
	德宗建中二年	781 年	浙江西道	台州	临海县地	
					宁海县地	
	德宗贞元三年	787 年	浙江东道	台州	临海县地	
					宁海县地	
五代		907—960 年	吴越国	台州德化军	临海县地	
					宁海县地	
北宋		960—1127 年	两浙路	台州	临海县地	
					宁海县地	
南宋		1127—1279 年	两浙东路	台州	临海县地	
					宁海县地	
元		1271—1368 年	江浙等处中书省	台州路	临海县地	
					宁海县地	
明		1368—1644 年	浙江布政使司	台州府	临海县地	
					宁海县地	
清		1644—1911 年	浙江行省	台州府	临海县地	宣统二年（1910 年）析宁海县南田地区，设南田抚民厅
					宁海县地	
				宁波府	南田抚民厅地	
中华民国	元年	1912 年	浙江省	会稽道	临海县地	废南田抚民厅，改置南田县，治樊岙
					宁海县地	
					南田县地	
	16 年	1927 年	浙江省		临海县地	废道制，实行省县二级制
					宁海县地	
					南田县	

续表 1

朝代（时期）	纪年	公元	隶	属	县	备注
中华民国	24 年	1935 年	浙江省		临海县地 宁海县地 南田县地	成立行政督察区，为省的派出机关
中华民国	29 年	1940 年	浙江省	第七行政督察区	三门县	废南田县，将其全部区域及宁海、临海两县之一部合并成立三门县，以境内三门湾得名。治健康塘，后移治海游镇
中华人民共和国		1949 年	浙江省	台州专区	三门县	1949 年 2 月 17 日三门县解放。县政府驻海游镇
中华人民共和国		1952 年	浙江省	台州专区	三门县	1952 年 4 月南田区划归象山县管辖
中华人民共和国		1954 年	浙江省	宁波专区	三门县	撤销台州专区，三门县改属宁波专区
中华人民共和国		1957 年	浙江省	台州专区	三门县	恢复台州专区，三门县仍属之
中华人民共和国		1958 年	浙江省	温州专区	临海县	撤销台州专区，撤销三门县，并入临海县，改名属温州专区
中华人民共和国		1962 年	浙江省	台州专区	三门县	恢复台州专区和三门县建制
中华人民共和国		1970 年	浙江省	台州地区	三门县	改专区为地区
中华人民共和国		1983 年	浙江省	台州地区	三门县	宁海县的沙柳公社划归三门县管辖
中华人民共和国		1994 年	浙江省	台州市	三门县	撤销台州地区，设立台州市，三门县仍属之

三门县行政区划一览表（1728—1940年）

表2

时期	原属县	乡镇名	庄名	辖村或乡镇公所驻地
清雍正六年至宣统三年（1728—1911年）	宁海县	南乡	沙篓庄	沙篓街、溪头杨、下叶、殿后、后周、塘岸头、前店、前山头、西陈、下岙、上岙、路下周、路上周、海头孙、塘里经、后山周、淡竹岙、汪家洋、岙里王、水打岈、流洋、下李、岈头杨、阮家、下张、下南山、大家园、前王
			海游庄	海游镇、后洋陈、后角黎、蒋家、寺后、坝头、洋庄、下山、墙里、陡门头
			上叶庄	下坑、上坑、下塌田、岈头、下叶、谢家、西岙、松门、山陈、马湖、山董、上庄、后地、罗家桥、新屋、石头岙、北山
			葛岙庄	祁家、王家、善岙蒋、善岙杨、葫芦岙、许家塘、鲍家叶、梅岙叶、姚家、田洋叶、外黎、袁家、大周、蔓岙、小坑、晏站、南亭、东头、卢家塘、蛇蟠
			窦岙庄	窦岙街、前王、垸岙、窦岙孙、隔坑、林家园、岭脚陈、东陈、下庄、园里陈、后林、东岩、山里岩、西岩、虾蟆塔叶、长湾、小蒲、郑公山、正屿、涛头、江边山、王家
			西洞庄	西洞丁、赤礁、舜岩、峧头、上廒、山岔、花湾、刘塘墩、花屿、瓦窑墩、新塘、塘岸头、尖坑塘、老鼠尾、鸟屿、鸡鸣、山下塘、新塘、石版庄、下垸、上垸、下洋潭、龙头墩、干门塘、健岙、狮子头、记牛湾、相公殿、大弯潭、罗弯、流水坑、后坑、下岙、林家、大充、门头、赤头、猫头、黄礁、长沙、里岗、外岗、平岩、塘里壁、峧头、西山头、黄门洋、合山张、浮门、上赤屿、下赤屿、南洋厂、武曲、里市、高弯、狗头山、老屋、中堂、石柱港潭、洋屿、草头
			悬渚庄	悬渚、上枫坑、下枫坑、渡头、卢家、方家、小坑街、岱阜娄、岱阜奚、石埠头周、下洋李、奚家岙、尤家、杨家田、坑下奚、桥外王、上黄、石岩、新场、涂田、何家、外俞
			邵家庄	邵家、下里金、湫水下叶、庄基、上山叶、隔水邵、万家、岙王、寺前潘、应家、汪家、外何、山根邵、山上任、岩头、钱家、陈家、徐家、缸窑邵、百亩头、东王、马村
			任家庄	任家、上鲍、下路朱、前娄、岙娄、石头岙、下蒋、寺前顾、花湾、上卢
			杨家庄	亭旁镇、王村、上蒋、石滩、唐家岙、下吴、上王、上任梅、上任郑、坝头、乌头徐、梅坑胡、梅坑杨、沙幻、叠石、下洋马、楼下郑、坑河、山后胡、芹溪
			包家庄	亭旁、叶家庄、狮岭丁、狮岭王、朱模、陌更、新夹路、虎陇头、上模、岭脚胡、夏家山、上段、模（横）路、祝家、何家、坑何、山头平、山头王、黎家、东胡、西胡、彭家、赖家、外刘、里洪、挂帘、坐堂、上梅、下梅、谷岙、界岙、江家、前颜

续表2

时期	原属县	乡镇名	庄名	辖村或乡镇公所驻地
清雍正六年至宣统三年（1728—1911年）	宁海县	南乡	梅家庄	南溪、板沸、铁场、玺林山、西山、中门、枧头、山上杨、岭根、上段、鹿宕平、梅家坑、上高、下高、赖岙、周山、下湾、石门坑、韩家、山头坪、龚家、毛岗
			大横渡庄	横渡街、铁场、托岙、岩下罗、白溪、桥头罗、尖坑山、下罗、东屏、横渡刘、金山、银山、八蛉、纱帽盖、罗岙、礁石、王岐庄、峙门、黄孙滥、南辽、南林、长林、塴下经、碧潭、石燕、西殿、善见、首事堍、罗城、速目山头、庄头嘴、培里坑、上陈
			小横渡庄	小横渡街、东郭、大宅、小宅、梅岙、金鸡塘
			岭根陈庄	岭根陈、唐家、灶司岙、麻岙、流水岩、石仓岙、星火洋、下山头、速目塘、速目岙
			石桥庄	石桥、睦岙叶、睦岙张、睦岙王、岙口、营盘、后洋、下店、下叶、阶下、田弯、梅家岙、田岙、东郭门、洋溪、西郭、大高龙、小高龙、大泽、小泽
		西乡	娄坑庄	娄坑、岭口、岩坑、洋顺、桥头、冈后、上方、溪下麻、田湾、蜈蚣钳、梅村
			石马庄	石马、下洋、下谢、溪滩、横山吕、独山、樟树下、吕岙、桥头、马家、沙岸、下桃山
			朱岙庄	朱岙街、墙里、西陈、岭里、张家、柿树湾、坟头、香山汪、山王头、里岙、东园、中央扇、冈头、后辽、山板桥
			高枧庄	高枧、双娄、举目桥、后畈、梅坑、枝树坪、洞岩李、新店、岩下徐、严家岙、黄罗、西吴、岙坑、小岙、胡村、小桐岩
			吴岙庄	吴岙街、桥下、桥头、东谢、上界溪、下界溪、狗山、青演岙、铜筱底、长冈、山后周、竹墩、王田、瓦窑、翠湾、南岙
	临海县	承恩乡	城门庄	城门、花桥、甘同岙、里园、坊前、溪头、上潘、下洋、舒岐、东岙、下岙、下岭舒、上施、上苏、曹宅、翁家洋、涂村、张家岭、里涧、大路王
			关头庄	关头、蒲峰、寺前、上园、两头门、李家岙、饭锹岩、海头、两坑口、上盘、八岭、白莲、流水岩
			仙岩庄	仙岩、西里、小金、下庄、后陈、鲤浦、岙底、山下张、姜家、高岭、岩下杨、路头王、塘乌
			黄荆坛庄	黄荆坛、王鉴塘、湃头马、穿岩、大岙、山沙洋、龙坑、岩头、白莲、流水岩、枯松、栅下、大井头、南北岙
			赤塴庄	赤塴、大金山、桥头、海山、南山、西山、三角塘、岭山、于岙、长坝头
			大域庄	大域、石桥、小渔西、三沙洋、官塘、胡岙、西头牟、东岙、罗家

续表 2

时期	原属县	乡镇名	庄名	辖村或乡镇公所驻地
清雍正六年至宣统三年（1728—1911年）	临海县	承恩乡	渔西庄	嘞头、里宅、岙里、山上、前山、木杓、北坑、火门孔、戴家、李家
			沿江庄	沿江、小岭、钳口、大郑、松山、崇岙、西山、里蔡、加岙、陈下堂、下盘、下管
			吴都庄	吴都、蜍下、铺坝、李岙、李南、芝岙、上郑、上岩、麻岙、茗岙
			山场庄	山场、塔坑、姑嫂臼、大坑、东岙、陈岙、大岙、外坦、麻车坑、西岑、上董、中堡、后林、林家岙、后塘、塘边
		保乐乡	小雄庄	小雄、东岙、蛟湖、毛洋、下湾、石门、南岙、坑林、桥头、路下、长田
			梅岙庄	梅岙、埠头、官塘、南山、大桥、滩头、岙底、黄沙、后岭、岩头
			张司岙庄	张司岙、大堂、道头、金家岙、洋底、娘娘官、岙里、峙头洋、化塘、闸头、东林、西庙、上道头、埠岙
			泗淋庄	泗林、谢浦庄、龙头、鹤井、田岙、后港、五支岙、桃峙、山头、下埮、田岙、长田、庄黄、下畔、桃屿、盖头
中华民国元年（1912年）至二十九年六月	南田县	南田镇		樊岙
		鹤浦镇		鹤浦
		龙泉镇		龙泉
		文山乡		大百丈
		四都乡		大南田
		杏港乡		港口
	宁海县	海游镇		海游
		上叶乡		下坑
		葛岙乡		葛岙
		永丰乡		窦岙
		悬渚乡		悬渚
		六鳌乡		健康塘
		琴江乡		健跳
		任邵乡		邵家
		杨家乡		杨家
		梅家乡		刘家
		包家乡		包家
		珠溪乡		珠岙
		高枧乡		高枧

续表 2

时期	原属县	乡镇名	庄名	辖村或乡镇公所驻地
中华民国元年（1912年）至二十九年六月	宁海县	石娄乡		娄坑
		吴岙乡		吴岙
		龙山乡		大横渡
		双溪乡		白溪
		蛟龙乡		睦岙张
	临海县	澧浦乡		澧浦
		城关乡		花桥
		山场乡		山场
		小雄乡		小雄
		沿江乡		沿江

第二节 解放前行政区划

三门县因濒临三门湾，县以湾定名。据民国二十六年（1937年）浙江省建设厅调查报告称："南田与象南半岛之间有港曰'箬鱼洋'，其西口入湾处二山并峙，中流划水为三，故有三门湾之名。"二山即坦塘岛与高塘岛之间的三门山列岛之饭甑山岛、庵山岛，二岛矗立，形成航门三条，故名三门湾。

抗日战争期间，上海、杭州和浙江沿海一带相继失守，三门湾地属抗日前沿，位置重要。据民国三十一年版《三门年鉴》载："查南田县面积狭小，偏于三门湾之东隅，南北长不过四十里，东西只二十里，住民仅仅五千户，较之各县之一区，尚属不及。若宁海之西南区，距县城二三百里；临海之东北，距县城亦百余里，两相较一则范围狭小，无立县之必要，一则幅员广大，虑鞭长之莫及。若以宁海、临海之余，补南田之不足，改建三门县，实于治理上有莫大之便利。"

民国二十九年（1940年）一月，浙江省政府依据全省专员县长会议特种审查报告，决定将南田县废治，以其全部区域6个乡镇并划宁海县东南18个乡镇（实际为17个乡镇，在接管划界过程中，宁海县麻岙乡因疆界不清，乡民不愿划归三门县，暂缓交割。后经宁海县向省府呈报更改，奉省府府民永松字第1600号训令照准，麻岙乡不划归三门县，同时将划出的原高吴乡分为高枧、吴岙两乡。这样，就出现了宁海县划出17个乡镇，而三门县划入18个乡镇的情况）及临海县东北隅5个乡，设置三门县。

新治遂于民国二十九年（1940年）七月一日正式成立，设2个区，4个镇，25个乡，隶浙江省第七区行政督察区，首任县长由七区专员邢震南兼任。县城初设六敖乡健康塘，因时值抗日战争，沿海易受侵扰，加上沿海台风肆虐，同年9月，设临时县治于海游章氏上祠堂（原海游镇人民政府，现石羊溪步行街一带）。海游遂成为全县政治、经济、文化、交通、商贸中心。海游区辖海游（镇）、葛岙、永丰、六敖、琴江、上叶、石娄、珠溪、高枧、吴岙、悬渚、包家、杨家、任邵、梅家、澧浦、城关、蛟龙、山场、小雄、沿江、龙山、双溪23个乡镇；南田区辖南田（镇）、鹤浦（镇）、龙泉（镇）、文山、四都、杏港6个乡镇。

民国三十一年（1942年）一月，调整为海游、亭旁、澧浦、南田4个区。海游区辖海游（镇）、永丰、六敖、琴江、葛岙、上叶、悬渚7个乡镇；亭旁区辖石娄、珠溪、高枧、吴岙、任邵、包家、杨家、梅家8个乡；澧浦区辖澧浦、城关、蛟龙、山场、小雄、沿江、龙山、双溪8个乡；南田区辖南田（镇）、鹤浦（镇）、龙泉（镇）、文山、四都、杏港6个乡镇。民国三十二年（1943年），海游镇改为县直辖，另增设珠岙、健跳2个区，全县调整为6个区，4个镇，25个乡，288个保，3152个甲。民国三十四年（1945年）二月，撤珠岙、亭旁2个区，并为亭溪区；撤澧浦区，另划入琴江、六鳌2个乡，并为东郭区；划上叶、悬渚、永丰、葛岙与海游共5个乡镇为直辖区。全县计4个区，4个镇，25个乡。民国三十六年（1947年）三月，编并乡镇，调整行政区划。原高枧乡与吴岙乡合并为高吴乡，原双溪乡与龙山乡合并为双龙乡；原石娄乡划出6个保，并入珠溪乡为珠石乡；原石娄乡另外6个保，并入上叶乡为上娄乡；原龙泉镇与杏港乡合并为蓬莱乡。全县计直属、南田2个区，海游、南田、鹤浦3个镇，上娄、悬渚、永丰、葛岙、包家、杨家、任邵、梅家、珠石、高吴、六鳌、琴江、蛟龙、双龙、澧浦、沿江、城关、山场、小雄、蓬莱、四都、文山22个乡，278个保，2958个甲。

三门县行政区划一览表（1940年7月至1949年2月）

表3

时期	区名	区署驻地	乡镇名	乡镇公所驻地
1940年7月至1941年	海游区	海游	海游镇	海游
			上叶乡	下坑
			葛岙乡	葛岙
			永丰乡	窦岙
			悬渚乡	小坑
			六鳌乡	健康塘
			琴江乡	健跳
			任邵乡	邵家
			杨家乡	杨家
			梅家乡	刘家
			包家乡	包家
			珠溪乡	珠岙
			高枧乡	高枧
			石娄乡	娄坑
			吴岙乡	吴岙
			澧浦乡	澧浦
			龙山乡	大横渡
			小雄乡	小雄
			蛟龙乡	睦岙张
			山场乡	山场
			城关乡	花桥
			双溪乡	白溪
			沿江乡	沿江
	南田区	樊岙	南田镇	樊岙
			鹤浦镇	鹤浦
			龙泉镇	龙泉
			文山乡	大百丈

续表3

时期	区名	区署驻地	乡镇名	乡镇公所驻地
1940年7月至1941年	南田区	樊岙	四都乡	大南田
			杏港乡	港口
1942年	海游区	海游	海游镇	海游
			上叶乡	卜坑
			葛岙乡	葛岙
			永丰乡	窦岙
			悬渚乡	小坑
			六鳌乡	健康塘
			琴江乡	健跳
	亭旁区	亭旁	任邵乡	邵家
			杨家乡	杨家
			梅家乡	刘家
			包家乡	包家
			珠溪乡	珠岙
			高枧乡	高枧
			石娄乡	娄坑
			吴岙乡	吴岙
	澧浦区	澧浦	澧浦乡	澧浦
			龙山乡	大横渡
			小雄乡	小雄
			蛟龙乡	睦岙张
			山场乡	山场
			城关乡	花桥
			双溪乡	白溪
			沿江乡	沿江
	南田区	樊岙	南田镇	樊岙
			鹤浦镇	鹤浦
			龙泉镇	龙泉
			文山乡	大百丈
			四都乡	大南田
			杏港乡	港口
1943年至1944年	直辖区		海游镇	海游
	珠岙区	珠岙	石娄乡	娄坑
			珠溪乡	珠岙
			高枧乡	高枧
			上叶乡	下坑
			吴岙乡	吴岙

续表 3

时期	区名	区署驻地	乡镇名	乡镇公所驻地
1943 年至 1944 年	亭旁区	亭旁	任邵乡	邵家
			杨家乡	杨家
			梅家乡	刘家
			包家乡	包家
			悬渚乡	小坑
	健跳区	健跳	六鳌乡	健康塘
			永丰乡	窦岙
			琴江乡	健跳
			葛岙乡	葛岙
	澧浦区	澧浦	澧浦乡	澧浦
			沿江乡	沿江
			小雄乡	小雄
			山场乡	山场
			蛟龙乡	睦岙张
			城关乡	花桥
			龙山乡	大横渡
			双溪乡	白溪
	南田区	樊岙	南田镇	樊岙
			鹤浦镇	鹤浦
			龙泉镇	龙泉
			文山乡	大百丈
			四都乡	大南田
			杏港乡	港口
1945 年至 1949 年 2 月	直辖区		海游镇	海游
			上叶乡	下坑
			葛岙乡	葛岙
			悬渚乡	小坑
			永丰乡	窦岙
	亭旁区	亭旁	杨家乡	杨家
			梅家乡	刘家
			包家乡	包家
			任邵乡	邵家
			珠溪乡	珠岙
			高枧乡	高枧
			石娄乡	娄坑
			吴岙乡	吴岙

续表3

时期	区名	区署驻地	乡镇名	乡镇公所驻地
1945年至1949年2月	东郭区	东郭	六鳌乡	健康塘
			琴江乡	健跳
			蛟龙乡	睦岙张
			龙山乡	大横渡
			双溪乡	白溪
			城关乡	花桥
			山场乡	山场
			小雄乡	小雄
			澧浦乡	澧浦
			沿江乡	沿江
	南田区	樊岙	南田镇	樊岙
			鹤浦镇	鹤浦
			龙泉镇	龙泉
			文山乡	大百丈
			四都乡	大南田
			杏港乡	港口

第三节　解放后行政区划

1949年2月17日，三门县解放，成立县人民政府，是浙江省第一个解放的县，行政区划未变动，计2个区，3个镇，22个乡。

1949年2月，成立亭旁区人民政府，管辖杨家乡、包家乡、梅家乡、任邵乡4个乡公所；成立沿江区人民政府，管辖浬浦乡、沿江乡、蛟龙乡3个乡公所。6月，成立珠岙区人民政府，管辖珠岙乡、上娄乡、高吴乡3个乡公所；成立六敖区人民政府，管辖永丰乡、六敖乡、琴江乡3个乡公所。9月，成立海游区人民政府，管辖海游镇、悬渚乡、葛岙乡3个乡（镇）公所；成立花桥区人民政府，管辖城关乡、双龙乡、山场乡、小雄乡4个乡公所；1950年，成立南田区人民政府，管辖南田镇、鹤浦镇、龙泉镇、文山乡、四都乡、杏港乡6个乡（镇）公所。全县下设7个区人民政府，26个乡（镇）公所。

1950年，实行乡（镇）村制，在原有的大乡中分设出若干个小乡，全县调整为7个区，1个镇，56个乡。1952年4月，南田区划归象山县。同月，六敖区增设蛇蟠、涛头2个乡，全县调整为6个区，1个镇，48个乡。海游区辖海游镇、悬渚乡、枫坑乡、小坑乡、葛岙乡、晏站乡6个乡（镇）；珠岙区辖珠岙乡、小港乡、马娄乡、上叶乡、桐岩乡、山岙乡、吴岙乡、高枧乡8个乡；亭旁区辖亭旁乡、坝头乡、上模乡、彭赖乡、中门乡、南溪乡、任家乡、邵家乡8个乡；六敖区辖园里乡、西洞乡、头岙乡、涛头乡、六敖乡、上敖乡、蛇蟠乡、健跳乡、前潭乡9个乡；浬浦区辖浬浦乡、三岩乡、东郭乡、渔西乡、沿江乡、赤坎乡、岙口乡7个乡；花桥区辖下洋乡、关头乡、双龙乡、新渡乡、桥头乡、东屏乡、山场乡、吴都乡、小雄乡、洒淋乡、道头乡11个乡。

1954年年初，从原花桥区划出小雄、泗淋、吴都、山场、道头5个乡，增设小雄区。同年下半年，又从山场乡分设梅岙乡，并将亭旁、健跳2个乡改为区属镇，全县计7个区，3个镇，47个乡。5月22日，撤销台州专员公署，三门县划归宁波专区管辖。

1956年2月，取消区乡（镇）村制，实行区乡（镇）社制，改行政村为农业生产合作社，同时撤区并乡，全县辖海游1个镇，悬渚、葛岙、珠岙、高枧、马娄、亭旁、邵家、中门、坝头、彭赖、六敖、头岙、蒲西、健跳、浬浦、东郭、渔西、沿赤、小雄、山场、泗淋、关头、双龙、桥头24个乡。

1957年，恢复海游、珠岙、亭旁、六敖、沿江、花桥、小雄7个区公所，恢复山岙、吴都、南溪、三岩、岙口、下洋、道头7个乡。全县辖7个区，32个乡。海游区辖海游镇、葛岙乡、悬渚乡、头岙乡；珠岙区辖珠岙乡、高枧乡、马娄乡、山岙乡；亭旁区辖亭旁乡、邵家乡、中门乡、坝头乡、彭赖乡、南溪乡；六敖区辖六敖乡、蒲西乡、健跳乡；沿江区辖浬浦乡、东郭乡、三岩乡、渔西乡、沿赤乡、岙口乡；小雄区辖小雄乡、吴都乡、山场乡、道头乡、泗淋乡；花桥区辖下洋乡、关头乡、双龙乡、桥头乡。7月，恢复台州专员公署建制，三门县回属。

1958年10月，三门县建制撤销，原三门县辖区并入临海县。同时，取消乡（镇）社制，实行人民公社制。全县设海游人民公社（原珠岙区辖区划入，1959年又从海游分出）、亭旁人民公社、六敖人民公社、沿江人民公社、小雄人民公社、花桥人民公社6个大公社（区级），下辖36个管理区。海游人民公社辖海游、葛岙、悬渚、头岙、晏站、珠岙、高枧、马娄、山岙、上叶10个管理区；亭旁人民公社辖亭旁、邵家、中门、坝头、彭赖、南溪6个管理区；六敖人民公社辖六敖、健康、蒲西、健跳4个管理区；沿江人民公社辖浬浦、东郭、三岩、渔西、沿赤、岙口6个管理区；小雄人民公社辖小雄、吴都、山场、道头、泗淋5个管理区；花桥人民公社辖下洋、关头、双龙、桥头、新渡5个管理区。

1961年，人民公社改为区公所，管理区改为人民公社。原三门县区域调整为31个人民公社。海游区公所辖海游、吴岙、高枧、珠岙、马娄、上叶、葛岙、悬渚、亭旁、坝头、彭赖、中门、南溪、邵家、头岙15个人民公社；健跳区公所辖六敖、健跳、蒲西、浬浦、岙口、东郭、三岩、渔西、沿赤、桥头、双龙11个人民公社；桃渚区公所辖小雄、泗淋、山场、吴都4个人民公社；桐峙区公所辖花桥人民公社。

1962年6月，恢复三门县建制，原三门县区域全部从临海划回，成立亭旁、沿江（对外挂健跳区牌子）、小雄、花桥4个区工委，海游区为县直辖，全县5个区，33个人民公社。海游区工委辖海游、葛岙、悬渚、上叶、马娄、珠岙、高枧、吴岙、山岙（新设）、头岙、蒲西、六敖、健跳13个人民公社；亭旁区工委辖亭旁、坝头、彭赖、中门、南溪、邵家6个人民公社；沿江区工委辖浬浦、岙口、东郭、三岩、渔西、沿赤6个人民公社；小雄区工委辖小雄、泗淋、山场、吴都4个人民公社；花桥区工委辖花桥、关头（新设）、双龙、桥头4个人民公社。

1970年1月，成立台州地区革命委员会，三门县属之。1977年7月，恢复区建制，调整为5个区，1个镇，32个公社。1978年9月，改置台州地区行政公署，三门县属之。

1980年，海游镇调整为县属镇。1982年4月，双龙公社改为横渡公社。同年7月，海游镇恢复区建制，辖上叶、葛岙、悬渚3个人民公社。全县计6个区，1个镇，32个公社。1983年5月，宁海县沙柳公社划归三门县管辖，公社驻地沙柳，属海游区。同年8月，健跳人民公社改为健跳镇人民公社，为县属建制镇。年底，实行政社分设，取消社队制，恢复乡（镇）村制。公社改为乡镇，大队改为行政村，其政区范围不变。全县计6个区，2个镇，32个乡。1985年，亭旁、沙柳、花桥、珠岙4个乡改为区属建制镇，全县计6个区，6个镇，28个乡，6个居民委员会，496个行政村。1987年5月，健跳镇改为区属建制镇。10月，六敖、横渡、浬浦、小雄4个乡改为区属建制镇，全县调整为6个区，10个镇，24个乡，6个居民委员会，500个行政村。1988年7月，坝头乡石门坑村划归高枧乡管辖。

1992年4月，新设中南、邵亭、彭坝村，属蒲西乡。5月，“撤区、扩镇、并乡”后，全县共设置海游、小雄、六敖、沙柳、花桥、珠岙、浬浦、亭旁、健跳、横渡10个镇，高枧、蛇蟠、沿赤、泗淋、坝头、中门6个乡，县政府驻海游镇。1994年8月，台州撤地建市，三门县隶属台州市。

2001年11月19日，部分行政区划调整，撤销中门乡、坝头乡建制，并入亭旁镇。2003年10月，县城划分为蟠龙、平安、龙山、石羊、广润5个社区。2004年1月18日，珠岙镇北山、前郭、后郭、梅村、南岙、下谢6个行政村划归海游镇管辖。调整后，海游镇辖63个行政村，5个社区；珠岙镇辖38个行政村。

2013年11月，撤销健跳镇、六敖镇，合并设立新的健跳镇，面积181.7平方公里，辖3个居民委员会，72个行政村，133个自然村，镇政府驻健农村南大街43号；撤销浬浦镇、小雄镇、沿赤乡、泗淋乡，合并设立浦坝港镇，所辖范围为浬浦镇、小雄镇、沿赤乡、泗淋乡的行政区划，面积265.5平方公里，辖1个居民委员会，93个行政村，186个自然村，镇政府驻三角塘村盐城路3号；撤销珠岙镇、高枧乡，合并设立新的珠岙镇，面积83.4平方公里，辖79个行政村，102个自然村，镇政府驻珠岙村珠溪路3号；撤销海游镇、沙柳镇建制，其行政区域及原六敖镇的正屿村、涛头村改由三门县政府直辖，在此区域设立海游街道、海润街道、沙柳街道。其中，海游街道所辖范围为大湖塘新区及其以西片区，面积72.5平方公里，辖5个社区，40个行政村，75个自然村；海润街道所辖范围为县工业园区及其以东片区，同时划入六敖镇的正屿和涛头两个村，面积101.3平方公里，辖25个行政村，33个自然村；沙柳街道所辖范围为沙柳镇行政区划，面积48.7平方公里，辖34个行政村，46个自然村。调整后，全县辖海游、海润、沙柳3个街道，珠岙、亭旁、健跳、横渡、浦坝港、花桥6个镇，蛇蟠1个乡，5个社区，4个居民委员会，511个行政村，830个自然村。

2014年11月，撤销田湾村民委员会，属健跳镇盐灶村民委员会管辖。海游街道设立上叶、心湖社区。2016年年底，全县辖3个街道，6个镇，1个乡，7个社区，4个居民委员会，510个行政村，830个自然村。县政府驻海游街道广场路18号。

三门县行政区划一览表（1949—2016年）

表4

<table>
<tr><th colspan="4">三门县人民政府</th><th>三门县人民委员会</th></tr>
<tr><th colspan="2">1949年</th><th colspan="2">1950—1955年</th><th>1956—1958年</th></tr>
<tr><td>海游区
公所</td><td>海游镇人民政府
葛岙乡人民政府
悬渚乡人民政府</td><td>海游区
公所</td><td>海游镇人民政府　悬渚乡人民政府
葛岙乡人民政府　枫坑乡人民政府
晏站乡人民政府　小坑乡人民政府</td><td rowspan="8">海游镇人民政府
葛岙乡人民政府
晏站乡人民政府
悬渚乡人民政府
珠岙乡人民政府
吴岙乡人民政府
高枧乡人民政府
马娄乡人民政府
上叶乡人民政府
亭旁乡人民政府
邵家乡人民政府
中门乡人民政府
坝头乡人民政府
彭赖乡人民政府
六敖乡人民政府
头岙乡人民政府
蒲西乡人民政府
健跳乡人民政府
浬浦乡人民政府
东郭乡人民政府
三岩乡人民政府
渔西乡人民政府
沿江乡人民政府
小雄乡人民政府
吴都乡人民政府
山场乡人民政府
道头乡人民政府
泗淋乡人民政府
下洋乡人民政府
关头乡人民政府
新渡乡人民政府
双龙乡人民政府
桥头乡人民政府</td></tr>
<tr><td>珠岙区
公所</td><td>珠岙乡人民政府
高吴乡人民政府
石娄乡人民政府
上叶乡人民政府</td><td>珠岙区
公所</td><td>珠岙乡人民政府　桐岩乡人民政府
山岙乡人民政府　小港乡人民政府
吴岙乡人民政府　马娄乡人民政府
高枧乡人民政府　上叶乡人民政府</td></tr>
<tr><td>亭旁区
公所</td><td>亭旁乡人民政府
任邵乡人民政府
中门乡人民政府
坝头乡人民政府
南溪乡人民政府
彭赖乡人民政府</td><td>亭旁区
公所</td><td>亭旁乡人民政府　坝头乡人民政府
任家乡人民政府　上模乡人民政府
邵家乡人民政府　南溪乡人民政府
中门乡人民政府　彭赖乡人民政府</td></tr>
<tr><td>六敖区
公所</td><td>六敖乡人民政府
头岙乡人民政府
西洞乡人民政府
健跳乡人民政府</td><td>六敖区
公所</td><td>六敖乡人民政府　涛头乡人民政府
头岙乡人民政府　上敖乡人民政府
圆里乡人民政府　西洞乡人民政府
前潭乡人民政府　蛇蟠乡人民政府
健跳乡人民政府</td></tr>
<tr><td rowspan="3">沿江区
公所</td><td rowspan="3">浬浦乡人民政府
东郭乡人民政府
三岩乡人民政府
渔西乡人民政府
沿江乡人民政府
赤坎乡人民政府
小雄乡人民政府
山场乡人民政府
泗淋乡人民政府
城关乡人民政府
双溪乡人民政府
龙山乡人民政府</td><td>沿江区
公所</td><td>浬浦乡人民政府　三岩乡人民政府
岙口乡人民政府　渔西乡人民政府
东郭乡人民政府　沿江乡人民政府</td></tr>
<tr><td>小雄区
公所</td><td>小雄乡人民政府　梅岙乡人民政府
吴都乡人民政府　泗淋乡人民政府
山场乡人民政府　道头乡人民政府</td></tr>
<tr><td>花桥区
公所</td><td>城关乡人民政府（1952年改名下洋乡）
桥头乡人民政府　双龙乡人民政府
关头乡人民政府　新渡乡人民政府
东屏乡人民政府</td></tr>
<tr><td>南田区
（待解放）</td><td>南田镇　鹤浦镇
龙泉镇　文山乡
四都乡　杏港乡</td><td>南田区
公所</td><td>1950年—1952年
南田乡人民政府　珠门乡人民政府
坦塘乡人民政府　高塘乡人民政府
文山乡人民政府　湾塘乡人民政府
檀渔乡人民政府　杏港乡人民政府
鹤浦乡人民政府　四都乡人民政府</td></tr>
</table>

续表 4

<table>
<tr><th colspan="4">临海县人民委员会（原三门县辖地）</th><th colspan="2">三门县人民委员会</th></tr>
<tr><th colspan="2">1958—1960 年</th><th colspan="2">1961 年</th><th colspan="2">1962—1963 年</th></tr>
<tr><td>海游
人民公社</td><td>海游镇管理区
葛岙管理区
晏站管理区
悬渚管理区
珠岙管理区
高枧管理区
山岙管理区
马娄管理区
上叶管理区
头岙管理区</td><td rowspan="2">海游区
公所</td><td rowspan="2">海游镇人民公社
吴岙人民公社
高枧人民公社
珠岙人民公社
马娄人民公社
上叶人民公社
葛岙人民公社
悬渚人民公社
亭旁人民公社
邵家人民公社
中门人民公社
坝头人民公社
南溪人民公社
彭赖人民公社</td><td rowspan="2">县
直
辖</td><td rowspan="2">海游镇人民公社
山岙人民公社
吴岙人民公社
高枧人民公社
珠岙人民公社
马娄人民公社
上叶人民公社
葛岙人民公社
悬渚人民公社
头岙人民公社
六敖人民公社
健跳人民公社
蒲西人民公社</td></tr>
<tr><td>亭旁（区）
人民公社</td><td>亭旁管理区
邵家管理区
中门管理区
坝头管理区
南溪管理区
彭赖管理区</td></tr>
<tr><td>六敖（区）
人民公社</td><td>六敖管理区
蒲西管理区
健跳管理区
健康管理区</td><td rowspan="2">健跳区
公所</td><td rowspan="2">六敖人民公社
头岙人民公社
蒲西人民公社
健跳人民公社
浬浦人民公社
岙口人民公社
东郭人民公社
三岩人民公社
渔西人民公社
沿赤人民公社
桥头人民公社
双龙人民公社</td><td>亭旁区
工委</td><td>亭旁人民公社
邵家人民公社
中门人民公社
坝头人民公社
南溪人民公社
彭赖人民公社</td></tr>
<tr><td>沿江（区）
人民公社</td><td>浬浦管理区
东郭管理区
三岩管理区
渔西管理区
沿赤管理区
岙口管理区</td><td>沿江区
工委</td><td>浬浦人民公社
岙口人民公社
东郭人民公社
三岩人民公社
渔西人民公社
沿赤人民公社</td></tr>
<tr><td>小雄（区）
人民公社</td><td>小雄管理区
吴都管理区
山场管理区
道头管理区
泗淋管理区</td><td>桃渚区
公所</td><td>小雄人民公社
梅岙人民公社
吴都人民公社
泗淋人民公社</td><td>小雄区
工委</td><td>小雄人民公社
山场人民公社
吴都人民公社
泗淋人民公社</td></tr>
<tr><td>花桥（区）
人民公社</td><td>下洋管理区
关头管理区
新渡管理区
双龙管理区
桥头管理区</td><td>桐峙区
公所</td><td>花桥人民公社</td><td>花桥区
工委</td><td>花桥人民公社
关头人民公社
桥头人民公社
双龙人民公社</td></tr>
</table>

续表 4

<table>
<tr><th colspan="2">三门县人民委员会</th><th colspan="4">三门县革命委员会</th></tr>
<tr><th colspan="2">1964—1967 年</th><th colspan="2">1968—1972 年</th><th colspan="2">1973—1977 年</th></tr>
<tr><td rowspan="3">县直辖</td><td rowspan="3">海游镇人民公社
山岙人民公社
吴岙人民公社
高枧人民公社
珠岙人民公社
马娄人民公社
上叶人民公社
葛岙人民公社
悬渚人民公社
头岙人民公社
蒲西人民公社
六敖人民公社
健跳人民公社</td><td rowspan="3">县直辖</td><td rowspan="3">海游镇革委会
山岙公社革委会
吴岙公社革委会
高枧公社革委会
珠岙公社革委会
马娄公社革委会
上叶公社革委会
葛岙公社革委会
悬渚公社革委会
头岙公社革委会
蒲西公社革委会
六敖公社革委会
健跳公社革委会</td><td>海游区
工作组</td><td>海游镇革委会
上叶公社革委会
葛岙公社革委会
悬渚公社革委会</td></tr>
<tr><td>珠岙区
工作组</td><td>珠岙公社革委会
山岙公社革委会
吴岙公社革委会
高枧公社革委会
马娄公社革委会</td></tr>
<tr><td>亭旁区
工作组</td><td>亭旁公社革委会
邵家公社革委会
中门公社革委会
坝头公社革委会
南溪公社革委会
彭赖公社革委会</td></tr>
<tr><td>亭旁区
工作组</td><td>亭旁人民公社
邵家人民公社
中门人民公社
坝头人民公社
南溪人民公社
彭赖人民公社</td><td>亭旁区
工作组</td><td>亭旁公社革委会
邵家公社革委会
中门公社革委会
坝头公社革委会
南溪公社革委会
彭赖公社革委会</td><td>六敖区
工作组</td><td>六敖公社革委会
头岙公社革委会
蒲西公社革委会
健跳公社革委会</td></tr>
<tr><td>沿江区
工作组</td><td>浬浦人民公社
岙口人民公社
东郭人民公社
三岩人民公社
渔西人民公社
沿赤人民公社</td><td>沿江区
工作组</td><td>浬浦公社革委会
岙口公社革委会
东郭公社革委会
三岩公社革委会
渔西公社革委会
沿赤公社革委会</td><td>沿江区
工作组</td><td>浬浦公社革委会
岙口公社革委会
东郭公社革委会
三岩公社革委会
渔西公社革委会
沿赤公社革委会</td></tr>
<tr><td>小雄区
工作组</td><td>小雄人民公社
山场人民公社
吴都人民公社
泗淋人民公社</td><td>小雄区
工作组</td><td>小雄公社革委会
山场公社革委会
吴都公社革委会
泗淋公社革委会</td><td>小雄区
工作组</td><td>小雄公社革委会
山场公社革委会
吴都公社革委会
泗淋公社革委会</td></tr>
<tr><td>花桥区
工作组</td><td>花桥人民公社
关头人民公社
桥头人民公社
双龙人民公社</td><td>花桥区
工作组</td><td>花桥公社革委会
关头公社革委会
桥头公社革委会
双龙公社革委会</td><td>花桥区
工作组</td><td>花桥公社革委会
关头公社革委会
桥头公社革委会
双龙公社革委会</td></tr>
</table>

续表 4

<table>
<tr><td colspan="2">三门县人民委员会</td><td colspan="6">三门县人民政府</td></tr>
<tr><td colspan="2">1978—1980 年</td><td colspan="2">1981—1982 年</td><td colspan="2">1983—1984 年</td><td colspan="2">1985—1986 年</td></tr>
<tr><td rowspan="3">县直辖</td><td rowspan="3">海游镇革委会
葛岙公社革委会
悬渚公社革委会</td><td colspan="2" rowspan="2">海游镇人民政府</td><td colspan="2" rowspan="2">海游镇人民政府
健跳镇人民政府</td><td colspan="2">海游镇人民政府</td></tr>
<tr><td colspan="2">健跳镇人民政府</td></tr>
<tr><td>海游区公所</td><td>上叶公社管委会
葛岙公社管委会
悬渚公社管委会</td><td>海游区公所</td><td>沙柳乡人民政府
上叶乡人民政府
葛岙乡人民政府
悬渚乡人民政府</td><td>海游区公所</td><td>沙柳镇人民政府
上叶乡人民政府
葛岙乡人民政府
悬渚乡人民政府</td></tr>
<tr><td>珠岙区公所</td><td>珠岙公社革委会
山岙公社革委会
吴岙公社革委会
高枧公社革委会
马娄公社革委会
上叶公社革委会</td><td>珠岙区公所</td><td>珠岙公社管委会
山岙公社管委会
吴岙公社管委会
高枧公社管委会
马娄公社管委会</td><td>珠岙区公所</td><td>珠岙乡人民政府
山岙乡人民政府
吴岙乡人民政府
高枧乡人民政府
马娄乡人民政府</td><td>珠岙区公所</td><td>珠岙镇人民政府
山岙乡人民政府
吴岙乡人民政府
高枧乡人民政府
马娄乡人民政府</td></tr>
<tr><td>亭旁区公所</td><td>亭旁公社革委会
邵家公社革委会
中门公社革委会
坝头公社革委会
南溪公社革委会
彭赖公社革委会</td><td>亭旁区公所</td><td>亭旁公社管委会
邵家公社管委会
中门公社管委会
坝头公社管委会
南溪公社管委会
彭赖公社管委会</td><td>亭旁区公所</td><td>亭旁乡人民政府
邵家乡人民政府
中门乡人民政府
坝头乡人民政府
南溪乡人民政府
彭赖乡人民政府</td><td>亭旁区公所</td><td>亭旁镇人民政府
邵家乡人民政府
中门乡人民政府
坝头乡人民政府
南溪乡人民政府
彭赖乡人民政府</td></tr>
<tr><td>六敖区公所</td><td>六敖公社革委会
头岙公社革委会
蒲西公社革委会
健跳公社革委会</td><td>六敖区公所</td><td>六敖公社管委会
头岙公社管委会
蒲西公社管委会
健跳公社管委会
双龙公社管委会
（1982 年更名为横渡公社）
桥头公社管委会</td><td>六敖区公所</td><td>六敖乡人民政府
头岙乡人民政府
蒲西乡人民政府
横渡乡人民政府
桥头乡人民政府</td><td>六敖区公所</td><td>六敖乡人民政府
头岙乡人民政府
蒲西乡人民政府
横渡乡人民政府
桥头乡人民政府</td></tr>
<tr><td>沿江区公所</td><td>浬浦公社革委会
岙口公社革委会
东郭公社革委会
三岩公社革委会
渔西公社革委会
沿赤公社革委会</td><td>沿江区公所</td><td>浬浦公社管委会
岙口公社管委会
东郭公社管委会
三岩公社管委会
渔西公社管委会
沿赤公社管委会</td><td>沿江区公所</td><td>浬浦乡人民政府
岙口乡人民政府
东郭乡人民政府
三岩乡人民政府
渔西乡人民政府
沿赤乡人民政府</td><td>沿江区公所</td><td>浬浦乡人民政府
岙口乡人民政府
东郭乡人民政府
三岩乡人民政府
渔西乡人民政府
沿赤乡人民政府</td></tr>
<tr><td>小雄区公所</td><td>小雄公社革委会
山场公社革委会
吴都公社革委会
泗淋公社革委会</td><td rowspan="2">小雄区公所</td><td rowspan="2">小雄公社管委会
关头公社管委会
花桥公社管委会
山场公社管委会
吴都公社管委会
泗淋公社管委会</td><td rowspan="2">小雄区公所</td><td rowspan="2">小雄乡人民政府
关头乡人民政府
花桥乡人民政府
山场乡人民政府
吴都乡人民政府
泗淋乡人民政府</td><td rowspan="2">小雄区公所</td><td rowspan="2">小雄乡人民政府
关头乡人民政府
花桥镇人民政府
山场乡人民政府
吴都乡人民政府
泗淋乡人民政府</td></tr>
<tr><td>花桥区公所</td><td>花桥公社革委会
关头公社革委会
桥头公社革委会
双龙公社革委会</td></tr>
</table>

续表4

<table>
<tr><td colspan="5">三门县人民政府</td></tr>
<tr><td colspan="2">1987—1991年</td><td>1992—2000年</td><td>2001—2012年</td><td>2013—2016年</td></tr>
<tr><td colspan="2">海游镇人民政府</td><td rowspan="2">海游镇人民政府
〔撤上叶乡、葛岙乡（7村）、悬渚乡、头岙乡并入〕</td><td rowspan="2">海游镇人民政府
（2004年珠岙镇北山、前郭、后郭、梅村、南岙、下谢村并入）</td><td>海游街道办事处
（撤海游镇分设）</td></tr>
<tr><td rowspan="2">海游区公所</td><td rowspan="2">沙柳镇人民政府
上叶乡人民政府
葛岙乡人民政府
悬渚乡人民政府</td><td>海润街道办事处
（撤海游镇分设，撤六敖镇并入正屿、涛头村）</td></tr>
<tr><td>沙柳镇人民政府
〔撤葛岙乡（5村）并入〕</td><td>沙柳镇人民政府</td><td>沙柳街道办事处
（撤沙柳镇）</td></tr>
<tr><td rowspan="2">珠岙区公所</td><td rowspan="2">珠岙镇人民政府
山岙乡人民政府
吴岙乡人民政府
高枧乡人民政府
马娄乡人民政府</td><td>珠岙镇人民政府
（撤马娄乡并入）</td><td>珠岙镇人民政府</td><td rowspan="2">珠岙镇人民政府
（撤高枧乡并入）</td></tr>
<tr><td>高枧乡人民政府
（撤山岙乡、吴岙乡并入）</td><td>高枧乡人民政府</td></tr>
<tr><td rowspan="3">亭旁区公所</td><td rowspan="3">亭旁镇人民政府
邵家乡人民政府
中门乡人民政府
坝头乡人民政府
南溪乡人民政府
彭赖乡人民政府</td><td>亭旁镇人民政府
（撤邵家乡并入）</td><td rowspan="3">亭旁镇人民政府
（2001年撤中门乡、坝头乡并入）</td><td rowspan="3">亭旁镇人民政府</td></tr>
<tr><td>中门乡人民政府
（撤南溪乡并入）</td></tr>
<tr><td>坝头乡人民政府
（撤彭赖乡并入）</td></tr>
<tr><td rowspan="4">六敖区公所</td><td rowspan="4">健跳镇人民政府
（1987年5月改区属镇）
六敖镇人民政府
（1987年10月改区属镇）
头岙乡人民政府
蒲西乡人民政府
横渡镇人民政府
（1987年10月改区属镇）
桥头乡人民政府</td><td>健跳镇人民政府
（撤岙口乡、东郭乡并入）</td><td>健跳镇人民政府</td><td rowspan="2">健跳镇人民政府
（撤六敖镇并入）</td></tr>
<tr><td>六敖镇人民政府
（撤蒲西乡，除蛇蟠岛3个村外并入）</td><td>六敖镇人民政府</td></tr>
<tr><td>横渡镇人民政府
（撤桥头乡并入）</td><td>横渡镇人民政府</td><td>横渡镇人民政府</td></tr>
<tr><td>蛇蟠乡人民政府</td><td>蛇蟠乡人民政府</td><td>蛇蟠乡人民政府</td></tr>
<tr><td rowspan="2">沿江区公所</td><td rowspan="2">浬浦镇人民政府
（1987年5月改区属镇）
岙口乡人民政府
东郭乡人民政府
三岩乡人民政府
渔西乡人民政府
沿赤乡人民政府</td><td>浬浦镇人民政府
（撤三岩乡、渔西乡并入）</td><td>浬浦镇人民政府</td><td rowspan="4">浦坝港镇人民政府
（撤浬浦镇、小雄镇、沿赤乡、泗淋乡并入）</td></tr>
<tr><td>沿赤乡人民政府</td><td>沿赤乡人民政府</td></tr>
<tr><td rowspan="3">小雄区公所</td><td rowspan="3">小雄镇人民政府
（1987年10月改区属镇）
关头乡人民政府
花桥镇人民政府
山场乡人民政府
吴都乡人民政府
泗淋乡人民政府</td><td>小雄镇人民政府
（撤山场乡并入）</td><td>小雄镇人民政府</td></tr>
<tr><td>泗淋乡人民政府</td><td>泗淋乡人民政府</td></tr>
<tr><td>花桥镇人民政府
（撤关头乡、吴都乡并入）</td><td>花桥镇人民政府</td><td>花桥镇人民政府</td></tr>
</table>

三门县行政区划及驻地、辖区自然村一览表（2016年）

表5

乡镇	机关驻地	社区（居委会）	村数	行政村（自然村）
海游街道	珠海路1号	龙山、石羊、平安、广润、蟠龙、上叶、心湖	行政村40个，自然村75个	城北、丹峰（丹峰、后洋陈）、城西（城西、墙里）、城中（城中、坝头）、溪北、城东、城南（蒋家、黄狗盘）、黄埠突（黄埠突、大湖塘）、新港（下山、斗门头岗）、寺后、联合（中央坝、洋庄、马家山）、善岙杨（善岙杨、善岙渡头）、善岙蒋（善岙蒋、刺棚坑、外岗头、马鞍鸟头、山里庵、大屿）、里田湾（上屋、下辽、外湾、下坎、隔岸、乐云钻、毛洋）、上坑、下坑、下达田、上坎头、谢家、松门、湘山（中村、九年、三年）、山陈、山董、统建（新屋、后地、民塘岸、外房）、西岙、新场、石岩、奚家岙、岱阜里、岱阜外、小坑（小坑、下洋李、下岙周、上黄、桥外王、尤家、坑下）、悬渚、外俞（外俞、悬渚陈、慈胜）、方卢、梅村（梅村、园洋）、北山、后郭、前郭、南岙、下谢（下谢、岙里）
海润街道	滨港路3号		行政村25个，自然村33个	鲍家（鲍家、梅叶）、王家、祁家、许家塘、葫芦岙、晏农（晏农、大庵）、晏渔、上枫坑（上枫坑、三山、何家）、下枫坑、潺岙（潺岙、戴家）、头岙、东陈、林家洋、孙家、岭脚陈、隔坑、园里（园里、江边山）、西严、东严、上林、后林、叶家（叶家、三里严）、长湾、正屿、涛头（大涛、小涛）
沙柳街道	清溪西路38号		行政村34个，自然村46个	沙柳、西坑（西坑、白岩）、龙头背（龙头背、岭脚）、东坑（东坑、仙人坪）、金板山（金板山、天堂、水口）、卢林（东山头、里庵）、书带看（书带看、大山）、汪家洋、前王、路上周、路下周、淡竹岙、坎头杨、溪头杨、殿后、后周、道岸头、上岙、华山（华山、西陈）、前店（前店、前山）、青叶、东头、卢家塘、大周、曼岙（曼岙、风闪坑）、南亭、外黎（外黎、塘里）、姚家（姚家、田洋）、板樟山、岙里王、大家园、下南山、后山周、流洋

续表 5

乡镇	机关驻地	社区（居委会）	村数	行政村（自然村）
珠岙镇	珠溪路 3 号		行政村 79 个，自然村 102 个	姜家山、樟树下、吕岙、横山、石马、下洋（下洋、马家、沙岸）、溪下、上方、岭口、岩坑（外岩坑、里岩坑）、娄坑、铺里、岗后、外田湾、上胡、下胡、下桃山、珠岙、里塘、坎头、后辽丁、岙兴、香山、祥里（祥里、东园、塘岙、彭家）、西陈、岭里、张家（外张家、里张家）、韩联、山王头、岙底谢、柿树湾（柿树湾、中央线）、文明、王石（王石、石朗山）、岗头（岗头、石桥头）、大朗头、洋郎、里桃、大马山、石壁山、岩下徐（岩下徐、里桐、外桐）、小桐岩（小桐岩、王殿、涨潮）、珠萃屏、桐岩李、双门岩（双门岩、大麦坑、石地栿、隔岸山）、竹墩、梅坑、后畈、岙坑（岙坑、下回山）、双楼、独山、西塘、高枧（高枧、陈吴岙）、胡村、严家岙（严家岙、举目桥）、三板桥（三板桥、竹家山）、石坑、上界溪、下界溪（下界溪、王田）、青里岙、外坑、东谢、吴岙、桥下、隔水（隔水、山后）、陈岙、大平头、菜湾、油麻岭、长岗、西吴、黄罗、小岙、支下、周家、楼下、明姚、格岭、塘岙、锁岩
亭旁镇	宁和路 280 号		行政村 106 个，自然村 144 个	包家、杨家（杨家、小路头、上蔡）、前楼、坑下、岙楼、任家、下岙、上鲍、叶家庄、寺前岩、王村（王村、塘下坵、下蒋）、狮岭（狮岭、园洋）、上岩、上蒋、唐家岙、石滩（石滩、朱模）、陌更、花湾、半岭、百亩头、石头岙（石头岙、半岭、箬笼岩）、下路朱、上卢（上卢、坟庵）、马村、邵下、邵上（邵上、岩头、缸窑）、外陈、里陈、上钱、徐家、山根邵、东王（东王、沙地）、下里金、湫水下叶（湫水下叶、上山、水孔山）、山上任（山上任、老王山）、坑洪、潘家、汪家、格水邵、庄基、中口（中口、中口堂）、应家、刘家（刘家、早田洋）、铁场、西山、板沸、山上杨（山上杨、下庄、岭根、梅家坑）、枧头（枧头、下洋）、山后芦（山后芦、外山王）、小林山、下高、上高、坝头（坝头、湖头园）、胡家、郑家（郑家、大龙岭）、里金、梅坑杨、下吴、上任郑（上任郑、上任梅、上任庵、坦湾）、梅坑胡、金干村、湖头徐、桃山、佃石（佃石、佃石山脚）、芹溪、楼下郑、外洋马、沙湾、路四坑、南溪（南溪、黎家山）、叶家山、申改卢、石门坑、桥头胡、王家庄、东湖、葫芦田、上段（上段、石柱下）、下湾、上梓、方田、周山、韩家（韩家、五水岙）、龚家、赖岙、百两岗、便岭坑、鳌岗（鳌岗、大尖、王家山、鸟田、半岭堂）、项家山、山头王、下梅、上梅、横路、坑河、山头平、何家（何家、路上黎）、祝家（祝家、外祝）、郭岙、赖家、界岙、彭家、外楼、大溪下、坐塘、里洪、挂帘（挂帘、山头）

续表 5

乡镇	机关驻地	社区（居委会）	村数	行政村（自然村）
健跳镇	望海路 48 号	健中、沿港、三良	行政村 71 个，自然村 133 个	健农、健渔、西山头、八村（蟹山脚、沙木岙、沙木塘、山头）、猫头（大猫头、小猫头、大黄礁、小黄礁、大路湾）、峧头（峧头、塘里壁、王门、岭头、后坑、张家岙）、平岩、外岗（外岗、老屋、长沙）、龙山（北沙、足市、龙肚沙、山头、龙脚）、大蛟龙（大蛟龙、小蛟龙、东郭门）、白岩前（白岩前、梅家岙）、东边（东边、刺涂、上山）、西边（西边、金鸡塘）、西郭、洋溪、田里、里岙（里岙、陈家、王家）、上陈（上陈、岙里）、下店、梅山、洋市（洋市、田龙、廿四箩）、里七市、外七市（外七市、高湾、中央塘）、上七市、浮门、大塘（下蓬厂、山亩、园山里、上蓬厂、八亩田、市弄塘、流塘、西岙、锁门）、岙口塘、岙口（岙口、南山）、田岙、毛张（毛张、里加畔、石桥）、毛叶（毛叶、毛王、山门坑）、大宅、小宅（小宅、肖湾）、上街、中街、下街、刘塘墩、十八庄（十八庄、犁头垸）、乾墩、新塘岙、山后塘、天字号、南新、南丰、手字垸、尖坑山、乾岙（乾岙、山后）、鸟屿（鸟屿、猪头岩塘）、盖门塘、前潭（前潭、河头）、下洋潭（下洋潭、南洋厂）、大湾（大湾、相公殿）、狮子头、里峙、大冲、前墩（前墩、上岙）、小蒲（小蒲、郑公山）、西渡（西渡、西渡庄、种子场）、巡检司（巡检司、小蒲店）、赤礁（赤礁、西渡陡门）、峋岩（峋岩、塘岸、下峧、昌塘）、上敖（上敖、小牛湾）、三岔、花市、繁荣、马庄、地字号、永丰、盐灶（盐灶、田湾）、门头、赤头
横渡镇	横渡街 28 号		行政村 22 个，自然村 44 个	大横渡（大横渡、许家山、横渡刘、上王、石燕）、铁强（铁强、托岙、下罗）、白溪（白溪、碧潭、上陈）、南豪、石仓岙、深土洋、小横渡（小横渡、下山头、麻岙）、岭根陈（岭根陈、唐家、庄四岙）、上房（上房、快岙里）、快岙、岩下、溪洋（小溪、千洋）、桥头、善见、岩下潘、王岐庄（王岐庄、丈家坑、东吴、峙洋）、松树坑（松树坑、里岙）、木里湾（木里湾、苎麻厂）、东屏（东屏、大岙坑、上角头、水坑）、坎下金、南林、长林
花桥镇	广场路 88 号		行政村 34 个、自然村 57 个	花桥、八岭头、长山头、王申坦、岔坑、银山（银山、麻坑、黄泥头）、寺前（寺前、某名头、西坑岙、溪头方、下路廊）、两头门、上宅（上宅、甘东岙）、下洋毛（下洋毛、大村）、舒岐（舒岐、上施、兰田）、溪头、双洋（上洋、上潘洋、六房）、上潘、方前（方前、西山）、吴都（吴都、小岭）、李岙、茗岙、上郑、上旺（上旺、下路头）、岭南、芝岙（芝岙、下谢、下里）、下岙方（下岙方、上盘）、海头、上苏、白湾、东岙、岭下舒、关头、八岭、李家岙、蒲峰（蒲峰、流水岩、外塘、方家）、栅下（栅下、北岙）、白连（白连、南岙）

续表5

乡镇	机关驻地	社区（居委会）	村数	行政村（自然村）
浦坝港镇	盐城路3号	新城	行政村93个；自然村186个	东浦（东浦、路头王）、西浦、西里（西里、高岭、下庄、小金山）、两头塘（两头塘、坝头马、中央坝）、圩岙（圩岙、西湾）、六村（山下张、姜家、路上、岭上、南山）、后陈（后陈、岩下洋、唐家、横坑、连盘头）、仙岩（仙岩、下洋黄）、下岙堂、黄金坦、古松（下古松、上古松、王间塘）、丁山脚（丁山脚、中央港、三份头、富窑厂、格港、大斗门、小斗门）、河里（河里、河外）、双墩、新塘（新塘、林家塘、蟹山后、龟峙）、龙坑（龙坑、潘家、大井头）、岩岙（大岙、岩头）、小湾（小湾、下岙）、山里、山上、里宅（里宅、北坑）、渔西、贺家（贺家、戴家）、金岙（金岙、虎门孔）、前山（前山、李家）、上洋、武曲（武曲、下洋山）、草头、木杓、桃峙（桃峙、大泥湾）、鹤井、长浦庄、下畔、下山（上湾、外塘、下湾、下盘岭）、泗淋、下港、庄王、山头郭、山下、泗淋塘、金家峙、蒲岙、下院、下道头（下道头、娘娘宫、闸门）、上道头、念峙塘（大塘、九念、寺头洋）、洋底（洋底、东岭、山前塘）、西庙、赤坎、大域、小官塘、下洋墩（下洋墩、大金山、长坝头）、三角塘（三角塘、老鼠峙）、海山、罗石（石桥、罗家、上石桥、峙山下、万户塘、八岙里、墩根）、小渔西（岭脚、张家、北坑）、钳口（钳口、里塘、钳口墩）、小岭下、从岙（从岙、上从岙）、郑畔（下畔、大郑）、佳岙、沿江（沿江、沈加王、下岙）、跃进、胜利、王沙、官塘、长田（长田、吴形）、金家岙、小雄（小雄、路下）、毛洋（上毛洋、下毛洋）、五支岙、浦坝、东湾（东岙、下湾）、高湖、坑林、南岙陈、张司岙（张司岙、花堂）、石门、庙屿（朱家、方家、张家）、梅岙（梅岙、王沙堂、前山、下岙）、南山（南山、上大桥、下大桥）、滩头（滩头、中保、岩头谢）、埠头、岙底方、五小柱（姑嫂臼、塘边、外坦、后塘、大岙）、山场、西岑（西岑、林家岙、东岙）、塔坑（塔坑、金家、隔溪）、胡家峙（胡家峙、横祠堂）、麻车坑（金家山、界岸、瓦坦、下塘屋）、上董、茂林、蜍下（蜍下、麻岙、前山、上严）
蛇蟠乡	渔光曲路170号		行政村6个，自然村10个	山前、山后（山后、市门、孝头）、黄泥洞（黄泥洞、上岩头、老人岩）、邵亭、彭坝、中南

第二编 行政区划和居民点地名

第一章 海游街道

第一节 概况

海游街道 [Hǎiyóu Jiēdào]

地理位置 位于北纬 29°01′16″~29°08′41″，东经 121°18′10″~121°30′36″之间，地处县境西北部，东连海润街道，南接亭旁镇，西邻珠岙镇和宁海县桑洲镇，北毗沙柳街道。

政区概况 地处交通枢纽，水陆两通，交通便利。甬台温高速、上三线高速、S224 省道、岭枫一级公路交汇境内，甬台温铁路穿境而过。走水路，北可通宁波、上海，南可达温州、厦门。是三门人流、技术流、信息流、资金流最密集的核心城区，也是全县政治、经济、文化、交通、商贸中心，为三门县人民政府驻地。先后荣获国家级生态镇、国家级卫生县城、省级森林城镇、省级示范文明城市、省级文明街道等荣誉称号。街道办事处驻珠海路 1 号。

海游街道空间结构为“一区三片、一轴三带”。“一区”指城市中心区，由行政中心、心湖公园和商贸中心组成；“三片”指大湖塘新区、老城区和西区三片居住生活区；“一轴”指由行政中心、心湖公园、商贸中心广场、商业步行街构成一条贯穿新区南北的城市主轴线；“三带”指珠游溪、亭旁溪、石羊溪三条生态带，体现海游街道的山水城市特色。

海游为丘陵地区，地势四周高，中间低，南北山峦耸峙对立，屏障县城，山岩挺秀，森林葱郁，岗岭相连，溪流纵横。境内最高峰为西北部的双尖山，海拔 523.3 米。珠游溪自西南入境，成“7”字形转东南入海游港。亭旁溪自南流经境内，入海游港出海。溪流两岸为河谷平地，地势平坦，土壤膏腴，良田连绵，阡陌纵横。境内东南地形似喇叭口，为出海之要道，地势开阔，塘坝围转，海游港至此入海。街道面积 72.5 平方公里，农用地面积 7.22 万亩，其中耕地面积 0.18 万亩，森林面积 7.1 万亩，森林覆盖率 62.6%。

历史上海游是个连年遭受水灾的地方。珠游溪、亭旁溪上游大面积的集雨区是高山峻岭，中游又多峡谷约束水势，水位涨落变化很大。每逢 8 月、9 月台风季节，加上大潮汛，珠游溪、亭旁溪水势凶猛对海游威胁很大。历史上曾有过几次大水冲决堤坝，进入境内，积水数尺，房屋被冲塌，财产被淹没，物资被冲走，给人民带来惨重的损失。为防止水患，党和人民政府曾三次组织人民修坝固堤，截弯取直，疏浚海游港，加宽港面，加速洪水排泄，消灭洪涝灾害，造福人民。现在，水患被基本制服。

政区划分 辖龙山、石羊、平安，广润、蟠龙、上叶、心湖 7 个社区，城北、联合、寺后、城西、丹峰、城中、溪北、城东、城南、黄埠突、新港、善岙杨、善岙蒋、下达田、湘山、田里湾、松门、谢家、山陈、上坎头、下坑、上坑、山董、西岙、统建、悬渚、外俞、方卢、新场、石岩、奚家岙、小坑、岱阜外、岱阜里、后郭、前郭、梅村、北山、南岙、下谢 40 个行政村，75 个自然村。

政区沿革 唐武德四年（621 年），置宁海县，县治设海游。清雍正六年（1728 年）前属宁海县仙岩乡，后属宁海县南乡海游庄、上叶庄、悬渚庄。1928 年属海游镇。1949 年 2 月 17 日三门解放，成立海游镇人民政府。1950 年分属海游镇及上叶、悬渚、葛岙 3 个乡。1956 年调整为海游镇和悬渚、头岙、葛岙 3 个乡。1958 年改建为管理区。1961 年改制为公社。1966 年增设上叶公社。1981 年分建水上亭、光明、石羊、南山、桥南、龙山6个居委会。1983年改建海游镇和上叶、悬渚、头岙、葛岙4个乡。1992年5月将上叶、悬渚、头岙3个乡的全部辖区和葛岙乡的王家、祁家、晏农、晏渔、许家塘、鲍家、葫芦岙7个村并入，海游镇辖6个居委会，57个村。2003年10月，撤销6个居民区改为广润、蟠龙、平安、石羊、龙山5个社区。2004年珠岙镇的北山、前郭、后郭、梅村、南岙、下谢6个村并入，全镇辖5个社区，63个村。2013年11月行政区划调整，撤销海游镇建制，分设海游、海润两个街道。2014年4月成立心湖、上叶社区，海游街道辖7个社区，40个村。

名称由来 据清《广润重兴记略》记载："（东晋）兴宁间（363—365年），有昙猷禅师少苦行习禅观，尝乘枫槎游溟渤，从南海游入正屿，西望石城山顶，瑞云凝盖。抵岸，弃槎于山之麓，即今之枫槎岭也。复觅瑞云之巅，辄卓锡其下，今海游之称，因师海游而得名焉。"此为海游名称来历之唯一记载。古有"海国山城""海市上游"之称。

气候灾害 海游街道属亚热带海洋性季风气候，四季分明，温暖湿润，雨量充沛，无霜期240天左右。每年春季以后，雨水渐多，以春雨、梅雨和台风雨为主。夏季气温较高，晴热少雨，易发生伏旱。秋季天气凉爽，常遇台风登陆，带来狂风暴雨，有时又受大潮影响酿成洪涝灾害。冬季比沿海地区稍冷，空气干燥，降雨量少，时有霜雪。

人口状况 总户数25104户，人口73354人，其中男性37117人，城镇人口63206人。人口密度为每平方公里765.63人，自然增长率8.61‰。

社会经济 海游街道一直是县域经济发展的龙头，经济结构以工业为主，拥有机电、橡胶、汽车零部件、工艺、造纸等五大支柱产业，三变、浦东、腾龙、三维、海啊等32家重点骨干企业，还有3家市级农业龙头企业，5家县级农业龙头企业。2016年实现工业总产值95.9亿元，财政总收入12.2亿元，其中地方财政收入8.7亿元，国税收入3.5亿元。城镇居民人均可支配收入34771元，农村居民人均可支配收入18788元。街道以首府广场、西城广场、三门装饰城等为综合平台，快速推进商贸区建设，餐饮娱乐、商贸流通、大型连锁超市多种业态竞相发展，深入推进"电商换市"，餐饮、娱乐、休闲和物流配送等配套设施建设不断完善。

公共文化、教育、卫生和社会福利设施齐全，辖区有中学6所，小学7所，职业中等学校1所，特殊学校1所，幼儿园25所，另还设有浙江电大三门学院（三门县教师进修学校）。医疗卫生方面，除规模较大、设备齐全的三门人民医院（中医院）外，还设立有疾病预防控制中心、妇幼保健所、卫生监督所、海游街道社区卫生服务中心及下辖9个社区卫生服务站。社会保险覆盖面不断扩大，农村居民参保率98.8%。

人文胜景 海游山川秀丽，景色宜人，名胜古迹有南山风景区、心湖公园、蟠龙公园、罗适墓、广润寺千佛楼、精秘庵、下岙周古村落、章一山纪念馆等，悬渚俞氏家庙被公布为省级文物保护单位。海游六兽、小坑狮子拳被列入省级非物质文化遗产保护名录，民间舞蹈山董狮舞、海游马灯、坑下龙凤舟，民间曲艺上叶道情、悬渚道情被列入市县非物质文化遗产保护名录。

历史上著名人物有北宋水利学家罗适、南宋熊安节度使黎公夷，明代隐士叶兑、福建都司指挥使章黼，清末民国初教育家章祖荫、著名学者章梫、实业家章亮元、北伐烈士陈韶、著名中医叶高广，近现代有中共早期党员蒋如琮、毕生献身教育事业的俞岳、杰出外交家章文晋、三门县人民政府第一任县长俞圣祺等。

第二节 社区

平安社区 [Píng'ān Shèqū]

位于海游街道北部。东至新兴街与化肥厂职工宿舍东侧，南至广济路，西至松门村、上坎头村，北至琴江山庄山脚。社区2003年9月设立，辖小区16个，有居民2737户，7311人，面积2.8平方公里。区内有海游街道办事处、职业中等专业学校、琴江山庄等单位。社区界线清晰，建筑整齐有序，区内有紧靠西山的居民小康楼、县府集资房、教师集资房及相关单位的集资房，居民居住较为集中，是县内外人士旅游休闲的理想场所。以辖区内平安路而得名。

蟠龙社区 [Pánlóng Shèqū]

位于海游街道中部。东至海游街，南至南山脚及岭枫公路，西至新兴街与光明路接线，北至上洋路与人民路接线。社区由原南山居委会与光明居委会部分区块整合而成，辖小区19个，居民1178户，3017人，区域面积1.8平方公里。区内有建设银行、农业局、邮政局、电信局、供电局、城关中学、电大三门学院（教师进修学校）、南山幼儿园等单位。社区紧靠南山风景区，有蟠龙公园、老干部活动中心、体育馆、电影院等，是居民休闲和文体娱乐的主要活动场所。2003年9月设立，以辖区内蟠龙公园而得名。

广润社区 [Guǎngrùn Shèqū]

位于海游街道东北部。东至善岙蒋村，南至珠游溪，西至化肥厂职工宿舍东侧，北至沙柳街道辖区交界线。社区为原桥南居委会辖区，辖小区9个，居民2821户，8265人，区域面积1.5平方公里。区内有三门中学、外国语小学、武警中队等单位。社区内村庄较多，有溪北、联合、寺后、新港等村，界址清晰，划分明确。居民分布较散，呈凸字型，临溪沿线长，是一个文化气息较浓厚的社区。2003年设立，以辖区内广润寺遗址而得名。

龙山社区 [Lóngshān Shèqū]

位于海游街道东部。东至人民路，南至朝晖路，西至海游街，北至环城东路（防洪大坝）。社区辖小区17个，居民1393户，3551人，区域面积1.3平方公里。内有海游街道中心小学、机关幼儿园、县人民医院、县疾控中心等单位。该区医疗卫生机构集中，城东村居民都集居在该区域，人口密集，是海游街道人口最集中的一个社区。第三产业比较发达，拥有中心市场、城东综合市场、水果批发市场、青蟹市场以及众多餐饮店和旅馆。以境内龙山（今名南山）得名。2003年，以1981年设立的龙山居委会改设。

石羊社区 [Shíyáng Shèqū]

位于海游街道中部。东至海游街，南至人民路、新兴街与上洋路接线，西、北至环城中路。社区由原水上亭居委会、石羊居委会大部分区块整合而成，辖小区17个，居民2244户，5933人，区域面积0.9平方公里。区内有建设规划局、广播电视台、实验小学、海游镇幼儿园等单位。区域呈板块型，人口密集，村居较为混杂，是丹峰村、城中村等村民的集居地。以境内石羊溪得名，据民国甲寅年《章氏族谱》记载："大宗祠前有石羊，宋丞相叶梦鼎造坟广润寺所遗，遂以名溪。"昔人有诗句云："华表空传人化鹤，澄溪尚有石称羊。"

上叶社区 [Shàngyè Shèqū]

位于海游街道西南部。东至统建村、松门大桥，南至西岙村，西至西四路，北至广济路。辖小区4个，居民1318户，3523人，区域面积3.2平方公里，区内有敬老院、第二高级中学等单位。上叶社区企业厂矿集聚，外来人口集中，交通便利，是三门县入城口地区。以位于上叶片得名，2014年设立。

心湖社区 [Xīnhú Shèqū]

位于海游街道东南部。东至S224省道，南至石岩桥，西至新场、黄埠突村，北至珠游溪。辖小区29个，居民2235户，5618人，区域面积2.6平方公里，区内有县行政大楼、行政审批中心、检察院、国税局、民政局等单位。心湖社区为县政府所在地，是三门县新发展的新城区，居民集中，餐饮、宾馆、娱乐等生活配套设施齐全，是一个商业气息较浓的社区。以境内心湖公园得名，2014年设立。

第三节 行政村及自然村

城北村 [Chéngběi Cūn]

以村民委员会驻地城北得名。辖城北1个自然村，5个村民小组，359户，1182人。行政区域面积2.08平方公里，其中耕地面积10.66公顷。村集体经济总收入474.72万元，固定资产合计5024.98万元。

城北 [Chéngběi]

位于海游街道驻地东北1.3公里。地处双尖山东南麓，地势西北向东南倾斜，聚落为不规则的块状，属溪谷平地。东南毗珠游溪，西北靠城北山脚，西南邻江山华府小区，东北接安居小区。

村居海游后边（北边），原祖先姓黎，故名后角黎，1982年更名“城北”。清属宁海县南乡海游庄。民国属海游镇。l949年解放后属海游镇。1954年至1955年先后成立欢喜、章必桂初级社，1956年合并转为抗美高级社。1958年冬属海游镇管理区。1961年10月属海游镇人民公社抗美大队，1982年更名为城北大队。1983年属海游镇城北村民委员会。2013年11月属海游街道。

联合村 [Liánhé Cūn]

由中央坝、洋庄、马家山3个自然村联合组成而得名。辖洋庄、中央坝、马家山3个自然村，3个村民小组，160户，513人。行政区域面积1.9平方公里，其中耕地面积24.03公顷，林地面积112.25公顷。村集体经济总收入5.52万元，固定资产合计154.1万元。

中央坝 [Zhōngyāngbà]

村民委员会驻地。位于海游街道驻地东北2.7公里。东为洋庄自然村，南毗马家山自然村，西近溪北村坝头自然村，北邻三门中学。点状聚落，呈散列式分布，属河谷平地。这里原为大街塘塘田，有外坝、里坝、中央坝三条堤坝。解放初，陈姓人从大平山头迁住中央坝，始建新村，并以“中央坝”为村名。清属宁海县南乡海游庄。民国属海游镇。解放后属海游镇。1955年成立洋庄、马家山初级社，1956年并入寺后高级社。1958年冬属海游管理区。1961年10月以洋庄、中央坝、马家山3个自然村联合组建联合大队，属海游公社。1983年9月寺后分出，以洋庄、中央坝、马家山3个自然村组成联合村民委员会，属海游镇联合村。2013年11月属海游街道联合村。

洋庄 [Yángzhuāng]

据传，该村原为杨姓居住，庄以姓得名。后因天灾人祸，杨姓人外迁谋生，海游章、叶两姓迁入，改名洋庄。为点状聚落。据清光绪《宁海县志》卷三载，洋庄，清属宁海县南乡海游庄。民国属海游镇。解放后属海游镇。1955年成立洋庄初级社，1956年并入寺后高级社。1961年属海游公社联合大队。1983年属海游镇联合村。2013年11月属海游街道联合村。

洋庄曾是中共地下党重要活动地点。1942年7月18日晚，浙东区党委委员刘清扬、台州特委组织部部长郑嘉治正准备在此召开主要干部会。夜10时左右，突然事发，住在海游桥头金、坝头两地的7位同志被俘，刘、郑两同志在群众掩护下逃出险境。

马家山 [Mǎjiāshān]

位于海游街道东部的马家山（又名花坟山）脚，左有垒石岩，右卷洞坑，前对望海楼。聚落呈点状。1955年与中央坝合办马家山初级社，1956年并入寺后高级社。1961年属海游公社联合大队。1983年属海游镇联合村。2013年11月属海游街道联合村。

据《三门年鉴》载，村东南有罗适墓。山麓有岩，号“慈母石”，盖罗适尝于此哭母，故名。

寺后村 [Sìhòu Cūn]

位于广润寺后面，故称寺后。辖3个村民小组，164户，511人。行政区域面积1.36平方公里，其中耕地面积18.76公顷，林地面积99.76公顷。村集体经济总收入7.05万元，固定资产合计180.18万元。

寺后 [Sìhòu]

位于海游街道驻地东北3.1公里。地处将军山南麓，地势东北向西南倾斜，属山间平地，聚落为块、点状混合分布。东靠大平山，西邻三门中学，南毗联合村，北至海游岭。清属宁海县南乡海游庄。民国属海游镇。解放后属海游镇。1955年成立寺后初级社。1956年与洋庄、马家山（包括中央坝）初级社合办寺后高级社。1958年冬属海游镇管理区。1961年10月属海游镇人民公社联合大队。1983年建寺后村民委员会，属海游镇。2013年11月属海游街道。

村前广润寺，为晋代古刹。兴宁年间（363—365年），敦煌僧昙猷始创，规模宏大，夙称胜地。现存千佛楼一幢，余均为三门中学高楼大厦所取代。

城西村 [Chéngxī Cūn]

以村民委员会驻地城西得名。辖城西、墙里2个自然村，7个村民小组，439户，1181人。行政区域面积1.69平方公里，其中耕地面积2.14公顷，山林面积57.51公顷。集体经济总收入158.6万元，固定资产合计1467.1万元。

城西 [Chéngxī]

村民委员会驻地光明路17号。位于海游街道驻地东1.1公里。地处章家山（丹峰山）之北，西山之东，地势平坦。东靠丹峰村，西毗山陈村，南至龙山脚，北临珠游溪。原名上西，土改时改名翻身。清属宁海县南乡海游庄。民国属海游镇。解放后属海游镇。1955年成立道修、启明、贤兆等5个初级社，1956年合并转为胜利高级社，并与墙里初级社合办翻身高级社。1958年冬属海游镇管理区上西生产队。1961年10月上西生产队分设胜利、翻身2个大队，该村属海游镇人民公社翻身大队，因重名，1982年更名城西大队。1983年改建为城西村民委员会，属海游镇。2013年11月属海游街道城西村。

墙里 [Qiánglǐ]

位于海游街道西山东麓。为不规则的块状聚落。据清光绪《宁海县志》卷三载，墙里，清属宁海县南乡海游庄。民国属海游镇。解放后属海游镇。1954年成立墙里初级社。1956年并入翻身高级社。1962年属海游镇人民公社翻身大队，即后之城西大队。1983年属城西村民委员会。2013年11月属海游街道城西村。村以墙里殿命名。原殿四周有围墙，庙内奉章氏始祖太傅公及二校像。

丹峰村 [Dānfēng Cūn]

以村民委员会驻地丹峰得名。建于1983年，辖丹峰、后洋陈2个自然村，5个村民小组，350户，1239人。行政区域面积1.39平方公里，其中耕地面积6.5公顷，林地面积38.2公顷。村集体经济总收入266.92万元，固定资产合计5929.12万元。

丹峰 [Dānfēng]

位于海游街道驻地东1.3公里。地处丹峰山北侧，地势平坦。东毗城中村，西邻城北村，南至光明路，北至珠游溪。村原属上西村，1961年分建后取名胜利村，1982年更名为丹峰村，以丹峰山命名。据民国《章氏宗谱》载："丹峰，土名章家山，一峰峭拔秀丽端庄……相传葛稚川炼丹于此，其上有丹井、丹灶遗址。"清属宁海县南乡海游庄。民国属海游镇。解放后属海游镇上西村。1955年成立道修、启明、贤兆3个初级社，1956年合并成立胜利高级社。1958年冬属海游镇管理区上西生产队。1961年10月上西生产队撤销，分建翻身、胜利2个大队，该村属海游镇人民公社胜利大队，即后之丹峰大队。1983年属海游镇丹峰村民委员会。2013年11月属海游街道丹峰村。

后洋陈 [Hòuyángchén]

位于后洋陈路北端，因陈姓人居住，故名。据宗谱载，始祖陈熙，号二耆，因避乱，于后唐庄宗同光二年（924年）自健跳浮门泛舟至海游豺豹山下山弯居住，后迁后洋陈。此地旧有后洋陈殿，又名双溪庙。庙有石人，像极魁梧，为南宋丞相叶梦鼎造坟广润寺所遗。清属宁海县南乡海游庄。民国属海游镇。

解放后属海游镇上西村。1961年10月属海游镇人民公社胜利大队，即后之丹峰大队。1983年属丹峰村民委员会。2013年11月属海游街道丹峰村。

城中村 [Chéngzhōng Cūn]

以村民委员会驻地城中得名。建于1983年，辖城中、坝头2个自然村，7个村民小组，483户，1386人。行政区域面积2.01平方公里，其中耕地面积12.67公顷，林地面积99.19公顷。村集体经济总收入274.16万元，固定资产合计1598.63万元。

城中 [Chéngzhōng]

村民委员会驻地。位于海游街道驻地东1.4公里。地处南山北侧，珠游溪南岸，地势平坦。东至海游街，西靠丹峰村，南至南山脚，北临珠游溪。因村处县城中心，故名。清属宁海县南乡海游庄。民国属海游镇。解放后属海游镇。1954年成立桔树园、大道地2个初级社。1956年与坝头村合办保家高级社。1958年冬属海游镇管理区。1961年10月属海游镇人民公社保家大队。1966年改名为红卫大队。1982年改名为城中大队。1983年改建为城中村民委员会，属海游镇。2013年11月属海游街道城中村。

坝头 [Bàtóu]

位于珠游溪北面，老乌山东麓。聚落呈点状。据清光绪《宁海县志》卷三载，坝头，清属宁海县南乡海游庄。民国属海游镇。1949年解放后属海游镇。1954年加入大道地初级社。1956年并入保家高级社。1958年冬属海游镇管理区。1962年属海游镇人民公社保家大队，即后之红卫大队和城中大队。1983年属海游镇城中村。2013年11月属海游街道城中村。

坝头自然村是中共地下党台州特委的重要活动地点。台州（北）党的第一次会议于1941年10月间在此召开。

溪北村 [Xīběi Cūn]

以村民委员会驻地溪北得名。建于1983年，辖溪北1个自然村，4个村民小组，226户，647人。行政区域面积1.11平方公里，其中耕地面积8.26公顷。村集体经济总收入209.57万元，固定资产合计1207.01万元。

溪北 [Xīběi]

位于海游街道驻地东1.8公里。地处石羊溪之北而得名。地势平坦，东至马家山，西毗外国语小学，南临石羊溪，北邻联合村。清属宁海县南乡海游庄。民国属海游镇。解放后属海游镇。1951年分建为2个村，该村取名“卫国”。1954年成立章正法、章思区2个初级社，1957年合并转为卫国高级社。1958年冬属海游管理区。1961年10月属海游镇人民公社卫国大队。1982年沿用溪北原名，更名为溪北大队。1983年改建为溪北村民委员会，属海游镇。2013年11月属海游街道。

城东村 [Chéngdōng Cūn]

以村民委员会驻地城东得名。建于1983年，辖城东1个自然村，9个村民小组，325户，935人。行政区域面积2.42平方公里，其中耕地面积18.58公顷，林地面积29.62公顷。村集体经济总收入955.96万元，固定资产合计2443.47万元。

城东 [Chéngdōng]

位于海游街道驻地东1.7公里。地处南山东北麓，地势平坦。东毗新港村，西邻城中村，南至城南村，北与溪北村相邻，村民委员会驻地海游人民路147号。原名溪南，因地处石羊溪南岸，故名。清属宁海县南乡海游庄。民国属海游镇。解放后属海游镇。1955年成立和平初级社。1956年下山村并入，联办和平高级社。1958年冬属海游镇管理区。1961年10月下山村分出，该村建立溪南大队，属海游镇人民公社。1966年改名东风大队。1982年以村居县城东部，更名为城东大队。1983年改建为城东村民委员会，属海游镇。2013年11月属海游街道。

城南村 [Chéngnán Cūn]

以村民委员会驻地城南得名。建于1983年，辖蒋家、黄狗盘2个自然村，7个村民小组，217户，680人。行政区域面积1.43平方公里，其中耕地面积12.15公顷，林地面积94.51公顷。集体经济总收入8.89万元，固定资产合计319.12万元。

蒋家 [Jiǎngjiā]

村民委员会驻地。位于海游街道驻地东南2.1公里。地处丹峰山（章家山）东麓。地势西南向东北倾斜。东至城东村，西临南山脚，南毗黄埠突村，北靠南山洞口。清属宁海县南乡海游庄。民国属海游镇。解放后属海游镇。1955年成立解放初级社，1956年与黄埠突初级社、黄狗盘互助组合办解放高级社。1958年冬属海游镇管理区。1962年属海游镇人民公社解放大队。1982年恢复蒋家原名，称城南大队。1983年黄埠突和大湖塘分出，该村称城南村民委员会，属海游镇城南村。2013年11月属海游街道城南村。

黄狗盘 [Huánggǒupán]

村后一山，形似黄狗盘躺，故称黄狗盘。聚落呈点状。1956年加入蒋家解放高级社。1983年属海游镇城南村。2013年11月属海游街道城南村。

黄埠突村 [Huángbùtū Cūn]

以村民委员会驻地黄埠突得名。位于海游镇东南部。建于1983年，辖黄埠突、大湖塘2个自然村，4个村民小组，102户，324人。行政区域面积0.38平方公里，其中耕地面积0.66公顷，林地面积11.46公顷。集体经济总收入14.7万元，固定资产合计101.88万元。

黄埠突 [Huángbùtū]

村民委员会驻地。位于海游街道驻地东南2.4公里。地处黄狗盘山东麓，地势西向北倾斜。东临石羊溪，西毗城南村，南邻新场村，北至城东村。1955年成立黄埠突初级社。1956年与蒋家初级社、黄狗盘村合办蒋家村解放高级社。1962年属海游镇人民公社解放大队，即后之城南大队。1983年与城南分设，建黄埠突村民委员会。2013年11月属海游街道黄埠突村。

大湖塘 [Dàhútáng]

位于大湖塘新区国土大楼处，已搬迁。原在海游新、老两港分支又汇合的中间，地势低洼，经常积水似大湖。围塘垦种后，取名大湖塘，村亦以此得名。

新港村 [Xīngǎng Cūn]

位于海游街道东偏南。以地滨海游新港，故名。建于1983年，辖下山、斗门头岗2个自然村，3个村民小组，118户，377人。行政区域面积0.55平方公里，其中耕地面积3.21公顷，林地面积28.76公顷。集体经济总收入4.8万元，固定资产合计54.48万元。

下山 [Xiàshān]

村民委员会驻地。位于海游街道驻地东偏南2.7公里。地处花坟山（马家山）西南麓，地势东北向西南倾斜，聚落为不规则的块状，属河谷平地。东邻斗门头岗，南临海游港，西至溪北村，北毗马家山自然村。清属宁海县南乡海游庄。民国属海游镇。解放后属海游镇。1955年成立下山初级社。1956年与斗门头岗村并入溪南村（城东村）和平高级社。1958年冬属海游镇管理区。1961年10月从溪南村分出与斗门头岗村合建建设大队，属海游公社。因重名，1981年8月更名为新港大队。1983年改称新港村民委员会，以村民委员会驻地新港而得名。2013年11月属海游街道。据传，早年有一户人家，住此管山。因山处于海游下方，故称下山。

斗门头岗 [Dòuméntóugǎng]

已无人居住。位于海游港陡门边，因地势较高，故名陡门头岗，后谐音为斗门头岗。解放后属下山村。1955 年加入下山高级社。1962 年属建设大队，即后之新港大队。1983 年属海游镇新港村。

善岙杨村 [Shàn'àoyáng Cūn]

以村民委员会驻地善岙杨得名。建于 1983 年，辖善岙杨、善岙渡头 2 个自然村，4 个村民小组，425 户，1320 人。行政区域面积 1.41 平方公里，其中耕地面积 21.11 公顷，林地面积 82.8 公顷。集体经济总收入 24.14 万元，固定资产合计 1714.27 万元。

善岙杨 [Shàn'àoyáng]

位于海游街道驻地东 3.6 公里。地处花坟山（马家山）东麓，地势北高南低。东邻善岙蒋村，西毗新港村，南临海游港、善岙渡头，北近善岙蒋村刺棚坑自然村。据当地宗谱记载，唐末，杨仁善从天台迁入此山岙，定居时，以其姓氏取名善岙杨村。清属宁海县南乡葛岙庄。民国属葛岙乡。解放初属悬渚乡。1950 年 8 月属枫坑乡。1954 年成立善岙杨初级社。1956 年转为高级社，属葛岙乡。1958 年年底属葛岙管理区。1961 年 10 月属葛岙公社善岙杨大队。1983 年 10 月改建为善岙杨村民委员会，属海游镇。2013 年 11 月属海游街道。

善岙渡头 [Shàn'àodùtóu]

村民委员会驻地。位于善岙渡北边渡头，故名。1961 年属葛岙公社善岙杨大队。1983 年属海游镇善岙杨村。2013 年 11 月属海游街道善岙杨村。

善岙蒋村 [Shàn'àojiǎng Cūn]

以村民委员会驻地善岙蒋得名。建于 1983 年，辖善岙蒋、刺棚坑、外岗头、马鞍鸟头、大屿、山里庵 6 个自然村，8 个村民小组，416 户，1234 人。行政区域面积 2.47 平方公里，其中耕地面积 36.67 公顷，林地面积 86.77 公顷。村集体经济总收入 8.33 万元，固定资产合计 812.8 万元。

善岙蒋 [Shàn'àojiǎng]

村民委员会驻地。位于海游街道驻地东 4.4 公里。地处大平山南麓，海游港上游北侧。地势东北向西南倾斜。东隔山与祁家村相接，西邻善岙杨村，南临海游港，北靠大平山。查当地《蒋氏宗谱》载，始祖原籍四川。宋朝，由蒋文定迁住此山岙，得名善岙蒋。清属宁海县南乡葛岙庄。民国属葛岙乡。解放初属悬渚乡。1950 年属枫坑乡。1954 年成立善岙蒋初级社，1956 年转为高级社，属葛岙乡。1958 年年底属葛岙管理区。1961 年 10 月属葛岙公社善岙蒋大队。1983 年属海游镇善岙蒋村。2013 年 11 月属海游街道善岙蒋村。

刺棚坑 [Cìpéngkēng]

已无人居住。古时，该村所在的山坑，刺柴成棚，故名刺棚坑，村亦以此得名。地处大平山南麓，南邻善岙杨村，为点状聚落。解放初属悬渚乡。1950 年属枫坑乡。1956 年属葛岙乡。1961 年属葛岙公社善岙蒋大队。1983 年属海游镇善岙蒋村。2013 年 11 月属海游街道善岙蒋村。

外岗头 [Wàigǎngtóu]

已无人居住。位于刺棚坑外的山岗头，故名外岗头。解放初属悬渚乡。1950 年属枫坑乡。1956 年属葛岙乡。1961 年属葛岙公社善岙蒋大队。1983 年属海游镇善岙蒋村。2013 年 11 月属海游街道善岙蒋村。

马鞍鸟头 [Mǎānniǎotóu]

已无人居住。位于状似马鞍腰的西头，故名马鞍腰头，后演化为马鞍鸟头。地处大平山东南麓，东邻祁家村，南近善岙蒋村，为点状聚落。解放初属悬渚乡善岙蒋村。1950 年属枫坑乡善岙蒋村。1956 年属葛岙乡善岙蒋村。1961 年属葛岙公社善岙蒋大队。1983 年属海游镇善岙蒋村。2013 年 11 月属海游街道善岙蒋村。

大屿 [Dàyǔ]

位于海润街道丰坑工业园区北面，北临海游港。大屿山，原为海游港中央的一小岛，现已围垦。村以岛上的大屿山命名。曾用名大屿塘。解放后属葛岙乡。1961 年属葛岙公社善岙蒋大队。1983 年属海游镇善岙蒋村。2013 年 11 月属海游街道善岙蒋村。

山里庵 [Shānlǐ' ān]

该村所在的山岙里，有山里庵、密林宫等庵堂、道观，统称山里庵，村亦以此得名。点状聚落，呈阶梯形。清代地属宁海县葛岙庄。民国属葛岙乡。1949 年解初属悬渚乡。1956 年属葛岙乡。1961 年属葛岙公社善岙蒋大队。1983 年属海游镇善岙蒋村。2013 年 11 月属海游街道善岙蒋村。

下达田村 [Xiàdátián Cūn]

以村民委员会驻地下达田得名。建于 1983 年，辖下达田 1 个自然村，5 个村民小组，273 户，811 人。行政区域面积 1.64 平方公里，其中耕地面积 5.41 公顷，林地面积 42.47 公顷。村集体经济总收入 9.26 万元，固定资产合计 35.9 万元。

下达田 [Xiàdátián]

位于海游街道驻地西南 2.5 公里。地处天打山东南麓，珠游溪下游北侧河谷平地，地势北向南略有倾斜。东毗上坎头村，南至岭枫公路，西毗下坑村。原称下叠田，为了书写方便，后改为下达田，属上叶片。清名下蹋田，据清光绪《宁海县志》记载，下蹋田，清属宁海县南乡上叶庄。1940 年三门建县属上叶乡。1947 年属上娄乡。解放后属上娄乡公所。1950 年 7 月属上叶乡。1954 年成立上组、光明 2 个初级社，1955 年合并转为下达田高级社。1958 年冬属上叶管理区。1961 年属上叶公社下达田大队。1983 年属上叶乡下达田村民委员会。1992 年 5 月撤区扩镇并乡时，改属海游镇。2013 年 11 月属海游街道。

湘山村 [Xiāngshān Cūn]

据当地《叶氏宗谱》载，明朝叶宗道原住东仓（今宁海县东仓乡），滨海，恐倭寇为患，迁至宁西坑口。其子叶敬又迁至湘山（双尖山）。叶敬三子前后分居三地，遂形成中村、九年、三年 3 个自然村，总称湘山，现已经连成一片。因位于上叶之东，姓叶，故惯称下叶（片村名），沿用至 1982 年，因重名，恢复湘山原名。辖 7 个村民小组，431 户，1449 人。行政区域面积 2.53 平方公里，其中耕地面积 12.12 公顷，林地面积 169.19 公顷。村集体经济总收入 62.14 万元，固定资产合计 1467.10 万元。

中村 [Zhōngcūn]

村民委员会驻地。位于海游街道驻地西 0.6 公里。地处湘山东南麓，珠游溪下游西北侧河谷平地，地势西北向东南倾斜。东南至西区大道，西南至松门村，西北至湘山后门山。因位于上叶之东，姓叶，故惯称下叶（片村名），沿用至 1982 年，因重名，恢复原名湘山。清属宁海县南乡上叶庄。1940 年三门建县属上叶乡。1947 年属上娄乡。解放后属上叶乡公所。1956 年与九年、三年联办三联高级社。1958 年冬属上叶管理区。1961 年属上叶公社下叶大队。因重名，1982 年更名为湘山大队。1983 年属上叶乡湘山村民委员会。1992 年 5 月撤区扩镇并乡时，撤销上叶乡，改属海游镇。2013 年 11 月属海游街道湘山村。

三年 [Sānnián]

据当地宗谱记载，先祖于明嘉靖三年（1524 年）从中村迁此定居，遂定名为三年村。清代地属宁海县南乡上叶庄。民国属上叶乡。解放后建政属上叶乡下叶村。1956 年加入下叶三联高级社。1958 年冬属上叶管理区。1961 年属上叶公社下叶大队（后为湘山大队）。1992 年 5 月属海游镇湘山村。1983 年属上叶乡湘山村。2013 年 11 月属海游街道湘山村。

九年 [Jiǔnián]

据当地宗谱记载，先祖于明嘉靖九年（1530 年）从中村迁此定居，遂以九年名村。块状聚落，略似凸字形。清代地属宁海县南乡上叶庄。民国属上叶乡。解放后建政属上叶乡下叶村。1956 年加入下叶三联高级社。1958年冬属上叶管理区。1961年属上叶公社下叶大队（1982年更名为湘山大队）。1983年属上叶乡湘山村。1992年5月属海游镇湘山村。2013年11月属海游街道湘山村。

里田湾村［Lǐtiánwān Cūn］

位于海游街道驻地西南4.3公里。地处里山岗头南麓，属山间坡地，地势北高南低。东至松门村，南至北山村，西毗外田湾村，北临曹家山。辖上屋、下辽、外湾、下坎、隔岸、乐云钻、毛洋7个自然村，7个村民小组，133户，389人。行政区域面积1.74平方公里，其中耕地面积21.91公顷，林地面积145.49公顷。村集体经济总收入5.06万元，固定资产合计454.16万元。因高山移民，现已整体搬迁至西区迁置点。

明朝时，铺里村派人到此管山而定居，住在山西面外首的村称外田湾，住在山北面里首的村称里田湾，后统称田湾。因重名，1982年以该村地处山的北面，恢复原名里田湾。

上屋［Shàngwū］

村民委员会驻地。地处里山岗头南麓，东南靠药王山，西与宁海县珍山接界。点状聚落，呈阶梯形，属山区。据当地宗谱记载，明朝定居后，祖宗沿山坡建房，以地势高低分上坎、下坎两地。该村地处上坎，遂取名上屋。清代地属宁海县西乡娄坑庄。民国属上叶乡。解放后属上叶乡田湾村。1961年属上叶公社田湾大队（1982年恢复原名里田湾大队）。1983年属上叶乡里田湾村。1992年5月属海游镇里田湾村。2013年11月属于海游街道里田湾村。

下辽［Xiàliáo］

属里田湾片村，原名后辽，因地势稍低，故又称下辽。位于里田湾片村北部。为点状聚落，呈阶梯形。清代地属宁海县西乡娄坑庄。民国属上叶乡。解放后属上叶乡。1961年属上叶公社田湾大队（1982年恢复原名里田湾大队）。1983年属上叶乡里田湾村。1992年5月属海游镇里田湾村。2013年11月属于海游街道里田湾村。

外湾［Wàiwān］

村以外湾山取名外湾。清代地属宁海县娄坑庄。民国属上叶乡。解放后属上叶乡。1961年属上叶公社田湾大队（1982年恢复原名里田湾大队）。1983年属上叶乡里田湾村。1992年5月属海游镇里田湾村。2013年11月属于海游街道里田湾村。

下坎［Xiàkǎn］

据当地宗谱记载，明代祖先定居时，根据地形高低傍山造房，分别取名上塝、下塝。该处地形较低称下塝，后演化为下坎。解放后属上叶乡田湾村。1961年属上叶公社田湾大队（1982年恢复原名里田湾大队）。1983年属上叶乡里田湾村。1992年5月属海游镇里田湾村。2013年11月属于海游街道里田湾村。

隔岸［Géàn］

村处山坑对面，故称隔岸。清代地属宁海县西乡娄坑庄。民国属上叶乡。解放后属上叶乡田湾村。1961年属上叶公社田湾大队（1982年恢复原名里田湾大队）。1983年属上叶乡里田湾村。1992年5月属海游镇里田湾村。2013年11月属于海游街道里田湾村。

乐云钻［Lèyúnzuàn］

以村边的乐云庵取名乐云钻。地处药王山南麓，为点状聚落。民国属上叶乡。解放后属上叶乡田湾村。1961年属上叶公社田湾大队（l982年恢复原名里田湾大队）。1983年属上叶乡里田湾村。1992年5月属海游镇里田湾村。2013年11月属于海游街道里田湾村。

毛洋［Máoyáng］

地处毛洋山北麓。村以毛洋山命名。为点状聚落。民国属上叶乡。解放后属上叶乡田湾村。1961年属上叶公社田湾大队（1982年恢复原名里田湾大队）。1983年属上叶乡里田湾村。1992年5月属海游镇里田湾村。2013年11月属于海游街道里田湾村。

松门村 [Sōngmén Cūn]

以村民委员会驻地松门得名。建于1983年，辖松门1个自然村，5个村民小组，364户，1116人。行政区域面积2.74平方公里，其中耕地面积16.52公顷，林地面积200.94公顷。村集体经济总收入7.49万元，固定资产合计443.64万元。盛产杨梅、梨子闻名全县。

松门 [Sōngmén]

位于海游街道驻地西南1.2公里。地处双尖山南麓谷口，地势西北向东南倾斜。东毗湘山村，南至第二高级中学，西邻上坎头村，北靠松门后门山。原名董家桥、黄岙。

查当地《陈氏宗谱》，始祖系西陈第九世陈端义于宋乾道己丑年（1169年）迁入董家桥。因地处双尖山南麓山坑出口处，两岸松竹茂盛，风景优美，古人亦有"苍筠叠翠之松门"描述，故取名松门。清属宁海县南乡上叶庄。民国属上叶乡。1940年三门建县属上叶乡。1947年属上娄乡。解放后属上娄乡公所。1950年7月属上叶乡。1955年成立上角、下角2个初级社，1956年合并转为三丰高级社。1958年冬属上叶管理区。1961年属上叶公社松门大队。1983年属上叶乡松门村民委员会。1992年5月撤区扩镇并乡时，撤销上叶乡，改属海游镇。2013年11月属海游街道。

谢家村 [Xièjiā Cūn]

以村民委员会驻地谢家得名。建于1983年，辖谢家1个自然村，2个村民小组，137户，420人。行政区域面积0.36平方公里，其中耕地面积4.5公顷，林地面积4.47公顷。村集体经济总收入5.05万元，固定资产合计539.66万元。

谢家 [Xièjiā]

位于海游街道驻地西南1.8公里。地处珠游溪下游西北侧河谷平地，地势平坦。东南临珠游溪，西毗上坎头村，北邻松门村。

村民多姓谢，故名谢家。清属宁海县南乡上叶庄。1940年三门建县属上叶乡。1947年属上娄乡。解放后属上娄乡公所。1950年7月属上叶乡。1954年成立谢良增初级社，1955年转为谢家高级社。1958年冬属上叶管理区。1961年属上叶公社谢家大队。1983年属上叶乡谢家村民委员会。1992年5月撤区扩镇并乡时，改属海游镇。2013年11月属海游街道。

山陈村 [Shānchén Cūn]

以村民委员会驻地山陈得名。建于1983年，辖山陈1个自然村，1个村民小组，125户，428人。行政区域面积0.98平方公里，其中耕地面积4.15公顷，林地面积63.73公顷。村集体经济总收入15万元，固定资产合计1104.5万元。

山陈 [Shānchén]

位于海游街道驻地南1.5公里。地处望海楼山西北麓，章家山西麓，珠游溪下游东南侧河谷平地，地势东南向西北略有倾斜。东靠丹峰山，南至山董村，西北临珠游溪。

村处丹峰山（章家山）西麓，陈姓居住，故称山陈。清属宁海县南乡上叶庄。1940年三门建县属上叶乡，1947年属上娄乡。解放后属上娄乡公所。1950年7月属上叶乡。1956年建立山陈第一、第二2个初级社。1958年春，第一社转为山陈高级社，第二社加入山董村山董高级社，属海游镇。1959年属上叶管理区。1961年第二社从山董划归，该村自建山陈大队，属上叶公社。1983年改建山陈村民委员会，属上叶乡。1992年5月撤区扩镇并乡时，改属海游镇。2013年11月属海游街道。

上坎头村 [Shàngkǎntóu Cūn]

以村民委员会驻地上坎头得名。建于1983年，辖上坎头1个自然村，5个村民小组，275户，827人。行政区域面积2.67平方公里，其中耕地面积11.04公顷，林地面积194.67公顷。村集体经济总收入4.3万元，固定资产合计196.46万元。

上坎头 [Shàngkǎntóu]

位于海游街道驻地西南2.3公里。地处天打山东南麓，珠游溪下游北侧河谷平地，地势西北略向东南倾斜。东毗善好酒厂，南至西区大道，西邻下达田村，北靠龟山。

清属宁海县南乡上叶庄。1940年三门建县属上叶乡。1947年属上娄乡。解放后属上娄乡公所。1950年7月属上叶乡（原为乡政府驻地，1972年迁至下达田村）。1957年成立坎头高级社。1958年冬属上叶管理区。1961年属上叶公社坎头大队。因重名，1982年以地形较高，更名为上坎头大队，以示区别。1983年属上叶乡上坎头村民委员会。1992年5月撤区扩镇并乡时，改属海游镇。2013年11月属海游街道。

下坑村 [Xiàkēng Cūn]

以村民委员会驻地下坑得名。建于1983年，辖下坑1个自然村，5个村民小组，395户，1093人。行政区域面积1.74平方公里，其中耕地面积2.84公顷，林地面积122.42公顷。村集体经济总收入38.28万元，固定资产合计808.27万元。

下坑 [Xiàkēng]

位于海游街道驻地西南3.1公里。地处天打山南麓，珠游溪下游北侧河谷平地，地势略向西南倾斜。东毗下达田村，南至西区大道，西邻上坑村，北靠天打山。

村居山坑下方，故称下坑。清属宁海县南乡上叶庄。1940年三门建县属上叶乡。1947年属上娄乡。解放后属上娄乡公所。1950年7月属上叶乡。1955年成立团结、胜利2个初级社，1956年合并转为下坑高级社。1958年冬属上叶管理区。1961年属上叶公社下坑大队。1983年属上叶乡下坑村民委员会。1992年5月撤区扩镇并乡时，改属海游镇。2013年11月属海游街道。

上坑村 [Shàngkēng Cūn]

以村民委员会驻地上坑得名。建于1983年，辖上坑1个自然村，12个村民小组，582户，1666人。行政区域面积3.35平方公里，其中耕地面积14.98公顷，林地面积204.7公顷。村集体经济总收入3.65万元，固定资产合计933.55万元。

上坑 [Shàngkēng]

位于海游街道驻地西南3.4公里。地处药王山东南麓，珠游溪下游北侧河谷平地，地势平坦。东邻下坑村，南临珠游溪，西毗北山村，北至里田湾村。

因村处山坑上方，故称上坑。清属宁海县南乡上叶庄。1940年三门建县属上叶乡。1947年属上娄乡。解放后属上娄乡公所。1950年7月属上叶乡。1956年成立上角、下角、北角3个初级社，1957年合并转为上坑高级社。1958年冬属上叶管理区。1961年属上叶公社上坑大队。1983年属上叶乡上坑村民委员会。1992年5月撤区扩镇并乡时，改属海游镇。2013年11月属海游街道。

山董村 [Shāndǒng Cūn]

以村民委员会驻地山董得名。建于1983年，辖山董1个自然村，3个村民小组，134户，400人。行政区域面积1.49平方公里，其中耕地面积15.97公顷，林地面积100.7公顷。村集体经济总收入5.1万元，固定资产合计76.38万元。

山董 [Shāndǒng]

位于海游街道驻地南2.3公里。地处黄塘山（原名黄龙山）南麓，珠游溪下游东侧河谷平地，地势东北向西南倾斜。东至望海楼，南毗统建村，西临珠游溪，北隔山与山陈村相交。

据当地宗谱记载，唐中叶，有一户姓董的人家住此山旁，故名山董。清属宁海县南乡上叶庄。1940年三门建县属上叶乡。1947年属上娄乡。解放后属上娄乡公所。1950年7月属上叶乡。1957年成立新建高级社。1958年春与山陈村第二初级社合办山董村联合高级社，同年冬属上叶管理区。1961年与山陈分设，该村自建山董大队，属上叶公社。1983年改建山董村民委员会，属上叶乡。1992年5月撤区扩镇并乡时，改属海游镇。2013年11月属海游街道。

1940—1941年，该村建有中共山董支部。1986年8月15日台州地区行署批准山董村为抗日战争革命根据地村。

西岙村 [Xī'ào Cūn]

以村民委员会驻地西岙得名。建于1983年，辖西岙1个自然村，2个村民小组，157户，446人。行政区域面积0.83平方公里，其中耕地面积1.41公顷，林地面积53.84公顷。村集体经济总收入4.84万元，固定资产合计85.42万元。

西岙 [Xī'ào]

位于海游街道驻地西南2.9公里。地处扑钟山东麓，地势西北向东南倾斜，聚落呈长方形块状，属河谷平地。东毗统建村，西南为下朱庙，西北临珠游溪。

据当地宗谱记载，宋朝时，海游章氏三世迁住此岙，因地处海游之西，故称西岙。清属宁海县南乡上叶庄。1940年三门建县属上叶乡。1947年属上娄乡。解放后属上娄乡公所。1950年7月属上叶乡。1956年成立西岙高级社。1959年10月底属上叶管理区。1961年10月属上叶公社西岙大队。1983年属上叶乡西岙村民委员会。1992年5月撤区扩镇并乡时，改属海游镇。2013年11月属海游街道。

统建村 [Tǒngjiàn Cūn]

地处大尖山西北，望海楼（山）之西，两山麓之间的山岙里。地势东南向西北倾斜。东邻山董村，南至毛控庵山，西毗西岙村，北界贤德路。以村所在地统建（片村名）得名，系新屋、后地、民塘岸、外房4个自然村（原名龙家岙，又名罗家岙）的总称。据当地《陈氏宗谱》载，后梁太学生王德顺与其子自海游山弯抱琴游学至此山岙中，窃见黄龙戏水，故取名黄龙岙，并名该山为黄龙山，即今黄塘山。后因子孙众多，陆续分居上述四村。辖4个村民小组，277户，795人。行政区域面积1.36平方公里，其中耕地面积4.76公顷，林地面积94.33公顷。村集体经济总收入21.07万元，固定资产合计153万元。

新屋 [Xīnwū]

村民委员会驻地。位于海游街道驻地西南2.8公里，地处大尖山、望海楼两山麓之间的山岙里，西毗西岙村，北邻山董村。系河谷平地，为块状聚落。新屋，系龙家岙王氏兄弟最后分居的一个新村，故名。据清光绪《宁海县志》卷三载，新屋，清属宁海县南乡上叶庄。民国属上叶乡。解放后属上叶乡。1961年属上叶公社统建大队。1983年属上叶乡统建村。1992年5月属海游镇统建村。2013年11月属海游街道统建村。

后地 [Hòudì]

古代这里土地瘠薄，物产贫乏，民生凋敝，群众期望来日土层深厚，林茂粮丰，遂取名厚地，后演化为后地。据清光绪《宁海县志》卷三载，后地，清属宁海县南乡上叶庄。民国属上叶乡。解放后属上叶乡。1958年冬属上叶管理区。1961年属上叶公社统建大队。1983年属上叶乡统建村。1992年5月属海游镇统建村。2013年11月属海游街道统建村。

民塘岸 [Míntáng'àn]

古代村中央有一个鱼塘，村民沿塘岸定居，故名民塘岸。系河谷平地，为块状聚落。清代地属宁海县南乡上叶庄。民国属上叶乡。解放后属上叶乡。1958年冬属上叶管理区。1961年属上叶公社统建大队。1983年属上叶乡统建村。1992年5月属海游镇统建村。2013年11月属海游街道统建村。

外房 [Wàifáng]

该村原有里房、外房之分，因里房遭火灾而废，仅存外房，村即以此得名。为不规则的块状聚落。

清代属宁海县南乡上叶庄。民国属上叶乡。解放后属上叶乡。1958年冬属上叶管理区。1961年属上叶公社统建大队。1983年属上叶乡统建村。1992年5月海游镇统建村。2013年11月属海游街道统建村。

悬渚村 [Xuánzhǔ Cūn]

以村民委员会驻地悬渚得名。建于1983年，辖悬渚1个自然村，13个村民小组，1078户，3044人。行政区域面积8.5平方公里，其中耕地面积60.61公顷，林地面积604.21公顷。村集体经济总收入36.96万元，固定资产合计2390.01万元。

悬渚 [Xuánzhǔ]

位于海游街道驻地东南5.5公里。地处落脉山西南麓，南依岩头山，西毗外俞村，北邻方卢村。地势西南向东北倾斜，聚落呈三角形块状，属半山区。

此地东面靠山，南、西、北近水，围绕数里，波流潆洄，朝宗其间，上有沙渚，望之若悬崖，故名悬渚。悬渚俞氏始祖俞仲广，元末明初时从新昌五峰迁入。清属宁海县南乡悬渚庄。民国属悬渚乡。解放后属悬渚乡。1953年成立俞良金初级社，为第一社，后相继成立第二、三、四、五4个初级社。1955年与方家、卢家、悬渚陈、外俞、慈胜合并转为勤光高级社。1958年11月属悬渚管理区悬渚生产队。1961年属悬渚公社悬渚大队。1983年属悬渚乡悬渚村民委员会。1986年2月外俞、悬渚陈、慈胜3个自然村分设为外俞村民委员会。1992年5月撤区扩镇并乡时，改属海游镇。2013年11月属海游街道。

悬渚村历史悠久，名胜古迹较多。据南宋嘉定《赤城志》载："悬渚镇，在县南七十里，唐武德年间（618—626年）建。"村内俞氏家庙为省级文物保护单位。文昌阁，创于清雍正年间（1723—1735年）。据《俞氏宗谱》载："文昌阁者，俞之俊秀，率其子弟延师讲学之处也。"东山殿，系清康熙二十六年（1687年）江南巡抚汤某具疏请建。

外俞村 [Wàiyú Cūn]

以村民委员会驻地外俞得名。地处下乌山西北麓，地势平坦。东邻悬渚村，西临亭旁溪，东南毗海游中学，北至太湖塘新区。建于1986年，辖外俞、悬渚陈、慈胜3个自然村，6个村民小组，206户，588人。行政区域面积1.07平方公里，其中耕地面积34.16公顷，林地面积50.4公顷。村集体经济总收入10.37万元，固定资产合计146.43万元。

外俞 [Wàiyú]

村民委员会驻地。位于海游街道驻地东南5公里。地处悬渚村外，俞姓居住，故名外俞。为点状聚落。据清光绪《宁海县志》卷三载，外俞，清属宁海县南乡悬渚庄。民国属悬渚乡。解放后属悬渚乡。1954年成立外俞初级社，1955年并入悬渚村勤光高级社。1958年11月属悬渚管理区。1961年10月属悬渚公社悬渚大队。1983年属悬渚乡悬渚村民委员会。1986年2月外俞、悬渚陈、慈胜3个自然村分设为外俞村民委员会。1992年5月撤区扩镇并乡时，改属海游镇外俞村。2013年11月属海游街道外俞村。

悬渚陈 [Xuánzhǔchén]

村西濒亭旁溪，聚落呈点状。清代地属悬渚庄。民国属悬渚乡。解放后属悬渚乡。1954年成立悬渚陈初级社，1955年加入悬渚村勤光高级社。1961年属悬渚公社悬渚大队。1983年属悬渚乡悬渚村。1986年2月外俞、悬渚陈、慈胜3个自然村分设为外俞村民委员会。1992年5月撤区扩镇并乡时，改属海游镇外俞村。2013年11月属海游街道外俞村。

慈胜 [Císhèng]

因紧邻慈胜寺，故名慈胜。1954年成立上市头初级社，1955年加入悬渚村勤光高级社。1961年属悬渚公社悬渚大队。1983年属悬渚乡悬渚村。1986年2月外俞、悬渚陈、慈胜3个自然村分设为外俞村民委员会。1992年5月撤区扩镇并乡时，改属海游镇外俞村。2013年11月属海游街道外俞村。

方卢村 Fānglú Cūn]

以村民委员会驻地方卢得名。建于1983年，辖方卢1个自然村，6个村民小组，252户，734人。行政区域面积1.37平方公里，其中耕地面积4.32公顷，林地面积67.51公顷。村集体经济总收入22.73万元，固定资产合计366.18万元。

方卢 [Fānglú]

位于海游街道驻地东南4.9公里。地处落脉山西北麓，地势东南向西北倾斜。东至枫坑岭脚，西、南邻悬渚村，北隔亭旁溪与大湖塘新区相望。

方卢村，系方家、卢家两村合并而命名。清属宁海县南乡悬渚庄。民国属悬渚乡。解放后属悬渚乡。1953年分别建立方家、卢家初级社，1955年并入悬渚村勤光高级社。1958年11月属悬渚管理区。1961年10月属悬渚公社悬渚大队。1983年从悬渚村分设方卢村民委员会，属悬渚乡。1992年5月撤区扩镇并乡时，改属海游镇。2013年11月属海游街道。

新场村 [Xīncháng Cūn]

以村民委员会驻地新场得名。建于1983年，辖新场1个自然村，4个村民小组，259户，879人。行政区域面积1.54平方公里，其中耕地面积4.96公顷，林地面积76.86公顷。村集体经济总收入304.64万元，固定资产合计2037.31万元。

新场 [Xīncháng]

村民委员会驻地交通路509号。位于海游街道驻地东南3公里。地处望海楼山东麓，地势西向东倾斜。东至交通路，西靠望海楼，南毗石岩村，北邻黄埠突村。古时此地一片荒芜，杳无人烟。至明朝，始有马姓从浬浦圩岙迁入，嗣后俞姓从悬渚，章姓从海游先后迁此定居。与附近各村相比，此处为一新开辟场地，故称新场。清属宁海县南乡悬渚庄。民国属悬渚乡。解放后属悬渚乡。1954年成立新场初级社，1955年转为高级社。1958年11月属悬渚管理区。1961年属悬渚公社新场大队。1983年属悬渚乡新场村民委员会。1992年5月撤区扩镇并乡时，改属海游镇。2013年11月属海游街道。

石岩村 [Shíyán Cūn]

以村民委员会驻地石岩得名。建于1983年，辖石岩1个自然村，3个村民小组，366户，1189人。行政区域面积1.57平方公里，其中耕地面积10.51公顷，林地面积65.88公顷。村集体经济总收入30.39万元，固定资产合计818.04万元。

石岩 [Shíyán]

位于海游街道驻地东南4.1公里。地处烟墩山东麓，亭旁溪下游西侧，地势西高东低。东临亭旁溪，西依烟墩山，南邻下洋李，北毗新场村。地处烟墩山东麓，村后多岩石，故村称石岩。清属宁海县南乡悬渚庄。民国属悬渚乡。解放后属悬渚乡。1954年成立石岩初级社，1955年转为高级社。1958年11月属悬渚管理区。1961年10月属悬渚公社石岩大队。1983年属悬渚乡石岩村民委员会。1992年5月撤区扩镇并乡时，改属海游镇。2013年11月属海游街道。

奚家岙村 [Xījiā'ào Cūn]

以村民委员会驻地奚家岙得名。建于1983年，辖奚家岙1个自然村，4个村民小组，207户，638人。行政区域面积1.37平方公里，其中耕地面积19.56公顷，林地面积101.52公顷。村集体经济总收入29.32万元，固定资产合计121.68万元。

奚家岙 [Xījiā'ào]

位于海游街道驻地南4.4公里。地处大尖山南麓山岙里，地势北高南低。东邻小坑村，西毗石头岙村，南临亭旁溪，北靠白岩山。据当地宗谱记载，奚姓祖先，从天台灵溪迁住此岙，取名奚家岙。清属宁海县南乡悬渚庄。民国属悬渚乡。1949年解放初属悬渚乡。1950年8月属小坑乡。1954年成立奚家岙初级社，1955年转为高级社。1956年2月属悬渚乡。1958年11月底属悬渚管理区。1961年10月属悬渚公社上岙大队。1983年属悬渚乡上岙村民委员会，因重名，1984年恢复原名奚家岙村。1992年5月撤区扩镇并乡时，改属海游镇。2013年11月属海游街道。

小坑村 [Xiǎokēng Cūn]

以村民委员会驻地小坑得名。地处烟墩山南麓，茅山地山之北，亭旁溪下游两侧，地势平坦。东邻外俞村慈胜自然村，西毗奚家岙村，南至岱阜外村。建于1983年，辖小坑、下洋李、下岙周、上黄、桥外王、尤家、坑下7个自然村，7个村民小组，861户，2492人。行政区域面积4.31平方公里，其中耕地面积96公顷，林地面积228.29公顷。村集体经济总收入83.44万元，固定资产合计379.23万元。

小坑 [Xiǎokēng]

村民委员会驻地。位于海游街道驻地南偏东4.9公里。东毗桥外王自然村，南近上黄自然村，西、北两面均临亭旁溪。聚落沿溪岸分布，略呈长方形，系河谷平地。村南有一条小溪坑，村紧靠坑边，故村称小坑。清名小坑街。据清光绪《宁海县志》卷三载，小坑街，清属宁海县南乡悬渚庄。民国属悬渚乡。解放初属悬渚乡。1950年属小坑乡。1954年成立小坑初级社，1955年与下岙周、桥外王、上黄、坑下、尤家、下洋李合办小坑高级社。1956年属悬渚乡。1958年11月属悬渚管理区小坑生产队。1961年10月属悬渚公社小坑大队。1983年属悬渚乡小坑村民委员会。1992年5月属海游镇小坑村。2013年11月属海游街道小坑村。

1928年亭旁农民武装起义前夕，中共亭旁区委曾在此开展革命活动。1984年10月7日台州地区行署批准小坑村为第二次国内革命战争根据地村。

下洋李 [Xiàyánglǐ]

下垟地方，李姓居住，故名下垟李，后演化为下洋李。块状聚落，略呈方形。据清光绪《宁海县志》卷三载，下洋李，清属宁海县南乡悬渚庄。民国属悬诸乡。解放后属悬渚乡。1950年属小坑乡。1954年成立下洋李初级社，1955年并入小坑高级社。1956年属悬渚乡。1958年冬属悬渚管理区。1961年属悬渚公社小坑大队。1983年属悬渚乡小坑村。1992年5月属海游镇小坑村。2013年11月属海游街道小坑村。

下岙周 [Xiààozhōu]

原名石埠头周，因该村所在山岙的山坑中，有一石埠头，周姓居住，故名，后演化为下岙周。块状聚落，略呈长方形。据清光绪《宁海县志》卷三载，石埠头周，清属宁海县南乡悬渚庄。民国属悬渚乡。解放后属悬渚乡。1950年属小坑乡。1954年成立下岙周初级社，1955年加入小坑高级社。1956年属悬渚乡。1958年冬属悬渚管理区。1961年属悬渚公社小坑大队。1983年属悬渚乡小坑村。1992年5月属海游镇小坑村。2013年11月属海游街道小坑村。

上黄 [Shànghuáng]

块状聚落，略呈长方形。据清光绪《宁海县志》卷三载，上黄，清属宁海县南乡悬渚庄。民国属悬渚乡。解放后属悬渚乡。1950年属小坑乡。1954年成立上黄初级社，1955年并入小坑高级社。1956年属悬渚乡。1958年冬属悬渚管理区。1961年属悬渚公社小坑大队。1983年属悬渚乡小坑村。1992年5月属海游镇小坑村。2013年11月属海游街道小坑村。

桥外王 [Qiáowàiwáng]

村庄里首有一座桥，王姓住桥外，故名桥外王。块状聚落，略呈长方形。据清光绪《宁海县志》卷三载，桥外王，清属宁海县南乡悬渚庄。民国属悬渚乡。解放后属悬渚乡。1950年属小坑乡。1954年成立桥外王初级社，1955年并入小坑高级社。1956年属悬渚乡。1958年冬属悬渚管理区。1961年属悬渚公社小坑大队。1983 年属悬渚乡小坑村。1992 年 5 月属海游镇小坑村。2013 年 11 月属海游街道小坑村。

尤家 [Yóujiā]

尤姓居住，村以姓氏得名。块状聚落，略呈长方形。明洪武年间（1368—1398 年）信国公汤和迁徙南田居民，墟其地。时南田南宋四大家之一尤衮十二世孙尤初来迁宁海县长亭，十五世尤一兴转迁小坑，为尤家尤氏始祖。据清光绪《宁海县志》卷三载，尤家，清属宁海县南乡悬渚庄。民国属悬渚乡。解放初属悬渚乡。1950 年属小坑乡。1954 年成立尤家初级社。1955 年并入小坑高级社。1956 年属悬渚乡。1958 年冬属悬渚管理区。1961 年属悬渚公社小坑大队。1983 年属悬渚乡小坑村。1992 年 5 月属海游镇小坑村。2013 年 11 月属海游街道小坑村。

坑下 [Kēngxià]

该村所在的山坑旁，原有 2 个自然村，住在上游的叫坑上村，该村地处下游，叫坑下村。古名坑下奚。块状聚落，略呈方形。据清光绪《宁海县志》卷三载，坑下奚，清属宁海县南乡悬渚庄。民国属悬渚乡。解放初属悬渚乡。1950 年属小坑乡。1954 年成立坑下初级社，1955 年并入小坑高级社。1956 年属悬渚乡。1958 年冬属悬渚管理区。1961 年属悬渚公社小坑大队。1983 年属悬渚乡小坑村。1992 年 5 月属海游镇小坑村。2013 年 11 月属海游街道小坑村。

岱阜外村 [Dàifùwài Cūn]

以村民委员会驻地岱阜外角得名。建于 1984 年，辖岱阜外 1 个自然村，3 个村民小组，174 户，496 人。行政区域面积 0.81 平方公里，其中耕地面积 25.6 公顷，林地面积 39.36 公顷。村集体经济总收入 8.36 万元，固定资产合计 177.24 万元。

岱阜外 [Dàifùwài]

位于海游街道驻地南 6.1 公里。地处狮子山麓，地势东北高西南低。东依十八块山，西靠狮子山，南至黄米山，北邻小坑村。

据当地宗谱记载，200 多年前，卢、楼、奚三姓分别从石滩、岙楼迁此定居。该村四面群山环抱，中间低平，仅村西一个出口，形似口袋，因袋与岱同音，故村名岱阜。清名岱阜娄和岱阜奚。1984 年按地形分设岱阜外、岱阜里两个村民委员会，因该村处片村外边，叫岱阜外。清属宁海县南乡悬渚庄。民国属悬渚乡。解放初属悬渚乡。1950 年属小坑乡。1954 年成立岱阜初级社，1955 年转为高级社。1956 年 2 月撤销小坑乡，回属悬渚乡。1958 年 11 月底属悬渚管理区。1961 年 10 月属悬渚公社岱阜大队。1984 年分设岱阜外村民委员会，属悬渚乡。1992 年 5 月撤区扩镇并乡时，改属海游镇。2013 年 11 月属海游街道。

岱阜里村 [Dàifùlǐ Cūn]

以村民委员会驻地岱阜里角得名。建于 1984 年，辖岱阜里 1 个自然村，3 个村民小组，150 户，451 人。行政区域面积 1.46 平方公里，其中耕地面积 18.42 公顷，林地面积 113.87 公顷。村集体经济总收入 21.84 万元，固定资产合计 189.46 万元。

岱阜里 [Dàifùlǐ]

位于海游街道驻地南 6.4 公里。狮子山东麓，地势东北高西南低。东至森围舜山，西靠岱阜岭，南依山头山，北邻岱阜外村。

据当地宗谱记载，200 多年前，卢、楼、奚三姓分别从石滩、岙楼迁此定居。该村四面群山环抱，中间低平，仅村西一个出口，形似口袋，因袋与岱同音，故村名岱阜。清属宁海县南乡悬渚庄。民国属悬渚乡。解放初属悬渚乡。1950 年属小坑乡。1954 年成立岱阜初级社，1955 年转为高级社。1956 年 2 月撤销小坑乡，回属悬渚乡。1958 年 11 月底属悬渚管理区。1961 年 10 月属悬渚公社岱阜大队。1984 年分设岱阜里村民委员会，属悬渚乡。1992 年 5 月撤区扩镇并乡时，改属海游镇。2013 年 11 月属海游街道。

后郭村 [Hòuguō Cūn]

以村民委员会驻地马湖后郭得名。建于1983年，辖后郭1个自然村，8个村民小组，332户，940人。行政区域面积1.69平方公里，其中耕地面积15.13公顷，林地面积117.72公顷。村集体经济总收入2.25万元，固定资产合计41.46万元。

后郭 [Hòuguō]

位于海游街道驻地西南5.4公里。地处里岙斗山东南麓，珠游溪与其支流珠岙溪汇合处东北侧，地势西北向东南略有倾斜。东、南临珠游溪，西邻梅村，北至前郭村。

马湖片村分前郭、后郭，该村位于片村的南半部，故名。据《黎氏宗谱》记载："村前有座山，状如马头，山下有一湖，四季清澈如镜，似马饮水，故称马湖。"清属宁海县仙岩乡四十二都一图，后改属宁海县南乡上叶庄。民国十七年（1928年）属上叶乡。1947年3月属上娄乡。解放初仍属上娄乡。1950年7月属马娄乡。1954年成立黎明、光明2个初级社。1956年2个初级社合办光明高级社，并建了万丰高级社，属马娄乡。1958年冬2个高级社及北山村合并成立马湖生产队，属马娄管理区。1962年北山村分设，马湖村以原万丰、光明2个高级社为基础，划分为胜利（前郭）、光明（后郭）2个大队，属马娄公社。1983年称后郭村民委员会，属马娄乡。1992年5月撤区扩镇并乡时，撤销马娄乡，改属珠岙镇。2003年改属海游镇。2013年11月属海游街道。

前郭村 [Qiánguō Cūn]

以村民委员会驻地马湖前郭得名。建于1983年，辖前郭1个自然村，8个村民小组，561户，1578人。行政区域面积2.66平方公里，其中耕地面积27.52公顷，林地面积166.98公顷。村集体经济总收入1.55万元，固定资产合计258.66万元。

前郭 [Qiánguō]

位于海游街道驻地西南5.5公里。地处里岙斗山东南麓，珠游溪与其支流珠岙溪汇合处东北侧。地势平坦，聚落呈长方形、块状，属河谷平地。东临珠游溪，南邻后郭村，西毗梅村，北至岭枫公路。

马湖片村分前郭、后郭，该村位于片村的前半部，故名。据《黎氏宗谱》记载："村前有座山，状如马头，山下有一湖，四季清澈如镜，似马饮水，故称马湖。"清属宁海县仙岩乡四十二都一图，后改属宁海县南乡上叶庄。民国十七年（1928年）属上叶乡。民国三十六年（1947年）三月属上娄乡。解放初仍属上娄乡。1950年7月属马娄乡。1954年成立黎明、光明2个初级社。1956年2个初级社合办光明高级社，并建了万丰高级社，属马娄乡。1958年冬2个高级社及北山村合并成立马湖生产队，属马娄管理区。1962年北山村分设，马湖村以原万丰、光明2个高级社为基础，划分为胜利（前郭）、光明（后郭）2个大队，属马娄公社。1983年称前郭村民委员会，属马娄乡。1992年5月撤区扩镇并乡时，撤销马娄乡，改属珠岙镇。2003年改属海游镇。2013年11月属海游街道。

梅村村 [Méicūn Cūn]

以村民委员会驻地梅村得名。建于1983年，辖梅村、园洋2个自然村，3个村民小组，181户，518人。行政区域面积0.33平方公里，其中耕地面积8.92公顷，林地面积10.65公顷。村集体经济总收入5.75万元，固定资产合计1565.87万元。

梅村 [Méicūn]

村民委员会驻地。位于海游街道驻地西南6公里。地处下桃山（山名）东北麓，珠岙溪与珠游溪汇合处三角地带，地势西北向东南略有倾斜。东毗后郭村，南邻园洋自然村，西至溪下村，北至岭枫公路。

约在600年前，梅氏从梅坑杨迁此居住，取名梅村，作为纪念。清属宁海县西乡娄坑庄。民国十七年（1928年）属娄坑乡。民国二十八年（1939年）属石娄乡。民国三十六年（1947年）三月属上娄乡。解放初仍属上娄乡。1950年7月属马娄乡。1955年成立梅村初级社。1958年春与上方、溪下2个高级社合建日光高级社，同年冬称上溪生产队，属马娄管理区。1962年与上方、溪下分设，建梅村大队，属马娄公社。1983年称梅村村民委员会，属马娄乡。1992年5月撤区扩镇并乡时，撤销马娄乡，改属珠岙镇梅村村。2003年改属海游镇梅村村。2013年11月属海游街道梅村村。

园洋 [Yuányáng]

村傍珠游溪，孤悬在梅村村外的田垟中，故称悬垟，后演变为园洋。聚落为点、块状混合分布。民国属石娄乡。解放初属石娄乡。1950年属马娄乡梅村村。1962年属马娄公社梅村大队。1983年属马娄乡梅村村。1992年5月属珠岙镇梅村村。2003年改属海游镇梅村村。2013年11月属海游街道梅村村。

北山村 [Běishān Cūn]

以村民委员会驻地北山得名。建于1983年，辖北山1个自然村，1个村民小组，30户，90人。行政区域面积0.58平方公里，其中耕地面积1.5公顷，林地面积52.36公顷。村集体经济总收入5.02万元，固定资产合计84.93万元。

北山 [Běishān]

位于海游街道驻地西南4.4公里。地处药王山南麓，点状聚落，属半山区。东与上坑村接壤，南近前郭村，南至岭枫公路。

以村居北山山脚，故名。清属宁海县南乡上叶庄。民国十七年（1928年）属上叶乡。民国三十六年（1947年）三月属上娄乡。解放初仍属上娄乡。1950年7月属马娄乡。1955年成立保卫高级社，属马娄乡。1958年并入马湖生产队，属马娄管理区。1962年从马湖分出，成立北山大队，属马娄公社。1983年称北山村民委员会，属马娄乡。1992年5月撤区扩镇并乡时，撤销马娄乡，改属珠岙镇。2003年改属海游镇。2013年11月属海游街道。

南岙村 [Nán'ào Cūn]

以村民委员会驻地南岙得名。建于1983年，辖南岙1个自然村，3个村民小组，162户，506人。行政区域面积0.79平方公里，其中耕地面积6.98公顷，林地面积49.64公顷。村集体经济总收入10.7万元，固定资产合计303.85万元。

南岙 [Nán'ào]

位于海游街道驻地西南6.4公里。地势西南向东北倾斜，聚落呈点、块状分布，属半山区。地处观音尖山北麓，东北邻后郭村，西北临珠游溪。

该村地处马湖南面山岙，故名南岙。清属宁海县西乡吴岙庄。民国十七年（1928年）属石谢乡。民国二十四年（1935年）属石马乡。民国二十八年（1939年）属石娄乡。民国三十六年（1947年）属珠石乡。解放初仍属珠石乡。1950年7月属小港乡。1955年成立南岙初级社。1956年转为高级社，属马娄乡。1958年冬称南岙生产队，属马娄管理区。1962年称南岙大队，属马娄公社。1983年称南岙村民委员会，属马娄乡。1992年5月撤区扩镇并乡时，撤销马娄乡，改属珠岙镇。2003年改属海游镇。2013年11月属海游街道。

下谢村 [Xiàxiè Cūn]

以村民委员会驻地下谢得名。建于1983年，辖下谢、岙里2个自然村，15个村民小组，642户，1899人。行政区域面积3.73平方公里，其中耕地面积72.22公顷，林地面积254.41公顷。村集体经济总收入6.42万元，固定资产合计23.64万元。

下谢 [Xiàxiè]

村民委员会驻地。位于海游街道驻地西南7.9公里。地处双尖山西北麓，珠游溪中游南岸河谷平地，地势西南向东北倾斜，属半山区。东邻南岙村，南至毛洋山，西毗下洋村，北临珠游溪。

据《谢氏宗谱》记载，宋时谢聪孙，因避乱从会稽迁居珠岙石马江湖山麓，后迁居下谢村。又传，由于天台榧树村谢氏住处地形比这里高，故名下谢。清属宁海县西乡石马庄。民国十七年（1928 年）属石谢乡。民国二十四年（1935 年）属石马乡。民国二十八年（1939 年）属石娄乡。民国三十六年（1947 年）属珠石乡。解放初仍属珠石乡。1950 年 7 月属小港乡。1954 年成立建设、和平、胜利 3 个初级社。1957 年 3 月初级社合并转为下谢高级社，属马娄乡。1958 年冬称下谢生产队，属马娄管理区。1962 年称下谢大队，属马娄公社。1983 年称下谢村民委员会，属马娄乡。1992 年 5 月撤区扩镇并乡时，撤销马娄乡，改属珠岙镇下谢村。2003 年改属海游镇下谢村。2013 年 11 月属海游街道下谢村。

岙里 [Àolǐ]

因村位于下谢山的山岙里，故名岙里。块状聚落，略呈方形。民国属石娄乡。解放初属石娄乡。1950 年属小港乡下谢村。1956 年属马娄乡。1962 年属马娄公社下谢大队。1983 年属马娄乡下谢村。1992 年 5 月属珠岙镇下谢村。2003 年改属海游镇下谢村。2013 年 11 月属海游街道下谢村。

第四节　住宅小区

鑫都大厦 [Xīndū Dàshà]

位于海游街道南山路 99 号。东临南山路，南朝石羊溪路，西靠太尉巷。占地面积 0.65 万平方米，建筑面积 1.97 万平方米，共有 2 幢建筑，最高楼层为 17 层，住宅 76 套，商铺 30 间。取金多兴盛的意思，2010 年建成命名。

书香苑 [Shūxiāng Yuàn]

位于海游街道溪北路 41 号。西南毗珠游溪，西北与外国语小学为邻。占地面积 0.8906 万平方米，建筑面积 2.9558 平方米，绿地率 25%。寓意有知识、有文化的家庭，2013 年 8 月建成命名。

两岸家园 [Liǎng'àn Jiāyuán]

位于海游街道溪北路 57 号。东邻琴江山庄，西靠安居小区。占地面积 1.3006 万平方米，建筑面积 2.60 万平方米。由 7 幢 6 层居住楼组成，共 188 套住房。两岸，即溪流两旁，寓意尽享水岸景致，故名。2010 年 4 月 14 日建成命名。

安居小区 [Ānjū Xiǎoqū]

位于海游街道溪北路 55 号。南临珠游溪，东毗两岸家园，西为城北小区。占地面积 5.3 万平方米，建筑面积 8.6 万平方米。居住楼 21 幢，共 63 个单元 850 户，是三门县第一期经济适用住房，购房对象是城镇居民中的无房户和住房困难户。为使这部分居民能安居生活，故名“安居小区”。2006 年 5 月 26 日建成命名。

西山公寓 [Xīshān Gōngyù]

位于海游街道环城西路 226 号。南邻水岸公馆，北靠西山，西毗环城中路。占地面积 0.46 万平方米，建筑面积 1.33 万平方米。共有 2 幢，80 套住宅。因地处西山，由城西村建造，故名。2010 年 11 月 12 日命名。

育才小区 [Yùcái Xiǎoqū]

位于海游街道文化路 480 号。北毗联合村，西靠文化路。占地面积 1.3 万平方米，建筑面积 2.8 万平方米。居住楼 6 幢，共 342 套住宅。因位于文化路，邻三门中学，故名。2006 年 7 月 24 日命名。

朝阳花苑 [Cháoyáng Huāyuàn]

位于海游街道朝晖路 48 号。西临望海路，东、北毗邻善好花园。占地面积 3.4684 万平方米，建筑面积 6.0073 万平方米。共有 15 幢 6 层，356 套住宅。寓背山朝阳的小楼层之意，故名。2010 年 11 月 12 日命名。

滨江花园 [Bīnjiāng Huāyuán]

位于海游街道健康路453号。南临健康路，东靠平海路，北毗环城中路与珠游溪。有11幢居住楼，最高9层，共490套住宅。因近珠游溪，故名。2010年11月12日命名。

水岸公馆 [Shuǐ'àn Gōngguǎn]

位于海游街道环城西路228号。南临光明路，西至环城西路临珠游溪，北靠西山。占地面积6.06万平方米，建筑面积10.69万平方米。居住楼21幢，其中多层12幢，高层9幢。因邻近珠游溪而得名。2008年3月5日命名。

紫云山庄 [Zǐyún Shānzhuāng]

位于海游街道平安社区平海路99号。南至溪北路临珠游溪，北靠羊角山，东为老乌山。占地面积14.3万平方米，建筑面积12万平方米。居住楼77幢，其中别墅37套，排屋138套，套房604套，商铺53间。紫云为祥瑞之兆，小区依山而建，故称紫云山庄。2006年7月24日命名。

天一花苑 [Tiānyī Huāyuàn]

位于海游街道光明路58号。北临光明路，东毗蟹山路，西南靠蟠龙公园。占地面积1万平方米，建筑面积2.5万平方米。居住楼3幢，共125套住房。与天合而为一，取义吉祥如意，故名。2006年7月24日命名。

青枫墅苑 [Qīngfēng Shùyuàn]

位于海游街道交通路539号。新场小区西面，望海楼东北麓。占地面积1.55万平方米，建筑面积1.25万平方米。由16幢3层的双联及多联别墅组成，其中别墅44套。小区三面环山，绿化以青枫树为主，故名。2008年11月5日命名。

平安路小康楼 [Píng'ānlù Xiǎokānglóu]

位于海游街道城西村。东临平安路，西至西山公园。地处平安路，楼房统一规划，别墅式建筑，是小康示范村，故名。2000年命名。

金亿华府大厦 [Jīnyìhuáfǔ DàXià]

位于海游街道大湖塘新区湫水大道27号。北临金桂路，西毗湫水大道。占地面积0.4189万平方米，建筑面积3.0132万平方米，绿地率30.7%。2015年3月建成命名。

春江花园 [Chūnjiāng Huāyuán]

位于海游街道大湖塘新区湫水大道33号。东毗滨海路，南至亭旁溪，西至湫水大道。占地面积3.14万平方米，建筑面积9.9万平方米，绿地率35.8%，容积率25%，共8幢，高17层，588套住宅。小区命名采用唐代张若虚诗作《春江花月夜》中的“春江”两字，寓意亭旁溪旁花园式小区春意盎然、生气勃勃。2011年11月建成命名。

江南明珠小区 [Jiāngnánmíngzhū Xiǎoqū]

位于海游街道大湖塘新区环湖南路与湫水大道交叉口湫水大道31号。北毗环湖南路，西为湫水大道，南毗春江花园。占地面积1.07万平方米，建筑面积3万平方米，绿地率35%，2幢16层，共238套住宅。2014年建成命名。

东方银座 [Dōngfāng Yínzuò]

位于海游街道大湖塘新区广场路1号。东靠石羊溪，西临交通路，北毗广场路。占地面积0.5万平方米，建筑面积3.3万平方米。居住楼2幢，共180套住宅。因建筑外墙使用银灰色的铝合金窗，又位于县城东面而得名。2007年2月28日建成命名。

金鼎豪庭 [Jīndǐng Háotíng]

位于海游街道大湖塘新区广场路1号。东邻中盛花苑，南临广场路，西靠交通路。占地面积0.92万平方米，建筑面积5.63万平方米。由3幢21层高楼组成，共257套住宅。因由3幢高楼组成，犹如“金鼎”，故名。2010年4月14日建成命名。

湖塘悦色小区 [Hútángyuèsè Xiǎoqū]

位于海游街道大湖塘新区滨海大道19号。东临心湖小学，南接近环湖南路，西至滨湖大道，北靠梧桐路。占地面积3.3682万平方米，建筑面积11.0253万平方米。有11~24层住宅楼21幢，共614套住宅。因位于大湖塘新区，希望居住者多能露出怡悦的神色，故名。2009年12月5日命名。

永华丽景小区 [Yǒnghuálìjǐng Xiǎoqū]

位于海游街道大湖塘新区金桂路8号。北靠金桂路，东临滨海大道，西靠湫水大道。占地面积0.55万平方米，建筑面积2.65万平方米。共有1幢18层，98套住宅。含永远繁华之意，故名。2010年11月12日命名。

新场小区 [Xīnchǎng Xiǎoqū]

位于海游街道交通路511号。东至交通路，西毗青枫别墅。占地面积16万平方米，建筑面积15万平方米。居住楼108幢，其中商铺37间，别墅255套，套房388套，同时建有综合大楼、幼儿园、老年活动中心、老年公寓等设施。因位于新场村的土地上而得名。2006年7月24日命名。

锦绣三门小区 [Jǐnxiùsānmén Xiǎoqū]

位于海游街道大湖塘新区湫水大道32号。东临湫水大道，南邻石岩村，西靠交通路，北毗环湖南路。占地面积4.71万平方米，建筑面积14.8万平方米。有居住楼25幢，共856套住宅。寓意前途似锦，故名。2007年2月28日命名。

赛格特花园 [Sàigétè Huāyuán]

位于海游街道大湖塘新区湫水大道2号。北临朝晖路，东毗湫水大道，南靠广场路，西为石羊溪。占地面积8.7万平方米，建筑面积12万平方米。居住楼33幢，共86个单元860套住宅。因由赛格特房地产公司开发而得名。2006年5月26日命名。

中盛花苑 [Zhōngshèng Huāyuàn]

位于海游街道大湖塘新区广场路14号。北邻赛格特花园，东靠湫水大道，南毗广场路，西为石羊溪。占地面积1.25万平方米，建筑面积3.07万平方米。居住楼4幢，共13个单元188套住宅。因由中盛房地产公司开发而得名。2006年5月26日命名。

绿洲名苑 [Lǜzhōu Míngyuàn]

位于海游街道大湖塘新区广场路26号。北临朝晖路，东毗环湖东路，南靠广场路，西为滨海大道。占地面积4.7万平方米，建筑面积10.4万平方米。居住楼19幢，共43个单元963套住宅。因由绿洲房地产公司开发而得名。2006年5月26日命名。

心湖国际小区 [XīnhúguóJì Xiǎoqū]

位于海游街道大湖塘新区环湖南路18号。东至滨海大道，南临环湖南路，西靠湫水大道。占地面积3.75万平方米，建筑面积14.4万平方米。居住楼14幢，共761套住宅。以毗邻心湖公园而得名。2007年12月3日命名。

心湖公寓 [Xīnhú Gōngyù]

位于海游街道大湖塘新区湫水大道10号。东至湫水大道，北毗国土大楼。占地面积0.7544万平方米，建筑面积2.4822万平方米。居住楼6层2幢，19层1幢。以毗邻心湖公园而得名。2010年7月建成命名。

景城小区 [Jǐngchéng Xiǎoqū]

位于海游街道大湖塘新区环湖南路39号。东南临亭旁溪，北靠环湖南路，西毗滨海大道。占地面积2.24万平方米，建筑面积7.24万平方米。由4幢11层和3幢17层高楼组成，共401套住宅。2015年1月建成命名。

江山华府 [Jiāngshān Huáfǔ]

位于海游街道西区大道33号。东毗邻珠游溪，北至城北村，南毗天琴湾。占地面积4.65万平方米，绿地率30%，以多层、高层、排屋、联排为主。寓意人与江河山岳和谐融为一体，故名。2013年9月建成命名。

春晖小区 [Chūnhuī Xiǎoqū]

位于海游街道西区广济路55号。毗邻第二高级中学。占地面积1.33万平方米，建筑面积2.37万平方米，绿地率32%。居住楼7幢6层，共282套住宅。此小区为经济适用房，寓意党的福利好政策，犹如春晖，惠及困难群众，故名。2013年1月建成命名。

御景西苑 [Yùjǐng Xīyuàn]

位于海游街道西区大道39号。东临珠游溪，南靠湘东路，北毗天琴湾。占地面积5.31万平方米，建筑面积5.48万平方米。共有28幢138套住宅，商用楼1幢33间。2010年4月14日命名。

西城庭院 [Xīchéng Tíngyuàn]

位于海游街道西区大道16号。东靠职业中专，西临永昌路，北毗中海路。占地面积0.5万平方米，建筑面积1.3万平方米。共有居住楼2幢，88套住宅。因坐落在海游街道西区，故名。2007年2月28日命名。

香格里拉小区 [Xiānggélǐlā Xiǎoqū]

位于海游街道西区珠海路与西区大道之间。东邻教育局大楼，南界珠游溪，西至谢家村，北靠西区大道。占地面积4.97万平方米，建筑面积8.44万平方米。共有楼房41幢，其中叠式花园洋房44套，小院洋房7套，排房41套，高层套房288套。2009年12月5日命名。

育华文苑 [Yùhuá Wényuàn]

位于海游街道西区大道166~168号，第二高级中学对面，南毗谢家村。占地面积0.8万平方米，建筑面积2万平方米。有4幢6层，共140套住宅。因位于第二高级中学附近，故名。2010年11月12日命名。

天久花苑 [Tiānjiǔ Huāyuàn]

位于海游街道西区广济路32~27号。东邻西区大道，南毗第二高级中学，北接松门村，东南靠永昌路。占地面积1.5万平方米，建筑面积3.6万平方米。居住楼6幢，共250套住宅。因由天久房地产公司开发而得名。2006年7月24日命名。

阳光嘉苑 [Yángguāng Jiāyuàn]

位于海游街道西区中海路6号。西北至西区大道，西南临中海路，东毗珠游溪，北与名门春天小区为邻。占地面积4.07万平方米，建筑面积9.3万平方米。居住楼14幢，其中多层2幢，高层4幢，排屋8幢。因住宅区阳光充足而得名。2007年12月3日命名。

永昌家园 [Yǒngchāng Jiāyuán]

位于海游街道西区大道18号。北邻西城庭院，南毗职业中专，西靠西区大道。共有住宅楼9幢，250余套。因靠近“永昌桥”，故名。2008年3月5日命名。

鼎盛公寓 [Dǐngshèng Gōngyù]

位于海游街道西区大道32号。西北至西区大道，东为广济路。占地面积0.37万平方米，建筑面积1.55万平方米。居住楼2幢，共104套住宅。因由鼎盛房地产公司开发而得名。2007年12月3日命名。

香山华庭 [Xiāngshān Huátíng]

位于海游街道西区大道101号，湘山村附近。东北界中海路，东南临西区大道，西南毗西城广场。占地面积1.67万平方米，建筑面积4.1万平方米。共有居住楼8幢，320套住宅。因位于湘山村附近，取湘山谐音“香山”而命名。2008年11月5日命名。

天琴湾小区 [Tiānqínwān Xiǎoqū]

位于海游街道西区大道35号。东临西区大道，南毗御景西苑小区，北接江山华府，西与蓓蕾幼儿园为邻。占地面积5.3155万平方米，其中住宅用地4.849万平方米，商业用地4663.8平方米，建筑面积12.1998万平方米，其中地下建筑面积约4.1615万平方米。以花园小洋房、复式小高层为主。2013年命名。

第二章 海润街道

第一节 概况

海润街道 [Hǎirùn Jiēdào]

地理位置 位于北纬29°09′55″~29°11′50″，东经121°41′19″~121°53′40″之间，地处县政府驻地东部，距县政府驻地5公里，东濒蛇蟠乡与健跳镇，南接横渡镇，西近海游街道，北毗邻沙柳街道和宁海县一市镇，海游港自西向东贯穿中部。

政区概况 海润街道居浙江省沿海发达地区中部和上海经济区南翼，是浙江沿海产业带的重要节点，是三门县2013年行政区划调整中新设立的一个街道，是全县“一主四重三特”新格局中最年轻的主城区，是三门城市东进的前沿和窗口。街道区域面积116平方公里，地势西北高，东南低，西南部多岗峦，最高峰寒山头，位于街道南部，海拔666米。有山林7.16万亩，森林覆盖率53.55%。流经境内的河流主要有园里溪与头岙溪，汇入海游港。辖区内有耕地面积0.78万亩，滩涂面积1.23万亩，养殖塘面积0.96万亩，主要物产有青蟹、小白虾、缢蛏、蛤、血蚶等。

海润街道地理位置优越，自然资源丰富，经济发展潜力较大。街道围绕“品质海润”目标，建立健全精细化管理模式，优化环境，立足海润新城“依山、临溪、滨海”特色，把山水文化和海洋文化元素融入城市主要建筑和道路，建设具有山海风情的滨海城市。近期以工业启动发展为主，远期打造集行政办公、居住、医疗、休闲为一体的现代化新城区。街道办事处驻滨海新城滨港路3号。

政区划分 辖祁家、鲍家、晏农、晏渔、王家、葫芦岙、许家塘、头岙、潺岙、园里、长湾、东陈、西严、上林、岭脚陈、隔坑、林家洋、后林、东严、孙家、叶家、正屿、涛头、上枫坑、下枫坑25个行政村，33个自然村。

政区沿革 清雍正六年（1728年）前属宁海县仙岩乡，后属宁海县南乡悬渚庄、葛岙庄、窦岙庄。民国改庄为乡，属悬渚、葛岙、窦岙3个乡。民国二十九年（1940年）三门县成立，属悬渚、葛岙、永丰3个乡。1950年属悬渚、葛岙、枫坑、晏站、涛头、头岙、园里7个乡。1956年属葛岙、晏站、悬渚、头岙、蒲西5个乡。1958年乡改建为管理区。1961年春属悬渚、葛岙、头岙、蒲西人民公社。1983年属悬渚、葛岙、窦岙、蒲西乡。1992年5月撤葛岙、悬渚、头岙3个乡并入海游镇，撤蒲西乡并入六敖镇。2013年11月从海游镇划分出23个村和原六敖镇正屿、涛头2个村设立海润街道。

名称由来 街道濒临东海，依海围垦而成，受大海滋润，故名“海润”，且“润”与三门方言“顺”谐音，含事事顺利之意。另“润”字出自东晋时期敦煌僧人昙猷海上东渡，在三门湾畔登岸，在海游瑞云山建普济院，宋朝赐名广润寺，寓“普润众生”之意。

气候灾害 属亚热带海洋性季风气候，四季分明，温暖湿润，雨量丰沛，无霜期240天左右。每年春季以后，雨水渐多，以春雨、梅雨和台风雨为主。夏季气温较高，晴热少雨，易发生伏旱。秋季天气凉爽，常遇台风登陆，带来狂风暴雨，有时又受大潮影响酿成洪涝灾害。冬季稍冷，空气干燥，降雨量少，时有霜雪。

历史上海润街道是个连年遭受水灾的地方。海游港是三门县最大两条河流珠游溪与亭旁溪的出海口，水位涨落变化大。每逢8月、9月台风季节，加上大潮汛，两条溪流水势凶猛，威胁很大。为防止水患，党和政府曾三次组织人民修坝固堤，截弯取直，疏浚海游港，加宽港面，加速洪水排泄，消灭洪涝灾害，水患已被基本制服。

人口状况 总户数7374户，人口23090人，其中男性11964人，城镇人口6480人，人口密度为每平方公里266.12人。

社会经济 工业主要有造纸、铸件、汽配、工艺品等产业。2016年实现工业总产值9.09亿元，其中规模上工业总产值4亿元，固定资产总投资5.7亿元。实现财政总收入3784万元，其中地方财政收入1847万元，国税收入3453万元。海润街道充分发挥山海资源优势，大力发展现代农业和特色农业，涛头水产养殖精品示范区、林家洋覆盆子种植基地等在县内外具有一定的影响。隔坑、岭脚陈村、孙家村慢生活度假区旅游规划，东严村桃花园初步方案已完成，正屿村特色海岛民宿农家乐建设、叶家村龙母山旅游开发逐步推进，以"农家乐"、渔业观光、农事体验为基础的乡村休闲旅游业发展格局已初具规模。

社会文化卫生事业有了长足的发展，新建、扩建、改建了一批文化体育和社会福利设施，广播电视覆盖率大大提高，群众文化生活不断改善。辖区有小学1所，幼儿园5所，卫生服务站4家。有三特渔村、金鳞湖、大庵山公园、体育中心等文体设施和休闲场所。

人文胜景 海润街道山川秀丽，山海风光，景色宜人，名胜古迹众多。鬼叫坑位于湫水山东北麓叶家村，属于生态旅游区，以神奇秀丽，秀瀑灵水，怪石迷洞而著称，有石笋峰、天乳峰、饭蒸峰、文笔峰、双龟岩、火仙岩等诸多奇峰灵岩。涛头村筹划"海上畲乡、印象涛头"特色旅游开发，民族文化墙、畲族一条街等项目已启动建设。创建于2004年的三特渔村，为三门县首个省级休闲渔业示范基地。祁家祁宅、祁家祁氏宗祠、王家王氏宗祠被公布为省级文物保护单位。历史上著名人物有元代抗倭名士陈性中、辛亥革命志士祁文豹、康定知府王东芦、当代高僧觉慧等。

第二节 行政村及自然村

祁家村［Qíjiā Cūn］

以村民委员会驻地祁家得名。建于1983年，辖祁家1个自然村，10个村民小组，420户，1302人。行政区域面积2.17平方公里，其中耕地面积57.07公顷，林地面积31.69公顷。村集体经济总收入5.41万元，固定资产合计88.13万元。

祁家［Qíjiā］

位于海润街道办事处驻地西3.3公里。杨梅山南麓偏东，地势西北向东南倾斜。东至前门山，西至马鞍鸟头，南至大塘田，北邻王家村。

葛坡（葛岙旧称）祁氏，肇始宋时。先世祁鼎，世居山东青州，后因战乱而隐居宁波鄞县。宋祥兴二年（1279年），裔孙祁宗乾一次游览到宁海县仙岩乡，见其地屏山耸翠，带水潆洄，伏狮镇守于左，眠牛环抱于右，土地肥沃，又有渔盐之利，不禁大喜，就从鄞县徙居此地，命其地曰"葛岙"，概取其有瓜瓞绵绵之意。因村民姓祁，故名祁家。清属宁海县南乡葛岙庄。民国属葛岙乡。解放后属葛岙乡。1954年成立祁家初级社，1956年转为祁家高级社。1958年冬属葛岙管理区。1962年属葛岙公社祁家大队。1983年属葛岙乡祁家村民委员会。1992年5月撤区扩镇并乡时，撤销葛岙乡，改属海游镇。2013年11月属海润街道。

鲍家村［Bàojiā Cūn］

以村民委员会驻地鲍家得名。建于1983年，辖鲍家、梅叶2个自然村，3个村民小组，123户，382人。行政区域面积0.28平方公里，其中耕地面积14.47公顷，林地面积14公顷。村集体经济总收入12.84万元，固定资产合计27.66万元。

鲍家［Bàojiā］

村民委员会驻地。位于海润街道办事处西北3.7公里。东南毗梅叶自然村，南邻王家村，北毗外黎村，西靠杨梅山与姚家村隔山为邻。地势西南向东北倾斜，块状聚落，呈方形，属半山区。

查当地《鲍氏宗谱》，宋朝，始祖鲍氏迁居于此，取名鲍家。清属宁海县南乡葛岙庄。民国属葛岙乡。解放后属葛岙乡。1955年与梅叶村共同成立鲍家初级社，1956年转为高级社。1958年10月属葛岙管理区。1961年10月属葛岙公社鲍家大队。1983年11月属葛岙乡鲍家村民委员会。1992年5月撤区扩镇并乡时，撤销葛岙乡，改属海游镇。2013年11月属海润街道。

梅叶［Méiyè］

原名叶家。因系梅、叶两姓居住，1982年更名为梅叶自然村。聚落呈点状分布。清名梅岙叶，据清光绪《宁海县志》卷三载，梅岙叶，清属宁海县南乡葛岙庄。民国属葛岙乡。解放后属葛岙乡鲍家村。1961年属葛岙公社鲍家大队。1983年属葛岙乡鲍家村。1992年5月属海游镇鲍家村。2013年11月属海润街道鲍家村。

晏农村［Yànnóng Cūn］

建于1983年，辖晏农、大庵2个自然村，8个村民小组，671户，2016人。行政区域面积4.41平方公里，其中耕地面积10.87公顷，林地面积94.45公顷。村集体经济总收入204万元，固定资产合计214.88万元。

晏农［Yànnóng］

位于海润街道办事处驻地北偏东1.2公里。地处乌龟山西南麓，狮子头山东侧。东临正屿港，南毗滨海新城，西邻葫芦岙村，北与南亭村隔山为邻，为不规则的块状聚落，属沿海平原地区。

以村民委员会驻地晏站，村民从事农业为主而得名。据《倪氏宗谱》记载，南宋末年，倪氏昆仲泛舟北上，泊于三门湾畔，分别居晏站、南亭、南岙三处。倪卓择居狮山南麓，为晏站倪氏始祖。清属宁海县南乡葛岙庄。民国属葛岙乡。解放初属葛岙乡。1950年属晏站乡。1954年成立晏站初级社，1956年转为高级社。1956年2月晏站乡并入葛岙乡，属葛岙乡。1958年冬属晏站管理区。1961年10月与大庵村合建晏站大队，属葛岙公社。1972年从事农业的社员组建为晏农大队，从事渔业的社员组建为晏渔大队。1983年11月改建为晏农村民委员会，属葛岙乡。1992年5月撤区扩镇并乡后，改属海游镇。2013年11月划归海润街道管辖。

大庵［Dàān］

村以所在的大庵山得名，位于滨海新城南部大庵山。原为海岛，现已围垦成为滨海新城一部分。1961年属葛岙公社晏站大队，即后之晏农大队。1983年属葛岙乡晏农村。1992年5月属海游镇晏农村。2013年11月划归海润街道晏农村管辖。

晏渔村［Yànyú Cūn］

建于1983年，辖晏渔1个自然村，6个村民小组，375户，1140人。行政区域面积5.39平方公里，其中耕地面积5.33公顷，林地面积42.27公顷。村集体经济总收入115万元，固定资产合计202.47万元。

晏渔［Yànyú］

位于海润街道办事处驻地北偏东1.1公里。地处乌龟山西南麓，狮子头山东侧。东临正屿港，南毗滨海新城，西邻葫芦岙村，北与南亭村隔山为邻，为不规则的块状聚落，属沿海平原地区。

以村民委员会驻地晏站，村民从事渔业为主而得名。清属宁海县南乡葛岙庄。民国属葛岙乡。解放后属葛岙乡。1950年属晏站乡。1954年成立晏站初级社，1956年转为高级社。1956年2月晏站乡并入葛岙乡，属葛岙乡。1958年10月属葛岙管理区。1961年10月建晏站大队，属葛岙公社。1972年从事渔业的社员分建为晏渔大队。1983年11月属葛岙乡晏渔村民委员会。1992年5月撤区扩镇并乡时，撤销葛岙乡，改属海游镇。2013年11月属海润街道。

晏渔村是三门县6个渔业村之一，1972年将晏站大队划分成晏渔、晏农两个大队，集体土地划分给晏农大队经营，四对老式的机帆船及村外滩涂划分给晏渔大队经营。晏渔村最多时有24艘大型捕捞渔船，近海作业小船200余艘。20世纪90年代后，随着海洋资源濒于枯竭，渔业收入快速滑坡。2004年晏站涂围垦工程开始，晏渔村8200亩滩涂和500亩养殖塘被征用，大部分渔民转产转业，从事海水养殖、务工经商等行业。目前，晏渔村有大型捕捞渔船12艘，小型捕捞渔船2艘，捕捞渔民50多人。

王家村 [Wángjiā Cūn]

以村民委员会驻地王家得名。建于1983年，辖王家1个自然村，15个村民小组，494户，1585人。行政区域面积2.51平方公里，其中耕地面积60公顷。村集体经济总收入73.13万元，固定资产合计357.18万元。

王家 [Wángjiā]

位于海润街道办事处驻地西3.5公里。地处杨梅山南麓偏东，地势西北高东南低。东接龙头水库，西至马鞍鸟头，南邻祁家村，北毗鲍家村。

村以王姓居多，故名王家。清属宁海县南乡葛岙庄。民国属葛岙乡。解放后属葛岙乡。1954年成立王家初级社，1956年转为王家高级社。1958年冬属葛岙管理区。1962年属葛岙公社王家大队。1983年属葛岙乡王家村民委员会。1992年5月撤区扩镇并乡时，撤销葛岙乡，改属海游镇。2013年11月属海润街道。

葫芦岙村 [Húlú'ào Cūn]

以村民委员会驻地葫芦岙得名。建于1983年，辖葫芦岙1个自然村，2个村民小组，182户，614人。行政区域面积1.87平方公里，其中耕地面积9公顷，林地面积111.49公顷。村集体经济总收入70.74万元，固定资产合计355.11万元。

葫芦岙 [Húlú'ào]

位于海润街道办事处驻地西1.9公里。地处高畈山东南麓，地势北高南低。东毗晏站，西隔山与祁家村为邻，南临海游港，西北至高畈山。

据当地《叶氏宗谱》载，明初，叶氏从道岸头屿山迁居此地，因该村四面环山，中间平坦，形似葫芦，故名葫芦岙。葫芦岙叶氏系南宋文学家叶梦得之后，其五子叶橹一避世徙沙柳道岸头，裔孙叶珍奴于明初分迁葫芦岙。清属宁海县永康乡三十三都二图，后改属南乡葛岙庄。民国属葛岙乡。解放后属葛岙乡。1954年成立葫芦岙初级社，1956年转为高级社。1958年10月属葛岙管理区。1961年10月建葫芦岙大队，属葛岙公社。1983年11月属葛岙乡葫芦岙村民委员会。1992年5月撤区扩镇并乡时，撤销葛岙乡，改属海游镇。2013年11月属海润街道。

许家塘村 [Xǔjiātáng Cūn]

以村民委员会驻地许家塘得名。建于1983年，辖许家塘1个自然村，3个村民小组，121户，422人。行政区域面积0.59平方公里，其中耕地面积10.06公顷，林地面积29.23公顷。村集体经济总收入11.72万元，固定资产合计70.75万元。

许家塘 [Xǔjiātáng]

位于海润街道办事处西2.7公里。地处狮子山西麓，塔顶山东南麓，南毗邻海游港，西北与祁家村为邻。地势北向南倾斜，块状聚落，呈长方形，系沿海平地。

因村坐落在海塘边，村民姓许，故称许家塘。清属宁海县南乡葛岙庄。民国属葛岙乡。解放后属葛岙乡。1954年成立许家塘初级社，1956年转为许家塘高级社。1958年11月属葛岙管理区。1962年属葛岙公社许家塘大队。1983年属葛岙乡许家塘村民委员会。1992年5月撤区扩镇并乡时，撤销葛岙乡，改属海游镇。2013年11月属海润街道。

头岙村 [Tóu'ào Cūn]

以村民委员会驻地头岙得名。建于1983年，辖头岙1个自然村，16个村民小组，552户，1778人。行政区域面积5.9平方公里，其中耕地面积43公顷，林地面积249.33公顷。村集体经济总收入59.19万元，固定资产合计213.89万元。

头岙 [Tóu'ào]

位于海润街道办事处驻地东南2.7公里。坑王山东北麓，地势西高东低。东至S224省道，南与东陈村隔溪相望，西靠龙角尖山，北至头岙隧道。

据传，古时有窦姓迁居此岙，故称窦岙。清代名窦岙街。解放后为书写方便，演变为头岙。清属宁海县仙岩乡四十四都上甲一图，后改属窦岙庄。民国属永丰乡。解放后属永丰乡。1950年由永丰乡分设头岙乡，属头岙乡。1956年成立头岙初级社，1957年转为高级社。1958年冬属头岙管理区。1961年10月属头岙公社头岙大队。1983年11月属头岙乡头岙村民委员会。1992年5月撤区扩镇并乡时，改属海游镇。2013年11月属海润街道。

潺岙村 [Chán'ào Cūn]

以村民委员会驻地潺岙得名。建于1983年，辖潺岙、戴家2个自然村，8个村民小组，504户，1583人。行政区域面积4.04平方公里，其中耕地面积44公顷，林地面积210.4公顷。村集体经济总收入155.51万元，固定资产合计438.8万元。

潺岙 [Chán'ào]

村民委员会驻地。位于海润街道办事处驻地南1.5公里。龙角尖山东北麓，地势南向北倾斜，聚落成不规则的块状，系滨海平地。东近头岙岭，西、南两面皆靠龙角尖山，北临海游港。

此岙原系海滩垵头，后各姓陆续迁住，取名垵头。清名垵岙，后演变为潺岙。清属宁海县南乡窦岙庄。民国属永丰乡。解放初属悬渚乡。1950年属枫坑乡。1955年成立潺岙初级社，1956年转为高级社，改属头岙乡。1958年冬与戴家同属头岙管理区潺岙生产队。1961年10月属头岙公社潺岙大队。1983年10月属头岙乡潺岙村民委员会。1992年5月撤区扩镇并乡时，改属海游镇。2013年11月属海润街道。

戴家 [Dàijiā]

据传，该村原系戴、陈、王、徐、赖诸姓杂居。明朝，天台洪畴戴氏第五世孙戴德赐迁住潺岙戴家，为戴氏始迁祖。因戴姓最早迁入，故名戴家。聚落呈不规则的块状。民国属永丰乡。解放初属悬渚乡。1950年属枫坑乡。1955年成立戴家初级社，1956年转为高级社，改属头岙乡。1958年冬与潺岙合并成立潺岙生产队，属头岙管理区。1961年属头岙公社潺岙大队。1984年属头岙乡潺岙村。1992年5月属海游镇潺岙村。2013年11月属海润街道潺岙村。

园里村 [Yuánlǐ Cūn]

以村民委员会驻地园里得名。建于1983年，辖园里、江边山2个自然村，17个村民小组，709户，2268人。行政区域面积6.91平方公里，其中耕地面积26.7公顷，林地面积273.6公顷。村集体经济总收入372.52万元，固定资产合计709.8万元。

园里 [Yuánlǐ]

村民委员会驻地。位于海润街道办事处驻地东南4.5公里。东山头西南麓，地势南向北倾斜，系河谷平地。东至小蒲岭，南至西严村，西依红茅山，北至S224省道。

据《园里陈氏宗谱》记载，祖先陈怀珣从福建迁入时，此地三面环山，中间平坦，遍地野花，好似花园，取名园里陈。清属宁海县南乡窦岙庄。民国属永丰乡。解放初属永丰乡。1950年8月由永丰乡分设园里乡，属园里乡。1954年成立园里初级社，1956年与长湾、西严、上林、后林4个初级社合办园里高级社，归属头岙乡。1958年11月属头岙管理区。1961年10月西严、上林、后林分设，与长湾、江边山村共属头岙公社园里大队。1983年长湾分设，与江边山共属头岙乡园里村民委员会。1992年5月撤区扩镇并乡时，改属海游镇。2013年11月属海润街道。

江边山 [Jiāngbiānshān]

村居海游港南边的孤立小山——江边山东南麓，以山名村。聚落呈点状。据清光绪《宁海县志》卷三载，江边山，清属宁海县南乡窦岙庄。民国属永丰乡。解放初属头岙乡。1950年属园里乡。1955年加入长湾初级社，1956年并入园里高级社，回属头岙乡。1958年冬属头岙管理区。1961年属头岙公社园里大队。1983年属头岙乡园里村。1992年5月属海游镇园里村。2013年11月属海润街道园里村。

长湾村 [Chángwān Cūn]

以村民委员会驻地长湾得名。建于1983年，辖长湾1个自然村，2个村民小组，77户，267人。行政区域面积0.73平方公里，其中耕地面积8.7公顷，林地面积51.49公顷。村集体经济总收入2万元，固定资产合计75.85万元。

长湾 [Chángwān]

位于海润街道办事处驻地东偏南5.3公里。东山头东北麓，地势南向北倾斜。东邻巡检司村，南至坑里山，西毗园里村，北至S224省道。

村处海游港边的一个较长的山弯中，故名长湾。清属宁海县南乡窦岙庄。民国属永丰乡。解放初属永丰乡。1950年8月永丰乡分设园里乡，属园里乡。1954年成立长湾初级社，1955年江边山村并入仍称长湾初级社，1956年又并入园里高级社，属头岙乡。1958年11月属头岙管理区。1961年属头岙公社园里大队。1983年11月由园里分设，属头岙乡长湾村民委员会。1992年5月撤区扩镇并乡时，改属海游镇。2013年11月属海润街道。

东陈村 [Dōngchén Cūn]

以村民委员会驻地东陈得名。建于1983年，辖东陈1个自然村，2个村民小组，93户，266人。行政区域面积0.39平方公里，其中耕地面积4公顷，林地面积19.22公顷。村集体经济总收入48.06万元，固定资产合计55.06万元。

东陈 [Dōngchén]

位于海润街道办事处驻地南偏东4公里。红茅山西北麓，地势南向北倾斜，属山间平地。东至看守所，西南至林家洋村，北临头岙溪与园里村隔溪相望。

据传，一千多年前，陈姓始祖迁入此地，因村处头岙溪东岸，故名东陈。清属宁海县南乡窦岙庄。民国属永丰乡。解放初属永丰乡。1950年8月永丰乡分设园里乡，属园里乡。1956年成立东陈初级社，1957年转为高级社。1958年11月属头岙管理区。1961年10月属头岙公社东陈大队。1983年11月属头岙乡东陈村民委员会。1992年5月撤区扩镇并乡时，改属海游镇。2013年11月属海润街道。

西严村 [Xīyán Cūn]

以村民委员会驻地西严得名。建于1984年，辖西严1个自然村，8个村民小组，216户，668人。行政区域面积1.56平方公里，其中耕地面积8.5公顷，林地面积117.7公顷。村集体经济总收入113.41万元，固定资产合计141.98万元。

西严 [Xīyán]

位于海润街道办事处驻地东南5.1公里。地势平坦，聚落呈长方形块状，属河谷平地。东近东严村，西南近上林村，南靠狗屎尖垮北麓，北邻园里村。

据当地宗谱记载，古代有一户姓严的两兄弟，从黄坛迁此，因住在园里溪西边，故称西严。清属宁海县南乡窭岙庄。民国属永丰乡。解放初属永丰乡。1950年8月由永丰乡分设园里乡，属园里乡。1955年成立西严初级社，1956年并入园里高级社，归属头岙乡。1958年11月属头岙管理区。1961年10月从园里分出，与上林同属头岙公社西严大队。1984年与上林分设，属头岙乡西严村民委员会。1992年5月撤区扩镇并乡时，改属海游镇。2013年11月属海润街道。

上林村［Shànglín Cūn］

以村民委员会驻地上林得名。建于1984年，辖上林1个自然村，5个村民小组，78户，145人。行政区域面积1.72平方公里，其中耕地面积7.42公顷，林地面积155.21公顷。村集体经济总收入24.8万元，固定资产合计50.42万元。

上林［Shànglín］

位于海润街道办事处驻地东南5.1公里，狗屎尖垮山北麓，地势南高北低，属山间平地。东毗西严村，南至茶园坑，西近红茅山，北邻园里村。

该村地势比西严、园里村都高而上，林姓居住，故名上林。民国属永丰乡。解放初属永丰乡。1950年8月由永丰乡分设园里乡，属园里乡。1955年成立上林初级社，1956年并入园里高级社，同年2月回属头岙乡。1958年11月属头岙管理区。1961年10月与园里村分建，属头岙公社西严大队。1984年与西严分建，属头岙乡上林村民委员会。1992年5月撤区扩镇并乡时，改属海游镇。2013年11月属海润街道。

岭脚陈村［Lǐngjiǎochén Cūn］

以村民委员会驻地岭脚陈得名。建于1984年，辖岭脚陈1个自然村，3个村民小组，101户，341人。行政区域面积2.69平方公里，其中耕地面积13.67公顷，林地面积230.25公顷。村集体经济总收入148.08万元，固定资产合计178.67万元。

岭脚陈［Lǐngjiǎochén］

位于海润街道办事处驻地南偏西5.3公里。地势北高南低，聚落呈方形块状，属山区。东与孙家村为邻，南毗隔坑村，西至苎槽岭，北靠双尖山。

据当地宗谱记载，明朝一个姓陈的人，迁苎槽岭脚居住，故名岭脚陈。民国属永丰乡。解放初属永丰乡。1950年8月由永丰乡分设头岙乡，属头岙乡。1955年成立岭脚陈初级社，1956年并入孙家高级社，同年2月回属头岙乡。1958年11月属头岙管理区。1961年10月与孙家村分设，该村与隔坑村共属头岙公社岭脚陈大队。1983年属头岙乡岭脚陈村民委员会。1985年与隔坑村分设。1992年5月撤区扩镇并乡时，改属海游镇。2013年11月属海润街道。

隔坑村［Gékēng Cūn］

以村民委员会驻地隔坑得名。建于1985年，辖隔坑1个自然村，4个村民小组，47户，143人。行政区域面积0.93平方公里，其中耕地面积9.07公顷，林地面积81.78公顷。村集体经济总收入0.03万元，固定资产合计10.79万元。

隔坑［Gékēng］

位于海润街道办事处驻地南偏西5.5公里。畚箕斗山东麓，地势西高东低。东邻孙家村，南至龙王殿，西近罗加岙山，北毗岭脚陈村。

明洪武年间（1368—1398年）孙家第十世孙国嘉析居隔坑。清属宁海县南乡窭岙庄。民国属永丰乡。解放初属永丰乡。1950年8月由永丰乡分设头岙乡，属头岙乡。1955年成立隔坑初级社，1956年并入孙家高级社。1958年11月属头岙管理区。1961年10月从孙家分出，属头岙公社岭脚陈大队。1983年属头岙乡岭脚陈村民委员会。1985 年从岭脚陈村分设，组建隔坑村民委员会，属头岙乡。1992 年 5 月撤区扩镇并乡时，改属海游镇。2013 年 11 月属海润街道。

林家洋村 [Línjiāyáng Cūn]

以村民委员会驻地林家洋得名。建于 1983 年，辖林家洋 1 个自然村，8 个村民小组，205 户，661 人。行政区域面积 3.41 平方公里，其中耕地面积 38.13 公顷，林地面积 265.24 公顷。村集体经济总收入 21.72 万元，固定资产合计 179.3 万元。

林家洋 [Línjiāyáng]

位于海润街道办事处驻地南 4.8 公里。地处流水岩西北麓，地势东南向西北倾斜。东邻东陈村，西毗孙家村，北至头岙工业区，西北临头岙溪。

当地群众习惯称较大的平地为垟，林姓祖先迁居后，取名林家垟，后演变为林家洋。清属宁海县南乡窦岙庄。民国属永丰乡。解放初属永丰乡。1950 年 8 月由永丰乡分设头岙乡，属头岙乡。1955 年成立林家洋初级社，1956 年转为高级社。1958 年 11 月属头岙管理区。1961 年 10 月属头岙公社林家洋大队。1983 年 11 月属头岙乡林家洋村民委员会。1992 年 5 月撤区扩镇并乡时，改属海游镇。2013 年 11 月属海润街道。

后林村 [Hòulín Cūn]

以村民委员会驻地后林得名。建于 1983 年，辖后林 1 个自然村，4 个村民小组，154 户，526 人。行政区域面积 2.68 平方公里，其中耕地面积 25.71 公顷，林地面积 217.46 公顷。村集体经济总收入 40.19 万元，固定资产合计 106.76 万元。

后林 [Hòulín]

位于海润街道办事处驻地东南 6.3 公里。地处狮子山西北麓，地势东高西低，属半山区。东至后林斗，南至叶家村，西毗上林村，北接东严村。

原村后有一片茂盛的树林，故称后林。又传，村后有一条山涧直泻，远看如清泉淋背，故名后淋，后演变为后林。清属宁海县南乡窦岙庄。民国属永丰乡。解放初属永丰乡。1950 年 8 月由永丰乡分设园里乡，属园里乡。1955 年成立后林初级社，1956 年并入园里高级社，同年 2 月归属头岙乡。1958 年 11 月属头岙管理区。1961 年 10 月从园里分出，与东严共属头岙公社后林大队。1983 年 11 月属头岙乡后林村民委员会。1990 年 12 月东严分出。1992 年 5 月撤区扩镇并乡时，改属海游镇。2013 年 11 月属海润街道。

东严村 [Dōngyán Cūn]

以村民委员会驻地东严得名。建于 1990 年，辖东严 1 个自然村，1 个村民小组，58 户，188 人。行政区域面积 1.18 平方公里，其中耕地面积 17.31 公顷，林地面积 84.67 公顷。村集体经济总收入 14 万元，固定资产合计 93.26 万元。

东严 [Dōngyán]

位于海润街道办事处驻地东南 5.5 公里，面山岗北麓。地势东南高西北低，聚落呈三角形块状，属河谷平地。东至小蒲岭，南毗后林村，西邻西严村，北近园里村。

清代名东岩。据当地宗谱记载，从前有一户姓严的两兄弟从黄坛迁此，因住在园里溪的东边，故称东严。由于严与岩谐音，故有“东岩”之讹。清属宁海县南乡窦岙庄。民国属永丰乡。解放初属永丰乡。1950 年 8 月由永丰乡分设园里乡，属园里乡。1955 年成立东严初级社，1956 年并入园里高级社，归属头岙乡。1958 年 11 月属头岙管理区。1961 年 10 月从园里分出，与后林同属头岙公社后林大队。1983 年 11 月属头岙乡后林村民委员会。1990 年 12 月又从后林村分设，建东严村民委员会，属头岙乡。1992 年 5 月撤区扩镇并乡时，改属海游镇。2013 年 11 月属海润街道。

孙家村 [Sūnjiā Cūn]

以村民委员会驻地孙家得名。建于1983年，辖孙家1个自然村，12个村民小组，459户，1515人。行政区域面积8.57平方公里，其中耕地面积35.2公顷，林地面积720.5公顷。村集体经济总收入59.6万元，固定资产合计425.59万元。

孙家 [Sūnjiā]

位于海润街道办事处驻地南5.4公里。地处大平岗北麓偏西，头岙溪上游南侧，东邻林家洋村，西毗岭脚陈村。地势南高北低，系半山区。

据传，宋朝时，孙氏始祖孙伯仁入赘窦岙窦家，子孙蕃衍，后孙氏迁居孙家。清属宁海县南乡窦岙庄。民国属永丰乡。解放初属永丰乡。1950年8月由永丰乡分设头岙乡，属头岙乡。1955年成立孙家初级社，1956年转为高级社。1958年11月属头岙管理区。1961年10月属头岙公社孙家大队。1983年11月属头岙乡孙家村民委员会。1992年5月撤区扩镇并乡时，改属海游镇。2013年11月属海润街道。

叶家村 [Yèjiā Cūn]

以村民委员会驻地叶家得名。建于1983年，辖叶家、三里严2个自然村，4个村民小组，178户，568人。行政区域面积7.81平方公里，其中耕地面积26.93公顷，林地面积717.28公顷。村集体经济总收入141万元，固定资产合计192.88万元。

叶家 [Yèjiā]

村民委员会驻地。位于海润街道办事处驻地东南7.5公里。地处仙人头尖西北麓、狗屎尖垮东麓之间，南至横渡岗，北毗后林村。地势南高北低，属半山区。

原名虾蟆塔叶，因村后有座虾蟆塔得名。由于村民皆姓叶，后演变为叶家。唐乾符四年（877年）叶氏四十六世叶进希自睦州迁宁海洋顺（今属珠岙），为台州叶氏始祖，五十世叶仁德迁蛤蟆塔叶。清属宁海县南乡窦岙庄。民国属永丰乡。解放初属永丰乡。1950年8月由永丰乡分设园里乡，属园里乡。1955年成立叶家、三里严初级社，1956年转为高级社，同年2月归属头岙乡。1958年11月属头岙管理区。1961年10月与三里严共建叶家大队，属头岙公社。1983年11月属头岙乡叶家村民委员会。1992年5月撤区扩镇并乡时，改属海游镇叶家村。2013年11月属海润街道叶家村。

三里严 [Sānlǐyán]

村原系严姓人居住，距叶家约三里，故称三里严。清代名山里严。据清光绪《宁海县志》卷三载，山里严，清属宁海县南乡窦岙庄。民国属永丰乡。解放后属头岙乡。1955年成立三里严初级社，1956年转为高级社。1958年冬与叶家同属头岙管理区。1961年属头岙公社叶家大队。1983年属头岙乡叶家村民委员会。1992年5月属海游镇叶家村。2013年11月属海润街道叶家村。

正屿村 [Zhèngyǔ Cūn]

以村所在的原正屿岛（现名花鼓岛）得名。建于1984年，辖正屿1个自然村，1个村民小组，72户，243人。行政区域面积2.88公顷，其中耕地面积1.86公顷，滩涂面积200公顷。村集体经济总收入142.1万元，固定资产合计397.06万元。

正屿 [Zhèngyǔ]

位于海润街道办事处驻地东4.8公里。花鼓岛西部正屿山南麓，东临养殖塘，西至海润街道晏站，南至前洋港。正屿山形似饭蒸，阴雨天气，常雾气腾腾，故取名为蒸屿，后演称为正屿。清属宁海县南乡窦岙庄。民国属永丰乡。解放后属永丰乡。1950年8月由永丰乡分设，属西洞乡。1952年2月由西洞乡分设，属涛头乡。1953年成立正屿互助组，1956年与涛头联办涛头高级社。1956年2月属蒲西乡。1958年11月属蒲西管理区。1961年由涛头分设，属蒲西公社正屿大队。1966—1969年围成花鼓漫塘后，与涛头岛相连为一个岛，1984年12月命名为花鼓岛。同年属蒲西乡正屿村。1992年5月撤区扩镇并乡时，撤销蒲西乡，改属六敖镇。2013 年 11 月属海润街道。

涛头村 [Tāotóu Cūn]

由大涛、小涛 2 个自然村组成，合称涛头，以村所处原涛头岛得名。建于 1984 年，辖 6 个村民小组，568 户，1673 人。行政区域面积 7.08 平方公里，其中耕地面积 21.62 公顷。村集体经济总收入 20.74 万元，固定资产合计 1068.39 万元。

大涛 [Dàtāo]

村民委员会驻地。位于海润街道办事处驻地东 7.7 公里。地处花鼓岛东部涛头山西南麓，地势东北向西南倾斜。东至蛇蟠洋，西接花鼓漫塘，南临海游港，北近正屿港。

以村所处涛头岛得名。清属宁海县南乡窦岙庄。民国属永丰乡。解放后属永丰乡。1950 年 8 月由永丰乡分设，属西洞乡。1952 年 2 月由西洞乡分设，属涛头乡。1955 年成立联丰、小涛 2 个初级社，1956 年与正屿互助组联办涛头高级社。1956 年 2 月属蒲西乡。1958 年 11 月属蒲西管理区。1961 年与正屿分设，与小涛村共建涛头大队，属蒲西公社。1984 年 10 月属蒲西乡涛头村。1992 年 5 月撤区扩镇并乡时，撤销蒲西乡，改属六敖镇涛头村。2013 年 11 月属海润街道涛头村。

小涛 [Xiǎotāo]

位于涛头山南麓，与邻村大涛相比，村庄较小，故名小涛。聚落呈不规则的块状。清代名涛头，据清光绪《宁海县志》卷三载，涛头，清属宁海县南乡窦岙庄。民国属永丰乡。解放初属西洞乡。1950 年属涛头乡。1955 年成立小涛初级社，1956 年与大涛村联丰初级社、正屿村互助组合办涛头高级社，属蒲西乡。1958 年冬属蒲西管理区。1961 年属蒲西公社涛头大队。1984 年属蒲西乡涛头村。1992 年 5 月属六敖镇涛头村。2013 年 11 月属海润街道涛头村。

上枫坑村 [Shàngfēngkēng Cūn]

以村民委员会驻地上枫坑得名。建于 1983 年，辖上枫坑、何家、三山 3 个自然村，9 个村民小组，482 户，1417 人。行政区域面积 3.26 平方公里，其中耕地面积 18.78 公顷，林地面积 173.27 公顷。村集体经济总收入 14.27 万元，固定资产合计 380.75 万元。

上枫坑 [Shàngfēngkēng]

村民委员会驻地。位于海润街道办事处驻地西南 4.2 公里。落脉山之北麓，地势东南向西北倾斜，属半山区。东邻何家自然村，西毗方卢村，南至岙里坑水库，北临海游港。

据《枫坑陈氏宗谱》记载，明朝倭寇为患，东南沿海地区屡遭侵扰，时南田有陈姓兄弟两人避居于此。一个定居落脉山北麓山坑边，一个定居双尖山北麓山坑边。当时，这一带枫树甚多，故统称枫坑。后以该村地处落脉山北麓，地形较高，取名上枫坑。清属宁海县南乡悬渚庄。民国属悬渚乡。解放初属悬渚乡。1950 年 8 月属枫坑乡。1954 年成立上枫坑初级社，1955 年与何家、三山村合办上枫坑高级社。1956 年属悬渚乡。1958 年年底属悬渚管理区。1961 年属悬渚公社上枫坑大队。1983 年属悬渚乡上枫坑村民委员会。1992 年 5 月撤区扩镇并乡时，改属海游镇上枫坑村。2013 年 11 月属海润街道上枫坑村。

1986 年 8 月 15 日台州地区行署批准上枫坑村为抗日战争革命根据地村。

三山 [Sānshān]

因村周围有三个小山墩，村以此取名三山。位于海游港南岸，聚落呈点状分布。解放后属悬渚乡上枫坑村。1950 年属枫坑乡。1954 年成立三山初级社，1955 年并入上枫坑高级社。1956 年属悬渚乡。1961 年属悬渚公社上枫坑大队。1983 年属悬渚乡上枫坑村。1992 年 5 月属海游镇上枫坑村。2013 年 11 月属海润街道上枫坑村。

何家 [Héjiā]

因村民多姓何，故名何家。聚落呈点状分布。据清光绪《宁海县志》卷三载，何家，清属宁海县南乡悬渚庄。民国属悬渚乡。解放后属悬渚乡。1950年属枫坑乡。1954年成立何家初级社，1955年并入上枫坑高级社。1956年属悬渚乡。1961年属悬渚公社上枫坑大队。1983年属悬渚乡上枫坑村。1992年5月属海游镇上枫坑村。2013年11月属海润街道上枫坑村。

下枫坑村 [Xiàfēngkēng Cūn]

以村民委员会驻地下枫坑得名。建于1983年，辖下枫坑1个自然村，9个村民小组，383户，1088人。行政区域面积3.34平方公里，其中耕地面积13.59公顷，林地面积225.08公顷。村集体经济总收入3.94万元，固定资产合计122.74万元。

下枫坑 [Xiàfēngkēng]

位于海润街道办事处驻地西南2.9公里。双尖山北麓，龙角尖山西北麓山谷中，地势东南向西北倾斜。东毗潺岙村，西近上枫坑村，南隔山与岭脚陈村相邻，北至S224省道。

该村地处双尖山北麓，与上枫坑村对比，地形较低，取名下枫坑。清属宁海县南乡悬渚庄。民国属悬渚乡。解放初属悬渚乡。1950年8月属枫坑乡。1954年成立五星初级社，1955年转为下枫坑高级社。1956年2月属悬渚乡。1958年底属悬渚管理区。1961年属悬渚公社下枫坑大队。1983年属悬渚乡下枫坑村民委员会。1992年5月撤区扩镇并乡时，改属海游镇。2013年11月属海润街道。

第三节　住宅小区

万金山公馆 [Wànjīnshān Gōngguǎn]

位于海润街道枫坑工业园区兴业街2号。东邻客运中心，南毗朝阳路，西隔兴业路与装饰城隔街相望。占地面积1.68万平方米，建筑面积5.49万平方米，绿地率25%。以位于三门湾口的三门山列岛之“万金山”命名，寓意聚财、纳福吉祥之地。2014年5月建成命名。

江景花苑 [Jiāngjǐng Huāyuàn]

位于海润街道枫坑工业园区朝晖路2号。南临岭（口）三（角塘）线，西毗环港路，北靠朝晖路。占地面积11.67万平方米，建筑面积22.01万平方米。居住楼37幢，共2300套住宅。因毗邻亭旁溪，依江河观景，故名。2007年12月3日命名。

银河湾 [Yínhé Wān]

位于海润街道枫坑工业园区兴业街9号。东毗海景风情小区，北傍海游港。占地面积1.39万平方米，建筑面积1.8万平方米。共有居住楼13幢3~10层，114套住宅。因由台州银河房地产开发有限公司开发而得名。2010年11月12日命名。

海景风情 [Hǎijǐng Fēngqíng]

位于海润街道枫坑工业园区兴业街8号。北临海游港与环港路，西靠兴业街、银河湾小区，占地面积0.7406万平方米，建筑面积1.4万平方米。共有居住楼8幢，最高楼层为17层，109套住宅。因濒临海游港，能领略海游港之景，故名。2011年命名。

嘉和小区 [Jiāhé Xiǎoqū]

位于海润街道滨海新城旗海路与泰和路交叉口。东临旗海路，南毗泰和路，北至三门湾大道。占地面积1.39万平方米，建筑面积3.64万平方米，绿地率30%。共有居住楼5栋，其中1号、2号楼为11层，地下1层，3号、4号、5号楼为6层，390套住宅。寓意美好和谐，故名。2014年2月建成命名。

嘉泰小区 [Jiātài Xiǎoqū]

位于海润街道滨海新城泰和路。北临泰和路，东毗旗海路，西为党校。占地面积3.85万平方米，建筑面积11.48万平方米，绿地率30.1%。共6栋，均为地上18层，地下室1层，共708套住宅。寓意美好平安，故名。2014年3月建成命名。

悦成御园 [Yuèchéng Yùyuán]

位于海润街道滨海新城半月路2号。南临海游港，西毗海润小学，北靠泰和路。占地面积7.63万平方米，建筑面积14万平方米，绿化率30%。共8幢小高层，51幢双联和单体别墅。

帝景苑 [Dìjǐng Yuàn]

位于海润街道滨海新城泰和号16号。西临大庵山，北靠泰和路，东至半月路，南为海润小学。占地面积3.17万平方米，建筑面积3.21万平方米。共有居住楼27幢3~5层，98套住宅。寓意尊贵、豪华、名门、贵族住宅，故名。2010年11月12日命名。

君临城邦 [Jūnlín Chéngbāng]

君临城邦分为三期，一、二期已经建成。总占地面积35.88万平方米，建筑面积65.25万平方米。君临泛指统治或主宰，城邦指由单独的城镇为中心的国家，这里指小区，故名。一期君临城邦城位于海润街道滨海新城泰和路8号。东至永福路，南至滨港路，北临泰和路，西毗旗海路，共89幢别墅、双拼排屋，2008年11月26日命名。二期君临雅苑位于海润街道滨海新城泰和路11号。东至半月路，南临泰和路，西毗旗海路，北为三门湾大道。共有居住楼36幢，1712套住宅。2014年11月26日命名。

第三章 沙柳街道

第一节 概况

沙柳街道 [Shāliǔ Jiēdào]

地理位置 位于北纬29°07′36″~29°12′12″，东经121°20′19″~121°29′08″之间，地处县境北部，东濒三门湾，南邻海游街道、海润街道。西界宁海市桑洲镇，北毗宁海市前童镇，东北面与宁海县一市镇相邻，东与象山县隔海相望。

政区概况 距宁波市区仅1.5小时车程，距县城中心区仅5公里，甬台温铁路穿境而过。北半部多山，东南部为丘陵平地，地势由西北向东南倾斜，属半山区。境内有金板山、双老山头、乌岩山、狮子山、板樟山、道地坪等群山环抱，最高山为乌岩山，海拔508.8米。清溪从西部入境，自西北—东南到将军山北麓，注入旗门港。沿溪两岸土地低洼平坦，土壤肥沃，良田连绵，水源充足，灌溉便利。村庄大多沿溪流两岸分布，人口稠密。街道总面积54平方公里，其中耕地面积0.55万亩，山林4.27万亩。沙柳街道海岸线长13.6公里，滩涂面积2万余亩，养殖面积1.28万亩。矿产资源有耐火黏土矿（又名木节泥），为全国著名黏土品种。街道办事处驻清溪西路38号。

政区划分 辖沙柳、西坑、龙头背、东坑、金板山、卢林、书带看、汪家洋、板樟山、岙里王、大家园、流洋、后山周、淡竹岙、坎头杨、下南山、前王、路上周、路下周、上岙、华山、前店、青叶、溪头杨、殿后、后周、道岸头、姚家、外黎、东头、大周、卢家塘、曼岙、南亭34个行政村，46个自然村。

政区沿革 清代属宁海县南乡沙篓庄。民国为沙柳乡。1946年改为旗门乡。1947年复称沙柳乡。1949年7月解放，11月建立旗门乡。1950年8月撤销旗门乡，分建沙柳、东岙2个乡。1951年4月从沙柳乡分设沙柳、金板、流洋3个乡。1956年合并，仍称沙柳乡。1958年11月改称旗门公社沙柳管理区。1961年改建沙柳公社。1983年5月20日划归三门县，改称沙柳乡。1985年8月撤乡建制为沙柳镇，辖27个村。1992年5月撤销葛岙乡，姚家等7个村划归沙柳镇，辖34个村。2013年11月撤销沙柳镇建制，设沙柳街道。

名称由来 街道以办事处所在地沙柳村得名。沙柳古名石林、沙篓、沙娄。民国初期改称沙柳，以村北靠狮子山，南临清溪，依山傍水，地多粗沙砾石，盛长柳树和榉柳，故名。

气候灾害 属亚热带季风气候，温度湿润，四季分明，雨量充沛。年平均降雨量约1650毫米，主要为春雨和梅雨。春季气候转暖，多阴雨。夏季多偏南风，高温炎热，多雷阵雨，有时干旱。秋季转凉，气候适宜，每年7—9月受台风影响，伴以大风暴雨，时有带来灾害。冬季盛行偏北风，寒冷少雨，气候干燥，有霜雪冰冻。年平均无霜期约240天。

人口状况 总户数5777户，人口17595人，其中男性9277人，城镇人口5115人，人口密度为每平方公里251.87人，自然增长率3.53‰。

社会经济 2016年实现工业总产值5.4亿元，完成工业性投入0.6亿元，完成财政总收入3641万元，其中地方财政收入1890万元。沙柳有着丰富的近海滩涂养殖资源，海水中微生物富集度居全县海域前列，是全县最佳海水养殖基地之一，养殖面积1.28万亩，盛产青蟹、对虾、牡蛎、缢蛏等，特别是“旗海”

牌青蟹被台州市评为十大绿色农业产品之首，被农业部评为无公害优质产品。沙柳街道有着得天独厚的山区林木资源，各类果木基地0.35万亩，白枇杷、红心猕猴桃、汇榕百合等农产品有一定的知名度，已初具规模化、集约化和市场化。

境内有敬老院1家，是三门县最早创办的敬老院。小学、中学各1所，幼儿园2所。共有卫生机构5家，其中卫生院1家。

人文胜景 "西北环山，东南靠海"的特殊地理环境造就了沙柳丰富的旅游资源。历史人文古迹底蕴深厚，华山、西陈、前店之间河谷有宋代村落遗址，龚家大院、杨生泰民居保存较好，具有一定历史、艺术、科学价值，西方庵、白岩寺为一方名刹。外黎村之东的笔架山，海拔344.5米，笔立三峰，形如笔架。中峰山麓有庵，右峰有鹰岩，岩中有洞，深邃莫测。左峰名花尖，绝顶有一岩，方丈余，四面玲珑剔透如窗，有香炉、石桌诸胜，可远眺三门湾山海风光。

坎头舞龙、金板山木偶、如意木雕、宫灯木雕被列入市县非物质文化遗产保护名录。2011年路上周周氏宗祠被公布为省级文物保护单位。历史上著名人物有明初参议叶仕英、明万历年间著名中医王明经、清末反洋教义士释礼释、民国以好善乐施名闻乡里的赵礼秀等。

第二节　行政村及自然村

沙柳村 [Shāliǔ Cūn]

以村民委员会驻地沙柳得名。建于1983年，辖沙柳1个自然村，8个村民小组，482户，1364人。区域面积1.83平方公里，其中耕地面积25.33公顷，林地面积35.33公顷。村集体经济总收入3.01万元，固定资产合计94.74万元。

沙柳 [Shāliǔ]

沙柳街道办事处、村民委员会驻地，地处清溪下游北岸，狮子山南麓，地势平坦。东至沙柳中学，南毗清溪，西临海沙线，北靠黄落岭。

古名石林、沙篓、沙娄，民国初期改称沙柳，以村北靠狮子山，南临清溪，依山傍水，地多粗沙砾石，盛长柳树和榉柳（学名枫杨，又名柜柳），故名。清属宁海县南乡沙篓庄。民国属沙柳乡。解放后属沙柳乡。1953年成立初级社。1956年转高级社。1958年改建沙柳生产队，属旗门公社沙柳管理区。1961年改为沙柳大队，属沙柳公社。1983年复建沙柳村，属沙柳乡。1985年乡改镇，属沙柳镇沙柳村。2013年11月属沙柳街道。

1986年8月15日台州地区行署批准沙柳村为抗日战争革命根据地村。

西坑村 [Xīkēng Cūn]

以村民委员会驻地西坑得名。建于1983年，辖西坑、白岩2个自然村，2个村民小组，49户，143人。行政区域面积1.07平方公里，其中耕地面积2.7公顷，林地面积94.4公顷。村集体经济总收入5.56万元，固定资产合计8.18万元。

西坑 [Xīkēng]

村民委员会驻地。位于沙柳街道办事处驻地西北5.7公里。地处老鹰山东南山弯中，地势西高东低，属山区。东至西岙坑，南至下洋周山岗，西至前山头村老鹰岩顶，北至杨家山顶。

村处白岩之西的山坑边，故名西坑。清属宁海县永康乡三十六都，后属宁海县南乡七市庄。民国属沙柳乡。解放后属金板乡。1956年属沙柳乡。1958年11月属旗门公社沙柳管理区。1961年10月改称西坑大队，属沙柳公社。1983年称西坑村民委员会，属沙柳乡。1985年乡改镇，属沙柳镇西坑村。2013年11月属沙柳街道西坑村。

白岩 [Báiyán]

村居白岩边，故名。呈点状聚落。解放后属金板乡。1956年属沙柳乡。1958年冬属旗门公社。1961年属沙柳公社西坑大队。1983年属沙柳乡西坑村。1985年属沙柳镇西坑村。2013年11月属沙柳街道西坑村。

龙头背村 [Lóngtóubēi Cūn]

以村民委员会驻地龙头背得名。建于1983年，辖龙头背、岭脚2个自然村，2个村民小组，26户，80人。行政区域面积0.63平方公里，其中耕地面积1.7公顷，林地面积39.33公顷。村集体经济总收入11.49万元。

龙头背 [Lóngtóubēi]

村民委员会驻地，已无人居住。位于沙柳街道办事处驻地西北5.5公里。地处金板山之西偏南之上，岭脚坑西侧，地势北高南低，聚落呈点状，属丘陵山区。

据当地《卢氏宗谱》载，200年前，卢姓太公从桑洲田洋卢迁入。因村所处的山背，形似龙头，故名龙头背。民国属沙柳乡。解放后属金板乡。1952年成立初级社，1955年转高级社。1961年10月改称龙头背大队，属沙柳公社。1983年称龙头背村民委员会，属沙柳乡。1985年乡改镇，属沙柳镇龙头背村。2013年11月属沙柳街道龙头背村。

岭脚 [Lǐngjiǎo]

已无人居住。因村位于金板山岭脚，故名。呈点状聚落。民国时地属沙柳乡。解放后属金板乡。1961年属沙柳公社龙头背大队。1983年属沙柳乡龙头背村。1985年属沙柳镇龙头背村。2013年11月属沙柳街道龙头背村。

东坑村 [Dōngkēng Cūn]

以村民委员会驻地东坑得名。建于1983年，辖东坑、仙人坪2个自然村，2个村民小组，62户，164人。行政区域面积1.18平方公里，其中耕地面积2.8公顷，林地面积94.4公顷。村集体经济总收入5.66万元，固定资产合计3.36万元。

东坑 [Dōngkēng]

村民委员会驻地。位于沙柳街道办事处驻地西北4.9公里。地处乌岩山西北山弯中，东坑北侧，地势东北高西南低，聚落呈点状，属丘陵山区。东至卢林村里庵自然村，南邻卢林村东山头自然村，西临直落坑，北靠龙头背村。

因村位于白岩之东的山坑旁，故名东坑。清属宁海县南乡东岙庄。民国属沙柳乡。解放后属金板乡。1953年成立初级社，1956年转为高级社。同年2月回属沙柳乡。1958年冬属旗门公社沙柳管理区。1961年10月改称东坑大队，属沙柳公社。1983年属沙柳乡东坑村。1985年乡改镇，属沙柳镇东坑村。2013年11月属沙柳街道东坑村。

仙人坪 [Xiānrénpíng]

位于东坑西半山岭。民国属沙柳乡。解放后属金板乡。1956年属沙柳乡。1961年属沙柳公社东坑大队。1983年属沙柳乡东坑村。1985年属沙柳镇东坑村。2013年11月属沙柳街道东坑村。

金板山村 [Jīnbǎnshān Cūn]

以村民委员会驻地金板山得名。建于1983年，辖金板山、天堂、水口3个自然村，12个村民小组，226户，752人。行政区域面积4.16平方公里，其中耕地面积15.07公顷，林地面积313.67公顷。村集体经济总收入9.86万元，固定资产合计31.88万元。

金板山 [Jīnbǎnshān]

村民委员会驻地。位于沙柳街道办事处驻地西北 4.8 公里。地处金板山（山名）西南山上，地势东北高西南低，块状聚落，属丘陵山区。西毗龙头背村，北与宁海县东洋村为邻。

因处于金板山麓，村以山名。清属宁海县南乡东岙庄。民国属沙柳乡。解放后属金板乡。1953 年成立初级社，1956 年转为高级社。同年 2 月回属沙柳乡。1958 年属旗门公社沙柳管理区。1961 年 10 月与天堂、水口两村共属沙柳公社金板山大队。1983 年属沙柳乡金板山村。1985 年乡改镇，属沙柳镇金板山村。2013 年 11 月属沙柳街道金板山村。

天堂 [Tiāntáng]

该村四面环山，中间平坦，风景优美，古人名其村为"天堂"。清代地属宁海县南乡东岙庄。民国属沙柳乡。解放后建政属金板乡金板山村。1961 年属沙柳公社金板山大队。1983 年属沙柳乡金板山村。1985 年属沙柳镇金板山村。2013 年 11 月属沙柳街道金板山村。

水口 [Shuǐkǒu]

村居金板山东南麓两条坑水汇合口，故村名"水口"。聚落呈点状。1949 年建政属金板乡金板山村。1961 年属沙柳公社金板山大队。1983 年属沙柳乡金板山村。1985 年属沙柳镇金板山村。2013 年 11 月属沙柳街道金板山村。

卢林村 [Lúlín Cūn]

原名东山头，因重名，1981 年更名时，以两村居民中的卢、林两姓命名为卢林。辖东山头、里庵 2 个自然村，2 个村民小组，51 户，164 人。行政区域面积 1.24 平方公里，其中耕地面积 3.8 公顷，林地面积 111.87 公顷。村集体经济总收入 13.57 万元，固定资产合计 55.14 万元。

东山头 [Dōngshāntóu]

村民委员会驻地。位于沙柳街道办事处驻地西北 4.7 公里。地处双老山头东北山弯，地势北高南低，属山区。

因地处东山头东北麓，村以山命名。民国属沙柳乡。解放后属金板乡。1956 属沙柳乡。1958 年属旗门公社沙柳管理区。1961 年 10 月改称东山头大队，属沙柳公社。因重名，1981 年更名卢林大队。1983 年属沙柳乡卢林村。1985 年乡改镇，属沙柳镇卢林村。2013 年 11 月属沙柳街道卢林村。

里庵 [Lǐān]

地处乌岩山北麓，西南邻东山头自然村，西北近东坑村。聚落呈点状。解放初建政属金板乡。1956 年属沙柳乡。1961 年与东山头村共属沙柳公社东山头大队，即后之卢林大队。1983 年属沙柳乡卢林村。1985 年属沙柳镇卢林村。2013 年 11 月属沙柳街道卢林村。

书带看村 [Shūdàikàn Cūn]

以村民委员会驻地书带看得名。建于 1983 年，辖书带看、大山 2 个自然村，3 个村民小组，180 户，557 人。行政区域面积 1.53 平方公里，其中耕地面积 10 公顷，林地面积 116.07 公顷。村集体经济总收入 5 万元，固定资产合计 20 万元。

书带看 [Shūdàikàn]

村民委员会驻地。位于沙柳街道办事处驻地西北 4.5 公里。地处双老山头南麓，清溪西北岸，地势西北高东南低。南毗汪家洋村，西邻宁海县沙地村。

村位于清溪之东的塥头边，经常受溪水冲打，故名水打塥。后为雅化地名，更名为书带看。清属宁海县南乡沙篓庄。民国属沙柳乡。解放后属流洋乡。1952 年成立低级社，1955 年转为群峰高级社。1956 属沙柳乡。1958 年 11 月属旗门公社沙柳管理区。1961 年 10 月改称水大塥大队，属沙柳公社。1968 年为雅化地名，更名为书带看大队。1983 年属沙柳乡书带看村。1985 年乡改镇，属沙柳镇书带看村。2013 年

11 月属沙柳街道书带看村。

大山 [Dàshān]

以地处狮子头山东北的大山中，故名。为点状聚落。解放后建政属水打塴村。1961 年属沙柳公社水打塴大队，即后之书带看大队。1983 年属沙柳乡书带看村。1985 年属沙柳镇书带看大队。2013 年 11 月属沙柳街道书带看大队。

汪家洋村 [Wāngjiāyáng Cūn]

以村民委员会驻地汪家洋得名。建于 1983 年，辖汪家洋 1 个自然村，2 个村民小组，94 户，291 人。行政区域面积 0.64 平方公里，其中耕地面积 8.67 公顷，林地面积 32.87 公顷。村集体经济总收入 1.65 万元，固定资产合计 100.74 万元。

汪家洋 [Wāngjiāyáng]

位于沙柳街道办事处驻地西北 4 公里。地势西北向东南倾斜，属丘陵地带。地处板樟山东北麓，东北濒清溪，西靠宁海县竹山头村。

汪姓始祖创居在清溪冲积平原的田畈中，当地惯称田畈为田垟，故名汪家垟，后演变为汪家洋。清属宁海县南乡沙篓庄。民国属沙柳乡。解放后属流洋乡。1953 年成立低级社，1956 年转为高级社，属沙柳乡。1958 年属旗门公社沙柳管理区。1961 年 10 月改称汪家洋大队，属沙柳公社。1983 年属沙柳乡汪家洋村。1985 年乡改镇，属沙柳镇。2013 年 11 月属沙柳街道。

板樟山村 [Bǎnzhāngshān Cūn]

以村民委员会驻地板樟山得名。建于 1983 年，辖板樟山 1 个自然村，5 个村民小组，106 户，298 人。行政区域面积 1.84 平方公里，其中耕地面积 9.33 公顷，林地面积 141.93 公顷。村集体经济总收入 3.92 万元，固定资产合计 37.42 万元。

板樟山 [Bǎnzhāngshān]

位于沙柳街道驻地西 4.6 公里。地势西南高东北低，四面皆山，属丘陵地区。东邻岙里王村，西北毗宁海县竹山头村，东北为汪家洋村。

村处山头，周围有成畈的樟树林，故名畈樟山，后演变为板樟山。村中有一株罕见的大樟树，紧抱着一株沙朴树和一株沙塘子树，苍劲古朴，枝叶繁茂，有“浙江第一樟”之称。清属宁海县西乡桑洲庄。民国属沙柳乡。解放初属屿东乡。1956 年属沙柳乡。1958 年 11 月属旗门公社沙柳管理区。1961 年 10 月属沙柳公社板樟山大队。1983 年属沙柳乡板樟山村民委员会。1985 年乡改镇，归属沙柳镇。2013 年 11 月属沙柳街道。

岙里王村 [Àolǐwáng Cūn]

以村民委员会驻地岙里王得名。建于 1983 年，辖岙里王 1 个自然村，2 个村民小组，80 户，229 人。行政区域面积 0.66 平方公里，其中耕地面积 5.13 公顷，林地面积 54.67 公顷。村集体经济总收入 0.95 万元，固定资产合计 3.65 万元。

岙里王 [Àolǐwáng]

位于沙柳街道办事处驻地西 4 公里。地势西南高东北低，块状聚落，属丘陵山区。地处板樟山东麓，东南靠下南山村，西邻板樟山村，北毗汪家洋村。

原名岙里，以村居板樟山东麓山岙里得名。清属宁海县西乡桑洲庄。民国属沙柳乡。解放初属流洋乡。1953 年成立初级社，1956 年转为高级社，属沙柳乡。1958 年 11 月属旗门公社沙柳管理区。1961 年 10 月属沙柳公社岙里王大队。因重名，1982 年以村居山岙，村民多姓王，更名“岙王”。1983 年划归三门县后又重名，复更名为“岙里王”，属沙柳乡岙里王村民委员会。1985 年乡改镇，归属沙柳镇。2013

年11月属沙柳街道。

大家园村 [Dàjiāyuán Cūn]

以村民委员会驻地大家园得名。建于1983年，辖大家园1个自然村，2个村民小组，79户，227人。行政区域面积0.68平方公里，其中耕地面积4.13公顷，林地面积16.13公顷。村集体经济总收入4.88万元，固定资产合计20.25万元。

大家园 [Dàjiāyuán]

位于沙柳街道办事处驻地西北3.6公里。地势西北向东南倾斜，属半山区。地处狮子头山西南麓，清溪北侧河谷平地，东邻流洋村。

据当地宗谱记载，约在明朝时，先有叶姓从板樟山迁入，后又有周姓迁入，因系杂姓聚居的家园，故名大家园。清属宁海县南乡沙篓庄。民国属沙柳乡。解放后属流洋乡。1953年成立初级社，1956年转为高级社，属沙柳乡。1958年年底属旗门公社沙柳管理区。1961年属沙柳公社大家园大队。1983年属沙柳乡大家园村民委员会。1985年乡改镇，归属沙柳镇。2013年11月属沙柳街道。

下南山村 [Xiànánshān Cūn]

以村民委员会驻地下南山得名。建于1983年，辖下南山1个自然村，5个村民小组，199户，599人。行政区域面积2.77平方公里，其中耕地面积9.8公顷，林地面积220.2公顷。村集体经济总收入17.04万元，固定资产合计53.76万元。

下南山 [Xiànánshān]

位于沙柳街道办事处驻地西3.2公里。地处风吹罗带山北麓的山间坦塘，村庄地势西高东低，块状聚落，属丘陵山区。东毗前王村，南至双峰尖分水岗，北临清溪。

因村居清溪下游南面的山上，故名下南山。清属宁海县永康乡三十五都一图，后改属南乡沙篓庄。民国属沙柳乡。解放后属流洋乡。1954年成立初级社，1955年转为新胜高级社。1956年属沙柳乡。1958年年底属旗门公社沙柳管理区。1961年属沙柳公社下南山大队。1983年属沙柳乡下南山村。1985年乡改镇，归属沙柳镇。2013年11月属沙柳街道。

村民有传统的民间伤科医疗（骨断复接）技术，颇负盛名。

流洋村 [Liúyáng Cūn]

以村民委员会驻地流洋得名。建于1983年，辖流洋1个自然村，4个村民小组，163户，495人。行政区域面积1.16平方公里，其中耕地面积7.07公顷，林地面积92.47公顷。村集体经济总收入7.05万元，固定资产合计107.24万元。

流洋 [Liúyáng]

位于沙柳街道办事处驻地西北3.2公里。地处狮子头山南麓，清溪北侧河谷平地，地势平坦，块状聚落，属平原地区。东、南临清溪，西邻大家园。

因有清溪流过该村的村南田垟，故称流垟，后演变为流洋。始祖陈思颂，系海游后洋陈二十五世孙，于明万历年间（1573—1620年）迁入。清属宁海县永康乡三十五都一图，名漏洋，后改名流洋，属南乡沙篓庄。民国属沙柳乡。解放后属流洋乡。1956年属沙柳乡。1958年冬属旗门公社沙柳管理区。1961年属沙柳乡流洋大队。1983年属沙柳乡流洋村民委员会。1985年乡改镇，归属沙柳镇。2013年11月属沙柳街道。

后山周村 [Hòushānzhōu Cūn]

以村民委员会驻地后山周得名。建于1983年，辖后山周1个自然村，2个村民小组，84户，291人。

行政区域面积1.19平方公里，其中耕地面积6.13公顷，林地面积93.4公顷。村集体经济总收入6.49万元，固定资产合计12.49万元。

后山周［Hòushānzhōu］

位于沙柳街道办事处驻地西北1.8公里。地处乌岩山南麓，清溪东北侧河谷平地，地势西北向东南倾斜，块状聚落，属平原地区。东北近淡竹岙村，西南傍清溪。

因位于路上周北面山麓，周姓居住，故名后山周。清属宁海县南乡沙篓庄。民国属沙柳乡。解放后属流洋乡。1954年成立初级社，1955年转为高级社。1958年年底属旗门公社沙柳管理区。1961年10月成立后山周大队。1968年改名为新建大队。1981年恢复原名后山周大队，属沙柳公社。1983年改建为后山周村民委员会，属沙柳乡。1985年乡改镇，归属沙柳镇。2013年11月属沙柳街道。

前王村［Qiánwáng Cūn］

以村民委员会驻地前王得名。建于1983年，辖前王1个自然村，6个村民小组，153户，465人。行政区域面积1.48平方公里，其中耕地面积9公顷，林地面积101.47公顷。村集体经济总收入15.78万元，固定资产合计1.05万元。

前王［Qiánwáng］

位于沙柳街道办事处驻地西2公里。地处下南山东麓，块状聚落，呈凸字形，属丘陵地区。南临前山坑，东与路上周隔坑相望。

因村处于王山之前，故名前王。清属宁海县南乡沙篓庄。民国属沙柳乡。解放后属沙柳乡。1953年成立初级社，1956年转为高级社，属沙柳乡。1958年属旗门公社沙柳管理区。1961年10月改称前王大队，属沙柳公社。1983年属沙柳乡前王村。1985年乡改镇，属沙柳镇。2013年11月属沙柳街道。

路上周村［Lùshàngzhōu Cūn］

以村民委员会驻地路上周得名。建于1983年，辖路上周1个自然村，6个村民小组，163户，591人。行政区域面积1.57平方公里，其中耕地面积12公顷，林地面积135.33公顷。村集体经济总收入15.05万元，固定资产合计51.17万元。

路上周［Lùshàngzhōu］

位于沙柳街道办事处驻地西1.7公里。地处精秘山北麓，清溪下游南岸河谷平地，地势南向北倾斜，块状聚落，属平原地区。东毗路下周村，西与前王村隔溪相望，北临清溪。

村处海游通往桑洲大路的上侧，村民多姓周，故名路上周。清属宁海县南乡沙篓庄。民国属沙柳乡。解放后属沙柳乡。1958年11月属旗门公社沙柳管理区。1961年10月改称路上周大队，属沙柳公社。1968年改名东升大队。1981年恢复原名路上周大队，属沙柳公社。1983年政社分设，称路上周村民委员会，属沙柳乡。1985年乡改镇，属沙柳镇。2013年11月属沙柳街道。

路下周村［Lùxiàzhōu Cūn］

以村民委员会驻地路下周得名。建于1983年，辖路下周1个自然村，3个村民小组，159户，463人。行政区域面积0.7平方公里，其中耕地面积9公顷，林地面积32.27公顷。村集体经济总收入12.22万元，固定资产合计24.48万元。

路下周［Lùxiàzhōu］

位于沙柳街道办事处驻地西1.6公里。地处精秘山北麓，清溪下游南岸之河谷平地。东北傍清溪，西邻路上周村。村处海游通往桑洲大路的下侧，村民多姓周，故名路下周。清属宁海县南乡沙篓庄。民国属沙柳乡。解放后属沙柳乡。1952年成立初级社，1956年转为高级社。1958年11月属旗门公社沙柳管理区。1961年10月改称路下周大队，属沙柳公社。1983年称路下周村民委员会，属沙柳乡。1985年乡改镇，属沙柳镇。2013 年 11 月属沙柳街道。

淡竹岙村 [Dànzhú'ào Cūn]

以村民委员会驻地淡竹岙得名。建于 1983 年，辖淡竹岙 1 个自然村，3 个村民小组，150 户，443 人。行政区域面积 2.53 平方公里，其中耕地面积 8.07 公顷，林地面积 200.67 公顷。村集体固定资产 3.11 万元。

淡竹岙 [Dànzhú'ào]

位于沙柳街道办事处驻地西北 1.7 公里。东南与坎头杨村隔山相邻，南临清溪冲积平原，西毗后山周村，北靠高椅山。地势西北高东南低，块状聚落，属丘陵地区。

据传，古时候该村所处的山岙，多长淡竹，故名淡竹岙。清属宁海县南乡沙篓庄。民国属沙柳乡。解放后属沙柳乡。1958 年 11 月属旗门公社沙柳管理区。1961 年 10 月改称淡竹岙大队，属沙柳公社。1983 年称淡竹岙村民委员会，属沙柳乡。1985 年乡改镇，属沙柳镇。2013 年 11 月属沙柳街道。

坎头杨村 [Kǎntóuyáng Cūn]

以村民委员会驻地坎头杨得名。建于 1983 年，辖坎头杨 1 个自然村，8 个村民小组，231 户，666 人。行政区域面积 2.52 平方公里，其中耕地面积 10.93 公顷，林地面积 183.53 公顷。村集体经济总收入 10.96 万元，固定资产合计 143.83 万元。

坎头杨 [Kǎntóuyáng]

位于沙柳街道办事处驻地西北 0.6 公里。地处狮子山西麓，南近沙柳村，北近汗头岭。地势西北高东南低，块状聚落，属平原地区。

杨姓祖先居住在狮子山脚，地势较高，故名墈头杨，后演变为坎头杨。明时溪头杨杨氏四世孙杨礼福迁坎头杨，为坎头杨杨氏始迁祖。清属宁海县南乡沙篓庄。民国属沙柳乡。解放后属沙柳乡。1954 年成立初级社，1956 年转为高级社。1958 年 11 月属旗门公社沙柳管理区。1961 年 10 月改称坎头杨大队，属沙柳公社。1983 年称坎头杨村民委员会，属沙柳乡。1985 年乡改镇，属沙柳镇。2013 年 11 月属沙柳街道。

溪头杨村 [Xītóuyáng Cūn]

以村民委员会驻地溪头杨得名。建于 1983 年，辖溪头杨 1 个自然村，4 个村民小组，286 户，832 人。行政区域面积 0.68 平方公里，其中耕地面积 18.67 公顷，林地面积 7.73 公顷。村集体经济总收入 7.37 万元，固定资产合计 114.99 万元。

溪头杨 [Xītóuyáng]

位于沙柳街道办事处驻地东 0.6 公里。地处清溪下游北岸冲积平原，地势平坦，线状聚落。东北近殿后村，南临清溪，西至沙柳村。

因村庄坐落在溪流下游尽头，村民多姓杨，故名溪头杨。元至元二十七年（1290 年），宁海松坛杨氏十四世孙杨竟徙居石林，为溪头杨杨氏始迁祖。清属宁海县南乡沙篓庄。民国属沙柳乡。解放后属沙柳乡。1953 年成立初级社，1956 年转为高级社。1958 年 11 月属旗门公社沙柳管理区。1961 年 10 月改称溪头杨大队，属沙柳公社。1983 年称溪头杨村民委员会，属沙柳乡。1985 年乡改镇，属沙柳镇。2013 年 11 月属沙柳街道。

该村是中国共产党进行地下革命活动的重点村之一，1986 年 8 月 15 日被台州地区行署批准为抗日战争革命根据地村。

殿后村 [Diànhòu Cūn]

以村民委员会驻地殿后得名。建于 1983 年，辖殿后 1 个自然村，2 个村民小组，90 户，261 人。行政区域面积0.22平方公里，其中耕地面积8.53公顷，林地面积9.4公顷。村集体经济总收入0.15万元，固定资产合计73.72万元。

殿后 [Diànhòu]

位于沙柳街道办事处驻地东1公里。地势自北向南倾斜，为不规则块状聚落，属平原地区。地处殿后山南麓，清溪下游北侧，东邻道岸头村，南靠殿后山脚，西南近溪头杨村，东北毗后周村。

因村庄坐落在下宝殿的后面，故称殿后。清属宁海县南乡沙篓庄。民国属沙柳乡。解放后属沙柳乡。1958年11月属旗门公社沙柳管理区。1961年10月改称殿后大队，属沙柳公社。1983年称殿后村民委员会，属沙柳乡。1985年乡改镇，属沙柳镇。2013年11月属沙柳街道。

后周村 [Hòuzhōu Cūn]

以村民委员会驻地后周得名。建于1983年，辖后周1个自然村，2个村民小组，140户，427人。行政区域面积2.22平方公里，其中耕地面积31.26公顷，林地面积26.87公顷。村集体经济总收入8.34万元，固定资产合计923.28万元。

后周 [Hòuzhōu]

位于沙柳街道办事处驻地东1.5公里。地处殿后山南麓，清溪河口北侧，东临后周塘，东南毗道岸头村，西南近殿后村，北靠上张山岗。地势自西北向东南倾斜，块状聚落，属平原地区。

因村居道岸头村之后，村民多姓周，故名后周。清属宁海县南乡沙篓庄。民国属沙柳乡。解放后属沙柳乡。1958年11月属旗门公社沙柳管理区。1961年10月改称后周大队，属沙柳公社。1968年7月更名柳青大队，属沙柳公社。1981年3月恢复原名后周大队。1983年称后周村民委员会，属沙柳乡。1985年乡改镇，属沙柳镇。2013年11月属沙柳街道。

道岸头村 [Dào'àntóu Cūn]

以村民委员会驻地道岸头得名。建于1983年，辖道岸头1个自然村，4个村民小组，369户，1039人。行政区域面积1.04平方公里，其中耕地面积23.33公顷，林地面积0.37公顷。村集体经济总收入14.53万元，固定资产合计63.36万元。

道岸头 [Dào'àntóu]

位于沙柳街道办事处驻地东1.7公里。地处清溪河口北侧冲积层，地势平坦，块状聚落。东近旗门塘，南毗清溪，西邻殿后村，北接后周村。

因村傍海塘岸边，原名塘岸头，民国时期改称道岸头。据《石林叶氏宗谱》记载，道岸头叶氏系南宋文学家叶梦得之后，其五子叶橹一避世徙石林屿山，为道岸头叶氏始祖。清属宁海县南乡沙篓庄。民国属沙柳乡。解放后属沙柳乡。1953年成立低级社，1956年转为高级社。1958年11月属旗门公社沙柳管理区。1961年10月改称道岸头大队，属沙柳公社。1983年称道岸头村民委员会，属沙柳乡。1985年乡改镇，属沙柳镇。2013年11月属沙柳街道。

上岙村 [Shàng'ào Cūn]

以村民委员会驻地上岙得名。建于1983年，辖上岙1个自然村，2个村民小组，107户，297人。行政区域面积0.74平方公里，其中耕地面积5.73公顷，林地面积51.47公顷。村集体经济总收入11.82万元，固定资产合计15.94万元。

上岙 [Shàng'ào]

位于沙柳街道办事处驻地西南1公里。地处精秘山东北麓，东隔海（游）沙（柳）线与华山村相邻，南至八仙岩山头，北临清溪。地势南高北低，块状聚落，属半山区。

村位于横山西部的山岙里，后因子孙繁衍，分建为上岙、下岙二村。该村居上，称上岙。清属宁海县南乡沙篓庄。民国属沙柳乡。解放后属沙柳乡。1958年11月属旗门公社沙柳管理区。1961年10月改称上岙大队，属沙柳公社。1983年称上岙村民委员会，属沙柳乡。1985年乡改镇，属沙柳镇。2013年11月属沙柳街道。

华山村 [Huáshān Cūn]

以村民委员会驻地华山得名。建于1983年，辖华山、西陈2个自然村，3个村民小组，113户，313人。行政区域面积0.61平方公里，其中耕地面积8.47公顷，林地面积39.4公顷。村集体经济总收入2.02万元，固定资产合计16.44万元。

华山 [Huáshān]

村民委员会驻地。位于沙柳街道办事处驻地西南0.7公里。地处精秘山东北麓，清溪下游南岸。东毗前店村，南靠将军山隧道，西隔山与上岙村相邻，北傍清溪。地势西南向东北倾斜，不规则块状聚落，属半山区。

地处横山东部的山岙里，与上岙村相比，该村地势较低，故名下岙。1983年划归三门县后，因重名，以当地"横"与"华"读音近似，更名为华山。清属宁海县南乡沙篓庄。民国属沙柳乡。解放后属沙柳乡。1953年成立勤丰初级社，1956年转为高级社。1958年11月属旗门公社沙柳管理区。1961年10月与西陈共建下岙大队，属沙柳公社。1981年因重名，改名横山大队。1983年从宁海县划归三门县，改称华山村民委员会，属沙柳乡。1985年乡改镇，属沙柳镇华山村。2013年11月属沙柳街道华山村。

1986年8月15日台州地区行署批准华山村为抗日战争革命根据地村。

西陈 [Xīchén]

因村位于前店村西边，居民多姓陈，故名西陈。始祖陈大韶，系海游后洋陈十九世孙，于明初迁入。南为将军山，东邻前店村。聚落呈点状。据清光绪《宁海县志》卷三载，西陈，清属宁海县南乡沙篓庄。民国属沙柳乡。解放后属沙柳乡。1958年冬属旗门公社沙柳管理区。1961年属沙柳公社下岙大队（即后之横山大队）。1983年属沙柳乡华山村。1985年属沙柳镇华山村。2013年11月属沙柳街道华山村。

前店村 [Qiándiàn Cūn]

以村民委员会驻地前店得名。建于1983年，辖前店、前山2个自然村，2个村民小组，99户，281人。行政区域面积0.41平方公里，其中耕地面积4.8公顷，林地面积20.87公顷。村集体经济总收入11.19万元，固定资产合计17.74万元。

前店 [Qiándiàn]

村民委员会驻地。位于沙柳街道办事处驻地南0.5公里。地处清溪下游南侧，东邻青叶村，南毗前山自然村，西近华山村西陈自然村，北临清溪。地势平坦，块状聚落，属平原地区。

村位于沙柳村之前，早年开有一家商店，人称前店，并以此名村。据《石林叶氏宗谱》记载，前店叶氏系南宋文学家叶梦得之后，其五子叶櫓一避世徙石林屿山，后裔叶再三于元大德间（1297—1307年）迁居前店。清属宁海县南乡沙篓庄。民国属沙柳乡。解放后属沙柳乡。1953年成立前店初级社，1956年转为高级社。1958年11月属旗门公社沙柳管理区。1961年10月改称前店大队，属沙柳公社。1983年称前店村民委员会，属沙柳乡。1985年乡改镇，属沙柳镇前店村。2013年11月属沙柳街道前店村。

前山 [Qiánshān]

位于沙柳村之前的小山上，故名前山头，后演称前山。为点状聚落。据清光绪《宁海县志》卷三载，前山头，清属宁海县南乡沙篓庄。民国属沙柳乡。解放后属沙柳乡。1958年11月属旗门公社沙柳管理区。1961年属沙柳公社前店大队。1983年属沙柳乡前店村。1985年属沙柳镇前店村。2013年11月属沙柳街道前店村。

青叶村 [Qīngyè Cūn]

以村民委员会驻地青叶得名。建于1983年，辖青叶1个自然村，10个村民小组，372户，1054人。行政区域面积1.24平方公里，其中耕地面积25.33公顷，林地面积46.73公顷。村集体经济总收入6.15万元，固定资产合计36.52万元。

青叶 [Qīngyè]

位于沙柳街道办事处驻地东南0.9公里。东至外黎村，西南毗姚家村，西近前店村，北邻清溪。地处清溪下游冲积平原，地势平坦，块状聚落。

原名下叶，以村处清溪下游，叶姓居住，故名。清属宁海县南乡沙篓庄。民国属沙柳乡。解放后属沙柳乡。1953年成立初级社，1956年转为高级社。1958年11月属旗门公社沙柳管理区。1961年10月改称下叶大队，属沙柳公社。因重名，1981年3月更名为青叶大队。1983年称青叶村民委员会，属沙柳乡。1985年乡改镇，属沙柳镇。2013年11月属沙柳街道。

1986年8月15日台州地区行署批准青叶村为抗日战争革命根据地村。

姚家村 [Yáojiā Cūn]

以村民委员会驻地姚家得名。建于1983年，辖姚家、田洋2个自然村，12个村民小组，329户，1099人。行政区域面积2.38平方公里，其中耕地面积20.73公顷，林地面积163.67公顷。村集体经济总收入58.64万元，固定资产合计42.85万元。

姚家 [Yáojiā]

村民委员会驻地。位于沙柳街道办事处驻地东南2公里。地处大平山南麓与杨梅山西北麓之间谷口，东毗鲍家村，北连田洋自然村。地势南高北低，块状聚落，属半山区。

据当地《姚氏宗谱》载，姚氏始祖原籍福建，元朝迁宁海县东岙姚家庄，二十五世复迁到此。当时村名南岙，后因姚姓兴旺，遂改称姚家。清属宁海县南乡葛岙庄。民国属葛岙乡。1949年解放后属葛岙乡。1954年成立姚家初级社，1956年转为高级社。1958年11月与田洋共属葛岙管理区。1961年10月称姚家大队，属葛岙公社。1983年属姚家村民委员会，划归沙柳乡，但实际上仍属葛岙乡。1992年5月撤区扩镇并乡时，归属沙柳镇姚家村。2013年11月属沙柳街道姚家村。

田洋 [Tiányáng]

位于姚家村北的田畈中，当地群众称田畈为田垟，村亦取名为田垟，后演变为田洋。古名田洋叶，聚落呈点状分布。据清光绪《宁海县志》卷三载，田洋叶，清属宁海县南乡葛岙庄。民国属葛岙乡。解放后属葛岙乡。1958年冬属葛岙管理区。1961年属葛岙公社姚家大队。1983年属沙柳乡姚家村。1992年5月属沙柳镇姚家村。2013年11月属沙柳街道姚家村。

外黎村 [Wàilí Cūn]

以村民委员会驻地外黎得名。建于1983年，辖外黎、塘里2个自然村，3个村民小组，174户，557人。行政区域面积1.77平方公里，其中耕地面积12公顷，林地面积95.57公顷。村集体经济总收入12.21万元，固定资产合计94.6万元。

外黎 [Wàilí]

村民委员会驻地。位于沙柳街道办事处驻地东2.7公里。地处笔架山西麓，南与塘里自然村为邻，西南毗鲍家村，西北邻旗门港。地势东南向西北倾斜，块状聚落，系沿海平地。

村处长老塘外角，村民姓黎，故名外黎。清属宁海县南乡葛岙庄。民国属葛岙乡。1949年解放后属葛岙乡。1955年成立外黎初级社，1956年转为高级社。1958年11月与塘里共属葛岙管理区。1961年10月称外黎大队，属葛岙公社。1983年属外黎村民委员会，划归沙柳乡，但实际上仍属葛岙乡。1992年5月撤区扩镇并乡时，归属沙柳镇外黎村。2013年11月属沙柳街道外黎村。

塘里 [Tánglǐ]

位于长老塘里角，故称塘里。块状聚落，呈长方形。民国属葛岙乡。解放初建政属外黎村。1961 年属葛岙公社外黎大队。1983 年属沙柳乡外黎村。1992 年 5 月属沙柳镇外黎村。 2013 年 11 月属沙柳街道外黎村。

东头村 [Dōngtóu Cūn]

以村民委员会驻地东头得名。建于 1983 年，辖东头 1 个自然村，2 个村民小组，102 户，364 人。行政区域面积 1.93 平方公里，其中耕地面积 9.33 公顷，林地面积 65.2 公顷。村集体经济总收入 12.93 万元，固定资产合计 66.19 万元。

东头 [Dōngtóu]

位于沙柳街道办事处驻地东 4.2 公里。地处笔架山东北麓，旗门港南侧，南至下马山。地势西南略高东北稍低，块状聚落，属沿海平原地区。查当地《陈氏宗谱》，明洪武二十年（1387 年），信国公汤和奉旨抗倭，遣散南田岛居民，陈富民自南田迁居东头山（现名将军山）东麓，故名东头村。清属宁海县南乡葛岙庄。民国属葛岙乡。解放初属葛岙乡。1950 年属晏站乡。1955 年成立东头初级社，1956 年转为高级社。1956 年 2 月撤销晏站乡，归属晏站管理区。1962 年属葛岙公社东头大队。1983 年 11 月称东头村民委员会，属葛岙乡。1992 年 5 月撤区扩镇并乡时，归属沙柳镇。2013 年 11 月属沙柳街道。

大周村 [Dàzhōu Cūn]

以村民委员会驻地大周得名。建于 1983 年，辖大周 1 个自然村，4 个村民小组，215 户，674 人。行政区域面积 2.28 平方公里，其中耕地面积 19.33 公顷，林地面积 53 公顷。村集体经济总收入 39.26 万元，固定资产合计 148.54 万元。

大周 [Dàzhōu]

位于沙柳街道办事处驻地东偏南 4.3 公里。地处笔架山东南麓，东濒旗门港，南临大周塘，西靠笔架山，北近卢家塘村。地势西北向东南倾斜，块状聚落，属沿海平地。

据当地《周氏宗谱》，元时，始祖周氏迁居沙柳，后由周太公复迁此地。因村南有大宝山，北有大寿山，村民姓周，故称大周。清属宁海县南乡葛岙庄。民国属葛岙乡。1949 年解放后属葛岙乡。1950 年 9 月属晏站乡。1955 年成立大周初级社，1956 年转为高级社。同年 2 月撤销晏站乡，属葛岙乡。1957 年 10 月重建晏站乡，属晏站乡。1958 年属晏站管理区。1961 年称大周大队，属葛岙公社。1962 年与卢家塘共建大周大队，属葛岙公社。1983 年属葛岙乡大周村民委员会。1988 年卢家塘村分设。1992 年 5 月撤区扩镇并乡时，归属沙柳镇。2013 年 11 月属沙柳街道。

卢家塘村 [Lújiātáng Cūn]

以村民委员会驻地卢家塘得名。建于 1988 年，辖卢家塘 1 个自然村，1 个村民小组，52 户，173 人。行政区域面积 0.43 平方公里，其中耕地面积 4.3 公顷，林地面积 20.8 公顷。村集体经济总收入 5.75 万元，固定资产合计 48.61 万元。

卢家塘 [Lújiātáng]

位于沙柳街道办事处驻地东 4.5 公里。地处笔架山东麓，东毗旗门港，南临大周外塘，北至下山头与东头村接壤。地势西北向东南倾斜，块状聚落，属沿海平地。

卢姓始祖居住此海塘旁边，故名。明时溪头杨杨氏四世孙杨礼寿分居卢家塘，为卢家塘杨氏始迁祖。清属宁海县南乡葛岙庄。民国属葛岙乡。1949 年解放后属葛岙乡。1950 年 9 月属晏站乡。1955 年成立大周初级社，1956 年转为高级社。同年 2 月撤销晏站乡，属葛岙乡。1957 年 10 月重建晏站乡，属晏站乡。1958 年冬属晏站管理区。1961 年属葛岙公社大周大队。1983 年属葛岙乡大周村民委员会。1988 年

12月从大周村民委员会分出建卢家塘村民委员会，属葛岙乡。1992年5月撤区扩镇并乡时，归属沙柳镇。2013年11月属沙柳街道。

曼岙村 [Màn'ào Cūn]

以村民委员会驻地曼岙得名。建于1983年，辖曼岙、风闪坑2个自然村，6个村民小组，231户，743人。行政区域面积1.36平方公里，其中耕地面积10公顷，林地面积70.13公顷。村集体经济总收入37.95万元，固定资产合计63.36万元。

曼岙 [Màn'ào]

村民委员会驻地。位于沙柳街道办事处驻地东偏南3.5公里。地处笔架山南麓，东至旗门港，南至狮子山头，西靠曼岙岭。地势西北向东南倾斜，块状聚落，属沿海平地。

据当地宗谱载，宋末元初，叶浚自宁海东仓迁石林东湖（今殿后村），是为沙柳叶氏始祖。明初，叶良宠自东湖迁居曼岙岭脚，为曼岙叶氏始迁之祖。因此岙蔓草丛生，故称蔓岙，因“蔓”与曼同音，后演变为曼岙。清属宁海县永康乡三十三都二图，后改属南乡葛岙庄。民国属葛岙乡。1949年解放后属葛岙乡。1950年9月属晏站乡。1955年成立曼岙初级社，1956年转为高级社。同年2月撤销晏站乡，属葛岙乡。1957年10月重建晏站乡，属晏站乡。1958年属晏站管理区。1961年10月与风闪坑共建曼岙大队，属葛岙公社。1983年属葛岙乡曼岙村民委员会，属葛岙乡。1992年5月撤区扩镇并乡时，归属沙柳镇曼岙村。2013年11月属沙柳街道曼岙村。

风闪坑 [Fēngshǎnkēng]

曾用名小坑。因村边有一条朝西北方向的山坑，冬天西北风很大，群众称此山坑为风闪坑，并以此名村。块状聚落，略呈长方形。据清光绪《宁海县志》卷三载，小坑，清属宁海县南乡葛岙庄。民国属葛岙乡。解放后属葛岙乡。1950年属晏站乡。1958年冬属晏站管理区。1961年属葛岙公社曼岙大队。1983年属葛岙乡曼岙村。1992年5月属沙柳镇曼岙村。2013年11月属沙柳街道曼岙村。

南亭村 [Nántíng Cūn]

以村民委员会驻地南亭得名。建于1983年，辖南亭1个自然村，6个村民小组，305户，972人。行政区域面积4.09平方公里，其中耕地面积22.53公顷，林地面积99.93公顷。村集体经济总收入42.14万元，固定资产合计240.53万元。

南亭 [Nántíng]

位于沙柳街道办事处驻地东南5.2公里。地处狮子山西北麓，东靠乌龟山，南与晏站隔山为邻，西傍西山，北临大周塘。地势东南向西北倾斜，块状聚落，属沿海平地。

据当地《倪氏宗谱》，南宋末元朝初，倪卓、倪廉、倪普三兄弟由福建南安县到温州，再泛舟北上泊于三门湾畔，分别居晏站、南亭、南岙。为不忘祖籍，将所住两村，按南、安两字，分别取名为“南停村”和“晏站村”，南停后演化为南亭。清属宁海县南乡葛岙庄。民国属葛岙乡。1949年解放后属葛岙乡。1950年9月属晏站乡。1955年成立南亭初级社，1956年转为高级社。同年2月撤销晏站乡，属葛岙乡。1957年10月重建晏站乡，属晏站乡。1958年属晏站管理区。1961年10月称南亭大队，属葛岙公社。1983年属南亭村民委员会，属葛岙乡。1992年5月撤区扩镇并乡时，归属沙柳镇南亭村。2013年11月属沙柳街道南亭村。

第四章 珠岙镇

第一节 概况

珠岙镇 [Zhū'ào Zhèn]

地理位置 位于北纬29°00′26″~29°07′50″，东经121°12′02″~121°19′00″之间，地处县境西部，距县政府驻地12公里。东毗海游街道，南邻临海市，西北接天台县，北靠宁波市宁海县，东南与亭旁镇相邻。

政区概况 地处上三高速和甬台温高速、S224省道与S214省道的交叉点，甬台温高速三门出口处位于镇内，地理位置优越，交通便捷，信息灵通，民资丰厚，特别是橡胶加工业历史悠久。地处丘陵地带，属山区，最高峰天灯盏海拔624米。地势西北高东南低，四面环山，山峦连绵，高低起伏，形成了深度不等的山弯、深岙和河谷平地。珠游溪、珠岙溪横贯境内，灌溉便利。区域面积83.4平方公里，其中山林面积7.91万亩，占总面积80%；耕地面积1.1万亩，占总面积15%，水面占5%。地下资源有铅锌矿、石灰石、绿石等。茶叶是珠岙的特产，香山、樟树下一带是主要产区。

珠岙集市为农历逢一、六，高枧为农历逢三、八，自古为宁、台、温间交通要道，商贾云集。珠岙镇以“建设橡胶城，构建菩提园”为发展战略，以建设“两区”（珠岙新区、茶产业区），开发“两园”（三门橡胶创业园、中国素文化园）为发展举措，积极打造富有鲜明特色的省级中心镇。人民政府驻地珠岙村珠溪路3号。

政区划分 辖珠岙、里桃、洋郎、大朗头、岗头、文明、柿树湾、王石、张家、韩联、山王头、岙底谢、岭里、西陈、香山、祥里、下胡、上胡、下桃山、坎头、里塘、岙兴、后辽丁、岗后、外田湾、铺里、娄坑、岩坑、岭口、溪下、上方、石马、下洋、樟树下、横山、吕岙、姜家山、独山、三板桥、高枧、严家岙、胡村、西塘、双楼、岙坑、后畈、桐岩李、梅坑、岩下徐、珠萃屏、石壁山、小桐岩、竹墩、双门岩、石坑、小岙、明姚、锁岩、塘岙、格岭、楼下、长岗、支下、周家、西吴、黄罗、大马山、吴岙、菜湾、油麻岭、大平头、陈岙、隔水、桥下、上界溪、下界溪、东谢、青里岙、外坑79个村民委员会，102个自然村。

政区沿革 清雍正六年（1728年）前属宁海县仙岩乡，后属宁海县西乡高枧庄、吴岙庄、朱岙庄、石马庄、娄坑庄。1940年三门建县后改属珠溪、石娄、高枧、吴岙4个乡。解放初辖高吴、珠岙、石娄乡。1950年7月高吴乡分设高枧、桐岩、吴岙、山岙4个乡，石娄乡分设小港、马娄2个乡。1956年2月撤区并乡，改设吴岙、高枧、珠岙、马娄4个乡。1958年冬撤销三门县，归属临海县，并入海游人民公社。1961年海游人民公社解体，改建海游区公所。1962年复设三门县，撤销海游区公所，由县直辖。1973年珠岙区工作组成立，辖高枧、吴岙、山岙、珠岙、马娄5个公社。1983年政社分设，为珠岙、马娄、高枧、吴岙、山岙5个乡。1985年12月珠岙乡改制为珠岙镇。1992年5月撤销马娄乡，并入珠岙镇；撤销山岙、吴岙乡，并入高枧乡。2004年珠岙镇的北山、前郭、后郭、梅村、南岙、下谢等6个村划归海游镇。2013年11月撤销珠岙镇、高枧乡建制，组建新的珠岙镇。

名称由来 古时，有朱姓迁居此山岙，故名朱岙，后称珠岙。据1986年版《三门县地名志》载：该地有座山，称珠山。山前有一条溪，流经村旁而过，故村称珠溪，后又以村处珠山旁的山岙中，取名珠岙。

气候灾害 属亚热带季风性气候，四季分明，光照充足，温和湿润，雨量充沛。全年降雨量以春雨和初夏梅雨为主，春季多阴雨，夏季炎热干旱，八九月常有台风、有时伴有暴雨，冬季温度较沿海地区低，无霜期约235天。

人口状况 总户数13851户，人口44394人，其中男性23619人，城镇人口17484人，人口密度为每平方公里320.76人，自然增长率6.93‰。

社会经济 珠岙镇是三门民营经济的发源地，也是三门县老工业基地，形成了橡胶、铆钉、工艺品、纺织等四大支柱产业。2016年实现工业总产值52.9亿元，农业总产值0.75亿元，完成固定资产投入2.63亿元，实现财政收入1.38亿元，其中地方财政收入0.65亿元，城镇居民人均可支配收入18102元。珠岙现代农业发展迅速，以茶叶、高山蔬菜为重点的山区特色农业发展态势良好，“香山早”茶叶知名度不断提高。新农村建设稳步推进，双楼、胡村、上胡的新农村建设走在全县前列。社会事业协调发展，尤其是全程关爱特殊家庭的“汇心家园”被列为省级试点。

文化教育卫生事业蓬勃发展，初步形成较为完整的办学教育体系和设施齐全的医疗网络，辖区内有2所中学，4所小学，11所幼儿园。各类卫生机构11家，其中卫生院2家及9家村级医疗服务站。城乡居民医保参保率达93%以上，建成44个村级居家养老服务中心。

人文胜景 旅游业是珠岙镇的一张亮丽的名片，拥有多宝讲寺、昆奈耶寺以及清定上师故居、蜡像馆、小西湖等旅游资源。娄坑俞氏家庙、吴岙吴氏宗祠、香山汪氏宗祠、石马郑氏宗祠被公布为省级文物保护单位，高枧古亭台阁、吴岙迎灯、石马采茶舞、桥下车灯等被列为省市非物质文化遗产保护名录。历史上著名人物有南宋为民代输的吴焱、菊隐先生陈荣卿，明代衡州知府俞稳，清代儒学训导吴应鳌，吴门才女叶素娘、吴蕙芳、吴茜云，一代高僧清定上师、革命英烈陈祥、国民革命军代军长郑邦捷等。

第二节 行政村及自然村

珠岙村 [Zhū'ào Cūn]

以村民委员会驻地珠岙得名。建于1983年，辖珠岙1个自然村，20个村民小组，576户，2050人。行政区域面积1.84平方公里，其中耕地面积18.06公顷，林地面积142.4公顷。村集体经济总收入75.63万元，固定资产合计902.4万元。

珠岙 [Zhū'ào]

位于县政府驻地西南10.5公里。地处珠岙溪西北岸，白岙山南麓，东毗上胡村，西邻祥里村彭家自然村，南至甬台温高速，北至祥里村。地势西北高东南低，地势平坦，属河谷平地。

清名朱岙，属宁海县仙岩乡四十都一图，后改称西乡朱岙庄。民国二十九年（1940年）三门建县时属珠溪乡。解放初属珠岙乡。1953年成立初级社，1955年转为高级社。1958年冬改称珠岙生产队，属珠岙管理区。1961年改建为珠岙大队，属珠岙公社。1983年政社分设后，改称珠岙村民委员会，属珠岙乡。1985年12月珠岙乡改制为镇，属珠岙镇。

珠岙历来是临海、天台、宁海、三门4个县附近农民的贸易场所，清朝就有定期集市。每逢农历一、六市日，来自各地的村民、商贩设摊出售农副产品，贸易兴旺。1984年10月7日台州地区行署批准珠岙村为第二次国内革命战争老根据地村。

里桃村 [Lǐtáo Cūn]

以村民委员会驻地里桃得名。建于1983年，辖里桃1个自然村，5个村民小组，101户，277人。行政区域面积1.24平方公里，其中耕地面积10.47公顷，林地面积80.33公顷。村集体经济总收入4.33万元，固定资产合计4.49万元。

里桃 [Lǐtáo]

位于珠岙镇政府驻地之北偏西5.7公里。地处天灯盏山东北，北与宁海县里岙村接壤，西邻天台县里坑村，为三门县西北边缘山区。地势西南高东北低，聚落呈不规则的块状，属山区。

据当地《陈氏宗谱》载，明朝，西陈太公住在天灯盏管山，偶见一桃树，只结一个果子，皮似梨，肉似桃，视为珍果，遂以梨桃名村，后演变为里桃。清属宁海县西乡麻岙庄。民国二十九年（1940年）三门建县时属珠溪乡。解放后属珠岙乡。1955年成立里桃初级社，1956年转为高级社。1958年冬改称里桃生产队，属珠岙管理区。1962年改建为里桃大队，属珠岙公社。1983年称里桃村民委员会，属珠岙乡。1985年12月珠岙乡改制为镇，属珠岙镇。

洋郎村 [Yánglǎng Cūn]

以村民委员会驻地洋郎得名。建于1983年，辖洋郎1个自然村，2个村民小组，48户，142人。行政区域面积0.56平方公里，其中耕地面积3.47公顷，林地面积26.74公顷。村集体经济总收入12.03万元，固定资产合计3.7万元。

洋郎 [Yánglǎng]

位于珠岙镇政府驻地之北偏西4.8公里。地处天灯盏东南之群山中，地势西北高，东南低。东至宁海县桑洲镇石桥村，东南毗大朗头村，西至天台县二百央村，北邻里桃村。

据当地宗谱记载，清康熙六年（1667年）始祖陈大喜系岭里四房分住此地管山，以洋郎山名村。1983年政社分设后，称洋郎村。清属宁海县西乡麻岙庄。民国二十九年（1940年）三门建县时属珠溪乡。解放后属珠岙乡。1955年成立洋郎初级社，1956年转为高级社。1958年冬改称洋郎生产队，属珠岙管理区。1962年与大朗头共建洋郎大队，属珠岙公社。1983年政社分设后，与大朗头分建，称洋郎村民委员会，属珠岙乡。1985年12月珠岙乡改制为镇，属珠岙镇。

大朗头村 [Dàlǎngtóu Cūn]

以村民委员会驻地大朗头得名。建于1983年，辖大朗头1个自然村，1个村民小组，30户，90人。行政区域面积0.33平方公里，其中耕地面积1.53公顷，林地面积22.47公顷。村集体经济总收入5.02万元，固定资产合计1.37万元。

大朗头 [Dàlǎngtóu]

位于珠岙镇政府驻地北偏西4.3公里。地处笔架山东北麓，地势北高南低。东毗宁海县慕胡山村，南邻柿树湾村，西至岗头村，西北接洋郎村。

该村处于诸朗山中面积较大的一朗山上，故名大朗头。始祖陈状余系岭里四房上份，清康熙六十年（1721年）迁入。民国时名大榔头，属珠溪乡。解放后属珠岙乡。1955年成立大朗头初级社，1956年转为高级社。1958年冬改称大朗头生产队，属珠岙管理区。1962年与洋郎共建大朗头大队，属珠岙公社。1983年政社分设后，与洋郎分建，称大朗头村民委员会，属珠岙乡。1985年12月珠岙乡改制为镇，属珠岙镇。

岗头村 [Gǎngtóu Cūn]

以村民委员会驻地岗头得名。建于1983年，辖岗头、石桥头2个自然村，3个村民小组，55户，169人。行政区域面积0.68平方公里，其中耕地面积5.2公顷，林地面积32.6公顷。村集体经济总收入4.93万元，固定资产合计0.11万元。

岗头 [Gǎngtóu]

村民委员会驻地。位于珠岙镇政府驻地西北4.8公里。地处县境西北边缘双峰尖北，西、北均与天台县接界。地势北高南低，属山区。

清朝时，陈岙村老太公迁居此山岗头，取名岗头。清名冈头，属宁海县西乡朱岙庄。民国二十九年（1940年）三门建县时属珠溪乡。解放后属珠岙乡。1954年成立岗头初级社，1956年转为高级社。1958年冬改称岗头生产队，属珠岙管理区。1962年与石桥头共建岗头大队，属珠岙公社。1983年称岗头村民委员会，属珠岙乡。1985年12月珠岙乡改制为镇，属珠岙镇岗头村。

石桥头 [Shíqiáotóu]

位于山坑边的石桥头，故名。聚落呈点状。民国属珠溪乡。解放后属珠岙乡。1958年年底属珠岙管理区。1962年属珠岙公社岗头大队。1983年属珠岙乡岗头村。1985年12月属珠岙镇岗头村。

文明村 [Wénmíng Cūn]

以村民委员会驻地文明得名。建于1983年，辖文明1个自然村，3个村民小组，120户，368人。行政区域面积0.6平方公里，其中耕地面积9公顷，林地面积20.27公顷。村集体经济总收入5万元，固定资产合计2.59万元。

文明 [Wénmíng]

位于珠岙镇政府驻地北偏西3.4公里。地处笔尖山之东，珠岙溪支流上游北岸山间，东邻柿树湾村，南毗王石村山界，西至岗头村，北接大朗头村。地势北高南低，属山区。

据当地《奚氏宗谱》载，宋朝，小坑村奚姓太公住此管坟，村亦名坟头。为了地名雅美，1982年1月更名为文明。清属宁海县西乡朱岙庄。民国二十九年（1940年）三门建县时属珠溪乡。1949年后属珠岙乡。1955年成立坟头初级社。1958年年底建坟头生产队，属珠岙管理区。1962年改称坟头大队，属珠岙公社。1982年1月更名为文明大队。1983年称文明村民委员会，属珠岙乡。1985年12月珠岙乡改制为镇，属珠岙镇。

1984年10月7日台州地区行署批准文明村为第二次国内革命战争老根据地村。

柿树湾村 [Shìshùwān Cūn]

以村民委员会驻地柿树湾得名。建于1983年，辖柿树湾、中央线2个自然村，5个村民小组，168户，500人。行政区域面积1.38平方公里，其中耕地面积59.21公顷，林地面积70.93公顷。村集体经济总收入2.28万元，固定资产合计5.48万元。

柿树湾 [Shìshùwān]

村民委员会驻地。位于珠岙镇政府驻地北偏西3.4公里。地处笔尖山之东，珠岙溪支流上游之北的山弯中，东靠大姆山，南与王石村隔山为邻，西至文明村，北近大朗头村。地势自北向南倾斜，属山区。

宋朝时，此山弯柿树较多，故称柿树湾。明嘉靖辛丑年（1541年）西陈陈玄梓携三子在此看管祖坟、山林，为柿树湾陈氏始祖。清属宁海县西乡朱岙庄。民国二十九年（1940年）三门建县时属珠溪乡。解放后属珠岙乡。1955年成立柿树湾初级社，1956年转为高级社。1958年冬与中央线村共建柿新生产队，属珠岙管理区。1962年改称柿新大队，属珠岙公社。1983年称柿树湾村民委员会，属珠岙乡。1985年12月珠岙乡改制为镇，属珠岙镇柿树湾村。

1984年10月7日台州地区行署批准柿树湾村为第二次国内革命战争老根据地村。

中央线 [Zhōngyāngxiàn]

因村位于柿树湾村与大朗头村中央交界线上，故名中央线。据当地宗谱记载，祖先从上叶迁入。聚落呈点状。清代名中央扇。据清光绪《宁海县志》卷三载，中央扇，清属宁海县西乡朱岙庄。民国名中央线，属珠溪乡。解放后属珠岙乡。1958年冬并入柿新生产队，属珠岙管理区。1962年属珠岙公社柿新大队，即后之柿树湾大队。1983年属珠岙乡柿树湾村。1985年12月属珠岙镇柿树湾村。

王石村 [Wángshí Cūn]

以村民委员会驻地王石得名。建于1983年，辖王石、石朗山2个自然村，3个村民小组，55户，169人。行政区域面积0.45平方公里，其中耕地面积4公顷，林地面积21.47公顷。村集体经济总收入10.46万元，固定资产合计16.13万元。

王石 [Wángshí]

村民委员会驻地。位于珠岙镇政府驻地北偏西2.7公里。地势西北高东南低，属山区。东南毗岭里村，南邻张家村，北至柿树湾村。

原王姓祖先，住石朗山上，取名王石村。解放后属珠岙乡。1954年与石朗山合办黄狗盘初级社，1956年转为王石高级社。1958年年底改称王石生产队，属珠岙管理区。1962年改称王石大队，属珠岙公社。1983年政社分设，称王石村民委员会，属珠岙乡。1985年12月珠岙乡改制为镇，属珠岙镇王石村。

石朗山 [Shílǎngshān]

以村处石朗山上，故名。聚落呈点状。民国属珠溪乡。解放后属珠岙乡。1954年与王石村合办黄狗盘高级社。1958年年底属珠岙管理区。1962年属珠岙公社王石大队。1983年属珠岙乡王石村。1985年12月属珠岙镇王石村。

张家村 [Zhāngjiā Cūn]

张家系外张家、里张家2个自然村统称，村亦以此得名。建于1983年，2个村民小组，38户，100人。行政区域面积0.23平方公里，其中耕地面积6.33公顷，林地面积8.93公顷。村集体经济总收入0.2万元，固定资产合计2.74万元。

外张家 [Wàizhāngjiā]

村民委员会驻地。位于珠岙镇政府驻地北偏西2.1公里。地处塘山西南麓与大平山（又名里湾头）东麓之间山岙里，东至岭里村，西南毗韩联村，西至明姚村，北邻王石村。地势北高南低，属山区。

因张姓人居住，故名。清属宁海县西乡朱岙庄。民国属珠溪乡。解放后属珠岙乡。1955年里、外张家联合成立张家初级社，1956年转为张家高级社。1958年冬属珠岙管理区。1962年建张家大队，属珠岙公社。1983年称张家村民委员会，属珠岙乡。1985年12月珠岙乡改制为镇，属珠岙镇张家村。

里张家 [Lǐzhāngjiā]

聚落呈点状。据《张氏宗谱》载，十五世张氏祖先从天台宁头迁住此地，取名张家。后人称住岙里的为里张，住岙外的为外张，该村地处岙里，故称里张家。据清光绪《宁海县志》卷三载，张家，清属宁海县西乡朱岙庄。民国属珠溪乡。解放后属珠岙乡。1955年与外张家联合成立张家初级社，1956年转为高级社。1958年冬属珠岙管理区。1962年属珠岙公社张家大队。1983年属珠岙乡张家村。1985年12月属珠岙镇张家村。

韩联村 [Hánlián Cūn]

以村民委员会驻地韩联得名。建于1983年，辖韩联1个自然村，3个村民小组，100户，324人。行政区域面积0.41平方公里，其中耕地面积6.33公顷，林地面积15公顷。村集体经济总收入7.09万元，固定资产合计4.9万元。

韩联 [Hánlián]

位于珠岙镇政府驻地西北2公里。地势西北高东南低，聚落呈不规则的块状，属山区。东邻岭里村，北毗张家村，西南近山王头村。

唐朝，韩氏祖先从福建迁此居住，故称韩家。民国属珠溪乡。解放后属珠岙乡。1954年成立韩家初级社，1956年转为高级社。1958年年底改称韩家生产队，属珠岙管理区。1962年与山王头、岙底谢合办韩家大队，属珠岙公社。1982年改名为三联大队。1983年政社分设，与山王头、岙底谢两村分设，改名韩联村民委员会，属珠岙乡，以示与原韩家、三联之名有别。1985年12月珠岙乡改制为镇，属珠岙镇。

山王头村 [Shānwángtóu Cūn]

以村民委员会驻地山王头得名。建于1983年，辖山王头1个自然村，1个村民小组，43户，157人。行政区域面积0.39平方公里，其中耕地面积1.8公顷，林地面积23.4公顷。村集体经济总收入5.01万元，固定资产合计0.22万元。

山王头 [Shānwángtóu]

位于珠岙镇政府驻地西北2.1公里。东北近韩联村，西南毗岙底谢村，北邻张家村里张家自然村。地势西北高东南低，块状聚落，呈长方形，属山区。

村处于山王头山北，以山得名。清属宁海县西乡朱岙庄。民国属珠溪乡。民国二十九年（1940年）三门建县时属珠溪乡。解放后属珠岙乡。1954年成立山王头初级社，1956年转为高级社。1958年改称山王头生产队，属珠岙管理区。1962年冬与韩家、岙底谢合办韩家大队，属珠岙公社。1983年政社分设，三村各设村民委员会，称山王头村民委员会，属珠岙乡。1985年12月珠岙乡改制为镇，属珠岙镇。

岙底谢村 [Àodǐxiè Cūn]

以村民委员会驻地岙底谢得名。建于1983年，辖岙底谢1个自然村，1个村民小组，43户，147人。行政区域面积0.52平方公里，其中耕地面积1.8公顷，林地面积41.73公顷。村集体经济总收入10.02万元，固定资产合计1万元。

岙底谢 [Àodǐxiè]

位于珠岙镇政府驻地西北2.4公里。东靠马鞍腰山麓，南近香山村，西毗周家，北傍大平山。地势西、北高，东、南低，点状聚落，属山区。古人以村处山岙之底（尽头），谓该山岙已谢（截）此为止，村亦此取名岙底谢。清道光元年（1821年）陈国正携四子自西陈迁入。民国属珠溪乡。解放后属珠岙乡。1954年成立岙底谢初级社，1956年转为高级社。1958年改称岙底谢生产队，属珠岙管理区。1962年冬与韩家、山王头合办韩家大队，属珠岙公社。1982年韩家大队改名三联大队。1983年政社分设，三村各设村民委员会，称岙底谢村民委员会，属珠岙乡。1985年12月珠岙乡改制为镇，属珠岙镇。

岭里村 [Lǐnglǐ Cūn]

以村民委员会驻地岭里得名。建于1983年，辖岭里1个自然村，4个村民小组，223户，690人。行政区域面积1.74平方公里，其中耕地面积6.67公顷，林地面积113.13公顷，村集体经济总收入2万元，固定资产合计111.37万元。

岭里 [Lǐnglǐ]

位于珠岙镇政府驻地北1.6公里。地处白岙山西北山麓，珠岙溪上游岙里坑东岸，东隔山与岩坑村为邻，南毗西陈村，西邻张家、韩联村，北至慕湖山界。地势自东向西略有倾斜，属河谷平地。

因村处于矮山岭头里边，故名岭里。始祖陈明善世居浮门，宋代元祐三年（1088年）入赘珠溪岭里李通判之女。清属宁海县西乡朱岙庄。民国二十九年（1940年）三门建县时属珠溪乡。解放后属珠岙乡。1954年成立岭里初级社，1956年转为高级社。1958年改称岭里生产队，属珠岙管理区。1962年改称岭里大队，属珠岙公社。1983年称岭里村民委员会，属珠岙乡。1985年12月珠岙乡改制为镇，属珠岙镇。

西陈村 [Xīchén Cūn]

以村民委员会驻地西陈得名。建于1983年，辖西陈1个自然村，12个村民小组，550户，1831人。行政区域面积2.71平方公里，其中耕地面积35.53公顷，林地面积216.07公顷。村集体经济总收入4.52万元，固定资产合计140.79万元。

西陈 [Xīchén]

位于珠岙镇政府驻地北 1.1 公里。地势自西北向东南略有倾斜，属半山区。地处马鞍腰山东麓，东靠白岙山西麓，南近祥里村，北至岭里村。

据当地《珠溪陈氏宗谱》记载，陈氏祖先于“唐僖宗中和四年（884 年），因黄巢不靖，率其家僮，负遗像并正统图籍，自浮门避徙于珠溪井下”。清属宁海县西乡朱岙庄。民国时属珠溪乡。解放后属珠岙乡。1954 年成立西陈初级社，1956 年转为高级社。1958 年改称西陈生产队，属珠岙管理区。1962 年改称西陈大队，属珠岙公社。1966 年改名东风大队，因重名，1982 年 1 月，恢复原名西陈大队。1983 年政社分设，改称西陈村民委员会，属珠岙乡。1985 年 12 月珠岙乡改制为镇，属珠岙镇。

1928 年亭旁起义前夕，中国共产党在西陈村秘密活动，发展党员，建立党的小组。1984 年 10 月 7 日台州地区行署批准西陈村为第二次国内革命战争老根据地村。

香山村 [Xiāngshān Cūn]

以村民委员会驻地香山得名。建于 1983 年，辖香山 1 个自然村，7 个村民小组，185 户，747 人。行政区域面积 1.12 平方公里，其中耕地面积 14.33 公顷，林地面积 85.73 公顷。村集体经济总收入 8.08 万元，固定资产合计 129.37 万元。

香山 [Xiāngshān]

位于珠岙镇政府驻地西 2.3 公里。东靠茶坑山，南近香山庵，西北与周家村隔山为邻，北毗岙底谢村。地势东、西、北三面均高，南面稍低，聚落沿山腰分布，呈阶梯形，系山区。

据当地宗谱记载，龙祥院中供奉着一尊观音菩萨，以檀香木雕刻，相传为晋代高僧昙猷所遗之宝物。宋建炎年间 (1127—1130 年)，观音菩萨被盗，藏匿于天台安隐院。十余年后，观音菩萨送回龙祥院。这天异香满院，十几天方才散去。自此以后，人们就称龙祥院附近的山为香山。清名香山汪，属宁海县西乡朱岙庄。民国时属珠溪乡。解放后属珠岙乡。1950 年属山岙乡。1956 年 2 月山岙乡撤销，改属高枧乡。1957 年 3 月山岙乡恢复，仍属山岙乡。1958 年改称香山生产队，属山岙管理区。1962 年改称香山大队，属珠岙公社。1983 年政社分设，改称香山村民委员会，属珠岙乡。1985 年 12 月珠岙乡改制为镇，属珠岙镇。

祥里村 [Xiánglǐ Cūn]

以村民委员会驻地祥里得名。建于 1983 年，辖祥里、东园、塘岙、彭家 4 个自然村，7 个村民小组，240 户，832 人。行政区域面积 1.62 平方公里，其中耕地面积 15.4 公顷，林地面积 100.8 公顷，村集体经济总收入 4.28 万元，固定资产合计 69.76 万元。

祥里 [Xiánglǐ]

村民委员会驻地。位于珠岙镇政府驻地北偏西 0.7 公里。地势平坦，属河谷平地。东靠白岙山西南麓，东至珠岙村，南接东园自然村，西近塘岙自然村，北毗西陈村。据当地《陈氏宗谱》记载，墙里，原系丁姓居住，取名墙里丁。元朝时，西陈村在此建风水墙，并分祖迁此墙里居住，故名墙里。解放后，为删繁就简，并表示吉祥之意，称为祥里。清属宁海县西乡朱岙庄。民国时属珠溪乡，民国二十九年（1940 年）三门建县时属珠溪乡。解放后属珠岙乡。1954 年成立墙里初级社，1956 年转为高级社。1958 年改称墙里生产队，属珠岙管理区。1962 年改称墙里大队，与东园、塘岙、彭家共建，属珠岙公社。1983 年政社分设，改称祥里村民委员会，属珠岙乡。1985 年 12 月珠岙乡改制为镇，属珠岙镇祥里村。

东园 [Dōngyuán]

古代此处曾建有寺院，因地处龙祥院之东，称东院，后演称东园。聚落呈不规则的块状。据多宝讲寺碑碣记载，多宝讲寺旧名龙祥院，东晋时始建于山后周，南宋乾道年间（1165—1173 年）迁至高枧今址，改名为多宝寺。据清光绪《宁海县志》卷三载，东园，清属宁海县西乡朱岙庄。民国属珠溪乡。解放后属珠岙乡墙里村。1962年属珠岙公社墙里大队，即后之祥里大队。1983年属珠岙乡祥里村。1985年12月属珠岙镇祥里村。

塘岙 [Táng'ào]

因村位于祥里村西部山岙边缘，住地平坦象河塘，故名塘岙。块状聚落，呈长方形。民国属珠溪乡。解放后属珠岙乡。1950年建政属珠岙乡墙里村。1962年属珠岙公社墙里大队，即后之祥里大队。1983年属珠岙乡祥里村。1985年12月属珠岙镇祥里村。

彭家 [Péngjiā]

因始祖姓彭，以姓氏取名彭家。点状聚落。民国属珠溪乡。解放后属珠岙乡。1950年建政属珠岙乡墙里村。1962年属珠岙公社墙里大队，即后之祥里大队。1983年属珠岙乡祥里村。1985年12月属珠岙镇祥里村。

下胡村 [Xiàhú Cūn]

以村民委员会驻地下胡得名。建于1983年，辖下胡1个自然村，3个村民小组，121户，366人。行政区域面积0.67平方公里，其中耕地面积1.2公顷，林地面积23.93公顷。村集体经济总收入11.90万元，固定资产合计97.64万元。

下胡 [Xiàhú]

位于珠岙镇政府驻地东1.1公里。东、南两方向为宁（波）临（海）公路，东南邻上胡村，北靠白岙山麓。地势自西北略向东南倾斜，为点、块状混合聚落，呈一字形分布，属半山区。

据当地《胡氏宗谱》记载，唐贞观初，兵部右侍郎胡永明因贬官而隐居于东阳岭口，生齿日繁。南宋末年，胡乾一从东阳岭口迁居临海，传至三十一世胡端诚，号静溪，元时擢任宁海兵科司椽。明洪武元年（1368年）冬十月创居珠溪洋顺（片村名），置产于岙里坑，诗礼传家，耕读数世，烟火兴盛，分上、中、下三宅，因位于下宅，故称下胡。清名洋顺，属宁海县西乡娄坑庄。民国属珠溪乡。解放后属珠岙乡。1955年成立下胡初级社，1956年转为高级社。1958年改称下胡生产队，属珠岙管理区。1962年改称下胡大队，属珠岙公社。1983年政社分设后，改称下胡村民委员会，属珠岙乡。1985年12月珠岙乡改制为镇，属珠岙镇。

上胡村 [Shànghú Cūn]

以村民委员会驻地上胡得名。建于1983年，辖上胡1个自然村，2个村民小组，65户，216人。行政区域面积0.21平方公里，其中耕地面积1.13公顷，林地面积12.8公顷。村集体经济总收入1.49万元，固定资产合计525.52万元。

上胡 [Shànghú]

位于珠岙镇政府驻地东0.9公里。东北邻下胡村，东、南为宁（波）临（海）公路，西近珠岙村，北靠白岙山麓。地势自西向南略有倾斜，聚落点、块混合，呈线状分布，属半山区。

胡端诚，号静溪，元时擢任宁海兵科司椽。明洪武元年（1368年）冬十月创居珠溪洋顺（片村名），置产于岙里坑，诗礼传家，耕读数世，烟火兴盛，分上、中、下三宅，因位于上宅，故称上胡。清名洋顺，属宁海县西乡娄坑庄。民国属珠溪乡。解放后属珠岙乡。1955年成立上胡初级社，1956年转为高级社。1958年改称上胡生产队，属珠岙管理区。1962年改称上胡大队，属珠岙公社。1983年政社分设后，改称上胡村民委员会，属珠岙乡。1985年12月珠岙乡改制为镇，属珠岙镇。

下桃山村 [Xiàtáoshān Cūn]

以村民委员会驻地下桃山得名。建于1983年，辖下桃山1个自然村，3个村民小组，91户，312人。行政区域面积0.47平方公里，其中耕地面积1.47公顷，林地面积34.4公顷。村集体经济总收入7.5万元，固定资产合计5.56万元。

下桃山［Xiàtáoshān］

位于珠岙镇政府驻地东1.5公里。东、南两面皆靠下桃山，西临珠岙溪，与下胡村隔溪相望。地势自东向西略有倾斜，聚落为点、块状混合分布，系半山区。

因村坐落于下桃山山脚，故称下桃山村。清属宁海县西乡石马庄。民国属珠溪乡。民国二十九年（1940年）三门建县时属珠溪乡。解放后属珠岙乡。1954年成立下桃山初级社，1956年转为高级社。1958年改称下桃山生产队，属珠岙管理区。1962年改称下桃山大队，属珠岙公社。1983年称下桃山村民委员会，属珠岙乡。1985年12月珠岙乡改制为镇，属珠岙镇。

坎头村［Kǎntóu Cūn］

以村民委员会驻地坎头得名。建于1983年，辖坎头1个自然村，10个村民小组，219户，696人。行政区域面积0.65平方公里，其中耕地面积7.53公顷，林地面积46.8公顷。村集体经济总收入0.4万元，固定资产合计57.22万元。

坎头［Kǎntóu］

位于珠岙镇政府驻地西南1.3公里。地处大竹园山东南，东南毗里塘村，西南邻后辽丁村。地势西北向东南倾斜，聚落点、块相间，作线状分布，属山区。

原名后辽，因村边有条高塝，解放初期改名塝头村，以示与后辽丁村有别，今演变为坎头村。清属宁海县西乡石马庄。民国二十九年（1940年）三门建县时属珠溪乡。解放初后属珠岙乡。1953年成立郑道争初级社，1955年转为坎头高级社。1958年年底改称坎头生产队，属珠岙管理区。1962年改称坎头大队，属珠岙公社。1983年称坎头村民委员会，属珠岙乡。1985年12月珠岙乡改制为镇，属珠岙镇。

里塘村［Lǐtáng Cūn］

以村民委员会驻地里塘得名。建于1983年，辖里塘1个自然村，3个村民小组，91户，331人。行政区域面积0.35平方公里，其中耕地面积8.65公顷，林地面积20.47公顷。村集体经济总收入2.97万元，固定资产合计88.85万元。

里塘［Lǐtáng］

位于珠岙镇政府驻地西南1.1公里。东毗宁（波）临（海）公路，南近三板桥村，西北与坎头村为邻。地势西南高东北低，聚落呈不规则的块状，属半山区。

据当地《郑氏宗谱》记载，清道光四年（1824年）郑氏第四房分支，从高枧迁居此地。因村四周有风水塘、牛食塘、里塘3个水塘，该村紧靠里塘，故名。民国二十九年（1940年）三门建县时属珠溪乡。解放后属珠岙乡。1954年成立里塘初级社，1956年转为里塘高级社。1958年冬属珠岙管理区。1962年改称里塘大队，属珠岙公社。1983年政社分设，建里塘村民委员会，属珠岙乡。1985年12月珠岙乡改制为镇，属珠岙镇。

岙兴村［Àoxìng Cūn］

以村民委员会驻地岙兴得名。建于1983年，辖岙兴1个自然村，2个村民小组，73户，233人。行政区域面积0.44平方公里，其中耕地面积2.4公顷，林地面积34.7公顷。村集体经济总收入11.35万元，固定资产合计16.18万元。

岙兴［Àoxìng］

位于珠岙镇政府驻地西南2.2公里。东毗后辽丁村，西南靠岩峰竖尖山麓，北傍大竹园南麓。地势西北高东南低，聚落为点、块状混合分布，系半山区。

原名岙底，由于重名改为岙兴，含祝该岙来日兴旺发达之意。民国属珠溪乡。解放后属珠岙乡。

1955年成立岙底初级社，1956年转为高级社。1958年改称岙底生产队，属珠岙管理区。1962年改称岙底大队，属珠岙公社。1982年1月因重名，改为岙兴大队，属珠岙公社。1983年称岙兴村民委员会，属珠岙乡。1985年12月珠岙乡改制为镇，属珠岙镇。

后辽丁村 [Hòuliáodīng Cūn]

以村民委员会驻地后辽丁得名。建于1983年，辖后辽丁1个自然村，3个村民小组，97户，233人。行政区域面积0.3平方公里，其中耕地面积4.8公顷，林地面积14.6公顷。村集体经济总收入9.84万元，固定资产合计2.85万元。

后辽丁 [Hòuliáodīng]

位于珠岙镇政府驻地西南1.8公里。东北毗坎头村，东南与三板桥村隔山为邻，西近岙兴村，西北靠大竹园山。地势西南向东北略有倾斜，聚落呈点状，属半山区。

据传，唐朝，姓丁的始住于此，因村后有一条辽溪，故名后辽丁。民国属珠溪乡。解放后属珠岙乡。1955年成立后辽丁初级社，1956年转为高级社。1958年年底属珠岙管理区。1962年改称后辽丁大队，属珠岙公社。1983年称后辽丁村民委员会，属珠岙乡。1985年12月珠岙乡改制为镇，属珠岙镇。

岗后村 [Gǎnghòu Cūn]

以村民委员会驻地岗后得名。建于1983年，辖岗后1个自然村，4个村民小组，62户，191人。行政区域面积0.38平方公里，其中耕地面积5.13公顷，林地面积26.73公顷。村集体经济总收入5.04万元，固定资产合计1万元。

岗后 [Gǎnghòu]

位于珠岙镇政府驻地北偏东5.6公里。东、南、西三面与宁海接壤，南临芭蕉山，麻岙岭头之西。地势东、西、北均高，南低，系山区。因村位于麻岙岗后，故名岗后。清属宁海县西乡娄坑庄。民国二十八年（1939年）属石娄乡。民国三十六年（1947年）属上娄乡。1950年属马娄乡。1956年成立岗后高级社，属马娄乡。1958年冬称岗后生产队，属马娄管理区。1962年改称岗后大队，属马娄公社。1983年称岗后村民委员会，属马娄乡。1992年5月撤区扩镇并乡时，撤销马娄乡，改属珠岙镇。

外田湾村 [Wàitiánwān Cūn]

以村民委员会驻地外田湾得名。建于1983年，辖外田湾1个自然村，3个村民小组，55户，176人。行政区域面积0.38平方公里，其中耕地面积4.8公顷，林地面积24.63公顷。村集体经济总收入0.08万元，固定资产合计1.2万元。

外田湾 [Wàitiánwān]

位于珠岙镇政府驻地东北5.1公里。东近乐云庵，东南毗里田湾村毛洋自然村，西为仙照庵，东北与里田湾村为邻。地势东、西、北均高，南低，四面皆山，聚落呈点状，属山区。

明朝，铺里村派人到此管山，后发展成村。原以山北、山西区分为里、外田湾，清代两村统称田湾。因重名，1982年以该村居山西，恢复原名外田湾。清属宁海县西乡娄坑庄。民国十七年（1928年）属娄坑乡。民国二十八年（1939年）属石娄乡。民国三十六年（1947年）属上娄乡。1950年属马娄乡。1958年冬属马娄管理区。1962年改称田湾大队，即后之外田湾大队，属马娄公社。1983年称外田湾村民委员会，属马娄乡。1992年5月撤区扩镇并乡时，撤销马娄乡，改属珠岙镇。

铺里村 [Pūlǐ Cūn]

以村民委员会驻地铺里得名。建于1983年，辖铺里1个自然村，4个村民小组，157户，549人。行政区域面积2.01平方公里，其中耕地面积3.47公顷，林地面积152.87公顷。村集体经济总收入20.45万元，固定资产合计27.1万元。

铺里 [Pūlǐ]

位于珠岙镇政府驻地东北4.2公里。地处人头岩东北麓与仙照山西南麓之间，东南与娄坑村为邻，宁（波）临（海）公路从村西通过。地势西北高东南低，块状聚落，呈长方形，属半山区。

古代，“五里为排，十里为铺”，从珠岙驿站到此地刚好十里，故名铺里。清属宁海县西乡麻岙庄。民国十七年（1928年）属娄坑乡。民国二十八年（1939年）属石娄乡。民国三十六年（1947年）三月属上娄乡。1950年属马娄乡。1954年成立民主等3个初级社，1956年合并转为民主高级社，属马娄乡。1958年冬称铺里生产队，属马娄管理区。1962年称铺里大队，属马娄公社。1983年称铺里村民委员会，属马娄乡。1992年5月撤区扩镇并乡时，撤销马娄乡，改属珠岙镇。

娄坑村 [Lóukēng Cūn]

以村民委员会驻地娄坑得名。建于1983年，辖娄坑1个自然村，9个村民小组，371户，1254人。行政区域面积2.84平方公里，其中耕地面积21.87公顷，林地面积25.4公顷。村集体经济总收入7.26万元，村集体固定资产227.04万元。

娄坑 [Lóukēng]

位于珠岙镇政府驻地东北3.6公里。地处人头岩东南麓，南毗岭口村，西北与铺里村为邻，宁（波）临（海）公路从村西通过。地势西北高东南低，块状聚落，略似长方形，属半山区。

原名嵝阳。因住处前有一条山坑流经全村，故改名娄坑。娄坑俞氏先祖汴州(河南开封)人，宋南渡时追随皇室迁徙至嘉兴。元至正间(1341—1368年)俞均瑞迁宁海县学西。明永乐初俞文林因避方孝孺祸隐居于娄坑。清属宁海县仙岩乡三十九都一图，后改属宁海县西乡娄坑庄。民国十七年（1928年）属娄坑乡。民国二十八年（1939年）属石娄乡。民国三十六年（1947年）属上娄乡。1950年属马娄乡。1954年至1955年相继成立联盟、联合、娄坑初级社，1956年合并转为娄阳高级社，属马娄乡。1958年冬称娄坑生产队，属马娄管理区。1962年称娄坑大队，属马娄公社。1983年称娄坑村民委员会，属马娄乡。1992年5月撤区扩镇并乡时，撤销马娄乡，改属珠岙镇。

岩坑村 [Yánkēng Cūn]

系里岩坑、外岩坑2个自然村的总称。建于1983年，辖里岩坑、外岩坑2个自然村，5个村民小组，157户，540人。行政区域面积1.12平方公里，其中耕地面积10.47公顷，林地面积89.13公顷。村集体经济总收入3.84万元，固定资产合计14.28万元。

里岩坑 [Lǐyánkēng]

村民委员会驻地。位于珠岙镇政府驻地东北2.5公里。人头岩山南麓山坑边，地势西北高，东南低。东隔山与娄坑村相邻，南邻外岩坑自然村，西隔山与岭里接壤，北至岗后村。

据当地《王氏宗谱》载，明洪武二年（1369年）王姓始祖从宁海竹林村迁居此地，因村后有一条岩石山坑，取名岩坑。而后人口发展，分居两地，形成里、外岩坑两个自然村。清属宁海县西乡娄坑庄。民国十七年（1928年）属娄坑乡。民国二十八年（1939年）属石娄乡。民国三十六年（1947年）属上娄乡。1950年属马娄乡。1957年里、外岩坑两村一起成立联合、新社2个高级社，属马娄乡。1958年冬称岩坑生产队，属马娄管理区。1962年称岩坑大队，属马娄公社。1983年称岩坑村民委员会，属马娄乡。1992年5月撤区扩镇并乡时，撤销马娄乡，改属珠岙镇岩坑村。

外岩坑 [Wàiyánkēng]

因村位于岩坑外首，故名外岩坑。聚落呈不规则的块状。清名岩坑。据光绪《宁海县志》卷三载，岩坑，清属宁海县西乡娄坑庄。民国属石娄乡。1949年解放初属石娄乡。1950年与里岩坑同属马娄乡岩坑村。1957年与里岩坑联办新社、联合2个高级社。1958年冬属马娄管理区。1962年属马娄公社岩坑大队。1983年属马娄乡岩坑村。1992年5月属珠岙镇岩坑村。

岭口村 [Lǐngkǒu Cūn]

以村民委员会驻地岭口得名。建于1983年，辖岭口1个自然村，6个村民小组，343户，1219人。行政区域面积1.61平方公里，其中耕地面积14.33公顷，林地面积128.4公顷。村集体经济总收入7.66万元，固定资产合计218.03万元。

岭口 [Lǐngkǒu]

位于珠岙镇政府驻地东北2.7公里，地近S214省道、S224省道交叉点。聚落呈不规则的块状，地势平坦。

因村近山岭出口处，故名岭口。清属宁海县西乡娄坑庄。民国十七年（1928年）属娄坑乡。民国二十八年（1939年）属石娄乡。民国三十六年（1947年）属上娄乡。1950年属马娄乡。1956年成立俞丰、永丰2个高级社，属马娄乡。1958年冬称岭口生产队，属马娄管理区。1962年称岭口大队，属马娄公社。1983年称岭口村民委员会，属马娄乡。1992年5月撤区扩镇并乡时，撤销马娄乡，改属珠岙镇。

溪下村 [Xīxià Cūn]

以村民委员会驻地溪下得名。建于1983年，辖溪下1个自然村，3个村民小组，116户，369人。行政区域面积0.54平方公里，其中耕地面积3公顷，林地面积30.59公顷。村集体经济总收入12.01万元，固定资产合计32.63万元。

溪下 [Xīxià]

位于珠岙镇政府驻地东北3.3公里。东邻梅村，西、南临珠岙溪，北面靠山，山麓有S224省道经过。地势西北向东南倾斜，块状聚落，略呈长方形，属半山区。

以村位于隔溪上方村下首，取名溪下。2010年后，有珠岙镇高山村庄移民迁入，建立珠岙小区。清属宁海县西乡娄坑庄。民国十七年（1928年）属娄坑乡。民国二十八年（1939年）属石娄乡。民国三十六年（1947年）属上娄乡。1950年7月属马娄乡。1955年成立溪下初级社。1958年春与上方、梅村2个高级社合并成立日光高级社。同年冬称上溪生产队，属马娄管理区。1962年上方、梅村划出，建溪下大队，属马娄公社。1983年称溪下村民委员会，属马娄乡。1992年5月撤区扩镇并乡时，撤销马娄乡，改属珠岙镇。

上方村 [Shàngfāng Cūn]

以村民委员会驻地上方得名。建于1983年，辖上方1个自然村，3个村民小组，106户，362人。行政区域面积0.42平方公里，其中耕地面积2.73公顷，林地面积19.21公顷。村集体经济总收入7.72万元，固定资产合计4.75万元。

上方 [Shàngfāng]

位于珠岙镇政府驻地东北3.2公里。东邻溪下村，南靠下桃山北麓，西近岭口村，珠岙溪从村西向北转东而过。地势西北向东南倾斜，聚落呈不规则的块状，属半山区。

原名溪下，因与邻村同名，后人又以其地处溪下村之上，改名上方。清属宁海县西乡娄坑庄。民国十七年（1928年）属娄坑乡。民国二十八年（1939年）属石娄乡。民国三十六年（1947年）属上娄乡。1950年7月属马娄乡。1955年成立上方初级社。1958年春与溪下、梅村2个高级社合并成立日光高级社。同年冬称上溪生产队，属马娄管理区。1962年溪下、梅村划出，建上方大队，属马娄公社。1983年称上方村民委员会，属马娄乡。1992年5月撤区扩镇并乡时，撤销马娄乡，改属珠岙镇。

石马村 [Shímǎ Cūn]

以村民委员会驻地石马得名。建于1983年，辖石马1个自然村，8个村民小组，347户，1196人。行政区域面积2.26平方公里，其中耕地面积24.87公顷，林地面积138.59公顷。村集体经济总收入10.52万元，固定资产合计149.96万元。

石马 [Shímǎ]

位于珠岙镇政府驻地东南1.6公里。地处珠游溪西岸，东与下洋村隔溪相望，北靠石马岭。聚落沿溪岸分布，呈长条形，属半山区。

据《郑氏宗谱》载，郑文回于元朝初期迁居此地，因村边一岩石形似马，故称石马。清属宁海县西乡石马庄。民国十七年（1928年）属石谢乡。民国二十四年（1935年）属石马乡。民国二十八年（1939年）属石娄乡。民国三十六年（1947年）属珠石乡。1950年7月属小港乡。1955年成立石和、日星2个初级社。1956年合并转为石马高级社，属马娄乡。1958年冬称石马生产队，属马娄管理区。1962年称石马大队，属马娄公社。1983年称石马村民委员会，属马娄乡。1992年5月撤区扩镇并乡时，撤销马娄乡，改属珠岙镇。

清光绪《宁海县志》卷三载："石马庄，有金刀溪可灌溉，有山无海产茶。"传统民间舞蹈"采茶舞"，每逢新春佳节，都要在附近乡村演出，颇受群众欢迎。郑氏宗祠被公布为省级文物保护单位。

下洋村 [Xiàyáng Cūn]

以村民委员会驻地下洋得名。建于1983年，辖下洋、马家、沙岸3个自然村，14个村民小组，413户，1652人。行政区域面积2.84平方公里，其中耕地面积35.13公顷，林地面积167.98公顷。村集体经济总收入4.71万元，固定资产合计271.11万元。

下洋 [Xiàyáng]

村民委员会驻地。位于珠岙镇政府驻地东南2.2公里。地处双尖山西麓，珠游溪中游东侧河谷平地，东北邻海游街道下谢村，南至横山村，西南毗沙岸自然村，西与石马村隔溪相望。地势南向北倾斜，聚落沿溪岸分布，呈长条形，属半山区。

据当地《郑氏宗谱》载，明初，三太公由石马分居隔溪村下的田垟，故称下垟，后演变为下洋。清属宁海县西乡石马庄。民国十七年（1928年）属石谢乡。民国二十四年（1935年）属石马乡。民国二十八年（1939年）属石娄乡。民国三十六年（1947年）属珠石乡。1950年7月属小港乡。1955年成立民主、集中2个初级社，1956年合并转为下洋高级社，属马娄乡。1958年冬称下洋生产队，属马娄管理区。1962年称下洋大队，属马娄公社。1983年称下洋村民委员会，属马娄乡。1992年5月撤区扩镇并乡时，撤销马娄乡，改属珠岙镇下洋村。

下洋村是中国共产党进行地下革命活动的重点村庄之一，1986年8月15日被台州地区行署批准为抗日战争革命根据地村。

马家 [Mǎjiā]

以马姓居住，取名马家。块状聚落，呈长方形。据清光绪《宁海县志》卷三载，马家，清属宁海县西乡石马庄。民国属石娄乡。解放初属石娄乡。1950年属小港乡。1956年属马娄乡。1962年属马娄公社下洋大队。1983年属马娄乡下洋村。1992年5月属珠岙镇下洋村。

沙岸 [Shā'àn]

位于珠游溪东岸，滩地多沉积泥沙，建村后取名沙岸。块状聚落，略呈长方形。据清光绪《宁海县志》卷三载，沙岸，清属宁海县西乡石马庄。民国属石娄乡。解放初属石娄乡。1950年属小港乡下洋村。1956年属马娄乡。1962年属马娄公社下洋大队。1983年属马娄乡下洋村。1992年5月属珠岙镇下洋村。

樟树下村 [Zhāngshùxià Cūn]

以村民委员会驻地樟树下得名。建于1983年，辖樟树下1个自然村，16个村民小组，557户，1634人。

行政区域面积 3.52 平方公里，其中耕地面积 31.6 公顷，林地面积 251.66 公顷。村集体经济总收入 1.17 万元，固定资产合计 36.31 万元。

樟树下 [Zhāngshùxià]

位于珠岙镇政府驻地南偏东 2.2 公里。地处后门山尖西北麓，珠游溪中游东侧河谷平地。地势西南向东北倾斜，块状聚落，沿溪岸分布，呈长方形，属半山区。东至吕岙、横山村，南至姜家山村，西、北两面皆临珠游溪。

据《郑氏宗谱》载，南宋时，郑智繁迁居此地，见樟树绕村舍，故取名樟树下。清属宁海县西乡石马庄。民国十七年（1928 年）属石谢乡。民国二十四年（1935 年）属石马乡。民国二十八年（1939 年）属石娄乡。民国三十六年（1947 年）属珠石乡。1950 年 7 月属小港乡。1955 年成立团结、新建、民主 3 个初级社。1956 年合并转为樟树下高级社，属马娄乡。1958 年冬称樟树下生产队，属马娄管理区。1962 年称樟树下大队，属马娄公社。1983 年称樟树下村民委员会，属马娄乡。1992 年 5 月撤区扩镇并乡时，撤销马娄乡，改属珠岙镇。

樟树下村是中国共产党进行地下革命活动的重点村庄之一，1984 年 10 月 7 日被台州地区行署批准为第二次国内革命战争老根据地村。

横山村 [Héngshān Cūn]

以村民委员会驻地横山得名。建于 1983 年，辖横山 1 个自然村，2 个村民小组，106 户，405 人。行政区域面积 1.22 平方公里，其中耕地面积 5.8 公顷，林地面积 106.07 公顷。村集体经济总收入 3.75 万元，固定资产合计 3.38 万元。

横山 [Héngshān]

位于珠岙镇政府驻地东南 2.7 公里。东北靠双尖山西麓，南依大龙岭，西近吕岙村，北与下洋村沙岸自然村为邻。地势东南高西北低，块状聚落，略呈长方形，属半山区。

宋朝，临海杜桥西明太公避乱迁住横山脚下，村以山得名。清属宁海县西乡石马庄。民国十七年（1928 年）属石谢乡。民国二十四年（1935 年）属石马乡。民国二十八年（1939 年）属石娄乡。民国三十六年（1947 年）属珠石乡。1950 年 7 月属小港乡。1955 年与吕岙村联办翻身、和平 2 个高级社。1956 年属马娄乡。1958 年冬称横山生产队，属马娄管理区。1962 年与吕岙村分设，建横山大队，属马娄公社。1983 年称横山村民委员会，属马娄乡。1992 年 5 月撤区扩镇并乡时，撤销马娄乡，改属珠岙镇。

吕岙村 [Lǚ'ào Cūn]

以村民委员会驻地吕岙得名。建于 1983 年，辖吕岙 1 个自然村，2 个村民小组，55 户，183 人。行政区域面积 0.46 平方公里，其中耕地面积 2.73 公顷，林地面积 30.33 公顷。村集体经济总收入 9.93 万元，固定资产合计 0.32 万元。

吕岙 [Lǚ'ào]

位于珠岙镇政府驻地东南 2.4 公里。东邻横山村，南靠大龙岭，西毗樟树下村，北临珠游溪。地势东南高西北低，点状聚落，属半山区。

宋朝，吕氏从宁海西山迁居此岙，取名吕岙。清属宁海县西乡石马庄。民国十七年（1928 年）属石谢乡。民国二十四年（1935 年）属石马乡。民国三十六年（1947 年）属珠石乡。1950 年 7 月属小港乡。1955 年与横山村合办翻身、和平 2 个高级社。1956 年属马娄乡。1958 年冬属马娄管理区。1962 年与横山村分设，建吕岙大队，属马娄公社。1983 年称吕岙村民委员会，属马娄乡。1992 年 5 月撤区扩镇并乡时，撤销马娄乡，改属珠岙镇。

姜家山村 [Jiāngjiāshān Cūn]

以村民委员会驻地姜家山得名。建于 1983 年，辖姜家山 1 个自然村，2 个村民小组，52 户，183 人。

行政区域面积0.7平方公里，其中耕地面积6.6公顷，林地面积49.91公顷。村集体经济总收入10.04万元，固定资产合计20.55万元。

姜家山 [Jiāngjiāshān]

位于珠岙镇政府驻地南3.9公里。地处石牯牛山东北海拔425米的高山上，东近短竹山，南近梅坑岭，东北至樟树下村，东南至芦田山界，西至独山山界。地势如阶梯，西高东低，属山区。

清朝，姜姓人先迁住此山上，取名姜家山。后石马郑以士迁居于此，村名“姜家山”沿用至今。清属宁海县西乡石马庄。民国十七年（1928年）属石谢乡。民国二十四年（1935年）属石马乡。民国二十八年（1939年）属石娄乡。民国三十六年（1947年）属珠石乡。1950年7月属小港乡。1956年成立姜家山高级社，属马娄乡。1958年年底属马娄管理区。1962年称姜家山大队，属马娄公社。1983年称姜家山村民委员会，属马娄乡。1992年5月撤区扩镇并乡时，撤销马娄乡，改属珠岙镇。

独山村 [Dúshān Cūn]

以村民委员会驻地独山得名。建于1983年，辖独山1个自然村，8个村民小组，217户，796人。行政区域面积2.01平方公里，其中耕地面积9.2公顷，林地面积136.6公顷。村集体经济总收入21.68万元，固定资产合计75.08万元。

独山 [Dúshān]

位于珠岙镇政府驻地西南3.2公里。地处金刀山西南麓，独山（山名）北麓，珠游溪北岸，西邻双楼村。地势西北高东南低，块状聚落，属半山区。

查当地《郑氏宗谱》，宋朝，郑先顺于某年某月朔夜，梦见龙绕独山，遂取名“龙角珠山”。后以其村处于悬立的小山旁，而改名独山。清属宁海县仙岩乡四十一都一图，后改属宁海县西乡石马庄。民国二十九年（1940年）三门建县前后属高枧乡。民国三十六年（1947年）三月改属高吴乡。解放初仍属高吴乡。1950年7月改属高枧乡。1954年成立独山初级社，1955年转为高级社。1958年冬改称独山生产队，属高枧管理区。1962年改称独山大队，属高枧人民公社。1983年称独山村民委员会，属高枧乡。2013年11月属珠岙镇。

三板桥村 [Sānbǎnqiáo Cūn]

以村民委员会驻地三板桥得名。建于1983年，辖三板桥、竹家山2个自然村，4个村民小组，104户，375人。行政区域面积0.38平方公里，其中耕地面积4.87公顷，林地面积19.33公顷。村集体经济总收入5.11万元，固定资产合计6.26万元。

三板桥 [Sānbǎnqiáo]

村民委员会驻地。位于珠岙镇政府驻地西南1.8公里。东面紧靠S214省道，西南毗竹家山自然村，西北近后辽丁村，东北与里塘村相邻。地势东北向西南倾斜，聚落为不规则的块状，呈阶梯形，属半山区。

村中原有三座石板桥，一通台州、宁海大路，一通前面大山，一通吕村坑，为该村交通要道，故名三板桥。清名山板桥，属宁海县西乡朱岙庄。民国二十九年（1940年）三门建县前后，均属高枧乡。民国三十六年（1947年）三月改属高吴乡。解放初仍属高吴乡。1950年7月改属高枧乡。1954年与竹家山合办三板桥初级社。1956年又与严家岙合办团结高级社。1958年冬改称生产队，属高枧管理区。1962年与严家岙分设大队，属高枧人民公社。1983年称三板桥村民委员会，属高枧乡。2013年11月属珠岙镇三板桥村。

竹家山 [Zhújiāshān]

祖先从独山村分支到此山麓居住，因盛产毛竹取名竹家山。为方形块状聚落。民国属高枧乡。解放初属高吴乡。1950年建政属高枧乡三板桥村。1954年加入三板桥初级社，1956年又与严家岙村一起合办团结高级社。1958 年冬属高枧管理区。1962 年与严家岙村分设，属高枧公社三板桥大队。1983 年属高枧乡三板桥村。2013 年 11 月属珠岙镇三板桥村。

高枧村 [Gāojiǎn Cūn]

以村民委员会驻地高枧得名。建于 1983 年，辖高枧、陈吴岙 2 个自然村，16 个村民小组，943 户，3388 人。行政区域面积 4.11 平方公里，其中耕地面积 51.73 公顷，林地面积 199.6 公顷。村集体经济总收入 118.76 万元，固定资产合计 1429.43 万元。

高枧 [Gāojiǎn]

村民委员会驻地。位于珠岙镇政府驻地西南 3.3 公里。东邻双楼村，南至西塘村，西至黄莲岗，北至山岙。地处黄莲岗东北麓，东、北两面紧临 S326 省道，南靠西塘山。地势自西北向东南略有倾斜，聚落为不规则块状，沿公路自西、北向南作弧形分布，系半山区。

高枧之名来之有因，“枧”，水器也；高枧，高高之水枧也。据传，古人为引水灌溉，在溪的上游高高架起一槽水枧，而后村庄就取名为高枧。清属宁海县仙岩乡四十都一图，后改属宁海县西乡高枧庄。民国二十九年（1940 年）三门建县前后均属高枧乡。民国三十六年（1947 年）三月改属高吴乡。解放初仍属高吴乡。1950 年 7 月改属高枧乡。1953 年成立汪小增初级社。1954 年相继成立和平、民主、建设 3 个初级社，1955 年合并转为高枧高级社。1958 年冬改称高枧生产队，属高枧管理区。1961 年改建为高枧大队，属高枧人民公社。1983 年政社分设后，改称高枧村民委员会，属高枧乡。2013 年 11 月属珠岙镇。

1984 年 10 月 7 日台州地区行署批准高枧村为第二次国内革命战争老根据地村。

陈吴岙 [Chénwú'ào]

以陈吴岙山得名。属珠岙镇高枧村，已无人居住。

严家岙村 [Yánjiā'ào Cūn]

以村民委员会驻地严家岙得名。建于 1983 年，辖严家岙、举目桥 2 个自然村，3 个村民小组，91 户，320 人。行政区域面积 0.39 平方公里，其中耕地面积 3.67 公顷，林地面积 11.47 公顷。村集体经济总收入 0.04 万元，固定资产合计 120.03 万元。

严家岙 [Yánjiā'ào]

村民委员会驻地。位于珠岙镇政府驻地西南 2.3 公里。地处多宝讲寺岗东麓，东南邻胡村，西至方下洋，西南近举目桥自然村，东北毗三板桥村。地势西高东低，块状聚落，属半山区。

因严姓最早迁住此山岙，故名严家岙。清属宁海县西乡高枧庄。民国二十九年（1940 年）三门建县前后均属高枧乡。民国三十六年（1947 年）三月改属高吴乡。解放初仍属高吴乡。1950 年 7 月改属高枧乡。1954 年成立严家岙初级社，1956 年又与三板桥合办团结高级社。1958 年冬改称生产队，属高枧管理区。1962 年各自分设，成立严家岙大队，属高枧人民公社。1983 年政社分设，成立严家岙村民委员会，属高枧乡。2013 年 11 月属珠岙镇严家岙村。

举目桥 [Jǔmùqiáo]

以村南有举目桥得名。为块状聚落，略呈长方形。据清光绪《宁海县志》卷三载，举目桥，清属宁海县西乡高枧庄。民国属高枧乡。解放初属高吴乡。1950 年建政属高枧乡严家岙村。1958 年冬属高枧管理区。1962 年属高枧公社严家岙大队。1983 年属高枧乡严家岙村。2013 年 11 月属珠岙镇严家岙村。

胡村村 [Húcūn Cūn]

以村民委员会驻地胡村得名。建于 1983 年，辖胡村 1 个自然村，4 个村民小组，256 户，874 人。行政区域面积 0.77 平方公里，其中耕地面积 12.66 公顷，林地面积 54.53 公顷。村集体经济总收入 10.73 万元，固定资产合计233.99万元。

胡村 [Húcūn]

位于珠岙镇政府驻地南偏西2.3公里。地处老样山尖北麓，珠游溪绕村西、北转东而过，东邻樟树下村，西南毗独山村，西北与严家岙村相邻。地势南高北低，为不规则的块状聚落，属半山区。

据《郑氏宗谱》载，先祖胡泰宇迁兹土，邻无他姓，故曰“胡村”。高枧老三房郑老三，永乐年间（1403—1424年）入赘胡村，村沿用原名。清属宁海县仙岩乡四十二都一图，后改属宁海县西乡高枧庄。民国二十九年（1940年）三门建县前后均属高枧乡。民国三十六年（1947年）三月改属高吴乡。解放初仍属高吴乡。1950年7月改属高枧乡。1954年、1955年先后成立老、新两个初级社，1957年合并转为胡村高级社。1958年冬改称生产队，属高枧管理区。1962年改建为大队，属高枧人民公社。1983年政社分设后，改称胡村村民委员会，属高枧乡。2013年11月属珠岙镇。

西塘村 [Xītáng Cūn]

以村民委员会驻地西塘得名。建于1983年，辖西塘1个自然村，2个村民小组，23户，100人。行政区域面积0.2平方公里，其中耕地面积2.4公顷，林地面积11.87公顷。村集体经济总收入4.97万元，固定资产合计15.07万元。

西塘 [Xītáng]

位于珠岙镇政府驻地西南4.1公里。西靠黄莲岗，东邻双楼村，南为岙坑村，北近高枧村。地势北、西高，东、南低，块状聚落，呈阶梯形，属山区。

据传，宋朝有一户人家迁到犀塘山上，定居后取名犀塘，现演化为西塘。民国二十九年（1940年）三门建县前后均属高枧乡。民国三十六年（1947年）三月改属高吴乡。解放初仍属高吴乡。1950年7月改属高枧乡。1958年冬成立西塘生产队，属高枧管理区。1961年并于高枧大队，1969年与高枧大队分设，成立西塘大队，属高枧人民公社。1983年称西塘村民委员会，属高枧乡。2013年11月属珠岙镇。

双楼村 [Shuānglóu Cūn]

以村民委员会驻地双楼得名。建于1983年，辖双楼1个自然村，6个村民小组，181户，681人。行政区域面积0.95平方公里，其中耕地面积9.33公顷。村集体经济总收入2.66万元，固定资产合计38.48万元。

双楼 [Shuānglóu]

位于珠岙镇政府驻地西南3.4公里。东邻独山村，南临珠游溪，西至西塘村，北近吴岙溪。地势西高东低，聚落为不规则的块状，呈阶梯形，属半山区。

查当地《郑氏宗谱》，宋元祐二年（1087年）郑仲纯官拜大理寺评事。宋建炎二年（1128年）退职避居此地，建有对称的路廊楼和挠阁楼两座门楼，因楼闻名，故村称双楼。清属宁海县仙岩乡四十一都一图，后改属宁海县西乡高枧庄。民国二十九年（1940年）三门建县前后均属高枧乡。民国三十六年（1947年）三月改属高吴乡。解放初仍属高吴乡。1950年7月改属高枧乡。1954年成立双楼初级社，1955年转为高级社。1958年冬改称双楼生产队，属高枧管理区。1962年改称双楼大队，属高枧人民公社。1983年称双楼村民委员会，属高枧乡。2013年11月属珠岙镇。

岙坑村 [Àokēng Cūn]

以村民委员会驻地岙坑得名。建于1983年，辖岙坑、下回山2个自然村，2个村民小组，96户，306人。行政区域面积0.39平方公里，其中耕地面积5.53公顷。村集体经济总收入3.9万元，固定资产合计79.27万元。

岙坑 [Àokēng]

村民委员会驻地。位于珠岙镇政府驻地西南4.8公里。东临S326省道和珠游溪，南毗后畈村，西靠下回山自然村，北傍西塘山。地势自西南向东北略有倾斜，聚落沿公路分布，属半山区。

因村居山岙坑边，故村名岙坑。清属宁海县西乡高枧庄。民国二十九年（1940年）三门建县前后均属高枧乡。民国三十六年（1947年）三月改属高吴乡。解放初仍属高吴乡。1950年7月至1956年2月属桐岩乡。1954年成立岙坑初级社，1955年与下回山共建转为高级社。1958年冬改称岙坑生产队，属高枧管理区。1962年改称岙坑大队，属高枧人民公社。1983年称岙坑村民委员会，属高枧乡。2013年11月属珠岙镇岙坑村。

下回山 [Xiàhuíshān]

以所处下回山得名。点状聚落，呈阶梯形。民国属高枧乡。解放初属高吴乡。1950年属桐岩乡。1956年属高枧乡。1958年冬属高枧管理区。1962年属高枧公社岙坑大队。1983年属高枧乡岙坑村。2013年11月属珠岙镇岙坑村。

后畈村 [Hòufàn Cūn]

以村民委员会驻地后畈得名。建于1983年，辖后畈1个自然村，4个村民小组，149户，535人。行政区域面积0.75平方公里，其中耕地面积9.73公顷，林地面积59.47公顷。村集体经济总收入4.51万元，固定资产合计60.08万元。

后畈 [Hòufàn]

位于珠岙镇政府驻地西南5.1公里。地处下回山东南麓，西南毗桐岩李村，东、南临S326省道和珠游溪，北与岙坑村为邻。地势自北向南倾斜，呈长方形块状聚落，呈阶梯形，属溪谷平地。

当地群众惯称溪流为水港，因村处桐岩港（珠游溪上游）后面的一个田畈里，故名后畈。清属宁海县西乡高枧庄。民国二十九年（1940年）三门建县前后均属高枧乡。民国三十六年（1947年）三月改属高吴乡。解放初属高吴乡。1950年7月至1956年2月属桐岩乡。1954年成立和平、民主两个初级社，1956年合并为后畈高级社，属高枧乡。1958年冬改称后畈生产队，属高枧管理区。1962年改称后畈大队，属高枧人民公社。1983年称后畈村民委员会，属高枧乡。2013年11月属珠岙镇。

桐岩李村 [Tóngyánlǐ Cūn]

以村民委员会驻地桐岩李得名。建于1983年，辖桐岩李1个自然村，8个村民小组，202户，708人。行政区域面积1.68平方公里，其中耕地面积15.33公顷，林地面积122.67公顷。村集体经济总收入13.45万元，固定资产合计91.85万元。

桐岩李 [Tóngyánlǐ]

位于珠岙镇政府驻地西南5.7公里。地处大塘山东麓，东邻后畈村，南与珠萃屏村隔珠游溪相望，S326省道从村旁经过。地势北高南低，属半山区。

当地群众惯称溪流为水港，因村处于桐岩港（珠游溪上游）边，李姓聚居，故名桐岩李。清名洞岩李，属宁海县西乡高枧庄。民国二十九年（1940年）三门建县前后均属高枧乡。民国三十六年（1947年）三月改属高吴乡。解放初仍属高吴乡。1950年7月至1956年2月属桐岩乡。1954年成立桐岩李初级社，1955年转为高级社。1958年冬改称生产队，属高枧管理区。1962年改称大队，属高枧人民公社。1983年称桐岩李村民委员会，属高枧乡。2013年11月属珠岙镇。

梅坑村 [Méikēng Cūn]

以村民委员会驻地梅坑得名。建于1983年，辖梅坑1个自然村，8个村民小组，247户，925人。行政区域面积 2.52 平方公里，其中耕地面积 8.33 公顷，林地面积 197.4 公顷。村集体经济总收入 4.24 万元，固定资产合计 94.62 万元。

梅坑 [Méikēng]

位于珠岙镇政府驻地西南 5 公里。地处西沙园山西麓与九龙泡北麓之间山坑旁，西北与后畈村隔溪相望，南近西坑岭脚，西南邻竹墩村，后畈至上蒋公路穿村而过。地势东南高西北低，聚落呈不规则的块状，属半山区。

据当地宗谱记载，古时这里的山坑边，梅树成林，故名梅坑。清属宁海县西乡高枧庄。民国二十九年（1940 年）三门建县前后均属高枧乡。民国三十六年（1947 年）三月高枧乡与吴岙乡合并为高吴乡，属高吴乡。1950 年 7 月从高吴乡分设桐岩乡，属桐岩乡。1955 年成立胜利、建设 2 个初级社。1956 年桐岩乡撤销，属高枧乡。1957 年 2 个初级社合并转为梅坑高级社。1958 年冬改称生产队，属高枧管理区。1962 年成立梅坑大队，属高枧人民公社。1983 年冬政社分设，建梅坑村民委员会，属高枧乡。2013 年 11 月属珠岙镇。

岩下徐村 [Yánxiàxú Cūn]

以村民委员会驻地岩下徐得名。建于 1983 年，辖岩下徐、里桐、外桐 3 个自然村，2 个村民小组，106 户，371 人。行政区域面积 2.62 平方公里，其中耕地面积 5.53 公顷，林地面积 240.6 公顷。村集体经济总收入 17.28 万元，固定资产合计 43.84 万元。

岩下徐 [Yánxiàxú]

村民委员会驻地。位于珠岙镇政府驻地西南 7.2 公里。地处大塘山南麓，珠游溪上游北岸，蜈蚣岭西，东邻珠萃屏村，东南毗小桐岩村。地势自北向南略有倾斜，属半山区。

村后山上岩石峥嵘，祖宗姓徐，故名岩下徐。清属宁海县西乡高枧庄。民国二十九年（1940 年）三门建县前后均属高枧乡。民国三十六年（1947 年）三月改属高吴乡。解放初仍属高吴乡。1950 年 7 月至 1956 年 2 月属桐岩乡。1954 年成立岩下徐初级社，1955 年转为高级社。1958 年冬改称生产队，属高枧管理区。1962 年改称大队，属高枧人民公社。1983 年政社分设，成立岩下徐村民委员会，属高枧乡。2013 年 11 月属珠岙镇岩下徐村。

里桐 [Lǐtóng]

点状聚落。民国属吴岙乡。解放初属高吴乡。1950 年属桐岩乡岩下徐村。1956 年属高枧乡。1958 年冬属高枧管理区。1962 年属高枧公社岩下徐大队。1983 年属高枧乡岩下徐村。2013 年 11 月属珠岙镇岩下徐村。

外桐 [Wàitóng]

聚落呈点状。民国属吴岙乡。解放初属高吴乡。1950 年属桐岩乡岩下徐村。1956 年属高枧乡。1958 年冬属高枧管理区。1962 年属高枧公社岩下徐大队。1983 年属高枧乡岩下徐村。2013 年 11 月属珠岙镇岩下徐村。

珠萃屏村 [Zhūcuìpíng Cūn]

以村民委员会驻地珠萃屏得名。建于 1983 年，辖珠萃屏 1 个自然村，12 个村民小组，246 户，860 人。行政区域面积 2.24 平方公里，其中耕地面积 18.13 公顷，林地面积 169.13 公顷。村集体经济总收入 18.35 万元，固定资产合计 22.7 万元。

珠萃屏 [Zhūcuìpíng]

位于珠岙镇政府驻地西南 6.3 公里。地处双门岩山西北麓，西北濒珠游溪，与桐岩李村隔溪为邻，西南毗小桐岩村。地势自南向北略有倾斜，聚落呈点、块状混合分布，属半山区。

村东的矮山岗上长有成片槠树，为全村屏障，槠树屏即以此得名，后演化为珠萃屏。清名枝树坪，属宁海县西乡高枧庄。民国二十九年（1940年）三门建县前后均属高枧乡。民国三十六年（1947年）三月改属高吴乡。解放初仍属高吴乡。1950年7月至1956年2月属桐岩乡。1954年成立珠萃屏初级社，1955年转为高级社。1958年冬改称生产队，属高枧管理区。1962年与石壁山村合建珠萃屏大队，属高枧人民公社。1983年与石壁山村分设，成立珠萃屏村民委员会，属高枧乡。2013年11月属珠岙镇。

石壁山村［Shíbìshān Cūn］

以村民委员会驻地石壁山得名。建于1984年，辖石壁山1个自然村，1个村民小组，19户，47人。行政区域面积0.49平方公里，其中耕地面积3.33公顷，林地面积39.37公顷。村集体经济总收入5.05万元，固定资产合计18.25万元。

石壁山［Shíbìshān］

位于珠岙镇政府驻地西南8.7公里。南靠双峰尖山，北依岭青头山，西至高速公路，北至小桐岩村。地势南高北低，点状聚落，呈阶梯形，属山区。

村位于395米高的石壁山上，以山得名。民国二十九年（1940年）三门建县前后均属高枧乡。解放初属高吴乡。1950年从高吴乡分设桐岩乡后，属桐岩乡珠萃屏村。1956年桐岩乡并入高枧乡，回属高枧乡。1962年属高枧人民公社珠萃屏大队。1983年与珠萃屏分设，成立石壁山村民委员会，属高枧乡。2013年11月属珠岙镇。

小桐岩村［Xiǎotóngyán Cūn］

以村民委员会驻地小桐岩得名。建于1983年，辖小桐岩、王殿、涨潮3个自然村，3个村民小组，119户，432人。行政区域面积1.48平方公里，其中耕地面积7公顷，林地面积129.13公顷。村集体经济总收入5.04万元，固定资产合计6.75万元。

小桐岩［Xiǎotóngyán］

村民委员会驻地。位于珠岙镇政府驻地西南7.1公里。地处岭青头山麓，珠游溪上游，东邻珠萃屏，北毗岩下徐村，S326省道从村西经过。地势西南高东北低，聚落呈不规则块状，属半山区。

据当地宗谱记载，古时村后山脚有一岩洞，不时流出铜的矿砂，故称小铜岩，后演变为小桐岩。清属宁海县西乡高枧庄。民国二十九年（1940年）三门建县时属高枧乡。民国三十六年（1947年）三月改属高吴乡。1950年7月至1956年2月属桐岩乡。1956年与王殿、涨潮联办远景初级社。1958年年初转为小桐岩高级社，同年冬改称生产队，属高枧管理区。1962年改建小桐岩大队，属高枧人民公社。1983年政社分设，称小桐岩村民委员会，属高枧乡。2013年11月属珠岙镇小桐岩村。

王殿［Wángdiàn］

村以附近的王殿得名。聚落呈点状。民国属吴岙乡。解放初属高吴乡。1950年属桐岩乡。1956年加入小桐岩村远景初级社，属高枧乡。1958年年初转为小桐岩高级社，同年冬属高枧管理区。1962年属高枧公社小桐岩大队。1983年属高枧乡小桐岩村。2013年11月属珠岙镇小桐岩村。

涨潮［Zhǎngcháo］

古时，村边有一水潭，常年有清泉外涌，当地人喻为海里涨潮，故以涨潮名村。聚落呈点状。民国属吴岙乡。解放初属高吴乡。1950年建政属桐岩乡小桐岩村。1956年加入小桐岩远景初级社，属高枧乡。1958年年初转为小桐岩高级社，同年冬属高枧管理区。1962年属高枧公社小桐岩大队。1983年属高枧乡小桐岩村。2013年11月属珠岙镇小桐岩村。

竹墩村［Zhúdūn Cūn］

以村民委员会驻地竹墩得名。建于1983年，辖竹墩1个自然村，4个村民小组，156户，624人。行政区域面积1.72平方公里，其中耕地面积7.53公顷，林地面积116.6公顷。村集体经济总收入11.82万元，固定资产合计18.35万元。

竹墩 [Zhúdūn]

位于珠岙镇政府驻地西南6.1公里。地处大麦坑山北部海拔220米山上，南至双门岩村石地栿自然村，西南邻双门岩。四面环山，北部稍低，长条式聚落，沿山腰分布，呈阶梯形，属半山区。

据当地《吴氏宗谱》载，清朝乾隆年间(1736—1795年)，吴岙吴氏二十九世吴兆法从吴岙迁此时，附近有一土墩，毛竹丛生，郁郁葱葱，故名竹墩。清属宁海县西乡吴岙庄。民国二十九年（1940年）三门建县前后均属吴岙乡。民国三十六年（1947年）三月改属高吴乡。解放初仍属高吴乡。1950年7月至1956年2月属桐岩乡。1956年建立高明、新建两个初级社，属高枧乡。1957年转为竹墩高级社。1958年冬改称竹墩生产队，属高枧管理区。1962年改称竹墩大队，属高枧人民公社。1983年政社分设，称竹墩村民委员会，属高枧乡。2013年11月属珠岙镇。

双门岩村 [Shuāngményán Cūn]

以村民委员会驻地双门岩得名。建于1983年，辖双门岩、大麦坑、石地栿、隔岸山4个自然村，51户，164人。行政区域面积1.48平方公里，其中耕地面积3.4公顷，林地面积139.67公顷。村集体经济总收入5.11万元，固定资产合计11.08万元。

双门岩 [Shuāngményán]

村民委员会驻地。位于珠岙镇政府驻地西南7.1公里。地处珠岙镇南部，与临海市接界，东界石地栿岭，珠游溪支流大麦坑之水流经村中。地势东西高，中间、西北低，属山区。

在村北路口，东西两侧的山上，各有两块岩石屹立，形似两双石门，故名。民国二十九年（1940年）三门建县前后均属高枧乡。解放初属高吴乡。1950年从高吴乡分设桐岩乡，改属桐岩乡。1956年桐岩乡并入高枧乡，回属高枧乡。1958年冬改称生产队，属高枧管理区。1962年成立双门岩大队，属高枧人民公社。1983年政社分设，称双门岩村民委员会，属高枧乡。2013年11月属珠岙镇双门岩村。

大麦坑 [Dàmàikēng]

以大麦山坑得名。为点状聚落。民国称大麦山坑，属高枧乡。解放初属高吴乡。1950年属桐岩乡双门岩村。1956年属高枧乡。1958年冬属高枧管理区。1962年属高枧公社双门岩大队。1983年属高枧乡双门岩村。2013年11月属珠岙镇双门岩村。

石地栿 [Shídìfú]

村口有一天然条石横卧，有如房门地栿，故名，后简写为石地栿。聚落呈长方形。民国称石地栿，属高枧乡。解放初属高吴乡。1950年属桐岩乡双门岩村。1956年属高枧乡。1958年冬属高枧管理区。1962年属高枧公社双门岩大队。1983年属高枧乡双门岩村。2013年11月属珠岙镇双门岩村。

隔岸山 [Gé'ànshān]

位于双门岩村的隔坑对面山上，故称隔岸山。点状聚落，呈阶梯形。民国属高枧乡。解放初属高吴乡。1950年建政属桐岩乡双门岩村。1956年属高枧乡。1958年冬属高枧管理区。1962年属高枧公社双门岩大队。1983年属高枧乡双门岩村。2013年11月属珠岙镇双门岩村。

石坑村 [Shíkēng Cūn]

以村民委员会驻地石坑得名。建于1984年，辖石坑1个自然村，1个村民小组，26户，80人。行政区域面积0.79平方公里，其中耕地面积2.6公顷，林地面积74.4公顷。村集体经济总收入8.11万元，固定资产合计12.53万元。

石坑 [Shíkēng]

位于珠岙镇政府驻地南偏西6.6公里。地处九龙泡南，与临海市交界，南至临海大山岗，西邻双门岩村。地势西北高东南低，点状聚落，系山区。

因村处九岩山西南一条岩石坑边，故名石坑村。民国属杨家乡。解放初仍属杨家乡。1950年5月从杨家乡分设坝头乡，属坝头乡。1958年加入梅坑胡高级社。1961年自建石坑生产队，属坝头人民公社。1984年改建石坑村民委员会，属坝头乡。1988年7月划归高枧乡管辖。2013年11月属珠岙镇。

小岙村 [Xiǎo'ào Cūn]

以村民委员会驻地小岙得名。建于1983年，辖小岙1个自然村，4个村民小组，114户，371人。行政区域面积0.72平方公里，其中耕地面积7.4公顷，林地面积31公顷。村集体经济总收入11.75万元，固定资产合计31.6万元。

小岙 [Xiǎo'ào]

位于珠岙镇政府驻地西4.4公里。东近山后周水库，西靠大岗头山与西吴村隔山为邻，东北近支下村。地势西北高，东南低，为点、块相间的复合式聚落，属山区。

该村处于山峦重叠，形似圈椅的小山岙里，故称为小岙。清属宁海县西乡高枧庄。民国属高枧乡。解放初属高吴乡。1950年7月改属山岙乡。1955年成立小岙初级社，1956年转为高级社，属高枧乡。1957年3月属山岙乡。1958年属山岙管理区。1961年10月属吴岙公社小岙大队。1962年11月属山岙公社小岙大队。1983年属山岙乡小岙村民委员会。1992年5月撤区扩镇并乡时，撤销山岙乡，改属高枧乡。2013年11月属珠岙镇。

明姚村 [Míngyáo Cūn]

以村民委员会驻地明姚得名。建于1983年，辖明姚1个自然村，3个村民小组，42户，138人。行政区域面积0.51平方公里，其中耕地面积4.13公顷，林地面积28.8公顷。村集体经济总收入12.06万元，固定资产合计18.95万元。

明姚 [Míngyáo]

位于珠岙镇政府驻地西北3.3公里。东靠大平山，西南毗楼下村，西与塘岙村隔山为邻，西北邻锁岩村。地势西北高东南低，聚落为点、块状混合分布，属山区。

据当地《姚氏宗谱》载，明朝初期，有一个姚姓人，从大石迁居此地管山，故名姚家。因重名，1982年改名明姚，以示姚家系明朝迁入之意。民国属高枧乡。解放初属高吴乡。1950年7月改属山岙乡。1955年成立姚家初级社，1956年与锁岩初级社合并转为姚家高级社，属高枧乡。1958年年底属珠岙管理区。1962年属山岙公社姚家大队。1982年因重名，更名为明姚大队。1983年与锁岩大队分设，属山岙乡明姚村民委员会。1992年5月撤区扩镇并乡时，撤销山岙乡，改属高枧乡。2013年11月属珠岙镇。

锁岩村 [Suǒyán Cūn]

以村民委员会驻地锁岩得名。建于1983年，辖锁岩1个自然村，2个村民小组，21户，70人。行政村面积0.45平方公里，其中耕地面积1.33公顷，林地面积38.13公顷。村集体经济总收入7.26万元，固定资产合计1.17万元。

锁岩 [Suǒyán]

位于珠岙镇政府驻地西北3.9公里。地处笔尖山西南，大平山西北，双峰尖山东南，南邻明姚村，北毗岗头村。地势东、西、北高，南低，点状聚落，属山区。

古代村后峭壁凌空，有个岩洞，住着两条孽龙，专与人们作对。每年秋收时节，大家眼看晒出去的谷子快要燥了，天就突然下起雨来，刚把谷子收回，天也晴了，再晒出去，又下起雨来，年复一年，人们怨声载道。后来，村里出了一个铁匠，下决心为民除害。他四处奔走收集民间余铁，日夜赶打了一条长四十九丈的大铁链，锁住洞口，把两条孽龙活活饿死、困死在洞里，人们从此也得以安居乐业。为永远纪念这位好铁匠，遂把村名定为锁岩。民国属珠溪乡。解放初属高吴乡。1950年7月改属山岙乡。1955年成立锁岩初级社，1956年加入姚家高级社，属高枧乡。1957年3月属山岙乡。1958年11月属山岙管理区。1961年10月属吴岙公社。1962年11月改称姚家大队（即后之明姚大队），属山岙公社。1983年从明姚大队分设，称锁岩村民委员会，属山岙乡。1992年5月撤区扩镇并乡时，撤销山岙乡，改属高枧乡。2013年11月属珠岙镇。

塘岙村 [Táng'ào Cūn]

以村民委员会驻地塘岙得名。建于1983年，辖塘岙1个自然村，3个村民小组，47户，196人。行政区域面积0.58平方公里，其中耕地面积3.13公顷，林地面积50.53公顷。村集体经济总收入13.03万元，固定资产合计68.38万元。

塘岙 [Táng'ào]

位于珠岙镇政府驻地西北4.6公里。东与楼下村隔山为邻，南近格岭村，西傍分水岭，北靠双峰尖南麓。地势东、西、北高，南低，为点状聚落，属山区。

明末，有一户人家居住此岙里塘边管山，故称塘岙。民国属珠溪乡。解放初属高吴乡。1950年7月改属山岙乡。1955年成立塘岙初级社，1956年转为高级社，属高枧乡。1957年3月属山岙乡。1958年11月属山岙管理区。1961年10月属吴岙公社。1962年11月属山岙公社塘岙大队。1983年属山岙乡塘岙村民委员会。1992年5月撤区扩镇并乡时，撤销山岙乡，改属高枧乡。2013年11月属珠岙镇。

格岭村 [Gélǐng Cūn]

以村民委员会驻地格岭得名。建于1983年，辖格岭1个自然村，3个村民小组，50户，166人。行政区域面积0.85平方公里，其中耕地面积3.4公顷，林地面积81.27公顷。村集体经济总收入5.04万元，固定资产合计21.88万元。

格岭 [Gélǐng]

位于珠岙镇政府驻地西北4.5公里。东与楼下村隔山为邻，南靠大岗头山，西与天台县叶家坑村接界，北近塘岙村。地势东、西、北高，西南低，聚落为点状，属山区。

格岭原名泗洲堂，因与塘岙村隔岭为邻，故名隔岭。又因“隔”与“格”同音，后演变为格岭。民国属吴岙乡。解放初属高吴乡。1950年7月改属山岙乡。1955年成立格岭初级社，1956年转为高级社，属高枧乡。1957年3月属山岙乡。1958年年底属山岙管理区。1961年10月属吴岙公社。1962年11月属山岙公社格岭大队。1983年属山岙乡格岭村民委员会。1992年5月撤区扩镇并乡时，撤销山岙乡，改属高枧乡。2013年11月属珠岙镇。

楼下村 [Lóuxià Cūn]

以村民委员会驻地楼下得名。建于1983年，辖楼下1个自然村，4个村民小组，81户，321人。行政区域面积0.54平方公里，其中耕地面积5.2公顷，林地面积21.53公顷。村集体经济总收入15.85万元，固定资产合计20.08万元。

楼下 [Lóuxià]

位于珠岙镇政府驻地西北3.7公里。东南邻周家，南近小岙村，西与格岭村、塘岙村隔山为邻，北靠双峰尖山南麓。地势西高东低，聚落为点状，属山区。因村处山弯，房屋傍山建筑，层层直上，形似楼梯，故名。民国属吴岙乡。解放初属高吴乡。1950年7月改属山岙乡。1954年成立楼下初级社，1956年转为高级社，属珠岙乡。1957年3月属山岙乡。1958年11月属山岙管理区。1961年10月属吴岙公社。1962年11月属山岙公社楼下大队。1968年改称红星大队。1983年属山岙乡楼下村民委员会。1992年5

月撤区扩镇并乡时，撤销山岙乡，改属高枧乡。2013年11月属珠岙镇。

长岗村 [Chánggǎng Cūn]

以村民委员会驻地长岗得名。建于1983年，辖长岗1个自然村，3个村民小组，46户，168人。行政区域面积0.29平方公里，其中耕地面积3.13公顷，林地面积7.47公顷。村集体经济总收入12.04万元，固定资产合计3.3万元。

长岗 [Chánggǎng]

位于珠岙镇政府驻地西偏北5.1公里。东靠大岗头山西麓，东南近西吴村，西与天台县接界，西北近泗洲堂。地势西北高，东南低，聚落为点状分布，属山区。

以村后有一条较长的山岗，故名长岗。清属宁海县西乡吴岙庄。民国属吴岙乡。解放初属高吴乡。1950年属山岙乡。1955年成立长岗初级社，1956年转为高级社，属高枧乡。1957年3月属山岙乡。1958年11月属山岙管理区。1961年10月属吴岙公社。1962年11月属山岙公社长岗大队。1983年属山岙乡长岗村民委员会。1992年5月撤区扩镇并乡时，撤销山岙乡，改属高枧乡。2013年11月属珠岙镇。

支下村 [Zhīxià Cūn]

以村民委员会驻地支下得名。建于1983年，辖支下1个自然村，2个村民小组，61户，176人。行政区域面积0.35平方公里，其中耕地面积1.73公顷，林地面积6公顷。村集体经济总收入12.09万元，固定资产合计20.2万元。

支下 [Zhīxià]

位于珠岙镇政府驻地西3.2公里。东南近山后周水库，西南毗小岙村，西靠大岗头东麓，北与周家村为邻。地势西、北高，东、南低，聚落为不规则的块状，属山区。

据传，明朝中期，有一家姓周的人迁居此地，因屋边有一株大楮树，取名楮树下，到清代演变为支下，沿用至今。民国属吴岙乡。解放初属高吴乡。1950年7月改属山岙乡。1955年成立支下初级社，1956年转为高级社，属高枧乡。1958年11月属山岙管理区。1961年10月属吴岙公社。1962年11月属山岙公社支下大队。1983年10月属山岙乡支下村民委员会。1992年5月撤区扩镇并乡时，撤销山岙乡，改属高枧乡。2013年11月属珠岙镇。

周家村 [Zhōujiā Cūn]

以村民委员会驻地周家得名。建于1983年，辖周家1个自然村，4个村民小组，86户，310人。行政区域面积0.6平方公里，其中耕地面积6.4公顷，林地面积46.93公顷。村集体经济总收入16.86万元，固定资产合计74万元。

周家 [Zhōujiā]

位于珠岙镇政府驻地西偏北3.2公里。东为岙底谢村，南接支下村，西北近楼下村，北与明姚村为邻。地势西北高，东南低，聚落略呈长方形，属山区。

明朝初期，始由赖姓人住此，故名赖家。民国属吴岙乡。解放初属高吴乡。1950年7月改属山岙乡。1953年成立赖家初级社，1956年转为高级社，属高枧乡。1957年3月属山岙乡。1958年11月属山岙管理区。1962年11月属山岙公社赖家大队。1968年改称红旗大队。1982年因重名，以村民多姓周，更名为周家。1983年称周家村民委员会，属山岙乡。1992年5月撤区扩镇并乡时，撤销山岙乡，改属高枧乡。2013年11月属珠岙镇。

西吴村 [Xīwú Cūn]

以村民委员会驻地西吴得名。建于1983年，辖西吴1个自然村，8个村民小组，197户，731人。行政区域面积 1.75 平方公里，其中耕地面积 14.73 公顷，林地面积 107.27 公顷。村集体经济总收入 7.26 万元，固定资产合计 31.11 万元。

西吴 [Xīwú]

位于珠岙镇政府驻地西 4.7 公里。地处大岗头山西麓，东南毗黄罗村，西南邻菜湾村，西北近长岗村。地势西北高，东南低，为不规则的块状聚落，属山区。

据传，明景泰年间（1450—1456 年），高枧仁房二十九世郑廷轩迁居西吴，为西吴郑氏始祖。因地处黄罗岭西部，故取名西吴。到了明代中期，天台螺溪二十五世丁承缄，徙居西吴，为西吴丁氏始祖。明嘉靖年间（1522—1566 年），天台带横金氏十六世金小蒙，又迁居西吴，为西吴金氏始祖。清代晚期，又有陈氏从天台东门妙山迁入。清属宁海县西乡高枧庄。民国属吴岙乡。解放初属高吴乡。1950 年 7 月改属山岙乡。1955 年成立民主、团结 2 个初级社，1956 年各自转为高级社，属高枧乡。1957 年 3 月属山岙乡。1958 年 11 月建西吴生产队，属山岙管理区。1962 年 11 月属山岙公社西吴大队。1983 年属山岙乡西吴村民委员会。1992 年 5 月撤区扩镇并乡时，撤销山岙乡，改属高枧乡。2013 年 11 月属珠岙镇。

黄罗村 [Huángluó Cūn]

以村民委员会驻地黄罗得名。建于 1983 年，辖黄罗 1 个自然村，10 个村民小组，145 户，447 人。行政区域面积 0.86 平方公里，其中耕地面积 10.2 公顷，林地面积 41.47 公顷。村集体经济总收入 10.31 万元，固定资产合计 19.63 万元。

黄罗 [Huángluó]

位于珠岙镇政府驻地西偏南 4.3 公里。地处大岗头山南麓，南、西两面山坑环绕，西北邻西吴村。地势西北高，东南低，聚落为块、点状混合分布，系山区。

据传，古代村边有一棵大樟树，树干挺立，林荫翳郁，形似一把黄罗伞，故取名黄罗村。清属宁海县西乡高枧庄。民国属吴岙乡。解放初属高吴乡。1950 年 7 月改属山岙乡。1954 年分别成立黄罗第一、第二初级社，1956 年合并转为黄罗高级社，属高枧乡。1957 年 3 月属山岙乡。1958 年 11 月属山岙管理区。1961 年 10 月属吴岙公社。1962 年 11 月属山岙公社黄罗大队。1983 年属山岙乡黄罗村民委员会。1992 年 5 月撤区扩镇并乡时，撤销山岙乡，改属高枧乡。2013 年 11 月属珠岙镇。

大马山村 [Dàmǎshān Cūn]

以村民委员会驻地大马山得名。建于 1983 年，辖大马山 1 个自然村，3 个村民小组，117 户，381 人。行政区域面积 0.48 平方公里，其中耕地面积 6.93 公顷，林地面积 15.73 公顷。村集体经济总收入 5.11 万元，固定资产合计 11.52 万元。

大马山 [Dàmǎshān]

位于珠岙镇政府驻地西偏南 2.6 公里。东邻大竹园，南近山殿，西靠高枧上山，北毗香山庵。地势北、西、西南高，东南低，为不规则的块状聚落，属山区。

因村前有一座山，形似高大的骏马，故称大马山，并以此名村。西陈二十四世孙陈国宙，于清康熙四十七年（1708 年）偕二子在此看管山林、祖墓而迁入。民国属高枧乡。解放初属高吴乡。1950 年 7 月属山岙乡。1955 年成立大马山初级社。1956 年属珠岙乡。1958 年年底属珠岙管理区。1962 年属山岙公社大马山大队。1983 年属山岙乡大马山村民委员会。1992 年 5 月撤区扩镇并乡时，撤销山岙乡，改属高枧乡。1994 年 5 月行政区划调整，改属珠岙镇。

吴岙村 [Wú'ào Cūn]

以村民委员会驻地吴岙得名。建于 1983 年，辖吴岙 1 个自然村，16 个村民小组，512 户，1821 人。行政区域面积 3.15 平方公里，其中耕地面积 30.8 公顷，林地面积 150.07 公顷。村集体经济总收入 16.05

万元，固定资产合计53.60万元。

吴岙 [Wú'ào]

位于珠岙镇政府驻地西南5.4公里。地处吴岙溪东南侧，唐峰山（即今龙头山）北麓，东北邻桥下村，西南毗东谢村，S326省道穿村而过。地势西南向东北倾斜，块状聚落，属半山区。

据当地《吴氏宗谱》载，唐昭宗乾宁年间（894—898年），董昌占据越地，自称“圣人”，因号“大越罗平”。闻吴集义智勇双全，拟征召任为司马。吴集义以董昌僭位，拒不就职，于是携妻叶氏和儿子隐居宁海县仙岩乡唐峰山下。见此地环山带溪，宜于居住，如鱼得水，故取名“鱼濠”。因“鱼”与“吴”，“濠”与“岙”谐音，此岙村民又是吴姓居多，后人就改为吴岙。清代名吴岙街。清属宁海县仙岩乡四十一都一图，后改属宁海县西乡吴岙庄。民国属吴岙乡。1947年3月属高吴乡公所。解放初属高吴乡公所。1950年7月属吴岙乡。1954年成立吴宏富、吴元带、吴有木、吴维透4个初级社，1956年合并转为吴岙高级社，属高枧乡。1958年改为吴岙生产队，属高枧管理区。1961年10月属吴岙公社。1962年11月属吴岙公社吴岙大队。1983年属吴岙乡吴岙村民委员会。1992年5月撤区扩镇并乡时，撤销吴岙乡，改属高枧乡。2013年11月属珠岙镇。

菜湾村 [Càiwān Cūn]

以村民委员会驻地菜湾得名。建于1984年，辖菜湾1个自然村，4个村民小组，96户，358人。行政区域面积0.91平方公里，其中耕地面积6.33公顷，林地面积74.2公顷。村集体经济总收入10.01万元，固定资产合计30.08万元。

菜湾 [Càiwān]

位于珠岙镇政府驻地西5.2公里。东邻黄罗村，东南为大平头村，西毗油麻岭村，东北近西吴村。地势东南高西北低，聚落呈一字形，属山区。

明嘉靖年间（1522—1566年），陈岙村派人到此管山，遂定居此山弯。以此处土地肥沃，林木苍翠，杂草茂盛，取名翠湾，后演化为菜湾。清代名翠湾。清属宁海县西乡吴岙庄。民国属吴岙乡。解放初属高吴乡公所。1950年7月属吴岙乡。1955年成立菜湾初级社，1956年与油麻岭初级社合并成立菜湾高级社，属高枧乡。1958年冬属高枧管理区。1961年10月属吴岙公社。1962年11月属吴岙公社菜湾大队。1983年与油麻岭村分设，建菜湾村民委员会，属吴岙乡。1992年5月撤区扩镇并乡时，撤销吴岙乡，改属高枧乡。2013年11月属珠岙镇。

油麻岭村 [Yóumálǐng Cūn]

以村民委员会驻地油麻岭得名。建于1984年，辖油麻岭1个自然村，2个村民小组，35户，125人。行政区域面积0.8平方公里，其中耕地面积1.93公顷，林地面积70.07公顷。村集体经济总收入5.03万元，固定资产合计0.67万元。

油麻岭 [Yóumálǐng]

位于珠岙镇政府驻地西偏南5.7公里。东接菜湾村，东南近大平头村，西傍白岭头。地势东南高西北低，聚落呈不规则的块状，属山区。

村民迁此，多种油麻类作物，取名油麻岭。民国属吴岙乡。解放初属高吴乡公所。1950年7月属吴岙乡。1955年成立油麻岭初级社，1956年并入菜湾高级社，属高枧乡。1958年冬属高枧管理区。1961年10月属吴岙公社。1962年11月属吴岙公社菜湾大队。1983年与菜湾村分设，属吴岙乡油麻岭村民委员会。1992年5月撤区扩镇并乡时，撤销吴岙乡，改属高枧乡。2013年11月属珠岙镇。

大平头村 [Dàpíngtóu Cūn]

以村民委员会驻地大平头得名。建于1983年，辖大平头1个自然村，2个村民小组，64户，241人。

行政区域面积0.39平方公里，其中耕地面积1.73公顷，林地面积27公顷。村集体经济总收入12.02万元，固定资产合计12.12万元。

大平头 [Dàpíngtóu]

位于珠岙镇政府驻地西偏南4.7公里。东靠大岭尖，南邻陈岙村，西北毗菜湾村。地势西北稍低，为不规则的块状聚落，属山区。

明末清初，高枧村有几户人家在此管山，看此山山顶较平，且范围亦大，定居后，取名大平头。民国属高枧乡。解放初属高吴乡公所。1950年7月属吴岙乡。1955年成立大平头初级社，1956年转为高级社，属高枧乡。1958年冬属高枧管理区。1961年10月属吴岙公社。1962年属吴岙公社大平头大队。1983属吴岙乡大平头村民委员会。1992年5月撤区扩镇并乡时，撤销吴岙乡，改属高枧乡。2013年11月属珠岙镇。

陈岙村 [Chén'ào Cūn]

以村民委员会驻地陈岙得名。建于1983年，辖陈岙1个自然村，4个村民小组，153户，552人。行政区域面积0.84平方公里，其中耕地面积8.93公顷，林地面积65.4公顷。村集体经济总收入5.38万元，固定资产合计73.16万元。

陈岙 [Chén'ào]

位于珠岙镇政府驻地西南4.9公里。地处吴岙溪北岸，东南邻隔水村，南毗桥下村。地势西北高东南低，为不规则的点、块状聚落，属山区。

据当地《吴氏宗谱》载，始由陈氏迁此山岙居住，遂以姓氏和地形结合，命名陈岙。明嘉靖元年（1522年），吴氏小二房吴彦铨迁居陈岙。清代地属吴岙庄。民国属吴岙乡。解放初属高吴乡公所。1950年属吴岙乡。1955年成立陈岙初级社，1956年转为高级社，属高枧乡。1958年冬属高枧管理区陈岙生产队。1961年10月属吴岙公社。1962年属吴岙公社陈岙大队。1983属吴岙乡陈岙村民委员会。1992年5月撤区扩镇并乡时，撤销吴岙乡，改属高枧乡。2013年11月属珠岙镇。

隔水村 [Géshuǐ Cūn]

以村民委员会驻地隔水得名。建于1983年，辖隔水、山后2个自然村，4个村民小组，142户，521人。行政区域面积0.54平方公里，其中耕地面积6.33公顷，林地面积40.87公顷。村集体经济总收入4.63万元，固定资产合计79.56万元。

隔水 [Géshuǐ]

村民委员会驻地。位于珠岙镇政府驻地西南4.6公里。南与桥下村隔溪相望，西北与陈岙村为邻，S326省道从南部经过。地处吴岙溪北岸河谷平地，地势自北向南倾斜，属半山区。

据传，明崇祯十二年（1639年）冬，先祖由桥下村迁此。因与桥下村仅有一水之隔，故称隔水。清属宁海县西乡吴岙庄。民国属吴岙乡。解放初属高吴乡公所。1950年7月属吴岙乡。1955年成立隔水初级社，1956年转为高级社，属高枧乡。1958年冬属高枧管理区。1962年11月属吴岙公社隔水大队。1983属吴岙乡隔水村民委员会。1992年5月撤区扩镇并乡时，撤销吴岙乡，改属高枧乡。2013年11月属珠岙镇隔水村。

山后 [Shānhòu]

地处黄莲岗山后面，故称山后。点状聚落，呈阶梯形。1962年属吴岙公社隔水大队。1983年属吴岙乡隔水村。1992年5月属高枧乡隔水村。2013年11月属珠岙镇隔水村。

桥下村 [Qiáoxià Cūn]

以村民委员会驻地桥下得名。建于1983年，辖桥下1个自然村，4个村民小组，197户，694人。行政区域面积1.15平方公里，其中耕地面积8.13公顷，林地面积35公顷。村集体经济总收入6.54万元，固定资产合计59.77万元。

桥下 [Qiáoxià]

位于珠岙镇政府驻地西南4.8公里。西南邻吴岙村，北毗隔水村，东南紧靠S326省道，西北靠吴岙溪。地势西南高东北低，系溪谷平地，块状聚落，略似长方形。

明成化十六年（1480年），始祖自东谢迁居桥下。因村坐落于吴岙桥下侧，故称桥下。清属宁海县西乡吴岙庄。民国属吴岙乡。解放初属高吴乡公所。1950年7月属吴岙乡。1955年、1956年先后成立老、新2个初级社。1958年冬属高枧管理区桥下生产队。1962年11月属吴岙公社桥下大队。1983年属吴岙乡桥下村民委员会。1992年5月撤区扩镇并乡时，撤销吴岙乡，改属高枧乡。2013年11月属珠岙镇。

上界溪村 [Shàngjièxī Cūn]

以村民委员会驻地上界溪得名。建于1983年，辖上界溪1个自然村，4个村民小组，133户，508人。行政区域面积0.67平方公里，其中耕地面积5.73公顷，林地面积29.67公顷。村集体经济总收入5.18万元，固定资产合计15.99万元。

上界溪 [Shàngjièxī]

位于珠岙镇政府驻地西南7.3公里。地处吴岙溪南岸，东近下界溪村，西紧邻天台县洪畴镇，S326省道穿村而过。地势西南向东北倾斜，聚落沿公路作点状分布，属河谷平地。

原宁海（今三门）与天台两县交界处，有一条溪，称界溪，以村居溪上游，称上界溪。清属宁海县西乡吴岙庄。民国属吴岙乡。解放初属高吴乡公所。1950年7月属吴岙乡。1955年成立上界溪初级社，1956年转为高级社，属高枧乡。1958年冬属高枧管理区。1961年10月属吴岙公社。1962年11月属吴岙公社上界溪大队。1983年属吴岙乡上界溪村民委员会。1992年5月撤区扩镇并乡时，撤销吴岙乡，改属高枧乡。2013年11月属珠岙镇。

下界溪村 [Xiàjièxī Cūn]

以村民委员会驻地下界溪得名。建于1983年，辖下界溪、王田2个自然村，4个村民小组，161户，686人。行政区域面积0.95平方公里，其中耕地面积11.47公顷，林地面积74.4公顷。村集体经济总收入7.93万元，固定资产合计27.71万元。

下界溪 [Xiàjièxī]

村民委员会驻地。位于珠岙镇政府驻地西南7公里。地处吴岙溪南侧，东邻东谢村，南毗外坑村，西至上界溪村，S326省道穿村而过。地势西南向东北倾斜，块状聚落，属河谷平地。

原宁海（今三门）与天台两县交界处，有一条溪，称界溪，以村居溪下游，称下界溪。清属宁海县西乡吴岙庄。民国属吴岙乡。解放初属高吴乡公所。1950年7月属吴岙乡。1955年成立下界溪初级社，1956年转为高级社，属高枧乡。1958年冬属高枧管理区。1961年10月属吴岙公社。1962年属吴岙公社下界溪大队。1983年属吴岙乡下界溪村民委员会。1992年5月撤区扩镇并乡时，撤销吴岙乡，改属高枧乡下界溪村。2013年11月属珠岙镇下界溪村。

王田 [Wángtián]

位于王殿里边，故名里王殿，后演化为王田。点状聚落。据清光绪《宁海县志》卷三载，王田，清属宁海县西乡吴岙庄。民国属吴岙乡。解放初属高吴乡。1950年属吴岙乡。1958年年底属高枧管理区。1962年属吴岙公社下界溪大队。1983年属吴岙乡下界溪村。1992年5月属高枧乡下界溪村。2013年11月属珠岙镇下界溪村。

东谢村 [Dōngxiè Cūn]

以村民委员会驻地东谢得名。建于1983年，辖东谢1个自然村，8个村民小组，313户，1151人。

行政区域面积2.16平方公里，其中耕地面积12.33公顷，林地面积47.87公顷。村集体经济总收入0.09万元，固定资产合计48.09万元。

东谢 [Dōngxiè]

位于珠岙镇政府驻地西南6.7公里。地处吴岙溪之南，西与下界溪村接壤，东北毗吴岙村，南至外坑村，S326省道穿村而过。地势东南向西北倾斜，为不规则的块状聚落，属河谷平地。

明天顺五年（1461年），吴岙吴氏小三房吴永淮子大棠、大棣、大棒迁居东谢，大棠、大棣分别为东谢大房祖、小房祖。后子孙繁衍，心中高兴，合掌向东朝拜，意为谢谢祖宗，遂取名东谢。清属宁海县西乡吴岙庄。民国属吴岙乡。解放初属高吴乡公所。1950年7月属吴岙乡。1955年先后建立贫农、中农2个初级社，1956年合并转为东谢高级社，属高枧乡。1958年冬属高枧管理区。1961年10月属吴岙公社。1962年11月属吴岙公社东谢大队。1983属吴岙乡东谢村民委员会。1992年5月撤区扩镇并乡时，撤销吴岙乡，改属高枧乡。2013年11月属珠岙镇。

青里岙村 [Qīnglǐ'ào Cūn]

青里岙系里坑、外坑2个自然村合称，村亦以此片村名命名。建于1984年，辖里坑1个自然村，3个村民小组，769户，277人。行政区域面积1.52平方公里，其中耕地面积4.47公顷，林地面积140.8公顷。村集体经济总收入7.78万元，固定资产合计12.89万元。

里坑 [Lǐkēng]

位于珠岙镇政府驻地西南7.5公里。东靠牛官头山西麓，南近蜈蚣岭，西为天台县洪畴镇，北毗外坑村。地势西南高东北低，聚落呈块、点状混合分布，属山区。

因村靠山坑里面，故名。清属宁海县西乡吴岙庄。民国属吴岙乡。解放初属高吴乡公所。1950年7月属吴岙乡。1954年与外坑村合办青里岙初级社，1956年转为高级社，属高枧乡。1958年冬属高枧管理区。1961年10月属吴岙公社。1962年11月属吴岙公社青里岙大队。1984年与外坑分设，建立青里岙村民委员会，属吴岙乡。1992年5月撤区扩镇并乡时，撤销吴岙乡，改属高枧乡。2013年11月属珠岙镇。

外坑村 [Wàikēng Cūn]

以村民委员会驻地外坑得名。建于1984年，辖外坑1个自然村，2个村民小组，48户，182人。行政区域面积0.6平方公里，其中耕地面积2.84公顷，林地面积27.47公顷村。集体经济总收入10.97万元，固定资产合计9.71万元。

外坑 [Wàikēng]

位于珠岙镇政府驻地西南7.2公里。东靠牛官头山西麓，南与青里岙村为邻，西为天台县洪畴镇，东北毗东谢村，西至下界溪村。地势南、西、北高，东北低，聚落呈不规则的块状，属山区。

因村靠外山坑，故名。清属宁海县西乡吴岙庄。民国属吴岙乡。解放初属高吴乡公所。1950年7月属吴岙乡。1954年与里坑村合办青里岙初级社，1956年转为高级社，属高枧乡。1958年冬属高枧管理区。1961年10月属吴岙公社。1962年11月属吴岙公社青里岙大队。1984年与里坑分设，建立外坑村民委员会，属吴岙乡。1992年5月撤区扩镇并乡时，撤销吴岙乡，改属高枧乡。2013年11月属珠岙镇。

第五章 亭旁镇

第一节 概况

亭旁镇 [Tíngpáng Zhèn]

地理位置 地处县政府驻地南部，东与横渡镇相邻，南与临海市东塍镇交界，西与珠岙镇相连，北与海游街道接壤，东北与海润街道相毗邻。

政区概况 亭旁镇是三门县的政治重镇、农业重镇、生态重镇和文化重镇。距县城9公里，位于"近郊"，能够充分接受县城辐射。火车站场的落户、S224省道和石岭线的交通串联，形成了快捷便利的交通优势。公路四通八达，新建的甬台温铁路穿境而过，有石(岩)里(金)、亭(旁)流(水岩)、狮(岭)白(溪)三条公路，北通县城海游，南通临海市，东南两线经中门、南溪通横渡、花桥、小雄等地。

总面积143平方公里，大部属丘陵山地，山占总面积的56.9%。大龙岭和湫水山盘亘全境。湫水山王戏梁海拔882.4米，为境内最高峰，也是本县的最高峰。亭旁镇属河谷平地，地势自西南向东北倾斜，四周山峰、溪流相间，岗阜起伏，亭旁溪和南溪从境内中部和东部自南向北缓流。中部地势平坦，呈长条形的河谷平地和山间小盆地，沃野宽广，灌溉便利，是主要耕作区。"两山亭立如天马，二水旁流若地龙"的地理结构形成了中心集镇平坦，集镇四周多沟谷、坡地丘陵的空间形态，也造就了一系列有特色的沿溪水、丘陵分布的村落、谷地。土地总面积19.7万亩，其中林业用地13.5万亩，耕地面积2.8万亩(含水田1.66万亩)，素有"八山半水分半田"之称。自然资源比较丰富，水资源充足，生态环境较好，云海梯田、山林竹海等自然现象蔚为壮观，森林覆盖率63%，素有"天然氧吧、绿色家园"之美誉。亭旁不仅坐拥青山秀水，同时茶叶、粉丝、稻米、杨梅、油茶、红豆杉、翠冠梨、蓝莓、野山鸡十大农产品独具特色。境内还盛产花岗岩、铁矿石、石英砂等矿产。

亭旁镇区面积1平方公里，人口约1万人。亭旁街店铺遍布，市场繁荣，每逢农历三、八为市日，为全镇物资集散地。镇政府驻杨家村宁和路228号。

政区划分 分6片106个村，144个自然村。

亭旁片18个村：包家、杨家、前楼、坑下、岙楼、任家、下岙、上鲍、叶家庄、寺前岩、王村、狮岭、上岩、上蒋、石滩、陌更、花湾、半岭。

邵家片24个村：百亩头、石头岙、下路朱、上卢、马村、邵下、邵上、缸窑、外陈、里陈、上钱、徐家、山根邵、东王、下里金、湫水下叶、山上任、坑洪、潘家、汪家、格水邵、庄基、中口、应家。

中门片10个村：刘家、铁场、西山、板沸、山上杨、枧头、山后芦、小林山、下高、上高。

坝头片17个村：坝头村、胡家村、郑家村、里金村、梅坑杨村、下吴村、上任郑村、梅坑胡村、金干村、湖头徐村、桃山村、佃石村、芹溪村、楼下郑村、外洋马村、沙湾村、路四坑村。

南溪片21个村：南溪、叶家山、申改卢、石门坑、桥头胡、王家庄、东湖、葫芦田、上段、下湾、上样、方田、周山、韩家、龚家、赖岙、百两岗、便岭坑、鳌岗、项家山、山头王。

彭赖片16个村：下梅、上梅、横路、坑河、山头平、何家、祝家、郭岙、赖家、界岙、彭家、外楼、大溪下、坐塘、里洪、挂帘。

政区沿革 清雍正六年（1728年）前属宁海县宁和乡。清雍正六年（1728年）至宣统三年（1911年）属宁海县南乡，辖邵家庄、包家庄、杨家庄、任家庄、梅家庄。民国时期改庄为乡，分属包家乡、杨家乡、任邵乡、梅家乡。民国元年（1912年）设亭旁执法署，辖包、杨、任、邵、梅五庄。后执法署改为亭旁区官署，民国五年（1916年）废，嗣由包、杨、任、邵、梅五庄合为一乡，设亭旁自治公所。嗣后亭旁又划分为分水、虎陇、宁和、大龙、鲸溪、丹凤、湫水等乡和鹤山镇。后又调整为包家、杨家、任邵、梅家4个乡。1940年三门建县时，撤亭旁区，改属海游区。1942年复设亭旁区，区署设亭旁，辖包家、杨家、任邵、梅家、珠溪、高枧、石娄、吴岙8个乡。1943年分设珠岙区，珠溪、高枧、石娄、吴岙4个乡划归珠岙区管辖，另将海游区的悬渚乡划入，辖包家、杨家、任邵、梅家、悬渚5个乡。1945年亭旁、珠岙两区合并，改名亭溪区，区署设亭旁，辖包家，杨家、任邵、梅家、珠溪、高枧、石娄、吴岙8个乡，悬渚乡划归县直辖区管辖。解放后，建立亭旁区公所，驻地亭旁，下辖亭旁、任邵、坝头，彭赖、南溪、中门6个乡。1950年调整为亭旁、上模、坝头、任家、邵家、南溪、中门、彭赖8个乡。1956年撤区并乡，撤销亭旁区建制，由8个乡调整为亭旁、邵家、坝头、中门、彭赖5个乡。1958年10月公社化时，全区各乡合并成立亭旁（区）人民公社，下辖亭旁、邵家、中门、坝头、南溪、彭赖6个管理区。同年12月，撤销三门县，归属临海县。1962年亭旁（区）人民公社解体，分建亭旁，邵家、中门、坝头、南溪、彭赖6个人民公社，并入海游区。1962年恢复三门县建制，同时撤销海游区，以原亭旁区辖地建立亭旁区工作委员会。1973年改设亭旁区工作组。1978年重建亭旁区公所，辖亭旁镇、邵家乡、中门乡、坝头乡、南溪乡、彭赖乡。1992年5月撤区、扩镇、并乡，撤邵家乡并入亭旁镇，撤南溪乡并入中门乡，撤彭赖乡并入坝头乡。2001年11月撤销中门乡、坝头乡建制，并入亭旁镇。

名称由来 据《亭林鲍氏宗谱》记载，亭旁，古称亭林。《杨氏宗谱》载，亭旁城隍庙后山，称亭山，杨、包两姓住在亭山旁，故取名亭旁。

气候灾害 亭旁属亚热带海洋性季风气候。春季，受北方冷空气与南方暖湿空气的影响，天气冷暖多变，阴晴不定；夏季，在太平洋副热带高压控制下，台风多发，雨水丰沛；秋季，夏季风向冬季风转换，天气少雨稳定；冬季，由于受西伯利亚—蒙古高压的影响，天气晴燥。全年降水多集中在春夏两季，呈双峰型分布，特点鲜明。

亭旁处于中、西部低山丘陵降水区，是三门县降水最丰富地区。尤其是中门、南溪、坝头，是全县的暴雨中心，全年平均降水量1700毫米，水资源极其丰富。亭旁年平均气温16.6℃，无霜期242天，水资源充足，生态环境较好。

人口状况 全镇19634户，58585人。其中男性30623人，城镇人口8221人，劳动力总数3.6万人，其中外出转移就业1.47万人，人口密度每平方公里250.34人，自然增长率3.7‰。

社会经济 亭旁农业比较发达，历史上以种植水稻、小麦、薯类为主，特别是包家村的前洋，素有“亭旁谷仓”之称，村落多沿溪流两岸分布，人口稠密。2016年实现农林牧渔总产值2.32亿元，农作物播种面积5.45万亩，其中粮食播种面积3.33万亩；果园面积14382亩，产量1.23万吨；茶园面积7030亩，产量171吨。全镇推进“一村一品、多村一业”的产业强村战略，已形成茶叶、番薯粉丝、杨梅三大产业齐头并进的良好势头。共建成无公害水稻、翠冠梨、油茶、杨梅、番薯、茶叶等9个农业产业化示范基地，注册登记296个农民专业合作社，家庭农场和股份合作农场各1家，国家级农民示范性专业合作社1家。特色农产品品牌知名度和影响力不断提高，三门绿毫茶叶专业合作社的“太师峰”牌仙子红茶、绿茶多次荣获各类博览会金奖。何家水稻、“蜂语蝶”蜜桔、“三亭峰”杨梅、“鹤吴山”白枇杷、“狮峰”蜜桃等已形成品牌知名度，成为亭旁镇农业主导产业。

亭旁工业经济基础相对薄弱，经济总量偏低。近几年发展迅速，根据“内增外引，接受辐射”的工作策略，以工业园区为平台，以招商引资为抓手，促进工业经济快速发展，现已初步形成机电、搪瓷、聚氨酯、汽车配件、工艺品等五大支柱行业。妇女多编织草帽，历史悠久，闻名全县，产品畅销国内外。2016年，全镇拥有大小企业135家，实现工业总产值11.7亿元，其中规模上企业工业总产值2.43亿元。

财政总收入4057万元，其中地税收入1699万元，国税收入2358万元，农民人均收入7560元。

亭旁教育比较发达，拥有中学2所，小学6所，在校生总人数达7800人左右。亭旁社会经济门类比较齐备，拥有比较健全的卫生体系，有1家中心卫生院，5家子卫生院，在全县率先启动社区医疗保障体系。全镇实现了村村通广播电视，开通了电信宽带业务，增设了邵家等中国移动接收站，实现了主干线全县光纤到村的HFC网的传输网络，有线电视用户入户率达99 %，实现了手机无盲区。

全镇有82%的居民吃上了清洁卫生的自来水，电力设施比较完备，拥有15千伏变电所1家，完成了农村农电网改造。

人文胜景　亭旁是三门乃至浙东文化的发源地和传播地之一，是中原汉文化与越民族文化相互渗透交融和发酵之地，人类在此繁衍生息的历史可追溯到新石器时代。这里古文化遗存丰富多彩，并以其博大精深、底蕴深邃，在浙东的古文化遗产中独树一帜，是三门湾文化积淀最集中的地方和文明的源头。

亭旁开发历史较早，包家上坟墩、山根邵等地出土的石斧和大量夹砂红陶鼎足、陶罐、陶釜等残片，经鉴定为新石器时代的遗址和遗物，证明早在五六千年前就有人类在这块土地上劳动、繁衍生息。邵家一带曾发现大量三国、两晋和南北朝时期的古墓葬和文物。三国时期，道家仙翁葛玄云游到此，并设炉炼丹，灵凤山中的丹邱寺因此得名。东晋时，章安令梅盛隐居于灵凤山，诵经引凤，流传千古。

亭旁历史悠久，同时具有光荣的革命传统。1928年在包定、叶信庄等革命先烈的带领下，爆发了震惊全国的亭旁起义，在浙江省建立了第一个苏维埃政权。亭旁起义旧址属省文物保护单位，省爱国主义教育基地，亭旁起义纪念馆是台州市唯一的红色旅游景点。亭旁人民思想比较活跃，文化生活比较丰富。杨家板龙名扬四方，以全长428米创吉尼斯纪录。亭旁作为中国民间艺术之乡，杨家板龙、冬至祭祖、三门平调、上鲍木偶戏、民间音乐舞蹈缠足苦、小蜜蜂等被列入省级非物质文化遗产保护名录。亭山小学旧址、任家任氏宗祠、杨家杨氏宗祠、包子聪旧宅、包家包氏宗祠、义丰路160号民居被公布为省级文物保护单位。历史上著名人物有南北朝时长者梅盛，唐代高僧怀玉，明代循史任大冶、京兆大夫包湘，著名中医任松云、包超然、包愈，“三五外婆”林玉英，国民革命军中将刘膺古，革命烈士包定、任畴、叶信庄、梅其彬等。

第二节　行政村及自然村

包家村 [Bāojiā Cūn]

以村民委员会驻地包家得名。建于1984年，辖包家1个自然村，17个村民小组，569户，1602人。行政区域面积1.18平方公里，其中耕地面积31.8公顷，林地面积47.6公顷。集体经济总收入54.22万元，固定资产合计217.12万元。

包家 [Bāojiā]

位于亭旁镇政府驻地西南0.9公里，地处狮子山东北，南溪（溪名）西，西北与杨家村相接。地势平坦，属河谷平地。

曾名建设村。据《包氏宗谱》载，元末，包氏“鼻祖伯七府君来自临海留贤，遍览名山大川，得太史公遗意，唯亭旁土沃风淳，可以居焉”。因系包氏聚居，故名包家村。清属宁海县南乡包家庄。民国十七年（1928年）属鹤山镇。民国二十四年（1935年）属包家乡。解放后属亭旁乡。1950年5月改属亭旁镇。1951年改名建设村，含建设新中国之意。1953年成立建设初级社，1956年转为建设高级社。1958年冬改称建设生产队，属亭旁管理区。1961年属亭旁人民公社建设大队。1982年因重名，恢复原名包家。1984年全县政社分设后，设包家村民委员会，属亭旁乡。1985年10月属亭旁镇包家村。

包家人民富有革命传统。1928年中国共产党领导的亭旁起义即发难于此。领导人包定和暴动参加者共青团亭旁区委书记包炤光两烈士，均系包家村人。包子聪旧宅、包家包氏宗祠被公布为省级文物保护单位。

杨家村 [Yángjiā Cūn]

以村民委员会驻地杨家得名。建于1984年，辖杨家、小路头、上蔡3个自然村，20个村民小组，1435户，4406人。行政区域面积3.33平方公里，其中耕地面积67.67公顷，林地面积84.53公顷。集体经济总收入80.85万元，固定资产合计1601.96万元。

杨家 [Yángjiā]

位于亭旁镇政府驻地南0.3公里。地处天马山与亭山、亭旁溪与南溪之间，地势平坦。东至山上任村，南邻包家村，西靠华岙山，北毗花湾村。

民国《亭旁杨氏宗谱》载，宋景定元年（1260年），宁海松坛（今黄坛）杨宁，“字仲和，乃宋朝进士。迨元袭宋，宗族叔应龙（又名杨镇龙）等谋革命，因事不济，避迁亭旁大龙岭下。四望徘徊，占山水之秀，酌风土之宜，不禁盎然，曰：美哉，亭旁也！堪为木之乔凤之栖矣！遂卜居于兹”。其后“孙枝繁盛”，兴旺发达。因系杨氏聚族而居，故名杨家。清属宁海县南乡杨家庄。民国十七年（1928年）属鹤山镇。民国二十九年（1940年）三门建县前后均属杨家乡。1950年5月改属亭旁乡。1953年成立4个初级社，1954年合并成立胜利、和平2个高级社。1956年胜利、和平合并，改名胜和高级社。1958年改建胜和生产队，属亭旁管理区。1961年10月属亭旁人民公社胜和大队。1984年全县政社分设后，设胜和村民委员会。1989年3月恢复原名杨家村，属亭旁镇。

村民对兴修水利事业极为重视，早在20世纪40年代，就引亭旁溪之水，沿街建渠，流至鹤山垟。杨家文化比较发达，早在清同治十一年（1872年）就创办了亭山书院，即今亭山小学前身。杨家板龙、冬至祭祖、三门平调等民间艺术传承悠久。亭旁起义旧址、杨家杨氏宗祠、义丰路160号民居被公布为省级文物保护单位。

小路头 [Xiǎolùtóu]

位于亭旁镇政府驻地东北。东邻南溪（溪名），南接上蔡自然村，石（岩）岭（根）线从村西通过，路西即鹤山（旧名亭山），北为前楼村，属河谷平地。民国初属鹤山镇，后属杨家乡。解放后属亭旁乡。1954年成立小路头初级社，1956年加入胜和高级社。1958年冬属亭旁管理区胜和生产队。1961年属亭旁公社胜和大队。1984年属亭旁乡胜和村。1989年3月属亭旁镇杨家村。

上蔡 [Shàngcài]

位于亭旁镇政府驻地东北。东临南溪（溪名），南连叶家庄村，西为鹤山，北为小路头自然村。聚落沿溪岸分布，呈向东横倒的凸字形，属河谷平地。民国初属鹤山镇，后属杨家乡。解放后属亭旁乡。1954年成立上蔡初级社，1956年加入胜和高级社。1958年冬属亭旁管理区胜和生产队。1961年属亭旁公社胜和大队。1984年属亭旁乡胜和村。1989年3月属亭旁镇杨家村。

岙楼村 [Àolóu Cūn]

以村民委员会驻地岙楼得名。建于1984年，辖岙楼1个自然村，8个村民小组，180户，543人。行政区域面积1.11平方公里，其中耕地面积14.33公顷，林地面积90.73公顷。集体经济总收入19.26万元，固定资产合计12.75万元。

岙楼 [Àolóu]

位于亭旁镇政府驻地北2.1公里。东临亭旁溪和前楼村，西南为任家村，西靠天摩山，南与花湾村隔溪相望。村落呈倒置凸字形，属河谷平地。

据当地《楼氏宗谱》载，隋朝，有一支军队越过天摩山、十六窟，一楼姓士兵留居该岙，故名岙楼。清属宁海县南乡任家庄。民国初属大龙乡。民国十七年（1928年）属任家乡。民国二十九年（1940年）三门建县前后属任邵乡。解放初属亭旁乡。1950年5月属任家乡。1955年成立岙楼初级社，1956年转为高级社，属亭旁乡。1958年冬属亭旁管理区任家生产队。1961年属亭旁人民公社岙楼大队。1984年全县政社分设后，成立岙楼村民委员会，属亭旁乡。1985年10月属亭旁镇岙楼村。

坑下村 [Kēngxià Cūn]

以村民委员会驻地坑下得名。建于1984年，辖坑下1个自然村，1个村民小组，57户，172人。行政区域面积0.49平方公里，其中耕地面积5.33公顷，林地面积15.87公顷。集体经济总收入5万元，固定资产合计92.88万元。

坑下 [Kēngxià]

位于亭旁镇政府驻地北2.2公里。东南临亭旁溪和前楼村，西南为岙楼村，东北毗上卢村。聚落略呈长方形，属河谷平地。村处狮子岩山坑之下方，故称坑下。清属宁海县南乡任家庄。民国初属大龙乡。民国二十九年（1940年）三门建县前后属任邵乡。解放初属亭旁乡。1950年5月属任家乡。1955年成立坑下初级社，1956年加入岙楼高级社，属亭旁乡。1958年冬与岙楼同入任家生产队，属亭旁管理区。1961年属亭旁人民公社岙楼大队。1984年全县政社分设后，从岙楼析出，成立坑下村民委员会，属亭旁乡。1985年10月属亭旁镇坑下村。

前楼村 [Qiánlóu Cūn]

以村民委员会驻地前楼得名。建于1984年，辖前楼1个自然村，2个村民小组，236户，681人。行政区域面积0.84平方公里，其中耕地面积8.73公顷，林地面积17.67公顷。集体经济总收入10万元，固定资产合计160.54万元。

前楼 [Qiánlóu]

位于亭旁镇政府驻地北偏东2.1公里。东临石（岩）里（金）公路，南靠鹤山，亭旁溪环绕于村西、北，西邻岙楼村，北毗下路朱村。块状聚落，略呈三角形，属河谷平地。

据当地《楼氏宗谱》载，明朝，岙楼村有楼延温者，移住村的东边。因该处位于岙楼村前，故名前楼。清属宁海县南乡任家庄。民国二十八年（1939年）属任邵乡。解放初属亭旁乡。1950年5月属任家乡。1954年成立前楼第一初级社，1955年成立第二初级社，1956年合办为前楼高级社，属亭旁乡。1958年冬属亭旁管理区前楼生产队。1961年属亭旁人民公社前楼大队。1984年全县政社分设后，成立前楼村民委员会，属亭旁乡。1985年10月属亭旁镇前楼村。

任家村 [Rénjiā Cūn]

以村民委员会驻地任家得名。建于1984年，辖任家1个自然村，6个村民小组，457户，1362人。行政区域面积2.92平方公里，其中耕地面积43.53公顷，林地面积164.87公顷。集体经济总收入40万元，固定资产合计154.61万元。

任家 [Rénjiā]

位于亭旁镇政府驻地北1.8公里。东临亭旁溪，东北近岙楼村，东南毗花湾村，西南为下岙村，西靠双尖山，北傍天摩山。块状聚落，略似三角形，属河谷平地。

因系任氏聚居，故名任家。清属宁海县南乡任家庄。民国二十八年（1939年）属任邵乡。民国二十九年（1940年）三门建县前后仍属任邵乡。解放初属亭旁乡。1950年5月属任家乡。1955年成立第一、第二初级社，并与下岙合建第三初级社。1956年合办为合心高级社，属亭旁乡。1958年冬属亭旁管理区任家生产队。1961年属亭旁人民公社任家大队。1984年全县政社分设后，成立任家村民委员会，属亭旁乡。1985年10月属亭旁镇任家村。

杏梅、雪花梨和糖精梨是任家的特产，素负盛名，尤以杏梅更为喜人。每当春暖花开季节，树树红梅伸展于白墙青瓦之间，花团锦簇，馥郁飘香，故任家又有“杏梅村”的美称。村境还有属于国家保护的珍稀树种银杏二十多株。这里是明朝万历进士任大冶的故里。任大冶，字天卿，历任江苏无锡知县、南京国子监博士、南京刑部广东司主事、贵州清吏司署郎中事主事、庐州（今安徽合肥）知府等职。为官关心民间疾苦，振兴文教，平反冤狱，百姓深为敬佩。著有《任天卿集》。今村内尚留有任大冶的官房、花园、假山、鱼池等建筑旧址。任氏宗祠被公布为浙江省文物保护单位。

下岙村 [Xià'ào Cūn]

以村民委员会驻地下岙得名。建于1984年，辖下岙1个自然村，2个村民小组，21户，86人。行政区域面积0.8平方公里，其中耕地面积2.6公顷，林地面积22.53公顷。集体经济总收入5万元，固定资产合计14.36万元。

下岙 [Xià'ào]

位于亭旁镇政府驻地西南1.5公里。东毗花湾村，南邻上鲍村，西靠下岙山，东北近任家村。点状聚落，呈“吕”字形，属半山区。

以村处华岙山东麓，取名华岙，后演变为下岙。清属宁海县南乡任家庄。民国二十八年（1939年）属任邵乡。民国二十九年（1940年）三门建县前后仍属任邵乡。解放初属亭旁乡。1950年5月属任家乡。1955年加入任家第三初级社。1956年与任家合办合心高级社，属亭旁乡。1958年冬属亭旁管理区任家生产队。1961年属亭旁人民公社任家大队。1984年全县政社分设后，从任家析出，成立下岙村民委员会，属亭旁乡。1985年10月属亭旁镇下岙村。

上鲍村 [Shàngbào Cūn]

以村民委员会驻地上鲍得名。建于1984年，辖上鲍1个自然村，8个村民小组，245户，743人。行政区域面积2.12平方公里，其中耕地面积25.47公顷，林地面积169.2公顷。集体经济总收入15.01万元，固定资产合计8.8万元。

上鲍 [Shàngbào]

位于亭旁镇政府驻地西偏北1.3公里。东与杨家村隔溪相望，南为王村村下蒋自然村，西靠大龙岭，北毗下岙村。块状聚落，略似三角形，属河谷平地。据《亭林鲍氏宗谱》载，宋初，鲍氏祖先从天台县山头鲍迁居到此，以村位于山前，取名前鲍。后因山洪暴发，村被洪水冲毁，在地形稍高处重建，故名上鲍。清属宁海县南乡任家庄。民国二十八年（1939年）属任邵乡。民国二十九年（1940年）三门建县前后仍属任邵乡。解放初属亭旁乡。1950年5月属任家乡。1954年成立东方、东升两个初级社，1956年合并转为上鲍高级社，属亭旁乡。1958年冬属亭旁管理区上鲍生产队。1961年改称上鲍大队，属亭旁人民公社。1984年全县政社分设后，成立上鲍村民委员会，属亭旁乡。1985年10月属亭旁镇上鲍村。

上鲍历史悠久。庵山麓曾发掘宋代瓷窑遗址，出土大量瓷碗、瓷瓶等文物。清同治十一年(1872年)曾设“兴教义塾”，拨兴教寺（即大龙寺）寺产作为经费，为上鲍小学之前身。这里又是清代武士鲍怀远的故乡。

叶家庄村 [Yèjiāzhuāng Cūn]

以村民委员会驻地叶家庄得名。建于1984年，辖叶家庄1个自然村，4个村民小组，259户，691人。行政区域面积0.83平方公里，其中耕地面积15.93公顷，林地面积52公顷。集体经济总收入12万元，固定资产合计32.99万元。

叶家庄 [Yèjiāzhuāng]

位于亭旁镇政府驻地东南0.6公里。南邻寺前岩村，西连亭旁街，北接杨家村上蔡自然村，南溪经村南转东环绕而过。村落为块状，呈向东横倒的凸字形，属河谷平地。

据当地《叶氏宗谱》载，宋时，祖先叶仁祚，从珠岙洋顺（片村名）迁居此地。因叶姓聚居，故名叶家庄。清属宁海县南乡包家庄。民国后属杨家乡。解放初属亭旁乡。1950年5月属亭旁镇。1954年成立叶家庄初级社，1956年与寺前岩村同时加入建设高级社。1958年冬属亭旁管理区建设生产队。1961年与寺前岩村合建叶家庄生产队，属亭旁人民公社。1984年全县政社分设后，与寺前岩分设，属亭旁乡叶家庄村民委员会。1985年10月属亭旁镇叶家庄村。

寺前岩村 [Sìqiányán Cūn]

以村民委员会驻地寺前岩得名。建于1984年，辖寺前岩1个自然村，1个村民小组，71户，212人。行政区域面积0.28平方公里，其中耕地面积4.47公顷，林地面积12.2公顷。集体经济总收入5万元，固定资产合计4.71万元。

寺前岩 [Sìqiányán]

位于亭旁镇政府驻地南偏东1.5公里。东靠灵凤山，西毗狮岭村，北邻叶家庄，南溪迂回于村之南、北、西三方。块状聚落，呈方形，属河谷平地。

村地处丹邱寺之南，为颜姓人居住，取名寺前颜，后演化为寺前岩。民国二十九年（1940年）三门建县前后均属梅家乡。解放后属亭旁乡。1950年5月属亭旁镇。1955年成立寺前岩初级社，1956年并入建设（包家）高级社。1958年冬属亭旁管理区建设生产队。1961年属亭旁公社叶家庄大队。1984年与叶家庄分设，成立寺前岩村民委员会，属亭旁乡。1985年10月属亭旁镇寺前岩村。

王村村 [Wángcūn Cūn]

以村民委员会驻地王村得名。建于1984年，辖王村、塘下丘、下蒋3个自然村，4个村民小组，281户，771人。行政区域面积1.33平方公里，其中耕地面积20.27公顷，林地面积72公顷。集体经济总收入10.05万元，固定资产合计5.1万元。

王村 [Wángcūn]

村民委员会驻地。位于亭旁镇政府驻地西偏南1.5公里。地处虎山东，亭旁溪西，南邻上蒋村，西至杨家山，北毗上鲍村。地势自西向东略有倾斜，块状聚落。

历史上惯称王村。也有说该村位于山王头东北山麓，故名王村。清属宁海县南乡杨家庄。民国十七年（1928年）属杨家乡。解放初属亭旁乡。1950年5月属任家乡。1954年成立王村初级社，1956年转为高级社，属亭旁乡。1958年冬改建王村生产队，属亭旁管理区。1961年10月属亭旁人民公社王村生产队。1983年全县政社分设后，成立王村村民委员会，属亭旁乡。1985年10月属亭旁镇王村村。

塘下丘 [Tángxiàqiū]

塘下丘原系田畈名。20世纪20年代王村人杨道炳始建宅于斯，后又有人陆续迁入。建村时沿用田畈名名村。位于亭旁镇政府驻地西南，因修建甬台温铁路，整体搬迁至王村自然村。东临石（岩）岭（根）线和亭旁溪，西靠虎山，南毗上蒋村，北近王村自然村。点状聚落，呈“吕”字形，属河谷平地。民国初属大龙乡，后属杨家乡。解放初属亭旁乡。1950年属任家乡。1954年成立塘下丘初级社，1956年加入王村高级社，属亭旁乡。1958年年底属亭旁管理区王村生产队。1961年属亭旁公社王村大队。1984年属亭旁乡王村村。1985年10月属亭旁镇王村村。

下蒋 [Xiàjiǎng]

位于亭旁镇政府驻地西南，因修建甬台温铁路，整体搬迁至王村自然村。东临石（岩）岭（根）线和亭旁溪，西靠虎山，南近王村自然村，北为上鲍村。点状聚落，呈“品”字形。属河谷平地。因地形比上蒋低，又系蒋姓居住，故名下蒋。据清光绪《宁海县志》卷三载，下蒋，清属宁海县南乡任家庄。民国初属大龙乡，后属杨家乡。解放初属亭旁乡。1954年成立下蒋初级社，1956年加入王村高级社，属亭旁乡。1958年冬属亭旁管理区。1961年属亭旁公社王村大队。1984年属亭旁乡王村村。1985年10月属亭旁镇王村村。

狮岭村 [Shīlǐng Cūn]

以村民委员会驻地狮岭得名。建于1984年，辖狮岭、园洋2个自然村，4个村民小组，304户，938人。行政区域面积0.78平方公里，其中耕地面积17.4公顷，林地面积32.07公顷。集体经济总收入12万元，固定资产合计7.68万元。

狮岭 [Shīlǐng]

村民委员会驻地。位于亭旁镇政府驻地南偏西1.7公里。地处狮子山南麓，鞍山东北麓，上模溪西岸，东邻寺前岩村，北毗包家村，南近上岩村。地势自西向东略有倾斜，属河谷平地。

狮岭，古名絮岭，又名四岭，以村居狮子山东南麓，有岭西通管溪头而得名。清代名狮岭丁、狮岭王，属宁海县南乡包家庄。民国二十九年（1940年）三门建县前后属包家乡。1949年解放初属亭旁乡。1950年5月属上模乡。1955年成立狮岭第一初级社，1956年加入建设高级社，属亭旁乡。1958年冬属亭旁管理区建设生产队。1961年从建设大队分设狮岭大队，属亭旁人民公社。1984年全县政社分设后，成立狮岭村民委员会，属亭旁乡。1985年10月属亭旁镇狮岭村。

园洋 [Yuányáng]

位于亭旁乡政府驻地南部。东濒南溪与铁场村隔溪相望，南临狮（岭）白（溪）线与上岩村相邻，西连狮岭村，北为亭旁街。点状聚落，呈“吕”字形，属河谷平地。以村孤悬在田垟，故名悬垟，后演变为园洋。清代地属宁海县南乡包家庄。民国属包家乡。解放初属亭旁乡。1950年属上模乡。1955年成立狮岭第二初级社，1956年加入建设高级社，属亭旁乡。1958年冬属亭旁管理区建设生产队。1961年属亭旁公社狮岭大队。1984年属亭旁乡狮岭村。1985年10月属亭旁镇狮岭村。

上岩村 [Shàngyán Cūn]

以村民委员会驻地上岩得名。建于1984年，辖上岩1个自然村，2个村民小组，52户，150人。行政区域面积0.5平方公里，其中耕地面积5.67公顷，林地面积37.87公顷。集体经济总收入5万元，固定资产合计36.68万元。

上岩 [Shàngyán]

位于亭旁镇政府驻地南2.5公里。东、南两面均靠下岙山，西南邻朱模村，北毗狮岭村。村落呈长方形，属河谷平地。

该村始由颜姓人居住，位于寺前岩村南边，故称上颜，后演变为上岩。清属宁海县南乡包家庄。民国二十九年（1940年）三门建县前后属包家乡。解放初属亭旁乡。1950年5月属上模乡。1955年成立上岩初级社，1956年并入建设高级社，属亭旁乡。1958年冬属亭旁管理区建设生产队。1961年属亭旁人民公社狮岭大队。1984年全县政社分设后，成立上岩村民委员会，属亭旁乡。1985年10月属亭旁镇上岩村。

上蒋村 [Shàngjiǎng Cūn]

以村民委员会驻地上蒋得名。建于1984年，辖上蒋1个自然村，6个村民小组，351户，1081人。行政区域面积1.78平方公里，其中耕地面积21.8公顷，林地面积129.53公顷。集体经济总收入45.22万元，固定资产合计75.37万元。

上蒋 [Shàngjiǎng]

位于亭旁镇政府驻地西南2.7公里。东临石（岩）岭（根）线和亭旁溪，西依山王头山，西南近唐家岙村，西北毗王村村塘下丘自然村。块状聚落，略似方形，属河谷平地。

据当地《蒋氏宗谱》载，南唐末宋初，蒋文通避难来此定居，取名蒋家村。其后子孙众多，一部分迁居于下蒋村，该村遂称上蒋。清属宁海县南乡杨家庄。民国十七年（1928年）属杨家乡。民国二十九年（1940年）三门建县后属杨家乡。解放初属亭旁乡。1950年属任家乡。1954年成立上蒋初级社，1956年转为上蒋高级社，属亭旁乡。1958年改为上蒋生产队，属亭旁管理区。1961年属亭旁人民公社上蒋大队。1984年全县政社分设后，成立上蒋村民委员会，属亭旁乡。1985年10月改属亭旁镇。

唐家岙村 [Tángjiā'ào Cūn]

以村民委员会驻地唐家岙得名。建于1984年，辖唐家岙1个自然村，2个村民小组，82户，263人。行政区域面积0.26平方公里，其中耕地面积3.27公顷，林地面积10.8公顷。集体经济总收入5万元，固定资产合计54.78万元。

唐家岙 [Tángjiā'ào]

位于亭旁镇政府驻地西南3.2公里。东临石（岩）岭（根）线和亭旁溪，西靠山王头山，西南毗下吴村，东北邻上蒋村。聚落似曲尺形，属河谷平地。

历史上惯称唐家岙，现多为戴姓居住，沿用老地名。清属宁海县南乡杨家庄。民国十七年（1928年）属杨家乡。解放初属亭旁乡。1950年5月属任家乡。1954年成立唐家岙初级社，1956年加入上蒋高级社，属亭旁乡。1958年冬属亭旁管理区上蒋生产队。1961年属亭旁公社上蒋大队。1984年属亭旁乡上蒋村。1986年从上蒋村析出建立唐家岙村民委员会，属亭旁镇。

石滩村 [Shítān Cūn]

以村民委员会驻地石滩得名。建于1984年，辖石滩、朱模2个自然村，9个村民小组，554户，1699人。行政区域面积3.39平方公里，其中耕地面积46.73公顷，林地面积219.8公顷。集体经济总收入61.55万元，固定资产合计158.16万元。

石滩 [Shítān]

村民委员会驻地。位于亭旁镇政府驻地西南2.9公里。地处鞍山、牛立峰垮之间，西临亭旁溪，东南邻陌更村，西北毗上蒋村。块状聚落，地势平坦，属河谷平地。

原名湜滩。因村西有湜水（系亭旁溪石滩段的古称，民国初尚有湜水小学一所），两岸溪滩宽广漫长，故村名湜滩，后演化为石滩。清代属宁海县南乡杨家庄。民国十七年（1928年）属杨家乡。1949年解放初属亭旁乡。1954年成立石滩初级社，1956年转为高级社。1958年冬属亭旁管理区石滩生产队。1961年属亭旁人民公社石滩大队。1984年全县政社分设后，成立石滩村民委员会，属亭旁乡。1985年10月属亭旁镇石滩村。

朱模 [Zhūmó]

位于亭旁镇政府驻地南部。东临亭（旁）流（水岩）线，东北近上岩村，南邻陌更村。村落似“十”字形，属河谷平地。历史上惯称朱模。据清光绪《宁海县志》卷三载，朱模，清属宁海县南乡包家庄。民国初属虎陇乡，后属包家乡。解放初属亭旁乡。1950年属上模乡。1955年成立朱模初级社，1956年加入石滩高级社，属亭旁乡。1958年冬属亭旁管理区石滩生产队。1961年属亭旁公社石滩大队。1984年属亭旁乡石滩村。1985年10月属亭旁镇石滩村。

陌更村 [Mògēng Cūn]

以村民委员会驻地陌更得名。建于1984年，辖陌更1个自然村，2个村民小组，111户，378人。行政区域面积0.8平方公里，其中耕地面积10.13公顷，林地面积26.28公顷。集体经济总收入10万元，固定资产合计18.43万元。

陌更 [Mògēng]

位于亭旁镇政府驻地南偏西3.3公里。东临亭（旁）流（水岩）公路，西靠牛立峰垮山，东南为申改卢村，西北为石滩村，东北毗石滩村朱模自然村。块状聚落，似“凹”字形，属河谷平地。

陌更村主要耕作区风水墙外田畈的田塍，朝南北方向的长且大，朝东西方向的短而小，村即以此特点取名陌埂，后演变为陌更。清属宁海县南乡包家庄。民国十七年（1928年）属虎陇乡。民国二十四年（1935年）属包家乡。解放初属亭旁乡。1950年5月属上模乡。1955年成立陌更初级社，1956年加入石滩高级社，属亭旁乡。1958年冬属亭旁管理区石滩生产队。1961年属亭旁人民公社陌更大队。1984年全县政社分设后，成立陌更村民委员会，属亭旁乡。1985年10月属亭旁镇陌更村。

花湾村 [Huāwān Cūn]

以村民委员会驻地花湾得名。建于1984年，辖花湾1个自然村，1个村民小组，66户，184人。行政区域面积0.26平方公里，其中耕地面积2.33公顷，林地面积8公顷。集体经济总收入5万元，固定资产合计53.19万元。

花湾 [Huāwān]

位于亭旁镇政府驻地北0.9公里。东靠鹤山，南近亭旁街，西、北临亭旁溪。点状聚落，呈“品”字形，属河谷平地。

从前，村外古樟荫翳，如张华盖，地上野花烂漫，芳草如茵。岩门潭潭水碧透，游鱼可数，垂钓于石矶，情趣横溢。古树、小桥、流水、人家，更觉古风盎然。村东北鹤山上，昔时建有一座花坟（已毁），神兽祥禽，奇花异草，石刻雕琢，颇为精致。村在花坟之山弯处，故名花湾。清属宁海县南乡任家庄。民国十七年（1928年）属任邵乡。解放初属亭旁乡。1950年5月属任家乡。1954年成立花湾初级社，1956年加入胜和高级社，属亭旁乡。1958年冬属亭旁管理区胜和生产队。1961年从胜和析出，成立花湾生产队，属亭旁人民公社。1984年全县政社分设后，成立花湾村民委员会，属亭旁乡。1985年10月属亭旁镇花湾村。

半岭村 [Bànlǐng Cūn]

以村民委员会驻地半岭得名。建于1984年，辖半岭1个自然村，3个村民小组，33户，106人。行政区域面积0.75平方公里，其中耕地面积5.27公顷，林地面积56.53公顷。集体经济总收入5.02万元，固定资产合计0.5万元。

半岭 [Bànlǐng]

位于亭旁镇政府驻地西3.1公里。地处大龙岭东北，东至王村村，南靠山王头，西至郑家村大龙岭自然村。为“品”字形的点状聚落，呈阶梯形。

以村居大龙岭的半岭处，故名半岭。清属宁海县南乡任家庄。民国十七年（1928年）属任邵乡。解放初属亭旁乡。1950年5月属任家乡。1955年成立半岭初级社，1956年转为高级社，属亭旁乡。1958年冬属亭旁管理区。1961年属亭旁人民公社半岭生产队。1984年全县政社分设后，成立半岭村民委员会，属亭旁乡。1985年10月属亭旁镇。

百亩头村 [Bǎimǔtóu Cūn]

以村民委员会驻地百亩头得名。建于1983年，辖百亩头1个自然村，3个村民小组，105户，293人。行政区域面积0.21平方公里，其中耕地面积6.67公顷，林地面积8.87公顷。集体经济总收入11万元，固定资产合计317.2万元。

百亩头 [Bǎimǔtóu]

位于亭旁镇政府驻地东北2.9公里。东南毗邵上村岩头自然村，南邻下里金村，西近横山，北接邵家。系溪谷平地，块状聚落，呈长方形。

据当地《邵氏宗谱》载，约800年前，邵祖三世，从河南迁到余姚定居。南宋时，因金兵南下，先祖逃到悬渚大林，又转住邵家，后分支迁居于此。因邵祖补贴田产一百亩，故名百亩头。清属宁海县南乡邵家庄。民国十七年（1928年）属邵家乡。民国二十九年（1940年）三门建县前后属任邵乡。解放初沿用旧制。1950年5月属邵家乡。1954年成立百亩头初级社，1956年并入邵家村高级社。1958年冬属邵家管理区邵家生产队。1961年从邵家分设，自建百亩头大队，属邵家人民公社。1983年政社分设，成立百亩头村民委员会，属邵家乡。1992年5月撤区扩镇并乡时，邵家乡撤销，改属亭旁镇。

石头岙村［Shítóu'ào Cūn］

以村民委员会驻地石头岙得名。建于1983年，辖石头岙、箸笼岩、半岭3个自然村，8个村民小组，388户，1107人。行政区域面积2.37平方公里，其中耕地面积14.53公顷，林地面积150.87公顷。集体经济总收入25.46万元，固定资产合计218.16万元。

石头岙［Shítóu'ào］

村民委员会驻地。位于亭旁镇政府驻地北偏东4.4公里。东临石（岩）岭（根）线，地处猢狲岭东南，亭旁溪西岸，南邻下路朱村，西靠九朗山，北至奚家岙山。地势西北略向东南倾斜，块状聚落，属溪谷平地。

据传，该村所在的山岙，古代盛产柿子，称为柿头岙，后演化为石头岙。清属宁海县南乡任家庄。民国十七年（1928年）属任家乡。民国二十九年（1940年）三门建县前后属任邵乡。解放初沿用旧制。1950年5月属任家乡。1955年成立石头岙初级社，1956年加入下路朱村永丰高级社，改属邵家乡。1958年冬属邵家管理区下路朱生产队。1961年从下路朱析出，与半岭、箸笼岩合办石头岙大队，属邵家人民公社。1983年政社分设，成立石头岙村民委员会，属邵家乡。1992年5月撤区扩镇并乡时，邵家乡撤销，改属亭旁镇石头岙村。

该村是革命烈士任畴的家乡。烈士在1928年亭旁起义时担任红军副总指挥兼亭旁区革命委员会军事部部长，失败后，于1929年10月被捕，牺牲在国民党浙江陆军监狱。

箸笼岩［Zhùlóngyán］

因村边有一似箸笼状巨岩而得名。点状聚落。民国属任邵乡。解放初属任邵乡。1950年属任家乡。1956年属邵家乡。1961年并入邵家公社石头岙大队。1983年属邵家乡石头岙村。1992年5月属亭旁镇石头岙村。

半岭［Bànlǐng］

已无人居住。因地处谷仓岭中段，故名半岭。聚落呈点状。1961年并入邵家公社石头岙大队。1983年属邵家乡石头岙村。1992年5月属亭旁镇石头岙村。

下路朱村［Xiàlùzhū Cūn］

以村民委员会驻地下路朱得名。建于1983年，辖下路朱1个自然村，11个村民小组，466户，1366人。行政区域面积2.07平方公里，其中耕地面积22.33公顷，林地面积120.73公顷。集体经济总收入39万元，固定资产合计131.95万元。

下路朱［Xiàlùzhū］

位于亭旁镇政府驻地北偏东3.3公里。东边紧靠石（岩）岭（根）线，与马村隔溪相望，南邻前楼村，西靠狮子岩，北毗石头岙村。为不规则的块状聚落，属溪谷平地。

据当地《朱氏宗谱》载："唐元和年间，朱欢公从大石前山迁居霞露朱。"朱氏宗祠戏台后壁屏风上题有"霞蒸瑞日上，露润香花开"楹联一副，以颂地名雅美，后演称下路朱。清属宁海县南乡任家庄。民国十七年（1928年）属任家乡。民国二十九年（1940年）三门建县前后属任邵乡。解放初沿用旧制。1950年5月属任家乡。1954年成立下路朱初级社，1956年与上卢、石头岙2个初级社合并，成立下路朱永丰高级社，改属邵家乡。1958年改称下路朱生产队，属邵家管理区。1961年属邵家人民公社下路朱大队。1983年政社分设，上卢、坟庵析出，成立下路朱村民委员会，属邵家乡。1992年5月撤区扩镇并乡时，邵家乡撤销，改属亭旁镇。

上卢村 [Shànglú Cūn]

以村民委员会驻地上卢得名。建于1983年，辖上卢、坟庵2个自然村，4个村民小组，139户，424人。行政区域面积0.55平方公里，其中耕地面积10.47公顷，林地面积24.07公顷。集体经济总收入12.1万元，固定资产合计0.5万元。

上卢 [Shànglú]

村民委员会驻地。位于亭旁镇政府驻地北偏东2.5公里。地处十八朗山东南麓，东至亭旁溪，南至坑下村，西北至下路朱村田。地势自西北向东南倾斜，聚落呈不规则块状，属溪谷平地。

卢姓人创住于下路朱村西边，以地形高于下路朱，取名上卢。清属宁海县南乡任家庄。民国十七年（1928年）属任家乡。民国二十九年（1940年）三门建县前后属任邵乡。解放初沿用旧制。1950年5月属邵家乡。1955年冬成立上卢初级社。1956年加入下路朱永丰高级社，改属邵家乡。1958年冬属邵家管理区下路朱生产队。1961年属邵家人民公社下路朱大队。1983年政社分设，从下路朱大队析出，与坟庵村合建上卢村民委员会，属邵家乡。1992年5月撤区扩镇并乡时，邵家乡撤销，改属亭旁镇上卢村。

坟庵 [Fén' ān]

原是任家人在此建庵，看守祖坟，故名坟庵，后即以此名村。聚落呈点状。民国属任邵乡。解放初属任邵乡。1950年属任家乡。1956年改属邵家乡。1961年属邵家公社下路朱大队。1983年属邵家乡上卢村。1992年5月属亭旁镇上卢村。

马村村 [Mǎcūn Cūn]

以村民委员会驻地马村得名。建于1983年，辖马村1个自然村，3个村民小组，160户，477人。行政区域面积0.73平方公里，其中耕地面积9.53公顷，林地面积52.33公顷。集体经济总收入4.03万元，固定资产合计105.06万元。

马村 [Mǎcūn]

位于亭旁镇政府驻地东北3.6公里。坐落亭旁溪东岸，东靠太平庵，南邻邵下村，西与下路朱村隔溪相望。块状聚落，略似方形，属溪谷平地。

因系马姓村民聚居，故名马村。清属宁海县宁和乡四十九都三图，后改属南乡邵家庄。民国十七年（1928年）属邵家乡。民国二十九年（1940年）三门建县前后属任邵乡。解放初沿用旧制。1950年5月属邵家乡。1954年成立马村初级社，1956年加入邵家高级社。1958年属邵家管理区邵家生产队。1961年从邵家生产队析出，成立马村大队，属邵家人民公社。1983年政社分设，设马村村民委员会，属邵家乡。1992年5月撤区扩镇并乡时，邵家乡撤销，改属亭旁镇。

邵下村 [Shàoxià Cūn]

以村民委员会驻地邵下得名。建于1983年，辖邵下1个自然村，4个村民小组，257户，775人。行政区域面积0.52平方公里，其中耕地面积11.2公顷，林地面积17.33公顷。集体经济总收入20.4万元，固定资产合计20.95万元。

邵下 [Shàoxià]

位于亭旁镇政府驻地东北3.3公里。地处狮子山与横山之间，岙王溪流经东北，南近邵上村，北邻马村村。地势平坦，聚落呈方形块状，属河谷平地。

查当地《邵氏宗谱》载，约800年前，河南邵氏三世先祖，始迁到余姚定居。南宋时，由于金兵南下，复迁至悬渚大林，后又转住邵家。以村委会驻邵家下角得名。清属宁海县南乡邵家庄。民国十七年（1928年）属邵家乡。民国二十九年（1940年）三门建县前后属任邵乡。解放初沿用旧制。1950年5月属邵家乡。1952年年底创办初级社，1954年转为高级社。1958年冬属邵家管理区邵家生产队。1962年分设邵上、邵下两个大队，均属邵家人民公社。1983年政社分设，设邵下村民委员会，属邵家乡。1992年5月撤区扩镇并乡时，邵家乡撤销，改属亭旁镇。

邵上村 [Shàoshàng Cūn]

以村民委员会驻地邵上得名。建于1983年，辖邵上、岩头、缸窑3个自然村，10个村民小组，548户，1575人。行政区域面积2.01平方公里，其中耕地面积47.93公顷，林地面积52.6公顷。集体经济总收入50.1万元，固定资产合计59.82万元。

邵上 [Shàoshàng]

村民委员会驻地。位于亭旁镇政府驻地东北3公里。地处狮子山与横山之间，岙王溪流经东北，南邻百亩头村，北毗邵下村。地势自西南向东北略有倾斜，为不规则块状聚落，属溪谷平地。

查当地《邵氏宗谱》载，约八百年前，河南邵氏三世先祖，始迁到余姚定居，南宋时，由于金兵南下，复迁至悬渚大林，后又转住邵家。以村委会驻邵家上角得名。清属宁海县南乡邵家庄。民国十七年（1928年）属邵家乡。民国二十九年（1940年）三门建县前后属任邵乡。解放初沿用旧制。1950年5月属邵家乡。1952年年底创办初级社，1954年转为高级社。1958年冬属邵家管理区邵家生产队。1962年分设邵上、邵下两个大队，均属邵家人民公社。1983年政社分设，缸窑村析出，单独建村（但实际未建村），与岩头村合建邵上村民委员会，属邵家乡。1992年4月撤销缸窑村委会为自然村，归属邵家乡邵上村委会。1992年5月撤区扩镇并乡时，邵家乡撤销，改属亭旁镇邵上村。

岩头 [Yántóu]

因村旁的湫水溪畔有一块巨岩，故以岩头名村。块状聚落，略似方形。

据清光绪《宁海县志》卷三载，岩头，清属宁海县南乡邵家庄。民国属任邵乡。解放初属任邵乡。1950年属邵家乡邵家村。1962年属邵家公社邵上大队。1983年属邵家乡邵上村。1992年5月属亭旁镇邵上村。

缸窑 [Gāngyáo]

东靠虎尾巴山，南毗上钱村，西邻邵上自然村，北近太平庵。聚落为不规则的块状，属山间平地。

早年，村民多以烧制陶器缸甏为业，缸窑很多，故名。清名缸窑邵。据清光绪《宁海县志》卷三载，缸窑邵，清属宁海县南乡邵家庄。民国属任邵乡。解放初属任邵乡。1950年属邵家乡邵家村。1962年属邵家公社邵上大队。1983年与邵上分设，属邵家乡缸窑村。1992年5月属亭旁镇邵上村。

外陈村 [Wàichén Cūn]

以村民委员会驻地外陈得名。建于1983年，辖外陈1个自然村，2个村民小组，68户，189人。行政区域面积0.92平方公里，其中耕地面积7.8公顷，林地面积75.53公顷。集体经济总收入5万元，固定资产合计39.84万元。

外陈 [Wàichén]

位于亭旁镇政府驻地东北4公里。地处虎尾巴山西南麓，东近回龙庵，南毗徐家村，西邻上钱村。聚落为不规则的块状，属山间平地。

据当地宗谱记载，此山岙始由王姓创住，称岙王。唐末，天下大乱，陈姓先祖迁居里陈，后分居村外，故称外陈。清代，与里陈村合称陈家，属宁海县南乡邵家庄。民国十七年（1928年）属邵家乡。民国二十九年（1940年）三门建县前后属任邵乡。解放初沿用旧制。1950年5月属邵家乡。1954年成立外陈初级社，1956年加入邵家高级社。1958年冬属邵家管理区邵家生产队。1961年从邵家生产队析出，与里陈、上钱、徐家合建岙王大队，属邵家人民公社。1983年政社分设，各设村民委员会，成立外陈村民委员会，属邵家乡。1992年5月撤区扩镇并乡时，邵家乡撤销，改属亭旁镇。

里陈村 [Lǐchén Cūn]

以村民委员会驻地里陈得名。建于1983年，辖里陈1个自然村，5个村民小组，114户，366人。行政区域面积3.23平方公里，其中耕地面积10.53公顷，林地面积243.07公顷。集体经济总收入5万元，固定资产合计65.29万元。

里陈 [Lǐchén]

位于亭旁镇政府驻地东北4.1公里。地处回龙庵西南麓，南毗徐家村，西北邻外陈村。为不规则的块状聚落，属山间平地。

据当地宗谱记载，此山岙始由王姓居住，统称岙王，后陈姓迁入，与外陈村对称，取名里陈。清代，与外陈村合称陈家，属宁海县南乡邵家庄。民国十七年（1928年）属邵家乡。民国二十九年（1940年）三门建县前后属任邵乡。解放初沿用旧制。1950年5月属邵家乡。1955年成立里陈初级社。1956年加入邵家高级社。1961年从邵家生产队析出，与外陈、上钱、徐家合建岙王大队，属邵家人民公社。1983年政社分设，各设村民委员会，成立里陈村民委员会，属邵家乡。1992年5月撤区扩镇并乡时，邵家乡撤销，改属亭旁镇。

上钱村 [Shàngqián Cūn]

以村民委员会驻地上钱得名。建于1983年，辖上钱1个自然村，4个村民小组，58户，170人。行政区域面积0.51平方公里，其中耕地面积6.13公顷，林地面积32.07公顷。集体经济总收入5万元，固定资产合计7.81万元。

上钱 [Shàngqián]

位于亭旁镇政府驻地东北3.5公里。东邻外陈村，南毗湫水下叶村，西近邵上村岩头自然村，北为缸窑自然村。聚落呈不规则的块状，属山间平地。

据传，此岙始由王姓迁居，统称岙王。后钱氏从杭州先迁住缸窑村，继迁至今地。因地形比缸窑高，称上钱。清代名钱家，属宁海县南乡邵家庄。民国称上钱。民国十七年（1928年）属邵家乡。民国二十九年（1940年）三门建县前后属任邵乡。解放初沿用旧制。1950年5月属邵家乡岙王村。1961年属邵家人民公社岙王大队。1983年从岙王析出，建立上钱村民委员会，属邵家乡。1992年5月撤区扩镇并乡时，邵家乡撤销，改属亭旁镇。

徐家村 [Xújiā Cūn]

以村民委员会驻地徐家得名。建于1983年，辖徐家1个自然村，3个村民小组，110户，366人。行政区域面积1.71平方公里，其中耕地面积11.4公顷，林地面积96.4公顷。集体经济总收入5万元，固定资产合计59.14万元。

徐家 [Xújiā]

位于亭旁镇政府驻地东北4公里。东靠湫水山开口岩，南傍铜钿坪，西邻湫水下叶村，北毗里陈村。聚落呈不规则的块状，属山间平地。

据传，此山岙始由王姓创住，统称岙王。后徐姓迁此，取名徐家。清代属宁海县南乡邵家庄。民国十七年（1928年）属邵家乡。民国二十九年（1940年）三门建县前后属任邵乡。解放初沿用旧制。1950年5月属邵家乡。1955年成立里陈初级社，1956年并入邵家高级社。1961年从邵家生产队析出，与外陈、上钱、里陈合建岙王大队，属邵家人民公社。1983年政社分设，各自分设村民委员会，属邵家乡徐家村民委员会。1992年5月撤区扩镇并乡时，邵家乡撤销，改属亭旁镇。

山根邵村 [Shāngēnshào Cūn]

以村民委员会驻地山根邵得名。建于1983年，辖山根邵1个自然村，7个村民小组，275户，806人。

行政区域面积1.09平方公里，其中耕地面积25.93公顷，林地面积47.27公顷。集体经济总收入27万元，固定资产合计70.69万元。

山根邵 [Shāngēnshào]

位于亭旁镇政府驻地东北2.2公里。东毗湫水下叶村，西南邻山上任村，西北邻东王村，北连下里金村。属溪谷平地，块状聚落，略似“吕”字形。

邵姓祖先从邵家分居狮子头山西北山脚根，故名山根邵。清代属宁海县南乡邵家庄。民国十七年（1928年）属邵家乡。民国二十九年（1940年）三门建县前后属任邵乡。解放初沿用旧制。1950年5月属邵家乡。1953年成立山根邵初级社，1956年加入邵家高级社。1958年冬属邵家管理区邵家生产队。1961年从邵家析出，与东王、沙地、下里金合建山根邵大队，属邵家人民公社。1983年政社分设，各自分设村民委员会，成立山根邵村民委员会，属邵家乡。1992年5月撤区扩镇并乡时，邵家乡撤销，改属亭旁镇。

东王村 [Dōngwáng Cūn]

以村民委员会驻地东王得名。建于1983年，辖东王、沙地2个自然村，5个村民小组，113户，357人。行政区域面积0.18平方公里，其中耕地面积7.2公顷，林地面积4.93公顷。集体经济总收入8万元，固定资产合计237.96万元。

东王 [Dōngwáng]

村民委员会驻地。位于亭旁镇政府驻地东北2公里。地处横山东南，南溪之东，湫水溪之南。东邻下里金村，南近沙地自然村，西北与前楼村隔溪相望，东北至百亩头村田。地势平坦，块状聚落，属山间平地。

据传，王氏从上模分迁南溪东岸，故名。清属宁海县南乡邵家庄。民国十七年（1928年）属邵家乡。民国二十九年（1940年）三门建县前后属任邵乡。解放初沿用旧制。1950年5月属邵家乡。1961年属邵家人民公社山根邵大队。1983年政社分设，从山根邵析出，与沙地共建东王村民委员会，属邵家乡。1992年5月撤区扩镇并乡时，邵家乡撤销，改属亭旁镇东王村。

沙地 [Shādì]

此地原有丰富的黄沙资源，故名沙地。聚落呈点状。民国属任邵乡。解放初属任邵乡。1950年属邵家乡。1961年属邵家公社山根邵大队。1983年属邵家乡东王村。1992年5月属亭旁镇东王村。

下里金村 [Xiàlǐjīn Cūn]

以村民委员会驻地下里金得名。建于1983年，辖下里金1个自然村，1个村民小组，37户，100人。行政区域面积0.19平方公里，其中耕地面积3.4公顷，林地面积2.53公顷。集体经济总收入5万元，固定资产合计0.5万元。

下里金 [Xiàlǐjīn]

位于亭旁镇政府驻地东北2.6公里。地处亭旁溪支流湫水溪南，地势平坦，属山间平地。东邻邵上村岩头自然村，南毗山根邵村，北与百亩头村接壤。

村系李、金两姓居住，原名下李金，后演变为下里金。清属宁海县南乡邵家庄。民国十七年（1928年）属邵家乡。民国二十九年（1940年）三门建县前后属任邵乡。解放初沿用旧制。1950年5月属邵家乡。1961年属邵家人民公社山根邵大队。1983年政社分设，设下里金村民委员会，属邵家乡。1992年5月撤区扩镇并乡时，邵家乡撤销，改属亭旁镇。

湫水下叶村 [Qiūshuǐxiàyè Cūn]

以村民委员会驻地湫水下叶得名。建于1983年，辖湫水下叶、上山、水孔山3个自然村，10个村民小组，388户，1233人。行政区域面积1.88平方公里，其中耕地面积35.8公顷，林地面积102.73公顷。

集体经济总收入 40 万元，固定资产合计 204.47 万元。

湫水下叶 [Qiūshuǐxiàyè]

村民委员会驻地。位于亭旁镇政府驻地东北 3.1 公里。地处湫水山之铜钿坪山西北，亭旁溪支流湫水溪东岸，东近徐家村，南毗上山、水孔山自然村，西邻山根邵村，北与上钱村接壤。地势东南高西北低，块状聚落，属山间平地。因村位于湫水山脚下，村民姓叶，故称湫水下叶，惯称下叶。由于重名，1982 年定名为湫水下叶。唐乾符年间（874—879 年），叶氏四十六世叶进希自睦州迁宁海洋顺（今属珠岙），为台州叶氏始祖，五十世叶仁轩迁湫水下叶。清名湫水，属宁海县宁和乡四十七都二图，后属邵家庄。民国十七年（1928 年）属湫水下叶乡。民国二十四年（1935 年）属邵家乡。民国二十九年（1940 年）三门建县前后属任邵乡。解放初沿用旧制。1950 年 5 月属邵家乡。1954 年成立邵家乡第九、第十初级社（驻地下叶），1956 年与上山、水孔山、汪家、格水邵、潘家、应家、庄基、中口等村的初级社合并，称湫水岙高级社。1958 年改称生产队，属邵家管理区。1961 年各自分设，与上山、水孔山合建下叶大队，属邵家人民公社。1982 年更名为湫水下叶大队。1983 年政社分设，设湫水下叶村民委员会，属邵家乡。1992 年 5 月撤区扩镇并乡时，邵家乡撤销，改属亭旁镇湫水下叶村。

该村是 1928 年亭旁起义牺牲的革命烈士叶信庄的出生地。1940—1941 年，中共地下党曾在该村建立中共下叶村支部，有党员 7 名。

上山 [Shàngshān]

位于铜钿坪山南麓，地形较高，故名上山。块状聚落，略呈方形。清名上山叶。据清光绪《宁海县志》卷三载，上山叶，清属宁海县南乡邵家庄。民国属任邵乡。解放初属任邵乡。1950 年属邵家乡。1961 年属邵家公社下叶大队，即后之湫水下叶大队。1983 年属邵家乡湫水下叶村。1992 年 5 月属亭旁镇湫水下叶村。

水孔山 [Shuǐkǒngshān]

此地山泉丰富，涌泉水孔众多，故名水孔山。点状聚落。民国属任邵乡。解放初属任邵乡。1950 年属邵家乡。1961 年属邵家公社下叶大队，即后之湫水下叶大队。1983 年属邵家乡湫水下叶村。1992 年 5 月属亭旁镇湫水下叶村。

山上任村 [Shānshàngrén Cūn]

以村民委员会驻地山上任得名。建于 1983 年，辖山上任 1 个自然村，3 个村民小组，85 户，263 人。行政区域面积 0.56 平方公里，其中耕地面积 9.67 公顷，林地面积 22.27 公顷。集体经济总收入 5 万元，固定资产合计 32.93 万元。

山上任 [Shānshàngrén]

位于亭旁镇政府驻地东偏北 1.6 公里。地处狮子头山西北，南邻坑洪村，西临南溪，北至山根邵村。地势东南高西北低，块状聚落，属半山区。

任姓祖先创住在山坡上，故名山上任。清代属宁海县南乡邵家庄。民国十七年（1928 年）属邵家乡。民国二十九年（1940 年）三门建县前后属任邵乡。解放初沿用旧制。1950 年 5 月属邵家乡。1953 年成立山上任初级社。1956 年加入邵家村高级社。1958 年冬属邵家管理区邵家生产队。1961 年各自分设，与坑洪合建山上任大队，属邵家人民公社。1983 年政社分设，与坑洪各自成立村民委员会，属邵家乡。1992 年 5 月撤区扩镇并乡时，邵家乡撤销，改属亭旁镇。

坑洪村 [Kēnghóng Cūn]

以村民委员会驻地坑洪得名。建于 1983 年，辖坑洪 1 个自然村，1 个村民小组，48 户，132 人。行政区域面积 0.5 平方公里，其中耕地面积 5.4 公顷，林地面积 40 公顷。集体经济总收入 5 万元，固定资产合计 17.86 万元。

坑洪 [Kēnghóng]

位于亭旁镇政府驻地东1.5公里。东南傍仙人眠床岗，东北靠狮子头山，北与山上任村为邻。聚落为块、点状混合分布，属山区。

因村居山弯旁，村边有山坑，遇大雨就要发洪水，故演变为坑洪。民国属杨家乡。解放初属任邵乡。1950年5月属邵家乡。1961年属邵家人民公社山上任大队。1983年政社分设，从山上任析出，建立坑洪村民委员会，属邵家乡。1992年5月撤区扩镇并乡时，邵家乡撤销，改属亭旁镇。

潘家村 [Pānjiā Cūn]

以村民委员会驻地潘家得名。建于1983年，辖潘家1个自然村，2个村民小组，68户，187人。行政区域面积1.75平方公里，其中耕地面积7.13公顷，林地面积20.4公顷。集体经济总收入5万元，固定资产合计24.31万元。

潘家 [Pānjiā]

位于亭旁镇政府驻地东3.8公里。东近湫水水库，西南毗汪家村，北连格水邵村。为不规则的块状聚落，三面环水，系河谷平地。

据传，清朝时，潘姓祖先由岩下潘村迁居此地，故称潘家。清名寺前潘，因村居湫水寺之前，故名。清代属宁海县南乡邵家庄。民国十七年（1928年）属湫水岙乡。民国二十四年（1935年）属邵家乡。民国二十九年（1940年）三门建县前后属任邵乡。解放初沿用旧制。1950年5月属邵家乡。1955年成立潘家初级社。1956年加入湫水岙高级社。1958年冬属邵家管理区湫水岙生产队。1961年各自分设，与汪家、格水邵合办中山大队，属邵家人民公社。1983年政社分设时，各村自设村民委员会，成立潘家村民委员会，属邵家乡。1992年5月撤区扩镇并乡时，邵家乡撤销，改属亭旁镇。

汪家村 [Wāngjiā Cūn]

以村民委员会驻地汪家得名。建于1983年，辖汪家1个自然村，2个村民小组，112户，366人。行政区域面积0.53平方公里，其中耕地面积9.87公顷，林地面积32.27公顷。集体经济总收入0.2万元，固定资产合计88.65万元。

汪家 [Wāngjiā]

位于亭旁镇政府驻地东3.4公里。东近中口村，南傍洋山岭，西靠仙人眠床岗，东北邻潘家村。聚落为不规则的块状，属山间平地。

系汪姓居住，故名汪家。清代属宁海县南乡邵家庄。民国十七年（1928年）属湫水岙乡。民国二十四年（1935年）属邵家乡。民国二十九年（1940年）三门建县前后属任邵乡。解放初沿用旧制。1950年5月属邵家乡。1955年成立汪家初级社，1956年加入湫水岙高级社。1958年冬属邵家管理区湫水岙生产队。1961年与潘家、格水邵共属邵家人民公社中山大队。1983年政社分设时，各村自设村民委员会，成立汪家村民委员会，属邵家乡。1992年5月撤区扩镇并乡时，邵家乡撤销，改属亭旁镇。

格水邵村 [Géshuǐshào Cūn]

以村民委员会驻地格水邵得名。建于1983年，辖格水邵1个自然村，3个村民小组，119户，342人。行政区域面积1.2平方公里，其中耕地面积10.4公顷，林地面积102公顷。集体经济总收入5万元，固定资产合计0.53万元。

格水邵 [Géshuǐshào]

位于亭旁镇政府驻地东3.9公里。东靠湫水山麓，南邻潘家村，西毗湫水下叶村上山自然村，北傍铜钿坪山。块状聚落，略呈方形，属山间平地。

村与潘家村隔湫水溪相对，村民姓邵，故名隔水邵，后演变为格水邵。清代名隔水邵，属宁海县南乡邵家庄。民国十七年（1928年）属湫水岙乡。民国二十四年（1935年）属邵家乡。民国二十九年（1940年）三门建县前后属任邵乡。解放初名格水邵。1950年5月属邵家乡。1955年成立格水邵初级社，1956年加入湫水岙高级社。1958年冬属邵家管理区湫水岙生产队。1961年属邵家人民公社上山大队。1983年政社分设，各自成立村民委员会，设格水邵村民委员会，属邵家乡。1992年5月撤区扩镇并乡时，邵家乡撤销，改属亭旁镇。

庄基村 [Zhuāngjī Cūn]

以村民委员会驻地庄基得名，建于1983年，辖庄基1个自然村，2个村民小组，100户，294人。行政区域面积1.24平方公里，其中耕地面积11.4公顷，林地面积102.6公顷。集体经济总收入4万元，固定资产合计10.34万元。

庄基 [Zhuāngjī]

位于亭旁镇政府驻地东偏南4.2公里。东靠双尖山，西南毗应家村，西接洋山岭，北与中口村为邻。聚落为不规则的块状，属山区。

该村庄原是一片荒废的宅基地，祖先从中门迁入时，取名庄基。清代属宁海县南乡邵家庄。民国十七年（1928年）属湫水岙乡。民国二十四年（1935年）属邵家乡。民国二十九年（1940年）三门建县前后属任邵乡。解放初沿用旧制。1950年5月属邵家乡。1955年成立庄基初级社，1956年加入湫水岙高级社。1958年冬属邵家管理区湫水岙生产队。1961年中口、应家、庄基合建上山大队，属邵家人民公社。1983年政社分设时，各村自设村民委员会，成立庄基村民委员会，属邵家乡。1992年5月撤区扩镇并乡时，邵家乡撤销，改属亭旁镇。

中口村 [Zhōngkǒu Cūn]

以村民委员会驻地中口得名。建于1983年，辖中口、中口堂2个自然村，2个村民小组，87户，274人。行政区域面积1.85平方公里，其中耕地面积7.07公顷，林地面积141.53公顷。集体经济总收入5.3万元，固定资产合计2.5万元。

中口 [Zhōngkǒu]

村民委员会驻地。位于亭旁镇政府驻地东偏南4.1公里。地处湫水山西南山岙中，湫水溪上游，南邻庄基村，西毗汪家村，西北为潘家村。地势东南高西北低，聚落呈不规则块状，属山区。

原名圳口。圳为田畈、田垄间的小溪坑，村处湫水溪上游小溪坑口，所以叫圳口，后谐音为中口。又因地处牌里门中段山口，故名中口。民国属任邵乡。解放初沿用旧制。1950年5月属邵家乡。1955年成立中口初级社，1956年加入湫水岙高级社。1958年冬属邵家管理区湫水岙生产队。1961年从湫水岙析出，与中口堂、庄基、应家共建上山大队，属邵家人民公社。1983年政社分设时，各村自设村民委员会，成立中口村民委员会，属邵家乡。1992年5月撤区扩镇并乡时，邵家乡撤销，改属亭旁镇中口村。

中口堂 [Zhōngkǒutáng]

以原庵堂“中口堂”得名。聚落呈点状。民国属任邵乡。解放初属任邵乡。1950年建政属邵家乡中口村，随着中口村的演变至今。1992年5月属亭旁镇中口村。

应家村 [Yīngjiā Cūn]

以村民委员会驻地应家得名。建于1983年，辖应家1个自然村，2个村民小组，124户，414人。行政区域面积0.65平方公里，其中耕地面积14.4公顷，林地面积12.6公顷。集体经济总收入10万元，固定资产合计51.17万元。

应家 [Yīngjiā]

位于亭旁镇政府驻地东偏南3.9公里。东靠双尖山，南傍牌里门，西北依洋山岭，东北邻庄基村。为点状散列围绕中心块状的复合式聚落，属山区。

因原创住人姓应，故名应家。清代属宁海县南乡邵家庄。民国十七年（1928年）属湫水岙乡。民国二十四年（1935年）属邵家乡。民国二十九年（1940年）三门建县前后属任邵乡。解放初沿用旧制。1950年5月属邵家乡。1954年成立应家初级社，1956年加入湫水岙高级社。1958年冬属邵家管理区湫水岙生产队。1961年与中口、庄基合建上山大队，属邵家人民公社。1983年政社分设时，各村自设村民委员会，成立应家村民委员会，属邵家乡。1992年5月撤区扩镇并乡时，邵家乡撤销，改属亭旁镇。

刘家村［Liújiā Cūn］

以村民委员会驻地刘家得名。建于1984年，辖刘家、早田洋2个自然村，11个村民小组，349户，1036人。行政区域面积1.29平方公里，其中耕地面积24.6公顷，林地面积70.07公顷。集体经济总收入36万元，固定资产合计93.42万元。

刘家［Liújiā］

村民委员会驻地。位于亭旁镇政府驻地东南2.8公里。地处仙人眠床岗南麓，南溪、梅家坑溪汇合处，东近早田洋自然村，南邻石门坑村，西与西山村接壤。聚落为不规则块状，地势平坦，属半山区。

据当地《刘氏宗谱》载，始祖从福建长溪迁居台州府宁海县宁和乡横渡刘，至十六世裔孙刘永操，始居中门。清统称中门，属宁海县南乡梅家庄。民国十七年（1928年）属东金乡。民国二十四年（1935年）属梅家乡。民国二十九年（1940年）三门建县前后属梅家乡。解放初沿用旧制。1950年5月属中门乡。1954年至1955年相继成立福利、联合、抗美3个初级社，1957年与早田洋村民丰初级社合并组成联合高级社。1958年冬改称联合生产队，属中门管理区。1961年属中门人民公社刘家大队。1984年政社分设，属中门乡刘家村民委员会。2001年行政区划调整，撤销中门乡，改属亭旁镇刘家村。

早田洋［Zǎotiányáng］

该村附近的田垟（田地）是刘氏太婆从娘家陪嫁带来的田产，人们称嫁女儿倒找（土语，倒贴之意）了田垟，遂把这片田地命名为找田垟，并以此名村，后演化为早田洋。村庄为块状聚落，略似长方形。民国属梅家乡。解放初属中门乡。1955年建立民丰初级社，1957年并入刘家高级社。1961年属中门公社刘家大队。1984年属中门乡刘家村。2001年属亭旁镇刘家村。

铁场村［Tiěcháng Cūn］

以村民委员会驻地铁场得名。建于1984年，辖铁场1个自然村，14个村民小组，509户，1528人。行政区域面积2.26平方公里，其中耕地面积42.53公顷，林地面积113.13公顷。集体经济总收入5.45万元，固定资产合计47.98万元。

铁场［Tiěcháng］

位于亭旁镇政府驻地东南1.9公里。村居南溪两岸，东邻刘家村，南靠老公岩，北与坑洪村隔山为邻，亭（旁）流（水岩）公路经此。聚落呈两个不规则的块状，属河谷平地。

据当地《王氏宗谱》载："奇公于南宋从新昌长潭迁台宁金溪（鲸溪）之口。金溪产铁砂，炼铁、制钉、镰之地也。"故村名铁场。清属宁海县南乡梅家庄。民国十七年（1928年）属东金乡。民国二十四年（1935年）属梅家乡。民国二十九年（1940年）三门建县前后属梅家乡。解放初沿用旧制。1950年5月属中门乡。1955年成立胜利、成功、五星3个初级社，1958年年初3个初级社合并转为高级社。1958年冬改建为铁场生产队，属中门管理区。1961年属中门人民公社铁场大队。1984年政社分设，属中门乡铁场村村民委员会。2001年行政区划调整，撤销中门乡，改属亭旁镇。

西山村［Xīshān Cūn］

以村民委员会驻地西山得名。建于1984年，辖西山1个自然村，6个村民小组，224户，755人。行政区域面积1.37平方公里，其中耕地面积21.13公顷，林地面积96.93公顷。集体经济总收入17.5万元，固定资产合计34.18万元。

西山 [Xīshān]

位于亭旁镇政府驻地东南2.5公里。地处老公岩东北麓，东毗刘家村，西北邻铁场村。不规则的块状聚落，属半山区。

据当地《梅氏宗谱》载，晋代，始祖梅盛有三子，分立上门、中门、下门三支派。长子烨，立上门，居住中门的西边山脚，故村名西山。清属宁海县南乡梅家庄。民国十七年（1928年）属东金乡。民国二十四年（1935年）属梅家乡。民国二十九年（1940年）三门建县前后属梅家乡。解放初沿用旧制。1950年5月属中门乡。1954年成立和平、建国2个初级社，1956年合并成立爱国高级社。1958年改称西山生产队，属中门管理区。1961年属中门人民公社西山大队。1984年政社分设，属中门乡西山村民委员会。2001年行政区划调整，撤销中门乡，改属亭旁镇。

板沸村 [Bǎnfèi Cūn]

以村民委员会驻地板沸得名。建于1984年，辖板沸1个自然村，18个村民小组，436户，1308人。行政区域面积1.83平方公里，其中耕地面积38.2公顷，林地面积121.87公顷。集体经济总收入5万元，固定资产合计36.8万元。

板沸 [Bǎnfèi]

位于亭旁镇政府驻地东南3.2公里。东南毗山上杨村梅家坑自然村，南近山后芦村，西北与刘家为邻。傍山依水，为点状散村围绕中心块状的复合式聚落，属半山区。

据当地《梅氏宗谱》载，梅盛后裔居此，因村旁有一条溪沸（坝）系用木板建筑而成，故称板沸。清光绪《宁海县志》卷三载，板沸，清属宁海县南乡梅家庄。民国十七年（1928年）属东金乡。民国二十四年（1935年）属梅家乡。民国二十九年（1940年）三门建县前后属梅家乡。解放初沿用旧制。1950年5月属中门乡。1954年至1955年相继成立曙光、如意、联丰3个初级社，1956年合办曙光高级社。1958年冬属中门管理区板沸生产队。1961年属中门人民公社板沸大队。1984年政社分设，属中门乡板沸村民委员会。2001年行政区划调整，撤销中门乡，改属亭旁镇。

山上杨村 [Shānshàngyáng Cūn]

以村民委员会驻地山上杨得名。建于1984年，辖山上杨、下庄、岭根、梅家坑4个自然村，7个村民小组，240户，772人。行政区域面积1.01平方公里，其中耕地面积22.93公顷，林地面积23.4公顷。集体经济总收入5万元，固定资产合计44.64万元。

山上杨 [Shānshàngyáng]

村民委员会驻地。位于亭旁镇政府驻地东南4.8公里。东毗枧头村地，南隔山与小林山村为邻，西邻岭根自然村，北连下庄自然村，亭（旁）流（水岩）线经此。聚落为块、点状混合分布，属山区。

据《亭旁杨氏宗谱》载，亭旁杨氏迁居该山上，取名山上杨。清属宁海县南乡梅家庄。民国十七年（1928年）属东金乡。民国二十四年（1935年）属梅家乡。民国二十九年（1940年）三门建县前后属梅家乡。解放初沿用旧制。1950年5月属中门乡。1958年成立山上杨生产队，属中门管理区。1961年与下庄、岭根、梅家坑合并，属中门人民公社山上杨大队。1984年政社分设，属中门乡山上杨村民委员会。2001年行政区划调整，撤销中门乡，改属亭旁镇山上杨村。

下庄 [Xiàzhuāng]

位于山上杨村的下方，早年长有樟树，建村后取名下樟，后演化为下庄。聚落呈点状。民国属梅家乡。1950年5月属中门乡。1961年并入山上杨大队，属中门公社。1984年属中门乡山上杨村。2001年属亭旁镇山上杨村。

岭根 [Lǐnggēn]

位于梅家坑里边的山脚根，取名里根，后演化为岭根。聚落为块、点状混合分布。据清光绪《宁海县志》卷三载，岭根，清属宁海县南乡梅家庄。民国属梅家乡。1950年5月属中门乡。1961年并入山上杨大队，属中门公社。1984年属中门乡山上杨村。2001年属亭旁镇山上杨村。

梅家坑 [Méijiākēng]

因梅氏定居在此山坑旁，故名梅家坑。聚落为块、点状混合分布。据清光绪《宁海县志》卷三载，梅家坑，清属宁海县南乡梅家庄。民国属梅家乡。1950年5月属中门乡。1961年并入山上杨大队，属中门公社。1984年属中门乡山上杨村。2001年属亭旁镇山上杨村。

枧头村 [Jiǎntóu Cūn]

以村民委员会驻地枧头得名。建于1984年，辖枧头、下洋2个自然村，14个村民小组，462户，1479人。行政区域面积6.34平方公里，其中耕地面积37公顷，林地面积509.2公顷。集体经济总收入22万元，固定资产合计162.12万元。

枧头 [Jiǎntóu]

村民委员会驻地。位于亭旁镇政府驻地东南5.3公里。地处上辽山西北麓，南毗下洋自然村，西邻山上杨村，西南毗小林山村，亭（旁）流（水岩）线经此。

村中有一块岩石，形似一支水笕，称上笕头，后演变为枧头。清属宁海县南乡梅家庄。民国十七年（1928年）属东金乡。民国二十四年（1935年）属梅家乡。民国二十九年（1940年）三门建县前后属梅家乡。解放初沿用旧制。1950年5月属中门乡。1954年成立东方红初级社，1955年与下洋村合并转为旭光高级社。1958年改称枧头生产队，属中门管理区。1961年属中门人民公社枧头大队。1984年政社分设，属中门乡枧头村民委员会。2001年行政区划调整，撤销中门乡，改属亭旁镇枧头村。

下洋 [Xiàyáng]

地处枧头自然村下面一个小平地上，称下垟，后演化为下洋。聚落呈点状。民国属梅家乡。1950年5月属中门乡。1961年并入枧头大队，属中门公社。1984年属中门乡枧头村。2001年属亭旁镇枧头村。

山后芦村 [Shānhòulú Cūn]

以村民委员会驻地山后芦得名。建于1984年，辖山后芦、外山王2个自然村，7个村民小组，110户，365人。行政区域面积0.76平方公里，其中耕地面积36.76公顷。村集体固定资产30万元。

山后芦 [Shānhòulú]

村民委员会驻地。位于亭旁镇政府驻地南偏东4.5公里。东毗上高、下高村，南靠梁岩岗，西南近石门坑村，北与板沸村为邻。聚落为块、点状混合分布，系山区。

据《亭旁杨氏宗谱》载，清乾隆年间（1736—1795年）亭旁杨氏“大房支，世居山后，离亭十五里许。相传其始祖朝双公与任氏构衅，避居到此，初依孟氏，结庐而处，爰号其地曰‘山后庐’”。之后演变为山后芦。民国属梅家乡。解放初沿用旧制。1950年5月属中门乡。1958年成立生产队，属中门管理区。1961年属中门人民公社山后芦大队。1984年政社分设，属中门乡山后芦村民委员会。2001年行政区划调整，撤销中门乡，改属亭旁镇山后芦村。

外山王 [Wàishānwáng]

已无人居住。据传，山后芦村外房分支住此山腰，取名外山房，后演化为外山王。聚落呈点状。民国属梅家乡。1950年5月属中门乡。1961年属中门公社山后芦大队。1984年属中门乡山后芦村。2001年属亭旁镇山后芦村。

小林山村 [Xiǎolínshān Cūn]

以村民委员会驻地小林山得名。建于1984年，辖小林山1个自然村，8个村民小组，177户，507人。行政区域面积1.33平方公里，其中耕地面积19.87公顷，林地面积84.13公顷。集体经济总收入8万元，固定资产合计0.54万元。

小林山 [Xiǎolínshān]

位于亭旁镇政府驻地东南5.2公里。地处山隍岭头之西，南溪支流小林山之水的东北岸山腰中，西南毗下高村，西接山后芦村外山王自然村，北与山上杨村为邻。地势东南高西北低，聚落为块、点状混合分布，属山区。

据当地《梅氏宗谱》载，南宋年间，炳公在杏树头旁看到天生一块奇石，形似宝玺，遂以玺琳山名村，后演变为小林山。清名玺林山，属宁海县南乡梅家庄。民国十七年（1928年）属东金乡。民国二十四年（1935年）属梅家乡。民国二十九年（1940年）三门建县前后属梅家乡。解放初沿用旧制。1950年5月属中门乡。1955年成立方针初级社，1957年下高村富强初级社并入，联办方针高级社。1958年改称生产队，属中门管理区。1961年属中门人民公社小林山大队。1984年政社分设后，与下高村分设，改称小林山村民委员会，属中门乡。2001年行政区划调整，撤销中门乡，改属亭旁镇。

上高村 [Shànggāo Cūn]

以村民委员会驻地上高得名。建于1984年，辖上高1个自然村，4个村民小组，78户，219人。行政区域面积0.66平方公里，其中耕地面积9.87公顷，林地面积28.2公顷。集体经济总收入0.02万元，固定资产合计92.87万元。

上高 [Shànggāo]

位于亭旁镇政府驻地东南5.2公里。地处梁岩岗北麓，西北毗山后芦村，东北接下高村。聚落为块、点状混合分布，系山区。

因村处高山上，与下高村对称，故名上高。清代属宁海县南乡梅家庄。民国十七年（1928年）属东金乡。民国二十四年（1935年）属梅家乡。民国二十九年（1940年）三门建县前后均属梅家乡。解放初沿用旧制。1950年5月属中门乡。1955年成立有利、万荣2个初级社，1957年各自转为高级社。1958年冬改建生产队，属中门管理区。1961年属中门人民公社上高大队。1984年政社分设后，属中门乡上高村民委员会。2001年行政区划调整，撤销中门乡，改属亭旁镇。

下高村 [Xiàgāo Cūn]

以村民委员会驻地下高得名。建于1984年，辖下高1个自然村，1个村民小组，25户，72人。行政区域面积0.47平方公里，其中耕地面积2.6公顷，林地面积6.33公顷。集体经济总收入5万元，固定资产合计9万元。

下高 [Xiàgāo]

位于亭旁镇政府驻地东南5.1公里。东北邻小林山村，西南与上高村相连，西北毗山后芦村外山王自然村。聚落为不规则的块状，属山区。

地处梁岩岗东北麓，与上高村对称，因地势较低，故名下高。清代属宁海县南乡梅家庄。民国十七年（1928年）属东金乡。民国二十四年（1935年）属梅家乡。民国二十九年（1940年）三门建县前后均属梅家乡。解放初沿用旧制。1950年5月属中门乡。1955年成立富强初级社，1957年并入小林山方针高级社。1958年改称小林山生产队，属中门管理区。1961年属中门人民公社小林山大队。1984年政社分设后，与小林山分设，改称下高村民委员会，属中门乡。2001年行政区划调整，撤销中门乡，改属亭旁镇。

南溪村 [Nánxī Cūn]

以村民委员会驻地南溪得名。建于1984年，辖南溪、黎家山2个自然村，9个村民小组，348户，

1016人。行政区域面积2.42平方公里，其中耕地面积28.73公顷，林地面积155.8公顷。集体经济总收入8.9万元，固定资产合计15.64万元。

南溪 [Nánxī]

村民委员会驻地。位于亭旁镇政府驻地南偏东5.3公里。地处梁岩岗西南麓，东邻龚家村，东南接韩家村，西南邻上段村，北与石门坑村相邻。为不规则块状聚落，系半山区。

据当地《梅氏宗谱》，南北朝宋元嘉二年（425年），梅盛，桐庐人，令章安，升南昌别驾，知晋将亡，不赴。先迁居丹邱寺，后子孙分迁到此。因该地南面有一条溪，村遂称南溪。清代属宁海县南乡梅家庄。民国十七年（1928年）属南溪乡。民国二十四年（1935年）属梅家乡。解放初沿用旧制。1950年5月属南溪乡。1954年成立明丰、建丰、新民、永丰4个初级社，1956年又与黎家山、石门坑、上段、韩家4个自然村的初级社合办新华高级社（驻地南溪村），改属中门乡。1958年改称南溪生产队，属南溪管理区。1961年各自分设，与黎家山合建南溪大队，属南溪人民公社。1984年政社分设，属南溪乡南溪村民委员会。1992年5月撤区扩镇并乡时，南溪乡撤销，改属中门乡。2001年行政区划调整，撤销中门乡，改属亭旁镇南溪村。

清同治六年（1867年），南溪村梅福星、梅禄星兄弟同时考中丁卯科武举人，一时称盛。这里是梅其彬、梅其广两烈士出生地。梅其彬是1928年亭旁武装起义领导人之一，曾创办大同小学，作为革命活动的基地，即南溪小学的前身。村边山岗上的长石屋，在解放战争时期，曾被誉为“三五外婆”林玉英的住处。她在此救护过中共地下游击队（“三五”支队）伤病员。

黎家山 [Líjiāshān]

古代此山附近的庵堂边有一株梨树，始祖创居时取名梨加山，后演变为黎家山。村落呈点状分布。民国时期属宁海县梅家乡。1950年5月属南溪乡。1956年改属中门乡。1958年冬属南溪管理区。1961年属南溪人民公社南溪大队。1984年属南溪乡南溪村。2001年属亭旁镇南溪村。

叶家山村 [Yèjiāshān Cūn]

以村民委员会驻地叶家山得名。建于1984年，辖叶家山1个自然村，6个村民小组，253户，774人。行政区域面积1.43平方公里，其中耕地面积20.53公顷，林地面积60.8公顷。集体经济总收入10.5万元，固定资产合计14.52万元。

叶家山 [Yèjiāshān]

位于亭旁镇政府驻地南3.8公里。地处龙虎山西南半山腰，南靠虎陇头，西近申改卢村，北与上岩村为邻。聚落呈不规则的块状，系山区。

据传，明朝，有一户姓叶的人，迁至该山岙居住，遂取名叶家山。民国属梅家乡。解放初沿用旧制。1950年5月属上模乡。1954年成立叶家山初级社，1956年转为高级社，属亭旁乡。1958年改称生产队，属亭旁管理区。1959年10月改属上模管理区。1961年与申改卢村合建叶家山大队，属南溪人民公社。1984年政社分设，申改卢村析出，成立叶家山村民委员会，属南溪乡。1992年5月撤区扩镇并乡时，南溪乡撤销，改属中门乡。2001年行政区划调整，撤销中门乡，改属亭旁镇。

申改卢村 [Shēngǎilú Cūn]

以村民委员会驻地申改卢得名。建于1984年，辖申改卢1个自然村，2个村民小组，77户，247人。行政区域面积0.51平方公里，其中耕地面积6.33公顷，林地面积28公顷。集体经济总收入10.75万元，固定资产合计3.35万元。

申改卢 [Shēngǎilú]

位于亭旁镇政府驻地南3.9公里。东傍亭（旁）流（水岩）公路和叶家山村相邻，东南近虎陇头，西靠纱帽额山麓，西北毗陌更村。聚落呈不规则的块状，属山区。

原村祖先姓卢，因无子，招赘申姓女婿，改姓为卢，村即取名申改卢。清代名新夹路，又名新改路，属宁海县南乡包家庄。民国十七年（1928年）属虎陇乡。民国二十四年（1935年）属包家乡。解放初沿用旧制。1950年5月属上模乡。1954年成立申改卢初级社，1956年并入石滩高级社，属亭旁乡。1958年冬属亭旁管理区石滩生产队。1959年改属上模管理区。1961年与叶家山合建叶家山大队，属南溪人民公社。1984年政社分设，各自成立村民委员会，设申改卢村民委员会，属南溪乡。1992年5月撤区扩镇并乡时，南溪乡撤销，改属中门乡。2001年行政区划调整，撤销中门乡，改属亭旁镇。

石门坑村 [Shíménkēng Cūn]

以村民委员会驻地石门坑得名。因高山移民，在上卢村建新村。建于1984年，辖石门坑1个自然村，5个村民小组，110户，364人。行政区域面积0.76平方公里，其中耕地面积7.33公顷，林地面积43.67公顷。集体经济总收入10万元，固定资产合计105.49万元。

石门坑 [Shíménkēng]

位于亭旁镇政府驻地南偏东4.3公里。东北近山后芦村，南毗南溪村。背山面溪，块状聚落，略呈长方形，属山区。

坑如石门，取名石门坑。清代属宁海县南乡梅家庄。民国十七年（1928年）属南溪乡。民国二十四年（1935年）属梅家乡。解放初沿用旧制。1950年5月属南溪乡。1954年成立新建初级社，1956年加入南溪村新华高级社，属中门乡。1958年冬属南溪管理区南溪生产队。1961年从南溪析出，成立石门坑大队，属南溪人民公社。1984年政社分设，设石门坑村民委员会，属南溪乡。1992年5月撤区扩镇并乡时，南溪乡撤销，改属中门乡。2001年行政区划调整，撤销中门乡，改属亭旁镇。

桥头胡村 [Qiáotóuhú Cūn]

以村民委员会驻地桥头胡得名。建于1984年，辖桥头胡1个自然村，2个村民小组，99户，274人。行政区域面积0.9平方公里，其中耕地面积7.2公顷，林地面积32公顷。集体经济总收入5万元，固定资产合计45.39万元。

桥头胡 [Qiáotóuhú]

位于亭旁镇政府驻地南5公里。东邻东湖村，南毗山头王村，西连王家庄村，北近申改卢村。聚落为不规则的块状，属半山区。

据传，清代先祖分支迁此时，在村边溪上架起一座拱桥，村即称桥头。因重名，1984年以该村居民姓胡，改名桥头胡，以示区别。民国属包家乡。解放初沿用旧制。1950年5月属上模乡。1954年成立桥头初级社，1956年与东湖初级社合并成立桥东高级社，属亭旁乡。1957年王家初级社并入。1958年冬属亭旁管理区桥头生产队。1959年10月改属上模管理区。1962年属南溪人民公社上模大队。1984年政社分设，各自成立村民委员会，设桥头胡村民委员会，属南溪乡。1992年5月撤区扩镇并乡时，南溪乡撤销，改属中门乡。2001年行政区划调整，撤销中门乡，改属亭旁镇。

王家庄村 [Wángjiāzhuāng Cūn]

以村民委员会驻地王家庄得名。建于1984年，辖王家庄1个自然村，7个村民小组，257户，732人。行政区域面积1.71平方公里，其中耕地面积22.53公顷，林地面积61.47公顷。集体经济总收入25.3万元，固定资产合计92.32万元。

王家庄 [Wángjiāzhuāng]

位于亭旁镇政府驻地南5公里。东与桥头胡村相接，南毗山头王村，西邻桃山村，北毗申改卢村。聚落呈不规则的块状，属半山区。

村以王姓居住，取名王家，属上模片村。因重名，1984年更名为王家庄，以示区别。清代属宁海县南乡包家庄。民国十七年（1928年）属虎陇乡。民国二十四年（1935年）属包家乡。解放初沿用旧制。1950年5月属上模乡。1954年成立上、下2个初级社。1956年属亭旁乡。1957年并入桥头村桥东高级社。1958年冬属亭旁管理区桥东生产队。1959年改属上模管理区。1962年属南溪人民公社上模大队。1984年政社分设，各自成立村民委员会，设王家庄村民委员会，属南溪乡。1992年5月撤区扩镇并乡时，南溪乡撤销，改属中门乡。2001年行政区划调整，撤销中门乡，改属亭旁镇。

东湖村 [Dōnghú Cūn]

以村民委员会驻地东湖得名。建于1984年，辖东湖1个自然村，2个村民小组，107户，337人。行政区域面积0.6平方公里，其中耕地面积8.87公顷，林地面积45.6公顷。集体经济总收入5万元，固定资产合计5.94万元。

东湖 [Dōnghú]

位于亭旁镇政府驻地南4.9公里。东、北两面临亭（旁）流（水岩）公路，南为项家山村，西毗桥头胡村。聚落呈不规则的块状，属半山区。

以村位于上模（片村名）之东，村民多姓胡，取名东胡，后演称东湖。据宗谱记载，南宋末年，绍兴府会稽县胡一靖，因元兵攻入，避难丹邱寺，后迁住东湖。清代名东胡，属宁海县南乡包家庄。民国十七年（1928年）属虎陇乡。民国二十四年（1935年）属包家乡。解放初沿用旧制。1950年5月属上模乡。1956年加入桥头村主办的桥东高级社，属亭旁乡。1958年冬属亭旁管理区桥东生产队。1959年改属上模管理区。1962年属南溪人民公社上模大队。1984年政社分设，各自成立村民委员会，设东湖村民委员会，属南溪乡。1992年5月撤区扩镇并乡时，南溪乡撤销，改属中门乡。2001年行政区划调整，撤销中门乡，改属亭旁镇。

葫芦田村 [Húlútián Cūn]

以村民委员会驻地葫芦田得名。建于1984年，辖葫芦田1个自然村，4个村民小组，197户，610人。行政区域面积5.71平方公里，其中耕地面积14.33公顷，林地面积550.27公顷。集体经济总收入5万元，固定资产合计0.54万元。

葫芦田 [Húlútián]

位于亭旁镇政府驻地东南7.4公里。东南毗下坑口，南为老鹰尖头山，西南与赖岙村隔山为邻，北靠大悬崖。四面环山，聚落为不规则的块状，属山区。

祖先自宁海县黄坛竹岭先迁居横渡镇长林村，后迁居此地。因该地四面环山，中间是个滥水湖，后将湖改成田，称为湖芦田。因“湖”与“葫”同音，演称为葫芦田。民国二十四年（1935年）属双溪乡。解放初沿用旧制。1950年5月属南溪乡。1956年成立上杨、下杨2个初级社，改属中门乡。1957年合并成立胜利高级社。1958年冬改称葫芦田生产队，属南溪管理区。1961年成立葫芦田大队，属南溪人民公社。1984年政社分设，设葫芦田村民委员会，属南溪乡。1992年5月撤区扩镇并乡时，南溪乡撤销，改属中门乡。2001年行政区划调整，撤销中门乡，改属亭旁镇。

上段村 [Shàngduàn Cūn]

以村民委员会驻地上段得名。建于1984年，辖上段、石柱下2个自然村，4个村民小组，123户，344人。行政区域面积0.69平方公里，其中耕地面积9.8公顷，林地面积19.8公顷。集体经济总收入5.1万元，固定资产合计39.19万元。

上段 [Shàngduàn]

村民委员会驻地。位于亭旁镇政府驻地南偏东5.5公里。地处亭（旁）流（水岩）线与坝（头）上（段）线交会点，上模溪发源于村西。东北邻南溪村，南接石柱下自然村，西南接项家山村，西近东湖村，北毗石门坑村。地势西高东低，聚落为块、点状混合分布，系半山区。

据当地宗谱记载，宋朝，一户姓段的人家迁住到此，取名上段。清代属宁海县南乡包家庄。民国二十九年（1940年）三门建县前后均属梅家乡。解放初沿用旧制。1950年5月属南溪乡。1954年与石柱下合办光明初级社，1956年并入南溪村新华高级社，属中门乡。1958年冬属南溪管理区南溪生产队。1961年从南溪生产队析出，与石柱下合建上段大队，属南溪人民公社。1984年政社分设，设上段村民委员会，属南溪乡。1992年5月撤区扩镇并乡时，南溪乡撤销，改属中门乡。2001年行政区划调整，撤销中门乡，改属亭旁镇上段村。

石柱下 [Shízhùxià]

因村后山上有两块岩石巍然矗立，状似石柱，村居其下边，故名石柱下。块状聚落，略呈方形。民国属梅家乡。解放后属南溪乡。1954年加入上段村光明初级社，1956年并入南溪村新华高级社，改属中门乡。1958年冬属南溪管理区。1961年属南溪公社上段大队。1984年属南溪乡上段村。2001年属亭旁镇上段村。

下湾村 [Xiàwān Cūn]

以村民委员会驻地下湾得名。建于1984年，辖下湾1个自然村，3个村民小组，103户，311人。行政区域面积0.79平方公里，其中耕地面积10.33公顷，林地面积18.4公顷。集体经济总收入16.5万元，固定资产合计0.46万元。

下湾 [Xiàwān]

位于亭旁镇政府驻地东南6.4公里。东北靠大山，东南邻赖岙村，西南毗周山村，西北近方田村。聚落为不规则的块状，系山区。

据当地宗谱记载，宋高宗南渡时，健跳浮门村陈德长兄弟7人，分迁各地。陈德二迁岭头陈，陈德五到赖岙，见满山林木葱翠，景色宜人，遂在下面的一个山弯内结庐定居，取名下湾。清代属宁海县南乡梅家庄。民国十七年（1928年）属梅家乡。解放初沿用旧制。1950年5月属南溪乡。1954年成立红星初级社，1956年与上样、方田、周山村加入赖岙联盟高级社，改属中门乡。1958年冬属南溪管理区赖岙生产队。1961年从赖岙析出，与方田、上样、周山合建下湾大队，属南溪人民公社。1984年政社分设，各自设立村民委员会，设下湾村民委员会，属南溪乡。1992年5月撤区扩镇并乡时，南溪乡撤销，改属中门乡。2001年行政区划调整，撤销中门乡，改属亭旁镇。

上样村 [Shàngyàng Cūn]

以村民委员会驻地上样得名。建于1984年，辖上样1个自然村，2个村民小组，43户，120人。行政区域面积0.39平方公里，其中耕地面积4.6公顷，林地面积20.2公顷。集体经济总收入5.5万元，固定资产合计0.18万元。

上样 [Shàngyàng]

位于亭旁镇政府驻地东南5.8公里。地处梁岩岗东南麓，东南近方田村，西毗南溪村，西南近龚家村。聚落为块、点状混合分布，属山区。

唐末，林姓兄弟三人从福建辗转到此，择地而居。认为此处虽地势稍高，但自然条件却与下方的方田村一样，遂取名上样。民国属梅家乡。1950年5月属南溪乡。1954年成立联盟初级社。1956年与下湾、方田、周山加入赖岙村联盟高级社，改属中门乡。1958年冬属南溪管理区赖岙生产队。1961年从赖岙析出，与下湾、方田、周山共建下湾大队，属南溪人民公社。1984年政社分设，各自成立村民委员会，设上样村民委员会，属南溪乡。1992年5月撤区扩镇并乡时，南溪乡撤销，改属中门乡。2001年行政区划调整，撤销中门乡，改属亭旁镇。

方田村 [Fāngtián Cūn]

以村民委员会驻地方田得名。建于1984年，辖方田1个自然村，1个村民小组，30户，78人。行政区域面积0.5平方公里，其中耕地面积4.67公顷，林地面积12.47公顷。集体经济总收入5万元，固定资产合计9.15万元。

方田 [Fāngtián]

位于亭旁镇政府驻地东南6.2公里。东邻下湾村，南傍三门铜矿，西毗龚家村，西北近上样村。块状聚落，呈方形，属山区。

唐末，林姓兄弟三人从福建莆田迁至石浦，后到此择地而居。因此处有块方形耕地，即取名方田村。民国属梅家乡。解放初沿用旧制。1950年5月属南溪乡。1954年与周山合并，创办联合初级社，1956年加入赖岙联盟高级社，改属中门乡。1958年冬属南溪管理区赖岙生产队。1961年从赖岙析出，与下湾、上样、周山合建下湾大队，属南溪人民公社。1984年政社分设，各自设立村民委员会，设方田村民委员会，属南溪乡。1992年5月撤区扩镇并乡时，南溪乡撤销，改属中门乡。2001年行政区划调整，撤销中门乡，改属亭旁镇。

周山村 [Zhōushān Cūn]

以村民委员会驻地周山得名。建于1984年，辖周山1个自然村，3个村民小组，26户，79人。行政区域面积1.21平方公里，其中耕地面积3.2公顷，林地面积13.8公顷。集体经济总收入5万元，固定资产合计0.3万元。

周山 [Zhōushān]

位于亭旁镇政府驻地东南6.5公里。东南邻赖岙村，南靠鳌岗山，西近三门铜矿，东北与下湾村相接。聚落呈不规则的块状，属山区。

唐末，林姓兄弟三人从福建辗转到此，择地而居。因村边有一块岩石，状似一叶扁舟，遂取名舟山，后演称周山。清代属宁海县南乡梅家庄。民国十七年（1928年）属南溪乡。民国二十四年（1935年）属梅家乡。解放初沿用旧制。1950年5月属南溪乡。1954年与方田村合办联合初级社，1956年加入赖岙联盟高级社，改属中门乡。1958年冬属南溪管理区赖岙生产队。1961年与方田、上样、下湾合建下湾大队，属南溪人民公社。1984年政社分设，各自设立村民委员会，设周山村民委员会，属南溪乡。1992年5月撤区扩镇并乡时，南溪乡撤销，改属中门乡。2001年行政区划调整，撤销中门乡，改属亭旁镇。

韩家村 [Hánjiā Cūn]

以村民委员会驻地韩家得名。建于1984年，辖韩家、五水岙2个自然村，5个村民小组，189户，619人。行政区域面积1.56平方公里，其中耕地面积20.13公顷，林地面积60.27公顷。集体经济总收入26.4万元，固定资产合计19.97万元。

韩家 [Hánjiā]

村民委员会驻地。位于亭旁镇政府驻地东南5.8公里。东南靠大尖山，东邻龚家村，南至方田山，西毗上段村，西北与南溪村接壤。聚落为不规则块状，紧靠亭（旁）流（水岩）线，属半山区。

宋朝，福建有个姓韩的人，避难到此，定居后取名韩家。民国十七年（1928年）属南溪乡。民国二十四年（1935年）属梅家乡。解放初沿用旧制。1950年5月属南溪乡。1954年成立勤丰、勤建初级社，1956年并入南溪村新华高级社，改属中门乡。1958年冬属南溪管理区南溪生产队。1961年与龚家、五水岙共建韩家大队，属南溪人民公社。1984年政社分设，龚家村析出，韩家与五水岙共建韩家村民委员会，属南溪乡。1992年5月撤区扩镇并乡时，南溪乡撤销，改属中门乡。2001年行政区划调整，撤销中门乡，改属亭旁镇韩家村。

五水岙 [Wǔshuǐ'ào]

因村居五条山坑流水汇合的小山岙里，故名五水岙。块状聚落，呈方形。民国属梅家乡。解放后属南溪乡。1954年村民分别加入韩家主办的勤丰、勤建初级社，1956年并入南溪村新华高级社，改属中门乡。1958年年底属南溪管理区。1961年属南溪公社韩家大队。1984年属南溪乡韩家村。1992年5月属中门乡韩家村。2001年属亭旁镇韩家村。

龚家村 [Gōngjiā Cūn]

以村民委员会驻地龚家得名。建于1984年，辖龚家1个自然村，2个村民小组，56户，173人。行政区域面积0.47平方公里，其中耕地面积4.6公顷，林地面积19.67公顷。集体经济总收入6.78万元，固定资产合计12.77万元。

龚家 [Gōngjiā]

位于亭旁镇政府驻地东南5.8公里。东邻方田村，南近亭（旁）流（水岩）线，西毗南溪村，西南与韩家村接壤，北靠梁岩岗山麓。聚落呈不规则的块状，属山区。

因村民多姓龚，故名。清代属宁海县南乡梅家庄。民国十七年（1928年）属梅家乡。解放初沿用旧制。1950年5月属南溪乡。1954年加入韩家的勤丰、勤建初级社，1956年并入南溪村新华高级社，改属中门乡。1958年冬属南溪管理区南溪生产队。1961年从南溪析出，与韩家、五水岙共建韩家大队。1984年政社分设，各自设立村民委员会，设龚家村民委员会，属南溪乡。1992年5月撤区扩镇并乡时，南溪乡撤销，改属中门乡。2001年行政区划调整，撤销中门乡，改属亭旁镇。

赖岙村 [Lài'ào Cūn]

以村民委员会驻地赖岙得名。建于1984年，辖赖岙1个自然村，7个村民小组，348户，1093人。行政区域面积2.3平方公里，其中耕地面积25.13公顷，林地面积144.93公顷。集体经济总收入11万元，固定资产合计36.61万元。

赖岙 [Lài'ào]

位于亭旁镇政府驻地东南6.9公里。东近老鹰尖头山，南毗半岭堂，西南靠鳌岗村，西北邻周山村。聚落为不规则的块状，紧靠亭（旁）流（水岩）线，属半山区。

据当地《赖氏宗谱》载，唐末，黄巢起义时，福建有一户姓赖的人，先迁到南溪乡下岙园，后迁居此岙，村以姓氏取名赖岙。清代属宁海县南乡梅家庄。民国十七年（1928年）属南溪乡。民国二十四年（1935年）属梅家乡。1950年5月属南溪乡。1954年成立光伟、团丰2个初级社。1956年与便岭坑、百两岗、下湾、上样、方田、周山、鳌岗、王家山、乌田、大尖合建联盟高级社，改属中门乡。1958年冬属南溪管理区赖岙生产队。1961年各自分设，与便岭坑、百两岗合建赖岙大队，属南溪人民公社。1984年政社分设，各自设立村民委员会，设赖岙村民委员会，属南溪乡。1992年5月撤区扩镇并乡时，南溪乡撤销，改属中门乡。2001年行政区划调整，撤销中门乡，改属亭旁镇。

便岭坑村 [Biànlǐngkēng Cūn]

以村民委员会驻地便岭坑得名。建于1984年，辖便岭坑1个自然村，2个村民小组，22户，81人。行政区域面积1.68平方公里，其中耕地面积2.87公顷，林地面积157.47公顷。集体经济总收入5万元，固定资产合计0.54万元。

便岭坑 [Biànlǐngkēng]

位于亭旁镇政府驻地东南9.4公里。东北为杉树林湾，东南为王岐庄村丈家坑自然村，西南为大岗头，西北靠百两岗村。聚落为块、点状混合分布。

此山坑岭头地形较高，古时赖岙村派人在此管山，便于四处照看，便岭坑亦以此得名。民国属梅家乡。解放初沿用旧制。1950年5月属南溪乡。1955年加入岗岭初级社，1956年并入赖岙村联盟高级社，属中门乡。1958年年底属南溪管理区赖岙生产队。1961年属南溪人民公社赖岙大队。1984年政社分设，从赖岙析出，成立便岭坑村民委员会，属南溪乡。1992年5月撤区扩镇并乡时，南溪乡撤销，改属中门乡。2001年行政区划调整，撤销中门乡，改属亭旁镇。

百两岗村 [Bǎiliǎnggǎng Cūn]

以村民委员会驻地百两岗得名。建于1984年，辖百两岗1个自然村，3个村民小组，48户，139人。行政区域面积1.32平方公里，其中耕地面积9公顷，林地面积117.87公顷。集体经济总收入7.66万元，固定资产合计22.05万元。

百两岗 [Bǎiliǎnggǎng]

位于亭旁镇政府驻地东南8.5公里。东为杉树林湾，西南傍七鸟岭，北靠老鹰尖头山麓。聚落呈不规则的块状，属山区。

据当地宗谱记载，杨姓祖先，原籍福建，因遭受水灾，逃荒到此山岗，见该地山青水绿，鸟语花香，景色宜人，不禁称赞曰："美哉！大荒之年三分收，大乱之年免遭殃！"遂出白银百两，买了该山岗，百两岗即以此得名。民国属梅家乡。解放初沿用旧制。1950年5月属南溪乡。1955年与便岭坑村合办岗岭初级社，1956年加入赖岙村联盟高级社，属中门乡。1958年冬属南溪管理区赖岙生产队。1961年属南溪人民公社赖岙大队。1984年政社分设，各自设立村民委员会，设百两岗村民委员会，属南溪乡。1992年5月撤区扩镇并乡时，南溪乡撤销，改属中门乡。2001年行政区划调整，撤销中门乡，改属亭旁镇。

鳌岗村 [Āogǎng Cūn]

以村民委员会驻地鳌岗得名。建于1984年，辖鳌岗、大尖、王家山、鸟田、半岭堂5个自然村，6个村民小组，200户，572人。行政区域面积1.8平方公里，其中耕地面积15.4公顷，林地面积101.87公顷。集体经济总收入11万元，固定资产合计9.81万元。

鳌岗 [Āogǎng]

村民委员会驻地。位于亭旁镇政府驻地东南6.9公里。地处亭（旁）流（水岩）线南面，东至赖岙村，西南靠大尖山麓，北接周山村。

宋朝，祖先从福建迁此，以居住的山岗状似大鳌之背，取名鳌岗。清名毛冈，属宁海县南乡梅家庄。民国十七年（1928年）属南溪乡。民国二十四年（1935年）属梅家乡。解放初沿用旧制。1950年5月属南溪乡。1954年与王家山、鸟田、大尖等村合办和平、原则2个初级社。1956年又与半岭堂村一起加入赖岙联盟高级社，改属中门乡。1958年冬属南溪管理区赖岙生产队。1961年属南溪人民公社赖岙大队。1981年从赖岙析出，与王家山、半岭堂、大尖、鸟田等村合建鳌岗大队。1984年政社分设，设鳌岗村民委员会，属南溪乡。1992年5月撤区扩镇并乡时，南溪乡撤销，改属中门乡。2001年行政区划调整，撤销中门乡，改属亭旁镇鳌岗村。

大尖 [Dàjiān]

村居大尖山东麓，以山名村。聚落呈点状。民国属梅家乡。解放后属南溪乡。1954年加入鳌岗村和平初级社。1961年属南溪公社赖岙大队，1981年改属鳌岗大队。1984年属南溪乡鳌岗村。1992年5月属中门乡鳌岗村。2001年属亭旁镇鳌岗村。

王家山 [Wángjiāshān]

古代赖岙村有王姓人迁此管山，故名王家山。聚落为块、点状混合分布。民国属梅家乡。解放后属南溪乡。1954年村民分别加入鳌岗村和平、原则2个初级社。1961年属南溪公社赖岙大队，1981年改属鳌岗大队。1984年属南溪乡鳌岗村。1992年5月属中门乡鳌岗村。2001年属亭旁镇鳌岗村。

鸟田 [Niǎotián]

村居七鸟岭西南的大尖山中，鸟儿经常到村旁田中吃稻谷，群众称为鸟田，并以此名村。聚落为不规则的块状。民国属梅家乡。解放后属南溪乡。1954年加入和平初级社。1961年属南溪公社赖岙大队，1981年改属鳌岗大队。1984年属南溪乡鳌岗村。1992年5月属中门乡鳌岗村。2001年属亭旁镇鳌岗村。

半岭堂 [Bànlǐngtáng]

祖先在此山岭中段建房定居，取名半岭堂。民国属梅家乡。解放后属南溪乡。1984年属南溪乡鳌岗村。1992年5月属中门乡鳌岗村。2001年属亭旁镇鳌岗村。

项家山村 [Xiàngjiāshān Cūn]

以村民委员会驻地项家山得名。建于1984年，辖项家山1个自然村，4个村民小组，151户，433人。行政区域面积0.79平方公里，其中耕地面积11.6公顷，林地面积40.8公顷。集体经济总收入4.9万元，固定资产合计49.68万元。

项家山 [Xiàngjiāshān]

位于亭旁镇政府驻地南6公里。南靠骆家岭，西邻山头王村，西北与横路村接壤。聚落呈不规则的块状，属山区。

南宋时，项姓祖先迁居此山上，故名项家山。清名夏家山，属宁海县南乡包家庄。民国十七年（1928年）属分水乡。民国二十四年（1935年）属包家乡。解放初沿用旧制。1950年5月属上模乡。1954年成立上、下2个初级社。1956年与山头王初级社合办爱国高级社，改属彭赖乡。1958年冬属彭赖管理区。1961年成立项家山大队，属南溪人民公社。1984年政社分设，各自设立村民委员会，设项家山村民委员会，属南溪乡。1992年5月撤区扩镇并乡时，南溪乡撤销，改属中门乡。2001年行政区划调整，撤销中门乡，改属亭旁镇。

山头王村 [Shāntóuwáng Cūn]

以村民委员会驻地山头王得名。建于1984年，辖山头王1个自然村，2个村民小组，78户，219人。行政区域面积0.33平方公里，其中耕地面积6.13公顷，林地面积9.87公顷。集体经济总收入5万元，固定资产合计16.29万元。

山头王 [Shāntóuwáng]

位于亭旁镇政府驻地南6.1公里。东与项家山村相接，西南邻横路村，北毗桥头胡村。聚落呈块、点状混合分布，属山区。

王姓始祖迁居此山头，故名山头王。清代属宁海县南乡包家庄。民国十七年（1928年）属分水乡。民国二十四年（1935年）属包家乡。解放初沿用旧制。1950年5月属上模乡。1954年成立山头王初级社。1956年与项家山初级社合并成立爱国高级社，改属彭赖乡。1958年冬属彭赖管理区。1961年成立项家山大队，属南溪人民公社。1984年政社分设，各自设立村民委员会，设山头王村民委员会，属南溪乡。1992年5月撤区扩镇并乡时，南溪乡撤销，改属中门乡。2001年行政区划调整，撤销中门乡，改属亭旁镇。

坝头村 [Bàtóu Cūn]

以村民委员会驻地坝头得名。建于1984年，辖坝头、湖头园2个自然村，4个村民小组，186户，540人。行政区域面积0.7平方公里，其中耕地面积8.73公顷，林地面积33.4公顷。集体经济总收入10.5万元，固定资产合计91.23万元。

坝头 [Bàtóu]

村民委员会驻地。位于亭旁镇政府驻地西南 4.7 公里。地处纱帽额山西北麓，东南临亭旁溪，西毗梅坑胡村，北邻上任郑村。聚落为块点状混合分布，属溪谷平地。

查当地《王氏宗谱》载，村南溪坝之首，有一岩石，形似人头，受溪水冲击，锵锵有声，故称坝头。清属宁海县南乡杨家庄。民国十七年（1928 年）属方岩乡。民国二十四年（1935 年）属杨家乡。解放初沿用旧制。1950 年 5 月属坝头乡。1954 年建立前同、联合 2 个初级社，1955 年合建联合高级社。1956 年上任郑、金干、湖头徐、湖头园 4 村加入。1958 年改称生产队，属坝头管理区。1961 年上任郑、金干、湖头徐 3 村分设，与湖头园合建坝头大队，属坝头人民公社。1984 年政社分设，属坝头乡坝头村民委员会。2001 年行政区划调整，撤销坝头乡，改属亭旁镇坝头村。

湖头园 [Hútóuyuán]

据传，古代乌氏定居时取名乌头园，后演化为湖头园。块状聚落，略似方形。民国属杨家乡。解放后属坝头乡。1956 年加入坝头村联合高级社。1961 年属坝头公社坝头大队。1984 年属坝头乡坝头村。2001 年属亭旁镇坝头村。

胡家村 [Hújiā Cūn]

以村民委员会驻地芦田山胡家得名。建于 1984 年，辖胡家 1 个自然村，4 个村民小组，94 户，277 人。行政区域面积 1.87 平方公里，其中耕地面积 8.4 公顷，林地面积 125.6 公顷。集体经济总收入 5.76 万元，固定资产合计 8.23 万元。

胡家 [Hújiā]

位于亭旁镇政府驻地西南 5.2 公里。地处大龙岭（岭名）西南，乌造坑（水名）环流村庄，芦田山（片村名）西南部。地势北高南低，属山区。

该村原称龙缠山，因山形似葫芦，有田有山，风景秀丽，后改称芦田山。在建村时，以胡姓聚落部分称胡家村。据《胡氏宗谱》记载，南宋绍兴年间（1131—1162 年），始祖胡迳从宁海长亭迁入。民国二十九年（1940 年）三门建县前后属任郜乡。解放初沿用旧制。1950 年 5 月属坝头乡。1955 年成立胡家、郑家 2 个初级社，1956 年合建芦田山高级社。1958 年冬属坝头乡芦田山生产队。1984 年政社分设，以姓氏住地设胡家村民委员会，属坝头乡。2001 年行政区划调整，撤销坝头乡，改属亭旁镇。

1985 年 6 月 29 日三门县人民政府批准胡家村为抗日战争革命根据地村。

郑家村 [Zhèngjiā Cūn]

以村民委员会驻地芦田山郑家得名。建于 1984 年，辖郑家、大龙岭 2 个自然村，4 个村民小组，65 户，197 人。行政区域面积 1.77 平方公里，其中耕地面积 10.47 公顷，林地面积 80 公顷。集体经济总收入 4 万元，固定资产合计 12.9 万元。

郑家 [Zhèngjiā]

村民委员会驻地。位于亭旁镇政府驻地西偏南 5.5 公里。地处大龙岭（岭名）西南，乌造坑（水名）环流村庄，芦田山（片村名）东北部。地势东北高，西南低，属山区。该村原称龙缠山，因山形似葫芦，有田有山，风景秀丽，后改称芦田山。在建村时，以郑姓聚落部分称郑家村。民国二十九年（1940 年）三门建县前后属任郜乡。解放初沿用旧制。1950 年 5 月属坝头乡。1955 年成立胡家、郑家 2 个初级社。1956 年合建芦田山高级社。1958 年冬属坝头乡芦田山生产队。1961 年属坝头乡人民公社芦田山大队。1984 年全县政社分设时，以姓住地分设郑家村民委员会，属坝头乡。1992 年 4 月撤销大龙岭村民委员会，并入郑家村民委员会，属坝头乡。2001 年行政区划调整，撤销坝头乡，改属亭旁镇郑家村。

1985 年 6 月 29 日三门县人民政府批准郑家村为第二次国内革命战争根据地村。

大龙岭 [Dàlónglǐng]

以村所在地大龙岭得名。位于郑家自然村东北。东近半岭村，南邻上任庵自然村，西毗芦田山。点状聚落，属山区。村系1956年宁波地区知识青年响应党的号召，来三门支农时所建。因地处大龙岭头，故名。1958年冬属坝头管理区。1961年为坝头公社直属生产队。1984年为坝头乡大龙岭村。1992年并入郑家村，属坝头乡。2001年属亭旁镇郑家村。

里金村 [Lǐjīn Cūn]

以村民委员会驻地里金得名。建于1984年，辖里金1个自然村，3个村民小组，84户，255人。行政区域面积0.66平方公里，其中耕地面积4.53公顷，林地面积59.07公顷。集体经济总收入5万元，固定资产合计19.35万元。

里金 [Lǐjīn]

位于亭旁镇政府驻地西南5.8公里。东近上任郑村，东南邻梅坑杨村，西靠九岩山，北为芦田山。块状聚落，略呈长方形，属山区。

查当地《金氏宗谱》载，五代时，吴越王钱镠，因不纳其下虎将刘宏进谏，欲杀刘。刘宏及其子刘福通隐避此地，更名易姓，改姓为金。村以“留金”命名，后演变为里金。民国二十九年（1940年）三门建县前后属杨家乡。解放初沿用旧制。1950年5月属坝头乡。1954年成立里金初级社，1956年转为高级社，同年并入梅坑胡永丰高级社。1957年析出，自建里金高级社。1958年改称里金生产队，属坝头管理区。1961年属坝头乡人民公社里金大队。1984年政社分设时，属坝头乡里金村民委员会。2001年行政区划调整，撤销坝头乡，改属亭旁镇。

解放战争时期，此地是中共游击队“铁流”部队的活动地区之一。在1947年里金战斗中光荣牺牲的章宏吉烈士的忠骨就安葬在村前翠竹林中。1985年6月29日经三门县人民政府批准为第二次国内革命战争根据地村。

梅坑杨村 [Méikēngyáng Cūn]

以村民委员会驻地梅坑杨得名。建于1984年，辖梅坑杨1个自然村，4个村民小组，147户，423人。行政区域面积1.74平方公里，其中耕地面积7.07公顷，林地面积77.33公顷。集体经济总收入10万元，固定资产合计10.53万元。

梅坑杨 [Méikēngyáng]

位于亭旁镇驻地西南5.6公里。东北紧靠石（岩）里（金）公路，东南毗梅坑胡村，西北接里金村。聚落呈不规则的块状，系半山区。

早年，村前的小坑边盛长梅树，村民姓杨，故名。清属宁海县南乡杨家庄。民国十七年（1928年）属梅坑乡。民国二十四年（1935年）属杨家乡。解放初沿用旧制。1950年5月属坝头乡。1954年成立初级社，1956年并入梅坑胡永丰高级社，1957年分设，自建梅坑杨高级社。1958年改称梅坑杨生产队，属坝头管理区。1961年属坝头乡人民公社梅坑杨大队。1984年政社分设时，属坝头乡梅坑杨村民委员会。2001年行政区划调整，撤销坝头乡，改属亭旁镇。

下吴村 [Xiàwú Cūn]

以村民委员会驻地下吴得名。建于1984年，辖下吴1个自然村，4个村民小组，266户，777人。行政区域面积1.49平方公里，其中耕地面积23.73公顷，林地面积48公顷。集体经济总收入6.7万元，固定资产合计36.13万元。

下吴 [Xiàwú]

位于亭旁镇政府驻地西南3.7公里。东南紧靠石（岩）里（金）公路，西南近上任郑村，北邻唐家岙村。聚落呈不规则的块状，系半山区。

查当地《吴氏宗谱》载，始祖于唐末从山阴徙居鹤吴。鹤吴之称是由村前“两鹤兜溪”之地形而取名，后谐音演变为下吴。清属宁海县南乡杨家庄。民国十七年（1928年）属方岩乡。民国二十四年（1935年）属杨家乡。解放初沿用旧制。1950年5月属坝头乡。1955年成立下吴初级社。1957年年初加入坝头联合高级社，同年分出，自建下吴高级社。1958年冬，改称下吴生产队，属坝头管理区。1961年属坝头乡人民公社下吴大队。1984年政社分设时，属坝头乡下吴村民委员会。2001年行政区划调整，撤销坝头乡，改属亭旁镇。

1940—1941年间，中共亭旁区委曾在下吴、坦湾村合建一个党支部。1985年6月29日经三门县人民政府批准为抗日战争革命根据地村。

上任郑村 [Shàngrénzhèng Cūn]

以村民委员会驻地上任郑得名。建于1984年，辖上任郑、上任梅、上任庵、坦湾4个自然村，4个村民小组，166户，513人。行政区域面积0.95平方公里，其中耕地面积13.53公顷，林地面积51.93公顷。集体经济总收入9.2万元，固定资产合计17.93万元。

上任郑 [Shàngrénzhèng]

村民委员会驻地。位于亭旁镇政府驻地西南4.1公里。东至亭旁溪，南邻坝头村，西南连上任梅自然村，西北毗坦湾自然村，东北与下吴村接壤。聚落为不规则的块状，属半山区。

早年，任、郑两姓先后迁居该村，因任先郑后，故村名上任郑。清属宁海县南乡杨家庄。民国十七年（1928年）属方岩乡。民国二十四年（1935年）属杨家乡。解放初沿用旧制。1950年5月属坝头乡。1954年与上任梅、坦湾、上任庵3个自然村合办上任郑初级社，1956年加入坝头联合高级社。1957年分建，仍与原3村合办上任郑高级社。1958年冬成立上任郑生产队，属坝头管理区。1961年改建上任郑大队，属坝头人民公社。1984年政社分设，属坝头乡上任郑村民委员会。2001年行政区划调整，撤销坝头乡，改属亭旁镇上任郑村。

该村富有光荣革命传统，1985年6月29日经三门县人民政府批准为抗日战争革命根据地村。

上任梅 [Shàngrénméi]

村处上任郑西南，地形较高，系梅氏居住，故名上任梅。聚落呈点状。据清光绪《宁海县志》卷三载，上任梅，清属宁海县南乡杨家庄。民国属杨家乡。解放后属坝头乡。1954年加入上任郑初级社。1961年属坝头公社上任郑大队。1984年属坝头乡上任郑村。2001年属亭旁镇上任郑村。

上任庵 [Shàngrén’ān]

已无人居住。以古代村旁的上任庵得名。聚落呈点状。民国属杨家乡。解放后属坝头乡。1954年加入上任郑初级社。1961年属坝头公社上任郑大队。1984年属坝头乡上任郑村。2001年属亭旁镇上任郑村。

坦湾 [Tǎnwān]

已无人居住。村处在一个比较平坦的山弯中，故名坦湾。聚落呈点状。民国属杨家乡。解放后属坝头乡。1954年加入上任郑初级社。1961年属坝头公社上任郑大队。1984年属坝头乡上任郑村。2001年属亭旁镇上任郑村。

1940—1941年间，中共三门地下党曾在坦湾、下吴两村合建一个党支部。

梅坑胡村 [Méikēnghú Cūn]

以村民委员会驻地梅坑胡得名。建于1984年，辖梅坑胡1个自然村，6个村民小组，286户，944人。行政区域面积4.05平方公里，其中耕地面积20.6公顷，林地面积301.93公顷。集体经济总收入8万元，固定资产合计156.29万元。

梅坑胡 [Méikēnghú]

位于亭旁镇政府驻地西南5.6公里。东毗坝头村，东南近湖头徐村，西靠黄泥丘山，西北与梅坑杨村为邻。聚落为不规则的块状，为溪谷平地。

村前的溪坑边，早年梅树很多，村民姓胡，故名。梅坑胡氏，祖籍青州，始祖苏州刺史胡沓于宋高宗时自会稽退隐宁和乡狮子髡。十六世胡士援因元顺帝失驭天下，迁居天台葛姆。明中叶，二十一世吴良东迁居梅坑胡，为梅坑胡氏始祖。清属宁海县南乡杨家庄。民国十七年（1928年）属梅坑乡。民国二十四年（1935年）属杨家乡。解放初沿用旧制。1950年5月属坝头乡。1954年成立2个初级社。1955年合并转为梅坑胡高级社。1958年年初石坑村加入，同年冬，改称梅坑胡生产队，属坝头管理区。1961年属坝头乡人民公社梅坑胡大队。1984年政社分设，石坑村归属高枧乡，该村成立村民委员会，属坝头乡。2001年行政区划调整，撤销坝头乡，改属亭旁镇。

该村富有光荣革命传统，1985年6月29日经三门县人民政府批准为第二次国内革命战争根据地村。

金干村 [Jīngàn Cūn]

以村民委员会驻地金干得名。建于1984年，辖金干1个自然村，3个村民小组，107户，304人。行政区域面积0.73平方公里，其中耕地面积6.13公顷，林地面积50公顷。集体经济总收入5万元，固定资产合计335.57万元。

金干 [Jīngàn]

位于亭旁镇政府驻地西南5.1公里。东靠纱帽额山西麓，西南近湖头徐村，北与坝头村隔溪相望。聚落为块、点状混合分布，系半山区。

原名金鉴。芹溪和梅坑溪在村前汇合，形成一个较大的水潭（旧在金氏祠堂前，现已填土改造成农田），水面平静如镜。村后一山，山头岩石像狮子头，所以村民美其名曰“狮子照镜”。“镜”即“鉴”也，居民姓金，故名金鉴，后为简便，写作金干。又据《金氏宗谱》记载，宋朝时，祖先由台城迁此干山，因姓金，故名金干。清代属宁海县南乡杨家庄。民国十七年（1928年）属方岩乡。民国二十四年（1935年）属杨家乡。解放初沿用旧制。1950年5月属坝头乡。1954年成立金干初级社，1955年转为高级社，1956年加入坝头村联合高级社。1958年冬属坝头管理区坝头生产队。1961年从坝头生产队析出，与湖头徐合建金干大队，属坝头人民公社。1984年政社分设，属坝头乡金干村民委员会。2001年行政区划调整，撤销坝头乡，改属亭旁镇。

金干村是中国共产党领导的游击队活动根据地，1938年8月间就成立了党支部。1984年10月19日经三门县人民政府批准为抗日战争老革命根据地村。

湖头徐村 [Hútóuxú Cūn]

以村民委员会驻地湖头徐得名。建于1984年，辖湖头徐1个自然村，2个村民小组，59户，170人。行政区域面积0.51平方公里，其中耕地面积2公顷，林地面积27.67公顷。集体经济总收入5.8万元，固定资产合计9.16万元。

湖头徐 [Hútóuxú]

位于亭旁镇政府驻地西南5.4公里。东靠纱帽额山西麓，南、西、北三面均临亭旁溪。块状聚落，略似方形，系半山区。

先祖徐氏，定居在湖头园村附近，取名湖头徐。清名乌头徐，属宁海县南乡杨家庄。民国十七年（1928年）属方岩乡。民国二十四年（1935年）属杨家乡。解放初沿用旧制。1950年5月属坝头乡。1956年加入坝头村联合高级社。1958年冬属坝头管理区坝头生产队。1961年与金干共建金干大队，属坝头人民公社。1984年政社分设，属坝头乡湖头徐村民委员会。2001年行政区划调整，撤销坝头乡，改属亭旁镇。

桃山村 [Táoshān Cūn]

以村民委员会驻地桃山得名。建于1984年，辖桃山1个自然村，4个村民小组，136户，368人。行政区域面积1.05平方公里，其中耕地面积11.33公顷，林地面积48.67公顷。集体经济总收入8万元，固定资产合计21.29万元。

桃山 [Táoshān]

位于亭旁镇政府驻地南偏西4.9公里。地处纱帽额山南麓，佃石水库北面山上，东近虎陇头，西北邻金干村。地势北高、南低，聚落为方形，呈块状，属山区。

宋景炎元年（1276年），天台葛姆胡伯祯赘居陶山，为陶山胡氏始祖。因“陶”与“桃”同音，后演变为桃山。民国二十九年（1940年）三门建县属杨家乡。解放初沿用旧制。1950年5月属坝头乡。1955年成立桃山初级社，1956年转为高级社。1958年冬属坝头管理区桃山生产队。1961年属坝头人民公社桃山大队。1984年政社分设，属坝头乡桃山村民委员会。2001年行政区划调整，撤销坝头乡，改属亭旁镇。

佃石村 [Diànshí Cūn]

以村民委员会驻地佃石得名。因建造佃石水库，整体搬迁至海润街道滨海新城佃石村移民安置小区。建于1984年，辖佃石、佃石山脚2个自然村，4个村民小组，142户，438人。行政区域面积1.92平方公里，其中耕地面积7公顷，林地面积173.27公顷。集体经济总收入5.27万元，固定资产合计1227.8万元。

佃石 [Diànshí]

村民委员会驻地。位于亭旁镇政府驻地南偏西5.3公里。东北邻桃山村，南至沙湾山，西至芹溪山，北近金干、湖头徐村。聚落呈不规则块状，系半山区。

原佃石村，在今佃石水库库址中，1957年建库时，部分村民移迁到此建立新村，以当地田畈名“长林”名村。因重名，1982年沿用“佃石”原名。据当地宗谱载，佃石村“四山旋绕，万水回环，岩石多相叠”，叠石之名由此而来。因当地“叠”与“佃”谐音，遂演化为佃石。清代名叠石，属宁海县南乡杨家庄。民国时属杨家乡。解放初沿用旧制。1950年5月属坝头乡。1953年成立上岙、下岙2个初级社，1955年转为高级社。1957年建水库时，村民外迁，1960年少数外迁户相继迁回今址，建立新村，名长林村。1961年与佃石山脚合并，成立长林大队，属坝头人民公社。1982年，因重名，沿用佃石原名。1984年政社分设，属坝头乡佃石村民委员会。2001年行政区划调整，撤销坝头乡，改属亭旁镇佃石村。

佃石山脚 [Diànshíshānjiǎo]

因位于佃石山脚，故名。聚落呈点状。1961年属坝头公社长林大队，即后之佃石大队。1984年属坝头乡佃石村。2001年属亭旁镇佃石村。

芹溪村 [Qínxī Cūn]

以村民委员会驻地芹溪得名。建于1984年，辖芹溪1个自然村，8个村民小组，496户，1350人。行政区域面积5.72平方公里，其中耕地面积36.13公顷，林地面积417.07公顷。集体经济总收入37万元，固定资产合计355.29万元。

芹溪 [Qínxī]

位于亭旁镇政府驻地西南6.4公里。东临佃石水库，东南近外洋马村，北与湖头徐村为邻。背山面溪，块状聚落，呈长条形，属半山区。

据当地宗谱记载，卢姓始祖迁居于宁和岭脚西岙处，因住房与溪相近，故名近溪，后为地名雅美，改称芹溪。清属宁海县宁和乡五十都二图，后属宁海县南乡杨家庄。民国属杨家乡。解放初沿用旧制。

1950年5月属坝头乡。1954年成立芹溪初级社。1956年与外洋马村合办芹溪高级社。1957年外洋马村析出。1958年冬属坝头管理区芹溪生产队。1961年属坝头人民公社芹溪大队。1984年政社分设，属坝头乡芹溪村民委员会。2001年行政区划调整，撤销坝头乡，改属亭旁镇。

楼下郑村 [Lóuxiàzhèng Cūn]

以村民委员会驻地楼下郑得名。建于1984年，辖楼下郑1个自然村，4个村民小组，158户，419人。行政区域面积1.77平方公里，其中耕地面积15.13公顷，林地面积85.33公顷。集体经济总收入10.66万元，固定资产合计85.19万元。

楼下郑 [Lóuxiàzhèng]

位于亭旁镇政府驻地南偏西南7.5公里。东北毗沙湾村，东南接路四坑村，西南靠铁墩岩，北与外洋马村为邻，地处群山之中，聚落呈不规则的块状，属山区。

据传，早先有楼、夏、郑三姓居住，故名楼夏郑，后演变为楼下郑。清代属宁海县南乡杨家庄。民国属杨家乡。解放初沿用旧制。1950年5月属坝头乡。1955年成立第一、第二两个初级社，1956年与路四坑、沙湾合办楼下郑高级社。1958年冬又与外洋马组成楼下郑生产队，属坝头管理区。1961年属坝头人民公社楼下郑大队。1984年政社分设，各村析出，设楼下郑村民委员会，属坝头乡。2001年行政区划调整，撤销坝头乡，改属亭旁镇。

外洋马村 [Wàiyángmǎ Cūn]

以村民委员会驻地外洋马得名。建于1984年，辖外洋马1个自然村，4个村民小组，57户，145人。行政区域面积0.52平方公里，其中耕地面积6.13公顷，林地面积23.47公顷。集体经济总收入5万元，固定资产合计35.62万元。

外洋马 [Wàiyángmǎ]

位于亭旁镇政府驻地南偏西6.5公里。东近佃石水库，南毗楼下郑村，西邻芹溪村，北傍岭脚堂。块状聚落，呈长方形，属山区。

当地惯称椒江北岸一带为外洋，该村系外洋人马氏首先定居，故名外洋马。清代名下洋马，属宁海县南乡杨家庄。民国名外洋马，属杨家乡。解放初沿用旧制。1950年5月属坝头乡。1956年成加入芹溪高级社，1957年从芹溪分出，加入楼下郑高级社。1958年冬属坝头管理区楼下郑生产队。1961年属坝头人民公社楼下郑大队。1984年政社分设，从楼下郑大队析出，属坝头乡外洋马村民委员会。2001年行政区划调整，撤销坝头乡，改属亭旁镇。

沙湾村 [Shāwān Cūn]

以村民委员会驻地沙湾得名。建于1984年，辖沙湾1个自然村，3个村民小组，53户，142人。行政区域面积1.17平方公里，其中耕地面积7.37公顷，林地面积26公顷。集体经济总收入5万元，固定资产合计7万元。

沙湾 [Shāwān]

位于亭旁镇政府驻地南偏西6.9公里。东近横路村，东南毗路四坑村，北邻外洋马村。聚落呈点状，属山区。

村所在的山弯原是临海县桐桥村人舍（送）的，当时取名舍湾，后演化为沙湾。清代名沙幻，属宁海县南乡杨家庄。民国名沙湾，属杨家乡。解放初沿用旧制。1950年5月属坝头乡。1956年加入楼下郑高级社。1958年冬属坝头管理区楼下郑生产队。1961年属坝头人民公社楼下郑大队。1984年与楼下郑分设，成立沙湾村民委员会，属坝头乡。2001年行政区划调整，撤销坝头乡，改属亭旁镇。

路四坑村 [Lùsìkēng Cūn]

以村民委员会驻地路四坑得名。建于1984年，辖路四坑1个自然村，3个村民小组，32户，79人。行政区域面积0.45平方公里，其中耕地面积5.27公顷，林地面积9.33公顷。集体经济总收入5万元，固定资产合计8.3万元。

路四坑 [Lùsìkēng]

位于亭旁镇政府驻地南偏西8.1公里。地处铁墩岩东南麓，南靠宁和岭，西北邻楼下郑村，北毗沙湾村。块状聚落，略似长方形，属山区。

因村位于鹭鸶坑边而得名，后演化为路四坑。民国属杨家乡。解放初沿用旧制。1950年5月属坝头乡。1961年属坝头人民公社楼下郑大队。1984年政社分设，各自分设，成立路四坑村民委员会，属坝头乡。2001年行政区划调整，撤销坝头乡，改属亭旁镇。

下梅村 [Xiàméi Cūn]

以村民委员会驻地下梅得名。建于1984年，辖下梅1个自然村，5个村民小组，153户，458人。行政区域面积1.19平方公里，其中耕地面积11公顷，林地面积47.2公顷。集体经济总收入5万元，固定资产合计16.51万元。

下梅 [Xiàméi]

位于亭旁镇政府驻地南8.8公里。地处笔架山东南麓，南近外楼村，北连上梅村。聚落呈“凸”字形的阶梯状，属山区。

查当地《梅氏宗谱》，宋朝，中门西山梅长者后裔迁此定居，生二子，分居两地，邻村地势稍高称上梅，该村地势较低称下梅。清属宁海县南乡包家庄。民国十七年（1928年）属分水乡。民国二十四年（1935年）属包家乡。解放初沿用旧制。1950年5月属彭赖乡。1954年成立下梅初级社。1956年与上梅联办上下梅高级社。1957年又与郭岙村合建光明高级社。1958年年底属彭赖管理区。1961年与上梅村合建上下梅大队，属彭赖人民公社。1984年政社分设，上梅村析出，下梅村成立村民委员会，属彭赖乡。1992年5月撤区扩镇并乡时，撤销彭赖乡，改属坝头乡。2001年行政区划调整，撤销坝头乡，改属亭旁镇。

上梅村 [Shàngméi Cūn]

以村民委员会驻地上梅得名。建于1984年，辖上梅1个自然村，4个村民小组，95户，291人。行政区域面积1.76平方公里，其中耕地面积7.67公顷，林地面积96.2公顷。集体经济总收入5万元，固定资产合计37.45万元。

上梅 [Shàngméi]

位于亭旁镇政府驻地南8.5公里。东毗界岙村，南与下梅村相接，西靠笔架山，北邻郭岙村。块状聚落，呈长方形，属山区。

查当地《梅氏宗谱》，宋朝，中门西山梅长者后裔迁此定居，生二子，分住两地，该村地势较高，称上梅。清属宁海县南乡包家庄。民国十七年（1928年）属分水乡。民国二十四年（1935年）属包家乡。解放初沿用旧制。1950年5月属彭赖乡。1956年与下梅联办上下梅高级社。1957年又与郭岙村合建光明高级社，属彭赖乡。1958年冬属彭赖管理区。1961年改称上下梅大队，属彭赖人民公社。1984年政社分设，与下梅各自设立村民委员会，属彭赖乡。1992年5月撤区扩镇并乡时，撤销彭赖乡，改属坝头乡。2001年行政区划调整，撤销坝头乡，改属亭旁镇。

横路村 [Hénglù Cūn]

以村民委员会驻地横路得名。建于1984年，辖横路1个自然村，4个村民小组，52户，145人。行政区域面积0.56平方公里，其中耕地面积4.4公顷，林地面积15.67公顷。集体经济总收入5万元，固定资产合计33.27万元。

横路 [Hénglù]

位于亭旁镇政府驻地南6.4公里。东傍骆家岭，东南毗坑河村，西邻沙湾村，西北近佃石水库。方形聚落，呈阶梯状，属山区。

清朝时，祖先从下吴村迁居于此。半山腰有一条大横路，村位于路上，故名横路。清代属宁海县南乡包家庄。民国十七年（1928年）属分水乡。民国二十四年（1935年）属包家乡。解放初沿用旧制。1950年5月属彭赖乡。1954年成立横路初级社，1956年与坑河初级社合并转为和平路高级社。1958年冬改称生产队，属彭赖管理区。1961年与坑河村分设，自建横路大队，属彭赖人民公社。1984年全县政社分设后，成立横路村民委员会，属彭赖乡。1992年5月撤区扩镇并乡时，撤销彭赖乡，改属坝头乡。2001年行政区划调整，撤销坝头乡，改属亭旁镇。

坑河村 [Kēnghé Cūn]

以村民委员会驻地坑河得名。建于1984年，辖坑河1个自然村，3个村民小组，70户，209人。行政区域面积0.53平方公里，其中耕地面积6.8公顷，林地面积34.27公顷。集体经济总收入5万元，固定资产合计19.51万元。

坑河 [Kēnghé]

位于亭旁镇政府驻地南6.9公里。东毗祝家村，南近山头平村，西北与横路村为邻。依山傍水，属山区。村落沿两山山麓与亭旁溪之间分布，分溪南、溪北两部分，溪南呈角尺形，溪北呈长方形。

元代，亭旁一个姓杨的人来此钓鱼，见此地有形似笔架的翠绿青山，山麓又有清澈见底的溪坑流水，风景秀丽，定居后，取名坑坞，明朝谐音为坑河。清代名坑何，属宁海县南乡包家庄。民国十七年（1928年）属分水乡。民国二十四年（1935年）属包家乡。解放初沿用旧制。1950年5月属彭赖乡。1954年成立坑河初级社，1956年加入横路村和平路高级社。1958年改称生产队，属彭赖管理区。1961年各自分设，与山头平村合建坑河大队，属彭赖人民公社。1984年全县政社分设，山头平村析出，该村成立坑河村民委员会，属彭赖乡。1992年5月撤区扩镇并乡时，撤销彭赖乡，改属坝头乡。2001年行政区划调整，撤销坝头乡，改属亭旁镇。

山头平村 [Shāntóupíng Cūn]

以村民委员会驻地山头平得名。建于1984年，辖山头平1个自然村，3个村民小组，37户，99人。行政区域面积0.61平方公里，其中耕地面积2.53公顷，林地面积19.93公顷。集体经济总收入5万元，固定资产合计35.08万元。

山头平 [Shāntóupíng]

位于亭旁镇政府驻地南7.4公里。东邻何家村，东南近赖家村，西北毗坑河村。块状聚落，呈长方形，属山区。

清代属宁海县南乡包家庄。民国十七年（1928年）属分水乡。民国二十四年（1935年）属包家乡。解放初沿用旧制。1950年5月属彭赖乡。1954年加入坑河初级社，1956年与坑河村共同加入横路村和平路高级社。1958年属彭赖管理区横路生产队。1961年从横路析出，与坑河村合建坑河大队，属彭赖人民公社。1984年政社分设，各自建立村民委员会，该村为山头平村民委员会，属彭赖乡。1992年5月撤区扩镇并乡时，撤销彭赖乡，改属坝头乡。2001年行政区划调整，撤销坝头乡，改属亭旁镇。

何家村 [Héjiā Cūn]

以村民委员会驻地何家得名。建于1984年，辖何家、路上黎2个自然村，4个村民小组，138户，

387人。行政区域面积0.84平方公里，其中耕地面积10.6公顷，林地面积58.67公顷。集体经济总收入13.75万元，固定资产合计48.12万元。

何家 [Héjiā]

村民委员会驻地。位于亭旁镇政府驻地南7.3公里。东邻路上黎自然村，西至笔架山，北毗祝家村，西连山头平村，西南近赖家村。地处群山环抱之中，方形聚落，呈阶梯状，属山区。

元朝时，有江、何、黎、祝、骆等多姓杂居此处，后因何氏兴旺，故称何家。清代属宁海县南乡包家庄。民国十七年（1928年）属分水乡。民国二十四年（1935年）属包家乡。解放初沿用旧制。1950年5月属上模乡。1954年成立何家初级社，1956年与祝家、外祝合办何家高级社，属彭赖乡。1958年冬又与路上黎合建生产队，属彭赖管理区。1961年改称何家大队，属彭赖人民公社。1984年政社分设，各自成立村民委员会，何家、路上黎合建何家村民委员会，属彭赖乡。1992年5月撤区扩镇并乡时，撤销彭赖乡，改属坝头乡何家村。2001年行政区划调整，撤销坝头乡，改属亭旁镇何家村。

路上黎 [Lùshànglí]

据当地宗谱记载，马湖黎氏分支迁居此大路上方，取名路上黎，又称黎家。聚落呈“品”字形。据清光绪《宁海县志》卷三载，黎家，清属宁海县南乡包家庄。民国属包家乡。解放初属彭赖乡。1950年改属上模乡，1956年回属彭赖乡。1958年冬并入何家生产队，属彭赖管理区。1961年属彭赖公社何家大队。1984年属彭赖乡何家村。1992年5月属坝头乡何家村。2001年属亭旁镇何家村。

祝家村 [Zhùjiā Cūn]

以村民委员会驻地祝家得名。建于1984年，辖祝家、外祝2个自然村，2个村民小组，71户，223人。行政区域面积0.43平方公里，其中耕地面积5.73公顷，林地面积15.3公顷。集体经济总收入6.7万元，固定资产合计1.16万元。

祝家 [Zhùjiā]

村民委员会驻地。位于亭旁镇政府驻地南6.7公里。东靠大尖山西麓，南邻何家村，西毗坑河村，北傍骆家岭，北与项家山村接壤。祝姓迁居于此，故名。清代属宁海县南乡包家庄。民国十七年（1928年）属分水乡。民国二十四年（1935年）属包家乡。解放初沿用旧制。1950年5月属上模乡。1954年与外祝合办祝家初级社，1956年加入何家高级社，属彭赖乡。1958年外祝、何家、路上黎合建生产队，属彭赖管理区。1961年改称何家大队，属彭赖人民公社。1984年政社分设，何家、路上黎析出，与外祝合建祝家村民委员会，属彭赖乡。1992年5月撤区扩镇并乡时，撤销彭赖乡，改属坝头乡祝家村。2001年行政区划调整，撤销坝头乡，改属亭旁镇祝家村。

外祝 [Wàizhù]

村民多姓祝，居祝家外方，故称外祝。品字形聚落，呈阶梯状。据清光绪《宁海县志》卷三载，祝家，清属宁海县南乡包家庄。民国属包家乡。解放初属彭赖乡。1950年属上模乡。1954年与祝家共办祝家初级社，1956年并入何家高级社，属彭赖乡。1958年冬属彭赖管理区。1961年属彭赖公社何家大队。1984年与何家分设，属彭赖乡祝家村。1992年5月属坝头乡祝家村。2001年属亭旁镇祝家村。

郭岙村 [Guō'ào Cūn]

以村民委员会驻地郭岙得名。建于1984年，辖郭岙1个自然村，5个村民小组，124户，371人。行政区域面积1.19平方公里，其中耕地面积13.13公顷，林地面积90.67公顷。集体经济总收入10.5万元，固定资产合计42.9万元。

郭岙 [Guō'ào]

位于亭旁镇政府驻地南7.6公里。东近大尖山茶场，南毗上梅村，西邻何家，西北靠祝家岭。村落沿山麓分布，中间隔一条小山岗，形成里、外两部分，里村呈长方形，外村呈方形，属半山区。

元朝时一户姓郭的人居住此岙，故名郭岙。清名谷岙，属宁海县南乡包家庄。民国十七年（1928年）属分水乡。民国二十四年（1935年）属包家乡。解放初沿用旧制。1950年5月属彭赖乡。1955年成立增展、新民2个初级社，1957年与上梅、下梅村合建光明高级社。1958年冬属彭赖管理区。1961年析出，自建郭岙大队，属彭赖人民公社。1984年政社分设，设郭岙村民委员会，属彭赖乡。1992年5月撤区扩镇并乡时，撤销彭赖乡，改属坝头乡。2001年行政区划调整，撤销坝头乡，改属亭旁镇。

赖家村 [Làijiā Cūn]

以村民委员会驻地赖家得名。建于1984年，辖赖家1个自然村，2个村民小组，110户，318人。行政区域面积1.9平方公里，其中耕地面积7.4公顷，林地面积52.53公顷。集体经济总收入5万元，固定资产合计27.3万元。

赖家 [Làijiā]

位于亭旁镇政府驻地南7.8公里。地处笔架山西北麓，东南接彭家，西北毗山头平村，东北与何家为邻。块状聚落，呈长方形，属半山区。明朝时，赖岙十七世赖谷兰迁居此地，故名赖家。清代属宁海县南乡包家庄。民国十七年（1928年）属分水乡。民国二十四年（1935年）属包家乡。解放初沿用旧制。1950年5月属彭赖乡。1956年与彭家合建展望高级社。1958年改称生产队，属彭赖管理区。1961年与彭家分设，自建赖家大队，属彭赖人民公社。1984年政社分设，设赖家村民委员会，属彭赖乡。1992年5月撤区扩镇并乡时，撤销彭赖乡，改属坝头乡。2001年行政区划调整，撤销坝头乡，改属亭旁镇。

界岙村 [Jiè'ào Cūn]

以村民委员会驻地界岙得名。建于1984年，辖界岙1个自然村，7个村民小组，226户，676人。行政区域面积2.17平方公里，其中耕地面积16.67公顷，林地面积131.13公顷。集体经济总收入15.36万元，固定资产合计76.02万元。

界岙 [Jiè'ào]

位于亭旁镇政府驻地南偏东8.4公里。东界临海市大平岙村，南邻临海市山后王村，西南近上梅村，北靠大尖山。聚落为横置“丁”字形，呈阶梯状，属山区。

村所处的山岙界于三门与临海两县（市）之间，故名界岙。清属宁海县南乡包家庄。民国十七年（1928年）属分水乡。民国二十四年（1935年）属包家乡。解放初沿用旧制。1950年5月属彭赖乡。1955年成立界岙初级社。1957年转为高级社。1958年冬改称生产队，属彭赖管理区。1961年改建界岙大队，属彭赖人民公社。1984年政社分设，界岙村成立村民委员会，属彭赖乡。1992年5月撤区扩镇并乡时，撤销彭赖乡，改属坝头乡。2001年行政区划调整，撤销坝头乡，改属亭旁镇。

彭家村 [Péngjiā Cūn]

以村民委员会驻地彭家得名。建于1984年，辖彭家1个自然村，4个村民小组，158户，461人。行政区域面积1.9平方公里，其中耕地面积13.54公顷，林地面积86.67公顷。集体经济总收入10万元，固定资产合计3.3万元。

彭家 [Péngjiā]

位于亭旁镇政府驻地南8.2公里。地处笔架山西麓，亭旁溪南岸，东南毗下梅村，西北邻赖家村。村落由牛角形逐步扩展成为长方形的块状，属半山区。

据当地《彭氏宗谱》载：“始祖显明公，云南人。唐太宗时，登进士第，官至侍郎，因进谏忤旨谪居台州路。至十世世悦公迁大峰坑，入赘骆氏，即今彭家始祖。”因彭氏聚族而居，故名彭家。清代属宁海县南乡包家庄。民国十七年（1928年）属分水乡。民国二十四年（1935年）属包家乡。解放初沿用旧制。1950年5月属彭赖乡。1954年成立展望、新华2个初级社。1956年年初与赖家合办展望高级社。1958年改称生产队，属彭赖管理区。1961年与赖家分设，自建彭家大队，属彭赖人民公社。1984年政社分设，设彭家村民委员会，属彭赖乡。1992年5月撤区扩镇并乡时，撤销彭赖乡，改属坝头乡。2001年行政区划调整，撤销坝头乡，改属亭旁镇。

外楼村 [Wàilóu Cūn]

以村民委员会驻地外楼得名。建于1984年，辖外楼1个自然村，1个村民小组，49户，146人。行政区域面积0.71平方公里，其中耕地面积7.73公顷，林地面积27公顷。集体经济总收入5万元，固定资产合计13.18万元。

外楼 [Wàilóu]

位于亭旁镇政府驻地南偏东9.6公里。地处分水岭之西，东与临海市张岙村接界，西南毗大溪下村，西为里洪村，北近下梅村。聚落为倒置“凹”字形，呈阶梯状，属山区。

唐代，祖先定居该村时，村里住金姓人，村外住楼姓人，称外楼。后楼姓逐渐外迁，金姓移居，沿用原名。清代名外刘，属宁海县南乡包家庄。民国十七年（1928年）属分水乡。民国二十四年（1935年）属包家乡。解放初沿用旧制。1950年5月属彭赖乡。1955年成立外楼初级社，1957年与大溪下初级社合办联合高级社。1958年冬改称生产队，属彭赖管理区。1961年改称外楼大队，属彭赖人民公社。1984年政社分设，大溪下村析出，外楼村成立村民委员会，属彭赖乡。1992年5月撤区扩镇并乡时，撤销彭赖乡，改属坝头乡。2001年行政区划调整，撤销坝头乡，改属亭旁镇。

大溪下村 [Dàxīxià Cūn]

以村民委员会驻地大溪下得名。建于1984年，辖大溪下1个自然村，2个村民小组，61户，208人。行政区域面积0.49平方公里，其中耕地面积5.73公顷，林地面积28.87公顷。集体经济总收入5万元，固定资产合计3.1万元。

大溪下 [Dàxīxià]

位于亭旁镇政府驻地南10.2公里。东北毗外楼村，南邻挂帘村，西南与坐塘村相接，西北为里洪村。块状聚落，呈阶梯形，属山区。

祖先从挂帘山上往下迁至溪坑边居住，取名大溪下。民国属包家乡。解放初沿用旧制。1950年5月属彭赖乡。1955年成立大溪下初级社，1957年与外楼初级社合并，成立联合高级社。1958年属彭赖管理区。1961年改称外楼大队，属彭赖人民公社。1984年政社分设，外楼析出，大溪下村成立村民委员会，属彭赖乡。1992年5月撤区扩镇并乡时，撤销彭赖乡，改属坝头乡。2001年行政区划调整，撤销坝头乡，改属亭旁镇。

坐塘村 [Zuòtáng Cūn]

以村民委员会驻地坐塘得名。建于1984年，辖坐塘1个自然村，6个村民小组，225户，686人。行政区域面积1.81平方公里，其中耕地面积20.2公顷，林地面积66.67公顷。集体经济总收入15万元，固定资产合计2.57万元。

坐塘 [Zuòtáng]

位于亭旁镇政府驻地南10.5公里。地处狮子岩北麓，东南毗挂帘村，西南靠风水岗，西北为里洪村，东北与大溪下村为邻。块状聚落，略呈“凹”字形，属半山区。

据当地宗谱记载，金姓祖先于唐朝时迁居此地，因村处于四面环山，形似山塘的一块较平坦的山地中，故名坐塘。清名坐堂，属宁海县南乡包家庄。民国十七年（1928年）属分水乡。民国二十四年（1935年）属包家乡。解放初沿用旧制。1950年5月属彭赖乡。1955年成立坐塘第一、第二2个初级社，1957年与里洪村合办同心高级社。1958年冬改称生产队，属彭赖管理区。1961年改称坐塘大队，属彭赖人民公社。1984年政社分设，里洪村析出，坐塘村成立村民委员会，属彭赖乡。1992年5月撤区扩镇并乡时，撤销彭赖乡，改属坝头乡。2001年行政区划调整，撤销坝头乡，改属亭旁镇。

里洪村 [Lǐhóng Cūn]

以村民委员会驻地里洪得名。建于1984年，辖里洪1个自然村，3个村民小组，50户，138人。行政区域面积0.33平方公里，其中耕地面积4.6公顷，林地面积13公顷。集体经济总收入5万元，固定资产合计0.5万元。

里洪 [Lǐhóng]

位于亭旁镇政府驻地南9.8公里。东为外楼村，东南邻坐塘村，南傍风水岗，西界临海市鲍家村，北与彭家村隔山为邻。块状聚落，呈方形。

村靠山坑里边，古时，一遇大雨，就洪流翻滚，故称里洪。清属宁海县南乡包家庄。民国十七年（1928年）属分水乡。民国二十四年（1935年）属包家乡。解放初沿用旧制。1950年5月属彭赖乡。1957年加入坐塘村同心高级社。1961年改称坐塘大队，属彭赖人民公社。1984年政社分设，从坐塘村分设，成立里洪村村民委员会，属彭赖乡。1992年5月撤区扩镇并乡时，撤销彭赖乡，改属坝头乡。2001年行政区划调整，撤销坝头乡，改属亭旁镇。

挂帘村 [Guàlián Cūn]

以村民委员会驻地挂帘得名。建于1984年，辖挂帘、山头2个自然村，4个村民小组，121户，352人。行政区域面积1.66平方公里，其中耕地面积16.53公顷，林地面积62.2公顷。集体经济总收入5万元，固定资产合计116.38万元。

挂帘 [Guàlián]

村民委员会驻地。位于亭旁镇政府驻地南10.8公里。地处挂帘上头西部山腰中，亭旁溪上游东北，南与临海市接壤，北邻大溪下村，西北与坐塘村相接。地势东高西低，属山区。

村以挂帘山得名。清属宁海县南乡包家庄。民国十七年（1928年）属分水乡。民国二十四年（1935年）属包家乡。解放初沿用旧制。1950年5月属彭赖乡。1955年成立何金掌、何金官2个初级社，1957年与山头村合办挂帘高级社。1958年冬改称生产队，属彭赖管理区。1961年改称挂帘大队，属彭赖人民公社。1984年政社分设，成立挂帘村民委员会，属彭赖乡。1992年5月撤区扩镇并乡时，撤销彭赖乡，改属坝头乡挂帘村。2001年行政区划调整，撤销坝头乡，改属亭旁镇挂帘村。

山头 [Shāntóu]

因地质灾害，整体迁居挂帘自然村。村处蒋公坦山的山头上，故称山头。村落呈长方形。民国属包家乡。解放后属彭赖乡。1957年加入挂帘高级社。1961年属彭赖公社挂帘大队。1984年属彭赖乡挂帘村。1992年5月属坝头乡挂帘村。2001年属亭旁镇挂帘村。

第三节 住宅小区

山水华庭 [Shānshuǐ Huátíng]

位于亭旁镇亭旁大道58号，镇政府东面。占地面积1.47万平方米，建筑面积3.2万平方米，绿地率30.1%，共214套住房。亭旁好山好水，是宜居家园，故名。2014年4月建成命名。

御龙湾 [Yùlóng Wān]

位于亭旁镇蛤蟆塘，西北毗亭溪小区，南溪从东侧流过。占地面积2.04万平方米，建筑面积2.4万平方米，绿地率30%，有16幢总高11米三层排屋76套。从高空俯视，南溪似一条巨龙腾空而飞，故名。

2013年5月建成命名。

锦龙雅苑 [Jǐnlóng Yǎyuàn]

位于亭旁镇火车站场和谐大道18号。占地面积3.11万平方米，建筑面积6.54万平方米，绿地率30%，共440套住宅。东依火车站，西临亭旁溪犹巨龙戏珠，吉祥如意，环境优雅，闹中取静，故名。2012年4月建成命名。

温馨家园 [WēnXin Jiāyuán]

位于亭旁镇宁和路（原亭旁供销社生产资料收购站）。占地面积0.4万平方米，建筑面积0.9万平方米。居住楼2幢，共66套住宅。寓意温柔甜美，温暖馨香家园，故名。2006年7月24日命名。

亭溪小区 [Tíngxī Xiǎoqū]

位于亭旁镇蛤蟆塘。西邻杨家村小路头自然村，东南毗御龙湾，杨家村到火车站道路旁。占地面积2.17万平方米，建筑面积4.31万平方米。共有居住楼22幢，198套住宅。因近亭旁溪而得名。2010年4月14日命名。

第六章 健跳镇

第一节 概况

健跳镇［Jiàntiào Zhèn］

地理位置 位于北纬28°58′39″~29°08′37″，东经121°27′02″~121°40′18″之间，距县政府驻地25公里。地处三门县东南，东临三门湾海域与猫头洋和满山洋相连，南与浦坝港镇接壤，西与横渡镇毗邻，西北与海润街道相交，北濒海游港与蛇蟠水道。

政区概况 地处浙江东部黄金海岸线中段，浙江省四大深水良港之一——健跳港横贯全境。健跳港距甬台温铁路20公里，动工建设中的甬台温沿海高速公路贯穿其中，是浙东最便捷的出海通道之一。从这里至上海216海里，至宁波111海里，至海门港46海里，同时距宁波机场、台州路桥机场均100公里以内。且健跳地处连接三门县港南港北的中心枢纽地带，地理位置十分优越。先后荣获全国重点镇、国家生态镇、国家级现代农业示范区、国家防控减灾示范镇、国家一级渔港、省级农作制度创新示范镇、省文化强镇等称号。

健跳地处海口，扼水陆交通咽喉，历来为海防重镇。健跳港绵延曲折，三面环山，水清浪静，年平均风力2~3级，是天然的避风港。健跳港区航道还是浙东沿海潮差最大的海区之一，两岸可建3.5至5万吨级深水泊位9个，航道通过能力3950万吨以上。健跳港两岸土地资源丰富，可以开发为港口用地、仓储用地、城镇用地、工业用地的塘地，总面积达22平方公里（已规划利用总面积达18平方公里），并且沿海滩涂众多，实施港口外移战略后，龙山涂、洋市涂和高泥塆涂围垦就可新增土地面积1万多亩。在电力资源方面，健跳是一个集核电、火电、风电、潮汐电于一体的综合能源区，经国内外200余批专家勘察论证，琴江两岸可建大型电厂多个。目前，全球首次使用AP1000技术的三门核电站正在紧张建设中，国内规模最大的潮汐电站已正式签约落户健跳港沙木渡，位于洋市涂的火电厂已投产，全部建成后总容量可达2000余万千瓦。

健跳镇辖地面积181.7平方公里，陆域面积广，森林植被密集，山林面积13.5万亩，土地面积约占陆域面积的45%，其中耕地面积4.52万亩，养殖水面1.69万亩。水资源丰富，水库众多，规模较大的有罗岙水库、尖坑山水库、下叶水库、浮门水库等。

健跳属滨海平原地区，陆域怀山面海，地势为东、南、西面高，北面与中部低，整体地势为四周高、北中低，以低丘平原为主。港北区域是三门县三大平原之一，是县内主要粮食产区、优质柑橘产地、水产养殖基地，港南区域以低山丘陵为主，其中岙口塘、七市塘等片区是主要平原地区，是健跳重要的粮食种植和水产养殖区。另外，陆域东部滩涂面积辽阔，适宜海水养殖和围垦开发。西部区域山体较多，地势起伏大，最高点高背岩海拔454.5米。镇政府驻健农村南大街43号。

政区划分 辖健中、沿港、三良3个居委会，健农、健渔、西山头、八村、猫头、峧头、平岩、外岗、龙山、天字号、南新、南丰、手字塆、尖坑山、乾岙、鸟屿、大蛟龙、白岩前、东边、西边、西郭、洋溪、田里、里岙、上陈、下店、梅山、花市、繁荣、马庄、地字号、永丰、盐灶、门头、赤头、洋市、里七市、外七市、上七市、浮门、大塘、岙口塘、上街、中街、下街、刘塘墩、十八庄、乾墩、新塘、山后塘、盖门塘、前潭、下洋潭、大湾、狮子头、里峙、大冲、前墩、岙口、田岙、毛张、毛叶、大宅、小宅、小蒲、西渡、巡检司、赤礁、峋岩、上敖、三岔71个行政村，129个自然村。

政区沿革 明洪武年间（1368—1398年）设健跳所。清代分属宁海县南乡石桥、小横渡、西渡3个庄。1940年三门建县前后属琴江、蛟龙、六敖、永丰4个乡。解放初沿用旧制。1950年8月琴江乡改称健跳乡，蛟龙乡分设东郭、岙口2个乡，永丰乡分设头岙、园里、西渡3个乡，六敖乡分设六敖、上敖2个乡。1956年东郭、岙口2个乡合并，称东郭乡。1957年10月重又分设东郭、岙口2个乡。1958年11月改建健跳、东郭、岙口、六敖、健康、蒲西6个管理区。1961年10月改称健跳、东郭、岙口、六敖、蒲西5个公社。1983年6月设健跳镇（县直属）和东郭、岙口、六敖、蒲西4个乡。1984年8月六敖区和健跳镇合并（两块牌子一套班子）。1987年区镇机构分设，为健跳镇，六敖乡改制六敖镇，属六敖区。1992年5月撤销东郭、岙口2个乡，其行政区划并入健跳镇，撤蒲西乡，除蛇蟠岛3个村外其余并入六敖镇。2013年11月撤销六敖镇、健跳镇建制，合并组建新的健跳镇。

名称由来 健跳地处海口，扼水陆交通咽喉，历来为海防重镇。健跳之名，即含将健兵勇、活跃蹦跳之意。

气象气候 属亚热带海洋性季风气候区，四季分明，温和湿润，冬夏季风交替显著，无严寒酷暑，光热资源较优，雨量丰沛，因濒临海域，略带有海洋性气候。主要灾害天气有暴雨、台风、干旱等，年平均温度16.5~17.2℃，平均雨量1360~1680毫米，年日照1600~2370小时，无霜期246~293天。季风特征明显，南部区域夏季多盛行东南风，冬季多西北风；北部地区夏季多盛行西南风，冬季多东北风。

人口状况 总户数22163户，人口68599人，其中男性35787人，城镇人口18114人，人口密度为每平方公里187.93人，自然增长率7.85‰。

社会经济 健跳镇的临港产业已得到了前所未有的发展，培育了永源汽车、海滨船业等规模上企业14家，初步形成汽车、造船、冶炼、机电四大支柱产业。2016年实现工业总产值51亿元，财政总收入1.2亿元，其中地方财政收入0.65亿元，农民人均可支配收入21160元。

农业以种植水稻和经济作物为主，盛产柑橘、茶叶等。地理位置东、北两面濒临海洋，水产资源丰富。猫头水道是黄鱼产孵繁殖、洄游的良好场所。主要水产品有黄鱼、鲳鱼、马鲛鱼、虾、梭子蟹、青蟹、鲨鱼等。近海与沿海滩涂有人工养殖的青蟹、对虾、蛏、蚶、牡蛎和紫菜等。

健跳镇新农村建设快速推进，完成建设项目352个，对盖门塘、梅山等21个村进行整治，其中梅山和西郭两个村被列为省级整治村，梅山、洋溪、浮门3个村被评为小康示范村。全面实施“清洁家园，美丽乡村”建设和生态镇、生态村创建工作，实行农村垃圾集中处理，农村环境明显改善，被评为省级生态镇。全镇有中学2所，小学6所，幼儿园14所，卫生院2所，敬老院2所。

人文胜景 健跳有“海国山城”之美誉，山川雄奇，物产丰富，文化底蕴深厚。明洪武二十年（1387年）设千户所，系信国公汤和奏设，千户尚膺筑，城高二丈三尺，围三里二十七步，门二，西曰“登明”，北曰“崇武”。明朝中叶，倭寇横行海内外，为加强沿海地区的防御，于明嘉靖四十年（1561年），宁绍台参将戚继光再修健跳城。当地人民为纪念戚继光的不朽功勋，在城内建造戚公祠。明万历四年（1576年）又立《大都督南塘戚令公去思碑》以表去思。清顺治六年（1649年），张名振抗清义军攻占健跳所，迎明鲁王至健跳，从王群臣每日朝拜于健跳水殿中。十月，鲁王移驻舟山。翌年，台州提督田雄攻破健跳所，徙近海居民，因墟其地。后复设健跳汛，驻守左、右营守备，下设千总、把总、外委等官。清雍正八年（1730年）设立水师驻防，立哨防守和巡逻海面。

因独特的滨海资源和山川资源，健跳共有98个旅游资源单体，占全县旅游资源单体总数的68.2%，其中天官笔树等优良级旅游资源单体14个。境内隐龙山不仅多流泉飞瀑，清潭绿水，灵岩幻石，也是浙东南珍稀动植物基因库。东郭风景区素有浙东南“渔家桃花源”之美誉，广袤的现代海水养殖场，阡陌交通，耕海牧渔，极具渔家风情。满山岛、龙潭坑双折瀑、滴水岩瀑布、健跳核电和农博园的知名度和美誉度不断提高。

盐灶高跷、健农黄布龙、田岙山歌、长工曲、赤礁剪纸等被列入市县非物质文化遗产保护名录。健跳所城遗址、蒲西巡检司城被公布为省级文物保护单位。岙口吴氏宗祠、古安住寺、双桂书院等名胜古迹有一定影响。历史上著名人物有明正德《宁海县志》编纂张辅、进士藏相、嘉靖武进士张一初、太平令臧用志、清教育家张俊三、近代“海角大王”仇灼华、著名作家林淡秋、宁海旅沪学会主席林泽清等。

第二节 居委会

健中居委会 [Jiànzhōng Jūwěihuì]

位于健跳镇城区。面积0.7平方公里，下辖3个居民小组，人口690人。因是健跳镇区范围的居民组成而得名。1990年12月31日批准设立。

沿港居委会 [Yángǎng Jūwěihuì]

位于健跳镇老城区。面积0.9平方公里，下辖3个居民小组，人口870人。沿健跳港之意，故名。1990年12月31日设立。

三良居委会 [Sānliáng Jūwěihuì]

位于健跳镇六敖原三门县良种繁殖场。面积0.33平方公里，下辖11个居民小组，人口187人。2003年3月为了理顺原“三门县良种繁殖场”改制后职工的管理而设立，故名。

第三节 行政村及自然村

健农村 [Jiànnóng Cūn]

以村民委员会驻地健农得名。建于1983年，辖健农1个自然村，30个村民小组，810户，2442人。行政区域面积5.09平方公里，其中耕地面积20.8公顷。集体经济总收入304.73万元，固定资产合计1548万元。

健农 [Jiànnóng]

位于健跳镇区东北部。地处了瞭高山西南麓，地势东北向西南倾斜，聚落呈不规则块状，属沿海平原地区。东滨健跳港，南邻健渔村，西邻S224省道，西北与峧头村接壤。

以村民主要从事农业生产而得名。清属宁海县南乡西洞庄。民国属琴江乡。解放初仍属琴江乡。1950年8月由琴江乡分设健跳乡，属健跳乡。1951年分建为团结、爱国、民主、和平、互助5个村。1954年分别成立爱国、民主2个农业初级社和健跳渔业初级社，1956年合并转为健跳高级社。1958年冬属健跳管理区。1961年10月分设健农、健渔2个大队，属健跳人民公社。1983年10月属健跳镇健农村民委员会。

健渔村 [Jiànyú Cūn]

以村民委员会驻地健渔得名。建于1983年，辖健渔1个自然村，9个村民小组，461户，1461人，行政区域面积1.13平方公里，其中耕地面积11.47公顷。集体经济总收入114.13万元，固定资产合计707.62万元。

健渔 [Jiànyú]

位于健跳镇区东部。地处了瞭高山西南麓，地势东北向西南倾斜，聚落呈三角形块状，属沿海平原。东、南滨健跳港，西邻S224省道，北连健农村。

以村民主要从事渔业生产而得名。清属宁海县南乡西洞庄。民国属琴江乡。解放初仍属琴江乡。

1950年8月由琴江乡分设健跳乡，属健跳乡。1951年分建为团结、爱国、民主、和平、互助5个村。1954年分别成立爱国、民主2个农业初级社和健跳渔业初级社，1956年合并转为健跳高级社。1958年冬属健跳管理区。1961年10月分设健农、健渔2个大队，属健跳人民公社。1983年10月属健跳镇健渔村民委员会。

猫头村 [Māotóu Cūn]

以村民委员会驻地猫头得名，因建造核电站，已整体搬迁到健跳镇区。建于1983年，辖大猫头、小猫头、大黄礁、小黄礁、大路湾5个自然村，4个村民小组，493户，1489人。行政区域面积4.39平方公里，其中耕地面积2公顷。集体经济总收入18.32万元，固定资产合计813.36万元。

大猫头 [Dàmāotóu]

村民委员会驻地，位于健跳镇政府驻地北偏东5.9公里。地势西高东低，聚落为块点状分布，属沿海半山区。地处猫头山东麓，东濒猫头洋水道，西与大冲、里峙村隔山接壤。

以地处猫头山得名。清属宁海县南乡西洞庄。民国属六鳌乡。解放初属琴江乡。1950年8月由琴江乡分设健跳乡，属健跳乡。1954年由大猫头、小猫头、大黄礁、小黄礁4个村合办猫头渔业初级社，1955年转为高级社。1958年11月，大路湾村并入，共建猫头生产队，属健跳管理区。1961年10月属健跳公社猫头大队。1966年更名为东方红大队，因重名，1981年恢复原名猫头大队。1983年8月属健跳猫头村民委员会。

小猫头 [Xiǎomāotóu]

村居猫头山，与南麓大猫头村相比，村庄较小，故称小猫头。聚落呈点状。据清光绪《宁海县志》卷三载，猫头，属宁海县南乡西洞庄。民国属六鳌乡。解放后属健跳乡。1954年加入猫头初级社。1958年冬属健跳管理区。1961年属健跳公社猫头大队。1983年属健跳镇猫头村。

大黄礁 [Dàhuángjiāo]

村居一块黄色的礁石旁，与小黄礁村比较，该村较大，称大黄礁。聚落呈点状。据清光绪《宁海县志》卷三载，黄礁，属宁海县南乡西洞庄。民国属六鳌乡。解放后属健跳乡。1954年加入猫头初级社。1958年冬属健跳管理区。1961年属健跳公社猫头大队。1983年属健跳镇猫头村。

小黄礁 [Xiǎohuángjiāo]

村居一块黄色的礁石旁，与大黄礁村相比，该村较小，称小黄礁。聚落呈点状。据清光绪《宁海县志》卷三载，黄礁，属宁海县南乡西洞庄。民国属六鳌乡。解放后属健跳乡。1954年加入猫头初级社。1958年冬属健跳管理区。1961年属健跳公社猫头大队。1983年属健跳镇猫头村。

大路湾 [Dàlùwān]

村处猫头山嘴岬角，靠大路边的山弯中，故名大路湾。聚落呈点状。清代地属宁海县南乡西洞庄。民国属六鳌乡。解放后属健跳乡。1958年冬属健跳管理区。1961年属健跳公社猫头大队。1983年属健跳镇猫头村。

外岗村 [Wàigǎng Cūn]

以村民委员会驻地外岗得名。建于1983年，辖外岗、老屋、长沙3个自然村，11个村民小组，198户，586人。行政区域面积3.86平方公里，其中耕地面积4.06公顷。集体经济总收入14.91万元，固定资产合计107.06万元。

外岗 [Wàigǎng]

村民委员会驻地。位于健跳镇政府驻地北偏东4.5公里。地处大湾山东麓，东濒猫头洋水道，北邻长沙自然村，南与平岩村接壤。地势西南高东北低，聚落呈点状，属沿海半山区。村所在的山岗，按地形分为里岗、外岗、西岗3处。该村东濒猫头水道，地处外岗，故名。清属宁海县南乡西洞庄。民国属六鳌乡。解放初属六敖乡。1950年8月属健跳乡。1954年成立外岗、老屋、长沙初级社，1956年合并组建长沙高级社。1958年11月属健跳管理区。1961年10月属健跳公社外岗大队。1983年8月属健跳镇外岗村民委员会。

老屋 [Lǎowū]

古时，这里没有民房，仅有几间由佛殿改建的平房，后人遂称此为老屋，村亦以此得名。聚落呈点状。据清光绪《宁海县志》卷三载，老屋，清属宁海县南乡西洞庄。民国属六鳌乡。解放后属健跳乡。1954年成立老屋初级社。1956年加入长沙高级社。1958年冬属健跳管理区。1961年属健跳公社外岗大队。1983年属健跳镇外岗村。

长沙 [Chángshā]

村东濒临猫头水道，村旁的海滩中冲积着一片较长的黄沙，故村名长沙。聚落呈点状。据清光绪《宁海县志》卷三载，长沙，清属宁海县南乡西洞庄。民国属六鳌乡。解放后属健跳乡。1954年成立长沙初级社。1956年与外岗、老屋共建长沙高级社。1958年冬属健跳管理区。1961年属健跳公社外岗大队。1983年属健跳镇外岗村。

平岩村 [Píngyán Cūn]

以村民委员会驻地平岩得名。建于1983年，辖平岩1个自然村，4个村民小组，121户，374人。行政区域面积1.54平方公里，其中耕地面积4.4公顷。集体经济总收入66.8万元，固定资产合计241.63万元。

平岩 [Píngyán]

位于健跳镇政府驻地北偏东2.4公里。地处平岩山东南麓，东濒猫头水道，南接健渔村，临健跳港，西南邻峧头村，北毗外岗村。地势西北高东南低，聚落呈点状，系沿海半山区。

因村后有一片较平坦的岩石，故称平岩。清属宁海县南乡西洞庄。民国属琴江乡。解放初属琴江乡。1950年8月由琴江乡分设健跳乡，属健跳乡。1958年11月属健跳管理区。1961年10月属健跳公社平岩大队。1983年8月属健跳镇平岩村民委员会。

龙山村 [Lóngshān Cūn]

以村所在地龙山岛得名。位于健跳镇政府驻地东北部，岛距大陆最近点高湾山北麓0.8公里，因交通不便，已无人居住。原名狗头山村，因系庸俗性质的地名，1983年建村时，以岛的南侧有“龙洞”，改名为龙山；与此同时，原狗肚沙与狗脚两村的“狗”字，均改为“龙”字。辖北沙、足市、龙肚沙、山头、龙脚5个自然村，5个村民小组，144户，442人。行政区域面积5平方公里，其中耕地面积4.13公顷。集体经济总收入462.42万元，固定资产合计66.31万元。

北沙 [Běishā]

村民委员会驻地。位于健跳镇政府驻地东北4.8公里。地处龙山岛北侧，地势西南高东北低。东近长山，东南毗龙脚自然村，西南邻龙肚沙自然村，西北为足市自然村，北与小狗山（岛）隔海相望。

村处龙山岛北面山脚下，淤积黄沙较多，故称北沙。清属宁海县南乡西洞庄。民国属琴江乡。解放初属琴江乡。1950年8月由琴江乡分设健跳乡，属健跳乡。1958年11月属健跳管理区。1961年10月属健跳公社狗头山大队。1966年改名为东风大队，因重名，1981年恢复原名狗头山大队。1983年8月属健跳镇龙山村民委员会。

足市 [Zúshì]

位于龙山岛西北部。聚落呈点状。民国属琴江乡。1950年8月属健跳乡。1958年冬属健跳管理区狗头山生产队。1961年属健跳公社狗头山大队。1983年属健跳镇龙山村。

龙肚沙 [Lóngdùshā]

村处龙山岛龙肚部位的沙滩旁，故名龙肚沙。聚落呈点状。民国属琴江乡。1950 年 8 月属健跳乡。1958 年冬属健跳管理区狗头山生产队。1961 年属健跳公社狗头山大队。1983 年属健跳镇龙山村。

山头 [Shāntóu]

村处龙山岛龙头部位的山头上，故名山头。聚落呈点状。民国属琴江乡。1950 年 8 月属健跳乡。1958 年冬属健跳管理区狗头山生产队。1961 年属健跳公社狗头山大队。1983 年属健跳镇龙山村。

龙脚 [Lóngjiǎo]

村处龙山岛龙脚部位，故名龙脚。聚落呈点状。民国属琴江乡。1950 年 8 月属健跳乡。1958 年冬属健跳管理区狗头山生产队。1961 年属健跳公社狗头山大队。1983 年属健跳镇龙山村。

峧头村 [Jiāotóu Cūn]

以村民委员会驻地峧头得名。建于 1983 年，辖峧头、塘里壁、王门、岭头、后坑、张家岙 6 个自然村，14 个村民小组，295 户，886 人。行政区域面积 1.67 平方公里，其中耕地面积 20.4 公顷。集体经济总收入 7.55 万元，固定资产合计 43.62 万元。

峧头 [Jiāotóu]

村民委员会驻地。位于健跳镇政府驻地西北 1.4 公里。地处后砂山西南麓，麦碎山东南的山峧上，东南邻健农村，南毗西山头村，紧临 S224 省道。地势北向南倾斜，聚落呈点块状，属沿海平原地区。

村处后砂山与麦碎山之间的山峧上，故名峧头。土地改革时期，按全乡行政村次序排为第六村，改名六村。1982 年恢复原名。清属宁海县南乡西洞庄。民国属琴江乡。解放初属琴江乡。1950 年 8 月由琴江乡分设健跳乡，属健跳乡。1955 年与塘里壁、王门、岭头、后坑、张家岙合办六村初级社，1956 年转为六村高级社。1958 年 11 月属健跳管理区。1961 年 10 月属健跳公社六村大队。因重名，1981 年更名为峧头大队。1983 年 8 月属健跳镇峧头村民委员会。

塘里壁 [Tánglǐbì]

位于健跳塘里壁，故名。聚落呈点状。据清光绪《宁海县志》卷三载，塘里壁，清属宁海县南乡西洞庄。民国属琴江乡。1950 年 8 月属健跳乡。1955 年加入六村初级社，1956 年转为六村高级社。1958 年冬属健跳管理区。1961 年属健跳公社六村大队（即后之峧头大队）。1983 年属健跳镇峧头村。

王门 [Wángmén]

地处王门岭之北，村以岭得名。清名黄门洋。聚落呈点状。据清光绪《宁海县志》卷三载，黄门洋，属宁海县南乡西洞庄，民国属琴江乡。1950 年 8 月属健跳乡。1955 年加入六村初级社，1956 年转为六村高级社。1958 年冬属健跳管理区。1961 年属健跳公社六村大队（即后之峧头大队）。1983 年属健跳镇峧头村。

岭头 [Lǐngtóu]

村居王门岭头，故名。点状聚落，呈阶梯形。民国属琴江乡。1950 年 8 月属健跳乡。1955 年加入六村初级社，1956 年转为六村高级社。1958 年冬属健跳管理区。1961 年属健跳公社六村大队（即后之峧头大队）。1983 年属健跳镇峧头村。

后坑 [Hòukēng]

村位于峧头村村后坑边，故名后坑。块状聚落，略似梯形。据清光绪《宁海县志》卷三载，后坑，清属宁海县南乡西洞庄。民国属琴江乡。1950 年 8 月属健跳乡。1955 年加入六村初级社，1956 年转为六村高级社。1958 年冬属健跳管理区。1961 年属健跳公社六村大队（即后之峧头大队）。1983 年属健跳镇峧头村。

张家岙 [Zhāngjiā'ào]

古代，潮水一直涨到此岙，称为涨岙，后演变为张家岙。块状聚落，略呈倒梯形。民国属琴江乡。

1950年8月属健跳乡。1955年加入六村初级社，1956年转为六村高级社。1958年冬属健跳管理区。1961年属健跳公社六村大队（即后之峧头大队）。1984属健跳镇蛟头村。

西山头村 [Xīshāntóu Cūn]

以村民委员会驻地西山头得名。建于1983年，辖西山头1个自然村，8个村民小组，180户，558人。行政区域面积1.28平方公里，其中耕地面积11.6公顷。集体经济总收入7.55万元，固定资产合计43.62万元。

西山头 [Xīshāntóu]

位于健跳镇政府驻地西0.9公里。地处铁冠山东麓，东近健渔村，南临健跳港，北与峧头村为邻。地势北高南低，聚落为点、块状混合分布，属平原地区。

因村处健跳西铁冠山麓，地形较高，故称西山头。土改时，以全乡行政村次序排列第七，改名为七村。1982年恢复原名。清属宁海县南乡西洞庄。民国属琴江乡。解放初属琴江乡。1950年8月由琴江乡分设健跳乡，属健跳乡。1954年成立七村初级社，1956年转为七村高级社。1958年11月属健跳管理区。1961年10月属健跳公社七村大队（即后之西山头大队）。1983年8月属健跳镇西山头村民委员会。

八村村 [Bācūn Cūn]

以土改时，按全乡行政村次序排列为第八村而得名，沿用至今。建于1983年，辖蟹山脚、沙木岙、沙木塘、山头4个自然村，12个村民小组，329户，1054人。行政区域面积3.05平方公里，其中耕地面积28.6公顷。集体经济总收入16.14万元，固定资产合计53.94万元。

蟹山脚 [Xièshānjiǎo]

村民委员会驻地。位于健跳镇政府驻地西3.2公里。地处健跳港中游北侧，沙木山头北麓，东与西山头村接壤，北与鸟屿村隔山为邻。地势平坦，聚落呈点状，属沿海平原地区。

因村处蟹山山麓，故名。清属宁海县南乡岭根陈庄（沙木山头属大横渡庄）。民国属琴江乡。解放初属琴江乡。1950年8月由琴江乡分设健跳乡，属健跳乡。1954年成立蟹山脚、沙木塘、沙木岙、沙木山头4个初级社，1957年各自转为高级社。1958年11月蟹山脚、沙木塘、沙木岙、沙木山头共建八村生产队，属健跳管理区。1961年10月属健跳公社八村大队。1983年8月属健跳镇八村村民委员会。

沙木岙 [Shāmùào]

据传，宋高宗南渡时，曾停车马于沙木渡，故在此附近的船渡、山岙均以车马命名，车马岙之名，即由此而来。后以谐音逐步演变为速目岙和沙木岙。聚落呈不规则的块状。据清光绪《宁海县志》卷三载，速目岙，属宁海县南乡岭根陈庄。民国属琴江乡。1950年8月属健跳乡。1954年成立沙木岙初级社，1957年转为高级社。1958年冬加入八村生产队，属健跳管理区。1961年属健跳公社八村大队。1983年属健跳镇八村村民委员会。

沙木塘 [Shāmùtáng]

据传，宋高宗南渡时，曾停车马于沙木渡，故在此附近的船渡、山岙、海塘等均以车马命名。车马塘之名，即由此而来。后以谐音逐步演变为速目塘和沙木塘。聚落呈点状。据清光绪《宁海县志》卷三载，速目塘，清属宁海县南乡岭根陈庄。民国属琴江乡。1950年8月属健跳乡。1954年成立沙木塘初级社，1957年转为高级社。1958年冬加入八村生产队，属健跳管理区。1961年属健跳公社八村大队。1983年属健跳镇八村村民委员会。

山头 [Shāntóu]

据传，宋高宗南渡时，曾停车马于沙木渡，故在此附近的船渡、山岙、山头均以车马命名。车马山头之名，即由此而来。后以谐音逐步演变为速目山头和沙马山头，简称山头。聚落呈点状。据清光绪《宁海县志》卷三载，速目山头，清属宁海县南乡大横渡庄。民国属琴江乡。1950年8月属健跳乡。1954年成立沙木山头初级社，1957 年转为高级社。1958 年冬加入八村生产队，属健跳管理区。1961 年属健跳公社八村大队。1983 年属健跳镇八村村民委员会。

浮门村 [Fúmén Cūn]

以村民委员会驻地浮门得名。建于 1983 年，辖浮门 1 个自然村，9 个村民小组，162 户，520 人。行政区域面积 2 平方公里，其中耕地面积 12.2 公顷。集体经济总收入 7.67 万元，固定资产合计 100.77 万元。

浮门 [Fúmén]

位于健跳镇政府驻地南 2 公里。地处健跳港南岸，东北与上七市村隔山为邻，南近田岙岭，西临浮门水库。聚落为块、点状混合分布，系半山区。

据南宋嘉定《赤城志》载："浮门，在县（宁海）南一百九十里。土著多陈姓，盖六朝时霸先之后。隋灭陈，尽室避乱于此。历唐、五代，以赀雄其家，砖甓皆湖州物，人取以为砥，濒海产乳柑。"据当地宗谱记载，南陈光大二年（568 年），安成王陈顼废伯宗自立，迁伯宗为临海王。太建元年（569 年），伯宗暴亡，子陈至泽为避祸泛舟南海，船至百礁洋，夜泊琴港湾，翌晨见海上浮来大门一扇，遂定居焉。因此地号浮门。又传，谢氏祖先从福建乘船来此，见海中两块礁石，随着海潮渐涨渐落，若隐若现，形如大门，遂称浮门。清属宁海县宁和乡四十四都（下甲）一图，后改属南乡西洞庄。民国属琴江乡。解放后属琴江乡。1950 年 8 月由琴江乡分设健跳乡，属健跳乡。1955 年成立浮门初级社，1957 年转为高级社。1958 年 11 月属健跳管理区。1961 年 10 月属健跳公社浮门大队。1983 年 8 月属健跳镇浮门村民委员会。

上七市村 [Shàngqīshì Cūn]

以村民委员会驻地上七市得名。建于 1983 年，辖上七市 1 个自然村，15 个村民小组，238 户，588 人。行政区域面积 1.26 平方公里，其中耕地面积 4.53 公顷。集体经济总收入 7.62 万元，固定资产合计 251.04 万元。

上七市 [Shàngqīshì]

位于健跳镇政府驻地东南 1.8 公里。地处将岩山北麓偏西，健跳港下游南侧，东毗下七市村，西南近浮门村，北濒健跳港。地势南向北倾斜，聚落呈不规则的块状，属平原地区。

此一带濒临健跳港，原是一片海涂，境内有 7 个小岛屿，明末清初围垦成塘，总名七屿。建村时，按次序排列，以其地形最高，称上七屿，后演变为上七市。清名上赤屿，属宁海县南乡西洞庄。民国属琴江乡。解放后属琴江乡。1950 年 8 月由琴江乡分设健跳乡，属健跳乡。1955 年成立上七市初级社，1958 年年初转为高级社。同年冬与下七市、洋市、田龙、廿四箩合建七市生产队，属健跳管理区。1961 年 10 月属健跳公社七市大队。1983 年 8 月与下七市、洋市、田龙、廿四箩村分设，建上七市村民委员会，属健跳镇。

里七市村 [Lǐqīshì Cūn]

以村民委员会驻地下七市村里角得名。建于 1983 年，辖里七市 1 个自然村，5 个村民小组，326 户，997 人。行政区域面积 1.58 平方公里，其中耕地面积 15.2 公顷。集体经济总收入 6.43 万元，固定资产合计 179.87 万元。

里七市 [Lǐqīshì]

位于健跳镇政府驻地东南 2.7 公里。地处将岩山北麓偏东，东邻洋市村，西与上七市隔山嘴为邻，北接外七市。地势南向北倾斜，聚落呈三角形块状，属沿海平原。

因位于下七市里角，故名里七市。下七市为里七市与外七市总称。清属宁海县南乡西洞庄。民国属琴江乡。解放后属琴江乡。1950 年 8 月由琴江乡分设健跳乡，属健跳乡。1955 年成立里七市初级社。1958 年 11 月与上七市、洋市、田龙、廿四箩合建七市生产队，属健跳管理区。1961 年 10 月属健跳公社七市大队。1983年8月与上七市、洋市、田龙、廿四箩村分设后，下七市村又分建里、外七市两个村民委员会，该村属健跳镇里七市村民委员会。

外七市村 [Wàiqīshì Cūn]

以村民委员会驻地下七市村外角得名。建于1983年，辖外七市、高湾、中央塘3个自然村，15个村民小组，306户，902人。行政区域面积5.25平方公里，其中耕地面积14.92公顷。集体经济总收入6.17万元，固定资产合计248.96万元。

外七市 [Wàiqīshi]

村民委员会驻地。位于健跳镇政府驻地东南2.6公里。地处天打岩山西南麓，东邻里七市村，西毗上七市村。地势平坦，聚落呈不规则块状，属沿海平原地区。

因位于下七市外角，故名外七市。下七市为里七市与外七市总称。清属宁海县南乡西洞庄。民国属琴江乡。解放初属琴江乡。1950年8月由琴江乡分设健跳乡，属健跳乡。1955年成立下七市初级社。1958年11月与上七市、洋市、田龙、廿四箩合建七市生产队，属健跳管理区。1961年10月属健跳公社七市大队。1983年8月与上七市、洋市、田龙、廿四箩村分设后，下七市村又分建里、外七市两个村民委员会，该村属健跳镇外七市村民委员会。

高湾 [Gāowān]

地处高湾山西麓，村以山得名。聚落呈点状。据清光绪《宁海县志》卷三载，高湾，清属宁海县南乡西洞庄。民国属蛟龙乡。1950年8月属健跳乡。1957年加入下七市高级社。1958年冬属健跳管理区。1961年属健跳公社七市大队。1983年属健跳镇外七市村。

中央塘 [Zhōngyāngtáng]

因该海塘地处高湾塘和老塘之间，故名中央塘，村以塘命名。聚落呈点状。民国属蛟龙乡。1950年8月属健跳乡。1957年加入下七市高级社。1958年冬属健跳管理区。1961年属健跳公社七市大队。1983年属健跳镇外七市村。

洋市村 [Yángshì Cūn]

以村民委员会驻地洋市得名。建于1983年，辖洋市、田龙、廿四箩3个自然村，17个村民小组，354户，1063人。行政区域面积3.49平方公里，其中耕地面积17.4公顷。集体经济总收入4.98万元，固定资产合计186.52万元。

洋市 [Yángshi]

村民委员会驻地。位于健跳镇政府驻地东南3.4公里。地处天打岩山东南麓，东濒洋市涂，东南近廿四箩自然村，西毗里七市村，北邻田龙自然村。地势东、西、北三面略高，东南稍低，聚落呈不规则块状，属沿海平原地区。

古时，这一带原是海洋，有一座小山孤悬其中，称为洋屿。围塘定居后，即以洋屿名村，后演化为洋市。清属宁海县南乡西洞庄。民国属琴江乡。解放初属琴江乡。1950年8月由琴江乡分设健跳乡，属健跳乡。1954年与田龙、廿四箩联办洋市初级社，1956年转为高级社。1958年11月加入七市生产队，属健跳管理区。1961年10月改称七市大队，属健跳公社。1983年8月由七市村分设，与田龙、廿四箩合建洋市村民委员会，属健跳镇。

田龙 [Tiánlóng]

该村三面环山，一面濒海，一条山坑形似游龙从田畈中央蜷曲东流，故名田龙。聚落呈点状。民国属蛟龙乡。1950年8月属健跳乡。1954年加入洋市初级社，1956年转为高级社。1958年冬属健跳管理区七市生产队。1961年属健跳公社七市大队。1983年属健跳镇洋市村。

廿四箩 [Niànsìluó]

据传，古人在此围塘，因面积很少，仅能收廿四箩谷，故取名廿四箩，定居后即以此名村。聚落为点、块状混合分布。民国属蛟龙乡。1950年8月属健跳乡。1954年加入洋市初级社，1956年转为高级社。1958年冬属健跳管理区七市生产队。1961年属健跳公社七市大队。1983年属健跳镇洋市村。

东边村 [Dongbiān Cūn]

以村民委员会驻地东郭东边得名。建于1983年，辖东边、刺涂、上山3个自然村，19个村民小组，620户，1991人。行政区域面积4.86平方公里，其中耕地面积76.27公顷。集体经济总收入23.57万元，固定资产合计427.42万元。

东边 [Dōngbiān]

村民委员会驻地。位于健跳镇政府驻地西南6.2公里。地处大白岩山西麓，烟墩岗山南麓，东隔山与小宅村相邻，东南毗洋溪村，西北接西边村，北靠梅岙岭。地势北向南倾斜，聚落呈三角形点、块混合，属沿海平地。

元末明初，何氏迁东郭边（今东郭片村），后因何氏兴旺，分居东西两地。该村居东面，故名东边。清属宁海县南乡小横渡庄。民国属蛟龙乡。解放后属蛟龙乡。1950年5月撤销蛟龙乡，改属东郭乡。1955年年底成立刘大苏（西边）、何金斋、何金申、何金高（东边）4个初级社，1958年春又与上山、刺涂、金鸡塘村合并组成东郭高级社。1958年11月建东郭生产队，属东郭管理区。1961年10月东郭村分为东边、西边两个大队，该村与上山、刺涂村合建东边大队，属东郭公社。“文化大革命”期间更名为东风大队，因重名，1981年恢复原名东边大队。1983年属东郭乡东边村民委员会。1992年5月撤区扩镇并乡时，撤销东郭乡，改属健跳镇东边村。

刺涂 [Cìtú]

村处于原长满海锋刺的海涂边上，故名刺涂。聚落呈点状。民国属蛟龙乡。1950年5月属东郭乡。1958年春加入东郭高级社，同年冬属东郭管理区东郭生产队。1962年属东郭公社东边大队。1983年属东郭乡东边村。1992年5月属健跳镇东边村。

上山 [Shàngshān]

地处大白岩山西麓山坡上，故名上山。聚落呈点状。民国属蛟龙乡。1950年5月属东郭乡。1958年春加入东郭高级社，同年冬属东郭管理区东郭生产队。1962年属东郭公社东边大队。1983年属东郭乡东边村。1992年5月属健跳镇东边村。

西边村 [Xībiān Cūn]

以村民委员会驻地东郭西边得名。建于1983年，辖西边、金鸡塘2个自然村，9个村民小组，344户，1084人。行政区域面积5.22平方公里，其中耕地面积45.87公顷。集体经济总收入392.55万元，固定资产合计140.35万元。

西边 [Xībiān]

村民委员会驻地。位于健跳镇政府驻地西南6.5公里。地处大屏山南麓，东南接东边村，南临东郭塘，西近下湾塘水库，临健跳港，西北有长加湾塘。地势北向南倾斜，聚落呈长方形块状，属沿海平地。

元末明初，何氏迁东郭边（今东郭片村），后因何氏兴旺，分居东西两地，该村居西面，故名西边。清属宁海县南乡小横渡庄。民国属蛟龙乡。解放后属蛟龙乡。1950年5月撤销蛟龙乡，改属东郭乡。1955年年底成立刘大苏（西边）、何金斋、何金申、何金高（东边）4个初级社，1958年春又与上山、刺涂、金鸡塘村合并组成东郭高级社。1958年11月建东郭生产队，属东郭管理区。1961年10月东郭分为东边、西边两个大队，该村与金鸡塘村合建西边大队，属东郭公社。“文化大革命”期间更名为爱国大队，因重名，1981年恢复原名西边大队。1983年属东郭乡西边村民委员会。1992年5月撤区扩镇并乡时，撤销东郭乡，改属健跳镇西边村。

金鸡塘 [Jīnjītáng]

位于金鸡山北麓，围塘后，塘以山得名，建村后，村以塘得名。聚落呈点状。据清光绪《宁海县志》卷三载，金鸡塘，清属宁海县南乡小横渡庄。民国属蛟龙乡。1950年5月属东郭乡。1958年春加入东郭高级社，同年冬属东郭管理区东郭生产队。1962年属东郭公社西边大队。1983年属东郭乡西边村。1992年5月属健跳镇西边村。

梅山村 [Méishān Cūn]

以村民委员会驻地梅山得名。建于1983年，辖梅山1个自然村，8个村民小组，193户，612人。行政区域面积2.3平方公里，其中耕地面积21.67公顷。集体经济总收入196.89万元，固定资产合计258.97万元。

梅山 [Méishān]

位于健跳镇政府驻地西5.7公里。地处烟墩岗西北麓，东近沙木渡，南与东郭隔山为邻，西靠金鸡山，北濒健跳港。为点、块状的复合式聚落，属半山区。

据当地《吕氏宗谱》记载，吕氏从嘉兴迁入此地，以村位于杨梅山脚，取名梅岙。因重名，1982年更名为梅山，以示区别。清属宁海县南乡小横渡庄。民国属蛟龙乡。解放后属蛟龙乡。1950年5月撤销蛟龙乡，改属东郭乡。1958年11月属东郭管理区。1961年10月建梅岙大队（即后之梅山大队），属东郭公社。1983年属东郭乡梅岙村民委员会。1992年5月撤区扩镇并乡时，撤销东郭乡，改属健跳镇。

大宅村 [Dàzhái Cūn]

以村民委员会驻地大宅得名。建于1983年，辖大宅1个自然村，8个村民小组，298户，919人。行政区域面积1.61平方公里，其中耕地面积39.93公顷。集体经济总收入30.94万元，固定资产合计141.20万元。

大宅 [Dàzhái]

位于健跳镇政府驻地西南5公里。地处大白岩山北麓，东南近小宅村，西靠大宅岭，北与东边村刺涂自然村为邻。聚落为块、点状混合分布，属平原地区。

据当地宗谱记载，元朝朱氏祖宗迁入此地，因村位于大宅岭脚，故称大宅。清属宁海县南乡小横渡庄。民国属蛟龙乡。解放初属蛟龙乡。1950年5月撤销蛟龙乡，改属东郭乡。1955年8月成立朱邦铎、何昌明2个初级社，1958年9月合并转为高级社，11月属东郭管理区。1961年10月属东郭公社大宅大队。1983年属东郭乡大宅村民委员会。1992年5月撤区扩镇并乡时，撤销东郭乡，改属健跳镇。

小宅村 [Xiǎozhái Cūn]

以村民委员会驻地小宅得名。建于1983年，辖小宅、肖湾2个自然村，7个村民小组，217户，651人。行政区域面积2.49平方公里，其中耕地面积28.13公顷，集体经济总收入18.9万元，固定资产合计46.76万元。

小宅 [Xiǎozhái]

村民委员会驻地。位于健跳镇政府驻地西南4.7公里。地处大白岩山东麓，狮子岩山北麓，东为小宅塘，西北与大宅村隔山为邻，东北毗肖湾自然村。块状聚落，略似方形，属平原地区。

据传，元朝朱氏迁入此地，因位于小宅岭脚，故称小宅。清属宁海县南乡小横渡庄。民国属蛟龙乡。解放初属蛟龙乡。1950年5月撤销蛟龙乡，改属东郭乡。1958年11月属东郭管理区。1961年10月属东郭公社小宅大队。1983年属东郭乡小宅村民委员会。1992年5月撤区扩镇并乡时，撤销东郭乡，改属健跳镇小宅村。

肖湾 [Xiāowān]

1958年兴建下叶水库时，把原在库址中的下叶村部分村民移居于此。因村处健跳港边小山弯里，故称小湾村，为了地名雅美，1982年更名为肖湾。线状聚落，呈一字形。1962年属东郭公社小宅大队。1983年属东郭乡小宅村。1992年5月属健跳镇小宅村。

洋溪村 [Yángxī Cūn]

以村民委员会驻地洋溪得名。建于1983年，辖洋溪1个自然村，9个村民小组，162户，532人。行政区域面积1.48平方公里，其中耕地面积26公顷。集体经济总收入100.12万元，固定资产合计206.21万元。

洋溪 [Yángxī]

位于健跳镇政府驻地西南6.3公里。地处双岩东北麓，东近大蛟龙村，东南毗田里村，北临东郭塘。为不规则的块状聚落，属半山区。

据当地《吕氏宗谱》载，唐朝吕祖氏绕公从福建迁入此地，因村边有一溪，称洋溪，即以溪名村。清属宁海县南乡石桥庄。民国属蛟龙乡。解放后属蛟龙乡。1950年5月撤销蛟龙乡，改属东郭乡。1955年2月成立陈广学初级社，1956年转为洋溪高级社。1958年11月属东郭管理区。1961年10月属东郭公社洋溪大队。1983年属东郭乡洋溪村民委员会。1992年5月撤区扩镇并乡时，撤销东郭乡，改属健跳镇。

大蛟龙村 [Dàjiāolóng Cūn]

以村民委员会驻地大蛟龙得名。建于1983年，辖大蛟龙、小蛟龙、东郭门3个自然村，5个村民小组，260户，767人。行政区域面积2.73平方公里，其中耕地面积41.6公顷。集体经济总收入5.08万元，固定资产合计142.51万元。

大蛟龙 [Dàjiāolóng]

村民委员会驻地。位于健跳镇政府驻地西南5.7公里。地处虎头岩东南麓，东临岙口塘，南靠炮台山，西毗洋溪村。聚落为不规则的块、点状混合分布，属半山区。

当地《叶氏宗谱》载，清朝叶氏祖宗从后洋迁入，因村东北有座山，形似龙，称大蛟龙，村以此得名。清代名大高龙，属宁海县南乡石桥庄。民国属蛟龙乡。解放后属蛟龙乡。1950年5月撤销蛟龙乡，改属东郭乡。1958年11月与小蛟龙、东郭门同属东郭管理区后洋生产队。1961年10月3村合组大蛟龙大队，属东郭公社。1983年属东郭乡大蛟龙村民委员会。1992年5月撤区扩镇并乡时，撤销东郭乡，改属健跳镇大蛟龙村。

小蛟龙 [Xiǎojiāolóng]

村南有一山，形如龙，与大蛟龙山南北并列，称小蛟龙，村以山得名。清名小高龙。据清光绪《宁海县志》卷三载，小高龙，属宁海县南乡石桥庄。民国属蛟龙乡。1950年5月属东郭乡。1958年冬与大蛟龙同属东郭公社后洋生产队。1962年属东郭公社大蛟龙大队。1983年属东郭乡大蛟龙村。1992年5月属健跳镇大蛟龙村。

东郭门 [Dōngguōmén]

地处东郭门岭西部，为去东郭的必经之地，故称东郭门。块状聚落，略呈方形。据清光绪《宁海县志》卷三载，东郭门，清属宁海县南乡石桥庄。民国属蛟龙乡。1950年5月属东郭乡。1958冬与大、小蛟龙同属东郭管理区后洋生产队。1962年属东郭公社大蛟龙大队。1983年属东郭乡大蛟龙村。1992年5月属健跳镇大蛟龙村。

西郭村 [Xīguō Cūn]

以村民委员会驻地西郭得名。建于1983年，辖西郭1个自然村，13个村民小组，314户，989人。行政区域面积5.34平方公里，其中耕地面积35.47公顷。集体经济总收入80.39万元，固定资产合计148.49万元。

西郭 [Xīguō]

村民委员会驻地。位于健跳镇政府驻地西南8.2公里。地处板壁山北麓，北临健跳港，东北与洋溪村接壤。聚落为点、块状混合分布，属濒海丘陵地区。

据当地《叶氏宗谱》载，叶自锡始迁临邑东岩，又自东岩分迁桐峙山，叶亭德于元朝大德元年（1297年）卜宅于西郭。其地山水秀丽，四周环绕，状如城郭，因名西郭。清属宁海县宁和乡四十五都，后改属南乡石桥庄。民国属蛟龙乡。解放后属蛟龙乡。1950年5月撤销蛟龙乡，改属东郭乡。1958年11月属东郭管理区。1961年10月属东郭公社西郭大队。1983年属东郭乡西郭村民委员会。1992年5月撤区扩镇并乡时，撤销东郭乡，改属健跳镇。

田里村 [Tiánlǐ Cūn]

以村民委员会驻地田里得名。建于1983年，辖田里1个自然村，8个村民小组，157户，450人。行政区域面积0.87平方公里，其中耕地面积13.4公顷。集体经济总收入6.3万元，固定资产合计45.82万元。

田里 [Tiánlǐ]

村民委员会驻地。位于健跳镇政府驻地西南7公里。地处千丈岩山东麓，东毗下店村，南近里岙村，西北邻洋溪村。地势西高东低，聚落为块、点状混合分布，属平原地区。

据传，元朝，叶氏从西郭迁此。这里三面环山，仅北面山弯有一丘田，故称田湾，属后洋片村。因重名，1982年更名为田里。清属宁海县南乡石桥庄。民国属蛟龙乡。解放后属蛟龙乡。1950年5月撤销蛟龙乡，改属东郭乡。1955年2月成立叶希本初级社。1958年11月属东郭管理区后洋生产队。1961年10月建田湾大队（即后之田里大队），属东郭公社。1983年属东郭乡田里村民委员会。1992年5月撤区扩镇并乡时，撤销东郭乡，改属健跳镇田里村。

下店村 [Xiàdiàn Cūn]

以村民委员会驻地下店得名。建于1983年，辖下店1个自然村，6个村民小组，134户，416人。行政区域面积0.98平方公里，其中耕地面积16.27公顷。集体经济总收入18.49万元，固定资产合计85.7万元。

下店 [Xiàdiàn]

位于健跳镇政府驻地西南6.7公里。地处炮台山西南麓，东南与白岩村接壤，南近下叶水库，西邻田里村，北毗大蛟龙村。聚落为块、点状混合分布，属半山区。

此地在古代曾建过村庄，名曰“下店”，以原村旁的山脚下开有一家染布店，故名，属后洋片村，后废。1958年兴建下叶水库时，公社决定把原在库址中的下叶村部分村民移居于此，仍以下叶名村。因重名，1982年重新启用下店原名。清属宁海县南乡石桥庄。民国属蛟龙乡。解放后属蛟龙乡。1950年5月撤销蛟龙乡，改属东郭乡。1955年10月成立叶小镯初级社，1956年2月与上陈村缪会干初级社合并转为下叶高级社。1958年11月属东郭管理区后洋生产队。1961年10月另建下叶大队（即后之下店大队），属东郭公社。1983年属东郭乡下店村民委员会。1992年5月撤区扩镇并乡时，撤销东郭乡，改属健跳镇。

里岙村 [Lǐ'ào Cūn]

以村民委员会驻地里岙得名。建于1983年，辖里岙、陈家、王家3个自然村，3个村民小组，135户，387人。行政区域面积0.67平方公里，其中耕地面积12.17公顷。集体经济总收入3.72万元，固定资产合计104.26万元。

里岙 [Lǐ'ào]

位于健跳镇政府驻地西南7.2公里。地处千丈岩东南麓，东近下店村，东南邻上陈村，东北毗田里村。块状聚落，呈长方形，属半山区。

据传，元朝中期，始祖从临海小溪迁入。因位于山岙里，故取名里岙，属后洋片村。民国属蛟龙乡。解放后属蛟龙乡。1950年5月撤销蛟龙乡，改属东郭乡。1956年2月成立王仁灶初级社。1958年11月属东郭管理区后洋（片村名）生产队。1983年属东郭乡里岙村民委员会。1992年5月撤区扩镇并乡时，撤销东郭乡，改属健跳镇里岙村。

陈家 [Chénjiā]

陈姓居住，村以姓氏取名，属后洋片村。聚落为点状。民国属蛟龙乡。1950年5月属东郭乡。1958年冬属东郭管理区。1962年属东郭公社里岙大队。1983年属东郭乡里岙村民委员会。1992年5月属健跳镇里岙村。

王家 [Wángjiā]

王姓居住，村以姓氏取名，属后洋片村。聚落为点状。民国属蛟龙乡。1950年5月属东郭乡。1958年冬属东郭管理区。1962年属东郭公社里岙大队。1983年属东郭乡里岙村民委员会。1992年5月属健跳镇里岙村。

白岩前村 [Báiyánqián Cūn]

以村民委员会驻地白岩前得名。建于1983年，辖白岩前、梅家岙2个自然村，8个村民小组，128户，379人。行政区域面积1.21平方公里，其中耕地面积12.13公顷。集体经济总收入6.38万元，固定资产合计72.63万元。

白岩前 [Báiyánqián]

村民委员会驻地。位于健跳镇政府驻地西南7公里。地处沙地山西南麓，东南毗毛张村石桥自然村，西南邻上陈村，西北近下店村，北靠白岩洞。聚落呈点状，属半山区。

村西北面有一岩洞，深20米，宽10米，名为白岩洞，村在白岩洞前，故名白岩前，属后洋片村。清属宁海县南乡石桥庄。民国属蛟龙乡。解放后属蛟龙乡。1950年5月撤销蛟龙乡，改属东郭乡。1958年11月属东郭管理区后洋生产队。1961年10月属东郭公社白岩前大队。1983年属东郭乡白岩前村民委员会。1992年5月撤区扩镇并乡时，撤销东郭乡，改属健跳镇白岩前村。

梅家岙 [Méijiāào]

据传，早年，此山岙梅树较多，称梅家岙，属后洋片村。聚落呈点状。据清光绪《宁海县志》卷三载，梅家岙，清属宁海县南乡石桥庄。民国属蛟龙乡。1950年5月属东郭乡。1958年冬属东郭管理区后洋生产队。1962年属东郭公社白岩前大队。1983年属东郭乡白岩前村。1992年5月属健跳镇白岩前村。

上陈村 [Shàngchén Cūn]

以村民委员会驻地上陈得名。建于1983年，辖上陈、岙里2个自然村，12个村民小组，259户，797人。行政区域面积2.46平方公里，其中耕地面积30.53公顷，集体经济总收入2.7万元，固定资产合计84.73元。

上陈 [Shàngchén]

村民委员会驻地。位于健跳镇政府驻地西南7.9公里。地处下岙山（即官爷山）东北麓，东靠饭蒸岩，西南傍下岙山，北邻里岙村。为不规则的块状聚落，属半山区。

查当地《陈氏宗谱》，陈氏祖先从宁海县东门街迁入，因姓陈，故称上陈，属后洋片村。清属宁海县南乡大横渡庄。民国属蛟龙乡。解放后属蛟龙乡。1950年5月撤销蛟龙乡，改属东郭乡。1955年成立缪会干初级社，1956年2月与下叶村叶小镯初级社合办下叶高级社。1958年11月属东郭管理区后洋生产队。

1961年10月属东郭公社上陈大队。1983年属东郭乡上陈村民委员会。1992年5月撤区扩镇并乡时，撤销东郭乡，改属健跳镇上陈村。

岙里 [Àolǐ]

村居三面环山的山岙里，故名岙里，属后洋片村。点状聚落，略呈三角形。民国属蛟龙乡。1950年5月属东郭乡。1958年冬属东郭管理区后洋生产队。1962年属东郭公社上陈大队。1983年属东郭乡上陈村。1992年5月属健跳镇上陈村。

岙口村 [Àokǒu Cūn]

以村民委员会驻地岙口得名。建于1983年，辖岙口、南山2个自然村，32个村民小组，850户，2546人。行政区域面积5.03平方公里，其中耕地面积119公顷。集体经济总收入15.01万元，固定资产合计211.18万元。

岙口 [Àokǒu]

村民委员会驻地。位于健跳镇政府驻地南偏西4.3公里。地处毛王岗西北麓，东邻田岙村，南隔山与毛张村接壤，西近乌猫山，北为牛蹄坑。地势东南向西北倾斜，聚落呈不规则的块状，属平原地区。

因村坐落于山岙之口，故称岙口。清属宁海县南乡石桥庄。民国属蛟龙乡。解放初属东郭乡。1950年5月改属岙口乡。1955年成立吴有雄、吴大善2个初级社。1956年年初又成立叶得能初级社，同年秋，3个初级社合并转为岙口高级社，属东郭乡。1957年10月重属岙口乡。1958年11月属岙口管理区。1961年10月属岙口公社岙口大队。1983年属岙口乡岙口村民委员会。1992年5月撤区扩镇并乡时，撤销岙口乡，改属健跳镇岙口村。

南山 [Nánshān]

村位于南山旁，以山名村。聚落呈点状。民国属蛟龙乡。解放初属东郭乡。1950年5月属岙口乡。1956年属东郭乡。1958年年底属东郭管理区。1961年属岙口公社岙口大队。1983年属岙口乡岙口村。1992年5月属健跳镇岙口村。

岙口塘村 [ÀoKǒuTáng Cūn]

以村民委员会驻地岙口塘得名。建于1983年，辖岙口塘1个自然村，1个村民小组，71户，199人。行政区域面积0.43平方公里，其中耕地面积31.33公顷。集体经济总收入5.1万元，固定资产合计46.78万元。

岙口塘 [ÀoKǒuTáng]

位于健跳镇政府驻地西南2.9公里。地处健跳港中下游南岸，仰天饭蒸（孤立小山）南麓，东邻S224省道，东南为大塘村上蓬厂自然村，北濒健跳港。聚落呈点状，属平原地区。

岙口塘前身是永安塘、永兴塘，于1939年筑成。因塘基欠固，新中国成立不久，以岙口村群众为主，进行扩建、加固后，统称岙口塘。在岙口公社领导下逐步移民定居，后以塘名村。1966年成立岙口塘大队，属岙口公社。1983年11月属岙口乡岙口塘村民委员会。1992年5月撤区扩镇并乡时，撤销岙口乡，改属健跳镇。

大塘村 [Dàtáng Cūn]

以村民委员会驻地大塘得名。建于1983年，辖下蓬厂、山亩、园山里、上蓬厂、八亩田、市弄堂、流塘、西岙、锁门9个自然村，17个村民小组，530户，1568人。行政区域面积4.26平方公里，其中耕地面积16.4公顷。集体经济总收入32.4万元，固定资产合计180.02万元。

下蓬厂 [Xiàpéngchǎng]

村民委员会驻地。位于健跳镇政府驻地西南1.8公里。地处里湾山西南麓，东近八亩田自然村，东南濒浮门水库，南临S224省道，与市弄塘自然村为邻，西毗岙口塘村，北为山亩自然村。地势平坦，属沿海平原地区。

据当地老人反映，大约在150年前，祖先把大片海涂围垦成塘，因围塘工程巨大，取名大塘。大塘围成后，外地人陆续来此定居，因当时村民住的都是茅蓬厂，该村位于塘的下方，故名下蓬厂。民国属蛟龙乡。解放初属东郭乡。1950年5月改属岙口乡。1955年成立第六、第七2个初级社，1956年与山亩、园山里、上蓬厂、八亩田、市弄塘、流塘、西岙、锁门联合成立大塘高级社，属东郭乡。1957年10月重属岙口乡。1958年11月属岙口管理区。1961年10月属岙口公社大塘大队。1983年11月属岙口乡大塘村民委员会。1992年5月撤区扩镇并乡时，撤销岙口乡，改属健跳镇大塘村。

山亩 [Shānmǔ]

村建在一丘三亩面积大的田畈中，称三亩，因其地形较高，又称山亩。聚落呈点状。民国属蛟龙乡。解放初属东郭乡。1950年属岙口乡。1956年加入大塘高级社，属东郭乡。1958年年底属东郭管理区。1961年属岙口公社大塘大队。1983年属岙口乡大塘村。1992年5月属健跳镇大塘村。

园山里 [Yuánshānlǐ]

村位于一座圆形的小山里边，故名圆山里，后演变为园山里。聚落呈点状。民国属蛟龙乡。解放后属东郭乡。1950年属岙口乡。1956年加入大塘高级社，属东郭乡。1958年年底属东郭管理区。1961年属岙口公社大塘大队。1983年属岙口乡大塘村。1992年5月属健跳镇大塘村。

上蓬厂 [Shàngpéngchǎng]

村位于下蓬厂上方，称上蓬厂。为不规则的块状聚落。民国属蛟龙乡。解放初属东郭乡。1950年属岙口乡。1955年成立大塘第四初级社，1956年并入大塘高级社，属东郭乡。1958年年底属东郭管理区。1961年属岙口公社大塘大队。1983年属岙口乡大塘村。1992年5月属健跳镇大塘村。

八亩田 [Bāmǔtián]

以村前“八亩田”田畈名名村。聚落呈点状。民国属蛟龙乡。解放初属东郭乡。1950年属岙口乡。1956年加入大塘高级社，属东郭乡。1958年年底属东郭管理区。1961年属岙口公社大塘大队。1983年属岙口乡大塘村。1992年5月属健跳镇大塘村。

市弄塘 [Shìnòngtáng]

早年，在该村所处的东西两旁各有一个小岛屿，中间称屿弄堂，并以此名村，后演化为市弄塘。聚落呈点状。民国属蛟龙乡。解放初属东郭乡。1950年属岙口乡。1956年加入大塘高级社，属东郭乡。1958年年底属东郭管理区。1961年属岙口公社大塘大队。1983年属岙口乡大塘村。1992年5月属健跳镇大塘村。

流塘 [Liútáng]

从前村边山上常有泥土流失于此塘中，群众习称流塘，并以此名村。聚落呈点状。民国属蛟龙乡。解放初属东郭乡。1950年属岙口乡。1956年属东郭乡。1958年年底属东郭管理区。1961年属岙口公社大塘大队。1983年属岙口乡大塘村。1992年5月属健跳镇大塘村。

西岙 [Xī'ào]

村位于流塘西边的山岙里，故称西岙。为不规则的块状聚落。民国属蛟龙乡。解放初属东郭乡。1950年属岙口乡。1956年加入大塘高级社，属东郭乡。1958年年底属东郭管理区。1961年属岙口公社大塘大队。1983年属岙口乡大塘村。1992年5月属健跳镇大塘村。

锁门 [Suǒmén]

据传，古代浮门村祖先有一扇门板舍（送）给该村，故村名舍门，以示纪念，后演称锁门。聚落呈点状。民国属蛟龙乡。解放初属东郭乡。1950年属岙口乡。1956年加入大塘高级社，属东郭乡。1958年年底属东郭管理区。1961年属岙口公社大塘大队。1983年属岙口乡大塘村。1992年5月属健跳镇大塘村。

田岙村 [Tián'ào Cūn]

以村民委员会驻地田岙得名。建于1984年，辖田岙1个自然村，12个村民小组，521户，1567人。行政区域面积2.66平方公里，其中耕地面积38.33公顷。集体经济总收入4.19万元，固定资产合计320.13万元。

田岙 [Tián'ào]

位于健跳镇政府驻地南4公里。地处四顾基山西南麓，毛王岗北麓，西邻岙口村，依山傍水。地势东高西低，聚落为不规则的块状，属平原地区。

据当地宗谱记载，祖先迁居此岙时，以山岙里有几亩田，取名为田岙。清属宁海县南乡石桥庄。民国属蛟龙乡。解放初属东郭乡。1950年5月改属岙口乡。1955年成立陈国贵初级社，1956年转为田岙高级社，属东郭乡。1957年10月重属岙口乡。1958年11月属岙口管理区。1961年10月属岙口公社田岙大队。1983年属岙口乡田岙村民委员会。1992年5月撤区扩镇并乡时，撤销岙口乡，改属健跳镇。

毛张村 [Máozhāng Cūn]

以村民委员会驻地毛张得名。建于l983年，辖毛张、里加畔、石桥3个自然村，10个村民小组，659户，1924人。行政区域面积4.49平方公里，其中耕地面积73.47公顷。集体经济总收入2.35万元，固定资产合计471.13万元。

毛张 [Máozhāng]

村民委员会驻地。位于健跳镇政府驻地南偏西6.6公里。地处狗头岩山东麓，东毗毛叶村，南靠天灯盏，北临S224省道，毛（张）东（郭）公路以此为起点。地势西、南、东高北低，属半山区。

元末，先祖张氏从黄岩县迁居此岙时，村旁有一条山溪，名为“睦溪”，以居民姓张，取名睦岙张。由于当地‘睦’字与‘毛’字读音近似，为书写方便，又易于记忆，解放后改为毛张。清属宁海县南乡石桥庄。民国属蛟龙乡。解放初属东郭乡。1950年5月改属岙口乡。1955年成立陈英保初级社，1956年又分别成立张书本、中央社2个初级社，1957年石桥村、里加畔村张哲标初级社并入，合建毛张高级社，属东郭乡。同年10月重属岙口乡。1958年11月属岙口管理区。1961年10月属岙口公社毛张大队。1983年属岙口乡毛张村民委员会。1992年5月撤区扩镇并乡时，撤销岙口乡，改属健跳镇毛张村。

里加畔 [Lǐjiāpàn]

村居里加岙山麓，古代濒临健跳港畔，故名。聚落为不规则的块状。民国属蛟龙乡。解放初属东郭乡。1950年属岙口乡。1955年加入石桥张哲标初级社，1957年并入毛张高级社，属东郭乡。1958年底属东郭管理区。1961年属岙口公社毛张大队。1983年属岙口乡毛张村。1992年5月属健跳镇毛张村。

石桥 [Shíqiáo]

村的西南原有一座石桥，村即以此石桥得名。聚落为块、点状混合分布。据清光绪《宁海县志》卷三载，石桥，属宁海县南乡石桥庄。民国属蛟龙乡。解放初属东郭乡。1955年与里加畔村合办张哲标初级社，1957年并入毛张高级社，属东郭乡。1958年年底属东郭管理区。1961年属岙口公社毛张大队。1983年属岙口乡毛张村。1992年5月属健跳镇毛张村。

毛叶村 [Máoyè Cūn]

以村民委员会驻地毛叶得名。建于1983年，辖毛叶、毛王、山门坑3个自然村，15个村民小组，707户，2080人。行政区域面积3.92公顷，其中耕地面积62公顷。集体经济总收入9.58万元，固定资产合计284.45万元。

毛叶 [Máoyè]

村民委员会驻地。位于健跳镇政府驻地南6.4公里。地处大湾山北麓，东靠凤凰山，西邻毛张村，北毗毛王自然村。地势东南高西北低，为不规则的块状聚落，属半山区。

据当地宗谱记载，先祖迁居睦岙，因姓叶，故名睦岙叶。由于当地“睦”与“毛”读音近似，为书写方便，又易于记忆，解放后改名毛叶。清属宁海县南乡石桥庄。民国属蛟龙乡。解放初属东郭乡。1950年5月改属岙口乡。1955年成立叶福顺初级社，1956年成立叶酌团初级社，1957年2个初级社与毛王村叶兴初级社、山门坑村合建毛叶高级社，属东郭乡。1957年10月重属岙口乡。1958年11月属岙口管理区。1961年10月属岙口公社毛叶大队。1983年属岙口乡毛叶村民委员会。1992年5月撤区扩镇并乡时，撤销岙口乡，改属健跳镇毛叶村。

毛王 [Máowáng]

据传，古时王姓人居住在睦岙溪旁，取名睦岙王。由于当地“睦”与“毛”读音近似，为书写方便，又易于记忆，解放后改名毛王。聚落为块、点状混合分布。据清光绪《宁海县志》卷三载，睦岙王，清属宁海县南乡石桥庄。民国属蛟龙乡。解放初属东郭乡。1950年属岙口乡。1955年成立叶兴初级社，1957年加入毛叶高级社，属东郭乡。1958年年底属东郭管理区。1961年属岙口公社毛叶大队。1983年属岙口乡毛叶村。1992年5月属健跳镇毛叶村。

山门坑 [Shānmén Kēng]

以村旁的山门坑得名。为点状聚落。民国属蛟龙乡。解放初属东郭乡。1950年属岙口乡。1957年加入毛叶高级社，属东郭乡。1958年冬属东郭管理区。1961年属岙口公社毛叶大队。1983年属岙口乡毛叶村。1992年5月属健跳镇毛叶村。

下街村 [Xiàjiē Cūn]

以村民委员会驻地下街得名。建于1983年，辖下街1个自然村，23个村民小组，469户，1364人。行政区域面积0.99平方公里，其中耕地面积56.53公顷，林地面积5.8公顷。集体经济总收入239.78万元，固定资产合计404.09万元。

下街 [Xiàjiē]

位于健跳镇政府驻地西北5.2公里。地处健康塘（片村名）东部，地势平坦。东至十八庄村界，南接新塘岙村，西毗中街村，北临S224省道。

清代属宁海县西洞庄。民国时为六鳌乡。解放后属六敖乡。1954年成立下街初级社，1956年与上街、中街、十八庄、山后塘、马村（今名马庄）联合组成健康塘高级社。1958年冬改建为健康塘生产队，属六敖管理区。1961年属六敖公社下街大队。1983年属六敖乡下街村民委员会。1987年10月六敖乡改制为镇，属六敖镇。2013年11月属健跳镇。

中街村 [Zhōngjiē Cūn]

以村民委员会驻地中街得名。建于1983年，辖中街1个自然村，19个村民小组，388户，1279人。行政区域面积0.99平方公里，其中耕地面积67.67公顷，林地面积17.93公顷，集体经济总收入2.66万元，固定资产合计307.55万元。

中街 [Zhōngjiē]

位于健跳镇政府驻地西北5.5公里，地处健康塘（片村名）中部，地势平坦。东邻下街村，西毗上街村，北至三门县良种繁育场。

清代属宁海县西洞庄。民国时为六鳌乡。解放后属六敖乡。1954年成立中街初级社，1956年与上街、中街、十八庄、山后塘、马村（今名马庄）联合组成健康塘高级社。1958年冬改建为健康塘生产队，属六敖管理区。1961年属六敖公社中街大队。1983年属六敖乡中街村民委员会。1987年10月六敖乡改制为镇，属六敖镇。2013年11月属健跳镇。

上街村 [Shàngjiē Cūn]

以村民委员会驻地上街得名。建于1983年，辖上街1个自然村，14个村民小组，448户，1495人。行政区域面积1.96平方公里，其中耕地面积45.6公顷，林地面积73.13公顷。集体经济总收入41.23万元，固定资产合计456.4万元。

上街 [Shàngjiē]

位于健跳镇政府驻地西北5.9公里。地处健康塘（片村名）中部，地势平坦。东邻中街村，西南为木桥塘水库，南毗乾墩村，北近马庄村。

清代属宁海县西洞庄。民国时为六鳌乡。解放后属六敖乡。1954年成立上街初级社，1956年与下街、中街、十八庄、山后塘、马村（今名马庄）联合组成健康塘高级社。1958年冬改建为健康塘生产队，属六敖管理区。1961年属六敖公社上街大队。1983年属六敖乡上街村民委员会。1987年10月六敖乡改制为镇，属六敖镇。2013年11月属健跳镇。

上敖村 [Shàng'áo Cūn]

以村民委员会驻地上敖得名。建于1983年，辖上敖、小牛湾2个自然村，8个村民小组，296户，996人。行政区域面积2.6平方公里，其中耕地面积69.27公顷，林地面积67.33公顷。集体经济总收入35.01万元，固定资产合计254.15万元。

上敖 [Shàng'áo]

村民委员会驻地。位于健跳镇政府驻地西北9.3公里。地处西沙山北麓，地势平坦，聚落为块、点状混合分布，系平原地区。东邻三岔村，南近小牛湾自然村，西北毗峋岩村下峧自然村，东南为龙潭坑水库，北至蛇蟠水道。

明末清初，西渡丁氏迁居小湾山脚，后迁屿山嘴头，以熬盐、捕鱼过日，故取名上熬，后演化为上敖。清代名上廒，属宁海县南乡西洞庄。民国属六鳌乡。解放初属六敖乡。1950年由六敖乡分设，属上敖乡。1955年成立上敖初级社，1956年与小牛湾初级社合建上敖高级社，属六敖乡。1958年冬属六敖管理区。1961年属六敖公社上敖大队。1983年属六敖乡上敖村民委员会。1987年10月六敖乡改制为镇，属六敖镇。2013年11月属健跳镇上敖村。

小牛湾 [Xiǎoniúwān]

据传，古人曾在此山弯中放养过成群小牛，故名小牛湾。清代名记牛湾。聚落呈点状。据清光绪《宁海县志》卷三载，记牛湾，清属宁海县南乡西洞庄。民国属六鳌乡。解放初属六敖乡。1950年属上敖乡。1955年成立小牛湾初级社，1956年并入上敖高级社，属六敖乡。1958年冬属六敖管理区。1961年属六敖公社上敖大队。1983年属六敖乡上敖村。1987年10月属六敖镇上敖村。2013年11月属健跳镇上敖村。

繁荣村 [Fánróng Cūn]

以村民委员会驻地繁荣得名。建于1983年，辖繁荣1个自然村，4个村民小组，585户，1802人。行政区域面积2.33平方公里，其中耕地面积113.47公顷，林地面积100.6公顷。集体经济总收入71.07万元，固定资产合计747.5万元。

繁荣 [Fánróng]

村民委员会驻地。位于健跳镇政府驻地西北8.3公里。地处龟山之北，蛇蟠水道南岸，地势平坦，聚落呈点状，系平原水网地区。东邻地字号村，南接花市村，西南毗三岔村，北为连心塘。

该村所在地虾屿塘，系虾屿村人围筑，建成定居后，即以“虾屿塘”名村。解放后，村民希望繁荣昌盛，改名为繁荣村。清代地属西洞庄。民国属六鳌乡。解放初属六敖乡。1950年8月由六敖乡分设，属上敖乡。1956年成立繁荣初级社，属六敖乡。1957年与花市、三岔、地字号村合办花市高级社。1958

年冬属六敖管理区花市生产队。1962年各自分设，属六敖公社繁荣大队。1983年属六敖乡繁荣村民委员会。1987年10月六敖乡改制为镇，属六敖镇。2013年11月属健跳镇。

地字号村 [Dizìhào Cūn]

以村民委员会驻地地字号得名。建于1983年，辖地字号1个自然村，6个村民小组，141户，444人。行政区域面积0.51平方公里，其中耕地面积20.73公顷。集体经济总收入5.01万元，固定资产合计163.07万元。

地字号 [Dìzìhào]

位于健跳镇政府驻地西北8公里。地处榜眼塘东南部，地势平坦，点状聚落，属平原水网地区。东南毗盐灶村，南近刘塘墩村，西邻繁荣村，北临蛇蟠水道。

清光绪二十一年（1895年），黄岩人喻长霖榜眼（科举制度中殿试一甲第二名）出资在此围塘。建成后，把塘内划分为天、地、玄、黄等字号。因该村坐落在地字号，故名。清代地属西洞庄。民国属六鳌乡。解放初属六敖乡。1950年8月由六敖乡分设，属上敖乡。1956年成立地字号初级社，属六敖乡。1957年与花市、三岔、繁荣村合办花市高级社。1958年冬属六敖管理区。1961年10月各自分设，属六敖公社地字号大队。1983年属六敖乡地字号村民委员会。1987年10月六敖乡改制为镇，属六敖镇。2013年11月属健跳镇。

三岔村 [Sānchà Cūn]

以村民委员会驻地三岔得名。建于1983年，辖三岔1个自然村，12个村民小组，310户，1027人。行政区域面积1.98平方公里，其中耕地面积74.91公顷，林地面积109.47公顷。集体经济总收入54.3万元，固定资产合计394.71万元。

三岔 [Sānchà]

位于健跳镇政府驻地西北8.5公里。地处强盗岩顶山北麓，地势平坦，聚落呈点状分布，属平原水网地区。东邻花市村，西南为龙潭坑水库，西毗上敖村，北濒蛇蟠水道。

村位于三条大路的交叉处，故名三岔。清属宁海县南乡西洞庄。民国属六鳌乡。解放初属六敖乡。1950年8月由六敖乡分设，属上敖乡。1956年成立三岔初级社，同年2月改属六敖乡。1957年与花市、繁荣、地字号合办花市高级社。1958年冬属六敖管理区。1962年各自分建，属六敖公社三岔大队。1983年属六敖乡三岔村民委员会。1987年10月六敖乡改制为镇，属六敖镇。2013年11月属健跳镇。

花市村 [Huāshì Cūn]

以村民委员会驻地花市得名。建于1983年，辖花市1个自然村，12个村民小组，356户，1062人。行政区域面积1.47平方公里，其中耕地面积69.13公顷，林地面积50.07公顷。集体经济总收入1.51万元，固定资产合计348.61万元。

花市 [Huāshì]

位于健跳镇政府驻地西北7.9公里。地处强盗岩顶山北侧，地势平坦，聚落为不规则块、点状混合分布，属平原水网地区。东邻刘塘墩村，南临S224省道，西毗三岔村，北与繁荣村接壤。

此处原系蛇蟠水道中的一个小屿，形似龙虾浮游海中，围塘定居后，村取名虾屿。清代名花屿。1957年改名为花市。清属宁海县南乡西洞庄。民国属六鳌乡。解放后属六敖乡。1950年8月六敖乡分设，属上敖乡。1956年2月成立花市初级社，属六敖乡。1957年与繁荣、地字号、三岔合办花市高级社。1958年冬属六敖管理区。1961年各自分立，属六敖公社花市大队。1983年属六敖乡花市村民委员会。1987年10月六敖乡改制为镇，属六敖镇。2013年11月属健跳镇。

赤头村 [Chìtóu Cūn]

以村民委员会驻地赤头得名。建于1983年，辖赤头1个自然村，3个村民小组，173户，509人。行政区域面积1.1平方公里，其中耕地面积11.73公顷，林地面积88.53公顷。集体经济总收入19.38万元，固定资产合计201.64万元。

赤头 [Chìtóu]

位于健跳镇政府驻地北6.6公里。地处猫头山西北麓，地势东南向西北倾斜，聚落呈块、点状混合分布，属沿海平原地区。东至核电厂址，南接大冲村，西南毗门头村，北至北塘标准塘坝。

据传，清朝，有陈姓到此山麓居住，以种植玉米、番薯为生。因住处周围有七个小山嘴头，故名七头，后谐音演变为赤头。清属宁海县南乡西洞庄。民国属六鳌乡。解放后属六敖乡。1954年成立赤头初级社，1956年转为高级社。1958年冬与门头、大冲、永丰、盐灶组成第四生产队，属六敖管理区。1961年各自分设，属六敖公社赤头大队。1983年属六敖乡赤头村民委员会。1987年10月六敖乡改制为镇，属六敖镇。2013年11月属健跳镇。

永丰村 [Yǒngfēng Cūn]

以村民委员会驻地永丰得名。建于1983年，辖永丰1个自然村，6个村民小组，148户，446人。行政区域面积0.79平方公里，其中耕地面积10公顷，林地面积59.67公顷。集体经济总收入2.03万元，固定资产合计450.29万元。

永丰 [Yǒngfēng]

位于健跳镇政府驻地北偏西6.7公里。东邻门头村，西毗盐灶村，南接下街村，北至蛇蟠洋。聚落呈点状分布，属沿海平原地区。

民国十一年（1922年）海游人章良元出资围筑，建成后取名永丰塘，村以塘得名。民国属六鳌乡。解放后属六敖乡。1954年成立门头塘初级社，1956年转为高级社。1958年冬与门头、大冲、赤头、盐灶组成第四生产队，属六敖管理区。1961年各自分设，属六敖公社永丰大队。1983年属六敖乡永丰村民委员会。1987年10月六敖乡改制为镇，属六敖镇。2013年11月属健跳镇。

门头村 [Méntóu Cūn]

以村民委员会驻地门头得名。建于1983年，辖门头1个自然村，8个村民小组，251户，776人。行政区域面积0.92平方公里，其中耕地面积32.13公顷，林地面积40.07公顷。集体经济总收入25.53万元，固定资产合计219.17万元。

门头 [Méntóu]

位于健跳镇政府驻地北偏西6.2公里。地处大冲山西侧，地势村中向四周倾斜，聚落呈块、点状混合分布，属沿海平原地区。东靠猫头山，东南与大冲村接壤，西邻永丰村，北濒蛇蟠水道。

清朝，此地是一片海洋，海中有两座山，形如大门，祖先围塘定居后，取名门头。清属宁海县南乡西洞庄。民国属六鳌乡。解放后属六敖乡。1954年成立门头初级社，1956年转为高级社。1958年冬与大冲、盐灶、永丰、赤头组成第四生产队（驻地门头），属六敖管理区。1961年各自分设，属六敖公社门头大队。1983年属六敖乡门头村民委员会。1987年10月六敖乡改制为镇，属六敖镇。2013年11月属健跳镇。

刘塘墩村 [Liútángdūn Cūn]

以村民委员会驻地刘塘墩得名。建于1983年，辖刘塘墩1个自然村，8个村民小组，309户，921人。行政区域面积1.79平方公里，其中耕地面积29.53公顷，林地面积69.33公顷。集体经济总收入12.43万元，固定资产合计243.5万元。

刘塘墩 [Liútángdūn]

位于健跳镇政府驻地西北7.1公里。地处龟山之北，蛇蟠水道南岸，地势平坦，聚落呈块、点状混合分布，属沿海平原地区。东北邻盐灶村，东南毗马庄村，南为大沙湾水库，西北与花市村接壤，北界地字号村。

据传，明初，刘姓祖先迁住强盗岩山脚，取名刘塘里。后来人口发展，移住到外面一个土墩旁，改称刘塘墩。清属宁海县南乡西洞庄。民国属六鳌乡。解放后属六敖乡。1958年冬属六敖管理区。1961年10月属六敖公社刘塘墩大队。1983年属六敖乡刘塘墩村民委员会。1987年10月六敖乡改制为镇，属六敖镇。2013年11月属健跳镇。

盐灶村 [Yánzào Cūn]

以村民委员会驻地盐灶得名。建于1983年，辖盐灶、田湾2个自然村，12个村民小组，261户，843人。行政区域面积1.77平方公里。其中耕地面积41.93公顷，林地面积118.07公顷。集体经济总收入21.36万元，固定资产合计191.12万元。

盐灶 [Yánzào]

位于健跳镇政府驻地西北6.7公里。东邻永丰村，南毗马庄村，西接刘塘墩村，北至北塘。聚落呈块、点状混合分布，属沿海平原地区。

约在一百年前，某杭州人，出资在此围塘成功后，取名杭州塘。当时有几户人家在此设灶烧盐，村即取名盐灶。民国属六鳌乡。解放后属六敖乡。1954年成立盐灶初级社，1956年转为高级社。1958年冬与门头、大冲、赤头、永丰联合成立第四生产队，属六敖管理区。1961年各自分设，该村与田湾村共属六敖公社盐灶大队。1983年属六敖乡盐灶村民委员会。1987年10月六敖乡改制为镇，属六敖镇盐灶村。1992年田湾村分设，成立村民委员会。2013年11月属健跳镇盐灶村。

田湾 [Tiánwān]

位于健跳镇政府驻地东北9.2公里田湾岛上。地处田湾山南麓，东北向西南倾斜，地势平坦。东至鹿颈门，南至青门山，西至鹿颈门，北至田湾山。因该岛山弯中有十数亩田地，可以耕种，村居田地里面山弯中，故名。原属盐灶村民委员会，据三政〔1992〕131号文件，成立田湾村民委员会。2014年田湾行政村撤销，属健跳镇盐灶村。

马庄村 [Mǎzhuāng Cūn]

以村民委员会驻地马庄得名。建于1983年。辖马庄1个自然村，10个村民小组，200户，629人。行政区域面积0.44平方公里。其中耕地面积11.07公顷，林地面积29公顷。集体经济总收入0.28万元，固定资产合计208.92万元。

马庄 [Mǎzhuāng]

位于健跳镇政府驻地西北6.2公里。地处健康塘北侧，地势平坦，聚落呈块、点状混合分布，属沿海平原地区。南邻中街、上街村，西毗春雨豪庭小区，北至S224省道。

清朝中期，祖先由亭旁马村迁入，故取名马村，含尊祖意。因重名，1982年更名为马庄，以示与马村有别。民国属六鳌乡。解放后属六敖乡。1954年成立马村初级社，1957年与山后塘、十八庄、上街、中街、下街联办健康塘高级社。1958年冬属六敖管理区。1961年各自分设，属六敖公社马村（即后之马庄）大队。1983年属六敖乡马庄村民委员会。1987年10月六敖乡改制为镇，属六敖镇。2013年11月属健跳镇。

大冲村 [Dàchōng Cūn]

以村民委员会驻地大冲得名。建于1983年，辖大冲1个自然村，16个村民小组，267户，841人。

行政区域面积1.01平方公里，其中耕地面积34.73公顷，林地面积41.33公顷。集体经济总收入6.56万元，固定资产合计498.02万元。

大冲 [Dàchōng]

位于健跳镇政府驻地北偏西5.5公里。地处龟山之北，地势平坦，聚落呈块、点状混合分布，属沿海平原地区。东临核电路近里峙村，东南毗前墩村，南至S224省道，西北邻门头村，北与赤头村接壤。

村居大充山西南麓，故名大充，后演变为大冲。清属宁海县南乡西洞庄。民国属六鳌乡。解放后属六敖乡。1954年成立大冲初级社。1956年与里峙、上岙合建大里高级社。1958年冬与门头、盐灶、永丰、赤头组成第四生产队，属六敖管理区。1961年各自分设，属六敖公社大冲大队。1983年属六敖乡大冲村民委员会。1987年10月六敖乡改制为镇，属六敖镇。2013年11月属健跳镇。

尖坑山村 [Jiānkēngshān Cūn]

以村民委员会驻地尖坑山得名。建于1983年，辖尖坑山1个自然村，8个村民小组。226户，718人。行政区域面积3.83平方公里，其中耕地面积30.67公顷，林地面积247.8公顷。集体经济总收入12.53万元，固定资产合计244.08万元。

尖坑山 [Jiānkēngshān]

位于健跳镇政府驻地西北6.8公里。地处樟树湾山南麓，地势自北向南倾斜，聚落呈不规则块状，属平原地区。东邻乾墩村，东南毗南丰村，西为尖坑山水库，北至西殿山。

清康熙年间（1662—1722年）林太蕴由象山鸡鸣樟树村迁此半山，以箭坑落雁，称为箭山。乾隆四十二年（1777年）又以山尖坑深，取名尖坑山。清属宁海县南乡大横渡庄。民国属六鳌乡。解放后属六敖乡。1954年成立尖坑山初级社，1955年与南野、乾墩联办南野高级社。1958年冬属六敖管理区。1961年各自分设，属六敖公社尖坑山大队。1983年属六敖乡尖坑山村民委员会。1987年10月六敖乡改制为镇，属六敖镇。2013年11月属健跳镇。

乾墩村 [Qiándūn Cūn]

以村民委员会驻地乾墩得名。建于1983年，辖乾墩1个自然村，8个村民小组。148户，464人。行政区域面积0.39平方公里，其中耕地面积30.67公顷，林地面积7.33公顷。集体经济总收入16.68万元，固定资产合计473.36万元。

乾墩 [Qiándūn]

位于健跳镇政府驻地西北5.6公里。地势自北向南倾斜，聚落呈块、点状混合分布，属沿海平原地区。东临六（敖）横（渡）公路，西邻尖坑山村，南毗天字号村，东北与上街村接壤。

该村清代名老鼠尾巴，民国改名老虎尾巴。解放后，以清乾隆年间（1736—1795年）有李、王、林氏迁住此处，旁有土墩，改名乾墩。村西原有一高墩，有几株大树，又名大树墩。清属宁海县南乡西洞庄。民国属六鳌乡。解放后属六敖乡。1955年与南野、尖坑山联办南野高级社。1958年11月属六敖管理区。1961年各自分设，属六敖公社乾墩大队。1983年属六敖乡乾墩村民委员会。1987年10月六敖乡改制为镇，属六敖镇。2013年11月属健跳镇。

十八庄村 [Shíbāzhuāng Cūn]

以村民委员会驻地十八庄得名。建于1983年，辖十八庄、犁头埝2个自然村，16个村民小组，392户，1209人。行政区域面积0.9平方公里，其中耕地面积53.07公顷，林地面积13.2公顷。集体经济总收入3.39万元，固定资产合计130.79万元。

十八庄 [Shíbāzhuāng]

村民委员会驻地。位于健跳镇政府驻地西北4.9公里。地势自北向南倾斜，聚落呈块状分布，属沿海平原地区。东邻下洋潭村，西接下街村，南近新塘岙村，北至S224省道。

据传，在18世纪，小蒲村林百万的家业曾发展到十八个庄园，把该村列为第十八庄，因而得名。又因村内主要道路皆石板铺砌，故亦称石板庄。清属宁海县南乡西洞庄。民国属六鳌乡。解放后属六敖乡。1955年成立十八庄初级社，1957年与上街、中街、下街、山后塘、马村联办健康塘高级社。1958年冬属六敖管理区。1961年各自分设，属六敖公社十八庄大队（1966年改名红旗大队，1982年恢复原名）。1983年属六敖乡十八庄村民委员会。1987年10月六敖乡改制为镇，属六敖镇。2013年11月属健跳镇十八庄村。

犁头埯［Lítóuchán］

因地形似犁头，故名犁头埯。点、块状聚落，略呈三角形。民国属六鳌乡。解放后属六敖乡。1955年与十八庄联办十八庄初级社，1957年随十八庄初级社加入健康塘高级社。1958年冬属六敖管理区。1961年属六敖公社十八庄大队。1983年属六敖乡十八庄村。1987年10月属六敖镇十八庄村。2013年11月属健跳镇十八庄村。

下洋潭村［Xiàyángtán Cūn］

以村民委员会驻地下洋潭得名。建于1983年，辖下洋潭、南洋厂2个自然村，9个村民小组，234户，709人。行政区域面积0.77平方公里，其中耕地面积41公顷，林地面积15.33公顷。集体经济总收入14.03万元，固定资产合计162.01万元。

下洋潭［Xiàyángtán］

村民委员会驻地。位于健跳镇政府驻地西北4.7公里。地处盖门塘山东北面，地势平坦，聚落呈不规则块状分布，属沿海平原水网地区。东邻前墩村，南毗南洋厂自然村，西接十八庄村，北至S224省道。

清朝，此地原是一片低洼海涂，经围塘后，由上任郑、头岙、孙家人先后迁居。当时尖坑塘称上洋，该村位于它的下方，地势较低，故称下洋潭。清属宁海县南乡西洞庄。民国属六鳌乡。解放初属六敖乡。1950年属前潭乡。1955年成立下洋潭、南洋厂2个初级社，1956年与南洋厂合办下洋潭高级社，属六敖乡。1958年11月属六敖管理区。1961年属六敖公社下洋潭大队。1983年属六敖乡下洋潭村民委员会。1987年10月六敖乡改制为镇，属六敖镇下洋潭村。2013年11月属健跳镇下洋潭村。

南洋厂［Nányángchǎng］

村处下洋潭南面的田垟（洋）中，早年因地近船埠，人们在此搭盖茅厂，供船上装卸货物临时存放之用，称为南洋厂，定居后沿用此名。点、块状混合聚落，略似长方形。民国属六鳌乡。解放后属六敖乡。1950年属前潭乡。1955年成立南洋厂初级社，1956年与下洋潭村合办下洋潭高级社，属六敖乡。1958年冬属六敖管理区。1961年属六敖公社下洋潭大队。1983年属六敖乡下洋潭村。1987年10月属六敖镇下洋潭村。2013年11月属健跳镇下洋潭村。

山后塘村［Shānhoutáng Cūn］

以村民委员会驻地山后塘得名。建于1983年，辖山后塘1个自然村，6个村民小组，141户，403人。行政区域面积0.59平方公里，其中耕地面积20.53公顷，林地面积26.47公顷。集体经济总收入9.9万元，固定资产合计57.04万元。

山后塘［Shānhoutáng］

位于健跳镇政府驻地西北4.3公里。地势平坦，聚落呈不规则块状分布，属平原地区。东邻盖门塘村，南接鸟屿村，西北与乾墩村接壤，北近新塘岙村。

从前有几户姓罗人家，从桥头岩下村迁住此地山脚，并在山后面围垦了一个海塘，取名山后塘，村亦以此得名。清名山下塘，属宁海县南乡西洞庄。民国属六鳌乡。解放后属六敖乡。1954年与新塘联办初级社，1957年与十八庄、马村、上街、中街、下街等初级社合并成立健康塘高级社。1958年冬属六敖管理区。1961年各自分设，与新塘村共属六敖公社山后塘大队。1983年属六敖乡山后塘村民委员会。1987年10月六敖乡改制为镇，属六敖镇。2013年11月属健跳镇。

新塘岙村 [Xīntáng'ào Cūn]

以村民委员会驻地新塘岙得名。建于1983年，辖新塘岙1个自然村，7个村民小组，95户，281人。行政区域面积0.26平方公里，其中耕地面积17.73公顷，林地面积5.07公顷。集体经济总收入14.46万元，固定资产合计83.31万元。

新塘岙 [Xīntáng'ào]

位于健跳镇政府驻地西北4.6公里。地处盖门塘山西北侧，地势东向西倾斜，聚落呈不规则块状分布，属平原地区。东南邻盖门塘村，南近山后塘村，西毗乾墩村，北与下街村接壤。

与健康塘（片村名）比较，围垦较迟，故称新塘。因重名，1986年改名为新塘岙。清属宁海县南乡西洞庄。民国属六鳌乡。解放后属六敖乡。1954年与山后塘村联办山后塘初级社，1957年与马村、十八庄、山后塘、上街、中街、下街等合并成立健康塘高级社。1958年11月属六敖管理区。1961年属六敖公社山后塘大队。1983年属六敖乡新塘（1986年改名新塘岙）村民委员会。1987年10月六敖乡改制为镇，属六敖镇。2013年11月属健跳镇。

天字号村 [Tiānzìhào Cūn]

以村民委员会驻地天字号得名。建于1986年，辖天字号1个自然村，8个村民小组，人口248户，807人。行政区域面积1.59平方公里，其中耕地面积30.07公顷，林地面积72.2公顷。集体经济总收入11.73万元，固定资产合计151.6万元。

天字号 [Tiānzìhào]

位于健跳镇政府驻地西北5.5公里。东南邻手字埉村，西南毗南丰村，西北近尖坑山村，东北为乾墩村。块状聚落，略似长条形，属平原地区。

约在一百多年前，某人出资在此围塘，建成后，把塘内划分为天、地、玄、黄等字号。因该村坐落在“天”方位，故名“天字号”。清属宁海县南乡西洞庄。民国属六鳌乡。解放后属六敖乡。1954年成立南野初级社，1956年与新塘、手字埉、犁头埉联办南片高级社。1958年冬属六敖管理区。1961年属六敖公社南野大队。1983年属六敖乡南野村民委员会。1987年10月乡改镇，属六敖镇。1996年，南野村分设天字号、手字埉、南丰、南新村，建天字号村民委员会，属六敖镇。2013年11月属健跳镇。

手字埉村 [ShǒuZìChán Cūn]

以村民委员会驻地手字埉得名。建于1986年，辖手字埉1个自然村，8个村民小组，人口146户，492人。行政区域面积0.66平方公里，其中耕地面积33.13公顷，林地面积15.07公顷。集体经济总收入11.73万元，固定资产合计66.6万元。

手字埉 [ShǒuZìChán]

位于健跳镇政府驻地西北4.8公里。地处纱帽盉山北麓，聚落呈方形块状，属平原地区。西邻南新村，南靠纱帽盉山，北与乾墩村接壤。

与之毗邻的地方有“十”字形的矮山，名为十字埉，并以此名村，解放后演称手字埉。民国属六鳌乡。解放后属六敖乡。1954年成立初级社，1956年与天字号、犁头埉、新塘联办南片高级社。1958年冬属六敖管理区。1961年属六敖公社南野大队。1983年属六敖乡南野村民委员会。1987年10月乡改镇，属六敖镇。1996年，南野村分设天字号、手字埉、南丰、南新村，建手字埉村民委员会，属六敖镇。2013年11月属健跳镇。

南新村 [Nánxīn Cūn]

以村民委员会驻地南新得名。建于1986年，辖南新1个自然村，4个村民小组，143户，428人。行政区域面积1.0平方公里，其中耕地面积23.73公顷，林地面积18.93公顷。集体经济总收入17.09万元，固定资产合计116.37万元。

南新 [Nánxīn]

位于健跳镇政府驻地西北5.3公里。地处纱帽盉山西北侧，四周田野，村前村后，河港环绕，聚落沿塘坝布列，呈点、块、带状混合分布，属平原地区。东近手字埃，西南为凤凰山农垦场，西北与南丰村隔港为邻，北近天字号村。

与附近的凤凰山塘比较，这里围垦较迟，故称新塘，因重名，改为南新。清属宁海县南乡西洞庄。民国属六鳌乡。解放后属六敖乡。1954年成立新塘初级社，1956年与天字号、犁头埃，手字埃联办南片高级社。1958年冬属六敖管理区。1961年属六敖公社南野大队。1983年属六敖乡南野村民委员会。1987年10月乡改镇，属六敖镇。1996年，南野村分设天字号、手字埃、南丰、南新村，建南新村民委员会，属六敖镇。2013年11月属健跳镇。

南丰村 [Nánfēng Cūn]

以村民委员会驻地南丰得名。建于1986年，辖犁头埃1个自然村，4个村民小组，152户，473人。行政区域面积1.04平方公里，其中耕地面积23.13公顷，林地面积18.93公顷。集体经济总收入1.28万元，固定资产合计179.66万元。

犁头埃 [Lítóuchán]

位于健跳镇政府驻地西北5.7公里。地处尖坑山东南，海珠塘水库东侧，聚落呈点、块、带状混合分布，属平原地区。东至六（敖）横（渡）公路，南邻南新村，西为海珠塘水库，西北与尖坑山村接壤。

地形似犁头，故名。民国属六鳌乡。解放后属六敖乡。1954年成立犁头埃初级社，1956年与新塘、手字埃、天字号联办南片高级社。1958年冬属六敖管理区。1961年属六敖公社南野大队。1983年属六敖乡南野村民委员会，属六敖乡。1987年10月乡改镇，属六敖镇。1996年，南野村分设天字号、手字埃、南丰、南新村，建南丰村民委员会，属六敖镇。2013年11月属健跳镇。

盖门塘村 [Gàiméntáng Cūn]

以村民委员会驻地盖门塘得名。建于1983年，辖盖门塘1个自然村，8个村民小组，236户，693人。行政区域面积0.79平方公里，其中耕地面积34.13公顷，林地面积35.13公顷。集体经济总收入41.15万元，固定资产合计754.04万元。

盖门塘 [Gàiméntáng]

位于健跳镇政府驻地西北3.8公里。地处盖门塘山东南麓，地势自北向南倾斜，聚落块状分布，系平原地区。东邻前潭村，西南毗狮子头村，西近山后塘村，北与下洋潭村接壤。

曾用名“干门塘”，村位于盖门塘，以塘名村。清属宁海县南乡西洞庄。民国属六鳌乡。解放初属六敖乡。1950年属前潭乡。1956年2月属六敖乡。1958年11月属六敖管理区。1961年10月属六敖公社盖门塘大队。1983年属六敖乡盖门塘村民委员会。1987年10月六敖乡改制为镇，属六敖镇。2013年11月属健跳镇。

前潭村 [Qiántán Cūn]

以村民委员会驻地前潭得名。建于1983年，辖前潭、河头2个自然村，16个村民小组，320户，935人。行政区域面积1.62平方公里，其中耕地面积39公顷，林地面积117.67公顷。集体经济总收入62.33万元，固定资产合计253.36万元。

前潭 [Qiántán]

村民委员会驻地。位于健跳镇政府驻地北偏西 3.5 公里。地处狮子头山北侧偏东，地势平坦，聚落呈不规则块状，系平原地区。东邻大湾村，南毗狮子头村，西近河头自然村，东北与前墩村接壤。

清末，何姓始祖从小横渡迁居此地。因村前有一深潭，名为前潭，村亦以此得名。清代地属宁海县南乡西洞庄。民国属六鳌乡。解放初属六敖乡。1950 年属前潭乡。1956 年成立前潭初级社，属六敖乡。1957 年与里峙、上岙、前墩、相公殿、河头、大湾等村联办前潭高级社。1958 年冬属六敖管理区。1961 年属六敖公社前潭大队。1983 年各村分设，与河头共属六敖乡前潭村民委员会。1987 年 10 月六敖乡改制为镇，属六敖镇前潭村。2013 年 11 月属健跳镇前潭村。

河头 [Hétóu]

村处在河港西端尽头，故名河头。聚落呈点状。民国属六鳌乡。解放初属六敖乡。1950 年属前潭乡。1956 年成立河头初级社，属六敖乡。1957 年并入前潭高级社。1959 年属六敖管理区。1961 年属六敖公社前潭大队。1983 年属六敖乡前潭村。1987 年 10 月属六敖镇前潭村。2013 年 11 月属健跳镇前潭村。

里峙村 [Lǐzhì Cūn]

以村民委员会驻地里峙得名。建于 l983 年，辖里峙 1 个自然村，6 个村民小组，125 户，378 人。行政区域 1.12 平方公里，其中耕地面积 5.73 公顷，林地面积 61.33 公顷。集体经济总收入 3.04 万元，固定资产合计 81.99 万元。

里峙 [Lǐzhì]

位于键跳镇政府驻地北 5.1 公里。地处前峙山东南，地势东北高西南低，聚落呈不规则块状，属平原地区。东隔山与大黄礁接壤，南邻前墩村，西邻大冲村。

村处前峙山东南，惯称里峙。解放初属六敖乡。1950 年属前潭乡。1956 年成立里峙初级社，同年 2 月属六敖乡。1957 年与上岙、大冲合办大里高级社，1958 年春并入前潭高级社，同年冬属六敖管理区。1961 年 10 月属六敖公社前潭大队。1983 年 10 月与前潭村分设，属六敖乡里峙村民委员会。1987 年 10 月六敖乡改制为镇，属六敖镇。2013 年 11 月属健跳镇。

前墩村 [Qiándun Cūn]

以村民委员会驻地前墩得名。建于 1983 年，辖前墩、上岙 2 个自然村，6 个村民小组，121 户，358 人。行政区域面积 0.92 平方公里，其中耕地面积 25.2 公顷，林地面积 46.72 公顷。集体经济总收入 5.43 万元，固定资产合计 118.36 万元。

前墩 [Qiándun]

村民委员会驻地。位于健跳镇政府驻地北偏西 4.4 公里。地处烟墩山西南麓，地势东向西倾斜，聚落呈不规则点、块状相间分布，属平原地区。南邻大湾村相公殿自然村、前潭村，西毗下洋潭村，北为里峙水库。

据当地老人说，在三门县良种繁殖场场区内有一处早年名叫后墩，与这里对称，故名前墩。解放初属六敖乡。1950 年属前潭乡。1956 年成立前墩初级社，属六敖乡。1957 年与上岙、里峙合办的大里高级社一起并入前潭高级社。1958 年冬属六敖管理区。1961 年属六敖公社前潭大队。1983 年与上岙村共属六敖乡前墩村民委员会。1987 年 10 月乡改镇，属六敖镇前墩村。2013 年 11 月属健跳镇前墩村。

上岙 [Shàng'ào]

因地处前墩东北面的山岙里，地形较高，故名上岙。聚落呈点状。解放初属六敖乡。1950 年属前潭乡。1956 年成立初级社，属六敖乡。1957 年与里峙合办大里高级社，同年并入前潭高级社。1958 年冬属六敖管理区。1961 年属六敖公社前潭大队。1983 年属六敖乡前墩村。1987 年 10 月属六敖镇前墩村。2013 年 11 月属健跳镇前墩村。

大湾村 [Dàwān Cūn]

以村民委员会驻地大湾得名。建于1983年，辖大湾、相公殿2个自然村，15个村民小组，232户，727人。行政区域面积1.43平方公里，其中耕地面积32.39公顷，林地面积106.07公顷。集体经济总收入8.72万元，固定资产合计151.95万元。

大湾 [Dàwān]

村民委员会驻地。位于健跳镇政府驻地北偏西3.6公里。地处大湾山西麓，地势平坦，聚落呈不规则块状，属平原地区。东靠大湾山，东北临S224省道，西南与前潭接壤，北毗前墩村。

以村处于大湾山西麓的山弯中，取名大湾。古名大湾潭，因村前过去有个潭，名叫大湾潭。清属宁海县南乡西洞庄。民国属六鳌乡。解放初属六敖乡。1950年属前潭乡。1956年成立大湾初级社，属六敖乡。1957年并入前潭高级社。1958年冬属六敖管理区。1961年10月属六敖公社前潭大队。1983年属六敖乡大湾村民委员会。1987年10月乡改镇，属六敖镇大湾村。2013年11月属健跳镇大湾村。

相公殿 [Xiànggōngdiàn]

早年杭州人赵相公在此围塘时，曾住在当地的一个老爷殿内，相公殿即以此得名，定居后亦以此名村。聚落呈点状。据清光绪《宁海县志》卷三载，相公殿，清属宁海县南乡西洞庄。民国属六鳌乡。解放初属六敖乡。1950年属前潭乡。1956年成立相公殿初级社，属六敖乡。1957年并入前潭高级社。1958年冬属六敖管理区。1961年属六敖公社前潭大队。1983年属六敖乡大湾村。1987年10月属六敖镇大湾村。2013年11月属健跳镇大湾村。

狮子头村 [Shīzitóu Cūn]

以村民委员会驻地狮子头得名。建于1983年，辖狮子头1个自然村，10个村民小组，181户，626人。行政区域面积1.16平方公里，其中耕地面积24.67公顷，林地面积46.47公顷。集体经济总收入13.25万元，固定资产合计150.91万元。

狮子头 [Shīzitóu]

位于健跳镇政府驻地西北3.1公里。地处狮子山北麓，地势南向北倾斜，聚落呈不规则块状，属平原地区。东北邻前潭村，南毗乾岙村，西北接盖门塘村。村处狮子山北麓狮子头部位，故名。清属宁海县南乡西洞庄。民国属琴江乡。解放初属六敖乡。1950年属前潭乡。1956年成立狮子头初级社，属六敖乡。1957年转为高级社。1958年11月属六敖管理区。1961年属六敖公社狮子头大队，1983年10月属六敖乡狮子头村民委员会。1987年10月乡改镇，属六敖镇。2013年11月属健跳镇。

乾岙村 [Qián'ào Cūn]

以村民委员会驻地乾岙得名。建于1983年，辖乾岙、山后2个自然村，13个村民小组，238户，777人。行政区域面积1.59平方公里，其中耕地面积47.53公顷，林地面积105.07公顷。集体经济总收入78.73万元，固定资产合计211.11万元。

乾岙 [Qián'ào]

村民委员会驻地。位于健跳镇政府驻地西北2.7公里。地处狮子山西麓，地势南高北低，聚落呈不规则块状，属平原地区。北邻狮子头村，西南毗鸟屿村，北至盖门塘村界。

清乾隆年间（1736—1795年）陈姓祖先从宁海县水车村迁住此岙，因山岙深邃，又是乾隆年间定居，故名乾岙。清光绪《宁海县志》卷三书写为健岙，属宁海县南乡西洞庄。民国属琴江乡。解放初属六敖乡。1950年属前潭乡。1956年成立乾岙初级社，重属六敖乡。1957年与山后联办乾岙高级社。1958年冬属六敖管理区。1961年属六敖公社乾岙大队。1983年属六敖乡乾岙村民委员会。1987年10月乡改镇，属六敖镇乾岙村。2013年11月属健跳镇乾岙村。

山后 [Shānhòu]

因地处老鹰岩山西麓，乾岙村后面，取名山后。聚落呈不规则的块状。民国属琴江乡。解放初属六敖乡。1950 年属前潭乡。1956 年成立山后初级社，属六敖乡。1957 年并入乾岙高级社。1958 年冬属六敖管理区。1961 年属六敖公社乾岙大队。1983 年属六敖乡乾岙村。1987 年 10 月属六敖镇乾岙村。2013 年 11 月属健跳镇乾岙村。

鸟屿村 [Niǎoyǔ Cūn]

以村民委员会驻地鸟屿得名。建于 1983 年，辖鸟屿、猪头岩塘 2 个自然村，7 个村民小组，239 户，870 人。行政区域面积 1.48 平方公里，其中耕地面积 44.73 公顷，林地面积 47.8 公顷。集体经济总收入 16.68 万元，固定资产合计 291.59 万元。

鸟屿 [Niǎoyǔ]

村民委员会驻地。位于健跳镇政府驻地西偏北 3.5 公里。地处沙木山头西北侧，地势西向东略有倾斜，聚落呈不规则块状，属平原水网地区。东北邻乾岙村，西至凤凰山农垦场，南与八村村接壤，北毗山后塘村。

据传，一百多年前，这个地处海洋中间的小岛屿，是鸟类聚集栖身繁殖的地方，俗名鸟屿，后即以此名村。清属宁海县南乡西洞庄。民国属琴江乡。解放初属六敖乡。1950 年属前潭乡。1954 年与猪头岩塘村联办鸟屿初级社，1956 年重属六敖乡。1957 年转为高级社。1958 年 11 月属六敖管理区。1961 年 10 月属六敖公社鸟屿大队。1983 年属六敖乡鸟屿村民委员会。1987 年 10 月乡改镇，属六敖镇鸟屿村。2013 年 11 月属健跳镇鸟屿村。

猪头岩塘 [Zhūtóuyántáng]

因海塘旁边有一块形似猪头的岩石，围塘后即取名猪头岩塘，村亦以此得名。聚落呈点状。民国属琴江乡。1949 年解放初属健跳乡八村村。1950 年属前潭乡。1954 年加入鸟屿初级社。1956 年属六敖乡。1957 年转为高级社。1958 年冬属六敖管理区。1961 年属六敖公社鸟屿大队。1983 年属六敖乡鸟屿村。1987 年 10 月属六敖镇鸟屿村。2013 年 11 月属健跳镇鸟屿村。

巡检司村 [Xúnjiǎnsī Cūn]

以村民委员会驻地巡检司得名。建于 1984 年，辖巡检司、小蒲店 2 个自然村，6 个村民小组，147 户，463 人。行政区域面积 0.8 平方公里，其中耕地面积 19.67 公顷，林地面积 56.4 公顷。集体经济总收入 10.03 万元，固定资产合计 160.01 万元。

巡检司 [Xúnjiǎn sī]

村民委员会驻地。位于健跳镇政府驻地西北 12.2 公里。地处巡检司山之东，海游港南岸，地势平坦，线状聚落，属沿海平地。东近西渡村种子场自然村，东南与赤礁村接壤，西毗小蒲店自然村，北濒海游港。

明代，曾设巡检司于此，后即以此名村。清属宁海县西洞庄。民国属永丰乡。解放后属永丰乡。1950 年 8 月由永丰乡分设，属西洞乡。1956 年成立巡检司初级社，属蒲西乡。1957 年并入小蒲高级社。1958 年 11 月属蒲西管理区。1961 年属蒲西公社巡检司大队（1966 年改名蒲西大队，1982 年恢复原名）。1984 年属蒲西乡巡检司村。1992 年 5 月撤区扩镇并乡时，撤销蒲西乡，改属六敖镇巡检司村。2013 年 11 月属健跳镇巡检司村。

据《三门年鉴》第一辑载："巡检司古城，为唐代南北会防之所，明设巡检司防倭寇，城内有城隍庙、社稷祠、秦伯庙，更有唐建墩埠，明万历所凿石鸣。" 1964 年三门县公安部队在此驻有边防哨所，后撤。1980 年又复置边防哨所。

小蒲店 [Xiǎopúdiàn]

民国时期，小蒲村人在此开设商店，称小蒲店，发展成村后，沿用原名。聚落呈点状。民国属永丰乡。解放初属西洞乡小蒲村。1956 年与巡检司联合成立巡检司初级社，改属蒲西乡。1957 年并入小蒲高级社。1958 年冬属蒲西管理区。1961 年属蒲西公社巡检司大队。1984 年属蒲西乡巡检司村。1992 年 5 月撤区扩镇并乡时，撤销蒲西乡，改属六敖镇巡检司村。2013 年 11 月属健跳镇巡检司村。

岣岩村 [Xunyán Cūn]

以村民委员会驻地岣岩得名。建于 1984 年，辖岣岩、塘岸、下岐、昌塘 4 个自然村，14 个村民小组，437 户，1461 人。行政区域面积 2.04 平方公里，其中耕地面积 80.47 公顷，林地面积 36.33 公顷。集体经济总收入 28.23 万元，固定资产合计 583.31 万元。

岣岩 [Xunyán]

村民委员会驻地。位于健跳镇政府驻地西北 10.2 公里。S224 省道穿村而过，地势平坦，聚落为不规则块状，属沿海平原地区。东邻下岐自然村，西南毗昌塘自然村，西为塘岸自然村，西南与西渡村接壤，北濒海游港。

清乾隆年间（1736—1795 年）李姓祖先始居于此。因村南山上岩石嶙峋，取名岣岩。清名舜岩，属宁海县南乡西洞庄。民国属六鳌乡。解放后属永丰乡。1950 年 8 月由六敖乡分设，属上敖乡。1956 年与昌塘联合成立岣岩第一初级社，塘岸与下岐联办岣岩第二初级社。1957 年第一、第二 2 个初级社合办岣岩高级社。1958 年 11 月属蒲西管理区。1961 年建岣岩大队，属蒲西公社。1984 年属蒲西乡岣岩村民委员会。1992 年 5 月撤区扩镇并乡时，撤销蒲西乡，改属六敖镇岣岩村。2013 年 11 月属健跳镇岣岩村。

塘岸 [Táng'àn]

村居昌塘塘岸边，故名塘岸。聚落呈点状。解放初属西洞乡。1950 年属上敖乡。1956 年与下岐联办岣岩第二初级社，属蒲西乡。1957 年第一、第二 2 个初级社联办岣岩高级社。1958 年冬属蒲西管理区。1961 年属蒲西公社岣岩大队。1984 年属蒲西乡岣岩村。1992 年 5 月属六敖镇岣岩村。2013 年 11 月属健跳镇岣岩村。

下岐 [Xiàjiāo]

村边有座小山，名叫下岐山，村以山得名下岐。聚落呈点状。民国属六鳌乡，解放初属西洞乡。1950 年属上敖乡。1956 年与塘岸村联办岣岩第二初级社，属蒲西乡。1957 年与第一初级社合并成立岣岩高级社。1958 年冬属蒲西管理区。1961 年属蒲西公社岣岩大队。1984 年属蒲西乡岣岩村。1992 年 5 月属六敖镇岣岩村。2013 年 11 月属健跳镇岣岩村。

昌塘 [Chāngtáng]

这个地方原是海涂，围塘定居后，人们希望繁荣昌盛，取名昌塘。聚落呈点状。民国属六鳌乡。解放初属西洞乡。1950 年属上敖乡。1956 年与岣岩村联办岣岩第一初级社，属蒲西乡。1958 年冬属蒲西管理区。1961 年属蒲西公社岣岩大队。1984 年属蒲西乡岣岩村。1992 年 5 月属六敖镇岣岩村。2013 年 11 月属健跳镇岣岩村。

赤礁村 [Chìjiāo Cūn]

以村民委员会驻地赤礁得名。建于 1984 年，辖赤礁、西渡斗门 2 个自然村，12 个村民小组，175 户，599 人。行政区域面积 1.94 平方公里，其中耕地面积 32.2 公顷，林地面积 140 公顷。集体经济总收入 10.66 万元，固定资产合计 115.72 万元。

赤礁 [Chìjiāo]

村民委员会驻地。位于健跳镇政府驻地西北 11.1 公里。S224 省道南侧，地势平坦，聚落为点、块状分布，属沿海平原地区。东邻岣岩村昌塘自然村，西与西渡村接壤，北濒西渡斗门自然村。

清初，有个姓张的人迁居到此。因村前是海，有红褐色的礁石，故名赤礁，并以此名村。清属宁海县南乡西洞庄。民国属六鳌乡。解放初属六敖乡。1950年8月由六敖乡分设，属西洞乡。1955年与西渡斗门村联合成立第一、第二初级社，1956年合并转为赤礁高级社，同年2月属蒲西乡。1958年11月属蒲西管理区。1961年10月属蒲西公社赤礁大队。1984年属蒲西乡赤礁村民委员会。1992年5月撤区扩镇并乡时，撤销蒲西乡，改属六敖镇赤礁村。2013年11月属健跳镇赤礁村。

西渡斗门 [Xīdùdòumén]

因村位于西渡斗门边，故以西渡斗门名村。聚落呈点状。民国属六鳌乡。解放初属六敖乡。1950年属西洞乡。1955年与赤礁村联办第一、第二初级社，1956年合并转为赤礁高级社，属蒲西乡。1958年冬属蒲西管理区。1961年属蒲西公社赤礁大队。1984年属蒲西乡赤礁村。1992年5月属六敖镇赤礁村。2013年11月属健跳镇赤礁村。

小蒲村 [Xiǎopú Cūn]

以村民委员会驻地小蒲得名。建于1984年，辖小蒲、郑公山2个自然村，24个村民小组，683户，2365人。行政区域面积7.82平方公里，其中耕地面积131.33公顷，林地面积454.4公顷。集体经济总收入243.61万元，固定资产合计1377.56万元。

小蒲 [Xiǎopú]

村民委员会驻地。位于健跳镇政府驻地西北12公里。地处马向山西北麓山谷中，地势南向北倾斜，块状聚落，属半山区。东与西渡村隔山为邻，西南至海润街道后林村界，东北与赤礁村接壤，北濒海游港。

元末明初林姓祖先从福建莆田先迁往象山县鸡鸣，后分支迁此居住，为尊祖意，称莆田为大莆，自称小莆，后改小蒲。清属宁海县仙岩乡四十四都（上甲）二图，后改属宁海县南乡窦岙庄。民国属永丰乡。解放后属永丰乡。1950年8月由永丰乡分设，属西洞乡。1954年成立小蒲初级社。1956年属蒲西乡。1957年与巡检司初级社合建小蒲高级社。1958年11月属蒲西管理区。1961年巡检司分出，该村与郑公山、王家共属蒲西公社小蒲大队。1984年属蒲西乡小蒲村民委员会。1992年5月撤区扩镇并乡时，撤销蒲西乡，改属六敖镇小蒲村。2013年11月属健跳镇小蒲村。

郑公山 [Zhènggōngshān]

已无人居住。据传，郑氏祖先于清代从福建迁此山居住，为纪念同宗郑成功收复台湾的不朽功勋，将该山取名郑公山，村以山命名。聚落呈点状。据清光绪《宁海县志》卷三载，郑公山，清属宁海县南乡窦岙庄。民国属永丰乡。解放后属西洞乡。1956年属蒲西乡。1958年冬属蒲西管理区。1961年属蒲西公社小蒲大队。1984年属蒲西乡小蒲村。1992年5月属六敖镇小蒲村。2013年11月属健跳镇小蒲村。

西渡村 [Xīdù Cūn]

以村民委员会驻地西渡得名。建于1984年，辖西渡、西渡庄、种子场3个自然村，22个村民小组，651户，2167人。行政区域面积12.48平方公里，其中耕地面积106.2公顷，林地面积1023.8公顷。集体经济总收入305.26万元，固定资产合计895.45万元。

西渡 [Xīdù]

曾用名西洞。村民委员会驻地。位于健跳镇政府驻地西北9.7公里。地势西南向东北倾斜，属濒海平原地区。东靠野猪山，南至西渡岭头，西与小蒲村隔山为邻，北濒海游港。

因村位于尖坑山之西，当时村前又是海港，往返必用渡船，称为西渡，并以此名村。因“渡”与“洞”谐音，被误称为“西洞”。1982年地名普查时，经多方调查考证，订正为西渡。因村民姓丁，清名西洞丁。清属宁海县仙岩乡四十四都（上甲）二图，后改属宁海县南乡西洞庄。民国属六鳌乡。解放初属六敖乡。1950年8月属西洞乡。1955年成立西洞初级社，1956年与西洞庄合办西洞高级社，同年2月改属蒲西乡。

1958年冬属蒲西管理区。1961年10月与西洞庄、种子场共属西洞大队，即后之西渡大队。1984年称蒲西乡西渡村民委员会。1992年5月撤区扩镇并乡时，撤销蒲西乡，改属六敖镇西渡村。2013年11月属健跳镇西渡村。

西渡庄 [Xīdùzhuāng]

曾用名西洞庄。据传，小蒲村有一户大地主，掌管18个庄园，西洞庄是其中之一，建村后沿用此名。聚落呈点状。民国属六鳌乡。解放初属西洞乡。1955年成立初级社，1956年与西洞村联办西洞高级社，属蒲西乡。1958年冬属蒲西管理区。1961年属蒲西公社西洞大队，即后之西渡大队。1984年属蒲西乡西渡村。1992年5月属六敖镇西渡村。2013年11月属健跳镇西渡村。

种子场 [Zhǒngzǐchǎng]

1966年，西洞大队为了开发荒地，繁育良种，派人在此建立种子场，定居成村后，即以种子场命名。点状聚落。属西洞大队，即后之西渡大队。1984年属蒲西乡西渡村。1992年5月属六敖镇西渡村。2013年11月属健跳镇西渡村。

第四节 住宅小区

猫头新村 [Māotóu Xīncūn]

位于健跳镇健阳路。南毗健农小区，西邻S224省道。占地面积12.86万平方米，建筑面积12.21万平方米。有居住楼三层51幢，六层16幢，绿地率30%。因建造核电工程的需要，猫头村整体迁移到健跳镇健跳塘，建立新的居民区，故名。2014年5月建成命名。

健农小区 [Jiànnóng Xiǎoqū]

位于健跳镇文教路51号。东毗健阳路，北邻猫头新村，西近S224省道。占地面积6.43万平方米，建筑面积11.25万平方米。共有24幢，其中8幢为11层，16幢为6层，854套住宅。该小区属健农村民委员会开发建设，故名。2010年11月12日命名。

健核小区 [Jiànhé Xiǎoqū]

位于健跳镇琴江路与文教路交叉口。东临琴江路，南毗文教路，西靠健跳中学。占地面积2.58万平方米，建筑面积4.64万平方米。由1幢综合楼和10幢宿舍楼组成，共1036套住宅。因地处健跳镇，居住的是核电建设者，故名。2010年4月14日命名。

欣欣花苑 [XīnXīn Huāyuàn]

位于健跳镇文教路与中心大道交汇处。占地面积3.1万平方米，建筑面积4.15万平方米，绿地率30.1%。寓意居民繁荣昌盛，故名。2014年1月建成命名。

春雨豪庭 [Chūnyǔ Háotíng]

位于健跳镇六敖南大街与西大街交汇处。占地面积12.7885万平方米，建筑面积65.2452万平方米。寓意香满大地、雨润万家，是居住者的豪华庭院，故名。2012年4月建成命名。

海湾新村 [Hǎiwān Xīncūn]

位于健跳镇六敖现代农业观光园区核心区。东至农博大道，北毗现代农业园区。占地面积7.07万平方米，建筑面积7.7万平方米。共有农特产品批发交易市场1幢5层，排房42幢2层半，公寓2幢5层，共84套。因地处在海边乡村，故名。2010年11月12日建成命名。

景海佳苑 [Jǐnghǎi Jiāyuàn]

位于健跳镇六敖，东为西一路，南临规划道路，西至海健路，北界老74省道。占地面积1.13万平方米，建筑面积2.65万平方米。居住楼5幢，共182套住宅。因毗邻三门湾，故名。2007年12月3日建成命名。

第七章 横渡镇

第一节 概况

横渡镇 [Héngdù Zhèn]

地理位置 位于北纬28°56′53″~29°04′05″，东经121°24′06″~121°32′57″之间，地处县政府驻地东南18公里处。东濒健跳港，南连花桥镇，西接亭旁镇，北界海润街道、健跳镇，西南与临海市相邻。

政区概况 区域面积113.87平方公里，其中耕地面积1.12万亩，山林面积12.4万亩，其中公益林7万余亩，次生阔叶林0.7万亩，森林覆盖率75.6%。境内85%为山地，素有“八山一水一分田”之称，地势西南高东北低，土壤以砂性为主，是典型的山区乡镇，是健跳港的源头，也是县委、县政府提出“三港三城”战略中白溪地下水库库区，拟建的大白溪水库库址。境内北部龙母山，最高峰海拔741.8米，东南以石笋山为主，山岭险峻。白溪和小横渡溪横贯镇的中部和南部，沿溪两岸形成溪谷平地。

横渡镇被环保部评为国家级生态乡镇，东屏村跻身中国传统文化村落名录，岩下潘村获得发现2013中国最美村镇典范奖称号。人民政府驻大横渡村横渡街28号，

政区划分 辖大横渡、铁强、白溪、石仓岙、南豪、深土洋、小横渡、岭根陈、桥头、东屏、长林、南林、坎下金、木里湾、善见村、岩下潘、溪洋、王岐庄、岩下、快岙、松树坑、上房22个行政村，44个自然村。

政区沿革 清代分属宁海县南乡大横渡、小横渡、岭根陈3个庄。民国十七年（1928年）分属八保、松杏、屏山、金桥、白岩5个乡。民国二十四年（1935年）八保、松杏2个乡合并为龙山乡，屏山、金桥、白岩3个乡合并为双溪乡。民国二十九年（1940年）三门建县后，仍称双溪乡和龙山乡。民国三十六年（1947年）双溪、龙山2个乡合并，属双龙乡。解放初仍属双龙乡。1950年8月分设双龙、东屏、桥头、新渡4个乡。1956年2月撤销东屏乡，并入桥头乡；撤新渡乡，并入双龙乡。1958年冬改建双龙、桥头2个管理区。1961年建桥头公社。1962年建双龙公社。1981年双龙公社改称横渡公社。1983年为横渡、桥头2个乡。1987年10月横渡乡改制为镇，辖8个村。1992年5月撤销桥头乡，其行政区划入横渡镇。

名称由来 镇政府驻地大横渡村因港湾广阔，古代南北往返需乘船横渡而得名。曾用名双龙，是以原双溪乡和龙山乡合并，取其首字得名。

气候灾害 全年气候冬冷夏热，春秋温和，雨量充沛，春季多雨，空气湿润，无霜期长达260天。

人口状况 全镇7486户，23137人，其中男性12283人，城镇人口3889人，人口密度为每平方公里57.15人，自然增长率3.98‰。

社会经济 横渡工业经济基础薄弱，几乎没有上规模企业，但个私经济发展比较早，有较厚实的基础。1992年绣衣热席卷横渡，作坊遍布全镇。1995年绣衣产业一落千丈。进入21世纪后，横渡绣衣业在摸索中发展，有3000多人从事绣衣行业，在本地及县内外创办绣衣厂，搞市场批发，年销售量达500万件，产值5亿多元。2016年全镇工业总产值6662万元，社会固定资产投资4660万元。

农业主要以传统种植业、畜牧业为主，渔业、林业为辅。2016年农业产值16112万元，经济作物种植面积5800亩，果蔬种植面积5000亩，蜜蜂1200桶，产蜂蜜2500公斤。

横渡镇有中心小学、小横渡小学2所小学，教学班12个，教职员工42人，学生385人。横渡卫生院下辖桥头社区卫生服务站、小横渡社区卫生服务站和铁强村卫生室。2016年在职在编人员为32人，卫技人员29人。全镇22个村完成有线电视联网工程，实现全镇广播电视村村通。电视综合人口覆盖率达100%。建成村级垃圾站(池)16个，村庄垃圾简易处理设施10个，镇垃圾集中处理设施2个。

人文胜景 横渡镇既有海港、滩涂、海岸线观赏旅游资源，又有原始森林、田园风光和自然景观，更有深厚的历史文化、古建筑等人文资源，其中湫水大峡谷地处横渡镇西部，景区面积10.9平方公里，峡谷蜿蜒10公里，内有成片原始森林，7000多亩次生阔叶林，为国家级森林保护区、省级自然生态保护区、浙东南动植物基因库，景区内共有景点资源51处，其中一级景点2处、二级景点24处。2005年湫水大峡谷获市级风景名胜旅游区称号。2010年完成《横渡镇旅游总体发展规划》和《岩下潘——峙洋区块概念性规划》的编制。横渡镇主攻生态旅游开发，打造湫水大峡谷、桂桥岭大峡谷自然生态休闲养生景区、东屏古村落文化景区和特色农家风味休闲三大旅游名片，形成“峡谷探险游、古村自助游、农家休闲游”为主线的山水横渡生态旅游模式。2012年7月举办了首届横渡杨梅旅游节。2013年潘家小镇建成迎客，全年旅客接待量达到10万人左右。东屏村陈氏亚魁第被公布为省级文物保护单位。历史人物有明贡生郦骧，清石雕艺术高手张宗足、举人陈式栋等。

第二节 行政村及自然村

大横渡村 [Dàhéngdù Cūn]

以村民委员会驻地大横渡得名。建于1983年，辖大横渡、横渡刘、许家山、石燕、上王5个自然村，49个村民小组，1174户，3509人。行政区域面积6.54平方公里，其中耕地面积106.93公顷。集体经济总收入0.16万元，固定资产合计45.11万元。

大横渡 [Dàhéngdù]

横渡镇政府、村民委员会驻地。地处十八泡山东南侧，地势平坦，块状聚落，属河谷平地。东毗横渡刘自然村，东北与铁强村接壤，西南接石燕自然村，北近许家山自然村。

横渡系驾舟横渡之意。据当地《刘氏宗谱》载，唐朝前，此地系一港湾。唐末，始祖迁居横渡港北侧，因姓刘，取名横渡刘。宋初，郑、祝等姓氏迁居横渡刘上侧，因渡比南面小横渡宽，故称大横渡，并以此名村。清代名大横渡街，属宁海县宁和乡四十六都三图，后改属南乡大横渡庄。民国二十四年(1935年)属龙山乡。民国三十六年(1947年)属双龙乡。解放后沿用旧制。1955年与石燕、上王、许家山、横渡刘、南林等初级社合办民建高级社。1958年冬属双龙管理区。1961年属双龙公社民建大队。1981年改名横渡公社大横渡大队。1983年6月政社分设，属横渡乡大横渡村民委员会。1987年10月乡改镇，属横渡镇大横渡村。

许家山 [Xǔjiāshān]

祖先姓许，住在大横渡西北十八泡山脚，故名许家山。点状聚落。民国二十四年(1935年)属龙山乡。民国三十六年(1947年)属双龙乡。解放后沿用旧制。1954年成立陈武升初级社，1955年并入民建高级社。1958年冬属双龙管理区。1961年属双龙公社民建大队(即后之横渡公社大横渡大队)。1983年属横渡乡大横渡村。1987年10月乡改镇，属横渡镇大横渡村。

横渡刘 [Héngdùliú]

村居横渡港北侧，村民姓刘，故名。点状聚落，略呈长条形。民国二十四年(1935年)属龙山乡。民国三十六年(1947年)属双龙乡。解放后沿用旧制。1954年成立郦继良初级社，1955年并入民建高级社。1958年冬属双龙管理区。1961年属双龙公社民建大队(即后之横渡公社大横渡大队)。1983年属横渡乡大横渡村。1987年10月乡改镇，属横渡镇大横渡村。

上王 [Shàngwáng]

位于大横渡西北，地形较高，始系王姓创住，故名上王。聚落呈点状。民国二十四年（1935年）属龙山乡。民国三十六年（1947年）属双龙乡。解放后沿用旧制。1954年成立上王初级社，1955年并入民建高级社。1958年冬属双龙管理区。1961年属双龙公社民建大队（即后之横渡公社大横渡大队）。1983年属横渡乡大横渡村。1987年10月乡改镇，属横渡镇大横渡村。

石燕 [Shíyàn]

因村东边一岩石形似燕子而得名。聚落呈不规则的块状。据清光绪《宁海县志》卷三载，石燕，属宁海县南乡大横渡庄。民国二十四年（1935年）属龙山乡。民国三十六年（1947年）属双龙乡。解放后沿用旧制。1954年成立石燕初级社，1955年并入大横渡村民建高级社。1958年冬属双龙管理区。1961年属双龙公社民建大队（即后之横渡公社大横渡大队）。1983年属横渡乡大横渡村。1987年10月乡改镇，属横渡镇大横渡村。

铁强村 [Tiěqiáng Cūn]

以村民委员会驻地铁强得名。建于1983年，辖铁强、下罗、托岙3个自然村，21个村民小组，704户，2248人。行政区域面积7.13平方公里，其中耕地面积51.8公顷。集体经济总收入87.06万元，固定资产合计296.1万元。

铁强 [Tiěqiáng]

村民委员会驻地。位于横渡镇政府驻地东北1.9公里。地势西北向东南倾斜，聚落为不规则块状分布，属沿海平原地区。东至蛎江滩，南邻下罗自然村，西南与大横渡村接壤，北与西渡村山交界。

据传，唐末，林氏始祖自福建莆田迁此时，手植松树、银杏各一株，取名松杏村。至宋朝，又以先祖曾在银杏树旁建炉炼铁，改名为铁场。民国时期宁海县某律师路过该村，曾赠村名曰“铁强”。但后仍沿用原名铁场。因重名，1981年复称铁强。清属宁海县南乡大横渡庄。民国二十四年（1935年）属龙山乡。民国三十六年（1947年）属双龙乡。解放后沿用旧制。1956年成立铁场初级社，1957年与下罗、托岙合并组成铁场高级社。1958年11月属双龙管理区。1961年属双龙公社铁场大队（1981年因社、队均重名，公社更名为横渡，村启用新名铁强，大队亦名铁强）。1983年6月政社分设，设立铁强村民委员会，属横渡乡。1987年10月乡改镇，属横渡镇铁强村。

村东南1公里处，有广阔海滩，盛产牡蛎，称“蛎江滩”。铁强牡蛎质佳味鲜，远近闻名。

托岙 [Tuō'ào]

据传，此地三面环山，中间比较平坦，原名坦岙。潘姓人逃荒到此定居时，曾称呼为讨岙。后又因铁强人在此地耕种时，由于离家路远，常把农具托讨岙人代管，故又演变为托岙。点状聚落。据清光绪《宁海县志》卷三载，托岙，属宁海县南乡大横渡庄。民国二十四年（1935年）属龙山乡。民国三十六年（1947年）属双龙乡。解放后沿用旧制。1957年加入铁场高级社。1958年冬属双龙管理区。1961年属双龙公社铁场大队（即后之横渡公社铁强大队）。1983年属横渡乡铁强村。1987年10月乡改镇，属横渡镇铁强村。

下罗 Xiàluó]

原来村东有一座土墩，形状似海螺，故称下螺，后演变为下罗。聚落呈点状。据清光绪《宁海县志》卷三载，下罗，属宁海县南乡大横渡庄。民国二十四年（1935年）属龙山乡。民国三十六年（1947年）属双龙乡。解放后沿用旧制。1957年加入铁场高级社。1958年冬属双龙管理区。1961年属双龙公社铁场大队（即后之横渡公社铁强大队）。1983年属横渡乡铁强村。1987年10月乡改镇，属横渡镇铁强村。

白溪村 [Báixī Cūn]

以村民委员会驻地白溪得名。建于1983年，辖白溪、碧潭、上陈3个自然村，12个村民小组，394户，

1173人。行政区域面积2.61平方公里，其中耕地面积80.67公顷。集体经济总收入0.07万元，固定资产合计10.48万元。

白溪 [Báixī]

村民委员会驻地。位于横渡镇政府驻地西南3.4公里。地处白溪北岸，块状聚落，略呈长方形，系河谷平地。东北毗大横渡村石燕自然村，东邻上陈自然村，东南与南豪村隔溪相望，北至后门山为界。

宋朝，始祖王氏迁居于此，因村前一溪，溪滩多白色砾石，取名白溪，并以溪名村。清属宁海县南乡大横渡庄。民国二十四年（1935年）属双溪乡。民国三十六年（1947年）属双龙乡。解放后沿用旧制。1955年成立土兴、得立初级社，1957年成立白溪高级社。1958年11月属双龙管理区。1961年属双龙公社（即后之横渡公社）白溪大队。1983年6月政社分设，设立白溪村民委员会，属横渡乡。1987年10月乡改镇，属横渡镇白溪村。

历史上，这里原是一片乱石嶙峋，杂草丛生，田窄土薄的穷地方。据东屏村《陈氏宗谱》载，古人陈正升曾写诗描绘此地的凄凉景象。诗云："横溪白石如银砌，湫水轻雷似鼓鸣，溪水飞腾翻巨浪，吞食良田变白溪。"解放后，在党和人民政府领导下，通过截弯取直，疏通溪道，建筑防洪大坝，扩大粮田面积，提高单位面积产量，人民生活显著改善。亭（旁）流（水岩）公路和狮（岭）白（溪）公路在此相交，交通便利。

碧潭 [Bìtán]

村前有个水潭，潭水清澈碧绿，故名。聚落呈点状。据清光绪《宁海县志》卷三载，碧潭，属宁海县南乡大横渡庄。民国二十四年（1935年）属双溪乡。民国三十六年（1947年）属双龙乡。解放后沿用旧制。1955年成立得本初级社，1957年与上陈、白溪合建白溪高级社。1958年冬属双龙管理区。1961年属双龙公社（1981年改名横渡公社）白溪大队。1983年属横渡乡白溪村。1987年10月乡改镇，属横渡镇白溪村。

上陈 [Shàngchén]

该村多姓陈，位于横渡溪上游，故称上陈。聚落呈点状。据清光绪《宁海县志》卷三载，上陈，属宁海县大横渡庄。民国二十四年（1935年）属双溪乡。民国三十六年（1947年）属双龙乡。解放后沿用旧制。1955年成立土兴初级社，1957年并入白溪高级社。1958年冬属双龙管理区。1961年属双龙公社（1981年改名横渡公社）白溪大队。1983年属横渡乡白溪村。1987年10月乡改镇，属横渡镇白溪村。

石仓岙村 [Shícāng'ào Cūn]

以村民委员会驻地石仓岙得名。建于1983年，辖石仓岙1个自然村，9个村民小组，120户，369人。行政区域面积1.7平方公里，其中耕地面积17.8公顷。集体经济总收入0.5万元，固定资产合计1.3万元。

石仓岙 [Shícāng'ào]

位于横渡镇政府驻地东南3公里。地处健跳港上游，石笋山北麓，地势南向北倾斜，块状聚落，呈方形，系滨海丘陵地区。东至东郭，南靠石笋山，西南邻深土洋村，北至蛎江滩。

因其山岙里曾采过石板，留有石仓，故名。清属宁海县南乡岭根陈庄。民国二十四年（1935年）属龙山乡。民国三十六年（1947年）属双龙乡。解放后沿用旧制。1950年8月属新渡乡。1955年成立石仓岙初级社。1956年2月重属双龙乡。1957年转为石仓岙高级社。1958年11月属双龙管理区。1961年属双龙公社（1981年改名横渡公社）石仓岙大队。1983年属横渡乡石仓岙村民委员会。1987年10月乡改镇，属横渡镇。

南豪村 [Nánháo Cūn]

以村民委员会驻地南豪得名。建于1983年，辖南豪1个自然村，4个村民小组，124户，378人。行政区域面积0.42平方公里，其中耕地面积10.67公顷。集体经济总收入0.03万元，固定资产合计0.83万元。

南豪 [Nánháo]

位于横渡镇政府驻地西南3.5公里。地势南向北倾斜，块状聚落，属半山区。东与小横渡村隔山为邻，南毗沙平岭，西北与白溪村隔溪相望。

因村处白溪南边山岙中，黄氏盼日后门庭豪富，故取名南豪。清属宁海县南乡大横渡庄。民国二十四年（1935年）属双溪乡。民国三十六年（1947年）属双龙乡。解放后沿用旧制。1956年成立南豪初级社，1957年转为高级社。1958年冬属双龙管理区。1961年属双龙公社（1981年更名横渡公社）南豪大队。1983年属横渡乡南豪村民委员会。1987年10月乡改镇，属横渡镇。

深土洋村 [Shēntǔyáng Cūn]

以村民委员会驻地深土洋得名。建于1983年，辖深土洋1个自然村，12个村民小组，245户，822人。行政区域面积1.07平方公里，其中耕地面积30.73公顷，集体经济总收入0.12万元，固定资产合计73.96万元。

深土洋 [Shēntǔyáng]

位于横渡镇政府驻地东南2.7公里。地处小横渡溪东岸，石笋山西北麓，北濒健跳港上游，地势平坦，聚落呈不规则的块状，系滨海丘陵地区。东北毗石仓岙村，西南邻小横渡村，西靠南山尖，北濒蛎江滩。

查当地《缪氏宗谱》，宋景定年间（1260—1264年），缪元卿自黄岩宏洋迁居于此。因其地土层深厚，故名深土洋。清名星火洋。据光绪《宁海县志》卷三载，星火洋，属宁海县南乡岭根陈庄。民国二十四年（1935年）属龙山乡。民国三十六年（1947年）属双龙乡。解放后沿用旧制。1950年8月属新渡乡。1955年成立缪昌妙、缪昌奇2个初级社。1956年2月重属双龙乡。1957年合并为深土洋为高级社。1958年冬属双龙管理区。1961年属双龙公社（1981年更名横渡公社）深土洋大队。1983年属横渡乡深土洋村民委员会。1987年10月乡改镇，属横渡镇。

小横渡村 [Xiǎohéngdù Cūn]

以村民委员会驻地小横渡得名。建于1983年，辖小横渡、麻岙、下山头3个自然村，30个村民小组，911户，2855人。行政区域面积8.73平方公里，其中耕地面积78.13公顷。集体经济总收入5.01万元，固定资产合计100.97万元。

小横渡 [Xiǎohéngdù]

村民委员会驻地。位于横渡镇政府驻地南偏东2.9公里。地处南山尖南麓，地势自西北向东南倾斜，块状聚落，属河谷平地。东南临小横渡溪，西南邻岭根陈村，北与大横渡村交界。

因村南有一港湾，人们外出往返必须驾舟横渡，称横渡港。又因此港比北面的大横渡港狭小，故称小横渡，遂以之名村。清属宁海县宁和乡四十五都三图，后改属南乡小横渡庄。民国二十四年（1935年）属龙山乡。民国三十六年（1947年）属双龙乡。解放后沿用旧制。1950年8月属新渡乡（为乡政府驻地）。1954年成立何金家、何荣法、何金迪、何贤月4个初级社，1957年又与下山头村林台宝、麻岙村罗金林2个初级社联办新益高级社。1958年冬属新渡管理区。1961年属双龙公社（1981年更名为横渡公社）小横渡大队。1983年属横渡乡小横渡村民委员会。1987年10月乡改镇，属横渡镇小横渡村。

该村历史悠久，20世纪50年代末，在村西"明因寺"遗址处劈山造田时，出土唐代瓦当等文物。

下山头 [Xiàshāntóu]

村旁有块晒网岩，故名网山头。因村处小横渡村下边，后演变为下山头。聚落呈点状。清代属宁海县南乡岭根陈庄。民国二十四年（1935年）属龙山乡。民国三十六年（1947年）属双龙乡。解放后沿用旧制。1950年8月属新渡乡。1954年成立林台宝初级社，1957年并入小横渡村新益高级社。1958年冬属新渡管理区。1961年属双龙公社(1981年改名为横渡公社)小横渡大队。1983年属横渡乡小横渡村。1987

年10月乡改镇，属横渡镇小横渡村。

麻岙 [Máào]

因麻氏居住此岙，故名麻岙。聚落呈点状。据清光绪《宁海县志》卷三载，麻岙，属宁海县南乡岭根陈庄。民国二十四年（1935年）属龙山乡。民国三十六年（1947年）属双龙乡。解放后沿用旧制。1950年8月属新渡乡。1954年成立罗金林初级社，1957年并入小横渡村新益高级社。1958年冬属新渡管理区。1961年属双龙公社（1981年改名为横渡公社）小横渡人队。1983年属横渡乡小横渡村。1987年10月乡改镇，属横渡镇小横渡村。

岭根陈村 [Lǐnggēnchén Cūn]

以村民委员会驻地岭根陈得名。建于1983年，辖岭根陈、唐家、庄四岙3个自然村，12个村民小组，436户，1335人。行政区域面积2.74平方公里，其中耕地面积44.93公顷。集体经济总收入5.03万元，固定资产合计13.47万元。

岭根陈 [Lǐnggēnchén]

村民委员会驻地，位于横渡镇政府驻地南4.4公里。地处沙平岭东麓，地势西向东倾斜，聚落呈不规则块状，属河谷平地。东北邻小横渡村，南毗庄四岙自然村，西南邻唐家自然村，南靠凤凰山麓，西与岩下村接壤，西北隔山与南豪村为邻。

查当地《陈氏宗谱》，宋朝，陈氏祖先自渔西墈头迁居于此。以其村位于沙平岭脚，故名岭根陈。清属宁海县南乡岭根陈庄。民国二十四年（1935年）属龙山乡。民国三十六年（1947年）属双龙乡。解放后沿用旧制。1950年8月属新渡乡。1956年成立唐金土初级社，同年2月回属双龙乡。1957年并入岭根陈高级社。1958年冬属新渡管理区。1961年属双龙公社（1981年更名为横渡公社）岭根陈大队。1983年属横渡乡岭根陈村民委员会。1987年10月乡改镇，属横渡镇岭根陈村。

唐家 [Tángjiā]

据传，古代此地有河流入健跳港，称沽水，因居民多姓唐，故村名唐沽，后以姓氏命名唐家。块状聚落，略呈长方形。据清光绪《宁海县志》卷三载，唐家，属宁海县南乡岭根陈庄。民国二十四年（1935年）属龙山乡。民国三十六年（1947年）属双龙乡。解放后沿用旧制。1950年8月属新渡乡。1956年成立唐金土初级社，1957年并入岭根陈高级社。1958年冬属新渡管理区。1961年属双龙公社（1981年更名为横渡公社）岭根陈大队。1983年属横渡乡岭根陈村。1987年10月乡改镇，属横渡镇岭根陈村。

庄四岙 [Zhuāngsì'ào]

古代此岙有四株大樟树生长在一处，取名樟四岙，后演变为庄四岙。点状聚落，略呈长方形。清代名灶司岙。据清光绪《宁海县志》卷三载，灶司岙，清属宁海县南乡岭根陈庄。民国二十四年（1935年）属龙山乡。民国三十六年（1947年）属双龙乡。解放后沿用旧制。1950年8月属新渡乡。1956年与唐家合办唐金土初级社，l957年并入岭根陈高级社。l958年冬属新渡管理区。1961年属双龙公社（1981年改名为横渡公社）岭根陈大队。1983年属横渡乡岭根陈村。1987年10月乡改镇，属横渡镇岭根陈村。

桥头村 [Qiáotóu Cūn]

以村民委员会驻地桥头得名。建于1984年，206户，921人。辖桥头1个自然村，8个村民小组，351户，1079人。行政区域面积1.92平方公里，其中耕地面积33.6公顷。集体经济总收入0.1万元，固定资产合计232.93万元。

桥头 [Qiáotóu]

位于横渡镇政府驻地西南4.9公里。地处白溪南侧，东与白溪村接壤，东南邻溪洋村，西毗善见村，北与木里湾村为邻。地势平坦，块状聚落，属半山区。

据桥头《罗氏宗谱》记载，桥头罗氏始祖罗居敬，字大礼，号雅垢，为宋代名臣罗适七世裔孙，率妻子迁桥头边。桥头村就此得名。清属宁海县南乡大横渡庄。民国二十四年（1935年）属双溪乡。解放初沿用旧制。1950年8月由双溪乡分设，属桥头乡。1955年相继成立干顺、罗元夫、罗加灯、罗彩臬4个初级社，1956年合并转为桥头高级社。1958年11月属桥头管理区。1961年10月属桥头公社桥头大队。1984年属桥头乡桥头村民委员会。1992年5月撤区扩镇并乡时，撤销桥头乡，改属横渡镇。

东屏村 [Dōngpíng Cūn]

以村民委员会驻地东屏得名。建于1984年，辖东屏、上角头、大岙坑、水坑4个自然村，20个村民小组，837户，2589人。行政区域面积7.84平方公里，其中耕地面积128.67公顷，集体经济总收入14.15万元，固定资产合计42.18万元。

东屏 [Dōngpíng]

村民委员会驻地。位于横渡镇政府驻地西偏北4.1公里。地处黄泥塘岗西麓，南邻木里湾村，西北毗坎下金村，西至白栲岭，西北近水坑自然村。地势东北向西南倾斜，聚落呈不规则块状，属山区。

村东的东坑山，形似一座帷屏，故名。据当地《陈氏宗谱》载，古人陈正升曾咏《屏山舆图》，专叙东屏景色，诗曰："四周山景作墙城，龙首三山护曲屏。五马回环双图集，两樟端拱一祠兴。横溪白石如银砌，湫水轻雷似鼓鸣。乘兴再来翻锦浪，合村踊跃光飞腾。"清属宁海县南乡大横渡庄。民国二十四年（1935年）属双溪乡。解放初沿用旧制。1950年8月由双溪乡分设，属东屏乡。1956年与水坑村、上角头村经尧初级社、大岙坑村武跳初级社合办东屏高级社，属桥头乡。1958年11月属桥头管理区。1961年10月属桥头公社东屏大队。1984年属桥头乡东屏村民委员会。1992年5月撤区扩镇并乡时，撤销桥头乡，改属横渡镇东屏村。

2013年，东屏被列入第二批中国传统村落名录。

大岙坑 [Dààokēng]

因村居大岙坑边，故名。为不规则的块状聚落。民国二十四年（1935年）属双溪乡。解放初沿用旧制。1950年8月属东屏乡。1955年成立武跳初级社，1956年并入东屏高级社，属桥头乡。1958年冬属桥头管理区。1961年属桥头公社东屏大队。1984年属桥头乡东屏村。1992年5月属横渡镇东屏村。

上角头 [Shàngjiǎotóu]

位于东屏村西北角，地形较高，取名上角头。呈品字形的点状聚落。民国二十四年（1935年）属双溪乡。解放初沿用旧制。1950年8月属东屏乡。1955年成立经尧初级社，1956年并入东屏高级社，属桥头乡。1958年冬属桥头管理区。1961年属桥头公社东屏大队。1984年属桥头乡东屏村。1992年5月属横渡镇东屏村。

水坑 [Shuǐkēng]

位于长年流水的山坑边，故名水坑。聚落呈点状。民国二十四年（1935年）属双溪乡。解放初沿用旧制。1950年8月属东屏乡。1956年并入东屏高级社，属桥头乡。1958年冬属桥头管理区。1961年属桥头公社东屏大队。1984年属桥头乡东屏村。1992年5月属横渡镇东屏村。

长林村 [Chánglín Cūn]

以村民委员会驻地长林得名。建于1984年，辖长林1个自然村，4个村民小组，133户，413人。行政区域面积1.91平方公里，其中耕地面积13.93公顷。集体经济总收入0.1万元，固定资产合计46.11万元。

长林 [Chánglín]

位于横渡镇政府驻地西7.9公里。地处稻蓬山南麓坑边，东南邻南林村，西南与葫芦田村山为界，北至三门县林场防火路为界。地势西北向东南倾斜，块状聚落，属山区。

该村处在山隍岭脚较长的山谷丘陵中，故名长陵。为书写方便，后称长林。据《杨氏宗谱》记载："杨氏志公，号哲齐，宋淳祐进士。晚年不得志，解组归田，遁迹于家，越亭旁，过玉溪，览景择地，由宁海松坛迁此。”清属宁海县南乡大横渡庄。民国二十四年（1935年）属双溪乡。解放初沿用旧制。1950年8月由双溪乡分设，属东屏乡。1955年成立小路初级社，1956年转为长林高级社，属桥头乡。1958年11月属桥头管理区。1961年10月改称桥头公社长林大队。1984年属桥头乡长林村民委员会。1992年5月撤区扩镇并乡时，撤销桥头乡，改属横渡镇。

南林村 [Nánlín Cūn]

以村民委员会驻地南林得名。建于1984年，辖南林1个自然村，4个村民小组，184户，609人。行政区域面积1.38平方公里，其中耕地面积15.8公顷。集体经济总收入0.1万元，固定资产合计56.83万元。

南林 [Nánlín]

位于横渡镇政府驻地西6.8公里。地处太平山北麓，东邻坎下金村，东南与善见村隔山为邻，西毗长林村，北至稻蓬山。地势南向北倾斜，块状聚落，属山区。

因村居长林坑的南面，故称南林。明嘉靖间（1522—1566年）杨尹盛自长林迁居南林，为南林杨氏始祖。清属宁海县南乡大横渡庄。民国二十四年（1935年）属双溪乡。解放初沿用旧制。1950年8月由双溪乡分设，属东屏乡。1955年成立第五、第十初级社，1956年合并转为南林高级社，属桥头乡。1958年11月属桥头管理区。1961年10月改称桥头公社南林大队。1984年属桥头乡南林村民委员会。1992年5月撤区扩镇并乡时，撤销桥头乡，改属横渡镇。

坎下金村 [Kǎnxiàjīn Cūn]

以村民委员会驻地坎下金得名。建于1984年，辖坎下金1个自然村，6个村民小组，212户，669人。行政区域面积1.17平方公里，其中耕地面积24.87公顷。集体经济总收入0.1万元，固定资产合计1.43万元。

坎下金 [Kǎnxiàjīn]

位于横渡镇政府驻地西4.9公里。地处青龙山南侧，东北邻东屏村，东南与木里湾村接壤，西毗南林村。地势平坦，聚落呈不规则块状，属半山区。

因村位于青龙山东南麓墈下，村民以金姓居多，故名墈下金，后演变为坎下金。清名墈下经，“经”与“金”谐音。清属宁海县南乡大横渡庄。民国二十四年（1935年）属双溪乡。解放初沿用旧制。1950年8月由双溪乡分设，属东屏乡。1954年成立坎下金初级社，1956年转为坎下金高级社，属桥头乡。1958年11月属桥头管理区。1961年10月改称桥头公社坎下金大队。1984年属桥头乡坎下金村民委员会。1992年5月撤区扩镇并乡时，撤销桥头乡，改属横渡镇。

木里湾村 [Mùlǐwān Cūn]

以村民委员会驻地木里湾得名。建于1984年，辖木里湾、苎麻厂2个自然村，2个村民小组，47户，143人。行政区域面积0.88平方公里，其中耕地面积3.67公顷。集体经济总收入0.1万元，固定资产合计1.08万元。

木里湾 [Mùlǐwān]

村民委员会驻地。位于横渡镇政府驻地西4.3公里。地处狮（岭）白（溪）公路西侧，东北临长林溪，南邻桥头村，西北毗坎下金村，北与东屏村接壤。地势自南向北倾斜，聚落呈不规则的块状，属山区。

此山弯里原系马姓居住，称马里湾，后演变为木里湾。清属宁海县南乡大横渡庄。民国二十四年（1935年）属双溪乡。解放初沿用旧制。1950年8月由双溪乡分设，属东屏乡。1956年2月属桥头乡。1958年11月属桥头管理区。1961年10月属桥头公社坎下金大队。1984年由坎下金大队分出，建立木里湾村民委员会，属桥头乡。1992年5月撤区扩镇并乡时，撤销桥头乡，改属横渡镇木里湾村。

苎麻厂 [Zhùmáchǎng]

早年该村居民以种植苎麻为主业，因家穷盖不起瓦房，住在茅厂中，故名苎麻厂。点状聚落。民国二十四年（1935年）属双溪乡。解放初沿用旧制。1950年8月属东屏乡。1958年冬属桥头管理区。1961年属桥头公社坎下金大队。1984年从坎下金分出，属桥头乡木里湾村。1992年5月属横渡镇木里湾村。

善见村 [Shànjiàn Cūn]

以村民委员会驻地善见得名。建于1984年，辖善见1个自然村，4个村民小组，232户，730人。行政区域面积1.66平方公里，其中耕地面积18.53公顷。集体经济总收入1.05万元，固定资产合计100.34万元。

善见 [Shànjiàn]

位于横渡镇政府驻地西南6.3公里。地处太平山南麓，东毗桥头村，南与岩下潘村为邻，西靠稻秆棚山。地势平坦，为不规则的块状聚落，属半山区。

原名善建。清代名善见，属宁海县南乡大横渡庄。民国二十四年（1935年）属双溪乡。解放初沿用旧制。1950年8月由双溪乡分设，属桥头乡。1955年成立善见（里）初级社，1956年与岩下潘（外）初级社并办善见高级社。1958年11月属桥头管理区。1961年10月改称桥头公社善见大队。1984年与岩下潘村分设，建立善见村民委员会，属桥头乡。1992年5月撤区扩镇并乡时，撤销桥头乡，改属横渡镇。

岩下潘村 [Yánxiàpān Cūn]

以村民委员会驻地岩下潘得名。建于1984年，辖岩下潘1个自然村，2个村民小组，70户，234人。行政区域面积1.64公顷，其中耕地面积10.5公顷。集体经济总收入3.02万元，固定资产合计188.04万元。

岩下潘 [Yánxiàpān]

位于横渡镇政府驻地西南7公里。地处大科山西麓，北邻善见村，西南与王岐庄村接壤。地势东南向西北倾斜，聚落为块、点状混合分布，属半山区。

因村后有巨岩，村民多姓潘，故名。清属宁海县南乡大横渡庄。民国二十四年（1935年）属双溪乡。解放初沿用旧制。1950年8月由双溪乡分设，属桥头乡。1955年成立岩下潘（外）初级社，1956年与善见（里）初级社并办善见高级社。1958年11月属桥头管理区。1961年10月属桥头公社善见大队。1984年与善见分设，建立岩下潘村民委员会，属桥头乡。1992年5月撤区扩镇并乡时，撤销桥头乡，改属横渡镇。

溪洋村 [Xīyáng Cūn]

取小溪、千洋2个自然村的末字而得名。建于1984年。辖小溪、千洋2个自然村，4个村民小组，141户，447人。行政区域面积1.57平方公里，其中耕地面积12.4公顷，集体经济总收入0.1万元，固定资产合计82.45万元。

小溪 [Xiǎoxī]

村民委员会驻地。位于横渡镇政府驻地西南4.6公里。地处小溪（桥头溪支流）东、西两侧，南连千洋自然村，西邻桥头村，南与岩下村接壤。地势南向北倾斜，为不规则块状聚落，属河谷平地。

地处小溪旁，故名。民国二十四年（1935年）属双溪乡。解放初沿用旧制。1950年8月由双溪乡分设，属桥头乡。1956年加入岩下高级社。1958年11月属桥头管理区。1961年10月从岩下村分出，称桥头公社溪洋大队。1984年设立溪洋村民委员会，属桥头乡。1992年5月撤区扩镇并乡时，撤销桥头乡，改属横渡镇溪洋村。

千洋 [Qiānyáng]

聚落呈点状。民国二十四年（1935年）属双溪乡。解放初沿用旧制。1950年8月属桥头乡。1956年加入岩下高级社。1958年冬属桥头管理区。1961年从岩下分出，与小溪村同属桥头公社溪洋大队。1984年属桥头乡溪洋村。1992年5月属横渡镇溪洋村。

王岐庄村［Wángqízhuāng Cūn］

以村民委员会驻地王岐庄得名。建于1984年，辖王岐庄、丈家坑、峙洋、东吴4个自然村，10个村民小组，342户，1011人。行政区域面积4.7平方公里，其中耕地面积28.13公顷。集体经济总收入5.16万元，固定资产合计28.32万元。

王岐庄［Wángqízhuāng］

村民委员会驻地。位于横渡镇政府驻地西南8.5公里。地处亭（旁）流（水岩）公路两侧，十八肩岭东北面，东北与岩下潘村接壤，东南毗东吴自然村，南至峙洋水库。地势南向北倾斜，聚落呈不规则的块状，属山区。

查当地《林氏宗谱》，唐贞观年间（627—649年）孺公自宁海马林田迁入，名曰“黄岐庄”。后为了书写方便，演变为王岐庄。清属宁海县南乡大横渡庄。民国二十四年（1935年）属双溪乡。解放初沿用旧制。1950年8月由双溪乡分设，属桥头乡。1955年成立林海来、咸汉、丈家坑、峙洋、东吴5个初级社，1956年合并转为王岐庄高级社。1958年11月属桥头管理区。1961年10月属桥头公社王岐庄大队。1984年属桥头乡王岐庄村民委员会。1992年5月撤区扩镇并乡时，撤销桥头乡，改属横渡镇王岐庄村。

峙洋［Zhìyáng］

因村的东西两侧各有一座高山对峙，村居中间的平坦地带，称峙垟，后演称峙洋。块状聚落，略呈吕字形。民国二十四年（1935年）属双溪乡。解放初沿用旧制。1950年8月属桥头乡。1955年成立峙洋初级社，1956年并入王岐庄高级社。1958年冬属桥头管理区。1961年属桥头公社王岐庄大队。1984年属桥头乡王岐庄村。1992年5月属横渡镇王岐庄村。

东吴［Dōngwú］

已无人居住。位于王岐庄村之东，村民多姓吴，故名东吴。聚落呈点状。民国二十四年（1935年）属双溪乡。解放初沿用旧制。1950年8月属桥头乡。1955年成立东吴初级社，1956年并入王岐庄高级社。1958年冬属桥头管理区。1961年属桥头公社王岐庄大队。1984年属桥头乡王岐庄村。1992年5月属横渡镇王岐庄村。

丈家坑［Zhàngjiākēng］

地处三门县与临海县交界，东毗王岐庄，南邻松树坑村里岙自然村，西南靠十八肩岭，西北为便岭坑村，四围高山环绕，地形极为险要。

古代，原系赵氏始居，取名赵家坑。清代演变为蒋家坑，后又演变为丈家坑。聚落呈点状。民国二十四年（1935年）属双溪乡。解放初沿用旧制。1950年8月属桥头乡。1955年成立丈家坑初级社，1956年并入王岐庄高级社。1958年冬属桥头管理区。1961年属桥头公社王岐庄大队。1984年属桥头乡王岐庄村。1992年5月属横渡镇王岐庄村。

解放初期，国民党“忠义反共救国军”残部曾一度盘踞于此。1950年3月，亭旁区中队及民兵“三战丈家坑”，击毙其营长，取得了全部缴械投降的重大胜利。

岩下村［Yánxià Cūn］

以村民委员会驻地岩下得名。建于1984年，辖岩下1个自然村，10个村民小组，335户，955人。行政区域面积1.86平方公里，其中耕地面积34.07公顷。集体经济总收入0.58万元，固定资产合计156.41万元。

岩下［Yánxià］

位于横渡镇政府驻地西南7公里。地处大科头山东南麓峡谷中，南至快岙岭脚，西南邻快岙村，北毗溪洋村。地势西南向东北倾斜，线状聚落，属山区。

明正德年间（1506—1521年），罗适第十三世罗孟容、罗孟忠自桥头村迁入。四周峰峦叠嶂，千岩竞秀，村曰“岩下”。清代名岩下罗，属宁海县南乡大横渡庄。民国二十四年（1935年）属双溪乡。解放初沿用旧制。1950年8月由双溪乡分设，属桥头乡。1955年成立兆西初级社，1956年又成立岩下初级社，1957年合并转为岩下高级社。1958年11月属桥头管理区。1961年10月属桥头公社岩下大队。1984年属桥头乡岩下村民委员会。1992年5月撤区扩镇并乡时，撤销桥头乡，改属横渡镇。

快岙村 [Kuài'ào Cūn]

以村民委员会驻地快岙得名。建于1984年，辖快岙1个自然村，4个村民小组，162户，472人。行政区域面积1.29平方公里，其中耕地面积14.67公顷。集体经济总收入0.1万元，固定资产合计14.89万元。

快岙 [Kuài'ào]

位于横渡镇政府驻地西南6.8公里。地处黄泥岭北部，东北邻岩下村，西南毗上房村。聚落为块、点状混合分布，属山间平地。

宋代，始祖微公于仙居下砾迁居快山（今快岙里村），至第七世分居于此，谱上称下宅。微公曾曰："快哉，此岙也！"故名快岙。清属宁海县南乡大横渡庄。民国二十四年（1935年）属双溪乡。解放初沿用旧制。1950年8月由双溪乡分设，属桥头乡。1955年成立快岙初级社，1956年转为快岙高级社。1958年11月属桥头管理区。1961年10月属桥头公社快岙大队。1984年属桥头乡快岙村民委员会。1992年5月撤区扩镇并乡时，撤销桥头乡，改属横渡镇。

松树坑村 [Sōngshùkēng Cūn]

以村民委员会驻地松树坑得名。建于1984年，辖松树坑、里岙2个自然村，4个村民小组，71户，197人。行政区域面积1.25平方公里，其中耕地面积8.13公顷，集体经济总收入0.01万元，固定资产合计0.2万元。

松树坑 [Sōngshùkēng]

村民委员会驻地。位于横渡镇政府驻地西南11.2公里。东邻里岙自然村，南毗临海市横岩下，西与临海市上井头村接界，北靠十八肩岭。聚落为块、点状混合分布，属山区。

查当地宗谱，清朝，天台县灵溪奚正滔迁住此地。原称新树坑，因村四面环山，松林茂密，中间有一条坑，遂演变为松树坑。民国二十四年（1935年）属双溪乡。解放初沿用旧制。1950年8月由双溪乡分设，属桥头乡。1955年成立松树坑初级社，1956年转为松树坑高级社。1958年11月属桥头管理区。1961年10月属桥头公社松树坑大队。1984年属桥头乡松树坑村民委员会。1992年5月撤区扩镇并乡时，撤销桥头乡，改属横渡镇松树坑村。

里岙 [Lǐào]

村处山岙里面，故称里岙。聚落呈点状。民国二十四年（1935年）属双溪乡。解放初沿用旧制。1950年8月属桥头乡。1955年与松树坑（外岙）合办松树坑初级社，1956年转为高级社。1958年冬属桥头管理区。1961年属桥头公社松树坑大队。1984年属桥头乡松树坑村民委员会。1992年5月属横渡镇松树坑村。

上房村 [Shàngfáng Cūn]

以村民委员会驻地上房得名。建于1984年，辖上房、快岙里2个自然村，6个村民小组，164户，551人。行政区域面积1.74平方公里，其中耕地面积14.53公顷。集体经济总收入5.02万元，固定资产合计69.42万元。

上房 [Shàngfáng]

村民委员会驻地。位于横渡镇政府驻地西南7.4公里。东至八岭头，南靠黄泥岭，西与王岐庄村接壤，东北邻快岙村。地势北向南倾斜，聚落呈不规则块状，属山区。

宋代始祖微公自仙居下砾与兄弟、母亲迁居快山（今快岙里村），后来人口繁衍，陆续分居，长兄住上房（谱上是上宅），弟住快岙（谱上是下宅）。清道光二十二年（1842年）重修宗谱，称上宅为上房，因以名村。民国二十四年（1935年）属双溪乡。解放初沿用旧制。1950年8月由双溪乡分设，属桥头乡。1955年成立上房初级社，1956年转为高级社。1958年11月属桥头管理区。1961年10月属桥头公社上房大队。1984年属桥头乡上房村民委员会。1992年5月撤区扩镇并乡时，撤销桥头乡，改属横渡镇上房村。

快岙里［Kuài'àolǐ］

因位于快岙村的里面，故名快岙里。聚落呈点状。民国二丨四年（1935年）属双溪乡。解放初沿用旧制。1950年8月属桥头乡。1958年冬属桥头管理区。1961年属桥头公社上房大队。1984年属桥头乡上房村。1992年5月属横渡镇上房村。

第八章 花桥镇

第一节 概况

花桥镇 [Huāqiáo Zhèn]

地理位置 位于北纬28°53′03″~28°58′11″，东经121°25′14″~121°32′56″之间，地处县政府驻地东南24公里，东南与浦坝港镇浬浦片毗邻，南毗浦坝港镇小雄片，西与临海市小芝镇为界，北与横渡镇接壤。

政区概况 地处三门县港南中心地带，素有“缢蛏之乡”之称。境内兼得山海之利，交通便捷，风景秀丽，历史人文底蕴深厚，以休闲特色农业，带动乡村旅游发展，为县域生态涵养区。全镇总面积88.8平方公里，其中耕地面积1.43万亩，水田面积1.02万亩，海塘面积0.92万亩，滩涂面积1.01万亩，山林面积10.61万亩，森林覆盖率为68.5%。地势四周高，中间低，属滨海丘陵地区，是港南的集贸交通中心。境内群山合抱，林木葱茂，重峦叠嶂，溪岭相间，纵横交错，山地田垄错落其间，最高峰帽尖山海拔498.7米。南面之山多毛竹，茂盛青翠，溪水环绕，风景优美。村落密布中部，北面略有分布。花桥地表径流由四周流向中间，汇入花桥溪。花桥溪自西南—东北方向流经关头入浦坝港出海。沿溪两岸地势平坦，土壤膏沃，水源充足。近年来，花桥镇立足新形势，紧紧围绕建设民富、村美、人和的特色小城镇目标，涌现了栅下、下岙方、上郑、岭南等一批省、市级小康建设示范村及美丽乡村精品村，先后被评为市级美丽乡村创建先进乡镇、省教育强镇、省东海明珠文化乡镇、省体育强镇、省民间文化艺术之乡、国家级生态乡镇。人民政府驻花桥村广场路88号。

政区划分 辖花桥、八岭头、王申坦、长山头、岔坑、银山、寺前、两头门、上宅、下洋毛、舒岐、溪头、双洋、上潘、方前、吴都、上旺、上郑、茗岙、李岙、关头、栅下、白连、蒲峰、李家岙、八岭、下岙方、海头、芝岙、岭南、东岙、上苏、岭下舒、白湾34个行政村，57个自然村。

政区沿革 清代属临海县承恩乡城门、关头、吴都3个庄。民国时改庄为乡。1940年三门建县后分属城关、山场、双溪3个乡。解放初沿用旧制。1950年由城关分设城关和下洋2个乡，由山场分设山场和吴都2个乡。1956年2月下洋乡并回城关乡，吴都乡撤销，分别并入山场、关头、小雄3个乡。1957年由城关乡析出，复建下洋乡，同年恢复吴都乡。1961年10月成立花桥、关头、吴都3个公社。1983年9月改建为花桥、关头、吴都3个乡。1985年9月花桥乡改制为镇，辖14个村。1992年5月撤销吴都、关头2个乡，并入花桥镇，全镇辖33个村。1996年蜍下村划归小雄镇。1998年花桥镇东岙村分设东岙、上苏、岭下舒3个村。

名称由来 以镇政府所在地花桥村得名。花桥古称西岑，宋代改名城门。元代至治二年（1322年），李熙孟因感村民涉水之苦，捐资建造石桥。桥栏雕刻珍禽瑞兽、奇花异草等图案，刻工精细，造型优美，故名“花桥”。

气候灾害 全年气候温和，光照充足，夏季晴热少雨，常有干旱，无霜期长达250多天，年平均降水量在1500毫米以上，七八月常有台风袭击，造成灾害。

人口状况 总户数8842户，人口26813人，其中男性14204人，城镇人口7089人，人口密度每平方公里180.03人，自然增长率6.20‰。

社会经济 花桥镇是一个传统的农业乡镇。农业产业主要有海水养殖、粮食种植和果蔬种植。2016年农作物播种面积2.3588万亩，围塘养殖面积0.92万亩。其中红旗塘、下栏塘、芝岙塘、岩下洋塘是三门青蟹、缢蛏等水产品的主要产地之一。畜牧业以生猪饲养为主，兼有牛、羊、兔饲养。

花桥工业发展比较缓慢。2016年实现工农业总产值7.73亿元，其中工业产值2.41亿元，实现财政收入276万元。

花桥历史上就是港南重镇，商贾云集，集市繁荣，每逢农历一、六为大市，四、九为小市。花桥社会保障体系初步建立，有卫生院1家，新型农村医疗保险参保率达95 %以上。全镇有敬老院2家，中学1所，中心小学1所，完小3所，幼儿园托儿所4所，还设有文化活动中心、龙灯陈列室等，镇广播电视站网络覆盖全镇各行政村，有广电用户7700户。

人文胜景 花桥立足生态资源优势，推进渔家乐、特色农业、生态景区建设，以滩涂、田园风光为核心，重点打造栅下蛏苗基地、龙头山休闲摄影基地、白连山露营基地、花桥云台和白湾山崖5个摄影平台，打造海上田园摄影小镇。花桥镇成功创建省级森林城镇，红旗塘美丽田园入选浙江省“最美田园”，水产柑橘入围省级特色农业强镇创建名单。

民间舞蹈“花桥龙灯”被列入省非物质文化遗产保护名录，民间舞蹈“迎骆驼”、造型艺术“花桥剪纸”被列入市县非物质文化遗产保护名录。历史上著名人物有南宋忠逸柯醽、抗元英雄张和孙、元代龙虎道士柯天乐等。

第二节 行政村及自然村

花桥村 [Huāqiáo Cūn]

以村民委员会驻地花桥得名。建于1983年，辖花桥1个自然村，22个村民小组，883户，2470人。行政区域面积4.61平方公里，其中耕地面积129.2公顷，林地面积307公顷。集体经济总收入82.06万元，固定资产合计716.73万元。

花桥 [Huāqiáo]

花桥镇政府、村民委员会驻地。地处洪沙山西麓，东与东岙村岭下舒自然村为界，南邻上宅村甘东岙自然村，西靠陈毛岙山，北毗两头门村。系溪谷平地。

花桥之名，来自花桥之桥名。据当地《李氏宗谱》记载，元至治年间（1271—1294年），花桥李氏第十四世孙李熙孟捐资建造，六和塔僧人惠衍设计。桥梁雕刻精美，传为花桥，并以此名村。清属临海县承恩乡城门庄。民国属城关乡。解放初属城关乡。1950年8月属下洋乡。1955年分别成立第一、二、三初级社，1956年合并转为花桥高级社，同年2月划归城关乡。1957年3月重属下洋乡。1958年冬属下洋管理区。1961年10月属花桥公社花桥大队。1983年9月属花桥乡花桥村民委员会。1985年9月撤乡建镇，属花桥镇。

花桥，明代曾建制为镇。据《中国古今地名大辞典》载：“花桥镇，在浙江临海县（今三门县）东近海处，旧驻县丞。”又据民国《临海县志》卷五载：“县丞署在县东南乡一百二十里花桥镇。旧在县堂东一十步，后徙至县东南海门卫。清同治四年，郡守刘璈详请改驻今地，七年并奉发帑建署。”又“花桥汛千总署，在县东南乡一百二十里花桥镇，同治七年郡守刘璈移梅岙汛驻于此，并拨款建署。”解放后，为花桥区政治、经济、文化之中心。1981年后花桥区公所虽然不复存在，但是花桥仍为花桥全镇和邻近乡村的农副产品贸易集散地。

八岭头村 [Bālǐngtóu Cūn]

以村民委员会驻地八岭头得名。建于1983年，辖八岭头1个自然村，4个村民小组，83户，256人。

行政区域面积 1.17 平方公里，其中耕地面积 15.06 公顷，林地面积 97.33 公顷。集体经济总收入 2.03 万元，固定资产合计 15.17 万元。

八岭头 [Bālǐngtóu]

位于花桥镇政府驻地北 3.6 公里。地处小坑山东北麓，东靠关头山，南邻半岭堂，西南至王申坦村，北傍黄泥岭，居海拔 272 米的群山中，聚落为不规则块状，属山区。

因村处八岭之巅，故名。清属宁海县南乡大横渡庄。民国属双溪乡。解放初属双溪乡。1950 年属桥头乡。1952 年属下洋乡。1955 年成立八岭头初级社，1956 年与王申坦初级社、长山头互助组合并转为王申坦高级社。1958 年冬建王申坦生产队，属下洋管理区。1961 年 10 月属花桥公社八岭头大队。1983 年 9 月属花桥乡八岭头村民委员会。1985 年 9 月撤乡建镇，属花桥镇。

王申坦村 [Wángshēntǎn Cūn]

以村民委员会驻地王申坦得名。建于 1983 年，辖王申坦 1 个自然村，4 个村民小组，79 户，245 人。行政区域面积 1.35 平方公里，其中耕地面积 6.33 公顷，林地面积 104.87 公顷。集体经济总收入 3.18 万元，固定资产合计 17.02 万元。

王申坦 [Wángshēntǎn]

位于花桥镇政府驻地北偏西 3.6 公里。地处黄泥岭南麓，东北邻八岭头村，南濒王申坦水库，西南毗长山头村，北为横渡岭山。块状聚落，略呈方形，属山区。

早年有户王姓人家，于庚申年间迁居此地，因村前地形平坦，故取名王申坦。清属宁海县南乡大横渡庄。民国属双溪乡。解放初属双溪乡。1950年属桥头乡。1952年属下洋乡。1955年成立王申坦初级社，1956 年与八岭头初级社、长山头互助组合并转为王申坦高级社，同年 2 月属城关乡。1957 年 3 月重属下洋乡。同年岔坑高级社并入。1958 年 11 月建王申坦生产队，属下洋管理区。1961 年 10 月属花桥公社王申坦大队（八岭头分出）。1973 年关头、花桥两公社联合在村址兴建王申坦水库时，曾把 30 多户村民搬迁到关头公社关头村，其余移住今地，新村沿用王申坦原名，仍为王申坦大队。1983 年 9 月属花桥乡王申坦村民委员会。1985 年 9 月撤乡建镇，属花桥镇。

长山头村 [Chángshāntóu Cūn]

以村民委员会驻地长山头得名。建于 1990 年，辖长山头 1 个自然村，2 个村民小组，47 户，144 人。行政区域面积 1.22 平方公里，其中耕地面积 4.73 公顷，林地面积 87.2 公顷。集体经济总收入 10.22 万元，固定资产合计 4.07 万元。

长山头 [Chángshāntóu]

位于花桥镇政府驻地西北 3 公里。地处小坑山西麓，东北邻王申坦村，南靠挂钟山，西为冷饭岩山，北至斧头岗山。

当地惯称山岗为山头。长山头，以村处一条较长的山岗旁，故名。民国属双溪乡。解放初属双溪乡。1950 年属桥头乡。1952 年属下洋乡。1956 年加入王申坦高级社。同年 2 月属城关乡。1957 年 3 月重属下洋乡。1958 年属下洋管理区王申坦生产队。1961 年 10 月属花桥公社王申坦大队。1983 年 9 月属花桥乡王申坦村民委员会。1985 年 9 月撤乡建镇，属花桥镇。1990 年 2 月从王申坦村分出，建长山头村民委员会，属花桥镇。

岔坑村 [Chàkēng Cūn]

以村民委员会驻地岔坑得名。建于 1983 年，辖岔坑 1 个自然村，4 个村民小组，78 户，221 人。行政区域面积 2.66 平方公里，其中耕地面积 6.8 公顷，林地面积 246.2 公顷。集体经济总收入 3.95 万元，固定资产合计 31.71 万元。

岔坑 [Chàkēng]

位于花桥镇政府驻地西北4.6公里。地处白岩山东北，东濒朝阳水库，南邻银山村，北至塔坑山。块状聚落，略呈方形，属山区。

因村居山坑岔道，故名。民国属双溪乡。解放初属双溪乡。1950年属桥头乡。1952年属下洋乡。1956年成立岔坑初级社，同年2月属城关乡。1957年转为岔坑高级社，同年并入王申坦高级社，重属下洋乡。1958年属下洋管理区王申坦生产队。1961年10月从王申坦分出，建岔坑大队，属花桥公社。1983年9月属花桥乡岔坑村民委员会。1985年9月撤乡建镇，属花桥镇。

银山村 [Yínshān Cūn]

以村民委员会驻地银山得名。建于1983年，辖银山、麻坑、黄泥头3个自然村，9个村民小组，186户，611人。行政区域面积2.66平方公里，其中耕地面积20.66公顷，林地面积235.07公顷。集体经济总收入31.49万元，固定资产合计100.55万元。

银山 [Yínshān]

村民委员会驻地，位于花桥镇政府驻地西北3.8公里。地处帽尖山西北，南至后坑岭头，西靠白岩山，北与岔坑村接壤。聚落呈不规则，属山区。

古代，村后山上有一岩石，每夜能滴一盅银子水，故名。清属宁海县南乡大横渡庄。民国属双溪乡。解放初属双溪乡。1950年属桥头乡。1952年属下洋乡。1956年成立银山初级社，同年2月属城关乡。1957年转为高级社，同年3月重属下洋乡。1958年冬属下洋管理区。1961年10月属花桥公社银山大队。1983年9月属花桥乡银山村民委员会。1985年9月撤乡建镇，属花桥镇银山村。

麻坑 [Mákēng]

麻姓居住此山坑边，故名麻坑。聚落呈点状。解放后建政属银山村。1956年加入银山初级社。1962年属花桥公社银山大队。1983年属花桥乡银山村。1985年9月属花桥镇银山村。

黄泥头 [Huángnítóu]

村旁有一处似人头一样突出的黄泥山，故名黄泥头。聚落呈点状。解放后建政属银山村。1962年属花桥公社银山大队。1983年属花桥乡银山村。1985年9月属花桥镇银山村。

寺前村 [Sìqián Cūn]

以村民委员会驻地寺前得名。建于1983年，辖寺前、某名头、西坑岙、溪头方、下路廊5个自然村，12个村民小组，303户，935人。行政区域面积1.79平方公里，其中耕地面积32.07公顷，林地面积144.2公顷。集体经济总收入2.72万元，固定资产合计64.4万元。

寺前 [Sìqián]

村民委员会驻地。位于花桥镇政府驻地西偏北1.3公里。地处小坑山东南麓，南邻两头门村，西毗某名头自然村，北至精进寺。聚落为不规则块状，属平原地区。

因村位于精进寺前面，故名。清属临海县承恩乡十九都，后改属承恩乡关头庄。民国属城关乡。解放初属城关乡。1950年8月划归下洋乡。1955年与某名头合办第一、第二初级社，1956年又与两头门2个初级社合并转为两头门高级社。同年2月，重属城关乡。1957年分社自办寺前高级社，属下洋乡。1958年冬属下洋管理区。1961年10月属花桥公社寺前大队。1983年9月属花桥乡寺前村民委员会。1985年9月撤乡建镇，属花桥镇寺前村。

某名头 [Mǒumíngtóu]

地处水井岗西南，东邻寺前自然村，西毗西坑岙自然村。聚落呈点状。解放后建政属寺前村。1955年加入寺前第一初级社。1962年属花桥公社寺前大队。1983年属花桥乡寺前村。1985年9月属花桥镇寺前村。

西坑岙 [Xīkēngào]

位于寺前自然村的西面山坑边，故名西坑岙。聚落为块、点状混合分布。民国属城关乡。解放初建政属寺前村。1955 年加入寺前第二初级社。1962 年属花桥公社寺前大队。1983 年属花桥乡寺前村。1985 年 9 月属花桥镇寺前村。

溪头方 [Xītóufāng]

位于花桥溪北端，村民姓方，故名溪头方。块状聚落，略呈方形。民国属城关乡。解放初建政属寺前村。1962 年属花桥公社寺前大队。1983 年属花桥乡寺前村。1985 年 9 月属花桥镇寺前村。

下路廊 [Xiàlùláng]

因村位于下路廊边，故名。聚落呈点状。解放后建政属寺前村。1962 年属花桥公社寺前大队。1983 年属花桥乡寺前村。1985 年 9 月属花桥镇寺前村。

两头门村 [Liǎngtóumén Cūn]

以村民委员会驻地两头门得名。建于 1983 年，辖两头门 1 个自然村，12 个村民小组，417 户，1246 人。行政区域面积 2.67 平方公里，其中耕地面积 43.87 公顷，林地面积 220.47 公顷。集体经济总收入 0.91 万元，固定资产合计 219.06 万元。

两头门 [Liǎngtóumén]

位于花桥镇政府驻地北 0.8 公里。地处纱帽岩山西侧，东邻白湾村，西至毛尖山，南至花桥村，北至寺前村。聚落为不规则块状，属平原地区。

该村古代筑有围墙，有街道直通南北两门，取名两头门。清属临海县承恩乡十九都，后改属承恩乡关头庄。民国属城关乡。解放初属城关乡。1950 年 8 月改属下洋乡。1955 年成立第一、第二初级社，1956 年与寺前 2 个初级社合并转为高级社，同年 2 月重属城关乡。1957 年与寺前分开，仍称两头门高级社，属下洋乡。1958 年冬建两头门生产队，属下洋管理区。1961 年 10 月属花桥公社两头门大队。1983 年 9 月属花桥乡，称两头门村民委员会。1985 年 9 月撤乡建镇，属花桥镇。

上宅村 [Shàngzhái Cūn]

以村民委员会驻地上宅得名。建于 1983 年，辖上宅、甘东岙 2 个自然村，8 个村民小组，280 户，855 人。行政区域面积 2.08 平方公里，其中耕地面积 35.67 公顷，林地面积 157.67 公顷。集体经济总收入 32.91 万元，固定资产合计 61.8 万元。

上宅 [Shàngzhái]

原名曹宅。村民委员会驻地。位于花桥镇政府驻地南 0.3 公里。地处洪沙山西侧，东临花桥溪，南近下洋毛村，西毗五龙殿，北连花桥村。聚落为不规则块状，属平原地区。

据当地《曹氏宗谱》载，花桥镇曹氏，祖籍河南开封，晋代迁临海石塘，后转迁城门（今花桥）。曹氏从石塘迁此定居，称曹宅。1966 年改名为上宅。清属临海县承恩乡十八都，后改属承恩乡城门庄。民国属城关乡。解放初属城关乡。1950 年 8 月改属下洋乡。1955 年成立第一、第二初级社，1956 年转为曹宅高级社，同年 2 月改属城关乡。1957 年 3 月重属下洋乡。1958 年冬属下洋管理区。1961 年 10 月建曹宅大队，即后之上宅大队，属花桥公社。1983 年 9 月属花桥乡上宅村民委员会。1985 年 9 月撤乡建镇，属花桥镇上宅村。

甘东岙 [Gāndōngào]

曾用名甘同岙。古代此山岙中盛产柑橘、桐子，人称柑桐岙，后演化为甘东岙。清代名甘同岙。聚落为块、点状混合分布。据民国《临海县志》卷四载，甘同岙，清属临海县承恩乡十八都，后改属承恩乡城门庄。民国属城关乡。解放初属城关乡，即后之下洋乡。1962 年属花桥公社曹宅大队，即后之上宅大队。1983 年属花桥乡上宅村。1985 年 9 月撤乡建镇，属花桥镇上宅村。

下洋毛村 [Xiàyángmáo Cūn]

以村民委员会驻地下洋毛得名。建于1983年，辖下洋毛、大村2个自然村，15个村民小组，369户，1111人。行政区域面积1.47平方公里，其中耕地面积33.87公顷，林地面积105.73公顷。集体经济总收入19.43万元，固定资产合计203.16万元。

下洋毛 [Xiàyángmáo]

位于花桥镇政府驻地南1.1公里。地处狮子头山东北麓，东邻舒岐村，南接溪头村，北近上宅村。聚落为不规则块状，属山区。

据当地《毛氏宗谱》载，宋朝毛姓始祖原居住在隔壁园，后移居到此，因地势较低，称下洋。因重名，1982年以村民多姓毛，更名为下洋毛。清属临海县承恩乡十八都，后改属承恩乡城门庄。民国属城关乡。1950年8月改属下洋乡。1955年先后成立下洋第二、三、四、五初级社，1956年与第一初级社合并转为下洋高级社，同年2月划归城关乡。1957年3月重属下洋乡。1958年冬属下洋管理区。1961年10月属花桥公社下洋大队。1982年因重名，以村民多姓毛，更名为下洋毛大队。1983年9月属花桥乡下洋毛村民委员会。1985年9月撤乡建镇，属花桥镇下洋毛村。

大村 [Dàcūn]

块状聚落，略呈长方形。民国属城关乡。解放初属城关乡，即后之下洋乡。1955年成立下洋第一（即大村）初级社，1956年并入下洋高级社。1962年属下洋大队，即后之下洋毛大队。1983年9月属花桥乡下洋毛村。1985年9月属花桥镇下洋毛村。

舒岐村 [Shūqí Cūn]

以村民委员会驻地舒岐得名。建于1983年，辖舒岐、上施、兰田3个自然村，12个村民小组，453户，1336人。行政区域面积1.83平方公里，其中耕地面积61.2公顷，林地面积90.33公顷。集体经济总收入59.58万元，固定资产合计56.64万元。

舒岐 [Shūqí]

村民委员会驻地。位于花桥镇政府驻地东南1.9公里。地处牛山西北麓，东至箬岭庵山，南至祝家岭，西连兰田自然村，北为岭下舒村。聚落为不规则块状，属半山区。

据宗谱记载，舒姓祖先从福建省南田迁住岐山之麓，取名舒岐。清属临海县承恩乡十八都，后改属承恩乡城门庄。民国属城关乡。解放初属城关乡。1950年8月改属下洋乡。1955年成立舒岐、上施、兰田3个初级社，1956年合并转为舒岐高级社，同年2月改属城关乡。1957年3月重属下洋乡。1958年冬属下洋管理区。1961年10月属花桥公社舒岐大队。1983年9月属花桥乡舒岐村民委员会。1985年9月撤乡建镇，属花桥镇舒岐村。

上施 [Shàngshī]

因该村地形比舒岐高，居民多姓施，故名上施。聚落为点、块状混合分布。据民国《临海县志》卷四载，上施，清属临海县承恩乡十八都，后改属承恩乡城门庄。民国属城关乡。解放初属城关乡。1955年成立上施初级社，1956年并入舒岐高级社。1962年属花桥公社舒岐大队。1983年属花桥乡舒岐村。1985年9月属花桥镇舒岐村。

兰田 [Lántián]

从前该村旁边为一片低洼的滥水田，称为滥田，并以此名村，后演化为兰田。聚落为块、点状混合分布。民国属城关乡。解放初属城关乡，即后之下洋乡。1955年成立兰田初级社，1956年并入舒岐高级社。1962年属花桥公社舒岐大队。1983年属花桥乡舒岐村。1985年9月属花桥镇舒岐村。

溪头村 [Xītóu Cūn]

以村民委员会驻地溪头得名。建于1983年，辖溪头1个自然村，3个村民小组，124户，394人。行政区域面积0.55平方公里，其中耕地面积12.4公顷，林地面积40.47公顷。集体经济总收入5.91万元，固定资产合计34.58万元。

溪头 [Xītóu]

位于花桥镇政府驻地南1.6公里。地处狮子头山东麓，东邻舒岐村，南毗双洋村，北至下洋毛村。块状聚落，属河谷平地。

以地近花桥溪发源地，称溪头。清属临海县承恩乡十八都，后改属承恩乡城门庄。民国属城关乡。解放初属城关乡。1950年8月属下洋乡。1955年成立第一、二初级社，1956年与上潘洋初级社合并转为溪头高级社，同年2月改属城关乡。1957年3月重属下洋乡。1958年冬与方前高级社合并，建四联生产队，属下洋管理区。1961年10月与上洋、上潘洋、方前各村分设，建溪头大队，属花桥公社。1983年属花桥乡溪头村民委员会。1985年9月撤乡建镇，属花桥镇。

双洋村 [Shuāngyáng Cūn]

以上洋、上潘洋两“洋”命名为双洋村。建于1983年，辖上洋、上潘洋、六房3个自然村，11个村民小组，150户，451人。行政区域面积0.77平方公里，其中耕地面积21.47公顷，林地面积51.07公顷。集体经济总收入17.95万元，固定资产合计48.74万元。

上洋 [Shàngyáng]

村民委员会驻地。位于花桥镇政府驻地南2.1公里。地处龙头山东北侧，东连上潘洋自然村，北毗溪头村，西南邻方前村。聚落为不规则块状，属平原地区。

民国属城关乡。解放初属城关乡。1950年8月属下洋乡。1955年成立上洋、上潘洋初级社，1956年上洋与方前、上潘洋、溪头合并转为高级社，同年2月改属城关乡。1957年3月重属下洋乡。1958年冬联合组成四联生产队，属下洋管理区。1961年10月方前、溪头各自分设，与上潘洋、六房合建双洋大队，属花桥公社。1983年9月属花桥乡双洋村民委员会。1985年9月撤乡建镇，属花桥镇双洋村。

上潘洋 [Shàngpānyáng]

村位于田垟上方，村民姓潘，故名上潘垟，后演称上潘洋。块状聚落，略似方形。民国属城关乡。解放初属城关乡，即后之下洋乡。1955年成立上潘洋初级社，1956年与溪头合并成立溪头高级社。1958年冬属下洋管理区四联生产队。1962年与上洋、六房共属花桥公社双洋大队。1983年属花桥乡双洋村。1985年9月属花桥镇双洋村。

六房 [Liùfáng]

村民系溪头村毛姓六房移居，取名六房。块状聚落，呈长方形。解放初属城关乡，即后之下洋乡。1962年属花桥公社双洋大队。1983年属花桥乡双洋村。1985年9月属花桥镇双洋村。

上潘村 [Shàngpān Cūn]

以村民委员会驻地上潘得名。建于1983年，辖上潘1个自然村，15个村民小组，364户，1146人。行政区域面积3.26平方公里，其中耕地面积41.87公顷，林地面积240.47公顷。集体经济总收入6.04万元，固定资产合计14.57万元。

上潘 [Shàngpān]

位于花桥镇政府驻地南偏东2.4公里。地处牛山西麓，东北毗舒岐村，西邻双洋村，南至长大山，北至舒岐祝家岭山。聚落为不规则块状，属半山区。

因该村地势比上潘洋村稍高，村民皆姓潘，故名。清属临海县承恩乡城门庄。民国及解放初属城关乡，后属下洋乡。1955年成立第一、二、三初级社，1956年合并转为高级社，同年2月属城关乡。1957年3月重属下洋乡。1958年冬属下洋管理区。1961年10月属花桥公社上潘大队。1983年9月属花桥乡上潘村民委员会。1985年9月撤乡建镇，属花桥镇。

方前村 [Fāngqián Cūn]

以村民委员会驻地方前得名。建于1983年，辖方前、西山2个自然村，5个村民小组，174户，516人。行政区域面积2.16平方公里，其中耕地面积14公顷，林地面积187.07公顷。集体经济总收入5.89万元，固定资产合计21.95万元。

方前 [Fāngqián]

村民委员会驻地。位于花桥镇政府驻地南2.4公里。地处龙头山北麓，东北邻双洋村上洋自然村，南靠龙头山，西邻西山自然村，西南至里院水库。聚落为不规则块状，属半山区。

古时此地有石牌坊一座，村位于牌坊前，故名，后演化为方前。清属临海县承恩乡十八都，后改属承恩乡城门庄。民国属城关乡。解放初属城关乡。1950年8月属下洋乡。1955年成立方前、西山2个初级社，1956年与上洋、西山初级社合并转为方前高级社，同年2月属城关乡。1957年3月重属下洋乡。1958年冬与溪头高级社合并建四联生产队，属下洋管理区。1961年10月溪头、上洋划出，建方前大队，属花桥公社。1983年9月属花桥乡方前村民委员会。1985年9月撤乡建镇，属花桥镇方前村。

宋代义士张和孙，号哲斋，方前村人。宋恭宗德祐二年（1276年）右丞相文天祥南下寻王，船经猫头洋，被敌追逼，避难至城门方前村，投宿于张和孙家，自称朝臣刘洙。是夜，文天祥信步庭院，见张在翠竹环绕的“义方堂”上教子报国，深受感动，当即赋《菉漪堂》诗一首，并约其共同举义。到黄岩时，又写一诗寄给张和孙。诗云：“魏睢变张禄，越蠡改陶朱。谁料文山氏，姓刘名是洙。”此时，张和孙始知“刘洙”就是举世敬仰的丞相文天祥。后张氏父子率义军南下福建寻找文天祥，请命攻取明州（今宁波），被权臣陈宜中、张世杰阻于福安，只得回家整军蓄粮，准备与元军决一死战。后被叛徒出卖，慷慨赴死。

西山 [Xīshān]

因村位于方前西边山脚，故名西山。点状聚落。清代名里园。据民国《临海县志》卷四载，里园，清属临海县承恩乡十八都，后改属承恩乡城门庄。民国属城关乡。解放后属城关乡，即后之下洋乡。1955年成立西山初级社，1956年并入方前高级社。1962年属花桥公社方前大队。1983年属花桥乡方前村。1985年9月属花桥镇方前村。

吴都村 [Wúdū Cūn]

以村民委员会驻地吴都得名。建于1983年，辖吴都、小岭2个自然村，20个村民小组，784户，2330人。行政区域面积4平方公里，其中耕地面积115.27公顷，林地面积223.4公顷。集体经济总收入287.19万元，固定资产合计544.2万元。

吴都 [Wúdū]

村民委员会驻地。位于花桥镇政府驻地东南4.7公里。地处后溪山东侧，东邻茗岙村，东南毗李岙村，南连吴都岭，西近上潘岭头，东北与上郑村接壤。聚落为不规则块状，属平原地区。

据当地《柯氏宗谱》载，柯芪蟾从福建莆田县先迁居山场，后分居吴都，为纪念柯母吴氏，取名吴都。又传，该村因地处浦坝港湾，产鱼很多，人称“鱼多”，后演化为吴都。清属临海县承恩乡二十一都，后改属保乐乡吴都庄。民国属山场乡。解放初属山场乡。1950年8月属吴都乡。1955年成立严道灿、柯明兰2个初级社。1958年年初2个初级社合并转为吴都高级社，同年冬建吴都生产队，属吴都管理区。1961年10月属吴都公社吴都大队。1983年9月属吴都乡吴都村民委员会。1992年5月撤区扩镇并乡时，撤销吴都乡，改属花桥镇吴都村。

小岭 [Xiǎolǐng]

因地处横路山小山岭得名。块状聚落，略似长方形。民国属山场乡，解放初属山场乡。1950年属吴都乡。1961年属吴都公社吴都大队。1983年属吴都乡吴都村。1992年5月属花桥镇吴都村。

上旺村 [Shàngwàng Cūn]

以村民委员会驻地上旺得名。建于1983年，辖上旺、下路头2个自然村，8个村民小组，403户，1206人。行政区域面积2.16平方公里，其中耕地面积40公顷，林地面积146.67公顷。集体经济总收入56.49万元，固定资产合计476.48万元。

上旺 [Shàngwàng]

村民委员会驻地，位于花桥镇政府驻地东3.7公里。地处大茅坪山东南麓，东至上旺塘，西靠尖嘴山头，西南毗上郑村。块状聚落，属半山区。

村地处浦坝港上游，郑氏定居后，盼门庭兴旺，取名上旺。民国属山场乡。解放初属山场乡。1950年8月属吴都乡。1955年成立上旺第一、二初级社，1956年合并转为上旺高级社。1958年冬属吴都管理区。1961年与下路头村合建上旺大队，属吴都公社。1983年9月属吴都乡上旺村民委员会。1992年5月撤区扩镇并乡时，撤销吴都乡，改属花桥镇上旺村。

下路头 [Xiàlùtóu]

村处大路下方，取名下路头。又以村民姓邬，也称下邬头。点状聚落。民国属山场乡。解放初属山场乡。1950年属吴都乡。1961年属吴都公社上旺大队。1983年属吴都乡上旺村。1992年5月属花桥镇上旺村。

上郑村 [Shàngzhèng Cūn]

以村民委员会驻地上郑得名。建于1983年，辖上郑1个自然村，8个村民小组，202户，644人。行政区域面积1.68平方公里，其中耕地面积23公顷，林地面积106.87公顷。集体经济总收入0.98万元，固定资产合计372.77万元。

上郑 [Shàngzhèng]

位于花桥镇政府驻地东偏南3.7公里。地处下差山西南麓，东至吴都塘，东南与吴都村接壤。块状聚落，属半山区。

此处比吴都地势高，郑姓最早居住，故名。清属临海县承恩乡二十一都，后改属保乐乡吴都庄。民国属山场乡。解放初属山场乡。1950年属吴都乡。1955年成立上郑初级社，1956年转为高级社。1958年春并入吴都高级社，同年冬属吴都管理区吴都生产队。1961年10月从吴都划出，建上郑大队，属吴都公社。1983年9月属吴都乡上郑村民委员会。1992年5月撤区扩镇并乡时，撤销吴都乡，改属花桥镇。

茗岙村 [Míng'ào Cūn]

以村民委员会驻地茗岙得名。建于1983年，辖茗岙1个自然村，4个村民小组，144户，432人。行政区域面积0.89平方公里，其中耕地面积19.47公顷，林地面积48.93公顷。集体经济总收入68.53万元，固定资产合计131.14万元。

茗岙 [Míng'ào]

位于花桥镇政府驻地东南5.2公里。地处黄土岭北侧，东至蜍下村，西至吴都村，南至李岙村，北至吴都塘。块状聚落，属半山区。

早年该山岙里茶树很多，有一茶园号称“乡乡之茗”，故名。清属临海县承恩乡二十一都，后改属保乐乡吴都庄。民国属山场乡。解放初属山场乡。1950年属吴都乡。1955年成立茗岙初级社，1956年转为高级社。1958年冬与李岙高级社合并成立茗岙生产队，属吴都管理区。1961年10月与李岙村分设，自建茗岙大队，属吴都公社。1983年9月属吴都乡茗岙村民委员会。1992年5月撤区扩镇并乡时，撤销吴都乡，改属花桥镇。

李岙村 [Lǐ'ào Cūn]

以村民委员会驻地李岙得名。建于1983年，辖李岙1个自然村，7个村民小组，150户，458人。行政区域面积1.45平方公里，其中耕地面积29.6公顷，林地面积66.67公顷。集体经济总收入84.27万元，固定资产合计292.28万元。

李岙 [Lǐ'ào]

位于花桥镇政府驻地东南6公里。地处双打山头北麓，东北至白云洞，西北邻吴都村，北毗茗岙村。聚落为不规则块状，属半山区。

该村所在的山岙，以前李子很多，故名李岙。清属临海县承恩乡二十一都，后改属保乐乡吴都庄。民国属山场乡。解放初属山场乡。1950年属吴都乡。1955年成立李岙初级社，1956年转为高级社。1958年冬与茗岙高级社合并成立茗岙生产队，属吴都管理区。1961年10月与茗岙村分设，自建李岙大队，属吴都公社。1983年9月属吴都乡李岙村民委员会。1992年5月撤区扩镇并乡时，撤销吴都乡，改属花桥镇。

关头村 [Guāntóu Cūn]

以村民委员会驻地关头得名。建于1983年，辖关头1个自然村，12个村民小组，371户，1113人。行政区域面积2.72平方公里，其中耕地面积38.53公顷，林地面积182.73公顷。集体经济总收入51.51万元，固定资产合计286.02万元。

关头 [Guāntóu]

位于花桥镇政府驻地东北3.2公里。地处关头山南麓，东傍红旗塘，南邻海头村，西毗八岭村，北至李家岙村。聚落呈不规则块、点状混合分布，属平原地区。

据当地《林氏宗谱》载，该地东面是海湾，明朝时，曾在此建筑土城，并设关卡于埠头，大小船只进出均要在此靠埠接受检查，故名关头。清属临海县承恩乡十九都，后改属承恩乡关头庄。民国属城关乡。解放初属城关乡。1950年8月属关头乡。1955年成立关头初级社，1956年转为高级社。1958年冬属关头管理区。1961年10月属关头公社关头大队。1983年9月属关头乡关头村民委员会。1992年5月撤区扩镇并乡时，撤销关头乡，改属花桥镇。

栅下村 [Shānxià Cūn]

以村民委员会驻地栅下得名。建于l983年，辖栅下、北岙2个自然村，6个村民小组，216户，689人。行政区域面积2.91平方公里，其中耕地面积71.33公顷，林地面积93.07公顷。集体经济总收入52.48万元，固定资产合计155.45万元。

栅下 [Shānxià]

村民委员会驻地。位于花桥镇政府驻地东北7.2公里。地处南岙山东麓，东邻狗屿塘，南濒穿山涂，西南毗白连村。聚落为不规则块状，属平原地区。

此地有一座山，叫燕山。清朝时，祖先由后陈迁居此山脚，人们怕燕子高飞，故名栅下。清属临海县承恩乡十九都，后改属承恩乡黄荆坛庄。民国属城关乡。解放初属城关乡。1950年8月属关头乡。1955年成立栅下初级社，1956年转为高级社。1958年冬属关头管理区。1961年10月属关头公社栅下大队。1983年9月属关头乡栅下村民委员会。1992年5月撤区扩镇并乡时，撤销关头乡，改属花桥镇栅下村。

北岙 [Běi'ào]

地处浦坝港北面山岙里，故名北岙。聚落呈点状。古名南北岙。据民国《临海县志》卷四载，南北岙，清属临海县承恩乡十九都，后改属承恩乡黄荆坛庄。1983年9月属关头乡栅下村。1992年5月属花桥镇栅下村。

白连村 [Báilián Cūn]

以村民委员会驻地白连得名。建于1983年，辖白连、南岙2个自然村，5个村民小组，150户，486人。行政区域面积1.78平方公里，其中耕地面积27.87公顷，林地面积41.73公顷。集体经济总收入1.39万元，固定资产合计32.75万元。

白连 [Báilián]

村民委员会驻地。位于花桥镇政府驻地东北5.8公里。地处白连山西北麓，东北近栅下村北岙自然村，南至红旗塘，西毗蒲峰村，北临蒲峰塘。点状聚落，属平原地区。

据当地《彭氏宗谱》载，唐朝彭世和迁住此地时，以远望“白露横江水光连天”，取名白连。清属临海县承恩乡十九都，后改属关头庄。民国属城关乡。解放初属城关乡。1950年8月属关头乡。1955年成立白连初级社，1956年转为高级社。1958年冬属关头管理区。1961年10月属关头公社白连大队。1983年9月属关头乡白连村民委员会。1992年5月撤区扩镇并乡时，撤销关头乡，改属花桥镇白连村。

南岙 [Nánào]

村位于南岙山南麓的山岙里，故名南岙。因与北岙毗邻，古代曾合称南北岙。聚落呈点状。据民国《临海县志》卷四载，南北岙，清属临海县承恩乡十九都，后改属承恩乡黄荆坛庄。民国属城关乡。解放初属城关乡。1950年属关头乡。1962年属关头公社白连大队。1984年属关头乡白连村。1992年5月属花桥镇白连村。

蒲峰村 [Púfēng Cūn]

以村民委员会驻地蒲峰得名。建于1983年，辖蒲峰、流水岩、外塘、方家4个自然村，15个村民小组，517户，1472人。行政区域面积3.51平方公里，其中耕地面积67.26公顷，林地面积170.4公顷。集体经济总收入33.66万元，固定资产合计569.72万元。

蒲峰 [Púfēng]

村民委员会驻地。位于花桥镇政府驻地东北5.1公里。地处关头山东南侧，东、南至红旗塘，西毗李家岙村，北至流水岩岭头。聚落为不规则块状，属平原地区。

据当地《黄氏宗谱》载，黄氏祖居福建莆田县，宋孝宗时黄懋迁居临海柔川，长子黄嗣又转迁关头山峰东南麓，为尊祖意，取名莆峰，后演变为蒲峰。清属临海县承恩乡十九都，后改属承恩乡关头庄。民国属城关乡。解放初属城关乡。1950年8月属关头乡。1955年与方家成立中街初级社，1956年又与外塘和李家岙2个初级社合并转为蒲峰高级社。1958年冬属关头管理区。1961年10月属关头公社蒲峰大队。1983年9月与李家岙分设，称蒲峰村民委员会，属关头乡。1992年5月撤区扩镇并乡时，撤销关头乡，改属花桥镇蒲峰村。

流水岩 [Liúshuǐyán]

因村所在的大嘴湾山东南麓，有久旱不涸的泉水经一处嶙峋的岩石往下流，名叫流水岩，并以此名村。为亭（旁）流（水岩）公路之终点，并连接黄（金坦）下（山）公路。聚落呈点状。据民国《临海县志》卷四载，流水岩，清属临海县承恩乡十九都，后改属承恩乡关头庄。民国属城关乡。解放初属城关乡。1950年属关头乡。1955年与外塘村合并成立外塘初级社，1956年并入蒲峰高级社。1962年属关头公社蒲峰大队。1983年属关头乡蒲峰村。1992年5月属花桥镇蒲峰村。

外塘 [Wàitáng]

因村位于蒲峰外面的蒲峰塘边，故名外塘。聚落为块、点状混合分布。民国属城关乡。解放初属城关乡。1950年属关头乡。1955年成立外塘初级社，1956年并入蒲峰高级社。1982年属关头公社蒲峰大队。1983年属关头乡蒲峰村。1992年5月属花桥镇蒲峰村。

方家 [Fāngjiā]

以村多为姓方的人居住而得名。聚落呈点状。民国属城关乡。解放初属城关乡。1950年属关头乡。

1955年与蒲峰村合并成立中街初级社。1962年属关头公社蒲峰大队。1984年属关头乡蒲峰村。1992年5月属花桥镇蒲峰村。

李家岙村 [Lǐjiā'ào Cūn]

以村民委员会驻地李家岙得名。建于1983年，辖李家岙1个自然村，6个村民小组，202户，583人。行政区域面积1.13平方公里，其中耕地面积19.66公顷，林地面积90.6公顷。集体经济总收入13.3万元，固定资产合计36.59万元。

李家岙 [Lǐjiā'ào]

位于花桥镇政府驻地东北4.3公里。地处关头山东南麓，东南临红旗塘，西南毗关头村，东北至蒲峰村。点状聚落，属平原地区。

因村地处关头山东南麓山岙里，村民姓李，取名李家岙。清属临海县承恩乡十九都，后改属承恩乡关头庄。民国属城关乡。1950年8月属关头乡。1955年成立李家岙初级社，1956年并入蒲峰高级社。1961年10月属关头公社蒲峰大队。1983年9月与蒲峰分设，建李家岙村民委员会，属关头乡。1992年5月撤区扩镇并乡时，撤销关头乡，改属花桥镇。

八岭村 [Bālǐng Cūn]

以村民委员会驻地八岭得名。建于1983年，辖八岭1个自然村，6个村民小组，279户，812人。行政区域面积1.86平方公里，其中耕地面积28.8公顷，林地面积136.8公顷。集体经济总收入29.01万元，固定资产合计59.17万元。

八岭 [Bālǐng]

位于花桥镇政府驻地北偏东3公里。地处关头山西南麓，东邻关头村，西南与寺前村接壤，西至半岭堂，北靠龙头山。聚落为点、块状混合分布，属半山区。

据当地《王氏宗谱》载，清康熙三十八年（1699年），王仲养从竹岙分支迁住此地。因当地有一条八字形山岭，村居山脚，故名八岭脚，后简称八岭。清属临海县承恩乡十九都，后改属承恩乡关头庄。民国属城关乡。解放初属城关乡。1950年8月属关头乡。1955年成立八岭初级社，1956年转为高级社。1958年冬属关头管理区。1961年10月建八岭大队，属关头公社。1983年9月属关头乡八岭村民委员会。1992年5月撤区扩镇并乡时，撤销关头乡，改属花桥镇。

下岙方村 [Xià'àofāng Cūn]

以村民委员会驻地下岙方得名。建于1983年，辖下岙方、上盘2个自然村，8个村民小组，276户，828人。行政区域面积1.44平方公里，其中耕地面积26.6公顷，林地面积82.4公顷。集体经济总收入12.94万元，固定资产合计453.46万元。

下岙方 [Xià'àofāng]

村民委员会驻地。位于花桥镇政府驻地东北2.9公里。地处龙头山西麓山岙里，东邻芝岙村，东南傍上旺村，西毗白湾村，北至红旗塘。聚落为点、块状混合分布，属平原地区。

以地处龙头山西麓的山岙里，取名下岙。因重名，1982年以村民多姓方，改名下岙方。清属临海县承恩乡十八都，后改属承恩乡城门庄。民国属城关乡。解放初属城关乡。1950年8月属关头乡。1955年成立下岙、上盘初级社，1956年合并转为下岙高级社。1958年冬与海头共建下岙生产队，属关头管理区。1961年10月改称下岙大队，即后之下岙方大队，属关头公社。1983年9月与海头村分设，称下岙方村民委员会，属关头乡。1992年5月撤区扩镇并乡时，撤销关头乡，改属花桥镇下岙方村。

上盘 [Shàngpán]

村居三面环山状如圆盘的山弯内，故名。块状聚落，呈长方形。据民国《临海县志》卷四载，上盘，清属临海县承恩乡十九都，后改属承恩乡关头庄。民国属城关乡。解放初属城关乡。1950年属关头乡。1955年成立上盘初级社，1956年并入下岙高级社。1962年属关头公社下岙大队，即后之下岙方大队。1983年属关头乡下岙方村。1992年5月属花桥镇下岙方村。

海头村 [Hǎitóu Cūn]

以村民委员会驻地海头得名。建于1983年，辖海头1个自然村，2个村民小组，147户，423人。行政区域面积0.41平方公里，其中耕地面积15公顷，林地面积4.6公顷。集体经济总收入24.93万元，固定资产合计65.55万元。

海头 [Hǎitóu]

位于花桥镇政府驻地东北2.5公里。地处海头山北麓，东靠红旗塘，西、北至关头塘，西南邻白湾村，北至海头闸门。聚落为点、块状混合分布，属平原地区。

村地处原花桥港上游一个形似半岛的前头，故名海头。清属临海县承恩乡十九都，后改属承恩乡关头庄。民国属城关乡。解放初属城关乡。1950年8月属关头乡。1955年成立海头初级社，1956年并入下岙高级社。1958年冬属关头管理区。1961年10月改称下岙大队，即后之下岙方大队，属关头公社。1983年9月与下岙方分设，称海头村民委员会，属关头乡。1992年5月撤区扩镇并乡时，撤销关头乡，改属花桥镇。

芝岙村 [Zhī'ào Cūn]

以村民委员会驻地芝岙得名。建于1983年。辖芝岙、下谢、下里3个自然村，5个村民小组，257户，794人。行政区域面积1.83平方公里，其中耕地面积20.26公顷，林地面积108.8公顷。集体经济总收入34.45万元，固定资产合计460.48万元。

芝岙 [Zhī'ào]

村民委员会驻地。位于花桥镇政府驻地东偏北4公里。地处猪山西麓，东至下里自然村，南毗岭南村，西邻下岙方村，北濒红旗塘。聚落为不规则块状，属沿海平原地区。

因村东面有座芝山（今名猪山），故名。清属临海县承恩乡二十一都，后改属保乐乡吴都庄。民国属城关乡。解放初属城关乡。1950年8月属关头乡。1955年成立学保、定木、下谢3个初级社，1956年合并转为芝岙高级社。1958年冬属关头管理区。1961年10月建芝岙大队，属关头公社。1983年9月称芝岙村民委员会，属关头乡。1992年5月撤区扩镇并乡时，撤销关头乡，改属花桥镇芝岙村。

下谢 [Xiàxiè]

以村旁的下谢山得名。为不规则的块状聚落。民国属城关乡。解放初属城关乡。1950年属关头乡。1955年成立下谢初级社，1956年并入芝岙高级社。1962年属关头公社芝岙大队。1983年属关头乡芝岙村。1992年5月属花桥镇芝岙村。

下里 [Xiàlǐ]

村东北濒临花桥港，地势低洼，李姓居住，故名下李，后演化为下里。西南近芝岙村，西北邻下谢自然村。块状聚落，呈方形。民国地属城关乡。解放初属城关乡。1950年属关头乡。1955年并入芝岙初级社。1962年属关头公社芝岙大队。1983年属关头乡芝岙村。1992年5月属花桥镇芝岙村。

岭南村 [Lǐngnán Cūn]

以村民委员会驻地岭南得名。建于1983年。辖岭南1个自然村，3个村民小组，162户，502人。行政区域面积1.04平方公里，其中耕地面积12.47公顷，林地面积44.67公顷。集体经济总收入68.09万元，固定资产合计153.67万元。

岭南 [Lǐngnán]

位于花桥镇政府驻地东4.2公里。地处大茅坪山东麓，东至下栏塘，西南连上旺村，北毗芝岙村。聚落为不规则块状，属平原地区。

查当地《李氏宗谱》，宋末，一户姓李的人，从花桥迁居此地，以住地在芝岙岭的南边，取名岭南。又因村民姓李，故亦称李南。清属临海县承恩乡二十一都，后改属保乐乡吴都庄。民国属山场乡。解放初属山场乡。1950年8月属关头乡。1955年成立岭南初级社，1956年转为高级社。1958年冬属关头管理区。1961年10月建岭南大队，属关头公社。1983年9月属关头乡岭南村民委员会。1992年5月撤区扩镇并乡时，撤销关头乡，改属花桥镇。

东岙村 [Dōng'ào Cūn]

以村民委员会驻地东岙得名。建于1983年，辖东岙1个自然村，12个村民小组，199户，573人。行政区域面积0.86平方公里，其中耕地面积17.93公顷，林地面积40.33公顷。集体经济总收入23.13万元，固定资产合计23.66万元。

东岙 [Dōng'ào]

位于花桥镇政府驻地东2公里。地处闩头山西北麓，东与上旺村隔山相邻，西北毗岭下舒村，南接舒岐村，北邻上苏村。块状聚落，属半山区。

地处花桥村以东2公里的山岙里，故名。清属临海县承恩乡十八都，后改属承恩乡城门庄。民国属城关乡。解放初属城关乡。1950年8月属关头乡。1955年成立东岙、上苏、白湾3个初级社，1956年3个初级社又与岭下舒村合并转为东岙高级社。1958年冬属关头管理区。1961年10月建东岙大队，属关头公社。1983年9月白湾村分设，称东岙村民委员会，属关头乡。1992年5月撤区扩镇并乡时，撤销关头乡，改属花桥镇。1998年上苏、岭下舒村分设，属花桥镇。

上苏村 [Shàngsū Cūn]

以村民委员会驻地上苏得名。建于1998年，辖上苏1个自然村，4个村民小组，108户，325人。行政区域面积0.58平方公里，其中耕地面积8.67公顷，林地面积14.4公顷。集体经济总收入13.3万元，固定资产合计13.4万元。

上苏 [Shàngsū]

位于花桥镇政府驻地东2公里。南邻东岙村，西毗岭下舒，西北接白湾村。聚落为不规则块状。

苏姓始祖迁移到大茅坪山西南麓定居，因地形高于东岙，故称上苏。民国《临海县志》卷四载，上苏，清属临海县承恩乡十八都，后改属承恩乡城门庄。民国属城关乡。解放初属城关乡。1950年属关头乡。1955年成立上苏初级社，1956年并入东岙高级社。1962年属关头公社东岙大队。1983年属关头乡东岙村。1992年5月撤区扩镇并乡时，撤销关头乡，改属花桥镇。1998年自东岙村分设，建上苏村民委员会，属花桥镇。

岭下舒村 [Lǐngxiàshū Cūn]

以村民委员会驻地岭下舒得名。建于1998年，辖岭下舒1个自然村，2个村民小组，73户，222人。行政区域面积0.47平方公里，其中耕地面积9.6公顷，林地面积26.87公顷。集体经济总收入0.74万元，固定资产合计25.62万元。

岭下舒 [Lǐngxiàshū]

位于花桥镇政府驻地东1.5公里。东邻上苏村，东南毗东岙村，北近白湾村。聚落为块、点状混合分布。

以舒姓居住岭下名村。民国《临海县志》卷四载，岭下舒，清属临海县承恩乡十八都，后改属承恩乡城门庄。民国属城关乡。解放初属城关乡。1950 年属关头乡。1955 年成立岭下舒初级社，1956 年并入东呑高级社。1962 年属关头公社东呑大队。1983 年属关头乡东呑村。1992 年 5 月撤区扩镇并乡时，撤销关头乡，改属花桥镇。1998 年自东呑村分设，建岭下舒村民委员会，属花桥镇。

白湾村 [Báiwān Cūn]

以村民委员会驻地白湾得名。建于 1983 年，辖白湾 1 个自然村，5 个村民小组，150 户，437 人。行政区域面积 0.71 平方公里，其中耕地面积 23.1 公顷，林地面积 45.2 公顷。集体经济总收入 0.96 万元，固定资产合计 29.93 万元。

白湾 [Báiwān]

位于花桥镇政府驻地东北 1.5 公里。地处洪沙山东北麓，东毗下呑方村，南邻岭下舒村，西接两头门村，北为关头塘。块状聚落，属平原地区。

据传，祖先在定居前，看到成群白鸟在山弯上空盘旋，村遂取名白湾。民国属城关乡。解放初属城关乡。1950 年 8 月属关头乡。1955 年成立白湾初级社，1956 年并入东呑高级社。1958 年冬属关头管理区。1961 年 10 月属关头公社东呑大队。1983 年 9 月自东呑村分出，建白湾村民委员会，属关头乡。1992 年 5 月撤区扩镇并乡时，撤销关头乡，改属花桥镇。

第九章 浦坝港镇

第一节 概况

浦坝港镇 [Pǔbàgǎng Zhèn]

地理位置 位于北纬 28°50′19″~29°02′05″，东经 121°28′20″~121°43′48″之间，地处三门县东南，东濒东海，南与临海市桃渚镇、小芝镇交界，西毗邻横渡镇、花桥镇，北与健跳镇接壤。

政区概况 地处浙东中心，长三角经济圈和温台地区的交汇点，距上海 260 公里，杭州 210 公里，宁波 105 公里，温州 150 公里，台州市区 38 公里，三门县城 33 公里，与椒黄路、临海杜桥、三门县城联系紧密，深受地区经济影响，具有十分重要的战略地位，又兼得临海之利，区域优势明显。镇内交通发达，浦坝港大桥横跨浦坝港两岸，S224 省道、黄（金坦）四（岔）公路，以及建设中的沿海高速公路、山芝公路，构成浦坝港镇"二纵六横"交通网。镇内有三级码头——洞港渔港，是渔船作业和沿海贸易的重要基地。距县政府驻地 38 公里，镇域面积 265.5 平方公里，是台州市面积最大的乡镇。陆域呈南北扁担型分布，浦坝港大桥犹如一条扁担，连接浦坝港两岸。境内有耕地面积 6.22 万余亩，养殖水面 3.23 万亩，林地面积 16.57 万亩，土地资源较为丰富，是三门县粮食、经济作物和水产品的主要产区。

浦坝港镇立足于打造"国家级重点镇"的奋斗目标，开发建设步伐不断加快，全面推进创业创新，围绕丰满"工业港城"，推动产城融合，通过产业建设发展城市，城市发展壮大产业平台，在环浦坝港"一港两岸"建设集行政、商贸、文教、居住等一体的现代化小城市。围绕精雕"风情海湾"，依托滨海旅游，加快旅游资源开发，做大做精旅游产业，建设成为浙东沿海重要的旅游地。围绕筑造"鱼米仓储"，发展壮大农业产业，培育特色农业，丰富"菜篮子"，促进农业增效、农民增收。围绕培育"善行人文"，引导社会崇德向善，树立"向善"风气，凝聚社会人心，维护公平正义，促进社会和谐，争取早日实现政治、经济、社会、文化和生态建设的和谐发展、跨越发展。

浦坝港镇是集新兴产业、市场物流于一体的现代化产业新城和以滨海岛屿、滩涂养殖、海洋观光为特色的休闲胜地。镇人民政府驻地盐城路 3 号。

政区划分 辖新城 1 个居委会，罗石、小渔西、从岙、赤坎、大域、小官塘、钳口、小岭下、下洋墩、郑畔、跃进、胜利、沿江、佳岙、三角塘、海山、西浦、东浦、西里、六村、两头塘、圩岙、丁山脚、黄金坦、下岙堂、后陈、仙岩、古松、河里、双墩、新塘、龙坑、小湾、岩岙、渔西、武曲、上洋、草头、木杓、前山、贺家、金岙、山上、山里、里宅、小雄、浦坝、庙屿、石门、毛洋、高湖、东湾、南岙陈、坑林、五支岙、金家岙、长田、王沙、张司岙、官塘、蜍下、山场、麻车坑、上董、五小柱、岙底方、茂林、西岑、埠头、梅岙、塔坑、胡家峙、滩头、南山、泗淋、桃峙、长浦庄、下畔、鹤井、山下、庄王、下港、山头郭、下山、洋底、泗淋塘、上道头、西庙、下院、念寺塘、蒲岙、下道头、金家峙 93 个行政村，186 个自然村。

政区沿革 清代属临海县仙岩庄、赤墈庄、渔西庄、西洞庄、黄荆坛庄、沿江庄、大域庄、小雄庄、张司岙庄、梅岙庄、吴都庄、山场庄、泗淋庄。民国时为澧浦乡、蛟龙乡、沿江乡、赤坎乡、小雄乡、山场乡、泗淋乡。解放后建政为沿江区、花桥区，辖浬浦、三岩、渔西、沿江、赤坎、小雄、吴都、泗淋、山场、梅岙、道头乡。1956年撤销区公所，成立区联络组。1958年冬撤销三门县，改属临海县，辖区各乡合建为沿江、小雄人民公社，下辖浬浦、渔西、三岩、沿赤、小雄、山场、泗淋、道头8个管理区。1961年沿江、小雄人民公社解体，改为管理区，新建浬浦、渔西、三岩、沿赤、小雄、山场、泗淋7个公社，分属健跳区、桃渚区管辖。1962年恢复三门县，撤销健跳区建制，成立中共沿江、小雄区委。1983年实行镇社分设，取消社队制，恢复乡（镇）村制。1987年10月浬浦、小雄改为区属建制镇。1992年5月撤区扩镇并乡后，辖小雄镇、浬浦镇、沿赤乡、泗淋乡。2013年11月撤销小雄镇、浬浦镇、沿赤乡、泗淋乡，合并设立浦坝港镇。

名称由来 浦坝港镇因地处浦坝港两岸而得名。

气候灾害 属亚热带海洋性气候，四季分明，冬暖夏凉，温和湿润，光照充足，雨量丰沛。年降雨量大多集中在5—9月，以梅雨和台风雨为主。夏末秋初常受台风侵袭，伴有大风暴雨，易造成灾害性气候。全年无霜期约270天左右。

人口面积 总户数35156户，人口106389人，其中男性56033人，城镇人口14844人，人口密度每平方公里172.08人，自然增长率6.55‰。

经济概况 浦坝港镇工业快速发展，经济实力不断提升，现有沿海工业城、洞港工业园区、永丰工业小区、小雄个私经济创业基地等数个工业区（园），共有工业企业500余家，从业人员5万余人。经过多年发展，浦坝港镇现已形成机电、汽摩配、洁具、船舶、制鞋、休闲用品等六大支柱产业。2016年全镇（含工业城）共实现工业总产值120亿元，财政总收入2.33亿元，地方财政收入7239.4万元，成为三门县“三港三城”战略的主战场之一。作为三门县重要的粮食果蔬生产基地，浦坝港镇以推进传统农业向现代农业转型为抓手，积极发展特色农业，丰富农产品种类，目前已先后培育西瓜、柑橘、甜瓜、葡萄、杨梅、西兰花、水稻、青蟹、小白虾、紫菜等特色农产品，基本形成了“瓜果飘香、鱼虾满塘”的农业产业格局。随着城镇化建设的深入推进，浦坝港镇第三产业迎来快速发展期，商贸、餐饮、休闲娱乐、物流、金融等行业发展势头蓬勃。浦坝港镇公共服务设施完善，教育基础扎实，全镇有中小学校和幼儿园20余所，还有规划筹建的沿海工业城小学、浦坝港镇中学（含高中部）等。卫生体系健全，镇内现有社区中心卫生院4家，还有正在建设之中的浦坝港镇人民医院，村级卫生室基本实现全覆盖。文化体育事业欣欣向荣，农村文化俱乐部全覆盖，群众文化蓬勃发展。成功创建省级体育强镇。“平安建设”深入推进，辖区社会和谐安定，人民群众安居乐业。

人文胜景 浦坝港镇独特的地理环境，孕育了丰富的自然资源和秀丽的山海风光。全镇海岸线蜿蜒绵长，沿线拥有广阔的滩涂，洋市涂、从岙涂、山后涂、金洋涂、七干涂等可供围垦；岸线沙滩细腻柔软，木杓沙滩是三门和浙东重要的滨海旅游景区。境内有大小岛屿50多座，其中扩塘山岛被誉为“海上岩石博物馆”，被权威机构评为全国诸岛第96位，岛上礁石林立，极富特色。还有仙岩洞、隐龙山、沈园农庄等旅游景点。

浦坝港镇有着深厚的人文历史，是古代重要的造船和制盐基地。南宋末年，丞相文天祥避难仙岩洞，在此招募义兵起兵抗元。明嘉靖年间戚继光曾率兵在此抗击倭寇，朝鲜人崔溥因遭风暴漂流至牛头门，开启了三门对外交往的序幕。仙岩洞摩崖石刻被公布为省级文物保护单位。浬浦跳马、浬浦道情、泗淋道情、长田道情、小雄道情、仙岩雕塑、沿赤木雕、马脚弹等被列入市县非物质文化遗产保护名录。

悠久的历史，滋养了一方天地，历史人物明代有文士叶琰，近现代有著名中医邢炳旦、著名教育家林迪生，革命烈士林攸商与林祖坚等。

第二节 居委会

新城居委会 [Xīnchéng Jūwěihuì]

居委会居住区为原盐场6个工区驻地，面积10平方公里，常住人口约350户，858人。把三门盐场建造成一座新兴的城市，故名。2005年2月批准成立，属沿赤乡。2013年11月属浦坝港镇。

第三节 行政村及自然村

罗石村 [Luóshí Cūn]

以罗家、石桥两自然村首字得名。建于1984年，辖石桥、罗家、峙山下、万户塘、上石桥、八岙里、墩根7个自然村，20个村民小组，920户，2872人。行政区域面积3.81平方公里，其中耕地面积110公顷，林地面积140.8公顷。集体经济总收入68.03万元，固定资产合计428.01万元。

石桥 [Shíqiáo]

村民委员会驻地。位于浦坝港镇政府驻地北2.1公里。地处虎礁山西南麓，东接罗家自然村，南毗三角塘村，西与小官塘村接壤，北近八岙里自然村。

清属临海县承恩乡二十都，后改属承恩乡大域庄。民国属沿江乡。1949年6月属沿江乡，11月属赤坎乡。1950年改属沿赤乡，1955年成立石桥下街、上石桥、墩根、万户塘、岙里、峙山下、罗家初级社，1956年各初级社合办石桥高级社，属沿赤乡。1958年11月称罗石生产队，属沿赤管理区。1961年10月属沿赤公社罗石大队。1966年“文化大革命”期间改名为东风大队。因重名，1981年恢复原名“罗石”大队。1984年政社分设，改称罗石村民委员会，属沿赤乡。2013年11月属浦坝港镇罗石村。

罗家 [Luójiā]

村以姓氏得名。为不规则的块状聚落。据《台临钳口罗氏宗谱》记载，罗氏世祖罗德成（字大才），世居豫章（今南昌），北宋元符二年（1099年）迁居上虞，六世孙罗叔玉转迁临海杜渎，明时裔孙罗俸睦迁居罗家。据民国《临海县志》卷四载，罗家，清属临海县承恩乡二十都，后改属承恩乡大域庄。民国属沿江乡。解放初属赤坎乡。1950年属沿赤乡。1955年成立罗家初级社，1956年转为高级社。1958年冬属沿赤管理区罗石生产队。1962年属沿赤公社罗石大队。1984年属沿赤乡罗石村。2013年11月属浦坝港镇罗石村。

峙山下 [Zhìshānxià]

据传，此处古为海湾，有2个岛屿对峙（即今海拔4米的峙山和32米的下峙山），围塘后，村建峙山下，故名。聚落为不规则的块状。民国属沿江乡。解放初属赤坎乡。1950年属沿赤乡。1955年成立峙山下初级社，1956年并入石桥高级社。1958年冬属沿赤管理区罗石生产队。1962年属沿赤公社罗石大队。1984年属沿赤乡罗石村。2013年11月属浦坝港镇罗石村。

万户塘 [Wànhùtáng]

古人形容此塘面积较大，可居住万户人家，故名。聚落呈点状。万户塘周氏，始祖来自黄岩，清代迁入万户塘。民国属沿江乡。解放初属赤坎乡。1950年属沿赤乡。1955年成立初级社，1956年并入石桥高级社。1958年冬属沿赤管理区罗石生产队。1962年属沿赤公社罗石大队。1984年属沿赤乡罗石村。2013年11月属浦坝港镇罗石村。

上石桥 [Shàngshíqiáo]

位于石桥上首，故名上石桥。聚落为点、块状混合分布。民国属沿江乡。解放初属赤坎乡。1950年属沿赤乡。1955年成立上石桥初级社，1956年并入石桥高级社。1958年冬属沿赤管理区罗石生产队。1962年属沿赤公社罗石大队。1984年属沿赤乡罗石村。2013年11月属浦坝港镇罗石村。

八岙里 [Bāàolǐ]

该村系1954年新建，由于原东岙村址建筑黄山塘水库，部分村民移住于此。因该山弯有八个小山岙，原名八岙里，遂以八岙里名村。1955年成立八岙里初级社，1956年并入石桥高级社。1958年冬属沿赤管理区罗石生产队。1962年属沿赤公社罗石大队。1984年属沿赤乡罗石村。2013年11月属浦坝港镇罗石村。

墩根 [Dūngēn]

该村于1954年新建，由于原东岙村址建筑黄山塘水库，部分村民移住于此。因此处有一个土墩，村位土墩边，故名墩根。1955年成立墩根初级社，1956年并入石桥高级社。1958年冬属沿赤管理区罗石生产队。1962年属沿赤公社罗石大队。1984年属沿赤乡罗石村。2013年11月属浦坝港镇罗石村。

小渔西村 [Xiǎoyúxī Cūn]

该村因地理位置接近渔西，与其相比，范围较少，故名。建于1984年，辖张家、岭脚、北坑3个自然村，7个村民小组，215户，720人。行政区域面积4.13平方公里，其中耕地面积13.33公顷，林地面积372.33公顷。集体经济总收入15.31万元，固定资产合计140.12万元。

张家 [Zhāngjiā]

村民委员会驻地。村以张姓居住，故名。点状聚落，呈一字形。民国属沿江乡。解放初属赤坎乡。1950年属沿赤乡。1955年成立张家初级社，1957年并入小渔西高级社。1958年冬属沿赤管理区小渔西生产队。1962年属沿赤公社小渔西大队。1984年属沿赤乡小渔西村。2013年11月属浦坝港镇小渔西村。

岭脚 [Lǐngjiǎo]

位于浦坝港镇政府驻地北偏东4.7公里。地处乌岩头岗南麓山岙里，东与从岙村隔山为邻，南靠小渔西岭，西接东岙山，东北濒从岙涂，北与张家自然村为邻。地势西北高、东南低，聚落为块、点状混合分布，属半山区。

清属临海县承恩乡二十都，后改属承恩乡大域庄。民国属沿江乡。解放初属赤坎乡。1955年成立小渔西初级社，1957年与北坑、张家2个初级社合办小渔西高级社。1958年冬属沿赤管理区小渔西生产队。1962年属沿赤公社小渔西大队。1984年属沿赤乡小渔西村。2013年11月属浦坝港镇小渔西村。

北坑 [Běikēng]

村居铁墩岗之北的山坑边，故名北坑。聚落为块、点状混合分布。民国属沿江乡。解放初属赤坎乡。1950年属沿赤乡。1955年成立北坑初级社，1957年并入小渔西高级社。1958年冬属沿赤管理区小渔西生产队。1962年属沿赤公社小渔西大队。1984年属沿赤乡小渔西村。2013年11月属浦坝港镇小渔西村。

从岙村 [Cóng'ào Cūn]

以村民委员会驻地从岙得名。建于1984年，辖从岙、上从岙2个自然村，4个村民小组，113户，352人。行政区域面积2.77平方公里，其中耕地面积11.33公顷，林地面积196.87公顷。集体经济总收入8.08万元，固定资产合计90.24万元。

从岙 [Cóng'ào]

村民委员会驻地。位于浦坝港镇政府驻地东北5.3公里。地处仰天饭蒸西北麓，北近从岙涂，东临大域涂，西与小渔西村隔山为邻，南靠太平山。块状聚落，属沿海山区。

该村近海靠山，松林茂密，故名松岙。因当地方言，“松”与“崇”谐音，后演变为崇岙。解放后，又简写为从岙。据《台临陈氏宗谱》记载：小岭下陈氏，为南朝陈霸先之后。隋灭陈，陈皇后裔浮海避居健跳浮门。浮门陈氏第十五世陈乾五于南宋乾道三年（1167年）迁居小岭下，为小岭下陈氏始祖。小岭下陈氏第十七世陈继善迁下松岙，陈继美、继儒、继往迁居上松岙。清属临海县承恩乡二十都，后改属承恩乡沿江庄。民国属沿江乡。解放初属沿江乡。1950年属沿赤乡。1954年成立初级社。1956年成立从岙高级社，同年2月属沿赤乡。1958年11月属沿赤管理区。1961年10月改称从岙大队，属沿赤公社。

1984年改称从岙村民委员会，属沿赤乡。2013年11月属浦坝港镇从岙村。

上从岙 [Shàngcóng'ào]

已无人居住。因村地形高于从岙，故名上从岙。聚落呈点状。民国属沿江乡。解放初属沿江乡。1950年属沿赤乡。1958年冬属沿赤管理区。1962年属沿赤公社从岙大队。1984年属沿赤乡从岙村。2013年11月属浦坝港镇从岙村

赤坎村 [Chìkǎn Cūn]

以村民委员会驻地赤坎得名。建于1984年，辖赤坎1个自然村，32个村民小组，880户，2618人。行政区域面积4.57公顷，其中耕地面积113.33公顷，林地面积281.13公顷。集体经济总收入41.33万元，固定资产合计424.52万元。

赤坎 [Chìkǎn]

位于浦坝港镇政府驻地北偏西3.8公里。地处东岙山西南麓，东近黄山塘水库，南毗小官塘村，西南与大域村隔山为邻，紧邻S224省道。块状聚落，属滨海平原地区。

因村旁有座山，形似牛头，村位于山坎边，故称牛头赤墈，解放后，简称赤坎。村居赤山边，又称赤山。据《临海赤墈方氏宗谱》记载，始迁祖方炅，唐乾符六年（879年），因黄巢举事，为避乱自福建福清泉州马前山，率邻里程、陈、王、林四姓，航海北上，九死一生，舟泊渔溪。方炅登岸后，翻过渔溪岭居于澧川，定居在东后山麓，为台州方氏始迁祖。第十世孙方元八始迁赤山杨柳塘岸，是为赤坎方氏始迁祖。清属临海县承恩乡二十都，后改属承恩乡大域庄。民国属沿江乡。1949年11月属赤坎乡。1950年属沿赤乡。1955年相继成立赤坎里社、外社、自发社3个初级社。1956年合并转为赤坎高级社，同年2月属沿赤乡。1958年11月属沿赤管理区。1961年10月称赤坎大队，属沿赤公社。1984年改称赤坎村民委员会，属沿赤乡。2013年11月属浦坝港镇。

大域村 [Dàyù Cūn]

以村民委员会驻地大域得名。建于1984年，辖大域1个自然村，24个村民小组，757户，2210人。行政区域面积4.71平方公里，其中耕地面积100公顷，林地面积302.93公顷。集体经济总收入171.47万元，固定资产合计509.39万元。

大域 [Dàyù]

位于浦坝港镇政府驻地西北3.8公里。地处大湾山南麓，东邻小官塘村，南毗胜利村，西靠东塘岭。为不规则的块状聚落，属半山区

大域原名大鹄，因村前南面有座凤凰山，山上有一大鹄鸟，经常到村前谷山头墩吃谷，村遂以大鹄鸟取名大鹄，后演称大域。清属临海县承恩乡二十都，后改属承恩乡大域庄。1940年三门建县后，属沿江乡。1949年11月属赤坎乡。1950年属沿赤乡。1955年成立大域初级社。1958年11月称大域生产队，属沿赤管理区。1961年10月称大域大队，属沿赤公社。1984年改称大域村民委员会，属沿赤乡。2013年11月属浦坝港镇。

小官塘村 [Xiǎoguāntáng Cūn]

以村民委员会驻地小官塘得名。建于1984年，辖小官塘1个自然村，4个村民小组，144户，460人。行政区域面积0.85平方公里，其中耕地面积14公顷，林地面积64.4公顷。集体经济总收入4.8万元，固定资产合计162.02万元。

小官塘 [Xiǎoguāntáng]

位于浦坝港镇政府驻地西北2.9公里。东毗石桥村，东南毗下洋墩村，西邻大域村，北接赤坎村。聚落为不规则块状，属平原地区。

小官塘，原名官塘。原此地为海滩，由官府出资围塘，称官塘。清属临海县承恩乡二十都，后改属承恩乡大域庄。1940年三门建县后属沿江乡。1949年11月属赤坎乡。1950年属沿赤乡。1955年成立官塘初级社。1958年11月称官塘生产队，属沿赤管理区。1961年10月改称官塘大队，属沿赤公社。因重名，1982年更名为小官塘。1984年改称小官塘村民委员会，属沿赤乡。2013年11月属浦坝港镇。

钳口村 [Qiánkǒu Cūn]

以村民委员会驻地钳口得名。建于1984年，辖钳口、里塘、钳口墩3个自然村，14个村民小组，375户，1063人。行政区域面积1.77平方公里，其中耕地面积50公顷，林地面积64.13公顷。集体经济总收入12.35万元，固定资产合计192.92万元。

钳口 [Qiánkǒu]

村民委员会驻地。位于浦坝港镇政府驻地北偏东2.4公里。地处洋馒头顶山之南偏西山麓，南近钳口墩自然村，西与里塘自然村接壤，东北与小岭下村接壤。聚落为块状，属沿海平原地区。

村西面有座山，形状像蟹钳，村位于蟹钳之口，故名钳口。清属临海县承恩乡二十都，后改属承恩乡沿江庄。1940年三门建县后属沿江乡。1949年11月属赤坎乡。1950年属沿赤乡。1955年成立钳口初级社。1956年转为高级社。1958年11月与钳口墩、里塘合称钳口生产队，属沿赤管理区。1961年10月称钳口大队，属沿赤公社。1984年政社分设，改称钳口村民委员会，属沿赤乡。2013年11月属浦坝港镇钳口村。

里塘 [Lǐtáng]

村位于外塘里边，称里塘。聚落为点、块状混合分布。1949年11月属赤坎乡。1950年属沿赤乡。1958年冬并入钳口生产队，属沿赤管理区。1962年属沿赤公社钳口大队。1984年属沿赤乡钳口村。2013年11月属浦坝港镇钳口村。

钳口墩 [Qiánkǒudūn]

村地处钳口之南，村旁有一大土墩，故名。民国属沿江乡。1949年11月属赤坎乡。1950年属沿赤乡。1958年冬并入钳口生产队，属沿赤管理区。1962年属沿赤公社钳口大队。1984年属沿赤乡钳口村。2013年11月属浦坝港镇钳口村。

小岭下村 [Xiǎolǐngxià Cūn]

以村民委员会驻地小岭下得名。建于1984年，辖小岭下1个自然村，12个村民小组，325户，1059人。行政区域面积3.75平方公里，其中耕地面积46公顷，林地面积182.33公顷。集体经济总收入1.44万元，固定资产合计39万元。

小岭下 [Xiǎolǐngxià]

位于浦坝港镇政府驻地东北3.2公里。地处大湾山西麓，北靠太平山，东南毗沿江村，南接郑畔村下畔自然村，西南与钳口村为邻。聚落为不规则块状，属半山区。

村东面有一座小山岭，村居岭下，故名。据《台临陈氏宗谱》记载：小岭下陈氏，为南朝陈霸先之后。隋灭陈，陈皇后裔浮海避居健跳浮门。浮门陈氏第十五世陈乾五于南宋乾道三年（1167年）迁居小岭下，为小岭下陈氏始祖。清名小岭，属临海县承恩乡二十都，后改属承恩乡沿江庄。民国属沿江乡。1950年属沿赤乡。1954年成立初级社。1956年成立小岭下高级社。1958年冬属沿赤管理区。1961年10月称小岭下大队，属沿赤公社。1984年改称小岭下村民委员会，属沿赤乡。2013年11月属浦坝港镇。

下洋墩村 [Xiàyángdun Cūn]

以村民委员会驻地下洋墩得名。建于1984年，辖下洋墩、大金山、长坝头3个自然村，16个村民小组，375户，1091人。行政区域面积3.42平方公里，其中耕地面积50公顷，林地面积42.29公顷。集体经济总收入 11.19 万元，固定资产合计 241.53 万元。

下洋墩 [Xiàyángdun]

村民委员会驻地。位于浦坝港镇政府驻地北偏西 1.7 公里，地处大金山东北，东毗罗石村万户塘自然村，东南近三角塘村，南毗海山村，西接小官塘村。聚落为块、点状混合分布，属平原地区。

此处原是浦坝港北岸的海涂，后经人工围垦，形成一个土墩，建村后取名下洋墩。民国属沿江乡。1949 年 11 月属赤坎乡。1950 年属沿赤乡。1956 年成立下洋墩第一、第二初级社，1957 年 2 个初级社合并转为下洋墩高级社。1958 年冬与大金山、长坝头合称下洋墩生产队，属沿赤管理区。1962 年称下洋墩大队，属沿赤公社。1984 年改称下洋墩村民委员会，属沿赤乡。2013 年 11 月属浦坝港镇下洋墩村。

大金山 [Dàjīnshān]

位于大金山北麓，以山名村。点状聚落，呈一字形。据民国《临海县志》卷四载，大金山，清属临海县承恩乡二十都，后改属承恩乡赤墈庄。民国属沿江乡。解放初属赤坎乡。1950 年属沿赤乡。1956 年与长坝头联办下洋墩第三初级社，1957 年加入下洋墩高级社。1958 年冬属沿赤管理区下洋墩生产队。1962 年属沿赤公社下洋墩大队。1984 年属沿赤乡下洋墩村。2013 年 11 月属浦坝港镇下洋墩村。

长坝头 [Chángbàtóu]

位于一条较长的海塘坝头，故名长坝头。线状聚落，呈一字形。民国属沿江乡。解放初属赤坎乡。1950 年属沿赤乡。1956 年与大金山联办下洋墩第三初级社，1957 年并入下洋墩高级社。1958 年冬属沿赤管理区下洋墩生产队。1962 年属沿赤公社下洋墩大队。1984 年属沿赤乡下洋墩村。2013 年 11 月属浦坝港镇下洋墩村。

郑畔村 [Zhèngpàn Cūn]

取大郑、下畔 2 个自然村尾字得名。建于 1984 年，辖下畔、大郑 2 个自然村，7 个村民小组，275 户，841 人。行政区域面积 1.58 平方公里，其中耕地面积 32 公顷，林地面积 107.47 公顷。集体经济总收入 6.04 万元，固定资产合计 44.86 万元。

下畔 [Xiàpàn]

村民委员会驻地。位于浦坝港镇政府驻地东北 2.7 公里。地处大湾山西南麓，东毗沿江村，东南邻佳岙村，西北近钳口村钳口墩自然村，北接小岭下村。聚落为不规则块状，属平原地区。

清属临海县承恩乡二十都，后改属承恩乡沿江庄。民国属沿江乡。解放初属沿江乡。1950 年属沿赤乡。1955 年大郑、下畔各自成立初级社，1956 年各自转为高级社。1958 年冬改称生产队，与大郑同属沿赤管理区。1962 年称郑畔大队，属沿赤公社。1984 年改称郑畔村民委员会，属沿赤乡。2013 年 11 月属浦坝港镇郑畔村。

大郑 [Dàzhèng]

据民国《临海县志》卷四载，大郑，清属临海县承恩乡二十都，后改属承恩乡沿江庄。民国属沿江乡。解放初属沿江乡。1950 年属沿赤乡。1955 年成立大郑初级社，1956 年转为高级社。1958 年冬与下畔同属沿赤管理区。1962 年属沿赤公社郑畔大队。1984 年属沿赤乡郑畔村。2013 年 11 月属浦坝港镇郑畔村。

跃进村 [Yuèjìn Cūn]

以村民委员会驻地跃进塘得名。建于 1984 年，辖跃进 1 个自然村，4 个村民小组，84 户，273 人。行政区域面积 1.68 平方公里，其中耕地面积 32 公顷，林地面积 6.93 公顷。集体经济总收入 8.9 万元，固定资产合计 35.91 万元。

跃进 [Yuèjìn]

位于浦坝港镇政府驻地西偏南 1.8 公里。地处大木鱼嘴之南，东邻海山村，南、西均临跃进塘，北毗下洋墩村。聚落呈不规则块状，属平原地区。因村建在新围垦的跃进塘内，故以塘名村。村民于 1981 年从郑畔大队移居于此。1984年建村，称跃进村民委员会，属沿赤乡。2013年11月属浦坝港镇。

胜利村 [Shènglì Cūn]

以村民委员会驻地胜利塘得名。建于1984年，辖胜利1个自然村，3个村民小组，32户，112人。行政区域面积0.33平方公里，其中耕地面积5.18公顷，林地面积2.73公顷。集体经济总收入5.04万元，固定资产合计32.74万元。

胜利 [Shènglì]

位于浦坝港镇政府驻地西偏北4.8公里。东北邻小官塘村，南临跃进塘，西毗胜利塘，北与大域村接壤。点状聚落，属平原地区。以村地处新围垦的胜利塘内，取名为胜利村。1981年由郑畔村民迁此定居，属沿赤公社郑畔大队。1984年改称胜利村民委员会，属沿赤乡。2013年11月属浦坝港镇。

沿江村 [Yánjiāng Cūn]

以村民委员会驻地沿江得名。建于1984年，辖沿江、沈加王、下岙3个自然村，53个村民小组，951户，2864人。行政区域面积10.01平方公里，其中耕地面积146公顷，林地面积552.93公顷。集体经济总收入10.18万元，固定资产合计504.34万元。

沿江 [Yánjiāng]

村民委员会驻地。位于浦坝港镇政府驻地东北3.4公里。东靠牛头山，南邻沿海工业城，西南为佳岙村，西毗郑畔村。聚落为不规则块状，属平原地区。

村沿铺坝江（今名浦坝港）而建，故名沿江。清属临海县承恩乡二十都，后改属承恩乡沿江庄。民国属沿江乡。1950年属沿赤乡。1955年成立沿江初级社，1956年转为高级社。1958年11月与沈加王、下岙共属沿赤管理区，称沿江生产队。1962年称沿江大队，属沿赤公社。1984年改称沿江村民委员会，属沿赤乡。2013年11月属浦坝港镇沿江村。

沈加王 [Shěnjiāwáng]

村多王姓居住，惯称沈加王。块状聚落，略似十字形。民国属沿江乡。1950年属沿赤乡。1955年成立沈加王初级社，1956年转为高级社。1958年冬与沿江、下岙共属沿赤管理区沿江生产队。1962年属沿赤公社沿江大队。1984年属沿赤乡沿江村。2013年11月属浦坝港镇沿江村。

下岙 [Xià'ào]

因村位于蜂洞岩下边的山岙里，故名下岙。聚落为不规则的块状。解放初属沿江乡。1950年属沿赤乡。1955年成立下岙初级社，1956年转为高级社。1958年冬属沿赤管理区沿江生产队。1961年属沿赤公社沿江大队。1984年属沿赤乡沿江村。2013年11月属浦坝港镇沿江村。

佳岙村 [Jiā'ào Cūn]

以村民委员会驻地佳岙得名。建于1984年，辖佳岙1个自然村，12个村民小组，302户，893人。行政区域面积0.67平方公里，其中耕地面积37.33公顷，林地面积16.2公顷。集体经济总收入10.96万元，固定资产合计493.95万元。

佳岙 [Jiā'ào]

位于浦坝港镇政府驻地东北2.6公里。东北近沿江村，南毗沿海工业城，西靠大官山，西北与郑畔村为邻。块状聚落，属平原地区。

村处朝南的山岙里，地理位置较为优越，古人用“佳”字表示美好的意思，故村名佳岙。据《佳岙陈氏宗谱》记载，佳岙陈姓，原籍福建长溪，五代后晋天福四年（939年），陈天统因避乱迁居泗淋洋底村，为洋底陈姓始祖。至第五世陈汝位迁居小雄张司岙村。陈汝位第十三世陈宗享复迁小雄五支岙村。元时，裔孙再迁佳岙，为佳岙陈姓始祖。据《佳岙卢氏宗谱》记载，卢姓先祖卢诜，宋绍兴八年(1138

年）中进士，初任温州平阳县推官，历任佥事、尚书。子五，随驾南渡，遂居宁海。元时，十五世卢应采自亭旁下卢迁居，娶陈氏，为佳岙卢氏始迁祖。清属临海县承恩乡二十都，后改属承恩乡沿江庄。民国属沿江乡。解放初属沿江乡。1950年属沿赤乡。1957年成立佳岙高级社。1958年11月称佳岙生产队，属沿赤管理区。1962年称佳岙大队，属沿赤公社。1984年政社分设，改称佳岙村民委员会，属沿赤乡。2013年11月属浦坝港镇。

三角塘村［Sānjiǎotáng Cūn］

以村民委员会驻地三角塘得名。建于1984年，辖三角塘、老鼠峙2个自然村，22个村民小组，549户，1576人。行政区域面积3.85平方公里，其中耕地面积46.67公顷，林地面积153.27公顷。集体经济总收入114.03万元，固定资产合计563.24万元。

三角塘［Sānjiǎotáng］

村民委员会驻地。位于浦坝港镇政府驻地东偏北0.6公里。地处大金山之东，东邻沿海工业城，西南近海山村，西毗下洋墩村长坝头、大金山自然村，北邻罗石村。点状聚落，属平原地区。

村所在的海塘，呈三角形，故名三角塘，并以此名村。清属临海县承恩乡二十都，后改属承恩乡赤塴庄。民国属沿江乡。解放初属沿江乡，同年11月属赤坎乡。1950年属沿赤乡。1955年成立三角塘初级社，1956年转为高级社。1958年11月称三角塘生产队，属沿赤管理区。1962年称三角塘大队，属沿赤公社。1984年政社分设，改称三角塘村民委员会，属沿赤乡。2013年11月属浦坝港镇三角塘村。

老鼠峙［Lǎoshǔzhì］

地处扩塘山岛西北边缘的老鼠峙旁，距大陆最近点0.8公里，东南邻里湾，西北濒牛头门。1966年至1968年三角塘大队与泗淋大队联合在此围塘成功，移民定居后，即以老鼠峙名村，属沿赤公社三角塘大队。1984年属沿赤乡三角塘村。2013年11月属浦坝港镇三角塘村。

海山村［Hǎishān Cūn］

以村民委员会驻地海山得名。建于1984年，辖海山1个自然村，6个村民小组，230户，675人。行政区域面积1.33平方公里，其中耕地面积18公顷，林地面积52.13公顷。集体经济总收入15.09万元，固定资产合计192.08万元。

海山［Hǎishān］

位于浦坝港镇政府驻地西0.5公里。地处海山（山名）东南麓，东邻沿海工业城，东北毗三角塘村，西与跃进村接壤。点状聚落，属平原地区。

村居海山东南麓，以山名村。清属临海县承恩乡二十都，后改属承恩乡赤塴庄。民国属沿江乡。解放初属沿江乡，同年11月属赤坎乡。1950年属沿赤乡。1958年冬称海山生产队，属沿赤管理区。1962年称海山大队，属沿赤公社。1984年政社分设，改称海山村民委员会，属沿赤乡。2013年11月属浦坝港镇。

西浦村［Xīpǔ Cūn］

以村民委员会驻地西浦得名。建于1984年，辖西浦1个自然村，13个村民小组，741户，2088人。行政区域面积3.54平方公里，其中耕地面积76.8公顷，林地面积204公顷。集体经济总收入45.05万元，固定资产合计491.4万元。

西浦［Xīpǔ］

位于浦坝港镇政府驻地西北7.4公里。地处尼姑抱子（山名）南麓，东邻东浦村，南至S224省道，西与西里村接壤。地势自东北向南略有倾斜。

据当地《林氏宗谱》载，始祖林光仪，浮江人，北宋开宝八年（975年），舟车游景，见此地山势优异，遂定居于此。据传此地原濒临海洋，有里、外两船埠，该村地处里埠，即以“里埠”名村。后演化为“鲤浦”“澧浦”和“浬浦”。以其处浬浦之西，故名西浦。清名鲤浦，属承恩乡仙岩庄。民国二十九年（1940年）三门建县后属澧浦乡。解放初分设为上街村，属浬浦乡。1955年成立浬浦第一、第二、第三3个初级社，1956年合并转为上街高级社，属浬浦乡。1958年年底改称上街生产队，属浬浦管理区。1962年属浬浦公社上街大队。1966年改名为团结大队，属浬浦公社。1982年1月因重名，更名为西浦大队。1984年属浬浦乡西浦村民委员会。1987年10月属浬浦镇。2013年11月属浦坝港镇。

东浦村 [Dōngpǔ Cūn]

以村民委员会驻地东浦得名。建于1984年，辖东浦、路头王2个自然村，10个村民小组，510户，1528人。行政区域面积1.63平方公里，其中耕地面积65.4公顷，林地面积82公顷。集体经济总收入6.38万元，固定资产合计218.05万元。

东浦 [Dōngpǔ]

位于浦坝港镇政府驻地西北6.8公里。地处四炮岭南麓，东邻六村村，西毗西浦村，南与圩岙村接壤，北靠大湾山，地势自东北向南略有倾斜。

据当地《林氏宗谱》载，始祖林光仪，浮江人，北宋开宝八年（975年）舟车游景，见此地山势优异，遂定居于此。据传此地原濒临海洋，有里、外两船埠，该村地处里埠，即以“里埠”名村。后演化为“鲤浦”“澧浦”和“浬浦”。以其处浬浦之东，故名东浦。清名鲤浦，属承恩乡仙岩庄。民国二十九年（1940年）三门建县后属澧浦乡。解放初分设为下街村。1955年下街村成立浬浦第六、第十四初级社，1957年合并转为下街高级社，属浬浦乡。1958年冬与路头王村共建下街生产队，属浬浦管理区。1962年属浬浦公社下街大队。1966年改名为友谊大队，属浬浦公社。1982年1月以其地处浬浦之东，更名为东浦大队。1984年属浬浦乡东浦村民委员会。1987年10月属浬浦镇东浦村。2013年11月属浦坝港镇东浦村。

路头王 [Lùtóuwáng]

村位于大路边头，村民多姓王，故名路头王。聚落为点状分布。据民国《临海县志》卷四载，路头王，清属临海县承恩乡十九都，后改属承恩乡仙岩庄。民国属澧浦乡。解放后属浬浦乡。1958年冬属浬浦管理区下街生产队。1962年属浬浦公社下街大队（1966年改名友谊大队，1982年更名为东浦大队）。1984年属浬浦乡东浦村。1987年10月属浬浦镇东浦村。2013年11月属浦坝港镇东浦村。

西里村 [Xīlǐ Cūn]

以村民委员会驻地西里得名。建于1984年，辖西里、高岭、下庄、小金山4个自然村，22个村民小组，701户，2063人。行政区域面积3.2平方公里，其中耕地面积83.07公顷，林地面积158公顷。集体经济总收入42.33万元，固定资产合计453.54万元。

西里 [Xīlǐ]

村民委员会驻地。位于浦坝港镇政府驻地西北8.1公里。地处西坑山与黄家山之间，东接西浦村，西毗高岭自然村，东南邻下庄自然村。地势东、西稍高，中间略低，自北向南略有倾斜，聚落为块点状分布，属平原地区。

以村居澧浦之西，称西澧，后演化为西里。清属临海县承恩乡十九都，后改属承恩乡仙岩庄。民国属澧浦乡。解放后属浬浦乡。1955年成立西里初级社，1956年与下庄、高岭、小金山联办西里高级社。1958年冬改建西里生产队，属浬浦管理区。1962年改称西里大队，属浬浦公社管理委员会。1984年政社分设后，属浬浦乡西里村民委员会。1987年10月属浬浦镇西里村。2013年11月属浦坝港镇西里村。

高岭 [Gāolǐng]

位于西坑山南麓地形较高的山岭旁，故名高岭。聚落为块、点状混合分布。据民国《临海县志》卷四载，高岭，清属临海县承恩乡十九都，后改属承恩乡仙岩庄。民国属澧浦乡。解放后属浬浦乡。1955

年成立高岭初级社，1956年并入西里高级社。1958年冬属浬浦管理区西里生产队。1962年属浬浦公社西里大队。1984年属浬浦乡西里村。1987年10月属浬浦镇西里村。2013年11月属浦坝港镇西里村。

下庄 [Xiàzhuāng]

位于西里下方，村旁有几株大樟树，取名下樟，后演化为下庄。聚落为不规则的块状。据民国《临海县志》卷四载，下庄，清属临海县承恩乡仙岩庄。民国属澧浦乡。解放后属浬浦乡。1955年成立下庄高级社，1956年并入西里高级社。1958年冬属浬浦管理区西里生产队。1962年属浬浦公社西里大队。1984年属浬浦乡西里村。1987年10月属浬浦镇西里村。2013年11月属浦坝港镇西里村。

小金山 [Xiǎojīnshān]

村旁有小山，前人喻为金锁匙，并以小金山名村。线状聚落，略似一字形。据民国《临海县志》卷四载，小金山，清属临海县承恩乡十九都，后改属承恩乡仙岩庄。民国属澧浦乡。解放后属浬浦乡。1955年成立小金山初级社，1956年并入西里高级社。1958年冬属浬浦管理区西里生产队。1962年属浬浦公社西里大队。1984年属浬浦乡西里村。1987年10月属浬浦镇西里村。2013年11月属浦坝港镇西里村。

六村村 [Liùcūn Cūn]

村由山下张、姜家、路上、岭上、南山、路下方6个自然村组成得名。今路下方因建造路下水库移民，仍沿用原名六村。建于1984年，辖山下张、姜家、路上、岭上、南山5个自然村，15个村民小组，382户，1565人。行政区域面积3.32平方公里，其中耕地面积45.73公顷，林地面积243.33公顷。集体经济总收入50.55万元，固定资产合计203.23万元。

路上 [Lùshàng]

村民委员会驻地。位于通往沿江、赤坎的大路上侧，故名路上。聚落为块、点状混合分布。民国属澧浦乡。解放后属浬浦乡。1955年与姜家合办姜家初级社，1956年转为高级社。1958年年底属浬浦管理区六村生产队。1962年属浬浦公社六村大队。1984年属浬浦乡六村村村民委员会。1987年10月属浬浦镇六村村。2013年11月属浦坝港镇六村村。

山下张 [Shānxiàzhāng]

位于浦坝港镇政府驻地西北6.6公里。地处大湾山南麓，大岭头西南，S224省道从村南通过，东毗姜家自然村，西毗S224省道，南濒路下水库。地势北高南低，块状聚落，属半山区。地处大湾山下，村民姓张，故名。清属临海县承恩乡十九都，后改属承恩乡仙岩庄。民国属澧浦乡。解放后属浬浦乡。1955年成立初级社，1956年转为高级社。1958年冬山下张、姜家、路上、岭上、南山、路下方6个自然村合建六村生产队，属浬浦管理区。1962年改称六村大队，属浬浦公社管理委员会。1984年政社分设后，属浬浦乡六村村民委员会。1987年10月属浬浦镇六村村。2013年11月属浦坝港镇六村村。

姜家 [Jiāngjiā]

村民多姓姜，故名姜家。线状聚落，略呈倒置T字形。据民国《临海县志》卷四载，姜家，清属临海县承恩乡十九都，后改属承恩乡仙岩庄。民国属澧浦乡。解放后属浬浦乡。1955年与路上村合办姜家初级社，1956年转为高级社。1958年年底属浬浦管理区六村生产队。1962年属浬浦公社六村大队。1984年属浬浦乡六村村。1987年10月属浬浦镇六村村。2013年11月属浦坝港镇六村村。

岭上 [Lǐngshàng]

位于炮台山南麓的小山岭旁，故名岭上。点状聚落，呈散列式分布。民国属澧浦乡。解放后属浬浦乡。1955年成立岭上初级社，1956年转为高级社。1958年年底属浬浦管理区六村生产队。1962年属浬浦公社六村大队。1984年属浬浦乡六村村。1987年10月属浬浦镇六村村。2013年11月属浦坝港镇六村村。

南山 [Nánshān]

位于浬浦南面山脚，故以南山名村。点状聚落。民国属澧浦乡。解放后属浬浦乡。1955年成立南山初级社，1956年转为高级社。1958年年底属浬浦管理区六村生产队。1962年属浬浦公社六村大队。1984

年属浬浦乡六村村。1987 年 10 月属浬浦镇六村村。2013 年 11 月属浦坝港镇六村村。

两头塘村 [Liǎngtóutáng Cūn]

以村民委员会驻地两头塘得名。建于 1984 年，辖两头塘、坝头马、中央坝 3 个自然村，13 个村民小组，355 户，1100 人。行政区域面积 1.22 平方公里，其中耕地面积 51.67 公顷，林地面积 60.67 公顷。集体经济总收入 33.31 万元，固定资产合计 64.68 万元。

两头塘 [Liǎngtóutáng]

村民委员会驻地。位于浦坝港镇政府驻地西北 8 公里。地处鱼虾港西，东南邻圩岙村，西毗丁山脚村，南与大岙村接壤，北界西里村。地势平坦，点状聚落，属平原地区。

因村的两头都有河塘，故称两头塘。民国属澧浦乡。解放后属浬浦乡。1955 年成立两头塘初级社，1957 年与坝头马合建两头塘高级社，属浬浦乡。1958 年冬又与中央坝组成两头塘生产队，属浬浦管理区。1962 年改称两头塘大队，属浬浦公社管理委员会。1984 年政社分设后，属浬浦乡两头塘村民委员会。1987 年 10 月属浬浦镇两头塘村。2013 年 11 月属浦坝港镇两头塘村。

坝头马 [Bàtóumǎ]

古代马姓居住此坝头，故名坝头马。点状聚落，略呈长条形。据民国《临海县志》卷四载，坝头马，清属临海县承恩乡十九都，后改属承恩乡黄荆坛庄。民国属澧浦乡。解放后属浬浦乡。1955 年成立坝头马初级社，1957 年并入两头塘高级社。1958 年年底属浬浦管理区两头塘生产队。1962 年属浬浦公社两头塘大队。1984 年属浬浦乡两头塘村。1987 年 10 月属浬浦镇两头塘村。2013 年 11 月属浦坝港镇两头塘村。

中央坝 [Zhōngyāngbà]

位于海塘中央的堤坝旁，故名中央坝。点状聚落，呈一字形分布。民国属澧浦乡。解放后属浬浦乡。1958 年年底属浬浦管理区两头塘生产队。1962 年属浬浦公社两头塘大队。1984 年属浬浦乡两头塘村。1987 年 10 月属浬浦镇两头塘村。2013 年 11 月属浦坝港镇两头塘村。

圩岙村 [Xū'ào Cūn]

以村民委员会驻地圩岙得名。建于 1984 年，辖圩岙、西湾 2 个自然村，18 个村民小组，644 户，1829 人。行政区域面积 4.19 平方公里，其中耕地面积 101.33 公顷，林地面积 180 公顷。集体经济总收入 52.29 万元，固定资产合计 214.6 万元。

圩岙 [Xū'ào]

村民委员会驻地。位于浦坝港镇政府驻地西北 5.2 公里。地处狮子山西南麓，东与赤坎村隔山为邻，西毗两头塘村，南濒圩岙塘，北与东浦村接壤。地势自东向西稍有倾斜，聚落呈不规则块状，属平原地区。

此岙三面环山，“圩”沿浦坝港伸进的海滩而围，故称圩岙，清名于岙。清属临海县承恩乡二十都，后改属承恩乡赤墈庄。民国属澧浦乡。解放初属浬浦乡。1955 年成立两个初级社，1956 年合并组成圩岙高级社，属浬浦乡。1958 年年底与西湾合建圩岙生产队，属浬浦管理区。1962 年改称圩岙大队，属浬浦公社管理委员会。1984 年政社分设后，属浬浦乡圩岙村民委员会。1987 年 10 月属浬浦镇圩岙村。2013 年 11 月属浦坝港镇圩岙村。

西湾 [Xīwān]

位于浬浦街西边山弯中，故名西湾。点状聚落，呈一字形分布。民国属澧浦乡。解放后属浬浦乡。1958 年年底属浬浦管理区圩岙生产队。1962 年属浬浦公社圩岙大队。1984 年属浬浦乡圩岙村。1987 年 10 月属浬浦镇圩岙村。2013 年 11 月属浦坝港镇圩岙村。

丁山脚村 [Dīngshānjiǎo Cūn]

以村民委员会驻地丁山脚得名。建于 1984 年，辖丁山脚、中央港、三份头、富窑厂、格港、大斗门、小斗门7个自然村，13个村民小组，872户，2636人。行政区域面积3.89平方公里，其中耕地面积148.8公顷，林地面积143.33公顷。集体经济总收入56.88万元，固定资产合计514.11万元。

丁山脚 [Dīngshānjiǎo]

村民委员会驻地。位于浦坝港镇政府驻地西北9.3公里。地处丁山南麓，东邻两头塘，南毗河里村，西至唐家山，北与黄金坦村接壤。地势平坦，点状聚落，属平原地区。

因村后有一座山，形似船锚，俗称丁山。据传，清朝中期，彭姓人迁居山脚，取名丁山脚。清属临海县承恩乡十九都，后改属承恩乡黄荆坛庄。民国属澧浦乡。解放后属浬浦乡。1950年5月从浬浦乡分设三岩乡，属三岩乡。1955年成立丁山脚初级社，1956年与中央港、三份头、富窑厂、格港、大斗门、小斗门合办丁山脚高级社，同年2月回属浬浦乡。1957年10月重归三岩乡。1958年11月属三岩管理区。1961年10月属三岩乡丁山脚大队。1984年属三岩乡丁山脚村民委员会。1992年5月撤区扩镇并乡时，撤销三岩乡，改属浬浦镇丁山脚村。2013年11月属浦坝港镇丁山脚村。

中央港 [Zhōngyānggǎng]

村处中央港畔，以港名村，属三沙洋片村。聚落呈不规则的点状散列。民国属澧浦乡。1950年5月属三岩乡。1955年成立中央港初级社，1956年并入丁山脚高级社。1958年冬属三岩管理区丁山脚生产队。1962年属三岩公社丁山脚大队。1984年属三岩乡丁山脚村。1992年5月属浬浦镇丁山脚村。2013年11月属浦坝港镇丁山脚村。

三份头 [Sānfèntóu]

三份头，为古代宗族房份名称，后即以此名村，属三沙洋片村。聚落为点状的散列式分布。民国属澧浦乡。1950年5月属三岩乡。1955年成立初级社，1956年并入丁山脚高级社。1958年冬属三岩管理区丁山脚生产队。1962年属三岩公社丁山脚大队。1984年属三岩乡丁山脚村。1992年5月属浬浦镇丁山脚村。2013年11月属浦坝港镇丁山脚村。

富窑厂 [Fùyáochǎng]

早年大域村傅姓人在该地管理瓦窑厂，人称傅窑厂，后演称富窑厂，建村后沿用此名，属三沙洋片村。点状聚落，呈散列式分布。民国属澧浦乡。1950年5月属三岩乡。1955年成立富窑厂初级社，1956年并入丁山脚高级社。1958年冬属三岩管理区丁山脚生产队。1962年属三岩公社丁山脚大队。1984年属三岩乡丁山脚村。1992年5月属浬浦镇丁山脚村。2013年11月属浦坝港镇丁山脚村。

格港 [Gégǎng]

早年这一带港汊交错，该村因与邻村中央港隔港相对，故名隔港，后演变为格港，属三沙洋片村。点状聚落，呈散列式。民国属澧浦乡。1950年5月属三岩乡。1955年成立格港初级社，1956年并入丁山脚高级社。1958年冬属三岩管理区丁山脚生产队。1962年属三岩公社丁山脚大队。1984年属三岩乡丁山脚村。1992年5月属浬浦镇丁山脚村。2013年11月属浦坝港镇丁山脚村。

大斗门 [Dàdòumén]

位于大斗门边，故名，属三沙洋片村。聚落为不规则的块状。民国属澧浦乡。1950年5月属三岩乡。1955年成立大斗门初级社，1956年并入丁山脚高级社。1958年冬属三岩管理区丁山脚生产队。1962年属三岩公社丁山脚大队。1984年属三岩乡丁山脚村。1992年5月属浬浦镇丁山脚村。2013年11月属浦坝港镇丁山脚村。

小斗门 [Xiǎodòumén]

位于小斗门边，故名，属三沙洋片村。点状聚落，呈散列式分布。民国属澧浦乡。1950年5月属三岩乡。1955年成立小斗门初级社，1956年并入丁山脚高级社。1958年冬属三岩管理区丁山脚生产队。1962年属三岩公社丁山脚大队。1984年属三岩乡丁山脚村。1992年5月属浬浦镇丁山脚村。2013年11月属浦坝港镇丁山脚村。

黄金坦村 [Huángjīntǎn Cūn]

以村民委员会驻地黄金坦得名。建于1983年，辖黄金坦1个自然村，20个村民小组，451户，1253人。行政区域面积3.32平方公里，其中耕地面积72.6公顷，林地面积212公顷。集体经济总收入17.07万元，固定资产合计266.29万元。

黄金坦 [Huángjīntǎn]

位于浦坝港镇政府驻地西北10.4公里。地处凤凰山东南麓，东濒施家岙水库，南接丁山脚村，西毗下岙堂村。地势北高南低，为不规则块状聚落，属平原地区。

这里原是黄荆（落叶灌木）丛生的一个平坦地方。明朝，黄岩县有位李姓人住此后，取名黄荆坛。解放后改名黄金坦。清属临海县承恩乡十九都，后改属承恩乡黄荆坛庄。民国属澧浦乡。解放后属浬浦乡。1950年5月从浬浦乡分设三岩乡，属三岩乡。1955年成立黄金坦初级社，1956年与施家岙、王间堂、南山3个初级社合并为黄金坦高级社。同年2月回属浬浦乡。1957年10月重归三岩乡。1958年11月属三岩管理区。1961年10月属三岩乡黄金坦大队。1984年属三岩乡黄金坦村民委员会。1992年5月撤区扩镇并乡时，撤销三岩乡，改属浬浦镇。2013年11月属浦坝港镇。

下岙堂村 [Xià'àotáng Cūn]

以村民委员会驻地下岙堂得名。建于1984年，辖下岙堂1个自然村，11个村民小组，272户，803人。行政区域面积2.2平方公里，其中耕地面积34.73公顷，林地面积148.67公顷。集体经济总收入67.4万元，固定资产合计117.42万元。

下岙堂 [Xià'àotáng]

位于浦坝港镇政府驻地西北11.1公里。地处鸡冠山东麓，东邻黄金坦村，西毗仙岩村，南与丁山脚村接壤，北近纺车岩洞。地势自北向南倾斜，块状聚落，属平原地区。

明代，仙岩村一户姓叶的人迁居此山岙下面的佛堂边，故取名下岙堂。民国时属澧浦乡。解放后属浬浦乡。1950年5月属三岩乡。1955年成立下岙初级社，1956年转为下岙高级社。同年2月回属浬浦乡。1957年10月重设三岩乡，属三岩乡。1958年年底属三岩管理区。1961年属三岩公社下岙大队。1967年下岙村址建造水库，居民尽迁于此，大队沿用原名。1982年因重名，更名下岙堂大队。1984年属三岩乡下岙堂村民委员会。1992年5月撤区扩镇并乡时，撤销三岩乡，改属浬浦镇。2013年11月属浦坝港镇。

后陈村 [Hòuchén Cūn]

以村民委员会驻地后陈得名。建于1984年，辖后陈、岩下洋、唐家、横坑、连盘头5个自然村，13个村民小组，235户，769人。行政区域面积2.39平方公里，其中耕地面积36.47公顷，林地面积164公顷。集体经济总收入58.28万元，固定资产合计155.57万元。

后陈 [Hòuchén]

村民委员会驻地。位于浦坝港镇政府驻地西北12.3公里。地处狮子山东麓，东毗仙岩村，西至流水岩，西南邻栅下村，北至仙岩洞。地势自北向南倾斜，为块、点状混合聚落，属平原地区。

明代中期，后陈陈氏始祖昌公因慕后陈山水秀丽，有渔盐之利，林矿之饶，舟楫之便，膏腴可拓，遂自花桥王申坦迁居狮子山下，后孟氏、张氏、王氏、杜氏等姓氏陆续徙居岩下洋、唐家、横坑、连盘头等自然村。村位于狮子山后，村民多姓陈，故称后陈。清属临海县承恩乡十九都，后改属承恩乡仙岩庄。民国属澧浦乡。解放后仍属浬浦乡。1950年5月从浬浦乡分设三岩乡，属三岩乡。1956年与岩下洋、唐家、横坑、连盘头联合组成后陈初级社，同年2月重属浬浦乡。1957年10月属三岩乡。1958年年初转为后陈高级社，同年底属三岩管理区。1961年10月属三岩公社后陈大队。1984年属三岩乡后陈村民委员会。1992年5月撤区扩镇并乡时，撤销三岩乡，改属浬浦镇后陈村。2013年11月属浦坝港镇后陈村。

岩下洋 [Yánxiàyáng]

位于狮子山上一巨岩下方的田垟旁，取名岩下垟，后演化为岩下洋。清代名岩下杨。聚落为点状。据民国《临海县志》卷四载，岩下杨，清属临海县承恩乡十九都，后改属承恩乡仙岩庄。民国属澧浦乡。1950年5月属三岩乡。1956年加入后陈初级社。1958年冬属三岩管理区。1962年属三岩公社后陈大队。1984年属三岩乡后陈村。1992年5月属浬浦镇后陈村。2013年11月属浦坝港镇后陈村。

唐家 [Tángjiā]

此处原系浦坝港中的一岛屿，与之毗邻的东北部有一山峧，“峧”当地方言叫“岢”。围塘定居后，村即取名，“塘岢”，后演变为唐家。点状聚落。民国属澧浦乡。1950年5月属三岩乡。1956年加入后陈初级社。1958年冬属三岩管理区。1962年属三岩公社后陈大队。1984年属三岩乡后陈村。1992年5月属浬浦镇后陈村。2013年11月属浦坝港镇后陈村。

横坑 [Héngkēng]

位于一条名叫横坑的旁边，故名。聚落为不规则的块状。民国属澧浦乡。1950年5月属三岩乡。1956年加入后陈初级社。1958年冬属三岩管理区。1962年属三岩公社后陈大队。1984年属三岩乡后陈村。1992年5月属浬浦镇后陈村。2013年11月属浦坝港镇后陈村。

连盘头 [Liánpántóu]

点状聚落，呈三角形散列。民国属澧浦乡。1950年5月属三岩乡。1956年加入后陈初级社。1958年冬属三岩管理区。1962年属三岩公社后陈大队。1984年属三岩乡后陈村。1992年5月属浬浦镇后陈村。2013年11月属浦坝港镇后陈村。

仙岩村 [Xiānyán Cūn]

以村民委员会驻地仙岩得名。建于1984年，辖仙岩、下洋黄2个自然村，6个村民小组，603户，1892人。行政区域面积4.11平方公里，其中耕地面积89.33公顷，林地面积226.07公顷。集体经济总收入187.82万元，固定资产合计227.53万元。

仙岩 [Xiānyán]

村民委员会驻地。位于浦坝港镇政府驻地西北11.8公里。地处鸡冠山西南侧，东邻下岙堂村，西毗后陈村，南接下洋黄自然村。地势平坦，为不规则块状聚落，属平原地区。仙岩村西北山势险峻，有一山洞，称仙岩洞。据南宋嘉定《赤城志》载:“仙岩山在县南100里，以绝顶二石如仙人偶坐，故名。有石洞，地多奇草灵药云。”明代有叶姓人，迁居此山脚，遂以洞名村。又据民国《临海县志》卷四载，仙岩，属临海县承恩乡十九都，后改属承恩乡仙岩庄。民国属澧浦乡。1950年5月从浬浦乡分设三岩乡，属三岩乡。1955年成立仙岩初级社，1956年转为高级社，属浬浦乡。1957年10月属三岩乡。1958年年底与下洋黄村合并，属三岩管理区仙岩生产队。1961年10月属三岩公社仙岩大队。1984年属三岩乡仙岩村民委员会。1992年5月撤区扩镇并乡时，撤销三岩乡，改属浬浦镇仙岩村。2013年11月属浦坝港镇仙岩村。

下洋黄 [Xiàyánghuáng]

村与岩下洋毗邻，始由黄姓居住，称下洋黄，沿用至今。聚落为不规则的块状。民国属澧浦乡。1950年5月从浬浦乡分设三岩乡，属三岩乡。1958年冬属三岩管理区仙岩生产队。1962年属三岩公社仙岩大队。1984年属三岩乡仙岩村。1992年5月属浬浦镇仙岩村。2013年11月属浦坝港镇仙岩村。

古松村 [Gǔsōng Cūn]

以村所在地古松片村得名。建于1984年，辖上古松、下古松、王间堂3个自然村，6个村民小组，312户，943人。行政区域面积1.82平方公里，其中耕地面积59.4公顷，林地面积66.67公顷。集体经济总收入7.6万元，固定资产合计70.05万元。

下古松 [Xiàgǔsōng]

村民委员会驻地。位于浦坝港镇政府驻地西北 8.9 公里。地处丁山东北侧，东邻西里村，东南毗两头塘村，西南与丁山脚村接壤，北与王间堂自然村为邻。地势平坦，块状聚落，属平原地区。

原名枯松，后改名古松，又因地形比上古松低，取名下古松，为古松片村中的 1 个自然村。清属临海县承恩乡十九都，后改属承恩乡黄荆坛庄。民国属澧浦乡。1950 年 5 月从浬浦乡分设三岩乡，属三岩乡。1956 年成立古松初级社，2 月回属浬浦乡。1957 年转为高级社，10 月属三岩乡。1958 年年底属三岩管理区。1961 年 10 月属三岩公社古松大队。1984 年属三岩乡古松村民委员会。1992 年 5 月撤区扩镇并乡时，撤销三岩乡，改属浬浦镇古松村。2013 年 11 月属浦坝港镇古松村。

上古松 [Shànggǔsōng]

原名枯松，后改名古松，又因地形比下古松高，取名上古松，为古松片村中的 1 个自然村。聚落呈点状。清名枯松。据民国《临海县志》卷四载，枯松，清属临海县承恩乡十九都，后改属承恩乡黄荆坛庄。民国属澧浦乡。1950 年 5 月属三岩乡。1955 年成立上古松初级社，1956 年并入王间堂高级社，同年又加入黄金坦高级社。1958 年冬从黄金坦分出，与下古松共属三岩管理区古松生产队。1961 年 10 月与下古松、王间堂共属三岩公社古松大队。1984 年属三岩乡古松村。1992 年 5 月属浬浦镇古松村。2013 年 11 月属浦坝港镇古松村。

王间堂 [Wángjiāntáng]

早年，王姓始祖从临海北涧村移住此地庵堂边，取名王涧堂，后演化为王间堂。清代名王鉴塘。块、点状混合聚落，呈“7”字形分布。据民国《临海县志》卷四载，王鉴塘，清属临海县承恩乡十九都，后改属承恩乡黄荆坛庄。民国属澧浦乡。1950 年 5 月从浬浦乡分设三岩乡，属三岩乡。1956 年与上古松初级社合办王间堂高级社，同年又与黄金坦联办黄金坦高级社。1958 年冬属三岩管理区黄金坦生产队。1961 年 10 月从黄金坦分出，属三岩公社古松大队。1984 年属三岩乡古松村。1992 年 5 月属浬浦镇古松村。2013 年 11 月属浦坝港镇古松村。

河里村 [Hélǐ Cūn]

以村民委员会驻地河里得名。建于 1984 年，辖河里、河外 2 个自然村，18 个村民小组，303 户，989 人。行政区域面积 1.07 平方公里，其中耕地面积 44.13 公顷，林地面积 46.67 公顷。集体经济总收入 43.27 万元，固定资产合计 130.82 万元。

河里 [Hélǐ]

村民委员会驻地。位于浦坝港镇政府驻地西偏北 9.3 公里。地处丁山脚村之南，南邻新塘村，西接双墩村。地势平坦，点状聚落，属平原地区。

因村庄位于河港里边的田畈上，故称河里。清属临海县承恩乡十九都，后改属承恩乡黄荆坛庄。民国属澧浦乡。解放后属浬浦乡。1950 年 5 月从浬浦乡分设三岩乡，属三岩乡。1956 年成立河里、河外 2 个初级社，同年 2 月回属浬浦乡。1957 年与河外初级社合并成立三沙洋高级社，10 月属三岩乡。1958 年 11 月属三岩管理区。1961 年 10 月属三岩公社河里大队。1984 年属三岩乡河里村民委员会。1992 年 5 月撤区扩镇并乡时，撤销三岩乡，改属浬浦镇河里村。2013 年 11 月属浦坝港镇河里村。

河外 [Héwài]

位于河港外边的田畈上，故名河外，属三沙洋片村。聚落呈点状。据民国《临海县志》卷四载，河外，清属临海县承思乡十九都，后改属承恩乡黄荆坛庄。民国属澧浦乡。1950 年 5 月从浬浦乡分设三岩乡，属三岩乡。1955 年成立河外初级社，1957 年与河里、新塘村部分社员合办三沙洋高级社。1958 年冬属三岩管理区。1961 年 10 月属三岩公社河里大队。1984 年属三岩乡河里村。1992 年 5 月属浬浦镇河里村。2013 年 11 月属浦坝港镇河里村。

双墩村 [Shuāngdūn Cūn]

以村民委员会驻地双墩得名。建于1984年，辖双墩1个自然村，11个村民小组，273户，869人。行政区域面积1.07平方公里，其中耕地面积28.53公顷，林地面积44公顷。集体经济总收入21.96万元，固定资产合计204.03万元。

双墩 [Shuāngdūn]

位于浦坝港镇政府驻地西偏北9.8公里。地处羊峙港东北侧，东邻河里村，西至浦坝港，南至永福塘，北与丁山脚村接壤。地势平坦，属平原地区。

村旁有塘系清朝中期围垦，因塘内有两个较高的自然土墩，故取名双墩。清属临海县承恩乡十九都，后改属承恩乡黄荆坛庄。民国属澧浦乡。解放后属浬浦乡。1950年5月从浬浦乡分设三岩乡，属三岩乡。1955年成立双墩初级社，1956年2月回属浬浦乡。1957年转为高级社，10月重归三岩乡。1958年冬属三岩管理区。1961年属三岩公社双墩大队。1984年属三岩乡双墩村民委员会。1992年5月撤区扩镇并乡时，撤销三岩乡，改属浬浦镇。2013年11月属浦坝港镇。

新塘村 [Xīntáng Cūn]

以村民委员会驻地新塘得名。建于1984年，辖新塘、林家塘、蟹山后、龟峙4个自然村，10个村民小组，343户，1043人。行政区域面积1.63平方公里，其中耕地面积30.73公顷，林地面积98公顷。集体经济总收入2.53万元，固定资产合计164.71万元。

新塘 [Xīntáng]

村民委员会驻地。位于浦坝港镇政府驻地西偏北9.2公里。东靠下峙港山，西邻双墩村，南至浦坝港，北毗河里村。点状聚落，属平原地区。

塘系民国二十四年（1935年）围建，与附近各塘相比，围垦时间较迟，故名新塘。建村后，即以新塘名村。清属临海县承恩乡十九都，后改属承恩乡黄荆坛庄。民国属澧浦乡。解放后属浬浦乡。1950年5月从浬浦乡分设三岩乡，属三岩乡。1955年成立新塘初级社，1956年2月回属浬浦乡。1957年转为高级社，10月重归三岩乡。1958年11月属三岩管理区。1961年属三岩公社新塘大队。1984年属三岩乡新塘村民委员会。1992年5月撤区扩镇并乡时，撤销三岩乡，改属浬浦镇新塘村。2013年11月属浦坝港镇新塘村。

林家塘 [Línjiātáng]

村以林姓居住，取名林家塘，属三沙洋片村。聚落呈点状。民国属澧浦乡。解放后属浬浦乡。1950年5月从浬浦乡分设三岩乡，属三岩乡。1956年与新塘村共办林大富初级社。1958年冬属三岩管理区新塘生产队。1961年属三岩公社新塘大队。1984年属三岩乡新塘村。1992年5月属浬浦镇新塘村。2013年11月属浦坝港镇新塘村。

蟹山后 [Xièshānhòu]

位于名叫蟹山的后面，故名，属三沙洋片村。点状聚落，呈三角形。民国属澧浦乡。1950年5月从浬浦乡分设三岩乡，属三岩乡。1958年冬属三岩管理区新塘生产队。1961年属三岩公社新塘大队。1984年属三岩乡新塘村。1992年5月属浬浦镇新塘村。2013年11月属浦坝港镇新塘村。

龟峙 [Guīzhì]

村处在形似乌龟的岛屿上，故名龟屿，后演称龟峙，属三沙洋片村。聚落呈点状。民国属澧浦乡。1950年5月从浬浦乡分设三岩乡，属三岩乡。1958年冬属三岩管理区新塘生产队。1961年属三岩公社新塘大队。1984年属三岩乡新塘村。1992年5月属浬浦镇新塘村。2013年11月属浦坝港镇新塘村。

龙坑村 [Lóngkēng Cūn]

以村民委员会驻地龙坑得名。建于1984年，辖龙坑、潘家、大井头3个自然村，2个村民小组，260

户，746人。行政区域面积2.46平方公里，其中耕地面积32.8公顷，林地面积130公顷。集体经济总收入22.41万元，固定资产合计389.48万元。

龙坑 [Lóngkēng]

村民委员会驻地。位于浦坝港镇政府驻地西偏北6.2公里。地处虎头山尖东麓，东濒圩岙塘，西邻岩岙村，南至建设塘。地势西北高东南低，块状聚落，属平原地区。

村后山坑的水潭中，古代曾盘踞着一条龙，故称龙坑，村亦以此得名。清属临海县承恩乡十九都，后改属承恩乡黄荆坛庄。民国属澧浦乡。解放后属浬浦乡。1950年5月从浬浦乡分设三岩乡，属三岩乡。1955年成立龙坑初级社，1956年与小湾、大岙、大井头等初级社合并转为高级社，同年2月属浬浦乡。1957年10月重归三岩乡。1958年11月属三岩管理区。1961年10月又与潘家、下岙、岩头3村合建龙坑大队，属三岩公社。1984年小湾、下岙、大岙、岩头诸村分设，仍与潘家、大井头合称三岩乡龙坑村民委员会。1992年5月属浬浦镇龙坑村。2013年11月属浦坝港镇龙坑村。

潘家 [Pānjiā]

村民多姓潘，故名潘家。聚落呈点状。民国属澧浦乡。解放后属浬浦乡。1950年5月从浬浦乡分设三岩乡，属三岩乡。1958年冬属三岩管理区。1962年属三岩公社龙坑大队。1984年属三岩乡龙坑村。1992年5月撤区扩镇并乡时，撤销三岩乡，改属浬浦镇龙坑村。2013年11月属浦坝港镇龙坑村。

大井头 [Dàjǐngtóu]

村旁一小山，状似人的头颈，取名大颈头，后演称大井头。据民国《临海县志》卷四载，大井头，清属临海县承恩乡十九都，后改属承恩乡黄荆坛庄。民国属澧浦乡。解放后属浬浦乡。1950年5月从浬浦乡分设三岩乡，属三岩乡。1955年成立大井头初级社，1956年并入龙坑高级社。1958年冬属三岩管理区。1962年属三岩公社龙坑大队。1984年属三岩乡龙坑村。1992年5月属浬浦镇龙坑村。2013年11月属浦坝港镇龙坑村。

小湾村 [Xiǎowān Cūn]

以村民委员会驻地小湾得名。建于1984年，辖小湾、下岙2个自然村，9个村民小组，155户，479人。行政区域面积1.56平方公里，其中耕地面积20.73公顷，林地面积98公顷。集体经济总收入16.06万元，固定资产合计69.96万元。

小湾 [Xiǎowān]

村民委员会驻地。位于浦坝港镇政府驻地西偏北6.9公里，地处小湾山东南麓山弯里，东至圩岙塘，西、南濒浦坝港，北毗龙坑村。地势东北高西南低，点状聚落，属平原地区。

以村庄地处小湾山麓，故名。清属临海县承恩乡十九都，后改属承恩乡黄荆坛庄。民国属澧浦乡。解放后属浬浦乡。1950年5月从浬浦乡分设三岩乡，属三岩乡。1955年成立小湾初级社，1956年并入龙坑高级社，同年2月属浬浦乡。1957年10月重归三岩乡。1958年11月属三岩管理区。1961年10月属三岩公社龙坑大队。1984年从龙坑村分设，与下岙合称小湾村民委员会，属三岩乡。1992年5月撤区扩镇并乡时，撤销三岩乡，改属浬浦镇小湾村。2013年11月属浦坝港镇小湾村。

下岙 [Xià'ào]

村所在的小山岙，地形较低，故名下岙。聚落呈点状。民国属澧浦乡。解放后属浬浦乡。1950年5月从浬浦乡分设三岩乡，属三岩乡。1958年冬属三岩管理区。1961年10月属三岩公社龙坑大队。1984年属三岩乡小湾村。1992年5月属浬浦镇小湾村。2013年11月属浦坝港镇小湾村。

岩岙村 [Yán'ào Cūn]

由岩头、大岙2个自然村组成，行政村取岩、岙两字得名。建于1984年，2个村民小组，231户，730人。行政区域面积0.92平方公里，其中耕地面积36.87公顷，林地面积49.33公顷。集体经济总收入

6.38 万元，固定资产合计 47 万元。

大岙 [Dà'ào]

村民委员会驻地。位于浦坝港镇政府驻地西偏北 7.6 公里。地处虎头山西麓，东邻龙坑村，西毗新塘村，南与小湾村接壤。地势东高西低，聚落呈点、块状混合分布，属平原地区。

清属临海县承恩乡十九都，后改属承恩乡黄荆坛庄。民国属澧浦乡。解放后属浬浦乡。1950 年 5 月从浬浦乡分设三岩乡，属三岩乡。1954 年冬成立大岙初级社，1956 年并入龙坑高级社，同年 2 月属浬浦乡。1957 年 10 月重归三岩乡。1958 年 11 月属三岩管理区。1961 年 10 月属三岩公社龙坑大队。1984 年从龙坑村分设，称岩岙村民委员会，属三岩乡。1992 年 5 月撤区扩镇并乡时，撤销三岩乡，改属浬浦镇岩岙村。2013 年 11 月属浦坝港镇岩岙村。

岩头 [Yántóu]

村以旁边的一块大岩头得名。聚落为点、块状混合分布。民国属澧浦乡。解放后属浬浦乡。1950 年 5 月从浬浦乡分设三岩乡，属三岩乡。1958 年冬属三岩管理区。1962 年属三岩公社龙坑大队。1984 年属三岩乡岩岙村。1992 年 5 月属浬浦镇岩岙村。2013 年 11 月属浦坝港镇岩岙村。

渔西村 [Yúxī Cūn]

以村民委员会驻地渔西得名。建于 1984 年，辖渔西 1 个自然村，8 个村民小组，420 户，1419 人。行政区域面积 3.2 平方公里，其中耕地面积 57.53 公顷，林地面积 165.33 公顷。集体经济总收入 72.13 万元，固定资产合计 196.14 万元。

渔西 [Yúxī]

位于浦坝港镇政府驻地北 8.2 公里。地处西山南麓，东至虎门孔，西南至里宅村，东南毗小钳后，西与里宅村北坑自然村隔山为邻。地势西北高东南低，聚落呈不规则的块状，属沿海平原地区。

古名渔溪，据传该溪盛产各种鱼类，故名渔溪，后演化为渔西。据当地宗谱记载，始祖为避黄巢之乱同姻亲程、林、王、方、刘诸姓自闽泛舟至牛头门临海山，忽风起，遂泊渔溪长江潭后的高坎下，始居高坎之上，故名坎头，因重名，更名渔西。清属临海县承恩乡二十都，后改属承恩乡渔西庄。民国属澧浦乡。1949 年 8 月属渔西乡。1955 年分别成立 5 个初级社，1957 年 5 个初级社合并转为渔西乡第一高级社。1958 年年底属渔西管理区。1961 年属渔西公社坎头大队（即后之渔西大队）。1984 年属渔西乡渔西村民委员会。1992 年 5 月撤区扩镇并乡时，撤销渔西乡，改属浬浦镇。2013 年 11 月属浦坝港镇。

武曲村 [Wǔqǔ Cūn]

以村民委员会驻地武曲得名。建于 1984 年，辖武曲、下洋山 2 个自然村，10 个村民小组，320 户，932 人。行政区域面积 2.41 平方公里，其中耕地面积 23.47 公顷，林地面积 153.33 公顷。集体经济总收入 190.13 万元，固定资产合计 267.17 万元。

武曲 [Wǔqǔ]

村民委员会驻地。位于浦坝港镇政府驻地北偏东 12.1 公里。地处下洋山西麓，东临东海，西毗洋市村廿四箩自然村，西南邻上洋村，西、北濒洋市涂。地势东北高西南低，为块、点状混合聚落，属半山区。

查当地宗谱，唐朝末年，蔡远溪自福建迁居大井头，为武曲蔡氏始迁祖。据传，祖先以卖武弹唱为业，故将住地定名武曲。又因住处下方是平垟，后又叫下洋，沿用至今。因重名，1982 年恢复原名武曲。据清光绪《宁海县志》卷三载，武曲，清属宁海县西洞庄。民国属蛟龙乡。解放后属渔西乡。1955 年成立下洋初级社，1958 年春转为高级社，同年属渔西管理区。1962 年 10 月属渔西公社下洋大队（即后之武曲大队）。1984 年属渔西乡武曲村民委员会。1992 年 5 月撤区扩镇并乡时，撤销渔西乡，改属浬浦镇武曲村。2013 年 11 月属浦坝港镇武曲村。

下洋山 [Xiàyángshān]

位于下洋（即武曲）村东面的山上，故名下洋山。聚落呈点状。民国属蛟龙乡。解放后属渔西乡。1956年加入下洋初级社。1958年冬属渔西管理区。1962年属渔西公社下洋大队（即后之武曲大队）。1984年属渔西乡武曲村。1992年5月属浬浦镇武曲村。2013年11月属浦坝港镇武曲村。

上洋村 [Shàngyáng Cūn]

以村民委员会驻地上洋得名。建于1984年，辖上洋1个自然村，6个村民小组，162户，513人。行政区域面积1.82平方公里，其中耕地面积10.33公顷，林地面积116公顷。集体经济总收入41.33万元，固定资产合计132.48万元。

上洋 [Shàngyáng]

位于浦坝港镇政府驻地北偏东11.6公里。地处大基岩头山东侧，东南毗草头村，东北邻武曲村，北至洋市湾。地势南向北倾斜，块状聚落，属半山区。

据当地宗谱载，清嘉庆年间（1796—1820年）祖先在此选择一块临垟高地建造房子，故村名上垟，后演化为上洋。查《武曲蔡氏宗谱》，唐末，蔡远溪自福建迁居大井头，为武曲蔡氏始迁祖。明代中叶，蔡氏第二十三世孙蔡贵堂(1429—1485年)居上洋，为上洋村蔡氏始祖。民国属蛟龙乡。1949年8月属渔西乡。1956年成立上洋初级社，1958年春转为高级社，同年11月属渔西管理区。1962年10月属渔西公社上洋大队。l984年属渔西乡上洋村民委员会。1992年5月撤区扩镇并乡时，撤销渔西乡，改属浬浦镇。2013年11月属浦坝港镇。

草头村 [Cǎotóu Cūn]

以村民委员会驻地草头得名。建于1984年，辖草头1个自然村，5个村民小组，165户，546人。行政区域面积1.85平方公里，其中耕地面积5.4公顷，林地面积136.67公顷。集体经济总收入75.7万元，固定资产合计201.55万元。

草头 [Cǎotóu]

位于浦坝港镇政府驻地北偏东11公里。地处东山南麓，东濒渔西涂，南靠五指山，西北毗上洋村。地势西高东低，为复合式聚落，属平原地区。早年这里杂草丛生，祖先迁入定居时，取名草头。清属宁海县南乡西洞庄。民国属蛟龙乡。1949年8月属渔西乡。1956年成立初级社，1958年春与木杓初级社合办草头高级社，同年冬属渔西管理区。1962年与木杓村分设，属渔西公社草头大队。1984年属渔西乡草头村民委员会。1992年5月撤区扩镇并乡时，撤销渔西乡，改属浬浦镇。2013年11月属浦坝港镇。

木杓村 [Mùsháo Cūn]

以村民委员会驻地木杓得名。建于1984年，辖木杓1个自然村，3个村民小组，78户，242人。行政区域面积1.85平方公里，其中耕地面积3.93公顷，林地面积33.33公顷。集体经济总收入16.03万元，固定资产合计211.85万元。

木杓 [Mùsháo]

位于浦坝港镇政府驻地北偏东10.5公里。地处炮台山东北麓，木杓山嘴西部，东濒渔西涂，西北与草头村为邻。地势北高南低，块状聚落，属半山区。

因山形似木杓，村以所在山得名。清属临海县承恩乡二十都，后改属承恩乡渔西庄。民国属蛟龙乡。1949年8月属渔西乡。1956年成立木杓初级社，1958年春与草头初级社合并转为草头高级社，同年冬属渔西管理区。1962年与草头分设，属渔西公社木杓大队。1984年属渔西乡木杓村民委员会。1992年5月撤区扩镇并乡时，撤销渔西乡，改属浬浦镇。2013年11月属浦坝港镇。

前山村［Qiánshān Cūn］

以村民委员会驻地前山得名。建于1984年，辖前山、李家2个自然村，17个村民小组，540户，1763人。行政区域面积5.1平方公里，其中耕地面积59.73公顷，林地面积433.33公顷。集体经济总收入94.83万元，固定资产合计304.78万元。

前山［Qiánshān］

村民委员会驻地。位于浦坝港镇政府驻地北10公里。地处欹人头山东北麓，东至草头村，西隔山与田岙村为邻，南毗贺家村。地势西北高东南低，聚落为不规则块状，属半山区。

因村前有座高山，称前山，村以山名。据《台临陈氏宗谱》记载：明成化年间（1465—1487年），小岭下陈氏第十世陈季华因执教于渔溪李家，遂卜居前山，为前山陈氏始祖。清属临海县承恩乡二十都，后改属承恩乡渔西庄。民国属澧浦乡。1949年8月属渔西乡。1956年成立前山初级社，1958年春与李家初级社合并转为前山高级社，同年冬属渔西管理区。1962年10月属渔西公社前山大队。1984年属渔西乡前山村民委员会。1992年5月撤区扩镇并乡时，撤销渔西乡，改属浬浦镇前山村。2013年11月属浦坝港镇前山村。

李家［Lǐjiā］

村因李姓居住，取名李家。块状聚落，略呈三角形。据民国《临海县志》卷四载，李家，清属临海县承恩乡二十都，后改属承恩乡渔西庄。民国属澧浦乡。1949年8月属渔西乡。1956年成立李家初级社，1958年春并入前山高级社，同年冬属渔西管理区。1962年属渔西公社前山大队。1984年属渔西乡前山村。1992年5月属浬浦镇前山村。2013年11月属浦坝港镇前山村。

贺家村［Hèjiā Cūn］

以村民委员会驻地贺家得名。建于1984年，辖贺家、戴家2个自然村，4个村民小组，145户，481人。行政区域面积1.44平方公里，其中耕地面积19.4公顷，林地面积82.67公顷。集体经济总收入26.56万元，固定资产合计72.19万元。

贺家［Hèjiā］

村民委员会驻地，位于浦坝港镇政府驻地北9.3公里。地处欹人头山东南麓，东至金岙村，西靠白岩山，西南毗渔西村，北邻前山村。地势由北向南倾斜，块状聚落，属平原地区。

贺姓始居于此，故称贺家，后贺姓乏嗣，今皆陈姓。明弘治年间（1488—1505年）陈象临自前山村迁入，为贺家陈氏始祖。清代地属临海县渔西庄。民国属澧浦乡。1949年8月属渔西乡。1956年成立贺家初级社，1958年春与戴家合并转为贺家高级社，同年冬属渔西管理区。1962年11月属渔西公社贺家大队。1984年属渔西乡贺家村民委员会。1992年5月撤区扩镇并乡时，撤销渔西乡，改属浬浦镇贺家村。2013年11月属浦坝港镇贺家村。

戴家［Dàijiā］

村民多姓戴，故称戴家。块状聚落，略呈品字形。据民国《临海县志》卷四载，戴家，清属临海县承思乡二十都，后改属承恩乡渔西庄。民国属澧浦乡。1949年8月属渔西乡。1956年成立戴家初级社，1958年春并入贺家高级社，同年冬属渔西管理区。1962年属渔西公社贺家大队。1984年属渔西乡贺家村。1992年5月属浬浦镇贺家村。2013年11月属浦坝港镇贺家村。

金岙村［Jīn'ào Cūn］

以村民委员会驻地金岙得名。建于1984年，辖金岙、虎门孔2个自然村，3个村民小组，172户，530人。行政区域面积1.69平方公里，其中耕地面积19.73公顷，林地面积45.33公顷。集体经济总收入44.55万元，固定资产合计158.67万元。

金岙 [Jīn'ào]

村民委员会驻地。位于浦坝港镇政府驻地北偏东 9.2 公里。地处炮台山西南麓，东濒宫前湾，西毗贺家村，南至虎门孔塘，北邻草头村。地势北高南低，块状聚落，属半山区。

据当地宗谱载，祖先原住塴头村，后迁居到下方的山岙里，取名下岙。因重名，1982 年更名为金岙。清属临海县承恩乡二十都，后改属承恩乡渔西庄。民国属澧浦乡。1949 年 8 月属渔西乡。1955 年成立下岙初级社，1956 年转为高级社。1958 年冬属渔西管理区。1962 年与虎门孔共建下岙大队（即后之金岙大队），属渔西公社。1984 年属渔西乡金岙村民委员会。1992 年 5 月撤区扩镇并乡时，撤销渔西乡，改属浬浦镇金岙村。2013 年 11 月属浦坝港镇金岙村。

虎门孔 [Hǔménkǒng]

位于金岙村东南，炮台山南麓，两边高山耸峙，巍峨挺拔，相传古为山中老虎进出之门，为三门县东海边防要地。清代名火门孔。聚落为不规则的块状。据民国《临海县志》卷四载，火门孔，清属临海县承恩乡二十都，后改属承恩乡渔西庄。民国属澧浦乡。1949 年 8 月属渔西乡。1958 年冬属渔西管理区。1962 年属渔西公社下岙大队（即后之金岙大队）。1984 年属渔西乡金岙村。1992 年 5 月属浬浦镇金岙村。2013 年 11 月属浦坝港镇金岙村。

山上村 [Shānshàng Cūn]

以村民委员会驻地山上得名。建于 1984 年，辖山上 1 个自然村，7 个村民小组，172 户，604 人。行政区域面积 0.98 平方公里，其中耕地面积 13.93 公顷，林地面积 69.33 公顷。集体经济总收入 33.31 万元，固定资产合计 113.74 万元。

山上 [Shānshàng]

位于浦坝港镇政府驻地北偏西 7.7 公里。地处凤凰山东南麓，东北毗渔西村，东南邻里宅村，西南与山里村接壤。为不规则的块状聚落，属山区。清属临海县承恩乡二十都，后改属承恩乡渔西庄。民国属澧浦乡。1949 年 8 月属渔西乡。1955 年 8 月成立山上初级社，1956 年 8 月转为高级社。1958 年冬属渔西管理区。1962 年 10 月属渔西公社山上大队。1984 年属渔西乡山上村民委员会。1992 年 5 月撤区扩镇并乡时，撤销渔西乡，改属浬浦镇。2013 年 11 月属浦坝港镇。

山里村 [Shānlǐ Cūn]

以村民委员会驻地山里得名。建于 1984 年，辖山里 1 个自然村，14 个村民小组，157 户，533 人。行政区域面积 2.35 平方公里，其中耕地面积 24.33 公顷，林地面积 201.33 公顷。集体经济总收入 17.53 万元，固定资产合计 167.97 万元。

山里 [Shānlǐ]

位于浦坝港镇政府驻地北偏西 7.6 公里。地处尖峰山东麓，东至里宅村，东北毗山上村，西至官地岗，南至门前山，北至后门山。地势西北高东南低。

因村地处三面环山的山岙里，故名山里。据《渔溪程氏宗谱》记载，渔溪程氏五世孙程克备，北宋时迁居山里，为山里程氏始迁祖。清属临海县承恩乡二十都，后改属承恩乡渔西庄。民国属澧浦乡。1949 年 8 月属渔西乡。1955 年 8 月成立山里初级社，1956 年 8 月转为高级社。1958 年冬属渔西管理区。1962 年 10 月属渔西公社山里大队。1984 年属渔西乡山里村民委员会。1992 年 5 月撤区扩镇并乡时，撤销渔西乡，改属浬浦镇。2013 年 11 月属浦坝港镇。

里宅村 [Lǐzhái Cūn]

以村民委员会驻地里宅得名。建于 1984 年，辖里宅、北坑 2 个自然村，14 个村民小组，479 户，1538 人。行政区域面积 8.14 平方公里，其中耕地面积 59.8 公顷，林地面积 686.67 公顷。集体经济总收入

83.95万元，固定资产合计350.82万元。

里宅 [Lǐzhái]

村民委员会驻地。位于浦坝港镇政府驻地北偏西7.4公里。地处仙人头山北麓，东毗从岙涂，东北与渔西村为邻，西毗山里村，西北近山上村。地势西南高东北低，聚落为不规则块状，属半山区。

因村宅建于小山弯里，故称里宅。据《渔溪程氏宗谱》记载，唐乾符年间(874~879年)程神保从福建北上，见渔西如世外桃源，遂泊舟登陆，定居坎头金宇山下，为渔溪程氏始祖。清属临海县承恩乡二十都，后改属承恩乡渔西庄。民国属澧浦乡。1949年8月属渔西乡。1955年8月成立里宅初级社，1956年8月转为高级社。1958年冬属渔西管理区。1962年10月属渔西公社里宅大队。1984年属渔西乡里宅村。1992年5月撤区扩镇并乡时，撤销渔西乡，改属浬浦镇里宅村。2013年11月属浦坝港镇里宅村。

北坑 [Běikēng]

因村北有一山坑，故村名北坑。聚落呈点状。据民国《临海县志》卷四载，北坑，清属临海县承恩乡二十都，后改属承恩乡渔西庄。民国属澧浦乡。1949年8月属渔西乡。1958年冬属渔西管理区。1962年属渔西公社里宅大队。1984年属渔西乡里宅村。1992年5月属浬浦镇里宅村。2013年11月属浦坝港镇里宅村。

小雄村 [Xiǎoxióng Cūn]

以村民委员会驻地小雄得名。建于1984年，辖小雄、路下2个自然村，19个村民小组，559户，1694人。行政区域面积1.81平方公里，其中耕地面积30.67公顷，林地面积48.6公顷。集体经济总收入102.27万元，固定资产合计919.48万元。

小雄 [Xiǎoxióng]

村民委员会驻地。位于浦坝港镇政府驻地西南9.1公里。地处石门水库东南侧，乌平山西北，东邻坑林村，西毗南岙陈村，东南界五支岙村，北近毛洋村。

据民国《临海县志》载，在花桥镇东南十八里，有一大雄山。以村居大雄山之东，称小雄。据传，清咸丰年间(1851—1861年)曾作文立碑于当街为证。清属临海县保乐乡二十二都，后改属保乐乡小雄庄。民国及解放后均属小雄乡。1955年成立小雄初级社，1956年与路下、南岙2个初级社合并转为小雄高级社。1958年冬与毛洋、坑林2个高级社合并成立小雄生产队，属小雄管理区。1961年10月毛洋、坑林、南岙划出，与路下联合组成小雄大队，属小雄公社。1984年属小雄乡小雄村民委员会。1987年10月撤乡建镇，属小雄镇小雄村。2013年11月属浦坝港镇小雄村。

1986年8月15日台州地区行署批准小雄村为抗日战争革命根据地村。

路下 [Lùxià]

位于大路下方而得名。聚落为块、点状混合分布。据民国《临海县志》卷四载，路下，清属临海县保乐乡二十二都，后改属保乐乡小雄庄。民国属小雄乡。解放后属小雄乡。1954年成立郑成园初级社，1956年与小雄初级社合并转为小雄高级社。1961年属小雄公社小雄大队。1984年属小雄乡小雄村。1987年10月属小雄镇小雄村。2013年11月属浦坝港镇小雄村。

浦坝村 [Pǔbà Cūn]

以村民委员会驻地浦坝得名。建于1984年，辖浦坝1个自然村，4个村民小组，473户，1380人。行政区域面积3.54平方公里，其中耕地面积22.2公顷，林地面积82.67公顷。集体经济总收入83.12万元，固定资产合计354.33万元。

浦坝 [Pǔbà]

位于浦坝港镇政府驻地西南8.8公里。地处白岩头山北麓，东至毛洋岭头，西邻蜍下村，北至浦坝港。为不规则块状聚落，属滨海地区。

据当地宗谱记载，祖先柯氏从吴都中宅迁居大坑里，后转迁于此。因地处浦坝港南岸，村以港得名。清名铺坝。清属临海县承恩乡二十一都，后改属承恩乡吴都庄。民国属山场乡。解放后属小雄乡。1955年成立浦坝初级社，1956年转为高级社。1958年冬属小雄管理区浦坝生产队。1961年属小雄公社浦坝大队。1984年属小雄乡浦坝村民委员会。1987年10月撤乡建镇，属小雄镇。2013年11月属浦坝港镇。

庙屿村 [Miàoyǔ Cūn]

原以桥头片村名命名。据民国《临海县志》卷四载，桥头，清属临海县保乐乡二十二都，后改属保乐乡小雄庄。因重名，1982年以片村所在地的庙屿山，更名为庙屿。建于1984年，辖朱家、方家、张家3个自然村，14个村民小组，484户，1425人。行政区域面积2.68平方公里，其中耕地面积38.2公顷，林地面积188.73公顷。集体经济总收入24.38万元，固定资产合计243.68万元。

朱家 [Zhūjiā]

村民委员会驻地。位于浦坝港镇政府驻地西南11.3公里。地处开口岩山北麓，东北邻石门村，西至岙底大岭头，东南靠石佛山。

村以朱姓居住，故名。清属临海县保乐乡二十二都，后改属保乐乡小雄庄。民国及解放后均属小雄乡。1955年成立朱家初级社，1956年与方家、张家、石门合并成立桥头高级社。1958年石门村划出，余下3村组成桥头生产队，属小雄管理区。1961年属小雄公社桥头大队。1982年因重名，更名为庙屿大队。1984年属小雄乡庙屿村民委员会。1987年10月撤乡建镇，属小雄镇庙屿村。2013年11月属浦坝港镇庙屿村。

方家 [Fāngjiā]

村以方姓居住，取名方家。块状聚落，呈长方形。民国属山场乡。解放后属小雄乡。1955年成立方家初级社，1956年并入桥头高级社。1961年属小雄公社桥头大队，即后之庙屿大队。1984年属小雄乡庙屿村。1987年10月属小雄镇庙屿村。2013年11月属浦坝港镇庙屿村。

张家 [Zhāngjiā]

村为张姓居住，取名张家。聚落呈点状。民国属山场乡。解放后属小雄乡。1955年成立张家初级社，1956年并入桥头高级社。1961年属小雄公社桥头大队，即后之庙屿大队。1984年属小雄乡庙屿村。1987年10月属小雄镇庙屿村。2013年11月属浦坝港镇庙屿村。

石门村 [Shímén Cūn]

以村民委员会驻地石门得名。建于1984年，辖石门1个自然村，4个村民小组，181户，514人。行政区域面积1.19平方公里，其中耕地面积13.47公顷，林地面积83.4公顷。集体经济总收入8.36万元，固定资产合计66.94万元。

石门 [Shímén]

位于浦坝港镇政府驻地西南9.9公里。地处山头山东南麓，东临石门水库，西南毗庙峙村，南界南岙陈村，西北与蜍下村接壤。为不规则块状聚落，属半山区。因村后山有两座石峰，喻为石门，故名。清属临海县保乐乡二十二都，后改属保乐乡小雄庄。民国及解放后均属小雄乡。1955年成立石门初级社，1956年并入桥头高级社。1958年冬从桥头分出，自建石门生产队，属小雄管理区。1961年10月属小雄公社石门大队。1984年属小雄乡石门村民委员会。1987年10月撤乡建镇，属小雄镇。2013年11月属浦坝港镇。

毛洋村 [Máoyáng Cūn]

系上毛洋、下毛洋两个自然村合称而得名。建于1984年，辖上毛洋、下毛洋2个自然村，7个村民小组，281户，818人。行政区域面积1.04平方公里，其中耕地面积18.33公顷，林地面积67.8公顷。集体经济总收入114.06万元，固定资产合计243.27万元。

上毛洋 [Shàngmáoyáng]

村民委员会驻地。位于浦坝港镇政府驻地西南8.9公里。地处白岩头山东南麓，东至毛洋岭头，东南邻下毛洋自然村，西濒石门水库，南接小雄村。块状聚落，属半山区。

清属临海县保乐乡二十二都，后改属保乐乡小雄庄。民国及解放后均属小雄乡。1955年成立上毛洋初级社，1956年与下毛洋合并转为毛洋高级社。1958年冬与坑林、南岙、小雄合建小雄生产队，属小雄管理区。1961年10月由小雄划出，与下毛洋合建毛洋大队，属小雄公社。1984年属小雄乡毛洋村民委员会。1987年10月撤乡建镇，属小雄镇毛洋村。2013年11月属浦坝港镇毛洋村。

下毛洋 [Xiàmáoyáng]

因地形比上毛洋村稍低，故名下毛洋。聚落为不规则块状。清名毛洋。据民国《临海县志》卷四载，毛洋，清属临海县保乐乡二十二都，后改属保乐乡小雄庄。民国属小雄乡。解放后属小雄乡。1955年成立下毛洋初级社，1956年与上毛洋合办毛洋高级社。1961年属小雄公社毛洋大队。1984年属小雄乡毛洋村。1987年10月属小雄镇毛洋村。2013年11月属浦坝港镇毛洋村。

高湖村 [Gāohú Cūn]

以村民委员会驻地高湖得名。建于1984年，辖高湖1个自然村，4个村民小组，154户，555人。行政区域面积1.48平方公里，其中耕地面积13.07公顷，林地面积91公顷。集体经济总收入38.53万元，固定资产合计175.04万元。

高湖 [Gāohú]

位于浦坝港镇政府驻地西南7.2公里。地处炮台山西麓，北濒浦坝港，南毗东岙村。为不规则点、块状聚落，属沿海平原地区。清代名蛟湖，后演变为高湖。清属临海县保乐乡二十二都，后改属保乐乡小雄庄。民国及解放初均属小雄乡。1955年成立高湖初级社。1958年冬与东岙合建高东生产队，属小雄管理区。1961年10月建高东大队，属小雄公社。1984年各自分设，称高湖村民委员会，属小雄乡。1987年10月撤乡建镇，属小雄镇。2013年11月属浦坝港镇。

东湾村 [Dōngwān Cūn]

由东岙、下湾2个自然村组成，取东、湾两字而得名。建于1984年，辖5个村民小组，109户，373人。行政区域面积0.67平方公里，其中耕地面积13.07公顷，林地面积33.67公顷。集体经济总收入6.79万元，固定资产合计46.55万元。

东岙 [Dōng'ào]

村民委员会驻地。位于浦坝港镇政府驻地西南7.7公里。地处三角山西北麓，西毗毛洋村，东南邻坑林村，北接高湖村。为块状聚落，属沿海平原地区。清属临海县保乐乡二十二都，后改属保乐乡小雄庄。民国及解放初均属小雄乡。1955年成立东岙初级社。1956年转为高级社。1958年冬与高湖、下湾2村合建高东生产队，属小雄管理区。1961年10月改称高东大队，属小雄公社。1984年高湖村分设，与下湾村合称东湾村民委员会，属小雄乡。1987年10月撤乡建镇，属小雄镇东湾村。2013年11月属浦坝港镇东湾村。

下湾 [Xiàwān]

块状聚落，呈长方形。据民国《临海县志》卷四载，下湾，清属临海县保乐乡二十二都，后改属保乐乡小雄庄。民国属小雄乡。解放后属小雄乡。1961年属小雄公社高东大队。1984年与东岙共属小雄乡东湾村。1987年10月属小雄镇东湾村。2013年11月属浦坝港镇东湾村。

南岙陈村 [Nán'àochén Cūn]

以村民委员会驻地南岙陈得名。建于 1984 年，辖南岙陈 1 个自然村，8 个村民小组，213 户，748 人。行政区域面积 0.97 平方公里，其中耕地面积 25.67 公顷，林地面积 10.87 公顷。集体经济总收入 8.8 万元，固定资产合计 139.02 万元。

南岙陈 [Nán'àochén]

位于浦坝港镇政府驻地西南 9.5 公里。地处狮子头山南麓山岙里，东邻小雄村，西毗庙峙村，南与金家岙村接壤，北濒石门水库。块状聚落，属半山区。

村居白岩头山南面的山岙里，故名南岙。因重名，1982 年以村民多姓陈，更名为南岙陈。清属临海县保乐乡二十二都，后改属保乐乡小雄庄。民国及解放后均属小雄乡。1955 年成立南岙初级社，1956 年并入小雄高级社。1958 年冬属小雄管理区小雄生产队。1961 年 10 月从小雄村分设，建南岙大队（即后之南岙陈大队），属小雄公社。1984 年称南岙陈村民委员会，属小雄乡。1987 年 10 月撤乡建镇，属小雄镇。2013 年属浦坝港镇。

坑林村 [Kēnglín Cūn]

以村民委员会驻地坑林得名。建于 1984 年，辖坑林 1 个自然村，8 个村民小组，245 户，800 人。行政区域面积 1.14 平方公里，其中耕地面积 26.73 公顷，林地面积 80 公顷。集体经济总收入 9.85 万元，固定资产合计 52.83 万元。

坑林 [Kēnglín]

位于浦坝港镇政府驻地西南 8.2 公里。地处双凤山南麓，东北邻东岙村，西毗小雄村，南界五支岙村，西北近毛洋村。块状聚落，属半山区。从前村东的山坑边上茂林修竹，郁郁葱葱，景色幽雅异常，祖先定居后，即取名坑林。清属临海县保乐乡二十二都，后改属保乐乡小雄庄。民国及解放初均属小雄乡。1955 年成立坑林初级社，1956 年转为高级社。1958 年冬与毛洋、南岙、小雄合并建立小雄生产队，属小雄管理区。1961 年 10 月各村分设，建坑林大队，属小雄公社。1984 年称坑林村民委员会，属小雄乡。1987 年 10 月撤乡建镇，属小雄镇。2013 年 11 月属浦坝港镇。

五支岙村 [Wǔzhī'ào Cūn]

以村民委员会驻地五支岙得名。建于 1984 年，辖五支岙 1 个自然村，11 个村民小组，475 户，1431 人。行政区域面积 1.64 平方公里，其中耕地面积 44.93 公顷，林地面积 90.37 公顷。集体经济总收入 9.93 万元，固定资产合计 292.99 万元。

五支岙 [Wǔzhī'ào]

位于浦坝港镇政府驻地西南 8.8 公里。地处乌平山西南麓，东北邻桃峙村，西南至黄（金坦）四（岔）公路，西北接小雄村，北毗坑林村。为不规则块状聚落，属平原地区。

此山里原有五头狮子，称“五狮岙”，后演化为五支岙。清属临海县保乐乡二十二都，后改属保乐乡泗淋庄。民国及解放初均属小雄乡。1955 年成立孔兵、锦标、义华 3 个初级社，1956 年合并转为高级社。1958 年冬属小雄管理区。1961 年 10 月建五支岙大队，属小雄乡。1984 年属小雄乡五支岙村民委员会。1987 年 10 月撤乡建镇，属小雄镇。2013 年 11 月属浦坝港镇。

金家岙村 [Jīnjiā'ào Cūn]

以村民委员会驻地金家岙得名。建于 1984 年，辖金家岙 1 个自然村，8 个村民小组，262 户，958 人。行政区域面积 0.76 平方公里，其中耕地面积 24.93 公顷，林地面积 45.6 公顷。集体经济总收入 22.55 万元，固定资产合计 151.94 万元。

金家岙［Jīnjiā'ào］

位于浦坝港镇政府驻地西南10.2公里。地处石佛山东南麓，东邻长田村，南毗张司岙村，西南与王沙村接壤。块状聚落，属半山区。

村后山状如镜架，故名镜架岙，后演称金家岙。清属临海县保乐乡二十二都，后改属保乐乡张司岙庄。民国及解放初均属小雄乡。1955年成立金家岙初级社。1956年与长田初级社合并转为金家岙高级社。1958年11月建金家岙生产队，属小雄管理区。1961年10月与长田村分设，改称金家岙大队，属小雄公社。1984年属小雄乡金家岙村民委员会。1987年10月撤乡建镇，属小雄镇。2013年11月属浦坝港镇。

长田村［Chángtián Cūn］

以村民委员会驻地长田得名。建于1984年，辖长田、吴形2个自然村，4个村民小组，163户，545人。行政区域面积1.05平方公里，其中耕地面积16.73公顷，林地面积45.07公顷。集体经济总收入7.02万元，固定资产合计69.64万元。

长田［Chángtián］

村民委员会驻地。位于浦坝港镇政府驻地西南9.9公里。地处南山北侧，东北邻五支岙村，西南毗张司岙村，西接金家岙村，北与小雄村接壤。聚落呈点状分布，属平原地区。

村处于两山之间一片长形的田畈中，故名。清属临海县保乐乡二十二都，后改属保乐乡小雄庄。民国及解放初均属小雄乡。1955年成立长田初级社。1956年与金家岙合办金家岙高级社。1958年冬建金家岙生产队，属小雄管理区。1961年10月从金家岙分出，与吴形村合建长田大队，属小雄乡。1984年属小雄乡长田村民委员会。1987年10月撤乡建镇，属小雄镇长田村。2013年11月属浦坝港镇长田村。

吴形［Wúxíng］

据宗谱记载，此地原是鱼池，故村称鱼营，后因谐音演变为吴形。聚落呈点状。民国属小雄乡。解放后属小雄乡。1961年属小雄公社长田大队。1984年属小雄乡长田村。1987年10月属小雄镇长田村。2013年11月属浦坝港镇长田村。

王沙村［Wángshā Cūn］

以村民委员会驻地王沙得名。建于1984年，辖王沙1个自然村，6个村民小组，142户，434人。行政区域面积0.96平方公里，其中耕地面积20.33公顷，林地面积59.13公顷。集体经济总收入3.61万元，固定资产合计53.17万元。

王沙［Wángshā］

位于浦坝港镇政府驻地西南11.5公里。地处石佛山南麓，东邻张司岙村，西南毗梅岙村，南接官塘村。为点状聚落，属半山区。

村以“王沙庵”山得名。清代名黄沙，属临海县保乐乡二十二都，后改属保乐乡梅岙庄。民国及解放初均属山场乡。1955年成立王沙第一、二2个初级社，1956年合并转为王沙高级社。1958年冬与官塘初级社合并建官塘生产队，属小雄管理区。1961年10月与官塘村分设，改称王沙大队，属小雄公社。1984年属小雄乡王沙村民委员会。1987年10月撤乡建镇，属小雄镇。2013年11月属浦坝港镇。

张司岙村［Zhāngsī'ào Cūn］

以村民委员会驻地张司岙得名。建于1984年，辖张司岙、花堂2个自然村，9个村民小组，224户，670人。行政区域面积1.32平方公里，其中耕地面积35.07公顷，林地面积58公顷。集体经济总收入8.77万元，固定资产合计88.51万元。

张司岙［Zhāngsī'ào］

村民委员会驻地。位于浦坝港镇政府驻地西南10.8公里。地处马鞍山南麓山岙里，东邻洋底村，西毗王沙村，北与金家岙村接壤。点状聚落，属平原地区。

古代有张、司两姓迁居此岙，故名张司岙。清属临海县保乐乡二十二都，后改属保乐乡张司岙庄。民国及解放后均属小雄乡。1955年成立福能、仁和2个初级社，1956年转为张司岙高级社。1958年冬建张司岙生产队，属小雄管理区。1961年10月改称张司岙大队，属小雄公社。1984年属小雄乡张司岙村民委员会。1987年10月撤乡建镇，属小雄镇张司岙村。2013年11月属浦坝港镇张司岙村。

花堂 [Huātáng]

古名化塘。聚落呈点状。据民国《临海县志》卷四载，化塘，清属临海县保乐乡二十二都，后改属保乐乡张司岙庄。民国及解放后属小雄乡。1961年属小雄公社张司岙大队。1984年属小雄乡张司岙村。1987年10月属小雄镇张司岙村。2013年11月属浦坝港镇张司岙村。

官塘村 [Guāntáng Cūn]

以村民委员会驻地官塘得名。建于1984年，辖官塘1个自然村，8个村民小组，275户，880人。行政区域面积2.15平方公里，其中耕地面积56公顷，林地面积103.47公顷。集体经济总收入14.72万元，固定资产合计55.77万元。

官塘 [Guāntáng]

位于浦坝港镇政府驻地西南12.4公里。地处西园山东麓，山场溪下游北侧，东北邻张司岙村，西北毗梅岙村，南至黄（金坦）四（岔）公路，北与王沙村接壤。块状聚落，属平原地区。

此地原是海涂，约在五百多年前，有一官吏出资围塘，取名官塘。清属临海县保乐乡二十二都，后改属保乐乡梅岙庄。民国及解放初均属山场乡。1955年成立玉桥、锡崇2个初级社，1956年合并转为官塘高级社。1958年11月与王沙共建官塘生产队，属小雄管理区。1961年10月与王沙分设，改称官塘大队，属小雄公社。1984年属小雄乡官塘村民委员会。1987年10月撤乡建镇，属小雄镇。2013年11月属浦坝港镇。

蜍下村 [Chúxià Cūn]

以村民委员会驻地蜍下得名。建于1983年，辖蜍下、麻岙、前山、上严4个自然村，27个村民小组，836户，2401人。行政区域面积5.24平方公里，其中耕地面积62.93公顷，林地面积333.53公顷。集体经济总收入75.3万元，固定资产合计177.92万元。

蜍下 [Chúxià]

村民委员会驻地。位于浦坝港镇政府驻地西南11.2公里。地处蛤蟆山东麓，东邻浦坝村，南接上严自然村，西毗茗岙村，北濒下栏塘。

据当地《陈氏宗谱》载："原夫蟾为月宫神物，而山亦以蟾名者，以形取。"村居山之下，取名蟾蜍下，后易名蜍下。清属临海县承恩乡二十一都，后改属保乐乡吴都庄。民国属山场乡。解放初属小雄乡。1950年属吴都乡。1955年分别成立2个初级社，1956年与上严初级社合建为蜍下高级社。1958年冬与麻岙、前山共建蜍下生产队，属小雄管理区。1961年10月改称蜍下大队，属吴都公社。1983年9月属吴都乡蜍下村民委员会。1992年5月撤区扩镇并乡时，撤销吴都乡，改属花桥镇蜍下村。1996年8月16日划归小雄镇管辖。2013年11月属浦坝港镇蜍下村。

麻岙 [Má'ào]

聚落呈点状。据民国《临海县志》卷四载，麻岙，清属临海县承恩乡二十一都，后改属承恩乡吴都庄。民国属山场乡。解放初属小雄乡。1950年属吴都乡。1958年冬属小雄管理区蜍下生产队。1961年属吴都公社蜍下大队。1983年属吴都乡蜍下村。1992年5月属花桥镇蜍下村。1996年8月16日属小雄镇蜍下村。2013年11月属浦坝港镇蜍下村。

前山 [Qiánshān]

以其地处蜍下村前面的山脚下，取名前山。村落呈方形。民国属山场乡。解放初属小雄乡。1950 年属吴都乡。1958 年冬属小雄管理区蜍下生产队。1961 年属吴都公社蜍下大队。1983 年属吴都乡蜍下村。1992 年 5 月属花桥镇蜍下村。1996 年 8 月 16 日属小雄镇蜍下村。2013 年 11 月属浦坝港镇蜍下村。

上严 [Shàngyán]

村处蜍下村上方，村民姓严，故名上严。村落呈方形。古名上岩。据民国《临海县志》卷四载，上岩，清属临海县承恩乡二十一都，后改属承恩乡吴都庄。民国属山场乡。解放初属山场乡。1950 年属吴都乡。1955 年成立上严初级社，1956 年并入蜍下高级社。1961 年属吴都公社蜍下大队。1983 年属吴都乡蜍下村。1992 年 5 月属花桥镇蜍下村。1996 年 8 月 16 日属小雄镇蜍下村。2013 年 11 月属浦坝港镇蜍下村。

山场村 [Shānchǎng Cūn]

以村民委员会驻地山场得名。建于 1983 年，辖山场 1 个自然村，22 个村民小组，555 户，1652 人。行政区域面积 2.24 平方公里，其中耕地面积 39.93 公顷，林地面积 177.73 公顷。集体经济总收入 24.12 万元，固定资产合计 187.14 万元。

山场 [Shānchǎng]

位于浦坝港镇政府驻地西南 14.9 公里。地处犁头山西侧，东邻滩头村，西毗西岑村，南至涧大岙，北与五小柱村姑嫂臼自然村接壤。聚落为不规则块状，属河谷平地。

据山场《柯氏宗谱》记载，唐朝柯氏始祖柯仁权由福建莆田迁住来此，见该地虽僻处海隅，但层峦葱翠上出云霄，两水双环，中间平坦，故取名山场。清属临海县承恩乡二十一都，后改属保乐乡山场庄。民国及解放初均属山场乡。1955 年成立士英、甫利 2 个初级社，1957 年转为山场高级社。1958 年冬建山场生产队，属山场管理区。1961 年 10 月改称山场大队，属山场公社。1983 年 9 月称山场村民委员会，属山场乡。1992 年 5 月撤区扩镇并乡时，撤销山场乡，改属小雄镇。2013 年 11 月属浦坝港镇。

麻车坑村 [Máchēkēng Cūn]

以所在地麻车坑得名。早年该山坑边曾设有一台榨油麻车，麻车坑之名即由此而来。建于 1983 年，辖金家山、界岸、瓦坦、下塘屋 4 个自然村，10 个村民小组，202 户，697 人。行政区域面积 1.81 平方公里，其中耕地面积 25.6 公顷，林地面积 148.93 公顷。集体经济总收入 5.92 万元，固定资产合计 205.51 万元。

金家山 [Jīnjiāshān]

村民委员会驻地。位于浦坝港镇政府驻地西南 17.2 公。地处长大山南麓，东靠上董后门山，西南邻麻车坑。聚落成长方形，属半山区。

早年有一户姓金的祖先住在该山上，取名金家山。清代地属临海县山场庄。民国及解放后属山场乡。1955 年成立金家山初级社，1956 年与下塘屋初级社合并转为麻车坑高级社。1958 年冬又与上董、后林 2 个初级社合并组成上董生产队，属山场管理区。1962 年上董、后林划出，该村与界岸、瓦坦、下塘屋村共属山场乡麻车坑大队。1983 年 9 月称麻车坑村民委员会，属山场乡。1992 年 5 月撤区扩镇并乡时，撤销山场乡，改属小雄镇麻车坑村。2013 年 11 月属浦坝港镇麻车坑村。

界岸 [Jiè'àn]

因与金家山自然村隔坑相对，取名隔岸，后演称界岸。聚落呈点状。清代地属临海县山场庄。民国及解放后属山场乡。1962 年属山场公社麻车坑大队。1983 年属山场乡麻车坑村。1992 年 5 月属小雄镇麻车坑村。2013 年 11 月属浦坝港镇麻车坑村。

瓦坦 [Wǎtǎn]

古时村民曾在此建窑烧过砖瓦，故名瓦坦。聚落呈点状。清代地属临海县山场庄。民国及解放后属山场乡。1962 年属山场公社麻车坑大队。1983 年属山场乡麻车坑村。1992 年 5 月属小雄镇麻车坑村。

2013年11月属浦坝港镇麻车坑村。

下塘屋 [Xiàtángwū]

房屋建在金家山自然村东南，地形较低，称下塘屋。块状聚落，呈长方形。清代地属临海县山场庄。民国及解放后属山场乡。1955年成立下塘屋初级社，1956年与金家山初级社合并转为麻车坑高级社。1962年属山场公社麻车坑大队。1983年属山场乡麻车坑村。1992年5月属小雄镇麻车坑村。2013年11月属浦坝港镇麻车坑村。

上董村 [Shàngdǒng Cūn]

以村民委员会驻地上董得名。建于1983年，辖上董1个自然村，14个村民小组，292户，1017人。行政区域面积1.61平方公里，其中耕地面积18.33公顷，林地面积110.93公顷。集体经济总收入15.22万元，固定资产合计53.57万元。

上董 [Shàngdǒng]

位于浦坝港镇政府驻地西南16.9公里。地处长大山之南偏东，东邻茂林村，西毗麻车坑村，南接胡家峙村。块状聚落，属半山区。

台州府石窦村有董姓兄弟3人，一人迁住杜下桥，两人迁住此地。因地形较高，且姓董，取名上董。清属临海县承恩乡二十一都，后改属承恩乡山场庄。民国及解放初均属山场乡。1955年成立胜利、和平、建设3个初级社，1956年合并成立上董高级社。1958年冬与麻车坑、后林2个高级社合并组成上董生产队，属山场管理区。1961年10月改称上董大队，属山场公社。1983年9月称上董村民委员会，属山场乡。1992年5月撤区扩镇并乡时，撤销山场乡，改属小雄镇。2013年11月属浦坝港镇。

五小柱村 [Wǔxiǎozhù Cūn]

五小柱，片村名，系姑嫂臼、塘边、外坦、后塘、大岙5个自然村的总称。因由五个自然村组成，群众喻为五支屋柱，故名。建于1983年，辖18个村民小组，564户，1727人。行政区域面积3.64平方公里，其中耕地面积41.4公顷，林地面积271.87公顷。集体经济总收入6.38万元，固定资产合计68.08万元。

姑嫂臼 [Gūsǎojiù]

村民委员会驻地。位于浦坝港镇政府驻地西南14.8公里。地处田岙山东南麓，东邻岙底方村，西南毗茂林村，南与山场村接壤。块状聚落，属半山区。

姑嫂臼，清属临海县承恩乡二十一都，后改属承恩乡山场庄。民国及解放初均属山场乡。1956年成立姑嫂臼初级社，1958年与塘边、外坦、后塘、大岙合办高级社，同年冬改称五小柱生产队，属山场管理区。1961年改称五小柱大队，属山场公社。1967年改名联盟大队，因重名，1982年恢复原名。1983年称五小柱村民委员会，属山场乡。1992年5月撤区扩镇并乡时，撤销山场乡，改属小雄镇五小柱村。2013年11月属浦坝港镇五小柱村。

塘边 [Tángbiān]

位于祠堂旁边，取名堂边，后演化为塘边。聚落呈不规则的块状。据民国《临海县志》卷四载，塘边，清属临海县承恩乡二十一都，后改属承恩乡山场庄。民国及解放后属山场乡。1956年成立塘边初级社，1958年与姑嫂臼、外坦、后塘、大岙合办高级社，同年冬改称五小柱生产队，属山场管理区。1962年属山场公社五小柱（曾用名联盟）大队。1983年属山场乡五小柱村。1992年5月属小雄镇五小柱村。2013年11月属浦坝港镇五小柱村。

外坦 [Wàitǎn]

村处祠堂外边的荒坦，取名外坦。聚落为块、点状混合分布。据民国《临海县志》卷四载，外坦，清属临海县承恩乡二十一都，后改属承恩乡山场庄。民国及解放后属山场乡。1956年成立外坦初级社，

1958年与姑嫂臼、塘边、后塘、大岙合办高级社，同年冬改称五小柱生产队，属山场管理区。1962年属山场公社五小柱（曾用名联盟）大队。1983年属山场乡五小柱村。1992年5月属小雄镇五小柱村。2013年11月属浦坝港镇五小柱村。

后塘 [Hòutáng]

以村地处祠堂后面而得名，后演化为后塘。块状聚落，呈长方形。据民国《临海县志》卷四载，后塘，清属临海县承恩乡二十一都，后改属承恩乡山场庄。民国及解放后属山场乡。1956年成立后塘初级社，1958年与姑嫂臼、塘边、外坦、大岙合办高级社，同年冬改称五小柱生产队，属山场管理区。1962年属山场公社五小柱（曾用名联盟）大队。1983年属山场乡五小柱村。1992年5月属小雄镇五小柱村。2013年11月属浦坝港镇五小柱村。

大岙 [Dà'ào]

以其地处后塘村北面的大山岙中，故取名大岙。块状聚落，呈长方形。据民国《临海县志》卷四载，大岙，清属临海县承恩乡二十一都，后改属承恩乡山场庄。民国及解放后属山场乡。1956年成立大岙初级社，1958年与姑嫂臼、塘边、外坦、后塘合办高级社，同年冬改称五小柱生产队，属山场管理区。1962年属山场公社五小柱（曾用名联盟）大队。1983年属山场乡五小柱村。1992年5月属小雄镇五小柱村。2013年11月属浦坝港镇五小柱村。

岙底方村 [Àodǐfāng Cūn]

以村民委员会驻地岙底方得名。建于1983年，辖岙底方1个自然村，14个村民小组，362户，1149人。行政区域面积1.89平方公里，其中耕地面积25.84公顷，林地面积104公顷。集体经济总收入7.93万元，固定资产合计4.89万元。

岙底方 [Àodǐfāng]

位于浦坝港镇政府驻地西南14.2公里。地处岩头山西麓山岙里，东南与梅岙村接壤，西南毗山场村，南邻滩头村，北界李岙村。聚落呈半圆形，属半山区。

位于山岙里，又靠山脚，故名岙底。因重名，鉴于村民皆姓方，1982年更名为岙底方。清属临海县保乐乡二十二都，后改属保乐乡梅岙庄。民国及解放初均属山场乡。1955年成立匡有初级社，1957年又成立匡贝初级社，1958年春2个初级社合并转为岙底高级社。1958年冬建岙底生产队，属山场管理区。1961年10月改称岙底大队，即后之岙底方大队，属山场公社。1983年9月称岙底方村民委员会，属山场乡。1992年5月撤区扩镇并乡时，撤销山场乡，改属小雄镇。2013年11月属浦坝港镇。

茂林村 [Màolín Cūn]

以村民委员会驻地茂林得名。建于1983年，辖茂林1个自然村，9个村民小组，242户，809人。行政区域面积1.46平方公里，其中耕地面积17.33公顷，林地面积118.13公顷。集体经济总收入5.05万元，固定资产合计66.16万元。

茂林 [Màolín]

位于浦坝港镇政府驻地西南16.4公里。地处田岙山西南麓，东邻山场村，西毗上董村，南近西岑村。块状聚落，属半山区。

以村处山后，村民大都姓林，取名后林。因重名，1982年更名为茂林，含有树茂林深，风景幽雅之意。清属临海县承恩乡二十一都，后改属承恩乡山场庄。民国及解放初均属山场乡。1955年成立后林初级社，1956年转为高级社。1958年11月与上董、麻车坑合组上董生产队，属山场管理区。1961年10月各自分设，该村自建后林大队，即后之茂林大队，属山场公社。1983年9月称茂林村民委员会，属山场乡。1992年5月撤区扩镇并乡时，撤销山场乡，改属小雄镇。2013年11月属浦坝港镇。

西岑村 [Xīcén Cūn]

以村民委员会驻地西岑得名。建于1983年，辖西岑、林家岙、东岙3个自然村，22个村民小组，666户，2020人。行政区域面积2.69平方公里，其中耕地面积49.27公顷，林地面积147.33公顷。集体经济总收入5.71万元，固定资产合计281.86万元。

西岑 [Xīcén]

村民委员会驻地。位于浦坝港镇政府驻地西南16.5公里。地处马鞍山东北麓，东邻山场村，西南毗塔坑村，西接上董村，北界茂林村。聚落为不规则块状，属半山区。

据《辞海》释，岑，小而高的山口。西岑村，因位于一座海拔60多米小山西面而得名。清属临海县承恩乡二十一都，后改属承恩乡山场庄。民国及解放初均属山场乡。1955年成立来镯、林家岙、小满、小能、来坤、小形、老三7个初级社，1956年合并成立西岑、东岙2个高级社。1958年冬西岑、东岙、林家岙合并组成西岑生产队，属山场管理区。1961年10月改称西岑大队，属山场公社。1983年9月称西岑村民委员会，属山场乡。1992年5月撤区扩镇并乡时，撤销山场乡，改属小雄镇西岑村。2013年11月属浦坝港镇西岑村。

林家岙 [Línjiā'ào]

位于小山岙中，林姓居住，故名林家岙。块状聚落，略似长方形。据民国《临海县志》卷四载，林家岙，清属临海县承恩乡二十一都，后改属承恩乡山场庄。民国及解放后属山场乡。1955年成立林家岙初级社，1958年冬与西岑、东岙合并，属山场管理区西岑生产队。1962年属山场公社西岑大队。1983年属山场乡西岑村。1992年5月属小雄镇西岑村。2013年11月属浦坝港镇西岑村。

东岙 [Dōng'ào]

位于西岑村东边的山岙里，故名东岙。块状聚落，略似吕字形。据民国《临海县志》卷四载，东岙，清属临海县承恩乡二十一都，后改属承恩乡山场庄。民国及解放后属山场乡。1955年先后成立小满、小能、来坤、小形、老三5个初级社，1956年合并转为东岙高级社。1958年冬并入西岑村，组成西岑生产队，属山场管理区。1962年属山场公社西岑大队。1983年属山场乡西岑村。1992年5月属小雄镇西岑村。2013年11月属浦坝港镇西岑村。

埠头村 [Bùtóu Cūn]

以村民委员会驻地埠头得名。建于1983年，辖埠头1个自然村，6个村民小组，206户，759人。行政区域面积1.6平方公里，其中耕地面积19.53公顷，林地面积134.2公顷。集体经济总收入1.86万元，固定资产合计132.33万元。

埠头 [Bùtóu]

位于浦坝港镇政府驻地西南13.7公里。东邻梅岙村，西与岙底方村岩头谢自然村相接，南毗南山村。聚落为不规则块状，属平原地区。

早年这里南面是海，船只进出均在此停靠，故名埠头。清属临海县保乐乡二十二都，后改属保乐乡梅岙庄。民国及解放后均属山场乡。1953年4月由山场乡划出，属梅岙乡。1955年成立埠头初级社，1956年2月回属山场乡。1958年春转为高级社，同年冬建埠头生产队，属山场管理区。1961年10月改称埠头大队，属山场公社。1983年称埠头村民委员会，属山场乡。1992年5月撤区扩镇并乡时，撤销山场乡，改属小雄镇。2013年11月属浦坝港镇。

梅岙村 [Méi'ào Cūn]

以村民委员会驻地梅岙得名。建于1983年，辖梅岙、王沙堂、前山、下岙4个自然村，18个村民小组，629户，2016人。行政区域面积2.9平方公里，其中耕地面积82.8公顷，林地面积19.2公顷。集体经济总收入0.01万元，固定资产合计117.58万元。

梅岙 [Méi'ào]

村民委员会驻地。位于浦坝港镇政府驻地西南 12.5 公里。地处开口岩山西南麓，东邻官塘岩嘴，西毗埠头村，南至黄（金坦）四（岔）公路，北至石佛山。块状聚落，属平原地区。

据当地《翟氏宗谱》载：宋朝翟氏，从临海章安迁居此岙，因岙里有五座小山，好似梅花，取名梅岙。清属临海县保乐乡二十二都，后改属保乐乡梅岙庄。民国及解放后均属山场乡。1950 年属梅岙乡。1955 年成立法能、力车、长达、万利、礼金 5 个初级社，1956 年合并转为梅岙高级社，回属山场乡。1958 年冬建梅岙生产队，属山场管理区。1961 年 10 月改称梅岙大队，属山场公社。1983 年 9 月称梅岙村民委员会，属山场乡。1992 年 5 月撤区扩镇并乡时，撤销山场乡，改属小雄镇梅岙村。2013 年 11 月属浦坝港镇梅岙村。

王沙堂 [Wángshātáng]

村旁有取之不尽的黄沙资源，故名黄沙塘，后演化为王沙堂，又名王沙。据民国《临海县志》卷四载，王沙，清属临海县保乐乡二十二都，后改属保乐乡梅岙庄。民国及解放后属山场乡。1950 年属梅岙乡。1956 年属山场乡。1958 年冬属山场管理区。1962 年属山场公社梅岙大队。1983 年属山场乡梅岙村。1992 年 5 月属小雄镇梅岙村。2013 年 11 月属浦坝港镇梅岙村。

前山 [Qiánshān]

位于梅岙前面山麓，故名。聚落呈点状。民国及解放后属山场乡。1950 年属梅岙乡。1956 年属山场乡。1958 年冬属山场管理区。1962 年属山场公社梅岙大队。1983 年属山场乡梅岙村。1992 年 5 月属小雄镇梅岙村。2013 年 11 月属浦坝港镇梅岙村。

下岙 [Xià'ào]

位于梅岙的下方，故名下岙。聚落为块、点状混合分布。民国及解放后属山场乡。1950 年属梅岙乡。1956 年属山场乡。1958 年冬属山场管理区。1962 年属山场公社梅岙大队。1983 年属山场乡梅岙村。1992 年 5 月属小雄镇梅岙村。2013 年 11 月属浦坝港镇梅岙村。

塔坑村 [Tǎkēng Cūn]

以村民委员会驻地塔坑得名。建于 1983 年，辖塔坑、金家、隔溪 3 个自然村，19 个村民小组，491 户，1601 人。行政区域面积 2.54 平方公里，其中耕地面积 21.07 公顷，林地面积 179.33 公顷。集体经济总收入 12.89 万元，固定资产合计 98.43 万元。

塔坑 [Tǎkēng]

村民委员会驻地。位于浦坝港镇政府驻地西南 17.7 公里。地处尖山头东麓，南界临海市，北毗胡家峙村。块状聚落，属半山区。

村南有一条坑，坑中有个自然土墩，上尖下大，形状像塔，故名塔坑。清属临海县承恩乡二十一都，后改属承恩乡山场庄。民国及解放初均属山场乡。1955 年成立分传、文端初级社，1956 年合并转为塔坑高级社。1958 年冬与胡家峙、横祠堂合并组成塔坑生产队，属山场管理区。1961 年 10 月改称塔坑大队，属山场公社。1983 年 9 月称塔坑村民委员会，属山场乡。1990 年 12 月胡家峙、横祠堂 2 村分设。1992 年 5 月撤区扩镇并乡时，撤销山场乡，改属小雄镇塔坑村。2013 年 11 月属浦坝港镇塔坑村。

金家 [Jīnjiā]

村以金姓居住，取名金家。块状聚落，呈吕字形。民国及解放后属山场乡。1958 年冬属山场管理区塔坑生产队。1962 年属山场公社塔坑大队。1983 年属山场乡塔坑村。1992 年 5 月属小雄镇塔坑村。2013 年 11 月属浦坝港镇塔坑村。

隔溪 [Géxī]

因村与金家隔溪相对而得名。块状聚落，略呈长方形。民国及解放后属山场乡。1955 年成立分传初级社，1956 年并入塔坑高级社。1958 年冬属山场管理区塔坑生产队。1962 年属山场公社塔坑大队。1983

年属山场乡塔坑村。1992 年 5 月属小雄镇塔坑村。2013 年 11 月属浦坝港镇塔坑村。

胡家峙村 [Hújiāzhì Cūn]

以村民委员会驻地胡家峙得名。建于 1990 年，辖胡家峙、横祠堂 2 个自然村，3 个村民小组，141 户，492 人。行政区域面积 1.25 平方公里，其中耕地面积 20.47 公顷，林地面积 83.53 公顷。集体经济总收入 9.22 万元，固定资产合计 20.30 万元。

胡家峙 [Hújiāzhì]

村民委员会驻地。位于浦坝港镇政府驻地西南 17.2 公里。地处马鞍山北侧，东邻西岑村，南毗塔坑村，北近上董村。

始祖胡天期，祖籍陕西临潼，避唐乱迁入，居住在峙山旁，故名胡家峙。民国及解放初属山场乡。1955 年成立胡家峙、横祠堂 2 个初级社，1956 年转为胡家峙高级社。1958 年冬并入塔坑生产队，属山场管理区。1961 年 10 月改称塔坑大队，属山场公社。1983 年 9 月称塔坑村民委员会，属山场乡。1990 年 12 月与塔坑村分设，改称胡家峙村民委员会，属山场乡。1992 年 5 月撤区扩镇并乡时，撤销山场乡，改属小雄镇胡家峙村。2013 年 11 月属浦坝港镇胡家峙村。

横祠堂 [Héngcítáng]

该地原有一座黄氏祠堂，村亦名黄祠堂，后演称横祠堂。块状聚落，呈长方形。民国及解放后属山场乡。1955 年成立横祠堂初级社，1956 年并入胡家峙高级社。1958 年冬并入塔坑生产队，属山场管理区。1962 年属山场公社塔坑大队。1983 年属山场乡塔坑村。1990 年 12 月属山场乡胡家峙村民委员会。1992 年 5 月属小雄镇胡家峙村。2013 年 11 月属浦坝港镇胡家峙村。

滩头村 [Tāntóu Cūn]

以村民委员会驻地滩头得名。建于 1983 年，辖滩头、中保、岩头谢 3 个自然村，8 个村民小组，254 户，839 人。行政区域面积 1.3 平方公里，其中耕地面积 33 公顷，林地面积 92.27 公顷。集体经济总收入 6.37 万元，固定资产合计 0.24 万元。

滩头 [Tāntóu]

村民委员会驻地。位于浦坝港镇政府驻地西南 14.6 公里。地处滩头山北麓，东邻南山村，南至滩头山，西北毗山场村，北与岙底方村接壤。聚落为不规则块状，属平原地区。

此处原是一片海滩，因村位于滩的上部边缘，故名滩头。清属临海县保乐乡二十二都，后改属保乐乡梅岙庄。民国及解放初均属山场乡。1955—1956 年先后成立石加如、老富、谢式桥初级社，1957 年与中保、岩头谢、南山 3 个初级社合建南山高级社。1958 年冬建南山生产队，属山场管理区。1961 年 10 月从南山分出，与中保、岩头谢村合建滩头大队，属山场公社。1983 年 11 月称滩头村民委员会，属山场乡。1992 年 5 月撤区扩镇并乡时，撤销山场乡，改属小雄镇滩头村。2013 年 11 月属浦坝港镇滩头村。

中保 [Zhōngbǎo]

当地一些信佛的人，在村中造过一座老爷殿，称中保殿，村亦以殿名取名中保。聚落呈点状。据民国《临海县志》卷四载，中保，清属临海县保乐乡二十二都，后改属保乐乡梅岙庄。民国及解放后属山场乡。1956 年成立滩头老富初级社，1957 年加入南山高级社。1958 年冬属山场管理区南山生产队。1962 年与南山分设，属山场公社滩头大队。1983 年属山场乡滩头村。1992 年 5 月属小雄镇滩头村。2013 年 11 月属浦坝港镇滩头村。

岩头谢 [Yántóuxiè]

位于巨岩边，村民多姓谢，取名岩头谢。聚落呈不规则的块状。清名岩头。据民国《临海县志》卷四载，岩头，清属临海县保乐乡二十二都，后改属保乐乡梅岙庄。民国及解放后属山场乡。1955 年成立谢式桥初级社，1957年与滩头、中保一起加入南山高级社。1958年冬属山场管理区南山生产队。1962年与南山分设，属山场公社滩头大队。1983年属山场乡滩头村。1992年5月属小雄镇滩头村。2013年11月属浦坝港镇滩头村。

南山村［Nánshān Cūn］

以村民委员会驻地南山得名。建于1983年，辖南山、上大桥、下大桥3个自然村，9个村民小组，206户，757人。行政区域面积1.81平方公里，其中耕地面积22.73公顷，林地面积123.87公顷。集体经济总收入5.4万元，固定资产合计28.58万元。

南山［Nánshān］

村民委员会驻地。位于浦坝港镇政府驻地西南14.4公里。地处华柱山头山北麓，东连上大桥自然村，西邻滩头村，南至临海市，北毗埠头村。聚落为不规则块状，属平原地区。

古代，先祖由埠头迁住南山脚下，取名南山。清属临海县保乐乡二十二都，后改属保乐乡梅岙庄。民国及解放后均属山场乡。1956年分别成立玉标、缪老横、缪逢来初级社，1957年3个初级社又与滩头、中保、岩头谢合并转为南山高级社。1958年冬建南山生产队，属山场管理区。1961年10月滩头、中保、岩头谢三村分出，该村与上、下大桥村合建南山大队，属山场公社。1983年称南山村民委员会，属山场乡。1992年5月撤区扩镇并乡时，撤销山场乡，改属小雄镇南山村。2013年11月属浦坝港镇南山村。

上大桥［Shàngdàqiáo］

村旁有座大桥，该村地处大桥上首，故名上大桥。聚落为不规则的块状。清名大桥。据民国《临海县志》卷四载，大桥，清属临海县保乐乡二十二都，后改属保乐乡梅岙庄。民国及解放后属山场乡。1956年成立缪老横初级社，1957年与南山、下大桥、滩头等初级社合并成立南山高级社。1958年冬属山场管理区南山生产队。1962年属山场公社南山大队。1983年属山场乡南山村。1992年5月属小雄镇南山村。2013年11月属浦坝港镇南山村。

下大桥［Xiàdàqiáo］

位于大桥下方，故名下大桥。为不规则的块状聚落。清代名大桥，据民国《临海县志》卷四载，大桥，清属临海县保乐乡二十二都，后改属保乐乡梅岙庄。民国及解放后属山场乡。1956年成立缪逢来初级社，1957年与南山、上大桥、滩头等初级社合并成立南山高级社。1958年冬属山场管理区南山生产队。1962年属山场公社南山大队。1983年属山场乡南山村。1992年5月属小雄镇南山村。2013年11月属浦坝港镇南山村。

泗淋村［Sìlín Cūn］

以村民委员会驻地泗淋得名。建于1984年，辖泗淋1个自然村，42个村民小组，874户，2772人。行政区域面积4.29平方公里，其中耕地面积210.73公顷，林地面积197.8公顷。集体经济总收入580.2万元，固定资产合计160.7万元。

泗淋［Sìlín］

位于浦坝港镇政府驻地西南8.4公里。东北毗鹤井村，东南邻泗淋塘、蒲岙村，西连庄王村，北近长浦庄村。块状聚落，属滨海平原地区。

据当地《林氏宗谱》记载，唐代福州教谕林相庆，在黄巢起义时，航海迁至塘岭居住，三代后继迁到此。因其地环山带海，泗水淋漓，有东山水之溉，取名泗淋。民国属小雄乡。解放初属泗淋乡。1955年成立泗淋初级社，1956年转为高级社。1958年冬属泗淋管理区泗淋生产队。1961年属泗淋公社泗淋大队。1984年属泗淋乡泗淋村民委员会。2013年11月属浦坝港镇。

1985年6月29日三门县人民政府批准为抗日战争老革命根据地村。

桃岭村 [Táozhì Cūn]

以村民委员会驻地桃峙得名。建于1984年，辖桃峙、大泥湾2个自然村，19个村民小组，550户，2088人。行政区域面积3.72平方公里，其中耕地面积122.33公顷，林地面积34.33公顷。集体经济总收入624.55万元，固定资产合计63.99万元。

桃峙 [Táozhì]

村民委员会驻地。位于浦坝港镇政府驻地西南6.9公里。地处炮台山之南，东临桃峙塘，东南邻长浦庄村，西南毗下畔村。地势西向东倾斜，块状聚落，属沿海平地。

唐末黄巢起义时，福建人迁此定居。村以桃峙岭命名。清属临海县保乐乡二十二都，后改属保乐乡泗淋庄。民国及解放初属小雄乡。1950年8月属泗淋乡。1955年成立桃峙上、中、下3个初级社，1956年合并转为桃峙高级社，属泗淋乡。1958年冬与大泥湾联合成立桃峙生产队，属泗淋管理区。1961年10月称桃峙大队，属泗淋公社。1984年称桃峙村民委员会，属泗淋乡桃峙村。2013年11月属浦坝港镇桃峙村。

大泥湾 [Dàníwān]

位子浦坝港边较大的山弯中，多淤泥，故名大泥湾。聚落呈点状。民国属小雄乡。解放后属泗淋乡。1958年冬属泗淋管理区桃峙生产队。1961年属泗淋公社桃峙大队。1984年属泗淋乡桃峙村。2013年11月属浦坝港镇桃峙村。

长浦庄村 [Chángpǔzhuāng Cūn]

以村民委员会驻地长浦庄得名。建于1984年，辖长浦庄1个自然村，12个村民小组，477户，1421人。行政区域面积1.43平方公里，其中耕地面积25.93公顷，林地面积61.86公顷。集体经济总收入200.69万元，固定资产合计86.24万元。

长浦庄 [Chángpǔzhuāng]

位于浦坝港镇政府驻地西南7.9公里。地处桃峙岭南边山麓，东邻鹤井村，南毗泗淋村，北与下畔村接壤。块状聚落，属沿海平地。

村庄沿河旁而建，聚落呈长条状，故名长浦庄。古名谢浦庄（始由谢姓人居住）。清属临海县保乐乡二十二都，后改属保乐乡泗淋庄。民国及解放初均属小雄乡。1950年8月属泗淋乡。1955年成立长浦庄初级社，1956年转为高级社，属泗淋乡。1958年冬与下畔村合建长浦庄生产队，属泗淋管理区。1961年10月称长浦庄大队，属泗淋公社。1984年与下畔村分设，称长浦庄村民委员会，属泗淋乡。2013年11月属浦坝港镇。

下畔村 [Xiàpàn Cūn]

以村民委员会驻地下畔得名。建于1984年，辖下畔1个自然村，2个村民小组，89户，270人。行政区域面积0.33平方公里，其中耕地面积13.8公顷，林地面积2公顷。集体经济总收入32.65万元，固定资产合计9.97万元。

下畔 [Xiàpàn]

位于浦坝港镇政府驻地西南8.2公里。地处乌平山东南麓，东南邻长浦庄村，西毗五支岙村，南与庄王村接壤。地势北高南低，不规则块状聚落，属沿海平地。

下畔，以村居地势较低的港畔而得名。清属临海县保乐乡二十二都，后改属保乐乡泗淋庄。民国及解放初均属小雄乡。1950年8月属泗淋乡。1958年冬与长浦庄共建长浦庄生产队，属泗淋管理区。1961年称长浦庄大队，属泗淋公社。1984年与长浦庄分设，称下畔村民委员会，属泗淋乡。2013年11月属浦坝港镇。

鹤井村 [Hèjǐng Cūn]

以村民委员会驻地鹤井得名。建于1984年，辖鹤井1个自然村，31个村民小组，706户，2260人。行政区域面积4.01平方公里，其中耕地面积110.2公顷，林地面积51.73公顷。集体经济总收入359.71万元，固定资产合计107.93万元。

鹤井 [Hèjǐng]

位于浦坝港镇政府驻地西南7.3公里。地处鹤井山南麓，东靠陈栋山，西邻长浦庄村，南毗泗淋塘村。地势平坦，块状聚落，属沿海平原地区。

据宗谱载，宋朝始祖从福建移居到此，以村旁的鹤山和鹤山南麓一古井，取名鹤井。清属临海县保乐乡二十二都，后改属保乐乡泗淋庄。民国及解放初均属小雄乡。1950年8月属泗淋乡。1955年成立鹤井初级社，1956年转为高级社，属泗淋乡。1958年冬称鹤井生产队，属泗淋管理区。1961年10月称鹤井大队，属泗淋公社。1984年称鹤井村民委员会，属泗淋乡。2013年11月属浦坝港镇。

山下村 [Shānxià Cūn]

以村民委员会驻地山下得名。建于1984年，辖山下1个自然村，2个村民小组，115户，325人。行政区域面积0.24平方公里，其中耕地面积14.47公顷，林地面积2.4公顷。集体经济总收入49.12万元，固定资产合计41.67万元。

山下 [Shānxià]

位于浦坝港镇政府驻地西南8.8公里。地处开口岩山北麓，东北邻泗淋村，西毗山头郭村，北与下港村接壤。地势平坦，块状聚落，属沿海平原地区。

唐代有户人家从临海迁此定居，因地处开口岩山北面山脚下，取名山下。清属临海县保乐乡泗淋庄。民国及解放初均属小雄乡。1950年8月属泗淋乡。1956年与下港初级社及庄王、山头郭等村合办六村高级社，属泗淋乡。1958年冬称六村生产队，属泗淋管理区。1961年10月称六村大队（即后之山王港大队），属泗淋公社。1984年与山头郭、庄王、下港诸村分设，称山下村民委员会，属泗淋乡。2013年11月属浦坝港镇。

庄王村 [Zhuāngwáng Cūn]

以村民委员会驻地庄王得名。建于1984年，辖庄王1个自然村，1个村民小组，94户，277人。行政区域面积0.29平方公里，其中耕地面积10.27公顷，林地面积1.13公顷。集体经济总收入14.38万元，固定资产合计11.2万元。

庄王 [Zhuāngwáng]

位于浦坝港镇政府驻地西南8.9公里。东邻泗淋村，南毗山头郭村，西南与洋底村接壤，北与下畔村为界。地势平坦，块状聚落，属沿海平原地区。

此地原是一坟庄，王姓居住，故名庄王。清属临海县保乐乡二十二都，后改属保乐乡泗淋庄。民国属小雄乡。解放初属小雄乡。1950年8月属泗淋乡。1956年与下港初级社、山下、山头郭等村合办六村高级社，属泗淋乡。1958年冬称六村生产队，属泗淋管理区。1961年称六村大队（即后之山王港大队），属泗淋公社。1984年各自分设，建庄王村民委员会，属泗淋乡。2013年11月属浦坝港镇。

下港村 [Xiàgǎng Cūn]

以村民委员会驻地下港得名。建于1984年，辖下港1个自然村，3个村民小组，126户，414人。行政区域面积0.33平方公里，其中耕地面积18.4公顷，林地面积1.27公顷。集体经济总收入8.28万元，固定资产合计109.65万元。

下港 [Xiàgǎng]

位于浦坝港镇政府驻地西南8.3公里。东邻长浦庄村，东南毗泗淋村，西南与山下村接壤。地势平坦，块状聚落，属沿海平原地区。

村东面原有一条小港，地形西高东低，村位港东，故称下港。古名后港。清属临海县保乐乡泗淋庄。民国及解放初均属小雄乡。1950年8月属泗淋乡。1955年成立下港初级社，1956年与下山、庄王等村联办六村高级社，属泗淋乡。1958年冬称六村生产队，属泗淋管理区。1961年称六村生产大队（即后之山王港大队），属泗淋公社。1984年各自分设，建下港村民委员会，属泗淋乡。2013年11月属浦坝港镇。

山头郭村 [Shāntóuguō Cūn]

以村民委员会驻地山头郭得名。建于1984年，辖山头郭1个自然村，4个村民小组，138户，420人。行政区域面积0.49平方公里，其中耕地面积20.27公顷，林地面积3.73公顷。集体经济总收入13.55万元，固定资产合计3.68万元。

山头郭 [Shāntóuguō]

位于浦坝港镇政府驻地西南8.7公里。东邻山下村，西北毗庄王村，西南界洋底村，北近下港村。地势平坦，块状聚落，属沿海平地。

因村位于海拔125米的山头，村民姓郭，故名山头郭。古名山头。因山头交通不便，给生活、生产等带来诸多困难，于1984年开始，村民陆续迁到山下黄（金坦）四（岔）公路两旁居住，但村名仍沿用旧名。清属临海县保乐乡二十二都，后改属保乐乡泗淋庄。民国及解放初均属小雄乡。1950年8月属泗淋乡。1956年与山下等村联办六村高级社，属泗淋乡。1958年冬称六村生产队，属泗淋管理区。1961年称六村大队（即后之山王港大队），属泗淋公社。1984年各自分设，建山头郭村民委员会，属泗淋乡。2013年11月属浦坝港镇。

下山村 [Xiàshān Cūn]

由上湾、下湾、外塘、下盘岭4个自然村组成。因上湾、下湾、外塘3村地处陈栋山南面山脚下，均属下山片村，村亦以此片村名命名。建于1984年，辖9个村民小组，218户，658人。行政区域面积1.67平方公里，其中耕地面积25.6公顷，林地面积28.67公顷。集体经济总收入49.12万元，固定资产合计41.67万元。

上湾 [Shàngwān]

村民委员会驻地。位于浦坝港镇政府驻地西南7.5公里。地处陈栋山南麓，东临洞港闸，西北邻鹤井村，西南毗泗淋塘村，南近外塘自然村。地势北高南低，点状聚落，属沿海平地。

村居地形较高的山弯中，故名上湾。清代属泗淋庄。民国及解放初均属小雄乡。1950年8月属泗淋乡。1955年与下湾、外塘、下盘岭村联合成立下山初级社，1956年转为高级社，属泗淋乡。1958年冬组成下山生产队，1959年并入泗淋塘生产队，属泗淋管理区。1961年从泗淋塘分出，与下湾、外塘、下盘岭共建下山大队，属泗淋公社。1984年称下山村民委员会，属泗淋乡。2013年11月属浦坝港镇下山村。

下湾 [Xiàwān]

村居山弯的下方，故名下湾。村落呈点状。民国属小雄乡。解放后属泗淋乡。1955年加入下山初级社。1961年属泗淋公社下山大队。1984年属泗淋乡下山村。2013年11月属浦坝港镇下山村。

外塘 [Wàitáng]

新围海塘，地处老塘之外，故名外塘。聚落呈点状。民国十八年（1929年）创住。1961年从泗淋塘分出，与下湾、上湾、下盘岭共建下山大队，属泗淋公社。1984年称下山村民委员会，属泗淋乡。2013年11月属浦坝港镇下山村。

下盘岭 [Xiàpánlǐng]

1961 年与下湾、外塘、上湾共建下山大队，属泗淋公社。1984 年属泗淋乡下山村。2013 年 11 月属浦坝港镇下山村。

洋底村 [Yángdǐ Cūn]

以村民委员会驻地洋底得名。建于 1984 年，辖洋底、东岭、山前塘 3 个自然村，12 个村民小组，394 户，1175 人。行政区域面积 1.54 平方公里，其中耕地面积 53.87 公顷，林地面积 5.93 公顷。集体经济总收入 42.7 万元，固定资产合计 31.84 万元。

洋底 [Yángdǐ]

村民委员会驻地。位于浦坝港镇政府驻地西南 10.2 公里。地处炮台山西北山谷中，东至下院岭头，西与张司岙村接壤，南毗上道头村。地势东向西倾斜，块状聚落，属沿海平地。

据说唐朝时，此地是一片海滩，因地势较低，定居后，取名洋底。清属临海县保乐乡二十二都，后改属保乐乡张司岙庄。民国及解放初均属小雄乡。1950 年 8 月属道头乡。1955 年成立朱桂满、陈文祥 2 个初级社，1956 年合并转为洋底高级社，属道头乡。1958 年冬与东岭、山前塘村共建洋底生产队，属道头管理区。1962 年称洋底大队，属泗淋乡。1984 年称洋底村民委员会，属泗淋乡。2013 年 11 月属浦坝港镇洋底村。

东岭 [Dōnglǐng]

村以东边的山岭“东岭”得名。古名东林。为点状聚落。据民国《临海县志》卷四载，东林，清属临海县保乐乡二十二都，后改属保乐乡张司岙庄。民国属小雄乡。解放后属泗淋乡。1958 年冬属道头管理区洋底生产队。1962 年属泗淋公社洋底大队。1984 年属泗淋乡洋底村。2013 年 11 月属浦坝港镇洋底村。

山前塘 [Shānqiántáng]

以开口岩山西面的山前塘得名。村落呈点状。民国属小雄乡。解放后属小雄乡。1958 年冬属道头管理区洋底生产队。1962 年属泗淋公社洋底大队。1984 年属泗淋乡洋底村。2013 年 11 月属浦坝港镇洋底村。

泗淋塘村 [Sìlíntáng Cūn]

以村民委员会驻地泗淋塘得名。建于 1984 年，辖泗淋塘 1 个自然村。13 个村民小组，375 户，1369 人。行政区域面积 1.68 平方公里，其中耕地面积 110.67 公顷，林地面积 44.67 公顷。集体经济总收入 64.98 万元，固定资产合计 183.48 万元。

泗淋塘 [Sìlíntáng]

位于浦坝港镇政府驻地西南 8.6 公里。地处开口岩山之东，东临洞港闸，南邻金家峙村，西北与泗淋村接壤。地势平坦，点状聚落，属沿海平原。

此处原系一片海涂，经泗淋人民围垦，移民定居后，取名泗淋塘村。民国及解放初均属小雄乡。1950 年 8 月属泗淋乡。1955 年成立黎明、金星、红星 3 个初级社。1956 年合并为泗淋塘高级社，属泗淋乡。1958 年称泗淋塘生产队，属泗淋管理区。1959 年下山生产队并入，仍称泗淋塘大队。1961 年与下山分设，称泗淋塘大队，属泗淋公社。1984 年称泗淋塘村民委员会，属泗淋乡。2013 年 11 月属浦坝港镇。

上道头村 [Shàngdàotóu Cūn]

以村民委员会驻地上道头得名。建于 1984 年，辖上道头 1 个自然村，22 个村民小组，426 户，1282 人。行政区域面积 1.52 平方公里，其中耕地面积 75.27 公顷，林地面积 7.93 公顷。集体经济总收入 41.07 万元，固定资产合计 35.48 万元。

上道头 [Shàngdàotóu]

位于浦坝港镇政府驻地西南 11 公里。地处炮台山之西谷口，东南邻下道头村，南为临海市界，西毗念寺塘村。地势东北向西南倾斜，块状聚落，属沿海平地。

此地原是搭船埠头，当地人惯称道头。因村处道头上方，故名。清属临海县保乐乡二十二都，后改属保乐乡张司岙庄。民国及解放初均属小雄乡。1950年8月属道头乡。1955年成立卢金才初级社，1956年又相继成立钟显金、王雨抬、奚拥友、郑明友等初级社，1957年合并转为上道头高级社，属道头乡。1958年冬与西庙、下院、九念、大塘、寺头洋共建上道头生产队，属道头管理区。1962年称上道头大队，属泗淋公社。1984年属泗淋乡上道头村。2013年11月属浦坝港镇。

西庙村 [Xīmiào Cūn]

以村民委员会驻地西庙得名。建于1986年，辖西庙1自然村，6个村民小组，93户，292人。行政区域面积0.34平方公里，其中耕地面积9.44公顷，林地面积22.47公顷。集体经济总收入5.76万元，固定资产合计18.66万元。

西庙 [Xīmiào]

位于浦坝港镇政府驻地西南10.6公里。地处炮台山西北山嘴南麓。东为山岙，东南邻上道头村，西与念寺塘村九念自然村隔山为邻，北至后门山为界。地势东北高，西南低。

村西边有一座古庙，故名西庙。清属临海县保乐乡二十二都。民国及解放初均属小雄乡。1950年属道头乡。1958年冬属道头管理区上道头生产队。1962年属泗淋公社上道头大队。1984年属泗淋乡上道头村。1986年从上道头村分出，建西庙村民委员会，属泗淋乡。2013年11月属浦坝港镇西庙村。

下院村 [Xiàyuàn Cūn]

以村民委员会驻地下院得名。建于1986年，辖下院1个自然村，8个村民小组，111户，416人。行政区域面积0.62平方公里，其中耕地面积20.93公顷，林地面积2.47公顷。集体经济总收入5.76万元，固定资产合计8.66万元。

下院 [Xiàyuàn]

位于浦坝港镇政府驻地西南9.9公里。地处开口岩山西南山谷平地，东邻蒲岙村，西至洋底岭头，西南毗上道头村，南靠炮台山，西北与洋底村接壤。地势西北高，东南低，块状聚落，属沿海平地。

古人把村边一座矮山喻为衙院，村居山下，取名下院。民国属小雄乡。1940年三门建县时属小雄乡。1950年8月属道头乡。1958年冬属道头管理区上道头生产队。1962年属泗淋公社上道头大队。1984年属泗淋乡上道头村。1986年从上道头村分设，建下院村民委员会，属泗淋乡。2013年11月属浦坝港镇。

念寺塘村 [Niànsìtáng Cūn]

取所辖九念、寺头洋、大塘3个自然村各一字为村名。建于1986年，辖8个村民小组，229户，562人。行政区域面积0.53平方公里，其中耕地面积27.33公顷，林地面积3.13公顷。集体经济总收入12.47万元，固定资产合计5.79万元。

大塘 [Dàtáng]

村民委员会驻地。位于浦坝港镇政府驻地西南11.3公里。地处积谷山东南矮山嘴西麓，东邻上道头村，西靠积谷山，南为临海界，北与洋底村接壤。地势平坦，块状聚落，属沿海平地。

古人以该海塘面积较大，称大塘，并以此名村。聚落呈点状。清属临海县保乐乡二十二都，后改属保乐乡张司岙庄。民国及解放初均属小雄乡。1950年8月属道头乡。1958年冬属道头管理区上道头生产队。1962年属泗淋公社上道头大队。1984年属泗淋乡上道头村。1986年从上道头村分出，与九念、寺头洋建念寺塘村民委员会，属泗淋乡。2013年11月属浦坝港镇念寺塘村。

九念 [Jiǔniàn]

古代该村的户口，在很长时期中，不超过十九户、廿（念）户，故就以“九念”名村，沿用至今。聚落呈点状。民国及解放初均属小雄乡。1950年属道头乡。1958年冬属道头管理区上道头生产队。1962年属泗淋公社上道头大队。1984年属泗淋乡上道头村。1986年从上道头村分出，与大塘、寺头洋建念寺塘村民委员会，属泗淋乡。2013年11月属浦坝港镇念寺塘村。

寺头洋 [Sìtóuyáng]

在矮山嘴头的寺庙边，有大片好田垟，称为寺头垟，并以此名村，后演化为寺头洋。聚落呈点状。据民国《临海县志》卷四载，寺头垟，清属临海县保乐乡二十二都，后改属保乐乡张司岙庄。民国及解放初均属小雄乡。1950年属道头乡。1958年冬属道头管理区上道头生产队。1962年属泗淋公社上道头大队。1984年属泗淋乡上道头村。1986年从上道头村分出，与大塘、九念建念寺塘村民委员会，属泗淋乡。2013年11月属浦坝港镇念寺塘村。

蒲岙村 [Pú'ào Cūn]

以村民委员会驻地蒲岙得名。建于1984年，辖蒲岙1个自然村，12个村民小组，226户，853人。行政区域面积1.75平方公里，其中耕地面积67.13公顷，林地面积4.87公顷，集体经济总收入7.09万元，固定资产合计58.02万元。

蒲岙 [Pú'ào]

位于浦坝港镇政府驻地南偏西9.7公里。地处炮台山东麓，东南邻金家峙村，西南与下道头村接壤，北毗泗淋村。地势平坦，点状聚落，属沿海平地。

村位于开口岩山东南麓。据宗谱记载，始祖原迁住在一个略呈黄色的土墩旁，取名黄墩。后以该岙原濒大海，古人曾在此设过船埠，改名埠岙，后又演变为蒲岙。清属临海县保乐乡二十二都，后改属保乐乡张司岙庄。民国及解放初均属小雄乡。1950年8月属泗淋乡。1955年成立毛迟朝初级社，1956年扩大转为蒲岙高级社，属泗淋乡。1958年冬称蒲岙生产队，属泗淋管理区。1961年称蒲岙大队，属泗淋公社。1984年称蒲岙村民委员会，属泗淋乡。2013年11月属浦坝港镇。

下道头村 [Xiàdàotóu Cūn]

以村民委员会驻地下道头得名。建于1984年，辖下道头、闸头、娘娘宫3个自然村，15个村民小组，340户，1230人。行政区域面积2.39平方公里，其中耕地面积79公顷，林地面积8.87公顷。集体经济总收入0.58万元，固定资产合计49.79万元。

下道头 [Xiàdàotóu]

村民委员会驻地。位于浦坝港镇政府驻地西南11.3公里。地处炮台山西南麓，东邻金家峙村，西北毗上道头村，南界临海市。地势自北向南倾斜，块状聚落，属沿海平地。

古代此地原是船泊停靠道头，因村居道头下方，故名下道头。下道头罗氏世祖罗德成（字大才）六世裔孙罗叔玉隐居临海杜渎，九世裔孙罗至之迁居北涧，后迁居下道头，为泗淋、沿赤罗氏始祖。清属临海县保乐乡二十二都，后改属保乐乡张司岙庄。民国及解放初均属小雄乡。1950年8月属道头乡。1955年成立罗计通、罗香云初级社，1956年合并转为下道头高级社，属道头乡。1958年冬与娘娘宫、闸头共建上道头生产队，属道头管理区。1962年称下道头大队，属泗淋公社。1984年称下道头村民委员会，属泗淋乡。2013年11月属浦坝港镇下道头村。

闸头 [Zhátóu]

以村处古闸旁而得名。聚落呈点状。据民国《临海县志》卷四载，闸头，清属临海县保乐乡二十二都，后改属保乐乡张司岙庄。民国及解放初均属小雄乡。1950年属道头乡。1958年冬属道头管理区下道头生产队。1962年属泗淋公社下道头大队。1984年属泗淋乡下道头村。2013年11月属浦坝港镇下道头村。

娘娘宫 [Niángniánggōng]

以村边的娘娘宫得名。聚落呈点状。据民国《临海县志》卷四载，娘娘宫，清属临海县保乐乡二十二都，后改属保乐乡张司岙庄。民国及解放初均属小雄乡。1950 年属道头乡。1958 年冬属道头管理区下道头生产队。1962 年属泗淋公社下道头大队。1984 年属泗淋乡下道头村。2013 年 11 月属浦坝港镇下道头村。

金家峙村 [Jīnjiāzhì Cūn]

以村民委员会驻地金家峙得名。建于 1984 年，辖金家峙 1 个自然村，10 个村民小组，218 户，801 人。行政区域面积 1.09 平方公里，其中耕地面积 54.47 公顷，林地面积 9.73 公顷。集体经济总收入 5.53 万元，固定资产合计 85.17 万元。

金家峙 [Jīnjiāzhì]

位于浦坝港镇政府驻地南偏西 9.6 公里。地处炮台山之东，丁公峙山（孤立小山）旁，东至洞港，西与下道头村接壤，西北邻蒲岙村，北毗泗淋塘村，南界临海市。地势平坦，点状聚落，属沿海平原地区。

据传，明朝中期，有几户金姓人，从临海中城迁此定居，以村前丁公峙山命名，后因金姓人居住，故称金家峙。民国及解放初均属小雄乡。1950 年 8 月属道头乡。1955 年成立吕中福、卢炳龙初级社，1956 年合并转为金家峙高级社，属道头乡。1958 年冬称金家峙生产队，属道头管理区。1962 年称金家峙大队，属泗淋公社。1984 年称金家峙村民委员会，属泗淋乡。2013 年 11 月属浦坝港镇。

第四节 住宅小区

黄金海岸小区 [Huángjīnhǎi'àn Xiǎoqū]

位于浦坝港镇海山村段塘地块。占地面积 0.97 万平方米，建筑面积 1.74 万平方米，绿地率 25%，共 5 幢，140 套住宅。因浦坝港镇位于浙江黄金海岸中段，故名。2012 年 3 月建成命名。

海棠锦苑 [Hǎitáng Jǐnyuán]

位于浦坝港镇沿海工业城沿浦路 29 号。占地面积 1.42 万平方米，建筑面积 1.41 万平方米，绿地率 30.1%。共有居住楼 13 幢，最高 5 层，81 套住宅。海棠花语美丽、温柔，寓意打造美丽的住宅小区，故名。2014 年 4 月建成命名。

怡景苑 [Yíjǐng Yuàn]

位于浦坝港镇沿海工业城金塘路 58 号，镇政府东。占地面积 2.84 万平方米，建筑面积 5.49 万平方米，绿地率 30.8%。共有居住楼 6 幢，187 套住宅。小区景致优美，可以陶冶情操，故名。2012 年 1 月建成命名。

滨海佳苑 [Bīnhǎi Jiāyuàn]

位于浦坝港镇沿海工业城沿浦路。占地面积 2 万平方米，建筑面积 3 万平方米，居住楼 11 幢，共 272 套住宅。由滨海工贸有限公司建设开发而得名。2007 年 2 月 28 日命名。

第十章 蛇蟠乡

第一节 概况

蛇蟠乡［Shépán Xiāng］

地理位置 位于北纬29°07′50″~29°10′31″，东经121°31′27″~121°40′18″之间，地处三门县东北部17.5公里，东滨蛇蟠洋，南与健跳镇隔海相望，西濒旗门港水道，北与宁海县一市镇相邻，南距陆地最近点健跳镇北塘约2.5公里。

政区概况 岛之东南名大蛇山，西为小蛇山，东西距3.4公里，悬为两岛。潮涨若离，潮退即连。1978年经人工围垦后合成一岛，合称蛇蟠岛，为台州市第一大岛。全乡面积43.43平方公里，其中陆地面积14.7平方公里，耕地面积0.36万亩，养殖水面1.83万亩，全长16.2公里的标准海塘坝和长12.6公里环岛公路建成后，岛上的安全保障和交通条件大为改善。自宋始，岛上因长期采石而留下姿态各异的1300多个奇异洞穴，故有"千洞岛"之称。岛上气候宜人，特别在盛夏季节，海风徐徐，凉气习习，俗尘尽消。自明清以来，即是旅游避暑胜地，在20世纪30年代曾是电影《渔光曲》外景拍摄地。蛇蟠岛以人工围垦的滩涂为主，地势较为平坦。山体较少，面积约占岛屿总面积的四分之一，其他多为耕地、养殖塘和滩涂。蛇蟠山为全岛最高峰，海拔98.7米。

蛇蟠自然条件优越，山海之利，盛产蛇蟠石，色泽棕红，宜雕琢。农业以水产养殖为主，养殖面积1.83万亩，浅海滩涂1.2万亩。主要水产品有蛏、蟹、蛤、小白虾等。先后荣获浙江对虾之乡、浙江省旅游强镇、浙江省生态乡镇等荣誉称号。蛇蟠乡人民政府驻渔光曲路170号。

政区沿革 清代属宁海县南乡葛岙庄。1940年三门建县前后属永丰乡。解放初仍属永丰乡。1950年8月属上敖乡。1952年2月由上敖乡分设蛇蟠乡。1956年2月并入蒲西乡。1958年11月称管理区。1961年建蛇蟠大队，属蒲西公社。1984年分设山前、山后、黄泥洞3村，属蒲西乡。1992年5月撤销蒲西乡，岛上原有山前、山后、黄泥洞3村及新建的邵亭、中南、彭坝3村，成立蛇蟠乡。

名称由来 鸟瞰全岛，状如大小两蛇蟠蛰，故名。清光绪《宁海县志》记载："蛇蟠山，在县东海中，四周皆水，相顾屈如两蛇，故名。"

气候灾害 全年气候温和，四季分明，雨量均匀，无霜期达280天。每年立春后雨量渐增，以春雨、台风雨降水为多。冬季和初春天气寒冷。

政区划分 辖山前、黄泥洞、山后、彭坝、邵亭、中南6个行政村，10个自然村。

人口状况 512户，1617人，其中男性824人。人口密度为每平方公里44.81人，自然增长率9.98‰。

社会经济 蛇蟠工业基础薄弱，主要工业企业以水产育苗和冷冻加工为主。2016年财政总收入373万元，其中地方财政收入325万元。蛇蟠岛景区全年接待游客42.75万人次，实现景区收入1627.49万元。农业产值2.01亿元，主要以海洋捕捞、海水养殖对虾、缢蛏、蛤等为主，全乡共有围塘养殖面积1.83万亩。

蛇蟠有中心小学和中心幼儿园各1所，建有乡文化中心，文体设施不断完善，群众文化生活进一步丰富，公立性卫生机构有蛇蟠乡社区卫生服务中心。

人文胜景 蛇蟠岛旅游景区由海盗村、野人洞和滑泥乐园组成。岛内有历代采石留下的大小岩洞1360多个，岩洞纵横交错、连环套叠、怪石嶙峋、风光奇异。洞内四季似春，洞外波光帆影，是不可多得的旅游避暑胜地。在水一方渔家乐园被农业部评为全国休闲渔业示范基地和国家级农家乐。

第二节 行政村及自然村

山前村 [Shānqián Cūn]

以村民委员会驻地山前得名。建于1983年，辖山前1个自然村，4个村民小组，140户，425人。行政区域面积2.96平方公里，其中耕地面积1.33公顷，林地面积6.67公顷。集体经济总收入7.41万元，固定资产合计52.55万元。

山前 [Shānqián]

位于蛇蟠乡政府驻地东北1.5公里，地处蛇蟠岛东南。东至红岩山嘴，西至天作塘，南至蛇蟠洋，北与山后村接壤。地势北高南低，聚落呈点状。

村居蛇蟠山南面，与山北的山后村相对，故称山前。清属宁海县南乡葛岙庄。1940年三门建县后属永丰乡。解放初属西洞乡。1950年属上敖乡。1952年属蛇蟠乡。1955年成立山前初级社，1956年与黄泥洞、山后2个初级社联办蛇蟠高级社，同年2月，改属蒲西乡。1958年11月属蒲西管理区。1961年10月属蒲西公社蛇蟠大队。1983年10月与黄泥洞、山后各自分设，建山前村民委员会，属蒲西乡。1992年5月撤区扩镇并乡后，属蛇蟠乡。

黄泥洞村 [Huángnídòng Cūn]

以村民委员会驻地黄泥洞得名。建于1983年，辖黄泥洞、上岩、老人岩3个自然村，153户，460人，均系汉族。行政区域面积2.32平方公里，其中耕地面积8.53公顷，林地面积6.67公顷。集体经济总收入56.24万元，固定资产合计96.83万元。

黄泥洞 [Huángnídòng]

村民委员会驻地。位于蛇蟠乡政府驻地北偏东0.6公里。地处蛇蟠岛南部。南近老人岩自然村，西至宁海县界，南至蛇蟠洋，北至亭海公司塘。地势北高南低，聚落呈点状。

早年，当地人民绝大多数住的是岩石洞，唯独此处为黄泥洞，故名。清属宁海县南乡葛岙庄。1940年三门建县后属永丰乡。解放初属西洞乡。1950年属上敖乡。1952年属蛇蟠乡。1955年成立黄泥洞初级社，1956年与山前、山后联办蛇蟠高级社。同年2月，改属蒲西乡。1961年10月，属蒲西公社蛇蟠大队。1983年10月与山前、山后各自分设，建黄泥洞村民委员会，属蒲西乡。1992年5月撤区扩镇并乡后，属蛇蟠乡黄泥洞村。

2016年黄泥洞村成功申报省级历史文化古村落保护利用重点村。

上岩 [Shàngyán]

村位于上首面的岩山边，故名上岩。聚落呈点状。解放初属西洞乡。1952年属蛇蟠乡。1956年2月属蒲西乡。1958年冬属蒲西管理区。1961年属蒲西公社蛇蟠大队。1983年属蒲西乡黄泥洞村。1992年5月属蛇蟠乡黄泥洞村。

老人岩 [Lǎorényán]

村旁有一巨岩，形似老人，故名老人岩。聚落呈点状。解放初属西洞乡。1952年属蛇蟠乡。1956年2月属蒲西乡。1958年冬属蒲西管理区。1961年属蒲西公社蛇蟠大队。1983年属蒲西乡黄泥洞村。1992年5月属蛇蟠乡黄泥洞村。

山后村 [Shānhòu Cūn]

以村民委员会驻地山后得名。建于1983年，辖山后、市门、孝头3个自然村，5个村民小组，173户，655人。行政区域面积3.83平方公里，其中耕地面积2公顷，林地面积6.67公顷。集体经济总收入8.91万元，固定资产合计237.99万元。

山后 [Shānhòu]

村民委员会驻地。位于蛇蟠乡政府驻地东北2.3公里。地处蛇蟠岛东部，东北近孝头自然村，东、北濒青山港，西至亭海公司塘，南与山前村隔山相对。地势东北向西南倾斜，块状聚落。

村居蛇蟠山北面，与山南的山前村相对，故称山后。清属宁海县南乡葛岙庄。1940年三门建县后属永丰乡。解放初属西洞乡。1950年属上敖乡。1952年属蛇蟠乡。1955年成立山后初级社，1956年与黄泥洞、山前村联办蛇蟠高级社，同年2月改属蒲西乡。1958年11月属蒲西管理区。1961年10月属蒲西公社蛇蟠大队。1983年10月与黄泥洞、山前各自分设，建山后村民委员会，属蒲西乡。1992年5月撤区扩镇并乡后，属蛇蟠乡山后村。

市门 [Shìmén]

位于岛屿北侧的航门边，称屿门，后演化为市门。解放初属西洞乡。1950年属上敖乡。1952年属蛇蟠乡。1956年2月属蒲西乡。1958年冬属蒲西管理区。1961年属蒲西公社蛇蟠大队。1983年属蒲西乡山后村。1992年5月属蛇蟠乡山后村。

孝头 [Xiàotóu]

当地的前辈经常把孝敬老人作为头等大事教育子女，村亦取名为孝头。聚落呈点状。解放初属西洞乡。1950年属上敖乡。1952年属蛇蟠乡。1956年2月属蒲西乡。1958年冬属蒲西管理区。1961年属蒲西公社蛇蟠大队。1983年属蒲西乡山后村。1992年5月属蛇蟠乡山后村。

彭坝村 [Péngbà Cūn]

以村民委员会驻地彭坝得名。建于1992年，辖彭坝1个自然村，2个村民小组，180户，562人。行政区域面积2平方公里，其中耕地面积73.33公顷。集体经济总收入11.16万元，固定资产合计0.32万元。

彭坝 [Péngbà]

位于蛇蟠乡政府驻地西北2公里。地处小蛇山东麓，东至山后大路，西至大头港，南至黄泥洞山脚，北至青山港。地势西北高东南低，块状聚落。

1972—1978年由亭旁区组织6个公社51个生产大队，将东西两蛇山之间的海涂围垦成塘（不包括三期工程）。该村为原彭赖、坝头两公社的部分村民在蛇蟠围塘时集居地，建村后取二乡首字，名为彭坝。1992年蛇蟠建乡，该地建立彭坝村民委员会。

邵亭村 [Shàotíng Cūn]

以村民委员会驻地邵亭得名。建于1992年，辖邵亭1个自然村，2个村民小组，118户，383人。行政区域面积2.26平方公里，其中耕地面积86.67公顷。集体经济总收入18.7万元，固定资产合计0.28万元。

邵亭 [Shàotíng]

位于蛇蟠乡政府驻地西北1.9公里。地处小蛇山东麓，东至山后大路，西至大头港，南至黄泥洞山脚，北至青山港。地势西北高东南低，块状聚落。

1972—1978年由亭旁区组织6个公社51个生产大队，将东西两蛇山之间的海涂围垦成塘（不包括三期工程）。该村为原邵家、亭旁两公社的部分村民在蛇蟠围塘时集居地，建村后取二乡首字，名为邵亭。1992年蛇蟠建乡，该地建立邵亭村民委员会。

中南村 [Zhōngnán Cūn]

以村民委员会驻地中南得名。建于1992年，辖中南1个自然村，2个村民小组，133户，463人。行政区域面积1.33平方公里，其中耕地面积70.37公顷。集体经济总收入12.72万元，固定资产合计30万元。

中南 [Zhōngnán]

位于蛇蟠乡政府驻地西北1.9公里。地处小蛇山南麓，东至山后大路，西至大头港，南至黄泥洞山脚，北至青山港。地势西北高南低，块状聚落。

1972—1978年由亭旁区组织6个公社51个生产大队，将东西两蛇山之间的海涂围垦成塘（不包括三期工程）。该村为原中门、南溪两公社的部分村民在蛇蟠围塘时集居地，建村后取二乡首字，名为中南。1992年蛇蟠建乡，该地建立中南村民委员会。

第三编

专业单位（部门）地名

第一章 公共管理和社会组织

第一节 公共管理

台州市住房公积金管理中心三门分中心

[Tāizhōushì Zhùfánggōngjījīnguǎnlǐzhōngxīn Sānmén Fēnzhōngxīn]

位于海游街道光明路1号（县建设银行六、七楼）。1988年4月11日成立三门县住房制度改革领导小组。1992年8月13日成立三门县住房基金管理中心，与县政府住房制度改革领导小组办公室合署办公。2003年6月12日更为名为台州市住房公积金管理中心三门分中心。2005年10月台州市住房公积金管理中心三门分中心正式挂牌，与房改办合署办公，两块牌子，一套班子。现有干部职工12人，内设办公室、计财科、信贷科、归集科。

三门县社会保险事业管理中心 [Sānménxiàn Shèhuìbǎoxiǎnshìyè Guǎnlǐzhōngxīn]

位于海游街道新兴街75号。1986年成立三门县养老基金管理委员会领导小组。1994年8月成立三门县社会保险事业管理局。2002年2月更名为三门县社会保险基金管理中心。2002年9月12日更名为三门县社会保险事业管理中心。具体负责城镇职工基本养老保险、基本医疗保险、工伤保险、生育保险、机关事业养老保险、被征地农民养老保险等。内设综合信息股、财务股、参保登记股、待遇结算股、稽核股、居保股、卡务中心等。

三门县房地产管理处 [Sānménxiàn Fángdìchǎn Guǎnlǐchù]

位于海游街道体育场路5号。前身为三门县房地产管理委员会，后改为房地产管理股，隶属于县财政局。1980年5月成立三门县房地产管理处，隶属于县建设委员会。1989年3月28日成立三门县房地产交易所，隶属县房地产管理处。1992年12月5日成立三门县白蚁防治站，隶属县房地产管理处。1994年9月24日成立三门县城镇房屋所有权登记发证办公室，隶属县房地产管理处。2010年1月25日撤销三门县城镇房屋所有权登记发证办公室、三门县房地产交易管理所，其职能、人员、编制等成建制转入县房地产管理处。现有工作人员64人，下设办公室、财务科、档案室、缮证科、白蚁防治站、公房管理科、产权审核科、测绘办公室等。

三门县殡仪馆 [Sānménxiàn Bìnyíguǎn]

位于海润街道朝阳路488号。2001年在丰坑工业园区征地3.75万平方米，2002年5月成立县殡仪馆。一期投资1800万元，建筑面积5933平方米，拥有可容纳200多人的追悼大会厅堂1个，豪华守灵堂1个，高档守灵堂1个，丧尸休息室2间，集接尸、殡仪、冷藏、火化等一条龙服务。2004年4月10日全县开始实行火化。

三门县中心陵园 [Sānménxiàn Zhōngxīnlíngyuán]

位于海润街道许家塘、葫芦岙、王家、祁家村四村交界处，背靠大岙山，前为龙头水库。占地8公顷，总投资3800万元。陵园分为接待区（业务区、休闲区、停车场）和墓葬区。是省民政厅批准的县内唯一一家永久性骨灰安葬公墓。2005年建立三门县中心陵园，2007年成立三门县福寿陵园有限公司。

三门县流浪乞讨人员救助管理站 [Sānménxiàn Liúlàng Qǐtǎo Rényuán Jiùzhù Guǎnlǐzhàn]

位于海游街道交通路555号。2005年9月8日成立，负责全县生活无着的流浪乞讨人员的救助管理工作。

三门县综合福利院 [Sānménxiàn Zōnghé Fúlìyuàn]

位于海游街道交通路499号。2002年5月建立三门县综合福利院，6月28日开院。2005年爱心楼落成。有床位50张，负责城区范围内“三无”老人的收养和社会自费人员的托养服务工作；负责全县范围内弃婴、孤残儿童的收养、医疗、康复、生活、学习及送养工作。2010年12月被省民政厅命名为全省民政系统行风建设示范单位。

三门县海游街道敬老院 [Sānménxiàn Hǎiyóujiēdào Jìnglǎoyuàn]

位于海游街道西岙村。由海游镇政府创建于2005年，属于社会福利事业单位，职工人数7人。占地面积2408平方米，建筑面积2000平方米，设置床位60张，共投入资金275万元。曾获县五好敬老院、台州市残疾人之家等荣誉称号。

三门县横渡镇敬老院 [Sānménxiàn Héngdùzhèn Jìnglǎoyuàn]

位于横渡镇大横渡村。2003年10月横渡镇政府购买原镇卫生院，投资20万元改建成横渡镇敬老院，并于2008年7月进行扩建，属于社会福利事业单位。

第二节　社会团体

三门县总工会 [Sānménxiàn Zǒnggōnghuì]

位于海游街道龙山路48号。1950年12月成立，是全县各级工会组织的领导机构。内设办公室、组织部、协技办、妇委、财务室，下属事业单位有县工人文化宫。2007年搬迁至三门县党校内办公。规划新大楼位于滨海大道2号。

三门县工商业联合会 [Sānménxiàn Gōngshāngyè Liánhéhuì]

位于海游街道大湖塘新区梧桐路20号总商会大厦7楼。是以全县非公有制企业和非公有制经济人士为主体的具有统战性、经济性、民间性的人民团体商会组织。三门县工商业联合会成立于20世纪50年代初，“文化大革命”时中断，1994年恢复。

三门县文学艺术界联合会 [Sānménxiàn Wénxuéyìshùjiè Liánhéhuì]

位于海游街道广场路18号。成立于1985年3月，是全县各文学艺术分会的联合组织。下辖作家、美术家、书法家、摄影家、音乐家、舞蹈家、戏曲家、民间文艺家八大协会，共有会员459名。文联拥有文学阵地《三门湾》，为广大会员提供施展才华的舞台。

三门县红十字会 [Sānménxiàn Hóngshízìhuì]

位于海游街道梧桐18号。2010年12月成立，是开展人道领域的社会公益活动，宣传红十字法律、法规，传播红十字运动基本知识，倡导人道、博爱、奉献的红十字精神的公益性组织。

三门县科学技术协会 [Sānménxiàn Kēxuéjìshù Xiéhuì]

位于海游街道广场路18号县政府大楼5楼。是代表全县科技工作者的群众组织，是党和政府联系科学技术工作者的桥梁和纽带，是国家推动科学技术事业发展的重要力量。1963年创建，原位于南山路，中间搬迁至老县政府与质监局。

三门县慈善总会 [Sānménxiàn Císhàn Zǒnghuì]

位于海游街道湫水大道3号。2003年12月23日成立，是由热心慈善事业的公民、法人及其他社会组织自愿参加的非营利性公益社会团体。总会的最高权力机构是会员代表大会，执行机构为理事会，办事机构为慈善总会办公室，为全额拨款的事业单位。

三门县消费者协会 [Sānménxiàn Xiāofèizhě Xiéhuì]

位于海游街道平安路388号。1999年4月12日成立，是依法对商品和服务进行社会监督，以保护消费者合法权益的社会团体。

三门县青蟹行业协会 [Sānménxiàn Qīngxièhángyè Xiéhuì]

位于海游街道人民路199号。2005年4月10日成立，是由境内从事青蟹行业的企业、个体工商业者及相关经济组织为实现共同意愿而自愿组成的行业性、非营利性社会团体，为全县青蟹产业服务，对县内青蟹产业从业人员负责。

三门县佛教协会 [Sānménxiàn Fójiào Xiéhuì]

位于海游街道平海路99号。是由境内佛教徒联合的爱国团体和教务组织，故名。1986年5月24日成立。

三门县道教协会 [Sānménxiàn Dàojiào Xiéhuì]

位于海游街道天后宫。是由境内道教徒联合的爱国宗教团体和教务组织，故名。2008年2月18日成立。

三门县基督教协会 [Sānménxiàn Jīdūjiāo Xiéhuì]

位于海游街道平海路28号。1985年1月成立，是基督教会的全县性教务组织，接受县宗教事务局的依法管理和县民政局的社团管理监督，按照圣经教导，团结全县基督徒，根据“三自”原则，积极开展教务活动。

第二章 文化体育教育卫生金融保险

第一节 文化体育

三门县文化馆 [Sānménxiàn Wénhuàguǎn]

位于海游街道朝晖路69号。成立于1950年，2007年8月搬迁到今址。馆舍面积6332平方米，其中新馆舍面积5162平方米，老馆舍位于县城沿山路21号，面积1170平方米。内设小剧场、展览厅、排练厅、歌舞厅、培训中心、美术活动室、书法活动室、音乐活动室、戏剧活动室、少儿老年活动室、艺术档案室、室外活动场等。1989年被省文化厅评为浙江省一级文化馆，2008年被文化部评为国家一级文化馆。

三门县图书馆 [Sānménxiàn Túshūguǎn]

位于海游街道上洋路261号。始建于1979年，前身为三门文化馆图书室，1984年建制独立，隶属县文广新局，国家二级图书馆。2001年，新馆竣工，建筑面积2212平方米，内设报刊阅览室、图书外借室、少儿借阅室、图书参考阅览室、农村流动书库、特藏书库、地方文献研究中心、报纸库、浙江省文化信息资源共享工程三门县分中心及电子阅览室。馆内现有藏书11余万册，同时提供阅览的报纸70余种，杂志画报300余种。图书借阅采用力博图书馆自动化管理软件，实行联机编目、网上续借等功能。现有职工9名，临时工4人。

三门县老干部活动中心 [Sānménxiàn Lǎogànbù Huódòng Zhōngxīn]

位于海游街道沿山路78号。原名三门县老干部活动室，2012年更名为三门县老干部活动中心。始建于2003年，总投资200万元，2004年建成投入使用。占地面积3700平方米，建筑面积2270平方米。设有阅文室、会议室、多媒体室、协会办公室、医务室、按摩室等。室外活动场地1637平方米，设有羽毛球场、篮球场、健身器材场和2个门球场。中心相继成立老干部书画、乒乓球、门球、象棋、摄影、飞镖、台球、艺术团八个兴趣协会。2006年被评为省先进老干部活动中心。2012年被省委老干部局授予全省老干部活动中心满意家园称号。

三门县青少年活动中心 [Sānménxiàn Qīngshàonián Huódòng Zhōngxīn]

位于海游街道湫水大道19号。成立于2008年7月，主要以丰富青少年文化生活，提升青少年综合素质，组织开展青少年思想道德教育、文化娱乐、科技创意、素质拓展和社会实践活动为主。

三门县博物馆 [Sānménxiàn Bówùguǎn]

位于海游街道玉城路8号。占地面积4900平方米，建筑面积1016平方米。主体为仿古建筑，坐北朝南，上下两层。一层为展厅，分一厅两室，二层为值班室及库房。现有职工人数9人。前身为1984年成立的三门县文史馆。1985年11月30日改名为三门县文物馆，1988年12月27日改名为三门县博物馆。馆藏文物有2500余件（套），其中石刻石器30件，陶瓷器653件，铜器29件，书画617件，古籍图书574件，家具132件及其他460多件。经省文物鉴定小组鉴定，内有国家一级文物1件，二级文物9件，三级文物82件，其余为普通文物。

浙江启明艺术博物馆 [Zhèjiāng Qǐmíng Yìshù Bówùguǎn]

位于海游街道朝晖路71号。东接海（游）沙（柳）线，南靠朝晖路，北毗环城大坝，西与县文化馆为邻。占地面积1万平方米，建筑面积9900平方米，总投资3900万元。馆内收藏不同历史时期的各种文物2000余件，包括青铜器、春秋战国漆器、汉唐古砚、陶瓷、金银器、玉器等，为三门县首家民办博物馆，也是市第一家省级民办博物馆。2009年3月省民政局、省文化厅和省文物局批准为省级民办非企业博物馆。2013年12月27日开馆。

章一山纪念馆 [Zhāngyīshān Jìniànguǎn]

位于海游街道蟠龙公园南侧朝晖路8号。占地面积1.38万平方米，建筑面积1.29万平方米，总投资2600多万元。纪念馆主要展示清翰林、历史学家、教育家、书法家章梫（字立光，号一山）的生平事迹及其书法作品。2010年9月落成开馆，为民办非企业纪念馆。2012年3月批准为市爱国主义教育基地。

高天祥艺术馆 [Gāotiānxiáng Yìshùguǎn]

位于健跳镇大冲村。东临核电站，北依蛇蟠洋。占地面积5670平方米，建筑面积800多平方米，总投资400万元，为三门县首家个人艺术馆。一楼为创作室和展览厅；二楼展览厅展出高天祥各时期绘画书法作品80多幅。艺术馆小桥流水，白墙黛瓦，亭廊楼院，砖雕门楼，古意盎然，是集高天祥生平与书画作品展览于一体的传统文化艺术馆。

何小川纪念馆 [Héxiǎochuān Jìniànguǎn]

位于海拔400多米有“亭旁西藏”之称的亭旁镇挂帘村。纪念馆总投资120万元，占地面积800平方米，设有何小川石像、何小川亭、何小川生前事迹展览馆和播放室等。何小川（1938—2009年），原挂帘村村委会主任。数十年来，他舍小家为大家，放弃千万家产，带领村民创业致富，修公路、种茶树，使穷山村面貌发生明显改变，即使身患绝症，依旧为整村搬迁工程奔波劳累，直至生命的最后一刻。先后被评为全国深入开展学习实践科学发展观活动典型、中央电视台2009年度“感动中国”候选人、省新农村建设带头人“金牛奖”、省模范村委会主任、省优秀共产党员等。李长春、李源潮、刘云山、赵洪祝等先后对何小川先进事迹作出重要批示。人民日报、中央电视台、光明日报、浙江日报等主流媒体都进行专题报道。

三门县影剧院 [Sānménxiàn Yǐngjùyuàn]

位于海游街道新塘路1号。占地面积4500平方米，建筑面积1002.83平方米，其中观众厅长26.6米，宽15.15米，高12米，舞台口宽度11米，舞台深度12米，舞台空间高度12米，总座位1015座，座椅为铁架木板椅。剧院基建开工于1955年2月，竣工于该年12月，1963年5月开工重建至1964年12月竣工。1982年10月11日改名为三门影剧院。1987年、1997年、2004年先后进行修缮。

三门县新华书店有限公司 [Sānménxiàn Xīnhuáshūdiàn Yǒuxiàngōngsī]

位于海游街道新兴街53—7号。为浙江省新华书店集团有限公司的全资下属子公司，现拥有下属中心门市部1个，农村小连锁4个，建有新华书店网、新华书店微信公众平台两个电子商务平台，在编员工19人。

三门体育中心 [Sānmén Tǐyù Zhōngxīn]

位于海润街道滨海新城核心区。占地面积15.86万平方米，其中主体育场占地面积12.27万平方米，建筑面积3.5万平方米，工程总投资2.8亿元。2010年5月开工，2013年9月竣工。

三门县体育馆 [Sānménxiàn Tiyùguǎn]

位于海游街道海游街1号。北至体育场路，西至南山路，南至沿山路。占地面积0.4265万平方米。由县政府投资建造，体育局管理，主要举办体育赛事和开展体育活动，故名。1979年10月1日建成。

第二节 教育

【高等教育】

浙江广播电视大学三门学院（三门县教师进修学校、三门县社区学院）[Zhèjiāng Guǎngbō Diànshì dàxué Sānmén Xuéyuàn（Sānménxiàn Jiāoshī Jìnxiū Xuéxiào、Sānménxiàn Shèqū Xuéyuàn）]

位于海游街道沿山路87号。占地面积6399平方米，建筑面积11000平方米。学校面向社会成员提供高等学历教育服务、面向全县教师提供教师进修培训、提供社区教育服务。学校规模为50个班级，学生1500人左右，在职教师30人。1979年2月6日三门县革命委员会决定成立浙江广播电视大学三门工作站，是三门县唯一运用计算机网络等现代教学手段进行远程开放教育的新型开放性高等教育学校。1999年12月为进一步整合教学资源，加快学校发展，经浙江省原教育委员会同意，与县教师进修学校合并。2000年经省教育厅批准浙江广播电视大学三门工作站升格为分校。2003年秋学校被批准成为省远程教育试点，开始举办现代远程大专层次学历教育。2004年对原教学楼、办公楼进行拆除，建成了建筑总面积11000多平方米的现代化综合大楼、行政楼和学员公寓等。2005年春季学校正式成为“中央广播电视大学人才培养模式改革与开放教育试点”单位，开始举办开放教育本专科学历教育。11月依托电大和教师进修学校创办了三门县社区学院，实行“三块牌子，一套班子”的管理体制。12月学校通过省电大评估组验收，又再次由分校升格为学院。2006年学校正式加入中央电大奥鹏远程教育中心，与福建师范大学、大连理工大学、北京航空航天大学、中国医科大学等学校合作办学，形成优势互补，大大提升了学校的办学层次。先后获得全国优秀地方培训中心、省文明单位、省农村中小学素质提升工程工作先进集体等荣誉称号。

【高级中学】

三门中学[Sānmén Zhōngxué]

三门中学校园为广润寺旧址，位于海游街道文化路301号。创建于1938年，1956年秋增设高中部，始称浙江省三门中学。1981年被评为省重点中学。1997年经省教委评估，被认定为省一级重点中学。校园四面环山，内有瑞云、飞鹤二山，古木参天，浓荫匝地，更有小桥流水，亭台楼阁，占地面积29.3886万平方米，建筑面积7.3579万平方米。现有40个教学班，学生1834人，教职工195人。学校硬件设施为省内一流，教学设备、教学仪器、图书资料等均达省规一类标准，有体育馆、语音教室、多媒体教室、计算机教室、电子阅览室、理化生实验室、多媒体综合电化教室等18个现代化教育教学设施。图书馆建筑面积2155平方米，藏书10.2万册，报刊近500种。学校先后获省绿色学校、省文明单位、全国精神文明建设工作先进集体、省教育科研“百强学校”、省教育科研先进集体等荣誉称号。

三门县职业中等专业学校[Sānménxiàn Zhíyè Zhōngděng Zhuānyè Xuéxiào]

位于海游街道中海路2号。是一所融学历教育与非学历技能培训为一体的国家级重点职业学校。学校创办于1983年，前身为三门农技校，原址位于花桥镇。1988年搬迁至六敖凤凰山，1997年5月升格为三门职业中专，9月与县职技校合并，并在县城沙田洋开发区择地建校，1999年第二次搬迁。三门职业中专有三门县职业中专本部、亭旁分校、健跳分校三个校区，占地面积13.5333万平方米，建筑面积10.1295万平方米，绿化面积4.3438万平方米，体育活动场地面积5.4399万平方米。其中三门县职业中专本部占地面积为8.5333万平方米，建筑面积5.9686万平方米，体育活动场地面积3.84万平方米，绿化面积2.8866万平方米。现有学生3956人，教师281人。设有机电一体化、数控技术、电子电工、医药化工、建筑施工和预算、旅游英语、烹饪与艺术、综合高中、大学预科班、电脑文秘、计算机应用技术、经济管理、旅游管理等13个专业，开办成人大专班，开设财务会计、经济管理、会计学等专业。学校先后被评为全国德育先进学校、全国勤工俭学先进集体、全国科教兴农先进集体、省文明单位、省行风建设先进集体、省教育科研先进集体、省教科研兴校200强、省现代教育技术实验学校、国家级重点职业学校、市教育科研实验学校、市绿色学校等。

三门职业中专教育集团亭旁职教中心 [Sānmén Zhíyè Zhōngzhuān Jiàoyù Jítuán Tíngpáng Zhíjiào zhōngxīn]

位于亭旁镇亭旁街 248 号。创建于 2009 年 8 月，为三门职业中专教育集团分校，是县教育局直属的全日制学校，面向全省初中毕业生招生。亭旁职教中心占地面积 2.3333 万平方米，建筑面积 1.8139 万平方米，体育活动场地面积 6666 平方米，绿化面积 7872 平方米。学校规模为 18 个班级，学生 700 人，在职教师 56 人。

三门职业中专教育集团健跳分校 [Sānmén Zhíyè Zhōngzhuān Jiāoyù Jítuán Jiàntiào Fènxiào]

位于健跳镇。学校占地面积 2.6667 万平方米，建筑面积 2.3470 万平方米，体育活动场地面积 9333 平方米，绿化面积 6700 平方米。

三门第二高级中学 [Sānmén Dì'èr Gāojí Zhōngxué]

位于海游街道永昌路 2 号。创办于 2001 年，是一所全日制普通高中。学校占地面积 14.0925 万平方米，建筑面积 6.2775 万平方米。教学区、运动区、生活区相对独立，各类教学、文体娱乐、生活设施设备齐全，拥有图书 10 万余册，电脑 500 多台，实验、体育、艺术等器材达到一类重点高中配置标准。学校共有 49 个教学班，学生 2183 人，教职工 191 人。学校先后被授予市教科研先进集体、市文明学校、市文明单位、市花园式学校、省绿色学校、省卫生先进单位、省食品卫生 A 级单位、省招飞先进单位与省体育艺术特色学校等荣誉称号。

三门县亭旁高级中学 [Sānménxiàn Tíngpáng Gāojí Zhōngxué]

位于亭旁镇亭旁街 248 号。始名浙江省三门县第一初级中学。1958 年 2 月更名为三门县亭旁中学。1970 年 9 月增设高中班，成为一所集初中和高中为一体的完全中学。2001 年 9 月邵家中学，2003 年 9 月坝头中学，2004 年 9 月中门中学，相继撤并至亭旁中学。2005 年初中新校区建成并投入使用。2013 年 8 月亭旁中学教育集团成立，下辖亭旁高级中学和亭旁镇初级中学。亭旁高级中学面向全县招生，学校占地面积 6.7402 万平方米，建筑面积 1.8926 万平方米。现有 23 个班级，学生 950 人，在职教师 73 人。建有信息网络中心、广播电视台、闭路电视系统、电脑房、大中小多媒体教室、电子阅览室、语音室、图书阅览室、理化生实验室、通用技术实验室、书画室、音乐室等现代化教育教学设施。学校有一室一卫宾馆式学生公寓 2 幢，单元式学生公寓 2 幢，餐厅 3 幢，运动场 2 个。先后获全国教育科学重点课题先进单位、全国青少年读书教育活动先进单位、省标准化完全中学、省体育特色学校、省市级绿色学校、市花园式单位、市文明单位、市法制教育和市群体师德创优先进单位等荣誉称号。

三门县尚义高级中学 [Sānménxiàn shàngyì Gāojí Zhōngxué]

位于亭旁镇宁和路 330 号。原名亭旁武校，1995 年 9 月改名为三门县尚义高级中学。1999 年经市民政局批准正式成立。2010 年 4 月由县民政局接管至今。校园占地面积 1.28 万平方米，建筑面积 4730 平方米。现有 6 个班级，学生 332 人，教师 37 人。

【初级中学】

三门县特殊教育学校 [Sānménxiàn Tèshūjiàoyù Xuéxiào]

位于海游街道湘山村（原湘山小学）。是三门县唯一对智障儿童实施九年一贯制义务教育的公立学校，属于县直属学校。学校于 2010 年 6 月开始筹划，10 月 10 日成立。校园占地面积 2062 平方米，建筑面积 860 平方米，绿化面积 220 平方米。现有教学班 10 个，学生 104 人，教职工 24 人。

三门初级中学 [Sānmén Chūjí Zhōngxué]

前身是三门中学初中部。2001 年初高中分离，命名为三门初级中学。2004 年改为广润书院，系国有民办性质。2010 年改制为公办学校，校名恢复为三门初级中学。校园占地面积 2.3345 万平方米，建筑面积 8340 平方米。现有 24 个教学班，学生 1169 人，教职工 80 人。学校硬件设施为市内一流，教学设备、教学仪器、图书、资料等均达到省规一类标准。每个教室都配有闭路电视、电子白板，建有计算机网络，并与因特网相连。有理化生实验室、体音美劳专用教室、多媒体教室、计算机教室、多媒体综合电化教室。图书馆藏书3.6695万册，报刊近200种，设有学生阅览室。学校先后获全国精神文明建设工作先进单位、省文明学校、省全民国防教育先进单位、省教育科研先进集体、省现代教育实验学校、省绿色学校、省标准化学校、市语言文字规范化学校、市体育特色学校等荣誉称号。

三门县海游街道初级中学 [Sānménxiàn Hǎiyóujiēdào Chūjí Zhōngxué]

位于海游街道悬渚村。原为1958年创办于海游下山的海游农业中学，1970年改为海游初级中学。2016年2月学校由海游街道新港村整体搬迁到悬渚村。校园占地面积2.8万多平方米，建筑面积1.8万平方米。现有34个教学班，学生1672人，教职工120人。教学区、生活区、活动区相对独立，图书室、阅览室、录音室、电脑机房、实验室、音乐教室、美术教室等功能教室设备先进、配置齐全，实现多媒体教室“班班通”。学校先后被授予市德育先进集体、市文明校园、市教科研先进集体、市体育达标先进学校、市综合实践活动基地、市城镇普通中小学示范学校、全国基础教育实验中心外语实验学校、全国中小学心理健康教育实验基地、市绿色学校、市共青团星级学校、市现代教育技术实验学校、市艺术特色学校、省课外阅读先进集体等荣誉称号。

三门县城关中学 [Sānménxiàn Chéngguān Zhōngxué]

位于海游街道光明路86号。创办于1991年8月，占地面积2.52万平方米，建筑面积1.231万平方米。现有36个班级，学生1658人，教职工134人。学校为海游街道直属学校，为海游街道相关社区的居民子女提供教育教学服务。学校教学设施日臻完善，学生公寓、餐厅、电子计算机教室、阶梯教室、广播闭路电视系统、校园网络、录播教室等设施齐全，所有教室都安装了多媒体设备。学校先后获省文明学校、省卫生先进单位、省优秀书法实验基地学校、省家庭教育先进学校、省绿色学校、市先进学校、市文明单位、市城镇示范初中、市绿色学校、市平安校园、市校务公开先进单位、市先进教科研单位、市国防教育先进单位、市业余体育训练先进单位、市现代教育技术实验学校、市治安安全先进单位等荣誉称号。

三门县实验初级中学 [Sānménxiàn Shíyàn Chūjí Zhōngxué]

位于海游街道中海路2号。创办于2015年，是一所全日制城区中学。学校在校学生1006人，22个教学班，七、八年级段8个教学平行班，九年级6个教学平行班，在编教师62名，专任教师学历合格率100%。学校先后获首批县美丽校园、市足球特色学校、省课外阅读先进单位、全国足球特色学校、市数字化校园等荣誉称号。

南山初级中学 [Nánshān Chūjí Zhōngxué]

位于海游街道寺后村海游隧道旁。学校占地面积1.3334万平方米，建筑面积8540平方米。现有8个班级，学生401人，教师37人。成立于2013年10月17日，是一所全封闭式民办学校。

沙柳街道初级中学 [Shāliǔjiēdào ChūJí Zhōngxué]

位于沙柳街道文化路1号。创建于20世纪50年代初期，原设在西方庵，1956年迁至今址。1974年复迁跳头畜牧场旧址。1979年今址新校舍落成，学校回迁。校园占地面积1.0833万平方米，建筑面积4952平方米。现有9个班级，学生302人，在职教师36人。

珠岙中学 [Zhū'ào Zhōngxué]

位于珠岙镇沿溪路55号。创建于1958年，校园占地面积1.598万平方米，建筑面积1.1311万平方米。现有16个班级，学生685人，在职教师63人。先后被授予省农村中小学现代远程教育工程先进集体、省课外阅读先进集体、市基本现代化学校、市绿色学校等荣誉称号。

高枧初级中学 [Gāojiǎn Chūjí Zhōngxué]

位于珠岙镇方下洋开发区。创建于1968年，原址位于多宝讲寺，1992年9月移址新建，1998年9月所属吴岙中学并入。学校占地面积2.187万平方米，建筑面积6022平方米，绿化面积294.31平方米，体育活动场地面积1478.39平方米。现有教学班13个，学生468人，教职工42人。校园环境幽雅，群山环拱，秀木掩映，多媒体教室3个，电脑教室1个，电脑30台，语音教室一个，物理化学实验室4个，图书室一个，藏书15000余册，篮球场、排球场与乒乓球场分别建成于2004年、2005年。学校先后被评为省文明单位、省先进团委、省最佳中学生团校、省推行《国家体育锻炼标准施行办法》先进单位、省劳动技术教育先进学校、市文明单位、市先进学校、市先进团委、市爱科学教育读书活动先进集体、市农村初中劳动技术教育先进学校等。

亭旁镇初级中学 [Tíngpángzhèn Chūjí Zhōngxué]

位于亭旁镇杨家村。建于1956年，始名为浙江省三门县第一初级中学，1958年2月更名为三门县亭旁中学。1970年9月增设高中班，成为一所集初中和高中为一体的完全中学。2001年9月邵家中学，2003年9月坝头中学，2004年9月中门中学，相继撤并至亭旁中学。2005年年初中新校区建成并投入使用。2013年8月亭旁中学教育集团成立，下辖亭旁高级中学和亭旁镇初级中学。校园占地面积2.975万平方米，绿化面积9872平方米，建筑面积1.3559万平方米，其中学生宿舍面积1978平方米。现有24个教学班，学生1138人，教职工154人。

健跳中学 [Jiàntiào Zhōngxué]

位于健跳镇文教路1号。创立于1970年。校园占地面积1.2109万平方米，建筑面积4552平方米。现有9个班级，学生238人，教职工48人。

六敖中学 [Liù'áo Zhōngxué]

位于健跳镇六敖连心路210号。学校为六敖、横渡、蛇蟠等地子女提供教育教学服务，创建于1958年。校园占地面积4.7304万平方米，建筑面积1.1559万平方米。现有21个班级，学生965人，教职工78名。先后获省体育特色学校、市教育基本现代化学校等荣誉称号。

花桥中学 [Huāqiáo Zhōngxué]

位于花桥镇繁荣街300号。创建于1958年，1985年与花桥农技校分离后，两次搬迁。校园占地面积1.455万平方米，建筑面积3777平方米。现有12个班级，学生521人，教职工38人。先后被省文化厅命名为非物质文化遗产传承基地、市艺术教育特色学校等。

沿江中学 [Yánjiāng Zhōngxué]

位于浦坝港镇浬浦上林巷1号。创立于1956年，名为三门县第二初级中学。1960年改名为三门县沿江中学。1970年成立高中部。1992年撤销高中部，改名为浬浦中学。1997年恢复为沿江中学。校园占地面积2.66万平方米，建筑面积1.221万平方米。现学校规模为18个班级，学生644名，在职教职工61名。先后获省体育达标先进单位、市教育科研先进单位、市教育装备先进集体、市示范性初中等荣誉称号。

沿赤初级中学 [Yánchì Chūjí Zhōngxué]

位于浦坝港镇罗石村峙山下自然村。创建于1970年8月。校园占地面积2.2907万平方米，建筑面积3986平方米。现有6个班级，学生175人，在职教师17人。

小雄中学 [Xiǎoxióng Zhōngxué]

位于浦坝港镇小雄吊忠路3号。创建于1958年。校园占地面积2.4318万平方米，建筑面积7807平方米。现有14个班级，学生595人，在职教师41人。学校先后获市安全文明校园、市平安校园、市农村初中示范学校、市教育基本现代化学校等荣誉称号。

泗淋初级中学 [Sìlín Chūjí Zhōngxué]

位于浦坝港镇泗淋村平安路99号。创建于1958年。校园占地面积2.3345万平方米，建筑面积4207万平方米。现有8个班级，学生335人，在职教师25人。学校先后获全国"走向新世纪"爱国主义读书活动优秀组织奖及省体育达标先进单位、市安全文明校园、市关心下一代先进集体等荣誉称号。

【初等教育】

三门县实验小学 [Sānménxiàn Shíyàn Xiǎoxué]

位于海游街道上洋路41号。占地面积7670平方米，建筑面积3.0994万平方米，其中校舍建筑面积9003平方米，有46个班级，学生2202人，教职工112人。清光绪二十九年（1903年）春海游高等小学堂创办。民国八年（1919年）易校名为宁海县海游小学校。民国十二年（1923年）兴办女学，招收女生20余人，开当地风气之先。民国十九年（1930年）校名改为宁海县海游中心小学。民国二十九年（1940年）学校更名为三门县海游镇中心国民小学。1949年2月更名为三门县县立海游小学。1954年经县教育局确定为县重点小学。1956年附设幼儿班。1958年10月三门县撤置，并入临海县，校名改为临海县海游人民公社中心小学。1962年三门县恢复建制，学校易名为三门县海游公社中心小学。1966年学校教师、学生、校产、经费经县文卫局主持分割，择新址另办第二小学东方红小学（今海游街道中心小学）。1969年学校分为翻身工农兵小学、胜利小学、红卫小学和卫国小学四部分。1972年8月四校重新合并，学校复称海游区中心小学。1986年再度被确定为县属重点小学，改名为三门县实验小学，沿用至今。2006年创办新校区三门县外国语小学。该校是浙江省首批实验小学，是三门县唯一的县级小学教育实验和示范基地，县教育局确立的小学窗口学校。先后荣获全国优秀家长学校、少先队全国红旗大队、全国群众体育先进单位、全国尝试教育理论研究先进单位、全国读书活动先进单位、省中小学教育先进单位、省德育先进集体、省语言文字工作先进单位、省卫生先进单位、省艺术教育示范学校、省绿色学校、省家庭教育先进集体等荣誉称号。

三门县外国语小学 [Sānménxiàn Wàiguóyǔ Xiǎoxué]

位于海游街道溪北路。校园占地面积3.5364万平方米，建筑面积2.1591万平方米，现有36个班级，1666名学生，90名教师。2006年9月开始招生，为县实验小学新校区。2014年8月开始独立办学。

三门县海游街道中心小学 [Sānménxiàn Hǎiyóujiēdào Zhōngxīn Xiǎoxué]

位于海游街道龙山路8号。学校占地面积2.0512万平方米，建筑面积1.22万平方米。现有37个教学班，1640名学生，教职工176人。前身是创办于1967年的东方红小学。1990年搬迁到新校址。1992年撤区并乡后定名为海游镇中心小学。2013年11月更名为海游街道中心小学。学校相继获得省示范小学、省绿色学校、省消防安全教育示范学校、省健康促进学校铜牌单位、省红旗大队、省文明单位、全国体育示范学校、全国青少年爱国主义读书教育活动组织优秀奖等几十项荣誉称号。

三门县心湖小学 [Sānménxiàn Xīnhú Xiǎoxué]

位于海游街道大湖塘新区环湖东路9号。创办于2010年9月。东临环湖东路，北毗湖塘悦色小区。学校占地面积2.09万平方米，建筑面积1.603万平方米。现有36个班级，1532名学生，教职员工93人。学校先后荣获全国爱国主义读书教育活动优秀组织奖及省标准化学校、省餐饮服务食品安全示范单位、省课外阅读先进集体、省健康促进学校铜牌单位、省消防安全教育示范学校、市地方文化教育特色学校、市艺术教育特色学校、市中小学图书馆（室）工作先进集体等荣誉称号。

三门县海游街道马娄小学 [Sānménxiàn Hǎiyóujiēdào Mǎlóu Xiǎoxué]

位于海游街道前郭村。校园占地面积1.2006万平方米，校舍建筑面积4232平方米。现有10个班级，669名学生，34名教师。以位于原马娄乡而得名。

三门县上叶辅导小学 [Sānménxiàn Shàngyè Fǔdǎo Xiǎoxué]

位于海游街道下坑村。学校创办于民国十九年（1930年），1992年撤区并乡后定名为上叶辅导小学。学校占地面积6560平方米，建筑面积3856平方米，绿化面积650平方米。现有20个教学班，959名学生，教职工34人。学校先后获县农村学校办学现状评估一等奖及县辅导级办学水平评估一级学校、市农村合格化学校建设达标学校等荣誉称号。以位于原上叶乡而得名。

三门县悬渚小学 [Sānménxiàn Xuánzhǔ Xiǎoxué]

位于海游街道悬渚村。校园占地面积1.5651万平方米，建筑面积5397平方米，绿化面积2586平方米。现有23个教学班，学生近1000人。2011年为解决外来务工人员子弟就学难问题，先后投入500多万元，对原悬渚辅导小学进行扩建。2013年年底从海游镇中心小学分离，更名为三门县悬渚小学，同年学校被评为省标准化学校。

三门县海润街道中心小学 [Sānménxiàn Hǎirùnjiēdào Zhōngxīn Xiǎoxué]

位于海润街道滨江路。2014年8月成立海润街道中心小学，2015年8月投入建设，2016年秋季开学投入使用。校园占地面积2.0449万平方米，校舍建筑面积1.8425万平方米，投资6600万元。办学规模30个班，可容纳学生1350人。现有24个班级，学生1086人，教职员工75人，专任教师60人。学校拥有教学用计算机165台，藏书量近1.114万册。

三门县沙柳街道中心小学 [Sānménxiàn ShāliǔJiēdào Zhōngxīn Xiǎoxué]

位于沙柳街道沙柳村文教路2号。学校创建于1945年，校名为沙柳中心学校，校址位于青叶村叶氏祠堂，后移至沙柳桥头旁。1958年学校搬迁至今址。1992年更名为三门县沙柳镇中心小学。2013年11月更名为三门县沙柳街道中心小学。校园占地面积1.428万平方米，建筑面积5221平方米。现有22个教学班，学生近1000人，教职工64人。学校先后被评为省农村中小学现代远程工程先进单位、市农村示范学校、市留守儿童示范家长学校、市健康学校铜奖、市平安校园、县文明单位、县德育先进集体、县义务教育四星级学校等。

三门县珠岙镇中心小学 [Sānménxiàn Zhū'àoZhèn Zhōngxīn Xiǎoxué]

位于珠岙镇珠岙村。创建于民国五年（1916年）九月，前身为珠山小学。校园占地面积3.305万平方米，建筑面积8248平方米。现有28班，学生1340人，在职教师71名。先后荣获市示范性家长学校、市红领巾示范学校、省九年制义务教育标准化学校、市教育现代化学校等荣誉称号。

三门县珠岙镇高枧中心小学 [Sānménxiàn Zhū'àozhèn Gāojiǎn Zhōngxīn Xiǎoxué]

位于珠岙镇高枧文化路1号。创建于民国十五年（1926年）。校园占地面积1万平方米，建筑面积4242平方米。现学校规模为28个班级，学生1168人，在职教师69名。先后获省希望工程模范学校、市卫生先进单位、市绿色学校等荣誉称号。

三门县珠岙镇东谢小学 [Sānménxiàn Zhū'àozhèn Dōngxiè Xiǎoxué]

位于珠岙镇东谢村。创建于民国十五年（1926年），为教育局直属的全日制小学。面向珠岙镇东谢学区居民子女提供教育教学服务。校园占地面积3453平方米，建筑面积887平方米。现学校规模为3个班级，学生13人，在职教师6名。

三门县珠岙镇吴岙辅导小学 [Sānménxiàn Zhū'àozhèn Wú'ào Fǔdǎo Xiǎoxué]

位于珠岙镇吴岙村。创建于民国十五年（1926年）。校园占地面积7302平方米，建筑面积1670平方米。现学校规模为6个班级，学生200多名，在职教师15名。

三门县亭旁镇中心小学 [Sānménxiàn Tíngpángzhèn Zhōngxīn Xiǎoxué]

位于亭旁镇杨家村松鹤路168号。学校面向亭旁镇杨家村等10余个村庄居民子女提供教育教学服务。小学初名“亭山书院”，创办于清同治十一年（1872年），几经校址迁徙，校名更替，1992年8月称亭旁镇中心小学。1993年迁入新址，占地面积2.6388万平方米，建筑面积7084平方米。现学校规模为27个班，学生1154人，在职教师66人。学校先后被授予全国青少年读书教育活动先进集体、省红旗大队、省体育达标先进集体、市示范性小学、市绿色学校、市安全文明校园、市教育科研先进集体、省示范性学校、省标准化学校、省农远工程先进集体、市校园足球试点学校等荣誉称号。

三门县亭旁镇实验小学 [Sānménxiàn Tíngpángzhèn Shíyàn Xiǎoxué]

位于亭旁镇宁和路41号。创建于1996年8月。校园占地面积2.465万平方米，建筑面积5460平方米。现学校规模为20个班级，学生743人，在职教师51名。学校先后获省义务教育标准化学校、省红旗大队、台州市示范性小学、市绿色学校、市师德群体创优先进学校、市教育现代化学校、市健康促进学校、县文明单位等荣誉称号。

三门县亭旁镇邵家辅导小学 [Sānménxiàn Tíngpángzhèn Shàojiā Fǔdǎoxiǎoxué]

位于亭旁镇邵上村。创建于清朝末期，原名为邵家小学。校园占地面积 1.0378 万平方米，建筑面积 2372 平方米。现学校规模为 8 个班级，学生 282 名，在职教师 14 名。

三门县亭旁镇中门小学 [Sānménxiàn Tíngpángzhèn Zhōngmén Xiǎoxué]

位于亭旁镇西山村。校园占地面积 1.4056 平方米，建筑面积 4142 平方米。现学校规模为 6 个班级，学生 127 名，在职教师 9 名。

三门县亭旁镇坝头小学 [Sānménxiàn Tíngpángzhèn Bàtóu Xiǎoxué]

位于亭旁镇湖头园村。校园占地面积 7480 平方米，建筑面积 1756 平方米。现学校规模为 6 个班级，学生 108 人，在职教师 9 名。

三门县健跳镇中心小学 [Sānménxiàn Jiàntiàozhèn Zhōngxīnxiǎoxué]

位于健跳镇健跳街 40 号，分为港北和港南两个校区。学校创立于民国十七年（1928 年），原名琴江小学，历史上几经易名，1954 年命名为健跳小学。校园占地面积 4.2943 万平方米，建筑面积 9416 平方米。有 37 个班级，学生 1510 人，教师 76 人。学校先后被评为省首批艺术教育特色学校、省红旗大队、省课外阅读先进集体、省标准化学校等荣誉称号。

三门县健跳镇六敖中心小学 [Sānménxiàn Jiàntiàozhèn Liù'áo Zhōngxīnxiǎoxué]

位于健跳镇六敖南大街 131 号。创建于民国三十一年（1942 年）。校园占地面积 1.5835 万平方米，建筑面积 7454 平方米。现学校规模为 42 个班级，学生 1850 人，在职教师 69 人。学校先后被评为市先进学校、县文明学校、县文明单位等荣誉称号。

三门县峋岩小学 [Sānménxiàn Xúnyán Xiǎoxué]

位于健跳镇峋岩村。校园占地面积 4800 平方米，校舍建筑面积 1405 平方米。现有 6 个班级，83 名学生，10 名教师。

三门县花市实验小学 [Sānménxiàn Huāshì Shíyànxiǎoxué]

位于健跳镇花市村，以所在地得名。校园占地面积 7425 平方米，校舍建筑面积 2060 平方米。学校现有 8 个班级，290 名学生，9 名教师。

三门县横渡镇中心小学 [Sānménxiàn Héngdùzhèn Zhōngxīnxiǎoxué]

位于横渡镇大横渡村。创建于民国三十四年（1945 年），初名为双龙小学，随着时间的变迁，校名的更改，2003 年迁入现校址与横渡中学合并为九年一贯制学校，更名为横渡镇中心学校。2006 年原横渡中学撤并，更名为横渡镇中心小学。校园占地面积 1.3 万平方米，建筑面积 2605 平方米。现学校规模为 6 个班级，学生 215 名，在职教师 14 名。学校先后获市优秀留守学生之家、市乒乓联赛优秀赛区、县绿色学校、县普法先进学校、县平安校园等荣誉称号。

三门县横渡镇小横渡小学 [Sānménxiàn Héngdùzhèn Xiǎohéngdù Xiǎoxué]

位于横渡镇小横渡村。创建于 1952 年，1999 年校网撤并，学校规模不断扩大，由周边八个自然村组成的完全小学。校园占地面积 4038 平方米，建筑面积 1697 平方米。现学校规模为 6 个班级，学生 191 左右，在职教师 17 名。

三门县花桥镇中心小学 [Sānménxiàn Huāqiáozhèn Zhōngxīnxiǎoxué]

位于花桥镇城门街 386 号。前身为创办于民国十二年（1923 年）的平山书院，后易名为城关小学。1987 年更名为花桥镇中心小学。2008 年 9 月搬迁至现址。下辖联谊小学、蒲峰小学、吴都小学三所完小。校园占地面积 4.8401 万平方米，建筑面积 4985 平方米。学校规模为 24 个班级，学生 1004 名，在职教师 48 名。先后获全国青少年读书活动组织奖、全国读书读报活动先进集体、全国雏鹰优秀假日小队、省红旗大队、市文明学校、市教育基本现代化学校等荣誉称号。

三门县花桥镇联谊小学 [Sānménxiàn Huāqiáozhèn Liányì Xiǎoxué]

位于花桥镇下洋毛村。1998 年 12 月，撤下洋毛、舒岐、上潘三所完小，由下洋毛、舒岐、上潘、溪头、双洋、方前六村，自筹资金，联合创办联谊小学。校园占地面积6600平方米，建筑面积900平方米。学校规模6班，学生240人，教职工10人。

三门县花桥镇吴都小学 [Sānménxiàn Huāqiáozhèn Wúdōu Xiǎoxué]

位于花桥镇吴都村。始建于解放前，初名为吴都学堂，后因行政区划变更，校名相继更名为吴都人民公社中心小学、吴都乡中心小学、吴都辅导小学、三门县慈心吴都小学及现名吴都小学。校园占地面积2986平方米，建筑面积1514平方米。学校规模6班，学生99人，教职工11人。

三门县花桥镇蒲峰小学 [Sānménxiàn Huāqiáozhèn Púfēng Xiǎoxué]

位于花桥镇蒲峰村。创办于解放初期，校址设于蒲山古庙大殿。后将原关头乡高小并入。因办学条件简陋，1965年重建校舍，搬迁至现址。校园占地面积3160平方米，建筑面积1086平方米。学校规模6班，学生98人，教职工10人。

三门县浦坝港镇沿赤中心小学 [Sānménxiàn Pǔbàgǎngzhèn Yánchì Zhōngxīnxiǎoxué]

位于浦坝港镇罗石村石桥片172号。创建于1956年7月。现学校规模为20个班级，共有学生970人，在职教师61名。

三门县浦坝港镇浬浦中心小学 [Sānménxiàn Pǔbàgǎngzhèn Lǐpǔ Zhōngxīnxiǎoxué]

位于浦坝港镇浬浦浦北路334号。创办于20世纪70年代，原名团结小学，后改为沿江区中心小学，下辖三岩、沿赤、渔西、东郭、岙口6个乡级中心小学及下属完小、村小。1992年撤区并乡后，更名为浬浦镇中心小学，辖三岩、渔西2个辅导小学及下属的完小、村小。2013年11月改现名。校园占地面积2.1494万平方米，建筑面积5382平方米。学校规模为25个班级，学生1106人，在职教师58人。先后获市文明单位、市中小学普及实验教学先进集体、县法制宣传教育先进集体等荣誉称号。

三门县浦坝港镇渔西辅导小学 [SānménXiàn PǔbàgǎngZhèn Yúxī Fǔdǎoxiǎoxué]

位于浦坝港镇里宅村，以原渔西乡得名。1997年9月创建。校园占地面积9000平方米，建筑面积860平方米。现学校规模为6个班级，学生190人，在职教师11人。

三门县浦坝港镇三岩辅导小学 [Sānménxiàn Pǔbàgǎngzhèn Sānyán Fǔdǎoxiǎoxué]

位于浦坝港镇丁山脚村，以原三岩乡得名。学校原为沿江区三岩乡中心校，1992年9月改为浬浦镇三岩辅导小学。校园占地面积1.187万平方米，建筑面积2450平方米。现学校规模为7个班级，学生263人，在职教师14人。

三门县浦坝港镇小雄中心小学 [Sānménxiàn Pǔbàgǎngzhèn XiǎoXióng Zhōngxīnxiǎoxué]

位于浦坝港镇小雄街98号。校园占地面积1.2249万平方米，建筑面积5249平方米。学校规模为24个班级，学生1051人，在职教师52人。学校先后获县文明单位、县优秀少先队等荣誉称号。

三门县浦坝港镇山场辅导小学 [Sānménxiàn Pǔbàgǎngzhèn ShānChǎng Fǔdǎoxiǎoxué]

位于浦坝港镇山场村。1950年创建，校园占地面积1.2948万平方米，建筑面积2265平方米。现学校规模为9个班级，学生276人，在职教师14名。学校曾被评为一级学校和文明学校等。

三门县浦坝港镇小雄连心小学 [Sānménxiàn Pǔbàgǎngzhèn Xiǎoxióng Liánxīn Xiǎoxué]

位于浦坝港镇西岑村。占地面积1.1547万平方米，建筑面积4292平方米，是一所村级完校。教职工9人，11个班级，学生404人。

三门县林迪生小学 [Sānménxiàn Líndíshēng Xiǎoxué]

位于浦坝港镇泗淋振兴街118号。学校是著名无产阶级教育家林迪生于民国二十一年（1932年）创办，当时学校设在泗淋村祠堂，有徐明清等革命志士在学校任教。校园占地面积1.3135万平方米，建筑面积6256平方米。学校有29个教学班，学生1196名，在职教师47人。先后获市绿色学校、市体育特色学校、省教师素质提升先进集体等荣誉称号。2009年被市教科所确立为市林迪生教育思想实践中心。

三门县泗淋道头小学 [Sānménxiàn Sìlín Dàotóu Xiǎoxué]

学校位于浦坝港镇上道头村。创建于民国二十六年（1937年）。校园占地面积3065平方米，建筑面积 1171 平方米。现学校规模为 6 个班级，学生 132 人，在职教师 6 名。

三门县蛇蟠乡中心小学 [Sānménxiàn Shépánxiāng Zhōngxīnxiǎoxué]

位于蛇蟠乡中南村。创建于 1985 年，校园占地面积 1.689 万平方米，建筑面积 1250 平方米。现学校规模为 6 个班，学生 34 人，在职教师 13 人。

【学前教育】

三门县中心幼儿园教育集团 [Sānménxiàn Zhōngxīnyòu'éryuán Jiāoyùjítuán]

位于海游街道康华路 8 号。2010 年 9 月成立，下属有 7 个园区，分别是三门县中心幼儿园、亭旁镇实验幼儿园、健跳镇中心幼儿园、浦坝港镇浬浦中心幼儿园、浦坝港镇沿赤中心幼儿园、东郭村中心幼儿园、下洋村中心幼儿园，其中三门县中心幼儿园为集团中心园，为教育局直属的公办幼儿教育集团。集团共有 41 个班级，教职工 155 人，其中专任教师 100 多人。各园区在中心园的示范引领下逐步走上轨道，相继被评上浙江省三级、二级幼儿园和浙江省 B 级卫生单位。

三门县中心幼儿园为教育局直属的全日制幼儿园。创建于 1956 年，现学校规模为 21 个班级，共有幼儿 367 人，在职教职工 86 人。先后被评为全国目标尝试教学研究先进单位、省级示范性幼儿园、省 A 星级食堂、省绿色学校、省语言文字示范学校、省教育科研先进集体、省体育示范园、市花园式单位、市教育现代化幼儿园、市园本教研示范学校、市群体创优先进集体、市示范家长学校。

三门县人民政府机关幼儿园教育集团 [Sānménxiànrénmínzhèngfǔ Jīguānyòu'éryuán Jiāoyùjítuán]

位于海游街道龙山路 8 号。创办于 1982 年，隶属于机关事务管理局。2010 年成立三门县机关幼儿园教育集团。2011 年归入县教育局管理，是教育局直属的全日制公办幼儿园，省一级幼儿园。集团下辖三门县机关幼儿园、高枧实验幼儿园、小雄中心幼儿园、横渡镇中心幼儿园、花桥镇实验幼儿园、沙柳中心幼儿园（只限于业务指导）。教育集团先后获省示范性幼儿园、省巾帼文明岗、浙师大杭州幼儿师范学院实验幼儿园、全国教育科学重点研究课题《尝试教学理论研究》全国先进单位、市绿色学校、市基本现代化学校、市校本教研示范幼儿园、市示范家长学校、市机关后勤系统先进幼儿园等荣誉称号。

三门县机关幼儿园占地面积 2654 平方米，建筑面积 3846 平方米，绿化面积 350 平方米，户外运动场地面积 1597 多平方米。有活动室、多功能厅、美工教室、生活体验室、棋类活动室、角色游戏室、建构室、阅览室等。设有大中小各 5 班，共 15 班，幼儿总数 243 人，教职工 62 人。

高枧实验幼儿园于 2011 年新教学楼建成使用，占地面积 4070 平方米，建筑面积 1408 平方米，运动场面积 900 平方米，教学及辅助用房面积 2973 平方米。幼儿 3 班，35 人，教职工 10 人。

小雄中心幼儿园于 2011 年新教学楼建成使用，占地总面积 1390 平方米，建筑面积 1830 平方米，绿化面积 70 平方米，运动场面积 1050 平方米。幼儿 3 班，38 人，教职工 9 人。

花桥镇实验幼儿园于 2012 年纳入教育集团，占地面积 400 平方米，绿化面积 100 平方米，运动场面积 130 平方米。幼儿 2 班，22 人，教职工 6 人。

横渡镇中心幼儿园于 2010 年纳入教育集团，占地面积 1682 平方米，建筑面积 1012 平方米，绿化面积 589 平方米。幼儿 3 班，33 人，教职工 8 人。

三门县海游街道阳光幼儿园 [Sānménxiàn Hǎiyóujiēdào Yángguāng Yòu'éryuán]

位于海游街道溪北路 55 号 13 幢。占地面积 700 平方米，建筑面积 1500 平方米，教职工 18 人。2007 年 1 月成立，属民办全托、半托制幼儿园，为省三级幼儿园。

三门县海游街道新世纪幼儿园 [Sānménxiàn Hǎiyóujiēdào Xīnshìjì Yòu'éryuán]

位于海游街道文化路 28 号。创建于 2000 年 9 月，属民办全托、半托制幼儿园。占地面积 280 平方米，建筑面积 320 平方米，教职工 6 人。

三门县海游街道欣欣幼儿园 [Sānménxiàn Hǎiyóujiēdào Xīnxīn Yòu'éryuán]

位于海游街道下坑村。创建于 2010 年 4 月，属民办半托制幼儿园。占地面积 256 平方米，建筑面积

544平方米。

三门县海游街道赛格特幼儿园 [Sānménxiàn Hǎiyóujiēdào Sàigétè Yòu'éryuán]

位于海游街道赛格特花园内。创建于2007年8月，属民办全托、半托制幼儿园，省三级幼儿园。建筑面积3100平方米。

三门县海游街道南山幼儿园 [Sānménxiàn Hǎiyóujiēdào NánShān Yòu'éryuán]

位于海游街道上洋路263号。创建于2001年8月，属民办全托、半托制幼儿园。建筑面积3200平方米。

三门县海游街道蓓蕾幼儿园 [Sānménxiàn Hǎiyóujiēdào Bèiléi Yòu'éryuán]

位于海游街道光明路99号。属民办半托制幼儿园，省二级幼儿园。占地面积6000平方米，建筑面积3350平方米，幼儿活动面积1600平方米，其中绿化面积600平方米。先后被评为中国民办教育百强学校、全国特色示范幼儿园、省优秀民办幼儿园、省珠心算教学实验基地、市优秀民办学校、市花园式单位等荣誉称号。

三门县时光双语幼儿园 [Sānménxiàn Shíguāngshuāngyǔ Yòu'éryuán]

位于海游街道新场小区。2008年11月成立，属民办全托、半托制幼儿园，省三级幼儿园。建筑面积4100平方米。

三门县沙柳街道中心幼儿园 [Sānménxiàn Shāliǔjiēdào Zhōngxīnyòu'éryuán]

位于沙柳街道沙柳村。2003年3月成立，属民办半托制幼儿园，省三级幼儿园。建筑面积3500平方米，教职工22人。

三门县高枧中心幼儿园 [SānMénXiàn Gāojiǎn Zhōngxīnyòu'éryuán]

位于珠岙镇高枧村。2003年1月成立，属民办全托、半托制幼儿园。建筑面积200平方米。

三门县高枧童乐幼儿园 [Sānménxiàn Gāojìan Tónglè Yòu'éryuán]

位于珠岙镇高枧余庆街69~71号。2007年成立，属民办全托、半托制幼儿园。占地面积560平方米，建筑面积396平方米。

三门县高枧千禧幼儿园 [Sānménxiàn Gāojìan Qīānxí Yòu'éryuán]

位于珠岙镇胡村村。2005年8月7日成立，属民办全托、半托制幼儿园。建筑面积800平方米，教职工12人。

三门县亭旁镇小天使幼儿园 [Sānménxiàn Tíngpángzhèn Xiǎotiānshǐ Yòu'éryuán]

位于亭旁镇包家村。2000年8月创办，属民办半托制幼儿园，省三级幼儿园。职工人数15人。

三门县亭旁镇邵上幼儿园 [Sānménxiàn Tíngpángzhèn Shàoshàng Yòu'éryuán]

位于亭旁镇邵上村。2010年4月成立，属民办全托、半托制幼儿园。占地面积1000平方米，建筑面积200平方米。

三门县亭旁镇才芽幼儿园 [Sānménxiàn Tíngpángzhèn Cáiyá Yòu'éryuán]

位于亭旁镇邵下村。1993年9月创办，属民办全托、半托制幼儿园。占地面积1094平方米，建筑面积450平方米。

三门县健跳镇春苗幼儿园 [Sānménxiàn JiàntiàoZhèn Chūnmiáo Yòu'éryuán]

位于健跳镇东边村。2000年1月成立，属民办全托、半托制幼儿园，省三级幼儿园。占地面积1000平方米，建筑面积420平方米。

三门县六敖中心幼儿园 [Sānménxiàn Liù'áo Zhōngxīnyòu'éryuán]

位于健跳镇六敖下街村。2005年11月21日成立，属民办全托、半托制幼儿园，省三级幼儿园。建筑面积1250平方米，教职工20人。

三门县六敖镇育花幼儿园 [Sānménxiàn Liù'áozhèn Yùhuā Yòu'éryuán]

位于健跳镇上敖村S224省道海健公路边。2009年9月成立，属民办全托、半托制幼儿园，省三级幼儿园。占地面积1000平方米，建筑面积600平方米。

三门县六敖镇小精灵幼儿园 [Sānménxiàn Liù'áozhèn Xiǎojīnglíng Yòu'éryuán]

位于健跳镇岣岩村塘岸自然村。2001年7月成立，属民办半托、全托制幼儿园，省三级幼儿园。占地面积1500平方米，建筑面积650平方米。

三门县六敖第二幼儿园 [Sānménxiàn Liù'áo Dì'èr Yòu'éryuán]

位于健跳镇下街村健康北路129号。1992年9月成立，属民办全日制幼儿园。占地面积740平方米，建筑面积560平方米。

三门县花桥镇中心幼儿园 [Sānménxiàn Huāqiáozhèn Zhōngxīnyòu'éryuán]

位于花桥村城门街22号。2006年4月18日成立，属民办全托、半托制幼儿园，省三级幼儿园。建筑面积2500平方米，教职工20人。

三门县花桥镇朝阳幼儿园 [Sānménxiàn Huāqiáozhèn Zhāoyáng Yòu'éryuán]

位于花桥镇老中学内。2006年4月12日成立，属民办全托、半托制幼儿园，省三级幼儿园。占地面积3000平方米，建筑面积1100平方米，教职工19人。

三门县浬浦康乐幼儿园 [Sānménxiàn Lǐpǔ Kānglè Yòu'éryuán]

位于浦坝港镇黄金坦村西边靠黄泗线。2003年成立，属民办全托、半托制幼儿园。占地面积300平方米，建筑面积420平方米。

三门县浬浦育才幼儿园 [Sānménxiàn Lǐpǔ Yùcái Yòu'éryuán]

位于浦坝港镇三岩片丁山脚村。1990年创办，属于民办全托、半托制幼儿园，省三级幼儿园。占地面积600平方米，建筑面积400平方米，教职工7人。

三门县沿赤大域幼儿园 [Sānménxiàn Yánchì Dàyù Yòu'éryuán]

位于浦坝港镇大域村小学内。1988创办，属民办全托、半托制幼儿园。占地面积300平方米，建筑面积100平方米，教职工2人。

三门县沿赤春蕾幼儿园 [Sānménxiàn Yánchì Chūnléi Yòu'éryuán]

位于浦坝港镇罗石村。2007年9月6日成立，属民办全托、半托制幼儿园。占地面积300平方米，建筑面积300平方米，教职工10人。

三门县泗淋中心幼儿园 [Sānménxiàn Sìlín Zhōngxīnyòu'éryuán]

位于浦坝港镇泗淋村。2002年9月成立，属于民办全托、半托制幼儿园。占地面积3747平方米，建筑面积1710平方米，教职工33人。

【培训教育】

三门县吉米英语培训学校 [Sānménxiàn Jímǐyīngyǔ Péixùnxuéxiào]

位于海游街道新兴街53–7新华书店5楼。占地面积200平方米，建筑面积380平方米，职工人数50人。2005年5月创办，是一所幼少儿、中学生、成人综合性英语培训的民办学校。

晓雯音乐培训学校 [Xiǎowényīnyuè Péixùnxuéxiào]

位于海游街道平海路43号。占地面积156平方米，建筑面积780平方米。创建于2008年12月，属民办培训学校。

三门县昂立英语培训学校 [Sānménxiàn' ánglìyīngyǔ Péixùnxuéxiào]

位于海游街道交通路岭下潭巷2号。占地面积1000平方米，建筑面积520平方米，教职工10人。2010年9月成立，是一所从事幼少儿英语、作文等课外兴趣培训的民办学校。

三门县阳光英语培训学校 [Sānménxiàn Yángguāngyīngyǔ Péixùnxuéxiào]

位于海游街道人民路163号3楼。建筑面积220平方米，教职工10人。2008年10月成立，是一所从事小学、初中英语培训的民办学校。

三门县六敖教育培训学校 [Sānménxiàn Liù'áojiàoyù Péixùnxuéxiào]

位于健跳镇六敖中街。占地面积750平方米，建筑面积600平方米。2009年9月创办，是一所从事中小学生课内外作业辅导、青少年教育培训及成人商务培训的民办学校。

三门县翰林趣味写作培训学校 [Sānménxiàn Hànlínqùwèixiězuò PéixùnXuéxiào]

位于海游街道平安路三号。建筑面积300平方米，教职工5人。2010年12月9日成立，是一所从事趣味写作培训的民办学校。

第三节　卫生

三门县人民医院 [Sānménxiàn Rénmín Yīyuàn]

位于海游街道人民路171号。创建于民国三十年（1941年），2010年根据县委、县政府关于城区医疗资源整合方案精神，县人民医院、县中医院实现整合，故也使用“三门县人民医院（中医院）”的名称。是集预防、医疗、保健、康复、健康教育等功能于一体二级甲等综合性医院，是全县的医疗救护中心。占地面积2.2万平方米，总建筑面积3.4万平方米，其中门急诊面积6400平方米，病房楼房面积1.687万平方米，其他辅助用房面积1.073万平方米。医院设有预防保健科、全科医疗科、内科、外科、妇产科、儿科、传染科、口腔科、耳鼻喉科、眼科、皮肤科、中医科、急诊医学、重症医学科、麻醉科、康复科、药剂、医学检验、医学影像、病理、体检中心、肿瘤科等业务科室。先后被评为市无烟单位、省文明单位、省平安医院、全国巾帼文明岗、全国药事先进单位等荣誉称号。

三门中医院 [Sānmén Zhōngyīyuàn]

位于海游街道新兴街287号，是一所以中医、中西医结合为主导，以专科为特色的综合性中医医院。其前身是三门县海游镇卫生院，2000年成立三门县中医院。2010年中医院和人民医院实现资源整合，故也使用“三门县人民医院（中医院）”的名称。医院占地面积1.75万平方米，建筑面积1.4613万平方米，其中门急诊面积4957.21平方米，住院用房面积8692平方米。

三门县疾病预防控制中心 [Sānménxiàn Jíbìngyùfángkòngzhì Zhōngxīn]

位于海游街道湫水大道9号。中心与县卫生局、县卫生监督所共建卫生综合大楼，位于卫生综合大楼一、二、三楼，建筑面积3117平方米。是三门县疾病预防与控制、监测与评价、健康教育与促进、防治研究与指导及技术服务职能的是公益性事业单位。共有职工38人，其中卫生技术人员30人。前身为三门县卫生防疫站。2001年4月更名为三门县疾病预防控制中心，为财政全额拨款的全民所有制事业单位，隶属三门县卫生局。先后被评为省疾病预防控制系统思想政治工作先进集体、市创建“群众满意基层站所”先进单位、市传染病防治推进年活动先进集体等荣誉称号。

三门县妇幼保健所 [Sānménxiàn Fùyòu Bǎojiàn Suǒ]

位于海游街道龙山路67号。建筑面积795平方米，职工25人，其中卫生技术人员20人。设有综合办公室、妇女保健科、儿保科、儿科、婚前医学检查中心、医学检验、医学影像（超声 诊断、心电诊断专业）、输液室等业务科室，年门诊服务1.6713万人次。前身为三门县妇幼保健站，1985年5月开设门诊后更名为三门县妇幼保健所。

三门县食品药品检验检测中心 [Sānménxiàn Shípǐnyàopǐnjiǎnyànjiǎncè Zhōngxīn]

位于海游街道光明中路5号。2009年3月三门县食品检验检测中心成立，是浙江省首家县级综合性食品检验检测中心。2012年5月中心通过第二次扩项认证，检测能力达到552个项目和参数。主要承担食品种植、养殖、生产加工、流通、生活消费等环节的监督检验、委托检验，以及食品突发事件的应急检验、食品安全事件技术分析、食品科研项目的研发和食品从业人员教育培训等工作。中心占地面积1500平方米，各类检测仪器设备价值800多万元，年出具报告4000多份。2016年年初改名为三门县食品药品检验检测中心。

三门县海游街道社区卫生服务中心 [Sānménxiàn Hǎiyóujiēdào Shèqūwèishēngfúwù Zhōngxīn]

位于海游街道海游街82号。占地面积1000平方米，建筑面积750平方米，是一所集基本医疗和基本公共卫生为职能的综合性社区卫生服务中心，下辖9个社区卫生服务站。前身为海游镇卫生院，2000年8月在海游镇卫生院的基础上建立三门县中医院，在原海游镇卫生院的原址挂中医院门诊部。2009年12月更名为三门县海游镇社区卫生服务中心，编制112人。2013年11月更名为三门县海游街道社区卫生服务中心。开设有全科医疗科、中医科、针推科、口腔科、预防保 健科、计划生育技术服务等临床科室和检验、放射、B超、心电等辅助科室。开展健康教育、预防、保健、康复、计划生育技术服务和基本医疗等“六位一体”服务。中心有员工120名，年门急诊总诊疗人次达18万人次。先后获省全科住院医师规范化培训社区实践基地、省规范化社区卫生服务中心、中医药参与社区卫生服务市级示范单位等荣誉称号。

三门县沙柳街道社区卫生服务中心 [Sānménxiàn Shāliǔjiēdào Shèpūwèishēngfúwù Zhōngxīn]

位于沙柳街道康宁85号。占地面积5467平方米，建筑面积5466平方米，其中门急诊面积1293平方米，病房楼房面积565平方米，其他辅助用房面积591平方米，职工39名，年门诊服务7.483万人次。设有内科、外科、妇产科、儿科、口腔科、中医科、骨伤科、医学检验、医学影像（X线诊断、超声诊断、心电诊断专业）、输液室等业务科室。前身为沙柳乡卫生所，属宁海县管辖。1958年改成沙柳公社卫生所，地址在龚家。1968年迁现址。1978年改为沙柳镇卫生院。1983年划归三门县管辖。2013年11月更名为三门县沙柳街道社区卫生服务中心。

三门县珠岙镇中心卫生院 [Sānménxiàn Zhū'àozhèn Zhōngxīnwèishēngyuàn]

位于珠岙镇珠溪路152号。共有职工42名，设有内科、外科、妇产科、儿科、口腔科、中医科、骨伤科、医学检验、医学影像（X线诊断、超声诊断、心电诊断专业）、输液室等业务科室。1952—1954年间，珠岙区建立卫生所。1968年恢复珠岙区卫生院。1984年改名为珠岙镇中心卫生院。

珠岙镇高枧卫生院 [Zhū'àozhèn Gāojiǎn Wèishēngyuàn]

位于珠岙镇文化路21号。占地面积2600平方米，建筑面积1700平方米，共有职工42名，开放床位6张，年门诊5.58万人次。下辖3个社区卫生服务站和4个村卫生室，具有60年历史的基层卫生服务机构，为省级规范化乡镇卫生院。

三门县亭旁镇中心卫生院 [Sānménxiàn Tíngpángzhèn Zhōngxīnwèishēngyuàn]

位于亭旁镇宁和路308号。占地面积5235平方米，建筑面积4643平方米，其中门急诊面积1500平方米，病房楼房面积680平方米，其他辅助用房面积767平方米。创建于1953年，是一所集医疗、预防于一体的省规范化乡镇卫生院，下属彭赖、邵家、中门、南溪、坝头5个社区卫生服务站，并负责管理辖区内9个村卫生室和1个私人诊所。中心卫生院设有内、外、妇、儿、中医等24个科室，设置齐全，开放床位30张，年门诊服务12.03万人次。有职工94人，其中正式职工61人，编外33人。卫生院拥有GE彩色B超、全自动生化分析仪、CR、X线机、心电监护仪、12导联心电图机、新生儿黄疸测试仪等医疗仪器。医院先后被评为市示范文明卫生院创建单位、市卫生工作先进集体等荣誉称号。

三门县健跳中心卫生院 [Sānménxiàn Jiàntiào Zhōngxīnwèishēngyuàn]

位于健跳镇琴江路99号。占地面积3467平方米，建筑面积3014平方米，其中门急诊面积1802平方米。有职工70名，开放床位20张，年门诊服务8万人次。创建于1953年，2013年6月新院区动工兴建，是一所省200强中心卫生院。医院先后被评为县卫生系统考核优胜单位、县产科抢救分中心、省级卫生服务中心等荣誉称号。

三门县健跳镇六敖卫生院 [Sānménxiàn JiàntiàoZhèn Liù'áo Wèishēngyuàn]

位于健跳镇六敖下街村。占地面积2000平方米，建筑面积4812平方米，其中门急诊面积2970平方米。下设1个卫生服务站，13个村卫生室。1956年建立，有职工57名，开放床位25张，年门诊服务10

万人次。是一所集医疗、预防、保健为一体的综合性公立医院。

三门县横渡镇卫生院 [Sānménxiàn Héngdùzhèn Wèishēngyuàn]

位于横渡镇大横渡村44号。占地面积1333平方米，建筑面积3425平方米，其中门急诊面积1540平方米，病房楼房面积625平方米，其他辅助用房面积1260平方米。有职工37人，开放床位10张，年出院病人24人次，年门诊服务3.97万次。2012年获得省规范化乡镇卫生院等称号。

三门县花桥中心卫生院 [Sānménxiàn Huāqiáo Zhōngxīnwèishēngyuàn]

位于花桥镇新星街8号。占地面积4428.6平方米，建筑面积2971平方米，业务用房面积2180平方米。前身为花桥卫生所，1990年8月更名为花桥中心卫生院，是一所集医疗、预防、保健、康复、健康教育、计划生育指导为一体的综合性全民所有制的三级中心卫生院。全院卫生人员48人，开放床位20张，年门诊服务5.6万人次。

三门县浦坝港镇浬浦中心卫生院 [Sānménxiàn Pǔbàgǎngzhèn Lipǔ Zhōngxīnwèishēngyuàn]

位于浦坝港镇浬浦片浦北路168号。前身为沿江中心卫生院，1996年4月更名为浬浦中心卫生院。占地面积3488.2平方米，其中门急诊面积744.6平方米，病房楼房面积273平方米。有职工50名，其中卫生技术人员34人，开放床位20张，年门诊服务5.8万人次。设有内科、外科、妇产科、儿科、口腔科、中医科、骨伤科、医学检验、医学影像（X线诊断、超声诊断、心电诊断专业）、输液室等业务科室。

三门县浦坝港镇沿赤卫生院 [Sānménxiàn Pǔbàgǎngzhèn Yánchì Wèishēngyuàn]

位于浦坝港镇沿赤罗石村上石桥。创办于1958年，原名沿赤乡卫生所，1992年5月更名为沿赤乡卫生院，下辖2个社区卫生站，三个村卫生室。占地面积1747平方米，建筑面积1328平方米，医务人员29人，开放床位6张，年门诊服务3.93万人次。

三门县浦坝港镇小雄中心卫生院 [Sānménxiàn Pǔbàgǎngzhèn Xiǎoxióng Zhōngxīnwèishēngyuàn]

位于浦坝港镇小雄片虎山路20号。占地面积4.33万平方米，建筑面积2751平方米，医务人员46人。创办于1953年9月，由县卫生科从花桥卫生院派医生至小雄设门诊所。1954年3月设立小雄区卫生站，翌年改称卫生所。1958年并入临海桃渚区卫生院设小雄分院。1962年三门复县后恢复卫生所。1977年5月恢复小雄区，称区卫生院。1984年改称小雄区中心卫生院。2006年归入三门县人民医院小雄院区。2008年成立小雄中心卫生院。2012年通过省级规范化创建。

三门县浦坝港镇泗淋卫生院 [SānménXiàn Pǔbàgǎngzhèn Silín Wèishēngyuàn]

位于浦坝港镇泗淋片湖滨路21号。占地面积3587平方米，建筑面积2212平方米，其中门急诊面积1180平方米，病房楼房面积84平方米，其他辅助用房面积948平方米。有职工34名，开放床位10张，年门诊服务4.11万人次。前身为创办于1958年的泗淋乡卫生所，1984年8月更名为三门县泗淋乡卫生院。

三门县蛇蟠乡卫生院 [Sānménxiàn Shépánxiāng Wèishēngyuàn]

位于蛇蟠乡黄泥洞村。前身蛇蟠乡社区卫生服务中心，2014年4月更名为三门县蛇蟠乡卫生院。全院职工9人，其中卫生技术人员8人，病床5张。

第四节　金融保险

【金融】

中国人民银行三门县支行 [Zhōngguórénmínyínháng Sānménxiànzhīháng]

位于海游街道下洋巷1号。成立于1950年5月，是在政府部门领导下，制定和执行国家货币政策，防范和化解金融风险，维护金融稳定的政策性银行。1988年设有办公室、计划、金融管理、货币发行、会计、稽核股和保卫股等六股一室。1994年7月县人行内部机构调整，设办公室、计划调统股、稽核金管股、会计国库股、发行保卫股等四股一室。2004年4月机构调整为办公室、营业室、信贷调统股。

2008年3月18日调整为办公室、综合业务管理部和信贷调统部3个部门。2016年年末在编员工19人。

中国农业发展银行三门支行 [Zhōngguónóngyèfāzhǎnyínháng Sānménzhīháng]

位于海游街道梧桐路26号。中国农业发展银行三门县信贷组于1997年1月1日设立对外营业，存贷款业务由工商银行三门县支行代理。自1999年1月1日开始，存贷款业务转由农业银行三门县支行代理。2011年10月升格为中国农业发展银行三门县支行，2012年1月4日正式对外营业，内设综合会计部、客户服务部。

中国工商银行股份有限公司三门支行 [Zhōngguógōngshāngyínháng Gǔfènyǒuxiàngōngsī Sānménzhīháng]

位于海游街道湫水大道25号。1984年1月1日县人民银行对外加挂中国工商银行三门县支行牌子，内部与县人民银行采取“一个机构，两块牌子，资金分开，两套账目”的办法，业务接受上级工行垂直管理。1986年7月1日与县人民银行正式分家成立，单独营业，称中国工商银行三门县支行，承办原县人民银行工商信贷、结算等业务，内设6个股、1个办事处、2个储蓄所，全行在册员工38人。2005年12月26日工行股份制改造，更名为中国工商银行股份有限公司三门支行。2016年内设综合管理部、信贷市场部、个人金融业务部、信贷管理部，下辖营业网点4个，其中营业部1个，二级支行3个，从业人员95人。

中国农业银行股份有限公司三门支行 [Zhōngguónóngyèyínháng Gǔfènyǒuxiàngōngsī Sānménzhīháng]

位于海游街道人民路212号。1980年1月从县人民银行划出单独设立，原人民银行基层机构小雄、沿江、健跳、海游、亭旁、珠岙6个营业所全部划归县农行。1990年年末内设11个股室，1个营业部，1个信用联社，辖属5个营业所，34个信用社，2个信用分社，8个储蓄所，员工328人。1994年因业务发展需要，内设机构和营业网点作多次调整。2009年股份制改革，更名为中国农业银行股份有限公司三门县支行。2010年8月在沿赤乡设立沿海工业城支行。2016年内设综合管理部、运营财会部、风险管理部、公司业务部、个人金融部，辖属6网点，分别为营业中心、海游支行、人民路支行、沿海工业城支行、亭旁支行、健跳分理处，在职员工111人，ATM机33台，自助银行5个。同年8月由人民路212号搬迁至广场路22号办公营业。

中国银行股份有限公司三门支行 [Zhōngguóyínháng Gǔfènyǒuxiàngōngsī Sānménzhīháng]

位于海游街道上洋路19号。成立于1993年8月28日，隶属中国银行台州市分行，营业场所租用县公路段大楼，即人民路79号，内设办公室、会计出纳股、稽核保卫股、存汇股，员工15人。1996年7月9日撤销原内设机构，设立综合管理部、财会业务部、计划信贷部、信用卡存汇业务部。1997年12月8日搬迁至上洋路19号新大楼办公营业。2003年12月内部机构设行长办公室、业务管理部、业务发展部、营业部。2005年3月更名为中国银行股份有限公司三门县支行。2016年年底内部机构设综合管理部、公司业务部、个人金融部、营业部，下辖营业网点4个，员工86人。

中国建设银行股份有限公司三门支行 [Zhōngguójiànshèyínháng Gǔfènyǒuxiàngōngsī Sānménzhīháng]

位于海游街道光明路1号。1987年12月21日在海游镇人民路226号成立，设有9个股(室)，3个股级分理处，3个储蓄所，一个储蓄专柜，全行干部职工63人。1993年12月25日对三门县建银公司、三门县建设房地产开发公司进行清理脱钩，对县建行房地产信贷部进行并账处理。1996年3月26日县建行更名为中国建设银行三门县支行。1999年由中国建设银行三门县支行降格为中国建设银行台州分行三门分理处。2002年12月升格为中国建设银行三门县支行。2004年9月更名为中国建设银行股份有限公司三门支行。2016年设办公室、业务管理部、公司客户部、个人客户部、资金结算客户部等5个部门，支行营业部、南山支行、三门核电支行3个营业网点，员工78人。

中信银行股份有限公司台州三门支行 [Zhōngxìnyínháng GǔfènYǒuxiàngōngsī Táizhōusānménzhī háng]

位于海游街道湫水大道29~129号。2012年4月26日开业，下设行长室、公司银行部、零售银行部、营业部、综合业务部，附行式ATM2台，查询机1台，离行式ATM3台，员工17人，

招商银行股份有限公司台州三门支行 [Zhāoshāngyínháng GǔfènYǒuxiàngōngsī Táizhōusānmén zhīxíng]

位于海游街道湫水大道2号40~44。是一家民营企业资本为主体的股份制商业银行，2012年12月10日开业。内设营业部、公司银行部、零售银行部、办公室四个机构，从业人员17人。

浙江泰隆商业银行股份有限公司台州三门支行 [Zhèjiāngtàilóngshāngyèyínháng Gǔfènyǒuxiàn gōngsī Táizhōusānménzhīháng]

位于海游街道新兴街22~26号。2007年1月24日成立，是泰隆的第10家支行，也是泰隆在椒江、黄岩、路桥三区之外开设的第一家支行。内设业务部及营业部，其中业务部内设3个部门，员工45人。

浙江民泰商业银行股份有限公司台州三门支行 [Zhèjiāngmíntàishāngyèyínháng Gǔfènyǒuxiàngōngsī Táizhōusānménzhīháng]

位于海游街道湫水大道2~8号。2011年5月10日开业。下设综合管理部、安全保卫部、营业部及小额贷款部等部门，从业人员56人。

三门县农村信用合作联社 [Sānménxiàn Nóngcūnxìnyònghézuò Liánshè]

位于海游街道上洋路68号。1988年末三门县信用合作社联合社行政隶属县农行，办公地点租借县农行四楼。全县共有乡镇信用社34个，村信用服务站461个，员工184人。1992年撤区并乡，农村信用社在乡镇所在地设立总社，政府机构撤销地的信用社降为分社，全县共有信用社16家，分社19家，储蓄所2家。1995年6月信用联社营业部成立，负责全县信用社资金调拨、结算。1996年信用联社与县农行脱离行政隶属关系，员工210人。1997年信用社网点调整，撤并4家分社，并向路桥联社分流人员8名，黄岩联社分流人员6名。1998年撤并蛇蟠信用社和8个分社、1个储蓄所，并对全县农村信用服务站清理整顿。1999年8月信用联社综合大楼建成，办公地点从人民路89号迁至上洋路10号。2000年12月25日三门县城市信用社更名为城关农村信用合作社，归信用联社管理，实行城乡信用社联合，营业网点总数达到24家。2005年完成一级法人改革，更名为三门县农村信用合作联社，下辖营业部1家，信用社14家，分社3家，储蓄所3家。2010年7月信用联社在蛇蟠乡设立营业机构，从而改写乡镇一级没有金融服务网点的历史。2013年6月信用联社办公地点从上洋路10号迁至上洋路68号。下辖营业网点26家，其中营业部1家，信用社13家，分社12家，员工295人。

中国邮政储蓄银行股份有限公司三门县支行 [Zhōngguóyóuzhèngchǔxùyínháng Gǔfènyǒuxiàngōngsī Sānménxiàn Zhīháng]

位于海游街道湫水大道10号1单元1~4号。2008年5月22日中国邮政储蓄银行三门县支行成立，全县有12个邮政储蓄网点，22台ATM机，与全国3.6万个邮政储蓄网点实现联网，下设营业部和高枧支行二个二级支行。2012年1月更名为中国邮政储蓄银行股份有限公司三门县支行。6月28日迁址海游镇大湖塘10号办公，9月13日中国邮政储蓄银行股份有限公司三门县海游支行在台州工商局注册成立。至2016年年末，从业人员128名，邮政代理网点9个，银行自营网点3个，自助机具22台，下设3个部门，营业部、海游、高枧3个二级支行。

浙江三门银座村镇银行股份有限公司 [Zhèjiāng Sānmén Yínzuòcūnzhènyínháng Gǔfènyǒuxiàngōngsī]

位于海游街道光明路118号。前身是台州银座城市信用社，2010年3月18日开业。先后在健跳镇、珠岙镇、海游街道、亭旁镇、浦坝港镇等地设立8家支行。2011年11月16日管理部门变更为办公室（保卫部）、市场部、前台管理部、计划财务部、稽核部、风险管理部。2016年下辖六敖、高枧、海游、亭旁行、心湖、城东6家支行和健跳自助银行，从业人员182名。

三门县海啊小额贷款股份有限公司 [Sānménxiàn Hǎi'āxiǎo'edàikuǎn GǔfènYǒuxiàngōngsī]

位于海游街道梧桐路20号901室。2011年7月25日成立，注册资本金1亿元，主发起人海啊集团有限公司。从事办理各项小额贷款，办理小企业发展、管理、财务等咨询业务和经省金融办批准的其他业务，故名。

三门县三变小额贷款股份有限公司 [Sānménxiàn Sānbiànxiǎo'édàikuǎn GǔfènYǒuxiàngōngsī]

位于海游街道上洋路19号中行大楼11层。2009年2月6日成立，三变科技股份有限公司作为主发起人，联合浙江扬戈电器有限公司等4家骨干企业及8位自然人股东共同发起设立，注册资本8000万元。同年4月开始正式营业。从事办理各项小额贷款，办理小企业发展、管理、财务等咨询业务，办理小企业发展、管理、财务等咨询业务和经省金融办批准的其他业务，故名。

【保险】

中国人民财产保险股份有限公司三门县支公司 [ZhōngguórénmíncáichǎnbǎoxiǎnGǔfènYǒuxiàngōngsī SānménxiànzhīGōngsī]

位于海游街道梧桐路20号总商会大厦1楼。1996年4月2日中国人民保险公司三门县支公司撤销，成立中保财产保险有限公司三门县支公司。1997年9月25日设立中保财产保险有限公司珠岙办事处。2003年6月更名为中国人民财产保险股份有限公司三门县支公司。2009年成为三门核电有限公司首席承保人。2013年全省首个农村营销服务部在六敖镇设立，内设机构有办公室、出单分中心 / 电子商务部、理赔分中心、三农保险部、直销业务一至五部、六敖营销服务部。主要经营各种企业财产保险、机动车辆保险、家庭财产保险、货物运输保险、船舶保险、建筑工程保险、责任保险、信用保险、保证保险、意外伤害保险、短期健康保险、核能保险、政策性农业保险等业务。1989年承保各类机动车辆收取保费85万元。2013年承保各类机动车1.73万辆，收取保费5635万元。1989—2013年保费收入从280万元增加到7274万元，增加25.98倍。2010—2011年度中标县公务用车定点保险项目。截至2016年，占三门县财产保险市场份额为52.82 %，保费收入达7274万元，全县近200家企业，1.19万多辆机动车（不含摩托车和拖拉机）以及全县11.7万农户住房参加该公司保险。同时，受县政府委托，承办全县的政策性农业保险业务，是三门财产保险市场的龙头企业。

中国人寿保险股份有限公司三门县支公司 [Zhōngguórénshòubǎoxiǎn Gǔfènyǒuxiàngōngsī Sānménxiànzhīgōngsī]

位于海游街道广场路1~23号。中国人寿保险股份有限公司是中国最大的寿险公司，跻身于世界双500强企业行列，其前身是与新中国同期诞生的原中国人民保险公司。中国人寿保险股份有限公司三门县支公司隶属于中国人寿保险股份有限公司台州分公司的县级分支机构，公司向个人及团体提供人寿、年金、健康和意外伤害保险产品，涵盖生存、养老、疾病、医疗、身故、残疾等多种保障范围，全面满足客户在人身保险领域的保险保障和投资理财需求。2006年实现保费收入3566万元。2011年实现保费收入9214万元，在三门寿险市场占据主导地位，占市场份额75%以上。2006—2007年连续两年被省公司评为全省达标公司。2011年被市委市政府命名为第九批市级文明单位。公司下设经理室、综合部、客户服务部、团险销售部、个险销售部和银行保险部，员工26人，保险代理人276人。

中国太平洋财产保险股份有限公司三门支公司 [Zhōngguótàipíngyángcáichǎnbǎoxiǎn Gǔfènyǒuxiàngōngsī Sānménzhīgōngsī]

位于海游街道梧桐路20号总商会大厦14楼。2001年9月18日成立，地址海游上洋路6号，员工13人。2001年9月18日至2006年5月31日为太平洋产险三门营销部。2006年6月1日升为太平洋产险三门支公司，迁址滨海大道19~13、14、15号办公。下设总经理室、综合管理部、公司业务部、新渠道部、理赔部、客服部。主要开展人民币和外币的各种财产保险、短期健康保险和意外伤害保险业务，涉及航空航天、电力能源、石油化工、基础建设及金融贸易、船舶、汽车、机械设备、电子通信、仓储物流、纺织烟草、科技创新等领域，参与农业保险共保体，白对虾养殖保险。先后承保三门核电、沿海大通道、74省道南沿等重大项目。

中国平安财产保险股份有限公司三门支公司[Zhōngguópíngāncáichǎnbǎoxiǎn GǔfènYǒuxiàngōng sī Sānménzhīgōngsī]

位于海游街道交通路344号。2002年8月中国平安财产保险股份有限公司台州中心支公司三门县第一营销服务部成立，地址设在光明路1号建设银行6楼。2003年2月更名为中国平安财产保险股份有限公司台州中心支公司三门县营销服务部。2008年开始承办第一笔涉外业务。2013年5月更名为中国平安财产保险股份有限公司三门支公司，员工9人。

阳光财产保险股份有限公司三门支公司[Yángguāngcáichǎnbǎoxiǎn Gǔfènyǒuxiàngōngsī Sānmén zhīgōngsī]

位于海游街道广场路2~1、2~2、2~3号1楼。2011年7月28日成立，经营财产损失保险、责任保险、信用保险和保证保险、短期健康保险和意外伤害保险，上述业务的再保险业务及经中国保监会批准的其他业务。保费每年增速22%以上，是三门县发展最快最稳定的产险公司。

第三章 企业

第一节 第一产业

三门县现代农业园区 [Sānménxiàn Xiàndàinóngyè Yuánqū]

位于健跳镇六敖北塘，东起核电路，西至峋岩村养殖塘，南至S224省道，北至北塘标坝，规划总面积2.1471万亩。2010年5月31日园区被省农业厅认定为第一批省级现代农业综合区创建点。2012年1月21日被农业部正式认定为国家级现代农业示范园区。2013年9月26日园区的核心区三门农博园正式开园运营，12月17日通过省级农业综合区考核验收。园区总投资2.7亿元，初步建成现代水产养殖产业示范区、现代名特蔬菜产业示范区、现代特色果品产业示范区三大主导产业区和春日特色水果精品园、六好优特蔬菜精品园、小羽珍禽养殖精品园和虾蟹集约化养殖精品园等四个精品园。

三门县林场 [Sānménxiàn Línchǎng]

位于县政府驻地南7公里湫水山。四周与海润街道、亭旁镇、健跳镇、横渡镇相邻。总面积1.9965万亩，其中生态公益林面积1.5万亩，林木蓄积7.5万立方米，森林覆盖率97.7%，场部设在回龙庵。建场初期开辟山路两条，分别通向场部西北山脚慈胜村和沿半山脚通向东南茶园林区。1994年林场改革管理机制，经营承包，创产值15万元，创销售收入43.9万元，盈利4.6万元，完成500立方米基建和场部搬迁。2012年编制《三门县林场改革方案》，以建设林场休闲度假区基础设施为重点，加快林场的改革与发展，湫水山省级森林公园获省林业厅批准命名。2013年三门县林场进行改革，妥善处理31名职工队伍问题。同时，通过妥善处置林场国有资产，积极争取上级补助资金，进一步改善基础设施。1957年9月设立。

三门县凤凰山农垦场 [Sānménxiàn Fènghuángshān Nóngkěnchǎng]

位于县政府驻地东南18.2公里健跳镇境内。前身是温州劳教所（1957—1964年）。1964年成立了凤凰山农垦场，属省农场管理局定点农垦场，由南下干部与当地老职工及杭州知青组成。1984—1987年底上级在农垦场成立了台州劳教支队，部分场部领导纳入台州劳教支队工作人员，但农垦场的职工和单位性质保持不变。1988年年初台州劳教支队撤走，以前进入台州劳教支队工作人员回归农垦场，不动产也归农垦场所有，重新成立三门县凤凰山农垦场。农场由8个生产队组成，由场部统一指挥，统一管理，安排从事农业生产。2006年凤凰山农垦场被确定为省首批20家现代农业示范农场建设试点单位，组织编制了农垦场总体规划，规划实施面积4450亩，建设总投资2.24亿元，分农场新品种引繁殖基地、绿色无公害蔬菜生产区、名优水果生产区、名特水产养殖区、精深农产品加工区、农业生态保护区、农业休闲观光旅游区、生态社区和仓储物流区九个功能区块实施。凤凰山农垦场现有土地面积4444.74亩，养殖塘面积1590亩，旱地面积740亩，果园面积430亩，山地面积450.02亩，茶园面积320亩，水域面积540.45亩，其他用地面积368.27亩，砖瓦厂一家。已形成了以脐橙为主导产品的800亩绿色食品生产基地，600亩蔬菜示范基地和1300亩无公害水产品养殖基地。现有职工35人，离退休职工218人，农场户籍159户。

第二节 第二产业

海游街道

【电力、水务、燃气】

国网浙江三门县供电公司 [Guówǎng Zhèjiāng Sānménxiàn Gōngdiàn Gōngsī]

位于海游街道上洋路66号。注册资金22748万元，职工人数253人。前身是民国三十六年（1947年）创办的私营海游三友合记电灯碾米厂。1954年私营厂收归国有改名海游电灯厂。1958年改名地方国营临海县电厂。1962年取名地方国营三门电厂。1978年成立三门县电力公司，与三门电厂合并。1990年成立三门县供电局与电力公司，实行两块牌子，一个班子管理。2013年7月三门县供电公司更名为国网浙江三门县供电公司，主要为全县电网供电，机构设置有办公室、人力资源部、电力调度控制分中心、党群工作部、发展建设部、财务资产部、安全监察质量部（保卫部）等。2016年工业总产值73843.2万元。

三门县水务有限公司 [Sānménxiàn Shuǐwù Yǒuxiàngōngsī]

位于海游街道上洋路20号。由三门县自来水厂、三门县第二自来水厂、沿海水务投资有限公司3家合并组成，2011年2月注册成立，注册金4000万元。

三门县水务有限公司由机关总部及城关分公司、第二分公司、浬浦分公司和石滩分公司等4家分公司组成，设计规模为日供水13.5万吨，员工213名。城关分公司县城管网DN100以上供水管道总长256.2公里，供水面积30平方公里，供水人口10万人；第二分公司（健跳、六敖、蛇蟠）供水区域近15平方公里，DN75管道以上近106公里，供水人口4.2万人；浬浦分公司供水区域约18平方公里，DN75管道以上近70公里，供水人口4.93万多人。

三门华润燃气有限公司 [Sānmén Huárùnránqì Yǒuxiàngōngsī]

位于海游街道健康路82号。2011年5月11日成立，注册资金3500万元。从事燃气工程的设计、安装；燃气管道维护、运营、管理及燃气供应，燃气器具、厨卫电器及零配件零售和批发、安装、维修，故名。

【制造业】

中国三变科技股份有限公司 [Zhōngguó Sānbiànkējì Gǔfènyǒuxiàngōngsī]

位于海游街道西区大道369号。公司注册资金20160万元，占地面积13.86万平方米，资产总值近13亿元，年生产能力2800万千伏安，员工848人。1988年10月设立地方国营三门县变电器厂。1997年1月改制设立浙江三变集团有限公司。2001年12月改制设立浙江三变科技股份有限公司。2005年8月更名为中国三变科技股份有限公司。公司是国家定点生产系列电力变压器的专业厂，是国家重点高新技术企业、全国质量效益型先进企业、全国变压器十强企业、浙江省高新技术企业、浙江省用户满意度企业，拥有博士后工作站和省级企业技术中心。2016年产值113524.8万元。

浙江巨龙自动化设备有限公司 [Zhèjiāng Jùlóngzìdònghuàshèbèi Yǒuxiàngōngsī]

位于海游街道沙田洋开发区繁华路2号。1998年3月成立，注册资金500万元。公司占地面积4.67万平方米，员工100人。从事电工机械专用设备、电子工业专用设备、通用仪器仪表、金属切割及焊接设备、电机喷塑成套设备、喷枪及类似器具、汽车车身及挂车、电机等制造和销售。2016年产值2227万元。

浙江三门太和大型锻造有限公司 [Zhèjiāng Sānmén Tàihédàxíngduànzào Yǒuxiàngōngsī]

位于海游街道西区祥和路51号。2006年4月19日成立，注册资金1118万元。公司占地面积5.33万平方米，建筑面积2万平方米，员工139人。拥有250公斤、560公斤、1000公斤空气锤，5吨电液锤、800吨锻造油压机、3150吨锻造水压机，配置大型车、铣、刨、磨床等机械加工设备及3200×14000热处理炉、3200×8000加热炉等热处理设备，为机械、电力、船舶、矿山、石油等行业配套锻造加工各类钢锻件。2016年产值25082.6万元。

浙江立兴汽车零部件制造有限公司［Zhèjiāng Lìxìngqìchēlíngbùjiànzhìzào Yǒuxiàngōngsī］

位于海游街道西区开发区。2005年3月成立，注册资金300万元。公司占地面积2.58万平方米，员工85人。原名乐清金龙摩擦材料有限公司，创办于1986年春，于2008年春由原雁荡山搬迁至三门，是现代化摩擦材料专业生产企业，产品远销欧美、中东、东南亚等十几个国家和地区，并配套四川"新都"、广东"顺通"等国内人型离合器总成生产厂家，年产量达700多万片。2016年产值2215.7万元。

台州裕龙机电有限公司［Táizhōu Yùlóngjīdiàn Yǒuxiàngōngsī］

位于海游街道西区大道。2007年2月成立，注册资金20万美元。公司占地面积2.12万平方米，员工93人。是一家专业轴流风机、变压器片式散热器、横流风扇、冷却器、变压器控制柜专业生产企业。2016年产值2617.1万元。

台州乐怡橡胶有限公司［Táizhōu Lèyíxiàngjiāo Yǒuxiàngōngsī］

位于海游街道西区大道。2011年7月成立，注册资金600万元。公司占地面积1.67万平方米，建筑面积2.5万平方米，员工169人。公司主要生产汽车脚垫和机电两大类产品，并通过了ISO9001:2008质量认证体系，有自营出口权。2016年产值6276.7万元。

浙江双丰化纤有限公司［Zhèjiāng Shuāngfēnghuàxiān Yǒuxiàngōngsī］

位于海游街道西区开发区。2010年8月成立，注册资金3000万元。公司占地面积1.63万平方米，建筑面积3万平方米，总资产2.8亿元，员工300多人，年产3万吨涤纶工业丝。2016年产值7093万元。

浙江喜尔登床垫有限公司［Zhèjiāng Xǐěrdēngchuángdiàn Yǒuxiàngōngsī］

位于海游街道西区开发区西一路。2006年1月成立，注册资金3000万元。公司占地面积1.15万平方米，员工105人。主要经营床垫、真皮软床、乳胶枕头、床上用品、床头柜、弹簧床芯等产品。2016年产值5235.8万元。

浙江省三门县密封件厂［Zhèjiāngshěng Sānménxiàn Mìfēngjiàn Chǎng］

位于海游街道交通路336号。1986年5月成立，注册资金320万元。企业占地面积7667平方米，总资产2000万元，员工141人。企业主要生产聚氨酯、F4复合材料、橡胶密封件及各类阀门密封环、聚酯型、聚醚型、弹性联轴器等50余种系列，15000余种规格的产品。2016年产值2845.1万元。

浙江三门宏桥橡塑科技有限公司［Zhèjiāng Sānmén Hóngqiáoxiàngsùkējì Yǒuxiàngōngsī］

位于海游街道祥和路53号。2007年1月成立，注册资金1500万元。公司前身浙江三门宏桥交通设施有限公司，成立于1992年。占地面积2.85万平方米，员工111人。主要产品有橡胶减速带、吹塑水马、防撞桶、隔离墩、路锥、警示柱、分道体、护角、车轮定位器及防眩板及行人安全岛等各类道路安全制品，远销东南亚、欧美、中东和澳、非、南美洲等上百个国家和地区。2016年产值7687.5万元。

欧克奥拓凯斯勒手套（三门）有限公司［ōukèàotuòkǎisīlè Shǒutào(Sānmén) Yǒuxiàngōngsī］

位于海游街道交通路559号。1999年7月成立，注册资金120.6万欧元，是德国凯斯勒集团的全资子公司。公司占地面积1.61万平方米，员工204人。凯斯勒集团是当今世界上高质量皮革时装手套生产的领先企业，总部设在德国。2016年产值4055.5万元。

台州超固电气有限公司［Táizhōu Chāogùdiànqì Yǒuxiàngōngsī］

位于海游街道光明路181号。2002年12月成立，注册资金200万元。公司占地面积1.18万平方米，建筑面积1.2万平方米，员工90人。原名浙江省三门绝缘材料厂，成立于1993年。主导产品有330千伏及以下油浸、干式变压器绝缘成型件、橡胶密封件等，年生产各类绝缘件产品600余吨，并通过ISO9001质量体系认证，先后获得浙江省高新技术企业、县586工程企业、市科技进步奖、市管理星级企业、市诚信单位等荣誉称号。2016年产值3376.6万元。

台州通达机电有限公司［Táizhōu Tōngdájīdiàn Yǒuxiàngōngsī］

位于海游街道光明中路333号。公司占地面积9807平方米，员工151人。拥有先进的加工设备和精密的检测装置，专业生产ZD系列汽车暖风电机、汽车空调电机、雨刮电机、GF系列干式变压器用横流式冷却风机、DBF系列低噪声变压器风扇等，年产60万台套。2016年产值1482.6万元。

浙江三门永丰模具有限公司 [Zhèjiāng Sānmén Yǒngfēngmójù Yǒuxiàngōngsī]

位于海游街道西区永兴路26号。2009年1月成立，注册资金100万元。公司主要从事模具制造和汽车配件制造。2016年产值2466.7万元。

三门县金田标准件有限公司 [Sānménxiàn Jīntiánbiāozhǔnjiàn Yǒuxiàngōngsī]

位于海游街道后洋陈路253号。2003年成立，注册资金168万元。公司占地面积8320平方米，员工39人。主营生产螺母、螺丝、铆钉、螺栓等产品。2016年产值2668.2万元。

三门县鑫凯工艺品有限公司 [Sānménxiàn Xīnkǎigōngyìpǐn Yǒuxiàngōngsī]

位于海游街道西区大道349号。2013年9月成立，注册资金1000万元。公司占地面积1.24万平方米，员工207人。主要生产汽车坐垫套、汽车脚垫、汽车方向盘套等。2016年产值8639.2万元。

浙江金久胶带有限公司 [Zhèjiāng Jīnjiǔjiāodài Yǒuxiàngōngsī]

位于海游街道西区大道373号。2003年5月成立，注册资金2000万元。公司占地面积1.41万平方米，建筑面积2万多平方米，员工141人。专业生产橡胶三角带、窄V带、联组带、六角带、特种三角带、切边齿形胶带等系列胶带产品。注册商标“金久”“三威”以及出口英文商标。产品畅销全国20多个省、市、县，并出口南美洲、俄罗斯、美国、巴西、中东、东南亚、非洲等20多个国家和地区。2016年产值3835万元。

浙江三维橡胶制品股份有限公司 [Zhèjiāng Sānwéixiàngjiāozhìpǐn Gǔfènyǒuxiàngōngsī]

位于海游街道下坑村。创建于1990年。1997年8月29日成立，注册资本5280万元。是集产品科研、设计、开发、生产、销售和服务于一体的胶带生产企业。占地面积19.45万平方米，建筑面积12万平方米，现有总资产3.85亿元，员工1426人。公司主要产品有年产2.50亿Am的橡胶V带和1500万平方米输送带。橡胶V带产品为国家免检产品、浙江省名牌产品、浙江省著名商标、浙江省知名商号（三维橡胶）、中国驰名商标。企业通过ISO9001 :2000质量管理体系认证、ISO1001 :2004环境管理体系认证、ISO10012 :2003计量检测体系认证、OHSAS18000职业健康安全体系认证、质量检验机构认定为A级企业、国家标准化良好行为达到AAA级企业。产品畅销全国20多个省、市、县，出口到东南亚、美国、巴西、埃及等20多个国家和地区。2016年产值76789.5万元。

浙江万立汽配有限公司 [Zhèjiāng Wànlìqìpèi Yǒuxiàngōngsī]

位于海游街道西区繁华路1号。2004年4月成立，注册资本1000万元。公司占地面积2.53万平方米，建筑面积1.8万平方米，总资产7000万元，员工83人。主要从事汽车空调系统铝制品部件、汽车电机铝制品部件、内燃机铝制品部件、汽车制动与供回油硬管等汽车配件的生产，同时为其他厂商配套生产聚氨酯与橡胶等制品，部分产品销往国外。公司于2008年年初通过了ISO9001:2008和ISO/TS16949:2009国际质量管理体系认证。2016年产值4768万元。

浙江元创橡胶履带有限公司 [Zhèjiāng Yuánchuàngxiàngjiāolǚdài Yǒuxiàngōngsī]

位于海游街道沙田洋工业园西区大道608号。1991年4月成立，注册资金5500万元。公司前身为三门县胶带制品厂，创建于1985年。占地面积4.72万平方米，建筑面积3.52万平方米，员工424人，总资产4.5亿元。是国内自主设计、研发、生产和经营各种规格型号的农用、工程、雪地、特种及高性能全地形大型履带式施工机械橡胶履带和橡胶履带板的高新技术企业。公司注册生产的“元创”“浪潮”等品牌的产品不仅和国内沃得、福田、湖州星光等多家重工机械和收割机厂家配套，而且与东南亚、欧美和非洲等众多国家的工程机械及农用机械厂家配套。2016年产值48119.4万元。

浙江省三门浦东电工电器有限公司 [Zhèjiāngshěng Sānmén Pǔdōngdiàngōngdiànqì Yǒuxiàngōngsī]

位于海游街道沙田洋开发区。1994年9月成立，注册资金3258万元。公司占地面积2.47万平方米，资产总值近亿元，员工 154 人。主要生产纸包圆扁线、漆包圆扁线、组合导线、无纺布玻璃丝包线、薄膜烧结线、换位导线等六大系列，年生产能力 1.5 万吨。产品纸包圆、扁线获浙江省名牌产品，“浦电”牌被评为浙江省著名商标。2016 年产值 17760.57 万元。

浙江奋飞橡塑制品有限公司 [Zhèjiāng Fènfēixiàngsùzhìpǐn Yǒuxiàngōngsī]

位于海游街道山陈村。1998 年 8 月成立，注册资金 10000 万元。前身为三门县橡胶五厂，始建于 1988 年，是全国最大橡胶制品生产企业之一。公司占地面积 7.54 万平方米，员工 450 人。拥有国内最先进的普通 V 带生产流水线及国际领先的钢丝绳输送带生产流水线，具有年产普通 V 带 1.5 亿 Am，各种规格输送带 1500 万平方米的生产能力，产品出口占 40%。2016 年产值 21909.1 万元。

浙江省三门中鑫实业有限公司 [Zhèjiāngshěng Sānmén Zhōngxīnshíyè Yǒuxiàngōngsī]

位于海游街道山董村。1995 年 9 月成立，注册资金 300 万元。公司占地面积 7047 平方米，员工 138 人。从事聚氨酯、塑料、橡胶制品的制造、销售。2016 年产值 8589.7 万元。

浙江东亚药业有限公司 [Zhèjiāng Dōngyàyàoyè Yǒuxiàngōngsī]

位于海游街道悬渚。1998 年 2 月成立，注册资金 2500 万元。公司占地面积 16.15 万平方米，员工 355 人。主要从事原料药、片剂、颗粒剂、胶囊剂生产，产品有氧氟沙星、左氟沙星、氯雷他定、盐酸左氧氟沙星、马来酸曲美布汀、酮康唑、盐酸特比奈芬、硫普罗宁、乳酸左氧氟沙星、依帕司他、盐酸多奈哌齐、噻康唑等。2016 年产值 16181.8 万元。

浙江巨力电机成套设备有限公司 [Zhèjiāng Jùlìdiànjīchéngtàoshèbèi Yǒuxiàngōngsī]

位于海游街道光明中路 8 号。1998 年 1 月成立，注册资金 500 万元。公司占地 3 万平方米，员工 280 人。从事电机设备、特种焊接设备、喷涂设备的制造销售。2016 年产值 13673.29 万元。

浙江三特科技有限公司 [Zhèjiāng Sāntèkējì Yǒuxiàngōngsī]

位于海游街道北山村。原名浙江省三门特种橡胶制品总厂，1990 年 7 月成立，注册资金 1580 万元。公司占地面积 4.2 万平方米，员工 109 人。是生产各类胶带、胶管的专业厂家和出口商。2016 年产值 2508.1 万元。

台州海赛动力机械有限公司 [Táizhōu Hǎisàidònglìjīxiè Yǒuxiàngōngsī]

位于海游街道西区工业园区 (统建村)。2012 年 8 月成立，注册资金 500 万元。公司占地面积 1.07 万平方米，建筑面积 8000 平方米，固定资产总值 8100 万元，员工 104 人。是一家主要生产船用舷外机 (铝) 零部件及整机组装的企业。2016 年产值 5959.1 万元。

扬戈科技股份有限公司 [Yánggēkējìrǔfèn Yǒuxiàngōngsī]

位于海游街道沙田洋经济开发区。2003 年 5 月成立，注册资金 2800 万元。公司占地面积 5.66 万平方米，员工 203 人。前身为创立于 1998 年 2 月的浙江省三门阳光电器有限公司。是一家集科研、制造、贸易、服务于一体的科技型民营企业，专业生产起重机的联动控制台、主令控制器、电控柜、司机室、电器房等配套机电产品。“扬戈”商标获浙江省著名商标称号。2016 年产值 8410 万元。

台州希尔丽橡塑有限公司 [Táizhōu Xīěrlìxiàngsù Yǒuxiàngōngsī]

位于海游街道繁华南路 57 号。2009 年 5 月成立，注册资金 200 万元。公司主要生产门垫、地垫、防滑垫等相关橡塑制品。2016 年产值 2766.3 万元。

【建筑业】

三门中诚建设有限公司 [Sānmén Zhōngchéngjiànshè Yǒuxiàngōngsī]

位于海游街道人民路 192 号。2005 年 12 月 5 日成立，注册资金 2180 万元。为房屋建筑工程施工总承包二级资质，市政公用工程施工总承包、土石方工程专业承包、建筑装修装饰工程专业承包、建筑智能化工程专业承包三级资质建筑企业。

台州东方隧道工程有限公司 [Tāizhōu Dōngfāngsuìdàogōngchéng Yǒuxiàngōngsī]

位于海游街道墙里路50号。1998年5月成立，注册资金500万元。为隧道工程专业承包二级资质建筑企业。

台州市环宇市政工程有限公司 [Tāizhōushì Huányǔshìzhènggōngchéng Yǒuxiàngōngsī]

位于海游街道南山路105号楼A单元1102室。1995年9月成立，注册资金 55929万元。为市政公用工程施工总承包一级资质，房屋建筑工程施工总承包、土石方工程专业承包、城市及道路照明工程专业承包二级资质，钢结构工程专业承包、建筑装修装饰工程专业承包、体育场地工程专业承包三级资质建筑企业。

台州市九阳市政工程有限公司 [Tāizhōushì Jiǔyángshìzhènggōngchéng Yǒuxiàngōngsī]

位于海游街道环湖东路1~12号。2007年6月成立，注册资金2600万元。为市政公用工程施工总承包三级资质建筑企业。

台州通达建设有限公司 [Tāizhōu Tōngdájiànshè Yǒuxiàngōngsī]

位于海游街道西区大道4号楼第11、12、13间5~7层。2005年3月成立，注册资金6700万元。为从事房屋建筑工程施工总承包二级资质，市政公用工程施工总承包、建筑装修装饰工程专业承包三级资质建筑企业。

台州永申建设有限公司 [Tāizhōu Yǒngshēnjiànshè Yǒuxiàngōngsī]

位于海游街道梧桐路20号1501室。原名浙江省三门城镇建设有限公司。1999年3月16日成立，注册资金2018万元，现有在册员工498人。为房屋建筑工程施工总承包二级资质，市政公用工程、装修装饰三级资质，劳务一级资质的民营施工企业，是浙江省进沪施工优胜单位、台州市建筑业先进企业，荣获上海市建筑业最高荣誉奖“白玉兰杯”和“浦江杯”优质工程奖的外向型建筑施工企业。

浙江广聚建设有限公司 [Zhèjiāng Guǎngjùjiànshè Yǒuxiàngōngsī]

位于海游街道沿山路112号。2005年6月成立，注册资金2180万元。为从事房屋建筑工程总承包二级资质，市政公用工程施工总承包、地基与基础工程专业承包、建筑装修装饰工程专业承包三级资质建筑企业。

浙江省三门建安工程有限公司 [Zhèjiāngshěng Sānmén Jiàn'āngōngchéng Yǒuxiàngōngsī]

位于海游街道蟹山路21号。创建于1984年，原名浙江省三门县建筑安装工程公司。1999年9月19日改制重组成立，注册资金7188万元。为从事市政公用工程总承包、建筑装修装饰工程专业承包、钢结构工程专业承包一级资质，机电设备安装、地基与基础工程和土石方工程专业承包三级资质建筑企业，从事房地产开发、建材经营为一体的建筑集团公司。台州市建筑业重点骨干企业、台州市十强建筑企业之一、三门县建筑业龙头骨干企业。公司现有员工2320人，业务遍布上海、天津、江苏、珠海、青岛、杭州、宁波、台州等省市，多次创上海市“白玉兰”杯、天津市“海河”杯、台州市“括苍”杯等省市优质工程和文明安全样板工地。

浙江省三门县华侨企业建筑有限公司 [Zhèjiāngshěng Sānménxiàn Huáqiáoqǐyèjiànzhù Yǒuxiàngōngsī]

位于海游街道海游街145号。1985年7月成立，注册资金2502万元。为从事房屋建筑工程施工总承包二级资质，市政公用工程施工总承包、建筑装修装饰工程专业承包、土石方工程专业承包三级资质建筑企业。

浙江省三门县隧道建筑有限公司 [Zhèjiāngshěng Sānménxiàn Suìdàojiànzhù Yǒuxiàngōngsī]

位于海游街道沙田洋开发区。1986年4月2日成立，注册资金1008万元。为从事隧道工程专业承包二级资质建筑企业。

浙江省三门县永发建筑有限公司 [Zhèjiāngshěng Sānménxiàn Yǒngfājiànzhù Yǒuxiàngōngsī]

位于海游街道健康路453号滨江花园5号楼。1995年9月成立，注册资金3700万元。为从事房屋建筑工程施工总承包二级资质建筑企业。

浙江省台州市繁荣建设工程有限公司 [Zhèjiāngshěng Tāizhōushì Fánróngjiànshègōngchéng Yǒuxiàngōngsī]

位于海游街道溪北路55号13幢。1999年10月成立，注册资本12380万元。为从事房屋建筑工程施工总承包一级资质，市政公用工程施工总承包、建筑装修装饰工程专业承包、钢结构工程专业承包二级资质，地基与基础工程专业承包三级资质建筑企业。

浙江舜士建设有限公司 [Zhèjiāng Shùnshìjiànshè Yǒuxiàngōngsī]

位于海游街道西区大道永昌家园4幢2单元201室。2004年5月成立，注册资金2580万元。为从事房屋建筑工程施工总承包、市政公用工程施工总承包、建筑装修装饰工程专业承包二级资质建筑企业。

浙江腾宏市政建设有限公司 [Zhèjiāng Ténghóngshìzhèngjiànshè Yǒuxiàngōngsī]

位于海游街道上洋路19号（中行8楼）。2004年11月成立，注册资金2180万元。为从事市政公用工程施工总承包二级资质，机电设备安装工程专业承包、土石方工程专业承包、房屋建筑工程施工总承包三级资质建筑企业。

浙江腾远建设有限公司 [Zhèjiāng Téngyuǎnjiànshè Yǒuxiàngōngsī]

位于海游街道西区大道永昌家园4幢。1997年3月成立，注册资金10180万元。为从事房屋建筑工程施工总承包一级资质，建筑装修装饰工程专业承包二级资质，市政公用工程施工总承包、土石方工程专业承包三级资质建筑企业。

海润街道

【制造业】

浙江天恩压力容器制造有限公司 [Zhèjiāng Tiānēnyālìróngqìzhìzào Yǒuxiàngōngsī]

位于海润街道潺岙村。2006年5月成立，注册资金500万元。公司占地面积4.91万平方米，员工76人。是专业生产车用压缩天然气（CNG）气瓶、工业钢质无缝气瓶、消防气瓶、储能器等系列产品的企业。2016年产值5413万元。

台州欣荣鞋材科技股份有限公司 [Táizhōu Xīnróngxiécáikējì Gǔfènyǒuxiàngōngsī]

位于海润街道头岙工业园区。2007年4月成立，注册资金3903万元。公司占地面积9万平方米，员工198人。是一家专业开发、生产、销售鞋用中底板、高强瓦楞纸的民营股份制企业。公司先后兼并了浙江丰源电镀有限公司、台州鹏龙纸业、理工纸业，拥有固定资产5000余万元，年生产能力达到6万吨，是国内最大的生产鞋用中底板的厂家之一，台州市造纸龙头企业。2016年产值17608.2万元。

三门县鼎鑫工艺品有限公司 [Sānménxiàn Dǐngxīngōngyìpǐn Yǒuxiàngōngsī]

位于海润街道头岙工业园区。2006年9月成立，注册资金108万元。公司占地面积1.2万平方米，员工168人。主要生产各类树脂工艺品、布制工艺品、塑料制品、铁制工艺品、玻璃工艺品、蜡烛工艺品、藤草工艺品、木制工艺品等，产品远销欧美及东南亚国家。2016年产值6416.4万元。

浙江三门县远征造纸厂 [Zhèjiāng Sānménxiàn Yuǎnzhēng Zàozhǐchǎng]

位于海润街道头岙工业园区。1999年成立，注册资金140万元。公司占地面积1.74万平方米，员工38人。从事纸制品的制造和销售。2016年产值2386万元。

浙江宇仁新材料有限公司 [Zhèjiāng Yǔrénxīncáiliào Yǒuxiàngōngsī]

位于海润街道潺岙村。2002年12月成立，注册资金500万元。公司占地面积3.05万平方米，固定资产2000多万元，员工76人。主要生产特种有机硅单体（烷氧基硅烷、酰氧基硅烷、氨基硅烷、丁酮肟基硅烷等）和特种硅油及其二次加工产品。2016年产值5935.2万元。

浙江鼎晟休闲用品有限公司 [Zhèjiāng Dǐngchengxiūxiányòngpǐn Yǒuxiàngōngsī]

位于海润街道枫坑工业园区工业大道1号。2013年12月成立，注册资金3000万元。公司占地面积

2.02万平方米，员工300人。专业生产金属户外家具、太阳伞、遮阳棚、铝制沙滩椅等产品。2016年产值12975.2万元。

三门腾龙电器有限公司 [Sānmén Ténglóngdiànqì Yǒuxiàngōngsī]

位于海润街道枫坑工业园区凤鸣路3号。1997年4月成立，注册资金320万元。公司占地面积4.12万平方米，建筑面积1.6172万平方米，员工201人。前身创建于1978年，是国内最早致力于变压器分接开关设计及生产的企业之一，是国内变压器分接开关的主要供应商。主要产品有无励磁分接开关、有载分接开关、负荷开关等，行销全国29个省市，出口到美国、加拿大、巴西、澳大利亚等国家。获得省工商企业信用AA级“守合同重信用”单位、省科技型企业、省高新技术企业等殊荣。2016年产值7783.2万元。

台州宏元工艺有限公司 [Táizhōu Hóngyuángōngyì Yǒuxiàngōngsī]

位于海润街道枫坑工业园区工业大道6号。2003年5月成立，注册资金2380万元。公司占地面积1.23万平方米，建筑面积9000平方米，员工100人。是一家集产品科研、设计、开发、生产、销售和服务于一体的工业用布生产企业和浸胶加工产业基地，产品包括浸胶帆布、输送带、单浴双浴浸胶加工等，畅销全国20多个省市区，并出口东南亚、美国、巴西、印度、俄罗斯等10多个国家和地区。2016年产值6317万元。

三门恒泰工艺品有限公司 [Sānmén Héngtàigōngyìpǐn Yǒuxiàngōngsī]

位于海润街道枫坑工业园区环港路。2007年8月成立，注册资金800万元。公司占地面积3万平方米，建筑面积2万平方米，员工92人。是一家专业生产各类木制别墅房屋及木质景观设计、制造、销售、室内装修的省级林业龙头企业。公司生产的主要产品包括休闲木屋、木制凉亭、木制栈道及各类木制工艺品，远销北美、南美、西欧、日本及中国台湾等地。2016年产值2133.8万元。

浙江绿岛科技有限公司 [Zhèjiāng Lǜdǎokējì Yǒuxiàngōngsī]

位于海润街道枫坑工业园区工业大道5号。2002年8月成立，注册资金4135万元。公司占地面积4.22万平方米，员工333人，总投资3亿元，建有5万平方米的花园式现代化厂房和科研大楼，配有全套生化检测设备，拥有10条全自动气雾剂灌装生产线，气雾剂产品年生产能力超3亿罐。公司从事空气清新剂、固体清香剂、家居清洁剂、车用系列清洁剂、气雾杀虫剂、蚊香及气雾化妆品等系列产品研发、制造和销售，是中国气雾剂行业里规模最大的企业之一，产品除了在全国各地销售之外，还远销至欧美、中东、东南亚等国家和地区，是气雾剂行业协会的常务会员单位之一，也是中国包装委员会会员之一，并且为国家气雾剂相关行业标准的起草单位之一。2016年产值30664万元。

浙江九牛工艺品有限公司 [Zhèjiāng Jiǔniúgōngyìpǐn Yǒuxiàngōngsī]

位于海润街道枫坑工业园区龙翔路2号。2003年7月成立，注册资金600万元。公司占地面积2万平方米，员工165人。从事汽车工艺品、汽车附件、服装、户外休闲家具、烧烤炉、帐篷、五金、机械配件等制造和销售。2016年产值4606.3万元。

台州大华铁路材料有限公司 [Tāizhōu Dàhuátiělùcáiliào Yǒuxiàngōngsī]

位于海润街道枫坑工业园区工业大道13号。2004年8月成立，注册资金6800万元。公司占地面积4.56万平方米，员工105人。是一家专业生产和销售铁路配件的公司，主要有橡胶垫板、道岔橡胶垫板、绝缘轨距块、尼龙挡板座、护轨铁垫板、道岔类铁垫板、各种铁垫板等铁路配件扣件，年产量橡胶垫板类1200万块、绝缘轨距块2000万块、尼龙挡板座2000万块、铁垫板类6000吨。2016年产值11520万元。

浙江绿伽包装容器有限公司 [Zhèjiāng Lǜjiābāozhuāngróngqì Yǒuxiàngōngsī]

位于海润街道枫坑工业园区工业大道20号。2005年7月成立，注册资金300万元。公司占地面积1.3万平方米，员工105人。从事金属包装容器制造和销售。2016年产值4828.7万元。

浙江三门恒康制药有限公司 [Zhèjiāng Sānmén Héngkāngzhìyào Yǒuxiàngōngsī]

位于海润街道枫坑工业园区龙翔路1号。2004年10月成立，注册资金8000万元。公司占地面积6.88

万平方米，员工 142 人。是以生产医药原料及中间体为主的制药企业，主打产品有盐酸胺碘酮、氟比洛芬及其中间体等。2016 年产值 7602.5 万元。

海啊集团有限公司 [Hǎiājítuán Yǒuxiàngōngsī]

位于海润街道枫坑工业大道 29 号。是一家以汽车饰品、铝板涂装、水产养殖为主业，兼营泡绵、进出口、房地产等行业，跨工、农、贸等多个产业的新型企业集团。集团 2005 年 1 月 8 日成立，占地面积 10 万平方米，员工 767 人，固定资产 5 亿多元，下辖三门湾工艺有限公司、浙江年丰汽车用品有限公司、浙江海啊金属材料有限公司、三门县三门湾水产养殖有限公司、浙江省三门远泰泡绵有限公司、三门红鸵鸟贸易有限公司、浙江省三门年丰房地产开发有限公司、三门海啊综合市场开发有限公司等多家子公司。2016 年产值 42246.2 万元。

浙江台州雅特标志服饰有限公司 [Zhèjiāng Tāizhōu Yǎtèbiāozhìfúshì Yǒuxiàngōngsī]

位于海润街道枫坑工业园区。2004 年 4 月成立，注册资金 5528 万元。公司占地 5100 平方米，员工 88 人。从事职业服装、皮革制品、羽毛（绒）制品生产和销售。2016 年产值 5152 万元。

浙江沃森电器有限公司 [Zhèjiāng Wòsēndiànqì Yǒuxiàngōngsī]

位于海润街道枫坑工业园区开元路 6 号。2006 年 8 月成立，注册资金 510 万元。公司占地面积 2.66 万平方米，员工 105 人。是专业制造各类照明配电箱、动力控制箱、电表箱，以及配电系统控制保护电器的生产厂家。2016 年产值 2180.3 万元。

浙江盟迪奥电子科技有限公司 [Zhèjiāng Méngdíàodiànzǐkējì Yǒuxiàngōngsī]

位于海游街道枫坑工业园区朝阳路 15 号。2010 年 8 月成立，注册资金 1053 万元。公司占地面积 8667 平方米，员工 238 人。是一家以生产加工单 / 双按摩棒、颈背行走靠垫、瘦身腰带、清洁用品、行走靠垫、颈部按摩器、肩颈拍拍、腿部按摩器为主的企业。2016 年产值 5580.1 万元。

浙江世泰实业有限公司 [Zhèjiāng Shìtàishíyè Yǒuxiàngōngsī]

位于海润街道枫坑工业园区朝阳路 19 号。1998 年 8 月成立，注册资金 5180 万元。公司占地面积 10.87 万平方米，建筑面积 2 万平方米，资产 1.6 亿元，员工 215 人。主要生产汽车发动机悬置系列产品、汽车各类橡胶减震器、橡胶杂件、汽车各类球头总成、汽车耐油防尘密封系列产品及各类汽车内饰件等产品。2016 年产值 27691.3 万元。

浙江省三门县振华机械有限公司 [Zhèjiāngshěng Sānménxiàn Zhènhuájīxiè Yǒuxiàngōngsī]

位于海润街道枫坑工业园区工业大道 25 号。原名三门县振华烟机配件厂，成立于 1989 年。1993 年 2 月更现名，注册资金 450 万元。占地面积 1.7 万平方米，员工 75 人，建有 8500 多平方米的现代化生产车间。主要从事烟草机械的研发、制造、设备保养维修和技术改造业务。2016 年产值 2121.9 万元。

浙江胜天电器有限公司 [Zhèjiāng Shèngtiāndiànqì Yǒuxiàngōngsī]

位于海润街道枫坑工业园区工业大道 40 号。2007 年 12 月成立，注册资金 700 万元。公司占地面积 1.33 万平方米，员工 37 人。主要生产变压器铁芯、小型变压器、电力自动化产品、电力设备、光电设备、金属制品、仪器、仪表等。2016 年产值 2012.8 万元。

三门县制氧厂 [Sānménxiàn Zhìyǎng Chǎng]

位于海润街道枫坑工业园区朝阳路 199 号。1990 年 7 月成立，注册资金 980 万元。企业占地面积 1.84 万平方米，员工 31 人。主要生产经营氧气、二氧化碳等产品。2016 年产值 2350.3 万元。

三门大洋橡塑有限公司 [Sānmén Dàyángxiàngsù Yǒuxiàngōngsī]

位于海润街道枫坑工业园区工业大道 11 号。2005 年 8 月成立，注册资金 3600 万元。公司占地面积 3587 平方米，员工 35 人。主要经营橡塑产品、铁路橡胶垫板、三角带、输送带、铁路道口垫板、尼龙挡板座、止水带、橡胶护舷、交通设施、铁路道岔垫板等，是一家集研发、生产、进出口贸易、服务于一体的外向型企业。2016 年产值 3842.5 万元。

台州屹丰汽车模具有限公司 [Táizhōu Yìfēngqìchēmójù Yǒuxiàngōngsī]

位于海润街道枫坑工业园区兴国路 6 号。2007 年 1 月成立，注册资金 5000 万元。公司占地面积 5.09

万平方米，员工85人。是一家专注于乘用车车身覆盖件模具、热成型零部件生产、检具的设计和制造及冲压零部件生产、焊接业务的现代企业，为上海大众、上海通用、柳州通用、法国雷诺和一汽大众汽车公司的一级模具供应商。2016年产值18809.2万元。

浙江奥力孚胶带有限公司［Zhèjiāng Àolìfújiāodài Yǒuxiàngōngsī］

位于海润街道枫坑工业园区朝阳路11号。2002年6月成立，注册资金690万元。公司占地面积4847平方米，员工78人。产品包括聚氨酯同步带、橡胶同步带、聚氨酯开口带、橡胶开口带、聚氨酯圆带、三角带、多楔带和同步带轮等。2016年产值2393.8万元。

康迪泰克传动系统（三门）有限公司［Kāngdítàikèchuándòngxìtǒng(Sānmén) Yǒuxiàngōngsī］

位于海润街道枫坑工业园区兴业街2号。2013年11月成立，注册资金1000万美元。公司占地面积4.8万平方米，员工129人。是康迪泰克在华投资的第二家传动带生产工厂，主要生产马牌、劳伦茨国内售后皮带和第三品牌富聚皮带，产品覆盖同步带、PK带、三角带等全系列车用带。2016年产值14424.9万元。

浙江爱力浦科技有限公司［ZhèJiāng Àilìpǔgōngkòngkējì Yǒuxiàngōngsī］

位于海润街道滨海新城金源路2号。2013年11成立，注册资本4000万元。公司占地面积3.53万平方米，员工224人。是国内专业从事计量泵及以泵为主机的流体计量投加系统和成套加药装置开发研制、生产的主导企业。产品广泛用于石油、石化、化工、冶金、核工业、环保、电力、国防、医药、食品等领域，并远销国外。公司已拥有近60项国家专利、8项发明专利，荣获国家级高新技术企业、省专利示范企业、省创新型示范和试点企业，拥有省高新技术企业研究开发中心、省企业技术中心，“爱力浦”被评为浙江省著名商标、浙江省知名商号。2016年产值7196.8万元。

浙江格润特塑料科技有限公司［Zhèjiāng Gérùntèsùliàokējì Yǒuxiàngōngsī］

位于海润街道滨海新城滨港路17号。2010年3月成立，注册资金4000万元。公司占地面积3.04万平方米，员工420人。是一家专业生产环保塑料餐具，集科研、生产、销售为一体的出口型合资企业。2016年产值15117万元。

浙江三港起重电器有限公司［Zhèjiāng Sāngǎngqǐzhòngdiànqì Yǒuxiàngōngsī］

位于海润街道滨海新城永盛路8号。2000年1月成立，注册资金3800万元。公司占地面积3.8万平方米，员工116人。从事配电开关控制设备、电力电子元器件、电器辅件、配电或控制设备的零件、橡胶制品、塑料制品等制造。2016年产值5375万元。

浙江鼎威科技有限公司［Zhèjiāng Dǐngwēikējì Yǒuxiàngōngsī］

位于海润街道滨海新城永兴路11号。2006年9月成立，注册资金3000万元。公司占地面积2.89万平方米，建筑面积6万平方米，员工165人。是一家专业电气制造企业。2016年产值2830.8万元。

浙江三达工业用布有限公司［Zhèjiāng Sāndágōngyèyòngbù Yǒuxiàngōngsī］

位于海润街道滨海新城金源路。2011年12月成立，注册资金8000万。公司占地面积5.04万平方米，员工52人。是一家专业生产线绳、胶带特种基布等骨架材料的新兴企业。2016年产值6715.7万元。

浙江双凯电子科技有限公司［Zhèjiāng Shuāngkǎidiànzǐkējì Yǒuxiàngōngsī］

位于海润街道滨海新城横港路。2011年12月成立，注册资金5000万元。公司占地面积2.93万平方米，员工75人。是一家集科研、设计、生产、销售为一体的电容器用聚丙烯薄膜高新技术企业。2016年产值4201万元。

台州日达阀门有限公司［Táizhōu Rìdáfámén Yǒuxiàngōngsī］

位于海润街道滨海新城永安路8号。2007年10月成立，注册资金300万元。公司占地面积1.45万平方米，员工93人。主要从事阀门及零件、铜制品、铝制品、不锈钢制品、橡胶制品、塑料制品的制造。2016年产值5341.7万元。

浙江耐力轴承有限公司［Zhèjiāng Nàilìzhóuchéng Yǒuxiàngōngsī］

位于海润街道滨海新城泰和路25号。2007年10月成立，注册资金300万元。公司占地面积1.47万平方米，建筑面积1万平方米，总资产5000多万元，员工40人。专业生产高精度的标准、非标准小型深沟球轴承，轮毂、离合器、圆锥滚子轴承，重点生产摩托车轮毂及发动机轴承、汽车张紧轮轴承、汽车电机轴承，年产耐力牌轴承1800万套以上。2016年产值2927.3万元。

浙江金能体育用品制造有限公司 [Zhèjiāng Jīnnéngtǐyùyòngpǐnzhìzào Yǒuxiàngōngsī]

位于海润街道滨海新城泰和路19号。2010年8月成立，注册资金580万元。公司占地面积1.19万平方米，员工70人。是一家设计、生产、销售和研发为一体的拳击用品生产企业。2016年产值3703.2万元。

浙江威罗德汽配科技有限公司 [Zhèjiāng Wēiluódéqìpèikējì Yǒuxiàngōngsī]

位于海润街道滨海新城永兴路26号。2012年12月成立，注册资金1000万元。公司占地面积1.33万平方米，建筑面积2.3万平方米，总投资8000万元，员工71人。是一家从事车门结构件、底盘结构件、汽车排气系统等汽车零部件制造和汽车部件模具设计制造的公司。2016年产值3180万元。

【建筑业】

台州耀达市政工程有限公司 [Tāizhōu Yàodáshìzhènggōngchéng Yǒuxiàngōngsī]

位于海润街道枫坑工业园区工业大道27号。2009年2月成立，注册资金2518万元。为从事市政公用工程施工总承包二级资质，房屋建筑工程施工总承包三级资质建筑企业。

沙柳街道

【制造业】

浙江尔格科技有限公司 [Zhèjiāng Ěrgékējì Yǒuxiàngōngsī]

位于沙柳街道经济开发区。创建于1994年3月，历经三门县机动车附件厂、三门县尔格科技有限公司、浙江尔格科技有限公司三个发展阶段，于2014年9月18日成功改制为股份有限公司，注册资金5883万元，2015年5月在新三板挂牌上市。公司在沙柳街道和滨海新城各有一个生产基地，占地面积4.35万平方米，建筑面积5.85万平方米，员工280人，其中滨海新城厂区占地面积3.46万平方米，建筑面积2.5980万平方米。公司以冷却器为中心，研发冷却系统所需的各类器件，陆续投产了全密封变压器油泵、轴流式油泵、内燃机车齿轮式油泵、动车冷却油泵等产品，填补了国内相关领域的空白，已形成年产各类冷却器5000台（套）及各种变压器附件（控制箱、端子箱、电机、风机、油泵等）5000~30000件（套）的生产能力。2016年产值9514.5万元。

浙江嘉宬科技有限公司 [Zhèjiāng Jiāchéngkējì Yǒuxiàngōngsī]

位于沙柳街道流洋工业集聚区。2005年9月成立，注册资金1580万元。公司占地面积2.33万平方米，员工86人。主营生产路锥、路障灯、警示柱、轮廓标、防撞桶、橡胶减速带、定位器、道钉、玻璃钢防眩板、塑料防眩板等交通设施。2016年产值4756.2万元。

三门县海宏布业有限公司 [Sānmén Xiànhǎihóngbùyè Yǒuxiàngōngsī]

位于沙柳街道前店村。2006年5月29日成立，注册资金598万元。公司主要经营帆布、牛仔布及纺织品制造、销售。2016年产值5200万元。

珠岙镇

【制造业】

浙江凯欧传动带有限公司 [Zhèjiāng Kǎi'ōuchuándòngdài Yǒuxiàngōngsī]

位于珠岙镇高枧方下洋开发区甬临路128号。1990年成立，注册资金500万元。前身是三门县橡胶同步带厂。公司占地面积3.8万平方米，建筑面积9680平方米，总资产2800万元，员工251人。主要生产“凯欧”牌汽车及工业V带、多楔带、同步带等，年生产能力达2000万条。2016年产值13345.9万元。

浙江紫金港胶带有限公司 [Zhèjiāng Zǐjīngǎngjiāodài Yǒuxiàngōngsī]

位于珠岙镇高枧方下洋开发区。1992年成立，注册资金1000万元。公司占地面积5.26万平方米，总资产1.11亿元，员工272人。从事橡胶板、管、带的制造和橡胶加工专用设备制造和销售，是国内生产经营汽车V带、多楔带、同步带的主要专业厂家，国家胶带标准起草与制定单位。2016年产值10978.99万元。

浙江省三门德慧工业有限公司 [Zhèjiāngshěng Sānmén Déhuìgōngyè Yǒuxiàngōngsī]

位于珠岙镇高枧方下洋开发区甬临路59–1号。1995年4月成立，注册资金4000万元。公司占地面积1.31万平方米，员工185人。主要生产汽车脚垫、门垫、地毯复合、再生胶、仿革底、TPR橡塑粒子等。2016年产值10981.9万元。

浙江省三门港龙汽车用品有限公司 [Zhèjiāngshěng Sānmén Gǎnglóngqìchēyòngpǐn Yǒuxiàngōngsī]

位于珠岙镇高枧方下洋开发区甬临路103号。2003年成立，注册资金152万元。公司占地面积3333平方米，员工123人。从事生产坐垫、坐椅套、脚垫、方向盘套、车内工艺品、橡胶、塑料零配件等。2016年产值3235.6万元。

浙江三门佳迪橡塑有限公司 [Zhèjiāng Sānmén Jiādíxiàngsù Yǒuxiàngōngsī]

位于珠岙镇高枧方下洋开发区文化路23号。2005年5月成立，注册资金5580万元。公司占地面积9880平方米，员工315人。主要生产“中东”牌普通输送带、传动带、帆布带等橡塑制品。2016年产值3120.1万元。

浙江尊华橡塑工业有限公司 [Zhèjiāng Zūnhuáxiàngsùgōngyè Yǒuxiàngōngsī]

位于珠岙镇高枧金胡洋开发区。2004年成立，注册资金10050万元，是一家中国和印度尼西亚的合资企业。公司占地面积2.17万平方米，员工125人。主要生产传动橡胶带、运输带和聚氯乙烯软管等汽摩及配件。2016年产值4233.3万元。

浙江省三门县东海橡胶实业有限公司 [Zhèjiāngshěng Sānménxiàn Dōnghǎixiàngjiāoshíyè Yǒuxiàngōngsī]

位于珠岙镇高枧金湖洋开发区。1981年成立，注册资金51万元。公司占地面积4667平方米，员工175人。是一家生产橡胶、塑料、道路安全交通设施、停车场设施、铁路设施、汽车配件产品设计制造销售为一体的企业。2016年产值8324.1万元。

浙江东南橡胶股份有限公司 [Zhèjiāng Dōngnánxiàngjiāogǔfèn Yǒuxiàngōngsī]

位于珠岙镇珠东路9号。1995年8月成立，注册资金2099万元。公司占地面积2.37万平方米，员工68人。是一家从事各种系列胶带制造和开发的现代化企业，主要产品“东南”牌普通V带、切边V带、摩托车变速带、汽车V带、多楔带、同步带、输送带、平带等。2016年产值5305万元。

浙江三门维艾尔工业有限公司 [Zhèjiāng Sānmén Wéi'ài'ěrgōngyè Yǒuxiàngōngsī]

位于县珠岙镇岭口工业区。1999年3月成立，注册资金2943万元。公司创建于1988年，现有厂区占地面积5.47万平方米，建筑面积1.133万平方米，固定资产800万元，员工605人。主要生产汽车坐垫、椅套、TPR地毯复合脚垫、橡胶脚垫、NBR脚垫等，年产坐垫、脚垫350万套。2016年产值23029万元。

三门台基摩擦材料有限公司 [Sānmén Táijīmócācáiliào Yǒuxiàngōngsī]

位于珠岙镇坎头路8号。2004年4月成立，注册资金1000万元。公司是专业生产摩擦片的厂家，产品包括铜基、纸基、半金属等，有干式、湿式等类型，年生产和销售摩擦片约100万片。2016年产值2238万元。

浙江鼎天交通设施有限公司 [Zhèjiāng Dǐngtiānjiāotōngshèshī Yǒuxiàngōngsī]

位于珠岙镇方下洋工业区甬临路110号。2011年11月成立，注册资金1600万元。公司占地面积8333平方米，总资产3500余万元，员工56人。是专业生产道路交通安全设施、停车场安全设施、高速公路安全设施以及各类橡塑制品的开发、研究、生产为一体的综合型企业。2016年产值2445.8万元。

三门正义工艺有限公司 [Sānmén Zhèngyìgōngyì Yǒuxiàngōngsī]

位于珠岙镇方下洋开发区余庆街195号。2006年2月成立，注册资金500万元。公司前身是三门特种传动带厂，创建于1990年。公司占地面积6713平方米，员工137人。专业生产工业同步带、汽车V带、正时带、摩托车皮带、多契带、输送带、联组带、无级变速带、V带、窄型V带、PK带等各类工业皮带。2016年产值3036.5万元。

三门县中盈科技有限公司 [Sānménxiàn Zhōngyíngkējì Yǒuxiàngōngsī]

位于珠岙镇三板桥村。2011年11月成立，注册资金500万元。公司占地面积4000平方米，建筑面积4000余平方米，员工158人。2016年产值5317.5万元。

浙江昊天橡胶有限公司 [Zhèjiāng Hàotiānxiàngjiāo Yǒuxiàngōngsī]

位于珠岙镇吴岙经济开发区。2003年3月成立，注册资金3180万元。公司占地面积8333平方米，建筑面积8000平方米，固定资产总值3260万元，员工63人。是一家集铁路工务线上用料扣件、机务配件、城市轨道(有轨电车)交通扣件、公路交通设施等多板块为一体的现代化工贸实体企业，“昊天”“HT”“昊铁”商标先后被评为中国驰名品牌。2016年产值4816万元。

三门县金利维橡塑有限公司 [Sānménxiàn Jīnlìwéixiàngsù Yǒuxiàngōngsī]

位于珠岙镇上方村。2012年7月成立，注册资金500万元。公司占地面积9000平方米，员工110人。是一家TV产品、宠物用品、园艺产品以及家具配件开发与生产的民营企业。2016年产值3671万元。

浙江宏邦纺织有限公司 [Zhèjiāng Hóngbāngfǎngzhī Yǒuxiàngōngsī]

位于珠岙镇岭口工业园。2006年5月成立，注册资金2000万元。公司占地面积4333平方米，员工48人。公司相继开发出各种高性能浸胶帆，产品应用于橡胶同步带、输送带等工业领域，畅销全国各地，出口到东南亚、欧美等多个国家和地区。2016年产值3501万元。

台州维多离合器有限公司 [Táizhōu Wéiduōlíhéqì Yǒuxiàngōngsī]

位于珠岙镇岭口工业园。2005年7月成立，注册资金10000万元。公司占地面积3.58万平方米，建筑面积2万平方米，员工156人。主要产品有汽车离合器压盘总成，拥有国内外先进的检测及生产设备和较强的技术开发能力。2016年产值3995.5万元。

浙江沃尔德汽车用品有限公司 [Zhèjiāng Wòěrdéqìchēyòngpǐn Yǒuxiàngōngsī]

位于珠岙镇珠溪路1号。2013年4月成立，注册资金500万元。公司占地面积5.41万平方米，员工132人。是国内专业的汽车脚垫产品生产厂家，产品包括汽车脚垫、浴室垫、门垫以及各种工业注塑等。2016年产值3188.3万元。

三门凯洲电器有限公司 [Sānmén Kǎizhōudiànqì Yǒuxiàngōngsī]

位于珠岙镇里塘村。2005年成立，注册资金500万元。公司占地面积4333平方米，员工34人。主营变压器铁芯、矽钢片、电源整流变压器等产品。2016年产值2357.8万元。

台州收获橡塑有限公司 [Táizhōu Shōuhuòxiàngsù Yǒuxiàngōngsī]

位于珠岙镇黄坦洋经济开发区。2002年6月成立，注册资金10980万元。公司占地面积4667平方米，建筑面积3000平方米，固定资产6661万元，员工80人。专业生产橡胶输送带，拥有10条现代化生产流水线，年生产能力90万延长米。2016年产值2716万元。

三门中亿橡塑工业有限公司 [Sānmén Zhōngyìxiàngsùgōngyè Yǒuxiàngōngsī]

位于珠岙镇里塘村。创建于1980年，2005年11月改现名，注册资金300万元。公司占地面积5333平方米，员工66人。是专业生产丁基再生胶的企业。2016年产值2129.6万元。

三门通顺铆钉有限公司 [Sānmén Tōngshùnmǎodìng Yǒuxiàngōngsī]

位于珠岙镇坎头路8号。2003年成立，注册资金685万元。公司占地面积1.43万平方米，员工160人。专业生产空心铆钉、半空心铆钉、实心铆钉、刹车片铆钉、铜基片铆钉、半圆头铆钉、铝铆钉等产品。2016年产值7174.7万元。

浙江春光胶带有限公司［Zhèjiāng Chūnguāngjiāodài Yǒuxiàngōngsī］

位于珠岙镇金湖洋开发区。2004年12月成立，注册资金680万元。公司占地面积7813平方米，员工93人。是专业生产“丰来”牌、“春光”牌橡胶同步带、多楔带，汽车、摩托车V带，切割式联组带、双面齿同步带、双面多楔带、开口同步带、高速平皮带以及带轮配套等产品。2016年产值2076.6万元。

浙江瑞豪橡塑有限公司［Zhèjiāng Ruìháoxiàngsù Yǒuxiàngōngsī］

位于珠岙镇上界溪村。2011年4月成立，注册资金2008万元。公司占地面积9800平方米，员工27人。主要生产橡胶制品，年产200万块聚酯弹性垫板。2016年产值2831.6万元。

台州金霸胶带制造有限公司［Táizhōu Jīnbàjiāodàizhìzào Yǒuxiàngōngsī］

位于珠岙镇下胡工业区。2014年9月成立，注册资金200万元。公司占地面积9860平方米，员工98人。专业生产汽车同步带、风扇带、V形带、无级变速带等各种工业同步带、橡胶输送同步带以及聚氨酯带等。2016年产值2351.1万元。

亭旁镇

【制造业】

三门三友科技股份有限公司［Sānmén Sānyǒukējìgǔfèn Yǒuxiàngōngsī］

位于亭旁镇工业园区。2002年2月成立，注册资金1200万元。公司占地面积1.92万平方米，员工177人。主要经营永久阴极剥片机组、永久不锈钢阴极板、绝缘夹边条、两极四触点导电装置、永久镍扣阴极板等产品。2016年产值17814.1万元。

浙江省三门县佳南实业有限公司［Zhèjiāngshěng Sānménxiàn Jiānánshíyè Yǒuxiàngōngsī］

位于亭旁镇工业园区。1994年9月成立，注册资金776万元。公司占地面积8627平方米，员工72人。是专业生产汽车、摩托车和工业等使用的各种普通V带、切割带、多樱带、同步带等橡胶带的生产型企业。2016年产值2386万元。

台州杰峰隆装饰材料有限公司［Táizhōu Jiéfēnglóngzhuāngshìcáiliào Yǒuxiàngōngsī］

位于亭旁镇工业区。2003年8月成立，注册资金100万元。公司专业生产聚碳酸酯（PC）阳光板、耐力板、颗粒板等产品。2016年产值3505.9万元。

【建筑业】

浙江省三门宏宇建筑工程有限公司［Zhèjiāngshěng Sānmén Hóngyǔjiànzhùgōngchéng Yǒuxiàn gōngsī］

位于亭旁镇宁和路292号。1997年4月成立，注册资金2618万元。为从事房屋建筑工程施工总承包二级资质，市政公用工程施工总承包、建筑装修装饰工程专业承包三级资质建筑企业。

健跳镇

【电力】

三门核电有限公司［Sānmén Hédiàn Yǒuxiàngōngsī］

位于健跳镇三门核电厂区。2005年4月17日成立，注册资金899433万元。占地面积740万平方米，可分别安装6台100万千瓦核电机组，全面建成后，装机总容量将达到1200万千瓦以上，总投资超过1000亿元。公司由中国核工业集团公司、浙江省能源集团有限公司、中电投核电有限公司、中国华电集团公司和中国核工业建设集团公司共同投资组建。2008年2月26日，一期工程基坑负挖开工，标志着三门核电一期工程进入现场实质性建造施工阶段和中国迈出了建设世界最先进核电站的第一步。

【制造业】

浙江盛通工贸有限公司 [Zhèjiāng Shèngtōnggōngmào Yǒuxiàngōngsī]

位于健跳镇六敖大沙湾工业园区。2003 年 4 月成立，注册资金 500 万元。公司前身创建于 1995 年，占地面积 10 万平方米，建筑面积 2 万平方米，员工 130 人。产品有“易厨宝”牌日用搪瓷等。2016 年产值 2012.5 万元。

浙江三门永泰建材有限公司 [Zhèjiāng Sānmén Yǒngtàijiàncái Yǒuxiàngōngsī]

位于健跳镇六敖赤头山嘴（核电北大门口）。2009 年 9 月成立，注册资金 1500 万元。公司占地面积 2.05 万平方米，总资产 2500 万元，员工 55 人。拥有全自动生产混凝土的搅拌站 2 台（两条生产线），年生产混凝土 180 万立方米，配备 18 辆混凝土搅拌运输车，固定泵 2 台，52 米臂架泵车 1 辆，48 米臂架泵车 1 辆。2016 年产值 5297.4 万元。

浙江成洲船业有限公司 [ZhèJiāng ChéngZhōuChuánYè Yǒuxiàngōngsī]

位于健跳镇六敖北塘船舶基地。2007 年 7 月成立，注册资金 5000 万元。公司占地面积 19 万多平方米，建筑面积 2.0529 万平方米，拥有海岸线 590 米，建有 5.7 万吨级船台 2 座和 3 万吨级船台 4 座，6100 平方米生产车间 1 座，2200 平方米的涂装车间 1 座等相关配套设施。2016 年产值 2184.3 万元。

浙江新世纪食品有限公司 [Zhèjiāng Xīnshìjìshípǐn Yǒuxiàngōngsī]

位于健跳镇六敖凤凰山。2001 年 10 月成立，注册资金 700 万元。公司前身为黄岩桔林食品厂，初名台州市桔林食品有限公司，后更现名。占地面积 12.13 万平方米，员工 307 人，是专业从事出口果蔬罐头食品加工企业，年产各类罐头 1 万吨以上。产品主要销往日本、美国及欧洲、东南亚等国家和地区。2016 年产值 9563.3 万元。

台州海滨船舶修造有限公司 [Tāizhōu Hǎibīnchuánbóxiūzào Yǒuxiàngōngsī]

位于健跳镇高湾工业开发区。2003 年 8 月成立，注册资金 5000 万元。公司占地面积 9.33 万平方米，建筑面积 2 万平方米，固定资产 2.2 亿元，员工 140 人。拥有 8 万吨级船坞 1 座，万吨级舾装码头 1 座，船台 4 座等设施以及各种起重设备。2016 年产值 5815 万元。

浙江绣山水泥有限公司 [Zhèjiāng Xiùshānshuǐní Yǒuxiàngōngsī]

位于健跳镇西山头村。2004 年 12 月成立，注册资金 300 万元。公司占地面积 2.86 万平方米，员工 38 人。是一家从事水泥及其他建筑材料生产和销售的民营企业。2016 年产值 5695.1 万元。

浙江永源机电制造有限公司 [Zhèjiāng Yǒngyuánjīdiànzhìzào Yǒuxiàngōngsī]

位于健跳镇临港型工业园区西山路 12 号。2003 年 11 月成立。公司占地面积 15.05 万平方米，建筑面积 5 万平方米，总资产 4 亿元，员工 537 人。主要生产各种型号的空气压缩机，具有年产 100 万台的生产能力。2016 年产值 31062.9 万元。

浙江永源汽车有限公司 [Zhèjiāng Yǒngyuánqìchē Yǒuxiàngōngsī]

位于健跳镇临港型工业园区。2004 年 4 月成立，注册资金 8000 万元。公司占地面积 24.6 万平方米，员工 492 人。以生产销售汽车、摩托车、汽摩配件及空压机等产品。2016 年产值 4572.9 万元。

三门县台力电机有限公司 [Sānménxiàn Táilìdiànjī Yǒuxiàngōngsī]

位于健跳镇六敖大沙湾工业园区。2005 年 6 月成立，注册资金 2600 万元。公司占地面积 5.67 万平方米，员工 164 人。是专业从事微型、小型交流齿轮减速电机及高精度行星减速器的研发、生产、销售的民营企业，年生产能力 50 万台。2016 年产值 4572.9 万元。

浦坝港镇

【电力】

浙江浙能台州第二发电有限责任公司 [Zhèjiāng Zhènéngtáizhōudì'èrfādiàn Yǒuxiànzérèngōngsī]

位于浦坝港镇牛山涂能源路 1 号，距县城 34 公里，是浙江省能源集团有限公司下属公司。2012 年 10

月17日成立，注册资金155307万元。公司占地面积54.59万平方米，员工733人。主要负责浙能台州第二发电厂“上大压小”新建工程的建设和运行管理。工程于2012年9月26日开工，概算动态投资83.71亿元，其中用于环保的建设投资14亿元，占总投资近18%。首台100万千瓦超临界大型高效环保燃煤发电机组——浙能台州第二发电工程1号机组，2015年9月正式投入商业运行，这也标志着中国目前最环保的百万千瓦级超低排放燃煤机组正式投入使用。2016年产值324093.33万元。

【制造业】

浙江高盛钢结构有限公司 [Zhèjiāng Gāoshènggāngjiégòu Yǒuxiàngōngsī]

位于浦坝港镇永丰塘工业园区。2012年3月成立，注册资本5800万元。公司占地面积3.73万平方米，员工176人。2016年产值10682万元。

浙江盛广涂料有限公司 [Zhèjiāng Shèngguǎngtúliào Yǒuxiàngōngsī]

位于浦坝港镇永丰工业园。2012年5月成立，注册资金500万元。公司占地面积3万平方米，员工53人。主要生产汽车油漆和摩托车配件，年产水性涂料4000吨，聚氨酯UV涂料1500吨。2016年产值4131.6万元。

台州金球机电铸造有限公司 [Táizhōu Jīnqiújīdiànzhùzào Yǒuxiàngōngsī]

位于浦坝港镇永丰塘工业聚集区。2006年12月成立，注册资金200万元。公司占地面积3.97万平方米，员工136人。主要生产工程机械用斗齿、齿根、护板、铲齿等耐磨铸件，以及齿板和湿地履带等零部件，年铸造能力9000吨。2016年产值8049.3万元。

浙江金旭食品有限公司 [Zhèjiāng Jīnxùshípǐn Yǒuxiàngōngsī]

位于浦坝港镇小雄村。2008年2月成立，注册资金2500万元。公司占地面积2.13万平方米，建筑面积2.8123万平方米，其中冷库容积2.8万立方米，员工90人。是一家以保鲜蔬菜及深加工冷冻蔬菜为主的企业。2016年产值4375.4万元。

珠光集团三门圣诞用品有限公司 [Zhūguāngjítuán Sānménshèngdànyòngpǐn Yǒuxiàngōngsī]

位于浦坝港镇洞港工业聚集区。2005年2月成立，注册资金8880万元。公司占地面积24.21万平方米，员工86人。是一家专业生产圣诞用品及节日灯为主的企业。2016年产值6396.4万元。

浙江沪鱼工具制造有限公司 [Zhèjiāng Hùyúgōngjùzhìzào Yǒuxiàngōngsī]

位于浦坝港镇洞港工业集聚区。2010年12月成立，注册资金1638万元。公司占地面积1.33万平方米，建筑面积3万平方米，员工52人。是一家集科、工、贸为一体的专业致力于研发、生产手动工具、扳手的股份制企业。2016年产值2609万元。

台州龙晨卫浴有限公司 [Táizhōu Lóngchénwèiyù Yǒuxiàngōngsī]

位于浦坝港镇洞港工业集聚区。2011年11月成立，注册资金300万元。公司占地面积9667平方米，员工95人。是一家专业生产水龙头的企业。2016年产值4687万元。

台州市永鑫纺织有限公司 [Táizhōushì Yǒngxīnfǎngzhī Yǒuxiàngōngsī]

位于浦坝港镇洞港工业园区。2001年6月成立，注册资金618万元。公司占地面积1.03万平方米，员工50人。是一家专业从事涤纶布等产品制造企业。2016年产值2907万元。

浙江鼎真建材科技有限公司 [Zhèjiāng Dǐngzhēnjiàncáikēji Yǒuxiàngōngsī]

位于浦坝港镇洞港工业园区。2012年8月成立，注册资金518万元。公司占地面积1.37万平方米，员工104人。主营多种规格和不同型号的钢质彩石瓦、钢质彩石瓦配件、钢质彩石瓦安装工具，以及钢质彩石瓦相关配套产品。2016年产值2020.8万元。

台州昌龙紧固件有限公司 [Táizhōu Chānglóngjǐngùjiàn Yǒuxiàngōngsī]

位于浦坝港镇洞港工业园区。2005年5月成立，注册资金508万元。公司占地面积1.32万平方米，建筑面积约1万平方米，员工44人，固定资产1500万元。是一家生产高强度特种紧固件制造的专业公司，主要产品有绝缘管件、管夹、T型螺栓、异型高强度特种螺栓、螺母等。2016年产值3076.4万元。

浙江九环洁具有限公司 [Zhèjiāng Jiǔhuánjiéjù Yǒuxiàngōngsī]

位于浦坝港镇洞港工业园区。2004年11月成立，注册资金500万元。公司占地面积3.77万平方米，建筑面积9.6万平方米，员工696人。是一家专业生产各种高中档卫浴洁具的企业。2016年产值34255万元。

台州淮龙精密铸造有限公司 [Táizhōu Huáilóngjīngmìzhùzào Yǒuxiàngōngsī]

位于浦坝港镇洞港工业园区。2014年2月成立，注册资金200万元。公司占地面积30亩，员工115人。主要从事汽车配件、摩托车配件、建筑用金属配件、农业机械配件、电机配件的制造。2016年产值2703.3万元。

三门拓展真空设备有限公司 [Sānmén Tuòzhǎnzhēnkōngshèbèi Yǒuxiàngōngsī]

位于浦坝港镇洞港工业园区。2005年5月成立，注册资金518万元。公司占地面积1.06万平方米，员工50人。是一家专业从事真空泵、真空系统研发、制造、销售的企业。2016年产值3341.9万元。

沿海工业城

【制造业】

浙江凯航船舶工业有限公司 [Zhèjiāng Kǎihángchuánbógōngyè Yǒuxiàngōngsī]

位于浦坝港镇沿海工业城。2008年5月成立，注册资金9980万元。公司占地面积33万平方米，使用岸线长680米。从事船舶及配件制造。2016年产值16878万元。

西格迈股份有限公司 [Xīgémài Gǔfènyǒuxiàngōngsī]

位于浦坝港镇沿海工业城。2014年2月成立，注册资金1.5亿元。公司占地面积8.13万平方米，建筑面积14万平方米，员工683人。主要生产汽车减振器、悬架总成、橡胶减振件、摩托车制动盘等产品，先后获国家高新技术企业、省著名商标、省出口名牌产品、省绿色企业、省知名商号等荣誉称号。2016年产值29583.4万元。

浙江维泰橡胶有限公司 [Zhèjiāng Wéitàixiàngjiāo Yǒuxiàngōngsī]

位于浦坝港镇沿海工业城。2011年10月成立，注册资金10000万元。公司占地面积15.41万平方米，员工275人。2014年5月投资8个亿建成年产10万吨低温乳化聚合丁苯橡胶生产线。2016年产值62656.32万元。

台州市捷佳机械有限公司 [Tāizhōushì Jiéjiājīxiè Yǒuxiàngōngsī]

位于浦坝港镇沿海工业城。2007年5月成立，注册资金2180万元。公司占地面积3.67万平方米，员工42人。主要从事机械零部件加工、汽车配件的制造。2016年产值2130.1万元。

三门联特建材有限公司 [Sānmén Liántèjiàncái Yǒuxiàngōngsī]

位于浦坝港镇沿海工业城。2008年9月成立，注册资金1000万元。公司占地面积2.02万平方米，员工143人。主要经营铝栏杆、铝合金围栏、铝围栏、PVC围栏、PVC型材的生产和销售。2016年产值5690万元。

浙江杉盛模塑科技有限公司 [Zhèjiāng Shānshèngmósùkējì Yǒuxiàngōngsī]

位于浦坝港镇沿海工业城沿浦路。2009年6月成立，注册资金3921万元。公司占地面积6.49万平方米，员工214人。是国内为数不多的专业设计、开发、生产玻璃钢产品的生产厂家之一。2016年产值9242.9万元。

台州市华星塑胶制品有限公司 [Tāizhoushì Huáxīngsùjiāozhìpǐn Yǒuxiàngōngsī]

位于浦坝港镇沿海工业城沿浦路。2004年12月成立，注册资金1008万元。公司占地面积1.51万平方米，建筑面积2万平方米，职工127人。始创于1996年，其前身为台州市华斌衣架制造有限公司。是生产各类服装塑料衣架、裤架、文胸架和尺码等服装辅料及模具设计研发制造的专业厂家，主业产品衣架款式达2000多种，年产量1.5亿只，产品95%以上出口。2016年产值5320.1万元。

方力控股有限公司 [Fānglìkònggǔ Yǒuxiàngōngsī]

位于浦坝港镇沿海工业城。2005年1月成立，注册资金10180万元。公司创始于1989年，前身为浙江方力电机有限公司。占地面积3.88万平方米，建筑面积4万多平方米，员工175人。主要产品为中小型异步交流电机，产能500万千瓦，年产电机30多万台。2016年产值9750.3万元。

台州市凯华汽车模具有限公司 [Táizhōushì Kǎihuáqìchēmójù Yǒuxiàngōngsī]

位于浦坝港镇沿海工业城梦海路。2005年4月15日成立。公司占地面积3.35万平方米，员工447人。主要从事汽车外饰、内饰和冷却系统注塑模具的设计与制造。2016年产值15905.1万元。

浙江台州金陶机械制造有限公司 [Zhèjiāng Tāizhōu Jīntáojīxièzhìzào Yǒuxiàngōngsī]

位于浦坝港镇沿海工业城海天大道。2005年4月成立，注册资金1000万元。公司占地面积4.36万平方米，员工80人。是一家生产活塞环等机械零部件、汽车零配件的企业。2016年产值3857.45万元。

浙江聚得利合成革有限公司 [Zhèjiāng Jùdélìhéchénggé Yǒuxiàngōngsī]

位于浦坝港镇沿海工业城官塘路。2005年5月成立，注册资金1580万元。公司占地面积4.39万平方米，固定资产1亿元，员工292人。公司引进国际先进的合成革生产线，专业生产PU、PVC合成革。2016年产值18849.7万元。

浙江新富来实业有限公司 [Zhèjiāng Xīnfùláishíyè Yǒuxiàngōngsī]

位于浦坝港镇沿海工业城雁汀路。2005年12月成立，注册资金2008万元。公司占地面积3.24万平方米，建筑面积4.7695万平方米，总投资8100万元，员工217人。主要经营人造革设计、制造和销售，年产2200万米合成革。2016年产值19348.6万元。

浙江圣大皮革有限公司 [Zhèjiāng Shèngdàpígé Yǒuxiàngōngsī]

位于浦坝港镇沿海工业城。2006年8月成立，注册资金2200万元。公司占地面积5.35万平方米，固定资产逾亿，员工211人。产品有鞋革、箱包革、沙发革等，年生产能力达1500万米。2016年产值17570.4万元。

大速电机有限公司 [Dàsùdiànjī Yǒuxiàngōngsī]

位于浦坝港镇沿海工业城兴港大道。2006年9月成立，前身浙江大速电机股份有限公司，创建于1994年。公司占地面积7.66万平方米，员工275人。生产“DASU”牌YE2高效电机、YE3超高效电机、低压大功率节能电机、YVF2变频电机、YEJ2制动电机、YD2双速多速电机、YDT多速风机电机等系列电机产品，规格型号达2000多种。先后荣获浙江名牌产品、浙江科技型中小企业等称号。2016年产值18054.5万元。

台州市精艺管件有限公司 [Tāizhōushì Jīngyìguǎnjiàn Yǒuxiàngōngsī]

位于浦坝港镇沿海工业城。2006年9月成立，注册资金1220万元。公司占地面积7.4万平方米，员工121人。是建筑配套铜管接头系列产品的专业生产厂家。2016年产值6265.8万元。

浙江鸿升合成革有限公司 [Zhèjiāng Hóngshēnghéchénggé Yǒuxiàngōngsī]

位于浦坝港镇沿海工业城。2006年11月8日成立，注册资金1500万元。公司占地面积4.67万平方米，员工128人。是一家合成革、超纤等产品专业生产加工的企业。2016年产值9379.6万元。

浙江天晟家具有限公司 [Zhèjiāng Tiānchèngjiājù Yǒuxiàngōngsī]

位于浦坝港镇沿海工业城。2010年3月26日成立，注册资金1000万元。公司占地面积4.04万平方米，员工145人。是一家专业从事生产经营旅游用品及休闲、户外家具系列产品的企业。2016年产值2278.1万元。

葛氏控股有限公司 [Gěshìkònggǔ Yǒuxiàngōngsī]

位于浦坝港镇沿海工业城锦南路。2006年2月成立，注册资金5180万元。公司占地面积3.67万平方米，员工163人。是一家集科研、开发、制造、再制造和提供电机低碳、节能、高温等系统解决方案的专业企业。2016年产值5714.1万元。

台州圣腾胶业有限公司 [Táizhōu Shèngténgjiāoyè Yǒuxiàngōngsī]

位于浦坝港镇沿海工业城沿浦路。2008年11月成立，注册资金1000万元。公司占地面积7487平方米，员工51人。主要生产制鞋原材料、鞋用热熔胶等产品。2016年产值5500万元。

浙江振迪洁具有限公司 [Zhèjiāng Zhèndíjiéjù Yǒuxiàngōngsī]

位于浦坝港镇沿海工业城烟墩路50号。2004年12月成立，注册资金508万元。公司占地面积1.73万平方米，员工91人。产品包括单一持有水龙头系列、双手轮系列、角阀、卫生和沐浴配件等。2016年产值3362万元。

浙江科恩洁具有限公司 [Zhèjiāng Kēēnjiéjù Yǒuxiàngōngsī]

位于浦坝港镇沿海工业城。2004年12月成立，注册资金3518万元。公司占地面积2.9万平方米，建筑面积8800平方米，员工401人。是一家专业生产水龙头的生产型企业，拥有10多年的生产经验和先进生产技术。2016年产值28375.7万元。

浙江腾宇铜业有限公司 [Zhèjiāng Téngyǔtóngyè Yǒuxiàngōngsī]

位于浦坝港镇沿海工业城兴港大道。2004年12月成立，注册资金300万元。公司占地面积2.44万平方米，员工95人。主要生产水暖洁具、铜制品等。2016年产值3605.3万元。

台州市劳特斯洁具有限公司 [Táizhōushì Láotèsījiéjù Yǒuxiàngōngsī]

位于浦坝港镇沿海工业城锦南路。2004年12月成立，注册资金217万元。公司占地面积1.29万平方米，员工60人。是一家专业生产中、高档洁具的企业。2016年产值2186.6万元。

浙江新耀洁具有限公司 [Zhèjiāng Xīnyàojiéjù Yǒuxiàngōngsī]

位于浦坝港镇沿海工业城兴港大道。成立于2004年，注册资金908万元。公司是一家民营独资企业，其前身是1985年创办的台州振中阀门有限公司。占地面积4.16万平方米，建筑面积9.9万平方米，员工328人。是专业生产水龙头、阀门的企业，产品分九大系列共200余个品种。2016年产值12071.3万元。

台州市兴新机械制造有限公司 [Táizhōushì Xìngxīnjīxièzhìzào Yǒuxiàngōngsī]

位于浦坝港镇沿海工业城保乐路。2005年1月成立，注册资金300万元。公司占地面积3.08万平方米，建筑面积3.168万平方米，员工81人。是一家以生产加工汽车摩托车配件为主的企业。2016年产值3669.5万元。

浙江三门安利索电梯有限公司 [Zhèjiāng Sānmén Ānlìsuǒdiàntī Yǒuxiàngōngsī]

位于浦坝港镇沿海工业城沿浦路。2005年1月成立，注册资金20000万元。公司占地面积3.35万平方米，员工138人。是专业生产电梯的企业。2016年产值5298.8万元。

恒速控股有限公司 [Héngsùkònggǔ Yǒuxiàngōngsī]

位于浦坝港镇沿海工业城雁汀路。2006年10月成立，注册资金5008万元。公司占地面积5.65万平方米，员工72人。主要电机产品有IE1、IE2和IE3，同时专业设计、生产、销售特殊电机，广泛用于工业领域包括风机、水泵、空压机、输送机等，远销50多个国家。2016年产值5100万元。

台州市凯斯特包装有限公司 [Táizhōushì Kǎisītèbāozhuāng Yǒuxiàngōngsī]

位于浦坝港镇沿海工业城梦海路。2011年5月成立，注册资金180万元。公司占地面积1.96万平方米，员工61人。专业生产加工淋膜纸、纸杯纸等产品。2016年产值6167.9万元。

台州港邦建材有限公司 [Táizhōu Gǎngbāngjiàncái Yǒuxiàngōngsī]

位于浦坝港镇沿海工业城。2011年6月成立，注册资金200万元。公司占地面积7640平方米，建筑面积3.5万平方米，员工32人。主要经营超宽超厚铝塑板、广告打印铝塑板、A/B级防火铝塑板、岗木纹铝塑板、铜塑复合板、钛锌复合板、钢塑板以及不锈钢复合板等各种新型装饰建材的研发、生产与销售。2016年产值5263.8万元。

台州鸿壹洁具有限公司 [Táizhōu Hóngyījiéjù Yǒuxiàngōngsī]

位于浦坝港镇沿海工业城。2014 年 11 月成立，注册资金 158 万元。公司占地面积 2.21 万平方米，员工 205 人。是水龙头、厨房龙头、脸盆龙头、淋浴龙头、浴缸龙头、面盆龙头等产品专业生产加工的私营有限责任公司。2016 年产值 6401.3 万元。

浙江中琼防水建材有限公司 [Zhèjiāng Zhōngqióngfángshuǐjiàncái Yǒuxiàngōngsī]

位于浦坝港镇沿海工业城牛头门路。2011 年 1 月成立，注册资金 2500 万元。公司占地面积 2.73 万平方米，员工 51 人。是一家集防水材料研发、生产、销售及施工服务于一体的科、工、贸结合的技术创新型防水企业，年产 SBS、APP 改性沥青防水卷材、自粘卷材等 3000 万平方米，丙烯酸、聚氨酯等各种防水涂料 2 万吨。2016 年产值 2284 万元。

浙江美德光学有限公司 [Zhèjiāng Měidéguāngxué Yǒuxiàngōngsī]

位于浦坝港镇沿海工业城。2007 年 10 月成立，注册资金 580 万元。公司占地面积 1.01 万平方米，员工 85 人。主要生产高中档光学架、老花架、儿童架三大系列，产品远销欧美及东南亚地区市场。2016 年产值 3547.4 万元。

台州协信机械有限公司 [Táizhōu Xiéxìnjīxiè Yǒuxiàngōngsī]

位于浦坝港镇沿海工业城。2011 年 9 月成立，注册资金 600 万元。公司占地 3.36 万平方米，员工 58 人。主要从事汽车配件、摩托车配件、机械配件、电机配件等制造。2016 年产值 2276.3 万元。

三门县鼎顺铜业有限公司 [Sānménxiàn Dǐngshùntóngyè Yǒuxiàngōngsī]

位于浦坝港镇沿海工业城兴港大道。2014 年 9 月成立，注册资金 800 万元。公司占地面积 2800 平方米，员工 20 人。主要从事铜水龙头及配件、铜阀门、金属制品、缝制机械、家用空调设备零件、发电机、水泵、喷雾器等产品的制造。2016 年产值 3500.2 万元。

台州市汉狮信息科技有限公司 [Táizhōushì Hànshīxìnxīkējì Yǒuxiàngōngsī]

位于浦坝港镇沿海工业城沿浦路。2010 年 4 月成立，注册资金 100 万元。公司占地面积 3.24 万平方米，员工 175 人。主要经营人造革设计、制造和销售，年产 1200 万米合成革。2016 年产值 8025 万元。

第三节 第三产业

【房地产】

三门山海综合市场开发有限公司 [Sānmén Shānhǎizōnghéshichángkāifā Yǒuxiàngōngsī]

位于海游街道西区大道 101 号。2011 年 3 月 23 日成立，注册资金 1000 万元。主要开发的楼盘有“西城广场”。

三门装饰城市场开发有限公司 [Sānmén Zhuāngshìchéngshichángkāifā Yǒuxiàngōngsī]

位于海润街道枫坑工业园区。2011 年 1 月成立，注册资金 10000 万元。主要开发的项目有“三门装饰城”。项目占地面积 4.5412 万平方米，建筑面积 11.4612 万平方米，总投资约 5 亿元，摊位 800 余个。

浙江省三门新城投资开发有限公司 [Zhèjiāngshěng Sānmén Xīnchéngtóuzīkāifā Yǒuxiàngōngsī]

位于海润街道滨海新城泰和路 8~26 号。2008 年 1 月 23 日成立，注册资金 5000 万元。主要开发的楼盘有“君临城邦”。

三门宏福置业有限公司 [Sānmén Hóngfúzhìyè Yǒuxiàngōngsī]

位于海游街道梧桐路 20 号 902 室。2012 年 2 月 14 日成立，注册资金 1000 万元。主要开发的楼盘有“宏福丽景”。

三门庆达置业有限公司 [Sānmén Qìngdázhìyè Yǒuxiàngōngsī]

位于海游街道梧桐路 20 号 2401 室。2013 年 11 月 7 日成立，注册资金 5000 万元。主要开发的楼盘有

"江南壹号"。

三门县金亿房地产开发有限公司 [Sānménxiàn Jīnyìfángdichǎnkāifā Yǒuxiàngōngsī]

位于海游街道梧桐路20号2002室。2010年9月8日成立，注册资金2000万元。是一家集房地产开发、项目投资、物业管理等业务的房地产开发二级股份制企业。主要开发的楼盘有"金亿华府"。

三门县龙川房地产开发有限公司 [Sānménxiàn Lóngchuānfángdichǎnkāifā Yǒuxiàngōngsī]

位于海游街道梧桐路20号2701号。2011年10月26日成立，注册资金2200万元。主要开发的楼盘有位于铁路站场的"锦龙雅苑"。

台州三和房地产开发有限公司 [Tāizhōu Sānhéfángdìchǎnkāifā Yǒuxiàngōngsī]

位于海润街道枫坑工业园区。2007年2月成立，注册资金5000万元。主要开发的楼盘有"江景花苑"。

三门鸿图房地产开发有限公司 [Sānmén Hóngtúfángdichǎnkāifā Yǒuxiàngōngsī]

位于海游街道民强路6号。2011年1月6日成立，注册资金1000万元。投资开发的项目有亭旁镇的"山水华庭"。

三门文峰房地产开发有限公司 [Sānmén Wénfēngfángdichǎnkāifā Yǒuxiàngōngsī]

位于海游街道大湖塘新区滨海大道19号。2006年7月4日成立，注册资金1000万元。主要开发的楼盘有"湖塘悦色"。

三门银轮置业发展有限公司 [Sānmén Yínlúnzhìyèfāzhǎn Yǒuxiàngōngsī]

位于海游街道心湖路9号。2011年3月7日成立，注册资金2000万元。开发的楼盘有"春江花园"。

三门远大房地产有限公司 [Sānmén Yuǎndàfángdìchǎn Yǒuxiàngōngsī]

位于海游街道上洋路39号。2010年3月18日成立，注册资金2000万元。主要开发的楼盘有"海景风情"住宅小区。

台州市鼎盛房地产开发有限公司 [Tāizhōushì Dǐngshèngfángdìchǎnkāifā Yǒuxiàngōngsī]

位于海游街道上洋路261号。2002年10月23日成立，注册资金8008万元。主要开发的楼盘有"心湖国际"。

台州天源房地产开发有限公司 [Tāizhōu Tiānyuánfángdìchǎnkāifā Yǒuxiàngōngsī]

位于海游街道大湖塘新区总商会大厦15楼。2009年10月15日成立，注册资金2000万元。投资开发的楼盘有"天琴湾"。

台州银河房地产开发有限公司 [Tāizhōu Yínhéfángdìchǎnkāifā Yǒuxiàngōngsī]

位于海润街道上洋路80号。2010年2月8日成立，注册资金1000万元。投资开发的楼盘有"银河湾"。

台州悦成置业有限公司 [Tāizhōu Yuèchéngzhìyè Yǒuxiàngōngsī]

位于海游街道梧桐路20号总商会大厦22楼。2010年9月19日成立，注册资金5900万元。投资开发的楼盘有"悦成御园"。

浙江三门宏盛置业有限公司 [Zhèjiāng Sānmén Hóngshèngzhìyè Yǒuxiàngōngsī]

位于海游街道广场路22号。2010年2月23日成立，注册资金2000万元。主要开发的楼盘有"帝景园"。

台州锦华置业有限公司 [Tāizhōu Jǐnhuázhìyè Yǒuxiàngōngsī]

位于海游街道南山路105号2单元702室。2010年3月17日成立，注册资金2000万元。在温州、台州等城市开发了多个优质项目，在三门主要开发的楼盘有"锦华大厦"。

三门万国房地产开发有限公司 [Sānmén Wànguófángdichǎnkāifā Yǒuxiàngōngsī]

位于海游街道人民路55号B101~103室。2007年5月28日成立，注册资金5000万元。主要开发的楼盘有"首府广场""水岸公馆"等项目。

三门春雨置业有限公司 [Sānmén Chūnyǔzhìyè Yǒuxiàngōngsī]

位于健跳镇马庄村。2011年5月10日成立，注册资金2000万元。主要开发的项目有位于六敖南大街与西大街交汇处的"春雨豪庭"。

【移动电话与网络】

中国电信股份有限公司三门分公司 [Zhōngguódiànxìn Gǔfènyǒuxiàngōngsī Sānménfèngōngsī]

位于海游街道人民路2~8号。公司拥有遍布全县的光纤骨干通信和快速的宽带综合信息接入等先进技术组成的通信网络，向社会提供固定电话、手机、宽带接入等立体化、多样化的服务。设有市场部、大客户部、综合维护安装部和综合管理部4个职能部门，下辖城区营服中心和珠岙、亭旁、健跳、花桥4个农村支局。

中国联合网络通信有限公司三门县分公司 [Zhōngguóliánhéwǎngluòtōngxìn Yǒuxiàngōngsī Sānménxiànfèngōngsī]

位于海游街道人民路89号。是中国联通在三门的分支机构。公司主要负责三门境内联通的通信工程建设、网络运行和业务经营，固定资产超亿元。下设综合支撑部、市场部、集团部三个部门和营业中心、固网中心、运维中心3个中心，职工55名。

中国移动三门分公司 [Zhōngguóyídòng Sānménfèngōngsī]

位于海游街道南山路111号。隶属于中国移动集团浙江有限公司，是一家基于GSM、TD-SCDMA制式网络的移动通信运营商。承担着通信基础设施建设，网络覆盖以及语音、数据经营业务。随着通信技术的不断的发展，公司的主营业务也越来越多样化，从2006年主营移动话音、IP电话到2011年逐渐向数据和多媒体业务发展。通话用户数和运营收入不断增长，2006年三门移动通信用户数为12万户，运营收入9026万元，2011年用户数已达到22户，运营收入为1.5亿元，成为三门规模最大的通信运营商。公司现拥有员工126名，设有综合部、市场经营部、网络部3个部门，下辖珠岙、六敖、花桥3个区域经营部，以及建民路、珠岙、亭旁、六敖、健跳、核电、泗淋、沿海工业城8家营业厅。

三门广电网络有限公司 [Sānmén Guǎngdiànwǎngluò Yǒuxiàngōngsī]

位于海游街道健康路139号。2012年2月14日成立，投资额6048.6万元。从事广播电视传输工程设计、施工及维护服务，广播电视器材销售、维修的国有企业。

【石油】

三门县石油液化气贮灌厂 [Sānménxiàn Shíyóuyèhuàqì Zhùguànchǎng]

位于海游街道交通路315号。2001年12月7日成立，注册资金2538万元。主要面向中小企业及个人提供城镇燃气批发、零售。

中国石油化工股份有限公司浙江台州三门石油支公司 [Zhōngguóshíyóuhuàgōng Gǔfènyǒuxiàngōngsī Zhèjiāng Táizhōu Sānmén Shíyóu Zhīgōngsī]

位于海游街道交通路18号。隶属于中国石化集团公司，是全县成品油市场的主要供应商，市场份额占90%左右。公司在全县范围内有18座加油站，1座油库，年销售成品油5万多吨，销售额4亿多元，员工165人。

大众液化石油气贮罐站 [Dàzhòngyèhuàshíyóuqì Zhùguànzhàn]

位于海游街道石岩村。占地面积6333平方米，建筑面积690平方米，液化气储量170立方米，1994年8月投入使用。主要设施有50立方米贮灌3只、20立方米贮罐1只、压缩机2台、烃泵2台、水泵2台、发电机组1台、电子秤6台、真空泵1台、防漏报警器1套等，自有钢瓶8.5万余只，年销售量1800吨。

六健液化气储罐站 [Liùjiànyèhuàqì Chǔguànzhàn]

位于六敖镇上街。占地面积630平方米，现有液化气储量110立方米，1997年6月投入使用。主要设施有 50立方米储罐2只、10立方米储罐1只、压缩机2台、烃泵2台、发电机组1台、电子秤4台、真空泵1台等，自有钢瓶5.2万只，年销售量1600吨。

浬浦液化石油气储配站 [Lǐpǔyèhuàshíyóuqì Chǔpèizhàn]

位于浦坝港镇黄金坦村。占地面积5333平方米，建筑面积7000平方米，贮气罐3只，存储量150立方米，2002年8月投入使用。主要设施贮灌3只、压缩机2台、烃泵2台、液化气成分检测仪器1台，另有水泵、发电机、地磅、监控视频等设备。

泗淋燃气有限公司 [Sìlínránqì Yǒuxiàngōngsī]

位于浦坝港镇泗淋村平安路4号。占地面积3300平方米，建筑面积480平方米，储存量为110立方米，1996年7月投入使用。主要设施有50立方米贮罐2只，10立方米贮罐1只及二艺管道、压缩机、分离罐、稳压罐各1台，消防水泵、发动机组、报警系统等。

【旅游】

蛇蟠岛集团 [Shépāndǎo Jítuán]

位于海游街道梧桐路20号总商会大厦29楼。投资额1.71亿元，从事旅游、住宿、餐饮等一体的综合型企业。成立于2013年5月。

浙江蛇蟠岛旅游开发有限公司 [ZhèJjiāng Shépándǎolǚyóukāifā Yǒuxiàngōngsī]

位于蛇蟠乡黄泥洞村。2012年12月成立，注册资金3000万元。公司主要经营蛇蟠岛风景区海盗村、野人洞、三门湾海岛观光游、蛇蟠山洞窟探险游和滑泥乐园等景点。

蛇蟠岛国际旅游度假有限公司 [Shépándǎoguójìlǚyóudùjià Yǒuxiàngōngsī]

位于蛇蟠乡黄泥洞村和山前村交界处。前身为台州三门湾旅游开发有限公司，成立于2004年1月，2007年3月转由华天工业有限公司独资经营。业务范围包括餐饮、住宿、旅游景点开发、观光、度假等。

浙江三特渔村农业发展有限公司 [Zhèjiāng Sāntèyúcūnnóngyèfāzhǎn Yǒuxiàngōngsī]

位于海润街道鲍家村，分为海鲜加工观光园、水产养殖观光园、农业观光园、学生农业教育园、乡间别墅园五大休闲观光区域。2004年开始发展农渔业观光项目，开展水上垂钓、特色餐饮、棋牌娱乐、果蔬种植等游乐项目，形成综合性农业观光基地——三特渔村，并于2006年成为三门县首个省级休闲渔业示范基地。2016年被评为国家AAA景区。先后被评为全国农业旅游示范点、省五星级农家乐、省农家乐示范点、省精品农家乐、省休闲渔业示范基地。三特渔村“海八仙”在省首届乡村美食节上获得金奖，在省“江南渔村杯”农家乐特色菜大赛获热菜类、冷菜类、点心类、综合类四个金奖，青蟹宴在省第二届农家乐特色菜大赛获银奖。

三门县在水一方渔家乐园 [Sānménxiàn Zàishuǐyīfāng YújiālèYuán]

位于蛇蟠乡四期围垦区，临近宁海县。2009年10月8日开始营业，注册资金802万元。主要设施包括集散管理中心、亲水观光带、餐饮度假区、休闲娱乐区等“一心一带二区”。2012年跻身全国休闲农业与乡村旅游示范点。

【住宿和餐饮业】

三门大酒店有限公司 [Sānmén Dàjiǔdiàn Yǒuxiàngōngsī]

位于海游街道民丰路8号。2005年11月开业，2006年被评为浙江省绿色饭店，2007年被评为国家三星级旅游饭店。职工人数120人，是一家从事客房、餐饮、KTV、会议为一体的综合型酒店。

三门琴江山庄有限公司 [Sānmén Qínjiāngshānzhuāng Yǒuxiàngōngsī]

位于海游街道平海路80号。2000年11月16日成立，注册资金1080万元。成立于2002年，是一家按四星标准设计建造的旅游饭店，2008年被评为浙江省绿色旅游饭店。山庄拥有客房168间（套），400平方米的宴会厅和多功能厅各1个，二楼钢琴轩别具风格，集餐饮、客房、娱乐为一体的综合型酒店，职工人数180人。

三门核电有限公司海逸大酒店 [Sānménhédiàn Yǒuxiàngōngsī Hǎiyì Dàjiǔdiàn]

位于健跳镇三门核电厂区内。因酒店处于海边，故名海逸大酒店。成立于2007年12月，职工人数200人，隶属于三门核电有限公司，以接待核电公司业务为主，是一家按四星级标准建造的综合商务型酒店。酒店有600多个中西餐位，220套客房，12间大小会议室及健身房、桌球、棋牌室、美容美发、KTV、演绎酒吧、网球场和高尔夫球练习场等配套娱乐设施。2009年被评为国家银叶级绿色旅游饭店。

浙江保罗大酒店有限公司 [Zhèjiāng Bǎoluódàjiǔdiàn Yǒuxiàngōngsī]

位于海游街道滨海大道18号，滨海大道和梧桐路交会处，是南京金陵酒店的连锁店之一。成立于2007年12月24日，2008年1月9日开业，是三门县第一家按国际五星级标准建造的现代化酒店，2010年被评为国家银叶级绿色旅游饭店。楼高28层，客房总数264间（套），是一家从事客房、餐饮、会议、桑拿、健身、游泳池、美容美发、台球、KTV等为一体综合型酒店。

三门凯悦大酒店有限公司 [Sānmén Kǎiyuèdàjiǔdiàn Yǒuxiàngōngsī]

位于三门县海游街道南山路82号。2002年11月6日成立，是一家从事住宿、餐饮、娱乐服务为一体的综合型酒店。

蛇蟠岛度假酒店 [Shépándǎo Dùjià Jiǔdiàn]

位于蛇蟠乡野人洞、海盗村景区之间。2009年5月落成，2012年7月被评为浙江省银叶级绿色旅游饭店。酒店集客房、餐饮、会议、康乐为一体，设施齐全，拥有豪华套房、行政套房、豪华商务房、电脑房、标准间共60余间，餐厅有贵宾包间2间，豪华包间6间，中餐厅可以同时容纳300人进餐。酒店设有大小会议室2个，可同时容纳150人的会议接待，另配备有棋牌室、台球室、KTV等休闲康乐设施。

【交通运输、仓储】

浙江海大海运有限公司 [Zhèjiāng Hǎidàhǎiyùn Yǒuxiàngōngsī]

位于海游街道梧桐路20号总商会大厦15楼。2008年6月成立，注册资金4000万元。主要经营国内沿海及长江中下游各港口间普通货船运输和船舶、货运代理兼从事国际货物运输代理业务。公司拥有自有散货船舶4艘，计8.9万载重吨。

三门县宏达船务有限公司 [Sānménxiàn Hóngdáchuánwù Yǒuxiàngōngsī]

位于海游街道南山路105号。1998年9月成立，注册资金310万元。主要经营国内沿海及长江中下游各港间货物（含成品油）运输。公司现有船舶31艘3.32万载重吨，其中油船17艘1.38万载重吨，货船14艘1.94万载重吨。

浙江省三门县粮食收储有限公司沿江分公司 [Zhèjiāngshěng Sānménxiàn Liángshíshōuchǔ Yǒuxiànggōngsī Yánjiāng Fèngōngsī]

位于浦坝港镇宅山。2003年1月27日成立，从事粮食收储、批发，故名。

三门县食品责任有限公司城关屠宰场 [Sānménxiàn Shípǐn Zérènyǒuxiàngōngsī Chéngguān Túzǎichǎng]

位于海润街道上枫坑村。2003年6月30日成立，从事畜、禽、蛋、水产品收购销售和生猪屠宰加工，故名。

【汽车】

三门众德汽车销售服务有限公司 [Sānmén Zhòngdéqìchēxiāoshòufúwù Yǒuxiàngōngsī]

位于海润街道工业大道29号。2011年11月24日成立，注册资金1380万元。是一家从事汽车、汽车配件销售和汽车维护保养的企业。

第四编

人工建筑地名

第一章 建筑物

第一节 高层办公建筑

海游街道

三门县行政中心大楼 [Sānménxiàn Hángzhèngzhōngxīn Dàlóu]

位于海游街道大湖塘新区广场路18号。东毗滨海大道，南临心湖公园，西依湫水大道，北靠朝晖路。占地面积7.99万平方米，建筑面积5.68万平方米，高15层，总投资1.8亿元。该大楼为县委县政府及相关机构办公场所，故名。2009年9月竣工交付使用。

三门县地税局办公楼 [Sānménxiàn Dìshuìjú Bàngōnglóu]

位于海游街道大湖塘新区湫水大道1号。东、南毗县政府，西临湫水大道，北靠朝晖路。占地面积1.2917万平方米，建筑面积1.2万平方米，高9层，总投资8924万元。2011年建成。

三门县国土大楼 [Sānménxiàn Guótǔ Dàlóu]

位于海游街道大湖塘新区湫水大道8号。东临湫水大道，北靠广场路，南为心湖公寓。占地面积7400平方米，建筑面积1.301万平方米，高16层57.9米，总投资3000多万元。该大楼为县国土资源局综合办公楼而得名。2007年建成命名。

三门县国税大楼 [Sānménxiàn Guóshuì Dàlóu]

位于海游街道大湖塘新区梧桐路18号。东临湫水大道，南为梧桐路，北毗心湖路。占地面积7000平方米，建筑面积1.2万平方米，由一栋11层主楼及3层附属楼组成，高43.8米。该大楼为县国税局综合办公楼而得名。2013年建成命名。

三门县交通大楼 [Sānménxiàn Jiāotōng Dàlóu]

位于海游街道大湖塘新区广场路22号，广场路与滨海大道路口。东、北毗绿洲名苑小区，南靠广场路，西临滨海大道。占地面积1.08万平方米，建筑面积2.97万平方米，高18层地下一层74.5米，总投资9000万元。该大楼为县交通局综合办公楼而得名。2009年12月竣工。

城建大厦 [Chéngjiàn Dàshà]

位于海游街道海丰路2号。东南临海丰路，东北至曙光路，西南为上洋路，西北毗新兴街。占地面积672.7平方米，建筑面积5000平方米，高12层，总投资480万元。因县城建局办公于此，故名。1997年10月建成。

三门县广播电视中心大楼 [Sānménxiàn Guǎngbōdiànshìzhōngxīn Dàlóu]

位于海游街道健康路139号。南临健康路，西为上洋路。建筑面积5248.76平方米，高54米，共12层，总投资1555.8万元。因县广播电视台办公于此，故名。2000年竣工投入使用。

三门县总商会大厦 [Sānménxiàn Zǒngshānghuì Dàshà]

位于海游街道大湖塘新区梧桐路20号。东邻星港时代购物中心，南临梧桐路，西靠湫水大道，北毗心湖公园。占地面积1.37万平方米，建筑面积6.67万平方米，地上主楼29层，地下2层，总投资1.7亿元。因参建单位县总商会而得名。2009年9月落成并通过竣工验收。

三门县电力大厦 [Sānménxiàn Diànlì Dàshà]

位于海游街道上洋路与新兴街交叉处上洋路66号。占地面积0.56万平方米，建筑面积1.1万平方米，办公楼1幢16层。该大厦为县电力公司集电力调度、办公、营业服务窗口为一体的综合办公楼而得名。2007年10月启用。

三门县金茂大厦 [Sānménxiàn Jīnmào Dàshà]

位于海游街道大湖塘新区梧桐路19号。东临滨海大道，南毗湖南路，西靠湫水大道，北依梧桐路。占地面积1.4万平方米，建筑面积5.8万平方米。建有商办楼2幢（25层、26层各1幢），共1100套住房。因大厦位于大湖塘新区中心位置，象征三门经济蒸蒸日上和大厦财源广进，故名。

海润街道

公安大楼 [Gōngān Dàlóu]

位于海润街道滨海新城三门湾大道21号。由1幢主办公楼，2幢裙楼及附属用房（水泵房等）组成，建筑面积3.05万平方米，其中办公用房面积3.01万平方米（含地下室建筑面积3203平方米），附属用房建筑面积351.8平方米。主办公楼14层，裙楼3层，地下1层，地上建筑高58.4米。

第二节　园林建筑

海游街道

鸳鸯亭 [Yuānyāng Tíng]

位于海游街道南山风景区登高路南段望海楼处。2003年建成，寓意夫妻恩爱，百年好合，故名。

丹泉亭 [Dānquán Tíng]

位于海游街道南山风景区丹峰西，丹井路中段。亭四角，高约4米，2003年由县水利局出资兴建。丹泉在丹峰侧，为葛玄炼丹遗迹。柱联“泉尤甘洌置炉曾练长生药；山自清幽宜景又添快活亭”。

怡然亭 [Yírán Tíng]

位于海游街道南山风景区丹峰山东北山腰，劳动路中段。六角圆柱顶重檐石亭，高约5米，2004年县建设规划局建。柱联“爱丹峰直上云中塔；攀翠岭当游秀处亭”“沐松涛凡尘蓦洗；观雾海遐想油生”。

静心亭 [Jìngxīn Tíng]

位于海游街道丹峰山电视塔南，双峰路中段，海拔220米的山头。三角石亭，建于2003年。柱联“风平山如画图彩笔绘；人静心似方塘明镜开”。

人寿亭 [Rénshòu Tíng]

位于海游街道南山风景区丹山东路中段龟岩北，仰丹亭南。六角重檐圆柱顶石亭，2001年由县人寿保险公司捐建，故名。柱联“千载精灵龟岩蹲翠岭；万般秀色碧树挺幽山”“丹峰不老一抔当年神仙土；葛玄犹在千秋此处人寿亭”。

仰丹亭 [Yǎngdān Tíng]

位于海游街道南山风景区丹山东路，益寿桥西南。八角重檐水泥木结构亭，2003年由县建设规划局出资建。柱联“一塔凌空阅尽城乡水陆；诸峰入画知详今古人天”“金丹九转功就眼前秋色；海日初升辉添山上韶光”。

龙山亭 [Lóngshān Tíng]

位于海游街道南山风景区北端山巅上。以所在地龙山得名，为钢筋混凝土结构的八角凉亭，建于1982年。亭的上方悬有篆体“龙山亭”描金匾额。亭中有水磨石桌和石凳，旁有坐椅，供人休憩和观览。柱联“坐观丹峰苍松尽染；亭倚龙山清风徐来”“攀石级游丹塔海国风光皆叠彩；站龙山看海湾三门大地尽斑斓”。

揽胜亭 [Lǎnshèng Tíng]

位于海游街道南山风景区丹峰西北丹山西路中段。六柱双檐圆亭，2003年由县建设规划局建。柱联“莺歌晓月良辰风送爽；景映朝阳宝地物增华”“登山放目揽云伴舞；玩水怡情邀雾画图”。

观日亭 [Guānrì Tíng]

位于海游街道南山风景区丹峰西南山腰。六柱圆顶单檐石亭，高4米，2003年由海游镇政府出资建。柱联“海日辉煌罕有奇观仙境里；山林葱郁饶多胜迹画图中”“朝阳夕阳夕夕朝朝同艳丽；山色水色山山水水共清明”。

四通亭 [Sìtōng Tíng]

位于海游街道南山景区丹峰与望海楼之间。四方双檐圆柱顶，此亭四个方向都相通，故名。柱联“步竹林漏光滴翠尘嚣尽消；观奇松超凡脱俗宠辱皆忘”“千山向朝阳四面积翠；万径随人意八方通达”。

葆春亭 [Bǎochūn Tíng]

位于海游街道南山风景区半山腰。建于1979年5月，为钢筋混凝土结构的六角凉亭，含“永葆革命青春”之意，故名。柱联“上丹山登峰塔八方美景收眼底；赏亭台游碧海万家乐忧到心头”“探幽入翠微深壑藏佳景；揽胜升亭阁碧峰秀海城”“秀山青雨青山秀；香柏古风古柏香”。

丹石亭 [Dānshí Tíng]

位于海游街道南山风景区丹峰山西，丹山中路西端，丹井路北端。八柱重檐石亭，2003年由县建设规划局捐建。柱联“金丹九练问几人得长生；顽石千磨看一亭尽风流”“云塔松涛处处壮观称绝胜；山城海国章章新就展鸿图”。

育才亭 [Yùcái Tíng]

位于海游街道石城山古佛洞向东至三门中学山路山腰处。六角重檐石亭，2006年由三门中学出资建。柱联“禅月百尺飞流抛珠散玉；瑞云三千学子起凤腾蛟”。

祥云亭 [Xiángyún Tíng]

位于海游街道精秘山北山路金龙庵北段路西。2007年由县人口与计划生育局出资建。柱联“海纳百川方显仁者无敌；山涵万物乃孕苍天有情”“云蒸霞蔚水光潋滟；霭聚雾迷山色空濛”。

聚仙亭 [Jùxiān Tíng]

位于海游街道禅月山。2006年建，取仙气聚合之意，故名。

慧云亭 [Huìyún Tíng]

位于海游街道精秘山海国山城牌坊至精秘禅寺路旁。2006年由县国土资源局出资建造，四柱重檐石亭。柱联“玉峰迎旭阳；银海纳长虹”“慧光映及江流天地外；云海琦留山色有无中”。

温馨亭 [Wēnxīn Tíng]

位于海游街道精秘山和谐门至德胜路路旁。2006年由富尔达房地产有限公司建。取希望社会温暖馨香之意，故名。柱联“旷野成园云庄皆新景；层峦垒翠胜迹画奇观”“林深不雨水常滴；山高有云暑自消”。

太白亭 [Tàibái Tíng]

位于海游街道精秘山海国山城牌坊至北山路金龙庵东南处，太白殿西北角。民间传说太白老君曾在此山修道，故名。2005年秋天建。

清心亭 [Qīngxīn Tíng]

位于海游街道精秘山北山路到岩门路廊经禅月路去岩洞路旁。2006年由县供电局出资建。柱联“山不染尘景郁翠；水能益智心晶明”。

石城亭 [Shíchéng Tíng]

位于海游街道石城山古佛洞南瀑布下面石城庵西。2004年建成命名。柱联“岩围石城名千古，洞挂布帘飞三春”。

展望亭 [Zhǎnwàng Tíng]

位于海游街道石城山古佛洞东。六柱三檐圆形石亭，2006年由县发改局出资建。柱联“观古镇佳境频添宏图初展；瞻新城旧貌渐改大业在望”“碧水长流虹卧一溪钟灵秀；金龟锁紫云萦两庄开福祥”“观古镇佳境频添宏图初展；瞻新城旧貌渐改大业在望”。

翠微亭 [Cuìwēi Tíng]

位于海游街道精秘山翠微景区，经翠微廊向南去覆钟山路旁，故以翠微得名。六柱石圆亭，2006年建。柱联“俯盘石而开襟右临澄水；披翠微而列坐左对青山”“先智慧眼可识自东来紫气；樵夫明眸不察此处有翠微”。

禅月亭 [Chányuè Tíng]

位于海游街道精秘山北山路经岩门路廊至禅月路旁。因位于禅月山，故名，2006年由海游镇政府出资建。柱联“古禅岁岁邀明月；高阁时时赏绿霞”。

绿谷亭 [Lǜgǔ Tíng]

位于海游街道精秘山翠微景区，经翠微廊去翠微门经此亭。因处于西山间的夹道，附近有绿竹相伴，故名，2006年由县卫生局出资建。柱联“林岫清幽望海日；禅月空谈闻天籁”“绿竹摇云斜疏影；青松掩道藏翠微”。

菖蒲亭 [Chāngpú Tíng]

位于海游街道西山公园内，潮音阁东。木结构单檐六角亭。柱联“御大风山岚动赶海人何在；临高阁天日红弄潮者敢乎”。

涉溪亭 [Shèxī Tíng]

位于海游街道西山公园内。一亭带三间廊屋，六角单檐，廊为人字坡单檐，上覆青瓦，水泥木头混建。

咏霞亭 [Yǒngxiá Tíng]

位于海游街道西山公园内，潮音阁南。六角三檐石亭，与吟旭亭遥望，建于2011年。柱联“彩霞遍染山川夕阳这边独好；华亭纵观城镇人瑞此际尤谐”。

吟旭亭 [Yínxù Tíng]

位于海游街道西山公园内，潮音阁东南。六角三檐石亭，与咏霞亭遥望，建于2011年。

望江亭 [Wàngjiāng Tíng]

位于海游街道安居小区东，珠游溪畔。六角石亭，飞檐翘角。亭临珠游溪，故名。2004年建成命名。

翠微苑 [Cuìwēi Yuàn]

位于海游街道精秘山德胜路到翠微景区山岙中。因紧临翠微路而得名，2006年春由县财税局出资建。柱联“重峦嘉树锁苍谷；轻雾烟霞披翠微”“已想山林忘俗事；不妨琴书化天涯”。

双峰长廊 [Shuāngfēng ChángLáng]

位于海游街道南山风景区登高路南段，望海楼与丹峰山之间。五间石廊，廊顶高而尖，高约3米，建于2003年。柱联“岭上未弹琴瑟音长续；谷中不奏琵琶韵自来”“双峰山水无双地；长廊风月韵长存”“亭用石建显长廊之神妙；景由人造添双峰以雅观”。

翠微廊 [Cuìwēi Láng]

位于海游街道精秘山德胜路到覆钟山之间。因翠微路而得名，2006年由亚达科技出资建。柱联“说养性水陶情仁人乐至；壑藏幽峰呈秀智者忘归”“山好水好到此一坐无烦恼；你来我来闲聊几句亦怡情”“四面翠微收眼底；一方琼阁现廊前”“犬吠山幽深径曲晨星伴；莺飞水绿碧风清翠鸟鸣”。

观天台 [Guāntiān Tái]

位于海游街道南山风景区望海楼山顶，海拔491.7米。建于2000年。

登高台 [Dēnggāo Tái]

位于海游街道精秘山精秘禅寺南禅月山顶。2006 年由腾龙公司出资建。

常青台 [Chángqīng Tái]

位于海游街道精秘山翠微景区，翠微廊北端。高约 3 米。2006 年由海啊集团许常青出资建造而得名。

龙坛 [Lóng Tán]

位于海游街道南山风景区丹峰西。占地面积 300 平方米，围以石栏，中竖两根缠龙石柱。2001 年 7 月由海游镇人民政府捐建。

登丹门 [Dēngdān Mén]

位于海游街道南山风景区活动场西南，由登丹门可达丹峰。四柱重檐，牌楼式建筑，1998 年由县建设规划局建。门联“背天台面东海雄踞云港三门地；邀湫水约琴江畅抒豪情丹峰天”。

翠微门 [Cuìwēi Mén]

位于海游街道精秘山翠微景区至精秘禅寺路上。2005 年县民政局出资建造。柱联“登禅寺寄托园景修来世福；游道观鉴心怡神为今生寿”“青山秀美锻炼身体老少都适；茂林幽情修养心性你我皆宜”。

石城门 [Shíchéng Mén]

位于海游街道精秘山观兴禅寺到古佛洞路上。1985 年由县城乡建设环境保护局建。因位于石城山，故名。柱联“古洞禅宫精秘圣僧传佳话；神龟道韵玉泉飞瀑绎石城”。

和谐门 [Héxié Mén]

位于海游街道精秘山紫云路西端。2007 年秋由县建设规划局出资建。柱联“月洗冠冕星汉高远千羽鹤；风解衣带水云淡荡一山松”。

海国山城牌坊 [HǎiguóShānchéng Páifāng]

位于海游街道精秘山北山路中段，观兴禅寺北侧。两柱重檐石牌坊，2006 年由县建设规划局出资建造。海游自古有“海国山城、海市上游”之称，故名。楹联“四涧分流石城飞瀑寺涵五百年境苍烟月；群峰竞翠海日腾辉心叩三千界佛”“无是无非同木石居能率性；不烦不忧共山川游亦抒闲”。

昌德塔 [Chāngdé Tǎ]

位于海游街道石城山古佛洞右上侧。语出《南齐书·乐志》“留昌德，结圣怀”而得名。2004 年建成命名。

丹峰塔 [Dānfēng Tǎ]

位于海游街道南山景区丹峰而得名。海拔 320.8 米。原为 1981 年建成的电视差转台，1999 年由县建设规划局出资改造，现为三层空心塔。

潮音阁 [Cháoyīn Gé]

位于西山公园内西山之巅。坐北朝南，三层仿古建筑，可俯瞰县城全貌，2011 年建。柱联“丹山接瑞云灯火万家分彼此；象鼻嘻湫水水木馨一片春秋”“潮来后港鳌走鲸航海开强国路；音美西山蛩鸣鸟唱天作大同歌”“莲步登阁更上一层朝日出；抒怀临风欲高千尺与云齐”“花飞阁清吟酬逝水；月满山倦卧笞浮云”“西山依旧闲看月色凝碧树；楼阁鼎新坐听潮音绕疏枝”“东海潮生初日上；西山雨过晚风清”“云影天光，须知眼界因时异；鸢飞鱼跃，唯愿胸襟与海同”。

珠岙镇

惠泉亭 [Huìquán Tíng]

在珠岙镇麻岙岭南水亭娘娘庙内。始建于明，后因修建公路，几经变迁，2003 年重建。明宁海县令曹学程曾撰《惠泉亭碑记》，题联：“普泽万方同食德；长流百世且闻清。”并作《惠泉》诗：“泉脉发山椒，清冽有余味。挹之不盈勺，涓滴杂莽蔚。我来问罂之，玉壶胜然沸。寒光照毛发，冷液彻肌胃。行道渴者甘，达浍耕者灌。谁将惠泉名，惠而不为费。”清乾隆年间（1736—1795 年）县令徐恕题额“涧曲峰回”。

合波亭 [Hébō Tíng]

位于珠岙镇吴岙古街东首，唐峰水北流与语溪水合流处。建于清嘉庆年间（1796—1820年），1985年被台风刮倒重建。一进单体，三开间，木结构建筑，分南北两廊。合波亭四面曲阑缭绕，花柳蓊翳，上庇巨村，穿空积翠，下临溪流，飞阁流丹，平桥通于亭中，往来行人络绎不绝。合波亭的建筑十分巧妙，"水阁凉亭廿支柱"，它既是桥梁，又是凉亭，现在成了村里老人休憩的场所。亭旧有"寄春一任折梅沽酒；无须望杏随时娱玩"对联。

紫云亭 [Zǐyún Tíng]

位于珠岙镇上胡村西边山上，珠游溪北岸，为四角石亭。2005年建成命名。

横渡镇

上国观光坊 [ShàngGuóGuānGuāng Fáng]

位于横渡镇大横渡村下街。东西走向，高5.5米，通面阔4.7米，通进深3.4米，硬山顶，青瓦抬梁式木结构。两面额枋雕有各种花草图案和彩绘，东西两侧各置石鼓1个。两边对联云"上国观光开甲第；石屏遗迹肇科名"，额书"上国观光"。据清光绪《宁海县志》记载："上国观光坊，木质，在大横渡街，为郦某建。"始建于明嘉靖二十四年（1545年）孟冬，1966年"文化大革命"时被毁，1985年村民集资依原样重建。2004年被公布为县级文物保护点。

浦坝港镇

沧海亭 [Cānghǎi Tíng]

位于浦坝港镇两头塘村。寓东临碣石，以观沧海之意。2006年建成命名。

康乐亭 [Kāngle Tíng]

位于浦坝港镇龙坑村大井头自然村。建于2006年。

黄公之墓牌坊 [Huánggōngzhīmù Páifāng]

位于浦坝港镇后陈村下洋黄自然村西部，黄金坦公路南侧。粉红色蛇蟠石质，二方立柱，通高3.5米，每边宽0.3米，柱顶为莲花宝顶，三横枋，跨1.9米。横枋南侧镌刻"黄公之墓"四字，保存基本完好。2004年被公布为县级文物保护点。

第三节 市 场

海游街道

首府广场 [Shǒufǔ Guǎngchǎng]

位于海游街道商业最繁华的人民路和南山路交叉路口，原县政府旧址，故称首府。东至立生巷，南临人民路，西界南山路，北靠石羊溪。占地面积0.96万平方米，建筑面积3.4万平方米，地下面积0.71万平方米。首府广场由A、B、C三区四层的半封闭商业建筑组成，内部开辟步行街区及1500余平方米的中庭广场，一至二层为独立连体商铺，三至四层为独立大开间商铺，以经营珠宝、通信、电器、服饰、电玩、餐饮等为主，整个商业广场配有两部自动扶梯和两部观光电梯，九个消防楼梯，另外还有两部货梯运送货物到各卖场。首府广场目前是三门规模最大、档次最高、功能最全的集购物、娱乐、餐饮、休闲于一体复合型商业广场。

星悦·西城广场 [Xīngyuè · Xīchéng Guǎngchǎng]

位于海游街道西区大道103号。建筑总面积3.3万平方米，共五层，主要包括美食天地、休闲娱乐、儿童体验、生活超市、精品零售等五大版块。同时，广场引进一系列国内外知名品牌，专门聘请杭州星汇资产管理有限公司负责全面招商营运工作。

星港时代购物中心 [Xīnggǎngshídài Gòuwùzhōngxīn]

位于海游街道大湖塘新区。东接保罗大酒店，南临梧桐路，西靠总商会大厦，北临心湖路。占地面积1.6万平方米，建筑面积8.5万平方米。星港为该建筑开发企业名称，以商贸购物为主而得名。

三门县城关中心市场 [Sānménxiàn Chéngguān Zhōngxīnshìchǎng]

位于海游街道市场路6号。建筑面积5113.49平方米，共四层，其中一层为水产、肉类、蔬菜、干水产、副食、豆制品、冷冻食品、熟食等交易；二层为三门县城关小商品市场；三层为家世界百货商场，因经营等原因关闭，后曾短时间开设过家具城；四楼为县工商部门办公场地。1994年10月在原海游小菜场旧址改建，为三门县第一所现代综合市场。

三门县城关小商品市场 [Sānménxiàn Chéngguān Xiǎoshāngpǐnshìchǎng]

位于海游街道市场路6号。县城关中心市场二楼，主要经营服装、鞋类、针织品等小商品，共有摊位197个。1994年10月建成。

三门县城东消费品综合市场 [Sānménxiàn Chéngdōng Xiāofèipǐn Zōnghéshìchǎng]

位于海游街道海游街44号。经营摊位近100个，主要经营文化用品、布料、副食品及日用百货，属消费品综合市场。由城东村投资建设，故名。1996年11月建成。

三门县城关果品批发市场 [Sānménxiàn Chéngguānguǒpǐn Pīfāshìchǎng]

位于海游街道新港路。共有摊位80多个，沿新港路两边街面进行布局，主要经营新鲜水果的批发、零售。1998年1月建成命名。

三门青蟹市场 [Sānmén Qīngxiè Shìchǎng]

位于海游街道人民路与环城路交界的城东村地段。占地面积4318平方米，建筑面积约2500平方米，有摊位70多个。以经营青蟹批发、零售，故名。2002年9月开业，为全国第一家青蟹专业市场。2012年关闭。

三门中国青蟹城 [Sānmén ZhōngGuó QīngXièchéng]

位于海游街道大湖塘新区滨海大道9号。占地面积1.27万平方米，建筑面积4.01万平方米，主体建筑为地上五层，地下一层，总投资1.5亿元。是一家集青蟹销售、农贸市场、大型超市、精品商业、普通商铺、管理办公于一体的综合性商业市场。以经营青蟹等水产品为主，故名。2012年6月开业。

三门县城关农副产品综合市场 [Sānménxiàn Chéngguānnóngfùchǎnpǐn Zōnghéshìchǎng]

位于海游街道建民路。东至后洋陈路，北至建民路，南至曙光路，西至新兴街。总投资800万元，占地面积5333平方米，建筑面积1.4万平方米，主体建筑4层，有摊位150个。为县城经营农副产品为主的市场而得名。1998年建成。

三港建材市场 [Sāngǎngjiàncái Shìchǎng]

位于海游街道大湖塘新区梧桐路1号。共有100多个摊位，分A、B、C三区，分别经营装修板材、厨具、卫浴、五金配件等。2007年12月开业。

城南建材五金市场 [Shéngnánjiàncáiwǔjīn Shìchǎng]

位于海游街道望海路1号。主要经营建筑材料、家装材料、五金用品等。2008年3月建成。

岭枫建材五金市场 [Lǐngfēngjiàncáiwǔjīn Shìchǎng]

位于海游街道交通路158~160号。主要经营建筑材料、家装材料、五金用品等。2008年5月建成。

恒大建材市场 [Héngdàjiàncái Shicháng]

位于海游街道文化路东侧。以经营陶瓷、灯具、油漆、五金木制、装潢材料等为主。希望建材市场生意能持久，规模能宏大，故名。

海润街道

三门装饰城 [Sānmén Zhuāngshìchéng]

位于海润街道丰坑工业园区兴业街1号。县客运中心西侧，南毗朝阳路，东临兴业街，北靠工业大道。占地面积4.5412万平方米，建筑面积11.4612万平方米，总投资约5亿元。由3栋多层建筑组成，一层楼高5.8米，二至四层楼高4.5米，共有商铺900多间，每铺40~60平方米。是集消费、购物、休闲为一体的现代化、多功能的综合商城，也是迄今为止三门县经营品种最全的专业市场。2013年5月开业。

沙柳街道

沙柳消费品综合市场 [Shāliǔ Xiāofèipǐn Zōnghéshìchǎng]

位于沙柳街道沙柳村。以经营蔬菜、肉禽蛋、水产品、工艺品为主。1996年1月11日开业，为三门县首家半封式的农村集镇农贸综合市场。

珠岙镇

珠岙橡胶市场 [Zhūào Xiàngjiāo Shìchǎng]

位于珠岙镇高枧至珠岙的公路边上。占地面积2000平方米，为简易露天市场，与珠岙的集市日并市。交易的产品主要是废橡胶制品，当地人叫“生胶线”。生胶线通过剥离分解后，经过密炼可制造三角带、火车垫片、传输带、蛔灰桶等。贩销户采购来全国各地的废胎，集中在珠岙橡胶市场交易。农户经过手工剥离分解后，复将生胶及子午线卖给橡胶制品厂家。橡胶交易逐渐扩大到高枧、吴岙、山岙以及天台，人数也从开始2000多人，日易金额8000元，扩大到日交易人数8000多人，日交易金额40万元。始兴于1987年。

健跳镇

三门县消费品综合市场 [Sānménxiàn Xiāofèipǐn Zōnghéshìchǎng]

位于健跳镇六敖南大街105号。属消费品综合市场，主要经营蔬菜、肉禽蛋、水产品、工业品等。1993年1月建成。

三门县健跳星天地综合市场 [Sānménxiàn Jiàntiào Xīngtiāndì Zōnghéshìchǎng]

位于健跳镇望海路9号。共三层，是一家集农贸市场、大型卖场、娱乐休闲为一体的综合市场。一楼农贸市场拥有130个摊位，33个门面，经营面积共3500平方米；二楼为大型超市卖场；三楼休闲娱乐城。2013年8月开始营业。

浦坝港镇

三门县下山水产品市场 [Sānménxiàn Xiàshān Shuǐchǎnpǐn Shìchǎng]

位于浦坝港镇下山村，紧邻洞港码头。主要经营带鱼、黄鱼、鲳鱼等各类海产品，是三门县沿海的主要水产品集散地。1997年建成。

第四节　输变电站

三门110千伏变电所 [Sānmén 110qiānfú Biàndiànsuǒ]

位于海游街道新场，是三门县第一座110千伏变电站。1号主变容量31500千伏安，2号主变容量31500千伏安。1995年11月投入使用。

上叶 110 千伏变电站 [Shàngyè 110qiānfú BiànDiànSuǒ]

位于海游街道上叶，最高电压等级 110 千伏，故名。2 台主变，1 号主变容量 40000 千伏安，2 号主变容量 50000 千伏安。2004 年 12 月投入使用。

新城 35 千伏变电所 [XīnChéng 35qiānfú BiànDiànSuǒ]

位于海游街道新城区环湖东路，最高电压等级 35 千伏，故名。2 台主变，1 号主变容量 16000 千伏安，2 号主变容量 16000 千伏安。2007 年投入使用。

悬渚 220 千伏变电所 [Xuánzhu 220qiānfú Biàndiànsuǒ]

位于海游街道悬渚，最高电压等级 220 千伏，故名。2 台主变，1 号主变容量 150000 千伏安，2 号主变容量 180000 千伏安。2006 年 7 月投入使用。

头岙 35 千伏变电所 [Tóu'ào 35qiānfú Biàndiànsuǒ]

位于海润街道头岙村，最高电压等级 35 千伏，故名。1 台主变，容量 5000 千伏安。2010 年投入使用。

珠岙 35 千伏变电所 [Zhū'ào 35qiānfú Biàndiànsuǒ]

位于珠岙镇珠岙村，最高电压等级 35 千伏，故名。2 台主变，1 号主变容量 16000 千伏安，2 号主变容量 16000 千伏安。1985 年投入使用。

亭旁 35 千伏变电所 [Tíngpáng 35qiānfú Biàndiànsuǒ]

位于亭旁镇上鲍村，最高电压等级 35 千伏，故名。2 台主变，1 号主变容量 5000 千伏安，2 号主变容量 5000 千伏安。1984 投入使用。

七市 35 千伏变电所 [Qīshì 35qiānfú Biàndiànsuǒ]

位于健跳镇七市村，最高电压等级 35 千伏，故名。2 台主变，1 号主变容量 10000 千伏安，2 号主变容量 16000 千伏安。2007 年投入使用。

健跳 110 千伏变电所 [Jiàntiào 110qiānfú Biàndiànsuǒ]

位于健跳镇峧头村北，最高电压等级 110 千伏，故名。2 台主变，1 号主变容量 40000 千伏安，2 号主变容量 50000 千伏安。2003 年 12 月投入使用。

花桥 35 千伏变电所 [Huāqiáo 35qiānfú Biàndiànsuǒ]

位于花桥镇花桥消防中队右侧，最高电压等级 35 千伏，故名。2 台主变，1 号主变容量 5000 千伏安，2 号主变容量 10000 千伏安。1984 年投入使用。

小雄 35 千伏变电所 [Xiǎoxióng 35qiānfú Biàndiànsuǒ]

位于浦坝港镇小雄村，最高电压等级 35 千伏，故名。2 台主变，1 号主变容量 10000 千伏安，2 号主变容量 10000 千伏安。1997 年投入使用。

浬浦 35 千伏变电所 [Lipǔ 35qiānfú Biàndiànsuǒ]

位于浦坝港镇浬浦北路西端，最高电压等级 35 千伏，故名。占地 4000 平方米，2 台主变，1 号主变容量 5000 千伏安，2 号主变容量 10000 千伏安。1983 投入使用。

洞港 110 千伏变电站 [Dònggǎng 110qiānfú Biàndiànzhàn]

位于浦坝港镇洞港，最高电压等级 110 千伏，故名。2 台主变，1 号主变容量 50000 千伏安，2 号主变容量 50000 千伏安。2011 年 7 月投入使用。

沿赤 110 千伏变电站 [Yánchì 110qiānfú Biàndiànzhàn]

位于浦坝港镇沿赤，最高电压等级 110 千伏，故名。1 台主变，容量 50000 千伏安。2009 年 6 月投入使用。

第五节 通信基站

珠岙镇基站 [Zhū'àoZhèn Jīzhàn]

位于珠岙镇。建筑面积20平方米，发射功率40瓦，天线高45米，移动信号主要覆盖珠岙镇。2002年建成。

沿赤罗石村基站 [Yánchì Luóshícūn Jīzhàn]

位于浦坝港镇罗石村。建筑面积20平方米，发射功率40瓦，天线高45米，移动信号主要覆盖原沿赤乡。2002年7月1日建成。

小雄基站 [Xiǎoxióng Jīzhàn]

位于浦坝港镇小雄村。建筑面积20平方米，发射功率40瓦，天线高45米，移动信号主要覆盖原小雄镇。2002年1月1日建成。

移动亭旁开发区基站 [Yídòng Tíngpángkāifāqū Jīzhàn]

位于亭旁镇开发区。建筑面积20平方米，发射功率40瓦，天线高45米，移动信号主要覆盖亭旁镇。2001年建成。

泗淋下港村基站 [Sānménsilín Xiàgǎngcūn Jīzhàn]

位于浦坝港镇下港村。建筑面积20平方米，发射功率40瓦，天线高45米，移动信号主要覆盖原泗淋乡。2001年建成。

蛇蟠山前村基站 [Shépán Shānqiáncūn Jīzhàn]

位于蛇蟠乡山前村。建筑面积20平方米，发射功率40瓦，天线高9米。移动信号主要覆盖蛇蟠乡。2001年建成。

沙柳街道基站 [Shāliǔjiēdào Jīzhàn]

位于沙柳街道沙柳村。建筑面积20平方米，发射功率40瓦，天线高45米。移动信号主要覆盖沙柳街道。2002年建成。

六敖基站 [Liùáo Jīzhàn]

位于健跳镇下街村。建筑面积20平方米，发射功率40瓦，天线高45米。移动信号主要覆盖原六敖镇。2002年建成。

浬浦基站 [Lǐpǔ Jīzhàn]

位于浦坝镇浬浦。建筑面积20平方米，发射功率40瓦，天线高45米。移动信号主要覆盖原浬浦镇。2002年7月1日建成。

健跳镇基站 [Jiàntiàozhèn Jīzhàn]

位于健跳镇。建筑面积20平方米，发射功率40瓦，天线高45米，移动信号主要覆盖原健跳镇。2002年1月1日建成。

花桥上潘基站 [Huāqiáo Shàngpān Jīzhàn]

位于花桥镇上潘村。建筑面积20平方米，发射功率40瓦，天线高45米，移动信号主要覆盖花桥镇。2009年建成。

横渡镇区基站 [Héngdùzhènqū Jīhàn]

位于横渡镇。建筑面积20平方米，发射功率40瓦，天线高45米，移动信号主要覆盖横渡镇。2009年建成。

第二章 交通设施

第一节 铁路、公路

【铁路】

甬台温铁路 [Yǒngtáiwēn Tiělù]

因铁路从宁波经台州到温州，分别以简称甬、台、温来命名。甬台温铁路是国家“十一五”重点建设工程，也是省“五大百亿”工程项目之一。全长282.42公里，总投资162.8亿元，设计时速200公里，全线建有13个车站。

三门段起自沙柳街道后周隧道，止于亭旁镇湖头徐村太坤山隧道，途经沙柳街道、海润街道、海游街道、亭旁镇，自北至南纵贯三门县境内，全长23.72公里，共有桥梁10座，长5.475公里；隧道10座，长7.98公里。2006年1月13日，三门段暨三门火车站建设在亭旁镇邵家举行开工仪式，2009年9月29日客运通车。工程概算13亿元，铁路等级为国家1级，双线，限制坡度6‰，客车速度200公里/小时，预留客车速度300公里/小时。客车采用电动车组，货机采用六轴电力机车，满足开行双层集装箱要求。三门段征用40个行政村的近3000亩土地，拆迁房屋1200余间。

【高速】

G15沈海高速公路三门段 [G15 Shěnhǎi Gāosùgōnglù Sānménduàn]

G15沈海（沈阳—海口）高速公路三门段（原称甬台温高速三门段）自北至南纵贯珠岙镇，起自麻岙岭（K1588+83），经娄坑、岭口、珠岙、吴岙、岩下徐、石壁山等村，止于猫狸岭（1609+335），上下行分别20.505公里，全长40.01公里，技术等级高速，四车道，路基宽度25米，路面宽度15米，设计时速100公里，隧道速度80公里/小时，全段沥青混凝土路面，桥梁42座计长4465.34延米，隧道10道计长15856.2延米，全线设三门、吴岙2处互通立交，其中吴岙互通为枢纽立交，与常台高速公路相接。工程总投资7.7亿元。

G15沈海高速公路系1988年交通部规划的“两纵两横”四条国道主干线之一，北起自辽宁省沈阳市，经大连、青岛、连云港、上海、宁波、台州、福州、广州、湛江，南止于海南省海口市（原甬台温高速属沈海高速的一段）。该工程是经浙江省政府批准的“四自”工程（自行筹资、自行建设、自行收费、自行还贷），交通部于1996年11月13日批准立项，分两期建设，分段建成通车。

常台高速公路 [Chángtái Gāosùgōnglù]

北起常州，南到珠岙镇吴岙枢纽（原上三段），互通G15沈海高速（原甬台温段），是连接常州、台州二市的大动脉，2013年7月贯通。上三高速，北起上虞沽渚连接杭甬高速，南至珠岙镇吴岙枢纽，互通G15沈海高速（原甬台温段），途经上虞、嵊州、新昌、天台、三门5个县（市），纵贯浙江省中东部，2013年7月贯通并入常台高速公路。全长142公里，宽14米，是连接绍兴、台州二市的大动脉。以公路起始点上虞到三门高速公路而得名。1998年动工，2000年12月26日正式通车。总投资46.26亿元。

【省道公路】

S224 省道三门段 [S224 Shěngdào Sānménduàn]

又称岭（口）三（角塘）线（原74省道）。自西至东横贯珠岙、海游、亭旁、海润、健跳、浦坝港四镇两街道，起自岭口（K00+000），交省道S214甬临线（K104+000）处，止于三角塘（K59+022）。全长59.022公里，技术等级一至二级（其中一级公路15.186公里，二级公路47.836公里），二至四车道，路基宽度14~29.5米，路面宽度9~20米，设计时速60~80公里。1994年全线改造，拓宽至路基14米，桥梁按二级公路标准改建，与路基同宽。S224省道三门段最早1954年12月开工，1955年建成海游至健跳段，1957—1959年建成健跳至三角塘段，10月1日通车，全段投资20万元，国家补助10万元，民工由岙口、东郭、三岩、沿赤等五个公社负担，公路技术等级四级和等外级，1994年始全线拓宽改造，拓宽至路基14米，路面9米。一期为石岩至峧头段24.6公里，其中石岩至潺岙段10.1公里按二级公路标准改造，混凝土路面；潺岙至峧头段按三级公路标准改造，沥青碎石路面，1995年年底竣工。二期峧头至黄金坦段7.62公里，按二级公路标准改造，沥青碎石路面，1998年年底竣工。全线桥梁按二级公路标准改建，与路基同宽。2002年9月岭枫公路竣工并投入使用，老路降为县道。2001年12月健跳大桥竣工通车，结束42年汽车靠健跳渡摆渡通行历史。2002年黄三（黄金坦至三角塘）线改建，长11.35公里，路基宽12米，路面宽度9米，设计行车速度60公里/小时，总投资5611万元。2004年上枫坑至健跳段改建，长25.266公里，达到二级标准，总投资3.43亿元。2007年健跳至黄金坦段改建，起自健跳大桥连接线南端终点，终于黄金坦，与黄四线相接，长7.575公里，小桥7座长94米，涵洞35道，投资1.35亿元，2010年完工。甬台温、上三高速公路通车后，岭三线从岭口至枫坑段进行改线，长11.866公里，按一级公路标准修筑，双向四车道，路基宽度22.5~29.5米，路面宽度16米，全段沥青混凝土。

S326 省道三门段 [S326 Shěngdào Sānménduàn]

自西至东横贯珠岙镇，西起自天台县洪畴镇（K26+010），进入三门境内上界溪，经下界溪、东谢、吴岙、桥下、高枧，与S214甬临线在双楼村以北相交，长6.424公里（上下行）。以公路起始点命名。

该路是在民国时期建造的新（昌）天（台）三（门）临（海）公路基础上整合而成。民国二十三年（1934年）七月通车。20世纪50年代，临海、三门至宁波，杭州、三门至温州均走此路。1955年9月分离甬临线，1990年分离杭温线，改称天高省道。1996年修建的新路S326天高线三门段比老路天（台）高（枧）公路缩短6.576公里。按技术等级分，二级公路1.767公里，三级公路4.448公里。路基宽度12米，路面宽度为7~9米，沥青混凝土路面1.767公里，水泥混凝土路面4.448公里。2003年对天高线进行了改建，长5.7公里，总造价6300万元。

S214 省道三门段 [S214 Shěngdào Sānménduàn]

自北至南纵贯珠岙镇，北起麻岙岭（K100+64），经娄坑、岭口、珠岙、严家岙、双楼、后畈、小桐岩等村，南止于桐岩岭（K117+6），全长上下行16.96公里，技术等级二至三级，二车道，路基宽度9.8~12米，路面宽度9米，设计时速40~60公里，全段有沥青混凝土路面5.802公里，水泥混凝土路面11.158公里，桥梁5座，计长179.68米。

S214省道是宁波通往浙西南、江西和福建两省的主干线。1989年全国公路普查时称34省道。2001年全国公路普查时改称S214省道。该线1954年12月开工，1955年9月15日正式通车。甬临线（34省道）1985年以前兼国、省道的作用，原从临海经高枧、天台、拔茅转江（口）拔（茅）线经溪口达宁波，比今线远50余公里。1990年7月开通了桐岩岭隧道。2003年S214省道三门段进行改建，工程长16.7公里，总投资1.72亿元，采用双向四车道一级公路标准设计施工，设计行车速度60公里/小时。

【县道公路】

X501 沙书线 [X501 Shāshū Xiàn]

自东至西横贯沙柳街道。起自沙柳（K0+000），经路下周、后山周、流洋、大家园、汪家洋，止于书带看（K5+529），长5.529公里，为水泥混凝土路面，一车道，设计时速40公里，1987年修建。小桥4座计长58.4米，技术等级四级。该路原是乡道，东起自沙柳（K5+113），经后山周、流洋等，西止于书带看，在书带看龙头颈与宁海桑洲公路相连接，长5.5公里，全线按山岭重丘三级路技术标准设计，为泥结碎石路面。1987年3月由交通局组织测设，10月开工，投资40万元。1993年沙柳至书带看公路改造，砂喷油路面5.529公里，总投资16万元。该公路自沙柳村，止于书带看村，故名。

X502 海沙线［X502 Hǎishā Xiàn］

自南至北连接海游、沙柳两街道。起自绿洲（K0+000），经马家山、广润社区、联合、寺后、华山，止于沙柳（K6+051），与X501县道相接，长5.67公里，二级公路，路基宽度为12米，水泥混凝土路面，概算投资1.3亿元。有桥梁3座计长370.08米，其中大桥2座计长304.08米，中桥1座长66米；隧道2道计长1095延米，其中中隧道1道长690延米，短隧道1道长405延米。该路原来也是县道，南起自岭（口）三（角塘）公路（K9+687）处，经人民东路桥、环城路、海游大桥、三门中学、寺后、海游岭隧道、沙柳桥，北止于沙柳镇，与沙柳宁海公路相接，全长5.4公里，均宽7米，水泥路面，全线按山岭重丘三级路技术标准设计，1986年12月竣工。2009—2010年，海游至沙柳公路改建工程起自大湖塘新区滨海大道与74省道交叉处，经新港、寺后，终点止于沙柳镇。2012年10月1日竣工通车。以公路起始点命名。

X503 六横线［X503 Liùhéng Xiàn］

自东北至西南连接健跳、横渡两镇，起自六敖（K0+000），经乾墩、天字号、南新、铁强、大横渡村，止于亭流线（K12+924），与X506县道相接，长12.924公里。全段有水泥混凝土路面6.099公里，沥青混凝土路面6.825公里，技术等级四级，一至二车道，路基宽度7.5~12米，1992年修建。桥梁6座计长97.7米，其中中桥1座计长36米，小桥5座计长61.7米，技术等级四级。

X504 黄泗线［X504 Huángsì Xiàn］

自北至南连接花桥、浦坝港两镇。北起自S224省道黄金坦车站（K0+000），经仙岩（与亭流线衔接）、蒲峰、关头、花桥、上潘、上潘岭、吴都、吴都岭、山场、梅岙、花堂、小雄、泗淋、蒲岙、娘娘宫桥，止于临海界，出县境，与临海市公路衔接。全长39.7公里，其中水泥混凝土路面28.907公里，沥青混凝土路面6.257公里，技术等级二级，二车道，1997年修建，以公路起始点命名。该线黄金坦至花桥段，1971年9月开工，1973年8月竣工；花桥至泗淋段，建于1975年8月；泗淋至下山段，1983年11月开工，1985年1月建成；下山至下道头段，1987年3月开工，1988年9月竣工。

X505 狮白线［X505 Shībái Xiàn］

自西至东连接亭旁、横渡两镇。起自狮岭（K0+000），与X502县道联成一体，经中门、铁场、刘家、板沸岭、山上杨、小林山、枧头、长林、南林、坎下金、木里湾，止于白溪（K21+844），长21.844公里，与X506县道联成一体。全段有水泥混凝土路面3.936公里，沥青混凝土路面17.908公里，桥梁4座计长103.7米，其中中桥1座45.5米，小桥3座计长58.2米，技术等级四级。以公路起始点命名。该线狮岭至中门段，1974年12月动工，1978年1月竣工。中门至白溪段，1974年12月动工，1979年12月完工。1997年全线改造拓宽，1997年11月1日完工。

X506 亭流线［X506 Tíngliú Xiàn］

自西至东连接亭旁、横渡两镇。起自石岭线（K0+000），与X502县道联成一体，经狮岭、申改卢、东湖、韩家、周山、赖岙、便岭坑、丈家坑、王岐庄、岩下潘、善见、桥头、白溪，在此与狮白公路衔接，又经横渡、下罗桥，转南行，经下山头、小横渡，东止于流水岩（K35+86），与黄（金坦）下(山)公路衔接。长35.86公里，均宽5.5米，与X503县道联成一体。全段有水泥混凝土路面17.314公里，沥青混凝土路面13.195公里，沥青贯入式路面5.351公里，桥梁8座计长401.4米，其中大桥1座136.9米，中桥1座46.6米，小桥6座计长217.9米，技术等级三至四级，一至二车道。以公路起始点命名。X506亭流线，原称亭（旁）流（水岩）公路，西起自石（岩）里（金）公路（K8+800），经狮岭与亭（旁）白（溪）公路衔接，过朱模、虎陇头、南溪、赖岙、鸟田、丈家坑、王岐庄、善见、桥头，东止于白溪停靠站，与亭（旁）白（溪）公路衔接，长38公里。全线为山岭重丘四级公路，路基宽度亭旁至桥头段5.8~7米，桥头至流水岩段6.5米，两段全部泥结碎石路面，有桥梁10座计长372.6米。该路亭旁至周山段，长8.9公里，1970年2月开工，1971年5月竣工，全段投资8万元，系为铜矿而建，故由铜矿出工出钱，国家补助5万元。周山至桥头段，长16.1公里，1974年10月施工，1979年12月底完工，国家补助17.4万元。1999年改造拓宽，1999年11月1日完工。

X507 石岭线 [X507 Shílǐng Xiàn]

自北至南连接三门、临海两县（市），起自海游街道石岩村（K0+000），经小坑、石头呑、下路朱、前楼、杨家、包家、坝头、金干、佃石、坑河、彭家、下梅、分水岭、岭头陈、岭根，止于临海界（K24+989），长24.989公里，与呈岐线连成一体。全段有水泥混凝土路面5.365公里，沥青混凝土路面18.817公里，沥青贯入式路面0.807公里，技术等级二至四级，一至二车道，路基宽度6~12米，路面宽度5~9米，设计时速40~60公里。桥梁11座计长330.8米，其中中桥3座计长246米，小桥8座计长84.8米，技术等级二至四级。1989—1990年彭赖~岭根公路全长2.71公里，按山岭重丘四级公路技术标准设计，全部泥结碎石路面。1991年8月27日下梅至分水岭公路交付使用。2013年石岭线亭旁至金干公路改建工程竣工，长6.382公里，总投资1.08亿元。以公路起始点命名。

X508 上蛇线 [X508 Shàngshé Xiàn]

自南至北连接健跳镇、蛇蟠乡。起自上敖（K0+000），经停车场、上敖码头、蛇蟠码头、乡政府、山后村、中南村，止于乡政府（K15+011），长15.011公里，宽度11米。全段有水泥混凝土路面13.336公里，水路1.675公里，技术等级二至四级，一至二车道，2011年投入使用。2001年蛇蟠环岛公路工程竣工，长13.05公里。2009年上敖至蛇蟠公路改建工程起自S224省道上敖村，跨蛇蟠港，经黄泥洞、山前、山后、彭坝、邵亭、中南至终点黄泥洞，长10.9公里，工程造价为4000万元，三级公路技术标准。2013年建成蛇蟠环岛公路与码头连接线工程，项目长4.7公里，总投资2600万元。以公路起始点命名。

X509 上枫线 [X509 Shàngfēng Xiàn]

自西至东横贯海游、海润两街道。起自海游街道上叶（K0+000），经谢家大桥、菖蒲岭、花坛、青蟹市场、石岩、悬渚等，止于海润街道上枫坑村（K12+01），长12.01公里，宽12米。全段有水泥混凝土路面10.926公里，沥青混凝土路面1.084公里，技术等级一至二级，二至四车道，路基宽度12~24米，路面宽度7~16米，设计时速60~80公里，1999年修建。共有桥梁6座计长253.9米，其中大桥2座计长211.5米，小桥4座计长42.2米，技术等级二级。以公路起始点命名。

X510 健浬线 [X510 Jiànlǐ Xiàn]

自北至南横贯健跳、浦坝港两镇。起自健跳镇（K0+000），经西呑、草头、前山隧道、贺家、渔西隧道、六村、西浦，止于浦坝港镇浬浦（K18+917），长18.917公里，宽7米。全段有水泥混凝土路面15.926公里，沥青贯入式路面2.671公里，砂石路面0.32公里，技术等级四级，单车道，路基宽度6~7.5米，路面宽度4.5~6米，设计时速40公里，1999—2000年修建。小桥5座计长52.3米，技术等级四级，桥梁全宽6~7.6米，桥面净宽5~7米。短隧道2道计长670延米，净宽5~6米，净高4.5~5米，1999年建成。以公路起始点命名。

X511 王浬线 [X511 Wánglǐ Xiàn]

自西至东横贯浦坝港镇。起自古松村王间堂自然村（K0+000），与S224省道交叉，经丁山脚、新塘、林家塘、小湾村、龙坑，止于浦坝港镇浬浦（K11+289），长11.289公里。全段有水泥混凝土路面3.753公里，沥青混凝土路面7.536公里，技术等级三至四级，一至二车道，路基宽度6~12米，路面宽度5~8米，设计时速40公里，1999年修建。桥梁5座计长89.7米，其中中桥1座长38米，小桥4座计长51.7米；桥梁全宽6.8~8.1米，桥面净宽6.2~7.5米，技术等级四级。以公路起始点命名。

X512 关小线 [X512 Guānxiǎo Xiàn]

自北至南横贯花桥、浦坝港两镇。起自花桥镇关头村（K0+000），经芝呑、岭南、浦坝、毛洋，止于坝港镇小雄村（K12+411），长12.411公里。全段有水泥混凝土路面11.86公里，沥青混凝土路面0.551公里，技术等级四级，单车道，路基宽度7米，路面宽度5.5~6米，设计时速40公里，2005年修建。小桥3座计长47米，技术等级四级，桥梁全宽7.5~13米，桥面净宽7~12米。短隧道1道长130延米，净宽7米，净高4.5米，1997年修建。以公路起始点命名。

X513 马胡线 [X513 Mǎhú Xiàn]

自北至南横贯海游街道、珠岙镇。起自马湖（K0+000），经上胡、珠岙、里塘、三板桥、开元大桥，止于胡村村（K8+058），长8.058公里。全段有水泥混凝土路面8.058公里，技术等级四级，二车道，路基宽度7米，路面宽度6米，设计时速40公里，1999年修建。桥梁8座计长265.3米，其中大桥1座长104米，中桥2座计长107.3米，小桥5座计长37米，技术等级二～四级，桥梁全宽5.6~7.6米，桥面净宽4.7~7.1米。

X514 岩江线 [X514 Yánjiāng Xiàn]

自北至南横贯珠岙镇，起自岩下徐村（K0+000），止于临海市江根村猫狸岭隧道（K2+256），长2.256公里。全段有沥青混凝土路面2.256公里，技术等级四级，单车道，路基宽度7米，路面宽度5米，设计时速40公里，1999年修建。小桥1座计长28.3米，技术等级四级，桥梁全宽7.6米，桥面净宽7米。以公路起始点命名。

X515 下上线 [X515 Xiàshàng Xiàn]

自南至北连接亭旁镇彭赖、南溪两社区，起自下梅（K0+000），经上梅、何家、项家山、上段，止于亭流线（K5+823），长5.823公里，为沥青混凝土路面，技术等级四级，单车道，路基宽度6米，路面宽度5米，设计时速40公里，以公路起始点命名。该线路坝头至下梅段，1981年4月开工，1985年12月底完工。下梅至上段，1980年12月1日动工，1985年12月竣工。1999年全线扩建，11月1日完工。

X516 海晏线 [X516 Hǎiyán Xiàn]

自西至东连接海游、海润两街道，起自海游大桥（K0+000），经新港、许家塘、葫芦岙、晏农，止于晏渔（K9+557），长9.557公里。为水泥混凝土路面，技术等级四级，单车道，路基宽度6米，路面宽度5米，设计时速40公里，1999年修建。小桥2座长24.5米，技术等级四级，桥梁全宽7~8.2米，桥面净宽6.5~7.6米。以公路起始点命名。

X517 刘塘墩—大湾线 [X517 Liútángdūn—Dàwān Xiàn]

自北至东南横贯健跳镇，起自刘塘墩（K0+000），经中街、十八庄，止于大湾（K4+489），长4.489公里。全段有水泥混凝土路面4.489公里，技术等级三级，二车道，路基宽度12米，路面宽度9米，设计时速40公里，1999年修建。小桥1座计长5米，技术等级三级，桥梁全宽4米，桥面净宽4米。

X518 潺岙—头岙线 [X518 Chán'ào—Tóu'ào Xiàn]

自北至东南横贯海润街道，起自潺岙（K0+000），经S224省道17K、头岙隧道，止于头岙村（K4+059），长4.059公里。全段有水泥混凝土路面3.583公里，沥青混凝土路面0.476公里，技术等级二级，二至四车道，路基宽度12~24.5米，路面宽度9~20米，设计时速60~80公里，1996—1999年修建。桥梁2座计长84.9米，其中中桥1座长73米，小桥1座长11.9米，技术等级二级，桥梁全宽10.5~12米，桥面净宽9.5~11.3米。

X913 桃渚—官塘线 [X913 Táozhǔ—Guāntáng Xiàn]

自东南至北连接临海市桃渚、三门县浦坝港两镇。起自临海界（K4+020），止于浦坝港镇官塘村（K4+311），长0.291公里，为沥青混凝土路面0.291公里，技术等级四级，二车道，路基宽度8米，路面宽度7米，设计时速40公里，1999年修建。中桥1座计长49米，技术等级四级，桥梁全宽7.6米，桥面净宽7米。

X922 岭鸟线 [X922 Lǐngniǎo Xiàn]

自南至北连接临海市东塍、三门县亭旁两镇，起自临海市金坑岭脚村（K17+449），止于三门县鸟田自然村（K17+92），长0.471公里。为沥青混凝土路面，技术等级四级，单车道，路基宽度6米，路面宽度5米，设计时速40公里，以公路起始点命名。1999年修建。

X924 小花线［X924 Xiǎohuā Xiàn］

自南至北连接临海市小芝、三门县花桥两镇，起自临海市小芝镇南丰岭（K4+124），经三门县方前、溪头、下洋毛，止于花桥镇（K7+776），长3.652公里。为水泥混凝土路面，技术等级四级，单车道，路基宽度6米，路面宽度5米，设计时速40公里，2005年修建。以公路起始点命名。

【乡道公路】

境内有乡道37条，总里程190.08公里。按技术等级分，二级公路4.953公里，三级公路5.309公里，四级公路179.818公里。按路面类型分，有铺装路面（高级）184.868公里，其中沥青混凝土路面18.96公里，水泥混凝土路面165.904公里，简易铺装路面（次高级）5.213公里。乡道桥梁47座，1411.38米。

梅铅线［Méiqiān Xiàn］

路线编号Z501，从亭旁镇梅坑村至铅锌矿。长2.288公里，宽4米。水泥路面，道路等级为四级。以公路起始点得名。1999年命名。

挂通线［Guàtōng Xiàn］

路线编号Z502，从亭旁镇挂帘村至通讯微波站。长3.933公里，宽3.5米。水泥路面，道路等级为四级。以公路起始点得名。1999年命名。

悬湫线［Xuánqiū Xiàn］

路线编号Z503，从海游街道悬渚村至三门县林场。长9.026公里，宽3.5米。水泥路面，道路等级为四级，2012年进行大修。以公路起始点得名。1999年命名。

六老线［Liùlǎo Xiàn］

路线编号Z504，从健跳镇六敖至老鹰咀核电站。长5.754公里，宽15米。沥青混凝土路面，道路等级为一级。以公路起始点得名。1999年命名。

草牛线［Cǎoniú Xiàn］

路线编号Z505，自浦坝港镇草头村至牛头山咀火电站。长4.711公里，宽4.5米。水泥路面，道路等级为四级。以公路起始点得名。1999年命名。

草木线［Cǎomù Xiàn］

路线编号Z506，自浦坝港镇草头村至牛头山咀火电站。长1.433公里，宽5米。水泥混凝土路面，道路等级为四级。以公路起始点得名。1999年命名。

沙大线［Shādà Xiàn］

路线编号Y001，自沙柳街道沙柳村起，止于大周村。长9.077公里，宽4~5米。水泥路面，道路等级为四级。以公路起始点命名。1999年命名。

园叶线［Yuányè Xiàn］

路线编号Y002，自海润街道园里村起，止于叶家村。长4.261公里，宽4~6米。水泥路面，道路等级为四级。以公路起始点得名。1999年命名。

许青线［Xǔqīng Xiàn］

路线编号Y003，自海润街道许家塘村起，止于沙柳镇青叶村。长5.821公里，宽4.5米。水泥路面，道路等级为四级。以公路起始点得名。1999年命名。

头孙线［Tóusūn Xiàn］

路线编号Y004，自海润街道头岙村至孙家村。长3.608公里，宽6~18米。水泥路面，道路等级为四级。以公路起始点得名。1999年命名。

蒲巡线 [Púxún Xiàn]

路线编号 Y005，自健跳镇巡检司村至蒲西码头。长 0.7 公里，宽 6 米。水泥路面，道路等级为四级。以公路起始点得名。1999 年命名。

六鸟线 [Liùniǎo Xiàn]

路线编号 Y06，自健跳镇六敖下街起，止于鸟屿村。其中，下街至桥头路面宽 10 米，桥头至鸟屿路面宽 5 米，长 3.876 公里。水泥路面，道路等级为四级。以公路起始点得名。1999 年命名。

峧健线 [Jiāojiàn Xiàn]

路线编号 Y007，自健跳镇峧头至镇区。长 2.205 公里，宽 9 米。水泥路面，道路等级为三级。以公路起始点得名。1999 年命名。

小从线 [Xiǎocóng Xiàn]

路线编号 Y008，自浦坝港镇小岭下村至从岙村。长为 4.101 公里，宽 3.5 米。水泥路面，道路等级为四级。以公路起始点得名。1999 年命名。

海大线 [Hǎidà Xiàn]

路线编号 Y009，自浦坝港镇海山村，止于大域村。长 6.695 公里，宽 3~4.5 米。水泥路面，道路等级为四级。以公路起始点得名。1999 年命名。

石东线 [Shídōng Xiàn]

路线编号 Y010，自 S224 省道的毛张村石桥自然村起，经下店，到东郭终点站。长 6.335 公里，宽 4~6 米。水泥路面，为四级公路。以公路起始点得名。1973 年 10 月动工，1978 年 1 月 5 日通车。

洋下线 [Yángxià Xiàn]

路线编号 Y011，自横渡镇洋溪村起，止于小横渡村下山头自然村。长 5.422 公里，宽 4.5 米。水泥路面，道路等级为四级。以公路起始点得名。1999 年命名。

大梅线 [Dàméi Xiàn]

路线编号 Y012，自健跳镇大塘村起，止于梅山村。长 8.276 公里，宽 5~16 米。其中大塘村至岙口塘路面宽 16 米，岙口塘至梅山路面宽 5 米，水泥路面，道路等级为四级。以公路起始点得名。1999 年命名。

小胜线 [Xiǎoshèng Xiàn]

路线编号 Y013，自浦坝港镇小官塘村至胜利村。长 4.49 公里，宽 3.5~5 米。水泥路面，道路等级为四级。以公路起始点得名。1999 年建成。

海舒线 [Hǎishū Xiàn]

路线编号 Y014，从花桥镇海头村至舒岐村。长 3.881 公里，宽 3.5~5 米。水泥路面，道路等级为四级。以公路起始点得名。1999 年命名。

石沿线 [Shíyán Xiàn]

路线编号 Y015，自浦坝港镇罗石村石桥自然村起，止于沿江村。长 4.029 公里，宽 5~9 米。水泥路面，道路等级为四级。以公路起始点得名。1999 年命名。

泗洞线 [Sìdòng Xiàn]

路线编号 Y016，自浦坝港镇泗淋村起，止于洞港。长 3.381 公里，宽 7 米。水泥路面，道路等级为三级。以公路起始点得名。1999 年命名。

小山线 [Xiǎoshān Xiàn]

路线编号 Y017，自花桥镇吴都村小岭自然村至浦坝港镇山场村。长 6.252 公里，宽 6 米。水泥路面，道路等级为四级。以公路起始点得名。1999 年建成命名。

桥溪线 [Qiáoxī Xiàn]

路线编号 Y018，从横渡镇桥头村至溪洋村。长 4.617 公里，宽 3.5 米。水泥路面，道路等级为四级。以公路起始点得名。1999 年命名。

八长线 [Bācháng Xiàn]

路线编号 Y019，自花桥镇八岭村至长山头村。长 6.328 公里，宽 3.5 米。水泥路面，道路等级为四级。以公路起始点得名。1999 年命名。

下中线 [Xiàzhōng Xiàn]

路线编号 Y020，自亭旁镇下路朱村起，止于中口堂村。长 4.359 公里，宽 4.5 米。水泥路面，道路等级为四级。以公路起始点得名。1999 年命名。

石岔线 [Shíchà Xiàn]

路线编号 Y021，自花桥镇石牛坑起，止于岔坑村。长 5.589 公里，宽 3.5 米。水泥路面，道路等级为四级。以公路起始点得名。1999 年命名。

下挂线 [Xiàguà Xiàn]

路线编号 Y022，自亭旁镇下梅村至挂帘村。长 3.092 公里，路基宽 5 米，路面宽 3.5 米。水泥路面，道路等级为四级。以公路起始点得名。1999 年命名。

湖楼线 [Húlóu Xiàn]

路线编号 Y023，自亭旁镇湖头徐村起，止于楼下郑村。长 7.054 公里，宽 3.5~6 米。水泥路面，道路等级为四级。以公路起始点得名。1999 年命名。

坝里线 [Bàlǐ Xiàn]

路线编号 Y024，自亭旁镇坝头村至里金村。长 2.775 公里，宽 5 米。水泥路面，道路等级为四级。以公路起始点得名。1999 年命名。

娘张线 [Niángzhāng Xiàn]

路线编号 Y025，自浦坝港镇娘娘宫至张司岙村。长 3.528 公里，宽 5 米。水泥路面，道路等级为四级公路。以公路起始点命名。

高山线 [Gāoshān Xiàn]

路线编号 Y026，自天(台)高(枧)公路珠岙镇高枧村，经黄罗村，到山岙村终点站。长 7.177 公里，均宽 5.9 米，水泥路面，道路等级为四级。以公路起始点命名。1977 年 5 月动工，1981 年 10 月 1 日通车。

珠柿线 [Zhūshì Xiàn]

路线编号 Y027，自珠岙镇镇区起，止于柿树湾村。长 7.431 公里，宽 3.5~9 米。水泥路面，道路等级为四级。以公路起始点得名。1999 年命名。

西洋线 [Xīyáng Xiàn]

路线编号 Y028，自珠岙镇西陈村起，止于洋郎村。长 5.694 公里，宽 3.5 米。水泥路面，道路等级为四级。以公路起始点得名。1999 年命名。

下吴线 [Xiàwú Xiàn]

路线编号 Y029，自花桥镇下洋毛村起，止于吴都村。长 5.579 公里，宽 5 米。水泥路面，道路等级为四级。以公路起始点得名。1999 年命名。

岭马线 [Lǐngmǎ Xiàn]

路线编号 Y030，自珠岙镇岭口村起，止于马湖。长 1.734 公里，宽 9 米。水泥路面，道路等级为二级。以公路起始点得名。1999 年命名。

山塔线 [Shāntǎ Xiàn]

路线编号 Y031，自浦坝港镇山场村起，止于塔坑村。长 3.877 公里，宽 5 米。水泥路面，道路等级为四级。以公路起始点得名。1999 年命名。

梅上线 [Méishàng Xiàn]

路线编号 Y032，自珠岙镇梅坑村起，止于亭旁镇上蒋村。长 13.244 公里，宽 4 米。水泥路面，道路等级为四级。以公路起始点得名。1999 年命名。

书金线 [Shūjīn Xiàn]

路线编号Y033，自沙柳街道书带看村起，止于金板山村。长9.122公里，宽3.5米。水泥路面，道路等级为四级。以公路起始点得名。1999年命名。

汪板线 [Wāngbǎn Xiàn]

路线编号Y034，自沙柳街道汪家洋村起，止于板樟山村。长3.613公里，宽4米。水泥路面，道路等级为四级。以公路起始点得名。1999年命名。

上下线 [Shàngxià Xiàn]

路线编号Y035，自沙柳街道上岙村起，止于下南山村。长4.534公里，宽4米。水泥路面，道路等级为四级。以公路起始点得名。2009年建成。

邵杨线 [Shàoyáng Xiàn]

路线编号Y036，自亭旁镇邵家起，止于杨家村。长3.032公里，宽4~5米。水泥路面，道路等级为四级。以公路起始点命名。

城沙线 [Chéngshā Xiàn]

路线编号Y037，自海游街道城东村起，止于沙柳街道沙柳村。长4.542公里，宽6~9米。水泥路面，道路等级为四级。以公路起始点命名。

丁小线 [Dīngxiǎo Xiàn]

自S224省道的浦坝港镇古松村王间堂自然村起，经丁山脚、三沙洋，到小湾渡终点站。长6.05公里，宽3.5米。水泥路面，道路等级为四级公路。以公路起始点命名。该线王间堂至小湾渡段，长5公里，1964年2月开工，1965年7月底竣工，1979年11月扩建。

海葛线 [Hǎigé Xiàn]

自海游大桥东行，到葛岙终点站。长5.85公里，宽5米。水泥路面，为四级公路。以公路起始点命名。1980年9月开工，1983年9月完工。1986年全线整修。

浬渔线 [Lǐyú Xiàn]

自S224省道的浦坝港镇六村村山下张自然村起，过渔西隧道，经里宅、坎头、贺家和戴家、李家自然村到前山停靠站。长7公里，宽3.5~4米，水泥路面，道路等级为四级。以公路起始点原浬浦镇和渔西乡命名。该线山下张至坎头段，长4.5公里，1977年1月开工，1978年5月1日通车。坎头至前山段，长2.5公里，1986年10月开工，1987年8月1日通车。

第二节 街巷

海游街道

大洋街 [Dàyáng Jiē]

位于海游街道龙山社区。东西走向，东至大洋路，西接下洋巷，北与海游大坝相对平行，南邻石羊溪，水泥路面。长400米，宽8米。2004年以位于大洋地片名命名。

海游老街 [Hǎiyóu Lǎojiē]

位于海游街道老城区东南部。西北起自海游街，东南接新港路，与下街巷、巨丰巷、狭墙弄相接，呈东南—西北走向，水泥路面。长225米，宽4米。沿街有个体商店、旅社、修理铺等服务行业。晚清民国时期，此街为海游镇集市中心，货物集散地。解放后，新建的海游街逐渐繁华，相对而称，此街称为老街，“文化大革命”时改名东风街。1981年8月命名。

海游街 [Hǎiyóu Jiē]

位于海游街道老城区中部。南起南山北麓与沿山路相接，北至环城路接海游大桥、文化路，与石羊溪路、人民路、老街、康乐巷相交，呈西南—东北走向，水泥路面。长575米，宽15米。解放前，仅有中段海游街老街。20世纪50年代始扩建老街，并向原是良田的南北方向延伸。1984年相继浇成水泥路。1981年8月沿用中段老街原名海游街。沿街有海游派出所、供销社、百货大楼、烟塘公司、电影院等。

新兴街 [Xīnxìn Jiē]

位于海游街道老城区西部。西南端起自光明路，向北经县府宿舍，穿过墙里路、平安路、军民路、上洋路向北直至环城中路，呈南北走向。长1480米，宽26米，水泥路面。新建一条兴旺发达的街道之意，故名。1993年命名。

人民路 [Rénmín Lù]

位于海游街道老城区中部。西北起光明路、平安路、军民路交叉处，东南接环城东路，与朝晖路相交，与眠牛山路、新港路相接，呈西北—东南走向，水泥路面。长2000米，宽12~22.5米。人民路原为成片良田，1955年12月岭（口）三（角塘）公路岭口至三门段建成通车，有关单位相继在此路两侧建房，街道逐渐形成。1981年改浇为水泥路面，同年8月命名为人民路。

蟠龙路 [Pánlóng Lù]

位于海游街道老城区中部。北起光明路，南接沿山路，水泥路面。长300米，宽8米。处于龙山的山脚，故名。1998年命名。

海丰路 [Hǎifēng Lù]

位于海游街道老城区中部。北起建民路，经曙光路，南至上洋路，水泥路面。长200米，宽5米。因海丰商场而得名。1998年命名。

市场路 [Shìchǎng Lù]

位于海游街道老城区中部。西起海游街，沿石羊溪左侧接新港路，水泥路面。长400米，宽度6米。路旁有农贸市场，故名。1998年命名。

体育场路 [Tǐyùchǎng Lù]

位于海游街道老城区中部。西起南山路，向东接海游街南端，水泥路面。长130米，宽7米。路旁有体育馆，故名。

溪北路 [Xīběi Lù]

位于海游街道平安社区。东连文化路，西至城北大桥，接西区大道，东南为珠游溪，西北为安居小区，东西走向，水泥路面。长1600米，宽12米。位于珠游溪之北，故名。

康华路 [Kānghuá Lù]

位于海游街道中医院前面。东至新兴街，向西穿过民强路至平海路处，东西走向，水泥路面。长260米，宽10米。寓生活安宁，生意繁盛之意。2002年命名。

桥北路 [Qiáoběi Lù]

位于海游街道广润社区。东南起文化路，西北接溪北路，水泥路面。长500米，宽5~10米。处于海游大桥北边，故名。1998年命名。

玉城路 [Yùchéng Lù]

位于海游街道广润社区。西起三门博物馆，东至玉城寺，水泥路面。长200米，宽4米。靠近玉城寺，故名。1998年命名。

鹿山路 [Lùshān Lù]

位于海游街道广润社区。东南起文化路，西北至鹿山，水泥路面。长200米，宽6米。位于鹿山附近，故名。1998年命名。2000年4月，整顿门牌时并入新海路。

环城西路 [Huánchéngxī Lù]

位于海游街道珠游溪畔。北起上洋路，向南至光明路，沥青路面。长1400米，宽8米。该路围绕城市而建，属于环城路西段，故名。1998年命名。

环城中路 [Huánchéngzhōng Lù]

位于海游街道珠游溪畔。东南起海游街，向西北至上洋路，沥青路面。长 1000 米，宽 10 米。该路围绕城市而建，属于环城路中段，故名。1998 年命名。

环城东路 [Huánchéngdōng Lù]

位于海游街道珠游溪畔，东南起青蟹市场绿岛，向西北至海游街北端，沥青路面。长 800 米，宽 10 米。该路围绕城市而建，属于环城路东段，故名。1998 年命名。

新海路 [Xīnhǎi Lù]

位于海游街道广润社区，文化路西侧县粮食局仓库西南侧。长 200 米，宽 6 米，水泥路面。该路段原为鹿山路，在编制门牌时根据多数住户意见及实际情况将鹿山路废止，与新海路合并。1998 年命名。

军民路 [Jūnmín Lù]

位于海游街道老城区。东为三变集团公司，西为县人民武装部，南起平安路，北至原机床厂大门口，南北走向，水泥路面。长 350 米，宽 5 米。该路段为县人民武装部驻地，以军民友好关系命名为军民路。原系军民路段，后因三门变压器厂扩建，服从县城建统一规划，原县人民武装部路段堵塞，改从平安路出口，命名惠民路。后根据县人武部和群众要求，更名为军民路。

坝头路 [Bàtóu Lù]

位于海游街道广润社区。西北起城中村坝头自然村，东南接文化路，呈西北—东南走向，水泥路面。长 220 米，宽 6 米。以该路通往坝头自然村得名。1998 年命名。

新塘路 [Xīntáng Lù]

位于海游街道老城区东部。南起石羊溪路东端北侧，北接环城东路，呈南北走向，水泥道路。长 230 米，宽 5.5 米。南端有影剧院及居民住宅区。巷区紧邻大坝，系解放后新开发的田塘，故名新塘。1981 年 8 月命名新塘巷，1998 年 12 月 28 日更名为新塘路。

光明中路 [Guāngmíngzhōng Lù]

位于海游街道南部。自海游街道老城区光明路延伸至菖蒲岭，沿上（叶）枫（坑）线至谢家大桥接光明西路。长 1700 米，宽 20 米，沥青路面。由光明路延伸而得名。1996 年命名。

朝晖路 [Cháohuī Lù]

位于海游街道蟠龙、龙山两社区。东至上枫坑前公路桥，西至光明路南终点，南为丹峰山，北为蟠龙公园，东西走向，沥青道路。长 5000 米，宽 24 米。喻朝气蓬勃、飞黄腾达之意。2005 年命名。

曙光路 [Shǔguāng Lù]

位于海游街道民丰路与上洋路之间。东南接后洋陈路，西北接民丰路，水泥路面。长 350 米，宽 10 米。含光明和希望之意。1996 年命名。

民丰路 [Mínfēng Lù]

位于海游街道老城区。健康路之南，东起建民路与新兴街交叉口，向西经新兴街至平海路，水泥路面。长 280 米，宽 12 米。该路连接建民路，使居民过上丰衣足食的生活之意，故名。1996 年命名。

民强路 [Mínqiáng Lù]

位于海游街道上洋路之北，平海路与新兴街之间。北至康华路，向西南经健康路接民丰路，水泥路面。长 350 米，宽 10 米。含民富国强之意，故名。1996 年命名。

平海路 [Pínghǎi Lù]

位于海游街道上洋路西北端。西南端接上洋路，经琴江大桥，北至精秘山南麓，水泥路面。长 430 米，宽 12 米。含在平整土地上建设海游之意。1996 年命名。

健康路 [Jiànkāng Lù]

位于海游街道龟山路与环城中路口之西南。东南起后洋陈路，经广播电视中心大楼前，西北至环城西路，水泥路面。长 710 米，宽 10 米。1996 年命名。

沧海路 [Cānghǎi Lù]

位于海游街道人民路东头，县计划生育指导站边，向南转西南至望海路与交通路交叉处，东北接交通路，水泥路面。长 350 米，宽 10 米。1996 年命名。

文化路 [Wénhuà Lù]

位于海游街道广润社区。西南起自海游大桥，接海游街、环城路，东北至三门中学，通沙柳街道，与百游岭巷相接。系原海（游）沙（柳）公路之一段，呈西南—东北走向，水泥路面。长 900 米，宽 12 米。以沿路北端有三门中学得名。1981 年 8 月命名。

望海路 [Wànghǎi Lù]

位于海游街道老城区东南。西南起自燃料公司油库，东北接交通路，呈东北—西南走向，水泥路面。长 600 米，宽 5 米。以该路近望海楼山麓得名。1981 年 8 月命名。

蒋家路 [Jiǎngjiā Lù]

位于海游街道老城区东南。西南起自城南（蒋家）村，东北接交通路，与龙山路相接，呈东北—西南走向，水泥路面。长 300 米，宽 3 米。沿路有海游街道中心小学及民房。以该路起自蒋家村（现名城南村）得名。1981 年 8 月命名。

龙山路 [Lóngshān Lù]

位于海游街道老城区东南。南起蒋家路，北接人民路，与文昌路相接，呈南北走向，水泥路面。长 455 米，宽 4.5 米。以该路沿龙山（今称南山）东麓得名。1981 年 8 月命名。

新港路 [Xīngǎng Lù]

位于海游街道老城区东南。西起人民路，东接环城东路，与老街、交通路、石羊溪路、东新巷等相接，呈东西走向，水泥路面。长 380 米，宽 10 米。沿路有信用社、木材公司、人民医院及水果市场等。该路系县城东去新港口的主要通道，故名。1981 年 8 月命名。

南山路 [Nánshān Lù]

位于海游街道老城区南部。南起南山北麓之沿山路，北接环城中路，与人民路相交，呈南北走向，水泥路面。长 800 米，宽 8~24 米。以路南端起自南山得名。1981 年 8 月命名。

眠牛山路 [Miánniúshān Lù]

位于海游街道老城区西南侧。南起眠牛山东麓，北接人民路，呈南北走向，水泥路面。长 200 米，宽 3.5 米。以所在眠牛山得名。1981 年 8 月命名。

建民路 [Jiànmín Lù]

位于海游街道老城区。西端起新兴街，向东经丹峰村后洋陈自然村，穿后洋陈路，向东接海游街，呈西北 ~ 东南走向，水泥路面。长 800 米，宽 20 米。建一条为民众通行道路，故名。1993 年命名。

石羊溪路 [Shíyángxī Lù]

位于海游街道老城区中部。西连丹峰路，东接新港路，通交通路，与海游街、南山路、双并巷、新塘巷等相接，呈东西走向，水泥路面。长 700 米，宽 5 米。1981 年 8 月命名。

丹峰路 [Dānfēng Lù]

位于海游街道老城区中部。西起上洋路，东接石羊溪路，与上马石巷、太尉巷相接，呈东西走向，混凝土路面。长 250 米，宽 3.5 米，系丹峰村主要通道，沿路有太尉庙及民房等。以该处为丹峰村得名。1981 年 8 月命名。

沿山路 [Yánshān Lù]

位于海游街道老城区西南。西起菖蒲岭接光明路，东接海游街，与南山路相接，呈东西走向，水泥路面。长 900 米，宽 7 米。以该路沿南山北麓修筑得名。1990 年命名。

蟹山路 [Xièshān Lù]

位于海游街道老城区西南。南起沿山路，北接光明路，呈南北走向，混凝土路面。长 300 米，宽 6 米。

以途经螃蟹坟山北麓得名。1981年8月命名。

后洋陈路 [Hòuyángchén Lù]

位于海游街道老城区西北。南起上洋路，北接环城中路，与菜园巷接，呈南北走向。长500米，宽3米，水泥路面。以路北端丹峰村后洋陈自然村得名。北端原有后洋陈殿，又名双溪庙。庙有石人，像极魁梧，为南宋丞相叶梦鼎造坟广润寺所遗。1980年改建，1981年8月命名。

西山路 [Xīshān Lù]

位于海游街道老城区西部。南起水岸公馆东侧，北接平安路，与墙里路相接，呈南北走向。长650米，宽3米，水泥路面。沿路为民房及居民住宅区。此路建在西山东面山麓，故名。1990年命名。

上洋路 [Shàngyáng Lù]

位于海游街道老城区西北。西北起自环城中路，接城北大桥，东南接人民路、平安路、光明路交叉处，与军民路、后洋陈路相接，呈东南—西北走向，水泥路面。长1000米，宽25.5米。沿路有电力大楼、城建大楼、气象局、实验小学。该处原为耕地，群众惯称上洋，故名。1990年命名。

平安路 [Píng'ān Lù]

位于海游街道老城区西部。西北接环城西路，东南接光明路、人民路与上洋路交叉处，与西山路交接，呈西北—东南走向，水泥路面。长1000米，宽12米。寓意美好生活，表达群众对平安生活的愿望，故名。1990年3月命名。

墙里路 [Qiánglǐ Lù]

位于海游街道老城区西南。西北起自城西村墙里，东南接光明路，呈东南—西北走向。长350米，宽8米，水泥路面，沿路为居民区。以路西北起点为墙里得名。1981年8月命名。

洋涂路 [Yángtú Lù]

位于海游街道老城区西南。西端起西山路南端，向东穿新兴街，接光明路，呈西北—东南走向，水泥路面。长300米，宽8米。地处上洋涂，故名。1993年命名。

交通路 [Jiāotōng Lù]

位于海游街道老城区东南。南起黄埠突，北接新港路与石羊溪路交叉处，与人民路相交，与蒋家路、望海路相接，呈南北走向，系老城区南部的主要通道。长2100米，宽10米，水泥路面。路西原有三门汽车站，为全县交通中心，故名。新中国成立初期为卵石路面人行道，1957年8月改建为三门至健跳公路中的一段。1981年8月命名。

光明路 [Guāngmíng Lù]

位于海游街道老城区西南。西南起自菖蒲岭，东北接人民路、平安路、上洋路交叉处，与墙里路、蟹山路相交，呈西南—东北走向，水泥路面。长950米，宽20米。寓意人民前途光明，故名。解放初期为石子路面的人行道，路面狭窄高低起伏，行走不便。1955年12月岭（口）三（角塘）公路建成通车，成为其中一段。1981年8月命名。1984年改浇水泥路面。

东新巷 [Dōngxīn Xiàng]

位于海游街道老城区。南起新港路之小商品市场，北至环城东路，呈南北走向。长130米，宽8米。位于城东新村，故名东新巷。

中坦巷 [Zhōngtǎn Xiàng]

位于海游街道老城区。南起新港路中段北侧，北至环城东路南侧民房，呈南北走向。长190米，宽4米。水泥路面，沿巷有木材公司及民房。原来是桃园，群众惯称中坦，故名中坦巷。1981年8月，以此巷近中坦（地片名）得名。

桔树园巷 [Júshùyuán Xiàng]

位于海游街道老城区中部。南起石鼓头巷南端，北至菜市场，呈南北走向。长180米，宽2.5米。水泥路面，沿巷均系民房。此处曾有一个种过桔树的园地，当地群众惯称桔树园，故名。

中新巷 [Zhōngxīn Xiàng]

位于海游街道老城区中部。西为后堂巷，东为南山路，大道地巷与石鼓头巷尾交叉处向北，经建民路至环城中路，水泥路面。长 200 米，宽 4 米。地处城中村新建住宅，故命名为中新巷。1981 年命名。

石鼓头巷 [Shígǔtóu Xiàng]

位于海游街道老城区中部。南起石羊溪路，北接大道地巷，与桔树园巷、上堂巷相接，呈南北走向，中有 7 个转弯。长 350 米，宽 3 米。水泥路面，沿巷均系民房。以巷内原有一对石鼓，故名。1981 年命名。

太尉巷 [Tàiwèi Xiàng]

位于海游街道老城区中部。南起丹峰路，北连民房，呈南北走向。长 70 米，宽 2.5 米。水泥路面，沿巷均系民房。1981 年 8 月，以南端巷口的太尉庙命名。

双井头巷 [Shuāngjǐngtóu Xiàng]

位于海游街道老城区中部。起点上马石巷，南起丹峰路之双井头，北接上堂巷，止点石鼓头巷，中有两处转弯，呈南北走向。长 150 米，宽 3 米。水泥路面，沿巷均系民房。在巷南端起点处原有两水井并排，当地群众惯称双井头，沿用历史名称，故名。据民国《章氏宗谱》记载："双井，一水界为两井，一饮一涤，判若泾渭。"

后堂巷 [Hòutáng Xiàng]

位于海游街道老城区中部。南起上堂巷，北至环城中路，与上西巷相接，呈南北走向。长 180 米，宽 3 米。水泥路面，沿巷均系民房。1981 年 8 月，以此巷位于名为后堂的地片内，命名为后堂巷。

上堂巷 [Shàngtáng Xiàng]

位于海游街道老城区西部。西起上马石巷，东接石鼓头巷，与后堂巷、双井头巷相接，呈东西走向。长 150 米，宽 3 米。水泥路面，沿巷均系民房。1981 年 8 月，以此巷位于名为上堂的地片内，命名为上堂巷。

上马石巷 [Shàngmǎshí Xiàng]

位于海游街道老城区中部。南起丹峰路西端，北接上堂巷西端，呈南北走向。长 140 米，宽 3 米。水泥路面，沿巷均系民房。据传，古时，在此路旁曾有一块供人上马的垫脚石，1981 年 8 月命名。

上西巷 [Shàngxī Xiàng]

位于海游街老城区中部。西南起自上洋路，东北接后堂巷西侧，与上堂巷相接，呈西南—东北走向。长 350 米，宽度 3 米。水泥路面，沿巷均为居民住宅区。该巷地处建国初期上西村，故 1981 年 8 月命名为上西巷。

菜园巷 [Càiyuán Xiàng]

位于海游街道老城区中部。南起上洋路，西接后洋陈路，呈南北折向西走向。长 60 米，宽 3 米。水泥路面，沿巷多居民住宅区，巷南端为小商品市场。新中国成立初期，这一带原为城西村村民种菜的园地，20 世纪 50 年代后期，才逐渐建成住宅区。1981 年 8 月，命名为菜园巷。

商市巷 [Shāngshì Xiàng]

位于海游街道老城区西部。西南起墙里路，东北至平安路，呈西南—东北走向。长 300 米，宽 4 米。水泥路面，沿巷均为民房，巷南端为小商品市场，故 1993 年命名商市巷。

立生巷 [Lìshēng Xiàng]

位于海游街道老城区中部。南起人民路中段北侧，北接石羊溪路中段南侧，呈南北走向。长 160 米，宽 2~5 米，混凝土路面，沿巷为居民区。1981 年 8 月以此巷北端石洋溪路旁曾开设过经营水产品的商号立生行而命名。

双并巷 [Shuāngbìng Xiàng]

位于海游街道老城区中部。南至石羊溪路中段北侧，北至建民路，呈南北走向。长 180 米，宽 3.5 米，沿巷多为民房。1981 年 8 月以巷途经原双并祠门口（因原有两个祠堂并列），故名。

三房巷 [Sānfáng Xiàng]

位于海游街道老城区中部。南至石羊溪路中段北侧，北至建民路，呈南北走向，中有6处转弯。长180米，宽2.5米，水泥路面，沿巷为民房。1981年8月以此巷位于章氏房份“三房”地片而命名。

大房巷 [Dàfáng Xiàng]

位于海游街道老城区中部。南至石羊溪路中段北侧，向北转西走向，接桔树园巷，呈南北转西走向。长70米，宽2米，水泥路面。1981年8月以该巷位于章氏房份“大房”地片内，命名为大房巷。

四罗园巷 [Sìluóyuán Xiàng]

位于海游街道老城区北部。南起建民路，西接南山路，呈南北—东西走向，水泥路面。长150米，宽3米。此处原是耕地，群众惯称四罗园，故名。1993年10月命名。

新建巷 [Xīnjiàn Xiàng]

位于海游街道老城区。东西走向，东至新兴街，西至民强路，北邻健康路，南邻民丰路。长140米，宽6米，水泥路面。新建的巷弄，故名。2002年命名。

丹新巷 [Dānxīn Xiàng]

位于海游街道老城区。东起后洋陈路北端，向西转南至建民路。长130米，宽10米，水泥路面。住户多为丹峰村村民而得名。1998年命名。

西新巷 [Xīxīn Xiàng]

位于海游街道老城区。西起新兴街，向东转南至平安路。长250米，宽5米，水泥路面。西起新兴街，故名。1998年命名。

利民巷 [Lìmín Xiàng]

位于海游街道老城区。东起蟹山路，西至蟠龙路。长200米，宽8米，水泥路面。寓意利国利民，故名。1998年命名。

青春巷 [Qīngchūn Xiàng]

位于海游街道老城区。北起蟹山路，南至沿山路。长150米，宽5米，水泥路面。位于蟠龙公园旁，希望前来活动的居民青春永驻，故名。1998年命名。

坦头巷 [Tǎntóu Xiàng]

位于海游街道老城区。东起光明路，向西至新兴街。长200米，宽5米，水泥路面。因原老地名“小坦头”而得名。2000年命名。

向阳巷 [Xiàngyáng Xiàng]

位于海游街道老城区。南为平安路，北至上洋路，南北走向。长200米，宽5米，水泥路面。寓向往阳光，美好之意，故名。

百游岭巷 [Bǎiyóulǐng Xiàng]

位于海游街道老城区东北。西北起自文化路，东南至木杓山，呈西北—东南走向。长150米，宽3米，水泥路面。地处原海游寨山麓之柏油岭，故名柏油巷，后谐音为百游岭巷。

三六罗巷 [Sānliùluó Xiàng]

位于海游街道老城区与大湖塘新区交界处。北起人民路东端，向南接朝晖路。长230米，宽度20米，水泥路面。以地片名命名。

下洋巷 [Xiàyáng Xiàng]

位于海游街道老城区。西起交通路，东至沧海路，呈东西走向。长300米，宽6米，水泥路面。以群众惯称命名。

岭下潭巷 [Lǐngxiàtán Xiàng]

位于海游街道老城区。东起交通路，西至龙山路，呈东西走向。长200米，宽4米，水泥路面。此处群众惯称岭下潭，故名。

下街巷 [Xiàjiē Xiàng]

位于海游街道老城区东部。南起老街东端北侧，北接石羊溪路东端南侧，呈南北走向。长 60 米，宽 4 米，水泥路面。此巷原为海游老街之下街头，1981 年 8 月命名。

狭墙弄巷 [Xiáqiángnòng Xiàng]

位于海游街道老城区东部。西南起自老街北端，东北至石羊溪路南侧，呈东北—西南走向。长 60 米，宽 1.5 米，水泥路面。以此巷路面狭小，1981 年 8 月命名为狭墙弄巷。

巨丰巷 [Qufēng Xiàng]

位于海游街道老城区。西起海游街西侧，北接老街南侧，呈东西折向北走向。长 75 米，宽 3 米，水泥路面，沿巷多为居民住宅。1981 年 8 月以巷口老街南侧曾开设过“巨丰行”的水产品商店而命名。

十道地巷 [Shídàodì Xiàng]

位于海游街道老城区中部。南起石羊溪路西端，北接上堂巷，呈南北走向。长 90 米，宽 2 米，混凝土路面。该巷附近有几幢造型独特，具有十个道地（天井）的民房，群众惯称此处为十道地，故名。1996 年废止。

滨海大道 [Bīnhǎi Dàdào]

位于海游街道大湖塘新区。东北走向，南至环湖南路，北至朝晖路，东与环湖东路平行，西与湫水大道平行。长 1140 米，宽 32 米，沥青路面，是南北向的主干道。临近海游港，故名。2004 年 8 月命名。

湫水大道 [Qiūshuǐ Dàdào]

位于海游街道大湖塘新区。南北走向，南至石岩村公路，北至朝晖路，东与滨海大道平行，西与交通路相对平行。长 2000 米，宽 26 米，沥青路面。是新区最宽最长的主干线，直对湫水山，故名。

梧桐路 [Wútóng Lù]

位于海游街道大湖塘新区。东西走向，东至环湖东路，西至交通路，北与心湖路平行，南与环湖南路平行。长 1100 米，宽 42 米，沥青路面。人行道种植为梧桐树，故名。2004 年命名。

心湖路 [Xīnhú Lù]

位于海游街道大湖塘新区。东西走向，东至滨海大道，西至交通路，南与梧桐路平行。长 775 米，宽 12~18 米，沥青路面。是一条靠近心湖公园的次干道，故名。2004 年命名。

广场路 [Guǎngcháng Lù]

位于海游街道大湖塘新区。东西走向，东至环湖东路，西至交通路，北邻朝晖路，南与心湖路平行。长 1130 米，宽 32 米，沥青路面。该路位于行政中心大楼广场的前面，故名。2004 年命名。

环湖南路 [Huánhúnán Lù]

位于海游街道大湖塘新区。东西走向，东与环湖东路相接，西至交通路，北交环湖东路，与梧桐路平行。长 950 米，宽 30 米，沥青路面。2004 年命名。

环湖东路 [Huánhúdōng Lù]

位于海游街道大湖塘新区。南北走向，南与环湖南路相接，北至朝晖路，西与滨海大道平行，东邻海游溪坝。长 1000 米，宽 30 米，沥青路面。2004 年命名。

香樟路 [XiāngZhāng Lù]

位于海游街道大湖塘新区。起点梧桐路，终点环湖南路。长 350 米，宽 8 米，沥青路面，为城市次干道。因路旁种植香樟树，故名。2004 年建成命名。

金桂路 [Jīnguì Lù]

位于海游街道大湖塘新区。起点湫水大道，终点滨海大道，呈东西走向。长 385 米，宽 8 米，沥青路面，为城市次干道。因路旁种植桂花树，故名。2004 年建成，2016 年命名。

西区大道 [Xīqū Dàdào]

位于海游街道西区。东西走向，东起城北桥，西至前郭村，贯穿沙田洋、马湖两个开发区块。长

5866 米，宽 24~36 米，水泥、沥青路面。为城市西部的主要道路，故名。2009 年命名。

光明西路 [Guāngmíngxī Lù]

位于海游街道西区。东起谢家大桥接光明中路，西至祥云路，东西走向。长 2557 米，宽 26 米，水泥路面。位于光明路西段，故名。1981 年建成，2009 年命名。

繁华南路 [Fánhuánán Lù]

位于海游街道西区。南北走向，北起光明西路接繁华路，南至大尖山，水泥路面。长 1461 米，宽 24 米。寓意繁荣昌盛，属于路南段，故名。2009 年命名。

北新路 [Běixīn Lù]

位于海游街道西区。南起西区大道，北至城北村北面山脚，南北走向。长 352 米，宽 12 米，水泥路面。为城北村新建一条道路，故名。2009 年命名。

庆昌路 [Qìngchāng Lù]

位于海游街道西区。自下朱庙山，沿珠游溪南岸穿过祥和路，西至杨大岙，东西走向。长 1222 米，宽 12 米，沥青路面。以庆字为首，取“昌”字，寓生意兴旺，故名。2009 年命名。

庆民路 [Qìngmín Lù]

位于海游街道西区。北起庆海路，南至大尖山，南北走向。长 366 米，宽 8 米，沥青路面。以庆字为首，取“民”字，寓劳动人民，故名。2009 年命名。

庆福路 [Qìngfú Lù]

位于海游街道西区。北起庆海路，向南穿过祥和路，转向东繁华南路至大尖山，南北走向。长 1430 米，宽 12 米，沥青路面。以“庆”字为首，取“福”字，寓一切顺利幸福之意，故名。2009 年命名。

庆海路 [Qìnghǎi Lù]

位于海游街道西区。东西走向，东起光明中路，西至庆民路。长 688 米，宽 8 米，水泥路面。以庆字为首，取“海”，寓“海游”之意。自 2009 年命名。

繁华路 [Fánhuá Lù]

位于海游街道西区。东南起光明西路接繁华南路，西北至竹岭坑口接珠海路。长 1770 米，宽 24 米，沥青路面。寓繁华发达之意，故名。1996 年命名。

广济路 [Guǎngjì Lù]

位于海游街道西区。东南端起山陈村口，向西北至金山路。长 670 米，宽 10 米，水泥路面。路经广济桥，故名。1996 年命名。

中海路 [Zhōnghǎi Lù]

位于海游街道西区。东端起菖蒲岭三角坛，向西北穿过西区大道至湘山村中村自然村。长 500 米，宽 30 米，沥青路面。以起始点中村自然村和海游各取一字命名。1996 年命名。

祥和路 [Xiánghé Lù]

位于海游街道西区。东起繁华南路，西至庆昌路，东西走向。长 2294 米，宽 8 米，沥青路面。寓吉祥和睦之意，故名。2009 年命名。

祥云路 [Xiángyún Lù]

位于海游街道西区。南北走向，南起西区大道，北至光明西路。长 495 米，宽 12 米，水泥路面。寓祥瑞的云气之意，故名。2009 年命名。

祥兴路 [Xiángxìn Lù]

位于海游街道西区。南北走向，南起西区大道，北至光明西路。长 451 米，宽 12 米，水泥路面。以祥字为首，取“兴”，寓吉祥兴旺之意，故名。2009 年命名。

祥庆路 [Xiángqìng Lù]

位于海游街道西区。南北走向，南起西区大道，北至光明西路。长 348 米，宽 12 米，沥青路面。以祥字为首，取“庆”，寓吉祥嘉庆之意，故名。2009 年命名。

祥和北路 [Xiánghéběi Lù]

位于海游街道西区。南北走向，南起西区大道，北至光明西路。长 292 米，宽 12 米，沥青路面。寓祥宁和睦，故名。2009 年命名。

湘东路 [Xiāngdōng Lù]

位于海游街道西区，湘山村东面，故名。南北走向，南起西区大道，北至湘山村北面山脚。长 399 米，宽 16 米，水泥路面。2009 年命名。

湘西路 [Xiāngxī Lù]

位于海游街道西区，湘山村西面，故名。南北走向，南起珠海路，北至西区大道。长 575 米，宽 12 米，水泥路面。2009 年命名。

珠海路 [Zhūhǎi Lù]

位于海游街道西区。西南起繁华路，东北至西区大道海游街道办事处。长 1680 米，宽 16 米，沥青路面。取珠游溪和海游各一字命名。1996 年命名。

海润街道

工业大道 [Gōngyè Dàdào]

位于海润街道枫坑工业园区。东西走向，西接朝阳路，经开元路、创业路、兴业街、科技路、兴国路，东至朝阳路。长 2300 米，宽 42 米，沥青路面。为工业园区的主干道，故名。2004 年命名。

兴业街 [Xìnyè Jiē]

位于海润街道枫坑工业园区。南北走向，南起朝阳路，经三门装饰城东，北至环港路。长 650 米，宽 32 米，沥青路面。含事业兴旺之意，故名。2006 年命名。

创业路 [Chuàngyè Lù]

位于海润街道丰坑工业园区。南北走向，南起朝阳路，经绿岛科技东，北至环港路。长 500 米，宽 14 米，沥青路面。含创立基业之意，故名。

开元路 [Kāiyuán Lù]

位于海润街道枫坑工业园区。南北走向，南起朝阳路，经绿岛科技西，北至环港路。长 550 米，宽 18 米，沥青路面。开元为唐玄宗李隆基年号，开元年间（713—741 年）是唐朝全盛时期，史称“开元盛世”，故名。2006 年命名。

兴国路 [Xìnguó Lù]

位于海润街道枫坑工业园区。南北走向，南起朝阳路，经海啊集团东，北至环港路。长 800 米，宽 36 米，沥青路面。含振兴国家之意，故名。2006 年命名。

科技路 [Kējì Lù]

位于海润街道枫坑工业园区。南北走向，南起朝阳路，经海啊集团西，北至环港路。长 550 米，宽 18 米，沥青路面。含立足科技求发展之意，故名。

凤鸣路 [Fèngmíng Lù]

位于海润街道枫坑工业园区。东西走向，西起兴业街，经科技路，东至兴国路。长 650 米，宽 20 米，沥青路面。含凤凰打鸣吟唱之意，故名。

龙翔路 [Lóngxiáng Lù]

位于海润街道枫坑工业园区。东西走向，西起兴国路，东至朝阳路。长 500 米，宽 18 米，沥青路面。含龙翔蓝天之意，故名。2006 年命名。

朝阳路 [Cháoyáng Lù]

位于海润街道枫坑工业园区。东西走向，西起朝晖路，沿海健公路，东至环港路。长 4000 米，宽 30

米，沥青路面。含向着太阳，蓬勃发展之意，故名。2006 年命名。

环港路 [Huángǎng Lù]

位于海润街道枫坑工业园区。东西走向，南起 S224 省道，经开元路、创业路、兴业街、科技路、兴国路，东至朝阳路。长 3500 米，宽 12 米，沥青路面。以此道路环海游港得名。2006 年命名。

三门湾大道 [Sānménwān Dàdào]

位于海润街道滨海新城。起于门前路，止于滨经十四路与正屿村交界处，东西走向。长 3315 米，宽 55 米，沥青路面。滨海新城是三门未来的政治、经济、商贸中心，该路是滨海新城贯通东西的主干道，以濒临三门湾得名。2010 年命名。

金鳞大道 [Jīnlín Dàdào]

位于海润街道滨海新城。北起于旗门港，经金鳞大桥，南至滨港路，南北走向。长 2148 米，宽 50 米，沥青路面。该路紧靠金鳞湖，2010 年以自然山水实体命名。

绿茵路 [Lǜyīn Lù]

位于海润街道滨海新城。起于环南路，止于滨纬五路，南北走向。长 1539 米，宽 30 米，沥青路面。该路紧靠三门金鳞体育中心足球场，故名。2010 年命名。

金源路 [Jīnyuán Lù]

位于海润街道滨海新城。起于滨港路，止于半月路，南北走向。长 1874 米，宽 13 米，沥青路面。贯穿滨海新城工业区块南北，希望所在企业生意兴隆、财源广进，故名。2010 年命名。

横港路 [Hénggǎng Lù]

位于海润街道滨海新城。起于滨港路，止于半月路，东与金源路平行，南北走向。长 1586 米，宽 18 米，沥青路面。该路靠近横港，2010 年以自然山水实体命名。

半月路 [Bànyuè Lù]

位于海润街道滨海新城。起于滨港路，止于金源鳞大道，南北折东西走向。长 3000 米，宽 30 米，沥青路面。该路紧挨晏站半月塘，故名。2010 年命名。

永福路 [Yǒngfú Lù]

位于海润街道滨海新城。起于三门湾大道南侧，向南折东，止于滨港路，南北走向。长 705 米，宽 18 米，沥青路面。道路两旁为居住小区，寓永远幸福之意，故名。2010 年命名。

永和路 [Yǒnghé Lù]

位于海润街道滨海新城。起于滨港路，止于半月路，南北折东西走向。长 1195 米，宽 18 米，沥青路面。含世代和睦之意，故名。2010 年命名。

门前路 [Ménqián Lù]

位于海润街道滨海新城。起于滨港路，止于旗海路，与永和路平行，南北折东西走向。长 1723 米，宽 18 米，沥青路面。该路经过晏站门前塘，故名。

永兴路 [Yǒngxìn Lù]

位于海润街道滨海新城。起于半月路，止于滨港路，南北走向。长 1969 米，宽 13 米，沥青路面。该路位于滨海新城工业区块，企盼企业永远兴盛，故名。2010 年命名。

永盛路 [Yǒngshèng Lù]

位于海润街道滨海新城。起于金源路，止于金鳞大道，东西走向。长 526 米，宽 15 米，沥青路面。该路地处滨海新城工业区块，企盼企业永远兴盛之意，故名。2010 年命名。

永安路 [Yǒng'ān Lù]

位于海润街道滨海新城。起于金源路，止于金鳞大道，东西走向。长 525 米，宽 15 米，沥青路面。该路地处滨海新城工业区块，企盼企业生产永远平安，故名。2010 年命名。

晏清路 [Yànqīng Lù]

位于海润街道滨海新城。起于滨海新城西边界，止于金鳞大道，东西走向。长 2098 米，宽 30 米，沥青路面。此路在晏站东，与泰和路相对，有国泰民安、政治清明、海晏河清之意。2010年命名。

泰和路［Tàihé Lù］

位于海润街道滨海新城。起于门前路，止于金鳞大道，东西走向。长2988米，宽30米，沥青路面。寓国泰民安、喜庆祥和，故名。2010年命名。

闻涛路［Wéntāo Lù］

位于海润街道滨海新城。起于滨海新城西边界，止于滨纬十四路，东西走向。长4041米，宽45米，沥青路面。该路紧靠旗门港，能听到大海涛声，故名。2010年命名。

滨港路［Bīngǎng Lù］

位于海润街道滨海新城。起于滨海新城西边界，止于金鳞大道，东西走向。长3634米，宽24米，沥青路面。该路紧靠海游港，故名。2010年命名。

旗海路［Qíhǎi Lù］

位于海润街道滨海新城。北起门前路，南止于S224省道，南北走向。长4896米，宽46.5米，沥青路面。该路连接旗门港和海游港，取两港首字命名。2010年命名。

泰康路［Tàikāng Lù］

位于海润街道滨海新城。起于正屿闸门，止于半月路，东西走向。长2667米，宽22~30米，沥青路面。2016年3月命名。

金月路［Jīnyuè Lù］

位于海润街道滨海新城。起于金鳞大道，止于半月路，东西走向。长556米，宽15米，沥青路面。2016年3月命名。

永宁路［Yǒngníng Lù］

位于海润街道滨海新城。起于三门湾大道，止于滨纬A1路，南北走向。长216米，宽15米，沥青路面。2016年3月命名。

海昌路［Hǎichāng Lù］

位于海润街道滨海新城。起于滨纬A2路，止于滨纬四路，南北走向。长450.8米，宽15米，沥青路面。2016年3月命名。

海泽路［Hǎizé Lù］

位于海润街道滨海新城。起于三门湾大道，起止滨纬四路，南北走向。长567.7米，宽15米，沥青路面。2016年3月命名。

沙柳街道

柏树街［BǎiShù Jiē］

位于沙柳街道城区西北部。东起旗门街，西至海游至沙柳公路，南邻翔明路，北为康乐巷，呈东西走向。长200米，宽12米，水泥路面。以原地名柏树墩得名。1986年命名为柏树巷，2005年更名为柏树街。

沙柳街［Shāliǔ Jiē］

位于沙柳街道城区中部。南起清溪路，北接康宁路，与文教路相交，呈南北走向。长300米，宽8米，水泥路面。原为沙柳集市的主街道，群众惯称沙柳街。

旗门街［Qimén Jiē］

位于沙柳街道城区中部。南起清溪路，北接海游至一市公路，东与康宁路、文教路相交，西与柏树巷相接，呈南北走向。长400米，宽10米，水泥路面，为沙柳的主要街道。沙柳街道东面是旗门港，以港得名。1986年命名。

柳洲路［Liǔzhōu Lù］

位于沙柳街道沙柳村。东西走向，东至海（游）一（市）公路，西至坎头杨溪，北与柳阳路平行。长

400 米，宽 12 米，水泥路面。是沙柳镇通往桑洲镇之路，故名。2002 年命名。

柳阳路 [Liǔyáng Lù]

位于沙柳街道沙柳村、坎头杨村。东西走向，东至海（游）一（市）公路，西至坎头杨村，北邻山坡，南与柳洲路平行。长 400 米，宽 6 米，1993 年建成，水泥路面。取沙柳、坎头杨两村各一字谐音。2002 年命名。

海沙北路 [Hǎishā Běilù]

位于沙柳街道沙柳村。南北走向，西邻坎头杨，北至沙柳村界，东交旗门街，南起柳洲路。长 370 米，宽 10 米，水泥路面。此处系海游至沙柳公路一段，以停车场十字路口为界，分别命名为海沙南路、海沙北路。2005 年命名。

海沙南路 [Hǎishā Nánlù]

位于沙柳街道沙柳村。南北走向，北至柳洲路，西至上岙村界，南起海沙公路桥，东交清溪巷、翔明巷。长 370 米，宽 10 米，水泥路面。此处系海游至沙柳公路一段，以停车场十字路口为界，分别命名为海沙南路、海沙北路。2005 年命名。

清溪东路 [Qīngxī Dōnglù]

位于沙柳街道城区南部。东起溪头杨村，西至旗门街，北邻沙柳小学，南为清溪，呈东西走向。长 200 米，宽 6 米，水泥路面。因在清溪北岸，1986 年命名为清溪路，2005 年更名为清溪东路。

清溪西路 [Qīngxī Xīlù]

位于沙柳街道城区南部。东起旗门街，西至上岙村。长 480 米，宽 6 米，水泥路面。因在清溪北岸，1986 年命名为清溪路，2005 年更名为清溪西路。

文北路 [Wénběi Lù]

位于沙柳街道城区东部。南起文教路，南端连文南巷，北接康宁路，呈南北走向。长 150 米，宽 6 米，1993 年建成水泥路面，路两旁均为民房。地处文教路之北，与文教路南之文南路对称，故名。1986 年命名。

文南路 [Wénnán Lù]

位于沙柳街道城区东南部。南起清溪路，北接文教路，北端为文北路，呈南北走向。长 150 米，宽 6 米，1993 年建成水泥里面。地处中学、小学附近，为全镇文化中心，且位于文教路之南，故名。1986 年命名。

康宁路 [Kāngníng Lù]

位于沙柳街道城区东北。东起街道社区卫生服务中心，西接旗门街，南与文北路、沙柳街相接，呈东西走向。长 200 米，宽 6 米，1993 年建成水泥路面。路两旁有幼儿园、敬老院等单位，余为民房。路东端为街道社区卫生服务中心，含有健康安宁之意，故名。1986 年命名。

文教路 [Wénjiào Lù]

位于沙柳街道城区东部。东至溪头杨，西接旗门街，与沙柳街相交，文北路、文南路相接，呈东西走向。长 800 米，宽 16 米，水泥路面。该路南有中学、小学，为街道文化教育中心，故名。1986 年命名。

翔明巷 [Xiángmíng Xiàng]

位于沙柳街道沙柳村。东西走向，东至旗门街，西至海（游）一（市）公路，北与柏树巷平行，南与文教路平行。长 260 米，宽 8 米，水泥路面。寓意向着美好的明天飞翔，故名。2002 年命名。

清溪巷 [Qīngxī Xiàng]

位于沙柳街道沙柳村。东西走向，东为消费品综合市场，西至南为海沙路，南与清溪西路平行，北与文教路平行。长 450 米，旧时宽 2 米，现宽 4 米，水泥路面。此路因紧傍清溪，故名。1993 年建成，2005 年命名。

康乐巷 [Kāngle Xiàng]

位于沙柳街道沙柳村。东西走向，东起旗门街，西至海沙路。长 200 米，旧时宽 2 米，现宽 4 米，

1993年建成水泥路面。含有健康安居乐业之意，故名。2005年命名。

珠岙镇

珠岙街 [Zhū'ào Jiē]

位于珠岙镇区南部。西起珠溪路，东北接珠溪路，与上潭巷、杨井巷、横街相交，珠山巷、杨家弄、下酒店巷、井头巷等相接，呈东西折向东北走向。长800米，宽4米，水泥路面。此处为珠岙集市的老街，故名。1986年命名。

横街 [Héng Jiē]

位于珠岙镇区中部。南起珠岙溪北畔，北接珠溪路，与珠岙街相交，呈南北走向。长200米，宽3.5米，碎石、水泥路面。珠岙老街是东西走向，此街为南北走向，群众惯称此街为横街。

珠东路 [Zhūdōng Lù]

位于珠岙镇东部，连接岭口村和上胡村。东西走向，东起岭口村，西至上胡村，长1000米。1985年建成，2008年命名。

珠北路 [Zhūběi Lù]

位于珠岙镇区北部。东南起自珠溪路，西北至珠岙中学，呈东南—西北走向。长230米，宽4米，水泥路面。

珠溪路 [Zhūxī Lù]

位于珠岙镇区中部，横贯全镇区，系S214之一段。西南起里塘村，东至原茶厂，与珠岙街、横街、溪北路相接，呈西南—东北折向东走向。长1500米，宽13米，沥青路面。珠岙古名珠溪，故名。

杏树巷 [Xìngshù Xiàng]

位于珠岙镇区西北。东南起珠溪路，西北接珠北路，呈东南—西北走向。长100米，宽2.5米，水泥路面。以该处原有一棵杏树得名。1985年建成。

下殿巷 [Xiàdiàn Xiàng]

位于珠岙镇区东部。南起珠岙街，北至珠溪路，呈南北走向。长100米，宽2米，水泥路面。建房前，此处原是一片秧田，因位在下街旁，群众惯称下秧田，故名下田巷，后谐音下殿巷。1986年命名。

丁家巷 [Dīngjiā Xiàng]

位于珠岙镇区北部。南起珠溪路，北至丁家后门山脚，呈南北走向。长100米，宽3米，水泥路面。此处为丁姓聚居的村庄，群众惯称丁家，故名。

井头巷 [Jǐngtóu Xiàng]

位于珠岙镇区东南。南起珠岙溪北侧，北接珠岙街，呈南北走向。长60米，宽2.5米，水泥路面。以巷内有口水井得名。

下酒店巷 [Xiàjiǔdiàn Xiàng]

位于珠岙镇区南部。南起珠岙溪北侧，北接珠岙街，呈南北走向，中有两处转弯。长80米，宽2米，水泥路面。此处原开过酒店，位居下街，故名下酒店巷。1986年命名。

杨井巷 [Yángjǐng Xiàng]

位于珠岙镇区西部。南起珠岙溪北岸，北接珠溪路，呈南北走向。长200米，宽2米，水泥路面。该处为杨姓人聚居，巷内有水井一口，1985年命名杨井巷。

上潭巷 [Shàngtán Xiàng]

位于珠岙镇区西部。南起珠岙溪北岸，北接珠溪路，与珠岙街交叉，呈南北走向。长210米，宽2米，水泥路面。该处旁边有个溪潭，名叫上潭，巷以潭得名。1986年命名。

珠山巷 [Zhūshān Xiàng]

位于珠岙镇区西南部。南起原珠岙小学大门，北接珠溪路，呈南北走向。长150米，宽5米，水泥路面。以南端有珠岙小学（原名珠山小学）得名。1986年命名。

杨家弄 [Yángjiā Lòng]

位于珠岙镇区中部。南起珠岙街，北接珠溪路，呈南北走向，中有两处转弯。长130米，宽2米，水泥路面。1985年建成，以此处原为杨姓人聚居得名。1986年命名。

铺弄 [Pū Nòng]

位于珠岙镇区东南部。南起珠岙街东端，北接珠溪路东端，呈南北走向。长100米，宽2.5米，水泥路面。此处原为珠岙驿站的一个铺，该墙弄在铺之旁，故名。

开元大街 [Kāiyuán Dàjiē]

位于珠岙镇高枧开发区。东至开元大桥，西至余庆街花坛。长1400米，宽18米，沥青路面。以街上开元大桥命名。1995年建成，2002年命名。

下街 [Xià Jiē]

位于珠岙镇高枧村。西北接中街，东接枧水路，门牌1~72号。长130米，宽5米。此地处于村下街头，故名。1995年命名。

中街 [Zhōng Jiē]

位于珠岙镇高枧村。东接枧水路，西连鳌峰路、上街。长130米，宽5米，水泥路面，位于高枧村中部得名。1995年建成命名。

上街 [Shàng Jiē]

位于珠岙镇高枧村。东南接鳌峰路、中街，北接枧水路，呈南北走向。长130米，宽5米，水泥路面。此地处于村上街头，故名。1995年命名。

望仙路 [Wàngxiān Lù]

位于珠岙镇高枧村。东近振兴路，南连枧水路，西边为原粮管所、珍珠巷，北接溪坑，门牌1~56号。长200米，宽12米，水泥路面。因附近有望仙岩、仙人洞等，故名。1995年命名。

振兴路 [Zhènxìn Lù]

位于珠岙镇高枧村。南连枧水路，西傍望仙路，北至溪边。长130米，宽6米，水泥路面。寓振兴中华之意，故名。1995年建成命名。

枧水路 [Jiǎnshuǐ Lù]

位于珠岙镇高枧村，属S326省道一段。长800米，宽12米，水泥路面。因路近溪边，而溪有枧水之称，故名。1995年建成命名。

育才路 [Yùcái Lù]

位于珠岙镇高枧村。东连枧水路，西抵中心小学。长200米，宽12米，水泥路面。因高枧小学位于路侧，取培育人才之意，故名。1995年建成命名。

鳌峰路 [Āofēng Lù]

位于珠岙镇高枧村。南北走向，北接枧水路。长400米，宽12米，水泥路面。因位鳌峰山下，故名。1995年建成命名。

繁荣路 [Fánróng Lù]

位于珠岙镇高枧村。东连枧水路，南起上洋路，北近育才路。长140米，宽5米，水泥路面。寓事业蓬勃发展，经济昌盛之意，故名。1995年建成命名。

后山巷 [Hòushān Xiàng]

位于珠岙镇高枧村。东连隔洋巷，西近山，门牌1~31号。长80米，宽5米。因近村后山，故名。1995年建成命名。

溪头巷 [Xītóu Xiàng]

位于珠岙镇高枧村。东连枧水路，西接鳌峰路，下街横贯南北。长80米，宽5米，水泥路面。因此地古称小溪头，故名。1995 年建成命名。

宗祠巷 [Zōngcí Xiàng]

位于珠岙镇高枧村。东傍晒谷场，南连中街、下街，北接枧水路。长 80 米，宽 5 米，水泥路面。因西为郑氏宗祠，故名。1995 年建成命名。

珍珠巷 [Zhēnzhū Xiàng]

位于珠岙镇高枧村。东接望仙路，南连粮管所，北近溪坑。长 80 米，宽 5 米，水泥路面。1995 年建成命名。

龙山巷 [Lóngshān Xiàng]

位于珠岙镇高枧村。东连店前巷，接下街，南近角山巷，西为鳌峰路。长 80 米，宽 5 米，水泥路面。因村前有龙头山，故名。1995 年建成命名。

角山巷 [Jiǎoshān Xiàng]

位于珠岙镇高枧村。东接枧水路，北接下街。长 80 米，宽 5 米，水泥路面。因此地旧名角山岭头，故名。1995 年建成命名。

店前巷 [Diànqián Xiàng]

位于珠岙镇高枧村。东接枧水路，西连龙山巷，下街横贯南北。长 80 米，宽 5 米，水泥路面。因此地旧名店前，故名。1995 年建成命名。

隔墙巷 [Géqiáng Xiàng]

位于珠岙镇高枧村。东接鳌峰路，西连后山巷，门牌 1~15 号。长 70 米，宽 5 米，水泥路面。因此地旧称隔墙，故名。1995 年建成命名。

上洋巷 [Shàngyáng Xiàng]

位于珠岙镇高枧村。东近枧水路，北接繁荣路，门牌 1~73 号。长 200 米，宽 5 米。因此地旧称上路洋，故名。1995 年建成命名。

吴岙街 [Wú'ào Jiē]

位于珠岙镇吴岙村。东至桥头凉亭，西至上街头，呈东西走向。长 500 米，宽 5 米，水泥路面。清代名吴岙街，1995 年以历史旧称命名。

六板桥路 [Liùbǎnqiáo Lù]

位于珠岙镇吴岙村。南自唐峰山脚，北至吴岙街，呈南北走向。长 1000 米，宽 2 米，水泥路面。六板桥是吴岙村内一座平板石桥，此路经过六板桥而得名。1995 年建成命名。

唐峰路 [Tángfēng Lù]

位于珠岙镇吴岙村。东至吴岙供销社，西至唐峰山，呈东西走向。长 500 米，宽 5 米，水泥路面。因位于唐峰山脚，故名。1995 年建成命名。

桥头路 [Qiáotóu Lù]

位于珠岙镇吴岙村。西接吴岙街，东至陈岙桥，呈东西走向。长 500 米，宽 5 米，水泥路面。1995 年建成，1998 年命名。

三年巷 [Sānnián Xiàng]

位于珠岙镇吴岙村。南自后龙坑，北至三年大院，呈南北走向。长 300 米，宽 4 米，水泥路面。以地处“三年”大院而得名。1995 年建成命名。

百年巷 [Bǎinián Xiàng]

位于珠岙镇吴岙村。南自百年水井，北至吴岙操场，呈南北走向。长 300 米，宽 5 米，水泥路面。“百年”水井是吴岙村历史上的名井，故名。1995 年命名。

三台巷 [Sāntái Xiàng]

位于珠岙镇吴岙村。南自吴岙车站，北连吴岙街，呈南北走向。长 300 米，宽 5 米。因地处“三台”

大院而得名。1995年命名。

亭旁镇

和谐大道 [Héxié Dàdào]

位于亭旁镇区东北部，火车站广场前。南起火车站广场，北至石（岩）亭（旁）公路，南北走向。长580米，宽32米，沥青路面。以“和谐号”动车组得名。2016年3月命名。

亭旁街 [Tíngpáng Jiē]

位于亭旁镇区中部。南接耕地，北接鹤山路，与亭山路相交，南与宁和路、桂林路相交，呈南北走向。长630米，宽12米，水泥路面。沿路有百货大楼、供销社、粮管所、粮油商场、电影院等。解放后新建，为亭旁主要集市贸易场所，故名亭旁街。

狮山路 [Shīshān Lù]

位于亭旁镇区南部。南端至狮岭村，北接宁和路与石街路，为亭（旁）流（水岩）公路之一段，呈南北走向。长300米，宽10米，水泥路面。狮岭村西北有狮子山，路通狮岭村，故名。此段公路，1970年2月开工，1971年5月竣工，1984年重新改造。

宁和路 [Nínghé Lù]

位于亭旁镇区中部。西南起自亭山路，东北至石（岩）岭（根）线，与新庵路、桂林路、亭旁街相交，与鹤山路、亭山路等相接，呈西南—东北走向。长1200米，宽12米，水泥路面。亭旁旧属宁和乡，故名。

亭山路 [Tíngshān Lù]

位于亭旁镇区中部。东北起自宁和路，西南至耕地，与亭旁街相交，北与大树巷、散市巷、上马巷等相接，南与铁坦路、横墙弄、上墙弄等相接，呈东北—西南走向。长600米，宽12米，水泥路面。路北有亭山小学旧址，杨家村委会驻地，路南有新华书店等，其余为民房、店铺，为解放前主要集市贸易地。

鹤山路 [Hèshān Lù]

位于亭旁镇区北部。东南起自宁和路，西北至耕地通任家村，南与亭旁街、散市巷、义丰路相接，呈东南—西北走向。长200米，宽3米，水泥路面。路北为鹤山，路南有亭旁起义纪念碑与亭旁中学。以路沿鹤山山麓得名。

新庵路 [Xīn'ān Lù]

位于亭旁镇区东部。东起耕地，西接亭旁街，与宁和路交叉，呈东西走向。长180米，宽8米，水泥路面，两旁以店铺为主。以路北旧有新庵得名。

铁坦路 [Tiětǎn Lù]

位于亭旁镇区中部。南起桂林路与石街路，北接亭山路，与横街巷、横墙弄相接，与文明巷相交，呈南北走向。长120米，宽2米，水泥路面，两旁以民房为主。路东原有一个荒坦，为炼铁之所，故名铁坦路。

桂林路 [Guìlín Lù]

位于亭旁镇区东南。东起耕地，西接铁坦路，与宁和路、亭旁街相交，呈东西走向。长180米，宽4米，水泥路面，两旁多为民房。路北包家祠堂，在民国初曾设桂林小学，故名桂林路。

石街路 [Shíjiē Lù]

位于亭旁镇区南部。东北起桂林路，西南接宁和路，南端为狮山路，与教堂巷交叉，与鹤园巷、雀梅巷、秧田巷相接，呈东北—西南走向。长250米，宽3米，水泥路面，两旁均为民房。

义丰路 [Yìfēng Lù]

位于亭旁镇区西部。南起亭山路，北接鹤山路，与上马巷相交，东与四份巷相接，呈南北走向。长600米，宽5米，水泥路面，两旁均为民房。1984年建成，路南端有义丰店房屋，故名义丰路。

锦马路 [Jǐnmǎ Lù]

位于亭旁镇区东北部，火车站广场前。东至马村村口，西至锦龙雅苑小区，东西走向。长 750 米，宽 25 米，水泥路面。以马村和锦龙雅苑首字取名。2016 年 3 月命名。

网厂巷 [Wǎngchǎng Xiàng]

位于亭旁镇区东部。西接宁和路，东至耕田，呈东西走向。长 60 米，宽 3 米，水泥路面。巷两旁以民房为主，北有网厂，故名。网厂办于 20 世纪 50 年代，2010 年停办。

酒坊外巷 [Jiǔfángwài Xiàng]

位于亭旁镇区东部。东起耕地，西接宁和路，呈东西走向。长 60 米，宽 3 米，混凝土路面。南为民房，路北西端有亭旁汽车站，西端原为杨家村人开设的酒坊，现酒坊已停办，沿用历史名称，故名酒坊外巷。

四份巷 [Sìfèn Xiàng]

位于亭旁镇区西北部。东起散市巷，北接义丰路，与镇龙巷相接，呈东西走向。长 260 米，宽 2.5 米，水泥路面，两旁均为民房。此地为杨氏“四份”居住为主，1984 年建成命名。

长道地巷 [Chángdàodì Xiàng]

位于亭旁镇区中部。北起散市巷，南接亭山路，呈南北走向。长 60 米，宽 1 米，鹅卵石路面，两旁均为民房。此处有前后两幢房屋连在一起的天井（俗名道地），村民惯称长道地，故名。1984 年命名。

石地栿巷 [Shídìfú Xiàng]

位于亭旁镇区西部。东南起亭山路，西北接民房，呈东南—西北走向。长 80 米，宽 2 米，水泥路面，两旁均为民房。路东端接亭山路处，原有石条制成的地栿（现建街时拆除），村民惯称此地为石地栿，故名。

秧田巷 [Yāngtián Xiàng]

位于亭旁镇区西南。东南起石街路、宁和路，西北至园地，呈东南—西北走向。长 70 米，宽 1.5 米，水泥路面，两旁均为民房。以巷东端原名秧田头，故名。

新园巷 [Xīnyuán Xiàng]

位于亭旁镇区西南部。东南起亭山路，西北接晒谷场，呈东南—西北走向。长 50 米，宽 2 米，水泥路面，两旁均为民房。此处原为杨家村民的一个菜园，群众惯称新园，故名。

万利巷 [Wànlì Xiàng]

位于亭旁镇区西部。西南起花园巷，东北接镇龙巷，呈东北—西南走向。长 130 米，宽 2 米，鹅卵石路面，巷两旁均为民房。以此地清朝时曾开办过万利商店而得名。

横街巷 [Héngjiē Xiàng]

位于亭旁镇区中部。西起铁坦路，东至亭旁街，北与大树巷相接，呈东西走向。长 75 米，宽 3 米，水泥路面，两旁均为民房。亭旁老街（今亭山路中段）系南北走向，唯此巷为东西走向，故名横街巷。解放初建，1986 年命名。

下里巷 [Xiàlǐ Xiàng]

位于亭旁镇区中部。南起亭山路，西北接散市巷，呈东南—西北走向。长 40 米，宽 2 米，水泥路面，巷两旁为民房。该地古名下里，建巷后沿用旧名，称下里巷。下里，原名下李，居民点，李姓居住，地处亭旁溪支流湫水溪之南田垟上。

花园巷 [Huāyuán Xiàng]

位于亭旁镇区西北部。东南起万利巷，西北接四份巷与镇龙巷，呈东南—西北走向。长 200 米，宽 2 米，水泥路面，两旁以民房为主。古时，路中段北面建有私人花园，故名花园巷。1984 年建成。

文明巷 [Wénmíng Xiàng]

位于亭旁镇区中部。东南起自亭旁街，西北接民房，呈东南—西北走向。长 120 米，宽 1.5 米，水泥路面，两旁均为民房。1984年建成，以巷东端有文明旅馆得名。

鹤园巷 [Hèyuán Xiàng]

位于亭旁镇区中部。东与南均接石街路，呈东西折南北走向。长120米，宽1.5米，水泥路面，两旁均为民房。巷中部原名为鹤园底，故名。

教堂巷 [Jiàotáng Xiàng]

位于亭旁镇区南部包家村。东南起自亭旁街，西北接上墙弄，与石街路交叉，南与雀梅巷相接，呈东南—西北走向。长200米，宽2.5米，水泥路面。巷东端北侧有百货大楼、耶稣教堂，余为民房。巷北侧有耶稣教堂，1986年以此为巷名。

雀梅巷 [Quèméi Xiàng]

位于亭旁镇区南部。东南起石街路，西北接教堂路，呈东南—西北走向。长50米，宽1.5米，水泥路面。巷两旁均为民房。巷东端原名雀梅树下，建巷后，取雀梅名巷。

大树巷 [Dàshù Xiàng]

位于亭旁镇区西北部。南起亭山路，北接鹤山路，呈南北走向。长160米，宽2米，水泥路面，两旁均为民房。巷南端西面有重阳木一棵，胸围5米，枝叶茂盛，当地群众称大树，故名大树巷。

散市巷 [Sǎnshì Xiàng]

位于亭旁镇区北部杨家村。南起亭山路，北接鹤山路，东与下里巷、亭旁街相接，西与长道地巷、镇龙巷、四份巷相接，呈南—北走向。长300米，宽2米，水泥路面，两旁均为民房，北端西为亭旁中学。此巷南端曾是明、清两朝亭旁集市散市后交易之处，古称散市场。建巷后，沿用旧名，称散市巷。

上园巷 [Shàngyuán Xiàng]

位于亭旁镇区西南。东南起民房，西北接亭山路，呈东南—西北走向。长50米，宽2米，水泥路面，两旁均为民房。此地原为杨家村民菜园，位于村上首，故名上园巷。1986命名。

镇龙巷 [Zhenlóng Xiàng]

位于亭旁镇区北部。东南起于散市巷，西北接四份巷，南与万利巷相接，呈东南—西北走向。长200米，宽2米，水泥路面，两旁以民房为主，西北端有杨家祠堂、镇龙庵。以路西北端建有镇龙庵得名。1986年命名。

上马巷 [Shàngmǎ Xiàng]

位于亭旁镇区西部。东南起亭山路，西北交义丰路，通上鲍村，呈东南—西北走向。长200米，宽2米，水泥路面，两旁均为民房。巷东端有一广场，清朝时官兵在此上马去校场操练，村民惯称上马石。

下井头巷 [Xiàjǐngtóu Xiàng]

位于亭旁镇区西部。东南起亭山路，西北至晒场，呈东南—西北走向。长110米，宽1.5米，水泥路面，两旁均为民房。该地有上下两口水井，巷旁之水井居下首，惯称下井头。

横墙弄 [Héngqiáng Lòng]

位于亭旁镇区中部。东起铁坦路，西接亭山路，呈东西走向。长130米，宽1.5米，水泥路面，两旁均为民房。亭旁镇区，古时街道以南北走向为主，唯此墙弄为东西走向，且是连接包、杨两村的主要墙弄，故名横墙弄。1986年命名。

上墙弄 [Shàngqiáng Lòng]

位于亭旁镇区西南。西北接亭山路，东南接教堂巷，呈东南—西北走向。长60米，宽2米，水泥路面，两旁均为民房，为杨家与包家村接界处。杨家村地势南高北低，此弄为杨家村最南的一条墙弄，故名上墙弄。1986年命名。

高台里 [Gāotái Lǐ]

位于亭旁镇区中部，亭山路西北。长200米，宽1米，水泥路面。巷中有一幢砖木结构房屋，俗名高台里，故名。1986年命名。

桥头里 [Qiáotóu Lǐ]

位于亭旁镇区中部。亭山路东南。长 200 米，宽 1 米，水泥路面。解放前，此处有一幢砖木结构院落紧靠石结构拱桥桥头，群众俗称桥头里，故名。1986 年命名。

衙门里 [Yámén Lǐ]

位于亭旁镇区中部。长 240 米，宽 1 米，水泥路面。亭山路与横墙弄交接处，旧有砖木结构房屋里外 2 幢，为清代衙门所在，故称衙门里。

健跳镇

健跳街 [Jiàntiào Jiē]

位于健跳镇区东部。西起琴江路东侧，东北至东门坑，与登明巷、南门巷、崇武巷相接，与教场巷相交，呈东北—西南走向。长 380 米，宽 5 米，水泥路面。因此处为健跳镇老街道，故名。

丹凤街 [Dānfèng Jiē]

位于健跳镇区西部。南北走向，南至滨江路，北至望海路。长 350 米，宽 1 米，水泥路面。1984 年 8 月，以健跳所古城丹凤门得名。

健阳路 [JiànYáng Lù]

位于健跳镇区中部。起自北兴路，止于滨江路。长 1156 米，宽 36 米，水泥路面。以路处三门历史记载的最早围塘健阳塘得名。2009 年建成命名。

小康路 [XiǎoKāng Lù]

位于健跳镇区中部。起点 S224 省道，终点琴江路。长 745 米，宽 10 米，水泥路面。寓人民生活奔小康之意，故名。2011 年建成命名。

峧头路 [Jiāotóu Lù]

位于健跳镇峧头村。起点文教路，终点环城路。长 228 米，宽 4 米，水泥路面。因道路位于峧头村，故名。2008 年建成命名。

下沙路 [Xiàshā Lù]

位于健跳镇下沙塘东部。起点琴江路，终点下沙塘塘坝脚。长 634 米，宽 7.5 米，水泥路面。因位于下沙塘，故名。2012 年建成命名。

琴江路 [Qínjiāng Lù]

位于健跳镇区中部，原系岭（口）三（角塘）公路的一段。东南起自车渡码头，西北至粮油麦芽厂，与工人路、沿港东路、健跳路、西山路、继光巷相接，呈东南—西北走向。长 1500 米，宽 20 米，水泥路面。以此路南通琴江（今健跳港），又是健跳镇主街道，故名。

滨江路 [BīnjiāngLù]

位于健跳镇区。东西走向，东至螺丝山，西至西山头煤场。长 210 米，宽 4 米，水泥路面。以原工人路、沿港路合并而成，因沿江而建更名为滨江路。

望海路 [Wànghǎi Lù]

位于健跳镇区西部。西起西山头村，东接琴江路，横跨健跳塘，呈东西折南北再转西走向。长 940 米，宽 3~9 米，水泥路面。1984 年 8 月建成，以此路是通向西山头村主要通道，故名西山路，2002 年由西山路更名为望海路。

环城路 [Huánchéng Lù]

位于健跳镇区西部。南起工人路，北至峧头岭，接 S224 省道，与西山路相交，呈南北走向。长 1050 米，宽 9 米，水泥路面。沿路有堆煤场、民房及耕地。以该路环绕健跳镇区西部得名。2002 年原环城路更名为西山路。

文教路 [Wénjiào Lù]

位于健跳镇区中部。东西走向，东至琴江路，西至西山路。长 850 米，宽 10 米，混凝土路面。以该路经过健跳中学得名。

双凤巷 [Shuāngfèng Xiàng]

位于健跳镇区南部。西起沿港东路，东至山麓，呈东西走向。长240米，宽3米，水泥路面。沿港有造船厂及民房等。1984年8月，以巷近双凤山南麓得名。

南门巷 [Nánmén Xiàng]

位于健跳镇区东部。北起健跳街，接崇武巷，南至山麓，呈南北折向东走向。长180米，宽3米，混凝土路面。1984年8月，以巷近健跳所古城南门得名。

教场巷 [Jiàochǎng Xiàng]

位于健跳镇区东部。东北起自崇武巷、继光巷，东南至粮管所北侧，与健跳街相交，呈东北转向东南走向。长340米，宽3米，水泥路面。以巷原为古代士兵教练场得名。

登明巷 [Dēngmíng Xiàng]

位于健跳镇区东南部。南起沿港东路，接陡门桥，北接健跳街，呈东南—西北走向。长280米，宽4米，水泥路面。以巷之北端起点处紧邻健跳所城登明门得名。

继光巷 [Jìguāng Xiàng]

位于健跳镇区东部。西起琴江路，东至镇中心小学后面，南接崇武巷与教场巷，呈东西走向。长120米，宽3米，水泥路面。以巷东端南侧紧邻原戚公祠得名。

崇武巷 [Chóngwǔ Xiàng]

位于健跳镇区东部。东南起自健跳街，通南门巷，西北接继光巷、教场巷，呈东南—西北走向。长150米，宽3米，水泥路面，沿巷均为民房。以巷之北端紧邻古城崇武门得名。1984年8月命名。

后沙巷 [Hòushā Xiàng]

位于健跳镇区北部。西起粮油麦芽厂，东北至边防哨所，呈东西走向。长320米，宽4米，水泥路面，沿巷多为民房。1984年8月建成，以近后沙水库得名。

农博大道 [Nóngbó Dàdào]

位于健跳镇六敖北塘（三门现代农业园区）。北起农博园大门口，南至S224省道，南北走向。长1280米，宽40米，沥青或混凝土路面。现代农业园区又称农博园，该路为园区主要道路，故名。2011年9月建成命名。

健康塘街 [Jiànkāngtáng Jiē]

位于健跳镇六敖集镇中部，横贯镇区。西北起上街水库，东南接龙门街，通龙尾巷，与香料巷、大墩巷、黄岩巷、杭州巷、天台巷相接，呈东南—西北走向。长900米，宽6米，水泥路面，沿途有个体商店及民房。六敖在民国时称健康塘，故名。1990年命名。

南大街 [Nándà Jiē]

位于健跳镇六敖集镇南部。东西走向，西北起刘塘墩村南西山嘴头向东南至桥头，南与健康塘街相对平行。长1900米，宽45米，1990年建成水泥路面。1986年命名为六敖路，2005年，因位于六敖南面改名为南大街。

龙门街 [Lóngmén Jiē]

位于健跳镇集镇东南。南起沙墩港，北接六敖路，与健康塘街、龙尾巷相接，呈南北走向。长300米，宽16米，水泥路面，沿途有供销社、邮电局、个体商店。六敖古有龙地之称，故名。

连心路 [Liánxīn Lù]

位于健跳镇六敖集镇北部。南北走向，南至南大街，北至连心塘坝处。长450米，宽2米，水泥路面，沿途均为民房。2002年以连心塘而命名。

盐厂巷 [Yánchǎng Xiàng]

位于健跳镇六敖集镇西部。东南接香料巷，通乾墩村，与塘头巷相接，西北接民房，呈东南—西北走向。长400米，宽3米，水泥路面，沿途均为民房。此处原为晒盐之土墩，盐民以茅厂为居所，群众惯称此处为盐厂，故名。

杭州巷 [Hángzhōu Xiàng]

位于健跳镇六敖集镇东部。南起健康塘街，北接六敖路，呈南北走向。长350米，宽4米，1990年建成水泥路面，沿途均为民房。明清时，杭州有一富妇，出资在此围垦海塘，取名杭州塘，故名。1986年命名。

塘头巷 [Tángtóu Xiàng]

位于健跳镇六敖集镇西部。西起三八水库大坝，东接盐厂巷，呈东西走向。长250米，宽3米，水泥路面，沿途均为民房。此处原为当地群众通往三八水库的塘坝路，群众惯称塘头，故名。

香料巷 [Xiāngliào Xiàng]

位于健跳镇六敖集镇南部。南起耕地，北接健康塘街，呈南北走向。长300米，宽6米，水泥路面，沿途均为民房。此处在清代时办过香料厂，故名。

后墩巷 [Hòudūn Xiàng]

位于健跳镇六敖集镇北部。南起健康塘街，北接南大街，呈南北走向。长300米，宽3米，水泥路面，沿途均为民房。以村民惯称，1986年命名。

盐墩巷 [Yándūn Xiàng]

位于健跳镇六敖集镇西北部。南起盐厂巷，与健康塘街相交叉，西北为水田，呈西北—东南走向。长400米，宽3米，水泥路面，沿途均为民房。1986年，以此处原为晒盐墩，故名。

大墩巷 [Dàdūn Xiàng]

位于健跳镇六敖集镇北部。南起健康塘街，通香料巷，北接南大街，呈南北走向。长400米，宽5米，水泥路面，沿途均为民房。此处原是一个较大的土墩，群众惯称为大墩，故名。

黄岩巷 [Huángyán Xiàng]

位于健跳镇六敖集镇中部。南起耕地，北接健康塘街，呈南北走向。长300米，宽3米，水泥路面，沿途均为民房。清代时，此处为海涂，由黄岩人围成海塘，取名黄岩塘，故名。

沙墩巷 [Shādūn Xiàng]

位于健跳镇六敖集镇东南部。西起龙门街，东至十八庄村，呈东西走向。长500米，宽6米，水泥路面，沿途均为民房。因群众惯称此处为沙墩，故名。

天台巷 [Tiāntái Xiàng]

位于健跳镇六敖集镇东南部。西南起自耕地，东北接健康塘街，呈西南—东北走向。长400米，宽10米，水泥路面，沿途均为民房。此地原为海涂，清代时由天台人围成海塘，取名天台塘，故名。

龙尾巷 [Lóngwěi Xiàng]

位于健跳镇六敖集镇东南部。西北起自龙门街，接健康塘街，东南至十八庄桥头，呈东南—西北走向。长500米，宽4米，水泥路面，沿途均为民房。因群众惯称此处为龙尾巴，故名。

酒坊巷 [Jiǔfáng Xiàng]

位于健跳镇六敖集镇北部。南起健康塘街，通香料巷，北接南大街，呈南北走向。长400米，宽5米，水泥路面，沿途均为民房。此处旧时开过酒坊，故名。

横渡镇

双龙街 [ShuāngLóng Jiē]

位于横渡镇大横渡村。东北隔桥连横渡小学后，东至大横渡村西去许家山小路，穿越龙溪西路、龙溪东路、三板桥接横石鼓巷、井头路，为横渡镇一条主街道，东西走向。长710米，宽16米，水泥路面，街旁皆为新建居民楼。因横渡镇曾名双龙公社，故名。

横渡街 [Héngdù Jiē]

位于横渡镇大横渡村。东北隔桥连横渡刘路，接龙溪西路，三板桥街、井头路穿中而过，分为上、中、下街三片，呈东北—西南走向。长1400米，宽5~8米，水泥路面。路两旁有电管所、信用社、镇政府、敬老院及民房，有古迹上国观光坊。因横贯大横渡村，故名。

三板桥街 [Sānbǎnqiáo Jiē]

位于横渡镇大横渡村。南穿双龙街接耕地，北接横渡街，呈南北走向。长210米，宽8米，石板路面，沿途多民房。

龙溪东路 [Lóngxīdōng Lù]

位于横渡镇大横渡村。东边为田，东南接公路，西边隔溪，西北接横渡刘路，为东南—西北走向。长490米，宽8米，水泥路面。路西北端设有电管所、信用社，双龙街穿中而过。因处溪东边，而西边曾有龙溪路之称，故名。

龙溪西路 [Lóngxīxī Lù]

位于横渡镇大横渡村。东隔桥并横渡刘路，隔溪与龙溪东路相望，南北均为田地，西接横渡街，与双龙街相接，呈南北走向。长250米，宽8米，水泥路面。因处溪西边，与龙溪东路相对，故名。

横渡刘路 [Héngdùliú Lù]

位于横渡镇大横渡村横渡刘自然村。东起原横渡中学，南接龙溪东路，西端电管所，隔桥为横渡街，交龙溪西路，呈东北—西南走向。长310米，宽8米，水泥路面。因路东西贯穿于整个横渡刘自然村，故名。

溪边路 [Xībiān Lù]

位于横渡镇大横渡村。南至公路，北往许家山方向，东西有横渡街穿中而过，呈南北走向。长450米，宽5米，水泥路面。因傍横渡溪，故名。

井头路 [Jǐngtóu Lù]

位于横渡镇大横渡村。北穿横渡街至十八泡山脚，南接龙凤街至耕地接小路至公路，呈南北走向。长550米，宽8米，水泥路面，沿途多民居。因此路中一井，为村民饮用之水，故惯称井头路。

花桥镇

三房街 [Sānfáng Jiē]

位于花桥镇区西部。南起花桥桥头，北接后塘路，与新星街相接，呈南北走向。长270米，宽4米，鹅卵石、沙砾路面，沿街均为民房。此地为花桥李氏“三房”子孙聚居地，故名。

三角店街 [Sānjiǎodiàn Jiē]

位于花桥镇区西部。西南起自花桥桥头，接下溪巷，东北接新星街，与城门街相交。长420米，宽3米，石板路面，沿街均为民房。该处三角地带原有一家店铺，群众惯称三角店，故名。已废止。

下洋街 [Xiàyáng Jiē]

位于花桥镇下洋村，故名。东起曹洋路，西至村边山脚，呈东西走向，长343米。1988年建成，已废止。

花桥街 [Huāqiáo Jiē]

位于花桥镇区北部，系花桥镇老街。南起城门街，连上宅桥，北至箬帽殿，与新星街相交，呈南北走向。长450米，宽5米，原为石板路面，今为水泥路面。街两旁有粮管所、供销社及个体商店等。因镇区西有元代建造的花桥，故名。

新星街 [Xīnxīng Jiē]

位于花桥镇区北部。西起三房街，东至花桥溪畔，与花桥街、城关路相交，呈东西走向。长350米，宽16米，水泥路面。街两旁有卫生院、中学、财税所及民房。

城门街 [Chéngmén Jiē]

位于花桥镇区中部，横贯全镇区。西起三房街，通五龙殿，东至花桥溪，与城关路、沿江巷、三角店街相交，与花桥街、上宅街、下溪路、下园巷、沿江巷相接，呈东西走向。长450米，宽12米，水泥路面。因花桥镇古称城门，沿用历史名称，故名。

上宅街 [Shàngzhái Jiē]

位于花桥镇区东南。南起上宅路廊接城关路，北至上宅桥接城门街，与曹南路相交，呈南北走向。长320米，宽6米，水泥路面。该处原为花桥上宅房派聚居的地方，现有上宅桥与上宅路廊，群众惯称上宅，故名。

繁荣街 [Fánróng Jiē]

位于花桥镇花桥村。东西走向，东至东洋溪，西至花桥西路，与广场路平行。长500米，宽8米，水泥路面。寓繁荣昌盛之意，2002年命名。

西大街 [Xīdà Jiē]

位于花桥镇两头门村。东与东大街平行，南至花桥街，西至两头门村小坑，北与寺前村相邻，呈南北走向。长650米，宽8米，水泥路面。因坐落在两头门村西边，故名。2005年命名。

南房街 [Nánfáng Jiē]

位于花桥镇上宅村。东起曹洋路，西至曹宅街，呈东西走向。长100米，旧时宽1米，现宽4米，1988年建成水泥路面。原名叫南坊街，2005年更名为南房街。

曹宅街 [Cáozhái Jiē]

位于花桥镇上宅村。东与曹洋路平行，呈南北走向。长200米，旧时宽2米，现宽8米，水泥路面。因上宅村旧称曹宅村，故名。

振兴街 [Zhènxìng Jiē]

位于花桥镇上宅村北部。东起曹洋路，西至坑岸，北与南房街平行，呈东西走向。长241米，宽6米，水泥路面。意为振兴上宅村，故名。

东大街 [Dōngdà Jiē]

位于花桥镇两头门村。东至本村小坑，南至花桥东路，西与西大街平行，北与寺前村相邻，呈南北走向。长110米，旧时宽2米，现宽8米，水泥路面。因坐落在两头门村东边而得名。

后塘路 [Hòutáng Lù]

位于花桥镇区西北。南起三房街，东接花桥街，连帽尖山路，与新星街、酒坊巷相接，呈东西转南北走向。长180米，宽6米，沙砾路面，沿街均为民房。以路经后门塘（塘田），1986年命名。已废止。

帽尖山路 [Màojiānshān Lù]

位于花桥镇区北部。西起花桥街连后塘路，东至停车场，与城关路相接，呈东西走向。长135米，宽12米，沙砾路面。因镇西北有帽尖山，为全镇主要山峰，故名。已废止。

曹南路 [Cáonán Lù]

位于花桥镇区南部。西起下溪巷，东接城关路，呈东西走向。长210米，宽8米，水泥路面。路东有交警队，余为民房。1986年建成，以多曹姓村民聚居，故名。

城关路 [Chéngguān Lù]

位于花桥镇区东部，系黄（金坦）下（山）公路之一段。南起变电所，北至两头门村，呈南北走向。长1200米，宽12米，水泥路面。沿途有消防队、邮电支局、供销社、财税所及个体商店。因民国时，花桥名城关乡，1986年建路，沿用历史名称，故名。

两头门路 [Liǎngtóumén Lù]

位于花桥镇两头门村。东至东大街，南与前园路平衡，西至西大街，北与双溪路平衡，呈东西走向。长120米，宽6米，水泥路面。据传，该村古代筑有围墙，有街道直通南北两门，故名两头门村。2005年命名。

中心路 [Zhōngxīn Lù]

位于花桥镇花桥村。南至花桥街，北至友谊路，与花桥西路平行，呈南北走向。长1100米，宽8米，水泥路面。因位于村中心，故名。

花桥西路 [Huāqiáo Xīlù]

位于花桥镇两头门、花桥、上宅、下洋毛村。南至下洋毛村，北至两头门村，呈南北朝向。长1700米，宽6米，水泥路面。因位于花桥村西边，故名。

花桥东路 [Huāqiáo Dōnglù]

位于花桥镇花桥、两头门、上宅、下洋毛村。南至下洋毛公路桥，北至两头门村与寺前村交界处，与花桥街平行，呈南北朝向。长1800米，宽6米，水泥路面。因位于花桥村东边，故名花桥东路。2002年命名。

双溪路 [Shuāngxī Lù]

位于花桥镇两头门村。东至东大街，南与中园路平衡，西至西大街，北与大房园路平行，呈东西走向。长120米，宽6米，水泥路面。因两头门村有两条溪自北向南围绕，故名。2005年命名。

友谊路 [Yǒuyí Lù]

位于花桥镇花桥村。东至花桥东路，西至花桥西路，与广场路平行，呈东西朝向。长670米，宽6米，水泥路面。寓团结友爱之意，故名。2002年命名。

广场路 [Guǎngchǎng Lù]

位于花桥镇花桥村。东至东洋溪，西至花桥西路，与繁荣街平行，呈东西朝向。长1130米，宽18米，1988年建成水泥路面。因该路经过广场，故名。2002年命名。

上园路 [Shàngyuán Lù]

位于花桥镇两头门村。东至东大街，南与中园路平行，西至西大街，北与大房园路平行，呈东西走向。长110米，宽6米，水泥路面。上园，原是一个晒场，与寺前村交界，沿用历史地名命名。

中园路 [Zhōngyuán Lù]

位于花桥镇两头门村。东至东大街，南与双溪路相接，西至西大街，北与上园路相接，呈东西走向。长100米，旧时宽2米，现宽4米，水泥路面。该路坐落于两头门村中心地段而得名。2005年命名。

曹洋路 [Cáoyáng Lù]

位于花桥镇曹宅村与下洋毛村东边。南接下洋毛桥，北接花桥东路，呈南北走向。长120米，宽8米，水泥路面，为新建公路街。取曹宅村与下洋毛村各一字命名。

前园路 [Qiányuán Lù]

位于花桥镇两头门村。东至东大街，南与友谊街平行，西至西大街，北与两头门路平行，呈东西走向。长120米，宽5米，水泥路面。此路在上园路、中园路前面，故名。

大房园路 [Dàfángyuán Lù]

位于花桥镇两头门村。东至东大街，南与上园路平衡，西至西大街，呈东西走向。长110米，宽6米，水泥路面。2005年沿用大房园历史地名命名。

牌坊巷 [Pǎifáng Xiàng]

位于花桥镇区南部。西南起农田，与曹南路相交，东北接上宅街，呈东北—西南走向。长103米，宽3米，沙砾路面，沿街均为民房。以该处原建有牌坊得名。已废止。

下园巷 [Xiàyuán Xiàng]

位于花桥镇区南部。南起下溪巷，北接城门街，呈南北走向。长75米，宽4米，水泥路面。沿街均为民房。1988年建成，以所在地得名。已废止。

沿江巷 [Yánjiāng Xiàng]

位于花桥镇区西南。南起下溪巷，东北接花桥街，与城门街相交，呈南北折东北走向。长80米，宽10米，水泥路面，沿途均为民房。以巷南端毗邻花桥溪得名。

下溪巷 [Xiàxī Xiàng]

位于花桥镇区西南。东北起城门街，西南至花桥（桥名），与下园巷、沿江巷相接，呈东北—西南走向。长300米，宽5米，水泥路面。村民惯称花桥溪此段为下溪坑，故名。

酒坊巷 [Jiǔfāng Xiàng]

位于花桥镇区西北。南起耕地，东至晒场，与后塘路相交，呈东西走向。长80米，宽5米，水泥路面，沿街均为民房。以该巷原有酒坊得名。

东宅巷 [Dōngzhái Xiàng]

位于花桥镇区西北。东南起自镇政府，西北接新星街，呈东南—西北走向。长50米，宽4米，水泥路面。巷西北为祠堂，余为民房。该处是花桥李姓东宅房派聚居之地，故名。

育英巷 [Yùyīng Xiàng]

位于花桥镇区东部。西起中学，东接城关路，北接新星街，呈东西与南北走向。长100米，宽3米，水泥路面。以巷西有中学，含培育英才之意，故称育英巷。1986年命名。

浦坝港镇

海天大道 [Hǎitiān Dàdào]

位于浦坝港镇沿海工业城。北起金塘路，南至雁汀路，西与保乐路平行，呈南北走向。长2302米，宽35米，沥青路面。此路离牛头门不远，远眺东海，烟波浩渺，海天相接一色，故名。2007年完工，2015年5月命名。

兴港大道 [Xīnggǎng Dàdào]

位于浦坝港镇沿海工业城。东起熬波路，北至疏港公路，呈东西走向。长3461米，宽24米，沥青路面。2011年完工，2015年5月命名。

罗石街 [Luóshí Jiē]

位于浦坝港镇罗石村。东至钳口门，西至S224省道，呈东西走向。长700米，宽8米，水泥路面。1979年命名。

盐城路 [Yánchéng Lù]

位于浦坝港镇沿海工业城。西起沿浦路，东至保乐路，呈东西走向。长390米，宽18米，为混凝土浇筑路面。2007年完工，2015年5月命名。

耕海路 [Gēnghǎi Lù]

位于浦坝港镇沿海工业城。北起锦南路，南至兴港大道，呈南北走向。长736米，宽18米，为沥青路面。此路原为滩涂，是村民进行在海上劳作生活的地方，故名。2007年完工，2015年5月命名。

沿浦路 [Yánpǔ Lù]

位于浦坝港镇沿海工业城。北连S224省道，南至雁南路，呈南北走向。长1877米，宽21米，沥青路面。此路是连接原沿赤乡、浬浦镇主干道，故名。2007年完工，2015年5月命名。

保乐路 [Bǎolè Lù]

位于浦坝港镇沿海工业城。北起金塘路，南至雁汀路，呈南北走向。长2253米，宽12米，沥青路面。旧时浦坝港镇属临海县保乐乡、承恩乡，故名。2007年完工，2015年命名。

海景路 [Hǎijǐng Lù]

位于浦坝港镇沿海工业城。北起金塘路，南至雁汀路，西与海天大道平行，呈南北走向。长1452米，宽24米，沥青路面。因工业城毗邻大海，景色宜人，故名。2011年完工，2015年5月命名。

盐仓路 [Yáncāng Lù]

位于浦坝港镇沿海工业城。北起金塘路，南至雁汀路，西与海景路平行，呈南北走向。长1471米，宽18米，沥青路面。此地原为盐场仓库，故名。2011年完工，2015年命名。

方山路 [Fāngshān Lù]

位于浦坝港镇沿海工业城。北起金塘路，南至雁汀路，西与盐仓路平行，呈南北走向。长2461米，宽24米，沥青路面。该路紧靠方山，以自然山体命名。2011年完工，2015年5月命名。

官塘路 [Guān táng Lù]

位于浦坝港镇沿海工业城。北起烟墩山，南至承恩路，呈南北走向。长1100米，宽12米，沥青路面。旧时沿赤有海塘名官塘，盖官府主持围筑，故名。2011年完工，2015年5月命名。

牛头门路 [Niútóumén Lù]

位于浦坝港镇沿海工业城。西北起兴港大道，东南至雁汀路，呈西北—东南走向。长1181米，宽21米，沥青路面。该路连接牛头门，故名。2011年完工，2015年5月命名。

金塘路 [Jīntáng Lù]

位于浦坝港镇沿海工业城。西南起沿浦路，东北至兴港大道，呈西南—东北走向。长1665米，宽21米，沥青路面。2011年完工，2015年5月命名。

锦南路 [Jǐnnán Lù]

位于浦坝港镇沿海工业城。西南起耕海路，东北至兴港大道，呈西南—东北走向。长2323米，宽16米，沥青路面。锦南为明代朝鲜李氏王朝弘文馆副校理崔溥的号，为纪念崔溥而命名。崔溥因父亲病逝，渡海奔丧，途中遭遇风暴南漂，在牛头门登陆上岸。后由中国官员护送由陆路回国，并用汉文写下《漂海录》一书。该书涉及明朝弘治初年政治、军事、经济、文化、交通以及市井风情等方面的情况，是研究中国明朝海防、政制、司法、运河、城市、地志、民俗的重要文献。2011年完工，2015年5月命名。

烟墩路 [Yāndūn Lù]

位于浦坝港镇沿海工业城。西南起沿浦路，东北至方山路，呈西南—东北走向。长1560米，宽18米，沥青路面。烟墩，又称烽火台，因路旁山巅有烽火台，故名。2011年完工，2015年5月命名。

承恩路 [Chéng’ēn Lù]

位于浦坝港镇沿海工业城。西南起方山路，东北至牛头山路，呈西南—东北走向。长768米，路宽12米，沥青路面。旧时浦坝港镇属临海县承恩、保乐乡，故名。2011年完工，2015年5月命名。

梦海路 [Mènghǎi Lù]

位于浦坝港镇沿海工业城。西起耕海路，东至方山路，呈东西走向。长2490米，宽12米，沥青路面。2011年完工，2015年5月命名。

雁汀路 [Yàntīng Lù]

位于浦坝港镇沿海工业城。西起沿浦路，东至方山路，呈东西走向。长2344米，宽18米，沥青路面。该路临近湿地，旧时南下雁群常在此作短暂停留，故名。2011年完工，2015年5月命名。

雁南路 [Yànnán Lù]

位于浦坝港镇沿海工业城。西起沿浦路，东至保乐路，呈东西走向。长443米，宽12米，沥青路面。因处雁汀湖湿地公园之南，故名。2007年完工，2015年5月命名。

小雄街 [Xiǎoxióng Jiē]

位于浦坝港镇小雄集镇中部。东起石笋山西麓，西至大岭头，与虎山路、东街、立新路相交，北与桥北巷相接，南与中桥巷相接，呈西南—东北走向。长650米，宽12米，水泥路面。此地为小雄集市中心，故名。

东街 [Dōng Jiē]

位于浦坝港镇小雄集镇东部，故名。南起农田，北接吊忠路，呈南北走向。长100米，宽8米，1988年建成水泥路面。路两旁有副食品商店、收购站、财税所及民房。

吊忠路 [Diàozhōng Lù]

位于浦坝港镇小雄集镇中部。西南起自耕地，通南岙陈村，东北接立新路，与虎山路相交，与桥北路、祠堂巷、东街相接，呈东北—西南走向。长400米，宽3米，水泥路面。以该路北面有古迹吊忠岩得名。

文苑路 [Wényuàn Lù]

位于浦坝港镇小雄集镇中部。东至东街，西至虎山路，南至建设路，呈南北走向，两旁均为民房。

2002年原桥北巷、中桥巷合并更名为文苑路，以北端中学得名。

虎山路 [Hǔshān Lù]

位于浦坝港镇小雄集镇中部。南起小雄自然镇至泗淋公路，北至石门水库，与小雄街、吊忠路相交，呈南北走向。长600米，宽12米，水泥路面。该路以北通小雄村虎山头自然村得名。

立新路 [Lìxīn Lù]

位于浦坝港镇小雄集镇东部。南起耕地，北接吊忠路，与小雄街相接，呈南北走向。长150米，宽14米，水泥路面。寓创新立意之义，1986年命名。

凯元路 [Kǎiyuán Lù]

位于浦坝港镇小雄集镇。东至医院分部，南至建设路，北至下山岩处，呈南北走向。长300米，宽3米，水泥路面。

路下巷 [Lùxià Xiàng]

位于浦坝港镇小雄集镇西南。东起小雄街，西至石佛山脚，横贯小雄村路下自然村。长100米，宽3米，水泥路面，两旁均为民房。因该巷位于路下自然村，1988年命名路下巷。

前洋巷 [Qiányáng Xiàng]

位于浦坝港镇小雄集镇南部。东起小雄至泗淋公路，西接小雄街，呈东西走向。长100米，宽12米，水泥路面，沿路为民房。1986年，以村民惯称命名。

祠堂巷 [Cítáng Xiàng]

位于浦坝港镇小雄集镇东北。东南起吊忠路，西北接溪畔，呈西北东南走向。长150米，宽3米，水泥路面。1988年，以该地原有小雄村戴姓祠堂，故名。

中街 [Zhōng Jiē]

位于浦坝港镇浬浦集镇北部。东南起浦北路，西北接桔乡路，与文昌巷、车井巷、西周巷、塘岸巷相交，南与友谊巷相接，北与东头巷相接，呈东南—西北走向。长470米，宽10米，水泥路面，两旁均为民房。1989年建成。

浬浦街 [Lipǔ Jiē]

位于浦坝港镇浬浦集镇中部，自东至西横贯镇区。东起浦北路，西至耕田。长910米，宽14米，水泥路面。

东浦路 [Dōngpǔ Lù]

位于浦坝港镇浬浦集镇东南。东南起东桥坑，西接浬浦街，呈东南—西北走向。长320米，宽10米，水泥路面，两旁均为民房。原名下大路，因此路为东浦村主要道路，又在浬浦东部，后改名为东浦路。1989年建成。

桔乡路 [Júxiāng Lù]

位于浦坝港镇浬浦集镇西部。南通建设塘，北接浦北路，与浬浦街相交，呈南北走向。长230米，宽8米，水泥路面，两旁均为民房。以该路通向建设塘桔场得名。

浦北路 [Pǔběi Lù]

位于浦坝港镇浬浦集镇北部，原系岭（口）三（角塘）线之一段。东南起东桥坑，西至变电所，呈东南—西北走向。长890米，宽8米，沥青路面。以位于浬浦北部得名。

浦中路 [Pǔzhōng Lù]

位于浦坝港镇浬浦集镇东浦村与西浦村交界处。北至浦北路，南至S224省道，呈南北走向。长770米，宽6米，水泥路面。位于浬浦中心地带得名。2002年命名。

浦西路 [Pǔxī Lù]

因位于浦坝港镇浬浦集镇的西部。南北走向，南至浦坝路，北至浦北路。长250米，宽6米，水泥路面。地处浬浦西边，故名。2002年命名。

浦南路 [Pǔnán Lù]

因位于浦坝港镇浬浦集镇南部，由东至西贯穿东浦、西浦两村。东至路头王，西至浦西路，呈东西走向。长110米，宽6米，水泥路面。因位于浬浦南边得名。2002年命名。

后王巷 [Hòuwáng Xiàng]

位于浦坝港镇浬浦集镇东南。东起王家巷，西接东浦路，呈东西走向。长140米，宽6米，沙砾路面，两旁均为民房。1989年建成，此地为王姓村民居住，北部有一条路，称后王坦，巷以路得名。已废止。

车井巷 [Chējǐng Xiàng]

位于浦坝港镇浬浦集镇东部。南起浬浦街，北接浦北路，呈南北走向。长170米，宽5米，沙砾路面。该处村民惯称车井头，沿用历史名称，故名。已废止。

东头巷 [Dōngtóu Xiàng]

位于浦坝港镇浬浦集镇东北。南连友谊巷，北接浦北路，呈南北走向。长120米，宽4米，水泥路面，两旁均为民房。因位于西浦村东头，1986年命名。已废止。

王家巷 [Wángjiā Xiàng]

位于浦坝港镇浬浦集镇东南。南起育才路，北接浦北巷，呈南北走向。长200米，宽6米，沙砾路面，两旁均为民房。以巷两旁多为王姓村民居住，1986年命名为王家巷。1992年废止。

上林巷 [Shànglín Xiàng]

位于浦坝港镇浬浦集镇西北部。南起浬浦街，北接浦北路，呈南北走向。长110米，宽5米，水泥路面。1986年命名为上林路，1988年12月改名为上林巷。

友谊巷 [Yǒuyí Xiàng]

位于浦坝港镇浬浦集镇中部。南起浬浦街，北接东头巷，呈南北走向。长105米，宽4米，水泥路面。此巷为东浦村和西浦村交界，1966年下街大队改称友谊大队，1982年1月改称东浦村。以原友谊大队命名，含有两村团结友谊之意。

塘岸巷 [Táng'àn Xiàng]

位于浦坝港镇浬浦集镇中部。南起浬浦街，北接浦北路，呈南北走向。长150米，宽7米，水泥路面。当地群众惯称此处为塘岸头，故名。

西周巷 [Xīzhōu Xiàng]

位于浦坝港镇浬浦集镇中部。南起浬浦街，北接浦北路，与中街相交，呈南北走向。长170米，宽5米，水泥路面。原为西浦村西边的一条墙弄，建巷时，称西周巷。

大路巷 [Dàlù Xiàng]

位于浦坝港镇浬浦集镇西浦村。东起浦西路，西至村界边，北与浦北路平行，南与浦坝路平行，呈东西走向。长110米，宽3米，水泥路面。以民间俗称得名，2005年命名。

文昌巷 [Wénchāng Xiàng]

位于浦坝港镇浬浦集镇东部。南起浬浦街，北接浦北路，呈南北走向。长50米，宽10米，水泥路面，两旁均为民房。以该处原有文昌阁得名。

中心街 [Zhōngxīng Jiē]

位于浦坝港镇泗淋村。东过振兴路至水田，南平行于黄（金坦）泗（淋）公路，西至下港村界，北平行于人民路，呈东西走向。长710米，宽15米，水泥路面，门牌号范围1~129号。地处泗淋村中心地带，故名中心街。2011年12月建成。

繁荣街 [Fánróng Jiē]

位于浦坝港镇泗淋村。东与振兴路平行，南起黄（金坦）泗（淋）公路，北至祠堂路，呈南北走向。长580米，宽25米，水泥路面，门牌号范围1~160号。寓繁荣昌盛之意，故名。2011年12月建成。

解放路 [Jiěfàng Lù]

位于浦坝港镇泗淋村。东起昌盛路，西至下港村界，南与祠堂路平行，呈东西走向。长420米，宽

21米，水泥路面。路侧原有林迪生故居，为纪念其为解放事业做出的贡献而取名。2011年12月建成。

永昌路 [Yǒngchāng Lù]

位于浦坝港镇泗淋村。东起振兴街，西至下港村界，北与中心街平行，南与定向路平行，呈东西走向。长210米，宽18米，水泥路面，门牌号范围1~52号。寓永远昌盛、兴旺之意，故名。2002年建成。

祠堂路 [Cítáng Lù]

位于浦坝港镇泗淋村。东过振兴路至水田，南起黄（金坦）泗（淋）公路，西至下港村界，北与长浦庄河平行，呈东西走向。长210米，宽19米，水泥路面，门牌号范围1~37号。以地处泗淋村老祠堂，故名。2011年12月建成。

湖滨路 [Húbīn Lù]

位于浦坝港镇泗淋村。南起定向路，北至祠堂路，东与昌盛路平行，西与振兴街平行，呈南北走向。长390米，宽28米，为一般道路，水泥路面，门牌号范围1~53号。以沿湖而建而得名。2002年建成。

平安路 [Píng'ān Lù]

位于浦坝港镇泗淋村。北起定向路，南至蒲岙村界，西与开发路相交，呈南北走向。长480米，宽25米，水泥路面，门牌号范围1~165号。寓平平安安之意，故名。1998年建成。

人民路 [Rénmín Lù]

位于浦坝港镇泗淋村。东过振兴路至水田，南起黄（金坦）泗（淋）公路，与中心街平行，西至下港村界，北与祠堂路平行，呈东西走向。长210米，宽19米，水泥路面，门牌号范围1~69号。寓人民大众之意，故名。2011年12月建成。

振兴路 [Zhènxìng Lù]

位于浦坝港镇泗淋村。南起黄（金坦）泗（淋）公路，北至长浦庄村，西起繁荣街，呈南北走向。长425米，宽23米，水泥路面。寓振兴经济之意，故名。2003年11月建成。

开发路 [Kāifā Lù]

位于浦坝港镇泗淋村。东起平安路，西至山下村界，北与定向路平行，呈东西走向，长358米，宽28米，水泥路面，门牌号范围1~89号。含开发泗淋，发展经济之意，故名。2011年12月建成。

昌盛路 [Chāngshèng Lù]

位于浦坝港镇泗淋村。南起中心街，北至长浦庄村南桥头，西与湖滨路平行，呈南北走向。长520米，宽18米，水泥路面，门牌号范围1~93号。寓繁荣昌盛之意，故名。1992年5月建成。

昌盛路一巷 [Chāngshènglù 1 Xiàng]

位于浦坝港镇泗淋村。西起昌盛路，东至殿水潭，北与昌盛路二巷平行，南与中心街平行，呈东西走向。长82米，宽6米，水泥路面，门牌号范围1~8号。地处昌盛路，以数字命名。1998年建成。

昌盛路二巷 [Chāngshènglù 2 Xiàng]

位于浦坝港镇泗淋村。西起昌盛路，东至殿水潭，北与昌盛路三巷平行，南与昌盛路一巷平行，呈东西走向。长110米，宽6米，水泥路面。地处昌盛路，以数字命名。1998年建成。

昌盛路三巷 [Chāngshènglù 3 Xiàng]

位于浦坝港镇泗淋村。西起昌盛路，东至水稻田，北与昌盛路四巷平行，南与昌盛路二巷平行，呈东西走向。长75米，宽5米，水泥路面，门牌号范围1~5号。地处昌盛路，以数字命名。1998年建成。

昌盛路四巷 [Chāngshènglù 4 Xiàng]

位于浦坝港镇泗淋村。西起昌盛路，东至水稻田，北与昌盛路五巷平行，南与昌盛路三巷平行，呈东西走向。长200米，宽15米，水泥路面，门牌号范围1~10号。地处昌盛路，以数字命名。2000年建成。

昌盛路五巷 [Chāngshènglù 5 Xiàng]

位于浦坝港镇泗淋村。西起昌盛路，东至水稻田，北与昌盛路一巷平行，南与昌盛路四巷平行，呈东西走向。长120米，宽13米，水泥路面，门牌号范围1~6号。地处昌盛路，以数字命名。2000年建成。

中心街一巷 [Zhōngxīnjiē 1 Xiàng]

位于浦坝港镇泗淋村。西起卫生院，东至水稻田，南与中心街二巷平行，北与中心街平行，呈东西走向。长 150 米，宽 5 米，水泥路面，门牌号范围 1~13 号。地处中心街，以数字命名。1995 年建成。

中心街二巷 [Zhōngxīnjiē 2 Xiàng]

位于浦坝港镇泗淋村。西起卫生院，东至水稻田，南与中心街三巷平行，北与中心街一巷平行，呈东西走向。长 200 米，宽 5 米，水泥路面，门牌号范围 1~20 号。地处中心街，以数字命名。1995 年建成。

中心街三巷 [Zhōngxīnjiē 3 Xiàng]

位于浦坝港镇泗淋村。西起卫生院，东至水稻田，南与定向路平行，北与中心街二巷平行，呈东西走向。长 200 米，宽 5 米，水泥路面，门牌号范围 1~9 号。地处中心街，以数字命名。1995 年建成。

定向路 [Dìngsiàng Lù]

位于浦坝港镇泗淋村。西起山下村界，东至泗淋村界，北与永昌路平行，南与开发路平行，呈东西走向。长 358 米，宽 28 米，水泥路面，门牌号范围 1~246 号。沿定向河而得名。2008 年 2 月建成。

定向路中一巷 [Dìngxiànglùzhōng 1 Xiàng]

位于浦坝港镇泗淋村。西起繁荣街，东至平安路，北与定向路平行，南与开发路平行，呈东西走向。长 120 米，宽 5 米，水泥路面，门牌号范围 1~12 号。地处定向路中部，以数字命名。2003 年 11 月建成。

定向路东一巷 [Dìngxiànglùdōng 1 Xiàng]

位于浦坝港镇泗淋村。东起水稻田，西邻敬老院，北与定向路平行，呈东西走向。长 100 米，宽 4 米，为水泥路面，属于一般道路，门牌号范围 1~8 号。地处定向路，以数字命名。2000 年建成。

蛇蟠乡

渔光曲路 [Yúguāngqū Lù]

位于蛇蟠乡，自码头到卫生院。长 500 米，宽 14 米，水泥路面。1932 年电影大师蔡楚生在三门湾蛇蟠岛拍摄了中国第一部在国际上获奖的影片《渔光曲》，故名。2002 年建成命名。

第三节　桥梁

【铁路】

旗门港特大桥 [Qíméngǎng Tèdàqiáo]

位于沙柳街道三协烟花有限公司东南，甬台温铁路 K406+957 米至 K408+409 米处。横跨旗门港，故名。长 1452.8 米，宽 18 米，高 5 米，上下行，孔跨式样 44–32M– 预应力钢筋混凝土箱形双线简支，为三门境内铁路桥梁长度之最。2006 年 1 月始建，2009 年 9 月建成。

海游港特大桥 [Hǎiyóugǎng Tèdàqiáo]

位于海润街道下枫坑村东北，甬台温铁路 K411+619 米至 K413+096 米处。横跨海游港，故名。长 1477.0 米，宽 18 米，高 5 米，上下行，孔跨式样 7–24M/31–32M– 预应力钢筋混凝土箱形双线简支，4–40M/2–56M– 预应力钢筋混凝土箱形双线连续铁路桥。2006 年 1 月始建，2009 年 9 月建成。

亭旁溪一号特大桥 [Tíngpángxī 1 Hào Tèdàqiáo]

位于亭旁镇亭旁小学东北，甬台温铁路 K422+356 米至 K422+970 米处。跨亭旁溪，为亭旁溪上的第一座铁路桥，故名。长 614.36 米，宽 18 米，高 5 米，上下行，孔跨式样 10–32M– 预应力钢筋混凝土箱形双线简支，2–40M/3–64M– 预应力钢筋混凝土箱形双线连续铁路桥。2006 年 1 月始建，2009 年 9 月建成。

亭旁溪二号大桥 [Tíngpángxī 2 Hào Dàqiáo]

位于亭旁镇坝头村北，甬台温铁路 K426+368 米至 K426+904 米处。为亭旁溪上的第二座铁路桥，故名。长536.77米，宽18米，高5米，上下行，孔跨式样16–32M–预应力钢筋混凝土箱形双线简支铁路桥。2006年1月始建，2009年9月建成。

亭旁溪三号大桥 [Tíngpángxī 3 Hào Dàqiáo]

位于亭旁镇湖头徐村北，甬台温铁路K427+508米至K427+686米处。为亭旁溪上的第三座桥，故名。长177.06米，宽18米，高5米，上下行，混凝土结构铁路桥。2006年1月始建，2009年9月建成。

亭旁溪四号大桥 [Tíngpángxı 4 Hào Dàqiáo]

位于亭旁镇湖头徐村南，甬台温铁路K427+984米至K428+128米处。为亭旁溪上的第四座铁路桥，故名。长144.6米，宽18米，高5米，上下行，混凝土结构铁路桥。2006年1月始建，2009年9月建成。

悬渚大桥 [Xuánzhǔ Dàqiáo]

位于甬台温铁路K414+795米至K415+137米处，海游街道悬渚村东北，故名。长341.15米，宽18米，高5米，上下行，孔跨式样10–32M–预应力钢筋混凝土箱形双线简支铁路桥。2006年1月始建，2009年9月建成。

慈胜大桥 [Císhèng Dàqiáo]

位于甬台温铁路K415+475米至K415+817米处，海游街道慈胜村西，故名。长341.16米，宽17米，高5米，上下行，孔跨式样10–32M–预应力钢筋混凝土箱形双线简支铁路桥。2006年1月始建，2009年9月建成。

南溪大桥 [Nánxī Dàqiáo]

位于亭旁镇东王村北，横跨南溪，故名。长541.66米，宽18米，高5米，混凝土结构铁路桥。2006年1月始建，2009年9月建成。

唐家岙公跨铁中桥 [Tángjiāào Gōngkuàtiě Zhōngqiáo]

位于甬台温铁路K425+676.91米处，亭旁镇唐家岙村西北，故名。长61.72米，宽18米，高5米，桥跨类型（16+20+16）M空心板梁，铁路桥。2006年1月始建，2009年9月建成。

岱阜溪中桥 [Dàifùxī Zhōngqiáo]

位于甬台温铁路K417+665米至K417+727米处，台州莱思顿汽车用品有限公司东南，跨岱阜溪，故名。长61.72米，宽17米，高5米，上下行，孔跨式样2–24M–预应力钢筋混凝土箱形双线简支，铁路桥。2006年1月动工，2009年9月建成。

铁路小桥 [Tiělù Xiǎoqiáo]

甬台温铁路三门境内共有小桥7座，分别位于亭旁镇邵下村、上鲍村、下蒋村、王村村、下吴村、坝头村北、坝头村南，计长240.53米。

铁路小桥

表7　　　　单位：米

桥号	桥名 / 桥型	行别	中心里程	全长	起点	终点	孔跨式样 / 桥型
292	邵下小桥	四	419.611	28.02	419.597	419.625	2–8.555M–框构
295	上鲍小桥	双	423.175	31.21	423.159	423.191	1–19.09M–框构
296	下蒋小桥	双	423.705	23.97	423.693	423.717	1–13.06M–框构
297	王村小桥	双	424.099	16.92	424.091	424.107	1–6.46M–框构
298	下吴小桥	双	426.101	37.75	426.082	426.120	2–12.585M–框构
300	坝头北小桥	双	427.031	32.91	427.015	427.047	2–10.74M–框构
301	坝头南小桥	双	427.425	37.86	427.406	427.444	2–12.585M–框构

【高速】

梳头山桥 [Shūtóushān Qiáo]

位于珠岙镇梳头山，G15国道沈海高速公路三门段，桥梁中心桩号为K1591+24，跨越甬临线。上部构造采用空心板梁，预应力钢筋混凝土；下部双柱式桥墩，设计荷载等级公路I级。桥梁长168.8米，跨径总长160米，单孔最大跨径20米，全宽12.5米，净宽11.5米。2000年12月30日建成通车。

雪坑山桥（左） [Xuěkēngshān Qiáo (Zuǒ)]

位于珠岙镇雪坑山脚，G15国道沈海高速公路三门段，桥梁中心桩号为K1591+496，跨越乡村道路。上部构造采用空心板梁，预应力钢筋混凝土；下部双柱式桥墩，设计荷载等级公路I级。桥梁长266米，跨径总长240米，单孔最大跨径20米，全宽12.5米，净宽11.5米。2000年12月30日建成通车。

雪坑山桥（右） [Xuěkēngshān Qiáo (Yòu)]

位于珠岙镇雪坑山脚，G15国道沈海高速公路三门段，桥梁中心桩号为K1591+516，跨越甬临线。上部构造采用T形刚构，预应力钢筋混凝土；下部双柱式桥墩，设计荷载等级公路I级。桥梁长513.9米，跨径总长494米，单孔最大跨径54米，全宽12.5米，净宽11.5米，高9.1米。2000年12月30日建成通车。

岭口分离立交桥 [Lǐngkǒu Fènlí Lìjiāoqiáo]

位于珠岙镇岭口村，G15国道沈海高速公路三门段，桥梁中心桩号为K1593+142，跨越甬临线。上部构造采用空心板梁，预应力钢筋混凝土；下部双柱式桥墩，设计荷载等级公路I级。桥梁长324米，跨径总长320米，单孔最大跨径20米，全宽24.8米，净宽21.5米。2000年12月30日建成通车。

120.409K1号桥 [120.409K 1 Hào Qiáo]

位于珠岙镇岭口村，G15国道沈海高速公路三门段，桥梁中心桩号为K1593+142，跨越甬临线。上部构造采用箱形梁，预应力钢筋混凝土；下部双柱式桥墩，设计荷载等级公路I级。桥梁长291.9米，跨径总长286米，单孔最大跨径42米，全宽24.8米，净宽21.5米。2000年12月30日建成通车。

高枧大桥 [Gāojiǎn Dàqiáo]

位于珠岙镇高枧村，G15国道沈海高速公路三门段，桥梁中心桩号为K1600+233，跨越观田溪。上部构造采用T形刚构，预应力钢筋混凝土；下部双柱式桥墩，设计荷载等级公路I级。桥梁长567米，跨径总长560米，单孔最大跨径35米，全宽24.8米，净宽21.5米。2000年12月30日建成通车。

桥下桥 [Qiáoxià Qiáo]

位于珠岙镇桥下村，G15国道沈海高速公路三门段，桥梁中心桩号为K1601+632，跨越乡村道路。上部构造采用空心板梁，预应力钢筋混凝土；下部多柱桥墩，设计荷载等级公路I级。桥梁长131.7米，跨径总长128米，单孔最大跨径16米，全宽24.8米，净宽21.5米。2000年12月30日建成通车。

吴岙桥 [Wú'ào Qiáo]

位于珠岙镇吴岙村，G15国道沈海高速公路三门段，桥梁中心桩号为K1601+928，跨越吴岙溪。上部构造采用空心板梁，预应力钢筋混凝土；下部双柱式桥墩，设计荷载等级公路I级。桥梁长163.7米，跨径总长160米，单孔最大跨径16米，全宽24.8米，净宽21.5米。2000年12月30日建成通车。

吴岙1号桥 [Wú'ào 1 Hào Qiáo]

位于珠岙镇吴岙村匝道，G15国道沈海高速公路三门段，桥梁中心桩号为K1602+917，跨越吴岙B、C匝道。上部构造采用箱形梁，预应力钢筋混凝土；下部双柱式桥墩，设计荷载等级公路I级。桥梁长266.6米，跨径总长261米，单孔最大跨径40米，全宽12.5米，净宽11.5米。2000年12月30日建成通车。

吴岙2号桥 [Wú'ào 2 Hào Qiáo]

位于珠岙镇吴岙村匝道，G15国道沈海高速公路三门段，桥梁中心桩号为K1602+928，跨越吴岙B、C匝道。上部构造采用箱形梁，预应力钢筋混凝土；下部双柱式桥墩，设计荷载等级公路I级。桥梁长278.6米，跨径总长272米，单孔最大跨径40米，全宽12.5米，净宽11.5米。2000年12月30日建成通车。

岩下徐桥（左） [Yánxiàxú Qiáo (Zuǒ)]

位于珠岙镇岩下徐村，G15国道沈海高速公路三门段，桥梁中心桩号为K1605+641，跨越老甬临线。

上部构造采用空心板梁，预应力钢筋混凝土；下部多柱桥墩，设计荷载等级公路Ⅰ级。桥梁长135.9米，跨径总长128米，单孔最大跨径16米，全宽12.5米，净宽11.5米。2000年12月30日建成通车。

岩下徐桥（右）[Yánxiàxú Qiáo (Yòu)]

位于珠岙镇岩下徐村，G15国道沈海高速公路三门段，桥梁中心桩号为K1605+661，跨越老甬临线。上部构造采用空心板梁，预应力钢筋混凝土；下部多柱桥墩，设计荷载等级公路Ⅰ级。桥梁长154.5米，跨径总长144米，单孔最大跨径16米，全宽12.5米，净宽11.5米。2000年12月30日建成通车。

高速公路中桥[Gāosùgōnglù Zhōngqiáo]

多孔跨径为30米至100米之间，单孔跨径为20米至40米之间的桥梁为中桥。

高速公路中桥

表8 单位：米

序号	桥梁名称	中心桩号	路线编号	路线名称	桥梁全长	跨径总长	桥梁全宽	桥面净宽	荷载等级	通车年月
1	120.732K2号桥	1593.778	G15	沈海高速	59.9	52	24.8	21.5	公路Ⅰ级	2000.12
2	120.732K3号桥	1594.419	G15	沈海高速	67.7	64	38.2	26	公路Ⅰ级	2000.12
3	珠岙溪中桥	1594.962	G15	沈海高速	94.7	91	24.8	21.5	公路Ⅰ级	2000.12
4	下胡村桥	1595.899	G15	沈海高速	101	91	24.8	21.5	公路Ⅰ级	2000.12
5	珠岙村桥	1596.49	G15	沈海高速	68.7	65	24.8	21.5	公路Ⅰ级	2000.12
6	珠岙分离立交	1597.355	G15	沈海高速	83.7	80	24.8	21.5	公路Ⅰ级	2000.12
7	坎头桥	1598.054	G15	沈海高速	42.7	39	24.8	21.5	公路Ⅰ级	2000.12
8	飞达橡胶1号桥	1601.126	G15	沈海高速	83.7	80	24.8	21.5	公路Ⅰ级	2000.12
9	飞达橡胶2号桥	1601.313	G15	沈海高速	99.7	96	24.8	21.5	公路Ⅰ级	2000.12
10	吴岙4号桥（左）	1603.263	G15	沈海高速	56.9	48	20.5	19.5	公路Ⅰ级	2000.12
11	吴岙3号桥（右）	1603.283	G15	沈海高速	56.9	48	20.5	19.5	公路Ⅰ级	2000.12

【公路】

海游街道

师姑桥[Shīgū Qiáo]

位于海游街道大湖塘新区广场路上，横跨石羊溪。西至交通路，东至湫水大道。长66.8米，宽32米，高4.88米，混凝土结构，最大载重量20吨。此地原名师姑塘，故名。2002年8月始建，2003年9月建成。

景观桥[Jǐngguān Qiáo]

位于海游街道大湖塘新区心湖小学旁，横跨亭旁溪。西至环湖东路，东至S224省道。长115米，宽17米，混凝土结构。此桥造型优美，故名。2016年3月命名。

望海桥[Wànghǎi Qiáo]

位于海游街道大湖塘新区湫水大道上，横跨石羊溪。北至广场路，南至心湖路。长66.7米，宽36米，高4.88米，混凝土结构，最大载重量20吨。因望海楼而得名。2002年6月始建，2003年9月建成。

羊角桥[Yángjiǎo Qiáo]

位于海游街道大湖塘新区环湖东路上，横跨石羊溪。南至心湖路，北至广场路。长70.73米，宽30

米，高4.675米，混凝土结构，最大载重量20吨。此桥毗邻羊角塘，故名。2002年6月始建，2003年9月建成。

南岙桥 [Nán'ào Qiáo]

在海游街道南岙村西北，以所在地南岙得名。原系汀步，常因大水而中断交通，村人深感不便。1972年，南岙村民以民办公助方式筹资建造，2011年11月1日重建，2013年建成。为钢筋混凝土结构的5孔拱桥，荷载等级公路Ⅱ级，长80米，宽6米，高5米，两侧有桥栏，高80厘米，东南—西北向，横跨珠游溪。

水碓桥 [Shuǐduì Qiáo]

位于海游街道前郭村之南，南北向横跨珠游溪。长40米，为10孔平桥，系钢筋混凝土结构。此处过去设过"水碓"，故名。

小坑桥 [Xiǎokēng Qiáo]

位于海游街道小坑村西北，以所在地小坑得名，别名普济桥。始建于清光绪七年（1881年），系条石结构11孔梁桥，桥墩用六棱石结晶条石砌叠，内塞以大石，极为坚固。长65米，宽2.5米，高3米，南北向，横跨亭旁溪。据清光绪《宁海县志·水》记载："南乡悬渚庄小坑下街，村人募建一座梁桥，形与福星桥同，墩用六棱结晶形条石砌叠，内塞以大石，极为坚固。桥面先用三大石条为骨干，再铺以三道石板，平且美，11洞，长62米，称普济桥。成于国朝光绪七年（1881年）。"普济桥与原部家乡马村之北栗柴蓬桥（古称福星桥）同为三门县古代桥梁建筑之精华。1993年扩建，2001年重建。

寺后一桥 [Sìhòu 1 Qiáo]

位于海游街道寺后村海（游）沙（柳）线上，横跨寺后溪，系寺后溪上第一座桥，故名。长14米，宽9.8米，跨径8米，最大载重量20吨，钢筋混凝土结构。1986年10月建成。

寺后二桥 [Sìhòu 2 Qiáo]

位于海游街道寺后村海（游）沙（柳）线上，横跨寺后溪，系寺后溪上第二座桥，故名。长11米，宽7.3米，最大载重量20吨，钢筋混凝土结构。1986年10月10日建成。

海游大桥 [Hǎiyóu Dàqiáo]

位于海游街道海游街与文化路之间，南北横跨珠游溪。南堍连海游街，环城路在此交会。北堍接文化路，直通三门中学，是县城通往葛岙、沙柳及宁海县的交通要道。技术等级三级，上部构造采用三孔双曲拱，钢管混凝土；下部重力式桥墩，设计荷载等级汽车-15级。桥梁长148米，跨径总长120米，单孔最大跨径40米，全宽10.5米，净宽9米。1980年12月始建，1982年5月建成通车。

人民东路桥 [Rénmíndōnglù Qiáo]

位于海游街道人民路东头，故名，横跨石羊溪。长17.2米，宽24米，跨径13.2米，最大载重量20吨，为简支空心板梁结构。1986年11月11日建成。

珠游溪大桥 [Zhūyóuxī Dàqiáo]

位于海游街道绿洲至马家山处，X502县道海（游）沙（柳）线上，桥梁中心桩号为K0+213，跨越珠游溪。上部构造采用空心板梁，预应力钢筋混凝土；下部双柱式桥墩，设计荷载等级公路Ⅱ级。桥梁长199.04米，跨径总长194米，单孔最大跨径20米，全宽13米，净宽11米。2012年12月建成通车。

岱阜里桥 [Dàifùlǐ Qiáo]

位于海游街道岱阜里村，C415村道石岭线K2+332—岱阜里线，桥梁中心桩号为K0+15，横跨岱阜溪。上部构造采用整体现浇板，钢筋混凝土；下部无桥墩，设计荷载等级公路Ⅱ级。长107米，跨径总长104米，单孔最大跨径13米，全宽5.6米，净宽5米。2001年2月建成通车。

裕龙桥 [Yùlóng Qiáo]

位于海游街道上坑村东面，C529村道岭三线—山董线上，桥梁中心桩号为K0+264，跨越珠游溪。上部构造采用简支空心板梁，钢筋混凝土；下部双柱式桥墩，设计荷载等级公路Ⅱ级。长110米，跨径总长100米，单孔最大跨径20米，宽18米，净宽14米。2008年12月建成通车。

新港大桥 [Xīngǎng Dàqiáo]

位于S224省道岭（口）三（角塘）线K10+610处，桥梁中心桩号为K10+483，跨越X509县道上叶—枫坑线和亭旁溪，为分离式立体交叉桥梁，是沿海大通道高等级公路台州起点段的主要桥梁。上部构造采用空心板梁，预应力钢筋混凝土；下部双柱式桥墩，设计荷载等级公路I级。长464米，主桥31孔，跨径总长459米，单孔最大跨径20米，全宽24.2米，净宽20.6米，桥下净空高5米，最大载重量40吨。2001年12月建成通车。

黄埠突桥 [Huángbùtū Qiáo]

位于海游街道黄埠突处，故名，横跨石羊溪。长69米，宽24.2米，跨径总长65米，最大载重量40吨，荷载等级公路1级，简支空心板梁桥梁。2001年9月建成。

谢家大桥 [Xièjiā Dàqiáo]

位于海游街道谢家村，X509上（叶）枫（上枫坑）线上，中心桩号为K5+463，跨越珠游溪。上部构造采用空心板梁，预应力钢筋混凝土；下部双柱式桥墩，设计荷载等级公路Ⅱ级。长266.6米，宽22.6米，跨径总长260米，最大载重量20吨。2001年10月建成。

下坑桥 [Xiàkēng Qiáo]

位于海游街道下坑村东，X509上（叶）枫（上枫坑）线上，横跨下坑溪。长6.1米，宽29.6米，跨径5.6米，最大载重量20吨，为简支空心板梁结构桥梁。2001年9月建成。

上坑桥 [Shàngkēng Qiáo]

位于海游街道上坑村，X509上（叶）枫（上枫坑）线上，横跨上坑溪。长6.4米，宽29.6米，跨径6米，最大载重量20吨，为简支空心板梁结构桥梁。2000年9月建成。

平安桥 [Píng'ān Qiáo]

位于海游街道平安路西北端，横跨珠游溪上。东南—西北走向，东南连接平安路，西北交西区大道。长154米，宽10.6米，最大载重量40吨，系钢筋混凝土结构梁桥。取平安之意，故名。2001年7月建成。

湘山大桥 [Xiāngshān Dàqiáo]

位于海游街道入城口菖蒲岭至三门职业中专东面环城公路交叉处，X509上（叶）枫（上枫坑）线K4+006—湘山线上，桥梁中心桩号为K0+251，跨越珠游溪。上部构造采用整体现浇板，钢筋混凝土；下部无桥墩，设计荷载等级公路II级。长154米，跨径总长150米，单孔最大跨径25米，全宽10.6米，净宽7.1米。2001年7月30日建成通车。

松门大桥 [Sōngmén Dàqiáo]

位于海游街道松门村，X509上（叶）枫（上枫坑）线K2+922—松门线上，桥梁中心桩号为K0+17，跨越珠游溪。上部构造采用整体现浇板，钢筋混凝土；下部无桥墩，设计荷载等级公路II级。长160米，跨径总长156米，单孔最大跨径16米，全宽6米，净宽5米。1998年1月建成通车。

贤德桥 [Xiándé Qiáo]

位于海游街道海贤德路上，横跨珠游溪。长154米，宽10.6米，最大载重量40吨，系钢筋混凝土结构梁桥。寓意为人要有善良的德行，故名。1998年1月建成。

靖海桥 [Jìnghǎi Qiáo]

位于海游街道滨海大道上。长60米，宽13米，高5.096米，最大载重量40吨，系钢筋混凝土结构梁桥。希望珠游溪平安、安定的意思，故名。2002年6月始建，2003年9月建成。

城北桥 [Chéngběi Qiáo]

位于海游街道城北村（后角黎）东南，故名。南北向，横跨珠游溪。原系条石梁桥，1986年拆除重建。长100米，宽7米，系钢筋混凝土空心板8孔梁桥，下部灌注桩，载重10吨。

下山桥 [Xiàshān Qiáo]

位于海游街道新港村南，以所在地下山得名。原为人渡，1953年始建为木结构梁桥。1963年改建为钢筋混凝土结构8孔梁桥。长82.6米，宽2.3米，高8米，两侧有圆钢桥栏，南北向，横跨海游港，是县城至新港村和葛岙一带的必经之桥。

善岙杨桥［Shàn'àoyáng Qiáo］

位于海游街道善岙杨村南，故名。南北向，横跨海游港。长120.16米，宽4米，为钢筋混凝土空心板梁，下部灌注桩，系8孔梁桥，载重5吨。1986年建成。

石岩桥［Shíyán Qiáo］

位于海游街道石岩村之东，故名。始建于1957年，系木结构梁桥。1964年改建成钢筋混凝土12孔梁桥。长106米，宽4.5米，高3.9米，东南—西北向，横跨亭旁溪，原为岭（口）三（角塘）公路的重要桥梁之一。

下谢桥［Xiàxiè Qiáo］

位于海游街道下谢村之北，南北向，横跨珠游溪。长62.9米，宽7.6米，高5米，最大载重量20吨，设计荷载等级汽车—20级。两侧有桥栏，高80厘米，为钢筋混凝土结构的5孔梁桥。1968年由下谢村民以民办公助方式筹资建造。1996年重建。

方家桥［Fāngjiā Qiáo］

位于海游街道方家坑上，故名。长19米，宽9.6米，跨径12.5米，最大载重量20吨，系钢筋混凝土结构梁桥。1982年9月建成。

悬渚桥［Xuánzhǔ Qiáo］

位于海游街道悬渚村，S224省道K13+450处，桥梁中心桩号为K24+613，东南—西北向，跨越亭旁溪，是岭（口）三（角塘）公路的重要桥梁。上部构造采用整体现浇板，预应力钢筋混凝土；下部重力式桥墩，设计荷载等级汽车—20级。桥梁全长105.7米，跨径总长104.4米，单孔最大跨径8.7米，全宽4.9米，净宽4.5米，高3.9米，12孔桥。1963年10月动工改建，1964年12月建成通车。

石岩一桥［Shíyán 1 Qiáo］

位于海游街道石岩村，为石岩村路上的第一座桥，故名。长6.2米，宽12.6米，跨径5米，最大载重量20吨，系钢筋混凝土结构梁桥。1991年12月12日建成。

石岩二桥［Shíyán 2 Qiáo］

位于海游街道石岩村，为石岩村路上的第二座桥，故名。长11米，宽12.6米，跨径5米，最大载重量20吨，系钢筋混凝土结构梁桥。1991年12月建成。

蒋家桥［Jiǎngjiā Qiáo］

位于上海游街道城南村，横跨蒋家坑，故名。长6.2米，宽7.53米，跨径5米，最大载重量20吨，系钢筋混凝土结构梁桥。1991年12月建成。

上叶桥［Shàngyè Qiáo］

位于海游街道上叶南，桥梁中心桩号为K1+017，南北走向，跨越珠游溪。上部构造采用板拱石，下部重力式桥墩，设计荷载等级汽车—20级。桥梁长105.8米，跨径总长90米，单孔最大跨径45米，2孔桥，全宽8.1米，净宽7.5米，高7米。

曾用名山董桥、西岙桥，均以桥的位置得名。古时候曾建造过一座仅供单人行走的小木桥，为上叶一带居民往返于山董、西岙等村的通道。一旦山洪暴发，桥被冲走，交通经常中断。1956年在兴建三门至岭口段公路的同时，建成木质结构的山董桥，长85米，宽4米，载重量10吨。随着国民经济的发展，1971年6月破土动工建设，1972年10月完工，同年11月通车。因建于上叶乡境内而得名上叶大桥。此桥横跨珠游溪南北，是三门县通往杭州、宁波、临海公路的重要桥梁。它不但对沟通三门县城乡物资交流起着十分重要的作用，而且在军事上也占有非常重要的地位。桥系上海同济大学桥梁系会同省交通设计室联合设计。建成后，交通部公路局编辑的《中华人民共和国公路桥梁画册》（1978年人民交通出版社出版）刊载了上叶大桥彩色照片，并撰文予以介绍。邮电部亦绘制了精致的面值60分的“三门上叶大桥”

公路拱桥图案邮票一枚，于1978年11月1日在全国广为发行。

寺后桥 [Sìhòu Qiáo]

位于海（游）沙（柳）线海游街道寺后村，故名。设计荷载等级公路Ⅱ级，桥长66米，宽13米。1998年12月竣工，2012年12月通车。

后郭桥 [Hòuguō Qiáo]

位于海游街道后郭坑上，故名。长7米，宽7.6米，最大载重量20吨，系钢筋混凝土结构梁桥。1997年12月建成。

海润街道

海游陡门桥 [Hǎiyóudǒumén Qiáo]

位于海（游）晏（站）线葫芦岙坑上，因所在地海游陡门而命名。长11米，宽7米，跨径5米，最大载重量20吨，系钢筋混凝土结构梁桥。2005年12月建成。

园里大桥 [Yuánlǐ Dàqiáo]

位于S224省道岭（口）三（角塘）线海润街道园里村，中心桩号为K18+987，跨越园里溪，故名。上部构造采用空心板梁，预应力钢筋混凝土；下部双柱式桥墩，设计荷载等级公路Ⅱ级。桥梁长120米，跨径总长113米，单孔最大跨径20米，全宽12米，净宽11米。2006年12月建成通车。

头岙溪大桥（右） [Tóu'àoxī Dàqiáo（Yòu）]

位于S224省道岭（口）三（角塘）线海润街道头岙村，中心桩号为K18+666，跨越头岙溪，故名。上部构造采用空心板梁，预应力钢筋混凝土；下部双柱式桥墩，设计荷载等级公路Ⅱ级。桥梁长120米，跨径总长113米，单孔最大跨径20米，全宽12米，净宽11米。2006年12月建成通车。

头岙溪大桥（左） [Tóu'àoxī Dàqiáo（Zuǒ）]

位于S224省道岭（口）三（角塘）线海润街道头岙村，中心桩号为K18+683，跨越头岙溪，故名。上部构造采用空心板梁，预应力钢筋混凝土；下部双柱式桥墩，设计荷载等级公路Ⅱ级。桥梁长120米，跨径总长113米，单孔最大跨径20米，全宽12米，净宽11米。2006年12月建成通车。

头岙一桥 [Tóu'ào 1 Qiáo]

位于S224省道海润街道头岙村，跨头岙溪，故名。长47米，宽23.6米，跨径总长39米，最大载重量20吨，设计荷载等级公路Ⅱ级，为简支空心板梁结构桥梁。2006年12月建成。

头岙二桥 [Tóu'ào 2 Qiáo]

位于S224省道海润街道头岙村，跨头岙溪，故名。长73米，宽10.9米，跨径13米，最大载重量20吨，设计荷载等级公路Ⅱ级，为简支空心板梁结构桥梁。2006年12月建成。

潺岙一桥 [Chán'ào 1 Qiáo]

位于S224省道海润街道潺岙村，为潺岙境内第一座桥梁，故名。长17.5米，宽25.8米，最大载重量20吨，为简支空心板梁结构桥梁。2006年12月建成。

潺岙二桥 [Chán'ào 2 Qiáo]

位于S224省道海润街道潺岙村，为潺岙境内第二座桥梁，故名。长17.5米，宽25.8米，跨径13米，最大载重量20吨，为简支空心板梁结构桥梁。2006年12月建成。

潺岙三桥 [Chán'ào 3 Qiáo]

位于S224省道海润街道潺岙村，为潺岙境内第三座桥梁，故名。长17.5米，宽25.8米，跨径13米，最大载重量20吨，为简支空心板梁结构桥梁。2006年12月建成。

潺岙四桥 [Chán'ào 4 Qiáo]

位于S224省道海润街道潺岙村，为潺岙境内第四座桥梁，故名。长17.5米，宽25.8米，跨径13米，最大载重量20吨，为简支空心板梁结构桥梁。2006年12月建成。

潺岙五桥 [Chán'ào 5 Qiáo]

位于S224省道海润街道潺岙村，为潺岙境内第五座桥梁，故名。长21.5米，宽23.6米，跨径16米，最大载重量20吨，为简支空心板梁结构桥梁。2006年12月建成。

潺岙陡门桥 [Chán'àodǒumén Qiáo]

位于224省道海润街道潺岙村，横跨潺岙溪，故名。长10米，宽24.5米，跨径7米，最大载重量20吨，为简支空心板梁结构桥梁。2006年12月建成。

下枫坑桥 [Xiàfēngkēng Qiáo]

位于S224省道海润街道下枫坑村，横跨下枫坑溪，故名。长14米，宽10米，跨径10米，最大载重量20吨，为简支空心板梁结构桥梁。1990年5月建成。

上枫坑桥 [Shàngfēngkēng Qiáo]

位于S224省道海润街道上枫坑村，横跨上枫坑溪，故名。长6.2米，宽24.3米，跨径5.1米，最大载重量20吨，为整体现浇板结构桥梁。1990年5月建成。

水岙门大桥 [Shuǐ'àomén Dàqiáo]

位于C533村道潺岙—晏站线海润街道滨海新城，中心桩号为K0+479，跨越海游港。上部构造采用简支空心板梁，钢筋混凝土；下部多柱桥墩，设计荷载等级公路Ⅰ级。全长199米，跨径总长185米，单孔最大跨径85米，全宽37.5米，净宽22.5米。水岙门大桥是连接S224省道与新城区重要公路桥，也是晏站涂围垦工程的配套项目。大桥北端西面原有座水岙门山，故名。2005年3月21日动工建设，2006年9月竣工通车。

金鳞大桥 [Jīnlín Dàqiáo]

位于海润街道滨海新城金鳞大道上，南北向，跨越金鳞湖，故名。桥长279.5米，宽50米，分左、右两端。

扬帆桥 [Yángfān Qiáo]

位于海润街道滨海新城三门湾大道上，东西向，横跨横港。由于桥两边的桅杆，像扬起的帆，寓意扬帆远航，故名。长88米，宽60.8米，高3.9米，混凝土结构桥梁。2009年建成通车。

半月桥 [Bànyuè Qiáo]

位于海润街道滨海新城半月路上，南北向，横跨横港。长188米，宽30米，高3.9米，混凝土结构桥梁。2011年1月建成通车。

摇橹桥 [Yáolǔ Qiáo]

位于海润街道滨海新城，南北向，横跨滨海河。长40米，宽46.5米，高3.9米，混凝土结构桥梁。该桥横跨原摇橹港，故命名为摇橹桥。2012年1月建成通车。

晏站桥 [Yànzhàn Qiáo]

位于海润街道滨海新城，南北向，横跨横港西侧。长60米，宽46.5米。该桥地处晏站（片村名）北，故名。

晏清一桥 [Yànqīng 1 Qiáo]

位于海润街道滨海新城，晏清路与金鳞西河交叉处。长39米，宽39米。2016年3月命名。

晏清二桥 [Yànqīng 2 Qiáo]

位于海润街道滨海新城，晏清路与金鳞西河交叉处。长39米，宽39米。2016年3月命名。

鲍家桥 [Bǎojiā Qiáo]

位于海润街道鲍家村乡村道路上，故名。长8米，宽3.8米，高4米，最大载重量20吨，系水泥梁桥。1996年11月建成。

叶家桥 [Yèjiā Qiáo]

位于园（里）叶（家）线海润街道叶家村叶家溪上，故名。长8米，宽3.8米，跨径6米，最大载重量

20吨，系钢筋混凝土结构梁桥。2000年12月建成。

后林桥 [Hòulín Qiáo]

位于园（里）叶（家）线海润街道后林村，横跨园里溪，故名。长8米，宽3.8米，高4米。最大载重量20吨，系钢筋混凝土结构梁桥。2000年建成。

东严桥 [Dōngyán Qiáo]

位于园（里）叶（家）线海润街道东严村园里溪上，故名。长28米，宽10.8米，高4米，跨径总长30米，最大载重量20吨，系钢筋混凝土结构梁桥。2003年12月建成。

园里桥 [Yuánlǐ Qiáo]

位于园（里）叶（家）线海润街道园里溪上，故名。长28米，宽10.8米，跨径总长26米，最大载重量20吨，系钢筋混凝土结构梁桥。2003年12月建成。

葫芦岙桥 [Húlú'ào Qiáo]

位于海（游）晏（站）线海润街道葫芦岙村葫芦岙坑上，故名。长13.5米，宽8.2米，跨径5.3米，最大载重量20吨，系钢筋混凝土结构梁桥。1995年12月建成。

岭枫1号桥 [Lǐngfēng 1 Hào Qiáo]

位于S224省道上。设计荷载等级公路Ⅱ级，长20.5米，宽28.8米。1998年12月竣工，2001年12月通车。

沙柳街道

龙头颈桥 [Lóngtóujǐng Qiáo]

位于沙（柳）书（带看）线沙柳街道龙头颈，故名，横跨东坑溪。长21.6米，宽7.6米，跨径10.8米，最大载重量20吨，为简支空心板梁结构桥梁。1987年9月建成。

书带看桥 [Shūdàikàn Qiáo]

位于沙（柳）书（带看）线沙柳街道书带看村，故名，横跨书带看溪。长14米，宽7.6米，跨径7米，最大载重量20吨，为简支空心板梁结构桥梁。1987年9月建成。

流洋桥 [Liúyáng Qiáo]

位于沙（柳）书（带看）线沙柳街道流洋村，故名。长10.8米，宽9.1米，跨径5.8米，最大载重量20吨，为简支空心板梁结构桥梁。1998年12月建成。

淡竹岙桥 [Dànzhú'ào qiáo]

位于沙（柳）书（带看）线沙柳街道淡竹岙村，故名，跨淡竹岙溪。长12米，宽8.8米，跨径8米，最大载重量20吨，为简支空心板梁结构桥梁。1989年7月建成。

沙柳桥 [Shāliǔ Qiáo]

位于X502县道海（游）沙（柳）线沙柳街道沙柳村前，中心桩号为K5+288，南北向，跨越清溪。上部构造采用空心板梁，预应力钢筋混凝土；下部双柱式桥墩，设计荷载等级汽车—20级。桥梁全长105.04米，跨径总长100米，单孔最大跨径20米，全宽12.8米，净宽12米。1970年始建，1983年改建，2011年建成通车。

沙柳二桥 [Shāliǔ 2 Qiáo]

位于Y001乡道沙（柳）大（周）线沙柳街道沙柳村，中心桩号为K0+516，跨越清溪。技术等级四级，上部构造采用简支空心板梁；下部重力式桥墩，设计荷载等级公路Ⅱ级，最大载重量20吨，系钢筋混凝土结构梁桥。长124米，跨径总长108米，单孔最大跨径12米，全宽9米，净宽6米。1986年12月建成，2003年12月重建通车。

路下周桥 [Lùxiàzhōu Qiáo]

位于沙柳街道沙柳村至下南山线路下周村，故名，横跨清溪。长100.4米，宽7.4米，跨径总长96.4

米，最大载重量20吨，设计荷载等级汽公路Ⅱ级，系钢筋混凝土结构梁桥。2001年12月建成。

汪家洋桥 [Wāngjiāyáng Qiáo]

位于Y034乡道汪家洋—板樟山线沙柳街道汪家洋村，中心桩号为K0+043，跨越清溪。上部构造采用简支空心板梁，钢筋混凝土结构；下部无墩，设计荷载等级公路Ⅱ级。桥梁全长106米，跨径总长104米，单孔最大跨径13米，全宽6米，净宽4米。1998年12月建成通车。

金板山一桥 [Jīnbǎnshān 1 Qiáo]

位于书（带看）金（板山）线沙柳街道金板山村金板山坑上，故名。长19.4米，宽5.2米，跨径17.4米，最大载重量20吨，系钢筋混凝土结构梁桥。2001年12月建成通车。

新路廊桥 [Xīnlùláng Qiáo]

位于沙（柳）大（周）线沙柳街道路廊坑上。长18.4米，宽7.3米，跨径16.4米，最大载重量20吨，系钢筋混凝土结构梁桥。此桥是路廊坑上的一座新桥，故名。1995年12月建成通车。

珠岙镇

利济桥 [Lìjì Qiáo]

位于甬临线上，珠岙镇岭口村之南。以便利村民过溪，故名。据清光绪《宁海县志》记载："利济桥，在西南八十三里岭口村南，同治三年（1864年）俞从周、俞鸣皋、麻济川等募建。"系6孔条石梁桥，长40米，宽2米，高3.5米，西南—东北走向，横跨岩坑溪。1972年改建成长38.11米，宽13米，高3.5米的钢筋混凝土梁桥。

上门前桥 [Shàngménqián Qiáo]

位于珠岙镇西（陈）洋（郎）线，横跨大木坑，以此处有一个上门前小地名而得名。长14米，宽4.5米，跨径12米，最大载重量20吨，系钢筋混凝土结构梁桥。1977年12月建成。

西陈桥 [Xīchén Qiáo]

位于西（陈）洋（郎）线珠岙镇西陈村，横跨西陈溪。长15.2米，宽6.3米，跨径12.2米，最大载重量20吨，系钢筋混凝土结构梁桥。1997年12月建成。

大郎头桥 [Dàlángtóu Qiáo]

位于西（陈）洋（郎）线上，珠岙镇大朗头村大朗头坑，故名。长7米，宽4.8米，跨径5.8米，最大载重量20吨，系钢筋混凝土结构梁桥。2001年12月建成。

独山桥 [Dúshān Qiáo]

在珠岙镇独山村南侧，故名。建于1976年，系块石结构水泥桥面3孔拱桥。长50米，宽3.5米，高4米，两侧有桥栏，高80厘米，南北方向，横跨珠游溪。

溪下桥 [Xīxià Qiáo]

位于S224省道上，珠岙镇溪下村南侧，故名。东西走向，横跨珠岙溪。长67.7米，跨径总长64米，主跨16米，净宽29.6米，高5米，系箱梁型桥梁，荷载等级公路Ⅰ级。2000年修建，2001年12月建成通车。

上方桥 [Shàngfāng Qiáo]

在珠岙镇上方村西北，故名。早年建筑，系条石5孔梁桥，东西走向，横跨珠岙溪。长30米，宽2米，高3.5米。岭（口）三（角塘）线建造时，于2000年重新修建。2013年5月2日评估为二类桥。长83.7米，跨径总长83.7米，单孔跨径16米，净宽27.6米，高5.5米，系混凝土结构，荷载等级公路Ⅰ级。

捉鳖坑桥 [Zhuōbiēkēng Qiáo]

位于珠岙镇捉鳖坑上，故名。长32米，宽7.6米，跨径总长28.3米，最大载重量20吨，系钢筋混凝土结构梁桥。1965年12月建成。

开元大桥 [Kāiyuán Dàqiáo]

位于X513县道马湖—胡村线珠岙镇胡村村，中心桩号为K7+213，跨越胡村溪。上部构造采用空心板梁，钢筋混凝土；下部双柱式桥墩，设计荷载等级汽车 -20 级。桥梁全长 104 米，跨径总长 100 米，单孔最大跨径 20 米，全宽 7.6 米，净宽 7 米。2002 年 12 月 30 日建成通车。

大坑桥 [Dàkēng Qiáo]

位于珠岙镇马（湖）胡（村）线上。长 9 米，宽 7.6 米，跨径 7.1 米，最大载重量 20 吨，系钢筋混凝土结构梁桥。1999 年 12 月建成。此桥位于大坑，故名。

吕岙桥 [Lǚ'ào Qiáo]

位于马（湖）胡（村）线珠岙镇吕岙村长漂坑，故名。长 15 米，宽 7.2 米，跨径 6.6 米，最大载重量 20 吨，系钢筋混凝土结构梁桥。1996 年 12 月建成。

下洋桥 [Xiàyáng Qiáo]

位于马（湖）胡（村）线珠岙镇下洋村下洋坑，故名。长 13 米，宽 7.6 米，跨径 6.9 米，最大载重量 20 吨，系钢筋混凝土结构梁桥。1996 年 12 月建成。

小桐岩桥 [Xiǎotóngyán Qiáo]

位于珠岙镇小桐岩村，故名，跨珠游溪。长 34 米，宽 13 米，最大载重量 20 吨，为简支空心板梁结构桥梁。1990 年 7 月日建成。

珠岙桥 [Zhū'ào Qiáo]

在珠岙镇珠岙村西侧，故名。东西向，横跨珠岙溪。始建于明万历十九年（1591 年），长 25 米，宽 2.5 米，高 3.5 米。两侧有桥栏，高 80 厘米，为 3 孔梁桥，条石桥墩，上架柏木梁条，再铺石板桥面，两侧有石板桥栏，各有栏柱 11 根，两端桥头栏柱顶部雕有狮子，其余均雕莲花头。据清光绪《宁海县志 · 水》记载："珠岙桥，在西南九十里，珠岙村上街。明万历十九年（1591 年）曹令学程建，岁久倾圮，里人重建。" 1985 年拆建，为钢筋混凝土 3 孔拱桥，长 21 米，宽 5.5 米。两旁有人行道，水泥栏杆，最大载重量 20 吨。

岭口南桥 [Lǐngkǒunán Qiáo]

位于 S214 省道上，珠岙镇岭口村岭口溪的南端，故名。长 38.11 米，宽 13 米，最大载重量 20 吨，桥梁结构为简支空心板梁，荷载等级公路 I 级。1972 年 7 月竣工。

韩联桥 [Hánlián Qiáo]

位于珠（岙）柿（树湾）线珠岙镇韩联村下坑，故名。长 15.4 米，宽 5.5 米，跨径 13.4 米，最大载重量 20 吨，系钢筋混凝土结构梁桥。1980 年 12 月建成。

祥里桥 [Xiánglǐ Qiáo]

位于珠（岙）柿（树湾）线珠岙镇祥里村横溪。长 13 米，宽 10.6 米，跨径 11.4 米，最大载重量 20 吨，系钢筋混凝土结构梁桥。1982 年 12 月建成。

樟树下桥 [Zhāngshùxià Qiáo]

位于珠岙镇樟树下村之西。东西向，横跨珠游溪。长 55 米，宽 5 米，系 5 孔钢筋混凝土平板桥，载重 7 吨。桥址北二三十米处，原有古代建筑 20 孔条石梁桥，长 50 米，宽 1 米，高 1 米。1984 年建成新桥后，条石桥废。

周家桥 [Zhōujiā Qiáo]

位于高（枧）山（岙）线珠岙镇周家村周家坑，故名。长 10 米，宽 4.8 米，跨径 8 米，最大载重量 20 吨，系钢筋混凝土结构梁桥。2004 年 12 月建成。

望仙桥 [Wàngxiān Qiáo]

位于珠岙镇高枧村之北，高（枧）山（岙）线上。原系条石梁桥，东南—西北走向，横跨吴岙溪。1981 年兴建时，拆除石桥，改建为块石结构，水泥桥面，2 孔公路拱桥，长 35 米，宽 6 米，高 3.5 米，为高枧至山岙必经之桥。

高枧桥 [Gāojiǎn Qiáo]

位于珠岙镇高枧村东南，故名，是甬（宁波）临（海）公路的桥梁。建于 1955 年，始系木质桥梁，

1970年改建为钢筋混凝土结构三孔拱桥，设计荷载等级公路Ⅱ级。南北向，横跨吴岙溪。长37米，宽6.2米，高6米，两侧有桥栏，高80厘米。

赤壁坑桥 [Chìbìkēng Qiáo]

位于猫狸岭隧道西侧，地处珠岙镇赤壁坑而命名。最大载重量20吨，长8米，宽4米，为钢筋混凝土3孔拱桥。1996年建成。

胜利桥 [Shènglì Qiáo]

位于珠岙镇小桐岩村之北。南北走向，横跨珠游溪，系块石结构，水泥桥面，三孔拱桥。长28米，宽3米，高6米，两侧有桥栏，高80厘米。1974年由小桐岩村以民办公助方式筹资兴建。该村人民为欢庆社会主义革命和社会主义建设的伟大胜利，故取名“胜利桥”。

余庆桥 [Yúqìng Qiáo]

位于珠岙镇高枧村东南侧，含有“积善余庆”之意。因地处大殿前，故当地群众又称为“大殿前桥”。据清光绪《宁海县志》载：“余庆桥，在西南一百里高枧村。国朝道光间郑允高、允岱等募建。”为5孔梁桥，条石桥墩，上架柏木梁条，再铺石板桥面，长35米，宽3米，高5米，两侧有石板桥栏，高50厘米，各有栏柱14根，两端栏柱顶部雕有狮子，其余均雕莲花头，东西走向，横跨吴岙溪。已圮，1992年重建。

岩坑桥 [Yánkēng Qiáo]

位于珠岙镇岩坑村东南，岩坑村与S214省道甬临线相接的村道上。西南—东北走向，横跨岩坑溪，故名。长26米，宽4米，高4米，跨径总长24米，系钢筋混凝土桥。1935年建成，2002年2月改建。

岭口东桥 [Lǐngkǒudōng Qiáo]

位于岭（口）马（湖）线珠岙镇岭口村东面娄坑溪上，故名。长15.4米，宽7.5米，跨径10米，最大载重量20吨，系钢筋混凝土结构梁桥。1976年12月建成，1996年重建。

红旗桥 [Hóngqí Qiáo]

在珠岙镇珠萃屏村西侧。原为木桥，每逢大雨，交通中断，村民深感不便，故于1964年由珠萃屏村以民办公助方式筹资兴建。桥为块石结构3孔拱桥，东西向，横跨珠游溪。长36米，宽4.5米，高6米，两侧有桥栏，高80厘米。

举目桥 [Jǔmù Qiáo]

又名永岙桥、增福桥。位于珠岙镇举目桥村之南，S214省道甬临线上。据清光绪《宁海县志》卷三载：“永岙桥，在西南一百里举目桥村侧，明万历十五年（1587年）周令应雷建，石承芳有记，后圮，里人重建，改名增福桥。”为三孔梁桥，条石桥墩，上架柏木梁条，再铺石板桥面，长25米，宽2.5米，高5米，两侧有石板桥栏，高50厘米，两端栏柱顶部雕有狮子，其余均雕莲花头，南北向，横跨吴岙溪。昔为台州通往宁波各地的主要桥梁。已圮，1998年12月重建。设计荷载等级公路Ⅱ级，桥长40.5米，宽16米。

陈岙桥 [Chén'ào Qiáo]

位于S326省道天（台）高（枧）线珠岙镇陈岙村，中心桩号k29+950米。长58米，宽5.1米，设计荷载等级公路Ⅱ级。2001年通车。

金山桥 [Jīnshān Qiáo]

位于珠岙镇小港公路k7+848处。长48米，宽7.6米，设计荷载等级公路Ⅱ级。1997年通车。

珠翠屏桥 [Zhūcuìpíng Qiáo]

位于S214省道甬临线k114+950米，珠岙镇珠翠屏村。长35米，宽8米，设计荷载等级公路Ⅱ级。2002年通车。

后畈桥 [Hòufàn Qiáo]

位于珠岙镇后畈村梅坑至后畈钱上，故名。长64米，宽4米，设计荷载等级公路Ⅱ级。2004年通车。

梅坑桥 [Méikēng Qiáo]

位于珠岙镇梅坑村梅（坑）上（蒋）线上，横跨梅坑溪，故名。长34米，宽6.8米，跨径总长31.8米，最大载重量20吨，设计荷载等级公路Ⅱ级，系钢筋混凝土结构梁桥。1998年12月30日建成。

石马桥 [Shímǎ Qiáo]

位于珠岙镇石马村。长86米，宽8.1米，设计荷载等级公路Ⅱ级。2005年通车。

亭旁镇

前楼桥 [Qiánlóu Qiáo]

位于亭旁镇前楼村东北，石（岩）岭（根）线上。南北向，横跨亭旁溪，昔为亭旁通往海游和宁海县城的重要桥梁。1958年，石（岩）里（金）公路建成通车，运输铁矿石，此桥拆除，改建为石木结构的公路桥。1965年，改建为钢筋混凝土结构的6孔梁桥，长42米，宽4.6米，高1.7米。1994年改建，长97米，宽7.4米，高1.7米，跨径总长94米，系钢筋混凝土结构的6孔梁桥，载重汽-13、挂60，公路桥。清光绪十四年（1888年）包法忠捐银洋千元倡修，杨兆秀劝募督造成三板十三洞石桥。民国初被大水冲毁数洞桥梁，任友端、楼辉山等募修，因水改道北流，加筑三板石桥十一洞，共计二十四洞（《杨氏宗谱》记二十二洞）。据清光绪《宁海县志》卷三载："前楼桥，在南八十里任家庄，国朝光绪十四年包法忠捐助巨资，杨兆秀督造。"又据亭旁《杨氏宗谱》记载："前楼石桥，建筑二十二洞，成于光绪十八年，由包顺美（系包法忠之店号）捐资，杨兆秀公督造。"清光绪《宁海县志·水》称"兴福桥"。

石头岙桥 [Shítóu'ào Qiáo]

位于亭旁镇石头岙村石岭线上，横跨石头岙坑，故名。长12.2米，宽13.1米，跨径6米，最大载重量20吨，系钢筋混凝土结构的2孔梁桥。2001年10月建成。

赖岙桥 [Lài'ào Qiáo]

位于亭旁镇赖岙村之南，故名。东西向，横跨南溪，系亭（旁）流（水岩）公路桥。为块石砌单孔拱桥，长21.5米，宽6.5米，高8米，跨径11米。1975年建成命名。

金干桥 [Jīngàn Qiáo]

位于亭旁镇金干村西北，故名。原系汀步，民国时期兴建条石梁桥。后屡被大水冲毁，解放后重建。1980年改建为钢筋混凝土结构的4孔双曲拱桥，设计荷载等级汽车-20级。长63米，宽7.6米，高4米，两旁有桥栏，南北向，横跨亭旁溪，为通向宁和岭到临海之东塍、大田的重要桥梁。

朱模桥 [Zhūmó Qiáo]

位于亭旁镇石滩村朱模自然村东北，故名。南北向，横跨上模溪。系亭（旁）流（水岩）公路之公路桥。1971年建简易桥。1979年10月拆建为钢筋混凝土结构2孔梁桥，长14.5米，宽4.7米，高2米，跨径13.2米。

叶家庄桥 [Yèjiāzhuāng Qiáo]

位于亭旁镇叶家庄村之南，故名。清光绪《宁海县志》载："益善桥，俗称叶家庄村桥，先于泗洲堂设木桥，桥下铺设石步，光绪十九年（1893年）杨兆秀募建，20余洞，三板石桥。"据亭旁《杨氏宗谱》记载："叶家庄石桥，建筑二十余洞，成于光绪十九年，由杨兆秀诸公捐造。"民国十一年、十五年、二十五年被大水冲坏，1950年重修，后拆除，1963年重建。条石16孔梁桥，长51.5米，宽1.5米，高1.8米，南北向，横跨南溪。

上蔡桥 [Shàngcài Qiáo]

旧称康宁桥。位于亭旁镇上蔡村东南，故名，为亭旁通往湫水下叶和邵家的交通要道。清光绪《宁海县志·水》载："康宁桥，含康泰安宁之意，在亭旁东一里上蔡村旁。邵家庄至亭旁，旧道由石柱路廊至车溪塘，故上六保龙王路仍走旧道。光绪十八年（1892年），杨兆秀募建，计三板石桥十二洞。"据亭旁《杨氏宗谱》记载："上蔡石桥，建筑十二洞，成于光绪十八年，杨兆秀公建造。民国二年大水冲坏，王定阔等募修。民国十四年夏大水又坏。民国十九年杨道积、王定寿筹集会十股，每股50元，建石桥三洞，并筑两头，以资坚固。"20世纪70年代后期，亭旁至邵家车路建成，路线改道，故将原桥拆除。

1981年，在原桥址之南约200米处，建此新桥，沿用原名。为钢筋混凝土结构的单孔拱桥，长34米，宽3.2米，高6米，东西向，横跨南溪。

中门桥 [Zhōngmén Qiáo]

位于中门东北，故名。1979年建，系钢筋混凝土结构的双孔拱桥，东西向，横跨中门溪，为狮（岭）白（溪）线之公路桥。长26米，宽6米，高5米。

田洋桥 [Tiányáng Qiáo]

位于亭旁镇刘家村早田洋自然村，故名。长18.7米，宽7.3米，跨径6.7米，最大载重量20吨，为钢筋混凝土结构梁桥。横跨鲸溪（南溪的一段），为狮（岭）白（溪）线之公路桥。1976年10月建成。

后门溪大桥 [Hòuménxī Dàqiáo]

位于亭旁镇下路朱村，C612村道下路朱—火车站线上，中心桩号为K0+356，跨越亭旁溪。技术等级二级，上部构造采用简支空心板梁，钢筋混凝土；下部多柱桥墩，设计荷载等级公路Ⅱ级。桥梁长130米，跨径总长125米，单孔最大跨径25米，宽40米，净宽30米。2009年12月建成通车。

下里金桥 [Xiàlǐjīn Qiáo]

在邵家到杨家线上，亭旁镇下里金村西北，故名。早年建筑，南北向，横跨湫水溪。系条石7孔梁桥，长25米，宽1.7米，高2米。1999年12月拆除重建。长45米，宽26米，最大载重量20吨，设计荷载等级公路Ⅱ级，系钢筋混凝土结构梁桥。

上鲍桥 [Shàngbǎo Qiáo]

位于亭旁镇上鲍村之东，故名。原系木板桥，东西向，横跨亭旁溪，是亭旁通向大龙岭到珠岙地区的重要桥梁。1958年改建成条石平桥，又被水毁。1980年改建为条石和钢筋混凝土相结合的6孔梁桥，长28米，宽2米，高2.15米，但该桥质量较差，1985年全部拆除，1986年春建成钢筋混凝土7孔梁桥，荷载等级公路Ⅱ级，长80米，宽6.4米，高2.5米，跨径总长76.8米。

石滩桥 [Shítān Qiáo]

位于亭旁镇石滩村西北，故名。1963年12月建条石平桥，1980年改建，1998年重建。钢筋混凝土结构的8孔梁桥，荷载等级公路Ⅱ级，长62米，宽6.1米，高3米，东南—西北向，横跨亭旁溪。

任家桥 [Rénjiā Qiáo]

位于亭旁镇任家村东南，故名。原系汀步及木板桥，屡建屡毁。1983年改建为钢筋混凝土结构的4孔梁桥，荷载等级公路Ⅱ级，长62米，宽3.6米，高4.5米，两旁有桥栏，东西向，横跨亭旁溪。

邵家大桥 [Shàojiā Dàqiáo]

位于亭旁镇邵下村之西。东西向，横跨亭旁溪，为县城通往邵家一带之公路桥。桥长110米，宽7米，系钢筋混凝土4孔双曲拱桥，载重汽–15、挂–80。1988年建成。

大溪下桥 [Dàxīxià Qiáo]

位于亭旁镇大溪下村之北，故名。早年建筑，系块石单孔拱桥，长9米，宽3米，高3米，东西向，横跨挂帘、坐塘之水。桥旁有大树，枝叶荫翳，遮天蔽日，是行人歇脚休憩和村民纳凉消夏的良好处所。

湖头徐桥 [Hútóuxú Qiáo]

位于亭旁镇湖头徐村之南，故名。原系条石结构，为亭旁去台州府之必经要道。1981年，改建为钢筋混凝土结构的10孔梁桥，长43米，宽4.5米，高3.5米，两旁有桥栏，南北向，横跨亭旁溪。

芹溪高桥 [Qínxī Gāoqiáo]

位于亭旁镇芹溪村东北。东西向，横跨芹溪。原为块石单孔拱桥，因拱梁较高，故称芹溪高桥。1960年改建为长12.5米，宽2米，高3米，两旁有桥栏的钢筋混凝土结构2孔梁桥，沿用原名。为亭旁通向宁和岭到临海东塍、大田的重要桥梁。

芹溪桥 [Qínxī Qiáo]

位于亭旁镇芹溪村，湖头徐至楼下郑线上，横跨芹溪，故名。长46米，宽6米，跨径总长42.4米，最大载重量20吨，荷载等级公路Ⅱ级，系钢筋混凝土结构梁桥。2000年建成。

芹溪拱桥 [Qínxī Gǒngqiáo]

位于亭旁镇芹溪村东，因系拱形桥，故名。原为汀步，1979 年兴建为钢筋混凝土结构双孔拱桥。长 18.5 米，宽 5 米，高 2 米，两旁有桥栏，东西向，横跨芹溪。

芹溪南桥 [Qínxī Nánqiáo]

又称上洋桥。位于亭旁镇芹溪村之南，故名。1982 年建，系钢筋混凝土结构单孔拱桥。长 13 米，宽 3.5 米，高 4.2 米，两旁有桥栏，南北向，横跨芹溪。

前金坎头桥 [Qiánjīnkǎntóu Qiáo]

位于亭旁镇芹溪村东北，以所在地前金坎头得名。1983 年建，钢筋混凝土结构 4 孔梁桥，长 26 米，宽 3.5 米，高 4.1 米，东西向，横跨亭旁溪。

刘家桥 [Liújiā Qiáo]

位于亭旁镇刘家村梅长者祠之东，以所在地刘家得名。1964 年建，系条石 3 孔梁桥，长 16.5 米，宽 1.9 米，高 3.5 米，东西向，横跨鲸溪。

铁场桥 [Tiěcháng Qiáo]

位于亭旁镇铁场村之西，故名。因处北斗庵外，又名北斗庵外桥。原为汀步，1978 年始建为条石 7 孔梁桥，长 26.5 米，宽 2.1 米，高 2 米，南北向，横跨南溪。

板沸桥 [Bǎnfèi Qiáo]

位于亭旁镇板沸村之东，故名。原为汀步，解放后始建为木板桥，1965 年又改建为条石 3 孔梁桥。长 13 米，宽 2 米，高 2.5 米，东西向，横跨小林山之水。

南溪桥 [Nánxī Qiáo]

位于亭旁镇南溪村之西，故名。西南—东北向，长 111.5 米，宽 2.2 米，高 3.2 米，横跨南溪。原系汀步，1961 年建为 3 孔条石梁桥。

上模桥 [Shàngmó Qiáo]

位于亭旁镇桥头胡村中部，以所在地上模（片村名）得名。据《胡氏宗谱》记载，该桥系上模王氏始祖于南宋建炎三年（1129 年）建造。长 4.5 米，宽 4 米，高 3 米，块石砌单孔拱桥，南北向，横跨上模溪。

颍水桥 [Yǐngshuǐ Qiáo]

位于亭旁镇下湾村之西，因位处颍水（南溪上游之一段）而得名。1981 年建，系块石砌单孔拱桥，水泥桥面。长 14 米，宽 4 米，高 5 米，东西向，横跨南溪，为下湾村主要通道。

虎陇头桥 [Hǔlǒngtóu Qiáo]

位于亭旁镇申改卢村之南，虎陇头粮库之东，以所在地虎陇头得名。建于 1978 年，系块石砌单孔拱桥。长 10 米，宽 4.8 米，高 8 米，南北向，横跨上模溪。

周山桥 [Zhōushān Qiáo]

位于亭旁镇周山村之南，故名。1980 年建，系块石砌单孔拱桥，水泥桥面，长 14 米，宽 4 米，高 4 米，南北向，横跨南溪。

丰收桥 [Fēngshōu Qiáo]

位于亭旁镇叶家庄之东。因该桥是叶家庄村通往耕作区的桥梁，祝愿农业大丰收，故名丰收桥。原为木桥，常被水冲毁。1978 年改用木桩，上铺石板，又被洪水冲毁。1990 年改建钢筋混凝土结构的 4 孔梁桥，东西向，横跨南溪。长 26 米，宽 2.5 米，高 3 米。

园洋桥 [Yuányáng Qiáo]

位于亭旁镇狮岭村园洋自然村之东，故名。1976 年 10 月建，系狮（岭）白（溪）公路之公路桥，为钢筋混凝土结构的 3 孔梁桥。长 12 米，宽 5 米，高 2.5 米，东西向，横跨上模溪。

山上任桥 [Shānshàngrén Qiáo]

位于亭旁镇山上任村山上任溪上，故名。长 45 米，宽 7.5 米，跨径总长 40 米，最大载重量 20 吨，设计荷载等级公路Ⅱ级，系钢筋混凝土结构梁桥。1999 年 12 月 30 日建成。

小坑头桥 [Xiǎokēngtóu Qiáo]

位于亭旁镇小坑头溪上，故名。1985年12月建成，1997年2月改建，2001年11月9日重建。长18米，宽7.7米，跨径14米，最大载重量20吨，系钢筋混凝土结构梁桥。

下路朱桥 [Xiàlùzhū Qiáo]

位于亭旁镇下路朱村，Y020乡道下路朱～中口堂线上，桥梁中心桩号为K0+45，跨越亭旁溪。技术等级四级，上部构造采用简支T形梁，预应力钢筋混凝土；下部双柱式桥墩，设计荷载等级公路I级。桥梁长131.58米，跨径总长125米，单孔最大跨径25米，全宽10米，净宽9米。1997年2月1日建成通车。

界岙桥 [Jiè'ào Qiáo]

位于亭旁镇石（岩）岭（根）线上，横跨界岙溪，故名。长9米，宽8.1米，跨径8米，最大载重量20吨，系钢筋混凝土结构梁桥。1990年10月10日建成。

老爷潭桥 [Lǎoyétán Qiáo]

位于亭旁镇石（岩）岭（根）线上，横跨界岙溪，因此处有老爷潭而得名。长14米，宽8.6米，跨径8米，最大载重量20吨，系石结构梁桥。1990年10月10日建成。

下梅桥 [Xiàméi Qiáo]

位于亭旁镇石（岩）岭（根）线上，横跨下梅坑，故名。长13.4米，宽7.2米，跨径8米，最大载重量20吨，系石结构梁桥。1990年10月10日建成。

金干桥 [Jīngàn Qiáo]

位于亭旁镇金干村西北，石（岩）岭（根）线上，故名。南北向，横跨亭旁溪。桥长63米，宽7.6米，高4米，跨径总长55米，两旁有桥栏，系钢筋混凝土结构4孔双曲拱桥。民国时为条石桥，屡被水毁，改汀步。1980年重建，1990年年初改建，10月建成通车。

上任郑桥 [Shàngrénzhèng Qiáo]

位于亭旁镇石（岩）岭（根）线上，横跨上任郑坑，故名。长6米，宽8.4米，跨径5.6米，最大载重量20吨，系钢筋混凝土结构梁桥。1968年12月12日建成。

下吴桥 [Xiàwú Qiáo]

位于亭旁镇下吴村，石（岩）岭（根）线上，横跨下吴溪，故名。长6米，宽7.2米，跨径5.2米，最大载重量20吨，系钢筋混凝土结构梁桥。2009年12月1日建成。

管溪桥 [Guǎnxī Qiáo]

又称臻福桥。位于亭旁镇王村之东管溪头，故名。清乾隆五十四年（1789年）由胡文官、杨德秀、蒋子广等人募田建造成木板桥。屡毁，后改条石梁桥。据清光绪《宁海县志》卷三载："管溪桥，在南八十里任家庄，国朝光绪十四年，包法忠捐助巨资，杨兆秀督造。"又据亭旁《杨氏宗谱》记载："管溪头石桥，建筑二十余洞，成于光绪十五年，由杨兆秀、杨昌演捐造。"1958年石（岩）里（金）公路建成通车，运输铁矿石，此桥拆除，改建为过水路面。20世纪60年代复在原桥址之北约100米处，建成条石21孔梁桥，长75米，宽1.3米，高2米，东西向，横跨亭旁溪。因桥在管溪头，故群众多称"管溪桥"。1997年12月重建，长86米，总跨径86米，宽8米，设计荷载等级汽车—20级。

东王桥 [Dōngwáng Qiáo]

位于亭旁镇东王村，山根邵至东王线上，中心桩号k0+482处。长50米，宽6米，设计荷载等级公路Ⅱ级。2004年通车。

寺前岩桥 [Sìqiányán Qiáo]

位于亭旁镇寺前岩村，亭（旁）流（水岩）线上，中心桩号k0+757处。桥长45米，宽6米，设计荷载等级公路Ⅱ级。1999年通车。

宁和桥 [Nínghé Qiáo]

位于亭旁镇东王村，山根邵至东王线上，中心桩号k0+482米。桥长50米，宽6米，设计荷载等级公路Ⅱ级。2004年通车。

健跳镇

门头桥［Méntóu Qiáo］

位于健跳镇门头村至老鹰嘴核电站线上，故名。长70米，宽17.6米，跨径总长60米，最大载重量20吨，荷载等级公路Ⅰ级，系钢筋混凝土结构梁桥。2003年7月建成。

赤头桥［Chìtóu Qiáo］

位于六敖至老鹰嘴核电线健跳镇赤头村赤头河上，故名。长40米，宽17.6米，跨径总长32米，最大载重量20吨，设计荷载等级公路Ⅰ级，系钢筋混凝土结构梁桥。2003年2月建成。

南野桥［Nányě Qiáo］

位于六（敖）横（渡）线上，横跨健跳镇南野港。长8米，宽7.4米，跨径6米，最大载重量20吨，为钢筋混凝土结构梁桥。1992年12月建成。

南野一桥［Nányě 1 Qiáo］

位于六（敖）横（渡）线上，横跨南野港，为南野港上第一座桥，故名。长10米，宽7.1米，跨径8米，最大载重量20吨，为钢筋混凝土结构梁桥。1992年12月建成。

前潭桥［Qiántán Qiáo］

位于健跳镇前潭村，S224省道岭（口）三（角塘）线上，跨前潭港，故名。长13.9米，宽24.5米，跨径10米，最大载重量20吨，为整体现浇板结构梁桥。2006年12月建成。

大湾桥［Dàwān Qiáo］

位于健跳镇大湾村北，S224省道岭（口）三（角塘）线上，跨大湾港，故名。长26.5米，宽23.6米，跨径20米，最大载重量20吨，设计荷载等级公路Ⅱ级，为简支空心板梁结构。2006年12月1日建成。

前墩桥［Qiándūn Qiáo］

位于健跳镇前墩村南，S224省道岭（口）三（角塘）线上，跨前墩港，故名。长21.5米，宽23.6米，跨径16米，最大载重量20吨，为简支空心板梁结构。2006年12月建成。

大冲桥［Dàchōng Qiáo］

位于健跳镇大冲村北，S224省道岭（口）三（角塘）线上，跨大冲港，故名。长24米，宽12米，跨径16米，最大载重量20吨，荷载等级公路Ⅱ级，为简支空心板梁结构。2006年12月建成。

小沙港桥［Xiǎoshāgǎng Qiáo］

位于健跳镇S224省道岭（口）三（角塘）线上，跨小沙港，故名。长33.9米，宽22米，跨径30米，最大载重量20吨，为简支空心板梁结构。2006年12月建成。

大沙港桥［Dàshāgǎng Qiáo］

位于健跳镇S224省道岭（口）三（角塘）线上，跨大沙港，故名。长86.5米，宽22米，跨径总长80米，最大载重量20吨，设计荷载等级公路Ⅱ级，为简支空心板梁结构。2006年12月建成。

马庄桥［Mǎzhuāng Qiáo］

位于健跳镇马庄村，S224省道岭（口）三（角塘）线上，跨马庄港，故名。长13.4米，宽22米，跨径10米，最大载重量20吨，为简支空心板梁结构。2006年12月建成。

西渡陡门桥［Xīdùdǒumén Qiáo］

位于健跳镇西渡陡门，S224省道岭（口）三（角塘）线上，故名。长45米，宽12米，跨径11米，最大载重量20吨，荷载等级公路Ⅱ级，为简支空心板梁结构。2006年12月建成。

陡门山桥［Dǒuménshān Qiáo］

位于健跳镇陡门山而得名，S224省道岭（口）三（角塘）线上，跨小蒲溪。长26.4米，宽22米，跨径11米，最大载重量20吨，为简支空心板梁结构。2006年12月1日建成。

上敖桥 [Shàng'áo Qiáo]

位于上（敖）蛇（蟠）线键跳镇六敖北塘，三岔村以北。长5米，宽2.5米，高3米，最大载重量20吨，系钢筋混凝土结构梁桥。因位于上敖村附近，故名。2009年建成。

斗门桥 [Dǒumén Qiáo]

位于六（敖）鸟（屿）线键跳镇芦浦河上。因所在地有一斗门，故名。长20米，宽8.1米，跨径15.5米，最大载重量20吨，系钢筋混凝土结构梁桥。1986年12月1日建成，1998年改建。

毛张桥 [Máozhāng Qiáo]

位于S224省道岭（口）三（角塘）线健跳镇毛张村，跨毛张河，故名。长18.54米，宽24.5米，跨径13米，最大载重量20吨，为简支空心板梁结构梁桥。2011年建成。

毛叶桥 [Máoyè Qiáo]

位于S224省道岭（口）三（角塘）线健跳镇毛叶村，跨毛叶溪，故名。长18.54米，宽24.5米，跨径13米，最大载重量20吨，为简支空心板梁结构梁桥。2011年建成。

岙口桥 [Àokǒu Qiáo]

位于S224省道岭（口）三（角塘）线健跳镇岙口村，跨岙口河，故名。长14.2米，宽12米，跨径13米，最大载重量20吨，为简支空心板梁结构桥梁。1996年9月建成。

健跳大桥 [Jiàntiào Dàqiáo]

位于健跳镇西，S224省道岭（口）三（角塘）线上，中心桩号为K38+515，跨越健跳港，故名。技术等级一级，为中承式钢管砼拱特大桥。健跳大桥是省重点工程之一，为台州境内桥梁单跨之最，被称为华东第一跨。上部构造采用桁架拱，钢管混凝土；下部多柱桥墩，设计荷载等级公路I级。长500.5米，主桥16孔，跨径总长500.5米，宽22.5米，最大载重量40吨，单孔最大跨径245米。桥下通航净高22米，通航等级四级，净宽不少于70米，按7级抗震烈度设计。两端接线按山岭重丘一级公路技术标准建设，沥青路面，设计时速60公里，桥涵设计荷载为汽—20、挂—100。1998年12月18日开工，2001年11月15日完工，23日健跳大桥举行通车典礼，健跳轮渡和客渡同时停止渡运，全省从此结束省道公路汽车轮渡的历史。

健跳二号桥 [Jiàntiào 2 Hào Qiáo]

位于健跳镇大塘村，S224省道岭（口）三（角塘）线上，中心桩号为K39+067。技术等级一级，上部构造采用空心板梁，预应力钢筋混凝土；下部多柱桥墩，设计荷载等级公路II级。桥梁长284米，跨径总长280米，单孔最大跨径20米，全宽18.5米，净宽15米。2001年9月建成通车。

健跳三号桥 [Jiàntiào 3 Hào Qiáo]

位于健跳镇大塘村，S224省道岭（口）三（角塘）线上。长205米，跨径16米，最大载重量20吨，为简支空心板梁结构梁桥。2001年9月建成。

健跳四号桥 [Jiàntiào 4 Hào Qiáo]

位于健跳镇西山头村，S224省道岭（口）三（角塘）线上。长14.2米，宽22.5米，跨径13米，最大载重量20吨，为简支空心板梁结构梁桥。2000年12月12日建成。

下七市桥 [Xiàqīshì Qiáo]

位于健（跳）浬（浦）线健跳镇七市坑上，故名。长9米，宽7.6米，跨径8米，最大载重量20吨，系钢筋混凝土结构梁桥。1994年12月1日建成。

龙塘桥 [Lóngtáng Qiáo]

位于健（跳）浬（浦）线健跳镇龙塘溪上，故名。长5.8米，宽7.6米，跨径5米，最大载重量20吨，系钢筋混凝土结构梁桥。1994年12月1日建成。

梅山一桥 [Méishān 1 Qiáo]

位于健跳镇大（塘）梅（山）线梅山溪上，为梅山村的第一座公路桥，故名。长30米，宽6米，跨径

25.6米，最大载重量20吨，系钢筋混凝土结构梁桥。2004年11月建成。

梅山二桥 [Méishān 2 Qiáo]

位于健跳镇大（塘）梅（山）线梅山溪上，为梅山村的第二座公路桥，故名。长30米，宽4.5米，跨径总长20.8米，最大载重量20吨，系钢筋混凝土结构梁桥。2004年11月建成。

下叶桥 [Xiàyè Qiáo]

位于石（桥）东（郭）线健跳镇下叶溪上，故名。长7米，宽7米，跨径5米，最大载重量20吨，系混凝土结构梁桥。1996年修建。

西郭桥 [Xīguō Qiáo]

位于洋（溪）下（山头）线健跳镇西郭村大溪港上，故名。长15米，宽7.2米，跨径12米，最大载重量20吨，系钢筋混凝土结构梁桥。1979年12月建成。

洋溪桥 [Yángxī Qiáo]

位于洋（溪）下（山头）线健跳镇洋溪村洋溪坑上，故名。长13.5米，宽4.1米，跨径7.3米，最大载重量20吨，系钢筋混凝土结构梁桥。1979年12月1日建成，1999年改建。

东郭桥 [Dōngguō Qiáo]

位于石（桥）东（郭）线健跳镇东郭村东郭溪上，故名。长9米，宽5.8米，跨径7米，最大载重量20吨，系混凝土结构梁桥。

东郭门桥 [Dōngguōmén Qiáo]

位于石（桥）东（郭）线健跳镇大蛟龙村东郭门自然村东郭门溪上，故名。长7.3米，宽7.6米，跨径5.3米，最大载重量20吨，系混凝土结构梁桥。1996年修建。

横渡镇

下罗渡桥 [Xiàluódù Qiáo]

位于横渡镇铁强村下罗自然村东南下罗渡，X506县道亭旁—流水岩线上，中心桩号K29+895。东西向，横跨白溪。长136.9米，宽7米，跨径总长128.7米，系11孔钢筋混凝土矩形板梁，载重汽—10、挂—50。1988年12月建成通车。

双龙桥 [Shuānglóng Qiáo]

位于横渡镇大横渡村东南，X506县道亭（旁）流（水岩）线，横跨横渡溪，因横渡原名双龙而得名。长28米，宽7.2米，跨径总长21米，最大载重量20吨，系2孔钢筋混凝土结构梁桥。2000年10月建成。

白溪桥 [Báixī Qiáo]

位于横渡镇白溪村西，X506县道亭（旁）流（水岩）线上，中心桩号为K24+613，故名。东西向，跨越白溪。技术等级四级，上部构造采用整体现浇板，预应力钢筋混凝土；下部重力式桥墩，设计荷载等级汽车—20级。桥梁长109米，跨径总长103.6米，单孔最大跨径13米，全宽8米，净宽7米。2009年12月建成通车。

桥头桥 [Qiáotóu Qiáo]

位于横渡镇桥头村之南，X506县道亭（旁）流（水岩）线之公路桥。南北向，横跨桥头溪。长46.6米，宽6.8米，跨径总长43米，设计荷载等级汽车—20级，系5孔钢筋混凝土矩形板梁。1977年9月建成。

王岐庄桥 [Wángqízhuāng Qiáo]

位于横渡镇王岐庄村，X506县道亭（旁）流（水岩）线上，横跨王岐庄坑，故名。长23.4米，宽6.2米，跨径15.4米，最大载重量20吨，系钢筋混凝土结构的2孔梁桥。1976年8月建成命名。

小横渡桥 [Xiǎohéngdù Qiáo]

位于横渡镇小横渡村，X506县道亭（旁）流（水岩）线上，横跨横渡溪，故名。长22米，宽7.1米，跨径20米，最大载重量20吨，设计荷载等级汽车—20级，系2孔钢筋混凝土结构梁桥。1977年5月建成。

木里湾桥 [Mùlǐwān Qiáo]

位于横渡镇木里湾村，狮（岭）白（溪）线上公路桥，横跨长林溪，故名。长46.04米，宽6.8米，最大载重量20吨，设计荷载等级汽车—20级，为钢筋混凝土结构桥梁。1997年12月建成。

太平桥 [Tàipíng Qiáo]

位于横渡镇长林村，狮（岭）白（溪）线上公路桥，横跨长林溪。路过此桥，保众太平之意，故名。长14米，宽5.9米，跨径6米，最大载重量20吨，为钢筋混凝土结构桥梁。1976年4月建成。

铁强桥 [Tiěqiáng Qiáo]

位于横渡镇铁强村，六（敖）横（渡）线上，横跨铁强溪，故名。长22米，宽8米，跨径16米，最大载重量20吨，为钢筋混凝土结构梁桥。2000年4月建成。

铁强二桥 [Tiěqiáng 2 Qiáo]

位于横渡镇铁强村，六（敖）横（渡）线上，横跨铁强溪，故名。长8.7米，宽7.1米，跨径8米，最大载重量20吨，为钢筋混凝土结构梁桥。2000年4月建成。

托岙桥 [Tuō'ào Qiáo]

位于横渡镇铁强村托岙自然村，六（敖）横（渡）线上，横跨托岙溪，故名。长13米，宽7.2米，跨径6米，最大载重量20吨，为钢筋混凝土结构梁桥。2000年4月建成。

芦岙桥 [Lú'ào Qiáo]

位于六（敖）横（渡）线上，横跨芦岙溪，故名。长36米，宽8米，跨径总长26米，最大载重量20吨，为钢筋混凝土结构梁桥。2000年4月建成。

南豪桥 [Nánháo Qiáo]

位于横渡镇南豪村之北。原为汀步，1979年由南豪村以民办公助方式筹资兴建，故名南豪桥。南北向，横跨白溪。长97米，宽3.7米，高4米，两侧有桥栏，系钢筋混凝土6孔双曲拱桥，荷载等级公路Ⅱ级。

南林桥 [Nánlín Qiáo]

位于横渡镇南林村，狮（岭）白（溪）线K17+546米处。长35米，宽6米，设计荷载等级公路Ⅱ级。1997年通车。

顺风桥 [Shùnfēng Qiáo]

位于横渡镇，狮（岭）白（溪）线K20+248米处。长42.1米，宽4.8米，设计荷载等级公路Ⅱ级。1989年通车。

花桥镇

塘边桥 [Tángbiān Qiáo]

位于花桥镇黄（金坦）泗（淋）线上，横跨塘边溪，故名。长17米，宽13.4米，跨径9米，最大载重量20吨，为钢筋混凝土结构梁桥。1997年12月建成。

下塘桥 [Xiàtáng Qiáo]

位于花桥镇黄（金坦）泗（淋）线上，横跨下塘坑，故名。长20米，宽13.4米，跨径10米，最大载重量20吨，为钢筋混凝土结构梁桥。1997年12月建成。

大岙桥 [Dà'ào Qiáo]

位于花桥镇黄（金坦）泗（淋）线上，横跨大岙坑，故名。长19米，宽13.4米，跨径11米，最大载重量20吨，为钢筋混凝土结构梁桥。1998年12月建成。

上洋桥 [Shàngyáng Qiáo]

位于花桥镇上洋村，黄（金坦）泗（淋）线上，横跨上洋溪，故名。长22.4米，宽13.4米，最大载重量20吨，为钢筋混凝土结构梁桥。1998年12月建成。

下洋毛桥 [Xiàyángmáo Qiáo]

位于花桥镇下洋毛村黄（金坦）泗（淋）线上，横跨下洋毛溪，故名。长19米，宽13.4米，跨径13米，最大载重量20吨，为钢筋混凝土结构梁桥。1998年12月建成。

新花桥桥 [Xīnhuāqiáo Qiáo]

位于黄（金坦）泗（淋）线上，为花桥镇新修建的一座桥，跨花桥溪，故名。长19米，宽13.4米，跨径13米，最大载重量20吨，为钢筋混凝土结构梁桥。1998年10月建成。

下沙塘桥 [Xiàshātáng Qiáo]

位于花桥镇下沙塘，关（头）小（雄）线上，故名。长19米，宽7.5米，高5米，跨径13米，最大载重量20吨，系预应力钢筋混凝土结构梁桥。1993年6月建成。

关小线二桥 [Guānxiǎoxiàn 2 Qiáo]

位于花桥镇关（头）小（雄）线上，为关小线第二座桥，故名。长13米，宽10米，跨径10米，最大载重量20吨，系钢筋混凝土结构梁桥。1993年6月建成。

关头桥 [Guāntóu Qiáo]

位于花桥镇关头村，关（头）小（雄）线上，横跨关头溪，故名。长15米，宽13米，跨径13米，最大载重量20吨，系预应力钢筋混凝土结构梁桥。1996年6月建成。

银山一桥 [Yínshān 1 Qiáo]

位于花桥镇银山村，石（牛坑）岔（坑）线上，横跨银山溪。此桥位于银山村的第一座桥，故名。长10米，宽4米，跨径7米，最大载重量20吨，系钢筋混凝土结构梁桥。1988年2月建成。

吴都一桥 [Wúdōu 1 Qiáo]

位于下（洋毛）吴（都）线上，为花桥镇吴都溪上第一座公路桥，故名。长7米，宽4.6米，跨径6米，最大载重量20吨，系钢筋混凝土结构梁桥。1990年7月建成。

吴都二桥 [Wúdū 2 Qiáo]

位于下（洋毛）吴（都）线上，为花桥镇吴都溪上第二座公路桥，故名。长20米，宽5.6米，跨径15.4米，最大载重量20吨，系钢筋混凝土结构梁桥。1990年11月建成。

吴都三桥 [Wúdū 3 Qiáo]

位于下（洋毛）吴（都）线上，为花桥镇吴都溪上第三座公路桥，故名。长7米，宽5.6米，跨径6米，最大载重量20吨，系钢筋混凝土结构梁桥。1990年11月建成。

溪头桥 [Xītóu Qiáo]

位于花桥镇溪头村，小（芝）花（桥）线上，横跨溪头溪，故名。长15米，宽6米，跨径13.5米，最大载重量20吨，系钢筋混凝土结构梁桥。1996年11月建成。

浦坝港镇

浦坝港大桥 [Pǔbàgǎng Dàqiáo]

位于岭（口）三（角塘）线南延毛张至椒江二桥三门段，横跨浦坝港。大桥北始于浬浦胜利塘，南至泗淋七头山，长2215米，宽24.5米，按照双向四车道一级公路标准建设，其中主桥长256米，高15米，两头引桥共长1959米。桥身犹如一条蜿蜒曲折的蛟龙横跨在江面上，形成了一幅美丽动人、海天辉映的风景画。该桥于2011年1月4日动工建造，2013年9月建成并贯通，工程概算总投资3.14亿元，是省重点工程74省道南延重要组成部分。它的建成，不仅方便了浦坝港周边群众的出行，打开三门通往台州市区乃至温州的南大门，对加快三港三城建设，打造三门湾次经济圈具有重要意义。

横路塘桥 [Hénglùtáng Qiáo]

位于浦坝港镇横路塘，黄（金坦）泗（淋）线上，跨洞港河，故名。长30.6米，宽9.5米，跨径总长30米，最大载重量20吨，为钢筋混凝土结构梁桥。1997年12月建成。

小雄桥 [Xiǎoxióng Qiáo]

位于浦坝港镇小雄村，黄（金坦）泗（淋）线上，故名。长 5.1 米，宽 13.4 米，最大载重量 20 吨，为钢筋混凝土结构梁桥。1997 年 12 月建成。

官塘坑桥 [Guāntángkēng Qiáo]

位于黄（金坦）泗（淋）线上，横跨浦坝港镇官塘河，故名。长 5.9 米，宽 13.4 米，跨径 5.9 米，最大载重量 20 吨，为钢筋混凝土结构梁桥。1997 年 12 月建成。

张司岙桥 [Zhāngsī'ào Qiáo]

位于浦坝港镇张司岙村，黄（金坦）泗（淋）线上，横跨张司岙溪，故名。长 5.9 米，宽 13.4 米，跨径 5.5 米，最大载重量 20 吨，为钢筋混凝土结构梁桥。1997 年 12 月建成。

官塘桥 [Guāntáng Qiáo]

位于 X913 县道桃（渚）官（塘）线上，横跨官塘河，故名。长 49 米，宽 7.6 米，最大载重量 20 吨，荷载等级汽车 –20 级，为钢筋混凝土结构梁桥。1994 年 12 月建成。

梅岙桥 [Méi'ào Qiáo]

位于黄（金坦）泗（淋）线上，横跨梅岙溪上，故名。长 26.3 米，宽 13.4 米，跨径 14.3 米，最大载重量 20 吨，为预应力钢筋混凝土结构梁桥。1997 年 12 月建成。

五小柱小桥 [Wǔxiǎozhù Xiǎoqiáo]

位于黄（金坦）泗（淋）线上，横跨五小柱溪，故名。长 9 米，宽 13.4 米，跨径 5 米，最大载重量 20 吨，为钢筋混凝土结构梁桥。1997 年 12 月建成。

浬浦桥 [Lǐpǔ Qiáo]

位于浦坝港镇 S224 省道上，横跨浬浦河，故名。长 24 米，宽 13 米，跨径 20 米，最大载重量 20 吨，为简支空心板梁结构梁桥，设计荷载等级公路Ⅱ级。2003 年 12 月建成。

黄金坦桥 [Huángjīntǎn Qiáo]

位于浦坝港镇黄金坦村，跨黄金坦河，故名。长 26.5 米，宽 13 米，跨径 20 米，最大载重量 20 吨，设计荷载等级公路Ⅱ级，为简支空心板梁结构梁桥。2003 年 12 月建成通车。

河江桥 [Héjiāng Qiáo]

位于浦坝港镇王（间堂）浬（浦）线上，横跨小溪。长 5.7 米，宽 7.6 米，跨径 5 米，最大载重量 20 吨，系钢筋混凝土结构梁桥。1999 年 12 月建成命名。

新塘桥 [Xīntáng Qiáo]

位于浦坝港镇新塘河，王（间堂）浬（浦）线上，故名。长 13 米，宽 6.8 米，跨径 10 米，最大载重量 20 吨，系钢筋混凝土结构梁桥。1998 年 12 月建成。

丁山脚一桥 [Dīngshānjiǎo 1 Qiáo]

位于浦坝港镇丁山脚村，王（间堂）浬（浦）线上，为丁山脚河上的第一座公路桥，故名。长 15 米，宽 7.6 米，跨径 10 米，最大载重量 20 吨，系钢筋混凝土结构梁桥。2004 年 12 月建成。

丁山脚二桥 [Dīngshānjiǎo 2 Qiáo]

位于浦坝港镇丁山脚村，王（间堂）浬（浦）线上，为丁山脚河上的第二座公路桥，故名。长 18 米，宽 8.1 米，跨径 13 米，最大载重量 20 吨，系预应力钢筋混凝土结构梁桥。2004 年 12 月建成。

东浦桥 [Dōngpǔ Qiáo]

位于浦坝港镇健（跳）浬（浦）线上，横跨东浦溪，故名。长 13 米，宽 6 米，跨径 10 米，最大载重量 20 吨，系钢筋混凝土结构梁桥。1994 年 2 月建成。

新桥 [Xīn Qiáo]

位于浦坝港镇健（跳）浬（浦）线上，横跨新桥坑。相对于老桥来说，此桥为新桥，故名。长 12 米，宽 6 米，最大载重量 20 吨，系钢筋混凝土结构梁桥。1998 年 12 月建成。

善塘桥 [Shàntáng Qiáo]

位于浦坝港镇健（跳）浬（浦）线上，横跨下善塘坑，故名。长12.5米，宽6米，跨径7.5米，最大载重量20吨，系钢筋混凝土结构梁桥。1980年12月建成。

前山桥 [Qiánshān Qiáo]

位于浦坝港镇前山村，健（跳）浬（浦）线上，故名。长4米，宽3米，高3米。2009年建成。

双龙桥 Shuānglóng Qiáo

位于浦坝港镇下山塘，泗（淋）洞（港）线上。桥头有石刻双龙，故名。长18.8米，宽11米，跨径10.8米，最大载重量20吨，系钢筋混凝土结构梁桥。1999年12月建成。

罗石一桥 [Luóshí 1 Qiáo]

位于浦坝港镇罗石村，石（桥）沿（江）线上，横跨罗石河，为罗石河第一座公路桥，故名。长6米，宽12米，跨径5米，最大载重量20吨，系钢筋混凝土结构梁桥。1997年12月建成。

罗石二桥 [Luóshí 2 Qiáo]

位于浦坝港镇罗石村，石（桥）沿（江）线上，横跨罗石河，为罗石河第二座公路桥，故名。长6米，宽12米，跨径5米，最大载重量20吨，系钢筋混凝土结构梁桥。1997年12月建成。

塔坑桥 [Tǎkēng Qiáo]

位于浦坝港镇塔坑村，山（场）塔（坑）线上，横跨塔坑，故名。长29米，宽7.5米，跨径24米，最大载重量20吨，系钢筋混凝土结构梁桥。1995年12月建成。

山场桥 [Shānchǎng Qiáo]

位于浦坝港镇山场村，山（场）塔（坑）线上，横跨山场坑，故名。长16米，宽7.5米，跨径12米，最大载重量20吨，系钢筋混凝土结构梁桥。1995年12月建成。

大域塘桥 [Dàyùtáng Qiáo]

位于浦坝港镇大域村，海（山）大（域）线上，横跨大域塘溪，故名。长7米，宽6米，最大载重量20吨，系钢筋混凝土结构梁桥。2005年12月建成。

跃进塘桥 [Yuèjìntáng Qiáo]

位于浦坝港镇跃进村，海（山）大（域）线上，横跨跃进塘，故名。长11米，宽6米，跨径10米，最大载重量20吨，系钢筋混凝土结构梁桥。2005年12月建成。

西园塘桥 [Xiyuántáng Qiáo]

位于浦坝港镇官塘村，桃（渚）官（塘）线上，横跨官塘河，故名。桥处官塘村西园塘土地交界的地方，因重名，改今名。长49米，宽7.6米，跨径45米，最大载重量20吨，系钢筋混凝土结构梁桥。1995年11月建成。

东头桥 [Dōngtóu Qiáo]

位于浦坝港镇小雄村石佛山麓东头，关（头）小（雄）线上，故名。长25米，宽10米，3孔钢筋混凝土结构梁桥。2005年建成。

佛坦二桥 [Fótán 2 Qiáo]

位于浦坝港镇五小柱村后塘自然村东，黄（金坦）泗（淋）线上，横跨山场溪。高5米，长6米，1孔平桥，钢筋混凝土结构梁桥。因佛殿前称佛坦，桥在佛坦前，故名。1975年8月建成。

圩岙桥 [Xū'ào Qiáo]

位于浦坝港镇圩岙村，王（间堂）浬（浦）线上，中心桩号k8+827，故名。长38米，宽7.6米，设计荷载等级汽车–20级。1998年12月竣工。1999年12月通车。

西岑一桥 [Xīcén 1 Qiáo]

位于浦坝港镇西岑村，Y031山（场）塔（坑）线K1+056米处。长45米，宽7米，设计荷载等级公路Ⅱ级。2003年通车。

中保桥 [Zhōngbǎo Qiáo]

位于黄(金坦)泗(淋)线K2+367米处。长47米，宽6米，设计荷载等级公路Ⅱ级。1996年通车。

岙底方桥 [Àodǐfāng Qiáo]

位于浦坝港镇岙底方村，黄(金坦)泗(淋)线k21+986米处。长37米，宽4.5米，设计荷载等级公路Ⅱ级。1999年通车。

耀金河一号桥 [Yàojīnhé 1 Hào Qiáo]

位于沿海工业城。东西向，城市次干路金塘路西端，跨越耀金河，故名。长32米，宽21米。2015年5月建成。

耀金河二号桥 [Yàojīnhé 2 Hào Qiáo]

位于沿海工业城。东西向，城市支路锦南路中端，跨越耀金河，故名。长33米，宽16米。2015年5月建成。

长清河一号桥 [Chǎngqīnghé 1 Hào Qiáo]

位于沿海工业城。东西向，城市次干路金塘路中端，横跨长清河，故名。长32米，宽21米。2015年5月建成。

长清河二号桥 [Chǎngqīnghé 2 Hào Qiáo]

位于沿海工业城。东西向，城市支路锦南路中端，横跨长清河，故名。长28米，宽16米。2015年5月建成。

长清河三号桥 [Chǎngqīnghé 3 Hào Qiáo]

位于沿海工业城。东西向，城市支路烟墩路中端，横跨长清河，故名。长28米，宽12米。2015年5月建成。

长清河四号桥 [Chǎngqīnghé 4 Hào Qiáo]

位于沿海工业城。东西向，城市主干路海天大道中端，横跨长清河，故名。长33米，宽35米。2015年5月建成。

长清河五号桥 [Chǎngqīnghé 5 Hào Qiáo]

位于沿海工业城。东西向，城市支路梦海路中端，横跨长清河，故名。长28米，宽12米。2015年5月建成。

长清河六号桥 [Chǎngqīnghé 6 Hào Qiáo]

位于沿海工业城。东西向，城市次干路雁汀路中端，横跨长清河，故名。长20米，宽18米。2015年5月建成。

金波河一号桥 [Jīnbōhé 1 Hào Qiáo]

位于沿海工业城。东西向，城市次干路金塘路东端，横跨金波河，故名。长32米，宽21米。2015年5月建成。

金波河二号桥 [Jīnbōhé 2 Hào Qiáo]

位于沿海工业城。东西向，城市支路锦南路东端，横跨金波河，故名。长28米，宽12米。2015年5月建成。

金波河三号桥 [Jīnbōhé 3 Hào Qiáo]

位于沿海工业城。东西向，城市支路烟墩路东端，横跨金波河，故名。长28米，宽12米。2015年5月建成。

金波河四号桥 [Jīnbōhé 4 Hào Qiáo]

位于沿海工业城。东西向，城市主干路兴港大道中端，横跨金波河，故名。长35米，宽35米。2015年5月建成。

万兴河一号桥 [Wànxìnghé 1 Hào Qiáo]

位于沿海工业城。东西向，城市主干路兴港大道东端，横跨万兴河，故名。长32米，宽35米。2015

年5月建成。

万兴河二号桥 [Wànxìnghé 2 Hào Qiáo]

位于沿海工业城。东西向，城市主干路兴港大道东端，跨越万兴河，故名。长30米，宽35米。2015年5月建成。

万兴河三号桥 [Wànxìnghé 3 Hào Qiáo]

位于沿海工业城。东西向，城市支路承恩路东端，跨越万兴河，故名。桥长28米，宽12米。2015年5月建成。

万兴河四号桥 [Wànxìnghé 4 Hào Qiáo]

位于沿海工业城。东西向，城市支路梦海路的东端，跨越万兴河，故名。长28米，宽12米。2015年5月建成。

金塘河一号桥 [Jīntánghé 1 Hào Qiáo]

位于沿海工业城。南北向，城市次干路沿浦路北端，跨越金塘河，故名。长28米，宽21米。2015年5月建成。

金塘河二号桥 [Jīntánghé 2 Hào Qiáo]

位于沿海工业城。南北向，城市支路保乐路北端，跨越金塘河，故名。长28米，宽12米。2015年5月建成。

金塘河三号桥 [Jīntánghé 3 Hào Qiáo]

位于沿海工业城。南北向，城市主干路海天大道北端，跨越金塘河，故名。长30米，宽35米。2015年5月建成。

金塘河四号桥 [Jīntánghé 4 Hào Qiáo]

位于沿海工业城。南北向，城市次干路盐仓路北端，跨越金塘河，故名。长28米，宽18米。2015年5月建成。

金塘河五号桥 [Jīntánghé 5 Hào Qiáo]

位于沿海工业城。南北向，城市次干路方山路北端，跨越金塘河，故名。长30米，宽24米。2015年5月建成。

兴港河一号桥 [Xìnggǎnghé 1 Hào Qiáo]

位于沿海工业城。南北向，城市支路耕海路中端，跨越兴港河，故名。长27米，宽12米。2015年5月建成。

兴港河二号桥 [Xìnggǎnghé 2 Hào Qiáo]

位于沿海工业城。南北向，城市支路沿浦路中端，跨越兴港河，故名。长28米，宽21米。2015年5月建成。

兴港河三号桥 [Xìnggǎnghé 3 Hào Qiáo]

位于沿海工业城。南北向，城市支路保乐路中端，跨越兴港河，故名。长28米，宽12米。2015年5月建成。

兴港河四号桥 [Xìnggǎnghé 4 Hào Qiáo]

位于沿海工业城。南北向，城市主干路海天大道中端，跨越兴港河，故名。长30米，宽35米。2015年5月建成。

兴港河五号桥 [Xìnggǎnghé 5 Hào Qiáo]

位于沿海工业城。南北向，城市次干路海景路中端，跨越兴港河，故名。长30米，宽24米。2015年5月建成。

兴港河六号桥 [Xìnggǎnghé 6 Hào Qiáo]

位于沿海工业城。南北向，城市次干路盐仓路西端，跨越兴港河，故名。长28米，宽18米。2015年5月建成。

兴港河七号桥 [Xìnggǎnghé 7 Hào Qiáo]

位于沿海工业城。南北向，城市次干路方山路中端，跨越兴港河，故名。长 30 米，宽 35 米。2015 年 5 月建成。

兴港河八号桥 [Xìnggǎnghé 8 Hào Qiáo]

位于沿海工业城。南北向，城市支路官塘路中端，跨越兴港河，故名。长 28 米，宽 12 米。2015 年 5 月建成。

兴港河九号桥 [Xìnggǎnghé 9 Hào Qiáo]

位于沿海工业城。南北向，城市主干路牛头门路中端，跨越兴港河，故名。长 30 米，宽 35 米。2015 年 5 月建成。

蛇蟠乡

上岩头桥 [Shàngyántóu Qiáo]

位于蛇蟠乡 X508 上（敖）蛇（蟠）线上，横跨上岩头溪，故名。长 24.04 米，宽 8 米，最大载重量 20 吨，系预应力钢筋混凝土结构梁桥。2010 年建成。

彭坝桥 [Péngbà Qiáo]

位于蛇蟠乡 X508 上（敖）蛇（蟠）线上，横跨彭坝溪，故名。长 24.04 米，宽 8 米，最大载重量 20 吨，设计荷载等级公路Ⅱ级，系预应力钢筋混凝土结构梁桥。2010 年建成。

山后桥 [Shānhòu Qiáo]

位于蛇蟠乡 X508 上（敖）蛇（蟠）线上，横跨山后溪，故名。长 24.04 米，宽 8 米，最大载重量 20 吨，设计荷载等级公路Ⅱ级，系预应力钢筋混凝土结构梁桥。2009 年建成。

山后二桥 [Shānhòu'èr Qiáo]

位于蛇蟠乡 X508 上（敖）蛇（蟠）线上，横跨山后溪。此桥是山后溪上第二座桥，故名。长 24.4 米，宽 8 米，最大载重量 20 吨，设计荷载等级公路Ⅱ级，系预应力钢筋混凝土结构梁桥。2010 年建成。

山岩头桥 [Shānyántóu Qiáo]

位于蛇蟠乡 X508 上（敖）蛇（蟠）线上，中心桩号 14.512 公里处。长 24.4 米，宽 8 米，设计荷载等级公路Ⅱ级。2009 年 12 月通车。

【其他】

海游街道

青萍桥 [Qīngpíng Qiáo]

位于海游街道石羊溪东端，影剧院西南。建于何时已无从考查，清光绪二十年 (1894 年) 重修，1988 年海游镇人民政府再度重修。南北走向，横跨石羊溪，为单孔石拱桥，平面呈长方形，长 12 米，宽 3.3 米。拱券块石纵联分节并列砌筑，净跨 6.4 米，矢高 4 米，桥面两侧分别置石栏板，栏板之间用望柱相隔，南北落坡处各设七级台阶，台阶上水泥涂抹，嵌着鸟蛋形石子，坚固平整。桥拱券石上刻行书“青萍桥”，旁镌“1988 年重修”字样。昔时此处垂柳丝丝，溪水清碧，洗衣杵声，浪里翻霞。每当月挂中天，波光粼粼，桥影横斜，绿荫婆娑，幽雅静谧，发人遐思。据民国《章氏宗谱》记载：“青萍矫，在水口庵前，溪水至此入港汇海，村人筑闸建桥，以顺水势，因其形似剑，故名。”“青萍夜月”为海游八景之一，据民国《章氏宗谱》载：“每春水绿时，雁齿桥横，鸭头渡涨，青萍万叠，绿锦一方，佳景也。”2004 年被公布为县级文物保护单位。

海润街道

里桥 [Lǐ Qiáo]

位于海润街道后林村中部陈氏宗祠东南5米处。始建年代不详，南北走向，横跨后门坑，为单孔石拱桥，桥面微拱。长11.7米，宽3米。拱券块石纵向并列砌筑，净跨5米，矢高4米，桥北落坡处乱石铺砌九级台阶，桥南落坡处石子铺砌小路，通向民房。南北两侧分别有两株千年树龄的古樟，桥西约27米处另有一座为同一时代、同一形式的单孔石拱桥。

路廊桥 [Lùláng Qiáo]

位于海润街道后林村口西部。始建年代不详，南北走向，横跨溪坑，为单孔石拱桥。桥面平，长11.6米，宽3.6米，保存完整。

外桥 [Wài Qiáo]

位于海润街道后林村陈氏宗祠前20米处。始建年代不详，南北走向，横跨后门坑，为单孔石拱桥。长9米，宽3米，保存完整。

石板桥 [Shíbǎn Qiáo]

位于海润街道后林村东边。清代建筑，东西走向偏北，横跨后门坑，三块石板铺砌。长3.4米，宽1.5米，结构简单，保存完整。

老桥头桥 [Lǎoqiáotóu Qiáo]

位于海润街道园里村口。始建年代不详，东西走向，单孔石拱桥，横跨溪坑。长9.7米，宽2.3米，保存基本完整。

新桥头桥 [Xīnqiáotóu Qiáo]

位于海润街道园里村西北部。始建年代不详，东西走向，单孔石拱桥，桥面用石子铺砌，横跨后门头溪坑。长8.3米，宽2米，保存完整。

珠岙镇

永镇桥 [Yǒngzhèn Qiáo]

位于珠岙镇岩坑村东部。民国十九年（1930年）建，南北走向，三孔石拱桥，桥面平，长26米，宽3.3米，保存基本完整。

永安桥 [Yǒng’ān Qiáo]

位于珠岙镇岩坑村西部。清代建筑，南北走向，单孔石拱桥，桥面平，长18米，宽5米，保存基本完整。

铺里石拱桥 [Pùlǐ Shígǒngqiáo]

位于珠岙镇铺里村南部。民国建筑，东西走向，横跨溪坑，单孔石拱桥，乱石砌筑，保存基本完整。

玉溪桥 [Yùxī Qiáo]

位于珠岙镇吴岙村西部。清代建筑，东西走向，跨玉溪，六墩七孔石条砌筑桥梁，保存基本完整。

小桐岩石拱桥 [Xiǎotóngyán Shígǒngqiáo]

位于珠岙镇小桐岩村南部。长19米，桥面宽4.5米。始建年代不详，南北走向，横跨小桐岩溪，单孔石拱桥，保存基本完整。

天宁桥 [Tiānníng Qiáo]

位于珠岙镇下界溪村东北。东接百丈路，经语溪桥而达吴岙街，横跨吴岙溪。长约60米，宽20米，为11墩12孔石板平桥，清同治间（1862—1874年）建。天宁桥现已在原来的桥墩上浇筑水泥桥面，并加宽。据《吴岙吴氏宗谱》记载，为天台县洪畴镇希董村人戴逢顶、吴岙吴宏人等人捐资所建。

语溪桥 [Yǔxī Qiáo]

位于珠岙镇吴岙村西北。南北走向，横跨吴岙溪，长约35米，宽2米，为6墩7孔石板平桥。桥两侧不设栏杆，桥墩采用方形石横纵叠砌筑法而成，宛若橄榄核的双尖墩，顶部逐次横竖挑出三至四层条石，用以承托石梁，既增加了桥墩的间距，又减短石梁的跨度，使桥的承受力量大大增加。石板桥每段由五块宽约0.4米的长方形石条排列合并而成，简约又实用。清光绪年间（1875—1908年），语溪桥被洪水冲毁，吴惟庚偕族人募资重修。

新庵桥 [Xīn'ān Qiáo]

在珠岙镇吴岙村北有新庵，与村舍隔水相望，桥以庵名。始建于明成化年间（1465—1487年），现已经改建为水泥桥，横跨吴岙溪。

望仙桥 [Wàngxiān Qiáo]

位于珠岙镇高枧村北。东南—西北走向，横跨塘岙溪。桥面微拱，长20米，宽2米，卵石路面。始建年代不详，旧为高枧至山岙一带的必经之桥。据《高枧郑氏宗谱》记载，古代有1位仙人，化为老者，指点高枧村落建设，然后仙人过水而去。后人在仙人过水处设桥，故称望仙桥。

亭旁镇

东升桥 [Dōngshēng Qiáo]

位于亭旁镇西山村之西北，铁场村之东南。南北向，横跨南溪。桥长34米，宽4.3米，高5米，中孔净跨6.9米，边孔各为5.4米与6.25米，系3孔块石干砌拱桥。始建于清光绪二十四年（1898年），叠石成墩，为条石桥。清光绪三十一年（1905年），改建成三洞拱桥。民国十七年（1928年）水毁。1932年由西山村梅茂升募捐重建。含旭日东升之意，故称东升桥。昔为亭旁通往山隍岭去横渡镇之桥梁，自狮（岭）白（溪）公路建成通车后，因非公路线，故其交通重要性已大减。

卖香桥 [Màixiāng Qiáo]

又名凤山桥。位于亭旁镇下梅村东北。古代有两个卖佛香的老年夫妇，心地善良，潜心修行，以平日卖佛香所得之积蓄，全部捐献，建筑此桥。后人为了纪念这两位卖香老人，故将此桥命名为“卖香桥”。桥为块石单孔拱桥，长6米，宽3米，高3.5米，南北向，横跨亭旁溪，为通向分水岭到临海之岭根、康谷的重要桥梁。清康熙二十七年(1688年)正月建成。

双桥 [Shuāng Qiáo]

位于亭旁镇下梅村之西，大尖山之水和挂帘、坐塘之水的汇合处，是昔日通往挂帘、坐塘必经之桥。由于二座石桥紧邻，故称“双桥”。早年建筑，各为块石单孔拱桥，长5米，宽2.5米，高3.5米。

葫芦田石拱桥 [Húlútián Shígǒngqiáo]

位于亭旁镇葫芦田村南部。长8.9米，宽2米，拱券净跨2米，矢高3.6米。清代建筑，单孔石拱桥，南北走向，块石砌筑，保存基本完整。

上梅石拱桥 [Shàngméi Shígǒngqiáo]

位于亭旁镇上梅村中部。长12米，宽2.9米。始建年代不详，单孔石拱桥，东西走向，横跨溪坑，桥面平，块石砌筑，保存基本完整。

下梅石拱桥 [Xiàméi Shígǒngqiáo]

位于亭旁镇下梅村。长14米，宽5米。始建年代不详，单孔石拱桥，南北走向，横跨溪坑，块石砌筑，保存完整。

下梅石拱桥 [Xiàméi Shígǒngqiáo]

位于亭旁镇下梅村。始建年代不详，单孔石拱桥，东西走向，横跨山区溪坑，块石砌筑，长22米，宽5米，保存完整。

镇北桥 [Zhènběi Qiáo]

位于亭旁镇上鲍村北。民国四年（1915年）建，东西走向，由三块条石并排构成，一石条侧面有文字记载，刻“镇东桥，民国四年十月”等，保存基本完整。

岭脚桥 [lǐngjiǎo Qiáo]

位于亭旁镇上鲍村西部岭脚庵旁。始建年代不详，东西走向，单孔石拱桥，块石砌筑，保存基本完整。

任家石拱桥 [Rénjiā Shígǒngqiáo]

位于亭旁镇任家村与岙楼村之间。长 7.74 米，宽 3 米，矢高 3.5 米。始建年代不详，南北走向，单孔石拱桥，保存基本完整。

石头岙石拱桥 [Shítóuào Shígǒngqiáo]

位于亭旁镇石头岙村口东部。始建年代不详，东西走向，单孔石拱桥，乱石砌筑，保存基本完整。

中口堂石拱桥 [Zhōngkǒutáng Shígǒngqiáo]

位于亭旁镇中口堂村。清代建筑，南北走向，单孔石拱桥，块石砌筑，长 4.75 米，保存基本完整。

健跳镇

登云桥 [Dēngyún Qiáo]

位于健跳镇小蒲村东。东西走向，拱券块石纵向并列砌筑，系块石结构单孔石拱桥，横跨前面坑。长 25 米，宽 3.83 米，净跨 7.5 米，矢高 8 米。桥面以鹅卵石铺砌，两侧无栏板，东西落坡较陡峭，各设台阶 3 级。桥两侧拱券石上分别刻有“登云桥”，旁镌“乾隆五年三月”等字样。2004 年公布为县级文物保护点。

万兴桥 [Wànxìng Qiáo]

位于健跳镇浮门村古安住寺前。始建年代不详，单孔石拱桥，东西走向，横跨溪坑，保存基本完好。

永宁桥 [Yǒngpíng Qiáo]

位于健跳镇岙口村东部田野中。建于清代，坐落在花桥、浬浦通往健跳人渡码头的古道上。古道从永宁桥到岙口原有 2 公里长的路段石板铺面，现仅存 200 米保存较好。南北走向，横跨里坑溪，为单孔石拱桥。长 14 米，宽 3.7 米，拱券净跨 7 米，矢高 8 米，块石干砌，桥面略有弯曲，西侧拱券石上刻“永宁桥”三字，保存完好。岙口、田岙村村民分别称之“岙里桥”“岙口桥头”。

横渡镇

西兴桥 [Xīxīng Qiáo]

位于横渡镇大横渡村柳家，明代建筑。原石桥为二墩石板桥，中微拱，长 12.3 米，宽 3 米，两侧为石护栏，七望柱，柱头雕狮子，护栏雕凤穿牡丹、双龙戏珠等图案。后为通行方便，拆除上侧护栏，加宽桥面。

龙溪桥 [Lóngxī Qiáo]

又称“长桥”。位于横渡镇小横渡村东南，为东南—西北走向，横跨龙溪，故名。长 40 余米，宽 1.5 米，高 1.7 米。建于清代，系 14 孔 13 墩石梁桥。桥墩为条石砌筑，桥面平，石条平铺而成，两侧无栏板，保存基本完好。龙溪桥历来是小横渡村的重要交通要道，为三门县仅存的长桥之一。

石拱桥 [Shígǒng Qiáo]

位于横渡镇东屏村祠堂北边 12 米处。始建年代不详，东西走向，单孔石拱桥，长 6.8 米，宽 2.8 米，矢高 2.8 米，拱券净跨 4.7 米，保存基本完整。

石拱桥 [Shígǒng Qiáo]

位于横渡镇东屏村中部。始建年代不详，南北走向，横跨东坑溪，单孔石拱桥，桥面石子铺砌，保存基本完整。

石拱桥 [Shígǒng Qiáo]

位于横渡镇东屏村中部。始建年代不详，南北走向，横跨东坑溪，单孔石拱桥，桥面石子铺砌，长

7.5 米，宽 3.3 米，矢高 3.3 米，净跨 5.7 米，保存完整。

石拱桥 [Shígǒng Qiáo]

位于横渡镇南林村东部。始建年份不详，南北走向，横跨长林坑，单孔石拱桥，乱石砌筑，长 5 米，宽 3.5 米，矢高 4.5 米，净跨 6.3 米，桥身较高大，保存完整。

石拱桥 [Shígǒng Qiáo]

位于横渡镇南林村西部。始建年代不详，东西走向，横跨长林坑，单孔石拱桥，乱石砌筑，长 4 米，宽 3.6 米，矢高 4.8 米，净跨 7.3 米，桥身较高大，保存完整。

花桥镇

花桥 [Huā Qiáo]

位于花桥镇花桥村西南侧，横跨甘东岙溪，旧时为花桥村一带通往县城的交通要津。元至治年间（1321—1323 年），花桥李氏第十四世孙李浩捐资建造，六和塔僧人惠衎设计。清乾隆四十三年(1778 年)、民国二十九年（1940 年）和 1984 年三次修整，基本保持原貌。桥梁南北走向，为 3 孔 2 墩石拱桥，长 21 米，宽 2.6 米，高 4 米，中孔净跨 3.6 米。桥墩为条石砌筑，石板路面，平面微拱，两侧各有望柱 10 根，栏板各 9 块。栏板每块高 0. 55 米，镌有两龙舞珠、双狮抢球、麒麟送子、骏马奔腾、喜鹊衔梅、凤穿牡丹、出水荷花以及白象、麋鹿、松鼠、玉兔等吉祥图案。图案雕刻精细，形象生动，栩栩如生，呼之欲出。花桥构造讲究，是本县现存较好的古桥梁之一。1986 年被公布为县级重点文物保护单位。

上宅桥 [Shàngzhái Qiáo]

位于花桥镇花桥村西南侧。始建年代不详，历代均有重修。南北走向，横跨甘东岙溪，为 3 孔 2 墩石梁桥。长 20 米，宽 2.6 米，矢高 3.6 米，中孔净跨 3.6 米，桥墩为石条砌筑，石板桥面，平而微拱。20 世纪 90 年代，桥面两侧两根石梁之间二根桥梁铺设水泥板。上宅桥构造讲究，总体保存完好，是本县现存较好的古桥梁之一。

浦坝港镇

仙岩桥 [Xiānyán Qiáo]

位于浦坝港镇仙岩村之西，故名。东南—西北向，横跨仙岩之水。建于清乾隆二十三年（1758 年），条石单孔梁桥，长 5 米，宽 1.2 米，高 3 米。此桥既短且狭，不甚显眼，是一座农村极为普通的桥梁，但它却传颂着一段急公好义的故事。据《仙岩叶氏宗谱》记载，约在二百年前，仙岩村人在此建桥，大家正在艰难地抬着石梁，人人汗流浃背，个个气喘吁吁，此时适有一个熊腰虎背，体格魁梧、膂力过人的彪形大汉，路过此地，见此情景，就称：“我赤坎人愿助一臂之力。”说罢，毅然挽起两袖，双手抱起石梁，奇迹般地稳架在桥墩上。众人顿时目瞪口呆，连连称谢。至今还流传着“仙岩桥，赤坎造”，赞扬两村人民友谊的美谈。

斗门头桥 [Dǒuméntóu Qiáo]

位于浦坝港镇长浦庄村之南，以所在地斗门头得名。长 10 米，宽 3 米，高 6 米，南北向，横跨小雄溪，系条石结构 3 孔梁桥。

长浦庄桥 [Chángpǔzhuāng Qiáo]

位于浦坝港镇长浦庄村东南，故名。长 10.8 米，宽 4 米，高 7 米。1981 年建，钢筋混凝土结构 2 孔梁桥，南北向，横跨通天河。

上畈桥 [Shàngfàn Qiáo]

位于浦坝港镇长浦庄村之西，此桥系通向上畈的交通咽喉，故名。长 10 米，宽 2 米，高 4 米。东南—西北向，系条石结构 3 孔梁桥，横跨小雄溪。

塔坑石拱桥 [Tǎkēng Shígǒngqiáo]

位于浦坝港镇塔坑村陈氏宗祠墙外 6 米处。长 17.3 米，宽 2.6 米。清代建筑，南北走向，3 孔拱桥，桥面平微拱，原石板桥面，现桥面及两侧栏板已毁。

金家桥 [Jīnjiā Qiáo]

位于浦坝港塔坑村西部路廊旁。长 8.7 米，净跨 6 米，矢高 4 米。清代建筑，南北走向，单孔拱桥，桥面平微拱，拱券块石分节并列砌筑，横跨溪坑，保存完整。

红旗桥 [Hóngqí Qiáo]

位于浦坝港西岑村北部。长 25 米，宽 3.1 米。清代建筑，南北走向，横跨红旗溪，5 孔拱桥，桥面平呈"工"字状，原石板桥面及两侧栏板已基本毁坏。

第四节　渡、渡口

健跳镇

上敖渡 [Shàng'áo Dù]

位于健跳镇上敖村东边，故名。横渡蛇蟠水道，为蛇蟠乡与原六敖镇重要的津渡。渡宽 1700 米，拥有滚装汽车渡轮 1 艘，51 客位和 52 客位的人渡轮各 1 艘，装机马力 320 千瓦，年渡运量约 3 万辆车次，14.55 万人次。

上敖渡口 [Shàng'áo Dùkǒu]

位于健跳镇北部上敖村东边，故名。为上敖渡的南端渡口，向北至蛇蟠乡山前村渡口，建有能供船舶停靠的简易锯齿形渡埠 1 座。

浦坝港镇

下园山渡 [Xiàyuánshān Dù]

自浦坝港镇扩塘山岛之下园山渡口，东南向西北至原三门盐场六工区。渡宽 2000 米，有机动渡船 2 艘，计马力 17 匹，载重 5 吨，载位 38 人，渡工 4 人，横渡牛头山水道，为三门盐场至扩塘山岛的重要津渡。因地处下园山，故名。

下园山渡口 [Xiàyuánshān Dùkǒu]

位于浦坝港镇扩塘山岛之下园山北岸。为下园山渡的东南端渡口。因地处下园山，故名。

扩塘山渡口 [Kuòtángshān Dùkǒu]

位于浦坝港镇扩塘山岛老鼠峙山麓。为扩塘山渡的东北端渡口，向西南端至洞港渡口。因地处扩塘山，故名。

蛇蟠

蛇蟠渡口 [Shépán Dùkǒu]

位于县政府驻地东部 17.5 公里蛇蟠乡。为上敖渡的北端渡口，设在蛇蟠乡山前村南面，南端渡埠设在上敖村东边，建有能供船舶停靠的简易锯齿形渡埠 1 座。

第五节　码头

海游街道

新港码头 [Xīn' gǎng Mǎtóu]

位于海游街道新港村。建于 1982 年，为 50 米 ×15 米石砌岸壁固定式客、货泊码头。前沿水深 3 米，靠泊能力50吨。机械设备有塔吊1台，小吊机1台。新港码头以原黄埠突港道断航后改建，因位于新港村，故名。

健跳镇

三门核电重件码头 [Sānménhédiànzhòngjiàn Mǎtóu]

位于健跳镇猫头山，以三门核电有限公司出资建造命名。泊位1个，年运量500万吨，岸线长122米，平均水深6米，最大水深9米，所在水域蛇蟠水道。始建于2007年11月20日，2010年6月3日建成。

健跳5000吨级码头 [Jiàntiào 5000 Dūnjí Mǎtóu]

位于健跳镇南道头，为5000吨级码头。泊位1个，固定码头平台长105米，宽20米。年运量100万吨，岸线长241米，平均水深7米，最大水深9米，所在水域健跳港。始建于2004年，2006年建成命名。

健跳一号码头 [Jiàntiào 1 Hào Mǎtóu]

位于健跳港北岸，健跳镇鹭鸶山南麓，健跳二号码头西侧，以地处健跳和兴建码头时间为序命名。建于1985年4月，为高桩承台梁版式固定码头。码头前沿水深5米，靠泊1000吨海轮，大潮时可泊3000吨深海货轮。码头有8吨吊机、5吨吊机和3吨轮胎吊各1台，堆场16000平方米。

健跳二号码头 [Jiàntiào 2 Hào Mǎtóu]

位于健跳港北岸，健跳镇水产码头西侧，以地处健跳和兴建码头时间为序命名。前沿水深3.8米，靠泊能力300吨。机械设备有塔吊1台，卷扬机1台。1958年健跳炼焦厂始建木结构埠头，泊位长34米，靠泊能力200吨以下。1966年由健跳炼焦厂改建为200~300吨级木质趸船码头。1980年改建为36米 ×8米钢筋混凝土结构的浮动式趸船客、货泊码头。

健跳三号码头 [Jiàntiào 3 Hào Mǎtóu]

位于健跳港北岸，健跳镇鹭鸶山南麓，以地处健跳和兴建码头时间为序命名。建于1966年，原为木质码头。1971年改建32米 ×8米钢筋混凝土结构的趸船货泊码头，前沿水深10米，靠泊能力300吨。机械设备有塔吊1台，轮胎吊（蝙蝠）1台，小吊机2台，卷扬机2台，岸边建有堆场1200平方米。

绣山水泥厂码头 [Xiùshānshuǐníchǎng Mǎtóu]

位于健跳镇健跳港北岸。东至铁冠山脚，北至绣山水泥厂，南至健跳港，西至堤坝（黄门塘海堤）。20世纪60年代以绣山水泥有限公司出资建造命名。

健跳海军码头 [Jiàntiàohǎijūn Mǎtóu]

位于健跳港北岸，健跳镇沙木山西南蟹山脚。地处健跳，又系主要功能专供海军舰艇停泊，故名。1974年建成80米 ×8米钢筋混凝土结构的浮动式趸军用码头，停靠1000吨舰艇。

浙江皓友船厂码头 [Zhèjiāng Hàoyǒuchuánchǎng Mǎtóu]

位于健跳镇鸡公屿，以浙江皓友船厂出资建造，故名。泊位1个，年运量60万吨，岸线长780米，平均水深4米，最大水深6米，所在水域健跳港。始建于2005年，2006年建成。

健跳水产码头 [Jiàntiàoshuǐchǎn Mǎtóu]

位于健跳港北岸，健跳镇车渡口西侧。前沿水深3米，靠泊能力300吨。原为木质趸船码头，1980年12月改建为36米 ×9米钢筋混凝土结构的浮动式趸船渔泊码头。以地处健跳，主要功能又系水产品靠泊装卸专用码头，故名。

健跳车渡码头 [Jiàntiàochēdù Mǎtóu]

位于健跳港北岸，健跳镇南面。为52米 ×5米固定式块石混凝土结构五级锯齿形码头，前沿水深1~1.5米，机械设备有120马力汽车渡轮2艘，30~50吨趸船2艘。1958年5月开工至1959年10月竣工。2011年11月健跳大桥通车后，该码头不再承担车渡功能。地处健跳，主要功能又系泊运各种类型车辆过渡，故名。

沙木渡码头 [Shāmùdù Mǎtóu]

位于健跳镇八村南侧沙木渡，健跳港北侧，蟹山脚下。因位于沙木渡，故名。20世纪60、70年代建，一直沿用至今。

浙江健跳造船厂码头 [Zhèjiāng Jiàntiàozàochuánchǎng Mǎtóu]

位于健跳镇瞭高山脚下，以浙江健跳造船公司出资建造，故名。泊位1个，年运量60万吨，岸线长647米，平均水深3.5米，最大水深6米。2008年10月动工建造，2009年11月建成完工。

浙江金茂船业公司码头 [Zhèjiāng Jīnmàochuányègōngsī Mǎtóu]

位于健跳镇高湾山，由浙江金茂船业有限公司出资建造，故名。泊位2个，年运量600万吨，岸线长866米，平均水深5米，最大水深9米，所在水域健跳港。建于2007年。

健跳渔港工程码头 [Jiàntiào Yúgǎnggōngchéng Mǎtóu]

位于健跳镇瞭高山脚下，水文站东侧，以三门县健跳渔港开发有限公司出资建造，故名。2005年动工建造，2006年8月24日建成完工。

三门鑫捷砂石码头 [Sānmén Xīnjiéshāshí Mǎtóu]

位于健跳镇高湾山，以三门鑫捷砂石有限公司出资建造，故名。泊位1个，年运量20万吨，岸线长120米，平均水深5米，最大水深7米，所在水域健跳港。2003年建成。

巡检司码头 [Xúnjiǎnsī Mǎtóu]

位于健跳镇巡检司山北麓，海游港南岸，以地处巡检司村，故名。为36米 ×8米钢筋混凝土结构的浮运式趸船客、货码头，前沿水深5米，靠泊能力300吨。有固定式旋转起重机2台，卷扬机1台，堆场2000平方米，仓库126平方米。民国十八年（1929年），上海总商会推荐许廷佐为承办三门湾商埠发起人，出资在巡检司建造益利码头、益利堆栈、简易旅馆等设施。抗日战争时遭破坏。解放后，重建简易码头。1971年改建。1997年年底建成300吨级固定码头1座。

六敖1000吨级车渡码头 [Liùáo 1000 Dūnjíchēdù Mǎtóu]

位于健跳镇上敖村。1998年动工兴建车渡码头。2009年8月新建300吨级交通码头泊位1个。2011年扩建1000吨级车渡码头泊位1个及相应配套设施，年通过能力3万辆次。

三门金海岸装卸队码头 [Sānmén Jīnhǎi'ànzhuāngxièduì Mǎtóu]

位于健跳镇健跳港南侧。20世纪60、70年代建，一直沿用至今。主要为三门金海岸装卸队工作使用而得名。

浙江海滨船业公司码头 [Zhèjiāng Hǎibīnchuányègōngsī Mǎtóu]

位于健跳镇鸡公屿以东，由浙江海滨船业有限公司出资建造，故名。码头3000吨级泊位1个，年运量50万吨，岸线长480米，平均水深4米，最大水深6米。建于2006年5月20日，2007年4月10日建成，2009年11月通过竣工验收。

凤凰山码头 [Fènghuángshān Mǎtóu]

位于健跳镇凤凰山脚下，故名。20世纪60、70年代建，一直沿用至今。

台州亚达公司码头 [Tāizhōu Yàdágōngsī Mǎtóu]

位于健跳镇下沙塘，为1000吨级的货运码头，以亚达公司出资建造命名。泊位1个，年运量20万吨，岸线长132米，平均水深4米，最大水深6米，所在水域健跳港。2004年动工建造，2006年11月完工。

岙口塘黄砂码头 [Àokǒutáng Huángshā Mǎtóu]

位于健跳镇岙口塘村南侧，大牛山脚下。因位于岙口塘村黄砂，故名。20世纪60、70年代建，一直沿用至今。

健跳人渡码头 [Jiàntiàoréndù Mǎtóu]

位于健跳港北岸，健跳镇车渡码头的东部。前沿水深1~1.5米。1987年省交通厅拨款10万元，将原南北两端简易渡埠改建成五级锯齿形码头和简易候船室。2001年11月健跳大桥通车后，该码头不再专供过渡。地处健跳，主要功能专供两岸过渡行人往返，故名。

健跳油库码头 [JiàntiàoYóukù Mǎtóu]

位于健跳港北岸，健跳镇西山头村之南，铁冠山东南麓。前沿水深5米，靠泊能力300吨，设有输油管道。1982年5月由县燃料公司建造，为32米×6米钢筋混凝土结构的浮动式趸船油泊码头。地处健跳，又系专卸石油，为油库专用码头，故名。

健跳渔港 [Jiàntiào Yúgǎng]

位于健跳港北岸，健跳大桥西侧。港区自黄门峡向里呈葫芦状，长12273米，峡口内腹江面开阔，宽度300~500米，最宽约700米，水深一般8~9米以上，最深处47米，5000吨级轮船可自由进出港。港区供电、供水、供油充足，陆域面积达1200亩，渔用海岸线达2300米，防洪坝防灾、减灾能力达到50年一遇以上。健跳渔港年卸货力4万吨以上，可以满足800~3000艘大、中、小型渔船停泊、避风、卸货、补给的需要。2016年三门县以健跳渔港为主要停泊港的大马力以上船舶275艘，渔船985艘，台风期间停泊本外地渔船近3000艘。2002年12月，经县政府同意，组建三门县健跳渔港开发有限公司，同时成立了三门县健跳渔港建设指挥部。2003年9月，三门县健跳渔港工程设计概算为2809.3万元。工程从2004年5月1日开工，整个工程于2009年2月13日完成，6月18日通过交工验收。2011年4月，农业部同意建设三门县健跳一级渔港。建设内容与规模采用将新建浮码头集中布置在已建浮码头西侧的总平面布置方案，建设浮码头6个，引桥3座，围堤1180米，新建综合执法办证中心800平方米，港区道路1.26万平方米；陆域回填4.5万立方米及配套水电设施、通讯及港区监控设备等。概算总投资3542万元。健跳一级渔港工程于2011年8月27日开工，2014年6月15日交工验收，可以满足1000余艘渔船正常锚泊渔货卸港。

浦坝港镇

盐场码头 [Yánchǎng Mǎtóu]

位于浦坝港镇方山，原三门盐场南部，故名。32米×6.8米高桩梁版式钢筋混凝土结构，栈桥长105米，宽7.8米货泊码头。前沿水深4.8米，靠泊能力500吨，机械设备有吊机2台。原是三门盐场食盐、工业盐装运至省内外各地的专业码头，故名。1980年建成。

洞港码头 [Dònggǎng Mǎtóu]

位于浦坝港镇下山村东南。岸线长200米，有2只揽绳桩，可停泊渔船300多艘。

蛇蟠乡

蛇蟠码头 [Shépán Mǎtóu]

位于蛇蟠水道北岸，蛇蟠乡上岩自然村垫头山南面。为石砌客、货泊码头，靠泊能力50吨。1987年始建，1991年扩建。1998年8月动工重建300吨级客货固定码头，2000年4月3日投入使用。2006年10月19日，新建1000吨级车客渡码头及相应陆域配套设施，年旅客吞吐能力达60万人次，车3万辆。

第六节　古道

海游街道

猢狲岭 [Húsūn Lǐng]

位于县境西北部，西北起海游街道西岙村，东南至亭旁镇石头岙村。西北—东南走向，长2.4公里，块石路面。岭头建有路廊1间，在县政府驻地西南4.7公里，西岙村之南，海拔145.6米。别名猢狲擂。“擂”，方言，跌倒之意。连猢狲过此岭也要跌倒，喻岭高峻难走。

竹岭坑岭 [Zhúlǐngkēng Lǐng]

位于县境西北部，东南起于海游街道上坎头村，西北至宁海县桑洲镇陈家岙村。东南—西北走向，长约5.8公里，石子路面。岭头建有房屋1间，名牛油岭头，在县政府驻地西4.5公里，宁海县境内，海拔254米。岭沿竹岭坑边蜿蜒，故名。

杨柳坑岭 [Yángliǔkēng Lǐng]

位于县境西北部，西南起海游街道湘山村，东北至沙柳街道前王村。西南—东北走向，长5公里，块石路面。岭头建有小屋2间，在县政府驻地西北3.5公里，湘山村之北，海拔250米。因岭沿杨柳坑边走向，故名。

海游岭 [Hǎiyóu Lǐng]

位于县境西北，南起海游街道寺后村，北至沙柳街道华山村。南北走向，全长2.5公里，块石路面。岭头建有路廊，在县政府驻地北2.5公里，海游街道与沙柳街道交界处，海拔144.2米。以岭南麓之海游得名。

小岭 [Xiǎo Lǐng]

位于县境西北，西起海游街道寺后村，东至沙柳街道姚家村。东西走向，长2.3公里，块石路面。岭头建有路廊1间，在县政府驻地东北2.6公里，海游街道与沙柳街道交界处，海拔212米。岭西有海游岭，与其相比较，比海游岭短小，故称小岭。

石岬岭 [Shíjiǎ Lǐng]

位于县境西北，南起海游街道城北村，北至沙柳街道下南山村。南北走向，长3公里，块石路面。岭头在县政府驻地西北3.8公里，下南山村境内，海拔285米。因该岭蜿蜒于杨柳坑和风吹罗带两山之间，山多岩石，故名石岬岭。

苎槽岭 [Zhùcáo Lǐng]

位于县境西北，东南起自海润街道岭脚陈村，西北至海游街道悬渚村。东南—西北走向，长3.8公里，块石路面。岭头建有路廊，在县政府驻地南6公里，悬渚村境内，海拔355米。该岭蜿蜒在南北两高山之间，峡谷形似苎槽，故名苎槽岭。曾用名苎造岭。

据《吴岙吴氏宗谱》记载，元朝末年悬渚大房四世裔孙俞子仁女儿，族人称姑婆。自幼由父母之命，媒妁之言，许配给其表兄为妻。表兄吴岙人吴开先，自幼聪颖过人，读书过目不忘，仪容美姿，犹如玉人，时人称赞他为“璧人”。十八岁时由弟子生员（秀才）经乡试考中举人，高中第一名解元。天有不测风云，风华正茂年仅二十二岁的吴解元因病而亡。远在悬渚的表妹听到噩耗后，悲痛难忍，终日以泪洗面。姑婆虽未能与吴解元结为秦晋之好，却自誓不再婚嫁，决心从一而终，在家服侍父母。父母亡故后，姑婆毅然决然地把家安在悬渚西侧山岭上的路廊里，终日织苎纺线，种苎织网，艰难度日。春夏秋冬，一年四季为行人烧水泡茶。说起来也奇怪，这岭上有一洼细泉，清澈见底，其底部凹陷，形如织苎用水的小槽。泉水不多不少，只能供她每天织苎和烧茶用水。姑婆平时省吃俭用，舍不得多花一分钱，却把时久日长积攒下来的辛苦钱用来造岭铺路。她出钱叫族人将悬渚村至岭脚陈村的山岭截弯取直，削坡填坑，拓宽路基，弹上石子，将高低不平，泥泞难走的山路改造为坚实的石子路，便利了往来的行人。人们为感谢姑婆的恩德，将这条山岭叫作“苎槽岭”。

岱阜岭 [Dàifù Lǐng]

起于亭旁镇缸窑村，至于海游街道岱阜村。岭头曰“江窑岭头”，有庵曰“众兴庵”，为清嘉庆二十五年（1820年）重建，近年圮坏，外墙及大殿石柱犹立不倒。有石柱联三楹，《众兴庵》碑记一通。

海润街道

葛岙岭 [Gé'ào Lǐng]

位于县境北偏西，东北起海润街道祁家村，西南至海游街道善岙蒋村。东北—西南走向，长1.2公里，石子路面。岭头建有路廊1间，在县政府驻地东2.8公里，祁家村境内，海拔72米。地处葛岙之西南，故名。

平坑岭 [Píngkēng Lǐng]

位于县境北部，东北起海润街道隔坑村，西南至亭旁镇外陈村。东北—西南走向，长5.5公里，块石路面。岭头建有回龙庵，在县政府驻地东南7公里，三门县林场境内，海拔417米。以岭东端与平坑并行得名。

头岙岭 [Tóu'ào Lǐng]

位于县境北部，东南起海润街道头岙村，西北至潺岙村。东南—西北走向，长2公里，块石路面。岭头建有路廊1间，在县政府驻地东8公里，头岙村境内，海拔85米。因岭处头岙村西北侧，故名。

南亭岭 [Nántíng Lǐng]

位于县境北偏西，南起海润街道晏站，北达沙柳街道南亭村。南北走向，长1公里，块石路面。岭头在县政府驻地东7公里，南亭村境内，海拔66米。因岭处南亭村南，故名。

西坑岭 [Xīkēng Lǐng]

位于县政府驻地东南11.5公里，以西坑得名。自横渡镇东屏村上角头自然村至海润街道叶家村，长5.4公里，高459米。

杨家岭 [Yángjiā Lǐng]

位于海游街道悬渚村与海润街道上枫坑村之间。旧为卵石铺设，岭头设有路廊。

西岭 [Xī Lǐng]

位于海润街道上枫坑村东。旧为卵石铺设，为上枫坑通往何家自然村的要道。岭上有风水墙，宽3米，高5米，中设石券洞门，保存完好。

沙柳街道

沙柳岭 [Shāliǔ Lǐng]

位于县境西北，西南起自沙柳街道沙柳村，向东北行，跨狮子山，至宁海县跳头村。西南—东北走向，长2公里，石子路面。岭头在县政府驻地东北5.5公里，沙柳村境内，海拔60米。以岭西南端沙柳村得名。古代有皇帝到此，落（下）马过岭，故又名皇落岭。

白岩岭 [Báiyán Lǐng]

位于县境西北边陲，南起宁海县桑洲镇外庵，经沙柳街道白岩寺、西坑村，至宁海县前童镇吴坑岙村。南北走向，长4公里，块石路面。岭头在县政府驻地西北8.8公里，沙柳街道与桑洲镇交界处，海拔291.1米。以岭经白岩寺得名。

金板山岭 [JīnbǎnShān Lǐng]

位于县境西北部，东南起自沙柳街道坎头杨村，经水口，西北至金板山村。东南—西北走向，长4.5公里，石子路面。岭头建有路廊，在县政府驻地北7.6公里，金板山村境内，海拔470米。因岭位于金板山东南，故名。岭峻而长，行人过岭，汗如豆下，别名汗豆岭。

白洋岭 [Báiyáng Lǐng]

位于县境西北部，东北起自沙柳街道前王村，向西南行，跨风吹罗带山，至海游街道城北村。东北—西南走向，长4公里，块石路面。岭头在县政府驻地西北2公里，前王村境内，海拔260米。因岭处白洋坑，故名。

曼岙岭 [Màn'ào Lǐng]

位于县境北偏西，东起自沙柳街道曼岙村，西至外黎村塘里自然村。东西走向，长1.1公里，鹅卵石路面。岭头建有路廊1座，在县政府驻地东北6公里，曼岙村境内，海拔115米。地处曼岙村西，故名曼岙岭。1987年隧道通后，岭废。

前王岭 [Qiánwáng Lǐng]

位于沙柳街道下南山村东北，前王村南。海拔78.5米。以所在村落得名。

珠岙镇

桐岩岭 [Tóngyán Lǐng]

位于县境西部，珠岙镇与临海市汇溪镇之间，岭青头山之西。北至珠岙镇小桐岩村，南至临海市汇溪镇岭脚村，南北走向。三门县部分自小桐岩村至临海市、三门县交界处半岭堂，长2公里，鹅卵石路面。沿岭有2座石桥和2座路廊。三门县部分最高点半岭堂，位于县政府驻地西南19公里，小桐岩村之南，海拔367米。以岭北端起点小桐岩村得名。

清光绪《宁海县志·形胜》载："桐岩岭，壁立千仞，所谓一夫当关，万夫莫开者也。"又清光绪《宁海县志·山脉》卷载："桐岩岭，临海界。石径峻峭，盘曲袤延，岭旁石壁镌有字。旧赴郡路，由摘星岭过宁和岭。宋靖康后，羽书警急，取道于此，今便之。"昔宁海县令曹学程过此岭时，留有诗句："万户鸡声曙欲微，石林树色淡朝晖。峰头残月看看尽，马首寒云片片飞。春到海东梅正蕊，阳回越峤麦初肥。凭高盼望蓬莱近，欲跨青鸾问羽衣。"

麻岙岭 [Má'ào Lǐng]

位于县境西北部，珠岙镇与宁海县桑洲镇之间。南自珠岙镇铺里村起，北至宁海县桑洲镇麻家村止，南北走向，长5公里。自铺里至半岭为块石路面，半岭以上为碎石路面。岭头设路廊1座，在县政府驻地西7.5公里，海拔105米。以岭北麓宁海县的麻岙村得名，S214省道越岭而过。清光绪《宁海县志·山脉》载："麻岙岭，旧名黄公岭，西有惠泉，明曹令学程建亭其上。"

梅坑岭 [Méikēng Lǐng]

位于县境西部，珠岙镇梅坑村与亭旁镇里金村之间。北为石牯牛山，南为黄泥山和九龙泡山，西边岭脚为珠岙镇梅坑村，东端岭脚为亭旁镇里金村。东北走向，长4.9公里，块石路面。岭头建有岭头庵1座，在县政府驻地西南14公里，梅坑村境内，海拔329米。岭西端有梅坑村，岭以村得名。

貘狸岭 [Mólí Lǐng]

位于县境西部，珠岙镇西南与临海市两头门之间。北端自岩下徐村起，向南至赤壁坑公路桥，出公路桥经临海市仙人桥，至汇溪镇。南北走向，长1.3公里，块石路面。岭头在临海市仙人桥附近，在县政府驻地西南20.5公里，海拔250米。以岭高峻难走得名，别名貘狸擂岭。"擂"，方言，是跌倒之意，比喻此岭高峻难走，就是貘狸过此岭也要跌倒。现岭下已建貘狸岭隧道，连接G15沈海高速公路。

油麻岭 [Yóumá Lǐng]

位于县境西部，珠岙镇西部与天台县交界处。东起珠岙镇吴岙村，经油麻岭村，西至天台县半山王村。东南—西北走向，长3.1公里，均石子路。岭头建有白岭庵，在县政府驻地西南16公里，海拔216.5米。因村子历史上贯种柏、油麻等，故称油麻岭。20世纪90年代后，吴岙至油麻岭村建公路时将该岭截断，西段剩小段石子路。

枫树岭 [Fēngshù Lǐng]

位于县境西部，珠岙镇西南。东起青里岙，向西南至岭头路廊，约长2.5公里，均石子路。岭头建有路廊1座，在县政府驻地西南20公里，海拔286.5米。以岭上枫树成林得名。以岭头路廊为基点，东为三门县，北为天台县，南为临海市，是三（门）、天（台）、临（海）三县（市）的交界点。2011年后，岭畔新建公路通临海市黄支罗村。

蜈蚣岭 [Wúgōng Lǐng]

位于县境西部，珠岙镇西南。南起岩下徐村，北至青里岙村外坑自然村。东南—西北走向，长1.5公里，块石路面。岭头设路廊1座，在县政府驻地西南18公里，海拔184.1米。以岭形似蜈蚣得名。1945年，日寇败退经过蜈蚣岭，战壕犹存。

分水岭 [Fènshuǐ Lǐng]

位于县政府驻地西南14.5公里，自珠岙镇塘岙村至天台县叶家坑村。长2公里，高280米。清光绪《宁海县志·分图二十二》标"金瓜岭"。

大尖岭 [Dàjiān Lǐng]

位于县城海游镇西南 15 公里，自珠岙镇陈岙村至黄罗村。长 1.2 公里，高 270 米。

梅岗岭 [Méigǎng Lǐng]

在珠岙镇吴岙村南。由唐峰之麓南行约里许，崇山盘曲，路可通桐岩，岭头有泗洲堂。据《吴岙吴氏宗谱》记载：梅岗岭阴而积雪，与山中寒梅竞白。陟其岗者，只道梅花都是雪，谁知雪里有梅花。

亭旁镇

大龙岭 [Dàlóng Lǐng]

位于县境西部，西北自珠岙镇横山村起，东南至亭旁镇上鲍村止。路线为北—南—东北，呈弧形，全长 5 公里，石子路面。岭头建有岭头庵 1 座，在县政府驻地西南 11.5 公里，郑家村大龙岭自然村境内，海拔 380 米。以此岭弯弯曲曲有三十五盘，似龙蟠旋得名。旧为珠岙、亭旁两地的交通要道，山麓有大龙寺，早圮。清顾祖禹《读史方舆纪要》记载："大龙岭，县西南百里。回旋曲折，凡三十五盘，接天台县界。"清光绪《宁海县志 · 山脉》载："大龙岭，上鲍村后，曲曲凡三十五盘。"

山隍岭 [Shānhuáng Lǐng]

位于县境西南，东至横渡镇长林村，西至亭旁镇刘家村。东西走向，长 7.4 公里，石块路面。岭头原建有石砌券洞，在县政府驻地南 12.5 公里，海拔 409.2 米。山隍岭山高路窄岭陡，涧深林密柴茂，道路崎岖，步行艰难，自古就有"宁吃三斤姜，难走长林坑"之谚。山隍岭是过去横渡前往亭旁的主要通道，今狮（岭）白（溪）公路越岭而过。

分水岭 [Fēnshuǐ Lǐng]

位于县境西南 17.5 公里，西北起亭旁镇下梅村，东南至临海市岭根村。呈东南—西北走向，长 5 公里，海拔 270 米，鹅卵石路面。岭头建有路廊 1 幢，在临海市境内。分水岭岭头是三门县、临海市界山，亦是两个县（市）流水分向的地方，故名分水岭。下梅至岭根公路经过此山岭。

骆家岭 [Luòjiā Lǐng]

位于县境西南 15 公里，亭旁镇大尖山与坝头笔架山之间。北起亭旁镇上模（片村名），南至下梅村，接分水岭。东南 ~ 西北走向，长 4 公里，海拔 231 米，块石路面。岭头建有路廊 1 幢，在县政府驻地南 15 公里，项家山村与祝家村之间。以岭头附近骆家得名骆家岭。

棉坑岭 [Miánkēng Lǐng]

位于县境西南，亭旁镇境内。北自佃石村，向南至楼下郑村。东北—西南走向，长 2.5 公里，海拔 442 米，块石路面。岭头有平房 2 间，属佃石村，在县政府驻地南 16 公里。楼下郑村下有一条坑，较平，称眠坑，岭在坑边，称眠坑岭，后谐音为棉坑岭。中间有一段岭路称百步峋。

谷仓岭 [Gǔcāng Lǐng]

位于县境西南，南端为亭旁镇石头岙村，北端为海游街道前郭村，东南—西北走向。长 2.5 公里，海拔 193.5 米，鹅卵石路面。岭头建有老爷殿 3 间，在县政府驻地西南 5 公里，石头岙村境内。旧称古樟岭，系岭头老爷殿前有古樟数株，故名。岭头旧有庵曰"岭头庵"，创建于宋代，为黎雍海所建。旧有僧人居住，立有茶亭，为往来途人憩息场所。据明朝任尚絅《古樟岭头庵记》记载："马湖檀越黎氏名宦雍海公建之也，其家有分枝居于岭根，其祖疏骸归田，曾受宋帝赐土田一千余亩，在于岭根黄村等处，以为子孙世代耕耨，故建之也。不惟于是，且其祖讳公爽，为宋时熊安节度使，卒后茔葬石头岙，墓前立石牌坊，则上下四方之山俱属黎氏所管，则建庵以立茶亭，乃为往来途人憩息所也。"清光绪《宁海县志 · 分图二十一》标"虎唱岭"。1928 年，共产党领导的亭旁起义预备会议（即谷仓岭头会议）在岭头老爷殿召开，为三门县革命纪念地之一。

牌里门岭 [Páilǐmén Lǐng]

位于县境西部，南端为亭旁镇枧头村，接山隍岭，北端为中口村中口堂自然村。南北走向，长 3 公里，海拔292米，鹅卵石路面。岭头为牌里门，属枧头村，故名。曾用名荷花岭，以岭状似荷花得名。旧为枧头村通往邵家、海游的捷径。

宁和岭 [Nínghé Lǐng]

位于县境西南，北自亭旁镇芹溪村东岭脚堂起，向南至临海市洞桥村止。南北走向，长6公里，块石路面。岭头在县政府驻地南18公里，临海市与三门县交界处，海拔310米。南宋嘉定《赤城志》载："石姥岩岭，在县南九十里，一名宁和，以山上有石姥神，故名。"

宁和岭是汉代台州通往宁波的重要交通关隘，一直沿用至宋、元，唐、宋时最盛。具体路线为临海→大田→东塍→狼坑岭→康山→宁和岭→宁和乡→悬渚驿→海游→宁海→宁波。

健跳镇

小蒲岭 [Xiǎopú Lǐng]

位于县境中部，海润街道东部，与健跳镇交界。东起健跳镇小蒲村，西至海润街道园里村。东西走向，长3公里，海拔159.4米，块石路面。岭头位于县政府驻地东南12.5公里，海润街道与健跳镇交界处。因岭处小蒲村西侧，故名小蒲岭。

西渡岭 [Xīdù Lǐng]

位于县境中部，北起健跳镇西渡村，南至横渡镇铁强村托岙自然村。南北走向，石子路面。长6.4公里，海拔109米。岭头在县政府驻地东南15公里，西渡村境内。岭处西渡村境内，故名。

毛叶岭 [Máoyè Lǐng]

位于县境东部，健跳镇东南。东起浦坝港镇山上村，西至健跳镇毛叶村，东西走向。长2公里，鹅卵石路面。岭头在县政府驻地东南28公里，毛叶村东南，海拔226米。岭处毛叶村东南，故名。清光绪《宁海县志》标"睦岙岭"。

田岙岭 [Tián'ào Lǐng]

位于县境东部，健跳镇东南，在竹山与四顾基山之间。南起田岙村，北至浮门村。南北走向，长2公里，鹅卵石路面。岭头建有路廊1座，在县政府驻地东南25公里，田岙村境内，海拔132米。别名"浮门岭"，以岭北端浮门村得名。清光绪《宁海县志》卷三载："田岙，清属宁海县。"岭处田岙村北侧，岭以村名，故名田岙岭。

大宅岭 [Dàzhái Lǐng]

位于县境东部，健跳镇西北。东北起健跳镇大宅村，西南至东边村。西南—东北走向，长2公里，石子路面。岭头建有路廊，在县政府驻地东南21公里，大宅村境内，海拔51米。以岭东麓大宅村得名。

东郭门岭 [Dōngguōmén Lǐng]

位于县境东部，健跳镇西部。东起小蛟龙村，西至东郭门村。东西走向，长1公里。原为鹅卵石路面，现改为机耕路。岭头在县政府驻地东南24公里，小蛟龙村境内，海拔67米。以岭西麓东郭门村得名。

长沙岭 [Chángshā Lǐng]

位于县境东部，健跳镇东北部大湾山上。东自健跳镇外岗村长沙自然村，西至大湾村。东西走向，长1.2公里。岭头在县政府驻地东22公里，健跳镇境内，海拔109.6米。岭以东麓长沙自然村得名。

猫头岭 [Māotóu Lǐng]

位于县境东部，健跳镇东北部猫头山上。东北起健跳镇猫头村大猫头自然村，西南至里峙村。东北—西南走向，长1.5公里，块石路面。岭头在县政府驻地东22公里，大猫头自然村境内，海拔186.2米。因岭跨越猫头山，故名猫头岭。

平岩岭 [Píngyán Lǐng]

位于县境东部，健跳镇平岩山上。东起外岗村，西至大湾村。东西走向，长2.4公里，块石路面。岭头建有路廊1间，在县政府驻地东23公里，外岗村境内，海拔141米。以岭在平岩山，故名。

横渡镇

七鸟岭 [Qīniǎo Lǐng]

位于县境西南，亭旁镇与横渡镇之间。东至横渡镇丈家坑村，西至亭旁镇赖岙村。东南—西北走向，长4公里，块石路面。岭头建有路廊1间，在县政府驻地南15公里，亭旁镇百两岗村境内，海拔345米。清光绪《宁海县志·分图二十六》标“弱箬岭”，后演变为“七鸟岭”。今亭（旁）流（水岩）公路越岭而过。

西坑岭 [Xīkēng Lǐng]

位于县境中部，横渡镇北部，跨横渡镇、三门县林场、海润街道。西南起横渡镇东屏村上角头自然村，东北至海润街道叶家村。西南—东北走向，长5.4公里，块石路面。岭头在县政府驻地东南11.5公里，三门县林场与海润街道交界处，海拔460.4米。因岭旁有西坑水流经，故名西坑岭。

八岭 [Bā Lǐng]

位于县政府驻地东南21公里，自横渡镇快岙村至花桥镇八岭村，长2.5公里，高240米。因岭有八处较大的高低起伏山路，故名。

白栲岭 [Báikǎo Lǐng]

位于县境中部，横渡镇北部，跨横渡镇、三门县林场、海润街道。东南起横渡镇东屏村上角头自然村，西北至海润街道孙家村。东南—西北走向，长6公里，块石路面。岭头在县政府驻地东南10.5公里，三门县林场境内，海拔571.3米。因岭旁盛长白栲树，故名。清嘉庆年间（1796—1820年）宁海县令沈刚撰有《诰山岭碑记》:“白栲山逶迤数十里，虽无奇峰峻耸，而四围苍翠，青绿欲滴，亦一幽胜处也。其山上通温台，下接宁绍，往来行人络绎于其间。”这块立于清嘉庆十八年（1813年）七月的碑记至今还完好保存在东屏村口路廊前。

十八肩岭 [Shíbājiān Lǐng]

位于县境南部，横渡镇西南，跨三门、临海两县（市）。东北起横渡镇王岐庄村，西南至临海市东塍镇岭根村。东北—西南走向，长5.4公里，块石路面。岭头在县政府驻地东南18公里，临海市东塍镇境内，海拔293米，以岭高且长闻名。据传，古时有个人肩背行李过岭，曾换过十八次肩，故名十八肩岭。

赵五娘岭 [Zhàowǔniáng Lǐng]

在横渡镇王岐庄与荞麦地间。东西走向，西陡东缓，长约2公里，以溪石铺砌。民间传说，汉时赵五娘，丈夫蔡伯喈赴京赶考。赵五娘流落到王岐庄，挑起家庭重担，任劳任怨。后公婆双亡，恰值荒年，她又卖发葬亲，全贞尽孝。后千里迢迢，赴京寻夫。赵五娘岭半岭有一巨岩侧卧，为赵五娘背婆婆过岭歇息之处，后人谓之“孝母石”。

重岩岭 [Zhòngyán Lǐng]

位于县境中部，横渡镇之南与花桥镇交界处。北起岩下村，南至花桥镇关头村。南北走向，长4公里，块石路面。岭头在县政府驻地东南20公里，岩下村境内，海拔178.5米。以岭上有两块巨岩重叠，故名。

托岙岭 [Tuō'ào Lǐng]

位于县境中部，横渡镇东北。东北起横渡镇铁强村托岙自然村，西南至铁强村。东北—西南走向，长2.1公里，块石路面。岭头建有路廊1间，在县政府驻地东南18公里，托岙自然村境内，海拔177米。以岭东北麓有托岙自然村得名。

小横渡岭 [Xiǎohéngdù Lǐng]

位于县境中部，横渡镇东南。北起小横渡村，南至花桥镇蒲峰村流水岩自然村。南北走向，长2公里，条石、鹅卵石路面。岭头建有路廊1间，在县政府驻地东南23公里，横渡镇与花桥镇交界处，海拔82.5米。以岭北麓的小横渡村得名。

黄泥岭 [Huángní Lǐng]

位于县境中部，横渡镇南部与花桥镇交界处。北起快岙村南之岭脚堂，南至花桥镇王申坦村。南北走向，长2公里，块石路面。岭头建有路廊1间，在县政府驻地东南21公里，快岙村境内，海拔206米。以山岭多黄色土壤得名。

横渡岭 [Héngdù Lǐng]

位于县政府驻地东南15公里，因岭南麓横渡镇大横渡村而得名，是古代横渡、花桥等港南地区通往县城的必经要道，也是重要的捷径。南起大横渡村，北至海润街道叶家村。东南—西北走向，长6公里，块石路面。岭头建有白云庵，海拔510米。

横渡岭旧名桂桥岭、佹桥岭，后称鬼叫岭。清光绪《宁海县志》记载："桂桥岭，旧志作佹桥，道极险隘，两石屹立如门，以小木桥跨道下，有泉湍急穿洞而出。"南宋嘉定《赤城志》中对佹桥岭周边的风景有详细的描述："佹桥在县南一百里，两石峙立，所谓石门。门间六尺，不通车马，以小木桥跨道。从石门入，自木桥下行，转上木桥，始接石桥。所谓佹桥，长几三寻，背如剑脊，下有湍泉。桥旁有石门，门间八尺，自此下，岭西一石峰撑空特立，名石柱峰，石上点白如梅花片，又名梅花岩。东石洞深二丈，横广倍之，两旁壁立，仰若承尘。中有泉穿洞而出，前后两石门皆蝙蝠栖宿。南冷泉窦洼仅置杯，味甚甘，随酌随满，循东石门旁行，一峰削成数仞，顶上一棋局方广丈余，夜分或有云气，辄闻棋声。西石门即圣潭，潭石明净如拭，尽日续蔓，深不可穷，潭有蛇能乘风飞行，近岁有樵者入山闻霹雳声，就视则潭旁巨石直裂如劈，中有青泥流出，掬之成石，好事者取之，掌痕犹在石崖，高绝蛎房层生，今去海十里，不知何时物也。"横渡岭不仅风光秀美，还流传着许多的优美动听的传说故事，流传最广的便是《白羊精的故事》，说山民们白天翻岭赶路从没出过事，但每当夜晚过岭时，大都一去不返神秘地消失了，从此，大横渡岭再也没有人敢在夜间过岭。到后来有个叫杨真人的道士知道这是白羊精作怪，就独身过岗，作法将白羊精擒获，镇在路边一个山洞里，并刻上咒语："洞不毁，羊永镇，人消灾。"如今，这条山道山高林密，荒草掩道，很少有人行走，偶尔有"驴队"前往探幽揽胜。

沙平岭 [Shāpíng Lǐng]

位于县境中部，横渡镇南部。东起岭根陈村，西至岩下村。东西走向，长2.8公里，块石路面。岭头建有房屋1幢，在县政府驻地东南19.5公里，岭根陈村境内，海拔230.8米。因岭头东面有一块紫砂岩坪坛，故名沙坪岭，后演变为沙平岭。

花桥镇

上潘岭 [Shàngpān Lǐng]

位于县境南部，花桥镇与浦坝港镇之间。东起浦坝港镇大岙村，西北至花桥镇上潘村。东南—西北走向，长3公里，块石路面。岭头建有房屋1幢，在县政府驻地东南27公里，海拔103.8米。以岭西北麓有上潘村得名。

四周岭 [Sìzhōu Lǐng]

位于县境南部，花桥镇西北。东起花桥村，向西行，至路廊后折向北行，再转东北，至王申坦村。长4公里，块石路面。岭头建有路廊1间，在县政府驻地南偏东23公里，海拔307米。从岭头出发，可东通花桥，北达王申坦，西接临海市杜于岭，四周可通行，故名。

盐坑岭 [Yánkēng Lǐng]

位于县境南部，花桥镇与浦坝港镇之间。北起双洋村上潘洋自然村，南至浦坝港镇麻车坑村金家山自然村。南北走向，长3公里，块石路面。岭头在县政府驻地南偏东27.5公里，花桥镇与浦坝港镇交界处，海拔209米。因此岭沿山坑而走，故名。后因"沿"与"盐"谐音，遂演变"盐坑岭"。

小溪岭 [Xiǎoxī Lǐng]

位于县境南部，临海市与三门县之间。东起花桥镇甘东岙村，西南至临海市小溪村。东北—西南走向，长4.7公里，块石路面。岭头在县政府驻地南24.5公里，临海市与三门县交界处，海拔190米。以岭西南小溪村得名。

南丰岭 [Nánfēng Lǐng]

位于县境南部，临海市与三门县之间。东起花桥镇方前村，西南至临海市小芝镇南丰坑村。东北—西南走向，长3.1公里，块石路面。岭头建有路廊1座，在县政府驻地南27公里，临海市与三门县交界处，海拔185.2米。以岭西南端的南丰坑村得名。

枫树岭 [Fēngshù Lǐng]

位于县境南部，花桥镇西部。东起花桥村，西至临海市洪桥村，接杜于岭。东西走向，长4公里，块石路面。岭头建有房屋，在县政府驻地南22.5公里，临海市境内，海拔228.5米。因此处昔日盛长枫树，故名。

蜍下岭 [Chúxià Lǐng]

位于县境南部，花桥镇东南。东起蜍下村，西南至李岙村。东北—西南走向，长1.7公里，块石路面。岭头建有路廊1间，在县政府驻地东南29公里，蜍下村西南花桥镇境内，海拔122.5米。以岭东端起点蜍下村得名。

吴都岭 [Wúdū Lǐng]

位于县境南部，花桥镇南部。北起吴都村，南至山场村。南北走向，长3.5公里，块石路面。岭头在县政府驻地东南29公里，吴都村之南，海拔157米。以岭北端起点吴都村得名。

张家岭 [Zhāngjiā Lǐng]

位于花桥镇岭下舒村西南，上宅村东北，海拔99.5米。因岭上有张家人住过，故名。

浦坝港镇

小渔西岭 [Xiǎoyúxī Lǐng]

位于县境东南部，浦坝港镇东部小渔西村，故名。北自小渔西村起，南至罗石村罗家自然村。南北走向，长1.8公里，块石路面。岭头建有路廊1座，在县政府驻地东南34公里，海拔135米。

桃峙岭 [Táozhì Lǐng]

位于县境东南部，浦坝港镇南部。山岭以桃峙村为中心点，西北走向，跨越炮台山与三角山接界处，至高湖村。东西—南北走向，长1.7公里，块石路面。岭头建有路廊1座，在县政府驻地东南34.3公里，浦坝港镇境内，海拔116.2米；从桃峙村向南走，跨越鹤井山，至长浦庄村。南北走向，长1.3公里，块石路面。岭头在县政府驻地东南33.5公里，长浦庄村之北，海拔74.5米。1981年，桃峙村在岭脚开凿一条隧道，长180米，南通长浦庄村。岭以中心点桃峙村得名。

四炮岭 [Sìpào Lǐng]

位于县境东部，浦坝港镇北部，岭东大湾山，岭西西岙山。南起西浦村，北至健跳镇毛叶村。南北走向，长2公里，鹅卵石路面。岭头在县政府驻地东南27公里，毛叶村境内，海拔265米。因该岭有四个小山岭，当地惯称山峰为炮头，故名四炮岭。

渔西小岭 [Yúxī Xiǎolǐng]

位于县境东部，浦坝港镇北部，岭东有黄落山，岭西有大岭头。南起六村村路上自然村，北至山里村。南北走向，长2.5公里，鹅卵石路面。岭头建有老爷殿一座，在县政府驻地东南30.5公里，六村村境内，海拔186米。因岭靠近大岭头，比大岭头低且短，故名。

大岭头 [Dàlǐngtóu]

位于县境东部，浦坝港镇东部，岭东石龙旗山，岭西大湾山。南起浦坝港镇六村村之山下张自然村，北至里宅村。西南—东北走向，长3公里，鹅卵石路面，部分泥路。岭头建有路廊1间，在县政府驻地东南30公里，六村村境内，海拔188米。岭高且长，因别于附近的渔西小岭，故名大岭头。

仙岩岭 [Xiānyán Lǐng]

位于县境东南部，浦坝港镇西部。东南起仙岩村，岭南有象鼻头山、狮子山，岭西北至小横渡村，北为仙岩洞。东南—西北走向，长4公里，块石路面。岭头在县政府驻地东南23公里，仙岩村境内，海拔98米。因岭绕仙岩洞山麓蜿蜒盘旋而过，故名仙岩岭。

山后岭 [Shānhòu Lǐng]

位于县境东南部，浦坝港镇西部。北起仙岩村，南至狗屿山，唐家山东北。南北走向，长2公里，石块路面。岭头在县政府驻地东南24公里，仙岩村东南境内，海拔27.2米。唐家山后面岭，故名山后岭。

小芝岭 [Xiǎozhī Lǐng]

位于县境南部，浦坝港镇西南。东起塔坑村，西南至临海市小芝镇，其中塔坑至白岩一段为山岭，白岩至小芝一段为平路。东北—西南走向，长2.3公里，块石路面。岭头建有路廊3间，在县政府驻地南偏东31公里，三门、临海两县（市）交界处，海拔196.1米。以岭西端临海市小芝镇得名。

张山岭 [Zhāngshān Lǐng]

位于县境东南部，浦坝港镇西部。东起胡家峙村，西至临海市张山村。东西走向，长2公里，块石路面。岭头建有路廊，在县政府驻地南偏东30公里，海拔237米。以岭西端临海市张山村得名。

西里岭 [Xīlǐ Lǐng]

位于县境东部，浦坝港镇北部。岭东为岙里山，岭西界西坑山，南起浦坝港镇西里村，北至健跳镇毛张村石桥自然村。南北走向，长2.5公里，鹅卵石路面。岭头建有石砌券洞，在县政府驻地东南27公里，海拔136.4米，西里村境内，故名。

大雄岭 [Dàxióng Lǐng]

位于县境东南部，浦坝港镇南部。东北起庙屿村，西南至岙底方村。东北—西南走向，长2公里，块石路面，部分泥路。岭头建有老爷殿1座，在县政府驻地东南31公里，庙屿村境内，海拔235米。因岭跨越大雄山，故名大雄岭。

东岭 [Dōng Lǐng]

位于县境东南部，浦坝港镇南。西南从洋底村东岭自然村起，经洋底村山前塘自然村、山头郭村，东北至泗淋村止。西南—东北走向，长2公里，块石路面。岭头在县政府驻地东南35公里，东岭自然村境内，海拔112米。

第七节　火车站、汽车站

三门县站 [Sānménxiàn Zhàn]

坐落于亭旁镇邵家，距县政府驻地7公里，为国家一级县级客货站，隶属上海铁路局宁波车务段管辖。占地面积2万平方米，站房面积3990平方米，生产生活用房760平方米，总投资约1.1亿元。站房长114米，宽29.6米，高20米，内设有办公用房、售票厅、候车大厅等，并配有进出站地道。站房外（南）面设有站台雨棚，为钢桁架结构，建筑面积9450平方米，长450米，宽10.5米，高8米。2006年1月由中铁二十四局程呈建，2009年9月28日投入使用，年客运量36万人。因坐落在三门县，故名。

三门客运中心 [Sānmén Kèyùn Zhōngxīn]

位于海润街道工业园区南侧（S224省道），西邻三门装饰城，北临凤鸣路，县级汽车站。中心主要包括汽车客运站、公交站场、汽车销售与修理、加油站、物流中心、职工宿舍等，按照国家一级汽车客运站设计建造。占地面积11.66万平方米，建筑面积2.8565万平方米，容积率为0.286，绿地率为33.7%，建筑密度为16.38%。机动车停车数量677个（其中长短途巴士停车位324个，其他停车位353个），总概算1.05亿元。2009年年底建成。2010年5月24日投入使用。日均发班次710个，日均发送量1.2万人。

三门县客运东站 [Sānménxiàn Kèyùn Dōngzhàn]

原名三门汽车站（三门县汽车运输公司）。位于海游街道交通路40号，东邻县农业银行，南接县交通监理所，西北靠南山（原名龙山），北为县食品公司。1989年建造，系第四代车站，占地面积6000平方米，建筑面积3200平方米，内设客运站和货运站。1955年10月岭（口）三（门）公路建成，在海游文昌阁下关帝庙设临时车站。1957年在今址建成新站。1976年8月1日扩建成现在规模的车站，命名为浙江省汽车运输公司三门站。1988年3月5日改名为浙江省台州地区汽车运输公司三门站，10月12日又改名为浙江省三门汽车运输公司。1998年12月底前为全县陆路交通枢纽，主要运营线（条）有开往上海、南京、杭州、宁波、金华、椒江、临海、宁海、天台等跨地市、县及县内班车。1999年1月随着客运西站的建成和使用，为区别两站，改名为三门县客运东站。三门县客运东站于2010年5月24日零时起关闭，停止运行，所有客运班车到三门客运中心经营，发车时间不变。

三门县客运西站 [Sānménxiàn Kèyùn Xīzhàn]

位于海游街道光明中路（菖蒲岭西南），南临丹峰山北侧，北靠岭枫公路，西邻县公管所。该站地处县城西边，故名。1992年申请建设，1993年经浙江省交通厅批准，1994年7月被县计划经济委员会列入年度投资计划。整个客运西站用地面积2.67万平方米，占地面积2.04万平方米，建筑面积3368余平方米，主站房为二层，钢筋混凝土结构，投资900多万元。新建停车场2.4万平方米，可停车100辆，房屋建筑面积2700平方米，其中候车厅300平方米，售票用房200平方米，行李房100平方米，修理车间200平方米，停车棚300平方米。1997年4月20日开工，1998年4月8日竣工，1999年1月1日投入使用。该站负责全县所有的跨省、地、县长途班车的客运服务和岭口方向与县城公交车的停车发班工作，日发长途班车120余班次，日发送旅客5000余人次，年发送旅客200万人次。三门县客运西站于2010年5月24日零时起关闭，停止运行，所有客运班车到三门客运中心经营，发车时间不变。后由县政府出让，所得投入三门县客运中心工程建设。

黄金坦汽车站 [Huángjīntǎn Qìchēzhàn]

位于浦坝港镇黄金坦村。占地面积200平方米，建筑面积105平方米。地处黄金坦村，故名。建于1978年，为黄（金坦）泗（淋）线起点站。已改他用。

健康塘汽车站 [Jiànkāngtáng Qìchēzhàn]

位于健跳镇六敖下街街口。占地面积1000平方米，建筑面积171 平方米，为海（游）健（跳）公路通车后设立的大站之一。地处健跳镇健康塘，故名。建于1978年，20世纪80年代拆除，改建为菜市场。

巡检司汽车站 [Xúnjiǎnsī Qìchēzhàn]

位于健跳镇巡检司村。建于1978年，占地面积772.2平方米，建筑面积60平方米。1986年经县计划经济委员会批准改建，占地772.2平方米，建筑面积97.4平方米。地处巡检司村，故名。现存3间小房子和围墙，闲置。

石岩汽车站 [Shíyán Qìchēzhàn]

位于海游街道石岩村。占地面积100平方米，建筑面积60平方米。建于1983年，为石岩至里金公路的起站点。地处石岩村，故名。已改他用。

三角塘汽车站 [SānjiǎotángQìchēzhàn]

位于浦坝港镇三角塘村。占地面积150平方米，建筑面积77平方米。建于1969年，为岭（口）三（角塘）公里的终点站。地处三角塘村，故名。

亭旁汽车站 [Tíngpáng Qìchēzhàn]

位于亭旁镇杨家村之北。占地面积1000平方米，建筑面积177平方米。建于1984年，为亭(旁)流(水岩)公路的起点站，岭（口）里（金）公路经过。地处亭旁镇，故名。1995年5月出售。

蛇蟠客货运站 [Shépán Kèhuòyùnzhàn]

位于蛇蟠乡，故名。自2012年通车一直沿用至今。

健跳琴江客运服务站 [Jiàntiàoqínjiāngkèyùn fúwùzhàn]

位于健跳镇健农村。占地面积1100平方米，建筑面积240平方米。健跳港又名琴江，故名。建于

1978年。

小雄汽车站 [Xiǎoxióng Qìchēzhàn]

位于浦坝港镇小雄村。占地面积2100平方米，建筑面积220平方米。地处小雄村，故名。建于1980年。已改他用。

高枧汽车站 [Gāojiǎn Qìchēzhàn]

位于珠岙镇双楼村。1955年建，占地面积1600平方米，建筑面积416平方米。为宁（波）临（海）与杭（州）温（州）公路高枧至宁波段分叉处，是宁（波）临（海）公路进入三门县境的第三站，杭（州）温（州）公路进入三门县境的唯一车站，又是高（枧）山（岙）公路的起点站。为全民所有制企业，隶属三门汽车站。以该站始建于高枧村得名。民国二十三年（1934年）7月，始建站高枧村，为新（昌）天（台）临（海）公路中的一站，是三门县境建立最早的车站。1955年在双楼村建成新站，同时，移车站于双楼，仍名高枧汽车站。高枧汽车站分为客运汽车站和货运汽车站，客运汽车站位于甬临线公路南侧，货运汽车站位于公路北侧。据1995年县村庄地籍调查：客运汽车站土地面积153.1平方米，建筑面积153.1平方米，砖混结构，二层；货运汽车站现存房屋6间，砖木结构，二层。已改他用。

头岙汽车站 [Tóu'ào Qìchēzhàn]

位于海润街道头岙村。占地面积100平方米，建筑面积60平方米。地处头岙村，故名。建于1978年。已改他用。

沿海工业城客货集散中心 [Yánhǎigōngyèchéng Kèhuò jísǎnzhōngxīn]

位于浦坝港镇沿海工业城沿九路与赤六路交叉口，因位于沿海工业城，主要从事外地货物业务，故名。占地4.87万平方米，建筑有一层14间物流用房，钢混结构，投资140多万元。2009年，因沿海工业城建设需要，拆除原三角塘汽车站，沿海工业城管委会在城内规划一块土地，用于客货集散中心建设。

浬浦汽车站 [Lipǔ Qìchēzhàn]

位于浦坝港镇西浦村，为岭（口）三（角塘）公路中第十九站，又是浬（浦）渔（西）公路的起点站。1978年11月经台州地区汽车运输公司批准建设，占地面积2000平方米，建筑面积171平方米。1987年1月征得西浦村土地2亩1分，建设新浬浦站。该站东邻沿江中学，北邻原74省道公路，建筑面积171平方米，两层楼混凝土结构，现闲置出租。

岭口汽车站 [Lǐngkǒu Qìchēzhàn]

位于珠岙镇东北娄坑村。占地面积150平方米，建筑面积84平方米。地处珠岙镇东北之娄坑，地近岭口村，故名岭口站。建于1968年，为岭（口）三（角塘）与宁（波）临（海）公路的交接站。

沙柳汽车站 [Shāliǔ Qìchēzhàn]

位于沙柳街道沙柳村。占地面积100平方米，建筑面积50平方米。1978年建站，公路直通宁海县城。1983年沙柳镇行政区从宁海县划归三门县。1986年12月31日海游至沙柳公路建成，始有班车来往。今班车停开，站亦停止使用。

珠岙汽车站 [Zhū'ào Qìchēzhàn]

位于珠岙镇珠岙村。地处珠岙镇，故名。建筑面积30平方米，建于1983年，是宁（波）临（海）公路入三门县的第二站。

第八节　隧道

海游街道

将军山隧道 [Jiāngjūnshān Suìdào]

位于X502县道海游至沙柳公路将军山处，中心桩号为K4+227，穿越将军山。长690米，净宽11米，净高5米。2012年12月28日建成通车。

海游隧道 [Hǎiyóu Suìdào]

位于县城北2.5公里海游、沙柳两街道交接的海游岭，故名。长547米，宽8.5米，高5.8米，为海游街道至沙柳街道公路隧道。1985年5月正式动工，1987年5月18日建成通车。

南山隧道 [Nánshān Suìdào]

位于海游街道南山，故名。长390米，宽10米，高6.6米，为上（叶）枫（坑）线隧道。2001年10月9日建成。

马家山隧道 [Mǎjiāshān Suìdào]

位于海游街道马家山，故名。长405米，宽11米，高5米，为海游街道至沙柳街道公路隧道。2012年12月建成通车。

海润街道

岱阜里隧道 [Dàifùlǐ Suìdào]

铁路隧道。位于海游街道岱阜里村与外俞村慈胜自然村之间，故名。长501米，宽12米，高6米。2006年始建，2009年建成。

湫水隧道 [Jiushuǐ Suìdào]

铁路隧道。位于海游街道外岱阜和亭旁镇邵家之间，穿越湫水山脉，故名。长732米，宽12米，高6米。2006年始建，2009年建成。

枫卢隧道 [Fēnglú Suìdào]

铁道隧道。位于海润街道上枫坑村与海游街道方卢村之间，故名。长728米，宽12米，高6米。2006年始建，2009年建成。

慈胜隧道 [Císhèng Suìdào]

铁路隧道。位于海游街道外俞村慈胜自然村西南，故名。有两段隧道，长分别为194米和308米，总长502米，宽12米，高6米。2006年始建，2009年建成。

头岙岭隧道（左） [Tóu'àolǐng Suìdào (Zuǒ)]

位于海润街道中部，S224省道岭（口）三（角塘）公路头岙岭地段，故名。为S224省道之隧道。长440米，宽11米，高7米。1988年7月开始动工，1989年9月完工，1990年6月1日通车。

头岙岭隧道（右） [Tóu'àolǐng Suìdào (Yòu)]

位于海润街道中部，S224省道头岙岭地段，故名。长250米，宽8米，高7米。1988年7月开始动工，1989年9月完工，1990年6月1日通车。

沙柳街道

姚蒋隧道 [Yáojiǎng Suìdào]

铁路隧道。位于沙柳街道姚家村与海游街道善岙蒋村之间，故名。长2572米，宽12米，高6米。2006年始建，2009年建成。

后周隧道 [Hòuzhōu Suìdào]

铁路隧道。位于沙柳街道后周村东北，故名。长516米，宽12米，高6米。2006年始建，2009年建成。

曼岙隧道 [Màn'ào Suìdào]

位于沙柳街道东南曼岙岭，故名。长317米，宽6米，高5米。东西走向，为大周、曼岙等村民至沙柳、海润等地交通要道。1985年9月动工，1986年10月建成，2000年12月通车。

大周隧道 [Dàzhōu Suìdào]

位于沙柳街道大周村，故名。长317米，宽6米，高4.5米，为沙柳街道至大周等地的公路隧道。

2000年12月建成通车。

珠岙镇

猫狸岭隧道（左）[Māolílǐng Suìdào (Zuǒ)]

位于G15沈海高速公路三门段珠岙镇岩下徐村外桐自然村与临海段汇溪镇江根村交界处，隧道中心桩号为K1607+604，穿越猫狸岭。长3616米，中心线间距40米，为直线隧道，净宽11.02米，净高5米。1998年动工建设，2000年12月建成通车。

猫狸岭隧道（右）[Māolílǐng Suìdào (Yòu)]

位于G15沈海高速公路三门段珠岙镇小桐岩村与临海段汇溪镇江根村交界处，隧道中心桩号为K1607+602，穿越猫狸岭。长3951.8米，中心线间距40米，为直线隧道，净宽11.02米，净高5米。1998年动工建设，2000年12月建成通车。

麻岙岭隧道（左）[Máàolǐng Suìdào (Zuǒ)]

位于G15沈海高速公路宁海段桑洲镇麻岙村与三门段珠岙镇铺里村交界处，隧道中心桩号为K1589+949，穿越麻岙岭，故名。平均埋深约70米，最大埋深约187米，长2234米，净宽11.02米，净高5米。隧道中间距44.9米，水泥混凝土路面面层，冀墙式正交洞口，直墙式单心圆拱，自然通风，装有监控、通讯、检测设备。1998年10月动工建设，2000年12月建成通车。

麻岙岭隧道（右）[Máàolǐng Suìdào (Yòu)]

位于G15沈海高速公路宁海段桑州镇麻岙村与三门段珠岙镇铺里村交界处，隧道中心桩号为K1589+964，穿越麻岙岭，故名。平均埋深约70米，最大埋深约187米，长2266米，净宽11.02米，净高5米。隧道中间距44.9米，水泥混凝土路面面层，冀墙式正交洞口，直墙式单心圆拱，自然通风，装有监控、通讯、检测设备。1998年10月动工建设，2000年12月建成通车。

牛官头隧道（左）[Niúguāntóu Suìdào (Zuǒ)]

位于G15沈海高速公路三门段珠岙镇东谢村与岩下徐村交界处，隧道中心桩号为K1604+236，穿越牛官头山，故名。长1342.4米，净宽11.02米，净高5米，中心线间距40米，为直线隧道。1998年动工建设，2000年12月1日建成通车。

牛官头隧道（右）[Niúguāntóu Suìdào (Yòu)]

位于G15沈海高速公路三门段珠岙镇东谢村与岩下徐村交界处，隧道中心桩号为K1604+240，穿越牛官头山，故名。长1310米，净宽11.02米，净高5米，中心线间距40米，为直线隧道。1998年动工建设，2000年12月1日建成通车。

岩峰隧道（左）[Yánfēng Suìdào (Zuǒ)]

位于G15沈海高速公路三门段珠岙镇岩峰山处，隧道中心桩号为K1599+601，穿越岩（鳌）峰山，故名。双连体整体单向行车双车道隧道，长641米，净宽11.02米，净高5米，隧道内配有照明系统。1998年10月动工建设，2000年12月1日建成通车。

岩峰隧道（右）[Yánfēng Suìdào (Yòu)]

位于G15沈海高速公路三门段珠岙镇岩峰山处，隧道中心桩号为K1599+401，穿越岩（鳌）峰山，故名。双连体整体单向行车双车道隧道，长641米，净宽11.02米，净高5米，隧道内配有照明系统。1998年10月动工建设，2000年12月1日建成通车。

岩下徐隧道（左）[Yánxiàxú Suìdào (Zuǒ)]

位于G15沈海高速公路三门段珠岙镇岩下徐村，隧道中心桩号为K1604+038。长68米，宽11.02米，高5米。因位于岩下徐村，故名。2000年12月1日建成通车。

岩下徐隧道（右）[Yánxiàxú Suìdào (Yòu)]

位于G15沈海高速公路三门段珠岙镇岩下徐村，隧道中心桩号为K1605+089。长146米，宽11.02米，高5米。因位于岩下徐村，故名。2000年12月1日建成通车。

石马隧道 [Shímǎ Suìdào]

位于珠岙镇石马村石马岭，故名。长280米，宽5米，高5米，是石马村至下胡村S214省道（甬临线）的交通要道。1983年动工，1990年完工。

桐岩岭隧道 [Tóngyánlǐng Suìdào]

位于珠岙镇南部，S214省道(甬临线)三门县与临海市交界处桐岩岭上。因位于桐岩岭，故名。长813米，宽10.5米，高5米。1988年3月开工，1990年7月竣工。

塘岙隧道 [Táng'ào Suìdào]

位于珠岙镇楼下村与格岭村之间，穿过西坑山，为塘岙村通往楼下村等地的交通要道。因塘岙村集资开凿，故名。长70米，宽6米，高5米。1982年动工，1983年建成，1999年12月通车。

亭旁镇

戴吴隧道 [Dàiwú Suìdào]

铁路隧道。位于亭旁镇唐家岙村与下吴村之间，因唐家岙村姓戴，下吴村姓吴，故名。长243米，宽12米，高6米。2006年始建，2009年建成通车。

花湾隧道 [Huāwān Suìdào]

铁路隧道。位于亭旁镇花湾村，故名。长378米，宽12米，高6米。2006年始建，2009年建成。

太坤山隧道 [Tàikūnshān Suìdào]

铁路隧道。位于亭旁镇湖头徐和临海市汇溪镇东卢交界处太坤山，故名。长6993米，宽12米，高6米。2006年始建，2009年建成。

坑口隧道 [Kàngkǒu Suìdào]

位于亭旁镇下梅村坑口塘水库附近的乡道上，故名。长150米，宽4米，高4米。1978年动工，1982年建成。

挂帘隧道 [Guàlián Suìdào]

位于亭旁镇挂帘村，故名。为下梅村至挂帘村的公路隧道。长56米，宽5米，高4.5米。1999年12月建成通车。

坐塘隧道 [Zuòtáng Suìdào]

位于亭旁镇下梅水库旁。为下梅村至坐塘村的公路隧道，故名。长132米，宽4.5米，高5米。1997年12月建成通车。

健跳镇

大猫头隧道 [Dàmāotóu Suìdào]

位于猫头村大猫头自然村与里峙村之间，是三门核电站主要交通要道，因穿越猫头山，故名。长698米，宽9米，高5米。2001年5月建成通车。

乾山隧道 [Qiánshān Suìdào]

位于健跳镇乾岙村乾山，故名。为乾岙村至山后自然村的隧道。长123.1米，宽6米，高5米。2006年12月建成通车。

横渡镇

小横渡隧道 [Xiǎohéngdù Suìdào]

位于横渡镇小横渡村，故名。是亭（旁）流（水岩）线至黄（金坦）四（岔）线的公路隧道。长458米，宽9.6米，高5米。2008年12月1日建成通车。

花桥镇

上郑隧道 [Shàngzhèng Suìdào]

位于花桥镇上郑村，故名。隧道中心桩号为K2+699，穿越上郑山，为下毛洋村至吴都村的公路隧道。长600米，宽8米，高4.5米。1993年6月23日建成通车。

南丰岭隧道 [Nánfēnglǐng Suìdào]

位于花桥镇南丰岭，故名。连接三门县花桥镇、临海市小芝镇公路隧道。长300米，宽4米，高4米。1978年开工，1981年建成。

小岭隧道 [Xiǎolǐng Suìdào]

位于花桥镇小岭村，故名。为黄金坦至四岔公路隧道。长261米，宽13米，高5米。1997年8月3日建成通车。

银山隧道 [Yínshān Suìdào]

位于花桥镇银山村，故名。为石牛坑至岔坑的公路隧道。长100米，宽6米，高4.5米。1989年2月24日建成通车。

岭南隧道 [Lǐngnán Suìdào]

位于花桥镇岭南村，故名。为关头至小雄公路隧道。长130米，宽9米，高4.5米。1997年9月14日建成通车。

浦坝港镇

渔西隧道 [Yúxī Suìdào]

位于浦坝港镇里宅村西南大岭头山，系原渔西乡人民凿建，故名。为山（下张）渔（西）公路隧道。长320米，宽7米，高4.5米。1974年8月开工，1977年4月建成，1993年12月30日通车。

小渔西隧道 [Xiǎoyúxī Suìdào]

位于浦坝港罗石村之东北，从小渔西岭通过，故名。是罗石村通往小渔西村等地的交通要道。长880米，净宽4米，净高4.5米。1971年动工，1974年建成。

前山隧道 [Qiánshān Suìdào]

位于浦坝港镇前山村，故名。为健跳镇至浦坝港镇的公路隧道。长350米，宽6米，高5米。1996年12月30日建成命名。

鹤井隧道 [Hèjǐng Suìdào]

位于浦坝港镇鹤井村东北。系鹤井村人开凿，从鹤井山下通过，故名。长254米，宽7.3米，高5.5米，是泗淋、长浦庄、鹤井等地通往夹礁塘的交通要道。1978年动工，1982年建成，2002年12月通车。

桃峙隧道 [Táozhì Suìdào]

位于浦坝港镇桃峙与长浦庄村之间。以所在地桃峙岭得名。长160米，宽6米，高5米，是泗淋、长浦庄通往桃峙、高湖等处的交通要道。1978年由桃峙村村民动工开凿，1981年建成。

岙里山隧道 [Àolǐshān Suìdào]

位于健跳镇与浦坝港镇交界处岙里山，故名。起点位于毛张村北面，与既有的74省道健跳至黄金坦段改建工程相接，南行穿过岙里山。为左、右线分离式隧道，其中左洞桩号为ZK2+115–ZK2+940，长825米；右洞桩号为K2+140–K2+950，长810米。隧道计算行车速度80公里/小时，路基宽22.5米，行车道宽度2×7.5米，设计荷载公路–11级。2011年12月开工建设，2013年9月建成贯通，工程概算总投资3.14亿元。

第九节 收费站、加油站

三门收费站 [Sānmén Shōufèizhàn]

位于珠岙镇上方村附近。甬台温高速三门县唯一出入口，主要负责高速三门县路段交通收费和管护工作，故名。2005 年建成。

中石化台州三门珠岙加油站 [Zhōngshíhuà Tāizhōu Sānmén Zhū'ào Jiāyóuzhàn]

位于珠岙镇下胡村 S214 省道旁，以所在地命名。现有员工 7 人，提供汽油、柴油、润滑油零售，便利店日用品、预包装食品、卷烟、清净剂等销售，年成品油销售量 3400 吨左右。2001 年 10 月 30 日建成对外营业，

中石化台州三门沿赤加油站 [Zhōngshíhuà Tāizhōu Sānmén Yánchì Jiāyóuzhàn]

位于浦坝港镇罗石村 S224 省道旁，以原沿赤乡得名。现有员工 5 人，提供汽油、柴油、润滑油零售，便利店日用品、预包装食品、卷烟、清净剂等销售，年成品油销售量 2700 吨左右。2003 年 8 月 25 日建成对外营业。

中石化台州三门新城加油站 [Zhōngshíhuà Tāizhōu Sānmén Xīnchéng Jiāyóuzhàn]

位于海润街道下枫坑村 S224 省道旁，地处滨海新城与老城区公路旁，故名。提供汽油、柴油、润滑油零售，便利店日用品、预包装食品、卷烟、清净剂等销售，年成品油销售量 5400 吨左右。2014 年 5 月 24 日建成对外营业。

中石化台州三门泗淋加油站 [Zhōngshíhuà Tāizhōu Sānmén Silín Jiāyóuzhàn]

位于浦坝港镇泗淋村南山殿前，以所在地命名。现有员工 9 人，提供汽油、柴油、润滑油零售，便利店日用品、预包装食品、卷烟、清净剂等销售，年成品油销售量 5400 吨左右。2001 年 10 月 30 日建成对外营业。

中石化台州三门石岩加油站 [Zhōngshíhuà Tāizhōu Sānmén Shíyán Jiāyóuzhàn]

位于海游街道石岩村交通路，以所在地命名。现有员工 9 人，提供汽油、柴油、润滑油零售，便利店日用品、预包装食品、卷烟、清净剂等销售，年成品油销售量 5000 吨左右。2001 年 10 月 30 日建成对外营业。

中石化台州三门蛇蟠加油站 [Zhōngshíhuà Tāizhōu Sānmén Shépán Jiāyóuzhàn]

位于蛇蟠乡黄泥洞村蛇蟠轮渡旁，以所在地命名。现有员工 3 人，提供汽油、柴油、润滑油零售，便利店日用品、清净剂等销售，年成品油销售量 500 吨左右。2005 年 4 月 7 日对外营业。

中石化台州三门上叶加油站 [Zhōngshíhuà Tāizhōu Sānmén Shàngyè Jiāyóuzhàn]

位于海游街道上叶下坑村，上（叶）枫（坑）线旁，以地片名上叶命名。现有员工 4 人，提供汽油、柴油、润滑油零售，便利店日用品、预包装食品、卷烟、清净剂等销售，年成品油销售量 1000 吨左右。2008 年 5 月 5 日对外营业。

中石化台州三门沙柳加油站 [ZhōngShíHuà Tāizhōu Sānmén Shāliǔ Jiāyóuzhàn]

位于沙柳街道沙柳村，以所在地命名。现有员工 5 人，提供汽油、柴油、润滑油零售，便利店日用品、预包装食品、卷烟、清净剂等销售，年成品油销售量 2200 吨左右。2001 年 10 月 30 日对外营业。

中石化台州三门六敖加油站 [Zhōngshíhuà Tāizhōu Sānmén Liù'áo Jiāyóuzhàn]

位于健跳镇六敖南大街 300 号，六（敖）横（渡）线旁，以所在地命名。现有员工 9 人，提供汽油、柴油、润滑油零售，便利店日用品、预包装食品、卷烟、清净剂等销售，年成品油销售量 4000 吨左右。2001 年 10 月 30 日对外营业。

中石化台州三门岭口加油站 [Zhōngshíhuà Tāizhōu Sānmén Lǐngkǒu Jiāyóuzhàn]

位于珠岙镇梅村村，因距岭口不远，故名。现有员工 12 人，提供汽油、柴油、润滑油零售，便利店日用品、预包装食品、卷烟、清净剂等销售，年成品油销售量 7000 吨左右。2004 年 3 月 24 日建成对外

营业。

中石化台州三门健跳加油站 [ZhōngShíHuà Tāizhōu Sānmén JiànTiào JiāYóuzhàn]

位于健跳镇琴江路41号，以所在地命名。现有员工3人，提供汽油、柴油、润滑油零售，便利店日用品、预包装食品、卷烟、清净剂等销售，年成品油销售量1800吨左右。2001年10月30日对外营业。

中石化台州三门健跳供应站 [ZhōngShíHuà TāiZhōu Sānmén Jiàntiào Gōngyīngzhàn]

位于健跳镇沿港西路11号，以所在地命名。现有员工9人，提供柴油、煤油、润滑油、清净剂等销售，年成品油销售量1600吨左右。2013年建成。

中石化台州三门黄金坦加油站 [Zhōngshíhuà Tāizhōu Sānmén Huángjīntǎn Jiāyóuzhàn]

位于浦坝港镇黄金坦村，以所在地命名。现有员工4人，提供汽油、柴油、润滑油零售，便利店日用品、预包装食品、卷烟、清净剂等销售，年成品油销售量2400吨左右。2001年10月建成对外营业。

中石化台州三门花桥加油站 [Zhōngshíhuà Tāizhōu Sānmén Huāqiáo Jiāyóuzhàn

位于花桥镇花桥村，黄（金坦）四（岔）线旁，以所在地命名。现有员工4人，提供汽油、柴油、润滑油零售，便利店日用品、预包装食品、卷烟、清净剂等销售，年成品油销售量2100吨左右。2003年8月25日建成对外营业。

中石化台州三门横渡加油站 [Zhōngshíhuà Tāizhōu Sānmén Héngdù Jiāyóuzhàn]

位于横渡镇下罗渡头，亭（旁）流（水岩）线与六（敖）横（渡）线交叉处，以所在地命名。现有员工2人，提供柴油、润滑油零售，年成品油销售量500吨左右。2005年11月25日建成对外营业。

中石化台州三门海游加油站 [ZhōngShíHuà Tāizhōu Sānmén HǎiYóu JiāYóuzhàn]

位于海游街道交通路125号，以所在地命名。现有员工7人，提供汽油、柴油、润滑油零售，便利店日用品、预包装食品、卷烟、清净剂等销售，年成品油销售量3500吨左右。2001年10月30日对外营业。

中石化台州三门高枧加油站 [Zhōngshíhuà Tāizhōu Sānmén Gāojiǎn Jiāyóuzhàn]

位于珠岙镇双楼村S214省道旁，以所在地原高枧乡命名。现有员工4人，提供汽油、柴油、润滑油零售，便利店日用品、预包装食品、卷烟等零售，年成品油销售量1800吨左右。2001年10月30日正式对外营业。

中石化台州三门港南加油站 [Zhōngshíhuà Tāizhōu Sānmén Gǎngnán Jiāyóuzhàn]

位于健跳镇大塘村锁门自然村S224省道旁，因位于健跳港南部而得名。现有员工4人，提供汽油、柴油、润滑油零售，便利店日用品、预包装食品、卷烟、清净剂等销售，年成品油销售量2000吨左右。2005年11月25日对外营业。

中石化台州三门城西加油站 [Zhōngshíhuà Tāizhōu Sānmén Chéngxī Jiāyóuzhàn]

位于海游街道光明中路5号，为中石化和城西村合办企业，故名。现有员工14人，提供汽油、柴油、润滑油零售，便利店日用品、预包装食品、卷烟、清净剂等销售，年成品油销售量8000吨左右。1993年3月对外营业。

第三章 水利设施

第一节 水库、山塘、池塘

2016年，全县10万立方米以上水库共49座（不含白溪地下水库），总库容为6573万立方米，正常库容5317万立方米。其中，佃石水库为中型水库，总库容3009万立方米，正常库容2563万立方米，调节库容2428万立方米；小（1）型水库8座（不含白溪地下水库），总库容2393万立方米，正常库容1939万立方米；小（2）型水库40座，总库容1171万立方米，正常库容814万立方米。1万~10万立方米山塘248座，总容积661.9万立方米；1万立方米以下池塘238处，总容积121.3万立方米。

海游街道

里毛洋水库 [Lǐmáoyáng Shuǐkù]

位于海游街道悬渚村里毛洋，故名，是一座小(2)型水库。集雨面积1.6平方公里，总库容17.80万立方米，正常库容15.34万立方米。坝体为黏土心墙坝，坝顶长136米，最大坝高15.4米，主要功用为灌溉，有效灌溉面积2000亩。始建于1956年10月1日，1958年3月1日建成。1989年对大坝裂缝和外坝坡进行加固。1998年对大坝渗漏及冲刷进行修复，设立排水棱体开宽溢洪道14米，并做好导水墙。

竹岭坑水库 [Zhúlǐngkēng Shuǐkù]

位于海游街道上坎头村，是一座小(2)型水库。集雨面积为5.5平方公里，总库容11.60万立方米，正常库容7.46万立方米。坝体为黏土心墙坝，坝顶长80.3米，最大坝高9.65米，主要功用为灌溉，有效灌溉面积480亩。因建于上坎头村竹岭山之山坑，故名。始建于1953年3月1日，1958年7月15日建成。2000年对大坝进行灌浆修复。

岩洞脚池塘 [Yándòngjiǎo Chítáng]

位于海游街道城北村西北董家坑山岩洞脚，故名。2012年修复加固，主要为农业灌溉用。面积0.03平方公里，正常水位容积8000立方米。

海润街道

龙头水库 [Lóngtóu Shuǐkù]

位于海润街道许家塘村，是一座小(2)型水库。集雨面积1.13平方公里，总库容39.35万立方米，正常库容25.62万立方米。坝体为黏土心墙坝，坝顶长198.3米，最大坝高6.80米，主要功用为灌溉，有效灌溉面积1000亩。因水库所处山似龙形，当地叫作龙头，故名。始建于1959年10月1日，1962年2月15日建成。2013年被列入强塘加固项目，按30年一遇洪峰进行加固建设，2014年6月完工。

大明寺水库 [Dàmíngsì Shuǐkù]

位于海润街道头岙村，是一座小(2)型水库。集雨面积0.59平方公里，总库容15.52万立方米，正常库容14.42万立方米。坝体为黏土心墙坝，坝顶长198米，坝顶宽4米，最大坝高9米，主要功用为灌溉，有效灌溉面积500亩。因坐落在大明寺之东，故名。水库始建于1960年12月25日，1963年2月1日建成。

1984年对溢洪道进行加宽，对导水墙进行了加高加固。2000年对水库进行重新除险加固，溢洪道开宽并降低，达到了除险加固工程设计标准，对大坝进行加高加固。

龙皇殿水库 [Lónghuángdiàn Shuǐkù]

位于海润街道孙家村，是一座小(2)型水库。集雨面积5.18平方公里，总库容12.58万立方米，正常库容5.92万立方米。坝体为黏土心墙坝，坝顶长140米，最大坝高13.2米。主要功用为灌溉，有效灌溉面积800亩。因建造在龙皇殿附近，故名。始建于1957年11月5日，1958年8月20日建成。1999年对砌石护坡、溢洪道、输水涵洞启闭机拉杆进行维护加固。

老北塘水库 [Lǎoběitáng Shuǐkù]

位于海润街道涛头村，是一座小(2)型水库。集雨面积0.23平方公里，总库容13.85万立方米。坝体为均质土坝，坝顶长635米，最大坝高2.1米。主要功用为灌溉，有效灌溉面积500亩。因地处老北塘，故名。始建于1957年3月1日，1958年11月5日建成。1997年11月被台风冲开缺口，后经重新修复。

流水坑山塘 [Liúshuǐkēng Shāntáng]

位于海润街道晏农村流水坑，故名。集雨面积0.42平方公里，总库容8.5万立方米。1959年修建。

岙里坑山塘 [Àolǐkēng Shāntáng]

位于海润街道上枫坑村岙里坑，故名。集雨面积0.89平方公里，总库容3.7万立方米。1972年建塘。2009年完成除险加固的主体工程。2013年清淤塘泥，打去塘中凸出的山岩。

小桥山塘 [Xiǎoqiáo Shāntáng]

位于海润街道叶家村。集雨面积0.8平方公里，总库容5万立方米，主要功能为灌溉和饮用水。1964年建成。2009年完成除险加固的主体工程。

三山池塘 [Sānshān Chítáng]

位于海润街道上枫坑村三山自然村，故名。面积0.35平方公里，正常水位面积3.5万平方米，容积8万立方米。2003—2004年，建屠宰场时填掉。

龙岭池塘 [Lónglǐng Chítáng]

位于海润街道潺岙村东龙岭边的龙井庵旁，故名。面积0.09平方公里，正常水位容积6000立方米。20世纪50年代建，前期以灌田为主，后期用于养鸭15年。

何家池塘 [Héjiā Chítáng]

位于海润街道上枫坑村何家自然村，故名。面积0.04平方公里，正常水位容积8000立方米。20世纪70年代建。2011年对大坝进行加固加高。

摔马岭池塘 [Shuāimǎlǐng Chítáng]

位于海润街道潺岙村摔马岭，故名。摔马岭是一条小山岭，路面崎岖，当地称勒马岭，意为骑马难。面积0.11平方公里，正常水位容积6.5万立方米。20世纪70年代建成后养殖蛋鸭。

渡头池塘 [Dùtóu Chítáng]

位于海润街道潺岙村渡头，故名。面积0.29平方公里，正常水位容积10万立方米。20世纪60年代建成后主要以农业灌溉为主，附带养鱼。

沙柳街道

大岙田水库 [Dà'àotián Shuǐkù]

位于沙柳街道前王村，是一座小(2)型水库。集雨面积3平方公里，总库容10.5万立方米，正常库容7.3万立方米。坝体为混合型土坝，坝顶长40米，最大坝高13.50米。主要功用为灌溉，有效灌溉面积300亩。因位于大岙田，故名。始建于1956年9月，1971年1月建成。1989—1992年间加固黏土斜墙。2000年大坝左岸开通泄洪洞，加高大坝顶，加固外坝，使外坝坡度为1∶1，加厚内坝防渗斜墙并护坡。2005年完成除险加固的主体工程。

水平坑水库 [Shuǐpíngkēng Shuǐkù]

位于沙柳街道下南山村，是一座小(2)型水库。集雨面积0.2平方公里，正常容库8.5万立方米。坝体为黏土心墙坝，坝顶长56米，最大坝高18.6米。主要功用为灌溉，有效灌溉面积300亩。因建造在水平坑，故名。始建于1972年3月，1979年5月建成。1999年拓宽溢洪道，并新做溢洪道浆砌块石边墙。2009年完成除险加固的主体工程。

水坑山塘 [Shuǐkēng Shāntáng]

位于沙柳街道下南山村。集雨面积0.2平方公里，总库容5万立方米。原来用于水力发电，现与大王殿水库一起作为沙柳街道的自来水水源。1974年建成，2014—2015年对整条大坝进行修理。

珠岙镇

团结水库 [Tuánjié Shuǐkù]

位于珠岙镇岙兴村，是一座小(2)型水库。集雨面积3.76平方公里，总库容12.66万立方米，正常库容8.21万立方米。坝体为黏土心墙坝，坝顶长75米，最大坝高16.91米。主要功用为灌溉，有效灌溉面积1000亩。因由岙兴等7个村共同建造，故名团结。始建于1972年10月20日，1977年1月5日建成。1984年改溢洪道侧堰式，大坝内坝坡处理放缓1：2坡度进行干砌块石护面。1998年3月大坝外坡除险加固。

山后周水库 [Shānhòuzhōu Shuǐkù]

位于珠岙镇山后周村，故名，是一座小(2)型水库。集雨面积2.08平方公里，总库容26.42万立方米，正常库容14.81万立方米。坝体为黏土心墙坝，坝顶长66米，最大坝高23.1米，主要功用为发电。始建于1958年10月1日，1960年7月1日建成。

石牯牛水库 [Shígǔniú Shuǐkù]

位于珠岙镇独山村石牯牛山，故名，是一座小(2)型水库。集雨面积1平方公里，总库容15.35万立方米，正常库容13.41万立方米。坝体为黏土心墙坝，坝顶长92米，最大坝高21.1米。主要功用为灌溉及发电，有效灌溉面积200亩。始建于1958年10月1日，1963年8月1日建成。1972年对老涵洞进行处理。1976年老涵洞断裂，重新开挖隧洞并封堵老涵洞。

金加岙山塘 [Jīnjiā'ào Shāntáng]

位于珠岙镇珠岙村金加岙，故名。总库容5万立方米，以饮用水为主。1967年建成，2005—2006年全面修理加固。

大叶坑山塘 [Dàyèkēng Shāntáng]

位于珠岙镇娄坑村大叶坑，故名。总库容5万立方米。1967年动工，1969年建成。现在为灌溉和饮用水之水源。

下坑山塘 [Xiàkēng Shāntáng]

位于珠岙镇西陈村下坑山，故名。总库容5万立方米。1969年动工，1970年建成，2014年除险加固。

作落坑山塘 [Zuòluòkēng Shāntáng]

位于珠岙镇西陈村。总库容7.8万立方米。因所在地群众惯称作落坑而得名。1958年建。

月池 [Yuè Chí]

又名半边月。在珠岙镇吴岙村中心。吴岙村旧有“三塘七井半边月”之说，说的是吴岙村中旧有三口池塘、七口水井和一弯如半边月的水池。

明永乐年间（1403—1424年），十八世吴文雍，凿池如半月形，名曰“月池”。长14.8米，最宽处6.6米，深丈余，大旱不涸，中多鲫鱼，扬鳍喷沫，每动人临渊之羡，有“月池游鳞”之趣。吴氏族人环绕月池之畔建有“宾月堂”“承芳轩”“三勤斋”等建筑，后又于月池东建小祠堂，颜曰“追思”。月池为吴岙一景，有诗赞之：“半轮新月倚栏看，一片清光拂面寒。最是夜阑人静后，路旁唯见水漫漫。”

亭旁镇

佃石水库 [Diànshí Shuǐkù]

佃石水库是浙江省重点工程，也是水资源保障百亿工程之一，属中型水库，是一座以防洪、供水、灌溉相结合的综合利用水库。坝址位于亭旁镇佃石村下游800米处，距县政府驻地16.5公里，距亭旁镇10.5公里。坝址以上集水面积24.1平方公里，另从亭旁溪支流芹溪上引水至库内，堰址位于芹溪村上游1.6公里处，距芹溪与亭旁溪汇合口2.7公里，引水面积8.06平方公里。该工程主要建筑物由拦河坝、溢洪道、跨流域引水建筑物（引水堰和引水隧洞）、输水建筑物等组成。佃石水库的建成，使下游亭旁镇区和规划城区（沿亭旁溪两岸）的防洪标准从2010年前的不足10年一遇提高到50年一遇，并充分利用亭旁溪的水力资源，每年向县城和亭旁镇提供生活和工业用水2001万立方米，灌溉农田1.49万亩。

早在1978年，三门县革命委员会就向浙江省革命委员会报告，要求对佃石水库进行扩建，扩大水源，新增水量1000万立方米。1982年和1983年又两次上报对佃石水库改扩建的设计方案。1985年5月县水电局向台州专署水利电力局报告，对佃石水库进行除险加固，但因各种原因，佃石水库修建未果。2003年1月13日县委县政府专门成立了佃石水库建设工作领导小组，下设指挥部，开展前期工作。5月县水利局委托省水利水电勘测设计院，对亭旁流域进行防洪、灌溉、供水、河道整治、发电、水土保持、水资源保护等综合规划。9月《三门县亭旁流域综合规划报告》编制完成。规划推荐佃石水库为亭旁溪流域治理开发的工程措施之一，并列入流域规划一期工程。9月底市水电局对报告组织审查。12月《三门县佃石水库工程可行性研究报告》编制完成。2003年12月12日省水利厅对《三门县佃石水库工程可行性研究报告》作出审查意见。2004年11月1日省水利厅对《三门县佃石水库工程初步设计》进行审查，同意该工程任务是以防洪、供水、灌溉为主，结合发电等综合功能。水库汛期汛限水位为103米，正常蓄水位106米，正常库容2563万立方米，死水位68米，死库容135万立方米，防洪库容643万立方米，总库容3009万立方米。2006年动工建设，2010年8月30日佃石水库正式下闸蓄水。

湫水寺水库 [QiūShuǐSì Shuǐkù]

位于亭旁镇潘家村东，是一座小(2)型水库。集雨面积2.92平方公里，正常库容7.95万立方米。坝体为黏土心墙坝，坝顶长160米，最大坝高18米，主要功用为灌溉，有效灌溉面积2500亩。1957年拆除湫水寺，在寺址修建水库，故名。该水库始建于1957年12月1日，1963年8月1日建成。水库运行以来，坝体左端与山坡接触处曾出现漏水，经1984年套井回填处理了60米。1994年坝体中段出现纵向裂缝长25米，宽30米，深1.5米，在内坡采用砂砾石放缓坝坡处理。涵洞盖板为干砌条石混凝土勾缝，漏水严重。1998年在内坡开挖长10米左右，重新做浆砌条石外衬混凝土涵管及做两道截水墙处理。原内坝坡无砌石护坡，冲刷严重，在1998年完成了内坝砌石护坡。2009年完成除险加固的主体工程。

西岙山塘 [Xī'ào Shāntáng]

位于亭旁镇梅坑岭头东。灌溉亭旁镇里金、梅坑杨、梅坑胡等村。集雨面积0.3平方公里，总库容6.5万立方米。山塘位于梅坑胡村西面的山岙中，故名。1967年建成。2014年里坝用石块砌修。

天门山塘 [Tiānmén Shāntáng]

位于亭旁镇芹溪村。集雨面积2.5平方公里，总库容5万立方米。该处原有石岭叫作百步岣，人走上去如上天门，故名。山塘建在山涧，大坝向里呈圆形，外面为条石砌成。1972年建。

山根邵山塘 [Shāngēnshào Shāntáng]

位于亭旁镇山根邵村、东王村。集雨面积0.3平方公里，总库容6.2万立方米，主要功能为饮水和灌溉并用。山形两边兜进，形成岙，山塘建在此处，也叫大岙山塘。1958年建成，2016年修理。

西岙池塘 [Xī'ào Chítáng]

位于亭旁镇山上任村西岙，故名。面积0.09平方公里，正常水位容积5000立方米。20世纪60年代建成后以农业灌溉为主。2009年完成除险加固工程。

健跳镇

罗岙小水库 [Luó'ào Xiǎoshuǐkù]

位于健跳镇罗岙水库外，故名。总库容13万立方米。1968年12月动工，1979年8月建成。1983年按标准除险加固。

里峙水库 [Lǐzhì Shuǐkù]

位于健跳镇里峙村，故名，是一座小(2)型水库。集雨面积1.43平方公里，总库容92万立方米，正常库容66.6万立方米。坝体为均质土坝，主坝长416米，坝顶高程8米，最大坝高7米；副坝长71米，坝顶高程8米，最大坝高7米。主要功用为灌溉，有效灌溉面积4000亩。始建于1955年1月1日，1958年2月建成。

海珠塘水库 [Hǎizhūtáng Shuǐkù]

位于健跳镇南丰村，是一座小(2)型水库。集雨面积0.91平方公里，总库容18.4万立方米，正常库容6.51万立方米。坝体为均质土坝，坝顶长224米，最大坝高3.2米，主要功用为灌溉，有效灌溉面积1300亩。凤凰山农垦场北面有海珠塘，水库建在此处，故名。始建于1967年12月1日，1968年3月1日建成。1999年对溢洪道进行开挖修复，2000年进行灌浆处理。

龙潭坑水库 [Lóngtánkēng Shuǐkù]

位于健跳镇上敖村龙潭坑，故名，是一座小(2)型水库。集雨面积2.03平方公里，总库容69.24万立方米，正常库容47.05万立方米。坝体为均质土坝，坝顶长363米，最大坝高6.83米。主要功用为灌溉，有效灌溉面积3000亩。水库始建于1956年2月1日，1965年1月1日建成。

跃进水库 [Yuèjìn Shuǐkù]

位于健跳镇刘塘墩村，是一座小(2)型水库。集雨面积0.88平方公里，总库容36.21万立方米，正常库容25.02万立方米。坝体为均质土坝，坝顶长369米，最大坝高4.85米。主要功用为灌溉，有效灌溉面积1300亩。1958年“大跃进”时建，故名。始建于1958年1月1日，1958年2月建成。

木桥塘水库 [Mùqiáotáng Shuǐkù]

位于健跳镇上街村木桥塘，故名，是一座小(2)型水库。集雨面积0.77平方公里，总库容36.19万立方米，正常库容25.55万立方米，坝体为均质土坝，坝顶长502米，最大坝高3.5米。始建于1964年2月1日，1965年3月1日建成。前期为农田灌溉用水，1987年改为生活用水。

高湾水库 [Gāowān Shuǐkù]

位于健跳镇七市村高湾，故名，是一座小(2)型水库。集雨面积0.62平方公里，总库容37.01万立方米，正常库容25.51万立方米。坝体为均质土坝，坝顶长462米，最大坝高4.77米。主要功用为灌溉，有效灌溉面积1300亩。始建于1957年12月1日，1959年10月20日建成。1990年放水涵洞漏水严重，后经开挖回填，重新安装钢筋水泥管。

浮门水库 [Fúmén Shuǐkù]

位于健跳镇浮门村，故名，是一座小(2)型水库。集雨面积1.6平方公里，总库容88.93万立方米，正常库容58.01万立方米。坝体为均质土坝，坝顶长454米，最大坝高5.14米。主要功用为灌溉，有效灌溉面积2400亩。始建于1959年1月1日，1965年4月1日建成。1982年大坝中间200米坝段坝脚渗水，采用排水棱体处理。

里小塘水库 [Lǐxiǎotáng Shuǐkù]

位于健跳镇健农村里小塘，故名，是一座小(2)型水库。集雨面积0.45平方公里，总库容24.63万立方米，正常库容18.74万立方米。坝体为均质土坝，主坝长163米，副坝长263米，最大坝高5.7米。主要功用为灌溉，有效灌溉面积900亩。1957年1月始建，1958年10月建成。1995年发现主坝中部渗水，后在主坝坝脚中部做排水棱体。1997年发生洪水漫顶，在副坝南端形成缺口已回堵。原主坝内坡无砌石护坡，冲刷严重，在2000年，已做砌石护坡。原溢洪道进口高程与副坝南端山坡接洽边地段高程相差几十厘米，在2000年，加宽并降低溢洪道。2009年完成除险加固的主体工程。

下叶水库 [Xiàyè Shuǐkù]

位于健跳镇原下叶村（该村在建水库时迁移，1982年改名下店）附近，故名，是一座小(1)型水库。集雨面积2.33平方公里，主流长1.05公里，总库容157万立方米，正常库容124.6万立方米，相应水位24.5米。坝型为黏土心墙坝，坝基为坚隔土。坝顶高14.88米，长284米，宽3米。主要功用为灌溉，有效灌溉面积3800亩。始建于1958年11月，1978年10月建立沿江区下叶水库管理所。1980年3月1日建成。水库总土方13万立方米，石方0.5万立方米，混凝土100万立方米，总投工30万工日，总投资40万元，其中国家投资6万元，社队自筹34万元，系灌区原东郭、岙口2个公社9个大队联合兴建。1987年11月对土坝除险加固，采用聚乙烯塑料薄膜处理大坝防渗。1988年2月完成内坡坝面铺膜面积9520平方米。1989年2月按新标准加固大坝。2007年被列入“千库保安”工程建设，对水库大坝进行加固改造。

里步蛟水库 [Lǐbùjiāo Shuǐkù]

位于健跳镇大塘村锁门自然村里步蛟，故名，是一座小(2)型水库。集雨面积0.35平方公里，正常库容6.85万立方米。坝体为均质土坝，坝顶长97米，最大坝高19.87米。主要功用为灌溉，有效灌溉面积500亩。始建于1971年3月1日，1977年1月1日建成。1995截断老涵洞，用混凝土止水，开挖新涵洞。1997年夏用人工开挖回填处理老溢洪道漏水地段。1999年年底采用防渗膜，山坡挖槽处理。

沙木岙水库 [Shāmù'ào Shuǐkù]

位于健跳镇八村沙木岙，故名，是一座小(2)型水库。集雨面积0.25平方公里，总库容12.5万立方米，正常库容9.50万立方米。坝体为土石混合坝，坝顶长81米，最大坝高18.23米。主要功用为灌溉，有效灌溉面积400亩。始建于1957年2月1日，1958年10月1日建成。1989年发现大坝右端漏水严重，经开挖回填处理。

东孔水库 [Dōngkǒng Shuǐkù]

位于健跳镇巡检司村小蒲店自然村东孔，故名，是一座小(2)型水库。集雨面积0.4平方公里，总库容19.9万立方米，正常库容13.54万立方米。坝体为均质土坝，坝顶长418.5米，最大坝高3.23米。主要功用为灌溉，有效灌溉面积400亩。始建于1959年1月3日，1960年12月5日建成。1997年11月被台风冲开缺口，后经重新修复，内坡已做好干砌石护面。

大湾水库 [Dàwān Shuǐkù]

位于键跳镇西渡村西渡庄自然村大湾，故名，是一座小(2)型水库。集雨面积0.34平方公里，总库容15.6万立方米，正常库容13.65万立方米，坝体为均质土坝，坝顶长396米，最大坝高4米，主要功用为灌溉。始建于1957年1月，1958年12月建成。

尖坑山水库 [Jiānkēngshān Shuǐkù]

位于健跳镇尖坑山村（该村在建水库时迁移），以所在地命名，是一座小(1)型水库。集雨面积1.03平方公里，引水面积0.2平方公里，主流长0.42公里。总库容103万立方米，相应水位139.49米；正常库容原设计73万立方米，相应水位137.33米。坝型为混合型土坝，坝基为岩基。坝顶高程140.45米，坝高20.4米，长65.5米，宽4米。主要功用为灌溉及发电，年发电量12万度，有效灌溉面积4000亩。始建于1956年12月，1957年3月建成。1982年按新标准加固，1991年再次进行加固。2005年被列入“千库保安”工程建设，对水库大坝进行加固改造。

大沙湾水库 [Dàshāwān Shuǐkù]

位于六敖镇上街村之西大沙湾，故名。坝型为均质土坝，坝高2.5米，坝长565米，总库容22.1万立方米。1958年建成。

罗岙水库 [Luó'ào Shuǐkù]

位于健跳镇与横渡镇交界处六横公路边，以所在地命名，是一座小(1)型水库。集雨面积12.3平方公里，主流长2.94公里，总库容826万立方米，正常库容686万立方米，死库容12万立方米。坝型为混合型土坝，坝基为软黏土。坝顶高程10.5米，坝顶高12.5米，长379米，宽3米。主要功用为灌溉和饮用水，有效灌溉面积1.6万亩。始建于1968年12月1日，1979年8月1日建成，水库总土方20万立方米，石方15万立方米，混凝土1800立方米，投工180万工日，总投资190万元，其中国家投资60万元，社队自筹130万元，是一个海涂水库。1980年、1981年出现过漏洞，事后进行开挖回填土方处理。2005年为解决三门核电工程用水，县政府与三门核电有限公司就罗岙水库加固加高工程进行了会谈。县政府同意并承诺加固加高后的罗岙水库，在三门核电站6台机组全寿期内作为园里加孙家水库的应急备用水源，并保证应急备用供水容量；在罗岙水库加固加高工程建设中，三门核电有限公司出1400万元，作为三门核电站6台机组全寿期内享有应急备用取水的专用权。罗岙水库扩建工程于2005年开工，2008年完工，总库容量达到826万立方米。2013年7月2日罗岙水库坝底出现一个缺口，大坝产生大裂缝。出险后，省、市、县主管部门和六敖镇党委政府积极行动，采取有力措施，对罗岙水库泄洪坝进行多次爆破，及时有效防止水库大坝倒塌事故的发生，维护了辖区百姓正常生活秩序。2014年对罗岙水库进行除险加固。

黄门山塘 [Huángmén Shāntáng]

位于健跳镇峧头村。集雨面积0.34平方公里，总库容6万立方米。因位于黄门而得名。1969年建成。

上庵山上山塘 [Shàng'ānshānshàng Shāntáng]

位于健跳镇小蒲村。集雨面积0.47平方公里，总库容5.2万立方米。因位于大庵山之上庵山上而得名。1972年建成。

礁石山塘 [Jiāoshí Shāntáng]

位于健跳镇凤凰山农场。集雨面积0.26平方公里，总库容8万立方米，主要功能为灌溉和饮用水。建造时，塘基有礁石，故名。1972年建成，2010年进行灌浆修理。

大宅岭脚山塘 [Dàzháilǐngjiǎo Shāntáng]

位于健跳镇大宅村。集雨面积0.32平方公里，总库容8万立方米，灌溉用。因位于大宅岭脚而得名。

麻加龙山塘 [Májiālóng Shāntáng]

位于健跳镇毛张村麻加龙山，故名。集雨面积0.3平方公里，总库容7万立方米。1977年建成，2015年对大坝、溢洪道全面整修。

下湾山塘 [Xiàwān Shāntáng]

位于健跳镇赤头村下湾。集雨面积0.25平方公里，总库容7.1万立方米。1969年建成。2007—2008年投入20余万元，对里外大坝进行了除险加固。

下老湖山塘 [Xiàlǎohú Shāntáng]

位于健跳镇凤凰山农场下老湖，故名。集雨面积0.63平方公里，总库容7.4万立方米。

岙里坑山塘 [Àolǐkēng Shāntáng]

位于健跳镇西郭村岙里坑，故名。集雨面积1.92平方公里，总库容7万立方米，饮用水灌溉两用。1977年建成。2014年修理。

上港池塘 [Shànggǎng Chítáng]

位于健跳镇西边村西南的一个山岙——上港，故名。面积0.17平方公里，正常水位容积1.2万立方米。农业学大寨时建，2014年重修。

横渡镇

峙洋水库 [Zhìyáng Shuǐkù]

位于横渡镇黄岐庄村峙洋自然村，故名，是一座小(2)型水库。集雨面积1.92平方公里，正常库容62.57万立方米。坝体为黏土心墙坝，坝顶长85米，坝高20.8米。主要功用为灌溉及发电，有效灌溉面积300亩。始建于1957年1月，1971年11月建成。

朝阳水库 [Cháoyáng Shuǐkù]

位于横渡镇上房村，是一座小(2)型水库。集雨面积0.34平方公里，总库容15.6万立方米，正常库容13.65万立方米。坝体为均质土坝，坝顶长396米，坝高4米。主要功用为灌溉，有效灌溉面积400亩。始建于1971年11月，1975年5月建成。1987年左坝段出现滑坡，已抛石处理。2000年对内坡放缓到1∶2，并重新砌石护坡，增设了防浪墙。

水山田山塘 [Shuǐshāntián Shāntáng]

位于横渡镇白溪村。集雨面积0.85平方公里，总库容6万立方米。主要功能为农田灌溉和饮用水。1976年建成。

花桥镇

小岭水库 [XiǎoLǐng Shuǐkù]

位于花桥镇吴都村小岭自然村，故名，是一座小(2)型水库。集雨面积0.98平方公里，正常库容27.4万立方米。坝体为黏土心墙坝，坝顶长280米，坝高16米。主要功用为灌溉。有效灌溉面积1500亩。始建于1964年4月1日，1976年3月1日建成。1995年采用劈裂灌浆法处理大坝渗漏。2001年采用防渗土工膜处理大坝渗漏及内坡重砌干砌石，溢洪道开宽，导水墙重砌等工程。

王申坦水库 [Wángshēntǎn Shuǐkù]

位于花桥镇王申坦村（该村建水库时迁移），以所在地命名，是一座小(1)型水库。集雨面积2.54平方公里，主流长1.37公里，总库容151万立方米，正常库容123万立方米，是一座以灌溉为主，结合发电的水库。大坝长177米，高26.3米，顶宽4米。水库总土方10.7万立方米，混凝土740立方米，投工22.76万工日，总投资29万元，国家投资10.5万元，社队自筹18.5万元。水库系灌区关头、花桥两公社11个大队联合兴建，1973年2月动工，1980年3月竣工。2005年被列入“千库保安”工程建设，对水库大坝进行加固除险，设计洪水重现期为50年一遇，起调水为119.38米，2007年通过验收。

里院水库 [Lǐyuàn Shuǐkù]

位于花桥镇方前村西南原里院村（该村在建水库时迁移），以所在地命名。集雨面积2.84平方公里，其中引水入库1.15平方公里，总库容99.52万立方米，正常库容73.3万立方米。大坝长246.5米，高16.5米，顶宽7米，宽20米的侧流式溢洪道，长169米的输水涵。水库总土方18万立方米，混凝土50立方米，投工62万工日。水库系灌区花桥公社10个大队联合兴建，1957年12月动工，1968年4月1日建成。灌区有灌溉渠道4条，长9880米，渡槽5座，分水闸5座，灌溉面积3019亩，其中自流灌溉面积2569亩。1998年经过打探井孔投毒处理白蚁危害。

柿下山山塘 [Shìxiàshān Shāntáng]

位于花桥镇栅下村柿下山，故名。集雨面积0.3平方公里，总库容6万立方米。1965建成。

岙口山塘 [Àokǒu Shāntáng]

位于花桥镇舒岐村山岙口，故名。集雨面积0.62平方公里，总库容9万立方米。1957年建成。2009年完成主体工程除险加固。

流水岩山塘 [Liúshuǐyán Shāntáng]

位于花桥镇蒲峰村流水岩自然村，故名。集雨面积0.44平方公里，总库容7万立方米。主要灌溉农田。1957年建成。2004—2005年用石头砌坝至顶部，做好挡风墙。

红星山塘 [Hóngxīng Shāntáng]

位于花桥镇花桥村。集雨面积0.42平方公里，总库容5万立方米，吃灌两用。1967年建成。2000年排水道漏水修理。

浦坝港镇

大郑水库 [Dàzhèng Shuǐkù]

位于浦坝港镇郑畔村大郑自然村，故名，是一座以灌溉为主的小(2)型水库。集雨面积0.38平方公里，总库容17.94万立方米，正常库容14.04万立方米。坝体均质土坝，顶长243米，高6.15米。主要功用为灌溉，有效灌溉面积480亩。始建于1957年1月1日，1958年4月1日建成。

里岙水库 [Lǐ'ào Shuǐkù]

位于浦坝港镇小岭下村里岙，故名，是一座小(2)型水库。集雨面积0.94平方公里，总库容38.24万立方米，正常库容30.84万立方米。坝体为均质土坝，顶长375米，高6.25米。主要功用为灌溉，有效灌溉面积1000亩。始建于1955年1月10日，1956年3月1日建成。2000年除险加固，涵洞处开挖回填处理。

麻岙水库 [Má'ào Shuǐkù]

位于浦坝港镇蜍下村麻岙塘，故名，是一座小（2）型水库。集雨面积0.49平方公里，总库容约15.8万立方米，调洪库容13.8万立方米，兴利库容13.48万立方米，死库容0.94万立方米，有效灌溉面积1000亩。始建于1978年1月，1979年12月建成。1990年对溢洪道进行拓宽改造。2000年对内坝脚进行开挖做截水槽，对输水涵洞、启闭设施更换修复。

泥湾水库 [Níwān Shuǐkù]

位于浦坝港镇桃峙村泥湾，故名，是一座小（2）型水库。集雨面积0.51平方公里，总库容约31.3万立方米，调洪库容4万立方米，兴利库容13.69万立方米，死库容8.51万立方米，有效灌溉面积700亩。始建于1963年1月，1964年12月建成。1998年对大坝进行加固。

石门水库 [Shímén Shuǐkù]

位于浦坝港镇石门村东南，故名，是一座小(1)型水库。集雨面积5.36平方公里，其中引水入库0.5平方公里，主流长2.2公里，总库容413.85万立方米，正常库容340.13万立方米。主坝长280米，高20.5米，顶宽4米；副坝长133米，高16米，顶宽3米。泄洪洞长100米，洞直径5米，最大泄洪量117立方米每秒。输水洞两处，一处是隧洞内装压力管，长126米，另一处是条石矩形涵洞，长138.5米。水库总土方37万立方米，混凝土590立方米，投工55万工日。水库系灌区泗淋、小雄两乡10个村合建。1957年9月动工，1958年3月建成。1963年、1966年、1968年三次维修。1982—1983年按新标准加固。2009年完成主体工程除险加固。石门水库是一座以灌溉为主，结合发电的水库。设计灌溉面积1.06万亩，现灌9600亩。水电站1座，装机2台，150千瓦，并入县电网。

下湾塘水库 [Xiàwāntáng Shuǐkù]

位于浦坝港镇鹤井村下湾塘，故名，是一座小（2）型水库。集雨面积0.41平方公里，总库容22.81万立方米，正常库容19.97万立方米，调洪库容2.84万立方米，兴利库容15.56万立方米，死库容4.41万立方米。坝体为均质土坝，顶长350米，高4.99米。主要功用为灌溉，有效灌溉面积1000亩。始建于1958年1月，1960年10月建成。2000年对迎水面上部加砌块石护坡，并砌筑防浪墙，对溢洪道拓宽并降低，提高防洪能力。

山后龙水库 [Shānhòulóng Shuǐkù]

位于浦坝港镇小官塘村，是一座小(2)型水库。集雨面积0.37平方公里，总库容24.31万立方米，正常库容17.79万立方米。坝体为黏土心墙坝，顶长200米，高6.95米。主要功用为灌溉，有效灌溉面积1000亩。因所在山岙群众惯称山后龙，水库建在山后龙的山岙中，故名。始建于1953年10月，1954年3月建成。

牟家水库 [Móujiā Shuǐkù]

位于浦坝港镇大域村，是一座小(2)型水库。集雨面积0.57平方公里，总库容10万立方米，正常库容7.12万立方米。坝体为黏土斜墙坝，主坝长312米，副坝长80米，高6.5米。主要功用为灌溉，有效灌溉面积5260亩。因建造在原牟家村，故称牟家水库。始建于1957年10月，1958年3月建成。1964—1967年对主副坝进行了加高。1998年对水库主坝内坡采用开挖回填处理渗漏，2004年8月完工。

沿江水库 [Yánjiāng Shuǐkù]

位于浦坝港镇沿江村，故名，是一座小(2)型水库。集雨面积1.1平方公里，总库容46.8万立方米，正常库容39.95万立方米。坝体为均质土坝，顶长498米，高5.81米。主要功用为灌溉，有效灌溉面积1200亩。始建于1954年1月，1955年4月建成。

黄山塘水库 [Huángshāntáng Shuǐkù]

位于浦坝港镇西南约1公里处黄山西麓，以所在地得名，是一座小(1)型水库。集雨面积3.56平方公里，其中引水面积1.18平方公里，主流长为1.33公里。设计总库容222.93万立方米，相应水位7.5米；设计正常库容175.7万立方米，相应水位9.01米，现在总库容130.64万立方米，正常库容85万立方米，相应水位6.11米。主坝坝型为均质土坝，坝基为软黏土。坝顶高程原设计11.86米，现为9.23米，坝高原设计9.5米，现坝高6.9米，坝顶原设计502米，现有495米。副坝坝型为均质土坝，坝高原设计9.45米，现为7.3米，坝顶长原设计为347米，现为337米。水库灌溉面积4334亩，系灌区赤坎、罗石、下洋墩、三角塘、海山5个村联合兴建。1956年11月动工，1957年4月建成。1966年12月、1967年10月进行了二次续建。1978年大搞灌区建设，沟渠河路，全面配套，建成干、支渠9条，长1.6公里，分水闸、控制闸8座，平整土地2600亩。1981年7月至1982年又按新标准进行加固。1991年12月对水库大坝采用灌浆进行防渗处理。2004年被列入“千库保安”工程建设，对水库大坝进行除险加固。

佳岙水库 [Jiā'ào Shuǐkù]

位于浦坝港镇佳岙村，故名，是一座小(2)型水库。集雨面积0.15平方公里，总库容13.73万立方米，无溢洪道。坝体为均质土坝，顶长285米，高3.53米。主要功用为灌溉，有效灌溉面积300亩。始建于1958年11月，1963年2月建成。2000年对大坝漏水进行处理。

下岙水库 [Xià'ào Shuǐkù]

位于浦坝港镇下岙堂村，故名，是一座小(2)型水库。集雨面积0.98平方公里，总库容24.9万立方米，正常库容13.06万立方米。坝体为黏土心墙坝，顶长253米，高9.32米。主要功用为灌溉，有效灌溉面积1300亩。始建于1973年3月10日，1979年1月1日建成。1973年因修建水库，下岙村整体迁出，故名。

施家岙水库 [Shījiā'ào Shuǐkù]

位于浦坝港镇黄金坦村，以库址在原施家岙村（该村在建水库时迁移）得名，是一座小(1)型水库。集雨面积4.51平方公里，其中引水面积2.25平方公里，主流长1.06公里。总库容416万立方米，正常库容345万立方米，死库容33.4万立方米。大坝坝型为黏土心墙坝，坝基左岸为砂卵石，右岸为坚隔土。坝顶高11米，顶长388米，顶宽4.65米。

水库系灌区三岩、浬浦两公社联合兴建，1957年10月动工，1958年建成第一期工程，开始蓄水灌溉。1962年冬至1963年春进行第二期工程，1964年5月竣工。1980年11月至1981年3月按防洪新标准加固，完成保坝任务。1994年用套井回填方法进行防渗处理，进行除险加固。2003年被列入“千库保安”工程建设，对水库大坝进行加固改造。2003年10月开工，2004年8月竣工，总投资471万元，2007年通过验收。施家岙水库的主要功用为灌溉和饮用水，灌溉面积1.1万亩，并和路下水库灌区相连。

路下水库 [Lùxià Shuǐkù]

位于浦坝港镇六村村，因紧邻浬浦至沿赤老路下边，故名，是一座小(1)型水库。集雨面积2.34平方公里，引水面积0.38平方公里，主流长1公里。总库容154万立方米，正常库容121万立方米，相应水位14.74米，死库容1.8万立方米，相应水位6.07米。大坝坝型为黏土心墙坝，坝基为坚隔土、软黏土。坝高13.3米，坝顶长625米，顶宽3.6米。水库总土方24.7万立方米，石方1.4万立方米，混凝土140立方米，总投资72万元，其中国家投资10.6万元，社队自筹61.4万元。

水库系灌区浬浦公社6个大队合建，1972年10月动工，1977年12月建成。1981年7月至1984年按新标准加固。1986年新开隧洞一条，采用开挖竖井封堵老涵洞防渗处理。1978—1980年进行了灌区建设，平整土地2500亩，建成灌溉渠道二条，总长6735米，修建渠道隧道及附属建筑物等，并和施家岙水库的渠道联成一体，使全社5260亩农田成为高产稳产保收田。2004年被列入“千库保安”工程建设，对水库大坝进行除险加固。2011年重新进行了除险加固工程。

圩岙水库 [Yú'ào Shuǐkù]

位于浦坝港镇圩岙村，故名，是一座小(2)型水库。集雨面积0.2平方公里，总库容11万立方米，正常库容6.57万立方米。坝体为黏土心墙坝，坝顶长225米，最大坝高6.17米。主要功用为灌溉，有效灌溉面积 800 亩。始建于 1958 年 11 月，1960 年 3 月建成。1975 年进行了加固。

岭脚山塘 [Lǐngjiǎo Shāntáng]

位于浦坝港镇山里村岭脚，故名。集雨面积 0.017 平方公里，总库容 5.2 万立方米。1969 年建成。

里陈坑山塘 [Lǐchénkēng Shāntáng]

位于浦坝港镇里宅村。集雨面积 2 万平方公里，总库容 7 万立方米。该处山形凹进去，称里陈坑，故名。有上、下山塘 2 个。上面供发电和饮用水，下面供农用灌溉。1958 年建成。1971 年重新开工建设，1979 年完工。2003 年进行修理。

快乐田山塘 [Kuàilètián Shāntáng]

位于浦坝港镇山上村。集雨面积 0.34 平方公里，总库容 5.4 万立方米。1959 年建成。2014—2015 年大坝外首边压脚，里首用石头驳砌。

水东岙山塘 [Shuǐdōng'ào Shāntáng]

位于浦坝港镇龙坑村水东岙，故名。集雨面积 0.23 平方公里，总库容 6.4 万立方米。以灌溉和饮用水为主。1965 年建成。2011—2012 年进行了修理加固。

仙后山塘 [Xiānhòu Shāntáng]

位于浦坝港镇仙岩村。集雨面积 0.71 平方公里，总库容 9.1 万立方米。因地处仙岩村后 600 米处，称仙后，山塘建在此处，故名。当地旧称蛇抬头水库。1959 年建成，2004 年对里坝加以石砌，厚 60~70 厘米。

太平坑山塘 [Tàipíngkēng Shāntáng]

位于浦坝港镇里宅村太平坑，故名。集雨面积 0.59 平方公里，总库容 6 万立方米。1969 年建成。

洞前山塘 [Dòngqián Shāntáng]

位于浦坝港镇前山村。总库容 6.5 万立方米。因山塘建在前山村洞前而得名。1977 年动工，1978 年建成。

祠堂下山塘 [Cítángxià Shāntáng]

位于浦坝港镇岙底方村。主要水源为洞港，集雨面积 1.16 平方公里，总库容 8.9 万立方米，为饮用水源。原先村子未移，村子在上，山塘在祠堂的下面。现在村子移到山塘下的平坦处，距离山塘 300~500 米，山塘在上，人与村子在下，地名未变。1973 年建成，近年对山塘进行修理。

上段山塘 [Shàngduàn Shāntáng]

位于浦坝港镇桃峙村。集雨面积 0.2 平方公里，总库容 8.5 万立方米，作灌溉用。因水库位于村庄上段，故名。1973 年建成。

丁山脚山塘 [Dīngshānjiǎo Shāntáng]

位于浦坝港镇丁山脚村，故名。总库容 7 万立方米。20 世纪 50 年代建成，2014 年经县土管局立项，平为农田。

长坎池塘 [Chángkǎn Chítáng]

位于浦坝港镇长田村长坎山头，故名。面积 0.04 平方公里，正常水位容积 7000 立方米。1958—1960 年建成，2010—2011 年对大坝砌石加固。

殿前池塘 [Diànqián Chítáng]

又名六一水库。位于浦坝港镇后陈村老爷殿前，故名。面积 0.03 平方公里，正常水位容积 5000 立方米。1961 年建，2004 年对外坝进行了加土，里坝驳石。

小流里池塘 [Xiǎoliúlǐ Chítáng]

位于小流里，故名。小流里是浦坝港镇后陈村西北的一条溪涧，位于仙岩洞东南。面积 0.11 平方公里，正常水位容积 7000 立方米。20 世纪 60 年代建成，2011 年对大坝进行加高加宽。

西里坑池塘 [Xīlǐkēng Chítáng]

位于浦坝港镇西里村西里坑，故名。西里坑是流经西里村的一条溪坑。西里坑池塘建成时间不详，面积0.17平方公里，正常水位容积8000立方米。

第二节 井

海游街道

前郭水井 [Qiánguō Shuǐjǐng]

位于海游街道前郭村中部。清代建。井身长方形，块石砌筑，井台用两块石板铺砌，保存基本完整。

八角水井 [BāJiǎo Shuǐjǐng]

位于海游街道前郭村中部。年代不详。井身圆形，块石砌筑，内、外八角形青石井圈，现仍使用。

悬渚井 [Xuánzhǔ Jǐng]

位于海游街道悬渚村南部。清代建。井身圆形，块石砌筑，内、外圆形蛇蟠石井圈，井岸部分残损，现仍使用。

悬渚井 [Xuánzhǔ Jǐng]

位于海游街道悬渚村中部。清代建。井身椭圆形，块石砌筑，内、外长方形蛇蟠石井圈，井岸部分残损，现无人使用。

悬渚陈井 [Xuánzhǔchén Jǐng]

位于海游街道外俞村悬渚陈自然村西部。清代建。井身圆形，块石砌筑，内、外方形蛇蟠石井圈，保存一般，现仍使用。

小坑古井 [Xiǎokēng Gǔjǐng]

位于海游街道小坑村东。清代建，井身圆形，块石砌筑，内、外圆形青石井圈，保存尚好，现仍使用。

海润街道

叶家古井 [Yèjiā Gǔjǐng]

位于海润街道叶家村南部。清代建。井身圆形，块石砌筑，长方形石板井圈，保存较好，现已无人使用。

园里古井 [Yuánlǐ Gǔjǐng]

位于海润街道园里村中部村大会堂墙外。清代建。井身圆形，块石砌筑，方形石板井圈，保存完整，现仍在使用。

沙柳街道

大周古井 [Dàzhōu Gǔjǐng]

位于沙柳街道大周村。井外呈八角形，有8根望柱，8块栏板。每根望柱镌有石狮，边长80厘米。内为方形，有4根石柱和4块栏板，边长70厘米。此井结构讲究，雕刻精细。据《周氏宗谱》记载："元朝初期，始祖从福建迁居沙柳村，后迁大周。"此井为迁入时建，后因有小孩掉入井中，故用泥填平，但外形仍存。

珠岙镇

吴岙七井 [Wúào 7 Jǐng]

珠岙镇吴岙村旧有"三塘七井半边月"之说，说的是村中旧有三口池塘、七口水井和一弯如半边月的水池。七井分别是上屋井、近街井、饮和井、余波井、后山井、后门井、河首井，分布在吴岙村村民的房前屋后。

近街井位于吴岙村中部吴氏宗祠东侧8米处。年代不详。井身圆形，块石砌筑，内、外圆形青石井圈，井圈外径0.7米，内径0.4米，井岸高0.51米。保存完整，水质清澈，仍在使用。

后山井位于吴岙村中部吴元建家水门外。年代不详。井身圆形，块石砌筑，内圆外方石质井圈，井圈外径0.56米，内径0.34米，井岸高0.27米，保存较好。

后门井位于吴岙村村民吴林法家水门外。年代不详。井身圆形，块石砌筑，内、外圆形青石井圈，井圈较有特色，厚圆唇，由两块圆形块石叠加在井圈上，外径0.8米，内径0.55米，高0.25米，厚0.05米，唇宽0.13米，保存基本完整。

上屋井位于吴岙街茶堂石碑旁。年代不详。井身圆形，块石砌筑，井圈水泥抹面，为后期修建，现无人使用。

合波井位于吴岙村吴伟华家墙外。年代不详。井身圆形，块石砌筑，井圈内、外圆形，为后期修建，仍在使用。

饮和井位于吴岙村三台路39号吴再茹家墙外。年代不详。井身圆形，块石砌筑，井圈内、外圆形，为后期修建，仍在使用。

河首井位于吴岙村吴元彩家墙外。年代不详。井身圆形，块石砌筑，内、外圆形青石井圈，保存较好，仍在使用。

西陈古井 [Xīchén Gǔjǐng]

位于珠岙镇西陈村中部沿山路77号。清代建。井身圆形，块石砌筑，内、外圆形青石井圈，井圈有所残损。

高枧古井 [Gāojiǎn Gǔjǐng]

位于珠岙镇高枧村清定上师故居西边2米处。建于明嘉靖四十二年（1563年）。井身圆形，块石砌筑，井圈内、外圆形，仍在使用。

亭旁镇

西山古井 [Xīshān Gǔjǐng]

位于亭旁镇西山村中部花园路44号墙外。清代建。井身圆形，块石砌筑，内、外圆形青石井圈，外径0.82米，内径0.53米，井圈高0.48米，保存完好，现无人使用。

寺前岩水井 [Sìqiányán Shuǐjǐng]

位于亭旁镇寺前岩村西北部水塘旁。清代建。井身方形，块石砌筑，原有井岸已毁，现用石条砌筑，长1.16米，宽0.84米。水源清澈，仍在使用。

任家古井 [Rénjiā Gǔjǐng]

位于亭旁镇任家村中部。年代不详。井身圆形，块石砌筑，内、外圆形石质井圈，内径0.42米，高0.34米，保存完好。

徐家古井 [Xújiā Gǔjǐng]

位于亭旁镇徐家村中部。年代不详。井身圆形，块石砌筑，井圈方形，由四块石板构成，保存基本完好。

包家古井 [Bāojiā Gǔjǐng]

位于亭旁镇包家村包松甫家屋外。年代不详。井身圆形，块石砌筑，内圆外方块石井圈，内直径0.48米，高0.37米，保存基本完整。

包家古井 [Bāojiā Gǔjǐng]

位于亭旁镇包家村包照维家东侧门外。年代不详。井身圆形，块石砌筑，石质方形井圈，保存基本完整。

石泉井 [Shíquán Jǐng]

位于亭旁镇包家村亭旁起义指挥部内。建于民国。井身圆形，块石砌筑，内、外圆形石质井圈，井圈镌“石泉”二字，内径 0.52 米，高 0.39 米，保存较完整。

纪念馆古井 [Jìniànguǎn Gǔjǐng]

位于亭旁镇杨家村亭旁起义纪念馆内。清代建。井身圆形，块石砌筑，石质方形井圈，保存完好。

白鹤殿古井 [Báihèdiàn Gǔjǐng]

位于亭旁镇杨家村白岳殿西侧。年代不详。井身圆形，块石砌筑，内、外方形石质井岸，稍有破损，保存基本完整。

楼氏宗祠古井 [Lóushìzōngcí Gǔjǐng]

位于亭旁镇岙楼村楼氏宗祠大殿明间右侧。井圈方形，块石砌筑，井水清澈透亮，用长竹竿探之，深不可测。

健跳镇

八角水井 [Bājiǎo Shuǐjǐng]

位于健跳镇中心小学西边围墙外。年代不详。井身圆形，块石砌筑，井圈内、外呈八角形，条石叠砌栏板，每块高 0.60 米，宽 1.3 米，厚 0.15 米，每块栏板之间用望柱相隔，望柱高 0.65 米。其中一块栏板内侧有刻字痕迹，但已模糊不清，据当地居民介绍为“迁宫井”三字，外侧刻有“人民水井”四字，字迹有所剥落。此井规模较大，构造讲究，保存较好。2004 年被公布为县级文物保护点。

毛叶古井 [Máoyè Gǔjǐng]

位于健跳镇毛叶村东部大樟树旁。井身圆形，块石砌筑，圆形石质井圈，高 0.35 米，内径 0.60 米，外径 0.85 米，井圈外刻“清乾隆岁次癸巳年桐月□东井”等 13 字，保存基本完整。古井水质清澈，仍在使用。

毛张古井 [Máozhāng Gǔjǐng]

位于健跳镇毛张村中部张真广家水门。清代建。井身圆形，块石砌筑，内、外圆形石质井圈，保存基本完整，现仍使用。

安住寺井 [Ānzhùsì Jǐng]

位于健跳镇浮门村古安住寺东 15 米处。年代不详。井身圆形，块石砌筑，内、外圆形石质井圈，保存基本完好。

东郭井 [Dōngguō Jǐng]

位于健跳镇东郭村何沿舟家门前 5 米处。井身圆形，块石砌筑，内、外六角形石质井圈，内刻有“农业学大寨”五字，石质较厚，保存较好。

横渡镇

东屏水井 [Dōngpíng Shuǐjǐng]

位于横渡镇东屏村中部陈方山屋前。年代不详。井身椭圆形，块石砌筑，井圈两口拼接而成，一井圈内圆外方，保存完整；另一井圈呈半圆形，有残损，仍在使用。

龙眼井 [Lóngyǎn Jǐng]

位于横渡镇大横渡村横渡街 67 号门前。年代不详。井身圆形，块石砌筑，内、外圆形石质井圈，高 0.30 米，内径 0.48 米，外径 0.70 米，井岸稍有残损，仍在使用。

浦坝港镇

小雄卫生井 [Xiǎoxióng Wèishēngjǐng]

位于浦坝港镇小雄村小雄街俞国平家墙外。清代建。占地面积16平方米，井身圆形，块石砌筑，由八块石板构成内、外八角形井圈，每块石板之间用望柱相隔，其中一块石板上阴刻有“卫生井”三字，井圈高0.4米，直径1.4米。卫生井构造讲究，造型独特，保存尚好。

长浦庄古井 [Zhǎngpǔzhuāng Gǔjǐng]

位于浦坝港镇长浦庄老街96号。年代不详。井身圆形，块石砌筑，内、外八角方形井圈，外径0.88米，内径0.65米。现部分井圈残损，仍在使用。

鹤井古井 [Hèjǐng Gǔjǐng]

位于浦坝港镇鹤井村。年代不详。井身圆形，块石砌筑，内、外圆形青石井圈，外径0.71米，内径0.51米。井圈有裂缝，保存较好，仍在使用。

上董古井 [Shàngdǒng Gǔjǐng]

位于浦坝港镇上董村北部。年代不详。井身圆形，块石砌筑，内、外圆形青石井圈，外径0.61米，内径0.43米，保存完好，仍在使用。

高湖古井 [Gāohú Gǔjǐng]

位于浦坝港镇高湖村北部。年代不详。井身圆形，块石砌筑，内、外圆形青石井圈，井圈由于年代久远，有所风化。

金家岙古井 [Jīnjiāào Gǔjǐng]

位于浦坝港镇金家岙村。年代不详。井身圆形，块石砌筑，内、外圆形青石井圈，外径0.6米，内径0.4米，保存完整，仍在使用。

金家岙古井 [Jīnjiāào Gǔjǐng]

位于浦坝港镇金家岙村东北塔平头山山前。年代不详。井身圆形，块石砌筑，外圆形蛇蟠石井圈，外径0.53米，内径0.4米，井圈有裂缝，仍在使用。

庙峙古井 [Miàozhì Gǔjǐng]

位于浦坝港镇庙峙村串堂道地墙外2米处。清代建。井身圆形，块石砌筑，内、外圆形青石井圈，井岸部分残损，仍在使用。

第三节　海塘

三门地处三门湾畔，旗门港、海游港、健跳港、浦坝港、洞港深嵌内陆，海涂面积辽阔，开发利用大有前途。自唐朝开始，历宋、元、明、清、民国6个朝代1400多年，围塘10万余亩，沿海所有平原都是围垦而成，奠定了三门经济发展的基础。自解放以来，特别是20世纪60—90年代，三门县发挥滩涂面积广、围垦条件好的优势，进行了持续的围垦造田，逐步由高涂到中涂至低涂延伸，取得了明显的成效。1956年至2016年，全县围垦滩涂79处，围垦面积达到13. 38万亩（不含核电、火电厂址围涂面积）。其中千亩以上围垦项目31个，围垦面积12.6万亩。

1997年前，三门县的滩涂围垦大多是以群众自发为主，造成滩涂资源浪费。1998年，三门县组织对全县滩涂现状进行了全面调查摸底，在与计划、海洋、渔业、环保等部门衔接后，编制了《三门县滩涂围垦总体规划》，并经县政府批准实施。2004年下半年开始，三门县按省政府要求，对《三门县滩涂圈垦规划》又进行了调整，使三门县滩涂围垦工作走上规范化轨道，以适应社会经济发展需要。进入21世纪，相继开工建设秤沟湾塘、北沙塘、晏站涂、蛇蟠四期、洋市涂等5处围垦工程，完成围垦面积2.51万亩。

海游街道

海游堤塘 [Hǎiyóudī Táng]

中心点位于县政府驻地海游城区东、北、西3面，环绕海游，以所在地海游得名。地处海游港上游，亭旁溪、珠游溪下游，在海游街道境内，起讫地点自西山嘴头至下洋李。由海游防洪堤、大湖塘、黄岩塘、石岩防洪堤四条堤塘组成，总长7630米（其中海游防洪堤3470米，大湖塘1480米，黄岩塘包括师姑塘1490米，石岩防洪堤1190米）。设计塘顶高程（黄海系）7~11米，堤身高4~5米，堤顶宽6米，迎水坡1：40，背水坡1：2。

1981—1983年间，由县人民政府和海游区组织海游镇、悬渚公社、葛岙公社共12个大队将下山桥至石岩坝的4150米塘堤进行加高加固，砌上石护坡，建成海游1座三孔水闸，堵住黄埠突港，把黄岩塘、大湖塘二处海塘连成一块，缩短塘线3600米（其中大湖塘1800米，黄岩塘1800米），形成一个闭塞区，成为一条环城堤防，保障海游街道和县级机关企事业单位人民生命财产的安全。并建立了堤塘管理机构，加强堤塘水闸管理。

海润街道

花鼓漫塘 [Huāgǔmàn Táng]

位于海润街道花鼓岛，中心点位于县城东14公里，东为涛头塘，南濒海游港，西接连槌山、正屿山，北临正屿港。以所在地花鼓岛得名。据民国版《台州府志》载，清朝即有人在岛上围垦。1966—1969年，海游镇和悬渚、葛岙、蒲西、头岙、南溪5个公社34个大队联合围成，按塘股合理负担（蒲西公社1.5股，头岙公社1股，悬渚公社1股，葛岙公社1股，南溪公社0.5股），围垦面积4000亩。1970—1979年，1981—1985年又分别围塘，使花鼓漫塘、涛头塘和友谊塘连成一条塘线，面积4.7平方公里，总长13250米。境内设有花鼓漫塘、涛头塘、友谊塘3座共四孔水闸。1993年进行“两面光”新标准海塘坝建设。2003年开始高标准海塘建设，工程标准为50年一遇防潮标准，设计高潮位5.92米，海塘等级标准为Ⅲ级，2004年完工，总投资3854万元。2008年对高标准海塘进行了加固。

晏站涂 [Yànzhàntú]

位于海润街道境内。海堤长9025米，水闸宽55米，围垦面积1.9万亩，总投资1.7亿元。工程于2004年2月开工建设，2008年7月建设完工，2009年12月通过竣工验收。该工程是三门县建县以来围垦面积最大、水利施工工艺难度最大的围垦项目。2009年12月经浙江省围垦局组织工程验收小组评定为优良工程并获“大禹杯”奖。工程建成后移交三门县滨海新城管委会进行新城开发。

晏站涂二期围垦 [Yànzhàntú 2 Qī Wéikěn]

位于滨海新城东面，东临蛇蟠水道，南靠花鼓岛，西接新建的晏站涂围垦工程，北濒旗门港。晏站涂二期围垦分前期促淤工程和后续围垦工程两期来实施，围垦面积6516亩。

围垦工程等级为Ⅲ等，海堤、堵坝、排涝闸、通航建筑物等主要建筑物的级别为3级，主要建筑物采用100年一遇潮位加100年一遇风浪组合标准。海堤在高滩段促淤堤基础上加高，海堤长3004米，堤顶高程7.1米，防浪墙顶高程7.9米；堵坝在深港段促淤堤和口门保护基础上加高闭气，堵坝长875米，坝顶高程7.3米，防浪墙顶高程8.1米；排涝闸布置在正峙港出口南岸，涛头山北山嘴，建在岩基上，闸孔总净宽为30米，闸底槛高程为–2米。在涛头山北山嘴，正峙港南岸边布置1座通航建筑物，通航建筑物采用船闸，净宽8米，闸底槛高程–2米。该工程总投资5.98亿元，2012年动工建设。

头岙塘 [Tóuào Táng]

位于滨海新城东南面。东接头岙溪，南邻S224省道，西靠外湾山，北濒海游港。塘坝自外湾山至头岙溪大桥，全长2170米，设计潮位4.84米，御潮标准20年，面积1810亩。因位于头岙村外，故名。

园里塘 [Yuánlǐ Táng]

位于滨海新城南。东毗长湾塘，南邻S224省道，西为园里溪，北濒海游港。塘坝自长湾闸至园里溪大桥，全长4678米，设计潮位5.44米，御潮标准20年，面积3010亩。因位于园里村外，故名。

沙柳街道

旗门塘 [Qímén Táng]

位于沙柳街道东部。东临旗门港，南接向阳塘，西靠后周塘，北连宁海县一市镇，起讫地点自狮子头至向阳塘。塘堤长2620米，围垦面积3950亩，为跨地区、跨县海塘，属台州市三门县和宁波市宁海县共有，其中宁海段长1200米，三门段长1420米。

在旗门塘境内，历史上是一片海滩，沙柳街道溪头杨村以下的黏土塘，道岸头原来都是海涂（道岸头因村旁海塘边，原名塘岸头，民国时期改称道岸头）。据民国二十五年（1936年）《台州府志》记载：沙柳港口塘在港东岸的叫小河塘，北岸的梵寺塘，西岸也有塘，北起旗门西岸，南接晏站岭头，东麓长六里许。

旗门塘从历史到现代海涂变迁较大。新中国成立后，沙柳公社人民积极进行围垦。1968年围成后周新塘50亩。1974年围成向阳塘900亩。1973—1982年沙柳公社和宁海县旗门公社联合围成旗门塘（两公社负担，受益各为50%），和向阳塘、南塘连成一起，塘堤总长4.02公里（向阳塘0.3公里，南塘1.05公里），把后周塘、后周新塘和向阳塘共长2.164公里老塘堤包围里面，共保护面积4150亩。以上海塘都从旗门塘水闸排水出海，成为一个闭塞区，现为海水养殖区。1992年进行“两面光”标准海塘坝建设。1997年遭受“9711”号台风袭击，缺口7处，长475米。台风以后两县分别进行修复加固，宁海方1200米，1998年立项，2000年完工；三门方1420米，1999年立项，2001年完工，总投资600万元。2010年8月投资208万元，再次对旗门塘闭合区高标准海塘进行加高、加固，使大坝满足标准海塘建设要求。

长老塘 [Zhǎnglǎo Táng]

位于沙柳街道外黎村与姚家村之间。明万历年间（1573—1620年）围，自外黎村至姚家村田洋自然村桥头，堤长1750米，围塘面积1200亩。因由白岩寺长老主持围建，故名。

大周外塘 [Dàzhōu Wàitáng]

位于沙柳街道东部。东、北毗长湾旗门港，南邻南亭村，西为大周村。塘坝自大周闸至大周村，全长1570米，设计潮位5.4米，御潮标准20年，面积3600亩。因位于大周塘外，故名。

健跳镇

岙口塘 [Àokǒu Táng]

中心点位于县政府驻地东偏南24公里，健跳港南岸，以海塘位于原岙口乡而得名。自岙口的大塘闸至东郭的大宅塘闸，由大塘、岙口塘、小宅塘、大宅塘4处海塘组成。面积7.2平方公里，塘线总长2929米（其中大塘858米，岙口塘296米，小宅塘600米，大宅塘1175米）。岙口塘前身是永安塘、永兴塘，1939年筑成，后废。岙口塘是新中国成立后三门县首次围垦工程，堵口工程技术性较高，当时宁波专署水利局派工程师直接指导施工。在县政府领导下，组织沿江区东郭、岙口2个乡18个村进行围垦，于1956年11月动工，1958年4月围成，围垦面积3300亩。该塘围成后，把原来7条共长7160米的老塘包围里面（其中万年塘500米、大泥塘1280米、万余塘1380米、大塘1200米、蛟龙塘980米、小宅塘800米、风车斗塘1020米），缩短塘线4231米，减少咸潮倒灌，改善了生产条件。

以后有关大队从塘外海涂扩围，截弯取直塘线。大塘大队于1964年围成小塘50亩，小宅大队于1968—1975年围成小宅塘115亩，大宅、东边2个大队于1971年至1976年围成大宅外塘127亩。小宅塘、大塘、小塘围成后，把岙口塘大部分塘堤包围里面。原来岙口塘有1614米塘堤，现缩短为296米。大塘、岙口塘、小宅塘、大宅塘4条塘堤连接在一起，成为保护万亩以上的海塘，保护农田1.0948万亩。沿塘设有大塘、岙口塘、大宅塘3座共六孔水闸。岙口塘水闸三孔，闸孔总净宽7.8米，设计过闸流量92米^3/秒，排水总面积25.7平方公里，是岙口、东郭2个乡主要排水咽喉，现已建立水闸管理所，加强水闸的管理。

1976—1980年进行全线加高加固。1982—1984年进行标准塘建设，但设计标准低，施工质量差，坝身土体仍旧很单薄，砌石质量较差，块石较小，表面平整度差。该塘经历了“8923”号、“9417”号，尤其是“9711”号台风的袭击，堤坝崩溃缺口2条，长达200米。1998年3月按Ⅲ级海塘，50年一遇标准设计加固，1999年10月竣工，总投资700万元。2010年10月进行加固工程，工程总投资909.2万元，其中建筑工程投资719.52万元，2011年完成。

六敖北塘 [Liù'áo Běitáng]

中心点位于县政府驻地东约19公里，蛇蟠水道南岸，健跳镇六敖境内。自赤头山嘴至西渡塘新闸，由后塘（曾用名反修塘）、普济塘、上敖塘、外新塘、西渡塘5条塘堤组成。面积7.71平方公里，塘线总长10.317公里。

后塘、上敖塘是由六敖公社26个大队及蒲西公社岣岩大队于1966年动工，1970年围成，围垦面积4620亩。1968年岣岩大队围成外新塘120亩。1972—1980年，蒲西公社西渡大队围成西渡外塘130亩。1980年六敖公社上片5个大队围成普济塘360亩。除西渡塘1628米是原来老塘堤外，几年来新筑塘堤8689米。以上塘堤筑成后，将原有13条12.89公里老塘坝包围里面，共缩短塘线4601米，使六敖、蒲西两公社的5处海塘连接成一条塘堤，共保护农田1.9055万亩，保护人口1.4762万人，是六敖北边的一条重要堤防，故称六敖北塘。沿塘设有4座计8孔的水闸，其中后塘六敖大闸为3孔，总净宽7.5米，六敖公社有1.1578万亩农田都从此闸排水出海。西渡塘水闸，为3孔，蒲西公社西渡等3个大队3800亩农田从此闸排水出海。

为了加强海塘管理，六敖公社建立了后塘管理所，蒲西公社建立西渡管理组，实行塘闸联管后，管理所分设三个管理组，对塘坝分段负责，实行道班式的护养管理。1982年6月下旬，全省堤塘会议上表扬了后塘“道班式”的管理方法，并加以推广。

六敖北塘是全县最早实施标准坝建设的海塘。1981年，对六敖北塘反修塘段4630米实施20年一遇老标准塘坝建设，1984年完工，完成土方5万立方米，石方7700立方米，投放劳动力8.8万工。进入20世纪90年代，县委县政府计划用七八年的时间，把全县一线海坝全部建成标准塘坝，1991年率先在六敖镇实施。1993年完成反修塘、普济塘、上敖塘部分20年一遇标准塘坝建设。1996年完成岣岩塘、上敖塘部分20年一遇标准塘坝建设。“9711”号台风，六敖北塘塘坝全线被毁，塘内2万多亩农田及农舍瞬间被淹，变成汪洋泽国。台风后，六敖北塘被列入三门县第一批高标准海塘坝建设工程，1998年动工，1999年全线完成，总投资2500万元。2008年全线加高加固。六敖北塘被省长柴松岳命名为“连心塘”，并立碑纪念。

六敖南塘 [Liù'áo Nántáng]

中心点位于县政府驻地海游东偏南20公里，健跳港北岸，健跳镇六敖南部。自罗岙水库对虾塘至虎尾巴山，面积7.7平方公里。由凤凰山塘、蒋头岩塘、前塘、外罗塘、鸟屿塘5处海塘组成。塘线总长3213米（其中凤凰山塘788米，蒋头岩塘854米，前塘1119米，外罗塘52米，鸟屿塘400米）。沿塘设有4座，计7孔水闸，其中六敖总闸（原名外罗闸）3孔。

新中国成立前，凤凰山塘由郑育英等先后筹资围垦，都以失败告终。蒋头岩塘系1970年由凤凰山农场围成，共围垦面积3333亩。外罗塘系1958年建六敖总闸时由六敖公社围成（主要是为纱帽蛊塘、芦塘农田免除咸潮倒灌）。鸟屿塘系1963年由鸟屿大队围成，围垦面积270亩。1985年台州新凤公司围成凤凰山外塘，把原来的普济塘、新塘、前塘的2450米老塘堤包围里面，使六敖南面的五条塘堤连接成一条塘线，成为保护万亩以上海塘，故取名六敖南塘。1992年建成“两面光”标准坝。在“9711”号台风中，六敖南塘海水漫过坝顶，冲毁缺口数处。台风过后进行修复加固，按照“三面光”的要求强化断面结构，1997年11月初编制完成海塘主体工程设计，按Ⅲ级海塘，50年一遇防潮标准进行加固。设计塘顶高程（黄海）6米，堤身高3米，堤顶宽4米，迎水坡1：0.3~1：0.4，背水坡1：2。工程于1998年1月开工，1999年基本完工。2010年又对大坝进行加高、加固，使大坝满足标准海塘建设要求。

洋市涂围垦工程 [Yángshìtú Wéikěngōngchéng]

处于健跳港口南侧洋市湾内，呈内凹型。东临狗头门水道，西靠健跳镇洋市村，南邻宫前湾，北依健跳港口高湾山。海堤、堵坝总长1939米，纳潮闸共3孔，每孔净宽3米；排水闸共5孔，每孔净宽3米。围垦面积为5935亩，工程等级为Ⅲ级，防潮（洪）标准50年一遇，总投资4.5522亿元。工程自2013年5月19日正式动工，2015年11月合龙。

核电厂址围塘 [Hédiànchǎngzhǐ Wéitáng]

位于健跳镇猫头山嘴。1989年健跳猫头山被列入国家核电预选厂址后，县政府就把核电厂址作为重要的战略资源加以保护。为保护好核电厂址，县计经委于1989年8月10日，向省计委报送了《要求围垦健跳猫头涂的报告》。8月29，省计经委同意列支核电厂址海涂围垦经费300万元，主要用于厂址需用海涂围垦、进涂公路改造、厂址部分土石方开挖。所需资金由省安排前期工作经费200万元，三门县筹措100万元，围涂工程由县计经委组织实施。1990年3月县政府成立了三门湾（猫头）核电厂址围垦指挥部。1991年10月4日正式破土动工，1992年1月26日堵口。至1993年，健跳猫头山核电厂址围垦工程项目基本完工，围垦面积976亩，海堤长1050米。1997年三门县遭遇11号台风袭击，健跳猫头山核电厂址围垦海堤受损严重，省计经委拨出专款，于1998年4月30日动工，对三门核电厂址范围内的老海堤进行修复。

花桥镇

下栏塘 [Xiàlán Táng]

位于县政府驻地东南28公里，浦坝港南岸，花桥镇东南。自下湾山至钳头嘴，长3541米，面积5.8平方公里。塘顶高程5.5米，顶宽2.5米。塘中有座下栏山，原是一个海岛，在海中央，1970年上旺大队向此山四周围塘，故名。

民国时，吴都涂建有塘堤。1958年原吴都人民联合围成吴都塘。1970年岭南、上旺2个大队围成岭南塘。1975年蜍下大队围成蜍下塘。1973—1983年小雄区吴都、山场2个公社联合围成下栏塘，面积5900亩，将蜍下塘、吴都塘、上旺塘、岭南塘4条共长3934米的塘堤包围里面（其中蜍下塘1315米，吴都塘1230米，上旺塘541米，岭南塘848米），和蜍下塘连接在一起，塘堤共长3541米，共保护面积8768亩，成为一个闭塞区。设有下栏塘水闸1座，四孔，吴都公社6个大队及关头公社岭南大队农田都从此闸排水出海。1991年进行“两面光”新标准海塘坝建设。1999年进行高标准建设，使工程等级提升至为Ⅲ级，设计重现期为50年一遇，总投资1476万元。2009年对高标准海塘进行加高加固。

红旗塘 [Hóngqí Táng]

中心点位于县政府驻地东南24公里，浦坝港上游，花桥镇东部。自大头山里至红旗塘闸，总长1600米，面积4.6平方公里。设计塘顶高程（黄海）6米，堤身高5米，堤顶宽4米，迎水坡1∶1.6，背水坡1∶2。当时广大群众坚信党的总路线、“大跃进”、人民公社三面红旗，故名。

清咸丰十年(1860年)关头、花桥人民围成关头塘。清宣统二年（1910年）围成乌龟塘40亩。民国九年（1920年）围成下岙塘200亩。民国三十六年（1947年）年围成蒲峰塘500亩。1966年小雄区关头、花桥两公社联合围垦红旗塘，1971年围成，围垦面积4000亩。该塘围成后，将原有6条共长3365米的老塘坝包围里面（其中蒲峰塘840米，蒲峰小塘210米，长大塘725米，关头塘735米，下岙塘675米，乌龟塘180米），缩短塘线1775米，形成一个闭塞区。沿塘设有红旗塘闸1座，四孔，闸孔总净宽10.4米，排水总面积38.9平方公里，花桥、关头2个公社大部分农田都从此闸排水出海。1994年进行“两面光”标准海塘坝建设。1999年开始高标准海塘建设，采用“三面光”结构加固，总投资639万元。2012年12月完成50年一遇防潮标准海塘加固工程，总投资467.38万元。

浦坝港镇

永丰塘 [Yǒngfēng Táng]

位于县政府驻地东南26.5公里，浦坝港北岸。自老鹰山至小湾渡，由岩下洋塘、永丰塘、永福塘、蟹山塘四处海塘组成，塘线总长5297米（其中岩下洋塘777米、永丰塘1070米、永福塘1986米、蟹山塘1464米），均砌上石护坡。塘顶高程4.8~5.6米，顶宽1.5~3.5米。寓意永保丰收，故名。

永丰塘（原名狗屿塘）由三岩公社12个大队联合围成，1963年12月动工，1967年10月完工，围垦面积1654亩，为四塘中最大。永福塘建于清宣统年间（1909—1911年）。蟹山塘由三岩公社7个大队合股围成（下岙堂1股，黄金坦1股，丁山脚1.5股，河里1股，新塘1股，双墩1股，龙坑1股），1969年11月动工，1971年12月完工，围垦面积1206亩。岩下洋塘是三岩公社仙岩、后陈2个大队和关头公社栅下大队共同围成，1971年10月动工，1977年10月完工，围垦面积750亩。以上三塘围成后和永福塘连接在一起，将原有8条共长5507米的老塘坝包围里面（其中新塘658米，永丰塘1705米，永宁塘580米、仙岩新塘1124米，下洋王塘340米，岩下洋塘520米，峙山下塘270米，栅下塘310米），连接成一条塘线，面积7.08平方公里，长5297米。沿塘建有永丰塘、岩下洋塘、蟹山塘3座共5孔水闸，由镇水管站统一管理，实行塘闸联管。1991—1994年进行了新标准塘坝建设。1998年开工建设50年一遇高标准海塘坝，2001年全线完成。2009—2011年对高标准海塘进行加高加固。

跃进塘 [Yuèjìn Táng]

位于县政府驻地东南33公里，浦坝港北岸，浦坝港镇沿赤西南。自建设塘至赖屿山，面积9.68平方公里，塘顶高程6米，顶宽4米。该塘围垦时，干群的积极性很高，工程进展很快，故取名跃进塘。

跃进塘由沿赤公社12个大队联合围成，按塘股负担（其中赤坎大队1.5股，罗石大队1.5股，下洋墩大队1股，三角塘大队1股，海山大队0.3股，小官塘大队0.2股，大域大队1.5股，小岭下大队1股，钳口大队1股，郑畔大队1股，沿江大队1.5股，佳岙大队0.5股），1972年动工，1975年3月完工，围垦面积6556亩。该塘围成后，将原有2条共长4250米老塘堤包围里面（其中长坝头塘4000米，海山塘250米），形成一个闭塞区，保护农田面积1.4533万亩。沿塘设有水闸1座3孔，沿赤公社七个大队农田均从此闸排水出海。1976—1979年加高加固。1983年开展20年一遇老标准塘坝建设，1985年完工，完成土方10.56万立方米，石方1.7万立方米，投放劳动力17.36万工日。1986年完成二期老标准塘坝建设。同时，对浦坝港北岸一线海塘进行50年一遇标准塘坝建设。1998年开工建设50年一遇高标准海塘坝，2001年全线完成。2009—2011年，对高标准海塘进行加高加固。

建设塘 [Jiànshè Táng]

位于县政府驻地东南29.5公里，浬浦港北岸。自小湾渡至跃进塘，由建设塘、胜利塘二处海塘组成。面积8.3平方公里，塘线总长3328米（其中建设塘2340米，胜利塘988米），塘顶高程5.4米，顶宽2.5~3.5米。建设塘是浬浦、渔西、沿赤、三岩4个公社合股围成（浬浦4股，渔西2.5股，沿赤2股，三岩龙坑大队1.5股），1966年动工，1967年完工，围垦面积4525亩。胜利塘是浬浦、沿赤二公社各半负担围成，1969年动工，1970年5月围成，围垦面积1366亩。两处海塘连在一起，将原有圩岙塘、叶兴塘等4条老塘堤包围里面，成为保护1.2575万亩的海塘。沿塘设有建设塘水闸1座4孔，排水总面积25平方公里。1975—1978年进行加高加固。1991—1994年完成新标准塘坝建设。1998年开工建设50年一遇高标准海塘坝，2001年全线完成。2009年至2011年，对高标准海塘进行加高加固。广大群众愿望把自己用心血围成的海塘建设成为美丽家园，故取名为建设塘。

三角塘 [Sānjiǎo Táng]

位于牛头门水道北岸，浦坝港镇西部。自赖屿山至牛头门一号闸，由三角塘、牛头门塘组成，塘线总长4816米（其中三角塘4216米，牛头门塘600米），均砌上直立式护坡。设计塘顶高程（黄海）5.3米，顶宽2.5~3米，面积8.67平方公里。以所在的海塘呈三角形，故名。

1958—1960年，由台州地区组织所属临海、温岭、黄岩、三门、天台、宁海6个县4000名民工，围成5760亩盐田，建立三门盐场（分设四个工区）。以后盐场进行二次扩建，1971年从赖屿山至下市港地段，围成盐田2500亩，建立五工区。1978年从下市港至方山围成盐田1500亩，建立六工区。经过二次扩围，把1960年筑成的2900米塘堤包围里面。共建成盐田9760亩，年产原盐3.5万吨左右，是本省著名的国营盐场之一。1991—1994年完成新标准塘坝建设。1998年开工建设50年一遇高标准海塘坝，2001年全线完成。2009—2011年对高标准海塘进行加高加固。三角塘围成后，将沿赤公社原有的海山塘、老三角塘、下峙山塘、佳岙塘、沿江塘5处老塘包围里面，不仅增加了万亩盐田，还保护了沿赤公社1.3012万亩农田和9699人的安全。沿塘设有水闸5座，共8孔，其中4座计6孔供盐场排淡纳潮用。牛头门一号闸，2孔，供沿赤公社沿江等5个大队农田排涝用。

洞港塘 [Dònggǎng Táng]

中心点位于县政府驻地东南38.5公里，洞港下游，浦坝港镇泗淋东南。自洞港闸至临海市地段界，由泗淋塘、黄岩塘、道头塘组成。塘顶高程6.5米，顶宽4米，面积10.9平方公里。洞港，别名后港，原为河名，因此河流经此入海，20世纪60、70年代建造具有现代化规模的9孔洞港新闸，从港湾变为湖泊，名为洞港。因该塘位于此港，故名。唐宋时，泗淋等地还是一片海涂，清代开始围塘，民国围成泗淋塘、黄岩塘、道头塘。1966年台州地区组织临海县桃渚区6个公社和小雄区泗淋、山场、小雄3个公社联合动工围垦，1970年围成，将泗淋塘、黄岩塘、道头塘3条共长9355米的老塘坝包围里面（其中泗淋塘4532米，黄岩塘3038米，道头塘1785米），缩短塘线8635米，改变了生产条件。受益范围包括小雄区3个公社，保护农田1.637万亩，保护人口1.1468万人，成为一个较大的闭塞区。1975—1977年进行加高加固，砌上块石护坡。1982年开展20年一遇老标准塘坝建设，1984年完工，完成土方0.7万立方米，石方0.36万立方米，投放劳动力2.14万工。1997年遭受“9711”号台风袭击，海塘坝被全线摧毁。2000年对海塘坝进行高标准建设，使洞港塘工程等级提升至为Ⅱ级，设计重现期为50年一遇。2009年对高标准海塘进行加高加固。

夹礁塘 [Jiājiāo Táng]

中心点位于县政府驻地东南36.5公里，浦坝港下游，浦坝港镇泗淋东北。自干头山至七头山。面积3.9平方公里，塘堤总长3242米，塘顶高程5~6米，顶宽3.9米。解放前，原有桃峙塘、下岙塘和鹤井塘。自1979年至1985年10月，围成夹礁塘，将桃峙塘、下岙塘、鹤井塘包围里面。夹礁是一个礁的名称，该塘因此礁而得名。

蛇蟠乡

蛇蟠塘 [Shépán Táng]

中心点位于县政府驻地东约16公里，蛇蟠乡中、西部。东靠蛇蟠山，南滨蛇蟠水道，西部与宁海县海涂为界，北临青山港。塘堤自市门山至小蛇头后背，及小蛇头至垫头山，面积3.3平方公里，长11.19公里，塘顶高程6.7米，顶宽3.4米。1972年11月动工，1991年年底围成蛇蟠塘，由一期、二期、三期、四期工程及原蒲西乡市门塘组成。此塘位于蛇蟠，故名。

蛇蟠塘是亭旁区组织该区6个公社47个大队联合围垦的工程，按塘股合理负担，分为10股，按股负担5223米塘坝地段（亭旁公社3.3股1714米，邵家公社2.4股1417米，南溪公社1.3股628米，中门公社1股447米，坝头公社1股475米，彭赖公社1股542米），分四期施工。第一期工程1972年11月动工，1974年9月完工，围垦面积1700亩。第二期工程1973年动工，1978年完工，围垦面积4100亩。第三期工程1985年9月开工，1991年3月完工，塘坝长9470米，围垦面积9939亩。第四期工程2004年3月开工，2006年12月完工，围垦面积2985亩。蛇蟠塘围成后，把蛇蟠山和小蛇两个岛连接成一岛，合称蛇蟠岛。1983年进行一期、二期的20年一遇老标准塘坝建设，1984年完工，完成土方12万立方米，石方1.5万立方米，投放劳动力18万工。1989年受23号台风袭击被全线摧毁。1990年12月开始实施万亩水毁修复工程，按新标准塘坝建设，1993年竣工。1996年对三期进行两面光标准塘坝建设，后又毁于“9711”台风，1998年再次修复。1999年实施三面光高标准海塘建设。2008年实施“强塘固房”工程，对海塘坝进行除险加高加固。

红岩塘 [Hóngyán Táng]

位于蛇蟠岛东南，海游港北岸。1970年蛇蟠大队围成红岩塘400亩。1971年围成印山塘200亩。1985年山前、山后、黄泥洞3个村围成红岩外塘850亩，共围垦面积1450亩，红岩外塘、印山塘2条塘堤总长3952米，保护农田2053亩。2001年对红岩外塘实施高标准海塘建设，2003年完工，总投资400万元。2012年实施红岩外塘标准海塘加固工程，海塘等级为Ⅳ级，工程设计防洪标准为20年一遇，总投资1396万元。

三门宁海合作围垦蛇蟠涂工程 [Sānmén Nínghǎi Hézuòwéikěn Shépántú Gōngchéng]

位于三门湾西侧。工程在蛇蟠涂上建南北2条海堤，南堤西端始于宁海东沙友谊塘，向东伸展与蛇蟠三期海堤相接，堤长3976米；北堤西端起始于双盘山脚，向东伸展与蛇蟠三期海堤相接，堤长2390米，海堤总长6366米。水闸6座，其中排涝闸2座6孔，净宽18米，纳排水闸4座13孔，净宽43.5米。工程围垦面积2.1万亩，概算投资3.3亿元。2004年9月开工建设，2010年4月完工。该项目因涉及三门县蛇蟠涂区域范围，因此宁海县采取与三门县合作围垦方式，由三门县蛇蟠海涂围垦有限公司出资3534万元完成北堤1004米海塘坝建设任务，建成以后三门县获得2985亩土地。

第四节　水闸

海游街道

大湖塘大闸 [Dàhútáng Dàzhá]

位于海游街道大湖塘，故名。集雨面积8.3平方公里，闸孔数量3孔，总净宽9米，闸顶黄海高程7米，闸底黄海高程0.5米，闸身高6.5米。螺杆式钢筋混凝土插板闸门，装机20吨，电动启闭，最大过水能力95立方米/秒。1981年建成。

大屿闸 [Dàyǔ Zhá]

位于海游街道善岙蒋村大屿，故名。闸孔数量2孔，总孔径4米，设计流量71.2米^3/秒。2005年9月建成。

海润街道

横港闸 [Hénggǎng Zhá]

位于海润街道滨海新城横港，故名。闸孔数量3孔，总孔径9米，设计流量35米^3/秒。2007年10月建成。

正屿闸 [Zhèngyǔ Zhá]

位于海润街道滨海新城正屿山，故名。闸孔数量5孔，孔径4米，总净宽20米。闸底板高程 -1米，为开敞式结构，采用铸铁闸门。排涝标准为50年一遇，排涝流量191.75米^3/秒。

花鼓漫闸 [Huāgǔmàn Zhá]

位于海润街道花鼓岛涛头村，故名。闸孔数量2孔，总孔径2.5米，设计流量21.2米^3/秒。1964年始建花鼓漫塘，闸1孔，后各村围建，增1孔。

三条港闸 [Sāntiáogǎng Zhá]

位于海润街道正屿村。闸孔数量2孔，总孔径2.2米，设计流量27.74米^3/秒。因位于三条港，故名。2002年始建。

老北塘闸 [Lǎoběitáng Zhá]

位于海润街道涛头村老北塘，故名。闸孔数量2孔，总孔径2.5米，设计流量21.2米^3/秒。

涛头西闸 [Tāotóu Xīzhá]

位于海润街道涛头村西，故名。闸孔数量 2 孔，总孔径 2.2 米，设计流量 18.3 米 ^{3}/ 秒。

连槌下闸 [Liánchuí Xiàzhá]

位于海润街道正屿村。闸孔数量 2 孔，总孔径 2 米，设计流量 26.76 米 ^{3}/ 秒。因所在地群众惯称而得名。2002 年始建。

连槌山闸 [Liánchuíshān Zhá]

位于海润街道正屿村。闸孔数量 2 孔，总孔径 2 米，设计流量 25.2 米 ^{3}/ 秒。因所在地连槌山而得名。20 世纪 60 年代建。

连槌闸 [Liánchuí Zhá]

位于海润街道滨海新城，当地俗称连槌，故名。闸孔数量 1 个，净宽 2.5 米，属排（退）水闸，排（退）流量 8 米 ^{3}/ 秒。2007 年 10 月建成。

江边山塘闸 [Jiāngbiānshāntáng Zhá]

位于海润街道园里塘北侧，海游港南岸，以所在海塘得名。集雨面积 3.3 平方公里，受益面积 1100 亩。闸孔数量 1 孔，净宽 2.5 米，闸身高 5.04 米，闸顶黄海高程 5.56 米，闸底黄海高程 0.52 米。螺杆式钢筋混凝土插板闸门，装机 10 吨，人工启闭，最大过闸流量 24.2 米 ^{3}/ 秒。1980 年建成。

江边山内闸 [Jiāngbiānshān Nèizhá]

位于海润街道园里塘北侧，海游港南岸，以所在江边山自然村得名。集雨面积 4.5 平方公里，受益面积 1100 亩。闸孔数量 2 孔，净宽 4 米，闸身高 5.04 米，闸顶黄海高程 5.56 米，闸底黄海高程 0.52 米。螺杆式钢筋混凝土插板闸门，装机 10 吨，人工启闭，最大过闸流量 24.2 米 ^{3}/ 秒。1959 年建成。

小涛新闸 [Xiǎotāo Xīnzhá]

位于海润街道涛头村。闸孔数量 1 孔，总孔径 2.5 米，设计流量 15.8 米 ^{3}/ 秒。因位于小涛而得名。

前洋港闸 [Qiányánggǎng Zhá]

位于海润街道正屿村前洋港，故名。闸孔数量 1 孔，总孔径 2.4 米，设计流量 15.13 米 ^{3}/ 秒。

头岙新闸 [Tóu'ào Xīnzhá]

位于海润街道头岙塘北侧，海游港南岸，以所在海塘得名。集雨面积 3.5 平方公里，受益面积 1040 亩。闸孔数量 1 孔，净宽 3 米，闸身高 6.3 米，闸顶黄海高程 6 米，闸底黄海高程 -0.3 米。螺杆式钢筋混凝土插板闸门，装机 15 吨，人工启闭，最大过闸流量 20.8 米 ^{3}/ 秒。1979 年建成。

北线涵洞闸 [Běixiànhándòng Zhá]

位于海润街道涛头村。闸孔数量 1 孔，总孔径 2.5 米，设计流量 10.7 米 ^{3}/ 秒。此闸位于涛头村北线，故名。

三山大闸 [Sānshān Dàzhá]

位于海润街道中部，海游港南岸，上枫坑村三山自然村东，故名。闸孔数量 2 孔，总净宽 5.18 米，闸顶黄海高程 5.18 米，闸身高 6 米。螺杆式钢筋混凝土插板闸门，人工启闭，最大过闸流量 20 米 ^{3}/ 秒。1961 年建成。

洞桥头内闸 [Dòngqiáotóu Nèizhá]

位于海润街道头岙村，因所在地群众惯称洞桥头而得名。闸孔数量 1 孔，木质叠梁闸门，闸孔总净宽 2 米，最大过水能力 11 米 ^{3}/ 秒。受益面积 300 亩。1977 年建成。

长湾闸 [Chángwān Zhá]

位于海润街道长湾村长湾塘北侧，海游港南岸，以所在海塘得名。闸孔数 1 孔，净宽 2 米，闸身高 5.07 米，闸顶黄海高程 4.493 米，闸底黄海高程 -0.58 米。螺杆式钢筋混凝土插板闸门，装机 10 吨，人工启闭，最大过闸流量 13.6 米 ^{3}/ 秒。1963 年建成。

涛头东闸 [Tāotóu Dōngzhá]

位于海润街道涛头村东，故名。闸孔数量 2 孔，总孔径 2.8 米，设计流量 24.1 米 ^{3}/ 秒。

下新塘闸 [Xiàxīntáng Zhá]

位于海润街道园里村下新塘，故名。闸孔数量 1 个，净宽 3.6 米，属挡潮闸，挡潮流量 28 米 ^{3}/ 秒。1999 年 5 月建成。

上角塘闸 [Shàngjiǎotáng Zhá]

位于海润街道园里村上角塘，故名。闸孔数量 1 孔，总孔径 3.6 米，设计流量 28 米 ^{3}/ 秒。2005 年 5 月建成。

南洋闸 [Nányáng Zhá]

位于海润街道滨海新城南洋，故名。闸孔数量 3 孔，总孔径 9 米，设计流量 35 米 ^{3}/ 秒。2007 年 10 月建。

花鼓漫塘闸 [Huāgǔmàntáng Zhá]

位于海游港北岸，海润街道花鼓漫塘，故名。集雨面积 3.74 平方公里，受益面积 4000 亩。闸孔数量 1 孔，总净宽 2 米，闸身高 6 米，闸顶黄海高程 5.8 米，闸底黄海高程 –0.2 米。螺杆式钢筋混凝土闸门，装机 10 吨，人工启闭，设计过闸流量 13.38 米 ^{3}/ 秒。1964 年建成。

门前塘闸 [Ménqiántáng Zhá]

位于海游港北岸，海润街道晏农村门前塘，故名。闸孔数量 1 孔，总净宽 2 米，闸身高 6.25 米，闸顶黄海高程 6.1 米，闸底黄海高程 –0.15 米。螺杆式钢筋混凝土插板闸门，装机 15 吨，人工启闭，最大过闸流量 11.54 米 ^{3}/ 秒。1970 年建成。

园里塘二号闸 [Yuánlǐtáng 2 Hào Zhá]

位于海润街道园里村，故名。闸孔数量 1 个，总净宽 1.4 米，属节制闸，节制流量 7.3 米 ^{3}/ 秒。1999 年 5 月建成。

海游大闸 [Hǎiyóu Dàzhá]

位于海润街道滨海新城生活区。闸孔数量 3 孔，总孔径 6 米，设计流为 55.3 米 ^{3}/ 秒。因位于海游港而得名。1968 年 5 月建成。

葫芦岙闸 [Húlú'ào Zhá]

位于海润街道葫芦岙村，故名。闸孔数量 1 孔，总孔径 2 米，设计流量 14 米 ^{3}/ 秒。1960 年 8 月建成。

大庵闸 [Dà'ān Zhá]

位于海润街道滨海新城晏农村大庵自然村，故名。闸孔数量 1 孔，总孔径 2.5 米，设计流量 10 米 ^{3}/ 秒。2007 年 10 月建成。

银嘴闸 [Yínzuǐ Zhá]

位于海润街道滨海新城，当地俗称银嘴塘，故名。闸孔数量 2 个，总净宽 6 米，属挡潮闸，挡潮流量 18 米 ^{3}/ 秒。2007 年 10 月建成。

北港闸 [Běigǎng Zhá]

位于海润街道滨海新城北港河，故名。闸孔数量 2 孔，总孔径 6 米，设计流量 22 米 ^{3}/ 秒。2007 年 10 月建成。

园里塘一号闸 [Yuánlǐtáng 1 Hào Zhá]

位于海润街道园里村，故名。闸孔数量 1 孔，总孔径 2.3 米，设计流量 14 米 ^{3}/ 秒。2005 年 5 月建成。

水岙门闸 [Shuǐ 'àomén Zhá]

位于海润街道潺岙村水岙门，故名。闸孔数量 1 孔，总孔径 3.5 米，设计流量 22.4 米 ^{3}/ 秒。1945 年 6 月建成。

三山闸 [Sānshān Zhá]

位于海润街道上枫坑村悬渚大塘，海游港南岸，因位于三山自然村而得名。闸孔数量 2 孔，总净宽 5.18 米，闸身高 6 米，闸顶黄海高程 5.81 米，闸门高 3 米。螺杆式钢筋混凝土闸门，机械启闭，最大过闸流量20立方米/秒。1990年5月建成。

海宁中塘闸 [Hǎiníngzhōngtáng Zhá]

位于海润街道园里村海宁中塘，故名。闸孔数量1孔，总孔径2.5米，设计流量14.5米^3/秒。海宁中塘属园里塘中间的一个塘。园里塘有5个闸，此为其中之一。2000年5月建成，

头岙养殖闸 [Tóu'àoyǎngzhí Zhá]

位于海润街道头岙村，故名。闸孔数量1孔，总孔径3.2米，设计流量18.4米^3/秒。2004年5月建成。

狮子岩水闸 [Shīzǐyán Shuǐzhá]

位于海润街道祁家村狮子岩，故名。闸孔数量1孔，总孔径2.5米，设计流量14.5米^3/秒。1945年8月建成。

水库塘水闸 [Shuǐkùtáng Shuǐzhá]

位于海润街道园里村水库塘，故名。闸孔数量1个，总净宽1.5米，属挡潮闸，挡潮流量9.6米^3/秒。1995年10月建成。

沙柳街道

大周外塘南闸 [DàZhōuWàitáng Nánzhá]

位于沙柳街道大周外塘南面，故名。闸孔数量1孔，总孔径3米，设计流量28米^3/秒。1980年10月建成。

大周外塘北闸 [Dàzhōuwàitáng Běizhá]

位于沙柳街道大周村外塘北面，故名。闸孔数量2孔，总孔径5米，设计流量46.8米^3/秒。1978年3月建成。

东沙友谊塘闸 [Dōngshāyǒuyìtáng Zhá]

位于旗门港北岸，沙柳街道东北东沙友谊塘，故名。集雨面积0.762平方公里，受益面积1000亩。闸孔数量1孔，总净宽2.2米，闸身高4.5米。钢筋混凝土插板闸门，螺杆式，人工启闭。东沙友谊塘系1979年宁海县旗门公社与沙柳公社合建。1983年沙柳公社划归三门县后，由两乡镇共同管理，共同受益。

旗门塘闸 [Qíméntáng Zhá]

位于沙柳街道道岸头村东，清溪下游，旗门港北岸。闸孔数量4孔，净宽12米，闸顶黄海高程5.5米，闸底黄海高程-1.5米。混凝土平板闸门，安装32吨电动启闭机4台，最大过闸流量119.67米^3/秒。1973年建成。1992年在原闸东侧扩闸3孔，净宽9米。目前规模为7孔，总净宽21米，排涝标准50年一遇，排涝流量191.2米^3/秒。以所在地海塘得名。

龙头水闸 [Lóngtóu Shuǐzhá]

位于沙柳街道书带看村龙头山，故名。闸孔数量1孔，总孔径2米，设计流量18米^3/秒。

长老塘闸 [Zhǎnglǎotáng Zhá]

位于沙柳街道东部长老塘北，外黎村南侧，旗门港南岸，以所在海塘得名。集雨面积4平方公里，受益面积1200亩。闸孔数量2孔，总净宽4米，闸身高5.07米，闸顶黄海高程4.493米，闸底黄海高程-0.577米。螺杆式钢筋混凝土插板闸门，装机10吨，人工启闭，最大过闸流量12.6米^3/秒。始建于明万历二十七年（1599年），1960年重修。

长老塘水闸 [Chánglǎotáng Shuǐzhá]

位于沙柳街道外黎村长老塘，故名。闸孔数量2孔，净宽4米，属挡潮闸，挡潮流量23.1米^3/秒。1975年2月建成。

高畈洋水闸 [Gāofànyáng Shuǐzhá]

位于沙柳街道溪头杨村高畈洋，故名。闸孔数量2孔，总孔径4.8米，设计流量30米^3/秒。2008年9月建成。

南塘水闸 [Nántáng Shuǐzhá]

位于沙柳街道溪头杨村南塘，故名。闸孔数量1个，总净宽3米，属排（退）水闸，排（退）流量38.2米^3/秒。1980年10月建成。

上圆坝水闸 [ShàngYuánBà Shuǐzhá]

位于沙柳街道汪家洋村上圆坝，故名。闸孔数量1孔，总孔径2米，设计流量19米^3/秒。1970年10月建。

村边水闸 [Cūnbiān Shuǐzhá]

位于沙柳街道路下周村村边，故名。闸孔数量2孔，总孔径3米，设计流量20米^3/秒。1975年建成。

联合坝水闸 [Liánhébà Shuǐzhá]

位于沙柳街道青叶村。闸孔数量3孔，总孔径4米，设计流量24米^3/秒。因所在地群众惯称而得名。1980年5月建成。

健跳镇

猪头岩闸 [Zhūtóuyán Zhá]

位于健跳镇鸟屿村猪头岩塘，故名。闸孔数量2个，总净宽1.6米，副闸孔2个，属分（泄）洪闸，分（泄）洪流量8.6米^3/秒。1988年1月建成。

猪头岩塘一号闸 [Zhūtóuyántáng 1 Hào Zhá]

位于健跳镇健农村猪头岩塘，故名。闸孔数量1个，总净宽1.7米，属挡潮闸，挡潮流量6.6米^3/秒。1999年5月建成。

建设二线闸 [Jiànshè 2 Xiàn Zhá]

位于健跳镇赤头村。闸孔数量3孔，总孔径2.5米，设计流量20.8米^3/秒。20世纪70年代大搞塘坝建设，故称建设闸。2007年老闸拆除重建。

赤头闸 [Chìtóu Zhá]

位于健跳镇赤头村，故名。闸孔数量3孔，总孔径2.5米，设计流量40.2米^3/秒。

丰收闸 [Fēngshōu Zhá]

位于健跳镇门头村。闸孔数量2孔，总孔径2米，设计流量28.6米^3/秒。寓丰收之意，故名。

门头内闸 [Méntóu Nèizhá]

位于健跳镇门头村，故名。闸孔数量3孔，总净宽5.38米，木质叠梁闸门，最大过水能力10米^3/秒。1961年建。

西渡塘闸 [Xīdùtáng Zhá]

位于蛇蟠水道南岸，健跳镇西北西渡塘，故名。别名西洞塘闸，因西渡俗名西洞，故名。集雨面积13.25平方公里，受益面积3680亩。闸孔数量3孔，总净宽7.5米，闸身高6.3米，闸顶黄海高程5.8米，闸底黄海高程–0.5米。螺杆式钢筋混凝土闸门，装机10吨，机械启闭，设计过闸流量49.5米^3/秒，最大过水能力58米^3/秒。1979年4月建成。

西渡塘内闸 [Xīdùtáng Nèizhá]

位于健跳镇西北西渡塘，海游港南岸，地处西渡塘堤之内端，故名。别名西洞塘内闸，因西渡俗名西洞，故名。集雨面积13.25平方公里，受益面积3610亩。闸孔数量3孔，总净宽7.5米，闸身高6米，闸顶黄海高程5.58米，闸底黄海高程–0.42米，螺杆式钢筋混凝土闸门，装机15吨，人工启闭，设计过闸流量52.1米^3/秒。1953年建成。

纱帽蛊内闸 [Shāmàolù Nèizhá]

位于健跳港北岸，六敖南部纱帽盏东南山麓，故名。集雨面积4平方公里，受益面积4248亩。闸孔数量2孔，总净宽5米，闸身高4.5米，螺杆式钢筋混凝土闸门，装机10吨，人工启闭，设计过闸流量21.6米^3/秒。1952年建成。

凤凰山塘闸 [Fènghuángshāntáng Zhá]

位于健跳港北岸，健跳镇南部凤凰山塘，故名。集雨面积4平方公里，受益面积2400亩。闸孔数量2孔，总净宽4米，闸身高6米，闸顶黄海高程5.2米，闸底黄海高程–0.8米。螺杆式钢筋混凝土闸门，装机10吨，机动启闭，设计过闸流量15.2米^3/秒。1961年4月建成。

群英闸 [Qúnyīng Zhá]

位于健跳镇上敖村北面，蛇蟠水道南岸，以所在海塘得名。集雨面积4.3平方公里，受益面积1470亩。闸孔数量1孔，净宽2.45米，闸身高4.4米，闸顶高4.86米，闸门高2.2米。螺杆式钢筋混凝土闸门，人工启闭，最大过闸流量10.25米^3/秒。1969年建成。

地字号内闸 [Dìzìhào Nèizhá]

位于健跳镇地字号村，故名。闸孔数量2孔，总净宽4.5米，木质叠梁闸门，最大过水能力12.9米^3/秒，受益面积3157亩。1955年建成。

里罗内闸 [Lǐluó Nèizhá]

位于健跳港北岸，六敖罗山头山麓。闸孔数量2孔，总净宽4.54米，闸身高4.45米。螺杆式钢筋混凝土闸门，装机5吨，人工启闭，最大过闸流量14.4米^3/秒，受益面积3502亩。此闸位于罗山头里首，故名。1952年建成。

小蒲塘闸 [Xiǎopútáng Zhá]

位于海游港南岸，健跳镇西北小蒲塘，故名。集雨面积6.5平方公里，受益面积1000亩。闸孔数量2孔，总净宽4.4米，闸身高5.65米，闸门高3.05米，闸顶黄海高程5.19米，闸底黄海高程–0.46米。螺杆式钢筋混凝土闸门，装机10吨，人工启闭，设计过闸流量27.6米^3/秒。1963年5月建成。

六敖大闸 [Liù'áo Dàzhá]

别名外罗洞闸。位于健跳镇六敖北塘，赤头山嘴西，蛇蟠水道南岸，为六敖北部各塘之总闸，故名。集雨面积20平方公里，受益面积1.3951万亩。闸孔数量3孔，闸孔总净宽7.5米，闸身高7米，闸顶黄海高程6.07米，闸底黄海高程–0.93米。螺杆式钢筋混凝土闸门，装机15吨，机动启闭，设计过闸流量52.7米^3/秒。1966年6月建成。

大塘闸 [Dàtáng Zhá]

位于健跳港南部大塘，故名。集雨面积5平方公里，受益面积1750亩。闸孔数量2孔，总净宽3.64米，闸身高5.15米，闸顶黄海高程5.02米，闸底黄海高程–0.13米，闸身高5.15米。螺杆式钢筋混凝土闸门，装机5吨，人工启闭，最大过闸流量24米^3/秒。1954年建成。

健跳涵洞闸 [Jiàntiàohándòng Zhá]

位于健跳镇健农村。闸孔数量1孔，总孔径2.5米，设计流量11.4米^3/秒。1997年11号台风后重修，1999年12月建成。

梅岙塘闸 [Méi'àotáng Zhá]

位于健跳镇梅山村梅岙塘，故名。闸孔数量1孔，总孔径3米，设计流量13.7米^3/秒。2011年8月建成。

东郭塘东闸 [Dōngguōtáng Dōngzhá]

位于健跳镇东边村，故名。闸孔数量1孔，总孔径2.95米，设计流量13.1米^3/秒。2000年5月建成。

东郭塘西闸 [Dōngguōtáng Xīzhá]

位于健跳镇西边村东郭塘，故名。闸孔数量2孔，总孔径5米，设计流量25米^3/秒。1963年5月建成。

东郭塘闸 [Dōngguōtáng Zhá]

位于健跳港上游蛎江滩东岸，健跳镇南东郭塘，故名。集雨面积9.91平方公里，受益面积1449亩。

闸孔数量2孔，总净宽5米，闸身高6米。闸顶黄海高程5.1米，闸底黄海高程-0.9米。螺杆式钢筋混凝土闸门，人工启闭，最大过闸流量20.65米^3/秒。1966年5月建成。

金鸡塘闸 [Jīnjītáng Zhá]

位于健跳镇西边村金鸡塘，故名。闸孔数量1孔，总孔径3米，设计流量12.7米^3/秒。2011年4月建成。

毛叶闸 [Máoyè Zhá]

位于健跳镇毛叶村，故名。闸孔数量2孔，总孔径6米，设计流量14.6米^3/秒。2010年9月建成。

岙口老闸 [Àokǒu Lǎozhá]

位于健跳镇岙口村，故名。闸孔数量2孔，总孔径4米，设计流量11.5米^3/秒。1965年11月建成。

岙口塘闸 [Àokǒutáng Zhá]

位于健跳镇杨寺山西侧，健跳港南岸岙口塘，故名。集雨面积25.7平方公里，受益面积8478亩。闸孔数量3孔，总净宽7.8米，闸身高7.75米，闸顶黄海高程5.1米，闸门高4.3米。螺杆式钢筋混凝土闸门，装机20吨、15吨，机动启闭，设计过闸流量98.7米^3/秒，实际63米^3/秒。1957年5月建成。2011年扩孔重建。

岙口新闸 [Àokǒu Xīnzhá]

位于健跳镇岙口村，故名。闸孔数量2孔，总净宽4.2米，属节制闸，节制流量15.6米^3/秒。2000年12月建成。

万年塘内闸 [Wànniántáng Nèizhá]

位于健跳港南岸，健跳镇万年塘。闸孔数量3孔，总净宽5.36米，闸身高4.7米。木质叠梁闸门，人工启闭，最大过闸流量15米^3/秒，受益面积920亩。建于解放前，1957年围成岙口塘，将万年塘围在岙口塘内。

高湾闸 [Gāowān Zhá]

位于健跳港南岸，健跳镇七市塘，以地处高湾山西麓得名。闸孔数量1孔，总净宽2.5米。混凝土插板闸门，螺杆式，装机10吨，人工启闭，最大过闸流量25米^3/秒，受益面积1370亩。1980年建成。

高湾内闸 [Gāowān Nèizhá]

位于健跳港南岸，健跳镇下七市塘，以地处高湾闸之内，故名。集雨面积5.3平方公里，受益面积1370亩。闸孔数量2孔，总净宽4.1米，闸身高4.8米，闸顶黄海高程5.1米，闸底黄海高程0.3米。闸门一孔系螺杆式钢筋混凝土插板闸门，另一孔系木质叠梁门，装机10吨，均人工启闭，最大过水能力16.52米^3/秒。1962年建成。

大宅涵洞闸 [Dàzháihándòng Zhá]

位于健跳镇大宅村，故名。闸孔数量1孔，总净宽2.4米，属挡潮闸，挡潮流量6.6米^3/秒。2010年9月建成。

浮门闸 [Fúmén Zhá]

位于健跳镇浮门村，故名。闸孔数量1孔，总净宽2米，属挡潮闸，挡潮流量8.2米^3/秒。2005年10月建成。

鸡公山涵洞闸 [Jīgōngshānhándòng Zhá]

位于健跳镇外七市村鸡公山塘，故名。闸孔数量1个，总净宽1.8米，属挡潮闸，挡潮流量8.4米^3/。2000年10月建成。

黄门塘闸 [Huángméntáng Zhá]

位于健跳镇八村村黄门塘，故名。闸孔数量1孔，总净宽2米，属挡潮闸，挡潮流量7.2米^3/秒。2006年11月建成。

横渡镇

铁强塘二号闸 [TiěQiángtáng 2 Hào Zhá]

位于横渡镇铁强村，故名。闸孔数量1孔，总孔径3米，设计流量11.3米 ^{3}/秒。2006年建成标准塘坝，闸门数量2孔。

铁强塘三号闸 [Tiěqiángtáng 3 Hào Zhá]

位于横渡镇铁强村，故名。有南北3孔，此为北闸1孔。总孔径3米，设计流量11.3米 ^{3}/秒。铁强塘始建于1985年，1990年建成。

托岙塘南闸 [Tuō'àotáng Nánzhá]

位于横渡镇铁强村托岙塘南边，故名。闸孔数量2孔，总孔径2.5米，设计流量18.9米 ^{3}/秒。1985年至1986年建成。

托岙塘北闸 [Tuō'àotáng Běizhá]

位于横渡镇铁强村托岙塘北边，故名。闸孔数量1孔，总净宽2.5米，属排（退）水闸，排（退）流量9米 ^{3}/秒。2004年1月建成。

花桥镇

下岙方塘闸 [Xià'àofāngtáng Zhá]

位于花桥镇下岙方村下岙方塘，故名。闸孔数量1孔，总孔径1.5米，设计流量12.8米 ^{3}/秒。1933年4月建成。

红旗塘老闸 [Hóngqítáng Lǎozhá]

位于花桥镇白连村。闸孔数量3孔，总孔径7.65米，设计流量74.3米 ^{3}/秒。因位于红旗塘而得名。1967年3月建成。

连峰塘老闸 [Liánfēngtáng Lǎozhá]

位于花桥镇白连村。闸孔数量3孔，总孔径6米，设计流量14.5米 ^{3}/秒。因位于连峰塘而得名。1959年6月建成。

蒲峰村中央塘闸 [Púfēngcūnzhōngyāngtáng Zhá]

位于花桥镇蒲峰村中央塘，故名。闸孔数量1孔，总孔径2.8米，设计流量21.1米 ^{3}/秒。1958年3月建成。

芝岙塘外闸 [Zhī'àotáng Wàizhá]

位于花桥镇芝岙村芝岙塘，故名。闸孔数量1孔，总孔径2米，设计流量19.8米 ^{3}/秒。1966年5月建成。

芝岙塘内闸 [Zhī'àotáng Nèizhá]

位于花桥镇芝岙村芝岙塘，故名。闸孔数量1孔，总孔径2.5米，设计流量10.5米 ^{3}/秒。1964年4月建成。

联合闸 [Liánhé Zhá]

位于吴都港南岸，花桥镇东南吴都塘，由吴都乡各村联合建成，故名。集雨面积13.33平方公里，受益面积1800亩。闸孔数量3孔，总净宽7.2米，闸身高6.16米，闸顶黄海高程5.14米，闸底黄海高程-1.02米。螺杆式钢筋混凝土平板闸门，装机15吨，人工启闭，设计过闸流量89米 ^{3}/秒。1956年建成。

关头塘内闸 [Guāntóutáng Nèizhá]

位于蒲峰港上游，花桥镇北部关头塘，故名。集雨面积21平方公里，受益面积1690亩。闸孔数量3孔，总净宽7.5米，闸身高5.8米。螺杆式钢筋混凝土插板闸门，装机15吨，人工启闭，设计过闸流量45米 ^{3}/秒。1955年3月建成。

李家岙溪闸 [Lǐjiā'àoxī Zhá]

位于花桥镇李家岙村，故名。闸孔数量1个，总净宽2米，属排（退）水闸，排（退）过闸流量9.2米^3/秒。2004年2月建成。

岭南塘闸 [Lǐngnántáng Zhá]

位于花桥镇岭南村岭南塘，故名。闸孔数量1孔，总孔径2米，设计流量10.5米^3/秒。1970年5月建成。

北岙塘西闸 [Běi'àotáng Xīzhá]

位于花桥镇蒲峰村北岙塘西边，故名。设计流量10米^3/秒。2010年6月建成。

北岙塘东闸 [Běi'àotáng Dōngzhá]

位于花桥镇栅下村北岙塘东边，故名。闸孔数量1孔，总孔径2.5米，设计流量10米^3/秒。2010年建成。

北岙塘内闸 [Běi'àotáng Nèizhá]

位于花桥镇栅下村北岙塘内侧。闸孔数量1孔，总孔径0.9米，设计流量10米^3/秒。1977年6月建成。

下栏塘闸 [Xiàlántáng Zhá]

位于花桥港南岸，花桥镇东部下栏塘，故名。集雨面积20.6平方公里，受益面积8968亩。闸孔数量4孔，总净宽10米，闸身高6.6米，闸顶黄海高程5.1米，闸底黄海高程-0.15米。螺杆式钢筋混凝土插板闸门，装机15吨，电动启闭，设计过闸流量50米^3/秒。1982年7月建成。

海头内闸 [Hǎitóu Nèizhá]

位于蒲峰港上游，花桥镇海头村关头塘，故名。闸孔数量2孔，总净宽6.15米，闸身高5.1米。螺杆式钢筋混凝土插板闸门，装机10吨，人工启闭，设计过闸流量28米^3/秒，受益面积1690亩。始建于清咸丰十年（1860年），解放后重修。

红旗塘新闸 [Hóngqitáng Xīnzhá]

位于花桥港西岸，花桥镇东北下谢山北麓红旗塘。集雨面积38.9平方公里，受益面积4000亩。闸孔数量初建时7孔，总净宽17.5米，修建时，改为2孔，总净宽5米。螺杆式钢筋混凝土插板闸门，装机10吨，电动启闭，设计过闸流量82.7米^3/秒。继红旗塘闸后新建之闸，故名。曾用名六眼陡门，因其原有六个陡门，故名。1982年年初建，1991年修建。

红旗塘闸 [Hóngqítáng Zhá]

位于花桥港西岸，花桥镇东北红旗塘，故名。闸孔数量4孔，总净宽10.48米，闸顶黄海高程5.4米，闸底黄海高程-1.3米，闸身高6.7米，总净宽10.48米。螺杆式钢筋混凝土插板闸门，装机15吨，电动启闭，设计过闸流量82.7米^3/秒，受益面积6600亩。始建于清咸丰十年（1860年），1990年重建。2010年投资420万元，对水闸进行了加固修复。

浦坝港镇

洋峙闸 [Yángzhì Zhá]

位于浦坝港镇洋峙村，故名。闸孔数量2孔，总孔径6米，设计流量13.51米^3/秒。2002年11月建成。

朱岩头闸 [Zhūyántóu Zhá]

位于浦坝港镇高湖村朱岩头塘，故名。闸孔数量1个，总净宽2.5米。属挡潮闸，挡潮流量5.79米^3/秒。2002年4月建成。

蟹山塘闸 [Xièshāntáng Zhá]

位于浦坝港镇新塘村蟹山塘，故名。闸孔数量2孔，总孔径4.6米，设计流量45.2米^3/秒。2006年12月建成。

永福塘闸 [Yǒngfútáng Zhá]

位于浦坝港镇双墩村永福塘，故名。闸孔数量 1 孔，总孔径 2.5 米，设计流量 22.4 米 ^{3}/ 秒。2002 年 12 月建成。

大陡门内闸 [Dàdǒumén Nèizhá]

位于浦坝港镇后陈村。闸孔数量 1 孔，总孔径 2.05 米，设计流量 21.9 米 ^{3}/ 秒。闸水流经永丰塘，此闸位于大陡门附近，故名。1977 年 1 月建成。

旗头闸 [Qítóu Zhá]

位于浦坝港镇蜍下村。闸孔数量 2 孔，总孔径 6 米，设计流量 13.32 米 ^{3}/ 秒。因所在地群众惯称而得名。2011 年 11 月建成。

蜍下闸 [Chúxià Zhá]

位于浦坝港镇蜍下村，故名。闸孔数量 1 个，总净宽 2.5 米，属挡潮闸，挡潮流量 5.79 米 ^{3}/ 秒。1996 年 5 月建成。

仙岩新塘闸 [Xiānyánxīntáng Zhá]

别名幸福闸。位于浦坝港北岸，浦坝港镇新塘，故名。集雨面积 6.45 平方公里，受益面积 1574 亩。闸孔数量 1 孔，总净宽 4.2 米，闸身高 4.5 米。螺杆式钢筋混凝土插板闸门，机动启闭，最大过水能力 9.25 米 ^{3}/ 秒。始建于民国三十一年（1942 年），1958 年重修。

仙岩塘东内闸 [Xiānyántángdōng Nèizhá]

位于浦坝港镇仙岩村，故名。闸孔数量 2 孔，总孔径 2.45 米，设计流量 23.9 米 ^{3}/ 秒。1960 年 12 月建成。

仙岩塘西内闸 [Xiānyántángxī Nèizhá]

位于浦坝港镇仙岩村，故名。闸孔数量 2 孔，总孔径 4.22 米，设计流量 14.5 立方米 / 秒。1942 年 10 月建成。

壳塘闸 [Kétáng Zhá]

位于浦坝港镇泗淋塘村。闸孔数量 4 孔，总孔径 8 米，设计流量 47.16 米 ^{3}/ 秒。因所在地群众惯称壳塘而得名。1989 年 12 月建成。

金家峙内闸 [Jīnjiāzhì Nèizhá]

位于浦坝港镇金家峙村，故名。闸孔数量 1 孔，总孔径 2.2 米，设计流量 11.58 米 ^{3}/ 秒。1963 年 11 月建成。

夹礁内闸 [Jiājiāo Nèizhá]

位于浦坝港镇桃峙村夹礁塘，故名。闸孔数量 1 孔，总孔径 6 米，设计流量 41.32 米 ^{3}/ 秒。2005 年 11 月建成。

夹礁闸 [Jiājiāo Zhá]

位于浦坝港镇桃峙村夹礁塘，故名。闸孔数量 2 孔，总孔径 5 米，设计流量 24 米 ^{3}/ 秒。1989 年 12 月建成。

夹礁塘闸 [Jiājiāotáng Zhá]

位于浦坝港南岸，浦坝港镇泗淋北部夹礁塘，故名。集雨面积 8.05 平方公里，受益面积 6439 亩。闸孔数量 2 孔，总净宽 6 米，闸顶黄海高程 6 米，闸底黄海高程 -1.25 米，闸身高 7.25 米。螺杆式钢筋混凝土插板闸门，装机 15 吨，电动启闭，最大过闸流量 34.8 米 ^{3}/ 秒。1981 年建成。

外塘内闸 [Wàitáng Nèizhá]

位于浦坝港镇上道头村外塘，故名。闸孔数量 1 孔，总孔径 2.9 米，设计流量 19 米 ^{3}/ 秒。1976 年 5 月建成。

前山塘内闸 [Qiánshāntáng Nèizhá]

位于浦坝港镇前山村，故名。闸孔数量1孔，总孔径1.63米，设计流量10米^3/秒。1951年6月建成。

七头闸 [Qītóu Zhá]

位于浦坝港镇桃峙村。闸孔数量2孔，总孔径5米，设计流量24米^3/秒。此闸旁边有座七头山，故名。1993年11月建成。

七头内闸 [Qītóu Nèizhá]

位于浦坝港镇桃峙村。闸孔数量2孔，总孔径4米，设计流量24.88米^3/秒。2002年9月建成。

从岙塘东闸 [Cóng'àotáng Dōngzhá]

位于浦坝港镇从岙村从岙塘，故名。闸孔数量1孔，总孔径2米，设计流量14.4米3/秒。2004年6月建成。

从岙塘西闸 [Cóng'àotáng Xīzhá]

位于浦坝港镇从岙村从岙塘，故名。闸孔数量1个，总净宽1.5米，属挡潮闸，挡潮流量7米^3/秒。2008年11月建成。

北沙塘南闸 [Běishātáng Nánzhá]

位于浦坝港镇小岭下村北沙塘南边，故名。闸孔数量1孔，总孔径3米，设计流量25米^3/秒。2004年10月建成。

北沙塘北闸 [Běishātáng Běizhá]

位于浦坝港镇小岭下村北沙塘北边，故名。闸孔数量1孔，总孔径3米，设计流量28米^3/秒。2004年10月建成。

小岭下控制闸 [XiǎoLǐngxià Kòngzhìzhá]

位于浦坝港镇小岭下村，故名。闸孔数量1个，总净宽2米，属节制闸，节制流量5.6米^3/秒。2001年11月建成。

秤钩湾塘排水东闸 [Chengōuwāntángpǎishuǐ Dōngzhá]

位于浦坝港镇罗石村秤钩湾塘，故名。闸孔数量1孔，总孔径2米，设计流量14米^3/秒。2003年2月建成。

下沙内闸 [Xiàshā Nèizhá]

位于浦坝港镇蜍下村。闸孔数量3孔，总孔径7.2米，设计流量14.92米^3/秒。因所在地群众惯称下沙内侧而得名。1972年12月建成。

永丰塘闸 [Yǒngfēngtáng Zhá]

位于浦坝港镇仙岩村永丰塘，故名。闸孔数量3孔，总孔径8.4米，设计流量75.8米^3/秒。1963年11月建成。

永丰内闸 [Yǒngfēng Nèizhá]

位于浦坝港镇河里村。闸孔数量5孔，总孔径12.5米，设计流量76米^3/秒。此闸位于永丰塘，故名。1985年12月建成。

松屿塘水闸 [Sōngyǔtáng Shuǐzhá]

位于浦坝港镇从岙村松屿塘，故名。闸孔数量1孔，总孔径2米，设计流量13.8米^3/秒。2011年建成。

下栏大闸 [Xiàlán Dàzhá]

位于浦坝港镇蜍下村。闸孔数量4孔，总孔径10米，设计流量21.97米^3/秒。因所在地下栏塘得名。1973年1月建成。

两头塘内闸 [Liǎngtóutáng Nèizhá]

位于浦坝港镇两头塘村，故名。闸孔数量3孔，总孔径5.4米，设计流量38.9米^3/秒。1947年12月建成。

小官塘村控制闸 [Xiǎoguāntángcūn Kòngzhìzhá]

位于浦坝港镇小官塘村，故名。闸孔数量1孔，总孔径2米，设计流量13.5米^3/秒。1993年10月建成。

罗石村控制闸 [Luóshícūn Kòngzhìzhá]

位于浦坝港镇罗石村，故名。闸孔数量1孔，总孔径2米，设计流量13.4米^3/秒。1983年10月建成。

罗石虾塘闸 [Luóshíxiātáng Zhá]

位于浦坝港镇罗石村虾塘，故名。闸孔数量1孔，总孔径2米，设计流量21.9米^3/秒。1969年10月建成。

田丰塘赤坎内闸 [Tiánfēngtángchìkǎn Nèizhá]

位于浦坝港镇赤坎村田丰塘，故名。闸孔数量2孔，总孔径4米，设计流量24.2米^3/秒。1994年8月建成。

虎门孔坝闸 [Hǔménkǒngbà Zhá]

位于浦坝港镇渔西村。闸孔数量1个，总净宽1.6米，属挡潮闸，挡潮流量9.6米^3/秒。1999年10月建成。

虎门孔塘东闸 [Hǔménkǒngtáng Dōngzhá]

位于浦坝港镇金岙村。闸孔数量3孔，总孔径9米，设计流量149.9米^3/秒。因位于虎门孔塘东边，故名。1985年8月建成。

虎门孔塘西闸 [Hǔménkǒngtáng Xīzhá]

位于浦坝港镇虎门孔塘，故名。闸孔数量2孔，总孔径为4.4米，设计流量30.1米^3/秒。1970年建成虎门孔闸，共4孔，1988年12月重建。

跃进塘闸 [Yuèjìntáng Zhá]

位于浦坝港北岸，浦坝港镇西南跃进塘，故名。集雨面积20.4平方公里，受益面积1.5899万亩（含跃进塘内闸）。闸孔数量3孔，总净宽7.5米，闸身高6米，闸顶黄海高程5.44米，闸底黄海高程-0.56米。螺杆式钢筋混凝土插板闸门，装机15吨，机动启闭，最大过闸流量41.25米^3/秒。1972年9月建成。

跃进塘新闸 [Yuèjìntáng Xīnzhá]

位于浦坝港镇跃进村，故名。闸孔数量2孔，总净宽6米，属挡潮闸，挡潮流量49.2米^3/秒。2002年3月建成。

跃进塘内闸 [Yuèjìntáng Nèizhá]

位于浦坝港之北，浦坝港镇西南跃进塘内坝，故名。闸孔数量4孔，总净宽10米，闸身高4米。螺杆式钢筋混凝土插板闸门，装机10吨，机动启闭，最大过闸流量41.25米^3/秒。1979年建成。

狗屿塘闸 [Gǒuyǔtáng Zhá]

位于羊峙港北岸，浦坝港镇西部狗屿塘，故名。集雨面积16.21平方公里，受益面积5117亩。闸孔数量3孔，总净宽8.4米，闸身高6.1米，闸顶黄海高程5.31米，闸底黄海高程-0.79米。闸门为螺杆式钢筋混凝土插板闸门，装机15吨，机动启闭，最大过水能力40.6米^3/秒。1963年11月建成。

浦坝塘闸 [Pǔbàtáng Zhá]

位于浦坝港南岸，小雄东北浦坝塘，故名。集雨面积5.37平方公里，受益面积4000亩。闸孔数量1孔，总净宽2.5米，闸身高7~7.26米，闸顶黄海高程6米，闸底黄海高程-1~1.26米。螺杆式钢筋混凝土插板闸门，装机15吨，人工启闭，设计过闸流量15.4米^3/秒。1977年建成。

岩下洋塘闸 [Yánxiàyángtáng Zhá]

位于羊峙港北岸，浦坝港镇岩下洋塘，故名。集雨面积2.86平方公里，受益面积1187亩。闸孔数量1孔，总净宽2.5米，闸身高6.3米，闸顶黄海高程6.2米，闸底黄海高程-0.1米。闸门为螺杆式钢筋混凝土插板闸门，装机10吨，机动启闭，最大过水能力14.08米^3/秒。1977年1月建成。

小渔西闸 [Xiǎoyú Xīzhá]

位于宫前湾西岸，浦坝港镇东北小渔西塘，故名。集雨面积3.5平方公里，受益面积250亩。闸孔数量1孔，总净宽2.52米，闸身高4.54米。螺杆式钢筋混凝土插板闸门，装机10吨，人工启闭，最大过闸流量14.43米^3/秒。1968年建成。

小渔西新闸 [Xiǎoyúxī Xīnzhá]

位于浦坝港镇小渔西村，故名。闸孔数量2个，总净宽4米，属挡潮闸，挡潮流量25.4米^3/秒。2011年10月建成。

圩岙塘内闸 [Xū'àotáng Nèizhá]

位于浦坝港镇建设塘北，圩岙塘南，故名。集雨面积22.78平方公里，受益面积5910亩。闸孔数量3孔，总净宽6.79米，闸身高4.8米。螺杆式钢筋混凝土插板闸门，装机10吨，人工启闭，最大过水能力30.6米^3/秒。1953年5月建成。

龟屿塘内闸 [Guīyǔtáng Nèizhá]

位于浦坝港北岸，浦坝港镇龟屿塘。集雨面积5.17平方公里，受益面积3115亩。闸孔数量1孔，总净宽2.5米，闸身高5.7米。木质叠梁闸门，人工启闭，最大过水能力12.6米^3/秒。以地处龟屿塘，与外闸相对而称，故名。1962年建成。

长坝头塘里内闸 [Chángbàtóutánglǐ Nèizhá]

位于浦坝港镇西南长坝头塘，浦坝港北岸。集雨面积4平方公里，受益面积2885亩。闸数量3孔，总净宽7.5米，闸身高6.3米。螺杆式钢筋混凝土插板闸门，装机10吨，人工启闭，最大过闸流量58米^3/秒。以地处长坝头塘，与外内闸相对，故称里内闸。1961年建成。

长坝头塘外内闸 [Chángbàtóutángwài Nèizhá]

位于浦坝港北岸，浦坝港镇长坝头塘。集雨面积9.5平方公里，受益面积5517亩。闸孔数量2孔，总净宽5米，闸身高6.1米。螺杆式钢筋混凝土插板闸门，装机10吨，人工启闭，最大过闸 流量38.35米^3/秒。以地处长坝头塘，与里内闸相对，故名。1963年建成。

建设塘闸 [Jiànshètáng Zhá]

位于浦坝港北岸，浦坝港镇建设塘，故名。集雨面积25平方公里，受益面积1.12亩（含建设塘内闸）。闸孔数量4孔，总净宽8.4米，闸身高6.8米，闸顶高程5.44米，闸门高2.8米。螺杆式钢筋混凝土闸门，机械启闭，最大过水能力58.38米^3/秒。1966年9月建成。

建设塘内闸 [Jiànshètáng Nèizhá]

位于浦坝港镇建设塘，故名。闸孔数量2孔，总净宽4.2米，木质叠梁闸门，最大过水能力11米^3/秒，受益面积5793亩。1972年5月建成。

沿海工业城一号闸 [Yánhǎigōngyèchéng 1 Hào Zhá]

位于浦坝港镇沿海工业城，故名。闸孔数量2孔，总孔径5米，设计流量38.1米^3/秒。2000年4月建成。

沿海工业城二号闸 [Yánhǎigōngyèchéng 2 Hào Zhá]

位于浦坝港镇沿海工业城，故名。闸孔数量1孔，总孔径3米，设计流量26.9米^3/秒。2000年4月建成。

沿海工业城三号闸 [Yánhǎigōngyèchéng 3 Hào Zhá]

位于浦坝港镇沿海工业城，故名。闸孔数量3孔，总孔径7.5米，设计流量58.8米^3/秒。2000年4月建成。

沿海工业城五号闸 [Yánhǎigōngyèchéng 5 Hào Zhá]

位于浦坝港镇沿海工业城，故名。闸孔数量1孔，总孔径2.5米，设计流量20米^3/秒。2000年6月建成。

沿海工业城六号闸 [Yánhǎigōngyèchéng 6 Hào Zhá]

位于浦坝港镇沿海工业城，故名。闸孔数量1孔，总孔径2米，设计流量14米^3/秒。2000年3月建成。

沿海工业城八号闸 [Yánhǎigōngyèchéng 8 Hào Zhá]

位于浦坝港镇沿海工业城，故名。闸孔数量1孔，总孔径2.5米，设计流量21米^3/秒。2000年5月建成。

下山内闸 [Xiàshān Nèizhá]

位于洞港北岸，浦坝港镇东部下山塘，故名。集雨面积15.9平方公里，受益面积9470亩。闸孔数量2孔，总净宽4.5米，闸身高5.23米。木质叠梁闸门，人工启闭，最大过闸流量26.8米^3/秒。始建于清同治十一年（1872年），后拆建。

上道头闸 [Shàngdàotóu Zhá]

位于洞港北岸，浦坝港镇西南道头塘，故名。集雨面积1.5平方公里，受益面积1500亩。闸孔数量1孔，总净宽3米，闸身高4.4米。螺杆式钢筋混凝土插板闸门，人工启闭。1976年建成。

洞港闸 [Dònggǎng Zhá]

位于浦坝港镇泗淋村东部，下山村东南。闸孔数量9孔，总净宽27米，闸顶黄海高程5.3米，闸底黄海高程为-2.2米。螺杆式钢筋混凝土平板闸门，高4.4米，宽3米，装机25吨，电动启闭机9台，设计过闸流量243米^3/秒，实际流量146米^3/秒。排水总面积199.2平方公里，小雄和临海市桃渚等地都从此闸排水出海，排涝受益农田6.6万亩，灌溉面积0.6万亩。民国三十二年（1943年），曾列入中央赈济处批准以土代赈的省管工程，动工两年后，尚未筑坝堵口即半途而废。新中国成立后，于1966年，临海、三门两县合作兴建。1970年10月建成。2014年对闸门进行加固改造。以地处洞港得名。

该水闸系中型水闸，受益面积较广。1970年10月建立管理站，属台州地区管理。1980年8月由地区委托三门县管理。1981年经省水利厅批准管理站转为全民所有制。

桃峙塘闸 [Táozhìtáng Zhá]

位于浦坝港南岸桃峙塘，故名。集雨面积4.72平方公里，受益面积2000亩。闸孔数量2孔，总净宽4.72米，闸身高4.28米，螺杆式钢筋混凝土插板闸门，装机10吨，人工启闭，最大过闸流量10米^3/秒。始建于民国七年（1918年），1960年重修。

大域村控制闸 [Dàyùcūn Kòngzhìzhá]

位于浦坝港镇大域村，故名。闸孔数量1个，总净宽2米，属节制闸，设计节制流量10米^3/秒。1999年9月建成。

老塘内闸 [Lǎotáng Nèizhá]

位于浦坝港镇岩岙村老塘，故名。闸孔数量1个，总净宽2.3米，属节制闸，节制流量5.7米^3/秒。2007年11月建成。

官塘内闸 [Guāntáng Nèizhá]

位于浦坝港镇官塘村，故名。闸孔数量1个，总净宽3米，属排（退）水闸，设计流量5米^3/秒。2004年11月建成。

双峙西闸 [Shuāngzhì Xīzhá]

位于浦坝港镇毛洋村双峙塘西边，故名。闸孔数量1个，总净宽2.5米，属挡潮闸，挡潮流量5.72米^3/秒。1992年11月建成。

壳塘竹山闸 [Kétángzhúshān Zhá]

位于浦坝港镇泗淋塘村竹山壳塘，故名。闸孔数量4个，总净宽8米，属节制闸，节制流量47米^3/秒。1989年12月建成。

盐场一号闸 [Yáncháng 1 Hào Zhá]

位于牛头门北岸，原三门盐场内。集雨面积7.56平方公里，受益面积3002亩。闸孔数量2孔，总净宽 5.2 米，闸顶黄海高程 5.7 米，闸底黄海高程 0.2 米，闸身高 5.5 米。螺杆式钢筋混凝土插板闸门，装机 10 吨，人工启闭，设计过闸流量 27.1 米 ^{3}/ 秒。以建闸时间前后为序，排列第一，故名。1958 年 9 月建成。

盐场二号闸 [Yáncháng 2 Hào Zhá]

位于浦坝港北岸，原三门盐场内牛头门塘。集雨面积 1.48 平方公里，受益面积 1906 亩。闸孔数量 1 孔，总净宽 3.03 米，闸身高 5.5 米，闸顶黄海高程 5.7 米，闸底黄海高程 0.2 米。螺杆式钢筋混凝土插板闸门，装机 10 吨，人工启闭，设计过闸流量 12.2 米 ^{3}/ 秒。以建闸时间前后为序，排列第二，故名。1958 年 9 月建成。

盐场三号闸 [Yáncháng 3 Hào Zhá]

位于牛头门北岸，原三门盐场内。集雨面积 3.14 平方公里。受益面积 3854 亩。闸孔数量 3 孔，总净宽 7.5 米，闸身高 5.5 米，闸顶黄海高程 5.66 米，闸底黄海高程 0.16 米。螺杆式钢筋混凝土插板闸门，装机 10 吨，人工启闭，设计过闸流量 52 米 ^{3}/ 秒。以建闸时间前后为序，排列第三，故名。1958 年 9 月建成。

盐场五号闸 [Yáncháng 5 Hào Zhá]

位于牛头门北岸，原三门盐场内三角塘。集雨面积 2 平方公里，受益面积 2851 亩。闸孔数量 1 孔，总净宽 2.63 米，闸身高 5.97 米，闸顶黄海高程 5.37 米，闸底黄海高程 0.6 米。螺杆式钢筋混凝土插板闸门，装机 10 吨，人工启闭，设计过闸流量 10 米 ^{3}/ 秒。以建闸时间前后为序，排列第五，故名。1970 年建成。

盐场六号闸 [Yáncháng 6 Hào Zhá]

位于牛头门北岸，原三门盐场内。集雨面积 1.5 平方公里，受益面积 2000 亩。闸孔数量 1 孔，总净宽 2.6 米，闸顶黄海高程 5.6 米，闸底黄海高程 –0.1 米，闸身高 5.7 米。杂石、乱石混合结构，螺杆式钢筋混凝土插板闸门，装机 10 吨，人工启闭，设计过闸流量 12 米 ^{3}/ 秒。以建闸时间前后为序，排列第六，且位于六工区，故名。1979 年 12 月建成。

盐场八号闸 [Yáncháng 8 Hào Zhá]

位于牛头门北岸，原三门盐场内。集雨面积 2.5 平方公里，受益面积 3700 亩。闸孔数量 1 孔，总净宽 2.6 米，闸顶黄海高程 6.1 米，闸底黄海高程 –0.4 米，闸身高 6.5 米。条石、钢筋混凝土混合结构，钢筋混凝土闸门，装机 10 吨，电动启闭，设计过闸流量 12 米 ^{3}/ 秒。以建闸时间前后为序，排列第八，故名。1986 年 12 月建成。

浬浦塘内闸 [Lǐpǔtáng Nèizhá]

位于浦坝港镇河里村浬浦塘，故名。闸孔数量 1 个，总净宽 1.6 米，属节制闸，节制流量 5.7 米 ^{3}/ 秒。2007 年 11 月建成。

钳口村控制闸 [Qiánkǒucūn Kòngzhìzhá]

位于浦坝港镇钳口村，故名。闸孔数量 2 个，总净宽 3 米，属节制闸，节制流量 6.3 米 ^{3}/ 秒。1990 年 5 月建成。

门前闸 [Ménqián Zhá]

位于浦坝港镇浦坝村门前塘，故名。闸孔数量 2 个，总净宽 2.4 米，属挡潮闸，当潮流量 5.49 米 ^{3}/ 秒。建塘时始称沸口塘，因位于浦坝村前，故名。1996 年 12 月建成。

庙屿虾塘闸 [Miàoyǔxiātáng Zhá]

位于浦坝港镇庙屿村，故名。闸孔数量 1 个，总净宽 1.8 米，副闸孔 1 个，属分（泄）洪闸，分（泄）洪流量 6.4 米 ^{3}/ 秒。1988 年 1 月建成。

下岙塘内闸 [Xià'àotáng Nèizhá]

位于浦坝港镇鹤井村下岙塘，故名。闸孔数量 1 个，总净宽 1.85 米，属节制闸，节制流量 6.51 米 ^{3}/ 秒。1993 年 9 月建成。

下山背虾塘闸 [Xiàshānbēixiātáng Zhá]

位于浦坝港镇下山村后面虾塘，故名。闸孔数量1个，总净宽2.5米，属挡潮闸，挡潮流量6.24米^3/秒。1998年3月建成。

下洋塘新闸（东） [Xiàyángtáng Xīnzhá（Dōng）]

位于浦坝港镇武曲村下洋塘，故名。闸孔数量1个，总净宽1.6米，属挡潮闸，挡潮流量9.7米^3/秒。2001年12月建成。

下悬山塘排水闸 [Xiàxuánshāntáng Pǎishuǐzhá]

位于浦坝港镇三角塘村下悬山塘，故名。闸孔数量1个，总净宽2米，属挡潮闸，挡潮流量8.4米^3/秒。1999年9月建成。

下湾水闸 [Xiàwān Shuǐzhá]

位于浦坝港镇下山村下湾自然村中部下山港。集雨面积15.9平方公里，受益面积9470亩。始建于清同治十二年（1873年）。1967年当地镇政府利用陡门，修建成水泥桥，用于两岸交通。东西走向，横跨下山港，为2孔闸门，条石结构，水泥桥面，东西两侧落坡处较桥面宽，呈喇叭状。桥面平，呈长方形，长8.7米，宽4.8米，中留两条形孔，两侧分别置实体栏板，北侧栏板石中部刻“泗淋公社文革闸”，旁镌“1967年4月”等字样。闸孔总净宽4.5米，螺杆式木质叠梁，人工启闭，最大过水能力26.8米^3/秒。

蛇蟠乡

清水港进水闸 [QīngShuǐgǎng Jìnshuǐzhá]

位于蛇蟠乡邵亭村清水港，故名。闸孔数量7孔，总孔径21米，设计流量293米^3/秒。配备螺杆式启闭机，启门力20吨。1993年建成投入使用。2008年进行除险加固。

蛇蟠塘三期闸 [Shépántáng 3 Qī Zhá]

位于蛇蟠水道北岸，蛇蟠乡小蛇山麓。集雨面积11.63平方公里，受益面积7324亩。闸孔数量2孔，总净宽8米，闸身高7.6米，闸顶黄海高程6.6米，闸底黄海高程-0.1米。螺杆式钢筋混凝土闸门，装机25吨，电动启闭，最大过闸流量68.21米^3/秒。以所建工程项目得名。1986年1月动工，1988年建成。

红岩塘节制闸 [Hóngyántáng Jiézhìzhá]

位于蛇蟠乡山前村。闸孔数量1孔，总净宽1.5米，属排（退）水闸，设计流量10米^3/秒。以所在海塘得名。1986年6月建成。

第五节 堤坝

海游街道

海游大坝 [Hǎiyóu Dàbà]

位于县城镇区东、北、西三面，海游港上游，亭旁溪、珠游溪下游，环绕海游老城区、大湖塘新区。在海游街道境内，起点自西山嘴头至下洋李，故名。塘堤顶高程7~11米，顶宽4~6米，长7.8公里，工程级别Ⅲ级，防潮设计标准为50年一遇。始建于20世纪70年代，1981—1983年由县人民政府和海游区组织12个大队将下山桥至石岩坝的4150米塘堤进行加高加固，砌上石护坡，建成1座三孔水闸，围堵黄埠突港，把黄岩塘、大湖塘两处海塘连成一块，成为一条环城堤防，保障县级机关企事业单位和海游人民生命财产的安全，并建立了堤塘管理机构，加强堤塘水闸管理。

珠游溪防洪堤 [Zhūyóuxī Fánghóngdī]

位于珠游溪两岸，以所在河流得名。全长14.662公里，宽1.8~4.5米，高2.8~3.2米。堤身结构型式为带平台的直立式土石混合坝，堤防级别Ⅲ级，防潮设计标准为50年一遇。

松门溪防洪堤 [Sōngménxī Fánghóngdī]

位于海游街道松门村溪边而得名，左右岸。长1050米，宽4.5米，高3.5米。2007年10月建成，堤防级别为Ⅴ级。

海游港北岸防洪堤 [Hǎiyóugǎngběiàn Fánghóngdī]

位于海游港北岸，西起县博物馆，与溪北防洪堤相连；东至水岙门大桥，与滨海新城连接，包括葫芦岙塘、大塘、同塘、下山、马家山等5个闭塞区和溪北排涝工程。工程的防洪标准为50年一遇，受益人口1.8万余人。防洪堤总长6343米，总投资1.2亿元，防洪标准为50年一遇。2010年开工，2011年完工。

海润街道

枫坑塘防洪坝 [Fēngkàngtáng Fánghóngbà]

位于海润街道枫坑塘，故名。全长3671米，宽3.5~5米，高5.5~6米。堤防级别Ⅲ级，防潮设计标准为50年一遇。2002年8月建成。

头岙溪防洪堤 [Tóu'àoxī Fánghóngdī]

位于海润街道孙家村至头岙村头岙溪两岸，故名。长6180米，宽2.3~3.2米，高3~4.5米。1974年8月建成。

花鼓漫海塘堤坝 [Huāgǔmàn Hǎitáng Dībà]

位于海润街道晏农村至涛头村花鼓岛，故名。长8900米，宽4.5~5.5米，高4~5米，堤防级别Ⅱ级，防潮设计标准50年一遇。2010年5月建成。

晏站涂海塘堤坝 [Yànzhàntú Hǎitáng Dībà]

位于海润街道晏站。长9025米，宽4.5米，高2.2~4米，堤防级别为Ⅱ级，防潮设计标准50年一遇。因位于晏站涂而得名，2007年10月建成。

潺岙塘海塘堤坝 [Chán'àotáng Hǎitáng Dībà]

位于海润街道下枫坑村至头岙村潺岙塘，故名。长2041米，宽3米，高4.8米，堤防级别为Ⅳ级，防潮设计标准20年一遇。1999年10月建成。

头岙塘海堤 [Tóu'àotáng Hǎidī]

位于海润街道头岙塘，故名。自外湾山至头岙溪大桥，长2170米，宽3.2米，高5.5米，堤防级别为Ⅳ级，防潮设计标准20年一遇。2008年10月建成。

园里塘海塘堤坝 [Yuánlǐtáng Hǎitáng Dībà]

位于海润街道园里村至长湾村。自长湾闸至园里大桥，长4678米，宽3.2米，高4.2米，堤防级别Ⅳ级，防潮设计标准20年一遇。因位于园里塘而得名。2007年10月建成。

沙柳街道

旗门塘闭合区海塘堤坝 [Qíméntáng Bìhéqū Hǎitáng Dībà]

位于沙柳街道道岸头村。全长2670米，其中三门段长1420米，宽3~4米，高3~4米，堤防级别Ⅱ级，防潮设计标准50年一遇。因位于旗门塘闭合区三门段而得名。2000年1月建成。

长老塘海塘堤坝 [Zhǎnglǎotáng Hǎitáng Dībà]

位于沙柳街道青叶村至外黎村。长1750米，宽4~6米，高4~5米。因位于长老塘而得名。1950年1月建成，1985年9月重建。

清溪防洪堤 [Qīngxī Fánghóngdī]

南堤位于沙柳街道汪家洋村至青叶村。全长6920米，宽2~4米，高3~7米。1950年5月建成。北堤位于书带看村至溪头杨村。全长3499米，宽2~4米，高3~6米。1958年10月建成。

珠岙镇

吴岙溪防洪堤 [Wú'àoxī Fánghóngdī]

位于珠岙镇吴岙溪左右岸河堤。长 7764 米，宽 6 米，高 5 米，堤防级别为Ⅳ级。以所在河流得名。2011 年建成。

亭旁镇

亭旁溪防洪堤 [Tíngpángxī Fánghóngdī]

位于亭旁镇佃石村至石头岙村。长 20.628 公里，宽 1.5~5 米，高 2~7 米。以所在河流得名。1999 年 4 月建成。

南溪防洪堤 [Nánxī Fánghóngdī]

位于亭旁镇南溪沿岸。长 16 公里，宽 4 米，高 5.8~19 米，堤防级别为Ⅴ级。2004 年 5 月建成。

湫水溪防洪堤 [Qiūshuǐxī Fánghóngdī]

位于亭旁镇湫水溪沿岸。长 5500 米，宽 4 米，高 3 米，堤防级别为Ⅴ级。以所在河流得名。2009 年 5 月建成。

健跳镇

健跳塘海塘堤坝 [Jiàntiàotáng Hǎitáng Dībà]

位于健跳镇健渔村至西山头村。长 1552 米，高 5.2 米，堤防级别Ⅱ级，防潮设计标准 50 年一遇。因位于健跳塘而得名。始建于 1966 年 9 月，1997 年 11 号台风后大修，1999 年建成标准海塘大坝。

岙口塘堤坝 [ÀoKǒutáng Dībà]

中心点位于县政府驻地东偏南 24 公里，健跳港南岸，以原岙口乡群众为主修筑得名。自岙口的大塘闸至东郭的大宅塘闸，由大塘、岙口塘、小宅塘、大宅塘 4 处海塘组成。塘线总长 2929 米，塘顶高程 6 米，顶宽 3~4 米。海塘结构型式为带镇压平台的直立式断面，防浪墙顶高程为 7.1 米，塘顶高程为 6.5 米，宽度为 4.5~5.5 米，外坡 1∶0.4，内坡 1∶2，塘身采用黏土填筑，按照Ⅲ级海塘，50 年一遇防潮标准进行加固。岙口塘前身是永安塘、永兴塘，1939 年筑成，后废。解放后，于 1956 年 11 月动工，1957 年围成，把原来 7 条老塘包围里面，以后又围成小宅塘、大宅塘，形成现今之塘堤。1976—1980 年进行全线加高加固，1982—1984 年进行标准塘建设。

黄门塘海塘堤坝 [Huángméntáng Hǎitáng Dībà]

位于健跳镇西山头村至八村村。长 2031 米，高 4.79 米，防潮设计标准 50 年一遇。因位于黄门塘而得名。2006 年 11 月建成。

七市塘海塘堤坝 [Qīshìtáng Hǎitáng Dībà]

位于健跳镇外七市村至浮门村。长 2460 米，高 4.82 米，防潮设计标准 20 年一遇。因位于七市塘而得名。2000 年 11 月建成。

东郭塘海塘堤坝 [Dōngguōtáng Hǎitáng Dībà]

位于健跳镇西郭村至西边村。长 1050 米，高 4.96 米，防潮设计标准 20 年一遇。因位于东郭塘而得名。1971 年 8 月建成。

梅岙塘标准海塘堤坝 [Méi'àotáng BiāoZhǔnhǎitáng DīBà]

位于健跳镇梅山村至西边村。长 3170 米，防潮设计标准 20 年一遇。因位于梅岙塘而得名。始建于 2010 年 11 月。

六敖南塘堤坝 [Liù'áo Nántáng Dībà]

中心点位于县城东偏南 20 公里，健跳港北岸，健跳镇六敖南部。自罗岙水库对虾塘至虎尾巴山。由凤凰山塘、蒋头岩塘、前塘、外罗塘、鸟屿塘 5 处海塘组成，塘线总长 3213 米，塘顶高程 5 米，顶宽 2.4

米。1992年建成“两面光”标准坝。在“9711”号台风中，六敖南塘海水漫过坝顶，冲毁缺口数处。台风过后进行修复加固，按照“三面光”的要求强化断面结构，1997年11月初编制完成海塘主体工程设计，按Ⅲ级海塘，50年一遇防潮标准进行加固。设计塘顶高程（黄海）6米，堤身高3米，堤顶宽4米，迎水坡1∶0.3~1∶0.4，背水坡1∶2。工程于1998年1月开工，1999年基本完工。2010年又对大坝进行加高、加固，使大坝满足标准海塘建设要求。

六敖北塘堤坝 [Liù'áo Běitáng Dībà]

位于蛇蟠水道南岸，健跳镇六敖北部，自赤头山嘴至西渡塘新闸，由后塘（曾用名反修塘）、普济塘、上敖塘、外新塘、西渡塘5条塘堤组成，保护着六敖3万多亩良田和3万多名人民群众的生命财产安全。长10.03公里，设计塘顶高程（黄海）7米，按50年一遇标准建成，堤身高4.5~4.8米，防浪墙高0.8米，坝顶宽4米，迎水坡1∶1.7~1∶1.8，背水坡1∶20。

1966年动工至1970年围成后塘、群英塘。1968年围成外新塘。1980年围成普济塘、西渡外塘。以上五处海塘连成一条塘线，将原有13条老塘坝包围里面。1975年冬开始，六敖镇对后塘、群英塘进行加固，建设标准塘，至1984年完工。1978—1979年对部分塘加固。1997年，北塘堤坝被11号台风冲毁。1998年省级机关干部捐资2500万元，支持反修塘的高标准海塘建设，于1999年1月建成。

六敖北塘是三门人民征服自然、改造自然的伟大成就，集中体现了三门人民团结拼搏、自强不息、敢想敢干、勇创大业的精神风貌，是新形势下加强爱国主义教育的好素材。为铭记党和人民的血肉深情，三门人民在六敖北塘立碑纪念，原浙江省委副书记、省长柴松岳为标准海塘坝亲笔题名“连心塘”，寓“省级机关干部与灾区人民心连心”之意。2000年连心塘被台州市委市政府命名为第三批市级爱国主义教育基地。

横渡镇

东屏溪防洪堤 [Dōngpíngxī Fánghóngdī]

位于横渡镇东屏村。长1200米，以所在河流得名。2010年9月建成。

白溪防洪堤 [Báixī Fánghóngdī]

位于横渡镇白溪村至大横渡村。长10.5公里，以所在河流得名。

铁强塘海塘堤坝 [Tiěqiángtáng Hǎitáng Dībà]

位于横渡镇铁强村铁强塘。长2009米，防潮设计标准20年一遇。因位于铁强塘而得名。2008年6月建成。

小横渡溪防洪堤 [Xiǎohéngdùxī Fánghóngdī]

位于横渡镇小横渡村。长8060米，以所在河流得名。2009年10月建成。

托岙塘海塘堤坝 [Tuō'àotáng Hǎitáng Dībà]

位于横渡镇铁强村托岙塘。长780米，以所在地得名。2008年6月建成。

花桥镇

西洋溪防洪堤 [Xīyángxī Fánghóngdī]

位于花桥镇花桥村。全长800米，宽3米，高3~3.5米。因位于西洋溪而得名。2010年3月建成。

下栏塘堤坝 [Xiàlántáng Dībà]

中心点位于县政府驻地东南28公里，浦坝港南岸，花桥镇东南，以地处下栏塘，故名。自下湾山至钳头嘴。塘堤长3541米，塘顶高程5.5米，顶宽2.5米，堤防级别为Ⅱ级，防潮设计标准50年一遇。民国时，吴都涂建有塘堤。1958年原吴都人民联合围成吴都塘。1970年岭南、上旺两大队共同围成岭南塘。1975年蜍下大队围成蜍下塘。1973—1983年围成下栏塘，将蜍下塘、吴都塘、上旺塘、岭南塘包围里面形成现今下栏塘。2001年11月建成。

吴都溪防洪堤 [Wúdūxī Fánghóngdī]

位于花桥镇吴都村。长 3205 米，宽 4~4.5 米，高 3~3.5 米。因位于吴都溪而得名。2010 年 10 月建成。

北岙塘海堤 [Běi'àotáng Hǎidī]

位于花桥镇北岙塘，故名。长 748 米，宽 4.5~5 米，高 6.1 米，堤防级别为Ⅲ级。2011 年 8 月建成。

花桥溪防洪堤 [Huāqiáoxī Fánghóngdī]

位于花桥镇方前村至上宅村。长 3350 米，宽 3.5~4 米，高 3~3.5 米。因位于花桥溪而得名。1998 年 1 月建成。

红旗塘海塘堤坝 [Hóngqítáng Hǎitáng DīBà]

中心点位于县政府驻地东南 24 公里，浦坝港上游，花桥镇东部，自大头山里至花桥塘闸。塘堤长 1608 米，宽 4.5 米，高 4.7 米，堤防级别为Ⅱ级，防潮设计标准 50 年一遇。清咸丰十年(1860 年)围成关头塘。清宣统二年（1910 年）围成乌龟塘。民国九年（1920 年）围成下岙塘。民国三十六年（1947 年）年围成蒲峰塘。1966—1971 年围成红旗塘，将原有 6 条老塘包围里面，形成一个闭塞区。1999 年 5 月建成。

芝岙塘海塘堤坝 [Zhī'àotáng Hǎitáng Dībà]

位于花桥镇芝岙村芝岙塘海，故名。长 780 米，宽 4~4.1 米，高 3.8~4 米，防潮设计标准 20 年一遇。1999 年 12 月建成。

浦坝港镇

跃进塘堤坝 [Yuèjìntáng Dībà]

中心点位于县政府驻地东南 33 公里，浦坝港北岸，浦坝港镇西南。自建设塘与跃进塘接界处至赖屿山。塘堤长 4352 米，塘顶高程 6 米，顶宽 4 米，堤防级别为Ⅱ级，防潮设计标准 50 年一遇。该塘堤为保护跃进塘，故名。1972 年至 1975 年 3 月围成跃进塘，将原有长坝塘、海山塘两处共长 4250 米的塘堤包围里面，成为保护万亩以上的海塘。1976—1979 年进行加高加固。1983—1985 年建成标准塘。

三角塘堤坝 [Sānjiǎotáng Dībà]

中心点位于县政府驻地东南 37 公里，牛头门水道北岸，浦坝港镇南部。自赖屿山至牛头门塘一号闸。塘堤长 4816 米，塘顶高程 5.3 米，顶宽 2.5~3 米，堤防级别为Ⅱ级，防潮设计标准 50 年一遇。1958—1960 年由台州地区组织民工围成 5760 亩盐田，建立三门盐场，分设 4 个工区。1971 年从赖屿山至下市港地段，围成盐田 2500 亩，建立五工区。1978 年从下市港至方山围成盐田 1750 亩，建立六工区。三角塘围成后，将沿赤公社原有的海山塘、老三角塘、下峙山塘、柯岙塘、沿江塘 5 处老塘包围里面，形成现在的三角塘。

洞港塘堤坝 [Dònggǎngtáng Dībà]

中心点位于县政府驻地东南 38.5 公里，洞港下游，自洞港闸至临海市地段界。以地处洞港塘，故名。塘堤长 9355 米，塘顶高程 6.5 米，顶宽 4 米，长 704 米，堤防级别为Ⅱ级，防潮设计标准 50 年一遇。唐宋时，泗淋等地原是一片海涂，清代开始围塘，民国围成泗淋塘、黄岩塘、道头塘。1966—1970 年围成洞港塘，将泗淋塘、黄岩塘、道头塘包围里面。1975—1977 年进行加高加固，砌上块石护坡。1982—1983 年建成第一期标准塘坝。

夹礁塘堤坝 [Jiājiāotáng Dībà]

中心点位于县政府驻地东南 36.5 公里，浦坝港下游，自干头山至七头山。塘堤长 3242 米，塘顶高程 5~6 米，顶宽 3.9 米，堤防级别为Ⅱ级，防潮设计标准 50 年一遇。以地处夹礁塘，且为保护夹礁塘得名。解放前，原有桃峙塘和下岙塘。1979 年至 1985 年 10 月围成夹礁塘，将桃峙塘、鹤井塘包围里面。

建设塘堤坝 [Jiànshètáng Dībà]

中心点位于县政府东南 29.5 公里，浬浦港北岸，自小湾渡至跃进塘，由建设塘、胜利塘二处海塘组成。塘顶高程 5.4 米，顶宽 2.5~3.5 米，防潮设计标准 50 年一遇。该塘堤保护建设塘，故名。1966—1967

年围成建设塘，1969 年至 1970 年 5 月围成胜利塘。两处海塘连在一起，将原有圩岙塘、叶兴塘等 4 条老塘堤包围里面，成为保护万亩以上的海塘。1975—1978 年进行加高加固。

上下洋闭合区海塘堤坝 [Shàngxiàyáng Bìhéqūhǎitáng Dībà]

位于浦坝港镇上洋村。长 1680 米，宽 2.5~3 米，高 5~5.5 米，防潮设计标准 20 年一遇。因位于上下洋闭合区而得名。1977 年 12 月建成。

虎门孔塘海塘堤坝 [Hǔménkǒngtáng Hǎitáng Dībà]

位于浦坝港镇渔西虎门孔塘，故名。长 967 米，宽 4.5~5 米，高 6.5~7.2 米，防潮设计标准 20 年一遇。1978 年 2 月建成。

前山溪堤防 [Qiánshānxī Dīfáng]

位于浦坝港镇前山村。长 2000 米，宽 1.5~5 米，高 2~3.5 米。因位于前山溪而得名。

山场溪防洪堤 [Shānchángxī Fánghóngdī]

位于浦坝港镇塔坑村至南山村。长 7500 米，宽 2~4 米，高 2.58~4 米。因位于山场溪而得名。2004 年 11 月始建。

坎头溪堤防 [Kǎntóuxī Dīfáng]

位于浦坝港镇渔西村。长 1000 米，宽 1.5~5 米，高 1.5~3.5 米。以所在河流得名。

浦坝港北岸闭合区海塘堤坝 [Pǔbàgǎngběi'àn Bìhéqūhǎitáng Dībà]

位于浦坝港镇沿海工业城。长 7714 米，宽 4.5 米，高 6.7 米。因位于浦坝港北岸闭合区工业城段而得名。1959 年 10 月建成。

浦坝塘海塘堤坝 [Pǔbàtáng Hǎitáng Dībà]

位于浦坝港镇浦坝村至高湖村。长 3174 米，宽 4.5 米，高 4.7 米，防潮设计标准 50 年一遇。因位于浦坝塘而得名。2002 年 2 月建成。

小渔西塘海塘堤坝 [Xiǎoyúxītáng Hǎitáng Dībà]

位于浦坝港镇小渔西村小渔西塘，故名。长 720 米，宽 4 米，高 6 米，防潮设计标准 20 年一遇。1989 年 10 月建成。

从岙塘海塘堤坝 [Cóng'àotáng Hǎitáng Dībà]

位于浦坝港镇从岙村从岙塘，故名。长 604 米，宽 4 米，高 6 米。2008 年 11 月建成。

北沙塘海塘堤坝 [Běishātáng Hǎitáng Dībà]

位于浦坝港镇小岭下村和郑畔村北沙塘，故名。长 671 米，宽 4 米，高 6.5 米，御潮标准 20 年一遇。2004 年 10 月建成。

松屿塘海塘堤坝 [Sōngyǔtáng Hǎitáng Dībà]

位于浦坝港镇从岙村。长 260 米，宽 4 米，高 6 米，防潮设计标准 20 年一遇。以所在地海塘得名。1948 年 12 月建成。

长滩塘海堤 [Chángtāntáng Hǎidī]

位于浦坝港镇长滩塘而得名。长 1300 米，宽 1.5~3 米，高 3.5~5 米，堤防级别为Ⅳ级，防潮设计标准 20 年一遇。1992 年 12 月建成。

里宅溪堤防 [Lǐzháixī Dīfáng]

位于浦坝港镇里宅村里宅溪，故名。长 2200 米，宽 2~3 米，高 1.5~3 米。

芝岙外塘海塘堤坝 [Zhī'ào Wàitánghǎitáng Dībà]

位于花桥镇芝岙村外塘，故名。长 4830 米，宽 2~2.5 米，高 3.8~4 米，防潮设计标准 20 年一遇。1999 年 12 月建成。

蛇蟠乡

蛇蟠塘堤坝 [Shépántáng Dībà]

位于县政府驻地东约16公里，蛇蟠乡中、西部，东靠蛇蟠山，南滨蛇蟠水道，西部与宁海县海涂为界，北临青山港。塘堤自市门山至小蛇头后背，及小蛇头至垫头山。堤坝长11.19公里，塘顶高程6.7米，顶宽3.4米，堤防级别为Ⅱ级，防潮设计标准50年一遇。以地处蛇蟠岛，且为保护蛇蟠塘得名。1972年11月动工，至1991年年底围成蛇蟠塘。由一期、二期、三期工程及市门塘组成。

蛇蟠塘闭合区海塘堤坝 [Shépántáng Bìhéqū Hǎitáng Dībà]

位于蛇蟠乡邵亭村至山后村。全长11.113公里，宽4.5米，高6.7~7米，堤防级别为Ⅱ级，防潮设计标准50年一遇。因位于蛇蟠塘闭合区而得名。1991年4月建成。

第六节　堰坝

海游街道

湫水溪橡胶坝 [Qiūshuǐxī Xiàngjiāobà]

位于亭旁溪尤家山嘴，主要包括坝袋制安、基础底板、护岸、进排水管路、泵房、下游防冲设施等工程。新建橡胶坝底板顶高程6米，正常蓄水位9米。

珠游溪橡胶坝 [Zhūyóuxī Xiàngjiāobà]

位于海游街道城中村，横跨珠游溪，故名。坝长80米。2002年8月建成。

城南橡胶坝 [Chéngnán Xiàngjiāobà]

位于海游街道石岩村，横跨亭旁溪。坝长106米，因位于县城城南而得名，2003年5月建成。

沙柳街道

汪家洋堰坝 [Wāngjiāyáng Yànbà]

位于沙柳街道汪家洋村。堰坝坝长96.5米，坝高1.3米，坝顶高程17.95米，坝型采用驼峰堰，坝身由灌砌石坝体和C25钢筋砼坝壳构成，坝壳最小厚度不小于0.3米。坝体上游侧设置深2.4米的垂直防渗截水墙，墙厚0.6米。坝身上游设5米宽0.4米厚的干砌块石护坦，下游接C20砼灌砌块石消力池，消力池长12米，深0.6米。消力池下游为厚0.4米的块石理砌海浸，长14米，海漫末端设C20砼灌砌块石防冲，尺寸为宽1米，深1.5米，下游8米抛石进行保护。2013年动工建设，2014年完工，工程总投资166万元。

后山周堰坝 [Hòushānzhōu Yànbà]

位于沙柳街道后山周村。堰坝坝长99.5米，坝高2.4米，坝顶高程11.6米，堰坝轴线为曲线型，坝型为折线型堰坝。消力池和海漫长各为8米和12米，消力池深度为0.5米。2013年动工建设，2014年完工，工程投资168万元。

第七节　水电站

海润街道

龙王殿水电站 [Lóngwángdiàn Shuǐdiànzhàn]

位于海润街道东部孙家村西南龙王殿水库，故名。1973年建成，装机容量18千瓦发电机1台，年发电量360万千瓦时。现已停止发电。

岙坑里水电站 [Àokēnglǐ Shuǐdiànzhàn]

位于海润街道东部头岙村西南之岙里坑水库。1972年建成，装机容量32千瓦1台，年发电量320

万千瓦时。该站因水源等原因，于1983年停止发电。

后林水电站 [Hòulín Shuǐdiànzhàn]

位于海润街道东部后林斗水库，以后林斗水库水源作为发电水源得名。1980年5月建成投产，同年并县网。装机容量75千瓦发电机1台，平均发电量4万~5万千瓦时，为混合式电站。集雨面积0.9平方公里，调节库容2.7万立方米，引水渠道300米，流量0.1米^3/秒。输电线路高压4.5公里，低压5公里。现已停止发电。

沙柳街道

前王水电站 [Qiánwáng Shuǐdiànzhàn]

位于沙柳街道前王村前王坑。建于1966年，装机容量12千瓦发电机1台，年发电量12万千瓦时。现已停止发电。

西坑水电站 [Xīkàng Shuǐdiànzhàn]

位于沙柳街道北部西坑村北面，故名。建于1977年，装机容量12千瓦发电机1台，年发电量12万千瓦时。现已停止发电。

珠岙镇

高枧水电站 [Gāojiǎn Shuǐdiànzhàn]

位于珠岙镇高枧村北山井坑。1976年12月建成投产，装机容量105千瓦发电机1台，年发电量16万千瓦时。1978年10月联网，1980年11月并入县电网。2000年8月进行了设备更新改造。该站集雨面积4.65平方公里，引水渠道1120米，流量0.22米^3/秒。输电线路高压1公里，低压1.2公里，为引水式径流电站。

山后周水电站 [Shānhòuzhōu Shuǐdiànzhàn]

位于珠岙镇大马山脚山后周水库之南，故名。1971年建成，装机容量150千瓦发电机2台。1978年10月联网。1980年11月并入县电网。1999年进行全面技术更新改造。引水渠道1200米，流量0.26米^3/秒。输电线路高压7.5公里，低压12公里，为混合式水电站。

樟树下水电站 [Zhāngshùxià Shuǐdiànzhàn]

位于珠岙镇樟树下村西南之龙潭坑水库，故又名龙潭坑水电站。1979年5月建成，装机容量200千瓦发电机1台，年发电量23万千瓦时，为混合式电站。该站集雨面积2.4平方公里，引水渠道1013米，流量0.32米^3/秒。输电线路高压4公里，低压1公里。

赤壁坑水电站 [Chìbìkēng Shuǐdiànzhàn]

位于珠岙镇南部岩下徐村之西赤壁坑，故名。1974年5月建成，装机容量200千瓦发电机2台。1978年10月联网。2000年8月进行设备更新改造。该站集雨面积21.8平方公里，引水渠道1800米。输电线路高压3.5公里，低压3公里，年发电量65万千瓦时，为引水式径流电站。

西陈水电站 [Xīchén Shuǐdiànzhàn]

位于珠岙镇西陈村北面后坑岭头水库，故又名岭头水电站。装机容量125千瓦发电机1台，为混合式水电站。1981年1月建成投产，3月并入华东电网。2001年7月对设备进行技术更新改造。该站集雨面积2.5平方公里，调节库容5.8万立方米，引水渠道1600米，流量0.347米^3/秒。输电线路高压2公里，低压4公里。

石牯牛水电站 [Shígǔniú Shuǐdiànzhàn]

位于珠岙镇独山村东南石牯牛水库，故名。1960年10月建成。1966年改装为75千瓦1台。1971年又改装为125千瓦1台。1977年增加1台200千瓦机组，共装机容量325千瓦发电机2台，为坝前式电站。1978年10月联网。1980年11月并入三门电网。集雨面积1平方公里，流量0.325米^3/秒。输电线路高压20.67公里，低压3公里。1985年珠岙供电区和线路划归县电力公司珠岙变电所管理，和赤壁坑水电站统一核算。

亭旁镇

芹溪水电站 [Qínxī Shuǐdiànzhàn]

位于亭旁镇西部芹溪村西南之天门处，以站在天门水库，故又名天门水电站。1980年11月建成投产，装机容量320千瓦发电机1台，为引水式径流电站。1981年3月并入县电网。2006年进行全面技术更新改造，原装机320千瓦机组报废，重建400千瓦机组。引水渠道1520米，流量0.36米^3/秒，年发电量60万千瓦时。输电线路高压1.5公里，低压1公里。

中门水电站 [Zhōngmén Shuǐdiànzhàn]

位于亭旁镇西山村南上陈洋石门坑，以原中门乡得名。1975年10月建成投产，装机容量260千瓦发电机2台，为混合式水电站。1979年4月并入县电网。引水渠道1860米，流量0.74米^3/秒。输电线路高压11公里，低压20公里。2007年10月对设备进行技术更新改造。现已停止发电。

健跳镇

尖坑山水电站 [Jiānkàngshān Shuǐdiànzhàn]

位于健跳镇尖坑山村尖坑山水库，故名。1960年5月建成投产，装机容量320千瓦发电机2台，年发电量12万千瓦时。1966年改装为120千瓦发电机1台。1980年增加200千瓦发电机1台，320千瓦发电机1台，为混合式电站。1979年11月联网，1980年1月并网。引水渠道100米，水头落差108米，流量0.39米^3/秒。输电线路高压55公里，低压606公里。1985年3月六敖、健跳两镇供电区和线路划给县电力公司健跳变电所管理。

岙里坑水电站 [Àolǐkàng Shuǐdiànzhàn]

位于健跳镇西郭村南之岙里坑水库，故名。建于1981年，装机容量40千瓦发电机1台，年发电量36万千瓦时。该站因水源等原因，于1983年停止发电。

上庵山水电站 [Shàng'ānshān Shuǐdiànzhàn]

位于健跳镇小蒲村之东，以引用上庵山水库之水得名。建于1974年，装机容量55千瓦发电机1台。现已停止发电。

横渡镇

水山田水电站 [Shuǐshāntián Shuǐdiànzhàn]

位于横渡镇上陈村东北之水山田水库，故名。1970年8月建成投产，装机125千瓦发电机1台，年发电量15万千瓦时，为混合式电站。1980年8月并入县电网。1994年进行设备改造。2008年进行报废重建。集雨面积6.9平方公里，引水渠道150米，流量0.13米^3/秒。输电线路高压17公里，低压25公里。

峙洋水电站 [Zhìyáng Shuǐdiànzhàn]

位于横渡镇西南王岐庄村东，以峙洋水库得名。1972年4月建成，6月投产，装机容量250千瓦发电机1台，年发电量320万千瓦时，为混合式水电站。1979年11月联网。1980年5月并入县电网。2006年进行了改造修理。2007年机组报废重建。2013年再次进行设备更新改造。集雨面积1.9平方公里，调节库容44.2万立方米，引水渠道600米，流量0.185米^3/秒。输电线路高压37.7公里，低压12.75公里。

朝阳水电站 [Cháoyáng Shuǐdiànzhàn]

位于横渡镇上房村西朝阳水库，故名。1977年12月建成投产，装机容量100千瓦发电机1台，为混合式水电站。1979年11月联网。1980年5月并入县电网。2011年7月对设备进行技术更新改造。集雨面积7.8平方公里，调节库容28平方公里，引水渠道1600米，流量0.4米^3/秒。输电线路高压5公里，低压3公里。

花桥镇

小岭水电站 [XiǎoLǐng Shuǐdiànzhàn]

位于花桥镇吴都村横路山小山岭，因建于小岭水库，故名。建于1970年，装机容量12千瓦发电机1台，年发电量12万千瓦时。现已停止发电。

王申坦水电站 [Wángshēntǎn Shuǐdiànzhàn]

位于花桥镇东北八岭头村之北，以引用王申坦水库之水得名。1981年3月建成，5月并网，装机容量320千瓦发电机2台，为混合式电站。集雨面积2.44平方公里，调节库容122.28万立方米，引水渠道2200米，流量0.28米^3/秒。输电线路高压16公里，低压5公里。1986年10月关头、花桥、吴都3个乡镇供电区和线路划归县电力公司花桥变电所管理。2007年8月进行报废重建。

浦坝港镇

里宅坑水电站 [Lǐzháikàng Shuǐdiànzhàn]

位于浦坝港镇里宅村之南，以站建于里宅水库得名。1983年建成，装机容量75千瓦发电机1台。因经济效益不佳，现已停止发电。

雄泗水电站 [Xióngsì Shuǐdiànzhàn]

位于浦坝港镇石门村东南之石门水库内，站建石门水库，故又名石门水电站，供应原小雄镇和泗淋乡群众，取两乡镇各一字得名。1980年5月建成2台150千瓦发电机组，为坝前式水电站。1980年5月和1983年10月联网。集雨面积5.03平方公里，调节库容340万立方米，流量0.69米^3/秒。原输电线路高压4公里，低压12公里。1986年6月小雄、泗淋、山场3个乡镇供电区和线路划归县电力公司花桥变电所管理。

第四章 宗教活动场所

第一节 寺院

海游街道

精秘禅寺 [Jīngmì Chánsì]

坐落于县政府驻地西北1.5公里的精秘山。坐北朝南，前后三进，由天王殿、大雄宝殿、三圣殿组成，有大小殿堂14间，厢房80多间，建筑面积2230平方米。

始建于明景泰年间（1450—1456年），原名山后庵、精秘庵，以精秘山得名，初为裘圣僧清逸休庵退居之所。明万历初，僧无染、无尽削发于此，后说法天台，所著释典甚富。清光绪年间（1875—1908年）再次扩建偏殿，修缮厢房。民国十四年（1915年）海游绅士章楚楠、章陛等人于石浦广明庵敦请炳灿师来山住持重修大殿，重塑金身，慈光重现，再显巍然，香火旺盛一时。至“文化大革命”期间，几经毁灭，已成私人住宅。1980年后落实宗教政策，僧可方、必成等先后住持集资重修。1985年5月再度重建大殿，并更名为精秘寺。1994年大雄宝殿毁于火。1995年荣心法师接任住持后建造了三圣殿。2001年建起金刚殿及西厢房。2003年由照兴法师任住持，重修了大殿。1993年登记为佛教活动场所，2003年9月被公布为台州市重点寺院。

观兴禅寺 [Guānxìng Chánsì]

原名观音阁，位于城北精秘山。占地面积4000平方米，建筑面积2000平方米，寺庙常住12人。1990年天台僧智诚任精秘庵住持后，在前院旧址上修建了圆通宝殿，恢复了观音阁。1994年僧了文入住观音阁，扩大场地，建起院墙并将观音阁更名为观兴禅寺。1998年九华山僧照兴任观兴禅寺住持后，逐步扩建了活佛殿、地藏殿、延生堂、水陆内坛及厢房等，并融合了离观兴禅寺不足百米远的欣乐寺（即现在的观兴下院）。2003年被公布为市级重点寺院。2010年拆除原观音阁圆通宝殿的基础上扩建了结构为三层的大雄宝殿（下层为斋堂），新建了金刚殿。2015年三门县佛协迁至观兴禅寺办公。

玉城寺 [Yùchéng Sì]

位于海游街道木杓山。占地面积1600平方米，共有殿宇70间。据民国《章氏宗谱》记载，明时在海游寨建城隍殿，供世人礼拜。20世纪50年代，因故拆建。1992年春移址重建，现有大雄宝殿、罗汉殿、千佛楼、灵霄殿、城隍殿、十殿、关公殿、戚继光殿、圣母宫等佛殿。

慈胜寺 [Císhèng Sì]

位于海游街道外俞村慈胜自然村。修建铁路时拆毁，后移地重建。建于唐贞观年间（627—649年），旧名慈安。宋治平三年（1066年）改今额，属天台国清寺宗支。寺内有大殿、金刚殿、钟楼、方室、客堂、厢房等，曾有僧人近百名，产业有百余亩山林，百余亩耕田，三百亩无粮地（不交税的溪滩地）。据南宋嘉定《赤城志》记载：“慈胜院，在县南七十里，旧名慈安，唐贞观中建，治平三年改额。”

朝阳庵 [Cháoyáng Ān]

位于海游街道大平山。占地面积2472平方米，建筑面积1729平方米。每当旭日东升，便已沐浴在一片初阳之中，故而得名朝阳庵。始建于明末，清光绪二十七年(1901年)重修。

精秘山茅蓬 [Jīngbìshān Máopéng]

位于海游街道精秘山精秘禅寺东。海拔300米，1992年重建。

云龙禅寺 [Yúnlóng Chánsì]

位于海游街道前郭村岩桥山脚。占地面积4500平方米，建筑面积1200平方米，有大雄宝殿、天王殿、罗汉堂、二圣殿等建筑。原名下李庵，建于宋代中期，20世纪60年代拆毁。90年代初，由村老人协会发起重建于前山坝里孔，改名云龙禅寺。2009年因修建公路，再次搬迁至现址。

东方寺 [Dōngfāng Sì]

位于海游街道陡门头岗。占地面积1300平方米，建筑面积900平方米，常住3人。1972年8月由居士发起筹建东方庵。2007年更名为东方寺。

万定庵 [Wàndìng Ān]

位于海游街道石城山。占地面积1318平方米，建筑面积1200平方米，有大殿、厢房及配殿15间。明代景泰年间（1450—1456年）建，民国十二年（1923年）重修。原为山洞，后在山洞上建成大殿，“文化大革命”中遭破坏，后重建。

回龙寺 [Huílóng Sì]

位于海游街道湫水山林场。原名回龙庵，北宋时建，1949年后僧人离散，无人管理，寺院败落倒塌。2001年四方信众重修殿宇。2013年新寺落成。

居士林 [Jūshì Lín]

位于海游街道黄埠突村。1989年由上海居士广结善缘，建造大殿、厢房、佛塔等建筑，占地面积1310平方米，建筑面积1170平方米，寺庙常住3人。

天堂庵 [Tiāntáng Ān]

位于海游街道大尖山顶，奚家岙村北面。始建于清代。

藏秘庵 [Cángmì Ān]

位于海游街道东大平山。东至大平山山顶，北至大山，西至朝阳庵，南至密林宫。始建于明代。

普济庵 [Pǔjì Ān]

位于海游街道竹岭坑龙潭背之岗。有二库、两厢、平屋、路廊各三间。

西乾庵 [Xīqián Ān]

位于南山风景区活动场南。坐北朝南，大殿三间及附属房间三间，始建不详，2001年重建。

智释堂 [Zhìshì Táng]

即海游岭头庵。位于海游街道与沙柳街道交界海游岭头，海拔144.2米。建筑坐东朝西，占地面积680平方米，建筑面积350平方米。明代裘公建，2013年重建。

海润街道

十方禅寺 [Shífāng Chánsì]

位于海润街道潺岙渡头，原名十方堂，亦称十方庵，后改为十方禅寺。坐南朝北，背山面海。占地面积3700平方米，建筑面积1788平方米。始建于清同治四年(1865年)，计屋15间，供奉妈祖、观世音菩萨，外建路廊三间。民国二十二年(1933年)，因庵遭白蚁侵蚀，椽柱塌毁，时有可定和尚路过此庵，见此光景，发心募化修建。解放后败落。1983年重修大殿、厢房、厨房等。2001年春重建大雄宝殿、厢房及附属房。有常住3人。

王家庵 [Wángjiā Ān]

坐落在海润街道葛岙王家村。始建于清代，庵内塑有妈祖、观音大士等金身。

净土庵 [Jìngtǔ Ān]

又名祁家庵。位于海润街道祁家村中部。坐北朝南，为三合院式二层双檐硬山顶砖木结构建筑。建于清光绪十七年（1891年），解放前鼎盛时有比丘尼12人。

鲍家庵 [Bàojiā Ān]

位于海润街道鲍家村北。占地面积400平方米，建筑面积300平方米，供奉主人地母娘娘。鲍家庵始建于乾隆年间（1736—1795年），进行过二次重修，“文化大革命”时毁。1992年筹资重建，改名鲍家庵。

大明寺 [Dàmíng Sì]

原名大明庵。位于海润街道头岙大明山西北麓。占地面积1110平方米，建筑面积910平方米，有大雄宝殿、观音阁、厢房及配殿等建筑。始建于南宋端平三年（1236年），时有寺田40亩。清康熙年间（1662—1722年）文忠、休空曾重修。民国大德比丘竹坡又重修。1989年国清比丘若莲师修复古刹，改名大明寺。

法云寺 [Fǎyún Sì]

原名法云庵。坐落于海润街道晏站后山，距村约三里。20世纪80年代后重修大殿、厢房，有竹林、山地十余亩。

兴隆寺 [Xìnlóng Sì]

位于海润街道东严村。占地面积553平方米，建筑面积475平方米，常住2人。始建于民国二十三年（1934年）。

沙柳街道

西方庵 [Xīfāng Ān]

位于沙柳街道淡竹岙村蟠龙山麓。建筑坐北朝南，占地面积1440平方米。主楼为四合院式，前后两进，左右两层厢房。台门屋一层单间，单檐歇山顶，两侧有花坛。正殿二层七开间，抬梁结构，殿周围廊柱雕有各式人物、瑞兽浮雕。两边厢房各三间，均为重檐硬山顶。始建于清乾隆四十三年(1778年)，初名净光院。至清光绪二十四年（1898年），寺院破烂不堪，时有东阳县释贯通与范云师太来院常住，见此处有西竺风貌，便改名西方庵。她们十方募化重修庵宇，大殿飞檐翘角画梁雕栋密叠，造型古朴，别具一格，当时堪称三门尼庵之冠。新中国成立后，尼众四散还俗。1966年释殷贞从上海来庵住持，重建庵院。“文化大革命”时期，殿宇改作麻袋厂。1985年秋释宽净师太来庵，2人共同建东西厢房，改装山门牌楼，建造韦驮殿。1990年冬释圆一、释慧一自上海来庵住持，带来一部《大藏经》，经常进行法事活动，皈依三宝弟子日益增多，是西方庵兴旺发达时期。1994年冬释传照为住持，新建大雄宝殿。2004年被公布为县级文物保护单位。

国清净寺 [Guóqīng Jìngsì]

位于沙柳街道青叶村。因慕天台国清寺而建，故名。占地面积750平方米，建筑面积680平方米，常住1人。始建于清光绪年间（1875—1908年），1991年重修。

锦屏寺 [Jǐnpíng Sì]

位于沙柳街道上岙村。三面环山，一面临水，占地面积750平方米，建筑面积680平方米，常住1人。始建于清乾隆年间（1736—1795年）。

福寿禅寺 [Fúshòu Chánsì]

原名前山庵。位于沙柳街道前店村。占地面积3244平方米，建筑面积2044平方米，殿宇四幢，平房29间。始建于明永乐年间（1403—1424年），由于年久失修，只留废墟。1998年重修。常住7人。

增福寺 [Zēngfú Sì]

位于沙柳街道姚家村莲花山，原名增福庵。建于明景泰年间（1450—1456年），后年久失修，“文化大革命”中又遭破坏。1989年重建大殿及厢房。1995年秋重建天王殿、大雄宝殿等。

镇龙寺 [Zhènlóng Sì]

位于沙柳街道溪头杨村。占地面积830平方米，建筑面积600平方米，常住3人。始建于明末清初。

永济寺 [Yǒngjì Sì]

位于沙柳街道沙柳村。占地面积1100平方米，建筑面积960平方米，殿宇7间。原为阮家路廊，1992年四众发起重建，改名为永济寺

永兴寺 [Yǒngxìng Sì]

位于沙柳街道坎头杨村。有大雄宝殿、厢房等建筑，占地面积1100平方米，建筑面积900平方米，常住1人。始建于明末清初，历代重修，1997年重建。

珠岙镇

多宝讲寺 [Duōbǎo Jiǎngsì]

位于珠岙镇高枧村鳌峰竖尖山麓。占地面积10万平方米，建筑面积约1万平方米，呈南北中轴线分布，分别为门坊、弥勒殿、大雄宝殿、大师殿、藏经楼，两侧为厢房、方丈室、印度式僧房等建筑。在中轴线东侧，修建有清定上师舍利塔。多宝讲寺是融汉藏建筑风格为一体，宝幢庄严，金碧辉煌，是国内著名的佛教修行道场。旧名龙祥院，为东晋高僧昙猷法师所建。宋治平三年（1066年）始改称今名。南宋乾道三年（1167年）从香山移建于高枧鳌峰竖尖山麓，清同治七年（1868年）重建。新中国成立后高枧小学、高枧乡初级中学先后迁此办学，至1985年仅存大雄宝殿1座，摇摇欲坠，成都昭觉寺方丈清定法师出资修缮多宝讲寺。至1992年智敏上师住持时，古刹仅剩破殿、残垣。敏公率众筚路蓝缕，重光山门，并新建大师殿、大雄宝殿等，使多宝讲寺成为汉传佛教著名的道场，驰名海内外。2003年被省政府公布为省级重点寺院。2004年被公布为县级文物保护单位。

仙照庵 [Xiānzhào Ān]

位于珠岙镇娄坑村东北仙照山。坐北朝南，三合院式砖木结构，前后两进，格局基本规整，建筑构架保存一般。明永乐年间（1403—1424年）俞瑾在此创建诰山书院，为俞稳读书处。

毘奈耶寺 [Pínàiyē Sì]

位于珠岙镇高枧村白岙山，原名泗洲堂，又名极乐寺。占地面积6667平方米，建筑面积5000平方米，现常住僧众约50人。1992年多宝讲寺重开佛门，慕名而来依止敏公上师学法的女众最初住在村里民房，异常艰苦，后居于百步庵（即百岁庵）。随着僧人的增加，加上百岁庵规模太小，逐渐容纳不下，另择白岙山谷再造伽蓝，2004年改名毘奈耶寺。2005年被确定为固定宗教活动场所。2012年建大师殿、两侧配殿及南北厢房。

景会寺 [Jǐnghuì Sì]

原名山殿，分上殿、下殿。上殿称玉皇寺，下殿今改为景会寺，先前为送子娘娘殿。位于珠岙镇高枧村鳌峰山岗东南角高山峻岭上，坐北朝南，东临鳌峰，前有仙人山为屏障。始建于唐天祐年间（904—907年）。20世纪90年代筹资建寺，改名为景会寺。占地面积1万平方米，建筑面积1000余平方米。现有大殿五间，东西厢房8间及厨房、寮房、客堂等。

百步庵 [Bǎibù Ān]

位于珠岙镇高枧村西北部山麓。始建不详，解放前有比丘尼居住，1989年重建。1992年多宝讲寺重开佛门，比丘尼居住在高枧村。2003年佛协研究决定，将比丘尼安居于此。2003年修建了四间三层楼，分别是大殿、念佛堂、客堂、寮房等，占地面积6000平方米，建筑面积1628平方米，寺庙常住35人。

妙莲寺 [Miàolián Sì]

位于珠岙镇西陈村，因寺所在莲花峰得名。占地面积2000平方米，建筑面积600平方米，寺庙常住2人。始建于南宋，代有兴废，最多时有僧人20多人常住，田地90多亩。"文化大革命"中移作他用，后由信众重建。现有大雄宝殿、地藏殿、山门及两厢、茶堂等建筑。

祥里庵 [Xiánglǐ Ān]

原名下洋庵。位于珠岙镇祥里村前门山脚，祥里和北坑二溪相汇之处，俗称双龙斗水。占地面积

6667平方米，建筑面积700平方米，寺庙常住1人。始建于清初，解放后，被村碾米厂占用，后因年久失修，庙宇破败。1992年重修大雄宝殿、地藏殿等佛宇，

宝胜禅寺 [Bǎoshèng Chánsì]

原名三官堂。位于珠岙镇珠岙村。占地面积3026平方米，建筑面积2786平方米，寺庙常住1人。2001年重建，改名为宝胜禅寺。

香山庵 [Xiāngshān' Ān]

位于珠岙镇香山村之南。坐北朝南，前旷后幽，森林茂密，茶园苍翠，砖木结构四合院式硬山顶建筑。前庑为一层回廊，两侧为三间二层厢房，大殿三楹，中供佛像。现存建筑为清代晚期建造，村人却说先有香山庵，后有香山村。香山汪氏先人明宪宗成化年间（1465—1487年）从临海西溪迁居宁海县仙岩乡香山，为香山汪氏始祖。

国安寺 [Guó'ān Sì]

原名石坊庵。位于珠岙镇珠岙村。始建于明朝中叶，"文化大革命"期间佛殿被毁，1998年重建九间殿堂。2007年改名为国安寺。

亭旁镇

丹邱讲寺 [Dānqiū Jiǎngsì]

位于亭旁镇灵凤山南麓，离镇区1.5公里，距县政府驻地11公里，东南邻寺前岩村，西北接叶家庄村。原为三国高道葛玄（164—244年）炼丹之所。南朝宋元嘉二年（425年）建，北宋开宝年间（968—976年）改为丹邱院，北宋祥符中(1008—1016年)赐额丹邱寺，1928年5月亭旁起义在此誓师。原丹邱寺坐东朝西，进山门即为金刚殿，两尊5米多高的巨型金刚塑像，庄严威武。过天井，为大雄宝殿，有释迦牟尼等佛像，以及巨型钟、鼓、鼎、烛台等法器。左右两厢为十八罗汉塑像，形象生动，神态各异。寺院由于年久失修，于1958年拆毁后荡然无存。2012年6月丹邱讲寺在原址重建，总投资达8000多万元，占地面积5.6万平方米，已建成天王殿、大雄宝殿及厢房等建筑。据南宋嘉定《赤城志》记载："丹邱院，在县（宁海）南九十里，元嘉二年梅长者即所居庵而建，以其诵经感丹凤，赐名丹邱灵凤山，国朝开宝中改为院，大中祥符中赐今额。"又"丹邱，在县南九十里，葛玄炼丹处。孙绰赋所谓'羽人于丹邱，寻不死之福庭'是也"。

湫水寺 [Qiūshuǐ Sì]

位于亭旁镇潘家村东湫水山西麓，原建有石拱桥、龙母墓、龙潭、金刚殿、龙王殿、龙母宫及法堂等。湫水山原为屈坦母子隐居之处，隋开皇九年（589年）圣僧智顗游此，为大师飞锡之所。唐元和五年（810年）始建湫水院及龙王殿，塑龙王像，招僧住持，并更名屈母山为龙母山。五代梁时改名玉溪寺，后毁。宋大中祥符元年（1008年）赐额，重建又毁。明崇祯年间（1628—1644年）僧如受又重建，后又毁。清顺治六年（1649年）僧照心建法堂，改置龙王殿。清康熙九年（1670年）僧晓堂复兴。清嘉庆十四年（1809年）邵、任氏捐金中兴。清同治元年（1862年）僧英慧重兴殿宇。1957年12月建湫水水库，庙宇拆毁，在山腰移址重建。据南宋嘉定《赤城志》记载："玉溪院，在县（宁海）东南八十里，旧名湫水，唐元和五年以湫水潭应祷而建，国朝大中祥符元年赐今额。"

谷仓岭头庵 [Gǔcānglǐngtóu' Ān]

位于亭旁镇石头岙村谷仓岭头。坐东朝西，始建于清光绪四年（1878年），后毁，于1998年重建。曾是亭旁起义秘密开会的地方。

邵家堂庵 [Shàojiātáng' Ān]

又称福寿堂。位于亭旁镇邵下村西部，邵氏宗祠东面。坐北朝南，清代建筑，一进单体三开间，装饰简单，构架保存一般。旧有厢房、院门、花坛等建筑。

太平庵 [Tàipíng' Ān]

位于亭旁镇邵上村西狮子山上，两山夹峙。据《璜山邵氏宗谱》记载："邵氏第八世荣新公与周氏合

葬于太平庵山之原，遂于山脚建一草庵，着管坟墓，名曰‘太平’者，公之始也。”庵前有清乾隆年间太平山隐清庵主之墓一座，并有一塔座，惜上部已损。

镇龙寺［Zhènlóng Sì］

位于亭旁镇杨家村。占地1200平方米，建筑面积2040平方米，有殿宇24间，寺庙常住3人。始建于明建文元年（1399年），1992年重修。

隐鹤庵［Yǐnhè' Ān］

位于亭旁镇杨家村。始建于清乾隆年间（1736—1795年），后年久失修坍塌，解放前作为亭旁卫生所办公场所，1993年重修。

健跳镇

圆通寺［Yuántōng Sì］

原名仰天庵。坐落在健跳镇双凤山之巅，状如仰天故而得名。坐东北朝西南，建有前、中、后三幢殿堂。前弥勒、韦陀殿，中大雄宝殿，后三圣殿，东西厢房、客堂、食堂11间，占地面积720平方米及周围林地约十来亩，常住一人。始建年代不详，1994年重建，并改名为园通寺。据清光绪《宁海县志》载：“圆通堂，在南一百三十里健跳城内凤山，为所官祝厘处。”

安住寺［Ānzhù Sì］

在健跳镇浮门村。南朝陈霸先之后因避祸而迁居于此，在五峰山下修建陈皇家庙，供奉先帝遗像。唐大顺年间（890—891年）更名为安住寺。至明万历年间（1573—1620年）有寺僧三百余，良田数百亩，寺产丰裕，钟鸣鼎食，香火旺盛。明末清初被火所毁。清乾隆年间（1736—1795年）重建，更名为浮门寺。清嘉庆年间（1796—1820年）建东西两月洞门，东门为钟鼓楼，西门内设学馆。山门前建“永镇”“万兴”二石梁桥，俗称“三桥连山门，门前着衣亭”。清咸丰十年（1860年）安住寺不慎失火烧了半个寺院，元气大伤。至民国寺院因长期失修，僧众四散，历经千年的古安住寺，日渐冷落。1969年浮门村拆除上下大殿及东厢房，安住寺被夷为平地。20世纪90年代重建。清光绪《宁海县志》记载：“安住寺，在南一百二十里，唐大顺中建。”2004年被公布为县级文物保护单位。

盖门禅寺［Gàimén Chánsì］

坐落健跳镇盖门塘村盖门山，地形犹如圈椅怀抱，俗称“金交椅”。寺院坐北朝南，有大殿3间，厢房5间，食堂3间等，占地面积2200平方米，建筑面积1800平方米，寺庙常住2人。始建年代无考，大殿栋梁上有“清光绪二十一年乙未重修”字迹。后墙壁有一块石牌，刻有“清嘉庆十七年重修”。

三岔庵［Sānchà' Ān］

位于健跳镇三岔村。老庵重修，占地面积300平方米，有殿宇6间。

永庆堂［Yǒngqìng Táng］

位于健跳镇东郭村。始建不详，有殿宇22间，占地面积620平方米，建筑面积360平方米。

善法庵［Shànfǎ' Ān］

位于健跳镇岙口村。始建于清嘉庆十七年（1812年），由真明、真贤二尼出钱舍地，齐心协力，创建佛教道场，定名善法庵。据碑记记载有山林竹园成片，土地良田共20多亩。善法庵几经兴衰，解放后尼众四散，庙宇失修，只留下大殿数间。1986年、1991年、1995年、2012年四次修建，有殿宇13间。

南天竺寺［Nántiānzhu Sì］

位于健跳镇巡检司山。坐北朝南，殿宇6间，占地面积506平方米，建筑面积256平方米，常住1人。

集庆寺［jíqìng Sì］

原名余庆堂。位于健跳镇小蒲村。始建于明嘉靖六年(1527年)，2002年重建。有大殿、配殿10间，占地面积500平方米，建筑面积400平方米，常住1人。

东殿寺［Dōngdiàn Sì］

位于健跳镇上街村西侧九龙山下。始建于清乾隆年间（1736—1795年），原建有上下两堂。上堂供奉白鹤大帝、圣母娘娘、文武百官、四将等诸神位；下堂七间楼房，供奉菩萨。“文化大革命”期间，殿被拆除。改革开放后，村民自发建起2间小屋，内塑神像，供人点香拜佛。1997年毁于火，5月重建，改名东殿寺，建有大殿2幢及配殿等。2004年新建妈祖娘娘庙。

永福寺 [Yǒngfú Sì]

位于健跳镇洋溪村。老庵扩建，建有大殿、厢房等，占地面积8000平方米，建筑面积1200平方米，常住2人。

隐龙禅寺 [Yǐnlóng Chánsì]

位于健跳镇田岙村。原名执云庵，有400多年历史，后迁移到隐龙山。2004年新建大雄宝殿、厢房等。

千步寺 [Qiānbù Sì]

位于健跳镇乾墩村千步岭，故名。2007年扩建。

横渡镇

双龙寺 [Shuānglóng Sì]

位于横渡镇大横渡村下街下岙，现为横渡佛教协会驻地。始建于宋代，1991年重建。大殿5间，占地面积300平方米。

永宁寺 [Yǒngníng Sì]

位于横渡镇白溪村。占地面积496.8平方米，建筑面积254.8平方米，常住2人。建于明成化元年（1465年）春，由朱姓人出资建造，故原名朱华堂，有殿宇9间，后改名为永宁堂。1991年更名为永宁寺。

白云庵 [Báiyún Ān]

在横渡镇桂桥岭岭头山岙。南至麒麟岗，北至龙头岗。始建于清乾隆年间（1736—1795年），清道光年间（1821—1850年）重修。白云庵为三合院式砖木结构，有大殿七楹，两侧厢房若干间，是古代横渡、花桥等港南地区通往海游的必经要道。白云庵菩萨甚灵，每年十月廿七日菩萨诞辰，沿海地区善男信女云集，烧香拜佛，香火不绝。殿中保存有清道光年间《白云庵碑记》一方。

花桥镇

精进寺 [Jīngjìn Sì]

位于花桥镇寺前村西雪崖山脚。坐北朝南，占地面积1500平方米，四合院式，前后两进，左右设厢房。西厢房已毁，东厢房、第一进金刚殿为后期新建，面阔三开间。第二进大雄宝殿面阔五开间，明间梁架五柱九檩，五架抬梁带前单步后双步，次间梁架六柱九檩，梢间同明间，殿前带走廊，廊内置隔扇门。大雄宝殿东侧设方丈室，一进单体两层木结构，面阔五开间，中设堂前，梁架抬梁结构，屋面均为硬山顶。据南宋嘉定《赤城志》记载：“精进院，在县（临海）东一百二十里，旧名保安，梁正明五年(919年)建，国朝治平三年（1066年）改今额。”又“精进院，田五百六十亩，地一百九十亩，山三十亩”。2004年被公布为县级文物保护点。

上旺观音堂 [Shàngwàng Guānyīn Táng]

位于花桥镇上旺村。始建于清咸丰年间（1851—1861年），占地面积880平方米，建筑面积650平方米，有大殿五间，横屋三间。1949年在观音堂创办上旺小学。1982年重塑佛像。2000年重建大殿三间，地藏殿一间及配殿等。

石门庵 [Shímén Ān]

位于花桥镇花桥村西大山之中。清代建筑，坐北朝南，有大殿五间，供奉观音菩萨等佛像。2016年重建。

浦坝港镇

碧云寺 [Bìyún Sì]

位于浦坝港镇前山村四顾基山。原名碧云庵，始建于元泰定三年(1326年)，清嘉庆十九年(1814年)重修殿宇，佛光普照，为天台宗道场，名闻台州、象山、宁波等地。坐北朝南，占地面积622平方米，四合院式，前后两进，左右两层厢房，正殿二层五开间，通面阔25米，通进深9.6米，石板铺地，每块石板上刻有正方形、六角形、圆形、扇形、桃形等图案纹饰，屋面为重檐硬山顶。2004年被公布为县级文物保护单位。

齐云寺 [Qíyún Sì]

位于浦坝港镇长大山，上董村境内。占地面积1102.8平方米，建筑面积814.8平方米，常住2人。原名齐云庵，据清冯赓雪（1720—1782年）《朝阳三洞》记载："齐云庵居晓霞绝顶，乾隆八年僧善亮建。"寺内有一口烧饭用大铁锅，重74公斤，一次能烧40~45公斤大米饭，锅沿铭有"嘉庆八年仲冬齐云庵住持永透置"。寺内曾有出家人五六十人，过着农禅生活。2004年被公布为县级文物保护点。

保真寺 [Bǎozhēn Sì]

位于浦坝港镇下道头村北部后门山。坐北朝南，一进单体三开间，钢筋混凝土结构。据南宋嘉定《赤城志》记载："保真院，在县（临海）东一百三十里，梁乾化中（911—915年）建，国朝治平三年（1066年）赐额，今废。"清康熙九年（1670年），僧慈敬复业。

安乐寺 [ānlè Sì]

坐落于浦坝港镇泗淋村西南狮子山。坐西北朝东南，占地面积1300平方米，建筑面积850平方米，有大雄宝殿、伽蓝殿、地藏殿及配殿等建筑。始建于明代，清咸丰三年（1853年）和民国八年（1919年）二次重修，1990年重建。

观音堂 [Guānyīn Táng]

位于浦坝港镇蒲岙村。占地面积1560平方米。始建不详，民国二十二年（1933年）重修，"文化大革命"时被拆除，1980年重建。

净居庵 [Jìngjū Ān]

旧称岭头塘佛殿。位于浦坝港镇沿江村西。始建不详，1993年重修。

金山寺 [Jīnshān Sì]

位于浦坝港镇丁山脚村。创建于明初，临济宗三十六世为开山第一代祖师。由于年久失修，加上"文化大革命"期间破坏，寺院塌毁。2002年广大信众鼎力相助，重建大雄宝殿300多平方米及厢房。

白云寺 [Báiyún Sì]

位于浦坝港镇浦坝村白云山。始建于明末，"文化大革命"时办过学校。2008年重建，改名白云寺，有大殿、厢房若干间。

镇善寺 [Zhènshàn Sì]

位于浦坝港镇圩岙村。始建于明嘉靖三十二年（1553年），占地面积约2000平方米，建筑面积150平方米。

蛇蟠乡

普渡寺 [Pǔdù Sì]

原名瑞岩寺。位于蛇蟠乡黄泥洞村半山腰洞窟内。坐北朝南，依洞而建，洞为佛寺，佛寺即洞，内供弥勒佛，当地人称"太平佛"。始建于清嘉庆年间（1796—1820年）。1988年因千洞岛改名千洞寺，2011年又改名普渡寺。有联：借新音而为木铎；凭往事以定金针。

第二节 道观

海游街道

海游天后宫 [Hǎiyóu Tiānhòugōng]

原址位于海游外涂洋普济桥外（今三门县人民医院处），创建于清道光二十五年（1845 年）。西北向，占地 1300 平方米，有建筑物 877 平方米，砖木质结构，除大殿外，房子低矮，走间小。大门走进有七间二层楼房，中有天井、戏台，左右为厢房，东南有大殿三间。东北隔路有路廊、马殿，西南连厢房有偏殿。解放前驻过军队，办过学校。1951 年 3 月三门卫生院（今县人民医院）搬此开业。2001 年 4 月因县人民医院建造大楼，按照修旧如旧开发保护古建筑的原则，大殿整体由外涂洋迁址于海游街道城东村马家山麓碧潭重建。建筑坐北朝南，占地面积 2346 平方米，由牌坊、门楼、大殿、东西厢房、厨房等四十多间建筑组成。2011 年 7 月被公布为县级文物保护单位。

东岳宫 [Dōngyuègōng]

始建于明代，原址位于海游街道城南村蒋家村口，后移址望海楼北麓。占地面积 550 平方米，建筑面积 380 平方米。主殿供奉东岳大帝圣像。2000 年设立正一道坛。

密林宫 [Mìlín Gōng]

位于海游街道大平山。始建于明末清初，坐北朝南，三合院式砖木结构，大殿三楹，东西为厢房，建筑面积 1065 平方米。

海润街道

仙源观 [Xiānyuán Guàn]

在海润街道园里村中亭。清光绪《宁海县志》记载：“仙源观，在南四十四都，元至元中建。”供奉老子、姜尚、陈抟等道教祖师像，为道教徒学道修炼之所。后道观失修，道徒四散，园里陈氏十四世裔孙庆老倡修观宇，供奉释迦牟尼等佛祖像。清嘉庆年间（1796—1820 年）福建进士陈梦雷出仕，来观请愿，捐建石刻莲花柱一尊。20 世纪 60 年代观宇成为废墟，后重建。

第三节 教堂

海游街道

海游基督教堂 [Hǎiyóu Jīdūjiàotáng]

位于海游街道平海路 28 号，自新中国成立以来一直沿用至今。

下洋李基督教堂 [Xiàyánglǐ Jīdūjiàotáng]

位于海游街道下洋李村。1989 年建立。

上叶基督教堂 [Shàngyè Jīdūjiàotáng]

位于海游街道统建村。民国二十五年（1936 年）六月建立。

海润街道

头岙基督教堂 [Tóu'ào Jīdūjiàotáng]

位于海润街道头岙村。1988 年建立。

园里基督教堂 [Yuánlǐ Jīdūjiàotáng]

位于海润街道园里村。民国三十七年（1948）年二月建立。

葛岙基督教堂 [Gé'ào Jīdūjiàotáng]

位于海润街道祁家村。2003 年建立。

沙柳街道

沙柳基督教堂 [Shāliǔ Jīdūjiàotáng]

位于沙柳街道前店村。清光绪二十八年（1902 年）建立。

珠岙镇

樟树下基督教堂 [Zhāngshùxià Jīdūjiàotáng]

位于珠岙镇樟树下村。民国十二年（1923 年）建立。

亭旁镇

亭旁基督教堂 [Tíngpáng Jīdūjiàotáng]

旧称亭旁福音堂，位于包家村教堂巷 2 号。教堂坐北朝南，面阔四间，抬梁式与穿斗式混合构架，二层单檐砖木结构，硬山顶。前为围墙，南侧为两间附房。始建于清光绪三十年（1904 年），由传教士汤铭新募建，为三门县最早的教堂之一。新中国成立初，亭旁教堂聚会处曾一度负责全县基督教工作。

邵家基督教堂 [Shàojiā Jīdūjiàotáng]

位于亭旁镇邵家村。2003 年建立。

大溪下基督教堂 [Dàxīxià Jīdūjiàotáng]

位于亭旁镇大溪下村。1968 年建立。

健跳镇

盐灶基督教堂 [Yánzào Jīdūjiàotáng]

位于健跳镇盐灶村内，农博大道旁。民国二十五年（1936 年）建立，沿用至今。

峋岩基督教堂 [Xúnyán Jīdūjiàotáng]

位于健跳镇峋岩村内，峋岩小学对面小路内。1993 年 8 月建立。

尖坑山基督教堂 [Jiānkàngshān Jīdūjiàotáng]

位于健跳镇尖坑山村村口。1983 年成立。

横渡镇

铁强基督教堂 [Tiěqiáng Jīdūjiàotáng]

位于横渡镇铁强村。1991 年建成。

白溪基督教堂 [BáiXī JīDūJiàoTáng]

位于横渡镇白溪村。1997 年建成。

花桥镇

花桥基督教堂 [Huāqiáo Jīdūjiàotáng]

位于花桥镇花桥村。1998 年建立。

吴都基督教堂 [WúDōu JīDūJiàoTáng]

位于花桥镇吴都村。2006 年建立。

浦坝港镇

佳岙基督教堂 [Jiā'ào Jīdūjiàoáng]

位于浦坝港镇佳岙村。1996 年建立。

三角塘基督教堂 [Sānjiǎotáng Jīdūjiàotáng]

位于浦坝港镇钳口村。2003 年建立。

张司岙基督教堂 [Zhāngsī'ào Jīdūjiàotáng]

位于浦坝港镇张司岙村，20世纪50年代建立。

塘边基督教堂 [Tángbiān Jīdūjiàotáng]

位浦坝港镇五小柱村塘边。1957年5月建立。

梅岙基督教堂 [Méi'ào Jīdūjiàotáng]

位于浦坝港镇梅岙村。自新中国成立以来一直沿用至今。

赤坎基督教堂 [Chikǎn Jīdūjiàotáng]

位于浦坝港镇赤坎村。2011年3月建立。

浬浦基督教堂 [Lǐpǔ Jīdūjiàotáng]

位于浦坝港镇浬浦。2005年10月建立。

蛇蟠乡

蛇蟠基督教协会 [Shépán Jīdūjiàoxiéhuì]

位于蛇蟠乡山后村。建筑面积480平方米。1983年建立。

第四节 庙宇

海游街道

灵康庙 [Língkāng Miào]

位于海游街道前郭村东部。建筑坐西朝东，占地面积408平方米，正殿、游廊与门楼围合。正殿三开间，明间梁架四柱七檩，三架抬梁带前双步后单步。正殿前设游廊，游廊为三开间，用二柱，施轩廊，明间屋顶高，次间屋顶低，歇山顶。始建于宋绍定二年(1229年)，清代重建。2004年被公布为县级文物保护点。

兴隆庙 [Xìnglóng Miào]

位于海游街道湘山村九年自然村中部。建筑坐北朝南，占地面积460平方米，四合院式，前后两进。前为戏台，高悬章梫所书“要观结场”匾额。左右两层厢房，为近年重建。正殿三开间，明间梁架三柱五檩，五架抬梁；次间穿斗结构，硬山式人字坡屋顶。兴隆庙西首有母地庵，平房三间。始建于明嘉靖九年（1530年），清道光二年（1822年）重建，2008年8月集资重新修缮。大殿供奉山岗侯王，旧历十月二十八为老爷寿日。2004年被公布为县级文物保护点。

镇龙庙 [Zhènlóng Miào]

位于海游街道上坎头村北部龟山。坐北朝南，占地450平方米，建筑面积180平方米。大殿三间，缭以围墙，大门朝东，供奉当境老爷平水大王等。镇龙庙原位于善好酒业处，始建于清康熙年间（1662—1722年），“文化大革命”期间迁址坎头洋三角地块，后西区开发拆除，2006年移现址重建。

琅琊王殿 [Lángyáwáng Diàn]

原名泽演殿。始建于宋嘉熙年间（1237—1240年），原址在海游下岙山脚，至明宣德中叶移至西山南首。清康熙年间（1662—1722年）拆建至海游墙里，亦称墙里殿。2010年在丹峰北麓重建，坐北朝南，正殿五开间。庙内供奉琅琊王章仔钧、练夫人及二校边镐、王建封之塑像，是全国唯一一座琅琊王殿。

墙里殿 [Qiangli Diàn]

位于海游街道墙里中部。清代建筑，坐北朝南，原为四合院，现仅存正殿，一进单体三开间，装饰简单，构架保存一般。据民国《章氏宗谱》载：“墙里殿，庙奉始祖太傅公及二校像，极庄严。光绪八年，两庑建平屋十四间，前厅三间。每冬演剧三夜，十月十五日太傅公圣诞，境下各会友往拜焉。”

平水大王庙 [Píngshuǐdàwáng Miào]

位于海游街道西岙村北后门山脚，与统建村平水大王庙号称当境双庙。坐西朝东，背山面溪，大殿一间，供奉平水大王大禹。

姑婆庙 [Gūpó Miào]

悬渚姑婆庙与亭旁金四娘娘庙、嵊县清风娘娘庙并称东南三大庙。原址在海游街道悬渚村东山庙前田塍间，始建于清乾隆二十八年（1763 年），1981 年，姑婆庙迁至悬渚大坎头。姑婆庙坐东北朝西南，正殿三间，两厢庑房若干。庙内供奉姑婆金身，旁依金童玉女，栩栩如生。姑婆庙香火盛隆，每年二月初二为姑婆诞辰，四方善男信女络绎不绝。

太尉庙 [Tàiwèi Miào]

位于海游街道丹峰村丹峰路门前潭边。始建于五代十国时的后唐，清道光十三年（1833 年）因庙小狭隘，乡人置地扩建东西券门。清咸丰九年（1859 年）又建重廊，后经历代扩建重修，现存大殿、后宫、戏台、厢房等建筑，为三门县保存较完好的清代寺庙建筑之一。建筑坐北朝南，占地面积 535 平方米，前后两进。第一进正殿五开间，明间梁架五柱十檩，三架抬梁带前双步后单步和前后廊，次间同明间。正殿于清道光年间（1821—1850 年）扩建，前又建重廊，廊前置隔扇门。第二进后殿三开间，明间梁架四柱五檩，三架抬梁带前后单步，次间穿斗结构，硬山式人字坡屋顶。2004 年被公布为县级文物保护单位。

知岩庙 [Zhīyán Miào]

在海游街道太尉庙左侧，建于民国三年（1914 年）。据《知岩庙碑记》载："适闻天邑东乡白鹤庙知母娘娘，威灵显赫，除灾禳瘴，有求必应。琪等同如川、应龙、从周虔诚迎请，分枝辟苗，建祠筑像。爰于宣统三年六月廿八甲子日辰时竖柱，申时上梁，民国元年壬子四月初八庚子日建像，六月廿六丙辰日辰时点光，而光天同戴入腹，而鼓腹嬉游，四境荐其馨香，六畜资经蕃息，乡方平静，境界安宁，是所望也。"

砂湃头庙 [Shāpàitóu Miào]

位于海游街道小坑村南部。建于清光绪年间（1875—1908 年），坐北朝南，四合院，格局基本规整，保存尚可。

五圣殿 [Wǔshèng Diàn]

位于海游街道城东村大岩头山脚。占地面积 100 平方米，建筑面积 20 多平方米，为一楹平房，内供奉着五圣老爷。

上坑东山庙 [Shàngkēng Dōngshān Miào]

位于海游街道上坑村东南，下朱山东麓，故又名下朱殿。三合院式建筑，大殿坐东朝西，面阔三间，配殿若干间。东山庙始建不详，现建筑为清晚期重建，2010 年进行了修葺。东山庙大殿梁枋上绘有水粉画，内容有人物、山水、花鸟，是十分难得的民间艺术珍品。

龙王庙 [Lóngwáng Miào]

位于海游街道松门村天堂山。坐北朝南，石墙黑瓦，大殿三间，左右两厢。天堂山山峦延绵叠嶂，气势雄伟，远处海游小城景色一览无余，珠游溪依城而卧，尽收眼底，历历在目。据清光绪《宁海县志》记载："隐迹潭，县南五十里下叶村后双峰尖，相传有龙潜三井潭为居民所污，徙此。"清光绪间（1875—1908 年）敕封双峰尖灵异龙王神，赐额曰"澍霖广被"。

山陈老爷殿 [Shānchén Lǎoyé Diàn]

位于海游街道山陈村。占地面积 300 平方米，建筑面积 160 平方米。始建 1950 年 1 月，2000 年重修。

悬渚东山庙 [Xuánzhǔ Dōngshān Miào]

位于海游街道悬渚村，因建于村东山脚下而得名。据《俞氏宗谱》记载，建庙前，悬渚村没有当境老爷掌控，各种闲神野鬼肆意作祟，导致地盘不稳，风水衰落。清康熙二十六年（1687 年）江南巡抚汤某具疏请建东山庙供奉当境老爷。解放后改建为悬渚乡办公场所。1997 年族人发起重建当境庙，选址于悬渚西边屏山脚下，建有大殿三间及厨房等。农历八月十六为当境老爷诞辰，信众齐聚，摩肩接踵，烛火辉煌，香烟缭绕，场面蔚为壮观。

镇洋庙 [Zhènyáng Miào]

位于海游街道谢家村。占地面积300平方米，建筑面积160平方米。始建于宋，1972年重修，2003年由于土地征用，移址到村办公楼旁重建。供奉平水大王。

灵岩庙 [Língyán Miào]

位于海游街道松门村灵岩山脚下。坐北朝南，后山前水，古树森森，绿荫如盖。占地面积1998平方米，建筑面积980平方米。始建于明初，解放后由于兴修水利大搞农田基本建设和筑大坝等工程，在灵岩庙后面挖岩放炮，使灵岩庙破坏严重。1983年村民集资重修。2008年又筹资扩建庙宇。

东溪庙 [Dōngxī Miào]

位于海游街道下达田村下山头。占地面积400平方米，建筑面积320平方米。始建于明万历年间（1573—1620年）。2003年因新农村建设，拆除此庙。2005年4月在旧址重建。

上叶文昌阁 [Shàngyè Wénchāng Gé]

位于海游街道下坑村金字山之麓。坐北朝南，占地面积600平方米，建筑面积200平方米，正屋三间，两厢各三间。据《三门县志》记载，文昌阁原名金山书院，叶德象（1257—1328年）创办于元大德四年（1300年），为叶兑读书处。2004年村民集资重建。

大王殿 [Dàwáng Diàn]

又名福庆殿。位于海游街道上坑村。创自明代，大殿三间，殿两旁余基各一间，殿后空基一片，东西二厢屋基共八间，雨棚台门三间，路廊三间。现已拆除重建。后有慈云庵，大殿三间，有旧经幢一座。

林深庙 [Línshēn Miào]

位于海游街道下谢村东。坐北朝南，建筑面积25平方米。大殿一间，砖木结构，四柱五檩，石板铺地，前为卵石天井。据当地宗谱记载，始建于清雍正年间（1723—1735年），供奉头陀仙师。

下谢当境殿 [Xiàxiè Dāngjìng Diàn]

位于海游街道下谢村口。坐西北朝东南，建筑面积80平方米，建于清代早期。大殿三间，明间三柱五檩，次间四柱五檩，硬山顶。山墙外有一块大石头，一半埋在地下，露出地面部分高1米左右，重约400多公斤，旁镌“大明万历庚子年立”。

海润街道

当境六境庙 [Dāngjìng Lliùjìng Miào]

位于海润街道葫芦岙村东南部。坐北朝南，一进单体三开间，占地面积200平方米，建筑面积80平方米。始建于明代，2016年重建。

福寿庙 [Fúshòu Miào]

位于海润街道上枫坑村西部村口。建于清代，坐北朝南，占地面积144平方米。砖石结构，三合院式，硬山式人字坡屋顶，前有围墙围合。正殿三开间，明间梁架三柱五檩，四架抬梁带后单步，次间穿斗结构，十六根方形蛇蟠石石柱，每根石柱上都刻有楹联，“文化大革命”时被毁，现字迹已模糊不清，地面石板铺砌。

崇福庙 [Chóngfú Miào]

位于海润街道园里村北部。坐西朝东，占地面积2000平方米，建筑面积1000平方米。传统砖木结构四合院式，前后两进，左右两层四开间厢房。门厅二层五开间，明间后檐设戏台，戏台用四柱，施藻井（现藻井失），单檐歇山顶。正殿三开间，明间梁架四柱七檩，三架抬梁带前后双步，后壁围以石板寝台，台上供奉神像，后檐廊柱采用石柱，石板地面，硬山人字坡屋顶。崇福庙供奉白鹤大帝、平水大王、行纲老爷和园里陈氏始迁祖陈怀舜神像。始建于明代万历年间（1573—1620年）。1972年被毁。1988年筹资重塑神像。1999年重修大殿。农历九月十五为老爷寿日，举办庙会，请戏班唱戏，热闹非凡。

七殿庙［Qīdiàn Miào］

位于海润街道晏站上山头。坐北朝南，占地面积600平方米，建筑面积200平方米，有大殿三间及配殿等建筑。始建于元至元二年（1336年），经历代修葺，2015年重建。

下畈庵财神殿［Xiàfàn'ān Cáishén Diàn］

位于海润街道晏站东部。坐北朝南，建筑有大殿三间，正中供奉观音菩萨等佛像，左右供奉将军及财神等神像。庙内保存有一张清代石供桌，雕刻有双龙戏珠图案，上刻"神威广大"四字。下畈庵财神殿前旧为码头，是村民出海劳作必经之地。据传，村民出海前均至庙内祭拜，祈求神灵保佑平安丰收。

喝浪将军庙［Hēlàngjiāngjun1 Miào］

位于海润街道潺岙村。大殿三间，占地面积200平方米，建筑面积130平方米。始建于清朝中期，供奉喝浪将军等神像，农历七月初六庙会。2004年因建水岙门大桥而搬迁。2014年由潺岙村老人协会筹资重建。

南斗北斗星君庙［Nándòuběidòuxīngjūn Miào］

位于海润街道潺岙村。四合院式，前后二进，占地面积300平方米，建筑面积150平方米。始建于清朝早期，供奉南斗北斗星君神像，农历十月二十四为南斗北斗星君庙会。2004年因建水岙门大桥而搬迁重建。

涛头平水大王庙［Tāotóu Píngshuǐdàwáng Miào］

位于海润街道涛头村大坝脚下。占地面积1400平方米，建筑面积160平方米。始建于清咸丰五年（1855年），2010年重修。供奉平水大王。

崇德庙［Chóngdé Miào］

位于海润街道长湾村。占地面积250平方米，建筑面积200平方米，供奉大禹，民间尊称为平水大王。崇德庙始建于明末，原称东后庙，为园里崇福庙分灵。民国九年（1920年）和2012年进行过二次重修。农历十一月初五为平水大王寿诞，周围村庄村民齐聚于此祈福。旧时，村民出海，必先至此敬拜，以祈外出平安，满载而归。

师竟庙［Shījìng Miào］

位于海润街道正屿村，原称正屿老爷殿，2010年重修改名为"师竟庙"。占地面积432平方米，建筑面积260平方米。大殿三间，缭以围墙，门口有古樟一棵，供奉白鹤大帝、虚空神爷。始建于清代，1972年被毁。1992重建。

福寿庙［Fúshòu Miào］

位于海润街道上枫坑村村口。大门朝东，大殿三间，坐北朝南，占地面积120平方米，建筑面积100平方米。供奉大禹，民间尊称为平水大王，每年农历七月十一举办庙会。始建于清光绪年间（1875—1908年），1972年被毁。1988重建，改名刘公祠。

镇静庙［Zhènjìng Miào］

位于海润街道王家村北部。坐东朝西，占地面积401平方米，建筑面积286平方米。砖木结构，三合院式，大门朝南。正殿、厢房面阔各三开间，供奉财神赵公明，每年农历三月十五举办庙会。庙前设三间路廊。镇静庙始建于清乾隆戊子年（1768年）。1968年被毁。1985年、2007年重修。

护福庙［Hùfú Miào］

位于海润街道涛头村涛头山南麓。坐北朝南，大殿三间，围以垣墙，供奉石山元帅，为涛头村当境庙。护福庙占地面积180平方米，建筑面积80平方米。始建清朝末年，2005年重建。

渔师庙［Yúshī Miào］

位于海润街道上枫坑村东北下脉山之麓。始建于明代，近年重建，传甚灵验。渔师，古代官名，掌鱼之官。

梅岙庙 [Méi'ào Miào]

又称大王殿。位于海润街道鲍家至沙柳街道的路旁，为外黎、鲍家、梅岙叶三村境庙。内有石香桌一张，刻有“天启癸亥年三保同立”，落款有“鲍兆保”等字样。明天启癸亥年为公元1623年。鲍兆保，讳国立，鲍家十一世祖。

护龙庙 [Hùlóng Miào]

位于海润街道孙家村东，为一村之锁钥。大殿三间，硬山顶，缭以围墙，坐东朝西，占地面积60平方米。供奉关羽、周仓、赤兔马等。始建于清乾隆五十七年（1792年），2016年重建。

下屿庵娘娘殿 [Xiàyǔ'ān Niángniáng Diàn]

位于海润街道晏农村下屿山。坐南朝北，占地1000多平方米，建筑面积402平方米，有大殿三间，厢房九间及厨房等建筑。供奉妈祖娘娘等神像。2009年9月在原古庵旧址上重建。

沙柳街道

火门殿 [Huǒmén Diàn]

位于沙柳街道华山村西陈自然村。有大殿三间及配殿等建筑，占地面积880平方米，建筑面积248平方米。始建于清乾隆十五年（1750年），1993年重修，2015年在原址重建。供奉关帝圣君。

民安庙 [Mín'ān Miào]

位于沙柳街道殿后村南部村口。建于清代，坐北朝南，砖木结构一进单体三开间，通面阔11.77米，通进深9.83米。明间梁架四柱七檩，五架抬梁带前后单步；次间穿斗结构，廊前筑有砖墙，石板铺地。

仙师庙 [Xiānshī Miào]

位于沙柳街道旗门港畔笔架山巅玉皇宫，海拔347米。大殿三间，供奉玉皇大帝、仙师等神像。始建于清，2008年重建。

南亭太傅庙 [Nántíng Tàifù Miào]

位于沙柳街道南亭村南部。清代建筑，坐南朝北，一进单体三开间，穿斗式混合构架，石板铺地。明间三柱五檩，次间五柱五檩。占地面积130平方米，建筑面积70平方米。庙中供奉着南亭村始祖南宋民族英雄倪廉。

南亭当境庙 [Nántíng Dāngjìng Miào]

位于沙柳街道南亭村南部。清代建筑，坐南朝北，一进单体三开间，单体保存一般。庙中供奉着南亭村当境老爷。

南坡庙 [Nánpō Miào]

位于沙柳街道姚家村中部。坐东南朝西北，三合院，占地面积460平方米，建筑面积310平方米。大殿五间，两侧厢房，前为门楼，供奉土主大王、娘娘、吴公大帝、赵元帅、四大将军等。始建于明朝神宗万历元年（1573年），清嘉庆二年（1797年）、清宣统三年（1911年）和民国三十四年（1945年）进行过三次重修。2016年在原址重建。

民安庙 [Mín'ān Miào]

位于沙柳街道后周村。占地面积900多平方米，建筑面积400平方米。建筑有三间大殿及五间厢房，供奉财神、治海大王等。始建于明代，2012年重建。

护龙庙 [Hùlóng Miào]

位于沙柳街道沙柳村。占地面积1200平方米，建筑面积500平方米。建于民国四年（1915年），供奉白鹤大帝赵炳、土地公、土地婆，里、吴两位祖师等。

镇宇庙 [Zhènyǔ Miào]

位于沙柳街道沙柳村。占地面积1450平方米，建筑面积470平方米。始建于清乾隆十二年（1747年），2001年某夜不慎失火，顿成废墟。2001年9月在原址重建，供奉福、禄神爷，民间尊称福神、禄神。

石林前宫庙 [Shílín Qiángōng miào]

位于沙柳街道前店村。坐南朝北，有大殿、东西两边厢房、门楼等建筑，占地面积1000多平方米。始建不详，毁于“文化大革命”，2011年村民集资在原址重建，供奉土主大王、文昌帝君、财神土地等，为周边几个村庄的境庙。农历十月初八为老爷寿日。

赵爷殿 [Zhàoyé Diàn]

位于沙柳街道前店村。占地面积520平方米，建筑面积220平方米。供奉赵公明元帅和胡公大帝等。始建于明代，历代有修缮。2014年重建。

陈村古庙 [Chéncūn Gǔmiào]

位于沙柳街道淡竹岙村凤凰山麓。坐北朝南，前有潺潺流水，后有众峰并峙，群山环抱，环境清幽。占地面积600平方米，建筑面积350平方米，供奉土主大王。有大殿、财神殿、马房、厨房、观音殿等建筑，为后山周、路下周、路上周、淡竹岙、前王等五村境庙。始建于明万历初期。1988年筹资修葺，重塑金身。2007年又集资重修扩建。

太平山城隍庙 [Tàipíngshān Chénghuáng Miào]

又称巡检司城隍庙。坐落在沙柳街道大周村太平山巡检司内。背山面海，占地面积700平方米，有大门、围墙、三间大殿及配殿等建筑。始建于明洪武初，由于年代久远，历经沧桑，虽多次维修但仍破败不堪，“文化大革命”时夷为平地。1987年复建，后又拆除重建，供奉城隍爷及满堂配祀神像。

永福庙 [Yǒngfú Miào]

位于沙柳街道流洋村。占地面积500平方米，建筑面积200平方米，有大殿三间、山门及偏殿等建筑。始建于民国三年（1914年），2009年重修。供奉当境土主大王、财神、文昌帝君等神像。

榅灵庙 [Zīlíng Miào]

位于沙柳街道大家园村。占地面积800平方米，建筑面积400平方米。始建不详，历代重修。2001年，在旧址重建。供奉土主大王及其他神像。正月初二为土主大王寿日，周边书带看、大家园、汪家洋、岙里王四村村民都要举办隆重的庙会，放焰口、做道场、办素斋、演戏，供奉祭品，热闹非凡。

乌石岗庙 [Wūshígǎng Miào]

位于沙柳街道金板山村中。坐西朝东，大殿三间，前为围墙，大门朝北，卵石天井，供奉当境老爷。建筑占地面积250平方米，砖木结构，建筑雕梁画栋，小中见大，古朴灵巧。始建不详，2009年重新进行了修缮。

阴阳二庙 [Yīnyáng 2 Miào]

位于沙柳街道金板山村中，四周为民居。坐西朝东，大殿一间，前为围墙，大门朝北，建筑占地面积60平方米，大殿正中供奉阴阳神爷。始建不详，2012年重新进行了修缮。

平水大王庙 [Píngshuǐdàwáng Miào]

位于沙柳街道曼岙村曼岙岭。坐西北朝东南，大殿二间及配殿若干间，占地面积630平方米，建筑面积280平方米。始建不详，2002年重建，供奉平水大王大禹及两位娘娘等神像。

珠岙镇

财神庙 [Cáishén Miào]

位于珠岙镇石马村中部。清代建筑，坐东朝西，一进单体，墙体有所损毁，建筑构架保存一般。

跃龙庙 [Yuèlóng Miào]

位于珠岙镇里桃村北部。清代建筑，坐东朝西，四合院砖木结构，格局基本规整，部分墙体损毁严重，建筑构架多为后期改修。

白鹤殿 [Báihè Diàn]

位于珠岙镇珠岙村。占地面积500平方米，建筑面积250平方米。坐北朝南，砖木结构四合院式，前后两进，左右厢房。明间梁架三柱五檩，三架抬梁；次间梁架四柱五檩。奉祀白鹤大帝赵炳。始建不详，民国八年（1919年）重建。

双庙 [Shuāng Miào]

位于珠岙镇岭口村，毗邻土地宫。建筑坐北朝南，占地面积2600平方米，建筑面积700平方米，四合院式砖木结构，前后两进，左右两层厢房。正厅面阔五开间，明间梁架四柱七檩，五架抬梁带前后单步；次间穿斗抬梁相结合结构。双庙香火兴旺，鼎盛时期有僧侣、尼姑数十人，暮鼓晨钟，香客络绎不绝，经久不衰。建于明正德九年（1514年），1998年重建。

六保殿 [Liùbǎo Diàn]

六保殿位于珠岙镇后畈村东部。坐北朝南，四合院式，前后两进，左右两层五开间厢房。占地面积700平方米，建筑面积400平方米。为梅坑、岙坑、西坑、珠屏、后畈、上殿头6个村境庙。始建年代不详，2013年拆除门厅、戏台后重建。

回龙庙 [Huílóng Miào]

位于珠岙镇樟树下村东部。建于清光绪十六年(1890年)，坐北朝南，占地面积210平方米，建筑面积150平方米，砖木结构三合院式。正殿面阔三开间，明间梁架三柱五檀，三架抬梁；次间梁架四柱五檩。明间额坊上挂“回龙庙”木匾，额坊上彩绘各种戏曲人物图案，雀替雕刻有卷草纹图案，圆形梭柱，单檐硬山顶。

下胡老爷殿 [Xiàhú Lǎoyé Diàn]

位于珠岙镇下胡村安岗山。坐北朝南，四合院式，占地面积128平方米，建筑面积100平方米。正殿面阔三开间，明间梁架三柱五檩，三架抬梁；次间梁架四柱五檩，斗拱雕刻细腻，古朴精美，具有一定的地方庙宇建筑文化特色。供奉神农氏。2011年重建。

彭村殿 [Péngcūn Diàn]

当地人称为“奓殿”。位于珠岙镇东谢村北狮岩山下仰船山。坐北朝南，占地面积2250平方米，建筑面积340平方米，四合院式，砖木结构，前后两进，大殿三间左右两层厢房。彭村殿始建什么时候已无考，元、明、清多次修葺，以石为柱，翘角飞檐，古朴典雅，庙宇巍峨，“文化大革命”时被拆除，合抱粗的石柱犹存。2015年在原址上建起了青云禅寺。

太保庙 [Tàibǎo Miào]

位于珠岙镇胡村村。坐北朝南，砖木结构，三合院式，前有围墙，占地面积425.6平方米，建筑面积141.9平方米。正殿三开间，明间梁架三柱五檩，四架抬梁带后单步；次间穿斗结构。建于清嘉庆二十一年（1816年）。

关老爷殿 [Guānlǎoyé Diàn]

位于珠岙镇下洋村。建于清康熙五十五年（1716年），坐北朝南，占地面积700平方米，建筑面积250平方米，四合院式。正殿三间，明间梁架三柱五檩，三架抬梁；次间梁架四柱五檩。

小湖岭头庙 [Xiǎohú Lǐngtóu Miào]

位于珠岙镇小岙村。坐北朝南，四合院式砖木结构，前后两进，左右厢房两层，占地面积300平方米，建筑面积200平方米。大殿面阔五开间，明间梁架四柱七檩，五架抬梁带前后单步；次间穿斗抬梁相混合结构。始建于民国九年（1920年），重建于2010年。

水亭娘娘庙 [Shuǐtíng Niángniáng Miào]

位于珠岙镇麻岙岭路边。坐西北朝东南，占地面积351平方米，建筑面积210平方米。内有泉，清洌甘甜，其旁有惠泉亭。始建于宋嘉定十三年（1220年）。清乾隆年间（1736—1795年）宁海县令徐恕题额“涧曲峰回”。后因修建公路，几经变迁，2003年重建。

庆龙庙普济堂 [Qìnglóngmiào Pǔjì Táng]

位于珠岙镇横山村。坐北朝南，占地面积250平方米，砖木结构，前后两进，单层，硬山顶。前殿前有照壁围合，照壁五开间，东西两侧围墙开券门，前殿面阔三开间，明间梁架四柱六檩，次间同明间，石板铺地。建于清同治年间（1862—1874年），西次间墙壁上嵌清同治“庆龙庙普济堂碑记”和清光绪“庆龙庙碑记”石碑两通。

吴岙文昌阁 [Wúào Wénchāng Gé]

位于珠岙镇石泰山北麓，吴岙村东。依石泰山而建，中祀帝君，其下建书屋，是一座规模较大，建筑宏伟的仿古建筑群，既是祭祀文昌帝君的庙堂，也成为当地讲经治学的场所。石泰山既非名山又非大川，自古以来，却承载着吴岙浓厚的释道儒文化，寄托着吴氏子孙科举与仕途昌盛的期盼。

永兴庙 [Yǒngxìng Miào]

位于珠岙镇竹墩村口。建于清中期，大殿三间，奉祀白鹤大帝。庙内有一棵桂花树，胸径有合抱粗，枝繁叶茂，郁郁葱葱，生机盎然。

吹角仙师庙 [Chuījiǎoxiānshī Miào]

又称静山庙。位于珠岙镇下洋村沙岸。坐北朝南，占地面积145平方米，建筑面积65平方米。大殿三间，水泥结构，硬山顶，供奉平水大王、吹角仙师等。始建年代不详，2003年重建。

石龙庙 [Shílóng Miào]

又名桥头殿、新殿。位于珠岙镇西吴村东。坐东南朝西北，大殿三间，占地面积70平方米，建筑面积46平方米。始建于清顺治八年（1651年），2002年重建，供奉关公、丁小龙等神像。

亭旁镇

亭旁城隍庙 [Tíngpáng Chénghuáng Miào]

位于亭旁镇杨家村亭山路。始建于清乾隆八年（1743年），旧有大殿、东岳宫、天妃宫、文昌阁、玄武庙、杨府庙、五凤楼、戏楼及东西厢房。1966年拆毁，仅存大殿台基和前廊蟠龙石柱。2003年重建台门、戏台、正殿、后殿等建筑，前后三进，占地面积2100平方米。城隍庙原大殿蟠龙石柱高2.8米，直径0.33米，采用浮雕、圆雕技法，雕刻精美，是三门县现存古代大型石雕艺术珍品之一。城隍庙还是亭旁区苏维埃政府成立大会会址。2004年被公布为县级文物保护单位。

上宫殿 [Shànggōng diàn]

位于亭旁镇中口村。坐东北朝西南，占地面积1100平方米，建筑面积750平方米。门楼二层面阔7间，后为戏台，左右厢房二层各五间，大殿三间，供奉丁六郎及福德大王等神像，为附近六村境庙。上宫殿始建不详，解放后曾为小学校舍，2011年重建门楼及戏台。

中旨堂 [Zhōngzhǐ Táng]

位于亭旁镇小林山村北部鹿拓平山。坐北朝南，占地面积685平方米，砖木结构四合院式，沿中轴线自南向北依次为山门、戏台连过廊、正殿两进建筑，正厅东侧设附殿，山门与正殿、附殿间两侧分别设二层厢房。正殿三开间，明间梁架四柱七檩，五架抬梁带前后单步；次间五柱七檩，硬山人字坡屋顶。正殿前天井石板铺地，两侧厢房各三开间。殿内保存有清乾隆年间《中旨堂碑》一通。始建于清乾隆三十八年（1773年），为梅岙十八甲境庙。正殿1992年重修，戏台及过廊为2001年重建。2004年被公布为县级文物保护点。

柿树堂 [Shìshù Táng]

位于亭旁镇西山村北部。坐北朝南，占地面积960平方米，建筑面积600平方米。原为四合院，现仅正殿尚存，余皆已倒塌或改建。正殿三开间，明间梁架四柱七檩，五架抬梁带前后单步；次间梁架五柱七檩，单檐硬山顶。柿树堂是三门梅氏始居地，也是三门梅姓人的祖庭。始建不详，清嘉庆五年（1800年）重建。2011年7月被公布为县级文物保护单位。

寺前岩当境庙 [Sìqiányán Dāngjìng Miào]

位于亭旁镇寺前岩村北部。清代建筑，1946年重建。坐东朝西，一进单体三开间，木结构，屋面漏雨，单体损毁严重。

建雄古庙 [Jiànxióng Gǔmiào]

又称后坑娘娘殿。位于亭旁镇任家村西部天摩山麓。正屋3楹及配殿若干间，通面阔7.05米，进深4.50米，硬山顶穿斗式梁架。庙内有金四娘石雕像和金七娘泥塑像供奉，金四娘像前立有雕刻精致的“大宋忠孝烈千金小姐四娘娘之位”的神位1座。庙内有楹联三副：“挟姐妹以偕来，祝里风清，堪映凉天明月；痛君父之大去，崖山变惨，难回苦海狂澜”“青史未书殉国烈；白云长护建雄祠”“赵家一块肉；金氏两同胞”。建于元至元十九年（1282年），为纪念南宋烈女金四娘、金七娘而建，历代重修。

关爷殿 [Guānyé Diàn]

位于亭旁镇任家村与岙楼村之间。建于清光绪年间（1875—1908年），坐北朝南，一进单体三开间，装饰简单，构架保存尚可。

石头岙当境殿 [Shítóuào Dāngjìng Diàn]

位于亭旁镇石头岙村西南部。清代建筑，坐北朝南，正殿三开间，缭以围墙，原有装饰构件基本消失，建筑构架保存尚可。

下路朱当境庙 [xiàlùzhū Dāngjìng miào]

位于亭旁镇下路朱村东部马路脚下。清代建筑，坐北朝南，一进单体三开间，柱花等饰件保存较好。

西宫庙 [Xīgōng Miào]

又名大王殿。位于亭旁镇邵上村东南，为邵家六保境庙。建筑坐西朝东，占地面积768平方米，建筑面积420平方米，原为四合院式建筑，现仅存正殿，其余均为后期新建。正殿五开间，明间梁架四柱八檩，五架抬梁带前轩廊后双步；次间梁架六柱八檩，石板铺地，单檐硬山顶。始建清康熙三十四年（1695年），重修于清光绪二十一年（1895年）。大殿楹联云：秦欤汉欤，将近代欤？是耶非耶，其信然耶？

北斗庵 [Běidòu Ān]

位于亭旁镇铁场村东南。占地面积600平方米，建筑面积700平方米。供奉东岳大帝王飞虎，每年农历三月二十七寿诞，举行盛大庙会。1967年重修，1990年修葺。

永福庙 [Yǒngfú Miào]

位于亭旁镇狮岭村。占地面积320平方米，建筑面积170平方米。始建于南宋建炎年间（1127—1130年），重修于清康熙年间（1662—1722年），2007年、2015年重修。供奉山岗尊王，农历十月初四为山岗尊王寿诞。

东宫庙 [Dōng gōng Miào]

位于亭旁镇石头岙村村口。有大殿及两厢等建筑，供奉西周时徐国国君徐偃王。占地面积188平方米，建筑面积140平方米。始建于明初，2012年失火重建。

永镇堂 [Yǒngzhèn Táng]

位于亭旁镇枧头村中部。始建于清乾隆五十年（1785年），坐北朝南，占地面积340平方米，四合院式，前后两进，左右两层厢房。第一进山门两层三开间，明间后檐设戏台，戏台用四柱，施藻井，单檐歇山顶。第二进正厅五开间，西梢间开间较小，明间梁架五柱六檩，三架抬梁带前单步后双步；次间梁架四柱六檩，厢房三开间，单檐硬山顶。内有清乾隆年间（1736—1795年）石香桌一张、清道光年间（1821—1850年）《永镇堂碑》一通。

龙王殿 [Lóngwáng Diàn]

又名灵润庙。位于亭旁镇湫水山北麓湫水寺内。隋开皇九年（589年），湫水寺为天台国清寺四祖隋智者大师飞锡之所，唐元和五年（810年）建湫水寺，宋大中祥符元年（1008年）赐额玉溪寺，明崇祯间僧如受重建。原寺规模宏伟，因修建水库拆毁，现移址重建。据清光绪《宁海县志》记载：“灵润庙，在南一百里，祀湫水潭龙神，唐元和中建，吴越王封为通灵王，宋建炎中赐额封仁济侯。”

坑平殿 [Kēngpíng Diàn]

在亭旁镇岱阜溪畔，旁有通湫水山回龙庵石级古道。现存石柱殿三间，前有矮墙，殿外有水旱田六七分，少日光，属二季地。

健跳镇

赤头天后宫 [Chìtóu Tiānhòu Gōng]

原址位于健跳镇赤头村西边船码头。四百多年前，福建渔民在此捕鱼，并建庙供奉妈祖娘娘，后人称赤头山嘴妈祖娘娘。2003 年移址重建。有大殿三楹、戏台三间及配殿等建筑。2005 年入编《世界妈祖大全》。

巡检司城隍庙 [Xúnjiǎnsī Chénghuáng Miào]

位于健跳镇巡检司山。占地面积 3600 多平方米，建筑面积 550 多平方米，有大殿一栋，厢房三间，厨房七间，供奉城隍爷。始建于明代，至清末民国初年，几近荒废，1994 年重建。

田湾天后宫 [Tiánwān Tiānhòu Gōng]

位于健跳镇田湾岛西面，距健跳娘娘殿岗 2.8 公里。占地面积 300 平方米，建筑面积 170 平方米。始建年代不详，2013 年 6 月筹资重建，重塑妈祖等 7 尊神像。

华山娘娘宫 [Huáshān Niángniáng Gōng]

位于健跳镇洋市涂南面，洋市村廿四箩自然村东面。古时福建渔民撑白底船来猫头洋捕鱼，常在此泊舟避风，初在山嘴头石洞供奉妈祖像，现存建筑为廿四箩村民筹资修建。

平岩圣母娘娘宫 [Píngyán Shèngmǔniángniáng Gōng]

位于健跳镇平岩村后山，庙朝猫头洋。占地面积 200 平方米，建筑面积 80 平方米。始建于明末清初，1995 年、2007 年修葺，供奉妈祖娘娘等神像。

小湾殿 [Xiǎowān Diàn]

位于健跳镇大湾村东南。坐东北朝西南，占地面积 300 平方米。建筑分前殿和后殿两部分，前为三间门楼，后为三间大殿，供奉赵蔡堂元帅。始建年代不详，2015 年重建。

宁龙庙 [Nínglóng Miào]

位于健跳镇毛叶村。占地面积 330 平方米，建筑面积 110 平方米。始建于南宋，距今 700 余年。历代多次重建，2010 年 7 月，信众捐资助力，在原庙基址扩建殿宇，重塑神像。

石龙庙 [Shílóng miào]

位于健跳镇盖门塘村。坐北朝南，大殿五间，占地面积约 650 平方米，建筑面积 120 平方米。始建于清道光二十七年（1847 年），2015 年重建。主殿供奉定国大帝，每年农历正月十六寿筵。

龙德岭庙 [Lóngdélǐng Miào]

位于健跳镇西渡村龙德岭头。占地面积 600 平方米，建筑面积 205 平方米。坐北朝南，一进单体三开间，东西两侧墙体为乱石垒砌，前廊柱采用八角形石柱，其余皆为正方石柱，保存基本完整。始建于清乾隆三十七年 (1772 年)，后经历代维修，2011 年重修。庙内有碑记一通，供奉三国名将赵子龙。

山皇殿 [Shānhuáng Diàn]

位于健跳镇洋市村。占地面积 1600 平方米，建筑面积 320 平方米。供奉十皇大帝，民间称为山皇大帝。始建于明代，清咸丰六年（1856 年）和民国八年（1919 年）进行过两次重修，1997 年 4 月因火灾，在原址重建。

健跳白鹤殿 [Jiàntiào Báihè Diàn]

白鹤殿位于健跳镇健农（渔）村。坐北朝南，占地面积 320 平方米，建筑面积 150 平方米。始建于明崇祯元年（1628 年），清朝、民国期间进行了三次重修，1992 年在原址重建，2009 年进行了扩建，供奉白鹤大帝赵炳。

小蒲当境殿 [Xiǎopú Dāngjìng Diàn]

位于健跳镇小蒲村村口。占地面积400平方米，建筑面积230平方米。始建于明代，清乾隆和民国年间有过两次重修，2006年在原址重建，供奉平水大王。

狮子头双岩殿 [Shīzǐtóu Shuāngyán Diàn]

位于健跳镇狮子头村。占地面积600平方米，有大殿三间，建筑面积68平方米。始建于清光绪十三年(1887年)，2000年重修，奉祀射猎将军。

田岙关爷殿 [Tiánào Guānyé Diàn]

位于健跳镇田岙村。坐北朝南，占地面积100平方米，建筑面积50平方米。始建于清乾隆二十六年(1761年)，20世纪60年代因年久失修倒塌，1983年重建。供奉关羽、关平、周仓、赵累、王甫、关兴、廖化诸神及赤兔马等。

紫霄殿 [Zǐxiāo Diàn]

原名泗洲佛殿，位于健跳镇山后塘村。占地面积300平方米，建筑面积125平方米。始建于清嘉庆十七年(1812年)，后有过二次重修，2013年原址重建，改名紫霄殿。供奉西方三圣、伽蓝、泗洲佛等佛像。

路湾殿 [Lùwān Diàn]

位于健跳镇下洋潭村。占地面积280平方米，建筑面积169.2平方米。始建于明代，清嘉庆十八年(1813年)、清光绪十八年(1892年)、民国三十六(1947年)进行过三次重修，1988年在原址重建。供奉山岗大王，民间尊称为山岗真王。

前潭石柱庙 [Qiántán Shízhù Miào]

位于健跳镇前潭村。占地面积720平方米，建筑面积400平方米。始建于民国十六年(1927年)，2008年8月在原址重建。供奉平水大王。

岙口石龙庙 [Àokǒu Shílóng Miào]

位于健跳镇岙口村。占地面积约700平方米，建筑面积120平方米。始建于清道光二十七年(1847年)。供奉赵公明元帅，每年农历七月二十六寿筵。

健跳关帝庙 [Jiàntiào Guāndì Miào]

位于健跳镇双凤山。坐北朝南，大殿三间，单檐硬山顶，占地面积240平方米，建筑面积130平方米。原址在健跳所城登明门旁，始建于清乾隆二十六年(1761年)，数百年来香火鼎盛。20世纪60年代，因建食品公司被拆除。2003年8月在健跳道头重建。庙内塑有关羽、关平、周仓、赵累、王甫、关兴、廖化诸神像及赤兔马等。

刘塘墩永福庙 [Liútángdūn Yǒngfú Miào]

位于健跳镇刘塘墩村。占地面积1300平方米，建筑面积533平方米。始建于明永乐十三年(1415年)，原建在北山面孔丘地，后移到台门山地基，1959年修建水库，移至刘塘里樟树脚，2014年重建。建筑有大殿有二间，配殿三间及小殿一间。奉祀永福山岗真王、龙母娘娘、土地公、土地婆、文武判官、天官、财神、红面将军等。

东郭兴福庙 [Dōngguō Xìngfú Miào]

位于健跳镇东郭西边村中部。清代建筑，坐北朝南，四合院式砖木结构，前后两进，左右原为花园，现毁，已改建。占地面积450平方米，建筑面积400平方米。大殿三开间，为五架抬梁，次间中柱分心，穿斗式结构。奉祀白鹤大帝、圣母娘娘、行君大帝、文武判官、教书先生、土地公、土地婆、祝元帅、安元帅、康元帅等。始建不详，1998年重建。

广灵庙 [Guǎnglíng Miào]

位于健跳镇西渡村。前后二进，占地面积345平方米，建筑面积225平方米。始建于清代，历代维修，在“文化大革命”时期遭破坏，改为碾米厂。1998年在原址重修。供奉白鹤大帝。

本宝殿福寿庙 [Běnbǎodiàn Fúshòu Miào]

位于健跳镇上七市村。占地面积2000平方米，建筑面积800平方米。始建年代不详，清光绪三十三年（1907年）重修，2007年对大殿及配殿进行了修理。

花市保恩庙 [Huāshì Bǎoēn Miào]

位于健跳镇花市村。占地面积275平方米，建筑面积80平方米。大殿三间，为人字架抬梁穿斗式结构，中间祀三岗尊王等，始建年代不详，2003年重修。

猫头庙 [Māotóu Miào]

位于健跳镇猫头村东。坐北朝南，占地面积500平方米，建筑面积300平方米。大殿三间，配殿若干间，缭以围墙。供奉平水大王、娘娘、鱼师爷、赌神、土地爷、关公、妈祖等。

华山庙 [Huáshān Miào]

位于健跳镇洋市村东健（跳）木（勺）公路3.7公里处。坐西北朝东南，占地面积150平方米，建筑面积75平方米。大殿三间，歇山式，始建不详，2005年重建，供奉华山娘娘。庙前左侧一块巨石下端有石刻造像三尊，中为玉皇像，左为邱处机像，右为吕洞宾像，2004年被公布为县级文物保护点。

横渡镇

龙山古庙 [Lóngshān GǔMiào]

又称十八泡老爷殿。位于横渡镇大横渡村老街北侧的龙山（乡人俗称十八泡）。山不高，静谧而幽深，发脉于龙母山，山脉绵绵相连无尽头，如巨龙回旋，十八座峰峦依势而止于龙山，由于是龙母山脉南面长龙的龙头，乡人亦称为龙山。山头有座龙山古庙，掩映在郁郁葱葱的古树丛中，庙内供奉着嫉恶如仇的十八泡老爷。

金山古庙 [Jīnshān Gǔmiào]

又名金山殿。坐落在横渡镇东屏村南，沙朴路廊后面的眠牛山上。坐北朝南，占地面积420平方米，建筑面积220平方米。门楼朝西，大殿、配殿各三间。金山古庙始建于明代，原在金山，故名，供奉当境老爷白鹤大帝，2011年迁建眠牛山。

双庙殿蒋家山堂上殿 [Shuāngmiàodiàn Jiǎngjiāshāntáng Shàngdiàn]

位于横渡镇桥头村。占地面积280平方米，建筑面积120平方米。始建于清光绪十三年（1887年），1994年重修，供奉鲍大帝、吴公大帝等神像。

宏阴庙 [Hóngyīn Miào]

又称白鹤殿。位于横渡镇铁强村。占地面积520平方米，建筑面积120平方米。始建于清康熙二十八年（1689年），民国二十二年（1933年）重修，1985年重塑神像，供奉大禹。

南林白鹤殿 [Nánlín Báihè Diàn]

位于横渡镇南林村。占地面积100平方米，建筑面积80平方米，有大殿三间及配殿等。民国九年（1920年）建。

小横渡白鹤殿 [Xiǎohéngdù Báihè Diàn]

位于横渡镇小横渡村西部殿后山。始建于民国二年（1913年），2011年重修。坐西北朝东南，占地面积1000平方米，建筑面积500平方米。四合院式砖木结构，前后两进，左右厢房。门厅、正殿各三开间，单檐硬山顶。供奉白鹤大帝赵炳，每年农历八月十六为大帝寿诞，都要举行盛大庙会。

花桥镇

寺前天后宫 [Sìqián Tiānhòu Gōng]

位于花桥镇两头门村和寺前村之间的铁场庙内。占地面积120平方米，建筑面积80平方米。建于明代，20世纪80年代失火烧毁，90年代重建。

关头娘娘宫 [Guāntóu Niángniáng Gōng]

位于花桥镇关头村凤山庙内。占地面积250平方米，建筑面积100平方米。原址坐落村口陡门头，建于明代，当地林姓信众称积德堂太婆娘娘。2012年集资重建。

五龙殿 [Wǔlóng Diàn]

又称白鹤殿。位于花桥镇五龙山麓。坐北朝南，占地面积260平方米，砖木结构，由正殿和南、北配殿组成，总体平面呈“品”字形三合院，为清中期建筑。正殿面阔5间，为单檐硬山顶建筑，前檐敞开式，五架抬梁式、穿斗式混合构架，木质柱子。台门两侧镌有对联“葱林后奇峰五龙拱秀，威声扬薄海四境咸亨”，横批“高明配天”。台阶前置石狮一对，为花桥衙门前迁移至此。殿内供奉着白鹤大帝、财神、土地老爷等塑像。北配殿与南配殿对称，布局、尺寸均相同，灰墙黛瓦，飞檐翘角，巧夺天工，气势非凡，具有一定的艺术、历史价值。2004年被公布为县级文物保护单位。

东充殿 [Dōngchōng Diàn]

又称八保殿。位于花桥镇吴都村东部龙口舌。始建于清康熙元年（1662年），民国十八（1929年）重修。2004年对正殿进行了大修，前屋、厢房进行了重建。建筑坐东朝西，占地面积413平方米，四合院式，前后两进，左右厢房。正殿五开间，明间梁架五柱十一檩，中柱落地带前后五架抬梁带前轩廊后单步；次、梢间同明间，重檐歇山顶。供奉白鹤大帝赵炳，每年农历正月二十大帝寿日，都要举行盛大庙会。

蒲山庙 Púshān Miào]

位于花桥镇蒲峰村东部外塘岭头山。建筑坐北朝南，占地面积806平方米，建筑面积328平方米，三合院式，前后两进，左右二层厢房。正殿三开间，明间梁架四柱八檩，五架抬梁带前双步后单步；次间同明间，硬山式两面坡屋顶。蒲山庙布局基本规整，正殿梁架彩绘各种人物、戏剧图案，斗拱、雀替雕刻古朴大方，保存尚好，具有一定的历史、艺术、科学价值。奉黄孟昭（号广德），因救船佑民，化凡成神，奉为庙主。宋度宗敕封护国佑民尊王，农历九月初一寿日。始建于南宋末年，清咸丰四年（1854年）重建。2004年被公布为县级文物保护点。

龙泉宫 [Lóngquán Gōng]

位于花桥镇八岭村新庵。建筑面积1200平方米，始建于清康熙年间（1662—1722年），民国七年（1918年）重修，1995年进行第三次重修，2005年重建前殿，供奉观世音菩萨。

安仁庙 [Ānrén Miào]

又称铁场庙。位于花桥镇两头门村与寺前村之间，黄金坦至小雄公路东侧，是三门县保存较好的古庙之一。坐北朝南，占地面积700多平方米。四合院式，前后三进，左右两层三开间厢房。第一进门厅五开间，明间梁架三柱七檩；第二进正殿三开间，明间梁架四柱八檩，五架抬梁带前单步后双步，次间穿斗结构，硬山两面坡屋顶；第三进后宫为2006年新建。始建于宋宣和年间（1119—1125年），供奉着汉武帝时的大儒董仲舒。2004年被公布为县级文物保护点。

鱼兜殿 [Yúdōu Diàn]

位于花桥镇李岙村。始建元末明初，清同治十年(1871年)重修。坐北朝南，占地面积680平方米，建筑面积600平方米，有大殿三间及配殿、厢房等建筑。供奉白鹤大帝赵炳，民间尊称白鹤崇和大帝。

大茅坪狮子洞 [Dàmáopíng Shīzǐ Dòng]

位于花桥镇上旺村大茅坪。占地面积216平方米，建筑面积162平方米。始建于清康熙三十一年（1692年），民国三十四年（1945年）和2008年进行了修缮，并重塑神像。供奉观音菩萨、文殊菩萨、普贤菩萨、和丰大帝等。

白湾广龙庙 [Báiwān Guǎnglóng Miào]

位于花桥镇白湾村小岩斗门殿。占地面积372.5平方米，建筑面积185.5平方米。始建于明天启年间（1621—1627年），清咸丰元年（1851年）和民国十八年（1929年）进行了修葺，2014年1月在原址重建。

供奉侯王，民间尊为侯王千岁。

下洋毛将军殿 [Xiàyángmáo Jiāngjūn Diàn]

位于花桥镇下洋毛村下洋路廊。占地面积76.5平方米，建筑面积76.5平方米。始建于清乾隆二十五年（1760年），清嘉庆十六年（1811年）、民国二十四年（1935年）、1960年进行过三次重修，1989年重塑神像，供奉镇国大将军、财神、土地公、土地婆、泗洲佛等。

花桥太源堂 [Huāqiáo Tàiyuán Táng]

位于花桥镇花桥村中心。坐北朝南，前后两进建筑，占地面积200平方米，建筑面积138平方米。前为三间门厅，中间设大门，后为三间大殿。始建年代不详，1986年重修，供奉观音菩萨、关公及广德真王等神像。

舒岐娘娘殿 [Shūqí Niángniáng Diàn]

位于花桥镇舒岐村。占地面积450平方米，建筑面积350平方米，四合院式建筑，大殿三间及厢房若干间。建于明嘉靖三十五年（1556年），后几经重修，供奉娘娘。

上潘岭头殿 [Shàngpān Lǐngtóu Diàn]

位于花桥镇上潘村上潘岭头北面。清代建筑，坐南朝北，四合院式砖木结构，布局规整，规模较小，部分饰件有被盗和毁坏现象，单体保存一般。

浦坝港镇

下庄娘娘堂 [Xiàzhuāng Niángniáng Táng]

位于浦坝港镇西里村下庄自然村。占地面积600余平方米，建筑面积180平方米，砖木混凝土结构，平房五间，供奉妈祖娘娘。始建于清朝嘉庆二十一年（1816年），因年久失修，濒临倒塌，2010年重建。

丁山脚陡门头天后宫 [Dīngshānjiǎo Dǒuméntóu Tiānhòu Gōng]

位于浦坝港镇丁山脚村。原坐落在高山头山尾巴老陡门北侧娘娘宫坦，建有石板屋，奉有圣母（妈祖）娘娘神像。1927年重塑娘娘金身。1955年后被毁。2012年10月移址回龙庙东重建。2013年3月23日妈祖诞辰纪念日竣工开光。

六村南山娘娘庙 [Liùcūn Nánshān Niángniáng Miào]

位于浦坝港镇六村村南山自然村。占地面积300平方米，建筑面积180平方米。始建于清朝，原为一间小屋，供奉皇母娘娘（妈祖）。20世纪50年代初，村民在南山岗头重修庙宇，重塑娘娘等神像。“文化大革命”期间庙宇遭受破坏。改革开放后，再次扩建庙宇，重塑神像。

五支岙灵符镇殿 [Wǔzhīào Língfúzhèn Diàn]

位于浦坝港镇五支岙村中部陈氏宗祠内。清代建筑，坐南朝北，与陈氏宗祠围合成四合院式，现宗祠内仅灵符镇殿尚存原貌，余皆已拆毁重建。

高湖老爷庙 [Gāohú Lǎoyé Miào]

位于浦坝港镇高湖村东北部，项氏宗祠北边。清代建筑，坐东朝西，一进单体三开间，建筑构架多为后期修建，保存一般。

福增堂 [Fúzēng Táng]

位于浦坝港镇沿江村祠堂内。始建于南宋，历代重修，解放后成为生产队关牛场所。1994年重修，2008年被火烧毁，2010年筹资重建。占地面积1200平方米，建筑面积200平方米，供奉圣母娘娘等神像。明代崔溥一行经过沿江村时，曾憩息于此。

云霓殿 [Yúnní Diàn]

位于浦坝港镇郑畔村东，大郑水库前，西为建于清道光十七年（1837年）的永寿堂。坐北朝南，占地面积100平方米，建筑面积75平方米。大殿三间，明间四柱七檩，次间五柱七檩，抬梁穿斗结构，硬山两面坡屋顶，石板铺地。云霓殿始建于明，现建筑建于清中期，历代均有修葺，2017年重修。供奉白鹤崇和大帝。

佳岙堂 [Jiā'ào Táng]

又称圣母殿。位于浦坝港镇佳岙村佳岙山南麓。占地面积600多平方米，始建于明代，1984年、2009年重修。民间传说圣母娘娘乘坐石槽从大海漂流至此，后人就在此建造了圣母殿，供奉圣母娘娘等神像。如今石槽仍在，长1米，宽0.7米，深0.6米。

山场赵岙庙 [Shānchǎng Zhào'ào Miào]

位于浦坝港镇山场村。建于清初，1985年在原址重建。现有大殿三间及偏殿等建筑，占地面积810平方米，建筑面积495平方米。大殿供奉白鹤大帝，民间尊称为白崇和大帝。

三角塘武圣庙 [Sānjiǎotáng Wǔshèng Miào]

又称泗洲殿。位于浦坝港镇三角塘村下悬山。始建民国十一年（1922年），2012年8月在原址重建。由大殿三间及相关建筑组成，占地面积280平方米，建筑面积260平方米。大殿供奉关圣帝君、关平与周仓等神像。

梅岙五福宫 [Méiào Wǔfú Gōng]

位于浦坝港镇梅岙村西边丘山南麓。坐北朝南，占地面积1000平方米，建筑面积400平方米。明天顺年间（1457—1464年）始建，名白鹤崇和殿。后经多次修缮，2005年毁于火，2006年重新建造。2012年至2014年，在殿旁建殿宇两座，一座为地母宫，底下是观音堂；另一座是玉皇殿。另建有厢房、厨房等配套设施，规模宏大，统称为“五福宫”。

毛洋天仙洞 [Máoyáng Tiānxiān Dòng]

位于浦坝港镇毛洋村红庵洞。占地面积6000平方米，建筑面积800平方米。始建于2004年，2008年进行了扩建。洞内供奉玉皇大帝、地母娘娘、观世音、太上老君等神像。

钳口灵康庙 [Qiánkǒu Língkāng Miào]

坐落在浦坝港镇钳口村山塘脚。占地面积300平方米，建筑面积120平方米。始建于明代，清咸丰三年（1853年）和民国八年（1919年）进行过两次重修，2006年在原址重建，供奉白鹤崇和大帝赵炳。

泗淋南山殿 [Sìlín Nánshān Diàn]

原名下山头殿。坐落在浦坝港镇泗淋村狮子山麓。坐西朝东，占地面积1300平方米，建筑面积850平方米。始建于明代，清咸丰三年（1853年）和民国八年（1919年）两次重修，2011年7月在原址重建后更名为南山殿，供奉白崇和大帝赵炳。

小岭下康宁庙 [Xiǎolǐngxià Kāngníng Miào]

位于浦坝港镇小岭下村。始建时间不详，历代有修缮。建筑有石库门、大殿三楹及配殿等，占地面积300平方米，建筑面积150平方米。大殿供奉陈善金、陈善银兄弟俩，当地百姓尊称为“善金大帝”。

林家塘殿 [Línjiātáng Diàn]

位于浦坝港镇林家塘山脚，为河里、新塘等村境庙。占地面积260平方米，建筑面积170平方米。始建于明代，清光绪年间（1875—1908年）修缮，1971年重修，1986年在原址重建。供奉关圣帝和释迦牟尼佛等。

祠堂后娘娘殿 [Cítánghòu Niángniáng Diàn]

坐落在浦坝港镇小雄村祠堂后自然村。占地面积450平方米，建筑面积300平方米。20世纪40年代，张氏建宗祠时内设姑嫂俩神位，50年代修建石门水库，上、下石门两个自然村商量将神位、宗祠移到上石门村。下石门村移民到小雄村祠堂后自然村，娘娘殿也随之移建，内供张氏姑嫂神位。

五支岙护国尊王殿 [Wǔzhīào Hùguózūnwáng Diàn]

位于浦坝港镇五支岙村安山脚下。坐东南朝西北，面阔三间，硬山顶。始建于明天顺年间（1457—1464年）。解放初，在此开办学堂，神像被毁。20世纪70年代重塑神像，供奉护国尊王大帝、娘娘、太子等神像。

赤坎安宁庙 [Chìkǎn Ānníng Miào]

俗称大殿，供奉白崇和大帝赵炳。位于浦坝港镇赤坎村大殿山。依山势而建，由上殿和下殿组成，占地面积1200平方米，建筑面积220平方米。下殿五开间，上殿三开间，下殿踏步18级，上殿踏步33级。始建于明代，清咸丰三年（1853年）和民国九年（1920年）进行修缮，1986年重修。安宁庙建筑基本保持清代建筑式样，大殿高大森严，做工考究，是三门县保存较好的庙宇建筑之一。

孟平洞观音殿 [Mèngpíngdòng Guānyīn Diàn]

位于浦坝港镇大域村大鹄山孟平洞，为天然溶洞。占地面积380平方米，建筑面积280平方米。古时候村民砍柴放牛，时常在此遮阳避雨。明嘉靖年间（1522—1566年）戚继光曾在此抗击倭寇。明末清初时，大域村傅孟平率领众人捐资修建，故改名孟平洞。解放后解放军曾于此剿匪。孟平洞供奉观音菩萨、济公等神像。

后陈招山庙 [Hòuchén Zhāoshān Miào]

位于浦坝港镇后陈村后陈自然村前。坐北朝南，前为池塘，建筑有大殿三间及配殿，占地面积400平方米，建筑面积260平方米。建于明末清初，为后陈村、下洋黄、连盘头自然村境庙，大殿供奉白鹤大帝赵炳，配殿供奉诸菩萨、后陈始迁祖昌公牌位及赵公明等。

唐家平水殿 [Tángjiā Píngshuǐ Diàn]

位于浦坝港镇后陈村唐家自然村东。坐东朝西，前为岩下洋塘，占地面积150平方米，建筑面积60平方米。始建不详，2012年重建。大殿供奉平水大王等神像，配殿供奉唐家孟氏始迁祖振烈及杨氏安人牌位。

岩下洋分龙庙 [Yánxiàyáng Fènlóng Miào]

位于浦坝港镇后陈村岩下洋自然村东，狮子山南麓。坐北朝南，占地面积200平方米，建筑面积80平方米。前为岩下洋塘，原后陈至花桥古道从庙后经过。始建于清代，2012年修葺，供奉平水大王等神像。

双墩永宁庙 [Shuāngdūn Yǒngníng Miào]

位于浦坝港镇双墩村办公楼前。占地面积300平方米，建筑面积100平方米。始建于清中期，那时双墩村还是一片汪洋大海，洋面上有两大墩，不知从何处漂来多尊神像，搁在双墩上。村民认为此乃天意，佛像留恋此墩风水宝地，就地建庙供奉，名喝浪将军。

渔西西坑殿 [Yúxī Xīkēng Diàn]

位于浦坝港镇渔西村西坑山脚。坐西朝东，占地面积312平方米，建筑面积132平方米，为程、陈二姓境庙。西坑殿始建于何年无考，盛于清，衰于民国，1979年重建，1991年重塑十八罗汉等神像。据记载，西坑殿在清朝时建筑宏大，香火旺盛，为渔西之首殿。殿前有积翠池，过池入券洞门，即三间佛殿，称下殿，并有两厢游廊。过佛殿松柏成荫，沿石阶而上，便是上殿。清咸丰年间（1851—1861年），太平军长毛乱捣毁积翠池、上道石栏杆等建筑，香火冷落。清代陈阳谷《渔西坎头记》载："村之西有庙，庙建于山之阿，阶级层层，松荫夹道，当迎猫祭虎之时，村人咸于此祈祷焉。庙之前有池，池宽半亩，山岚倒影，藻荇抽妍，游人常倚石栏而观，名曰'积翠'，洵不诬也。"

西庙、东庙 [Xī Miào、Dōng Miào]

位于浦坝港镇前山村东西山嘴头与东山嘴头，东庙已圮。西庙单檐三楹，明间稍宽，次间稍窄，三柱，柱为蛇蟠石，硬山顶。前为渔西至前山公路，后依西山，明间左右檐柱上刻有象形文字，待解读。

桃峙白崇和庙 [Táozhì Báichónghé Miào]

位于浦坝港镇桃峙村长峙背。占地面积2228平方米，建筑面积598平方米。始建于明代，清嘉庆元年（1796年）和民国二年（1913年）重修。旧址在村内民居附近，2013年6月移现址重建，供奉白崇和大帝赵炳。

洪殿 [Hóng Diàn]

位于浦坝港镇路头王村。占地面积1200平方米，建筑面积1380平方米。始建于宋，由澧川方氏三世祖吏部侍郎方承坌为纪念父亲方左参勤政爱民的功绩，奉敕建祠奉祀，历代均有修葺，香火不绝。清康熙三十三年（1694年）重建，大殿前建有五凤楼，后毁。2011年重建五凤楼。

西浦广灵庙 [Xīpǔ Guǎnglíng Miào]

位于浦坝港镇西浦村。占地面积3668平方米，建筑面积800平方米。始建于南宋隆兴年间（1163—1164年），历代有修缮，2008年大殿倒塌，在原址重建。

沿江白鹤庙 [Yánjiāng Báihè Miào]

位于浦坝港镇沿江村。坐北朝南，有大殿及配殿等建筑，占地面积700多平方米，建筑面积221平方米。始建于明代，2013年在原址重建，供奉赵炳，民间称为白鹤崇和大帝。

蜍下白鹤殿 [Chúxià Báihè Diàn]

又称沙头殿。位于浦坝港镇蜍下村口，关浦路中段北边。坐北朝南，占地面积886平方米，建筑面积580平方米，砖木结构四合院式建筑。始建于清咸丰三年（1853年），历代有重修，供奉白鹤大帝赵炳和张合桃等神灵。

渔西镇宁殿 [Yúxī Zhènníng Diàn]

又称海口殿，建造时前为大海，故名。在浦坝港镇贺家村戴家自然村南，位于渔西至虎门孔的道路边。清中期建筑，大殿三楹，明间三柱，次间四柱，穿斗抬梁混合式结构，进深7米，围以砖墙，前为大门。2015年修葺。

大庙殿 [Dàmiào Diàn]

位于浦坝港镇里宅村南。大殿三间，坐南朝北，占地面积550平方米，建筑面积220平方米。2015年重建。

蛇蟠乡

山后殿 [Shānhòu Diàn]

位于蛇蟠乡山后村南部。坐北朝南，占地120平方米，建筑面积50平方米，有大殿三间，围以矮墙，大门朝西，供奉四殿大王、当境神爷等。山后殿建筑颇有特色，山墙以碎石堆砌，方石柱为檩，石板为顶。始建于清代，2015年进行重新修葺，为浙江省民间信仰活动场所。

财神殿 [Cáishén Diàn]

位于蛇蟠乡山前村茶湾。坐西北朝东南，占地300平方米，建筑面积130平方米。大殿五间，前缭以围墙，大门朝西南，供奉财神赵公明、鲁班先师、土地公公、观世音菩萨，还有四位外国将军。财神殿原在上峙街，始建于清道光二十九年（1849年），毁于“文化大革命”期间，2015年移址重建。

第五编 古迹和旅游地名

第一章 古迹

第一节 古遗址

海游街道

宁海县县治遗址 [Nínghǎixiàn Xiànzhì Yízhǐ]

位于海游街道外俞村慈胜自然村横街垟。据明崇祯《宁海县志·建置志》记载:“县治广度里，晋初建，初设白峤，唐徙海游悬渚都。”据清光绪《宁海县志》记载，唐武德四年(621年)，分临海县，再置宁海县，治设海游。唐武德七年(624年)废宁海县，县治废。据南宋嘉定《赤城志》记载:“悬渚镇，在县(宁海县)南七十里，唐武德中建。”南宋嘉定《赤城志》还记载悬渚曾设有驿站、粮仓、酒坊等官方机构。

海游寨遗址 [Hǎiyóuzhài Yízhǐ]

位于海游街道木杓山，珠游溪自山脚下流过。木杓山自古为海游门户，明洪武间(1368—1398年)为防倭寇始建，有营房数间，占地面积5000平方米。清设海游汛，设左营千总一员，下辖头岙台、枫坑台、老鼠山台等。清同治年间(1862—1874年)募建平房两进，前进供奉关帝，后进供奉城隍爷。之后仅存烟墩与女墙。1940年三门建县后，曾设农业推广所。

海润街道

石碾房遗址 [Shíniǎnfáng Yízhǐ]

位于海润街道葫芦岙村东南部。清代建，现石碾房已毁，碾台与碾盘尚存。碾台圆形，直径5.4米，由数十块石板平铺而成，保存较完整。

沙柳街道

沙柳宋代村落遗址 [Shāliǔ Sòngdàicūnluò Yízhǐ]

位于沙柳街道南部华山村陈氏宗祠北面，南依将军山，北临清溪，东面是前店村，西端是华山村，之间为河谷平原地带，俗名荷花芯。因历年平整耕地，大部分文化层被破坏，现存文化层厚度为0.3~0.8米。红烧土和灰烬土层中有绳纹的瓦片、水管残片、青瓷、白瓷、黑瓷和大量的韩瓶碎片。出土器物有划花青瓷碗、青白瓷碗、黑釉(兔毫)茶碗、青釉罐、壶、瓶和崇宁通宝钱等，还发现东汉时期的竖穴土坑墓，出土2件完整的弦纹两耳罐、五铢钱和残刀等物，同时还发现六朝砖室墓和唐花鸟铜镜1枚。从地层断面分析，为北宋至南宋早期的村落遗址，遗物散布面积为36万平方米。沙柳宋代村落遗址面积颇大，文化层丰富，对研究宋代社会经济具有一定的历史价值。

珠岙镇

龙祥院旧址 [Lóngxiángyuàn Jiùzhǐ]

多宝讲寺旧名龙祥院，为东晋高僧昙猷法师所建，宋孝宗乾道三年(1167年)迁址高枧村东部龙头山麓。据文献资料记载，龙祥院旧址在香山村茶坑山东，旧时挖地，时常掘到砖瓦。考其遗址，地不广，约百平方米。昙猷法师自三门湾登陆，西去天台，一路创建八寺，龙祥院为其一。

亭旁镇

上鲍古窑遗址 [Shàngbào Gǔyáo Yízhǐ]

位于亭旁镇上鲍村东部下东山南坡。年代宋，窑址堆积分布面积450平方米，长25米，宽度18米。窑址坐北朝南，窑床宽1.5米，窑壁厚0.6米，现窑址废，但碎片遍地，废品堆积厚度0.9米。发现有碗模具，但未见有碗器。器物主要是韩瓶，青黄色，小口凹底。

缸窑遗址 [Gāngyáo Yízhǐ]

位于亭旁镇狮岭村西部金扫帚山。现存缸窑进出口两侧墙面，上下出气留孔，类似百姓灶台。其余皆毁，改为山地。

台州海防同知署与宁海理民分县县丞署遗址 [Tāizhōuhǎifángtóngzhīshǔ Yǔ Nínghǎilǐmínfènxiàn Xiànchéngshǔ Yízhǐ]

位于亭旁镇杨家村亭山路55号。建筑坐北朝南，为两层两进砖木结构。依次由垂花台门、前院前厅、后院后厅二幢建筑组成，占地面积约1020平方米。

清康熙四年（1665年）台州海防同知署由台州府署东移驻亭旁。据《临海县志》记载："海防同知署在县东南八十里葭沚，旧在府署东，后改驻宁海亭旁，嗣因亭旁地方偏僻，临海椒江为一郡之要道，由府禀请改驻。"清同治三年（1864年）健跳左右守备署移废址西。清同治五年（1866年）设宁海理民分县县丞署。清宣统元年（1909年）改为亭山高等小学，后改设亭山学堂。1992年年底改建为亭旁起义纪念馆。1997年8月29日被公布为省级文物保护单位，为省爱国主义教育基地。

上坟墩新石器遗址 [Shàngféndūn Xīnshíqì Yízhǐ]

位于亭旁镇包家村东上坟墩。原为墓葬地，今已改为良田。1974年3月当地村民平整土地时发现石斧、陶器、陶鼎足等文物，同时出土灰陶耳、口部残片等。鼎足高15厘米，直径7厘米。

山根邵新石器遗址 [Shāngēnshào Xīnshíqì Yízhǐ]

位于亭旁镇东部山根邵村东南茶山中。1984年12月村民邵自高在茶山削茶时发现新石器时期月形石刀2枚，半月形，单孔，双面刃，一枚长10.8厘米，宽5.7厘米；另一枚长8.9厘米，宽5厘米。现存县文物馆。

丹邱 [Dānqiū]

位于亭旁镇灵凤山南麓，旧称丹邱山。清光绪《宁海县志·山脉》载："灵凤山，亭旁镇东南，下有亭山书院。"丹邱因三国时葛玄在此结茅设炉修炼金丹而得名，南北朝时因梅长者吟经引凤的传说而改名灵凤山，古有"东岭凤翔"之称。据清康熙《宁海县志》记载："南九十里，或传葛仙翁炼丹处。晋孙焯《游天台山赋》'仍羽人于丹丘，寻不死之福庭'。"

健跳镇

浮门 [Fúmén]

地处健跳港南岸。据清康熙《宁海县志》记载："南一百一十里，士多姓陈。相传隋灭陈，霸先后人避居于此。"又据清光绪《宁海县志》记载："浮门在南九十里，士多陈姓，盖六朝时霸先之后，隋灭陈，尽室避乱于此。"

宋高宗失琴处 [Sònggāozōng Shīqínchù]

位于健跳镇北部之沙木渡（旧名车马渡）。宋高宗赵构南渡时，经过健跳港之沙木渡时，失琴于江中，故健跳港又有"琴江"之名。南宋嘉定《赤城志》载："宋绍兴十五年（1145年），渔夫于海上获一琴，视其腹，题云'臣雷某造'。以献于朝，高宗见之泪下，乃建炎时渡海所失物也。"

满山岛遗址［Mǎnshāndǎo Yízhǐ］

位于健跳镇东部之满山岛。全岛面积约0.4平方公里，分东西两岛，相距500米，顶峰海拔50.9米。在西岛的北侧斜坡上及鹅卵石自然堤中，有许多印纹硬陶片、原始青瓷片以及两晋南北朝、隋唐五代时期的瓷片。

健阳塘遗址［Jiànyángtáng Yízhǐ］

位于健跳镇区。原有塘堤500丈，唐僧怀玉募建，后废。南宋瑞平年间（1234—1236年）重建。明成化年间（1465—1487年）副使杨宣、明嘉靖四十年（1561年）参将戚继光重筑。明万历年间（1573—1620年）又决，宁海县令曹学程重新修筑。

尖坑山新石器遗址［Jiānkēngshān Xīnshíqì Yízhǐ］

位于健跳镇尖坑山水库附近。1949年出土一枚石锛，由三门中学教师陈圣三送交省博物馆收藏，此锛1953年发表于《华东师范大学简报》。1975年建造水库时发现石锛一枚，由县博物馆收藏。

"此路通东京"石牌遗址［"CǐLùTōngDōngJīng" Shípái Yízhǐ］

位于健跳镇东部满山岛上。岛上原竖有指路石牌一座，题"此路通东京"。今石牌查找无着，然询之老渔民，则犹能忆其地点，言之凿凿。据民国《三门年鉴》第一辑记载："湾内有满山，上有石牌题曰：此路通东京。可见该湾早为外人所注目矣。"

横渡镇

善见石碾房遗址［Shànjiàn Shíniǎnfáng Yízhǐ］

位于横渡镇善见村东部杨氏宗祠前。建于清代，现石碾房已毁，碾台与碾盘尚存。碾台圆形，直径5.3米，由数十块乱石平铺地面而成，中留方形小孔，以小孔为中心微微隆起，碾台的边缘处由弧形石条纵向分节拼接而成，原留有碾槽，但已经被石子掩盖。碾盘圆形，呈"铁饼"状，直径1.7米，厚约0.27米，中留方形小孔，是整个石碾的中心点，现保存基本完整。

花桥镇

花桥县丞署［Huāqiáo Xiànchéngshǔ］

位于花桥镇花桥中学内。清同治七年（1868年）建署，称花桥县丞署，民国元年废。占地6700平方米，有县丞署，上、下操场等建筑，后徙至海门。花桥县丞署辖花桥、吴都、山场、梅岙、张司岙、小雄、长浦庄、泗淋上八庄，关头、仙岩、黄金坦、渔西、浬浦、赤坎、大域、沿江下八庄。据民国《临海县志》载："县丞署，旧在城县堂东一十步，后徙至县东南海门卫。清同治四年，郡守刘璈详请改驻今地，七年并奉发布建署。"20世纪50年代前后，建造花桥中学，县丞署被拆毁，署前石狮一对（已残），移至五龙殿前。

菉漪堂遗址［Lùyītáng Yízhǐ］

位于花桥镇方前村，为南宋爱国义士张和孙故宅，早废，今存抱鼓石一对。据《仙岩大忠祠录》记载："菉漪堂，初名'义方'，在临邑之城门（今花桥），哲斋张氏读书教子处也。溪山幽僻之中，独聚一村。文信国宿其家，见其丛篁环宅，绿荫参天，遂题其堂曰'菉漪'，作《菉漪堂》诗。其诗序云：'予自海门登岸至城门张氏家，盖国初名将永德之后，主人号哲斋，辟堂教子，匾曰'菉漪'，为赋八句。诗云：'义方堂上看，窗户翠玲珑。砚里雩坛月，席间淇水风。清声随地到，直节与天通。庭玉森如笋，干霄雨露功。'赋毕，署名清江刘洙书。"

浦坝港镇

文天祥舣舟处［Wéntiānxiáng Yǐzhōuchù］

位于浦坝港镇之南金家峙村旁，旧名丁公屿。南宋时尚为洞港中的一个岛屿，后因围涂筑塘，才逐渐形成陆地。南宋德祐二年（1276年）文天祥由元营脱险欲去闽广勤王，曾舣舟于此，今废。据民国《临海县志》卷三载："丁公屿，在县东一百一十里泗淋汛之南，旧在洞港中。据旧志记载，宋文信国航海时舣舟于此。"

龙山抗倭古战场 [Lóngshān Kàngwō Gǔzhànchǎng]

位于浦坝港镇北面之岙里山、四炮岭一带。龙山附近的浬浦街，在浦坝港北岸，是一个小集镇，在明代，此处可以通船。龙山地处海拔260~300米，树林茂密，地形险要，进可以攻，退可以守，为战略要地。今已辟为田野，古迹无存。据民国《三门年鉴》第二辑《光荣历史辑要》载："史载，嘉靖四十年（1561年）四月，倭犯浬浦，戚公败之于龙山……虽各家记载对本县民众出为杀敌事迹甚忽略，度当时戚公自参将起家，驻节台郡，地处密迩，本县人士对敉平倭乱，必有相当贡献。盖龙山之捷后，即有郡城之捷及白水洋之大捷。扰浙倭寇之全部就歼，实自龙山之一役始也。"

蛇蟠乡

黄泥洞石屋古村落 [Huángnídòng Shíwū Gǔcūnluò]

位于蛇蟠乡黄泥洞村。村落坐西北朝东南，分布面积约3.335万平方米。村落依山而建，现尚存60多幢，150多间石屋，多为一层或两层以三间为一组，再加上附属房，组成一个相对独立的一户人家。建筑青瓦屋面，两面坡硬山顶，墙体多为采石废弃乱石垒砌而成，坚固厚实，依地势起伏灵活布置，风格简约。2011年7月27日被公布为县级文物保护单位。

蛇蟠岛石仓遗址 [Shépándǎo Shícāng Yízhǐ]

位于蛇蟠乡蛇蟠岛，为国内规模最大的海岛洞窟。自宋代以来大规模的采石，在岛上遗留了大大小小洞穴1300余个，被人们称为"千洞之岛"。洞内有面积达3000余平方米的宽敞"大厅"，也有仅容1人的"单身公寓"。

第二节 古墓葬

海游街道

罗适墓 [Luóshì Mù]

位于海游街道马家山。建于宋崇宁元年（1102年），清同治九年（1870年）重修。20世纪50年代墓毁，1988年由三门、宁海、临海、黄岩等地罗氏裔孙集资重建。墓坐东朝西，占地面积233平方米，墓基呈圆形，条石错缝分层砌筑，高1.4米，直径5米。墓碑镌"宋罗政之先生之墓"，两旁挽联"缑城学祖，宋代名臣"。墓碑高1.86米，宽0.62米，四周筑有青石栏杆，保存基本完整。清光绪《宁海县志》记载："罗提刑适墓，在南六十里海游马家山，有墓志铭，见碑碣。墓久湮没，国朝同治九年有耕者于田中掘得志铭碑，乃知为提刑墓。"1981年公布为县级文物保护单位。

罗适，字正之，号赤城，北宋时宁海人。历任著作佐郎、朝散大夫、两浙道提点刑狱、京西北路提点刑狱，勋至上护军，服五品，他的一生为水利事业作出了较大的贡献。

章玫墓 [Zhāngméi Mù]

位于海游街道章家山北麓小湾。清代重建，坐南朝北，半椭圆形封土，蛇蟠石坟签一块，高0.9米，宽0.44米，保存基本完好。

章玫，字汉杰，宋朝奉大夫，福建浦城人。南宋绍兴二年(1132年)授台州宁海镇守，居海游，为海游章氏一世祖。

章汝舟墓 [Zhāngrǔzhōu Mù]

位于海游街道章家山北麓半边磨。清代重建，坐南朝北，半椭圆形封土，蛇蟠石坟签一块，高0.72

米，宽 0.43 米，保存基本完好。

章汝舟，字维一，为海游章氏二世祖。

章宇墓 [Zhāngyǔ Mù]

位于海游街道章家山北麓大蓬岭仙人跷足。清光绪二十四年（1898 年）重建，坐西南朝东北，半椭圆形封土，蛇蟠石坟签一块，高 0.93 米，宽 0.4 米，保存基本完好。

章宇，为海游章氏三世祖。

章亮徽墓 [Zhāngliànghuī Mù]

位于海游街道城南村北部。坐北朝南，占地面积 150 平方米。墓基呈椭圆形，半圆形封土，石板墓面，宽 2.16 米，高 0.6 米。墓面碑文“清诰赠通议大夫显祖章鸿音公暨妣包淑人，诰赠通义大夫显孝子三公暨妣林淑人之墓”，款“孙章梫，曾孙以吴、以觉，元孙宏强、宏欣（即章文晋）、宏通奉祀”等字，墓面两侧条石叠砌，各有石狮 1 个，上方有中额和四个莲花望柱，前设半圆形拜坛，进深 6.7 米，石板铺地，保存基本完好。建于清宣统三年（1911 年）。1988 年被公布为县级文物保护单位。

章亮徽（1811—1872 年），字永芳，号鸿音，章梫祖父。生前攻儒业，例授登仕郎，后诰赠通议大夫。

陈韶墓 [Chénsháo Mù]

位于海游街道上坑村杨大岙。坐西南朝东北，占地面积 180 平方米。墓基乱石砌筑，半圆形封土，高 3.5 米，石板墓面，高 0.6 米，宽 2 米，上镌“陆军中校参谋陈烈士韶公字善之暨配章夫人之墓”，落款“民国乙亥年冬日吉，考试院股长谢端纶书”等字，上部置匾额“丹心万古”，两侧分别刻有挽联：“血溅暗岩久仰英名光里党；魂归故土长流浩气在人间”“泉壤含冤于兹士哉；同仇报复竟有其人”。墓前设拜坛三道，深 14 米，宽 9 米，保存完好。建于民国二十四年（1935 年）。

陈韶（1878—1927 年），谱名能美，字善之，海游街道统建人。清光绪三十一年（1905 年）考入南京江南陆师学堂，后转入将备学堂，三年学成，入伍任排长、教员等职。辛亥革命时，随浙江革命军参加攻占南京战斗。1912 年 1 月任浙江革命军三等参谋。1926 年任国民革命军第十九军中校参谋，1 月 11 日上午陈韶率十九军一团二营组成的 120 人敢死队与孙晋芳部血战，终因弹尽援绝，中弹牺牲于宁海县黄坛双水村，时年 50 岁。

章思再墓 [Zhāngsīzài Mù]

位于海游街道马家山北麓。坐东北朝西南，占地面积 150 平方米，墓基呈半圆形，乱石堆砌。石板墓面，长 2.2 米，宽 1.5 米，上镌“清皇室奉政大夫子行章公偕德配邵太宜人之佳城”，墓面两侧条石叠砌，上方有中额和四个莲花望柱。墓道前原设有休憩用的石桌、石椅，悉数毁于“文化大革命”时期，仅墓寝保存完好。

章思再（1869—1901 年），海游人。清光绪二十二年（1896 年）入南京江南陆师学堂学习。三年学习期满，以第一班最优等毕业，被留校担任教练官。不久钦加扬州同知衔，例授奉政大夫。由于长期奔波操劳，于清光绪二十七年（1901 年）六月初四亥时在扬州去世。

叶德象墓 [Yèdéxiàng Mù]

位于海游街道上叶后岙。坐北向南，为叶德象与安人谢氏合葬墓。

叶德象（1257—1328 年），叶氏五十九代孙，字君用，号云居先生，纡岸（今上叶）人。宋咸淳九年（1273 年）17 岁登进士。宋祥兴二年（1279 年）宋亡，遂隐居教授，绝意不仕。生平所作诗文颇多，惜几经战火，多散佚，仅存《云居文集》，其孙叶兑为之作序。

叶与相墓 [Yèyǔxiàng Mù]

位于海游街道下宕山，土名塘垄。坐北朝南，为叶与相与安人杨氏合葬墓。

叶与相，字国器，号元圃逸人，纡岸（今上叶）人。

叶宰墓 [Yèzǎi Mù]

位于海游街道上叶西岙，土名子方岙覆钟山。坐西朝东，为叶宰与安人马氏合葬墓。

叶宰，字平仲，纡岸（今上叶）人，叶兑弟。

叶辅墓 [Yèfǔ Mù]

位于海游街道上叶上东山，名谓仙人勒马。明洪武二十五年（1392 年）正月十五日安葬，为叶辅与安人方氏合葬墓。

叶辅，字怡仲，纡岸（今上叶）人。

叶果墓 [Yèguǒ Mù]

位于海游街道下达田村龟山左麓。坟前石板压阶为志，坐北朝南，为叶果与安人麻氏合葬墓。

叶果，字廷政，纡岸（今上叶）人。

叶公墓 [Yègōng Mù]

位于海游街道下坑村后门山庵基。坐北朝南，半圆形封土，中间浮雕宝瓶插荷花等图案，碑面正中上方刻叶公之墓，右侧刻“正德丁卯岁季冬立”，左侧“孝子□□□□□”，两侧挡板雕瑞兽图案，保存较完好。墓顶为防盗墓已用混凝土封死。

章声宏墓 [Zhāngshēnghóng Mù]

位于在海游街道下山，保存基本完好。墓碑高 1.5 米左右，碑文为柳体楷书“清封荣禄大夫章公声宏之墓”，落款为“南通张謇”，下面还有一方印章，四周环以海水云纹及花草。旁竖石刻对联，两侧坟首环抱。对联云：“丹山晚照呈佳色；望海春岚揖贵人。岁次戊寅年仲春，曾孙亮元重修。”

章声宏，为清末实业家章良元曾祖父。张謇，南通人，清末状元，中国近代实业家、政治家、教育家。

裘公墓 [Qiúgōng Mù]

位于海游街道精秘山精秘庵东侧山弯。墓前有墓塔，蛇蟠石质，部分已残，字迹漫漶不清，“精秘庵和尚逸公阿罗汉”等字尚可辨认。

裘公活佛原名裘清逸，字休庵，人称“精秘庵活佛”，明代中叶天台下园徐村人。裘公活佛幼入国清寺为沙弥，一生云游南北达 20 年，后挂锡天台华顶寺，曾住持广润寺数十年，晚年归隐精秘庵，并圆寂于此。裘公活佛擅诗善医，学识渊博，为一代高僧，民间流传着许多有关他降妖驱邪、治病救世、扶危济困、彰善惩恶的神异故事。民间传说他曾携侄孙出游，在荒山野岭路遇猛虎，见到他却驯伏于地，因此民间传他为“伏虎罗汉”转世。

南山烈士墓 [Nánshān Lièshì Mù]

位于南山风景区南山南麓。坐北朝南，占地面积 300 平方米，青石质坟墓，安葬着章宏吉、金贤俭、姚振忠、余彪、李文杨 5 位烈士。

海润街道

倪卓墓 [Nízhuó Mù]

位于海润街道晏站象鼻山麓，倪氏宗祠西。坐东北向西南，1983 年重修。

倪卓（1205—？），字廷立，倪稠长子。先世居住在青州，后南迁至福建，又从福建迁居温州。倪卓敏异夙成，治渊博之书，善治世之策，登宋端平二年（1235 年）乙未科吴叔吉榜进士。任内史纂修，升礼部尚书，封少保加太保。宋景炎二年（1277 年）元兵进攻温州。温州失守后，倪卓与弟倪廉、倪普等，乘船至三门湾畔，卜居于狮山南麓，为晏站倪氏始祖。倪卓隐居在晏站，为百姓办了许多好事，惠泽于民，老百姓怀念他的恩德，建祠纪念，春秋世祀，凡祈祷者无不灵应。

倪公无名墓 [Nígōngwúmíng Mù]

位于海润街道晏站南狮子山。坐南朝北，石板坟面。为明代墓，坟面上字迹在“文化大革命”时被破坏，已模糊不清。

道元墓 [Dàoyuán Mù]

位于海润街道鲍家庵侧。坟面犹在，20 世纪 90 年代重修。

道元为鲍家庵始创祖，又名一位，清乾隆年间（1736—1795年）人。

沙柳街道

倪廉墓 [Nílián Mù]

位于沙柳街道南亭村狮子山麓。坐东南朝西北，墓基呈半椭圆形，圆形封土，四周石条砌筑，墓宽5.5米，进深8米，高2.5米。于1994年进行大规模修复，石板墓面及两侧石柱都为后期新添，坟面两边石柱刻有挽联，望柱上雕有石狮子，保存基本完整。2004年被公布为县级文物保护单位。

倪廉（1208—1299年），字廷洁，倪稠次子。登宋淳祐进士，由淮平太守升任咸阳节度使，转太保封太傅。宋景炎二年（1277年）温州失守，泛舟至三门湾畔，为南亭村倪氏始祖。

倪普墓 [Nípǔ Mù]

位于沙柳街道姚家村倪家梳。墓面与明堂为石板，"文化大革命"后期被毁。

倪普，字廷遍，倪稠三子。宋淳祐十年(1250年)考取进士，任建宁太守、广南节度使，因平寇有功，加封朝列大夫，后官至枢密院事（副相级）。南宋末年归隐于温州，宋景炎二年（1277年）温州失守，泛舟至三门湾畔，为沙柳街道南岙倪氏始祖。

珠岙镇

吴霁山墓 [Wújìshān Mù]

位于珠岙镇吴岙村北部亭亭山麓。始建元代，清雍正年间（1723—1735年）重修，20世纪90年代吴姓后裔集资修缮。墓坐西南朝东北，半椭圆形封土，直径7米，高2米。石板墓面，宽2米，上镌"宋咸淳元年进士霁山吴公暨夫人金氏侧室王氏胡氏墓"。墓面两侧分别置抱鼓石，上方置正方形坟签，镌"崇祀乡贤"四字，两侧分别置两个莲花望柱，前设半圆形拜坛，进深6.5米，四周条石砌筑。墓冢规模较大，保存较完整。2004年被公布为县级文物保护点。

吴淼（1236—1298年），字用晦，号霁山，吴岙人。宋咸淳元年（1265年）进士，授迪功郎，任池州东流县尉，巡缉私茶、盐、矾。不久父丧，守孝三年，服满后任绍兴府支盐仓管事。宋亡，弃官回籍，自守田业，安分度日。元至元年间（1271—1294）统治者为造战船远征日本，向民间索取木材铁器。悍吏催逼急如星火，村民苦不堪言。吴淼变卖田产替村民代输，虽耗尽家资，亦不顾惜。此一义举，深得村民拥戴。

解元坟、吴家坟 [Jièyuán Fén、Wújiā Fén]

位于珠岙镇吴岙村西北后洋。坐北朝南，为一土包，1992年族人在坟前立一石碑"明故太君王氏偕男解元开先吴公之墓"，人呼解元坟。元至元元年（1335年），吴岙吴开先（1318—1339年）由弟子员经乡试考中举人第一名，高中解元，一夜之间，名满天下。不久，却不料抑郁成疾，不幸忧忿而死。

其未婚妻俞氏，悬渚人。吴开先卒后，自誓不再嫁人，终身在父家守节。俞氏一生勤劳俭朴，贞节守操，终身无悔，积德修行，种苎织网，造岭铺路，烧茶济众，深得四乡村人崇敬。年七十四岁而卒，葬于悬渚东山庙前田塍间，乡人称之"吴家坟"。

叶兑墓 [Yèduì Mù]

位于珠岙镇中央扇，坐落在蜂腰鹤膝上。坐北朝南，东至缪家坑，西至西坑，南至双坑口，北至官田岗，为叶兑与安人陈氏合葬墓。墓左原建有坟庵一所，毁于火，后移建于墓右，年久倾圮，又复建平屋六间。

叶兑(1307—1389年)，又名遂初，字良仲，号四梅，又号归根，纡岸（今上叶）人。幼受祖父叶德象家教，博通经史，尤精天文地理，不乐仕进，居家教授乡里子弟。元末，海内干戈四起，叶兑身居海隅，却审时度势，谒朱元璋于戎马间，献《武事一纲三目》，陈取天下次第策略。后朱元璋平定天下，其次第攻取，大略如叶兑所言。著有《四梅轩集》4卷。

俞瑾墓 [Yújǐn Mù]

位于珠岙镇娄坑村东部。坐北朝南，半圆形封土，石板墓面。面阔7米，高0.9米，墓面刻有各种人物、花草纹图案，现墓基已经下沉。2004年被公布为县级文物保护单位。

俞瑾（1419—1499年），字仲玉，号耨学，娄坑人。因子贵恩例追赠承德郎、工部主事。明代藏书家、文学家谢铎（1435—1510年）撰有《诰封承德郎工部主事耨学俞公墓表碑》。

俞稳墓 [Yúwěn Mù]

位于珠岙镇娄坑村东北部大坟山。坐东朝西，圆形封土，石板墓面，直径5.2米，高2.5米，宽1.9米，上镌"明赐进士第知湖广衡州府讳稳号恕庵俞公原配王氏夫人之墓"。墓面上方置坟签，两侧分别置龙虎手和抱鼓石，前设长方形拜坛，保存基本完整。2004年被公布为县级文物保护单位。

俞稳(1450—1532年)，号恕庵，娄坑人。明弘治三年（1490年）进士，曾任湖广衡州知府。著有《台安策》《仕学禄》《恕庵新集》等。

亭旁镇

任大冶墓 [Réndàyě Mù]

位于亭旁镇任家村天摩山麓，明崇祯二年（1629年）建。坐西朝东，占地面积约30平方米。墓基呈椭圆形，圆形封土，石板墓面，高0.47米，宽2.1米，雕有石刻浮雕，纹饰有人物、瑞兽等图案。墓面现已断裂，损毁严重。清光绪《宁海县志》记载："任太守大冶墓，在南七十里亭旁天摩山麓松树园。"2004年被公布为县级文物保护点。

任大冶，字天卿，号九籥。明万历四十七年（1619年）进士，曾任南京刑部主事、湖南督学副使、山东主考等职，明崇祯二年（1629年）病逝。著有《姓氏骊珠》《梁溪政余录》《鄂渚集》《金陵漫草》《庐阳杂记》等。

黎公奭墓 [Lígōngshì Mù]

位于亭旁镇石头岙村北黄狗盘山麓。坐北朝南，占地面积143平方米。墓基呈半椭圆形，圆形封土，四周石条砌筑。大理石墓面，上刻"故显考讳高祖黎公公奭德配叶氏之墓"16个字，左右两侧置石鼓，墓面上方置坟首，雕有"白鹤展翅"图案和"山明水秀"等4字，左右分别有望柱2根，雕有石狮和荷花头，前设半圆形拜坛。墓前左右分立华表石柱2根，为始建时留存。2004年由马湖、外黎等村黎氏后裔重修。同年被公布为县级文物保护点。

黎公奭，马湖黎氏第十六世孙。幼有志操，聪颖好学，从小受到忠于君国、孝于父母的优秀传统道德教育。黎公奭不负家庭厚望，长大后承继家风，为人正直耿介，学业有成，年二十二登进士第，官拜崇辰通判郎，后来升授熊安节度使。

梅盛墓 [Méishèng Mù]

位于亭旁镇寺前岩村北部灵凤山麓。坐东朝西，圆形封土，直径7.9米，高1.5米，大理石墓面。20世纪80年代重建。清光绪《宁海县志》记载："梅长者盛墓，在南九十里灵凤山。"

梅盛，字昌图，人称梅长者，东晋人。原籍桐庐，曾任南昌、章安令，以清正廉直闻名，擢升洪州别驾，知晋室将亡，弃官不赴，择居宁和，为三门中门梅姓始祖。梅盛躬耕垄上，后将家事付于其子，结茅庐隐居灵凤山丹邱，诵《莲华经》度日，"临海郡守上奏其事，帝召之不起，下诏褒奖"。

屈母墓 [Qūmǔ Mù]

又名龙母墓。位于亭旁镇湫水寺水库东。原在湫水寺旁，1957年修建湫水寺水库，迁现址。清光绪《宁海县志》记载："屈尚书晃妻墓，在南亭旁屈母山。"

屈晃（？—251年），祖籍汝南（今河南省汝南县），自幼勤奋好学，汉末避乱南下，居住临海章安。屈晃成年后初为郡吏，在职清廉，刚直耿介，迭经多个重要岗位历练，颇有政声。吴大帝赤乌元年（238年），屈晃擢升尚书仆射。其时，吴主孙权为政日久，赋役苛重，刑罚严酷，民忿农怨，屈晃虽位高权重，但志在匡扶社稷，常忠言直谏，以忠义著称于时。他的儿子屈坦，唐以后被台州民众尊奉为“台州城隍爷”，也就是湫水山龙的化身。

金四娘娘墓 [Jīnsìniángniáng Mù]

位于亭旁镇任家村东北部天摩山麓。始建于元代。坐北朝南，占地面积约20平方米。墓基呈椭圆形，圆形封土，直径1.5米，高0.6米。墓面高0.4米，宽1米，上镌“先宋金四娘娘之墓”八字，两侧置抱鼓石。墓旁建有“建雄古庙”，庙内供奉四娘石雕像和七娘泥塑像。

金四娘娘，太平人，宋恭帝时尚书金殿之四女，闻父等为国殉难，遂投水自尽，乡人收葬于此。

徉山古墓葬群 [Yàngshān Gǔmùzàngqún]

位于亭旁镇包家村徉山，为西晋至南北朝时墓葬群。占地面积1000平方米，部分被破坏，坟砖遍地散落。墓葬为砖室结构，拱顶刀形。砖纹有布纹、绳纹、双鱼和几何形纹等。曾出土青瓷罐、壶、盂、瓶、碗等器物。

老横（璜）山墓葬群 [Lǎohuéng (huáng) shān Mùzàngqún]

位于亭旁镇山上任村东老横（璜）山。分布在山麓斜坡上，占地面积约1万平方米，为汉至唐代古墓葬群。轮窑厂挖土时发现汉代竖穴土坑墓，两晋南北朝和隋唐时的砖室墓，并出土印纹壶、瓶、罐等。近年来，墓葬群被盗多次，现场一片狼藉。从盗洞看，这些古墓葬大都为砖室墓，平面为“刀形”或长方形。根据散落的墓砖纹饰可分为钱纹、条纹、龙纹、鱼纹等，部分墓砖有“太康九年（288年）”“咸和九年（334年）七月作”等铭文。

健跳镇

林奉宣墓 [Línfèngxuān Mù]

位于健跳镇小蒲村西高椅山，建于明崇祯十三年（1640年）。坐西南朝东北，通进深11.6米，宽6.8米，高3.5米。半圆形封土，深4.1米，高0.5米。石板墓面，高0.8米，宽3.1米，中间浮雕有狮子戏球、牡丹花等图案，两侧分别刻有“奉宣林公之墓，崇祯庚辰孟冬月立；安人蒋氏寿域，孝孙林神钦奉祀”等字。墓前设拜坛三道，左右抱手、栏板、抱鼓石等构件均采用粉红的蛇蟠石板，雕刻有麒麟、鹿、凤凰、龙、仙鹤等图案，形象逼真，地面均石板铺砌。墓冢规模较大，保存基本完整。由于年代久远，部分构件断裂、损毁。2004年被公布为县级文物保护单位。

横渡镇

陈公合葬墓 [Chéngōng Hézàngmù]

位于横渡镇东屏村南部金字山脚。坐西朝东，进深26米，宽8米，墓基呈半椭圆形，四周乱石砌筑，保存基本完整。石板墓面，共三块，每块宽2.2米，高0.9米，为陈公合葬墓，自南向北，依次镌有“清邑庠生讳本元号道生陈公府君偕配林氏安人之域”“清从九品讳季作号诚齐陈公府君偕配林氏安人之域”“清邑庠生讳聚奎号斗南陈公府君偕配李氏安人之域”，款落“光绪拾年（1884年）瓜月吉旦”等字，每块墓面上部置石望板，望板之间用莲花望柱相隔，前设长方形拜坛。

郦公墓 [Lìgōng Mù]

位于横渡镇大横渡村北部橘树园。明代建筑。坐北朝南，墓基呈椭圆形，乱石叠砌，进深3.8米，宽7.5米。石板墓面，高0.8米，宽1.5米。墓面上有花瓶浮雕纹饰，镌“大明郦公之墓”，落款“万历丁酉(1597年)孟冬立”，两旁置石鼓。现墓基有所坍塌。

陈其山墓 [Chénqíshān Mù]

位于横渡镇东屏村东南上公潭，建于明代。坐东北朝西南，通进深8.8米，宽8.1米，高3.3米，半圆形石板封土。石板墓面，有两道，一道高0.51米，宽3.2米，另一道高0.88米，宽6米，雕刻有花卉和网格纹图案。墓前设拜坛三道，每坛进深约8米。墓冢规模较大，保存基本完整。

陈克贞，讳垣，号其山，东屏人。性豪爽，好任侠。

花桥镇

李德墓 [Lǐdé Mù]

位于花桥镇花桥村北李八院，2014年重建。坐北朝南，前设拜坛三道，依山而建。占地面积1000平方米。

李德，字宏道，号乾一，系唐让王十一世孙。因从时任吴越节度粮务副使之季叔李咏至台，唐昭宗乾宁年间（894—898年）李德避乱卜居花桥，葬李八院于凤凰山。

浦坝港镇

姑嫂墓 [Gūsǎo Mù]

位于浦坝港镇石门村东北部吊忠岩，建于明嘉靖三十八年（1559年）。墓坐东朝西，占地面积20平方米。墓基呈圆形，石板墓面，长1.8米，宽0.46米，上刻“张氏姑嫂双烈之墓”，旁镌有小字，左右两侧置石鼓。封土中间有一块巨石，石上阴刻许多蝇头小字，墓面前置长方形小平台。墓冢保存基本完整。2004年公布为县级文物保护单位。

明嘉靖三十八年，倭寇扰浙，突毛洋，侵石门，迫使村民避难大雄岭。当众贼将近，张氏姑嫂为使众人安全脱险，突然返身奔往吊钟岩，把倭寇引向自己。待众贼追到，姑嫂二人已相抱跳崖而死，村人感其忠烈，就在其坠下处造墓，并建立石屋，以示纪念。清嘉庆八年癸亥（1803年）临海县尹为嘉褒二烈女，特立碑志之。吊钟岩也更名为吊忠岩。

第三节　石窟寺及石刻

沙柳镇

“佛”摩崖石刻 [“Fó” Móyáshíkè]

位于沙柳街道沙柳至桑洲公路去白岩寺道路右侧山崖上。楷书“佛”字，径40厘米见方，左下方有落款。

珠岙镇

“衣香履迹”摩崖石刻 [“Yīxiānglǚjì ” Móyáshíkè]

位于珠岙镇小桐岩村桐岩岭驿道旁石壁。石刻所在崖面平整，呈长方形，阴刻楷书“衣香履迹”四字从右到左横向，左下方有落款，楷书“乾隆乙酉仲秋，邑人陆鑫书”。四边刻有框线，长1.87米，宽0.6米，字径长0.45米，宽0.43米。关于“衣香履迹”摩崖石刻，清光绪《宁海县志》里有提及：“桐岩岭，临海界。石径峻峭，盘曲袤延，岭旁石壁镌有字。旧赴郡路，摘星岭过宁和岭。宋靖康后，羽书紧急取道路于此，今便之。”2004年被公布为县级文物保护点。

“天一”摩崖石刻 [“Tiānyī ” Móyáshíkè]

位于珠岙镇娄坑村之东的岩石上。楷书“天一”，落款“孺暗”。字大1.3平方米，字体雄伟，笔力浑厚，为明代弘治年间进士俞稳所镌。“天一”取《易经》“天一生水，地六成之”之句，含有以水制火之义。2004年被公布为县级文物保护点。

“大魁洞”摩崖石刻 [“Dàkuídòng ” Móyáshíkè]

位于珠岙镇娄坑村西贵人山巅，明代所刻。大魁洞又称铜鼓岩，叩之有铜鼓之声，因名。铜鼓岩为三块巨石撑着一块巨岩的自然岩洞，可容几十人。在洞左侧石壁上从右往左有“大魁洞”三个楷体大字，字径40厘米见方。清光绪《宁海县志》记载:“大魁洞三字,在娄坑贵人山巅石洞中,俗传仙人所镌。”

健跳镇

“别有天地”摩崖石刻[“Biéyǒutiāndì” Móyáshíkè]

位于健跳镇尖坑山村尖坑山水库大坝北侧一壁立巨石上。坐北朝东,阴刻楷书“别有天地”四字,每字高30厘米,宽10厘米,面积约1.3平方米,字迹清晰。落款“民国二十九年春,邢震南”。2004年被公布为县级文物保护点。

邢震南(1892—1941年),字霆如,嵊县人。毕业于保定军校二期步科。1933年1月7日至1933年12月16日任国民革命军陆军第四师师长,后任军事委员会高参。1936年1月25日授予陆军中将衔。1940年7月1日三门县成立,浙江省第七区(台州)行政督察专员邢震南兼任县长。1941年1月邢震南转任浙江省三区(绍兴)行政督察专员兼中将保安司令,年底被蒋介石以“抗战不力”为借口在江西省上饶处决。

古安住寺摩崖石刻[Gǔ'ānzhùsì Móyáshíkè]

位于健跳镇浮门村南五峰山脚。安住寺建于唐代,原寺规模较大,现寺已废。寺后山上留有石刻两处。一处石高1米,宽1.7米,阴刻楷书“古安住寺”,落款“住持比丘介云立”等11字;另一处石高1.3米,最宽处1.1米,阴刻行楷“蟠龙山”,落款“乾隆六十年”等8字。两石相距5.6米,字迹清晰,保存完好。2004年被公布为县级文物保护点。

横山石佛造像[Héngshān Shífó Zàoxiàng]

位于健跳镇洋市村健(跳)木(勺)公路3.7公里处的一块巨石上。石高4米,宽43米。在巨石下端有石造像三尊,中为玉皇像,高0.65米,宽0.4米;左为邱处机像,高0.6米;右为吕洞宾像,高0.35米,上方镌款已漫漶不清。石造像左下角刻全身侧立像,两手合掌,高0.26米,宽0.1米,旁刻“蔡道会”。2004年被公布为县级文物保护点。

蔡道会,武曲人。幼入桐柏宫学道,后离宫,从道士业,将己像刻玉皇像处,以示玉皇系己主,需时常服侍之,并在巨石处建一路廊以蔽之。路廊几经变迁,现建在巨石东侧。“文化大革命”期间,三石像头部被凿,现用水泥修复。

横渡镇

小横渡佛号石柱[Xiǎohéngdù Fóhào Shízhù]

位于横渡镇小横渡村。五代后晋天福间(936—947年)建明因寺,立石柱两座。寺废后,一座搬至村东,已毁;一座搬至村南三角道地,保存尚好。正方条石直通顶,每边宽0.2米,高4.1米,上置方形顶盖,高0.4米,每边长0.68米。顶盖上有宝顶,略呈荷花状,已残。底层须弥座,高0.6米,每边长0.7米。2004年被公布为县级文物保护点。

花桥镇

银山摩崖石刻[Yínshān Móyáshíkè]

位于花桥镇银山村西部白岩下堂山路边,镌于清乾隆年间(1736—1795年)。此石高19米,宽约4米,字面朝东,刻有楷书“随后上栅”等40多个字,每个字高约25厘米,宽20厘米,款“岁在五十六年十二月,琳打”。石块一侧挖有4个小孔。距此石南1.2米处也有一块岩石,一侧同样挖有4个小孔。据传有一聪明的放牛小和尚,在两岩石上各凿4个小孔,然后用木头别上,成栅栏,并刻字留言。现栅栏毁,石刻字迹清晰。

柯天乐雷坛石刻[Kētiānlèléitán Shíkè]

位于花桥镇李岙村东部双尖山龙潭岗一块巨石上。石高6米,宽8.4米,字宽约2.8米,高3米,阴刻。上首从右向左横向刻写“龙虎道士柯天乐雷坛”9字,每字高50厘米,宽30厘米左右;下方直书6行,从右到左依次为“风云雷雨神司、法部官将吏兵、本山主者、延坛之神、城隍里社神司、江海潭洞龙神，天历□年二月”，共32个字，每字高约0.3米，宽约0.2米。清黄瑞《台州金石录》收录《元龙潭冈道士柯天乐咒龙摩崖》：“刻高一丈，广七尺五寸。额楷书‘龙虎道士柯天乐雷坛’九字，横列，径一尺四寸。神号六行，行字不等，正书，径一尺二寸。又另岩右麓刻置坛年月题记，高四尺六寸，广三尺四寸，六行正书，径五寸。在临海县东北一百三十里吴都庄东岭头龙潭冈。”并按：“摩崖去吴都西二里许，壁立陡绝，杂薜翳其上。光绪丙丁冬偕王耒斋茂才（克恭）募工剔出其置坛题记，已泐不全，惟天历□年二月字尚隐隐可辨。考《通鉴纲目》，文宗于致和元年七月改元天历，此当为次年二月，所题则泐处或即‘二’字也。旧传其地龙往往为患，自柯天乐设坛禳后，龙不复至。今潭亦渐淤塞矣。柯氏谱称天乐，吴都人，幼精戒行，尝筑观东柯谷广济洞之阳，修炼方术，泰定元年，从三十九代天师张真人朝京，都简尹（天碧）为作东柯谷图，吴待制（莱）奉敕撰记，其宗人九思，时为奎章阁学士，赋长篇赠之。诗见敬仲辑《丹丘生集》。”2004年被公布为县级文物保护点。

柯天乐，字柏庸，法名大本，吴都人。自幼聪颖夙悟，资禀不凡，善画擅书。长大以后，经纬史传、诸子百家及方外之书，靡不洞究。成年后，弃儒从道，入江西龙虎山，师从三十九代天师张嗣成学道，居天师府上清宫，得到天师亲授道教经箓、义理、修养。归里后，柯天乐筑道观于吴都东柯山白龙潭下，名曰“洞阳观”，作为传道栖息之所，精思修炼，寻仙觅术。后返回上清宫，卒于龙虎山。

朝阳洞石造像 [Cháoyángdòng Shízàoxiàng]

位于花桥镇上潘村岭头晓霞山朝阳洞内。朝阳洞坐西朝东，前临高崖。洞高3.5米，宽10米，深6.5米，前有斗拱飞檐的崖前建筑，乃人工石龛。洞内凿有三尊石雕佛像，主尊释迦牟尼，两侧为观音、势至菩萨像，戴冠赤足，盘膝而坐，神态安详，仪容端正，每尊高1.9米，围3.5米，从造型看当属明代，保存基本完好。整个佛龛及佛像系整块石镂雕而成，工程之浩大，在台州亦为不多。2004年被公布为县级文物保护单位。

白云洞摩崖石刻 [Báiyúndòng Móyáshíkè]

位于花桥镇李岙村李岙山白云洞侧。洞口石壁凿有石臼一口，石壁有字径寸许楷书“天赐石臼度灾情，一斗谷物臼十升。可叹凡人心不足，贪心扩臼一场空”。

浦坝港镇

“卫乡保国”摩崖石刻 [“Wèixiāngbǎoguó ” Móyáshíkè]

位于浦坝港镇石笋山仙岩洞内左壁。长176厘米，宽48厘米，正文字径30~35厘米不等，右侧跋文长65厘米，宽55厘米，字径3~5厘米不等，题识文为：“中华民国廿七年之夏，临海军事视察团郭辅潮、金碧城、王次青、包寿眉、陈永文、李材等驻于此，瞻文信公之遗容，慨乎日寇披猖，众应奋起，题此留念。”

“仙境”摩崖石刻 [“Xiānjìng ” Móyáshíkè]

位于浦坝港镇石笋山仙岩洞内左壁。摩崖高69厘米，宽69厘米，正文字径30~40厘米不等，款字径5厘米。款署：“民国戊寅夏月，浙临傅克镇。”傅克镇（1914—1940年），又名傅湘霆，临海城东门后街人，军人出身。

“海角仙崖”摩崖石刻 [“Hǎijiǎoxiānyá ” Móyáshíkè]

位于浦坝港镇石笋山仙岩洞内左壁“仙境”摩崖上面。摩崖高170厘米，宽52厘米，正文字径35~40厘米不等，款字径3~5厘米。款署：“民国廿七年五月，桃渚区署长长沙雷芋僧题。”民国桃渚区署设立在桃渚城内观音堂，区署长雷芋僧事迹生平不详。

“海天胜景”摩崖石刻 [“Hǎitiānshèngjǐng ” Móyáshíkè]

位于浦坝港镇石笋山仙岩洞口东侧石壁上。长170厘米，宽50厘米，正文字径35~40厘米不等，款字径5厘米。款署：“嵊县邢震南题。”

八仙浮雕 [Bāxiān Fúdiāo]

位于浦坝港镇石笋山仙岩洞内左壁。高近两米，铁拐李、汉钟离、张果老、何仙姑、蓝采和、吕洞宾、韩湘子、曹国舅神态各异，刀法精湛，堪称石雕艺术瑰宝。左侧有“阿弥陀佛”等石造像，面慈目祥，目光深邃而睿智。八仙摩崖造像附有题记，位于李铁拐造像头上部，镌刻铭文：“李铁拐大仙，民国辛巳年造，钳口邢世培敬助。”汉钟离造像脚下左侧有题刻，镌刻铭文：“汉钟离大仙，民国辛巳年造，钳口邢利洋敬助。”据题记考证，钳口今为浦坝港镇钳口村，八仙造像开凿于民国三十年(1941年)，由仙岩洞道人黄岩籍王志寿、杨志延邀请黄岩匠人开凿而成的群像。

吊忠岩摩悬石刻 [Diàozhōngyán Móxuánshíkè]

位于浦坝港镇石门村东北吊忠岩半山腰张氏姑嫂墓封土中。封土中有一巨石，高2.4米，上端宽0.58米，下端宽1.5米，坐东朝西，石上阴刻许多蝇头小字，字迹有所风化，漫漶不清。

齐云庵石刻 [Qíyún'ān Shíkè]

位于浦坝港镇上董村西长大山齐云庵。齐云庵初建于明代，清嘉庆年间（1796—1820年）重修。建筑坐东北朝西南，占地面积630平方米。三合院式，正殿五开间，西厢房二层四开间，东厢房二层三开间，硬山两面坡屋顶。庵内正殿原有石像20余尊，“文化大革命”时期部分遭毁，现存8尊。每尊高1米，道教装束，头戴九梁冠，造型生动，线条流畅，保存基本完好。2004年被公布为县级文物保护点。

第四节 碑碣

海游街道

宋故朝散大夫上护军致政罗公墓志铭 [Sònggùcháosàndàfūshànghùjūnzhìzhèng Luógōng Mùzhìmíng]

墓志铭高1.23米，宽1.36米，竖49行，行52字，共2100多字。碑紫色石质，额书“宋故朝散大夫上护军致政罗公墓志铭”，字体清秀，纤劲秀美，结体疏朗，笔力刚劲。“奉议郎管句潭州衡山南岳庙轻车都尉赐紫金鱼袋舒亶撰，朝奉大夫知台州军州兼管内劝农事上轻车都尉借紫楼常书，朝奉大夫新差知歙州军州兼管内劝农事上轻车都尉借紫汤景仁篆盖”。清同治九年（1870年）出土于海游街道马家山，现藏县博物馆。

宋故永嘉县君周氏墓志铭 [Sònggùyǒngjiāxiànjūn Zhōushì Mùzhìmíng]

墓志铭高0.84米，宽0.86米，厚0.09米，楷书34行，共1100多字。“朝散郎通判滁州军州兼管内劝农事管勾学事飞骑赐绯鱼袋陈羔撰文，奉议郎权通判越州军州管勾学事兼管内劝农事借绯袁灼书，将仕郎台州宁海县主簿权县事管勾学事姚棐忱篆盖”。额篆书三行“宋故永嘉县君周氏墓志”，字径10厘米，高17厘米，出土时已碎裂。1987年1月3日出土于海游街道马家山，系修复罗适墓时发现，现藏县博物馆。

周氏（1034—1106年），北宋明州（宁波）鄞县人。宋元丰六年（1083年）封永嘉县君。宋大观二年（1108年）合葬于罗适墓。墓志铭记述周氏的家世、生平、卒葬等事。

章氏义田碑记 [Zhāngshìyìtián Bēijì]

原立海游街道文昌阁龙山书院，后移至县党校内，现由县博物馆收藏。碑青石质，高1.6米，宽0.8米，厚0.16米。碑文正楷14行，足行40字，共计500多字。戚学标撰文，清道光十八年（1838年）立。

陈庚甫墓碑 [Chéngēngfǔ Mùbēi]

墓原在海游街道大屿，20世纪60年代毁，墓碑被村人搬到善岙蒋村作为水井石级。章亮元书。2013年4月入藏县博物馆。

陈庚甫，名飞龙，谱名时徽，字均足，号庚甫，上枫坑人。

宁海武生员陈庚甫墓碣文［Nínghǎi Wǔshēngyuán Chéngēngfǔ Mùjiéwén］

墓原在海游街道大峙，20世纪60年代毁，墓志铭被砌入草籽塘，现藏县博物馆。墓志铭记叙了“长毛乱”的一些情况，具有很高的史料价值。落款“赐进士出身学部左丞同学弟章梫撰，国立东南大学文学士乡后学杨川如书”。

重修精秘庵碑记［Chóngxiū Jīngmì'ān Bēijì］

现存海游街道精秘禅寺。蛇蟠石质，高1.5米，宽0.56厘米，厚0.13厘米，局部漫漶不清。

海润街道

窦川崇福庙碑记［Dòuchuān Chóngfúmiào Bēijì］

保存在海润街道园里村崇福庙。清代陈元培撰。

祁姓路廊碑记［Qíxìng Lùláng Bēijì］

原在海润街道祁家路廊，后移至祁家村祁氏宗祠大殿左次间。蛇蟠石质，有碑座，上部字迹漫漶不清，下部尚好。高1.65米，宽0.6米，厚0.1米。民国三年（1914年）桃月上旬立。

珠岙镇

霁山先生墓碑［Jìshānxiānshēng Mùbēi］

现保存在珠岙镇吴岙吴氏宗祠。高2.26米，宽0.81米，厚0.14米。碑文系四列，前三列直22行，第4列直12行，行均15字，共1300多字。行楷，字径高2厘米，宽1.8厘米。横额“霁山先生墓碑”，篆体。胡长孺撰文，赵孟頫书丹并篆额。原碑立于吴岙宅后山吴焱墓前，已佚，现碑为清雍正五年（1727年）重镌。

帛田碑记［Bótián Bēijì］

现存珠岙镇吴岙村吴岙宗祠。高2米，宽0.8米，厚0.12厘米。

吴岙中街施茶碑记［Wú'àozhōngjiē Shīchá Bēijì］

位于珠岙镇吴岙村中街茶亭内。青石质，高1.6米，宽0.83米，厚0.16米，字迹清晰，保存完好。

嵝阳俞氏祠堂记［Lǒuyáng Yúshìcítáng Jì］

位于珠岙镇娄坑村俞氏家庙内。碑高171厘米，宽71厘米，厚12.5厘米，粉红色蛇蟠石，明代著名思想家、哲学家、文学家和军事家李东阳（1447—1516年）撰。

明故南京鸿胪序班诚斋俞先生配童孺人葬墓志铭［Mínggùnánjīnghónglúxùbānchéngzhāiyú Xiānshēngpèi Tóngrúrénzàng Mùzhìmíng］

位于珠岙镇娄坑村。墓在上叶乡山董村雪山，20世纪50年代移坟时出土。碑高30厘米，宽62厘米，粉红石质，足42行，计1300多字。篆额“明故南京鸿胪序班诚斋俞先生配童孺人葬墓志铭”。何宽撰文，应存卓篆额，章如铤书丹，明万历四年（1576年）十二月吉旦立。

俞峤（1499—1576年），字迁之，号诚斋，娄坑俞氏六世孙。以明经入国子监读书，明嘉靖二十九年（1550年）谒选授南京鸿胪寺序班。俞峤好结交士大夫，居家济困救贫，造桥铺路，造福乡里，总不落人后，为乡里称道。

俞瑾墓志碑［Yújǐn Mùzhìbēi］

位于珠岙镇娄坑村俞氏家庙内。原有二方，立在俞瑾墓前，一方遗失。高2米，宽0.8米，太湖石质。墓碑上端雕有花纹图案，镌“敕赠承德郎工部主事讳瑾耨学俞公墓志”。

亭旁镇

屈母庙碑［Qūmǔmiào Bēi］

在亭旁镇龙王殿。据明崇祯《宁海县志》记载：“此碑最古，黄子珍《台州金石录》中亦载。惟历年久远，漫漶莫辨。国朝光绪已丑，绅士砻石重镌，其碑文之残缺者，参考郡县志以补之，非复庐山真面目矣。旧记岁久模糊，庠弟子吴英锋瞻拜，爰为参考志书改正，邵姓绅士重镌之，以表龙王之灵显于朝廷（按碑文，唐宪宗时始建湫水寺院，五代时又改为玉溪寺。其碑非立于唐，则立于五代矣）。”据《台州金石录》记载:“《宋玉溪院龙王记》碑高六尺五寸，广三尺二寸，额篆书‘龙王之记’四字，横列直径三寸三分，十八行，行三十六字，字径一寸二分，题名一行，字径八分，并正书，在宁海县东南八十里龙母山。”

建雄庙碑 [Jiànxióngmiào Bēi]

位于亭旁镇任家村天摩山麓建雄古庙内。碑粉红石质，高1.43米，宽0.54米，碑文12行，足32字，共计300多字。清康熙十四年（1675年）立，清道光二十一年（1841年）重勒。

宋故宣教卢公孺人梅氏嫡嗣宣教墓志 [Sònggùxuānjiàolúgōngrúrénméishìdísìxuānjiāo Mùzhì]

现存亭旁镇石门坑村万家庙。墓志青石质，24行，每行25字。出土于20世纪60年代，墓址在万家庙左后方，为卢衮及夫人与长子的合葬墓。卢氏先祖居河中之蒲，乃唐代大诗人卢纶之裔，后避居鄱阳，其裔转徙亭旁。

绿野任先生墓志铭 [Lǜyěrénxiānshēng Mùzhìmíng]

现存亭旁镇任家村任氏祠堂。蛇蟠石质，字迹清楚，保存完好。项复弘撰，应斯篆额，明万历十九年（1591年）孟春立。

永镇堂碑 [Yǒngzhèntáng Bēi]

现存亭旁镇枧头村永镇堂。蛇蟠石质，高1.5米，宽0.7米，厚0.12米，镌刻于清道光十四年（1834年）。

亭旁起义纪念碑 [Tíngpángqǐyì Jìniànbēi]

位于亭旁镇宁和路北段西面。整个造型像一把“刺破青天锷未残”的利剑，为纪念1928年亭旁农民武装起义，1988年5月建。底座由黑色大理石砌成，时任国防部长张爱萍题“亭旁起义纪念碑”。

健跳镇

大都督南塘戚令公去思碑 [Dàdūdūnántángqīlìnggōng Qùsībēi]

位于健跳镇健农村东城隍庙内。原碑立于健跳戚公祠，祠毁，于1983年移至健跳镇人民政府院内。去思碑浅灰色石质，座呈梯形，高0.55米，宽1.26米，厚约0.4~0.6米。碑高1.77米，宽0.98厘米，碑文25行，每行58字，计1200多字，下附同立者名单5行。字体正楷，笔力流畅，刻工精到。由于保管不善，其中大部分字迹磨损严重，已经漫漶不清。据《台州府志》记载，明代景泰六年，倭寇犯健跳所，官军守城不得入，嘉靖四十年，倭掠宁海、太平，两犯郡城，戚继光次第击败之……次日又五艘至，二十五日又七艘入健跳圻头登岸，计二千余人。三十日，前犯圻头贼二千有奇，自烧其船，南突郡城，戚继光挥师迎敌，终于大败倭寇。后人为纪念民族英雄戚继光，于明万历四年（1576年）立碑以表去思。1986年被公布为县级文物保护单位。

盖门塘捐田碑记 [Gàiméntáng Juāntián Bēijì]

在健跳镇盖门塘村盖门塘山盖门寺。蛇蟠石质，碑记11行，每行14字，后刻有捐建者姓名，清嘉庆十七年（1812年）五月刻。

连心塘纪念碑 [Liánxīntáng Jìniànbēi]

位于健跳镇六敖北塘。1997年第11号台风冲毁了三门县所有的海塘坝，在省委省政府的全力支持下，三门人民经过4年的艰苦奋战，投资4亿多元，修建了100多公里的标准海塘坝，固如铁壁铜墙。为永志党和人民的血肉深情，三门人民在六敖北塘立碑纪念，原省委副书记、省长柴松岳为标准海塘坝亲笔题名“连心塘”。“连心塘”是三门人民的生命线、幸福线，更是党执政为民的见证。2000年被市委市政府命名为第三批市级爱国主义教育基地。

横渡镇

诰山岭碑记 [Gàoshānlǐng Bēijì]

保存在横渡镇东屏村东镇堂。清代宁海县令沈刚撰，清嘉庆十八年（1813 年）七月立。诰山岭，长 6 公里，高 568 米。因岭上盛长白栲树，又称白栲岭。

浦坝港镇

仙岩洞新建宋文信公祠碑 [Xiānyándòng Xīnjiàn Sòngwénxìngōngcí Bēi]

位于浦坝港镇西部之仙岩洞内。碑白石质，高 1.46 米，宽 0.78 米，厚 0.08 米。碑文 22 行，足行 42 字，共计 900 多字。横额"仙岩洞新建宋文信公祠碑"，陈锡撰文，林应麒篆额，包应麟书丹，明嘉靖四十三年（1564 年）立。碑文记载民族英雄文天祥为保广、益二王，过仙岩洞，夜宿蒃漪堂张和孙家，共谋抗元，筹集粮饷，训练义勇抗击元军，以及仙岩人叶琰等捐产建祠的经过。

重修仙岩洞大忠祠碑文 [Chóngxiū Xiānyándòngdàzhōngcí Bēiwén]

位于浦坝港镇西部之仙岩洞内。碑白石质，高 1.9 米，宽 0.78 米，厚 0.08 米。碑文 15 行，足行 64 字，共计 900 多字。横额"重修仙岩洞大忠祠碑文"，齐召南撰，清乾隆二十五年（1760 年）立。碑文记载文信国公之忠义和重修仙岩大忠祠的经过。

重修仙岩洞新大忠祠碑记 [Chóngxiū Xiānyándòngxīndàzhōngcí Bēiji]

位于浦坝港镇西部之仙岩洞内。碑白石质，高 1.75 米，宽 0.9 米，厚 0.07 米。碑文分上下列，上列碑文正楷 26 行，足行 13 字，共计 300 多字。下列捐洋乐助名单。陈卧冈拜撰并书，清宣统三年（1911 年）立。

碧云碑记 [Bìyún Bēijì]

位于县政府驻地东南 25 公里处，四顾基碧云庵内。碑粉红石质，高 1.47 米，宽 0.56 米，厚 0.07 米，正楷 l3 行，足行 41 字，共计 500 多字。清乾隆二十六年（1761 年）立，后碑石倾颓，清嘉庆十年（1805 年）住持僧云岩、徒孙世道重立。

第五节 近现代重要史迹及代表性建筑

亭旁镇

亭旁起义纪念馆 [Tíngpángqǐyì Jìniànguǎn]

位于亭旁镇杨家村亭山路 55 号亭山小学旧址。建筑坐北朝南，占地面积 1020 平方米，平面前宽后窄，大门临街，四面砌围墙，为独立院落。主建筑为两层两进砖木结构，硬山顶。纪念馆原为宁海县丞署。清宣统元年（1909 年）亭山书院迁此，改称亭山高等小学。民国十九年（1930 年）由于房屋倾斜，杨士燮出己资建造前座 7 间，又募建后座 7 间。20 世纪 40 年代改名亭旁小学。1952 年后，亭旁小学迁址城隍庙，后亭旁文化站在此办公。1981 年被公布为县级文物保护单位。1992 年 4 月改名为亭旁起义纪念馆，对前后二进楼房规划装修，展出革命文物 25 件，板面 60 幅。1993 年 4 月 3 日对外开放，供人参观。2006 年 5 月对亭旁起义纪念馆再次修缮，新建亭旁起义烈士人物场景浮雕、地形沙盘（模型）。陈列分"决策、抉择、蓄势、爆发、火种"五个部分，展出革命文物 57 件，分 69 个陈列板面，并制作了《浙江红旗第一飘》专题片。亭旁起义主要领导人包定、叶信庄即为亭山高等小学首届毕业生，他们以小学为据点，开展革命活动，并于 1928 年 5 月发动了威震全省的亭旁农民武装起义，建立了浙江第一个苏维埃政权——亭旁区苏维埃政府，被誉为"浙江红旗第一飘"而名动海内。1995 年被列为市爱国主义教育基地。1996 年被列为省爱国主义教育基地。1997 年被公布为省级文物保护单位。2005 年被列为省青少年红色之旅经典景区。2006 年被列为省党员教育培训基地。

亭旁区苏维埃政府旧址 [Tíngpángqūsūwéi'āizhèngfǔ Jiùzhǐ]

位于亭旁镇包家村中部包氏宗祠。1927年10月间，党领导的宁海县第一个农民协会——包家村农民协会，就在这里首先宣告成立。1928年5月26日亭旁区苏维埃政府设此，宗祠前升起了第一面镰刀锤头大红旗。2004年被公布为县级文物保护单位。

亭旁起义总指挥部旧址 [Tíngpángqǐyì Zǒngzhǐhuībù Jiùzhǐ]

位于亭旁镇包家村教堂巷34号。坐西朝东，占地面积750平方米，四合院式砖木结构，天井石板铺地。中轴线北侧设台门，前为照壁，嵌民国甲子夏月所镌"恭俭让"三字石匾。后为二进院落，左右设两层三开间厢房，单檐硬山顶。前厅七开间，中设台门，上灰塑"丹献开祥"门额，门口两侧置放蛇蟠石雕花石墩几。正房七开间，中设堂前，明间梁架五柱八檩，次间同明间，二楼设条子栏杆。总指挥部旧址建于民国十三年(1924年)，系民国闽皖赣五省联军参谋、江西省奉新县知事包子聪旧宅，是亭旁起义旧址的组成部分。民国十七年（1928年）5月26日，亭旁起义总指挥部设在此处，左厢房为军事部，右厢房为少先部，大门两侧房间为交通部和财政部，从誓师起义到建立亭旁区苏维埃政权均在此办公，是武装暴动的指挥中心。1949年亭旁解放，旧宅没收分给十多户农民。1981年11月被公布为三门县第一批文物保护单位。

亭旁起义誓师纪念地 [Tíngpángqǐyì Shìshī Jìniàndì]

位于亭旁镇东南部寺前岩村北之丹邱寺。1928年5月25日夜，来自周边各村的220多名红军战士和武装农民齐集丹邱寺进行编队，总指挥包定宣布革命委员会关于举行起义的决议，浙南特派员管容德作战前动员。5月26日拂晓，武装农民手持土枪、火药枪、红缨枪、长矛、利剑及少数快枪从丹邱寺出发，武装占领亭旁，建立了亭旁区苏维埃政府。

亭旁区苏维埃政府成立大会会址 [Tíngpángqūsūwéi'āizhèngfǔ Chénglìdàhuì Huìzhǐ]

位于亭旁镇城隍殿。1928年5月26日拂晓，亭旁起义部队占领亭旁，连同群众千余人，集会城隍殿。大会上，中共宁海县委当场宣布解散当地所有反动机构，庄严宣告亭旁区苏维埃政府成立。

"谷仓岭头会议"会址 ["Gǔcānglǐngtóu Huìyì" Huìzhǐ]

位于亭旁镇谷仓岭头。因"亭旁起义军事预备会议"在此举行，故又称"谷仓岭头会议"。会址赵老爷殿原有房屋9间，正中塑有赵老爷神像，殿前有平地约2亩，殿旁有两人合抱的沙朴树2株。后殿宇倒毁，1981年改建平房3间，树亦被砍伐。

1928年5月中旬，亭旁地区党组织在领导和发动亭旁区人民"实行平粜、抗租抗麦、增加工资"的经济斗争取得胜利后，包定将此情况及时报告了中共宁海县委。中共台州特派员管容德即率宁海县委特派员杨毅卿及其他工作人员到亭旁了解斗争情况，认为群众已经发动起来，武装暴动时机已经成熟，即于5月20日夜在谷仓岭头集中了亭旁、海游、珠岙、桑洲四路武装部队的部分武装人员，举行暴动军事预备会议，讨论提前暴动事宜。会上决定设立红军指挥部，推选包定为红军总指挥，确定暴动的总纲领口号："打倒帝国主义，打倒国民党，打倒蒋介石，打倒土豪劣绅，打倒贪官污吏，打倒军阀，实行分田分地，建立苏维埃政府，实行共产主义。"要求亭旁、海游、珠岙、桑洲各路军分头做好暴动前的准备工作。会后，与会武装人员还就地进行了军事演习。这次会议对亭旁起义起了决定性的作用，具有重要的历史意义。

虎陇头阻击战纪念地 [Hǔlǒngtóu Zǔjīzhàn Jìniàndì]

位于亭旁镇虎陇头。该处三面环山，形似口袋，形势险要，北距亭旁镇4公里，南通分水岭，接邻临海市。1928年5月26日亭旁起义的枪声打响以后，该地区的官僚地主土豪劣绅慑于义军军威，有的闻风逃窜，有的四出向国民党省政府、省防军司令部及宁海县政府告急，请求派兵"围剿"。5月26日反革命武装省防军第五团（驻海门）和临海县的匪军迅即集合于临海的车口、东塍等地，宁海县的匪军已进入珠岙；驻海游的省防军郑俊彦连亦蠢蠢欲动，亭旁处在夹击之中。为了对付这突变的形势，总指挥部一边组织义军向南溪方向撤退，一边连夜派交通员分别去与海游和珠岙方面的义军联系，就地疏散待命行动。5 月 27 日（农历四月初九）黎明，驻海游的省防军郑俊彦连迅速由 30 人增至 100 多人（号称几百人）向亭旁进犯。但匪军慑于起义部队声威，虽弹药齐全，却逡巡不敢冒进。后悉义军已撤离亭旁，方才鼓噪而入。为了阻击敌人，义军组织精悍力量，据守虎陇头，利用有利地形，以迅雷不及掩耳之势，予以痛击，毙敌 2 人，伤 1 人，取得了战斗的胜利。

包定故居 [Bāodìng Gùjū]

位于亭旁镇包家村石街路 39 号七星岩道地，清代建筑。建筑坐北朝南，占地面积 400 平方米。原为四合院，现台门屋倒塌成三合院式。正房、东西厢房均为两层五开间，木结构建筑，小青瓦，重檐硬山顶。2011 年 7 月被公布为县级文物保护点。

包定（1901—1930 年），名本锭，号次庵，参加革命后曾化名袁英吉，包家村人。1919 年任桂林小学校长。1926 年加入中国共产党。1927 年年底任宁海中学庶务主任。1928 年 1 月任中共亭旁区委书记，后调任县委常委，5 月 24 日任亭旁区革命委员会主席兼红军总指挥，领导亭旁起义。亭旁武装起义失败后先后任天台县委常委、书记。1929 年 3 月 31 日在杭州武林路被捕，关押于杭州陆军监狱。1930 年 6 月 22 日在杭州松木场就义。

叶信庄故居 [Yèxìnzhuāng Gùjū]

位于亭旁镇湫水下叶村中部。清代建筑，坐东朝西，四合院，现门厅已毁，其余部分保存基本完整。

叶信庄（1904—1928 年），字端夫（甫），湫水下叶人。1927 年加入中国共产党，曾任中共亭旁区区委委员、宁海县委委员，参加领导了亭旁起义。1928 年 11 月任中共浙南特委委员，12 月在海门被捕入狱。1930 年 8 月 27 日被国民党秘密枪杀于杭州陆军监狱。

第六节　军事设施

海游街道

石岩烽火台 [Shíyán Fēnghuǒtái]

位于海游街道石岩村西烟墩山。台址在海拔 358 米高峰处，呈正方形，块石结构，实砌。台基边长 9 米，上口边长 7 米，台北建筑有 12 道石级，每级高 0.2 米，宽 1.2 米。建于明代，属海游寨汛管辖，为防御倭寇侵扰所建。据清光绪《宁海县志・山脉》记载："石岩山，下有石岩村。"

海润街道

葛岙烽火台 [Gé'ào Fēnghuǒtái]

位于海润街道祁家村前门山，以地处原葛岙乡得名。建于明代，属曼岙汛管辖，现台基保存完整，建有电视差转台。台址在海拔 109.8 米高峰处，呈六角形，每边长 2.5 米，高 2 米，系块石实砌，旁有石阶。

晏站烽火台 [Yànzhàn Fēnghuǒtái]

位于海润街道东部晏农村之北烟墩山（乌龟山）。建于明代，属曼岙汛管辖，以地处晏站得名。台址在海拔 173.8 米高峰处，计大小 2 座，呈圆形，两台相连。大台底径 3 米，顶径 1.5 米，高 2 米；小台高 1.3 米，顶径 1 米，底径 2 米。另有一个平台基，长 11 米，宽 5 米，高 0.6 米，系块石结构。

沙柳街道

曼岙巡检司 [Màn'ào Xúnjiǎnsī]

位于沙柳街道大周村后背山。明洪武三年（1370 年）设，后毁，2017 年重建。据清康熙《宁海县志》记载："曼岙巡检司，南七十里，国朝迁复，员裁设汛。"

龙珠山烽火台 [Lóngzhūshān Fēnghuǒtái]

位于沙柳街道东部卢家塘村龙珠山（鸡笼山）。台呈圆形，土石结构，高 2.2 米，上口直径 5 米。龙珠山原是独立小岛，为海防要冲，是曼岙巡检司城的重要防哨。建于明代，属曼岙汛管辖，为防御倭寇侵扰所建，以地处龙珠山得名。

狮子山烽火台 [Shīzishān Fēnghuǒtái]

位于沙柳街道坎头杨村狮子山。建于明代，以地处狮子山得名。台址在海拔 170 米处高峰上，呈六角形，块石结构，实砌，底边长 4.2 米，口边长 3.5 米，高 3 米。台顶中心还筑有小圆台，实砌，周长 8.3 米，高 1.2 米。

亭旁镇

赖岙烽火台 [Lài'ào Fēnghuǒtái]

位于亭旁镇南部鹊箬（百两）岭头。建于明代，属亭旁汛管辖，以地处赖岙村附近得名。台址在海拔 477 米高峰上，块石结构。

健跳镇

健跳所城遗址 [Jiàntiào Suǒchéng Yízhǐ]

位于健跳镇健农村双凤山。健跳所城依山而筑，居高临下，雄峙江畔，三面阻山，东面距海，易守难攻，又便于远眺，“非兵船预伏探哨，贼卒很难靠岸”。城南有健跳港，港阔四百余丈，接海直通三门湾猫头洋，上接蛇蟠诸岛，下接青屿与牛头洋，是海防哨卡。城围约有 1000 米，从东沿双凤山脊向南北两侧迂回，合龙于西边山脚，构成马蹄状，现南山脚至北门山脚这段城墙已毁，被现代建筑所代替。现存墙体最高处约 10 米，宽 5~8 米，墙基块石堆砌，中填黄泥土。原有四门，两门有记载，西曰“登明”，北曰“崇武”，现毁。健跳所城是三门县内唯一的千户所，城内主要建筑有所署、校场、营房、城隍庙、戚公祠、瞭台、寺庙等。明代朝鲜人崔溥（1454—1504 年）在《漂海录》中曾详细记述了健跳所城：“门皆重城，鼓角、铳冲声震海岳……城中人物、第宅视桃渚所尤丰盛。”健跳所城初属台州卫，继属海门卫，明正统间（1436—1449 年）隶属宁海县，“辖千户等官十一员，旗军二百四十一名。辖台一，曰高湾。烽台五，曰茅（猫）头、赤头、后沙、小渔西、大渔西。巡检司五，曰曼岙、窦岙、越溪、长亭、铁场”（《宁海县志》）。健跳所置正副千户三员，操兵一千名，并在沿海隘水口置兵，承担着防守健跳港并统辖整个三门湾的防务。《台州府志》载：“明洪武二十年，信国公汤和奏请在健跳设千户，尚膺筑城，形马蹄，城高二丈三尺，周回三里二十七步。城门四，两门有记载，西曰‘登明’，北曰‘崇武’，明正统年间指挥王谦重建，弘治八年副使文贵檄千户徐信复建。”“健跳所孤悬于重山外，恃舟楫为命，守港之师不可暂撤是也。”2011 年 1 月被公布为省级文物保护单位。

巡检司古城 [Xúnjiǎnsī Gǔchéng]

即窦岙巡检司。位于健跳镇西北巡检司村西南之巡检司山，东近种子场，西毗小蒲店，北临三门湾，与花鼓岛隔港相望。明洪武三年（1370 年）因沿海倭寇时常侵扰，信国公汤和奏设巡检司，专司防御倭寇入境之责。巡检司城依山势而筑城，城围 500 多米，四门，城高三丈，宽 6~8 米，以蛇蟠石垒砌而成。据民国《三门年鉴》载：“巡检司古城，为唐代南北会防之所，明设巡检司防倭寇，城内有城隍庙、社稷祠、秦伯庙，更有唐代建墩煌，明万历所凿石鸣。”据清光绪《宁海县志》载：“窦岙巡检司城，在南八十里，明洪武三年汤和奏设。”清康熙《宁海县志》记载：“窦岙巡检司，南八十里，国朝迁复，员裁设汛。”民国初年，爱国华侨曾倡议在此设埠开市，开发三门湾。2004 年重建南门。2011 年 1 月被公布为省级文物保护单位。

高湾山烽火台 [Gāowānshān Fēnghuǒtái]

位于健跳镇外七市村东高湾山。建于明代，属健跳汛管辖，以地处高湾山得名，保存基本完整。台址海拔241米，呈正方形，顶部平，台基块石实砌，现基边长9米，上口长8米，高2.2米。在台南8.6米处筑有3座方形烟墩，底边长2米，高1.1米，构筑似锅形，空心，旁有风门，高0.4米，宽0.3米。2004年被公布为县级文物保护单位。

猫头山烽火台 [Máotóushān Fēnghuǒtái]

位于健跳镇东北猫头村西猫头山嘴。建于明代，属健跳汛管辖，以地处猫头山嘴得名。台址海拔150米，呈圆形，高2.5米，上口直径6.5米，土石结构，实心，外表长满柴草。东南与高湾山、瞭高山相望，视野可达猫头水道、满山水道。猫头山，旧称双岩山，据清光绪《宁海县志·山脉》记载："双岩山，可设瞭台，登巅望之内地诸港口及外洋，皆在目前。"

梅山烽火台 [Méishān Fēnghuǒtái]

位于健跳镇梅山（梅岙）村西南烟墩岗。建于明代，属西郭汛管辖，以地处梅山村得名。台址海拔294米，呈正方形，块石结构，实砌，边长7米，高1.8米。现台基顶部稍有倒塌，基本保存完整。据清光绪《宁海县志·山脉》记载："梅岙山旧置墩台，今圮。"故又称烟墩山。

瞭高山烽火台 [Liàogāoshān Fēnghuǒtái]

位于健跳镇之北瞭高山。建于明代，属健跳汛管辖，以地处瞭高山得名。东可望见高湾山台，南麓为健跳所城，西与梅山台相望。台址海拔171米，呈圆形，土石结构，高3米，上口直径7.6米。台南10米处有二座小烟墩，成馒头形，底径2米。瞭高山又称凤山，清光绪《宁海县志·山脉》记载："凤山，如凤张翼，明洪武间，设备以控制海道，城其山为健跳所。"

天灯山烽火台 [Tiāndēngshān Fēnghuǒtái]

位于健跳镇东郭村东部。明代建，东、北两面台基部分尚存，其余皆已倒塌。台址海拔294米，呈方形，块石砌筑，每边长7米，高2.6米。

花桥镇

大茅坪山炮台 [Dàmáopíngshān Pàotái]

位于花桥镇上旺村西北大茅坪山。最高点海拔272米，炮台长13.5米，宽12米，高1.6米，为石砌土台。炮台南北两侧砌有乱石石墙，自凤凰山嘴至大茅坪山第二岗，长1500米左右，高0.6~1.6米不等。据村民说，解放初期，炮台高有3米，石墙有1.5米高，村民因建房耕种等，将炮台石墙拆毁。大茅坪山炮台可以遥望牛头山和浦坝港，东扼白带门，北襟关头港，为花桥海防门户。整个建筑规模宏大，为重要的明代海防遗址。

浦坝港镇

石笋山烽火台 [Shísǔnshān Fēnghuǒtái]

位于浦坝港镇仙岩村石笋山狮子岩顶150米处。明代建，以地处石笋山得名。面积约200平方米，现高约1米，四周围墙用岩石砌成。

牛头宫烽火台 [Niútóugōng Fēnghuǒtái]

位于浦坝港镇沿江村东南牛头宫山。明代建，以地处牛头宫山得名，现此台残损严重。台址海拔53米，呈马蹄形，乱石堆砌，中空，直径4米，高1.2米。

牛头门烽火台 [Niútóumén Fēnghuǒtái]

位于浦坝港镇东南牛头山烟墩岗。建于明代，属牛头门汛管辖，以地处牛头门得名。台址海拔119米，呈长方形，均土石结构。现存台基长9.02米，宽7.6米，高2.3米，顶部建有现代圆形工事，直径4.27米，高1.5米。

沿江烽火台 [Yánjiāng Fēnghuǒtái]

位于浦坝港镇沿江村东南大山头。建于明代，以地处沿江村得名。台址海拔124米，底座呈长方形，块石实砌，台基边长9米，宽7.6米，高2.3米。烽火台上部是解放初期部队用于海防军事时所建，现呈椭圆形，中空，高1.1米，直径4.27米。

小渔西烽火台 [Xiǎoyúxī Fēnghuǒtái]

位于浦坝港镇小渔西村东北烟墩山。建于明代，属赤坎汛管辖，因地处小渔西村得名。台址在海拔106米高峰处，呈长方形，土石结构。上边口长6米，高2.5米，东临三门湾，南毗牛头门，西北、北与渔西和下岙等烽火台相望。

岭上烽火台 [Lǐngshàng Fēnghuǒtái]

位于浦坝港镇北部，六村村岭上自然村东北炮台山。建于明代，属浬浦汛管辖，以地处岭上自然村东北得名。台址在海拔249米高峰处，呈方形，土石结构。台基边长5.5米，上口长4.5米，高3.7米。距该台西面6米处有3座小烟墩，已残。现主台北面已倒塌，余三面均保存完整。

里宅烽火台 [Lǐzhái Fēnghuǒtái]

位于浦坝港镇里宅村东烟墩岗之小钳山后。建于明代，属赤坎汛管辖，以地处里宅村得名。台址在海拔162米高峰处，呈圆形，土石结构。北台周长36米，上口直径1.7米，底直径6米，高2.5米。东远眺三门湾，东南与从岙，南与岭上和东岙烽火台相望。

山头烽火台 [Shāntóu Fēnghuǒtái]

位于浦坝港镇东北草头村山头自然村东北。建于明代，属浬浦汛管辖，以地处山头自然村东北得名。台址在海拔168米高峰处，有2个台，南北排列，相距7米，均为土石结构，现存台基残部。北台周长36米，上口直径4米，高4.6米。南台周长29米，上口直径3米，高4米。东、北临三门湾，西北与高湾山台相望。

唐家山烽火台 [Tángjiāshān Fēnghuǒtái]

位于浦坝港镇后陈村唐家自然村东南炮台山。建于明代，属浬浦汛管辖，以地处唐家山得名，现存台基完整。台址在海拔103米高峰处，呈方形，均土石结构。台基边长5.1米，上口长4.8米，高2.2米。

下岙烽火台 [Xià'ào Fēnghuǒtái]

位于浦坝港镇金岙（下岙）村东北姚顶山（炮台山）。建于明代，属赤坎汛管辖，以地处下岙得名，现存台基基本完好。台址在海拔259米高峰处，圆形，系土石结构。北台基周长36米，上口直径7米，高2.5米。北临三门湾，南与里宅台相望，北与山头、高湾山烽火台相望。

田后洋烽火台 [Tiánhòuyáng Fēnghuǒtái]

位于浦坝港镇金岙村田后洋山岗。建于明代，属赤坎汛管辖，以地处田后洋山岗得名，台已残，仅剩台基。台址在海拔100米高峰处，呈圆形，土石结构。大小二座，相距1米，大台高2米，小台高1.5米，外表长满柴草。

下道头烽火台 [Xiàdàotóu Fēnghuǒtái]

位于浦坝港镇下道头村东北炮台山。建于明代，属泗淋汛管辖，以地处下道头村得名，现台基基本完整。台址在海拔150米高峰处，呈长方形，均土石结构，实砌，边长4米，高2.8米。

蛟湖山烽堠 [Jiāohúshān Fēnghòu]

在浦坝港镇高湖村，属小雄汛。

张司岙烽堠 [Zhāngsī'ào Fēnghòu]

在浦坝港镇张司岙村，属小雄汛。

官塘桥烽堠 [Guāntángqiáo Fēnghòu]

在浦坝港镇官塘村，属小雄汛。

第七节 宗祠

海游街道

下谢谢氏上宗祠 [Xiàxiè Xièshì Shàngzōngcí]

位于海游街道下谢村西部。坐北朝南，占地面积595平方米，四合院式，前后二进，左右设两层四开间厢房，硬山式人字坡屋顶，建于清代。第一进台门屋六开间，设戏台与厢房。第二进正厅三开间，明间梁架四柱七檩，五架抬梁带前轩廊后单步；次间梁架六柱七檩。2004年被公布为县级文物保护单位。

下谢谢氏宗祠 [Xiàxiè Xièshì Zōngcí]

位于海游街道下谢村东北部。建于清代，原为四合院式，现仅存正厅，余皆毁。坐北朝南，占地面积135平方米。正厅三开间，明间梁架四柱七檩，五架抬梁带前后单步；次间梁架六柱七檩，硬山式人字坡屋顶。2004年被公布为县级文物保护点。

善岙蒋蒋氏宗祠 [Shàn'àojiǎng Jiǎngshì Zōngcí]

位于海游街道善岙蒋村东南部。始建于清嘉庆二十五年（1820年），戏台曾于1973年重修。坐西朝东，占地面积509平方米，传统木结构四合院式，前后两进，左右设两层三开间厢房。第一进门厅二层三开间，两侧各设耳房二间，明间后檐设戏台，歇山顶。第二进正厅三开间，明间梁架四柱八檩，五架抬梁带前单步后双步；次间梁架五柱八檩，硬山式人字坡屋顶。

悬渚俞氏家庙 [Xuánzhǔ Yúshì Jiāmiào]

位于海游街道悬渚村中部。始建于清康熙年间（1662—1722年），先后于1952年、1986年重修。平面呈“凸”字形，坐北朝南，占地面积654.95平方米，四合院式砖木结构。沿中轴线自东向西依次为门厅、戏台、天井、正厅二进建筑，左右两层三开间厢房，天井成方，石板铺地，组成了别具一格的四合围格局。第一进门厅二层七开间，明间后檐设戏台。戏台四柱方形平台，三方敞开，四柱落地，施覆斗式藻井，单檐歇山顶，飞檐翘角，显得古朴灵动，纤丽中见庄重。第二进正厅三开间，明间梁架六柱九檩，五架抬梁带前单步和前轩廊后双步；次间梁架八柱九檩，硬山式人字坡屋顶。2011年7月27日被公布为县级文物保护单位。

里岱阜奚氏宗祠 [Lǐdàifù Xīshì Zōngcí]

位于海游街道岱阜里村中部。建于清代，正厅及戏台先后于1957年和1960年大修。坐北朝南，占地面积491平方米，四合院式，前后两进，左右两层三开间厢房带一弄。第一进门厅二层三开间，两侧各设耳房二间，明间后檐设戏台。戏台用四柱，施藻井，单檐歇山顶。第二进正厅三开间，明间梁架四柱七檩，五架抬梁带前轩廊后单步；次间梁架五柱七檩，单檐硬山顶。2004年被公布为县级文物保护点。

外岱阜楼氏宗祠 [Wàidàifù Lóushì Zōngcí]

位于海游街道岱阜外村西部。建于清代，1989年重修。坐北朝南，占地面积550平方米。四合院式，前后两进，左右四开间两层厢房。第一进门厅二层三开间，两侧各设耳房二间，明间后檐设戏台。戏台用四柱，单檐歇山顶。第二进正厅三开间，明间梁架四柱七檩，五架抬梁带前轩廊后单步；次间五柱七檩，硬山顶。2004年被公布为县级文物保护点。

奚家岙奚氏宗祠 [Xījiā'ào Xīshì Zōngcí]

位于海游街道奚家岙村中部。建于清代，正厅已于2004年4月拆毁重建，门厅、戏台及两厢保持原有风格。坐东朝西，占地面积570平方米，四合院式，前后两进，左右两层三开间厢房，硬山顶。第一进门厅二层三开间，两侧各设耳房，明间后檐设戏台。戏台用四柱，单檐歇山顶。第二进正厅三开间，水泥、钢筋和木结构建筑，明间梁架三柱九檩；次间同明间。2004年被公布为县级文物保护点。

下岙周奚氏宗祠 [Xià'àozhōu Xīshì Zōngcí]

位于海游街道小坑村下岙周自然村东南部。建于清道光年间（1821—1850年），先后数次重修。坐东朝西，占地面积493平方米，四合院式，前后两进，左右两层三开间厢房。第一进门厅二层三开间，两侧各设耳房，明间后檐设戏台。戏台用四柱，施藻井，单檐歇山顶。第二进正厅三开间，明间梁架四柱八檩，五架抬梁带前轩廊后双步；次间梁架五柱八檩，硬山顶。2004年被公布为县级文物保护点。

湘山叶氏宗祠 [Xiāngshān Yèshì Zōngcí]

位于海游街道湘山村中部。坐北朝南，平面呈“凸”字形，占地面积421平方米，四合院式，前后两进，左右两层五开间厢房，单檐硬山两面坡屋顶，始建于民国十四年（1925年）。第一进门厅三开间，明间后檐设戏台。戏台用四柱，施藻井。第二进正厅三开间，明间梁架四柱七檩，五架抬梁带前单步后双步；次间梁架六柱七檩。2004年被公布为县级文物保护点。

桥外王王氏宗祠 [Qiáowàiwáng Wángshì Zōngcí]

位于海游街道小坑村桥下王自然村中部。建于清代，戏台及两厢于20世纪50年代重修，正厅于80年代拆毁重建。坐北朝南，占地面积403平方米，四合院式，前后两进，左右两层三开间带一弄厢房，硬山顶。第一进山门二层五开间，明间后檐设戏台。戏台用四柱，施鸡笼顶，单檐歇山顶。第二进正厅原有风貌已无，现为钢筋混凝土建筑。2004年被公布为县级文物保护点。

上黄黄氏宗祠 [Shànghuáng Huángshì Zōngcí]

位于海游街道小坑村上黄自然村东部。始建年代不详，清宣统元年（1909年）重建，1978年再度重修扩建。坐北朝南，平面呈“凸”字状，占地面积545平方米，四合院式，前后两进，左右两层五开间厢房带一弄，单檐硬山两面坡屋顶。第一进山门二层五开间，明间后檐设戏台。第二进正厅三开间，明间梁架四柱八檩，五架抬梁带前轩廊后双步；次间梁架五柱八檩。2004年被公布为县级文物保护点。

善岙杨杨氏家庙 [Shàn'àoyáng Yángshì Jiāmiào]

位于海游街道善岙杨村东部村口。建于清代，正厅于1958年重建，原有风格已无，其余建筑基本保持原貌。坐北朝南，占地面积457平方米，传统砖木结构四合院式，前后两进，左右两层四开间厢房，一楼为石板围栏。门厅二层三开间，两侧各设耳房，门厅前檐后设木围栏，明间后檐设戏台。戏台用四柱，施藻井（现毁），单檐歇山顶。

下洋李李氏家庙 [Xiàyánglǐ Lǐshì Jiāmiào]

位于海游街道小坑村下洋李自然村中部。建于清代，1969年重修。坐北朝南，四合院式，格局规整，装饰基本消失，构架保存一般。

海润街道

林家洋陈氏宗祠 [Línjiāyáng Chénshì Zōngcí]

位于海润街道林家洋村北边村口。建于清代，现正厅尚存原有风格，余皆为后期新建。坐北朝南，占地面积560平方米，四合院式砖木结构。正厅三开间，明间梁架四柱七檩，五架抬梁带前后单步；次间五柱七檩，前檐柱花饰龙凤图案，硬山面饰五级马头墙人字坡屋顶。

上枫坑陈氏宗祠 [Shàngfēngkēng Chénshì Zōngcí]

位于海游街道下枫坑村中部。建于清代，正厅先后于1993年和1995年两次重修。坐北朝南，占地面积471平方米，四合院式砖木结构，前后两进，左右两层三开间厢房。第一进门厅二层三开间，两侧各设耳房二间，明间后檐设戏台。戏台用四柱，施藻井，单檐歇山顶。第二进正厅三开间，明间梁架五柱八檩，五架抬梁带前轩廊后双廊；次间梁架七柱八檩，硬山式人字坡屋顶。2004年被公布为县级文物保护单位。

后林陈氏宗祠 [Hòulín Chénshì Zōngcí]

位于海游街道后林村中部。始建不详，先后于清乾隆三十年（1765年）、清嘉庆二十年（1815年）重修。坐北朝南，占地面积466平方米，四合院式砖木结构，前后两进，左右两层三开间厢房，硬山式人字坡屋顶。第一进门厅二层三开间，两侧各设耳房两间，明间后檐设戏台。戏台用四柱，施藻井，歇山顶。第二进正厅三开间，明间梁架四柱七檩，五架抬梁带前轩廊后单步；次间梁架五柱七檩，梁架上彩绘各种人物、花鸟图案。2004年被公布为县级文物保护单位。

潺岙徐氏宗祠 [Chán'ào Xúshì Zōngcí]

位于海润街道潺岙村中部。坐东北朝西南，占地面积560.36平方米，四合院式砖木结构，前后两进，左右两层四开间厢房，始建于清嘉庆十年（1805年）。第一进门厅二层三开间，两侧各设耳房，明间后檐设戏台。戏台用四柱，施藻进，单檐歇山顶。第二进正厅三开间，明间梁架四柱七檩，五架抬梁带前轩廊后单步；次间五柱七檩，硬山式人字坡屋顶。地面以蛇蟠石板铺设。2004年被公布为县级文物保护单位。

葫芦岙叶氏宗祠 [Húlu'ào Yèshì Zōngcí]

位于海润街道葫芦岙村东南部。建于清代，正厅尚存，余皆已改建。坐东朝西，占地面积489平方米，四合院式砖木结构，前后两进，左右两层厢房。正厅三开间，明间梁架四柱八檩，五架抬梁带前单步后双步；次间梁架七柱八檩，硬山式人字坡屋顶。2004年被公布为县级文物保护单位。

鲍家鲍氏宗祠 [Bàojiā Bàoshì Zōngcí]

位于海润街道鲍家村北部。建于清代，正厅尚存，门厅、戏台及两厢已改建。坐北朝南，占地面积383平方米，四合院式砖木结构，平面呈“凸”字状，前后两进，左右两层两开间厢房。第一进山门二层五开间，明间后檐设戏台。第二进正厅三开间，明间梁架四柱七檩，五架抬梁带前后单步；次间梁架五柱七檩，单檐硬山人字坡屋顶。2004年被公布为县级文物保护点。

王家王氏宗祠 [Wángjiā Wángshì Zōngcí]

位于海润街道王家村中部。正厅为清早期建筑，其余建筑稍晚。坐北朝南，占地面积501平方米，四合院式砖木结构，前后两进，左右两层四开间厢房，一楼设石板围栏，二楼设木围栏。门厅二层三开间，两侧各设耳房一间，明间后檐设戏台。戏台方形，四柱，三方敞开，围以铁勾栏，台后立屏风四扇，施鹅龙顶藻井，雕工精湛，额枋上均有彩绘，华丽精细，单檐歇山顶。正厅三开间，明间四柱八檩，五架抬梁带前单步后双步；次间七柱八檩，石板铺地，单檐硬山式人字坡屋顶。天井鹅卵石铺地。王氏宗祠布局规整，保存较好，建筑构架用材粗大，斗拱等饰件雕刻古朴大方。2004年被公布为县级文物保护单位。2011年被公布为省级文物保护单位。

祁家祁氏宗祠 [Qíjiā Qíshì Zōngcí]

位于海润街道祁家村中部。建于清乾隆元年（1736年），清光绪二年（1876年）重修。坐西朝东，占地面积457平方米，四合院式砖木结构，前后两进，左右两层五开间厢房，一楼设石板围栏，二楼设木围栏。第一进门厅二层三开间，南侧设耳房二间，明间后檐设戏台。戏台四方形，四柱，三方敞开，围以铁勾栏，台后立屏风四扇，鸡笼顶藻井，歇山顶。第二进正厅三开间，明间梁架四柱八檩，五架抬梁带前单步后双步；次间梁架七柱八檩，硬山人字坡屋顶。正厅及天井均石板铺地。祁氏宗祠布局规整，建筑用材粗大，构造讲究，保存较好，具有一定的地方宗祠建筑文化特色。2004年被公布为县级文物保护单位。2011年被公布为省级文物保护单位。

晏站徐氏宗祠 [Yànzhàn Xúshì Zōngcí]

位于海润街道晏站中部。建于清代，原为砖木结构四合院式，现正厅、西厢尚存，余皆毁。坐北朝南，占地面积844平方米。正厅三开间，明间梁架四柱七檩，五架抬梁带前后单步；次间穿斗结构，硬山式人字坡屋顶。西厢房为两层七开间。

晏站倪氏宗祠 [Yànzhàn Níshì Zōngcí]

位于海润街道晏站中部。建于清中期，1962年2月毁于回禄后进行了修缮，2012年集资重建。坐北朝南，占地面积580平方米，四合院式，沿中轴线依次为门厅、戏台、正厅二进建筑，门厅与正厅间两侧分设两层厢房。

沙柳街道

后周周氏宗祠 [Hòuzhōu Zhōushì Zōngcí]

位于沙柳街道后周村东部。建于清乾隆四十三年(1778年)，过廊及东厢已重建。建筑坐北朝南，占地面积613平方米，四合院式砖木结构，沿中轴线自南向北依次为门厅、戏台、过廊 、正厅二进建筑，门厅和正厅间两侧分别设两层三开间厢房，硬山顶。第一进门厅二层三开间，两侧各设耳房，明间后檐设戏台，戏台与正厅之间有过廊。第二进正厅三开间，明间梁架四柱七檩，五架抬梁带前后单步；次间梁架六柱七檩。

道岸头叶氏宗祠 [Dào'àntóu Yèshì Zōngcí]

位于沙柳街道道岸头村东部。坐北朝南，占地面积502平方米，四合院式砖木结构，前后两进，左右两层五开间厢房，二楼设木围栏，建于清代。第一进山门二层三开间，明间后檐设戏台。戏台用四柱，施藻井，单檐歇山顶。第二进正厅三开间，明间梁架四柱七檩，五架抬梁带前后单步；次间穿斗结构，单檐硬山两面坡屋顶。

华山林氏宗祠 [Huáshān Línshì Zōngcí]

位于沙柳街道华山村东部。坐北朝南，占地面积490平方米，四合院式砖木结构，前后两进，左右两层三开间厢房，建于清代。第一进山门两层五开间，中设台门，明间后檐设戏台。第二进正厅三开间，明间梁架四柱七檩，五架抬梁带前后单步；次间穿斗结构，均为硬山两面坡屋顶。

大周周氏宗祠 [Dàzhōu Zhōushì Zōngcí]

位于沙柳街道大周村东部。建于清嘉庆八年(1803年)，现除正厅尚存，其余建筑皆为后期新建。坐北朝南，占地面积545平方米，四合院式砖木结构，前后两进，左右两层厢房。正厅三开间，明间梁架五柱八檩，五架抬梁带前轩廊后双步；次间穿斗结构，硬山顶。

南亭倪氏宗祠 [Nántíng Níshì Zōngcí]

位于沙柳街道南亭村中部。坐东北朝西南，占地面积580平方米，四合院式砖木结构，沿中轴线依次为门厅、戏台、正厅二进建筑，门厅与正厅间两侧分别设两层厢房，建于清嘉庆十五年(1810年)。门厅三开间，明间后檐设戏台。戏台用四柱，施藻井，单檐歇山顶。正厅三开间，明间梁架五柱九檩，五架抬梁带前后双步，硬山顶。2004年被公布为县级文物保护点。

新屋叶氏宗祠 [Xīnwū Yèshì Zōngcí]

位于沙柳街道汪家洋村南部新屋。坐北朝南，一进单体三开间，占地面积166平方米，建于清代。正厅与围墙围合，明间梁架四柱七檩，五架抬梁带前后单步；次间穿斗结构，硬山两面坡屋顶。该建筑布局简单，斗拱等饰件雕刻古朴大方，保存较好。

外黎黎氏宗祠 [Wàilí Líshì Zōngcí]

位于沙柳街道外黎村北部。建于清代，戏台及北厢为后期新建。坐东朝西，占地面积536平方米，四合院式砖木结构，前后两进，左右两层五开间厢房，均为硬山顶。第一进门厅两层三开间，明间后檐设戏台。戏台用四柱，单檐歇山顶。第二进正厅三开间，明间梁架五柱八檩，五架抬梁带前单步后双步；次间梁架六柱八檩。

青叶叶氏宗祠 [Qīngyè Yèshì Zōngcí]

位于沙柳街道青叶村中部。坐北朝南，占地面积549平方米，四合院式砖木结构，前后两进，左右两层五开间厢房，建于清康熙元年(1662年)。门厅二层三开间，明间后檐设戏台，戏台用四柱，施澡井，单檐歇山顶。正厅三开间，明间梁架五柱七檩，五架抬梁带前后单步和后廊；次间穿斗结构，硬山两面坡屋顶。2004年被公布为县级文物保护点。

板樟山叶氏宗祠 [Bǎnzhāngshān Yèshì Zōngcí]

位于沙柳街道板樟山村北部。建于清乾隆元年(1736年)，清光绪二十七年(1901年)重建，1953年重修。坐西南朝东北，占地面积500平方米，四合院式砖木结构，左右设两层双开间厢房，均为硬山顶。

门厅二层五开间带二弄，山门后檐设戏台。戏台用四柱，施藻井，单檐歇山顶。正厅三开间，面宽13米，进深10米，明间梁架四柱七檩，五架抬梁带前后单步；次间穿斗结构。

淡竹岙王氏宗祠 [Dànzhú'ào Wángshì Zōngcí]

位于沙柳街道淡竹岙村东部。坐北朝南，占地面积441平方米，四合院式砖木结构，沿中轴线自南向北依次为门厅、戏台、正厅二进建筑，戏台与正厅两侧分别设两层四开间厢房，建于清代。第一进门厅二层三开间，明间后檐设戏台。戏台用四柱，施藻井，单檐歇山顶。第二进正厅三开间，明间梁架四柱七檩，五架抬梁带前后单步；次间穿斗结构，硬山顶。

坎头杨杨氏宗祠 [Kǎntóuyáng Yángshì Zōngcí]

位于沙柳街道坎头杨村东部。建于清代，布局基本规整，正厅保存较好，戏台及门厅已新建。坐北朝南，占地面积520平方米，四合院式砖木结构，前后两进，左右两层四开间厢房。正厅三开间，明间梁架五柱八檩，五架抬梁带前单步后双步；次间穿斗结构，硬山顶。2004年被公布为县级文物保护点。

路上周周氏宗祠 [Lùshàngzhōu Zhōushì Zōngcí]

位于沙柳街道路上周村南部。坐南朝北，占地面积431平方米，四合院式砖木结构，沿中轴线自北向南依次为门厅、戏台、正厅二进建筑，门厅与正厅间两侧分别设四开间厢房，建于清早期。门厅二层三开间，两侧各设耳房，明间后檐设戏台。戏台方形，用四柱，三方敞开，无勾栏，施鹅龙顶藻井，单檐歇山顶。正厅三开间，明间梁架四柱七檩，五架抬梁带前后单步；次间梁架五柱七檩，硬山顶。周氏宗祠建筑布局规整，保存尚好。梁架上彩绘各种人物、花鸟图案，形象逼真。2004年被公布为县级文物保护单位。2011年被公布为省级文物保护单位。

路下周周氏宗祠 [Lùxiàzhōu Zhōushì Zōngcí]

位于沙柳街道路下周村东南部。建于清代，1964年重修。坐东朝西，占地面积499平方米，四合院式砖木结构，沿中轴线自西向东依次为门厅、戏台、正厅二进建筑，门厅与正厅间两侧分别设厢房，南厢房为四开间，北厢房为五开间。门厅二层三开间，明间后檐设戏台。戏台用四柱，歇山顶。正厅三开间，明间梁架四柱七檩，五架抬梁带前后单步；次间穿斗结构，硬山顶。2004年被公布为县级文物保护单位。

姚家姚氏宗祠 [Yáojiā Yáoshì Zōngcí]

位于沙柳街道姚家村东部。建于清乾隆年间（1736—1795年），除正厅保持原有风格，余皆为水泥结构。坐东朝西，占地面积625平方米，四合院式砖木结构，前后两进，左右两层厢房。正厅三开间，明间梁架四柱七檩，五架抬梁带前轩廊后单步；次间穿斗结构，单檐硬山两面坡屋顶。

上岙林氏宗祠 [Shàng'ào Línshì Zōngcí]

位于沙柳街道上岙村中部。建于清代，正厅于2008年重修，基本保持原有风格，余皆拆毁重建。坐北朝南，占地面积604平方米，四合院式砖木结构，前后两进，左右两层厢房。正厅三开间，明间梁架五柱八檩，五架抬梁带前单步后双廊；次间穿斗结构，单檐硬山两面坡屋顶。

华山陈氏宗祠 [Huáshān Chénshì Zōngcí]

位于沙柳街道华山村东南部田野中。建于清道光二十六年（1846年），门厅及两厢已重建。坐东北朝西南，占地面积473平方米，四合院式砖木结构，前后两进，左右两层四开间厢房。门厅二层三开间，明间后檐设戏台。戏台用四柱，施藻井，单檐歇山顶。正厅三开间，明间梁架四柱七檩，五架抬梁带前后单步；次间穿斗结构，硬山式人字坡屋顶。2004年被公布为县级文物保护点。

书带看叶氏宗祠 [Shūdàikàn Yèshì Zōngcí]

位于沙柳街道书带看村东部。建于清代，戏台于1994年重修，正厅为水泥结构，戏台及两厢保存尚可。坐北朝南，占地面积483平方米，四合院式砖木结构，前后两进，左右两层厢房。门厅三开间，明间后檐设戏台。戏台木结构，用四柱，藻井失，单檐歇山顶。天井石板铺地，两侧厢房各五开间，硬山式人字坡屋顶。

汪家洋韩氏宗祠 [Wāngjiāyáng Hánshì Zōngcí]

位于沙柳街道汪家洋村东部。建于清代，正厅2003年重修，戏台及连廊为后期重建。坐北朝南，占地面积396平方米，四合院式砖木结构，前后两进，左右两层四开间厢房，硬山式人字坡屋顶。山门二层四开间，明间后檐设戏台与过廊。戏台用四柱，藻井失。正厅三开间，明间梁架四柱七檩，五架抬梁带前后单步；次间穿斗结构。

曼岙叶氏宗祠 [Màn'ào Yèshì Zōngcí]

位于沙柳街道曼岙村西南部。建于清代，现正厅尚存，余皆为2009年重建。建筑坐东朝西，占地面积589平方米，四合院式砖木结构，前后两进，左右两层厢房。正厅三开间，明间梁架四柱七檩，五架抬梁带前后单步；次间五柱七檩，单檐硬山式人字坡屋顶。

下南山王氏宗祠 [Xiànánshān Wángshì Zōngcí]

位于沙柳街道下南山村中部。建于清代，1935年曾重修，门厅及戏台于1985年重建，两厢及正厅基本保持原有风格。坐北朝南，占地面积477平方米，四合院式砖木结构。正厅三开间，明间梁架四柱七檩，五架抬梁带前后单步；次间穿斗结构，单檐硬山式人字坡屋顶。天井石板铺地，两侧厢房各二层三开间。

前王赵施邵家庙 [Qiánwáng Zhàoshīshào Jiāmiào]

位于沙柳街道前王村东部。建于清代，正厅1991年重修。建筑坐北朝南，占地面积463平方米，砖木结构四合院式，前后两进，左右两层五开间厢房。门厅二层三开间，明间后檐设戏台。戏台用四柱，藻井失，单檐歇山顶。正厅三开间，明间梁架四柱七檩，五架抬梁带前后单步；次间五柱七檩，单檐硬山式人字坡屋顶。2004年被公布为县级文物保护点。

前店叶氏宗祠 [Qiándiàn Yèshì Zōngcí]

位于沙柳街道前店村东部。建于清代，山门、戏台于1999年重修，厢房重建，正厅基本保持原有风格。坐北朝南，占地面积536平方米，四合院式砖木结构，前后两进，左右两层厢房。山门两层三开间，明间后檐设戏台，单檐硬山式人字坡屋顶。正厅三开间，明间五柱八檩，五架抬梁带前单步后双步；次间穿斗结构，硬山面饰五级马头墙。

金板山周刘张宗祠 [Jīnbǎnshān Zhōuliúzhāng Zōngcí]

位于沙柳街道金板山村中部。坐西朝东，占地面积513平方米，四合院式砖木结构，左右设二层双开间厢房，均为硬山式人字坡屋顶，建于清中期。门厅二层五开间，明间后檐设戏台。戏台用四柱，施藻井，单檐歇山顶。正厅三开间，面宽12米，进深11米，高9米，明间梁架五柱九檩，五架抬梁带前单步后双步；次间穿斗结构。

后山周周氏宗祠 [Hòushānzhōu Zhōushì Zōngcí]

位于沙柳街道后山周村东部。建于清代。坐北朝南，四合院式，格局规整，单体多为后期重修或改建，原有风格已无。

前山卢氏宗祠 [Qiánshān Lúshì Zōngcí]

位于沙柳街道前店村前山自然村东南部。建于民国。坐北朝南，原为四合院式，现正厅尚存，单体保存一般。

珠岙镇

溪下麻氏宗祠 [Xīxià Máshì Zōngcí]

位于珠岙镇溪下村东部。建于清晚期，门厅、戏台已改建，为钢筋混凝土结构。坐北朝南，占地面积627平方米，四合院式砖木结构，平面呈长方形，前后二进，左右设两层厢房，均为硬山式人字坡屋顶。正厅三开间，明间梁架四柱七檩，五架抬梁带前后单步；次间梁架六柱七檩，檐前柱为梭柱。2004年被公布为县级文物保护点。

坎头张郑宗祠 [Kǎntóu Zhāngzhèng Zōngcí]

位于珠岙镇坎头村东部。始建于清光绪十三年（1887年），20世纪70年代对正厅进行维修。宗祠坐北朝南，占地面积454平方米，四合院式砖木结构，前后二进，左右设两层四开间厢房，均为硬山式人字坡屋顶。第一进门厅三开间，明间后檐设戏台。戏台用四柱，施藻井，单檐歇山顶。第二进正厅三开间，明间梁架四柱八檩，五架抬梁带前单步后双步；次间梁架六柱八檩。2004年被公布为县级文物保护单位。

岭里陈氏宗祠 [Lǐnglǐ Chénshì Zōngcí]

位于珠岙镇岭里村东部。始建年代不详，清光绪十八年（1892年）重修，1965年进行维修，现门厅及北厢房已改建。坐东朝西，占地面积359平方米，四合院式砖木结构，前后二进，左右设两层四开间厢房，均为硬山式人字坡屋顶。第一进门厅已改建，明间后檐设戏台。戏台用四柱，单檐歇山顶。第二进正厅四开间，明间梁架四柱七檩，五架抬梁带前单步后双步；次间梁架五柱七檩。

石马郑氏宗祠 [Shímǎ Zhèngshì Zōngcí]

位于珠岙镇石马村东部。建于清乾隆年间（1736—1795年），清嘉庆六年（1801年）重修，1981年东厢房拆除改建。坐北朝南，占地面积564平方米，四合院式砖木结构，前后两进，左右两层五开间厢房，硬山式人字坡屋顶。第一进门厅三开间，明间后檐设戏台与过廊，与正厅相连。第二进正厅三开间，明间梁架四柱七檩，五架抬梁带前轩廊后单步；次间梁架六柱七檩。2004年被公布为县级文物保护单位。

樟树下郑氏宗祠 [Zhāngshùxià Zhèngshì Zōngcí]

位于珠岙镇樟树下村中部。始建年代不详，清光绪年间（1875—1908年）重修。坐东朝西，占地面积535平方米，四合院式砖木结构，前后两进，左右两层五开间厢房，均为单檐硬山式人字坡屋顶。第一进门厅三开间，两侧各设耳房一间，明间后檐设戏台。戏台用四柱，单檐歇山顶。第二进正厅三开间，明间梁架四柱七檩，五架抬梁带前后单步；次间梁架五柱七檩。2004年被公布为县级文物保护单位。

铺里潘氏宗祠 [Pùlǐ Pānshì Zōngcí]

位于珠岙镇铺里村北部。坐西朝东，占地面积344平方米，四合院式砖木结构，前后二进，左右设两层五开间厢房，硬山式人字坡屋顶，建于清代。第一进台门屋二层三开间，明间后檐设戏台。戏台用四柱，单檐歇山顶。第二进正厅三开间，明间梁架四柱八檩，五架抬梁带前轩廊后双步；次间五柱八檩。2004年被公布为县级文物保护点。

铺里麻氏宗祠 [Pùlǐ Máshì Zōngcí]

位于珠岙镇铺里村南部。建于清乾隆十一年（1746年），1955年由于修建S214省道向前移了8米。坐西朝东，占地面积381平方米，四合院式砖木结构，前后二进，左右设两层五开间厢房，硬山式人字坡屋顶。第一进门厅三开间，明间后檐设戏台。戏台用四柱，单檐歇山顶。第二进正厅三开间，明间梁架四柱七檩，五架抬梁带前后单步；次间六柱七檩。正厅南侧立有娄阳麻氏祠堂碑记1通。2004年被公布为县级文物保护点。

娄坑俞氏家庙 [Lóukēng Yúshì Jiāmiào]

位于珠岙镇娄坑村中部。建于明弘治元年（1488年），清康熙二十五年（1686年）遭兵燹后重建，2007年11月拆除戏台及门厅，沿用大部分旧材料仿古重修。坐西朝东，占地面积554平方米，四合院式砖木结构，前后两进，左右两层五开间厢房。第一进门厅三开间，明间后檐设戏台。戏台用四柱，单檐歇山顶。第二进正厅三开间，明间梁架四柱七檩，五架抬梁带前后单步；次间六柱七檩，硬山面饰五级马头墙屋顶。俞氏家庙布局规整，保存尚好，建筑高大宽敞，构架用材粗大，具有一定的地方宗祠文化建筑特色。2004年被公布为县级文物保护单位。2011年被公布为省级文物保护单位。

香山汪氏宗祠 [Xiāngshān Wāngshì Zōngcí]

位于珠岙镇香山村西南部。建于清代中期，历代有重修，“文化大革命”时期局部构件遭破坏，2015年对宗祠进行了修葺，整幢建筑重新油漆。坐北朝南，占地面积367.16平方米，四合院式砖木结构，为二层硬山顶建筑。建筑共前后两进，沿中轴线自南向北依次为门厅、戏台、连廊、正厅等建筑，左右两层三开间厢房，二楼设木围栏。第一进门厅一层三开间，两侧各设耳房，明间后檐设戏台与连廊。戏台用四柱，施藻井。连廊用四柱，两柱与戏台共柱，位于天井中央，与戏台和正厅相接。正厅三开间，明间梁架四柱七檩，五架抬梁带前后单步；次间梁架五柱七檩，硬山式人字坡屋顶。宗祠内保存有清代匾额“汪氏宗祠”“忠孝传家”“俗振醇风”等。汪氏宗祠建筑格局规整，做工精细，紧凑小巧，古韵盎然，较好地保存了历史原貌，反映了三门古代建筑的高超水平和艺术特色。2014年被公布为县级文物保护单位。

岩坑王氏宗祠 [Yánkēng Wángshì Zōngcí]

位于珠岙镇岩坑村西部村口。建于清乾隆年间（1736—1795年），原为砖木结构四合院式，后毁，仅存正厅，2009年重建门厅、戏台及两厢。坐北朝南，占地面积136平方米。正厅三开间，明间梁架四柱十一檩，原为八檩，后檐廊为1980年重修时后退扩建，五架抬梁带前后单步；次间用五柱，混凝土地面。

独山郑氏宗祠 [Dúshān Zhèngshì Zōngcí]

位于珠岙镇独山村东部。建于明永乐二十二年（1424年），清康熙三十八年(1699年)重建。坐北朝南，占地面积600平方米，四合院式砖木结构，除正厅保存尚好外，其余皆已改建。正厅三开间，明间梁架四柱七檩，五架抬梁带前轩廊后单步；次间梁架六柱七檩，硬山式人字坡屋顶。

高枧郑氏宗祠 [Gāojiǎn Zhèngshì Zōngcí]

位于珠岙镇高枧村宗祠巷1号。始建年代不详，清雍正年间（1723—1735年）重建，戏台已拆除。坐西朝东，占地面积648平方米，四合院式砖木结构，分前后两进，左右两层四开间厢房。第一进台门屋为砖木结构，两层七开间，明间、左右梢间分设门楼，较高，明间门楼仿西洋建筑，梢间门楼设三级马头墙。第二进正厅三开间，明间梁架四柱七檩，五架抬梁带前后单步；次间梁架六柱七檩，硬山两面坡屋顶。2004年被公布为县级文物保护单位。

后畈郑氏宗祠 [Hòufàn Zhèngshì Zōngcí]

位于珠岙镇后畈村中部。建于清光绪二十三年（1897年），正厅保存尚好，门厅、戏台已拆毁重建。建筑坐北朝南，占地面积710平方米，四合院式砖木结构，前后两进，左右两层六开间厢房。正厅五开间，明间梁架四柱七檩，五架抬梁带前后单步；次间梁架六柱七檩，硬山式两面坡屋顶。2004年被公布为县级文物保护点。

小桐岩郑氏宗祠 [Xiǎotóngyán Zhèngshì Zōngcí]

位于珠岙镇小桐岩村北部。建于清代，门厅已改，正厅及两厢基本保持原貌。坐西朝东，占地面积410平方米，四合院式，前后两进，左右两层三开间厢房，均为硬山式人字坡屋顶。第一进山门二层五开间，明间后檐设戏台。第二进正厅三开间，明间梁架四柱七檩，五架抬梁带前后单步；次间梁架六柱七檩。

桐岩李李氏宗祠 [Tóngyánlǐ Lǐshì Zōngcí]

位于珠岙镇桐岩李村东部。建于清代，门厅及戏台于1995年改建。坐北朝南，占地面积549平方米，四合院式砖木结构，前后两进，左右两层三开间厢房，均为硬山式人字坡屋顶。正厅三开间，明间梁架四柱七檩，五架抬梁带前后单步；次间梁架六柱七檩。

珠萃屏郑氏宗祠 [Zhūcuìpíng Zhèngshì Zōngcí]

位于珠岙镇珠萃屏村东部。建于清乾隆三十四年（1769年），2007年重修。坐北朝南，占地面积583平方米，四合院式砖木结构，共前后两进，左右两层三开间厢房。门厅二层五开间，明间后檐设戏台。戏台用四柱，施藻井。正厅三开间，明间梁架四柱七檩，五架抬梁带前后单步；次间梁架六柱七檩，单檐硬山式人字坡屋顶。2004年被公布为县级文物保护单位。

黄罗郑氏宗祠 [Huángluó Zhèngshì Zōngcí]

位于珠岙镇黄罗村东部。建于明万历十三年（1585年），原为四合院式，1970年拆除戏台及两厢，仅存正厅。正厅坐北朝南，占地面积88平方米，三开间，明间梁架四柱七檩，五架抬梁带前后单步；次间梁架六柱七檩，单檐硬山顶。2004年被公布为县级文物保护点。

青里岙郑氏宗祠 [Qīnglǐ'ào Zhèngshì Zōngcí]

位于珠岙镇青里岙村中部。坐北朝南，占地面积314平方米，四合院式砖木结构，前后两进，左右两层三开间厢房，均为硬山式人字坡屋顶，清代建筑。第一进山门二层五开间，明间后檐设戏台与过廊。第二进正厅三开间，明间梁架四柱七檩，五架抬梁带前后单步；次间五柱七檩。2004年被公布为县级文物保护点。

东谢吴氏宗祠 [Dōngxiè Wúshì Zōngcí]

位于珠岙镇东谢村中部。坐西朝东，占地面积346平方米，四合院式砖木结构，前后两进，左右两层三开间厢房，单檐硬山式两面坡屋顶，建于清中期。第一进山门二层五开间，明间后檐设戏台。戏台用四柱，歇山顶。第二进正厅三开间，明间梁架四柱七檩，五架抬梁带前后单步；次间梁架五柱七檩。

吴岙吴氏宗祠 [Wú'ào Wúshì Zōngcí]

位于珠岙镇吴岙村中部。始建于清嘉庆五年（1800年），历代均有维修，但未做大的改变，2008年对门厅、戏台进行修复。坐东朝西，占地面积460平方米，四合院式砖木结构，前后三进，左右两层厢房。门厅前有照壁，三开间，为木牌楼式，明间屋顶高，次间屋顶低，设五级马头墙，明间后檐设戏台，单檐歇山顶。第二进正厅三开间，明间梁架四柱七檩，五架抬梁带前后单步；次间梁架五柱七檩。第三进后寝三开间，天花板上彩绘云龙等各种图案，屋顶均为单檐硬山式人字坡屋顶。吴氏宗祠格局规整，建筑高大，用材考究，保存较好，具有较高的艺术、科学、文物价值。2004年被公布为县级文物保护单位。2011年被公布为省级文物保护单位。

梅坑郑氏宗祠 [Méikēng Zhèngshì Zōngcí]

位于珠岙镇梅坑村中部。建于清同治年间（1862—1874年），民国二十八年（1939年）进行了大修，1985年对戏台进行修葺。坐北朝南，占地面积660平方米，四合院式砖木结构，前后两进，左右两层六开间厢房。门厅二层三开间，两侧各设耳房一间，明间后檐设戏台。戏台用四柱，单檐歇山顶。正厅三开间，明间梁架四柱七檩，五架抬梁带前后单步；次间穿斗结构，水泥地面，硬山面饰四级马头墙。

小岙郑氏宗祠 [Xiǎo'ào Zhèngshì Zōngcí]

位于珠岙镇小岙村东部。建于民国。坐西朝东，原为四合院式，现门厅倒塌，正厅、两厢尚存。

亭旁镇

板沸梅氏宗祠 [Bǎnfèi Méishì Zōngcí]

位于亭旁镇板沸村东部。建于民国三十五年（1946年），正厅及两厢为木结构建筑，戏台于20世纪70年代重建。坐东朝西，占地面积686平方米，四合院式砖木结构，前后两进，左右两层四开间厢房，硬山式人字坡屋顶。正厅三开间，明间梁架四柱八檩，五架抬梁带前轩廊后单步；次间五柱八檩，前檐廊柱饰五兽等图案。

叶家山杨周宗祠 [Yèjiāshān Yángzhōu Zōngcí]

位于亭旁镇叶家山村南部。民国五年（1916年）建，原为四合院式砖木结构，现仅正厅尚存，门厅、两厢及戏台为后期新建。坐北朝南，占地面积600平方米。正厅三开间，明间梁架四柱七檩，五架抬梁带前后单步；次间五柱七檩，硬山式人字坡屋顶。

王家王氏宗祠 [Wángjiā Wángshì Zōngcí]

位于亭旁镇上模村王家自然村中部。建于民国十八年（1929年），四合院式，现正厅、东厢保持原有风格，其余皆已重建。坐北朝南，占地面积1000平方米。正厅三开间，明间梁架四柱七檩，五架抬梁带前单步后双步；次间五柱七檩，硬山式人字坡屋顶。

葫芦田杨氏宗祠 [Húlutián Yángshì Zōngcí]

位于亭旁镇葫芦田村东部。建于清同治十三年（1874年），1953年重建，门厅、戏台及两厢为1969

年新建。坐北朝南，占地面积401平方米，四合院式砖木结构，前后两进，左右两层厢房。正厅三开间，明间梁架四柱八檩，五架抬梁带前后单步；次间梁架五柱八檩，单檐硬山两面坡屋顶。

西山梅氏宗祠 [Xīshān Méishì Zōngcí]

位于亭旁镇西山村中部。坐北朝南，通面阔18.20米，通进深27.17米，占地面积493平方米，四合院式砖木结构，沿中轴线自南向北依次为门厅、戏台、正厅二进建筑，两侧分别设两层五开间厢房，始建于清同治三年（1864年）。第一进门厅两层三开间，底层施卷棚顶，重檐硬山顶，明间后檐设戏台。戏台四柱方形平台，三方敞开，无勾栏，台后立屏风，施藻井。藻井方形，木板平铺，四周施弯椽，台前柱上饰倒挂狮子牛腿和人物雀替，额枋上雕刻各种花鸟、走兽图案，龙吻脊，飞檐翘角，造型优美。第二进正厅三开间，明间梁架五柱八檩，五架抬梁带前轩廊后双步，后廊设寝堂；次间梁架六柱八檩，硬山两面坡屋顶。檐柱饰草龙、人物、花鸟等图案，雕工精细，形象逼真。天井成方，以鹅卵石镶成吉祥图案。2011年7月被公布为县级文物保护单位。

石滩卢氏宗祠 [Shítān Lúshì Zōngcí]

位于亭旁镇石滩村中部。始建于清乾隆十二年（1747年），正厅北侧墙面、两侧厢房于2007年修缮。坐西朝东，平面略呈“凸”字状，通面阔28.11米，通进深32.66米，占地面积918平方米，四合院式砖木结构，沿中轴线自东向西依次为门厅、戏台与过廊、正厅二进建筑，门厅与正厅两侧分别设两层五开间厢房，均为硬山式人字坡屋顶。第一进门厅二层五开间，明间后檐设戏台与过廊。第二进正厅三开间，明间梁架六柱九檩，五架抬梁带前单步和前轩廊后双步；次间七柱九檩，石板铺地。轩廊均用大小卷棚，柱础为圆鼓形，底座为莲花瓣覆盆式，工艺精美。正厅、天井石板铺地。卢氏宗祠布局规整，建筑高大、宽敞，戏台梁架彩绘各种人物、花鸟图案，较有特色。2011年7月被公布为县级文物保护单位。

上蒋蒋氏宗祠 [Shàngjiǎng Jiǎngshì Zōngcí]

位于亭旁镇上蒋村北部。建于清乾隆十年（1745年），门厅、戏台、厢房为2007年新建。坐北朝南，平面略呈“凸”字状，占地面积788平方米，四合院式砖木结构，沿中轴线自南向北依次为门厅、戏台、正厅二进建筑，门厅与正厅两侧分别设两层厢房。正厅三开间，明间梁架五柱七檩，五架抬梁带前单步后双步；次间穿斗结构，单檐硬山式两面坡屋顶。2004年被公布为县级文物保护点。

下吴吴氏宗祠 [Xiàwú Wúshì Zōngcí]

位于亭旁镇下吴村东部。建于清乾隆十五年（1750年），现仅正厅尚存，余皆为后期新建。坐北朝南，占地面积821平方米，四合院式砖木结构，前后两进，左右两层厢房。正厅三开间，明间梁架四柱八檩，五架抬梁带前轩廊后双步；次间梁架五柱八檩，硬山式人字坡屋顶。2004年被公布为县级文物保护点。

上任郑郑氏宗祠 [Shàngrénzhèng Zhèngshì Zōngcí]

位于亭旁镇上任郑村东北部。建于清道光二十八年（1848年），正厅保持原貌，余皆2003年新建。坐北朝南，占地面积504平方米，四合院式砖木结构，前后两进，左右两层厢房。正厅三开间，明间梁架四柱七檩，五架抬梁带前后单步；次间梁架五柱七檩，单檐硬山顶。2004年被公布为县级文物保护点。

梅坑杨杨氏宗祠 [Méikēngyáng Yángshì Zōngcí]

位于亭旁镇梅坑杨村中部。坐东北朝西南，平面略呈“凸”字状，占地面积382平方米，四合院式砖木结构，前后两进，左右两层三开间厢房，建于清乾隆年间（1736—1795年）。第一进门厅二层七开间，明间后檐设戏台。戏台用四柱，单檐歇山顶。第二进正厅三开间，明间梁架四柱八檩，五架抬梁带前单步后双步；次间梁架五柱八檩，单檐硬山顶。2004年被公布为县级文物保护单位。

梅坑胡胡氏宗祠 [Méikēnghú Húshì Zōngcí]

位于亭旁镇梅坑胡村中部。建于清嘉庆十二年（1807年），正厅保持原貌，余皆已改建。坐西朝东，平面略呈“凸”字状，占地面积775平方米，四合院式砖木结构，前后两进，左右两层厢房。正厅三开间，明间梁架四柱八檩，五架抬梁带前轩廊后双步；次间梁架五柱八檩，正厅明间设寝堂，摆放祖宗灵位，单檐硬山顶。

赖岙赖氏宗祠 [Lài'ào Làishì Zōngcí]

位于亭旁镇赖岙村西部。建于清代，原为四合院式，现仅正厅保持原貌，余皆改建或毁。坐北朝南，占地面积107平方米。正厅三开间，明间梁架五柱八檩，五架抬梁带前轩廊后双步；次间梁架六柱八檩，单檐硬山顶。2004年被公布为县级文物保护点。

上梅梅氏宗祠 [Shàngméi Méishì Zōngcí]

位于亭旁镇上梅村中部。建于清代，正厅保持原貌，余皆为后期改建或重修。坐东朝西，占地面积732平方米，四合院式砖木结构，前后两进，左右两层四开间厢房。第一进山门二层五开间，中设戏台。第二进正厅三开间，明间梁架四柱八檩，五架抬梁带前轩廊后单步；次间梁架五柱八檩，单檐硬山顶。

彭家彭氏宗祠 [Péngjiā Péngshì Zōngcí]

位于亭旁镇彭家村中部。建于清嘉庆二十五年（1820年），原为四合院，正厅2003年重修，余皆已改建。坐北朝南，占地面积750平方米。正厅三开间，明间梁架四柱八檩，五架抬梁带前单步后双步；次间五柱八檩，单檐硬山顶。

前楼楼氏宗祠 [Qiánlóu Lóushì Zōngcí]

位于亭旁镇前楼村东部。正厅建于清顺治十年（1653年），戏台及两厢为清乾隆三十六年（1771年）建。坐北朝南，平面略呈“凸”字状，占地面积574平方米，四合院式砖木结构，沿中轴线自南向北依次为门厅、戏台、正厅二进建筑，门厅与正厅两侧分别设两层五开间厢房。门厅二层三开间，两侧各设耳房二间，明间后檐设戏台。戏台用四柱，施藻井，单檐歇山顶。正厅三开间，明间梁架四柱七檩，五架抬梁带前轩廊后单步；次间梁架五柱七檩，单檐硬山顶。2004年被公布为县级文物保护单位。

王村杨蒋宗祠 [Wángcūn Yángjiǎng Zōngcí]

位于亭旁镇王村中部。建于清咸丰七年（1857年），门厅于1977年改建，为水泥结构，正厅及戏台保存尚好。坐北朝南，平面略呈“凸”字状，占地面积580平方米，四合院式砖木结构，沿中轴线自南向北依次为门厅、戏台、正厅二进建筑，门厅与正厅两侧分别设两层厢房。第一进门厅七开间，砖木、水泥结构，门厅明间后檐设戏台。戏台用四柱，施藻井，歇山顶。第二进正厅三开间，明间梁架四柱七檩，五架抬梁带前后单步；次间梁架五柱七檩，单檐硬山顶。

上鲍鲍氏宗祠 [Shàngbào Bàoshì Zōngcí]

位于亭旁镇上鲍村中部。坐北朝南，平面略呈“凸”字状，通面阔20.98米，通进深28.18米，占地面积510平方米，四合院式砖木结构，沿中轴线自南向北依次为门厅、戏台、正厅二进建筑，门厅与正厅两侧分别设两层三开间厢房，建于清代。第一进门厅为二层三开间，两侧各设耳房一间，明间后檐设戏台。戏台用四柱，施藻井，单檐歇山顶。第二进正厅三开间，明间梁架四柱七檩，五架抬梁带前后单步；次间五柱七檩，单檐硬山顶。2011年7月被公布为县级文物保护单位。

任家任氏宗祠 [Rénjiā Rénshì Zōngcí]

位于亭旁镇任家村东部，始建于明正德十年（1515年），清代重建。坐北朝南，平面呈“凸”字状，占地面积649平方米，四合院式砖木结构，沿中轴线自南向北依次为门厅、戏台、正厅二进建筑，两侧分别设两层三开间厢房，石板铺地。第一进门厅为二层七开间，明间后檐设戏台。戏台用四柱，施藻井，单檐歇山顶。第二进正厅三开间，明间梁架六柱十檩，五架抬梁带前轩廊后单步和后廊；次间梁架八柱十檩，单檐硬山顶。任氏宗祠布局规整，建筑高大宽敞，构架用材粗大，斗拱等饰件雕刻古朴大方，原汁原味地保存着当年的历史风貌，特别是宗祠中保留着大量的匾额、楹联、木雕等建筑构件，集中传递了古代书法、绘画、雕刻等艺术信息，综合地展示了当地古建筑的高超水平和艺术特色，对研究地方民间宗祠建筑文化，提供了一定的实物资料。2004年被公布为县级文物保护单位。2011年7月被公布为省级文物保护单位。

岙楼楼氏宗祠 [Ào'lóu Lóushì Zōngcí]

位于亭旁镇岙楼村中部。建于清代中期，戏台1984年重修时推前。坐北朝南，通面阔19.9米，通进深32.34米，占地面积644平方米，四合院式砖木结构，沿中轴线自南向北依次为门厅、戏台、正厅二进建筑，两侧为两层五开间厢房。第一进门厅为二层三开间带二弄，重檐硬山顶。明间后檐设戏台。戏台用四柱，施藻井，单檐歇山顶。第二进正厅三开间，明间梁架四柱七檩，五架抬梁带前后单步；次间六柱七檩，穿斗抬梁混合结构，单檐硬山顶。天井方形，以鹅卵石镶嵌。2011年7月被公布为县级文物保护单位。

湫水下叶叶氏宗祠 [Qiūshuǐxiàyè Yèshì Zōngcí]

位于亭旁镇湫水下叶村北部。坐北朝南，通面阔21.48米，通进深27.48米，占地面积588平方米，四合院式砖木结构。沿中轴线自南向北依次为门厅、戏台、正厅二进建筑，两侧分别设两层三开间厢房，建于清咸丰九年（1859年）。第一进门厅二层三开间，两侧各设耳房二间，明间后檐设戏台。戏台用四柱，施藻井，单檐歇山顶。第二进正厅三开间，明间梁架四柱八檩，五架抬梁带前轩廊后双步；次间五柱八檩，穿斗抬梁混合结构，单檐硬山顶。檐柱上饰倒挂狮子、凤凰牛腿，柱枋间饰以透雕卷草纹、草龙纹雀替，额枋上彩绘戏曲人物、花鸟等图案。2011年7月被公布为县级文物保护单位。

邵家邵氏宗祠 [Shàojiā Shàoshì Zōngcí]

位于亭旁镇邵下村西部。始建于清乾隆年间(1736—1795年)，清光绪十八年（1892年）重修。坐北朝南，平面略呈“凸”字状，通面阔22.98米，通进深27.43米，占地面积630平方米，四合院式砖木结构，沿中轴线自南向北依次为门厅、戏台、正厅二进建筑，两侧为两层三开间厢房。第一进门厅二层三开间，两侧各设耳房二间，重檐硬山顶。明间后檐设戏台，用四柱，三方敞开，无勾栏，施方形藻井，单檐歇山顶。第二进正厅三开间，明间梁架六柱九檩，五架抬梁带前轩廊后双步；次间梁架八柱九檩，穿斗抬梁混合结构，月梁、牛腿、雀替雕刻有花鸟图案，额枋上彩绘戏曲人物图案，单檐硬山顶。邵氏宗祠布局规整，建筑高大、宽敞，柱花等饰件雕刻古朴精美，保存较好。2011年7月被公布为县级文物保护单位。

上卢卢氏宗祠 [Shànglú Lúshì Zōngcí]

位于亭旁镇上卢村北部。建于清嘉庆七年（1802年），门厅已改水泥结构，余皆保存尚好。坐北朝南，占地面积526平方米，四合院式砖木结构，沿中轴线自南向北依次为门厅、戏台、正厅二进建筑，门厅与正厅两侧分别设两层四开间厢房。第一进门厅二层七开间，钢筋混凝土结构，明间后檐设戏台，用四柱，施藻井，单檐歇山顶。第二进正厅三开间，明间梁架四柱八檩，五架抬梁带前后双步；次间梁架五柱八檩，单檐硬山顶。2004年被公布为县级文物保护点。

包家包氏宗祠 [Bāojiā Bāoshì Zōngcí]

位于亭旁镇包家村中部。始建于清康熙二十八年（1689年），正厅于1964年重修。建筑坐北朝南，平面呈“凸”字形，占地面积698平方米，四合院式砖木结构，沿中轴线自南向北依次为门厅、戏台、正厅二进建筑，门厅前有照壁，门厅与正厅间两侧设两层五开间厢房。第一进门厅二层三开间，两侧各设耳房二间，明间后檐设戏台。戏台用四柱，施圆形藻井，用雕花板层层盘筑，呈现六层阶梯形，中有坐斗八个，层层出踩，与上层斗拱相连，通体彩绘。屋脊饰双龙戏珠龙吻，歇山顶。第二进正厅三开间，明间梁架六柱九檩，五架抬梁带前后双檐廊；次间梁架八柱九檩，穿斗抬梁混合结构，单檐硬山顶。包氏宗祠布局规整，建筑构架用材粗大，保存较好。2004年10月被公布为县级文物保护单位。

杨家杨氏家庙 [Yángjiā Yángshì Jiāmiào]

位于亭旁镇杨家村中部，四周皆为民居。始建于明洪武初，清雍正年间（1723—1735年）因家庙简陋狭隘重建，清乾隆四十九年（1784年）再度扩建，1986年进行了大规模修葺，2008年对门厅、戏台进行修缮，整幢建筑重新油漆。坐北朝南，平面呈“凸”字状，占地面积1100平方米，四合院式砖木结构，沿中轴线自南向北依次为门厅、戏台、正厅二进建筑，门厅与正厅两侧分别设两层六开间厢房。第一进门厅为二层三开间，两侧各设耳房二间，明间后檐设戏台。戏台用四柱，施藻井，单檐歇山顶。第二进正厅三开间，明间梁架六柱九檩，五架抬梁带前单步、前轩廊后单步和后廊；次间梁架七柱九檩，地面石板铺地，单檐硬山顶。2011年7月被公布为县级文物保护单位。

刘家刘氏宗祠 [Liújiā Liúshì Zōngcí]

位于亭旁镇刘家村中部。建于清代，原为四合院式，现正厅尚存，余皆已改建。建筑坐北朝南，占地面积108平方米。正厅三开间，明间梁架四柱七檩，五架抬梁带前后单步；次间梁架五柱七檩，单檐硬山顶。

东湖胡氏宗祠 [Dōnghú Húshì Zōngcí]

位于亭旁镇东湖村西部。建于清代，原为四合院式，现正厅尚存，于1997年重修，余皆已倒塌。坐北朝南，占地面积460平方米。正厅三开间，明间梁架四柱七檩，五架抬梁带前后单步，部分石础饰圆形铜鼓钉图案，较有特色；次间六柱七檩，硬山式人字坡屋顶。

项家山梅氏宗祠 [Xiàngjiāshān Méishì Zōngcí]

位于亭旁镇项家山村北部。建于清道光二十年（1840年），正厅1986年重修，基本保持原有风格。坐北朝南，四合院式砖木结构，前后两进，左右两层厢房（厢房已拆毁新建）。门厅二层五开间，明间后檐设戏台。戏台为后期修建，原有风貌已无，单檐歇山顶。正厅原为三开间，现两侧向外扩建2.5米，明间梁架四柱七檩，五架抬梁带前后单步；次间五柱七檩，硬山式人字坡屋顶。

郑家郑氏宗祠 [Zhèngjiā Zhèngshì Zōngcí]

位于亭旁镇芦田山郑家村西部。坐西北朝东南，四合院式砖木结构，前后两进，左右两层三开间厢房，平面呈“凸”字形，通面阔18.82米，通进深23.29米，占地面积399平方米，建于清代中期。门厅二层七开间，中开三门，明间后檐设戏台，与连廊连成一体，屋面横架于门厅与正厅之间，呈“工”字形。戏台为四柱方形平台，无勾栏，台后立屏风。连廊二间，二柱五檩，五架梁。正厅三开间，明间梁架四柱七檩，五架抬梁带前轩廊后单步；次间穿斗抬梁混合结构，檐柱上饰龙凤图案牛腿，硬山顶。整座宗祠布局规整，结构严谨，保存较好，具有一定的清代地方宗祠建筑文化特色。2011年7月被公布为县级文物保护单位。

叶家庄叶氏宗祠 [Yèjiāzhuāng Yèshì Zōngcí]

位于亭旁镇叶家庄村中部。戏台及两厢为清代建筑，正厅于1955年改建为仓库，石础尚存，原有风格已无。坐东朝西，占地面积915平方米，四合院式砖木结构，前后两进，左右两层四开间厢房。门厅二层三开间，两侧各设耳房二间，明间后檐设戏台。戏台用四柱，施藻井，单檐歇山顶。正厅二层三开间，明间梁架五柱九檩，中柱落地；次间同明间，单檐硬山式人字坡屋顶，天井石板铺地。

枧头梅氏宗祠 [Jiǎntóu Méishì Zōngcí]

位于亭旁镇枧头村西北部。建于1948年。坐北朝南，四合院式，正厅保存尚可，戏台已毁。

梅长者祠 [Méizhǎngzhě Cí]

位于亭旁镇刘家村东。始建于明代，后毁重建，1993年焚于火，1994年重建。坐西朝东，四合院式砖木结构，前为乌鲸潭。中建大门、戏台，台高1.4米，面阔4.1米，进深4.3米。正厅面阔15米，进深14米。清《方舆汇编》记载：“梅长者祠，在宁和丹丘寺前，宋淳祐中建，今改建中门。”

胡家胡氏宗祠 [Hújiā Húshì Zōngcí]

位于亭旁镇胡家村西南部。建于清代。坐北朝南，四合院式砖木结构，格局尚存，部分墙体倒塌，单体损毁严重。

坐塘金氏宗祠 [Zuòtáng Jīnshì Zōngcí]

位于亭旁镇坐塘村中部。建于清道光七年（1827年），历代重修。坐西朝东，四合院式砖木结构，布局规整，原有装饰基本消失，构架保存一般。

挂帘何氏宗祠 [Guàlián Héshì Zōngcí]

位于亭旁镇挂帘村北部。建于清代，民国重建。坐北朝南，四合院式砖木结构，前后两进，构架保存一般。

界岙高氏宗祠 [Jiè'ào Gāoshì Zōngcí]

位于亭旁镇界岙村中部。建于清代。坐北朝南，原为四合院式砖木结构，现仅存正厅三间，余皆已改建，建筑构架保存一般。

狮岭丁氏宗祠 [Shīlǐng Dīngshì Zōngcí]

位于亭旁镇狮岭村中部。建于清代。坐北朝南，四合院式砖木结构，格局尚存，建筑多为后期新建或重修，原有装饰及风貌基本无存。

山根邵邵氏宗祠 [Shāngēnshào Shàoshì Zōngcí]

位于亭旁镇山根邵村西部。建于清代。坐北朝南，四合院式砖木结构，格局规整，构架多为后期修建，原有装饰部分基本消失，构架保存一般。

健跳镇

岙口吴氏宗祠 [Ào'kǒu Wúshì Zōngcí]

位于健跳镇岙口村东南部。建于清光绪年间（1875—1908 年），正厅尚存，门厅、戏台及两厢为后期新建。坐西朝东，占地面积 890 平方米，四合院式砖木结构，前后两进，左右两层厢房。正厅三开间，明间梁架五柱八檩，五架抬梁带前轩廊后双步；次间梁架六柱八檩，硬山两面坡屋面饰四级马头墙。2004 年被公布为县级文物保护单位。

里岙叶氏宗祠 [Lǐ'ào Yèshì Zōngcí]

位于健跳镇里岙村东部。建于清代，1927 年重修。坐北朝南，占地面积约 477 平方米，四合院式砖木结构，前后两进，左右两层四开间厢房，硬山两面坡屋顶。第一进门厅为二层三开间，两侧各设耳房二间，明间后檐设戏台。戏台用四柱，无饰件雕刻，较简单，单檐歇山顶。第二进正厅三开间，明间梁架五柱八檩，五架抬梁带前轩廊后单步；次间梁架穿斗结构。

西郭叶氏宗祠 [Xīguō Yèshì Zōngcí]

位于健跳镇西郭村西部。建于清代，现仅正厅尚存，余皆已改建。坐北朝南，占地面积 410 平方米，四合院式砖木结构，前后两进，左右厢房。正厅三开间，明间梁架四柱七檩，五架抬梁带前轩廊后单步；次间梁架六柱七檩，硬山两面坡屋顶。

东边何氏宗祠 [Dōngbiān Héshì Zōngcí]

位于健跳镇东边村中部。建于清代，原为四合院式砖木结构，现正厅尚存，余皆毁。坐北朝南，占地面积 142 平方米。正厅三开间，明间梁架五柱八檩，五架抬梁带前单步后双步；次间梁架六柱八檩，硬山两面坡屋顶。

横渡镇

东屏陈氏宗祠 [Dōngpíng Chénshì Zōngcí]

位于横渡镇东屏村。始建于明代，清代重建，戏台于 1979 年拆建，有所扩大。坐北朝南，平面呈“凸”字形，占地面积 642 平方米，四合院式砖木结构，沿中轴线自南向北依次为门厅、戏台、正厅二进建筑，门厅与正厅间两侧分别设二层厢房。第一进门厅二层五开间，明间后檐设戏台。戏台用四柱，施藻井，单檐歇山顶。第二进正厅三开间，明间梁架四柱七檩，五架抬梁带前轩廊后单步；次间梁架为五柱七檩，硬山顶。2004 年被公布为县级文物保护点。

小横渡何氏宗祠 [Xiǎohéngdù Héshì Zōngcí]

位于横渡镇小横渡村东面的小学内。坐北朝南，占地面积 147 平方米，为一进单体三开间建筑，建于清代。明间梁架四柱八檩，五架抬梁带前单步后双步，前檐廊柱采用落地正方石柱，上刻楹联；次间梁架五柱八檩，硬山两面坡屋顶。

花桥镇

花桥李氏家庙 [Huāqiáo Lǐshì Jiāmiào]

位于花桥镇花桥村北部。始建于清，原为四合院式砖木结构，现布局不规整，仅正厅尚存，余皆已改建或拆毁。坐北朝南，前后二进，前为门楼及戏台，后为正厅七间，之间为水泥地天井，单体保存一般。

浦坝港镇

文信国公大忠祠 [Wénxìnguógōng Dàzhōngcí]

位于浦坝港镇仙岩村以北仙岩洞内。明嘉靖四十二年（1563 年）叶琰、邓景、张拔等捐产在仙岩洞内建文信国公大忠祠，清乾隆、嘉庆、光绪间重修，“文化大革命”期间被毁，殿阁楼房被拆除，仅留残墙断壁及石雕、石刻等，1996 年集资重修。

南岙陈陈氏宗祠 [Nán'àochén Chénshì Zōngcí]

位于浦坝港镇南岙陈村东北部。建于清代，原为四合院式砖木结构，1958 年重修，仅存正厅，余皆毁。坐北朝南，占地面积 171 平方米。正厅五开间，明间梁架四柱八檩，五架抬梁带前后单步；次间穿斗结构，梢间梁架五柱八檩，硬山式人字坡屋顶。

山场柯氏宗祠 [Shānchǎng Kēshì Zōngcí]

位于浦坝港镇山场村中部古街北边。建于清代，民国十四年（1925 年）重修，正厅及两厢于 1981 年重建。坐东朝西，占地面积 980 平方米，四合院式砖木结构，前后两进，左右厢房，均为两层。第一进门厅二层九开间，二楼设木围栏，单檐硬山两面坡屋顶。门厅明间后檐设戏台。戏台用四柱，施藻井，面阔 4.5 米，进深 4.6 米，高 1.4 米，三面木质护栏，栏高 0.47 米，单檐歇山顶。戏台前檐柱联“引古示今，当知古事如今事；以虚为实，漫道虚情是实情”。2004 年被公布为县级文物保护点。

庙峙朱氏宗祠 [Miàozhì Zhūshì Zōngcí]

位于浦坝港镇庙峙村西部。建于清代，1986 年重修。坐西朝东，四合院式砖木结构，布局规整，原有装饰基本消失，建筑构架保存一般。

庙峙方氏宗祠 [Miàozhì Fāngshì Zōngcí]

位于浦坝港镇庙峙村东部。建于清代，1981 年重建。坐东朝西，四合院式砖木结构，布局规整，建筑构架简单，保存尚可，原有装饰基本消失。

庙峙张氏宗祠 [Miàozhì Zhāngshì Zōngcí]

位于浦坝港镇庙峙村中部。建于清代，1978 年重建。坐北朝南，四合院式砖木结构，布局基本规整，结构简单，构架保存尚可，原有装饰基本消失。

第八节　宅第民居

海游街道

盐廒道地 [Yán'áo Dàodì]

位于海游街道石羊溪南岸，青萍桥畔。坐南朝北，四合院式砖木结构，占地面积 1200 平方米。道地中原有一口大水井，源自石羊溪，现已圮。盐廒顾名思义是囤盐的地方，解放后才改为民居。清末民国初年在此设“六邑官盐总廒”，直属两浙盐运使，总揽台州六县的官盐销售。后改为“维新盐廒”，并在亭旁、沙柳、桑洲等地设立 6 个分廒，全年销食盐 1 万多吨。古时分官盐和私盐，盐廒一直是三门沿海最大的官盐收购和销售中心，20 世纪 50 年代后，食盐实行专卖管理，由供销社统一经营，盐廒也彻底退出了历史舞台，名称却一直延续至今。三门湾畔沿海盛产食盐，盐业历史悠久。盐廒百步外昔日为海游码头，海运便捷，盐廒便成了沿海一带食盐的中转站。当时交通落后，全凭肩挑，从这里挑往宁海、天台、临海、仙居等地食盐络绎不绝。

上堂巷43号民居 [Shàngtángxiàng 43 hào Mínjū]

俗称“穿堂道地”。位于海游街道丹峰村上堂巷43号。坐北朝南，占地面积1145平方米，四合院式砖木结构，前后三进两院落，左右各设厢房，厢房后侧各有跨院，均为两层楼，硬山顶，清代建筑。第一进台门屋七开间，中设台门，前天井由二面围墙分隔为左右两院落，中间为过道。第二进前厅三开间带二弄。第三进正房七开间，中设堂前，明间梁架五柱六檩；次间梁架三柱六檩。厢房八开间带三弄，地面均石板铺地。2004年被公布为县级文物保护点。

后堂后道地 [Hòutáng Hòudàodì]

位于海游街道丹峰村中部后堂巷48号。建于清代。坐北朝南，四合院式砖木结构，布局基本规整，部分墙体改建，局部构架及装饰损毁严重。

城东后道地 [Chéngdōng Hòudàodì]

位于海游街道城东巨丰巷13号。建于清代。坐西朝东，三合院式砖木结构，布局基本规整，部分墙体改建，保存尚可。

城东太和行道地 [Chéngdōn Tàihéháng Dàodì]

位于海游街道城东石洋溪路86号。建于清代。坐北朝南，三合院式砖木结构，布局基本规整，部分墙体改建，保存一般。

城东石板道地 [Chéngdōn Shíbǎn Dàodì]

位于海游街道城东巨丰巷10号。建于清代。坐东朝南，三合院式砖木结构，布局基本规整，部分墙体改建，保存尚可。

城西石板道地 [Chéngxī Shíbǎn Dàodì]

位于海游街道城西村中部上西巷13号。建于清代。坐北朝南，四合院式砖木结构，格局规整，构架保存一般，装饰基本消失。

城西花车门石板道地 [Chéngxī Huāchēmén Shíbǎn Dàodì]

位于海游街道城西村中部上马石巷16号。建于清代。坐东朝西，四合院式砖木结构，现除台门保存尚可，余皆已改建或重修。

下岙周中央台道地 [Xià'àozhōu Zhōngyāngtái Dàodì]

位于海游街道小坑村下岙周自然村西部，清晚期建筑。坐北朝南，占地面积1257平方米，四合院式砖木结构，沿中轴线自南向北依次为花车门、台门屋、正房三进建筑，花车门与台门屋西侧设厢房，台门屋与正房两侧设厢房，均为两层楼，硬山顶。第一进花车门为五开间，中设台门。第二进台门屋五开间。第三进正房五开间带两偎屋，中设堂前，明间梁架三柱六檩，五架抬梁带后单步；次间梁架四柱六檩。厢房三开间，天井石板铺设。2004年被公布为县级文物保护单位。

下岙周食堂道地 [Xià'àozhōu Shítáng Dàodì]

位于海游街道小坑村下岙周自然村中部，建于民国初期。坐北朝南，占地面积470平方米，四合院式砖木结构，前后两进，左右三开间厢房，均为两层楼，硬山顶。第一进台门屋三开间带两偎后屋，中设台门。第二进正房三开间带两偎后屋，中设堂前，明间梁架三柱五檩；次间同明间。2004年被公布为县级文物保护单位。

下岙周里台道地 [Xià'àozhōu Lǐtái Dàodì]

位于海游街道小坑村下岙周自然村西部，建于民国三年（1914年）。坐北朝南，占地面积655平方米，四合院式砖木结构，前后两进，左右厢房，均为两层楼，硬山顶。台门屋七开间，中设台门，两侧镌有刘膺古所题对联“飞阁流丹下临天地，层峦耸翠上出云霄”，横批是“狮峰挺秀”。正房五开间带二弄，中设堂前，明间梁架四柱七檩，五架抬梁带前后单步；次间梁架五柱七檩。厢房四开间，天井石板铺设。

2004年被公布为县级文物保护单位。

下岙周上台道地 [Xià'àozhōu Shàngtái Dàodì]

位于海游街道小坑村下岙周自然村中部。建于民国。坐北朝南，四合院式砖木结构，布局规整，建筑构架保存尚可，原有装饰已无。

下岙周大道地 [Xià'àozhōu Dàdàodì]

位于海游街道小坑村下岙周自然村中部。建于清代。坐北朝南，四合院式砖木结构，格局规整，部分墙体及装饰损毁严重，构架保存一般。

上黄黄氏民居 [Shànghuáng Huángshì Mínjū]

俗称“染店道地”，清代建筑。位于海游街道小坑村上黄自然村东部。坐北朝南，占地面积552平方米，四合院式砖木结构，前后两进，左右三开间厢房，均为两层楼。第一进台门屋七开间，中设台门。第二进正房三开间带两偎后屋，中设堂前，明间梁架三柱六檩，五架抬梁带后单步；次间四柱六檩，重檐硬山顶。

尤家尤氏民居 [Yóujiā Yóushì Mínjū]

俗称“石板道地”，建于清代。位于海游街道小坑村尤家自然村东部。坐东朝西，占地面积439平方米，四合院式砖木结构，前后两进，左右厢房，均为两层楼。台门屋三开间带二弄，中轴线上设台门，台门两侧对联“丹桂长诗书门第，黄金生动俭人家”，单檐人字坡屋顶。正房五开间带二弄，中设堂前，明间梁架三柱六檩，前檐廊柱饰倒挂狮子、凤凰等图案，地面铺石板，厢房各四开间，重檐硬山人字坡屋顶。

下谢谢氏民居 [Xiàxiè Xièshì Mínjū]

俗称“高园道地”，建于清末。位于海游街道下谢村中部。坐北朝南，占地面积639平方米，四合院式砖木结构，前后两进，左右厢房，均为两层楼。第一进台门屋为七开间，中设台门。第二进正房七开间带二弄，明间梁架三柱六檩，五架抬梁带后单步；次间梁架四柱六檩。厢房三开间，重檐硬山顶。

下谢新屋小套居 [Xiàxiè Xīnwū Xiǎotàojū]

位于海游街道下谢村中部。坐北朝南，三合院式砖木结构，格局规整，单体保存尚可。建于清代，原为地主屋，土改时没收，现为村老人协会管理。

下坑高车门 [Xiàkēng Gāochēmén]

位于海游街道下坑村北部。建于清代。坐北朝南，四合院式砖木结构，前有照壁，原有装修装饰基本消失，建筑构架损毁严重。

善岙蒋上台道地 [Shàn'àojiǎng Shàngtái Dàodì]

位于海游街道善岙蒋村东南部。建于清代，坐北朝南，三合院式砖木结构，布局基本规整，原有装修装饰基本消失，构架保存一般。2004年被公布为县级文物保护单位。

悬渚上屋道地 [Xuánzhǔ Shàngwū Dàodì]

位于海游街道悬渚村东部。建于清代。坐北朝南，四合院式砖木结构，格局规整，部分墙体、装饰损毁严重。

里岱阜新屋道地 [Lǐdàifù Xīnwū Dàodì]

位于海游街道里岱阜村中部。坐东朝西，四合院式砖木结构，布局基本规整，部分装饰尚存，建筑构架保存一般，建于清代。

里岱阜里台道地 [Lǐdàifù Lǐtái Dàodì]

位于海游街道里岱阜村东部。建于清代。坐东朝西，四合院式砖木结构，布局基本规整，部分墙体、装饰损毁严重。

外岱阜楼氏民居 [Wàidàifù Lóushì Mínjū]

俗称“石板道地”。位于海游街道外岱阜村中部，建于清晚期。坐北朝南，占地面积423平方米，四合院式砖木结构，前后两进，左右厢房，均为两层楼。台门屋三开间，中设台门，单檐硬山顶。正房三开间带二弄，中设堂前，明间梁架五柱六檩；次间同明间，前檐廊柱饰龙凤图案，重檐硬山顶。两侧厢房各为六开间带一弄，天井石板铺地。

海润街道

祁家祁宅 [Qíjiā Qízhái]

位于海润街道祁家村中部。始建于清宣统元年（1909 年），历经十年才完工，为辛亥革命志士祁文豹故宅。坐北朝南，占地面积 1990 平方米，主楼为传统砖木结构四合院式，前后两进，左右两层厢房，硬山顶。正房二层七开间带一弄，明间梁架五柱七檩，中柱落地带前后双步和前后廊；次间同明间。两侧厢房及主楼后侧各有跨院，东南角建有炮楼，前面筑有围墙和影壁，后面有花园。2004 年公布为县级文物保护单位。2011 年被公布为省级文物保护单位。

祁文豹（1878—1927 年），名匡训，字蔚生，祁家人。自幼聪敏好学，初入私塾，后入江南陆师学堂学习。清光绪二十九年（1903 年）三月以南洋官费保送至日本陆军士官学校第三期炮科班。辛亥革命期间，任江南将弁学堂教官，陆军第九镇炮队教练官、管带、辎重营管带和炮队总管带。光复时任联军师一等参谋。后历任江南军械、机器、火药三局总理，浙江督署军事顾问、咨议，五省联军总司令部咨议、内河水警署长、军官教导团主任教官。1912 年补授陆军炮兵中校，不久升上校加少将衔。

祁柳涛故居 [Qíliǔtāo Gùjū]

俗称“下新屋道地”，建于 1913—1915 年间。位于海润街道祁家村东部，临溪而建。坐北朝南，平面呈长方形，通面阔 18.85 米，通进深 26.82 米，占地面积 505 平方米，三合院式砖木结构，上下两层楼，屋面硬山造。台门设在东厢房，粉红蛇蟠石质门框，门楣上镶嵌有“紫气东来”石匾，两旁有花瓶图案灰塑。正房七开间，中设堂前，明间梁架四柱六檩，底层设前廊，并置挑檐，施月梁，木构件雕刻有龙头和卷草纹图案。厢房三开间带一弄，阶沿均石板铺砌。

据《葛岙祁氏宗谱》中记载：“祁柳涛先生，名善通，号柳涛，字先达，民国时期，为陆军上校官衔。先达公充江南炮兵队，官军械官连长、营长、中校团附、炮兵团长、马台总台长等要职，会以军事劳绩，奉大总统奖给六等文虎章。”

沙柳街道

龚家民居 [Gōngjiā Mínjū]

位于沙柳街道沙柳村中部文北巷 29 号。坐北朝南，平面呈正方形，占地面积 459 平方米，三合院式砖木结构，始建于清光绪二年（1876 年）。正房七开间带二弄，中设堂前，明间梁架五柱六檩；次间梁架四柱六檩，厢房三开间，均为两层楼，硬山顶。台门前有照壁，两侧有石板花坛，雕刻龙凤花卉，雕工精湛。2004 年公布为县级文物保护单位。

杨生泰民居 [Yángshēngtài Mínjū]

位于沙柳街道沙柳村中部。清晚期建筑，新中国成立后曾为镇政府办公场所，2007 年被杨生泰后裔购回，并进行修理。坐北朝南，平面呈长方形，通面阔 26.99 米，通进深 17.82 米，占地面积 481 平方米，四合院式砖木结构，上下两层楼，单檐硬山顶。砖砌花围墙，台门开在正中，粉红蛇蟠石质门框，门楣上书“杨生泰宅第”。正房七开间带二弄，中设堂前，明间梁架用六柱，穿斗抬梁混合结构，上下通廊，二楼设木条子栏杆。厢房各三开间，阶沿均石板铺砌。

杨成普道地 [Yángchéngpǔ Dàodì]

位于沙柳街道溪头杨村东部杨氏宗祠西边。建于清代。坐北朝南，一进单体五开间，二层砖木结构建筑，单体保存尚好，柱花等饰件雕刻尚存。

泰山店 [Tàishān Diàn]

位于沙柳街道汪家洋村韩氏祠堂西侧。建于民国。坐北朝南，一进单体二层三开间，砖木结构，台门屋保存尚好。

珠岙镇

清定上师故居 [Qīngdìngshàngshī Gùjū]

位于珠岙镇高枧村南部。坐南朝北，砖木结构一进两层三开间，建筑构架保存一般。建于清末，为当代高僧清定上师故居。

清定上师 (1903—1999 年)，俗名郑全山，高枧人。毕业于广州大学哲学系。先后任南京军委会军事交通研究所训练处长、中华复兴社总社处长、上海警察局秘书长兼中华复兴社上海分社书记等职，少将军衔。1941 年 4 月于重庆狮子山慈云寺出家，1943 年 11 月在昭觉寺受比丘戒，1943 年在成都近慈寺随能海大法师学法，曾任中国佛教协会常务理事、四川省佛教协会副会长、成都市佛教协会会长、成都市政协常委。

樟树下郑氏民居 [Zhāngshùxià Zhèngshì Mínjū]

俗称"花车门"，建于清乾隆年间 (1736—1795 年)。位于珠岙镇樟树下村中部。坐南朝北，占地面积 900 平方米，四合院式砖木结构，由前后三进，左右厢房，中间各设一天井组成，均为二层楼。第一进台门屋五开间带一弄，中设双道大门。第二进前厅四开间带一弄。第三进正房七开间带二弄，中设堂前，明间梁架三柱六檩，五架抬梁带前后单步；次间梁架四柱六檩，硬山式人字坡屋顶。

下洋郑氏民居 [Xiàyáng Zhèngshì Mínjū]

俗称"第四份道地"，建于清乾隆年间 (1736—1795 年)。位于珠岙镇下洋村中部。坐北朝南，占地面积 566 平方米，四合院式砖木结构，前后两进，左右设厢房，均为二层楼结构。台门屋前有照壁，七开间，中设台门，左右梢间前檐屋顶较高，分设三级马头墙。正房三开间，明间梁架三柱六檩，五架抬梁带后单步；次间梁架四柱六檩。厢房五开间，硬山式人字坡屋顶。

沿山路 5 号民居 [Yánshānlù 5 hào Mínjū]

俗称"前台上道地"，清晚期建筑。位于珠岙镇西陈村南部沿山路 5 号。坐西朝东，占地面积 508 平方米，四合院式砖木结构，平面呈长方形，前后两进，左右厢房，均为二层楼。台门屋七开间，中设台门。正房七开间带二弄，明间梁架三柱六檩，五架抬梁带后单步；次间梁架四柱六檩，厢房三开间，硬山式人字坡屋顶。

新兴北路 156 号民居 [Xīnxīngběilù 156 hào Mínjū]

俗称"前台下道地"，建于清晚期。位于珠岙镇西陈村南部新兴北路 156 号。坐北朝南，占地面积 552 平方米，四合院式砖木结构，前后两进，左右厢房，均为两层楼。第一进台门屋七开间，中设台门。第二进正房七开间带二弄，明间梁架三柱六檩，五架抬梁带后单步；次间梁架四柱六檩；厢房三开间，硬山式人字坡屋顶。

万福片 326 号民居 [Wànfúpiàn 326 hào Mínjū]

俗称"拱北楼"，建于 20 世纪 30 年代。位于珠岙镇东谢村万福片 326 号。坐北朝南，占地面积 470 平方米，三合院式砖木结构。台门一层三开间设后檐，东西两层厢房，正房两层七开间，明间梁架四柱七檩；次间同明间，重檐硬山式人字坡屋顶。

桥下吴氏民居 [Qiáoxià Wúshì Mínjū]

俗称"新屋道地"，建于 20 世纪 20 年代。位于珠岙镇桥下村西部。坐北朝南，占地面积 900 平方米，四合院式砖木结构，前后三进，左右两层厢房。第一进台门屋为一层单开间，前有照壁，左右各设小天井。第二进前厅二层三开间带二弄，中设堂前，二楼设木围栏，单檐硬山顶。第三进正房二层七开间，中设堂前，堂前较宽敞，设有祖上牌位，明间梁架四柱六檩；次间穿斗结构，重檐硬山式人字坡屋顶。

前院道地 [Qiányuàn Dàodì]

位于珠岙镇桥下村中部 188 号。建于清代。坐东朝西，四合院式砖木结构，前后两进，正屋为一层建筑，明间构架高大，保存尚可。

亭旁镇

刘开悦故居 [Liúkāiyuè Gùjū]

位于亭旁镇刘家村乡府路80号。坐西朝东，占地面积840平方米，四合院式砖木结构，院落石板铺地，前后两进，左右厢房，均为两层楼，硬山顶，建于民国二十七年（1938年）。台门屋面阔七开间，大门没有正开，在北角侧开门。正房面阔七开间，明间梁架五柱八檩。厢房各面阔三间带一弄，二楼四周通廊，有木栅栏，俗称“跑马楼”，三个假楼角都有木梯上下。建筑北厢房墙外有“上将第”门楼一座。

刘开悦（1904—1974年），刘家人。国民党中央军官学校洛阳分校第九期兵役科、中央训练团兵役研究班毕业。历任湖南省保安团排、连长，湖南省军管区司令部征募处少校科员、中校组长、上校科长、上校团长、副师长，1946年起任国防部第二补给区司令部交通处副处长、长沙敌资接收组少将副主任、武汉行辕办公室副主任、第100军197师师长、第100军少将高参，1951年在广西平而关战斗中被俘。

上将第 [Shàngjiāng Dì]

位于亭旁镇刘家村乡府路。建于民国，2013年按原貌进行了修复。占地约6667平方米，由三个院落成“品”字型组成，四周建有砖石围墙，前进院落为刘开悦故居，后两进院落分别为他两位叔叔的宅第，其中刘膺古宅第1966年被火烧毁。后两进院落有一个高大的马头墙台门出入，台门口上嵌灵芝钮，周饰双龙云纹卷草边饰蛇蟠石匾，镌楷书“上将第”，署“中华民国廿七年冬月，天台许肇梅书”。门口有灰雕对联：“诗书传世宝经营百福荫兰荪；忠孝作家箴文武一门辉棣萼。”

包超然旧居 [Bāochāorán Jiùjū]

位于亭旁镇包家村教堂巷16号。坐西朝东，通面阔18.2米，通进深17.9米，占地面积325平方米，三合院式砖木结构，建于1949年。正房五开间，中设堂前，堂前高大宽敞，二楼设木围栏，明间梁架五柱七檩，次间同明间。左右厢房各二间，台门设在南厢房。正房后有小天井，小天井两侧各有厢房一间，均为两层楼，硬山顶。2011年7月被公布为县级文物保护点。

包超然（1901—1957年），原名钦炼，又名一仁，包家人。国民党中央训练团将官班结业，曾任国民革命军第十七绥靖区人事处少将处长，著名中医。

赖云道故居 [Làiyúndào Gùjū]

位于亭旁镇包家村中部。中西合璧新式三层洋楼，旧为亭旁最高建筑，赖家人赖云道建于民国三十三年（1944年）。

梅长恕宅院 [Méichángshù Zháiyuàn]

位于亭旁镇南溪村中部。建于清代，曾为南溪乡人民公社驻地。坐北朝南，平面呈长方形，通面阔28.47米，通进深14.19米，占地面积404平方米。砖木结构三合院，两层楼，重檐硬山顶。台门开在东侧，前铺设九级条石台阶。正房七开间，中设堂前，梁架四柱六檩，五架抬梁带前后单步，底层设前廊，并置挑檐，施月梁，雕刻图案“文化大革命”时被毁，檐柱为圆形梭形柱，鼓腹形石础。厢房各面阔两开间，阶沿和天井均石板铺砌。

梅长恕乃南溪土豪，第二次国内革命战争时期，亭旁农民武装暴动和红色政权建立前夕，即1928年清明节时，以梅其彬、梅其慎为首的南溪革命人民，以革命的武装还击土豪劣绅的反革命武装“南溪事件”在此发生，该事件点燃了全区武装暴动的导火线，开全区武装暴动的先声。

义丰路160号民居 [Yìfēnglù 160 Hào Mínjū]

位于亭旁镇杨家村义丰路160号。俗称“义丰店”，建于清光绪七年（1881年）。坐北朝南，通面阔25.36米，通进深30.57米，占地面积764平方米，四合院式砖木结构，前后两进，左右厢房，均为两层楼，硬山顶。第一进台门屋为七开间，前筑有围墙。第二进正房七开间带二弄，中设堂前，明间梁架四柱七檩，五架抬梁带前后单步，二楼有隔层，以增加居住面积。2004年被公布为县级文物保护单位。

新民别墅 [Xīnmín Biéshù]

位于亭旁镇杨家村中部。坐北朝南，三合院式二层砖木结构，部分装饰较有特色，保存尚好，建于民国二十四年（1935年），为时任杨家乡乡长杨道虎建。门额石匾“新民别墅”，旁署“岁在乙亥桃月吉旦，太乙居士谨志”。

抱平小筑 [Bàopíng Xiǎozhù]

位于亭旁镇杨家村中部。三合院式二层砖木结构中西合璧新式洋楼，门额石匾“抱平小筑”，为亭山高等学校第一期毕业生杨道定建于民国初年。

赖家赖氏民居 [Làijiā Làishì Mínjū]

位于亭旁镇赖家村中部。俗称“新屋里道地”，建于1942年，原为赖其麟宅第，土地改革后分给当地群众。坐北朝南，平面呈长方形，通面阔25.84米，通进深20.33米，占地面积563平方米，四合院式砖木结构，前后两进，左右各设厢房，均为二层楼，单檐硬山顶。台门屋三开间带二弄，中设青石质台门，正中额书“山川卜胜”。正房七开间，中设堂前，明间梁架四柱六檩，两侧厢房各四开间，正房及两厢二楼设木围栏。天井成方，以鹅卵石镶嵌。

后屋大道地 [Hòuwū Dàdàodì]

位于亭旁镇叶家庄村北部。坐北朝南，平面呈方形，占地面积570平方米。二十四开间砖木结构四合院，上下两层楼，重檐硬山顶，建于清代。台门屋面阔三开间带二弄，中设石库门式台门，门楣上嵌“瑞凝南山”石匾，两侧有灰塑图案。正房面阔七开间，中设堂前，明间抬梁与穿斗混合式梁架结构，四柱六檩，中柱落地，底层设前廊，并置挑檐。厢房各面阔五间带二弄。阶沿均石板铺砌，天井以鹅卵石镶嵌。

任老三宅院 [Rénlǎosān Zháiyuàn]

位于亭旁镇任家村西部。坐北朝南，平面呈方形，通面阔19.47米，通进深28.49米，面积554平方米，四合院式砖木结构，沿中轴线前为围墙，后为两进院落，东侧设两层九开间厢房，西侧为小花园，前廊及天井均石板铺地，建于20世纪20年代。围墙正中开台门，蛇蟠石质门框。前厅、正房均为三开间，上下两层楼，中设堂前。正房明间梁架五柱八檩，三架梁，上下通廊，二楼设木围栏，方形廊柱，方形柱础刻几何花纹，较有特色。2014年9月被公布为县级文物保护单位。

下台道地 [Xiàtái Dàodì]

位于亭旁镇金干村。坐南朝北，平面呈正方形，通面阔25.03米，通进深24 40米，面积613平方米，四合院式砖木结构，前后两进，左右二层三开间厢房，硬山顶，建于清代晚期。台门屋面阔七开间，设双道台门。正房七开间，中设堂前，梁架抬梁式，四柱六檩，底层设前廊。天井成方，以鹅卵石镶嵌。

健跳镇

上台道地 [Shàngtái Dàodì]

位于健跳镇毛张村西部，建于民国。坐西朝东，三合院式两层砖木结构，北厢房二楼栏板较有特色，现格局不规整，单体保存尚可。

横渡镇

东屏陈舜钦故居 [Dōngpíng Chénshùnqīn Gùjū]

位于横渡镇东屏村中部。俗称老屋道地，始建于清代，2015年重建。坐西北朝东南，砖木结构三合院，正房和两厢均为两层楼，重檐硬山顶。正房面阔五开间，中设堂前，底层设前廊，采用大小卷棚顶，厢房各面阔三开间带一弄，阶沿和天井均石板铺砌。

亚魁第 [Yàkuí Dì]

位于横渡镇东屏村中部。俗称“上新屋道地”，建于清中期。坐北朝南，占地面积860平方米，四合院式砖木结构，中轴线前为店铺，后为二进院落，左右设厢房。第一进为前厅，前有照壁。第二进正房七开间，中设堂前，明间梁架四柱七檩，次间为五柱七檩；二楼有隔层，以增加居住面积，重檐硬山顶。

店铺为二层二开间带一弄，东侧为三层三开间，重檐歇山顶。2004年被公布为县级文物保护单位。

陈方乔故居 [Chénfāngqiáo Gùjū]

位于横渡镇东屏村中部。俗称“石滩道地”，建于清代，2015年重修。坐西北朝东南，平面呈长方形，占地面积392平方米，由前厅、正房及两侧厢房组成四合院。前厅为一层六开间带一弄，西厢房为二层六开间，东厢房为二层两开间带一弄，正房为二层五开间带二弄，中设堂前，明间梁架五柱六檩，三架抬梁带前后单步和后廊；次间梁架四柱六檩，重檐硬山造。天井石板铺地。

陈友生（1889—1947年），字方乔，又字迁吉，号友生，东屏人。

罗华昌宅院 [Luóhuáchāng Zháiyuàn]

位于横渡镇岩下村村口。俗称“义门道地”，建于清代，2016年重修。坐西北朝东南，平面呈长方形，通面阔28米，进深43米，占地面积1204平方米，四合院式砖木结构，中轴线自南向北依次为台门屋、前天井、前厅、后天井、正房三进建筑，左右设厢房，均为二层楼，硬山顶。台门屋三开间带二弄，中设台门；前厅三开间带二弄，中设堂前。正房七开间，中设堂前，明间梁架四柱五檩，中柱落地，台阶均石板铺砌，天井成方，以鹅卵石镶嵌。该建筑布局规整，保存较好，既保持了传统的四合院落形态，又别出心裁借鉴民间“三台九明堂”建筑格局，对研究当地传统民居的建筑风格，提供一定的实物资料。

石龙门大院 [Shílóngmén Dàyuàn]

位于横渡镇岩下村。始建于清代，2016年重修。坐西北朝东南，通面阔25.6米，进深8.2米，四合院式砖木结构，前后两进，左右厢房，均为两层楼。门厅面阔七开间带二弄，中设双道台门。正房面阔七开间，中设堂前，梁架四柱六檩，中柱落地；底层设前廊，厢房面阔三开间带一弄，天井成方，以鹅卵石镶嵌。

花桥镇

黄正喜道地 [Huángzhèngxǐ Dàodì]

位于花桥镇蒲峰村东部，建于清中期。坐北朝南，砖木结构四合院，布局规整，构架及装饰损毁严重，外墙灰雕较有特色。

吴都柯氏民居 [Wúdū Kēshì Mínjū]

位于花桥镇吴都村中部，建于民国十八年（1929年）。坐北朝南，占地面积约500平方米，平面略呈正方形，四合院式砖木结构，前后两进，左右厢房。台门屋单层三开间，中设台门，硬山顶。正房二层五开间，中设堂前，厢房各三开间，重檐硬山顶，檐廊石板铺地，天井以卵石铺地。

浦坝港镇

长浦老街131号民居 [Chángpǔlǎojiē 131 hào Mínjū]

位于浦坝港镇长浦庄村中部长浦老街131号。俗称“上大台道地”，建于清末。坐北朝南，占地面积458平方米，四合院式砖木结构，前后三进，左右两层厢房。第一进台门屋现已倒塌。第二进正房二层七开间，梁架三柱八檩，前檐廊较宽敞，柱花饰有“五子送葡萄”“鹿”等图案，中设堂前，两旁设门，可以进出，设有祖上灵位。第三进后跨院已毁，仅存东厢房二开间。台门屋与正房间两侧厢房各为二层三开间。

塔坑陈氏民居 [Tǎkēng Chénshì Mínjū]

位于浦坝港镇塔坑村中部。俗称“里台道地”，建于清晚期。坐西朝东，占地面积559平方米，四合院式砖木结构，现南厢房已毁，台门保存较好。中轴线自东向西依次为照壁、台门、天井、正房，台门与正房间两侧设厢房。台门三开间，较高，无屋面，明间正门额书“勤俭家风”，两侧门联已模糊不清。正房原为七开间，中设堂前，明间梁架五柱八檩，现仅存五间。北厢房尚存二间，二层楼，重檐硬山顶。2004年被公布为县级文物保护点。

蜍下胡氏民居 [Chúxià Húshì Mínjū]

位于浦坝港镇蜍下村北部。俗称“新屋里道地”，建于清末。坐北朝南，占地面积477平方米，四合院式砖木结构，前后两进，左右厢房，正房及两厢为两层建筑，重檐硬山顶。台门屋三开间，两侧屋顶较高，设三、四级马头墙。正房七开间，中设堂前，梁架四柱八檩。厢房各三开间带一弄。

中央台道地 [Zhōngyāngtái Dàodì]

位于浦坝港镇后陈村中部。建于清代中期，原设有双道台门，2009年拆除外台门。坐北朝南，占地面积526平方米，四合院式砖木结构，中轴线设内台门带二弄，两侧为两层厢房。正房二层七开间，中设堂前，梁架五柱七檩。室内外均石板铺地，两层厢房各三开间带一弄。2004年被公布为县级文物保护点。

前台道地 [Qiántái Dàodì]

位于浦坝港镇后陈村中部。建于清中期，原设有双道台门，2009年拆除外台门。坐北朝南，占地面积627平方米，平面呈正方形，四合院式砖木结构，前后两进，左右厢房。厢房及正房为二层建筑，重檐硬山顶。台门屋三开间带二弄，中设台门，单檐硬山顶。正房七开间，中设堂前，梁架六柱八檩，明间设祖上灵位。厢房各三开间，室内外均石板铺地。2004年被公布为县级文物保护点。

第九节 学校、书院

海游街道

金山书院 [Jīnshān Shūyuàn]

位于海游街道上叶金山之麓。进士叶德象（1257—1328年）创办于元大德四年（1300年），为叶兑读书处。据清光绪《宁海县志》记载：“上叶金山书院，在南六十里金山之麓，系叶良仲读书处。正屋三楹，两厢各三楹。”

亭旁镇

三门县私立古华中学 [Sānménxiàn Sīlìgǔhuá Zhōngxué]

位于亭旁镇刘家村。民国三十年（1941年）七月国民革命军第十九集团军副总司令刘贋古出资5.7万元及睦岙张新塘田640亩作为建校基金和学田，在其家乡刘家村创办三门县私立古华中学，成立董事会，自任董事长，聘请章梦周为校长，招收初中一年级新生46人，招高中一年级新生56人。民国三十二年（1943年）学生增至9班428人，教职工28人，聘请教师有干人俊、任禹甸、仇水心等，名师荟萃，一时称盛。民国三十七年（1948年）秋因经费无着落，管理不善而停办。古华中学校名取自刘贋古夫妻的名字，是三门县创办较早规模较大的完全中学，解放后改建为中门中学。2011年7月被公布为县级文物保护点。

健跳镇

双桂书院 [Shuānggui Shūyuàn]

位于健跳镇小蒲村东部。始建于清雍正年间（1723—1735年），原由文昌阁、魁星亭等组成砖木结构四合院式。坐北朝南，三合院式砖木结构，通面阔22.67米，进深13.92米，面积315平方米。正屋高于地面八个石阶，二层三开间带二弄，中设堂前，明间梁架五柱六檩，次间四柱六檩，东西两面附建一层三开间厢房，土墙黑瓦，书院前石板铺地，重檐硬山顶。因缅怀先祖兄弟同科蟾宫折桂而取名双桂书院。解放后，一直作为小蒲小学的校舍，后因年久失修，于2003年重建。2004年被公布为县级文物保护单位。

第十节 路廊

亭旁镇

岱阜岭路廊 [Dàifùlǐng Lùláng]

位于亭旁镇江窑岭头。岱阜岭又名缸（江）窑岭，起于亭旁镇缸窑村，至于海游街道岱阜村。岭头有庵曰“众兴庵”，为清嘉庆二十五年（1820年）重建。大殿三楹，近年圮坏，外墙及大殿石柱犹立不倒。有石柱联三楹，《众兴庵碑记》一通。

长墩路廊 [Chángdūn Lùláng]

位于亭旁镇山根邵村北，旧为亭旁通往海游的要道上。建筑三楹，砖木结构，硬山顶屋面，两侧山墙前半间开券洞门，后半间奉泗洲佛，供路人烧香拜佛、祈求平安。路廊全部采用方形蛇蟠石柱，其中有一柱镌楹联：“风送雨来留客处，日暖花开与君知。”

寺前岩路廊 [Sìqiányán Lùláng]

位于亭旁镇寺前岩村北部。建于清乾隆年间（1736—1795年），南北向，木石结构，一进单体三开间。廊内柱子全部采用石质，内设神像，构架保存一般。

健跳镇

龙德岭路廊 [Lóngdélǐng Lùláng]

位于健跳镇西渡村西部龙德岭头。建于清乾隆三十七年（1772年），2006年重修。东西走向，前为路廊，后为供奉境主及其他社神的大殿，占地面积600平方米，木石结构，一进单体三开间。梁架三柱五檩，三架抬梁带前单步，硬山顶屋面。北侧无墙面，原设有石凳、石板，现毁，东、南、西三面墙体均乱石垒筑而成，东西两侧建拱洞门。路廊全部采用方形蛇蟠石柱，共12根，石柱上无文字记载。在路廊东北侧约12米处建有附属石砌平房一间，用以堆放杂物及烧水。大殿坐北朝南，硬山顶屋面，梁架四柱五檩，四架抬梁带前单步。大殿全部采用方形蛇蟠石柱，共16根，上刻有楹联五对。庙宇内还保存着石供桌等清代遗物，左侧立有一块乾隆三十七年（1772年）《龙德岭碑记》，字迹仍可以辨认。

浦坝港镇

赤坎岭路廊 [Chìkǎnlǐng Lùláng]

位于浦坝港镇赤坎岭头。原建筑因修建公路已毁，现建筑前后二进，缭以围墙。前为七间路廊，屋柱为原建筑所用石柱，每根均刻有捐献者姓名等字样。后为五间大殿及三间厢房。旧有赤坎岭路廊“石柱二十三根半”之说。

吴营堂路廊 [Wúyíngtáng Lùláng]

位于浦坝港镇长田村西南部，建于清代。东西走向，一进单体五开间。路廊全部采用长方体石柱，构架简单，保存一般。

福有路廊 [Fúyǒu Lùláng]

位于浦坝港镇坑林村南部村口。始建于清乾隆年间（1736—1795年），旧为东岙、高潮等村至小雄的必经之要道。南北走向，砖石木结构，占地面积73平方米，一进单体三开间。梁架四柱六檩，三架抬梁带前后单步，硬山顶屋面。路廊全部采用方形蛇蟠石石柱，共16根。每根石柱四边中间都刻有长方形边框，内刻捐资人姓名等文字，大都模糊不清。

第十一节 其他古迹

海游街道

广润寺千佛楼 [Guǎngrùnsì Qiānfólóu]

位于海游街道瑞云山南麓三门中学校舍内。坐北朝南，占地面积264平方米，一进二层五开间。梁架四柱七檩，五架抬梁带前后单步，重檐硬山顶。清光绪年间(1875—1908年)敏曦法师辟建，2005年重修。1986年被公布为县级文物保护单位。

石狮 [Shíshī]

位于海游街道前郭村黎氏家庙门前。清道光二十年（1840年）雕，原为海游节孝牌坊构件。蛇蟠石质，两狮形态各异，保存较好，

三门电视差转台 [Sānmén Diànshì Chāizhuǎntái]

位于海游街道南山西侧海拔328米丹峰山尖。台呈塔形，共3层11米高，钢筋混凝土结构。1976年建，1977年元旦正式开始转播，现已停止使用，为台州地区第一座电视差转台。

沙柳街道

沙柳街戏台 [Shāliǔjiē Xìtái]

位于沙柳街道沙柳村中部沙柳街120号。建于清代。坐西朝东，一进单体五开间，中设戏台，两侧为民居。戏台损毁严重，为三门县唯一一座路边戏台。

珠岙镇

竹墩会堂 [Zhúdūn Huìtáng]

位于珠岙镇竹墩村中部。1957年建。坐西朝东，九间二层砖木结构，单檐硬山顶。建筑高大宽敞，保存尚好。

娄坑社屋 [Lóukēng Shèwū]

位于珠岙镇娄坑村。坐东朝西，西面靠山，东傍溪坑，占地面积300平方米，建筑面积512平方米，通面阔20米，进深12.8米，高9米，二层五开间砖木结构，硬山式人字坡屋顶，建于20世纪60年代初期。

亭旁镇

狮岭火笼窑 [Shīlǐng Huǒlóngyáo]

位于亭旁镇狮岭村西部。长方形，上宽下窄，长约30米，高约1.1米，宽0.7米，窑口设在窑身中部。

刘家石步 [Liújiā Shíbù]

位于亭旁镇刘家村中部。始建不详，共两条。东西走向，横跨鲸溪。一条长16米，由22块自然石块组成；另一条长14米，由15块自然石块组成。两条石步相隔20米，保存完整。

南溪旗杆石 [Nánxī Qígānshí]

位于亭旁镇南溪村历史传统纪念室前。清同治六年（1867年），梅福星、梅禄星兄弟同时考中丁卯科武举人，一时称盛。旗杆石共2对，高1.55米，宽0.5米，厚0.17米。一对镌刻有“同治丁卯举人，兄弟同科，裔孙福星立”。另一对镌刻“同治丁卯举人，梅禄星立”。

芹溪旗杆石 [Qínxī Qígānshí]

位于亭旁镇芹溪村北部。共2对，每对由两块石板组成，一石镌刻“同治丁卯举人”。保存完好。

蟠龙石柱 [Pánlóng Shízhù]

位于亭旁镇杨家村城隍庙内。镂刻于清乾隆年间（1736—1795年），共四根，蛇蟠石质，高2.8米，直径0.33米，采用浮雕、圆雕技法，雕刻精美，保存较好，是三门县现存的古代大型石雕艺术珍品之一。

健跳镇

毛张石狮 [Máozhāng Shíshī]

位于健跳镇毛张村中部张氏宗祠大门两侧。清代，共1对，两狮皆慈祥端坐，高1.5米，保存基本完整。

小蒲馒头窑 [Xiǎopú Mántouyáo]

位于健跳镇小蒲村村西高椅山山脚。建于20世纪六七十年代，共2座，外层用乱石垒砌而成，略呈圆柱形，上小下大。其中1座高5米，底径7米，窑门半圆形，高2.1米，宽2米，保存较完整。

花桥镇

银山村厂下岩画 [Yínshāncūn Chǎngxià Yánhuà]

位于花桥镇银山村厂下岩。朝东南方向，刻在一块微微倾斜的平坦岩石上，面积4~5平方米，年代不详。比较明显的是岩石上刻着3个大小基本相同的圆环和10多个大小不一的圆点，其中两个圆环明显是一个组合，每个圆环中心有一个圆点，下方连着8个圆点。另一个圆环相对独立，中心也有一个圆点，下方连着一个圆点。3个圆环直径约10厘米，圆弧线条约1厘米宽，其他连接线稍窄一些。圆弧和连接线刻痕都较深，最深的超过1厘米。10多个圆点刻得更深，最深的约2厘米，大的圆点能放下半个鸡蛋。

浦坝港镇

上洋旗杆石 [Shàngyáng Qígānshí]

位于浦坝港镇上洋村蔡九兼宅院门前。蛇蟠石质，2对，浮雕有凤凰、狮子图案。

蔡九兼(1468—1510年)，谱名贵堂，武曲蔡氏二十五世孙。优贡、候选训导。

小岭下村岩画 [Xiǎolǐngxiàcūn Yánhuà]

位于浦坝港镇小岭下村后的山脊两侧。图案有棋盘形、蛛网状、鱼刺纹、弯月（镰刀）、八卦、马图案等，年代不详。岩画线条纤细古拙，凿痕不深。大部分线条宽不到1厘米，有些只有2~3毫米，深度大都在2毫米左右。单个岩画面积都较大，最大的面积约0.3平方米。小岭下村岩画分布比较集中，最远距离不超过30米，面积在100平方米以上。

第二章 旅游地

第一节 公园

海游街道

蟠龙公园 [Pánlóng Gōngyuán]

位于海游街道光明路南侧，城关中学东面，东为住宅小区，南至公路，占地3.33万平方米。2001年投资1500万元动工兴建。2002年公园启用，结束了三门县无公园的历史。2004年命名为县级旅游景点。

三门历史名人雕塑公园 [Sānmén Lìshǐmíngrén Diāosù Gōngyuán]

位于海游街道环湖东路东侧绿化带，占地面积6.1092万平方米。公园内有三门历史上梅盛、罗适、叶兑、王亮、章梫、包定、郑全山、林迪生、林淡秋、章文晋10位名人的雕塑。2009年开展“三门县十大历史名人”评选活动，2010年9月雕塑公园落成。

心湖公园 [Xīnhú Gōngyuán]

位于海游街道大湖塘新区中心。东临滨海大道，南为心湖路，西交湫水大道，北毗广场路，占地面积11.8174万平方米。公园命名为“心湖公园”，含义一是公园中间有一个大湖面像“心”字，二是湖建于新区的中心，三是取新区原名大湖塘中的湖字。2004年命名为县级旅游景点。

西山公园 [Xīshān Gōngyuán]

位于海游街道西山。建于2012年，占地面积4万平方米，其内游道遍布，树木成荫，山顶有大型仿古建筑“潮音阁”，可俯瞰县城全貌。

羊角塘生态湿地公园 [Yángjiǎotáng Shēngtàishīdì Gōngyuán]

位于海游街道大湖塘新区东侧，海游港以南，朝晖路以北。2010年动工兴建，占地面积5.32万平方米。公园主要以湿地植物景观营造为主，原地名羊角塘，故名。

儿童公园 [Értóng Gōngyuán]

位于海游街道溪北路北，外国语小学以东。2006年动工兴建，占地面积7000平方米。公园内有多套儿童游乐设施，供儿童游乐为主，故名。

湫水山森林公园 [Qiūshuǐshān Sēnlín Gōngyuán]

湫水山横亘于县境中部，跨越海游街道、海润街道、亭旁镇、健跳镇、横渡镇，是本县中支山脉的总称，平均海拔400米。主峰王戏梁，在县政府驻地南9.5公里的亭旁镇境内，海拔882.4米，为全县最高峰。2012年，被省林业厅批准命名为省级森林公园，总面积1.9965万亩，其中生态公益林面积1.5万亩，林木蓄积7.5万立方米，森林覆盖率97.7%。森林公园植被以次生针叶林、针阔混交林和常绿阔叶林，以及人工栽培的用材林、经济林为主。旅游资源以人文景观、水域风光、生物景观、天象与气候景观为主，其单体数量占总量的90%，是典型的以自然风光游览为主的旅游区。森林公园峡谷深幽，溪流纵横，森林茂密，潭瀑众多，奇石峰林遍布，其景观以峻、幽、奇、清为主要特色。野生动植物资源丰富，有江南罕见的成片原始次生林，连片面积达万亩，生长着华东楠、红楠、细叶香桂、金钱松、龙柏、云锦杜鹃、罗汉松、石岩枫藤等多种珍稀树木和香鱼、大鲵、黄缘闭壳龟、穿山甲等国家珍稀保护动物。

海润街道

大庵山公园 [Dà'ānshān Gōngyuán]

位于海润街道滨海新城大庵山。东至半月路，北至泰和路，占地面积3.4平方公里。因所在地大庵山而得名。2004年命名为县级旅游景点。

浦坝港镇

兴港公园 [Xīnggǎng Gōngyuán]

位于浦坝港镇沿海工业城中部。东朝海景路，南向兴港大道，西邻海天大道，北靠烟墩路，占地面积3.72万平方米。2015年5月命名。

方山公园 [Fāngshān Gōngyuán]

位于浦坝港镇沿海工业城东南部方山。东朝官塘路，南向梦海路，西临方山路，北靠承恩路，占地面积11.24万平方米。2015年5月命名。

雁汀湖湿地公园 [Yàntīnghú Shīdì Gōngyuán]

位于浦坝港镇沿海工业城南部。东朝方山路，南向浦坝港，北靠雁汀路。占地面积35.11万平方米。因公园邻近雁汀路而得名。2015年5月命名。

第二节　风景名胜

海游街道

南山风景区 [Nánshān Fēngjǐngqū]

原名龙山。位于海游街道东南。1980年辟为风景区，供行人休憩游览。龙山，旧有龙山书院、文峰塔、振衣亭、丹井、丹灶等名胜古迹，大都湮没，古迹无存。自辟为风景区后，筑路建亭，植树种花，风光比旧时更胜一筹。在此远眺，东望平畴沃野，一片葱绿，港湾相连，水天一色；西览峰峦叠嶂，万山起伏，龙游凤舞，气势雄伟，电视塔高耸入云，更添壮丽景色；仰视蓝天白云，朝晖晚霞，云雾飘飘，变幻无穷；俯瞰城镇，高楼大厦，鳞次栉比，车水马龙，街衢整齐。如此水光山色，令人心旷神怡，流连忘返。

石城景点 [Shíchéng Jǐngdiǎn]

位于海游街道石城山，属于精秘山风景区一个景点。石城山，在县城海游之北，据清光绪《宁海县志》载："石城山，岩石横列如城垣，山后有精秘庵。"2004年被命名为县级旅游景点。

精秘景点 [Jīngmì Jǐngdiǎn]

位于海游街道精秘山，属于精秘山风景区一个景点，因精秘寺而得名。2004年被命名为县级旅游景点。

翠微景点 [Cuìwēi Jǐngdiǎn]

位于海游街道精秘山，属于精秘山风景区一个景点。东至慧云亭，南至紫云山庄，西至牛鼻头山。因景区在翠微路两侧而得名。2004年被命名为县级旅游景点。

海润街道

龙母山景区 [Lóngmǔshān Jǐngqū]

位于湫水山东北麓海润街道叶家村，距县城仅10公里。南到龙头岗，北到叶家村西南的溪旁，东到仙人山山脚，西到山西殿遗址，大小景点30个，面积3平方公里。景区内林木幽深，绿水长流，多碧潭飞瀑，奇洞怪石。有石笋峰、天乳峰、饭蒸峰、文笔峰、双龟岩、火仙岩等诸多奇峰灵岩。清光绪《宁海县志·山脉》载："屈母山，一名龙母山，世传吴尚书屈晃子坦偕母隐此，母死葬焉。"2004年被命名为县级旅游景点。

亭旁镇

亭旁红色旅游区 [Tíngpáng Hóngsè Lǚyóuqū]

位于县政府驻地南10公里处亭旁镇。东起石狮线，南至包家狮子山，西至亭旁中学，北至杨家稻蓬山，由纪念馆、包定塑像、起义旧址、起义总指挥部、包家祠堂、城隍庙等景点组成，景区总面积2.2平方公里。因所在地位于亭旁，纪念亭旁农民起义而得名。2004年被命名为县级旅游景点。

中门云海梯田 [Zhōngmén Yúnhǎi Tītián]

位于亭旁镇东南面的中门谷地。近2000亩的高山梯田层层叠叠，景色颇为壮观，是一片难得保存完好的尚未开发的梯田，是浙东农耕文化的典型代表。2015年以来，亭旁镇党委政府对该区块进行综合开发，以乡村风情、休闲旅游为主题，全力打造集旅游观光、生态休闲、摄影写生、森林拓展、民俗体验于一体的特色乡村旅游区。

龙母山风电场 [Lóngmǔshān Fēngdiànchǎng]

位于亭旁镇东南部湫水山、龙母山山脊一带，为山地风电场。该项目拟安装37台单机容量2000千瓦的风电机组，分两期建设，总装机容量为7.4万千瓦，配套新建一座110千伏升压站，总投资约6.8亿元。龙母山风电场建成后，将带动湫水山、龙母山的旅游经济发展。

佃石水库景区 [Diànshíshuǐkù Jǐngqū]

位于亭旁溪上游，水库坝址在亭旁镇佃石村下游800米处。工程总投资2.24亿元，水库集雨面积24.1平方公里，总库容3009万立方米，是一座防洪、供水、灌溉等相结合的综合利用的中型水库。防洪标准为50年一遇，每年可向县城和亭旁镇提供生活和工业用水2001万立方米，灌溉农田1.49万亩。佃石水库作为三门最大的水库，库区内群山环抱，山水相映，水质清纯，碧波荡漾，清幽宁静，山谷、树林、碧波、蓝天，让游人充分感受到青山秀水带来的非凡灵气。

芦田山风景区 [Lútiánshān Fēngjǐngqū]

位于亭旁镇芦田山，由胡家村和郑家村组成，位于海拔500米的高山上。古庙、古树、古村、古道、古桥交相辉映，空气、水，还有山川，是芦田山最宝贵的资源。随着社会经济的发展，村容村貌的改善，环境清幽、空气清新的芦田山吸引了越来越多外来人员的目光。芦田山村富有光荣革命传统，1985年6月29日经县政府批准，郑家村为第二次国内革命战争根据地，胡家村为抗日战争革命根据地村。

芹溪里洋山景区 [Qínxī Lǐyángshān Jǐngqū]

位于亭旁镇南部芹溪村里洋山，距离镇政府驻地4公里。里洋山自然风光迷人，常年云雾缭绕，天门仙池、水牛相操、神龟饮泉、鬼叫仙崖、仙人居处等景观美不胜收，总长2000多米的引水渠道有"江南红旗渠"之称。

健跳镇

三门农博园 [Sānmén Nóngbóyuán]

位于健跳镇六敖北塘国家级现代农业园区内，由三门县滨海工贸置业有限公司子公司浙江春日农业发展有限公司投资开发和经营。面积2100亩，总投资3亿元。2013年试营业，主要景点有一院（7D影院）、二园（奇迹养生园、亚热带多肉植物园）、三馆（三门湾民俗博物馆、台风体验教育馆、地震体验教育馆）、四区（迷宫逃生区、荷花池观赏区、垂钓烧烤区、水果采摘区）、五基地（素质教育拓展基地、珍禽动物养殖基地、海水养殖基地、农作物种植基地、传统作坊基地）。

2008年12月，三门县开始在六敖北塘谋划建设现代农业园区，总规划用地面积2.15万亩，其中耕地面积1.03万亩，园地面积0.4万亩，水域面积0.39万亩，居民点及工矿用地面积0.14万亩，交通用地面积0.03万亩，滩涂面积0.16万亩。园区的定位目标是打造一个“省内一流的，独具三门湾滨海特色的集农业生产、加工商贸、休闲观光于一体的现代农业综合区”。2009年3月成立县现代农业园区建设领导小组。2010年1月18日正式开工建设，5月园区被列入首批省级现代农业综合区创建点。2011年1月30日获农业部正式批准，成为浙江省仅有的8个国家现代农业示范区之一。2012年1月被农业部列入第二批国家现代农业示范区。2013年12月园区通过省级现代农业综合区专家组的验收。

隐龙山风景区 [Yǐnlóngshān Fēngjǐngqū]

位于健跳镇田岙村和浦坝港镇前山村之间。占地面积4平方公里，山里动植物资源丰富，有灵猫、猴面鹰、山麂、雨蛙、檀香木、香樟等国家保护的稀有品种。山上的景观自西至北有蟾蜍跳天台、仙姑岩、天船、佛手峰、天摩岩、接天岩、铜锤岩、状元花、凤冠顶、穿天刀等。2004年被命名为县级旅游景点。

横渡镇

湫水大峡谷 [Qiūshuǐ Dàxiágǔ]

湫水山脉起源于天台山脉，横亘于三门县中部，是三门县的主要山脉。平均海拔400米，其中主峰王戏梁高882.4米，为全县最高山峰。湫水大峡谷发源于湫水山脉东麓，是一条自西向东长达十余公里的窄谷，终年泉水长流。峡谷最著名景点有龙游涧、含珠潭和九叠泉等。龙游涧涧底是一整块宽15米、长约100米的白色岩石，而中间底部宽约60厘米、长约10米的岩石，呈现黑色，形如龙鳞纹。含珠潭系两巨石夹一块珠形卵石，水流只能在珠旁孔隙中通过，水流湍急，形成上下两个深潭，水深三四米。九叠泉在龙游涧之上，泉水冲击形成一个个深潭，水深不一。峡谷近源头有一潭，俗称湫水山第三龙潭，又名玉溪潭。潭上悬崖壁立，瀑布飞挂，俗称湫水白帘。沿潭而下有一段长100米、宽5米的山涧，其上山岩险峻，树木茂盛。湫水大峡谷汇潭、瀑、岩、峰、林、泉于一体，集清、幽、秀、雄、奇、险于一身，是旅游、休闲、避暑、疗养的胜地。2004年被命名为县级旅游景点。

浦坝港镇

木杓沙滩 [Mùsháo Shātān]

位于浦坝港镇木杓村。东至五子岛一带洋面，南至沙滩南岸，西至沙滩背面山体，北至木杓山北端。面临三门湾，背靠炮台山，两侧分别是木杓山嘴、炮台山的岬角，两旁礁岩林立，沙质细腻滑润，是天然海滨浴场。沙滩呈弯月状，长300米，宽100米，总面积0.3平方公里。因山形似木杓，故名木杓村，木杓沙滩因村而得名。2004年被命名为县级旅游景点。

牛头门风景区 [Niútóumén Fēngjǐngqū]

位于浦坝港镇沿海工业城东。东至猫头洋，南至牛头门港，西至沿海工业城，北至沿江村，面积3.5平方公里，由岛礁、沙滩等景点组成。地处牛头门而得名。2004年被命名为县级旅游景点。

五子岛风景区 [Wǔzǐdǎo Fēngjǐngqū]

位于三门湾口中部，三门岛西北，由相对集中，相距较近的青士豆、鸡笼山、猫头山、小踏道、长口舌、猪头山、踏道山、干山8个岛和门头礁、百亩田礁、拗斗礁、大泥礁、黄胖礁、赖孵礁、板琴礁7处礁组成。岛区呈西北—东南向，最高点踏道山海拔83.7米，长约3.5公里，宽约2.5公里，面积约2.1平方公里。岛上海鸟翔集，奇石遍布，惊涛裂石，景色奇特，是观海景，尝海鲜，嬉海水休闲度假的好去处。因由主岛踏道山和小踏道、干山、鸡笼山、青士豆五个较大的岛屿组成，故称“五子岛”。2004年被命名为县级旅游景点。

扩塘山景区 [Kuòtángshān Jǐngqū]

位于浦坝港镇沿海工业城南面。东至猫头洋，南至白带门港，西至头门港，北至牛头门港，与大陆隔一条牛头门水道，大小景点近50个，面积5.4平方公里。岛上礁石奇异，海蚀地貌十分独特，号称"中国礁石博物馆"。岛的东北有近5公里的礁石群和洞穴，被誉为海上十里画廊。2004年被命名为县级旅游景点。

仙岩洞景区 [Xiānyándòng Jǐngqū]

位于浦坝港镇西部仙岩村石笋山。洞口朝南，深50米，宽50米，高25米，面积250平方米。据《仙岩洞大忠祠录》所载，鼎盛时期洞中建筑高达七层，除三层楼屋、大忠祠以外还有栖云与望月二阁、昊天殿、半月宫、库亭、灶房等。

清冯赓雪《仙岩洞纪略》载："在县（临海）东一百二十里，去金鳌七十里，当鲤浦之西，蒲峰之东，前滨大海，一石峦涌起如张大屏，下有百花洞。"仙岩洞传说为神仙所造，有"台州海天胜境"之誉。据宋嘉定《赤城志》载："仙岩山在县南100里，以绝顶二石如仙人偶坐，故名。有石洞，地多奇草灵药云。"清时台州"三杰"之一秦锡淳评仙岩洞大忠祠说："虽瓯江、闽岭、崖山、庐陵、燕京皆有之，而岩洞之奇，山海之胜，应未有过于此者。"据《仙岩洞大忠祠录》记载，仙岩洞始建于晋朝，称"法云院"，宋朝改名为"百花清洞"。南宋德祐二年（1276年），文天祥受命去元营会谈，被伯颜扣留，押送大都（今北京）。途经镇江时，文天祥与杜浒等12人深夜出逃。文天祥自元营脱险乘舟南下，曾在仙岩洞登岸避难。洞壁留有明、清、民国留下的"八仙""三世尊""刘海戏金蟾"等石造像以及"仙境""海天胜景""海角仙涯""卫乡保国"等摩崖石刻。洞内还立有明嘉靖四十三年（1564年）礼部主事临海陈锡撰文《临海仙岩洞新建宋文信公碑记》、清乾隆庚辰年（1760年）大学者齐召南撰文《重修仙岩洞大忠祠碑记》、清宣统三年（1911年）陈卧冈撰文《重修仙岩洞大忠祠碑记》三通石碑。1981年12月被公布为县级文物保护单位。

牛尾堂 [Niúwěitáng]

位于浦坝港镇山后涂东南，桩头屿西北，青峙山之南，系牛头山嘴岬角上的牛尾堂向东伸入三门湾的小岬角，濒临三门湾。基部宽约250米，突出约1050米，面积约0.175平方公里，最高点海拔92.8米。由岩石组成，表层多沙土，长禾草等。此岬角居牛头山东北部，比拟为牛尾（牛头山）之尾巴，又因早年山弯建有庙堂，故当地群众惯称"牛尾堂"。牛尾堂沙滩一面靠山，三面临海，有着中国罕见的海蚀地貌。狭长的礁石历经千百年的海浪拍打，砥石沙粒和白色贝壳凝结成了独特的"沙结"景观，沙砥粗粝，画风粗犷，是集山、海、礁、滩、岩于一体的大自然杰作。

蛇蟠乡

海盗村景区 [Hǎidàocūn Jǐngqū]

位于蛇蟠乡山前村山上。南至村庄，北至农田，占地面积2100平方米，是目前国内唯一一个以海盗为主题的海岛洞窟景区，集洞窟景观与海洋风光于一体，主要景点有东海枭雄、独眼海盗、山海会盟、水牢、北欧海盗、海洋经略等，国家级AAAA景区。因原为海盗住的洞窟而得名。

野人洞景区 [Yěréndòng Jǐngqū]

位于蛇蟠乡黄泥洞村北面山上。占地面积1.06平方公里，主要景点有采石坑、野人洞瀑布、古洞人家、石窗博物馆等，国家AAAA级景区。因包定《和蛇蟠岛韵》一诗中的"野人家住神蛇顶，石骨撑空芒射日"得名。野人是指采石工、海盗和岛民等山野之人，野人洞即他们当年的栖身之所。"谁言鬼斧神镂，竟是残山剩水"，野人洞展示千年斧凿后的"残山"奇迹，体会山野穴居的粗犷和写意，展示着蛇蟠岛的质朴民风，千年的采石文化、洞窟文化以及拥有"凝固之美"美誉的三门石窗。

滑泥公园 [Huání Gōngyuán]

位于蛇蟠乡山前村西南。占地面积1平方公里，由入口服务区、康体休闲区、滩涂运动区三个主题区域构成，新增的人工沙滩投资70万元，长150米，宽30米，占地面积4500平方米，是华东最大、最具魅力的滑泥主题公园，是在滩涂上开辟的一个游乐场。在这里可以滑着泥马，在滩涂上抓蟹、扻蛏、捡螺蛳、钓弹涂、挖望潮，体验“讨小海”的乐趣。

第六编

自然地理实体地名

第一章 陆地实体

第一节 山

海游街道

黄塘山 [Huángtáng Shān]

位于县城西南2.5公里，海游街道山董村之北。东北接丹峰（章家）山，东南连望海楼山，西部山麓有上（叶）枫（坑）线经过，北麓为山陈村。地质构造为火山碎屑岩，植被多耕地及部分松林。主峰在县政府驻地西南2.5公里的山陈村之南，海拔94.1米。清光绪《宁海县志·分图二十一》标“王堂山”。据统建村《陈氏宗谱》载，后梁时称黄龙山。清光绪《宁海县志·山脉》载：“黄塘山，山董村北。”《缑城漫钞》宋朱子（朱熹）有《过黄塘岭》诗。2005年西区开发，征用该山1/3，夷为平地搞基建。

乌岩山 [Wūyán Shān]

位于县境西部，海游街道之西，与珠岙镇交界。东麓海游街道上坑村，南麓北山村，西连毛洋山，北接药王山。因山上岩石为青黑色，故名乌岩山。地质构造为火山碎屑岩，植被多灌木丛、松林及毛竹。主峰在县政府驻地西南5公里的下坑村之西，海拔355.2米。近年经封山育林，建竹林500亩，毛竹大而密。山旁有外田湾简易公路。

里山岗头 [Lǐshān Gǎngtóu]

位于县境西北部，海游街道西部，与宁海县交界。东至竹岭坑接坎头湾路，南至乐云钻接药王山，西为宁海县桑洲镇里山季村，北为宁海县官山村。地质构造为火山碎屑岩，植被有松林、杂木和茶丛。主峰在县政府驻地西5.5公里，海游街道里田湾村北，海拔379.8米。与里山季村邻近，故名里山岗头。清光绪《宁海县志·山脉》称“李山”，民国十五年版《海游镇地图》标“柿山岗”。早年立有界石，以山头分水为界。

天打山 [Tiāndǎ Shān]

位于县境西北部，海游街道西部。东南麓上叶（片村名），西接药王山，东北界竹岭坑连毛山岗头。地质构造为火山碎屑岩，植被多松林，部分毛竹。主峰在县政府驻地西南4.5公里，海游街道上坎头村北，海拔321.2米。因山形如金字，又称金字山。清光绪《宁海县志·分图》标“金字山”。民国十五年版《海游镇地图》标“金山”。天打山山势险峻、壁垒森严。清代秦雄声诗云：“吾闻望海楼接天，思欲蹑足穷其巅。金字一山枕深麓，势如覆釜冒紫烟。初夏栖息古祠侧，屋后山坡横屴巅。相邀地主作胜游，怪松成围盘秀色。登纡屈曲至平岗，一览寰中极超特。蟠龙作门龟负砥，寿岭来迎大迁起。更有奕迹近仙坛，珠瀑悬空双剑倚。回身穿峡上后屏，洪波浴日耀东溟。东溟出没微茫际，清帆几点露虚形。”

毛山岗头 [Máoshān Gǎngtóu]

位于县境西北部，海游街道西部。东界杨柳坑，南隔竹岭坑与天打山对峙，西隔竹岭坑与坎头湾路对峙，北接双尖山。地质构造为火山碎屑岩，植被多杂木，部分毛竹。主峰在县政府驻地西3.5公里，海游街道上叶（片村名）之北，海拔295.1米。清光绪《宁海县志·分图二十一》标“白塘山”，民国十五年版《海游镇地图》和三十二年版《三门县全图》均标“延里山”。

大尖山 [Dàjiān Shān]

位于县境西北部，海游街道西南。东连烟墩山，南滨亭旁溪，石（岩）里（金）公路经过山北，西连横竹山，西北山麓统建村，东北接望海楼山，地质构造为火山碎屑岩。植被多杂木、毛竹。主峰在县政府驻地南3.2公里，海游街道山董村东南，海拔345.2米。因山林高大，顶尖，故名大尖山。

坎头湾路 [Kǎntóuwānlù]

位于县境西北，海游街道西，与宁海县交界。东连园理山，南坡海游街道里田湾村，西接里山岗头，北界宁海县。地质构造为火山碎屑岩，植被多松林、毛竹。主峰在县政府驻地西4.8公里，海游街道里田湾村东北，海拔306米。山底有一条横路，为桑洲到海游的石子古道。原名后辽岗后山。当地方言“湾路”与“横路”谐音，故名。

横竹山 [Héngzhú Shān]

位于县境西北部，海游街道西南，与亭旁镇交界。东连大尖山，南邻亭旁镇石头岙村，西至猢狲岭，北面山麓海游街道统建村。地质构造为火山碎屑岩，植被多杂木、毛竹、茶丛等。主峰在县政府驻地西南3.8公里，海游街道西岙村东南，海拔157米。

下朱庙山 [Xiàzhūmiào Shān]

位于县境西部，海游街道西南。东北海游街道西岙村，东至山麓农田，南界亭旁镇谷仓岭，西山麓临黄村垟，北滨珠游溪。地质构造为火山碎屑岩，植被多杂木，部分毛竹。主峰在县政府驻地西南4.5公里的西岙村西南，海拔97.7米。原山名无考，山西麓建有下朱庙，故名。又称“下朱山”。

丹峰山 [Dānfēng Shān]

位于县境西北，海游街道中部。东界蒋家坑接黄狗盘山，南连望海楼山，西麓海游街道山陈村，北麓蟠龙公园、城关中学、章氏宗祠。地质构造为火山碎屑岩，植被以杂木为主。主峰章家山尖，在县政府驻地西南1.5公里，海游街道之南，海拔326.8米。20世纪70年代建电视差转台，80年代辟为风景区。

别名章家山，以山麓海游章氏居住得名。清光绪《宁海县志·分图二十一》标“丹峰山”。民国三十二年版《三门县山脉图》标“丹山”。清光绪《宁海县志·山脉》载:“丹峰，海游镇西南，相传葛元炼丹于此，丹井、丹灶遗迹犹存。”丹峰耸立，绿树浓荫，景色优美，“丹山积翠”为海游八景之一，前人赋有“拔地孤峰插碧空，丹成葛灶溯仙翁”之诗句。今峰顶建有电视差转台，如古“文峰”之塔，为山河增添秀色。

马家山 [Mǎjiā Shān]

位于县境西北，海游街道东北部。东麓海游街道善岙杨村，南麓有海（游）葛（岙）公路和新港村，西麓马家山自然村，北界小岭接将军山。地质构造为火山碎屑岩，植被以杂木、茶丛及毛竹。主峰在县政府驻地东1.5公里，马家山自然村之东，海拔262.3米。以西麓有马家山自然村得名。别名花坟山，因山坡有明代武榜—甲一名状元章廷黼墓，故名。据清光绪《宁海县志·山脉》载:“马家山，宋罗提刑适故里，有墓碑在。国朝同治中，耕者在田中掘出（今存县博物馆）。山麓有岩，罗适尝于此哭母，号‘慈母石’。”在慈母石右侧，有明武榜一甲一名状元章廷黼墓，俗称“状元坟”。清光绪《宁海县志·分图二十一》和民国三十二年版《三门县山脉图》均标“马家山”。1972年版航摄地图标“花坟山”。

飞鹤山 [Fēihè Shān]

位于县境西北，海游街道北，精秘山之南，海游岭之西。地质构造为火山碎屑岩，植被以杂木为主，局部有杉木、松木等。主峰在县政府驻地东北2公里，三门中学之北，海拔109.9米。以山形似白鹤飞腾得名。别名和尚山，山上多和尚坟得名。

南山 [Nán Shān]

位于县境西北，海游街道西北。东麓为海游居民区，有海游中心小学等单位，西南接丹峰山，北麓有体育馆、老年活动中心等。地质构造为火山碎屑岩，植被多杂木、毛竹及果林，主峰海拔110米。山上茂林修竹，风景优美，可饱览山海景色和城镇风光，为游览之胜地。因地处海游之南，故群众多称南山。别名龙山，因山势蜿蜒如龙蟠旋，故名。清光绪《宁海县志》标“龙山”。清光绪《宁海县志·山脉》载：“龙山，海游镇东南，上有文峰石塔，高七级，又有龙山书院（今均圮）。”

西山 [Xī Shān]

位于县境西北，海游街道西北。东麓海游街道城西村，南界万国·水岸公馆、菖蒲岭，西滨珠游溪，山麓有环城公路经过。地质构造为火山碎屑岩，植被以杂木为主。主峰在城西村境内，海拔 81.9 米。西山南麓现已挖山取土，建起了万国·水岸公馆，菖蒲岭岭头已平为公路，成了四通八达的要道。以该山坐落于海游之西得名。清光绪《宁海县志·山脉》载：“西山，墙里村后。”

将军山 [Jiāngjūn Shān]

在县城东北 3 公里沙柳岩洞侧，海游街道北部。东麓沙柳街道姚家村，南界小岭接马家山（山名），西界海游岭接精秘山，北麓沙柳街道华山村。地质构造为火山碎屑岩，植被多松林、杂木等。主峰在县政府驻地东北 3 公里的寺后村境内，海拔 302.8 米。清光绪《宁海县志》载：“元武山，又名将军山。”

老乌山 [Lǎowū Shān]

位于县境西北，海游街道北部。东麓海游街道联合村及海（游）沙（柳）公路，南麓海游街道城中村坝头自然村，西连黄泥山，北接精秘山。地质构造为火山碎屑岩，植被多杂木和果树，蕴藏有高岭土矿。主峰在县政府驻地北 1 公里的坝头自然村境内，海拔 91 米。山上有枇杷、柑橘等果树。

大平山 [Dàpíng Shān]

位于县境西北部，海游街道北部，与沙柳街道交界。东北连杨梅山，东南麓海润街道王家、祁家村，南麓海游街道善岙杨村，西南接马家山（山名），西麓海游街道联合村洋庄自然村、寺后村，北界沙柳街道姚家村。地质构造为火山碎屑岩，植被多松林、毛竹。主峰大平山，在县政府驻地东 3 公里的善岙杨村东北，海拔 362.8 米。主峰四面环山，中有一块比较平坦的地方，故名大平山。

大屿山 [Dàyǔ Shān]

位于县境西北，海游街道东部。东、南、西三面均为耕地，北部海游港环流，孤立山。山西北麓为海游街道善岙蒋村大屿自然村。地质构造为火山碎屑岩，植被多杂木和毛竹。主峰在县政府驻地东南 5 公里的大屿自然村东南，海拔 45.5 米。该山原为海游港中一个大岛屿，故名大屿山。

回龙庵 [Huílóng'ān]

位于县境西北部，海游街道南部与三门县林场交界处。东傍石井坑，南连猪精山，西接踏道岭山头，北界金交椅山头。地质构造为火山凝灰岩，植被多杂木、杉木、竹林。主峰回龙庵，在县政府驻地东南 6.8 公里的悬渚村境内，海拔 417.2 米。山峰西面，建有回龙庵，村民以庵名山。现山上有新老寺院等建筑物。2014 年新建 7 米宽公路从回龙庵通到大茶园。

岩头山 [Yántóu Shān]

位于县境西北部，海游街道南部。东界石井坑，南连金交椅山，西麓海游街道外俞村慈胜自然村，西北界克头岭，接下乌山，北至农田。地质构造为火山凝灰岩，植被多杂木、竹林。主峰在县政府驻地南 5.2 公里的悬渚村之南，海拔 163.7 米。顶部均系岩石，故名岩头山。西麓有甬台温铁路通过。

落脉山 [Luòmài Shān]

位于县境西北部，海游街道东部。东南连癞头山，南至苎槽岭，西麓海游街道悬渚村与三门钢铁厂（已废），西北接凤凰山，东北麓上枫坑村。地质构造为火山凝灰岩，植被以杂木为主。主峰在县政府驻地东南 4.5 公里的悬渚村境内，海拔 238 米。民国十五年《海游镇地图》标“鲫鱼笼”，以其山形似鲫鱼得名。

癞头山 [Làtóu Shān]

位于县境西北，海游街道东部。东连双尖山，南界苎槽岭接畚箕斗，西麓海游街道悬渚村，西北连落脉山。地质构造为火山凝灰岩，植被以杂木为主。主峰在县政府驻地东南 6 公里的悬渚村之东，海拔 418.3 米。主峰多碎石，不长柴草，群众惯称癞头山。清光绪《宁海县志·分图二十一》标“癞首山”。

民国十五年版《海游镇地图》标“癞头山尖”。

烟墩山 [Yāndūn Shān]

位于县境西北部，海游街道东南。东麓海游街道石岩村，东南为石（岩）岭（根）公路，有海游街道小坑村下洋李自然村，西连大尖山，西北接望海楼山，东北麓有新场村。地质构造为火山碎屑岩，植被以杂木、竹林为主。主峰在县政府驻地南3.2公里的石岩村境内，海拔356米。清光绪《宁海县志·山脉》载：“石岩山，下有石岩村，康熙间，置墩台于上，今圮。”因山巅古有烽火台，故名“烟墩山”，又因位于石岩村之西，故名“石岩山”。

狮子山 [Shīzǐ Shān]

在县政府驻地南5.5公里，海游街道岱阜外村之西，与亭旁镇交界处。东北临岱阜坑，有岱阜村（片村名），南麓亭旁镇邵上村缸窑自然村，西南为岙王溪，西滨亭旁溪，有马村，北麓小坑村尤家、坑下自然村。地质构造为火山凝灰岩，上有测量埋石点，山多松林及部分荒山，蕴藏铁矿。主峰在县政府驻地南6公里的岱阜村（片村名）之西，海拔230.7米。清光绪《宁海县志·山脉》载：“狮子山，为包、杨、任、邵、梅五庄水口。”

金交椅山 [Jīnjiāoyǐ Shān]

位于县境西北部，海游街道南部。东南接水塔顶山（黄泥路头），南界三门县林场踏道岭山头，西连茅山地山，西北麓有海游街道外俞村慈胜自然村，北接大奶爿山。地质构造为火山凝灰岩。植被多果树、茶丛和松林。主峰金交椅山头，在县政府驻地东南6.4公里慈胜自然村东南，海拔227.2米。曾用名大背山，因山形状似交背椅的椅背得名。又曾用名慈胜寺山，以西北山麓有慈胜寺得名。民国十五年版《海游镇地图》标“慈胜寺山”

畚箕斗 [Běnjīdǒu]

位于县境西北部，海游街道东部。东麓海润街道隔坑村，南界平坑岭，接漏头山头，西至石井坑与岩头山对峙，北至苎槽岭连癞头山。地质构造为火山凝灰岩，植被以杂木、灌木丛为主。主峰在县政府驻地东南6.3公里的悬渚村境内，海拔398.2米。以山形状似畚箕得名。

岱阜山 [Dàifù Shān]

位于县境西北部，海游街道南部。东界水牛游坑，接金交椅山，南麓为岱阜村（片村名），西麓海游街道小坑村上黄自然村，西南有岱阜坑，北麓桥外王自然村。地质构造为火山凝灰岩，蕴藏铁矿。植被多杂木、茶丛和果木。主峰在县政府驻地南5公里的岱阜村（片村名）境内，海拔153.1米。该山原来多长白茅，故名茅山地。因山处岱阜村（片村名）北，故群众惯称“岱阜山”。又因其形似凤凰，又名“凤凰山”。清光绪《宁海县志·分图二十一》标“凤凰山”。清光绪《宁海县志·山脉》载：“岱阜山，岱阜村后，其形似凤，又名凤山。”

水塔顶 [Shuǐtǎdǐng]

位于县境西北部，海游街道南部。东至保长岩坑接畚箕斗山，南界平坑岭，西至石井坑连金交椅山，北濒杨梅山水库。地质构造为火山凝灰岩，植被多松林、杂木。主峰在县政府驻地东南6.6公里的悬渚村境内，海拔398.2米。山峰如水塔，故名。曾用名黄泥路头，因村庄至山上都是泥路，村民惯称黄泥路头山。

天堂庵山 [Tiāntáng'ān Shān]

位于县境西北部，海游街道南部。东接烟墩山，南麓为海游街道奚家岙村，西北连大尖山。地质构造为火山碎屑岩，植被多杂木、灌木丛。主峰在县政府驻地南4公里的奚家岙村境内，海拔285.8米。主峰北建有天堂庵，以庵名命山。

里岙斗 [Lǐ'àodǒu]

位于县境西北部，海游街道西南。东北麓为海游街道北山村，东、南山麓有S224省道经过，有后郭、溪下诸村，西界水下坑，北与毛洋山尖、西山顶连接。地质构造为火山碎屑岩，植被有松林、杂木。主峰在县政府驻地西南6.5公里，海游街道前郭村之北，海拔328.9米。清光绪《宁海县志·分图二十二》及民国版地图均标“红岩山”。民国十五年版《海游镇地图》标“鹅冠头山”。

天顶山 [Tiāndǐng Shān]

位于海游街道湘山村之西，松门村之北，海拔191米。

下乌山 [Xiàwū Shān]

位于海游街道外俞村东南，悬渚村西南，海拔98.7米。

南山（南） [Nán Shān(Nán)]

位于海游街道奚家岙村西南，亭旁镇石头岙村东北，海拔144.4米。

大奶爿山头 [Dà' nǎipán Shāntóu]

位于海游街道岱阜里村东北，里毛洋水库之西，海拔201米。山形略圆，当地群众惯称大奶爿山头。

黄狗盘 [Huánggǒupán]

位于海游街道黄埠突村之南，新场小区之北，海拔158.2米。山形似黄狗卧在山头，故名。

西山斗 [Xīshāndǒu]

位于海游街道北山村西北，毛洋山之东，海拔332.1米。山如斗形，上宽下窄，中间凹进，故名。

观天台 [Guāntiāntái]

位于海游街道统建村之东，大尖山东北，海拔491.7米。此山为附近山之高峰，仿佛可以观天，故名。

鸡冠岩 [Jīguānyán]

位于海游街道里田湾村之东，珠岙镇外田湾村东北，海拔365.5米。山上岩石形似鸡冠得名。

海塘道 [Hǎitángdào]

位于海游街道城北村之西，湘山村之北，海拔202.6米。

八钵头 [Bābōtóu]

位于海游街道岱阜里村东南，大岙里水库之东，海拔274米。当地俗称脚髁头，意为如人的膝盖。

虎尾巴 [Hǔwěibā]

位于海游街道南7公里，岱阜（片村名）之南，海游街道与亭旁镇交界处。东界三门县林场，南麓亭旁镇岙王村（片村名），西接缸窑岭，西北连狮子山，北毗岱阜坑。地质构造为火山凝灰岩，植被以杂木、茶丛为主。主峰在县政府驻地南7公里的岙王村（片村名）境内，海拔333.7米。以该山山岗状似老虎尾巴得名。

海润街道

正屿山 [Zhèngyǔ Shān]

位于县境北部，海润街道滨海新城东北。东麓耕地，南麓有海润街道正屿村，西麓养殖塘，北濒正屿港，为孤立山。地质构造为火山凝灰岩，植被以松林为主。主峰在县政府驻地东10.5公里的正屿村境内，海拔186.2米。因岛似饭蒸，遇天气不好时，山常烟雾腾腾，故名蒸屿山，后简化为正屿山。清光绪《宁海县志》卷三载“正屿”。

西山 [Xī Shān]

位于县境北偏西，海润街道之西，故名。东连狮子山，西至山弯，北界陡门山。地质构造为火山碎屑岩，植被以杂木、灌木丛为主。主峰在县政府驻地东7公里的南亭村境内，海拔105.2米。清光绪《宁海县志·分图十六》标“龟山”。民国十五年版《海游镇地图》标“乌龟山”。

毕朗山头 [Bìlǎng ShānTóu]

位于海润街道岭脚陈村西北，苎槽岭东北，海拔500.4米。当地群众称毕朗山头。

塔顶山 [Tǎdǐng Shān]

位于海润街道许家塘村西北，祁家村之东，海拔98.8米。

白岩 [Bái Yán]

位于海润街道下枫坑村之东，龙角尖山之北，海拔325.6米。该山岩石多白色，故名。

狮子头 [Shīzi Tóu]

位于海润街道晏农村之北，沙柳街道南亭村东南，海拔174.2米。山中有岩状如狮子，景观较好，当地民间称狮子头。

上天狮子 [Shàngtiān Shīzi]

位于海润街道隔坑村西南，漏斗山头之南，海拔375.5米。山下种植较多果树，当地群众称上天狮子。

漏斗山头 [Lòudǒu Shāntóu]

位于海润街道隔坑村西南，龙皇殿水库之西，海拔402米。当地称漏斗山头，山上有一高岩竖立，也称高岩斗。

关栏狮子 [Guānlán Shīzi]

位于县境北偏西，海润街道北部。东至建竹坑，东南有流水坑水库，南滨海游港，西南接燕窝山，西北连凤凰山，东北界狮子头，有岭头庵。地质构造为火山碎屑岩，植被多杂木。主峰在县政府驻地东7.2公里的晏站村（片村名）西南，海拔104米。以山形状似关在栏子里的狮子得名。民国十五年版《海游镇地图》标“茶亭山”。

高畈山 [Gāofàn Shān]

位于县境北偏西，海润街道北部。东至岙里山坑接凤凰山，南接和尚山及龙头水库，西界葫芦坑，北连天打蛾山。地质构造为火山碎屑岩，植被多杂木。主峰在县政府驻地东4.4公里的葫芦岙村西北，海拔205.2米。葫芦岙村人称“前面山”。

杨梅山 [Yángméi Shān]

位于县境北偏西，海润街道北部，与沙柳街道交界处。东连天打蛾山，南麓王家村，西接大平山，北麓多耕地，西北麓沙柳街道姚家村。地质构造为火山碎屑岩，植被多杂木、灌木丛和毛竹等。主峰在县政府驻地东4公里的王家村境内，海拔349.6米。山上曾种有杨梅树，村民惯称杨梅山。东麓有赵爷殿。清光绪《宁海县志·分图十六》标“黄罗山”，民国十五年版《海游镇地图》和三十二年版《三门县山脉图》标“天主山”。

天打蛾 [Tiāndǎ'é]

位于县境北偏西，海润街道北部。东至岙里山坑与凤凰山接界，南连高畈山，西接杨梅山，北连桶盘岭。植被以杂木、灌木丛为主。主峰在县政府驻地东5.2公里的葫芦岙村之北，海拔263.3米。2000年后，种植枇杷、杨梅等水果，山间建有一条小公路。也称老鹰岩，有岩状如飞鹰、飞鹅，“蛾”系“鹅”谐音而来。

凤凰山 [Fènghuáng Shān]

位于县境北偏西，海润街道北部。东傍建竹坑，南接关栏狮子，西隔坑与天打蛾山相接，北界沙柳街道，有岭头庵。地质构造为火山碎屑岩，植被有松林。主峰在县政府驻地东6.6公里的晏渔、晏农村西，海拔164.8米。因山形似凤凰，故名。曾用名双龙山，以山形状得名。民国十五年版《海游镇地图》标“双龙山”。

狮子山（北） [Shīzi Shān(Běi)]

位于县境北偏西，海润街道北部，许家塘村之东南，龙头水库南边，海游港北侧，西北与塔顶山相接。地质构造为火山碎屑岩，植被多杂木。主峰在县政府驻地东5公里的许家塘村之东偏南，海拔109.5米。狮子岩面临海游港，原竖有灯桩，便利航行。因山南有巨岩，形如狮子，山以岩石命名，故名狮子山。

水岙门山 [Shuǐ'àomén Shān]

位于县境北偏西，海润街道北部。东边隔海与大庵岛对峙，南滨海游港，西连上横头桔塘，北有坝堤接海润街道晏农村。山南麓曾竖有灯塔，并设有水岙门渡。地质构造为火山碎屑岩，植被以松林为主。

主峰在县政府驻地东7.3公里的晏农村之南，海拔59.6米。山濒海游港出水口门户，故名水岙门。现已围垦。

东石门 [Dōngshímén]

位于县境北部，海润街道东南，与横渡镇交界处。东界横渡岭，南邻龙母山，西接牌位头，北至园里大坑，接狗屎尖垮，东北麓为海润街道叶家村。地质构造为火山凝灰岩，植被以杂林为主，部分草地。主峰在县政府驻地东南12.5公里的叶家村境内，海拔587米。

白沙山 [Báishā Shān]

位于县境北部，海润街道南部。东界海润街道孙家村至三门县林场之大爿坦岭，接寒山头山。南连三门县林场之大茶园，西接箬帽岗，北至平坑岭接畚箕斗，有龙王殿水库。地质构造为火山凝灰岩，植被以杂木为主。主峰在县政府驻地东南8.5公里的岭脚陈村西南，海拔624.2米。

狗屎尖 [Gǒushǐ Jiān]

位于县境北部，海润街道东南。东至园里大坑，山麓有海润街道叶家村，南界西坑岭，接牌位头山，西南界三门县林场，西北至茶园坑，北麓有西严、上林村及龙潭背水库。地质构造为火山凝灰岩，植被多杂木、杉木及灌木丛。主峰在县政府驻地东南12公里的叶家村之西，海拔393米。清光绪《宁海县志・分图二十》标“尧仆湾”。民国版《宁海县地图》标“尧埠湾”。

仙人头尖 [Xiānréntóu Jiān]

位于县境北部，海润街道东南。东近三门县林场，南接水牛背脊山，西界横渡岭，北至狮子口岭接狮子山。地质构造为火山凝灰岩，植被多杂林，部分沙砾地。主峰在县政府驻地东南13.5公里，海润街道叶家村境内，海拔420.7米。山峰岩石状似人头，雅称仙人头尖，曾用名仙人山。清光绪《宁海县志・分图二十》标“仙人山”。

流水岩 [Liúshuǐ Yán]

位于县境北部，海润街道南部。东界茶园坑，接狗屎尖垮，南至孙家茶场，西北山麓头岙溪，北连红茅山。地质构造为火山凝灰岩，植被以松林、杂木为主。主峰在县政府驻地东南9.7公里的林家洋村东南，海拔431米。当地群众惯称流水岩，因山中间偏上一处巨岩有十来间屋大，平时岩上有流水，遇雨天，岩上流水更多。

箬帽岗 [Ruòmào Gǎng]

位于县境中部，海润街道南部。东界白沙坑，接白沙山，南、西界三门县林场之大茶园山，北至平坑岭接黄泥路头。地质构造为火山凝灰岩，植被以松林、杂木为主。主峰在县政府驻地东南8公里的岭脚陈村西南，与三门县林场交界处，海拔574.2米，头岙溪发源于此。当地群众惯称箬帽岗，曾用名笔架山，因山尖形似笔架得名。别名茶叶山，系山上多长茶丛，出产茶叶得名。2015年查得当地村民又称“平坑”。清光绪《宁海县志・分图二十一》标“笔架山”。

寒山头 [Hánshān Tóu]

位于县境北部，海润街道南部。东北连狗屎尖垮，南接三门县林场山，西界白栲岭，北至流水岩山，有孙家茶场。地质构造为火山凝灰岩，植被以杉木、茶丛为主。主峰在县政府驻地东南10.5公里的孙家村东南，海拔666米。因主峰山头为附近最高峰，气温寒冷，故名寒山头。

坑王山 [Kàngwáng Shān]

位于县境北部，海润街道中西部。东及东南山麓为头岙溪，西南麓有岭脚陈村，西接双尖山，西北连龙角尖，东北山麓有头岙村，北有岙坑里水库，南有大岙水库。地质构造为火山凝灰岩，植被以松林、杂木为主。主峰在县政府驻地东南8公里的头岙村境内，海拔277.1米。山中有一条山坑，是头岙村与林家洋村的界山，当地群众惯称坑王山。

黄屿山 [Huángyǔ Shān]

位于县境北部，海润街道中部。北面与东面临海游港，南、西麓为滩涂，山北麓原设有渡口。地质构造为火山凝灰岩，孤立荒山，部分旱地。主峰在县政府驻地东7公里的潺岙村境内，海拔13.1米。别名南屿山。潺岙塘北端，北临海游港，与水岙门山对峙，旧有人渡，称水岙门渡。

东山头 [Dōngshān Tóu]

位于县境北部，海润街道东部。东界健跳镇，南至小蒲岭，西麓园里溪，北界S224省道。地质构造为火山凝灰岩，植被以松林为主，部分沙砾地。主峰在县政府驻地东11公里的园里村东北，海拔233.3米。以山位于园里村之东得名。曾用名马鼻山，因主峰高峻，状似马鼻得名。清光绪《宁海县志·分图二十一》标“马鼻山”。

红茅山 [Hóngmáo Shān]

位于县境北部，海润街道中部，海游港之南。东至园里溪，南界大明寺，西至头岙溪，北为头岙、园里溪合流处。地质构造为火山凝灰岩，植被以松林、茶丛为主。主峰在县政府驻地东南9.5公里的东陈村境内，海拔209米。清光绪《宁海县志·分图二十一》标“黄茅山”。民国版《宁海县地图》标“黄毛山”。

牌位头 [Páiwèi Tóu]

位于县境北部，海润街道东南西坑岭之东，与横渡镇交界处。东连东石门，南接横渡镇龙母山，西邻三门县林场，北至西坑岭，接狗屎尖垮。地质构造为火山凝灰岩，植被以灌木丛为主，局部茶丛与草地。主峰在县政府驻地东南12公里的海润街道与横渡镇交界处，海拔611.2米。以主峰高耸似牌位得名。

狮子山 [Shīzǐ Shān]

位于县境北部，海润街道叶家村东北，后林村西南。东接后林斗山，南至狮子岭口连仙人头尖山，西邻园里大坑，有后林村、东严村和叶家村三里严自然村，北界小蒲岭。地质构造为火山凝灰岩，植被以松林和灌木丛为主。主峰在县政府驻地东南13公里的后林村境内，海拔311米。以山形似狮子得名。

江边山 [Jiāngbiān Shān]

位于县境北部，海润街道东部。东麓永丰塘，南麓园里塘，西麓原为园里溪，今已改造为头岙塘，北端滨海游港。地质构造为火山凝灰岩，植被以荒山为主，部分沙砾地。主峰在县政府驻地东10公里的园里村江边山自然村境内，海拔46米。该山位于海游港边，因当地群众将“港”与“江”同义，故名“江边山”。

双尖山 [Shuāngjiān Shān]

位于县境北部，海润街道西南部。东接坑王山，南界苎槽岭，西连癞头山，北麓有下枫坑村。地质构造为火山凝灰岩，植被以杂林为主。主峰双尖山，在县政府驻地东南7公里的岭脚陈村境内，海拔519.7米。因两个山峰并峙得名。

大庵山 [Dà'ān Shān]

位于海润街道滨海新城西部居住区中心。北至泰和路，南至滨港路，东至半月路，海拔29.9米。地处晏农村大庵村自然村而得名。

涛头山 [Tāotóu Shān]

位于海润街道滨海新城东部。北至涛头湾，南至滨纬三路，东至滨经十四路，海拔77.8米。地处涛头村而得名。

和尚山 [Héshàng Shān]

位于海润街道葫芦岙村之南，许家塘村东北，海拔114米。

燕窝山 [Yànwō Shān]

位于海润街道葫芦岙村之东，和尚山东北，海拔159.8米。

虾钳山 [Xiāqián Shān]

位于海润街道潺岙村之东，北临海游港，海拔49.2米。

东年山 [Dōngnián Shān]

位于海润街道孙家村东南，大平岗东北，海拔653米。当地群众俗称天梯岗。

水牛背脊 [Shuǐniú Bēijǐ]

位于县境中部，海润街道、横渡镇与三门县林场交界处。东南至羊角尖，南接龙头岗，西界横渡岭，北连仙人头尖。地质构造为火山凝灰岩，植被多杂木与灌木丛。主峰死堆屏，在县政府驻地东南14公里的三门县林场境内，海拔567.7米。以此岗高峻，两旁陡峭似水牛背脊得名。

老鹰岩 [Lǎoyīng Yán]

位于县境中部，海润街道、亭旁镇与三门县林场交界处。东至大茶园林区，西南界王戏梁山峰，西接开口岩，北连大茶园山。地质构造为火山凝灰岩，植被多松林及灌木丛。主峰在县政府驻地东南9公里的三门县林场境内，海拔340米。以主峰岩头高5米，状似老鹰得名。

大茶园 [Dàcháyuán]

位于县境中部，海润街道、亭旁镇与三门县林场交界处。东至天梯山有大茶园林区的场部驻地，南毗老鹰岩山，西南接王戏梁山峰，西界箬帽岗，北连白沙山。地质构造为火山凝灰岩，植被多松林、杉树、杂木。主峰在县政府驻地东南9公里的三门县林场境内，海拔676米。以该山多种植茶树得名。

连槌山 [Liánchuí Shān]

位于县境北部，海润街道滨海新城，正屿山西南，海游港北侧。四周环塘地，为孤立山。地质构造为火山凝灰岩，植被多茅草，部分岩体裸露。主峰在县政府驻地东10公里的正屿山村境内，海拔27.2米。因山形似洗衣用具连槌，故名连槌山。

沙柳街道

田游螺 [Tiányóuluó]

位于海润街道鲍家村梅叶自然村之东，曼岙隧道之南，海拔156.6米。山如田游螺，上小下大，略有侧偏，故名。曼岙隧道自山南通过。

双岩头 [Shuāngyán Tóu]

位于沙柳街道金板山村之南，乌岩山东南，海拔366.3米。种有茶叶、榧树。山上有双岩如斧头，称双岩头，也称斧头岩。

将军山 [Jiāngjūn Shān]

位于县境北偏西，沙柳街道东头村西北，南界东头岭连笔架山，西、北濒旗门港。地质构造为火山碎屑岩，植被多松林。主峰在县政府驻地东北7.6公里的东头村之西，海拔180.1米。山形陡峻壮伟，村民皆称为将军山。

老鼠山 [Lǎoshǔ Shān]

位于县境北偏西，沙柳街道东部，旗门港中。东边隔港与宁海县龙头山对峙，南有堤坝连鸡笼山，西有堤坝连陆地与卢家塘村相望，北濒旗门港。地质构造为火山碎屑岩，荒山。主峰在县政府驻地东北9.4公里的卢家塘村东北，海拔56米。山形似老鼠，故名。山处旗门港之中，又名旗门山。

狮子山 [Shīzǐ Shān]

位于县境西北，沙柳街道金板山村之北，与宁海县一市镇交界处。东连殿后山，南麓沙柳村，西界坎头坑有坎头村，北接宁海县万皮蓬村。地质构造为火山碎屑岩，植被以灌木丛和松林为主。主峰在县政府驻地东北5公里的沙柳村境内，海拔166米。山形似狮子，故名。山上留有明代烽火台残址。

风吹罗带 [Fēngchuīluódài]

位于县境西北，沙柳街道下南山村之北，与海游街道交界处。东连精秘山，南至珠游溪，有城北村，西界石岬岭，北至清溪，有下南山、前王诸村。地质构造为火山碎屑岩，植被以松林为主。主峰双峰尖，在县政府驻地北2.3公里的下南山村之南，海拔370.4米。山峰绵延数里，似风吹动罗带飘动的样子，故名。

道地平 [Dàodìpíng]

位于县境西北，沙柳街道西南，南与海游街道交界。东界石岬岭接风吹罗带山，南连海游街道，西接双尖山，北至白竹坑。地质构造为火山碎屑岩，植被多松林、杂木。主峰在县政府驻地西北3.5公里的城北村北部，海拔315米。以其山顶平坦得名。

鸡笼山 [Jīlóng Shān]

位于县境北偏西，沙柳街道东部之旗门港中。北有堤坝连老鼠山，南有堤坝连陆地乌龟山。地质构造为火山碎屑岩，植被有松林、杂木。主峰在县政府驻地西北9.5公里的卢家塘村之东，海拔36.8米。山形圆，像鸡笼，故名。又像锅底、珠子一样，故别名锅底山，曾用名龙珠山。

金板山 [Jīnbǎn Shān]

位于县境西北，沙柳街道与宁海县一市镇交界处。东连宁海县担丁岗山，南接马岩山，西界岭脚坑，有金板山村，北至凤凰山。地质构造为火山碎屑岩，植被以松林、杉木为主。主峰在县政府驻地北7.9公里，金板山村境内，海拔463.2米。溪头杨溪发源于此山的东南。

笔架山 [Bǐjià Shān]

位于县境北偏西，沙柳街道外黎村之东。东、西均濒旗门港，东麓有大周、卢家塘村，西麓外黎村，南界曼岙岭，北连将军山。地质构造为火山碎屑岩，植被多松林及部分沙砾地。主峰笔架山，在县政府驻地北6.2公里的外黎村境内，海拔344.5米。以主峰形状得名。清光绪《宁海县志·山脉》记载："笔架山，县南二十八里，高210丈。东岙南，大周北，笔立三峰，形如笔架。中峰山麓有庵。右峰有鹰岩，岩中有洞，深邃莫测。左峰名花尖，绝顶有一岩，方丈余，四面玲珑剔透如窗，有香炉、石桌诸胜。"

狮子头 [Shīzǐ Tóu]

位于县境西北，沙柳街道流洋村之北。东至剥牛头坑，南麓流洋村，西界庵后坑，北接乌岩山。地质构造为火山碎屑岩，植被以松林、竹林为主。主峰狮子头，在县政府驻地北5.6公里的流洋村之北，海拔347.5米。山峰形似狮子头，得名。

乌岩山 [Wūyán Shān]

位于县境西北，沙柳街道卢林村东山头自然村之东。东至三门、宁海县交界处的育山，南接狮子头山，西连双老山头，北界金板山。地质构造为火山碎屑岩，植被多竹林、松林、茶丛等。主峰乌岩山，在县政府驻地北6.3公里，海拔507.1米。以山石颜色得名。上有测量埋石点。

老鹰山 [Lǎoyīng Shān]

位于沙柳街道西坑村西北，与宁海县交界处，海拔373.8米。因主峰岩石耸立，如老鹰状，故名老鹰山。

白祥山 [Báixiáng Shān]

位于沙柳街道金板山村之北，海拔388.2米。

烟墩山 [Yāndūn Shān]

位于沙柳街道东北，后周隧道之西，海拔139.8米。因山巅古有烽火台，故名。

大拇山 [Dàmǔ Shān]

位于沙柳街道曼岙村西北，鲍家村梅叶自然村东南，海拔182.7米。上有防火林路，宽5米，路到山顶。当地群众惯称大拇山，俗称大模山。

陡门山 [Túmén Shān]

位于沙柳街道南亭村西北，西山之北，海拔45.5米。山上种有枇杷，山底有环村公路。俗称黄狗盘。

狮子山 [Shīzǐ Shān]

位于海润街道晏农村之北，南亭村东南，海拔174.2米。整座山均为岩石，山顶略平，上有电力网塔。状如伏地狮子，故名。

珠岙镇

大岭尖 [Dàlǐng Jiān]

位于县境西部，珠岙镇黄罗村之西。东至高枧上山，南至陈岙村，西至大平头村，北麓有黄罗村。地质构造为火山碎屑岩，植被多松林。主峰在县政府驻地西南14.5公里的黄罗村南部，海拔308米。

老鼠尾巴 [Lǎoshǔ Wěibā]

位于珠岙镇梅坑村之东，海拔457.9米。山形似老鼠尾巴而得名。

鸦鹰岩 [Yāyīng Yán]

位于珠岙镇下桃山村东北，东北临珠岙溪，山上多岩石，海拔132米。20世纪90年代后，种植东北松及杂木等绿化林。

天打岗 [Tiāndǎ Gǎng]

位于珠岙镇张家村东北，里张家自然村之东，海拔300.1米。

白岙山 [Bái'ào Shān]

位于县境西部，珠岙镇东部。东至S214省道，南、西界珠岙，北界大王山。地质构造为火山凝灰岩，植被多松林和茶丛。主峰在县政府驻地西南9.5公里的洋顺（片村名）北，海拔229.8米。曾用名仰船山，因其山形似船得名，又名仰天船。又曾用珠山，因洋顺（片村名）之北的山峰似珠得名。清光绪《宁海县志·分图二十二》标“仰船山”，当地群众惯称“仰天船”。东南支（洋顺之北），清光绪《宁海县志·分图二十二》标“珠山”。民国时期，珠岙村的“珠山小学”之名，即来于此。

大竹园 [Dàzhúyuán]

位于县境西部，珠岙镇中部。东边山麓为祥里村塘岙自然村、东园自然村、坎头村等，南至珠岙溪支流后辽丁之水，西与高枧村接界，北至祥里至香山之山岭。地质构造为火山碎屑岩，植被多松林和茶丛。主峰在县政府驻地海游西南12.5公里的坎头村西，海拔317米。以该地在古代盛产毛竹得名。清光绪《宁海县志·分图二十二》标“大箬帽山”，以其山形似箬帽，故名。南面山底有沈海高速通过。

天灯盏 [Tiāndēngzhǎn]

位于县境西部，三门、宁海、天台三县交界处。东、北界宁海县，西界天台县，南接三门县大朗头山。地质构造为火山碎屑岩，植被多竹林，部分荒山。主峰在县政府驻地西12公里的里桃村境内，海拔616.5米。以天灯盏主峰为当地最高峰，且山顶平坦凹陷，状似灯盏，故名。2011年里桃村栽种红豆杉200亩。

大朗头 [Dàlǎng Tóu]

位于县境西部，珠岙镇北部。东至柿树湾村中央线自然村东之山岭，南至柿树湾村南之溪坑，西与笔尖山、天灯盏山交界，北与宁海县交界。地质构造为火山碎屑岩，植被多茅草，部分松林与旱地。主峰在县政府驻地西10.8公里的大朗头村东，海拔378米。处于诸朗山中面积较大的一朗山，故名大朗头。

马鞍腰山 [Mǎ'ānyāo Shān]

位于县境西部，珠岙镇中部。东有珠岙溪支流韩家坑流过，南与大竹园山接界，西至大郎岗。地质构造为火山碎屑岩，植被多松林。主峰在县政府驻地西南11公里的西陈村境内，海拔291米。清光绪《宁海县志·分图二十二》标“马鞍山”。以山形如马鞍得名，“腰”与“庙”谐音，演变成马鞍山与马鞍庙山。

九狮山 [Jiǔshī Shān]

位于县境西部，珠岙镇西南。东至石马岭，西南接江湖山，北临珠岙溪。地质构造为火山碎屑岩，植被多松林。主峰在县政府驻地西南10公里的石马村境内，海拔233米。山形犹如九头狮子，故名。2015年天然气管道经东坡半山而过。

后门山 [Hòumén Shān]

位于县境西部，珠岙镇南部。东至大龙坑，南与亭旁镇芦田山后门山界，西南连短竹山，西至龙潭坑，西北临珠游溪，北麓为珠岙镇樟树下村。地质构造为火山碎屑岩，植被多松林，部分荒山，有少数茶园。主峰大模山尖，在县政府驻地西南11.5公里的樟树下村境内，海拔418米。山处村后面，村民惯称后门山，别名大模山。马胡线经过山脚，穿过樟树下村。

龙湾岗 [Lóngwān Gǎng]

位于县境西北边陲，珠岙镇北部。东麓有S214省道、山坑，西与宁海县桑洲镇慕胡山、龙潭诸村为界，南连人头岩山，北至麻岙岭头。地质构造为火山碎屑岩，植被有松林，间有灌木林、茶园。主峰在县政府驻地西8.5公里的铺里村西北，海拔318米。以山岗连绵弯曲似龙蟠旋得名。清光绪《宁海县志·分图二十二》标“桐林山”。

人头岩 [Réntóu Yán]

位于县境西部，珠岙镇北部，铺里村西南。东麓有新建沈海高速公路、S214省道和娄坑与铺里诸村，西至山坑，与岩坑村前面山接界，南山嘴伸延至岭口村北，北连龙湾岗。地质构造为火山碎屑岩，植被多松林，间有杂木林。主峰在县政府驻地西8公里的铺里村西南，海拔304米。山峰岩石形如人头，故名。雅称贵人岩。清光绪《宁海县志·分图二十二》标“贵人山”。

仙照山 [Xiānzhào Shān]

位于县境西北边境，珠岙镇北部。东接药王山、毛洋山尖，西麓至山坑，为娄坑、铺里诸村，有S214省道、沈海高速公路经过，南麓至娄坑村，东西至山坑汇合处，北与宁海县桑洲镇里山季村珍山自然村接界。地质构造为火山碎屑岩，植被多松林，间杂灌木林、茶丛等。主峰在县政府驻地西6.5公里的外田湾村西北，海拔455.2米。山上有仙照庵，故名。

短竹 [Duǎnzhú]

位于县境西部，珠岙镇东南部。东连亭旁镇山，南与芦田山（片村名）后门山为界，西至平坑，北为平坑与龙潭坑汇合处。地质构造为火山碎屑岩，植被多松林、茶丛等。主峰在县政府驻地西南13公里的姜家山村之东，海拔272.2米。因山顶形似短竹丫杈，故名。短竹山底部称平坑底，西南底部建有平坑底水库。

九朗山 [Jiǔlǎng Shān]

位于县境西北部，珠岙镇、亭旁镇、海游街道交界处。东为箬笼岩、十八朗山，南接狮子岩、直朗山头，西至南岙坑连观音尖，山麓为南岙村，西北临珠游溪，北抵海游街道扬达岙，高421米。地质构造为火山碎屑岩，植被多松林，间杂有毛竹、茶丛。此山横连九峰，故名九朗山。据清光绪《宁海县志·山脉》载：“九朗山，横连九峰，在马湖村东南。”S224省道经过此山。

观音尖 [Guānyīn Jiān]

位于县境西部，珠岙镇东部。东至南岙坑，接九朗山，西临珠游溪，南至任家到下谢山岭，北麓为南岙村。地质构造为火山碎屑岩，植被多松林。主峰在县政府驻地西南8公里，下谢村之东北，海拔325.1米。山尖岩石壁立，状如“观音”，故名观音尖。又似观音立在岩石上，当地群众又叫它观音骑岩。下谢宗谱载：“观音奇峰，为下谢八景之一。”诗曰：“形类观音坐，峰奇陡倍劳。选山罗且拜，此地锐而高。云沪莲台回，风翻具叶叨。几面沾法雨，为世洗麓器。”

双尖山 [Shuāngjiān Shān]

在县政府驻地西南9公里，珠岙镇下洋村之东，亭旁镇任家村之西，最高点海拔562米。以一山两峰，东北峙立，尖峭高耸，故名双尖山。山上有松木，大部分是荒山。清光绪《宁海县志·山脉》载：“双尖山，高二百五十丈，亭旁镇西。”

江湖山 [Jiānghú Shān]

位于县境西部，珠岙镇西南，石马村之西。东连九狮山，西、南山麓临珠游溪，西北麓为S214省道，北麓临珠岙溪。地质西部山头为玄武岩，大部分为火山碎屑岩，蕴藏高岭土矿。植被多松林，部分杉木、茶丛。主峰在县政府驻地西南11.5公里的石马村之西，海拔274米。

下桃山 [Xiàtáo Shān]

位于县境西部，珠岙镇东部。西、北山麓滨珠岙溪，靠山麓有梅村、上方诸村，东南山麓临珠游溪，三面绿水环绕，西南至石马岭。地质构造大部分为火山碎屑岩，局部有叶蜡石矿，植被多松林。主峰在县政府驻地西南8.5公里的下桃山村东北，海拔228米。曾用名狮岩山，岩石状如狮子得名。清光绪《宁海县志·分图二十二》和民国十五年版《海游镇地图》均标“狮岩山”。2014年天然气管道经过山东南麓。

笔尖山 [Bǐjiān Shān]

位于县境西北，珠岙镇西北部，与天台县交界。东坡有文明、柿树湾等村，南连大平山，西界天台县，北接天灯盏。地质构造为火山碎屑岩，植被多松林，部分茶丛、毛竹。主峰笔尖山，在县政府驻地西11.5公里的文明村西，海拔451.7米。峰顶尖峭，形似笔尖得名。珠岙溪发源于山之东南，上有测量埋石点。

大平山 [Dàpíng Shān]

位于县境西部，珠岙镇西部。东界珠岙镇，南至岙底谢村，西至山坑，北至里湾斗。地质构造为火山碎屑岩，植被多松林。主峰在县政府驻地西南12公里的明姚村和张家村境内，海拔382.5米。山峰大而平，故名大平山。

双门岩 [Shuāngmén Yán]

位于县境西部，珠岙镇与临海市汇溪镇接界处。东至大麦坑水，南界临海市，西至小桐岩之水，北至珠游溪上游。地质构造为火山碎屑岩，植被多竹林，矿藏有石灰石。主峰在县政府驻地西南17公里的双门岩村双门岩自然村西南，海拔426.1米。双门岩自然村北路口的东西两侧山上，各有两块岩门屹立，形似两双石门，故名双门岩村，山亦以村名。2005年在山间建造乡级公路1.5公里。

双峰尖 [Shuāngfēng Jiān]

位于县境西部，珠岙镇与临海市交界处。东连桐岩岭，南、西界临海市，北面是珠岙镇石壁山村。地质构造为火山碎屑岩，植被多茅草及松林，海拔449.2米。因有左右两个山峰并峙，故名双峰尖。

九龙泡 [Jiǔlóngpào]

位于县境西部。珠岙镇、亭旁镇与临海市汇溪镇交界处。东连九岩山，南至临海市与三门县交界处，西接石地栿岭，北界梅坑溪。地质构造为火山碎屑岩，植被有松林。主峰在县政府驻地西南15公里的石坑村北部，海拔496米。此山有九岗九湾，一岗高一岗，如龙蟠旋，故称九龙泡。曾用名石朗山尖，系此山群众又称石朗山得名。又曾用名黄竹坑山头，因此山有黄竹坑得名。浙江省龙珠山铅锌矿公路从山底通过，为梅上线起点之一段。

棉花地岭 [Miánhuādìlǐng]

位于珠岙镇石坑村之西，海拔430.5米。山岭上过去多种植棉花得名。

马面岩 [Mǎmiàn Yán]

位于珠岙镇姜家山村西南，海拔485米。山岭上岩石形似马面，故名。

隔岸山头 [Gé'àns Shāntóu]

位于县境西部，珠岙镇南部。东为大麦坑之水，南与临海市山接界，西靠桐岩岭，北接双门岩山。地质构造为火山碎屑岩，植被多荒山。主峰在县政府驻地西南18公里的临海、三门两县（市）交界处，海拔463.1米。因此山头与临海市之山头隔岸相望，故名隔岸山头。

上山 [Shàng Shān]

位于县境西部，珠岙镇中部。东至高（枧）山（岙）公路，南面山麓有吴岙溪流过，西界大岭头，北至大岗头。地质构造为火山碎屑岩，植被多松林。主峰在县政府驻地西南14公里的高枧村境内，海拔242.1米。山顶较平坦，种有板栗，有一座佛殿和一棵古柏，据传种植于明朝前。山底有水电站，山腰有水渠。2015年山间建成公路到山顶。

岩峰竖尖 [Yánfēng Shùjiān]

位于县境西部，珠岙镇东北部。东接竹家山，南面山麓有多宝讲寺，西至高（枧）山（岙）公路，北至珠岙镇大马山村。地质构造为火山碎屑岩，植被多松林及部分竹园。主峰在县政府驻地西南13.5公里的高枧村东北，海拔266.8米。在山顶峰，有嶙峋岩石一座，岩面朝东，竖于山尖，故名鳌峰，后谐为岩峰。南麓有东晋古刹多宝讲寺，又名多宝寺岗。20世纪90年代在山背面兴建景会寺，2000年后砌石条台阶，2010年后山腰平坦处建凉亭与活动场地。清光绪《宁海县志·分图二十二》标“多宝寺岗”，因南麓有多宝讲寺，故名。

独山 [Dú Shān]

位于县境西部，珠岙镇南部。东为珠游溪上游，西有S326省道经过，为孤立山。地质构造为火山碎屑岩，植被多茅草，大部分辟为耕地。主峰在县政府驻地南13.5公里的独山村之南，海拔79.6米。因此山孤独屹立，故名独山。古名铎山，由“铎”“独”谐音命名。20世纪80年代县测量局在山顶建有测量标志一座。

竹家山 [Zhújiā Shān]

位于县境西部，珠岙镇三板桥村竹家山自然村西。东南山麓S214省道经过，西接岩峰竖尖，北面山麓为后辽丁村。地质构造为火山碎屑岩，植被多松林、毛竹。主峰在县政府驻地西南13公里，竹家山自然村境内，海拔207米。以山之东有竹家山自然村，以村名山，故称竹家山。2010年以来，山脚斜坡被移平建房。

石牯牛 [Shígǔniú]

位于县境西部，珠岙镇南部。东南接亭旁镇之山，西至珠游溪上游，北面山麓为胡村。地质构造为火山碎屑岩，植被多松林和茶丛。主峰马面岩，在县政府驻地西南13.5公里，珠岙镇独山村与姜家村交界处，海拔484.4米。次峰老鼠尾巴，在县政府驻地西南14.5公里，梅坑村之东，海拔457.9米。该山有巨石，形似牯牛，以岩石名山为“石牯牛”。清光绪《宁海县志·分图二十二》标“石鼓牛”，系石牯牛谐音。山北建有石牯牛水库与水电站。2013年进行低山缓坡开发种植。

岭青头 [Lǐngqīng Tóu]

位于县境西部，珠岙镇南部。东界桐岩岭，南与临海市山为界，西至赤壁坑之水，北面山麓为岩下徐村。地质构造为火山碎屑岩，植被多杂木，有的开垦为旱地，种植番薯、小麦等杂粮。主峰在县政府驻地西南18公里的小桐岩村西南，海拔401.7米。到达山头之路，只有少数台阶，其余均为青泥路。

金刀山 [Jīndāo Shān]

位于县境西部，珠岙镇东北。东有珠游溪，北有吴岙溪环流，南面山麓为独山村，西面山麓有S326省道经过，孤立山。地质构造为火山碎屑岩，植被多松林。主峰在县政府驻地西南13公里的独山村境内，海拔164米。山北麓至胡村一段溪流，群众惯称金刀溪（吴岙溪的一段）。因金刀溪环游山北，以溪名山为金刀山。清光绪《宁海县志·分图二十二》标“金刀山”。

大岗头 [Dàgǎng Tóu]

位于县境西部，珠岙镇西部，小岙村之西和西吴村之东。地质构造为火山碎屑岩，植被多松林、灌木丛、茅草，少数茶丛等。主峰在县政府驻地西南14公里的小岙、黄罗、西吴、格岭、周家等村境内，海拔377.8米。主峰是高大的山岗，故名大岗头，山以主峰大岗头得名。2014年在山间建起3米宽、2公里长的公路至山顶，山中植有东北松。

青里岙 [Qīnglǐ'ào]

位于县境西部，珠岙镇西南，珠岙镇青里岙村境内。东连大塘山，南至临海市大塘村，西接天台县毛楂山、天（台）临（海）交界枫树岭为界，北麓下界溪村。地质构造为火山碎屑岩，植被多松林。主峰在县政府驻地西南19公里的王殿村北，海拔321.1米。位于青里岙村南，村民惯称青里岙山。2014年种有油茶等经济作物。

黄莲岗 [Huánglián Gǎng]

位于县境西部，珠岙镇南部。东与西塘山（西堂山）接界，南面山麓为桐岩李村，西接大塘山（大堂山），北至上堂山与黄牛头。地质构造为火山碎屑岩，植被多松林。主峰在县政府驻地西南16公里的西塘村以西，岙坑村下回山自然村以北，海拔294.3米。清光绪《宁海县志·分图二十二》标“王来山”。

民间传说有黄龙、白龙2条山脉，黄龙岗通至高枧车站，在高枧村以南，属羊岩山脉；白龙通高枧村后门山，在村以北，属上山山脉。2000年后岗北新建昆奈耶寺。

黄牛头 [Huángniú Tóu]

位于县境西部，珠岙镇西南部。东至泗洲堂，南连黄莲岗，西至吴岙村，北临吴岙溪、桥下村。地质构造为火山碎屑岩，植被多松林。主峰在县政府驻地西南15.5公里的桥下村之南，海拔236.5米。山形似牛头，故名黄牛头。曾用名龙头山，因其山峰似龙头高昂得名。清光绪《宁海县志·分图二十二》标"龙头山"。山麓建有文昌阁，当地称文昌阁山。

高枧上山 [Gāojiǎn Shàngshān]

位于珠岙镇隔水村东北，海拔248米。以前山上有较多田地，高枧村民上山干活，取名高枧上山。

七公田 [Qīgōngtián]

位于县境西部，珠岙镇西，油麻岭村之北，与天台县交界。东至西吴村，东南为菜湾村，西为天台县甲午村，北为天台县叶家坑村。地质构造为火山碎屑岩，植被多松林。主峰土公田，位于县政府驻地西南16公里的三（门）天（台）交界处，海拔344.1米。因山上有田，史上村民作为公共田地，山以此命名。山上有水库一座，由西吴、长岗、菜湾三村合建。

大塘山 [Dàtáng Shān]

位于县境西部，珠岙镇西南。东至桐岩李村，南至岩下徐村，西连蜈蚣岭，北临吴岙溪。地质构造为火山碎屑岩，植被多松林。主峰牛官头，位于县政府驻地西南17公里的珠岙镇吴岙村境内，海拔338.7米。清光绪《宁海县志·分图二十二》和民国版《宁海县地图》均标"大堂山"。大塘山由"大堂山"谐音而来。山上有山塘1个，原有山田10亩，并有茶地。

大岙 [Dà'ào]

位于县境西部，珠岙镇西部。东至陈岙村，南面山麓连老鼠山，西为天台县交界处狮岩山，北至油麻岭。地质构造为火山凝灰岩，植被多松林。主峰在县政府驻地西南16.5公里的上界溪村北，海拔291米。山南有一个坦，清光绪《宁海县志·分图二十二》及民国版《宁海县地图》均标"坦山"，后称大岙，以南麓有个较大的山岙得名。该地古代曾建塔2座，民间故称"塔山"。清、民国称坦山，后称大岙，现在民间称塔山。

老样山 [Lǎoyàng Shān]

在县政府驻地西南13公里，珠岙镇胡村之南，最高点海拔139.1米。山多松林，山麓有岙底坑水库。

亭旁镇

十八朗 [Shíbālǎng]

在县政府驻地西南6公里，亭旁镇下路朱村之西。山上有松林及大片荒山。

老婆坷山头 [Lǎopókē Shāntóu]

位于亭旁镇任家村之西，亭旁镇与海游街道交界处，海拔473.8米。

野猪游山头 [Yězhūyóu Shāntóu]

位于亭旁镇下岙村之西，珠岙镇与亭旁镇交界处，海拔552米。从前此山经常有野猪出没，故名。

仰天灯盏 [Yǎngtiān Dēngzhǎn]

位于亭旁镇上蒋村西北，王村村下蒋自然村西南，海拔472.4米。

狮子岩 [Shīzǐ Yán]

在县政府驻地西南6.5公里，亭旁镇上卢村西北，最高点海拔358米，大多荒山。

大龙山 [Dàlóng Shān]

在县境西南11.5公里，亭旁镇芦田山村东北，是本县中北支群山的主体，海拔563米，山上多杂木和油茶林。以山形蜿蜒盘旋似龙，故名大龙山。清光绪《宁海县志·分图二十二》标"大龙山"。跨山而过的山岭，称大龙岭，为亭旁、珠岙两区的通道，岭头有路廊。清光绪《宁海县志·山脉》载：“大龙岭，上鲍村后，曲曲凡三十五盘。”山东麓古有大龙寺，早废。

鞍山 [Ān Shān]

位于县境西南部，亭旁镇石滩村东北。东面山麓有亭（旁）流（水岩）公路经过，南至陌更村，西面山麓有亭旁溪流过，北接狮子山。地质构造为火山凝灰岩，植被有松林、毛竹和果木。主峰在县政府驻地南偏西 11 公里的石滩村东北，海拔 218.2 米。以山形似马鞍得名。

虎山 [Hǔ Shān]

位于县境西南部，亭旁镇之西。东部山麓为王村村，南接上蒋村后门山，西连山王头山，北至大龙岭。地质构造为火山碎屑岩，植被多松林、杂木。主峰在县政府驻地西南 11 公里的王村村境内，海拔 110.3 米。以山形似猛虎蹲坐得名。别名乌山，系谐音所致。虎山耸立于亭旁之西，故古有“西山虎踞”之称。

鹤山 [Hè Shān]

位于县境西南部，亭旁镇东北。东边山麓有石（岩）岭（根）公路经过，南为杨家村，西有亭旁溪环流，北边山麓为前楼村。地质构造为火山碎屑岩，植被多松林、杂木。主峰大蓬头，在县政府驻地南 8 公里的杨家村小路头自然村与花湾村之间，海拔 143 米。以山形似飞鹤得名。清代名下山头、花衡山。民国名亭山、花湾山。清光绪《宁海县志·分图二十一》标“下山头”。清光绪《宁海县志·山脉》载：“花衡山，一名下山。”民国十五年版《海游镇地图》标“亭山”。民国三十二年版《三门县山脉图》标“花湾山”。民国版《亭旁包氏宗谱·亭旁形胜图》标“鹤山”。

灵凤山 [Língfèng Shān]

位于县境西南，亭旁镇叶家庄村与坑洪村交界处。东连仙人眠床岗，南面山麓为铁场村，西有南溪流过，北面山麓为山上任村。地质构造为火山凝灰岩，植被以松林、杂木为主，部分岩石裸露。主峰在县政府驻地南 13.5 公里的寺前岩村境内，海拔 164 米。晋时梅盛诵经引凤，故名。部分岩石裸露，不长植被，好似癞头，故名癞头山。清光绪《宁海县志·分图二十一》、民国版《宁海县地图》、民国三十二年版《三门县山脉图》均标“灵凤山”。清光绪《宁海县志·山脉》载：“灵凤山，亭旁镇东南。”

下岙山 [Xià'ào Shān]

别名华岙山，在县政府驻地西南 9.5 公里，亭旁镇下岙村之西，故名。民国十五年版《海游镇地图》和民国三十二版《三门县山脉图》均标“下岙山”。最高点野猪游海拔 553 米，山多柴草。

狮子山 [Shīzǐ Shān]

在县政府驻地南 10.5 公里，亭旁镇之南。清光绪《宁海县志·分图二十一》标“天马山”，民国十五年版《海游镇地图》标“大门山”，民国三十二年版《三门县山脉图》标“天马峰”。民国版《亭旁包氏宗谱·亭旁形胜图》标“天马山”，南从陌更村起，北至亭旁镇止。清光绪《宁海县志·山脉》记载：“天马峰，状如天马，故名。”它是黄豹山、蛤山、大样山、球山、狮子山、马鞍山的总称，最高点海拔 157 米，以山顶有两只像狮子头的巨岩而得名。因此山屏障于亭旁之南，故古有“南屏狮吼”之称。黄豹山有西晋时期的墓葬群，出土文物有青瓷盘口壶、青瓷碗、青瓷罐等及刻有鱼、鸟、金钱、烛台、篦梳等图案的坟砖。蛤山东麓有“周家山殿”，是当年亭旁起义时，革命志士秘密开会的场所之一。狮子山东麓有狮岭殿，西麓有管溪庵。蛤山有茶园，其他诸山多松林和柏木以及部分耕地。

天摩山 [Tiānmó Shān]

在县政府驻地西南 7.5 公里，亭旁镇任家村之北，岙楼村之西，最高点海拔 509 米。山多疏松，蕴藏铁矿。山麓之建雄古庙，为纪念南宋尚书金殿之女金四娘和金七娘而建。

踏道岭山尖 [Tàdàolǐng Shānjiān]

位于亭旁镇里陈村东北，回龙庵之西，海拔 448 米。有一段石子与石阶路通向山间的坑平殿和山间仙人磉岩到回龙庵。仙人磉岩重约 4.5 吨，下有 4 小岩，传为仙人所磉。

横山 [Héng Shān]

又名璜山。位于县境西南部，亭旁镇邵下村和百亩头村之西，现为三门县站站址。东有邵家、百亩头村，南有东王村，北有马村，亭旁溪与南溪汇合于山之西。地质构造为火山碎屑岩，植被有柑橘、茶丛及部分旱地。主峰横山，在县政府驻地南7公里的百亩头村境内，海拔81.7米。车站施工时，经考古发掘，山上出土数目不少的古文物。其墓葬之众，工程之大，规格之高，随葬品之丰富，实为罕见。其出土墓砖铭文有"元康九年，岁次己未"等字样，经考证，距今有1700余年。因此山是东北、西南向横卧，故名横山。

白岩山 [Báiyán Shān]

位于亭旁镇马村村之东，邵上村之北，海拔164米。以山上多色白岩石得名。俗称十马岭。

大坟阳山 [Dàfényáng Shān]

位于亭旁镇徐家村东南，铜钿坪之东，山上多毛竹，海拔190.2米。

狮子头 [Shīzǐ Tóu]

位于县境西南部，亭旁镇坑洪村东北，湫水下叶村水孔山自然村之西。东以湫水溪为界，南为刘家村旱田洋自然村，西麓山上任村，北麓为山根邵村。地质构造为火山凝灰岩，植被多松林，部分旱地。主峰在县政府驻地南8.5公里的山上任村东南，海拔377.2米。以该山形似狮子头得名。

铜钿坪 [Tóngdiànpíng]

位于县境西南部。东连湫水山，亭旁镇徐家村之南，格水邵村之北，西面山麓湫水下叶村。地质构造为火山凝灰岩，植被多松林、杂木，部分旱地。主峰在县政府驻地南8公里的徐家村境内，海拔277.8米。以主峰之巅圆形平坦如铜钿得名。

湫水山 [Qiūshuǐ Shān]

湫水山发脉于天台山的华顶峰，岗峦交错，沟壑纵横，蟠结耸峙，山势雄伟，横亘于县境中部，跨越海游街道、海润街道、亭旁镇、健跳镇、横渡镇，是本县中支山脉的总称，平均海拔400米。东至六敖平原，南与临海市接界，西界亭旁溪，北抵海游港。主峰王戏梁，在县政府驻地南9.5公里的亭旁镇境内，海拔882.4米，为全县最高峰。地质构造为火山凝灰岩，面积38万多亩。湫水溪、岙王溪、岱阜溪、悬渚溪、头岙溪、园里溪、罗岙溪、白溪诸水均发源于此山。

湫水山是本县的主要林产区。由于山峰的海拔高程不同，气候条件不一，林木生长层次分明。山顶有黑松、短叶松、金钱松、马尾松等高山树种，山腰有杉木、木荷、山刁樟、梓树、榛树、枫树、麻栎等阔叶树种，有成片的橡仁及映山红，下层有毛竹、板栗、果木、油茶、绿茶等经济林木。高山峻岭，云雾缭绕，土地滋润，空气清新，所产"珍眉""秀眉"茶具有色翠、质厚、香馥、味醇等特点。还盛产吊兰、何首乌、勾藤、前胡、五味子、鹿含草、金银花、竹叶细参、独叶一枝花、七叶一枝花等药材，是三门县著名的野生药物产地。又盛产中华猕猴桃（藤梨）、山楂、山茄、岩麻、红藤、青藤、葛藤、乌糯、山苍子、香叶树、刨花树等。特别是中华猕猴桃，果香味美，甜酸可口，营养丰富，更是名贵的果子，欧美各国誉之为"甜美的果子""果中之冠"。湫水山山高林密，野草丛生，涧水淙淙，山果累累，又是野生动物的很好生活场所。林海中有豹、山羊、野猪、狼、狐狸、上树狸、山麂、山兔、黄鼠狼、山猫、穿山甲、山鸡、松鼠、猫头鹰、山雀、黄头雀、长尾巴鸟、啄木鸟、八哥、画眉等野兽与鸟类，被人们称为"天然动物园"。湫水山除有富饶的竹、木、茶资源外，还蕴藏着丰富的矿产资源。

为了开发湫水山的森林资源，发展林木生产，县政府于1957年建立了湫水山林场，1967年改名为三门县林场，场部设回龙庵。林场大力营造用材林和经济林，为本县提供木材和经济特产，也给湫水山不断增添美色。

据清光绪《宁海县志·山脉》载："湫水山，其峰与屈母山并峙，盘踞数十里，为县南巨镇。"又据南宋嘉定《赤城志》记载："湫水潭，一名玉溪。旧传……隋开皇九年（589年），僧智顗自建业至，薄暮，睹一大厦，莫知何所？扣户，有老妪出迎，已悟为龙，遂托宿焉。姥云：'师远来，何以幸教？'遂为铺说且戒曰：‘旱宜施雨。’姥受命惟谨。翌日，颤去，回视其处，已成湫矣。”又民间传说，三国屈尚书之女屈秀琴，在溪中得一玉珠，吞入肚中，遂怀胎，生一子，因而取名“玉溪”。玉溪长大后，到象山县胡陈村胡员外家中做工，得到宝贝“三脚蟾”。此宝是长在龙头上的，民间有“无蟾不成龙”的传说。玉溪得宝成为真龙后，六七月间只顾在象山一带行雨，秋收前后才回家乡行雨不断，当地百姓便抱怨地叫它为“烂稻秆龙”。嗣后，玉皇大帝诏封为“湫水龙”，定居此山。百姓将此山也取名为“湫水山”。此系神话传说，不足征信，但故事流传甚广，孺妇皆知，故亦记之。

湫水山山麓原有玉溪寺一所。玉溪寺，旧名湫水寺。南宋嘉定《赤城志》记载：“玉溪院，在县东南80里，旧名湫水。唐元和五年（810年）以湫水潭应祷而建。国朝（北宋）大中祥符元年（1008年）赐今额。”寺院建筑宏伟，是本县著名古刹之一。1957年兴修湫水水库，因寺在水库址之内，故被拆除。上有湫水潭，一名玉溪。水流如瀑，飞珠溅玉，水清潭碧，清澈照人，终年不涸。解放前，每逢久旱不雨，一些迷信神佛的乡人，就到此求雨取水，故称“龙潭坑”。登上顶峰王戏梁，可观日出奇景。

猪精山 [Zhūjīng Shān]

位于亭旁镇里陈村之东，回龙庵东南，海拔575.9米。

田口岩 [Tiánkǒu Yán]

位于县政府驻地南15公里，亭旁镇王家山之南，鳌岗村鸟田自然村之西。荒山，南溪发源于此，海拔211米。上有水库，下有田，山上岩石较多，当地群众惯称田口岩。

峰洞山 [Fēngdòng Shān]

位于亭旁镇下路朱村西北，亭旁镇与海游街道交界处，海拔493米。上有测量三角点，下有峰洞山隧道。

铁炉山 [Tiělú Shān]

位于亭旁镇板沸村之南，西临南溪，海拔134米。

知水庵岗 [Zhīshuǐ'ān Gǎng]

位于亭旁镇叶家山村东南，石门坑村之西，海拔309米。以山麓知水庵得名，俗称老仙岩岗。2015年庵重修，有水泥公路通过。

大虫岩岗 [Dàchóngyán Gǎng]

位于亭旁镇桃山村之东，申改卢村西南，海拔332.7米。山上有座岩，状如大虫，故名。又状如佛，又称老佛岗。

岙尖山头 [Àojiān Shāntóu]

位于县境西部，亭旁镇西南。东边山麓为陌更村，南与纱帽额山接界，西边山麓为亭旁溪，北至陌更与石滩间的山岭。地质构造为火山凝灰岩，植被多杂木、毛竹和果木。主峰在县政府驻地南偏西12.5公里的陌更村境内，海拔321米。以山形高耸，似牛立峰得名。曾用名蟾头山、蝉头山，亦以其形状得名。清光绪《宁海县志·分图二十一》、民国三十二年版《三门县山脉图》均标“蟾头山”，民国版《宁海县地图》标“蝉头山”。

棺材岩岗头 [Guāncáiyán Gǎngtóu]

位于亭旁镇赖岙村之北，葫芦田村之西，海拔585.1米。当地群众称棺材岩岗头，因岩形得名。

大洋尖 [Dàyáng Jiān]

位于亭旁镇葫芦田村西南，赖岙村东北，海拔499.8米。

上天狮子 [Shàngtiān Shīzǐ]

位于亭旁镇葫芦田村之东，百两岗村之北，海拔535.6米。山顶圆形，四边平出，状如狮子，故名。又如草帽，百两岗村人俗称帽屋尖。

大狗山 [Dàgǒu Shān]

位于亭旁镇赖家村西南，与临海市交界处，海拔556.2米。以山形名山。

双打坪 [Shuāngdǎpíng]

位于亭旁镇小林山村东南，枧头村之南，海拔 558.2 米。山间种植 500 亩油茶。

上辽 [Shàngliáo]

位于县境西南，亭旁镇东北。东隔水牯坪坑接水牛背脊山，南界山隍岭头，西至枧头村，北界野猪塘岗。地质构造为火山碎屑岩，植被为松林、杂木，以及部分茶园。主峰在县政府驻地南 12 公里的枧头村境内，海拔 564.5 米。山上建有小屋，位置比枧头村高，故名上寮。因"寮"与"辽"同音，简写为上辽。

龙岗 [Lóng Gǎng]

位于亭旁镇枧头村东北，冷水井山之东，海拔 706.2 米。山上种有茶叶。民间传说，此地是湫水山龙观察农家山水田园，进行播雨送风的地方。

虎陇头 [Hǔlǒng Tóu]

位于县境西南，亭旁镇西部。东至南溪村黎家山自然村，西麓为上模溪。地质构造为火山凝灰岩，植被以松林杂木为主。主峰在县政府驻地南 13 公里的东湖村北，海拔 165 米。1928 年 5 月 27 日亭旁起义部队据守此山，利用有利地形，予国民党反动派军队以迎头痛击，取得了重大胜利。

梁岩岗 [Liángyán Gǎng]

位于县境西南，亭旁镇中部。东至山隍岭头，南与西均以南溪（水名）为界，北至梅家坑水。地质构造为火山凝灰岩，植被多松林、杂木，部分茶园。主峰在县政府驻地南 13 公里的上高村与上梓村之间，海拔 471.5 米。别名凉岩岗，系谐音。

冷水井 [Lěngshuǐjǐng]

位于亭旁镇枧头村东北，庄基村东南，海拔 646.5 米。

烟墩岗 [Yāndūn Gǎng]

位于亭旁镇应家村之西，板沸村东北，海拔 324.5 米。该山在明代时曾设烽火台，当地群众惯称烽火台为烟墩，故名烟墩岗。

老公岩 [Lǎogōng Yán]

位于县境西南，亭旁镇境内。东、北界南溪（水名），南接龙虎山，西至上模溪。地质构造为火山凝灰岩，植被多松林，部分茶园。主峰在县政府驻地南 11.5 公里的西山村与铁场村境内，海拔 318.2 米。以山头岩石似老公公端坐得名。清光绪《宁海县志・分图二十一》标"馍糍岩"。

杉树林湾 [Shānshùlín Wān]

位于县境西南，亭旁镇和横渡镇交界处。东界荞麦地，南至桥头溪上游，西连赖鹰尖头，北接下坑口山。地质构造为火山碎屑岩，植被以杂木为主，部分茶园和荒山。主峰在县政府驻地南 15.5 公里的便岭坑村之东北，海拔 565 米。以山多杉树得名。

老鹰尖头 [Lǎoyīng Jiāntóu]

位于县境西南，亭旁镇东南，葫芦田、赖岙、百两岗等村境内。东至下坑口山，南界临海市，西至赖岙村，北至葫芦田村。地质构造为火山碎屑岩，植被多杂木林，部分茶园和荒山。主峰在县政府驻地南 14.5 公里的百两岗村境内，海拔 508 米。以主峰山形似老鹰嘴头得名。别名赖鹰尖头，因当地方言，老鹰俗称赖鹰。

凤凰脑尖 [Fènghuáng Nǎojiān]

位于亭旁镇沙湾村之北，东、北临佃石水库，海拔 252 米。山形似凤凰头得名。

下坑口 [Xiàkēngkǒu]

位于县境西南，亭旁镇和横渡镇之间。东界稻秆蓬山，南界赖鹰尖头，北至狮（岭）白（溪）公路。地质构造为火山凝灰岩，植被以杂木林为主，部分荒山。主峰在县政府驻地南 14.5 公里，亭旁镇葫芦田境内，海拔 335 米。因山处下坑口，以坑得名。

大坪头 [Dàpíng Tóu]

位于亭旁镇横路村之北，山头王村之西，海拔 374 米。

小尖头 [Xiǎojiān Tóu]

位于亭旁镇王家庄村西南，横路村西北，海拔 364.8 米。

元宝兴 [Yuánbǎoxīn]

位于亭旁镇外洋马村之西，芦溪村东南，海拔 361.9 米。有三座并排东西走向的山，中间元宝兴山较高，两侧山较低，呈元宝状，故名。

前面山 [Qiánmiàn Shān]

位于亭旁镇外楼村西北，挂帘隧道之东。山上建有电信塔，海拔 330.5 米。山处外楼村前面，故称前面山。

墩岗 [Dūn Gǎng]

位于亭旁镇界岙村之北，郭岙村之东，海拔 525 米。

五丘头岗 [Wǔqiūtóu Gǎng]

位于亭旁镇界岙村东南，临海市东塍镇分水岭村东北，海拔 409.4 米。

杨梅岭岢 [Yángméilǐng Kě]

位于亭旁镇郭岙村西南，上梅村西北，海拔 306 米。

高尖山 [Gāojiān Shān]

位于亭旁镇何家村之西，山头平村东北，海拔 378.4 米。因山头比较尖，高耸入云，故名。

梅牛山 [Méiniú Shān]

位于亭旁镇坐塘村之北，大溪下村之西，海拔 318 米。当地群众称梅牛山，以山形得名。

十二往山头 [Shí'èrwǎng Shāntóu]

位于亭旁镇坐塘村之西，与临海市交界处，海拔 656.2 米。

坐塘垮 [Zuòtángkuā]

位于亭旁镇坐塘村西南，挂帘村之西，海拔 534 米。以村落取名。

钉山 [Dīng Shān]

位于亭旁镇里洪村之西，与临海市交界处，海拔 648 米。山脚有低山缓坡开发，种有油茶。山形似钉子得名，俗名大尖山。

狮子岩（北） [Shīzǐ Yán(Běi)]

位于亭旁镇彭家村西南，西临临海市，海拔 598 米。

观音佛头 [Guānyīnfótóu]

位于亭旁镇外楼村之西，彭家村之南，海拔 494 米。山形似观音头像得名。

狮子岩 [Shīzǐ Yán]

位于县境西南边陲，亭旁镇挂帘村山头自然村之南与临海市交界处。地质构造为火山凝灰岩，植被以松林为主，部分茶山、荒山。主峰狮子岩，在县政府驻地南 20 公里的山头自然村境内，海拔 609 米。以山峰岩石似狮子得名。

炮头顶 [Pàotóudǐng]

位于亭旁镇山头平村西南，与临海市交界处，海拔 602 米。

蚂蟥岗 [Mǎhuáng Gǎng]

位于亭旁镇梅坑胡村西南，三门县与临海市交界处，海拔 542 米。

大悬崖 [Dàxuányá]

位于县境西南部，亭旁镇与横渡镇交界处。东隔水牯坪坑与水牛背脊山接界，南至葫芦田村，西至山隍岭头，北界双尖山。地质构造为火山碎屑岩，植被大部分为荒山，部分杂木林。主峰长茅朗，在县政府驻地南 12.5 公里的枧头村境内，海拔 469.2 米。以山上有一块大岩石，高峻峥嵘，好似悬挂高空得名。

狮子头山 [Shīzǐtóu Shān]

位于亭旁镇梅坑胡村之南，湖头徐村之西，海拔 212 米。以主峰状似狮子头得名。

白岩岗 [Báiyán Gǎng]

位于亭旁镇路四坑村东北，楼下郑村之东，海拔 455 米。以山上较大的白岩得名。

稻蓬岩 [Dàopéng Yán]

位于县境西南边陲，临海市与三门县交界处。东濒亭旁溪支流芹溪之水，南至上塘岭，西界临海市，北连黄泥丘。地质构造为火山碎屑岩，植被以松林、杂木为主。主峰在县政府驻地西南 16.5 公里的芹溪村境内，海拔 382 米。2006 年起，甬台温铁路三门段太坤山隧道穿过该山底部。以山形似农民储存稻草用的稻草蓬得名。曾用名螺丝山，亦以山形似螺丝得名。又曾用名仪凤山，以其附近有旧有仪凤村得名。民国十五年版《海游镇地图》标“螺丝山”，民国三十二年版《三门县山脉图》标“仪凤山”。

西尖头 [Xījiān Tóu]

位于亭旁镇郭岙村东北，韩家村之南，海拔 526 米。

黄泥山 [Huángní Shān]

位于县境西南，亭旁镇里金村与芦田山村之间。东南至里金村，南界九岩山，西连九龙泡，北接梅坑岭。地质构造为火山碎屑岩，植被以松林、杂木为主，部分茶园。主峰在县政府驻地西南 14 公里的里金村境内，海拔 453.8 米。以此山多黄色土壤得名。

黄泥丘 [Huángníqiū]

位于县境西南边陲，亭旁镇里金村西南与临海市交界处。东至梅坑溪边的梅坑胡、梅坑杨、里金 3 个村，南至雪里岙，西界临海市，北连九岩山。地质构造为火山碎屑岩，植被以松林、杂木为主，部分荒山。主峰在县政府驻地西南 15 公里的里金村境内，海拔 434 米。以此山丘多黄色土壤得名。

九岩山 [Jiǔyán Shān]

位于县境西南部，亭旁镇与珠岙镇之间。东至里金村，南界临海市，西接九龙泡，东北连黄泥山，北为梅坑岭。地质构造为火山碎屑岩。主峰在县政府驻地西南 14.5 公里的里金村境内，海拔 487 米。以此处连绵计有九座岩石并立得名。

铁墩岩 [Tiědūn Yán]

位于县境西南部，亭旁镇与临海市东塍镇之间，楼下郑村之西。东至路四坑之水，南界临海市，西接寻死天坑，北与元宝芯交界。地质构造为火山碎屑岩，植被以杂木为主，部分茶园与荒山。主峰在县政府驻地南 17 公里的楼下郑村境内，海拔 528.8 米。以主山峰形似打铁师傅用的铁墩得名。又名铁灯岩，系“灯”与“墩”谐音，简化为铁灯岩。

纱帽额 [Shāmào'é]

位于县境西南，亭旁镇境内。南至桃山村，北接牛立峰垮。地质构造为火山凝灰岩，植被多松林。主峰在县政府驻地西南 13.5 公里的桃山村北，海拔 395.5 米。以山形似官帽得名。当地群众称古代官帽为纱帽，故名。别名桃山，因山南有桃山村得名。民国十五年版《海游镇地图》标“桃山”。1986 年版《三门县地名志·山》载“纱帽额”。

谷堆山 [Gǔduī Shān]

位于亭旁镇沙湾村东南，横路村西南，海拔 305.8 米。山形似谷堆得名。

石子山 [Shízǐ Shān

位于亭旁镇横路村之东，坑河村之北，海拔 309 米。

健跳镇

马向山 [Mǎxiàng Shān]

位于县境北部，健跳镇小蒲村东南。东南连白玉岩，南接倒巾山，西至东坑，东北接长浪山。地质构造为火山凝灰岩，植被以松林、杂木为主。主峰在县政府驻地东 14 公里的小蒲村境内，海拔 234.2 米。曾用名木香岩，以此山岩石上盛长木香藤得名。

长浪山 [Chánglàng Shān]

位于县境北部，健跳镇小蒲村东北。东北山麓赤礁村，东界赤礁坑，南连马向山，西麓为耕地，北接龟山。地质构造为火山凝灰岩，植被以松林、杂木为主。主峰在县政府驻地东14公里的赤礁村与小蒲村境内，海拔219.8米。清光绪《宁海县志·分图二十》标“大斗山”，民国三十二年版《三门县全图》标“上平山”。

龟山 [Guī Shān]

位于县境北部，健跳镇巡检司村小蒲店自然村之西南。东连里湾后门山，东南接长浪山，西麓为耕地，北麓临东孔水库。地质构造为火山凝灰岩，植被多松林、杂木和茶丛。主峰在县政府驻地东14公里的小蒲店自然村境内，海拔104米。山形似龟，故名龟山。

茶叶山 [Cháyè Shān]

位于县境北部，健跳镇西渡村东南。东连尖坑山，南接火焰岗，西北接凤凰岗，北界野猪山。地质构造为火山凝灰岩，植被以茶丛为主。主峰在县政府驻地东南18公里的西渡村境内，海拔367.6米。因此山茶林茂盛，出产茶叶，故名茶叶山。别名茶山，亦以种植茶树得名。

白象岩（西） [Báixiàng Yán(Xī)]

位于县境北部，健跳镇西渡村之东。东连野猪山，南接茶叶山，西面山麓为耕地，北界大湾山。地质构造为火山凝灰岩，植被多松林、杂木。主峰在县政府驻地东偏南16.5公里的西渡村境内，海拔259.1米。以山峰岩石形似白象得名。

牵牛岗 [Qiānniú Gǎng]

位于县境中部，健跳镇石斗门山之西，与三门县林场交界处。东连石斗门，南、西界三门县林场，北接倒巾山。地质构造为火山凝灰岩，植被多松林和灌木丛、茶丛等。主峰在县政府驻地东南14.5公里的西渡村西南，海拔380.6米。山上长有刺密灌，牛要牵着走，便于人行，民间称为牵牛岗。

凤凰岗 [Fènghuáng Gǎng]

位于县境北部，健跳镇西部。东界横塘岭坑，南接龙头背山，西至西渡溪，西北麓为西渡村。地质构造为火山凝灰岩，植被以灌木丛为主，部分荒山。主峰在县政府驻地东16公里的西渡村境内，海拔211米。山峰如凤凰，故称凤凰岗。又因山岗形似笔架，别名笔架山。

锅底段 [Guōdǐduàn]

位于健跳镇小蒲村东北，赤礁村西南，海拔211.8米。山坡曾种黄桃、文旦等果木。

龙头背 [Lóngtóubèi]

位于县境中部，健跳镇西北。东至罗城坑，南麓有罗岙水库，西界西渡岭，北连火焰山。地质构造为火山凝灰岩，植被多松林与茶丛。主峰在县政府驻地东17公里的西渡村之南，海拔242米。以主峰的山岗似龙头高昂得名。

石斗门 [Shídǒumén]

位于县境中部，健跳镇西部。东至罗岙水库，东南界横渡镇，西南连三门县林场，西北接牵牛岗，东北至罗岙坑。地质构造为火山凝灰岩，植被多松林与杂木。主峰在县政府驻地东南16公里的西渡村境内，海拔371米。以岩石高峻耸立如门得名。

巡检司山 [Xúnjiǎnsī Shān]

位于县境北部，健跳镇西北。北滨海润街道，南有S224省道经过，路南为东孔水库，东麓为巡检司村，西麓原为三门制糖化工厂。地质构造为火山凝灰岩，山上多耕地。主峰在县政府驻地东14公里，巡检司村境内，海拔58.5米。因古时山上设有巡检司城，故名巡检司山。别名城隍庙山，因山上建有城隍庙，故名。现代作家林淡秋在《血债》中写道：“小时候，每逢城隍菩萨生日，父亲就提着香篮，领我到五里外三门江畔一座平顶矮山上的城隍庙里去进香，父亲总是指点着围绕着山顶的罩满藤蔓的破旧的城墙，向我作千篇一律的说明，唯恐我忘记了这城墙的历史似的，这城墙是明朝造的，那时倭寇时常到这里沿海一带抢劫，官府就在山上筑一垛城，城内驻扎重兵，防倭搅扰，城内的城隍庙就那时的将军衙门改造的。”

倒巾山 [Dàojīn Shān]

位于县境北部，健跳镇西部，小蒲村之南。东界西渡岭，南连牵牛岗，西接后林斗，北至小蒲村。地质构造为火山凝灰岩，植被原为杂木，今种植有杉木林。主峰倒巾山，在县政府驻地东南 14 公里的小蒲村境内，海拔 379 米。山峰似手巾倒覆在山顶，故名倒巾山。曾用名倒精山，系“精”与“巾”谐音。

白玉岩 [Báiyù Yán]

位于县境北部，健跳镇西部。东至西渡溪，西南连倒巾山，西至小蒲溪，北接马向山与长浪山。地质构造为火山凝灰岩，植被以杂木、灌木丛为主。主峰在县政府驻地东 15 公里的西渡村境内，海拔 305.2 米。以山上岩石白如玉得名。

马鞍山 [Mǎ'ān Shān]

在县政府驻地海游街道东 18 公里，健跳镇凤凰山西北，最高点海拔 243 米，山多松林。以山形似马鞍得名。

老鹰岩 [Lǎoyīng Yán]

在县政府驻地东 23 公里，健跳镇狮子头村西南，最高点海拔 87 米，山多松林、杂木。

尖坑山 [Jiānkēng Shān]

在县政府驻地东 18.5 公里，健跳镇健康塘之西，尖坑山村西北。东麓为木桥塘水库，南麓至凤凰山农垦场，西连野猪山，东北接强盗岩顶山。地质构造为火山凝灰岩，植被多杂木和茶丛。主峰在县政府驻地东 18.5 公里的尖坑山村境内，海拔 274.5 米。清乾隆二十四年（1759 年），因山尖坑深，演化为尖坑山。原名箭山，据当地《林氏宗谱》记载，以箭坑落雁，故名。山上有尖坑山水库，东南麓有尖坑山水电站和村庄。1949 年出土新石器时代遗物石锛一个。

洋山头 [Yángshān Tóu]

位于县境北部，健跳镇北部。东麓龙潭坑水库，南连炮台山，西界大湾山，北麓有上敖村。地质构造为火山凝灰岩，植被以松林、杂木为主。主峰西沙山，在县政府驻地东 17.5 公里的上敖村小牛湾自然村之南偏西，海拔 256.2 米。

炮台山 [Pàotái Shān]

在县政府驻地东 17.5 公里，健跳镇洋山头之南，最高点海拔 357 米，山上多疏松。清光绪《宁海县志 · 分图二十》标“燕窠山”，民国十一年版《健跳所城地图》标“湾窝”，民国三十二年版《三门县全图》标“燕窝山”。

强盗岩顶 [Qiángdào Yándǐng]

位于县境东部，健跳镇中部。东北至山坑和跃进水库，东南接樟树湾，西南连尖坑山，西界龙潭坑，北麓有 S224 省道经过。地质构造为火山凝灰岩，植被以松林、杂木为主。主峰在县政府驻地东 19 公里的尖坑山村之北，海拔 300.3 米。因山顶岩石凶险，故名强盗岩顶。曾用名福建山，以福建人到此开荒种植得名。又曾用名龙潭山，以该山西边有龙潭坑得名。清光绪《宁海县志 · 分图二十》、民国版《宁海县地图》均标“福建山”，民国十一年版《健跳所城地图》标“龙潭山”。

罗山头 [Luóshān Tóu]

位于健跳镇鸟屿村之西，下罗山西南，海拔 28.7 米。原先是海礁，礁石上多螺蛳，后演变为罗山头。

烟墩山 [Yāndūn Shān]

位于健跳镇里峙村之东，大猫头隧道之南，海拔 251 米。旧有烽火台，故名。

大冲山 [Dàchōng Shān]

位于健跳镇大冲村之北，门头村之东，海拔 137 米。因位于大冲村而得名。

王家山 [Wángjiā Shān]

位于健跳镇岣岩村之南，其头水库之东，海拔 63.2 米。

陡门山 [Dǒumén Shān]

位于健跳镇巡检司村小蒲店自然村之西，小蒲村王家西北，海拔 90.5 米。

前门山 [Qiánmén Shān]

位于健跳镇小蒲村之东，西渡村西北，海拔 178 米。

鸡鸣岗头 [Jīmíng Gǎngtóu]

位于健跳镇乾岙村西南，山后自然村东南，海拔 50 米。原鸡鸣村（今废）之东，故名。

狮子头山 [Shīzǐtóu Shān]

位于健跳镇狮子头村，盖门塘港南岸，海拔 64 米。因位于狮子头村而得名。

下罗山 [Xiàluó Shān]

位于健跳镇鸟屿村之西，罗山头东北，海拔 36 米。

马鞍山（西） [Mǎ'ān Shān (Xī)]

位于健跳镇罗岙水库东北，下老湖水库西南，罗城山之北，海拔 246 米。以山形似马鞍得名。

罗城山 [Luóchéng Shān]

位于健跳镇罗岙水库东北，下老湖水库西南，马鞍山之南，海拔 190.2 米。

凤凰山 [Fènghuáng Shān]

位于县境东部，健跳镇南部。南濒健跳港，东、西、北三面山麓均为凤凰山农垦场耕地。地质构造为火山凝灰岩，植被有梨树、茶丛及松树。主峰在县政府驻地东 19.5 公里的凤凰山农垦场内，海拔 89 米。据传，清朝有一个江西人乘舟游入琴江（健跳港），抬眼远望，见港北海涂中孤山悬立，像振翅欲飞的凤凰，故取名凤凰山。

纱帽盝 [Shāmào Lù]

位于县境东部，健跳镇东南。东临芦塘港，南麓前塘，西麓新塘。地质构造为火山凝灰岩，植被以松林、杂木为主，多岩石裸露。主峰在县政府驻地东南 21 公里的手字埮村之南，南新村境内，海拔 108.3 米。清光绪《宁海县志·山脉》载："纱帽盝山，在尖坑山南。"山形似古代盛放纱帽的盝子，故名纱帽盝。

前峙山 [Qiánzhì Shān]

位于县境东部，健跳镇北部。东临大冲港，西与南濒沙港，北麓为门头塘，为孤立山。地质构造为火山凝灰岩，植被多荒山，部分杂木、旱地。主峰在县政府驻地东 23 公里的门头村境内，海拔 34 米。

鸡鸣岗 [Jīmíng Gǎng]

位于县境东部，健跳镇东部。东隔坑连狮子山，南接麦碎山，西滨鸡鸣水库，北麓为乾岙村。地质构造为火山凝灰岩，植被以松林为主。主峰后门山，在县政府驻地东南 23 公里的乾岙村境内，海拔 132 米。以西边山麓原有鸡鸣村，山以村得名。

盖门塘山 [Gàiméntáng Shān]

位于县境东部，健跳镇东部。东南山麓有盖门塘村，西麓山后塘村，西北山麓新塘岙村，四周耕地，为孤立山。地质构造为火山凝灰岩，植被以松林为主，部分荒山。主峰在县政府驻地东南 22 公里的盖门塘村境内，海拔 88.5 米。因山处盖门塘村境内，故称盖门塘山。曾用名新塘山，因山之北有新塘村（即现新塘岙村）得名。清光绪《宁海县志·分图二十》标"新塘山"，以山之北有新塘，故有此名。

灶窝山 [Zàowō Shān]

位于县境东部，健跳镇东部猫头水道和满山水道之间。南隔鹿颈门与田湾山相望，北隔海与长屿岛相望，在田湾岛上。地质构造为火山凝灰岩，植被多茅草，部分松树及荒地。主峰在县政府驻地东 30 公里的田湾岛之北，海拔 78.8 米。该岛南面有一泥滩，三面环山，形似窝灶的灶膛，当地群众称该岛为灶窝山岛。山以岛命名，称灶窝山，属盐灶村。

青门山 [Qīngmén Shān]

位于县境东部，健跳镇东部猫头水道和满山水道之间。南隔青门水道与下万山相望，北接田湾山，在田湾岛上。地质构造为火山凝灰岩，植被多茅草，部分开辟成旱地。主峰在县政府驻地东南 31.5 公里的田湾岛东南，海拔196.6米。以南麓青门水道得名。

下万山 [Xiàwàn Shān]

位于县境东部，健跳镇东部猫头水道与满山水道之间。南滨三门湾，北隔青门水道与青门岛相望，在下万山岛上。地质构造为火山凝灰岩，植被以茅草为主，有部分马尾松和竹箬林，种植有杉木林。主峰在县政府驻地东30.6公里的青门山之南偏东，海拔110.3米。因该岛位于青门山之南偏东，群众俗称下爿山，后谐音演变为下万山。山以岛命名，亦称下万山。

田湾山 [Tiánwān Shān]

位于县境东部，健跳镇东北部猫头水道与满山水道之间。北隔鹿颈门与灶窝山相望，南连青门山，在田湾岛上。地质构造为火山凝灰岩，植被多茅草，部分开辟成旱地。主峰在县政府驻地东30公里的田湾岛之北，海拔177.2米。因古人在岛上的两山山弯间辟有耕地数十亩，故名田湾。山亦以此得名。1957年有村民在此建房定居，建有避灾房，虾塘500多亩。民国《三门年鉴》记载，1938年3月6日日舰停泊田湾岛附近，大肆抢掠商船。岛上有荒山近千亩，荒地近百亩，种有马尾松。20世纪50年代至60年代建有畜牧场，属三门县商业局。1992年3月版《三门县志・养殖》载："1958年，台州公署渔盐局亦在三门县田湾岛建立国营海水养殖示范场。"

满山 [Mǎn Shān]

位于县境东部海疆，健跳镇满山水道东侧满山岛。东隔海邻象山县南田岛，旁有大龙鳞屿、小龙鳞屿。地质构造为火山凝灰岩，植被多长茅草、芒萁及部分灌木丛。主峰有二，东边主峰在县政府驻地东36.5公里，海拔52.8米。西边主峰在县政府驻地东36公里，海拔50.4米，属健跳镇盐灶村。1986年版《三门县地名志・岛》载："在满山水道东侧，东南山麓有平屋四间，西北山坡有简易平屋三间，渔民居住，放养山羊。满山原有东西两岛，中隔一条水道，因海浪夹带卵石不断冲积，年长日久，成为一条天然卵石堤坝，连结两岛。据传，很早以前，这里曾发生一次强烈地震，激起的海啸漫过山顶，因名满山。"据民国《三门年鉴》第一辑记载，岛上昔有"此路通东京"导航石碑一座。

猫儿屿 [Māo'ér Yǔ]

位于健跳镇平岩村东南，健渔村东北，海拔44.1米。据《三门民间文学》记载，此山形低矮，如猫伏抓鼠之状，故名。

前皇山 [Qiánhuáng Shān]

位于健跳镇毛叶村之北，毛王村之南，海拔48米。

沙地山 [Shādì Shān]

位于健跳镇白岩前村东北，毛张村西北，海拔93米。山地多沙土，当地民间取名沙地山。

蟹山 [Xiè Shān]

位于健跳镇八村村沙木塘自然村西南，八村村蟹山脚自然村之东，海拔47.2米。因南临健跳港，山如蟹形，民间名为蟹山。

大碰头 [Dàpèng Tóu]

位于健跳镇外七市村之南，洋市村西南，海拔214.4米。大碰头，当地又名大炮台，解放南田岛时，山上筑有炮台，故名大炮台。

龙山 [Lóng Shān]

位于健跳镇龙山村山头自然村东南，龙脚自然村西北，海拔149.8米。因位于龙山村而得名。

三王山 [Sānwáng Shān]

位于健跳镇峧头村王门自然村之东，峧头村西南，海拔91米。山近王门自然村、王门岭，当地民间称为三王山。

娘娘殿岗 [Niángniángdiàn Gǎng]

位于县境东部，健跳镇猫头村小猫头自然村之东，猫头山嘴岬角上。东、南、北三面环海，西连银子岗。地质构造为火山碎屑岩，植被以松林、杂木为主。主峰兰山嘴，在县政府驻地东26公里的猫头村境内，海拔89.8米。以山上娘娘殿得名。曾用名猫头山嘴，因该岗是猫头山突出的部分，向东伸入海洋中，故名。民国十一年《健跳所城地图》标“毛（猫）头山嘴”。

铁冠山 [Tiěguān Shān]

位于县境东部，健跳镇西山头村之西，孤立山。东麓西山头村，南滨健跳港，西麓为农田，北至峧头村。地质构造为火山凝灰岩，植被以松林为主。主峰西山头，在县政府驻地东南24.5公里的西山头村境内，海拔91.8米。当地群众称铁冠山，状如帽尖，故名。

沙木山头 [Shāmù Shāntóu]

位于县境东部，健跳镇沙木岙村东北，西山头村之北。东连麦碎山与沙木岙水库，南麓沙木塘村，西麓有猫头岩塘，北邻鸟屿村。地质构造为火山凝灰岩，植被以松林、杂木为主。主峰杨山尖，在县政府驻地东南22.5公里的健跳镇境内，海拔165.8米。因宋高宗曾在附近停过车马，故名车马山头，后称锁木山、速目山头和沙木山头。民国十一年版《健跳所城地图》标“锁木山”。

麦碎山 [Màisuì Shān]

位于县境东部，健跳镇峧头村王门自然村之北。东至S224省道，山坡有峧头村张家岙自然村，南麓为王门自然村，西连沙木山头（杨山头），北接鸡鸣岗。地质构造为火山凝灰岩，植被以松林、杂木为主，部分岩石裸露。主峰在县政府驻地东23.5公里的健跳镇境内，海拔157.8米。以山表层多细小碎粒得名（当地群众称小碎粒为麦碎）。

后砂山 [Hòushā Shān]

位于县境东部，健跳镇东平岩村之西。东麓平岩村，南麓峧头村塘里壁自然村，西有S224省道经过，北接平岩山。地质构造为火山凝灰岩，植被以松林为主，部分岩石裸露。主峰在县政府驻地东24.5公里的健跳镇境内，海拔208.5米。

猫头山 [Māotóu Shān]

位于县境东部，健跳镇猫头村大猫头自然村之西。南界大湾山，西连大冲山，北接狮子头山。地质构造为火山凝灰岩，植被以松林、茶丛为主。主峰在县政府驻地东24.5公里的猫头村境内，海拔271.6米。清光绪《宁海县志·分图十九》标“双岩山”。据传该山形似虎头，原名虎头山，后遭“风水先生”妒忌，故改名猫头山。又曾用名双岩山，以山峰有两个岩头并立得名。上有测量三角点。

瞭高山 [Liáogāo Shān]

位于县境东部，健跳镇中部。东濒海涂，南临健跳港，西南麓为健跳集镇，西有S224省道经过，北有里小塘水库。地质构造为火山凝灰岩，植被多荒山为主，部分旱地。主峰在县政府驻地东26公里的健渔村境内，海拔171.2米。因健跳自古为海防重地，兵家在此设台瞭望，故称瞭高山。曾用名凤山，因山形似凤凰张翼，故名。据清光绪《宁海县志》记载：“南一百三十里似凤张翼。洪武中设兵备，以控制海道，城其山为健跳所。”民国十一年版《健跳所城地图》标“瞭高山”。

将岩 [Jiàng Yán]

位于县境东部，健跳镇上七市东南，下七市西南。东连浦坝港镇大基岩头山，南接四顾基山。西麓有浮门水库。地质构造为火山凝灰岩，植被以松林、杂木为主。主峰在县政府驻地东南28.5公里的里七市村境内，海拔295.5米。

鸡公屿 [Jīgōng Yǔ]

位于县境东部，健跳港南岸。西北临健跳港，其余三面环绕农田。地质构造为火山凝灰岩。主峰在县政府驻地东南27公里，外七市村境内，海拔53米。以山形似公鸡得名。

高湾山 [Gāowān Shān]

位于县境东部，健跳镇高湾山嘴岬角，上有测量埋石点，南连天打岩山。地质构造为火山凝灰岩，植被以杂木林为主，部分松林、旱地，种有柑橘树。主峰在县政府驻地东偏南28.7公里的里七市村境内，海拔238米。有一山弯直通向山顶，故名。

朴刀岩 [Púdāo Yán]

位于县境东部，健跳镇与浦坝港镇交界处，为白岩山南部高峰。主峰在县政府驻地东南28公里的毛叶村境内，海拔344米。以山顶的岩石似朴刀得名。

狮子鼻头 [Shīzǐ Bítóu]

在县政府驻地海游街道东南26公里，健跳镇岙口村之北，最高点海拔259米，山多松林，局部疏杂林。以山形状名山。

马鞍山（南） [Mǎ'ān Shān(Nán)]

位于健跳镇岙口村之东，田岙村西南，海拔100.3米。以山形似马鞍，故名。

白力山 [Báilì Shān]

位于健跳镇小蛟龙村之西，洋溪村之东，海拔151.2米。今山上以种植水果为主。

赌博岩 [Dǔbó Yán]

位于健跳镇岙口塘村西南，小宅村东南，海拔63米。也称老鼠山嘴，前有谷堆山，寓足食之意。

饭蒸坞岗 [Fànzhēngwù Gǎng]

位于健跳镇洋溪村之南，田里村之北，海拔148米。状如蒸炊饭的饭蒸，故名。

下岙山 [Xià'ào Shān]

位于县境东部，健跳镇上陈村西南，与浦坝港镇交界处。东连饭蒸岩，南界浦坝港镇凤凰山，西接红岩山。地质构造为火山凝灰岩，植被以杂木、茶丛为主。主峰下岙山，在县政府驻地东南24公里的上陈村境内，海拔304.2米。因山南有浦坝港镇下岙堂村，故名下岙山。别名官爷山，以山顶有镇皇庙，奉有官爷神像得名。清光绪《宁海县志·分图二十五》标“官爷山”。

里湾山 [Lǐwān Shān]

位于县境东部，健跳镇大塘村园山里自然村之东，健跳港南岸。东接鲳鱼山，有S224省道经过，南麓大塘村八亩田自然村，西至岙口塘，北濒健跳港。地质构造为火山凝灰岩，植被以松林、杂木为主。主峰在县政府驻地东南25公里的八亩田自然村境内，海拔104米。民国版《临海县地图》标“圆山”，以山为孤立山，圆形得名。

乌猫山 [Wūmāo Shān]

位于县境东部，健跳镇南部。东、南、北三面均为耕地，西有S224省道经过，为孤立山。地质构造为火山凝灰岩，植被以松林、杂木为主。主峰在县政府驻地东南25.5公里的岙口村西南，海拔37.8米。

金鸡嘴 [Jīnjī Zuǐ]

位于县境东部，健跳镇毛张村里加畔自然村东南。东麓岙口塘港，南麓耕地，西接炮台山，有毛张村、里加畔水库，北麓耕地。地质构造为火山凝灰岩，植被以灌木丛为主，部分松林。主峰在县政府驻地东南25公里的里加畔自然村之东南，海拔90.9米。该山仅西部连山，东部突出，似鸡嘴一样，故名。

大牛山 [Dàniú Shān]

位于县境东部，健跳镇岙口塘。东连小牛山，南麓万余塘，西麓岙口塘，北麓大塘。地质构造为火山凝灰岩，植被以松林为主。主峰在县政府驻地东南24公里的岙口村境内，海拔71.1米。东西两座山，其山形均像牛，西边山较大，故称大牛山。

小牛山 [Xiǎoniú Shān]

位于县境东部，健跳镇岙口塘。东麓有S224省道经过，西连大牛山，南、北麓均为农田。地质构造为火山凝灰岩，植被以松林、杂木为主。主峰在县政府驻地东南24.5公里的岙口村境内，海拔58.3米。东西两座山，其山形均像牛，东边山较小，故名小牛山。20世纪90年代大塘村将小牛山卖给港南经济开发区。经十余年的开采，小牛山已被炸平，作经济开发区的土方回填用。

竹山 [Zhú Shān]

位于县境东部，健跳镇中部。东傍田岙岭，南麓近岙口村，西麓为大塘村锁门自然村，有S224省道经过，东北临浮门水库。地质构造为火山凝灰岩，植被以松林、杂木为主，多岩石裸露。主峰狮子鼻头，在县政府驻地东南26公里的岙口村之北，海拔259米。以山多竹得名。

狗头岩 [Gǒutóu Yán]

位于县境东部，健跳镇毛张村之西。东麓毛张村，南连天灯盏，西北有S224省道经过，接外护山。地质构造为火山凝灰岩，植被以松林、杂木为主，部分岩石裸露。主峰在县政府驻地东南26公里的毛张村境内，海拔125.8米。山峰岩石像狗头，故名。

鲳鱼山 [Chāngyú Shān]

位于县境东部，健跳镇大塘村八亩田自然村之东。东至里头门自然村，南毗浮门水库，西傍八亩田，有S224省道经过，北临健跳港。地质构造为火山凝灰岩，植被以杂木林为主。主峰在县政府驻地东南26公里的浮门村境内，海拔98.9米。山形似鲳鱼，故名。

牛蹄坑 [Niútí Kēng]

位于县境东部，健跳镇大塘村锁门自然村东南。东连狮子鼻头，南麓近岙口村，西有S224省道经过，北临里埠交水库。地质构造为火山凝灰岩，植被以灌木丛和杂木为主。主峰在县政府驻地东南25.5公里的岙口村之北，海拔151米。当地群众惯称牛蹄坑，言牛走进去出不来。

天灯盏 [Tiāndēngzhǎn]

位于县境东部，健跳镇东南，与浦坝港镇交界处。东隔毛张坑连西岙山，南连岙里山，西至西里岭，北接狗头岩山。地质构造为火山凝灰岩，植被以松林为主，多岩石裸露。主峰在县政府驻地东南26.5公里的毛张村境内，海拔247.8米。因主峰岩似古代油灯盏，雅名为天灯盏。

毛王岗 [Máowáng Gǎng]

位于县境东部，健跳镇毛叶村毛王自然村之北。东连白岩山，南麓毛王自然村，西南接胡陈山，西麓至岙口村南山自然村，北麓为田岙村。地质构造为火山凝灰岩，植被以幼松、灌木丛为主。主峰龙圩顶，在县政府驻地东南27公里的毛王自然村境内，海拔216.2米。以南麓有毛王自然村得名。

西岙山 [Xī'ào Shān]

位于县境东部，健跳镇毛张村东南。东连四炮岭，南界浦坝港镇，西至浬浦街至毛张村山岭，北至西岙坑，东北有毛叶村，西北有毛张村。地质构造为火山凝灰岩，植被以松林为主，部分岩石裸露。主峰在县政府驻地东南27公里的毛张村境内，海拔249.1米。以所临西岙坑得名。

白岩山 [Báiyán Shān]

位于县境东部，健跳镇毛叶村毛王村之东，与浦坝港镇交界处。东界浬浦，南连凤凰山，西接毛王岗，北连四顾基山。地质构造为火山凝灰岩，植被以茶丛、松林为主，海拔329米。以山上岩石多白色得名。

河陈山 [Héchén Shān]

位于县境东部，健跳镇毛张村东北。东北连毛王岗，东、南、西、北山麓为耕地，西麓有S224省道经过。地质构造为火山凝灰岩，植被以松林为主，部分杂木。主峰在县政府驻地东南26.5公里的毛叶村毛王村自然村境内，海拔105.2米。当地群众惯称河陈山，别名胡陈山、乌陈山，因当地群众将“胡”“河”两字读音与“乌”相同，以谐音得名。

外护山 [Wàihù Shān]

位于县境东部，健跳镇毛张村之西。东南山麓近毛张村，南隔耕地，接狗头山，西北濒岙口塘港，为孤立山。地质构造为火山凝灰岩，植被以松林、杂木为主。主峰在县政府驻地东南26公里的毛张村境内，海拔30.5米。古时，外户山北面是一片海洋，东南是陆地，分布着毛叶、毛张诸村，该山在村庄外首，实有保卫村庄，免受水患之意，故名外卫山，后演变为外乌山、外护山。

千丈岩 [Qiānzhàng Yán]

位于县境东部，健跳镇田里村陈家自然村之西。东麓有田里、里岙诸村，南连白象岩山，西麓近西郭村，北接双岩山。地质构造为火山碎屑岩，植被以灌木和松林为主。主峰在县政府驻地东南22公里的里岙村境内，海拔 271.1 米。当地群众形容此山高峻挺拔，故名。

白象岩 [Báixiàng Yán]

位于县境东部，健跳镇里岙村之西。东连狮子岩山，南界下岙山与双岩山，西界横坑，北接千丈岩。地质构造为火山碎屑岩，植被以松林为主。主峰在县政府驻地东南 23 公里的里岙村境内，海拔 255.1 米。主峰有一块岩石形似白象，故名。岙口塘港发源于此山之南。

双岩 [Shuāng Yán]

位于县境东部，健跳镇西郭村之东。东连饭蒸坞岗，东北麓有洋溪村，南接千丈岩山，西北临蛎江滩，西麓有西郭村，北连笠帽山与耕地。地质构造为火山碎屑岩，植被以松林为主。主峰在县政府驻地东南 22 公里的西郭村境内，海拔 183.3 米。山峰有两块大岩石，故名。

狮子岩 [Shīzǐ Yán]

位于县境东部，健跳镇小宅村之南。东连赌博岩，临岙口塘港，南接白力山，西接小白岩，北麓小宅村。地质构造为火山碎屑岩，植被以灌木丛为主，部分松林。主峰在县政府驻地东南 22.5 公里的小宅村境内，海拔 188.1 米。主峰岩石像狮子，故名。山南又像天灯盏，村民故称天灯盏岗。

狮子岩（东） [Shīzǐ Yán(Dōng)]

位于县境东部，健跳镇里岙村西南。东麓下叶水库，东南麓岙里村，西连白象岩山，北接千丈岩。地质构造为火山碎屑岩，植被以松林、杂木为主，部分岩石裸露。主峰在县政府驻地东南 23 公里的里岙村境内，海拔 156.9 米。山形似狮子，山峰多巨石，故名。

白山头 [Báishān Tóu]

位于县境东部，健跳镇西北。东毗虾湾，南连烟墩岗，西连小梅岙塘，北面山嘴伸入健跳港。地质构造为火山凝灰岩，植被以杂木为主。主峰在县政府驻地东南 23.4 公里的梅山村东，海拔 62.5 米。以山头有白色岩头得名。

虎头岩 [Hǔtóu Yán]

位于县境东部，健跳镇西部。东连外民塘，南麓有大蛟龙村，西近东郭门村，北界小蛟龙岭。地质构造为火山碎屑岩，植被以松林、杂木为主，部分旱地。主峰在县政府驻地东南 23 公里的大蛟龙村境内，海拔 153 米。主峰岩石峥嵘挺立，形如老虎头，故名。

笠帽山 [Lìmào Shān]

位于县境东部，健跳镇西部。东南隔路连双岩山，面临蛎江滩，北与东北麓均为农田。地质构造为火山碎屑岩，植被多松林，部分荒山。主峰在县政府驻地东南 21 公里的洋溪村西，海拔 39.8 米。以山形似箬帽得名。

后门山 [Hòumén Shān]

位于县境东部，健跳镇西部。东连白力山，南麓东郭门村，西至石（桥）东（郭）公路，北接小白岩。地质构造为火山碎屑岩，植被以松林、杂木为主，多岩石裸露。主峰在县政府驻地东南 23 公里的东郭门村之北，海拔 181 米。山处东郭门村后面，故名。

长山 [Cháng Shān]

位于县境东部，健跳镇西北，铁强人渡东头渡口处。南、西、北三面环蛎江滩，临健跳港，东为东郭塘。地质构造为火山凝灰岩，植被有杉木、松林、茶丛等。主峰在县政府驻地东南 20 公里的西边村之西，海拔 64.9 米。因山呈长形，故名长山。

虾山 [Xiā Shān]

位于县境东部，健跳镇西北。东与北麓有黄岩塘，南麓为上港塘，西临健跳港，西南隔小路与长山为界。地质构造为火山碎屑岩，植被以荒山为主。主峰在县政府驻地东南 19.5 公里的西边村之西，海拔 30.6 米。因此山位于黄岩塘西面，形似一只虾，故名虾山。

烟墩岗 [Yāndūn Gǎng]

位于县境东部，健跳镇西北。东延伸至健跳港沙木渡，南界大宅岭，西接大屏山，北麓为小梅岙塘。

地质构造为火山凝灰岩，植被以松林为主。主峰在县政府驻地东南20.5公里的东边村东北，海拔292米。明代，在此山顶上建有防倭骚扰的烽火台，群众称烽火台为烟墩，故名。别名梅岙山，以山近梅岙村得名。梅岙村即今梅山村。清光绪《宁海县志·分图二十》标“梅岙山”。据清光绪《宁海县志》载：“梅岙山，旧置墩台，今圮。”

金鸡山 [Jīnjī Shān]

位于县境东部，健跳镇西北。东麓为梅山村，西南靠长加湾塘，西濒健跳港，北麓中港水库。地质构造为火山碎屑岩，植被以杂木、松林为主。主峰在县政府驻地东南19.5公里的梅山村之西，海拔175米。山形似鸡，雅称金鸡山。

小白岩 [Xiǎobái Yán]

位于县境东部，健跳镇西部。东连狮子岩，南至山岭接后门山，西近毛（张）东（郭）公路，北临大白岩。地质构造为火山碎屑岩，植被以松林、杂木为主，部分岩石裸露。主峰在县政府驻地东南22公里的东边村东南，海拔178.5米。该山岩石多白色，与北面的大白岩比较，面积较小，故名。

大白岩 [Dàbái Yán]

位于县境东部，健跳镇西部。东麓小宅村，南连小白岩，西麓东边村，北接大宅村。地质构造为火山碎屑岩，植被以灌木丛和松林为主，部分岩石裸露。主峰在县政府驻地东南22公里的东边村之东，海拔298.1米。主峰岩石为白色，与南面的小白岩比较，面积较大，故名。

发洪岗 [Fāhóng Gǎng]

位于县境东部，健跳镇西部。东至岙口塘港，南隔小蛟龙岭连虎头岩，西接后门山，北接白力山。地质构造为火山碎屑岩，植被以灌木、松林为主。主峰在县政府驻地东南23公里的小蛟龙村境内，海拔115.2米。据传，在古代，此岗常发山洪，故名。

红岩 [Hóng Yán]

位于县境东部，健跳镇下岙山之西，与浦坝港镇交界处。东连下岙山，南麓浦坝港镇下岙堂村，西连横渡镇石笋山，北接白象岩山。地质构造为火山凝灰岩，植被以松林、茶丛为主，部分荒山。主峰在县政府驻地东南23公里的上陈村西南，海拔293.1米。山峰岩石红色，故名。

饭蒸岩 [Fànzhēng Yán]

位于县境东部，健跳镇西南，与浦坝港镇交界处。东麓有白岩前村梅家岙自然村，南为浦坝港镇千丈岩山，西北麓健跳镇上陈村，北麓为下叶水库。地质构造为火山碎屑岩，植被多松林、杂木，部分岩石裸露。主峰在县政府驻地东南24公里的上陈村东南，海拔206.1米。主峰有块大岩，形如饭蒸，故名。

下中港 [Xiàzhōnggǎng]

位于县境东部，健跳港之南侧。东南靠梅山村，南连长加湾山，西近中港水库。植被以松林、杂木为主。主峰在县政府驻地东南18公里的梅山村西北，海拔62.2米。以山处健跳港下中游旁边得名。

田湾山（南） [Tiánwān Shān(Nán)]

位于县境东部，健跳港之南侧。东接小梅岙塘，南连烟墩岗山，西近健跳镇梅山村。植被以荒山为主。主峰在县政府驻地东南19公里的梅山村境内，海拔51.8米。2003年田湾山下农田改为养殖塘。

天打岩 [Tiāndǎ Yán]

位于县境东部，健跳镇东部。东濒洋市涂，南麓洋市村，西麓里七市村，东北连高湾山。地质构造为火山凝灰岩，植被多杂木和松林。主峰在县政府驻地东南28.5公里的外七市村境内，海拔133.4米。因山上有一巨岩，曾被雷击，群众惯称天打岩。

小狗头山 [Xiǎogǒutóu Shān]

位于县境东部，健跳镇东部，小狗山岛上，猫头水道中，四面环海，孤立山。地质构造为火山凝灰岩，植被多荒山。主峰在县政府驻地东28公里的龙山村境内，海拔78米。小狗头山动物有雉鸡、鼠、蛇等，每年有居民住岛上张网捕虾。此岛南临狗头山（今名龙山），因面积较小，故名小狗山。该山在小狗山岛上，故名。

孟姜女 [Mèngjiāngnǚ]

在县政府驻地东南22公里，健跳镇大宅村东南，小宅村肖湾自然村西南，山多灌木丛及部分荒山，高432米。上有一块巨石，高12米，形似少妇，发髻高挽，身背包袱，面向琴江（健跳港）屈膝而坐，当地群众称为“孟姜女”，取孟姜女为夫送寒衣之意。又称“巽鸡石”。

横渡镇

麻岙山冲 [Má'ào Shānchōng]

位于县境中部，横渡镇东南。南连凤凰山，西与西北连小横渡溪，东北麓为农田。地质构造为火山凝灰岩，植被有松林、灌木丛。主峰在县政府驻地东南21公里的小横渡村麻岙自然村之西，海拔106米。在麻岙自然村之西，以村名山。清光绪《宁海县志·分图二十五》标“下溪山”，以小横渡溪古名下溪得名。

大嘴湾山 [Dàzuǐwān Shān]

在县政府驻地东南21.5公里，横渡镇小横渡村麻岙自然村东南。东界小横渡岭，南麓花桥镇蒲峰塘，西连凤凰山，北麓耕地，与龙头山对峙。地质构造为火山凝灰岩，植被以松林、灌木丛为主。主峰在县政府驻地东南21.5公里的蒲峰村流水岩自然村西北，海拔181米。该山山弯较大，形似张开的大嘴，故名大嘴湾山。清光绪《宁海县志·分图二十五》标“东头山”。

西洋山 [Xīyáng Shān]

位于县境中部，横渡镇东南。东北麓小横渡村，东麓耕地，西南麓岭根陈村，西北接野山。地质构造为火山凝灰岩，植被以松林、灌木丛为主。主峰在县政府驻地东南20公里的小横渡村西南，最高点海拔126米。据传，西洋山麓古代有杨姓居住（村早废，今尚留有屋基遗址），故此山取名为“西杨山”，后来演变为“西洋山”。

下罗山 [Xiàluó Shān]

位于县境中部，横渡镇东。东濒健跳港，西南接南山尖，西麓南林村（已迁徙），北麓白溪。地质构造为火山凝灰岩，植被以松林为主。主峰在县政府驻地东南19公里的南林村之东，铁强村下罗自然村之南，海拔213.8米。山位于下罗自然村附近，山以村名命名，故名下罗山。

西山 [Xī Shān]

位于县境中部，横渡镇东北。东麓铁强村，南与西有山谢坑环流，西北接虎头岩。地质构造为火山凝灰岩，植被以松林、灌木丛为主。主峰在县政府驻地东南18公里的铁强村境内，海拔149.6米。因山处铁强村之西，故名西山。清光绪《宁海县志·分图二十五》标“洋花钟山”。

大平岗 [Dàpíng Gǎng]

位于海润街道、横渡镇及三门县林场交界处，天梯山西南，海拔615.5米。山上部为三门县林场辖区。

天梯山 [Tiāntī Shān]

位于县境中部，横渡镇西北。东连白栲岭，南界大岙坑，西接三门县林场大茶园林区，北为三门县林场。地质构造为火山凝灰岩，植被有松林、杉木及杂木等。主峰在县政府驻地东南10.5公里的三门县林场境内，海拔619米。因山峰高耸陡峭，似能攀登天空，故名天梯山。

仰天岗 [Yǎngtiān Gǎng]

位于横渡镇托岙村西南，铁强村之北，海拔290.8米。

牛角尖 [Niújiǎo Jiān]

位于横渡镇与三门县林场交界处，海拔560.4米。山形似牛角故名。

虎星岩 [Hǔxīng Yán]

位于横渡镇坎下金村之北，东屏村之西，海拔307.8米。

大稻蓬 [Dàdàopéng]

位于横渡镇长林村之北，与海润街道交界处，海拔642.5米。

长团头 [Chángtuántóu]

位于横渡镇长林村之南，西临长林溪，海拔 352.2 米。

开口岩岗 [Kāikǒuyán Gǎng]

位于横渡镇南豪村东南，岩下村东北，海拔 233.8 米。

龙头山 [Lóngtóu Shān]

位于县境中部，横渡镇东南。东麓隔亭（旁）流（水岩）公路与姜山头相对峙，南麓耕地，西北山麓有小横渡溪流过。地质构造为火山凝灰岩，植被多松林、灌木丛。主峰在县政府驻地东南 21 公里的小横渡村之南，海拔 56.3 米。因山北端高大如龙头，昂首朝向小横渡村，故名龙头山。

黄泥塘岗 [Huángnítáng Gǎng]

位于县境中部，横渡镇北部。东麓大横渡村上王自然村，南麓白溪村，西麓东屏村，北接龙母山。地质构造为火山凝灰岩，植被以松林、杂木，部分灌木丛。主峰在县政府驻地东南 15.5 公里的上王自然村境内，海拔 427 米。以山岗多黄色土壤得名。

鱼头山 [Yútóu Shān]

位于县境中部，横渡镇东北。地质构造为火山凝灰岩，孤立荒山。主峰在县政府驻地东南 19 公里的铁强村境内，海拔 19.7 米。因山形似鱼头，故名鱼头山。山南麓原有航轮码头一座，为健跳至铁强航线的终点码头。

凤凰山 [Fènghuáng Shān]

位于县境中部，横渡镇东南。东连大嘴湾山，东南山麓有亭（旁）流（水岩）公路经过，西接关头山，北麓小横渡溪，东北接麻岙山冲。地质构造为火山凝灰岩，植被以松林、灌木丛为主。主峰在县政府驻地东南 21.5 公里的横渡镇与花桥镇交界处，海拔 274.8 米。以山形似凤凰得名。

板壁山 [Bǎnbì Shān]

位于县境中部，横渡镇东部，与健跳镇交界处。东界健跳镇白象岩，南连大斗山，西麓石仓岙村，北濒健跳港。地质构造为火山凝灰岩，植被以松林、杂木为主，部分岩石裸露。主峰在县政府驻地东南 21 公里的石仓岙村境内，海拔 302.9 米。以山形陡峭如板壁得名，曾用名西山。

石笋山 [Shísǔn Shān]

位于县境中部，横渡镇东南。东北连大斗山，南界仙岩洞岭，西北接狮子岩，北接扫帚山。地质构造为火山凝灰岩，植被多松林、杂木。主峰在县政府驻地东南 22 公里的横渡镇与浦坝港镇交界处，海拔 448.0 米。因山形险峻，群山耸立，状似竹笋，故名石笋山。

梨落山 [Líluò Shān]

位于县境中部，横渡镇东南。东连象鼻头山，南至花桥镇蒲峰村流水岩自然村，西有小横渡岭，北麓耕地。地质构造为火山凝灰岩，植被以松林、杂木为主。主峰在县政府驻地东南 21.5 公里的小横渡村境内，海拔 130.1 米。因山形似落在地上的梨子，故名梨落山。

大斗山 [Dàdǒu Shān]

位于县境中部，横渡镇东南，与健跳镇交界处。东界健跳镇横坑，南接浦坝港镇，西至岙里坑，北接板壁山。地质构造为火山凝灰岩，植被以灌木丛、松林为主。主峰在县政府驻地东南 22 公里的石仓岙村东南，海拔 286 米。

峙山腰 [Zhìshānyāo]

位于县境中部，横渡镇东部。东南山麓深土洋村，西南山麓小横渡村下山头自然村，西濒小横渡溪，北濒健跳港。地质构造为火山凝灰岩，植被大多荒山，部分松林。主峰在县政府驻地东南 20 公里的深土洋村西北，海拔 28.1 米。以山形似猪腰子得名。“峙”与“猪”系方言谐音，故名。

下盘山 [Xiàpán Shān]

位于县境中部，横渡镇东北，与健跳镇交界处。东濒健跳港，南界岙里坑，连仰天岗，西接羊角尖，西南界乌岩山，北麓罗岙水库。地质构造为火山凝灰岩，植被以杂林为主。主峰在县政府驻地东南17.5公里的铁强村托岙自然村东北，海拔177米。

乌岩山 [Wūyán Shān]

位于县境中部，横渡镇东北。东濒健跳港，南连仰天岗，西界大坑，北接岙里山。地质构造为火山凝灰岩，植被以灌木丛、松林为主。主峰在县政府驻地东南16.5公里的铁强村托岙自然村境内，海拔382.2米。

野山 [Yě Shān]

位于县境中部，横渡镇东南。东麓有小横渡村，南连西洋山，西界开口岩岗，北接长马地坦。地质构造为火山凝灰岩，植被以松林、灌木丛为主。主峰在县政府驻地东南19公里的小横渡村境内，海拔319.7米。

姜山头 [Jiāngshān Tóu]

位于县境中部，横渡镇东南。东接石笋山，南麓耕地，西麓有亭（旁）流（水岩）公路经过，东北接狮子岩。地质构造为火山凝灰岩，植被以松林、灌木丛为主。主峰在县政府驻地东南21公里的小横渡村东南，海拔137.1米。因山西麓古有姜姓人居住，故名姜山头。

长马地坦 [Chángmǎdìtǎn]

位于县境中部，横渡镇东南。东南连野山，东北接南山尖，西界水山田水库，西北山麓有亭（旁）流（水岩）公路经过。地质构造为火山凝灰岩，植被以松木、杂木为主。主峰在县政府驻地东南19公里的小横渡村之西，海拔358.5米。因山形似骏马，山顶有长形地坦，似供马奔驰的场地，故名长马地坦。曾用名锯板坦，因该山森林茂密，山民伐木后在此锯板，故名。

岙里山 [Àolǐ Shān]

位于县境中部，横渡镇东北，与健跳镇交界处。东北连羊角尖山，南接乌岩山，西至三门县林场，北界健跳镇山。地质构造为火山凝灰岩，植被以松林、灌木丛为主。主峰在县政府驻地东南16.5公里的横渡镇与健跳镇交界处，海拔433.3米。

扫帚山 [Sǎozhǒu Shān]

位于县境中部，横渡镇东南。东至岙里坑接大斗山，南接石笋山，西麓为耕地，北麓石仓岙村。地质构造为火山凝灰岩，植被以松林和灌木丛为主。主峰在县政府驻地东南21公里的深土洋村境内，海拔291.9米。有岩石高4米，矗立峰顶，状如扫帚，故名。

铜盘岩顶 [Tóngpán Yándǐng]

位于县境中部，横渡镇东北。东界大坑接乌岩山，南连虎头岩，西至桂桥坑（鬼叫坑），北连三门县林场羊角尖山。地质构造为火山凝灰岩，植被以灌木丛为主。主峰在县政府驻地东南16.5公里的大横渡村东北，海拔457.2米。以山峰岩石圆圆如铜盘得名。曾用名仙髻山、仙人髻山，均因其山峰岩石圆形，似妇女头髻，故名。清光绪《宁海县志·分图二十》标“仙髻山”，民国版《宁海县地图》标“仙人髻山”。

虎头岩 [Hǔtóu Yán]

位于县境中部，横渡镇东北。东界岩门里坑，东南连西山，西至乌岩坑，北接铜盘岩顶。地质构造为火山凝灰岩，植被以灌木丛为主，部分沙砾地。主峰在县政府驻地东南17公里的大横渡村横渡刘自然村之北，海拔304.9米。以山峰状如虎头得名。

青龙山 [Qīnglóng Shān]

位于县境中部，横渡镇西北。东界东屏溪，南至长林溪，有亭（旁）流（水岩）公路通过，西界岙坑，接水牛背脊，北连龙孔山。地质构造为火山碎屑岩，大多荒山，少量松林、杂木和茶丛。主峰在县政府驻地东南13.5公里的坎下金村之北，海拔412米。山形似一条青龙而得名。

岛坑 [Dǎokēng]

位于县境中部，横渡镇中部。东接十八朗山，南麓白溪村碧潭自然村，西界东屏溪，北连黄泥塘岗。

地质构造为火山凝灰岩，植被多杉木林和柑橘。主峰在县政府驻地东南15公里的东屏村东南，海拔259米。

羊角尖 [Yángjiǎo Jiān]

位于县境中部，横渡镇东北，与健跳镇交界处。东连下盘山，东南山麓铁场村托岙自然村，西南接岙里山，北界健跳镇。地质构造为火山凝灰岩，植被以松林、杂木为主。主峰在县政府驻地东南16.7公里的托岙自然村境内，海拔303.4米。以山峰尖尖如羊角得名。

狮子岩 [Shīzǐ Yán]

位于县境中部，横渡镇东南。东北连扫帚山，东南接石笋山，西南连姜山头，西濒小横渡溪，北麓深土洋村。地质构造为火山凝灰岩，植被以松林为主，部分岩石裸露。主峰在县政府驻地东南21公里的深土洋村境内，海拔315.1米。以山峰岩石状如狮子头得名。

稻蓬山 [Dàopéng Shān]

位于县境中部，横渡镇西北。东连龙孔山，南界长林溪，西为三门县林场双尖林区，北毗柴标岗。地质构造为火山凝灰岩，植被以杂木、杉木为主，部分沙砾地。主峰在县政府驻地东南12公里的三门县林场与横渡镇交界处，海拔634.1米。以山形似稻草蓬得名。清光绪《宁海县志·分图二十六》标“大稻蓬”。

十八泡 [Shíbā Pào]

位于县境中部，横渡镇东部。东至桂桥坑（鬼叫坑），南麓大横渡村，北连龙母山，南端有十八泡殿。地质构造为火山凝灰岩，植被有灌木丛和松林。主峰在县政府驻地东南16.5公里的大横渡村境内，海拔207米。因此山有连续突起的十八个山头，而当地群众惯称山头为“泡头”，故山名十八泡。

龙孔山 [Lóngkǒng Shān]

位于县境中部，横渡镇西北。东界东屏溪，东南接青龙山，西南连稻蓬山，西界柴标岗，北界大岙坑。地质构造为火山凝灰岩，植被以茶丛、杉木为主。主峰在县政府驻地东南12公里的东屏村大岙坑自然村西南，海拔519.2米。

眠牛山 [Miánniú Shān]

位于县境中部，横渡镇中部。四周均为滩地，为孤立山。地质构造为火山凝灰岩，植被以松林为主。主峰在县政府驻地东南15公里的坎下金村之东，海拔66米。以山形似眠牛得名。

双狮子 [Shuāngshīzǐ]

位于县境中部，横渡镇西北，与三门县林场交界处。东连稻蓬山，南接水牛背脊山，西界双尖山，北与三门县林场之双尖林区为界。地质构造为火山凝灰岩，植被多灌木丛、杉木等。主峰在县政府驻地东南11.5公里的长林村境内，海拔806.5米。因有两个山峰均像狮子，故名双狮子。

荞麦地 [Qiáomàidì]

在县政府驻地海游街道南16.5公里，横渡镇岩下潘村之西，海拔167米。山多薪炭林。

花桥镇

石面桶 [Shímiàn Tǒng]

位于县境南部，花桥镇西部。东麓有五龙殿，南有小溪岭，西界临海市，北至枫树岭接帽尖山。地质构造为火山凝灰岩，植被有松林、杂木和茶丛。主峰在县政府驻地南偏东23公里的三门县与临海市交界处，海拔349米。以主峰岩石状似脸盆得名，当地方言称脸盆为面桶。

天灯盏 [Tiāndēngzhǎn]

位于县境南部，花桥镇西部。东麓隔山坑为甘东岙村，南至小溪岭，西连石面桶山，北界四周岭。地质构造为火山凝灰岩，植被多松林，部分茶丛。主峰在县政府驻地南偏东24公里的甘东岙村之西，海拔253米。以顶峰圆形，平坦略凹，状似古人用的油灯盏得名。

牛山 [Niú Shān]

位于县境南部，花桥镇南部。东麓上郑村，南界上潘岭，西麓为上潘、双洋两村，西南有黄（金坦）泗（淋）公路经过，东北接尖嘴山头山。地质构造为火山凝灰岩，植被多松林、茶丛和毛竹。主峰在县政府驻地南偏东 26.5 公里的上潘村之东，海拔 313 米。以山形状似牛得名。

狮子头 [Shīzǐ Tóu]

位于县境南部，花桥镇西南部，为三门县、临海市之界山。东至花桥溪，山麓有溪头村，南至南丰岭，西为临海市桥头村，北界小溪岭。地质构造为火山凝灰岩，植被多松林，部分灌木丛。主峰在县政府驻地南 25 公里的临（海）三（门）交界处，海拔 370.8 米。以主峰状似狮子头得名。别名狮子球，亦以山形似狮子球得名。甘东岙溪发源于此。

龙头山（南） [Lóngtóu Shān(Nán)]

位于县境南部，花桥镇西南部。东至盐坑岭，接长大山，南至临海市，西麓有里院水库，北麓为方前村。地质构造为火山凝灰岩，植被多松林，部分灌木丛。主峰在县政府驻地南偏东 26.5 公里的方前村境内，海拔 229.3 米。以主峰状似龙头高昂得名。民国版《临海县地图》标“方前山”，因山在方前村南，故名。

水井岗 [Shuǐjǐng Gǎng]

位于县境南部，花桥镇西北部。东麓有黄（金坦）泗（淋）公路和八岭村，南麓为寺前村，西至四周岭接帽尖山，北有王申坦水库。地质构造为火山凝灰岩，植被有松林与茶丛。主峰小坑山，在县政府驻地东南 22.5 公里的西坑岙与王申坦村之间，海拔 456.1 米。

上山尖 [Shàngshān Jiān]

位于县境南部，花桥镇东南。东至山头山，接浦坝港镇小雄吊忠岩，南至浦坝港镇小雄溪，西界蜍下村上严自然村至庙屿村张家自然村之山岭，北麓有前山自然村，与下湾山相对峙。地质构造为火山凝灰岩，植被多松林，部分灌木丛与岩石裸露。主峰在县政府驻地东南 30 公里的花桥镇与浦坝港镇交界处，海拔 328 米。蜍下村人称整座大山名为笔架山，其山尖名为上山尖。自蜍下村至前山村有新浇山间水泥公路。

双龙角 [Shuānglóngjiǎo]

位于县境南部，花桥镇南部。东麓为吴都村，南至吴都水库，西麓至上潘村，北界牛山与横岭，黄（金坦）泗（淋）公路从西南经过。地质构造为火山凝灰岩，植被多松林，部分毛竹等。主峰在县政府驻地东南 27.5 公里的吴都村之西，花桥镇境内，海拔 278 米。山间溪水如龙，溪西有双山向西南蜿蜒而下如龙角，故名。

稻桶岩 [Dàotǒng Yán]

位于县境南部，花桥镇南部。东至吴都岭，南界龙潭坑，西为小岭村，北麓有吴都水库。黄（金坦）泗（淋）公路横亘中部。地质构造为火山凝灰岩，植被多松林，部分竹林与旱地。主峰在县政府驻地东南 28.5 公里的花桥镇与浦坝港镇交界处，海拔 242 米。以主峰岩石状似水稻脱粒的稻桶得名。

双峰 [Shuāng Fēng]

位于县境南部，花桥镇东南。东接上山尖。南界浦坝港镇大雄岭，西至吴都岭，北有李岙村与蜍下岭。地质构造为火山凝灰岩，植被有松林、灌木丛、茶丛与毛竹。主峰在县政府驻地东南 30 公里的花桥镇与浦坝港镇交界处，海拔 437 米。以两个山峰对峙得名。小雄溪发源于东麓。

山后岙 [Shānhòu Jiāo]

位于县境南部，花桥镇中部。东麓吴都塘，南麓半边塘，西界上郑村至下路头山岭，北麓上旺村下路头自然村。地质构造为火山凝灰岩，植被多松林与灌木丛。主峰下差山，在县政府驻地东南 26 公里的上郑村东北，海拔 96 米。

大岙里 [Dà'àolǐ]

位于县境南部，花桥镇中部。东至下栏塘，山麓有上旺村，南麓上郑村，西麓东岙村，北连龙头山。

地质构造为火山凝灰岩，植被多松林、杂木，部分毛竹。主峰在县政府驻地东南25.5公里的上旺村西北，海拔204米。以山东南有一个很大的山岙得名。

道头山 [Dàotóu Shān]

位于县境南部，花桥镇东部。东南山麓为下栏塘，西南接猪山，西麓有芝岙塘，北有钳头嘴，伸入花桥港，东至下栏山，西至黄狗盘嘴，均有塘堤相通。地质构造为火山凝灰岩，植被多松林，部分灌木丛。主峰在县政府驻地东南26公里的芝岙村下里自然村之东，海拔105.2米。因该山麓在古时原为船只停泊的码头，当地群众称码头为道头，故名道头山。

老鹰山 [LǎoYīng Shān]

位于县境南部，花桥镇东北。东麓为岩下洋塘，南麓濒羊峙港，西隔栅下村北岙自然村与白连山对峙，北麓有栅下塘，为孤立山。地质构造为火山凝灰岩，植被多松林与灌木丛。主峰在县政府驻地东南24公里的北岙自然村之东，海拔47.2米。因主峰有一座7米高的岩石耸立，如老鹰状，故名。

猪山 [Zhū Shān]

位于县境南部，花桥镇东部。东麓下栏塘，西南至岭南村，西北麓为芝岙塘，东北接道头山。地质构造为火山凝灰岩，植被多松林，局部灌木丛。主峰在县政府驻地东南26公里的岭南村之北，海拔114.8米。以山形似猪得名。

关头山 [Guāntóu Shān]

位于县境南部，花桥镇北部。东麓有蒲峰村方家自然村，南麓为关头村，东南麓有黄（金坦）泗（淋）公路经过，西界八岭，北至横渡镇小横渡溪，东北接凤凰山。地质构造为火山凝灰岩，植被多松林、杂木与茶丛。主峰关头山，在县政府驻地东南21公里的花桥镇与横渡镇交界处，海拔362.7米。因位于关头村之北，以村名山。别名望天山，以其山高可望天得名。

龙头山 [Lóngtóu Shān]

位于县境南部，花桥镇中部。东麓芝岙村，南接大岙里山，西麓下岙方村，北麓红旗塘，东北接下谢山。地质构造为火山凝灰岩，植被多松林与灌木丛。主峰在县政府驻地东南25公里的下岙方村境内，海拔93米。以主峰高昂，形似龙头得名。

下谢山 [Xiàxiè Shān]

位于县境南部，花桥镇中部。东麓有芝岙塘，东南山麓为芝岙村下谢自然村，西南接龙头山，西麓为红旗塘，北临蒲峰港。地质构造为火山凝灰岩，植被多松林。主峰在县政府驻地东南25公里的下谢自然村西北，海拔103.5米。山东南有下谢自然村，山以村得名。

白连山 [Báilián Shān]

位于县境南部，花桥镇东北。东濒洋峙港，南临蒲峰港，西麓为蒲峰塘，北隔山麓有南岙山，东北山麓为北岙村。地质构造为火山凝灰岩，植被多松林、杂木，部分茶丛。主峰在县政府驻地东南23.5公里的白连村境内，海拔145.5米。以山居白连村东南，山以村得名。民国版《临海县地图》标“白连后山”，因村坐落靠山西面之蒲峰塘，山在村后，故名。

南岙山 [Nán'ào Shān]

位于县境南部，花桥镇东北。东界横渡镇，山麓有花桥镇栅下村与浦坝港镇后陈村连盘头自然村，南至路，路南有白连山，西南山麓有白连村南岙自然村，西部山麓为蒲峰塘，北接小横渡岭，有蒲峰村流水岩自然村。地质构造为火山凝灰岩，植被多松林，部分茶丛与岩石裸露。主峰在县政府驻地东南23公里的白连村南岙自然村东北，海拔99.1米。因该山南部有一个大山岙，岙口朝南，故名南岙山。

骑龙山 [Qílóng Shān]

位于横渡镇与花桥镇交界处，白岩山东北。东邻岔坑村，南近银山村，西与临海交界，北毗峙洋村，海拔606.2米，属岔坑村。山顶较平坦，山下有坑名岔坑。

白岩山 [Báiyán Shān]

位于花桥镇与临海市交界处，老鼠尾巴山之北，岔坑村西，海拔655.4米，属岔坑村。以山上岩石多白色得名。

小尖山 [Xiǎojiān Shān]

位于花桥镇银山村之西，老鼠尾巴山之东，海拔 497.7 米。

老鼠尾山 [Lǎoshǔwěi Shān]

位于三门县与临海市交界处，花桥镇银山村黄泥头自然村西北，海拔 656 米。山形似老鼠尾巴，故名。

后门山 [Hòumén Shān]

位于三门县与临海市交界处，花桥镇银山村黄泥头自然村西南，海拔 417.8 米。

下差山 [Xiàchà Shān]

位于花桥镇上郑村东北，上旺村下路头自然村之南，海拔 96.3 米。

后溪山 [Hòuxī Shān]

位于小岭水库东北，紧邻花桥镇吴都村，海拔 86.6 米。

闩头山 [Shuāntóu Shān]

位于花桥镇舒岐村之东，上潘村东北，海拔 326.3 米。

横岭头 [Hénglǐng Tóu]

位于花桥镇上潘村之东，海拔 165.1 米。

直坑山 [Zhíkēng Shān]

位于三门县与临海市交界处，南丰岭隧道西北，海拔 392.5 米。

畚箕坞山 [Běnjīwù Shān]

位于花桥镇上潘村西南，方前村东南，海拔 259.1 米。

银山岭头 [Yínshān Lǐngtóu]

位于花桥镇银山村之南，帽尖山西南，海拔 235.4 米。因银山村而得名。

老婆岩 [Lǎopó Yán]

位于花桥镇方前村西北，下洋毛村西南，海拔 356.5 米。在山南中间有一块数丈高的山岩，如女人状，故名。

癞头岩 [Làitóu Yán]

位于花桥镇吴都村之南，李岙村之西，海拔 164.1 米。当地群众称癞头岩，有岩石裸露。

洪沙 [Hóngshā]

位于花桥镇东岙村岭下舒自然村之西，纱帽岩东南，海拔 208.5 米。

浦坝港镇

下沙山 [Xiàshā Shān]

位于县境南部，浦坝港镇蛛下村西北。东麓洋峙山塘，南连下沙岗，西麓吴都塘，北麓下栏塘，为孤立山。东有塘堤通洋峙山，西有塘堤通山后峧，南有蛛下村下沙自然村。地质构造为火山凝灰岩，植被多松林。主峰在县政府驻地东南 27.5 公里的花桥镇境内，海拔 49.5 米。山下靠海多沙，形成一条沙岗，山处下沙自然村之北，故名。关（头）小（雄）公路穿过山东南。

蛤蟆山 [Hámá Shān]

位于县境南部，浦坝港镇蛛下村西。东麓浦坝港镇蛛下村，西南有蛛下村麻岙自然村至蛛下村山岭，西北麓为麻岙坑水库，北接炮台山。地质构造为火山凝灰岩，植被多松林、杂木，部分旱地。主峰在县政府驻地东南 28.5 公里的蛛下村境内，海拔 167.8 米。以山形似蛤蟆得名。别名虾蟆山，因“虾”标准音 Xiā，当地方言读 Hó，“蛤”与“虾”谐音，故名虾蟆山。民国《临海县志·分图中二》标“蛤蟆山”。

炮台山（西） [Pàotái Shān(Xī)]

位于县境南部，浦坝港镇蛛下村西北。东麓洋峙山塘，东南接蛤蟆山，西南麓有麻岙坑水库，西北麓为吴都塘，北至农田，有下沙山。地质构造为火山凝灰岩，植被多松林，部分枫林。主峰在县政府驻地东南28公里的蜍下村境内，海拔102.4米。以峰顶有烽火台，当地群众称炮台，故名炮台山。

吊忠岩 [Diàozhōng Yán]

位于县政府驻地东南，浦坝港镇石门村之北。东接白岩头，南有石门水库，西南山麓为石门村，西连山头山，北界橹柱岩。地质构造为火山凝灰岩，植被多松林，局部岩石裸露。主峰在县政府驻地东南31公里的石门村境内，海拔189.8米。山上有一块巨岩，形似金钟悬挂，故名悬钟岩，或吊钟岩。明嘉靖间（1522—1566年）倭寇袭扰小雄，石门村张氏姑嫂为救村人，诱敌上山，出其不意，跳崖自尽，后人感其忠烈，遂改为吊忠岩。

同头岗 [Tóngtóu Gǎng]

位于县境南部，浦坝港镇南部，与临海市交界处。东至麻车坑村，山麓有上董村，南接张山岭头，西界临海市山脉，北连花桥镇龙头山。地质构造为火山碎屑岩，植被多松林与毛竹。主峰在县政府驻地南29公里的三门、临海两县（市）交界处，海拔347米。因主峰南面有后岭头洞，故名洞头岗，后演变为同头岗。

犁头山 [Lítóu Shān]

位于县境南部，浦坝港镇西南部。四周均为耕地，南部山麓有黄（金坦）泗（淋）公路经过，北部与峙后山相对。地质构造为火山凝灰岩，植被多松林。主峰在县政府驻地东南31公里的山场村之东，海拔74.8米。以山形三角似犁头得名。

孟平洞山尖 [Mèngpíngdòng Shānjiān]

位于浦坝港镇赤坎村西南，大域村之北，海拔261.8米。山间有孟平洞，高4米，深6米。当地群众称孟平洞山尖。

蜂洞岩 [Fēngdòng Yán]

位于浦坝港镇小湾村下岙自然村之东，马头山东北，海拔166.3米。上有古碉堡残址。

大炮头 [Dàpào Tóu]

位于沿江水库东南，濒临东海。山上有杨梅树，海拔105.3米。当地群众称大炮头，也称炮台山。明代为防倭寇，在山上筑有炮台，后演变为大炮头。

牛尾堂 [Niúwěi Táng]

位于浦坝港镇山后涂东南，濒临三门湾，海拔92.8米。1986年版《三门县地名志·岬角》载“牛尾堂嘴”。牛尾塘嘴，即牛尾堂，系牛头山嘴岬角上的牛尾堂向东伸入三门湾的小岬角。此岬角据牛头山东北部，比拟为“牛（牛头山）”之尾巴，又因早年山弯建有庙堂，故当地群众惯称“牛尾堂”。

峙山头 [Zhìshān Tóu]

位于浦坝港镇官塘村东南，为一孤立山，海拔21.5米。山顶建有古庙和移动、联通接收台。原先四周是海，中间高，上有礁，形成峙山，故名。

斧头岩 [Fǔtóu Yán]

位于浦坝港镇官塘村之西，梅岙村东南，与临海市交界处，海拔56.2米。山形似斧头得名。

华柱山头 [Huázhù Shāntóu]

位于浦坝港镇滩头村之南，南山村西南，与临海市交界处，海拔337.5米。

六蓬头 [Liùpéng Tóu]

位于浦坝港镇滩头村西南，东岙村东南，与临海市交界处，海拔398.5米。

东山 [Dōng Shān]

位于浦坝港镇埠头村之东，梅岙村之西，海拔93.5米。因在埠头村之东得名。

狮子头 [Shīzǐ Tóu]

位于浦坝港镇王沙村之西，大官柱西南，海拔94.2米。以主峰状似狮子头得名。

大官柱 [Dàguānzhù]

位于浦坝港镇王沙村东北，金家岙村西南，山上建有古庙，海拔 193.5 米。在西南山坡有一悬岩，下有一个山洞，称大柱洞，山名由此而来。

虎颅头 [Hǔlú Tóu]

位于县境东南部，浦坝港镇东部。东连牛头山，南山麓为农田，西南山麓沿江村，西麓沈加王自然村，北连笔架山。地质构造为火山碎屑岩，植被多灌木，部分岩石裸露。主峰在县政府驻地东南 37 公里的沿江村东北，海拔 223.6 米。以主峰岩石状似老虎的颅头得名。曾用名烟墩山，因峰顶原建有烽火台，当地俗称烟墩，故名。

火着山 [Huǒzhuó Shān]

位于县境东南部，浦坝港镇北部。东北接骑岩岗，东南连洋馒头顶，南连黄（王）山东，西至小渔西岭，北至岙坑邻石浪山。地质构造为火山碎屑岩，植被多松林、灌木。主峰在县政府驻地东南 33.5 公里的小渔西村东南，海拔 228.9 米。因该山曾被火烧，故名。别名虎礁山，以当地群众方言“火着”与“虎礁”谐音得名。

东岙山 [Dōng'ào Shān]

位于县境东南部，浦坝港镇北部。东至小渔西岭，南山麓有罗石村东岙自然村和黄山塘水库，西接东山头，西北连铁墩岗，北至山涧毗小渔西村北坑自然村，东北山麓过涧为小渔西村。地质构造为火山碎屑岩，植被多松林，部分岩石裸露。主峰在县政府驻地东南 32 公里的罗石村之北，海拔 288.1 米。此山位于东山头之东，南麓有个大山岙（现为黄山塘水库），故名为东岙山。

石浪山 [Shílàng Shān]

位于县境东南部，浦坝港镇北部。东北接鳓鱼山，东南连骑岩岗，南至从岙坑，邻火着山，西、西北麓毗小渔西村岭脚、张家自然村。地质构造为火山碎屑岩，植被多松林、灌木。主峰在县政府驻地东南 33 公里的岭脚自然村之东，海拔 235.3 米。

烟埠墩 [Yānbùdūn]

位于县境东南部，浦坝港镇鳓鱼山东北。东、北为从岙涂，南连鳓鱼山，西至山麓谷口。地质构造为火山碎屑岩，植被多松林、灌木。主峰在县政府驻地东南 33 公里的小渔西村东北，海拔 106 米。当地群众惯称烟埠墩，为群山中的小山墩。

白象山 [Báixiàng Shān]

位于县境东南部，浦坝港镇白象山嘴岬角。东、北濒三门湾，东南临山后湾，南连笔架山，西临大域湾。地质构造为火山碎屑岩，植被多荒山，部分灌木丛。主峰在县政府驻地东南 36.5 公里的白象山嘴中部，海拔 137.8 米。以山形状似白象得名。

洋馒头顶 [Yángmántóudǐng]

位于县境东南部，浦坝港镇钳口村之北。东至山弯连太平山，东南麓有里岙水库，南山麓为田野、钳口村钳口墩自然村，西接黄山东北山弯连骑岩岗。地质构造为火山碎屑岩，植被多松林。主峰在县政府驻地东南 34 公里的钳口村境内，海拔 208.1 米。以山顶圆且高，状似馒头得名。

上腾岗 [Shàngténg Gǎng]

位于县境东南部，浦坝港镇鳓鱼山之东。东至山涧临牛头岗，东南山岙有从岙村上从岙自然村，南连骑岩岗，西接鳓鱼山，北连烟埠墩，东北临从岙涂。地质构造为火山碎屑岩，植被多灌木，间有松木，部分荒山。主峰在县政府驻地东南 33.5 公里的鳓鱼山之东，海拔 157.5 米。别名省腾岗。

黄山东 [Huángshāndōng]

位于县境东南部，浦坝港镇东部。东至洋馒头顶（山），南山麓有罗石村、钳口村里塘自然村，西山麓有黄山塘水库，北至山坑，连火着山。地质构造为火山碎屑岩，植被多松林，部分荒山。主峰在县政府驻地东南33公里的里塘自然村之北，海拔143.4米。位于黄山之东，故名。

狮子口 [Shīzǐkǒu]

位于县境东南部，浦坝港镇大域村之西。东北接大湾山，东南麓为大域村、牟家水库，南至东塘岭，邻昌岙山，西南为农田，西北麓有桃湾畜牧场，北麓毗圩岙村。地质构造为火山碎屑岩，植被多松林。主峰在县政府驻地东南30公里的大域村境内，海拔156.1米。以主峰岩石状似狮子开口得名。

沙北斗山尖 [Shāběidǒu Shānjiān]

位于浦坝港镇上洋村之西，洋市村之南，海拔286米。

木屿 [Mù Yǔ]

位于浦坝港镇大域村之南，为一孤立山，海拔32.1米。

大金山 [Dàjīn Shān]

位于县境东南部，浦坝港镇下洋墩村大金山自然村之南，故名。东北皆水田，西三角塘村田地，南麓下洋墩村长坝头自然村，东北麓为下洋墩村大金山自然村。地质构造为火山碎屑岩，植被多松林及部分荒山。主峰在县政府驻地东南33公里的大金山自然村境内，海拔119.6米。

凤凰山（南） [Fènghuáng Shān(Nán)]

位于县境东南部，浦坝港镇大域村之南，孤立山。东南为沙岙塘、木屿塘，西至大域村桔园，北为大域村农田，东北近前山。地质构造为火山碎屑岩，植被多松林、杂木，部分荒山。主峰在县政府驻地东南32公里的大域村境内，海拔78米。以山形状似凤凰得名。

海山 [Hǎi Shān]

位于县境东南部，浦坝港镇海山村之北。此山原孤立海中，故名。东南麓为海山村，南端有寡妇洞，山麓为沿海工业城，西麓为跃进塘，西北隔旱地，近大金山，东北田地。地质构造为火山凝灰岩，植被多灌木，也有松树和毛竹。主峰在县政府驻地东南33.5公里的海山村西北，海拔64.3米。

蟹山（南） [Xiè Shān(Nán)]

位于县境东南部，浦坝港镇下洋墩村大金山自然村之西，孤立山。东、西、北三面农田，东南山麓为旱地，近大金山。地质构造为火山碎屑岩，植被有松林。主峰在县政府驻地东南32.5公里的大金山自然村之西，海拔41米。因为山小，如水中一蟹爬出，故名。

大官山 [Dàguān Shān]

位于县境东南部，浦坝港镇东部。东南、西、北为平原，东北坡地，近虎颅头山，环山麓东为沿江村，南有佳岙村，西近下峙山，北为郑畔村下畔自然村。地质构造为火山碎屑岩，植被有松林。主峰在县政府驻地东南36公里的郑畔村之南，海拔82.1米。2007年开发区管委会征收打岩后已夷为平地，仅小块泥山。别名佳岙山，因山南麓有佳岙村，故名。

方山 [Fāng Shān]

位于县境东南部，浦坝港镇南部沿海工业城境内，孤立荒山。东、南、西三面山麓均为滩涂，南近牛头门水道，北麓为沿海工业城。地质构造为火山碎屑岩，长茅草。主峰在县政府驻地东南37公里的沿海工业城南，海拔88.8米。山近方形，如馒头状，故名方山。上有测量埋石点，后建电讯塔。

赖屿 [Lài Yǔ]

位于县境东南部，浦坝港镇沿海工业城南部，孤立山。北麓为兴港大道，西麓毗跃进塘，南靠沿海工业城，临浦坝港。地质构造为火山凝灰岩，植被有灌木。主峰南屿，在县政府驻地东南35公里，海拔46米。

跳山 [Tiào Shān]

位于县境东南部，浦坝港镇沿江村下岙自然村之西。东连马头山，南、北、西山麓毗田野，西北山麓有沿江水库，东北山麓为下岙自然村。地质构造为火山碎屑岩，植被多松林，部分荒山。主峰在县政府驻地东南37公里的下岙自然村境内，海拔53.2米。

木屿山 [Mùyǔ Shān]

位于县境东南部，浦坝港镇大域村西南。东为农田，南至跃进塘，西麓胜利塘，西北农田，北连昌岙山。地质构造为火山碎屑岩，植被多松林、杂木，部分岩石裸露。主峰在县政府驻地东南30.5公里的大域村境内，海拔94.7米。别名前岙山，因该山位于昌岙山之南，又称前岙山。

前山 [Qián Shān]

位于县境东南部，浦坝港镇小官塘村之南，孤立山。因在官塘村前，故名。西南近凤凰山，北近小官塘村。地质构造为火山碎屑岩，植被有松林、灌木。主峰在县政府驻地东南32公里的小官塘村境内，海拔65.9米。

昌岙山 [Chāng'ào Shān]

位于县境东南部，浦坝港镇大域村西南。东至牟家水库，南接木屿山，西麓胜利村，北至东塘岭接狮子口山。地质构造为火山碎屑岩，植被多松林，部分荒山。主峰在县政府驻地东南30.5公里的大域村境内，海拔110.1米。

鳓鱼山 [Lèyú Shān]

位于县境东南部，浦坝港镇北部。东接上腾岗，南连骑岩岗，西南石浪山，西北至山麓，近小渔西村张家自然村，北接烟埠墩。地质构造为火山碎屑岩，植被多灌木，有松林。主峰在县政府驻地东南33公里的张家自然村之东，海拔245.2米。以山形状似鳓鱼得名。

牛头山 [Niútóu Shān]

位于县境东南部，浦坝港镇蜂洞岩之北，主体在沿江村之东。东濒猫头洋，南临牛头门水道，西面山麓有沿江村下岙自然村，西北连虎颀头山，北濒山后湾。地质构造为火山碎屑岩，植被有松林及杂木丛。主峰天灯盏，位于牛头山之西北部，在县政府驻地东南37.5公里的沿江村之东北，海拔203米。"北连宁海，东接大海，旁有牛头宫，其下即海中牛头门，为海道要冲"。民国《临海县志·叙山》载"牛头山"，以山形似牛头，故名。

下园山 [Xiàyuán Shān]

位于县境东南部，浦坝港镇东南部，扩塘山岛上。东滨东海，南连蜂洞岩，西为秤钩湾，北滨牛头门水道，东北邻南屿。地质构造为褐红色火山凝灰岩，植被多茅草，间有灌木丛。主峰位于在县政府驻地东南38.5公里的扩塘山岛东北部，海拔160.2米。该山为扩塘山的一部分，在牛头山之南，悬居海中，故名"下悬山"。后演变为"下园山"。

虾姆山 [Xiāmǔ Shān]

位于县境东南部，浦坝港镇东部，扩塘山岛上，孤立小山。地质构造为火山凝灰岩，植被有松林、灌木。主峰位于在县政府驻地东南37公里的扩塘山岛西部，海拔32米。状似虾姆（蚂蚁），故名。别名虾姆峙。

下峙山 [Xiàzhì Shān]

位于县境东南部，浦坝港镇中部偏东。东、西、北三面山麓均为农田，南面山麓曾办有沿赤中学，邻沿海工业区城，西麓毗万户塘。地质构造为火山碎屑岩，植被多开垦为旱地。主峰在县政府驻地东南35公里的钳口村与沿海工业城之间，海拔32米。处罗石村峙山下自然村东南，且地势比峙山下低，故名下峙山。

竹山（南） [Zhú Shān(Nán)]

位于县境东南部，浦坝港镇南部。南濒白带门水道，东南、西北麓为滩涂，东北麓为扩塘山塘。地质构造为火山凝灰岩，植被多茅草。主峰在县政府驻地东南37公里的扩塘山岛西南，海拔25.1米。

断山 [Duàn Shān]

位于县境东南部，浦坝港镇东南。南滨牛头门水道，东、西为滩涂，北山麓有对虾育苗厂。地质构造为火山凝灰岩，植被多茅草与灌木丛。主峰在县政府驻地东南38公里的牛头山南之海中，海拔44.1米。该山处于牛头山南端，但与牛头山又断而不续，故名断山。

笔架山 [Bǐjià Shān]

位于县境东南部，浦坝港镇东南虎颅头山之北。东至山后湾，西连大湾山，西南麓沿江村沈家王自然村，西北至大域涂，东北接白象山嘴。地质构造为火山碎屑岩，植被多松林、杉木与灌木丛。主峰在县政府驻地东南37公里的沈加王自然村西北，海拔249.5米。民国《临海县志·叙山》载“笔架山”，以山峰峭削如笔架，故名。

骑岩岗 [Qíyán Gǎng]

位于县境东南部，浦坝港镇小渔西村岭脚自然村东南。东接大炮红，南连洋馒头岭，西为虎礁山，北与上腾岗连接。地质构造为火山碎屑岩，植被多松林，部分灌木丛。主峰倒拔块，在县政府驻地东南34公里的小渔西村东南，海拔240.5米。当地群众惯称骑岩岗。曾用名倒拔龙，民国《临海县地图》标“倒拔龙”。

竹峙 [Zhú Zhì]

位于县境东南部，浦坝港镇东部，孤立山。东、南、西山麓为淤泥滩涂，西南麓半岗山，北、西北山麓为柑桔、养殖塘。地质构造为火山凝灰岩，植被多松林。主峰在县政府驻地东南37.5公里的扩塘山岛西部，海拔42.8米。

大湾山(中) [Dàwān Shān(Zhōng)]

位于县境东南部，浦坝港镇赤坎村之北。东接铁墩岗，南连东山头，西界S224省道连大麦山，北接炮台山。地质构造为火山碎屑岩，植被多松林与灌木丛。主峰在县政府驻地东南31公里的赤坎村之北，海拔299米。

大湾山 [Dàwān Shān]

位于县境东南部，浦坝港镇大域村西北。东隔山岭与上山接界，南麓有大域村，西南连狮子口，西北山麓为圩岙村，东北接大麦山。地质构造为火山碎屑岩，植被以松林、杂木为主，部分灌木丛与沙砾地。主峰在县政府驻地东南30.5公里的大域村之北，海拔179.5米。

大湾山(南) [Dàwān Shān(Nán)]

位于县境东南部，浦坝港镇小岭下村之东。东接笔架山，东南山麓有沿江村沈加王自然村，南麓郑畔村大郑自然村，西麓小岭下村，北麓为耕地。地质构造为火山碎屑岩，植被多松林，部分旱地。主峰在县政府驻地东南35.5公里的小岭下村之东，大郑自然村之北，海拔128.5米。

牛头岗 [Niútóu Gǎng]

位于县境东南部，浦坝港镇从岙村之西。东麓从岙村，南连大炮红山，西接省腾岗，北临从岙涂。地质构造为火山碎屑岩，植被多灌木丛，部分荒草与岩石裸露。主峰在县政府驻地东南34.5公里的从岙村之西，海拔106米。以山岗状似牛头得名。

铁墩岗 [Tiědūn Gǎng]

位于县境东南部，浦坝港镇小渔西村北坑自然村之西。东麓有北坑自然村，南连东岙山，西接大湾山，北界盘坑岭头。地质构造为火山碎屑岩，植被多松林、灌木丛及草地。主峰在县政府驻地东南31.5公里的北坑自然村之西，海拔281米。以山形似打铁用的铁墩得名。

黄山 [Huáng Shān]

位于县境东南部，浦坝港镇中部，为孤立山。东有塘堤通东岙，南麓为宅山门，西南麓有S224省道经过。地质构造为火山碎屑岩，植被多荒山，少量松林。主峰在县政府驻地东南33公里的赤坎村东南，海拔42.2米。

上山 [Shàng Shān]

位于县境东南部，浦坝港镇赤坎村之南。东麓为耕地，南麓为山下龙水库，西连孟平洞山尖，北麓为赤坎村。地质构造为火山碎屑岩，植被多松林、灌木丛，部分沙砾地。主峰在县政府驻地东南31.5公里的赤坎村东南，海拔151.2米。

太平山 [Tàipíng Shān]

位于县境东南部，浦坝港镇小岭下村之北。东北至大域涂，东南麓隔山岭接大湾山，南麓有小岭下村，西连骑岩岗，北邻大炮红山。地质构造为火山碎屑岩，植被多松林、杉木及茶丛。主峰在县政府驻地东南35公里的小岭下村之北，海拔209米。

东山头 [Dōngshān Tóu]

位于县境东南部，浦坝港镇赤坎村之东。东接东岙山，东南山麓有黄山塘水库，西南界S224省道有赤坎村，北连大湾山。地质构造为火山碎屑岩，植被多松林与灌木丛，部分沙砾地。主峰在县政府驻地东南31公里的赤坎村东北，海拔225.2米。

虎门岗 [Hǔmén Gǎng]

位于县境东南部，浦坝港镇北部。东濒蟹钳嘴，南临大域湾，西南连仰天饭蒸，西接从岙涂，北连烟墩岗。地质构造为火山碎屑岩，植被多松林、灌木丛，沙砾地。主峰在县政府驻地东南35公里的从岙村东北，海拔102米。原渔西乡与原沿赤乡交界的海湾，俗名虎门。该山岗位于虎门南侧，故名虎门岗。

仰天饭蒸 [Yǎngtiān Fànzhēng]

位于县境东南部，浦坝港镇从岙村东南。东北至大域湾，东南山麓为大域涂，西南连大炮红山，西北山麓为从岙村，北接烟墩岗。地质构造为火山碎屑岩，植被多松林、灌木丛及岩石裸露。主峰在县政府驻地东南35公里的从岙村东南，海拔160.8米。以山形似仰天饭蒸得名。

烟墩岗 [Yāndūn Gǎng]

位于县境东南部，浦坝港镇东部太平山嘴岬角。东滨海洋，南连火门岗，西麓从岙涂，北临被絮门水道。地质构造为火山碎屑岩，植被多灌木丛和荒山。主峰在县政府驻地东南35公里的从岙村之北，海拔96.9米。该山在明代时，曾设防倭烽火台，当地群众惯称烽火台为烟墩，故名烟墩岗。

大炮红 [Dàpàohóng]

位于县境东南部，浦坝港镇东部太平山之北。东邻仰天饭蒸山，南接太平山，西隔山岭连骑岩岗，北为牛头岗。地质构造为火山碎屑岩，植被以松林、灌木丛为主。主峰在县政府驻地东南35公里的从岙村西南，海拔197.5米。

牛角山 [Niújiǎo Shān]

位于浦坝港镇沿江村沈加王自然村之东，北濒山后涂，东北与牛头山相连，海拔193米。

木杓山 [Mùsháo Shān]

位于浦坝港镇牛头山嘴岬角，沿江村沈加王自然村之东，北濒山后涂，牛角山之东，海拔155.8米。山形似木杓，故名。

马头山 [Mǎtóu Shān]

位于浦坝港镇沿江村下岙自然村之东，大炮头西北，海拔66.2米。山形似马头得名。

老鼠山 [Lǎoshǔ Shān]

位于浦坝港镇小渔西村张家自然村之北，猫山西南，海拔102米。山形似老鼠，故名。

干头山 [Gàntóu Shān]

位于县境东南部，浦坝港镇东南部。东北为干头嘴岬角，东、东南濒七干涂，山弯为岙底塘，西南为下山背桔场连平栋山，西北临鹤井塘，北濒夹礁塘。地质构造为火山凝灰岩，植被多松林、杉木及部分荒山。主峰在县政府驻地东南37公里的鹤井村东北，海拔128.1米。因此山原为白带门海洋中的一个干出半岛之尖端，故名干头山。

炮台山（中） [Pàotái Shān(Zhōng)]

位于县境东南部，浦坝港镇浦坝港南。东、东南山麓临桃峙塘，环山麓有桃峙村，西南连三角山，西北山麓为高湖村，北临浦坝涂，东北接七头山。地质构造为火山凝灰岩，植被多松林，部分灌木丛。主峰在县政府驻地东南33.5公里的桃峙村之北，海拔302.2米。据传，古代设炮台于山上，故名。曾用名蛟湖山、鼓牛山，以山西有高湖（蛟湖）村得名。民国版《临海县地图》、民国三十二年版《三门县山脉图》均标“牯牛山”，民国《临海县志》载“蛟湖山”。

鹤井山 [Hèjǐng Shān]

位于县境东南部，浦坝港镇南部。东连平栋山，东南为下湾塘水库，南麓为农田，西南麓有鹤井村，西至桃峙岭，北为桃峙塘，东北鹤井塘，中部有西南至东北方向的鹤井隧道。地质构造为火山凝灰岩，植被有松林、茅草和旱地。主峰在县政府驻地东南36公里的鹤井村境内，海拔176米。该山坐落在鹤井村境内，以村名山。曾用名鹤山。

半岗 [Bàn Gǎng]

位于县境东南部，浦坝港镇南部，扩塘山岛之西南，孤立山。东麓临彰化湾，南、西南濒白带门，西北为扩塘山塘，北麓为旱地、养殖塘。地质构造为火山凝灰岩，植被多松林、灌木丛。主峰在县政府驻地东南38公里的扩塘山岛西南，海拔110.4米。

七头山 [Qītóu Shān]

位于县境东南部，浦坝港南岸桃峙村大泥湾自然村东北。东北、西、北为七干涂等滩涂，均临浦坝港，东为夹礁塘，南麓有旱地、水田和泥塘水库，西南至泥湾岭与炮台山连接。地质构造为火山凝灰岩，植被多松林，部分灌木丛。主峰在县政府驻地东南33.5公里的大泥湾自然村东北，海拔96.5米。山颠处有七个独立的山峰，故名。

龙角门山 [Lóngjiǎomén Shān]

位于县境东南部，浦坝港镇南部，平栋山东南。东南山麓临洞港，有洞港闸，西南麓为洞港新村、塘地桔园，西麓为下山村下湾自然村，西北至下盘岭接平栋山，东北临下山背桔场。地质构造为火山凝灰岩，植被有松林及部分茅草。主峰在县政府驻地东南37公里的下湾自然村之东，海拔86.7米。以山上岩石状似龙角得名。

炮台山（南） [Pàotái Shān(Nán)]

位于县境东南部，浦坝港镇南部。东北、东山麓为农田，东南、南山麓为下道头村、娘娘宫，西北山谷为上道头村，岭上有岭头堂。地质构造为火山凝灰岩，植被多松林，部分沙砾地。主峰在县政府驻地东南36.5公里的下道头村东南，海拔156.1米。山上古有炮台，故名。

陈栋山 [Chéndòng Shān]

位于县境东南部，浦坝港镇东部。东山麓为下山背桔场，东南至下盘岭，连龙角门山，南山麓为下山村上湾自然村，西临下湾塘水库，西北连鹤井山，北临下岙塘，东北接干头山、下平坑。地质构造为火山凝灰岩，植被多松林和杉木。主峰下山头，在县政府驻地东南37公里的下山村境内，海拔173.9米。

下屿山 [Xiàyǔ Shān]

位于浦坝港镇桃峙村东北，为一孤立山，海拔21米。相对于上面的岛屿，此屿为下屿，故名。20世纪80年代后四周围成塘田。

狼鸡胆 [Lángjīdǎn]

位于浦坝港镇三角塘村里湾自然村东南，濒临浦坝港，海拔81.1米。当地群众惯称狼鸡胆。位于扩塘山岛上，属罗石村。

竹山 [Zhú Shān]

位于浦坝港镇三角塘村里湾自然村西南，濒临浦坝港，海拔27米。以山多竹得名。位于扩塘山岛上，属罗石村。

岙里山 [Àolǐ Shān]

位于县境东部，浦坝港镇境内，与健跳镇交界处。东接尼姑抱子，东南山麓为浦坝港镇西浦村，南麓有 S224 省道经过，西界西里岭，北连健跳镇天灯盏。地质构造为火山碎屑岩，植被多松林、杂木，部分岩石裸露。主峰在县政府驻地东南 27 公里的西浦村和健跳镇毛张村境内，海拔 271 米。位于西岙山与里岭之间，取两山之岙、里两字得名。俗名大岙阵，因四炮岭与尼姑抱子两山之间的山弯名大岙，山处大岙之西，故名。

石龙旗 [Shílóngqí]

位于县境东部，浦坝港镇六村村之姜家和路上自然村之北。东隔渔西小岭与黄落山相连，南面山麓为 S224 省道，西隔山（下张）渔（西）公路之渔西隧道与大岭头相接，北接渔西小岭段。地质构造为火山碎屑岩，植被多松林、杂木。主峰石龙旗，在县政府驻地东南 29.5 公里的六村村境内，海拔 175 米。主峰岩石裸露，形状卧龙，故名石龙旗。

西坑山 [Xīkēng Shān]

位于县境东部，浦坝港镇北部，与健跳镇交界处。东至西里岭接岙里山，南面山麓高岭村，西面山麓为施家岙水库和古松村王间堂自然村，北界健跳镇。地质构造为火山碎屑岩，植被以松林为主，部分岩石裸露。主峰小乌龟，高 331 米。以山位于浬浦之西的山坑边得名。

尼姑抱子 [Nígūbàozǐ]

位于县境东部，浦坝港镇北部，与健跳镇交界处。东接四炮岭，南部山麓为西浦村，西与岙里山接界，北连五指岩。地质构造为火山碎屑岩，植被多松林、杂木，部分岩石裸露。主峰在县政府驻地东南 27.5 公里的西浦村境内，海拔 267.5 米。山上有奇石，状像尼姑，旁有一石若小儿，故名尼姑抱子。曾名仙姑山或师姑抱子，均以大小岩石得名。民国《临海县志·叙山》载“仙姑山”。

凤凰山（北） [Fènghuáng Shān(Běi)]

位于浦坝港镇坑林村之北，东湾村之西，海拔 60.2 米。山南谷有房，沿村公路通东湾。山形状似凤凰，故名。

炮台山 [Bāotái Shān]

位于县境东部，浦坝港镇北部，赤坎村西北。东连铁墩岗，南接赤坎大湾山，西面山麓为六村村岭上和路上自然村，北隔芦田岭与黄落山相接。地质构造为火山碎屑岩，植被多松林、杂木，部分茶丛。主峰在县政府驻地东南 30.5 公里的六村村境内，海拔 259 米。明代，为防御倭寇入侵，在山顶建有烽火台一座，群众惯称烽火台为炮台，故名炮台山。民国十一年版《健跳所城地图》标“凤凰山”。

狮子山（东） [Shīzǐ Shān(Dōng)]

位于县境东部，浦坝港镇北部。东隔 S224 省道与大湾山为界，东南与大麦山相连，西南山麓为圩岙村，西连圩岙塘，北面山麓有路下水库与六村村南山自然村。地质构造为火山碎屑岩，植被多松林、杂木。主峰在县政府驻地东南 30 公里的圩岙村境内，海拔 183.1 米。因山峰形状似狮子得名。

木杓头 [Mùsháo Tóu]

位于县境东部，浦坝港镇西里村下庄自然村南。地质构造为火山碎屑岩。植被多幼龄松林。主峰在县政府驻地东南 28 公里的西里村境内，海拔 27.5 米。因山形状似舀水的木杓，故名木杓头。

岩头屿 [Yántóu Yǔ]

位于县境东部，浦坝港镇西部。东、南、西三面环绕农田，北有 S224 省道经过，西面山麓有西里村小金山自然村，西北山麓有西里村高岭自然村。地质构造为火山碎屑岩，植被为松林、杂木，多开辟为旱地。主峰在县政府驻地东南 26.5 公里的小金山、高岭自然村境内，海拔 54.2 米。山多岩石，且孤立似岛屿，故名岩头屿。四周农田，边有机耕路，山上种植柑橘。

黄落山 [Huángluò Shān]

位于县境东部，浦坝港镇北部。东连乌岩头岗、七姐妹岗，南接炮台山，西界渔西小岭，北界仙人头。地质构造为火山碎屑岩，植被多松林、杂木，部分茶丛。主峰在县政府驻地东南 30.5 公里的六村村境内，海拔 303 米。山西南麓建有路下水库，山上有机耕路，种有茶园。

山边岩 [Shānbiān Yán]

位于县境东部，浦坝港镇中部，孤立山。地质构造为火山碎屑岩，植被多幼龄松林。主峰在县政府驻地东南 28.5 公里的圩岙塘境内，海拔 39.2 米。山边为岩石，故称山边岩。

乌岩头 [Wūyán Tóu]

位于县境东部，浦坝港镇北部，孤立山。东面山麓为山嘴头水库，南为西里村下庄自然村，西接西里水库，北面山麓有 S224 省道。地质构造为火山碎屑岩，植被多松林、杂木。主峰在县政府驻地海游东南 28 公里的西浦村境内，海拔 125.8 米。因此山在古代时为黄姓所有，故名黄家山。民国版《临海县地图》标"老虎山"，以形状似老虎得名。

将岩弄 [Jiāngyánlòng]

位于浦坝港镇六村村山下张自然村东北，渔西隧道之西，海拔 259.8 米。山上有公路，一座岭上堂（庙），种植桃树等果木。

七姐妹岗 [Qījiěmèi Gǎng]

位于县境东部，浦坝港镇渔西凤凰地之南，元宝芯山西南。东连乌岩头岗，南界铁墩岗，西毗百步深坑，北接元宝芯山。地质构造为火山碎屑岩，植被多灌木丛和茶丛。主峰在县政府驻地东南 31 公里的里宅村境内，海拔 342.6 米。民国版《临海县图》标"芦田山"，以山西南坡旧有芦田村得名。

东山（东） [Dōng Shān(Dōng)]

位于县境东部，浦坝港镇东北。东接牛山，南连五指山有草头村，西麓有上洋村，北界平岩山。地质构造为火山碎屑岩，植被多杂木，部分耕地。主峰在县政府驻地东南 31 公里的草头村境内，海拔 162.4 米。以位于上洋村之东得名。

凤凰地 [Fènghuáng Dì]

位于县境东部，浦坝港镇东部。东至大歧后山，南连元宝芯，西麓为旱地，北接马鞍山。地质构造为火山碎屑岩，植被以松林、杂木为主，部分耕地。主峰在县政府驻地东南 30 公里的里宅村境内，海拔 22.2 米。

平岩山 [Píngyán Shān]

位于县境东部，浦坝港镇东北部平岩嘴岬角。东、西、北三面突出于海中，南坡有浦坝港镇武曲村。地质构造为火山碎屑岩，植被多开垦为旱地，部分荒山。主峰在县政府驻地东南 30.5 公里的武曲村境内，海拔 107.5 米。以主峰顶上岩石平坦得名。

马鞍山 [Mǎ'ān Shān]

位于县境东部，浦坝港镇东北部。东濒海涂，南连元宝芯，西、北虎门孔塘。地质构造为火山碎屑岩，植被以松林、杂木为主。主峰在县政府驻地东南 31 公里的渔西村境内，海拔 192.9 米。以山形似马鞍得名。曾用名勒马回头，以山形似奔马回头，故名。

乌岩头岗 [Wūyántóu Gǎng]

位于县境东部，浦坝港镇东部七姐妹岗山东南。东濒海涂，南麓为小渔西村张家自然村，西连七姐妹岗，北接老鼠山。地质构造为火山碎屑岩，植被以松林、灌木丛为主。主峰在县政府驻地东南 23 公里的张家自然村境内，海拔 165.2 米。以山岗多乌岩头得名。

欹人头 [Qīrén Tóu]

位于县境东部，浦坝港镇东北。东麓前山村，南麓虎门孔塘与西坑。地质构造为火山碎屑岩，植被以松林、枫树为主。主峰在县政府驻地东南 29.5 公里的前山村境内，海拔 251 米。主峰山顶有 8 米高的岩头，状似人头，故名。

五指山 [Wǔzhǐ Shān]

位于县境东部，浦坝港镇东北。东临渔西涂，北麓有木杓村，南接炮台山，西至坑，北界草头坑。地质构造为火山碎屑岩，植被以松林及杂木为主。主峰在县政府驻地东南 31 公里的贺家村境内，海拔

186.5 米。因山上岩石耸立形状似五个手指，故名五指山。

牛山 [Niú Shān]

位于县境东部，浦坝港镇东北牛山嘴岬角，突出于大海中。东、南、西三面环海，西连东山。地质构造为火山碎屑岩，多荒山和荒地。主峰在县政府驻地东南 33 公里的草头村境内，海拔 130 米。上有测量三角点。

宫前山 [Gōngqián Shān]

位于县境东南部，浦坝港镇东北，金岙村虎门孔自然村之南，为孤立山。东濒三门湾，南邻干屿，西毗螺礁，北近虎门孔自然村。地质构造为火山碎屑岩，荒山，少数松林、杂木。主峰过头沙，在县政府驻地东南 32.5 公里的虎门孔自然村境内，海拔 71.4 米。以山在娘娘宫之前得名。曾用名弓前，因“弓”与“宫”谐音，故名。

元宝芯 [Yuánbǎo Xīn]

位于县境东部，浦坝港镇东部凤凰地之东，七姐妹岗山之北。东濒海涂，南麓为小渔西村张家自然村，西连七姐妹岗，北接老鼠山。地质构造为火山碎屑岩，植被以松林、灌木丛为主。主峰在县政府驻地东南 23 公里的张家自然村境内，海拔 165.2 米。以主峰状似元宝当中的芯子得名。

仙人头 [Xiānrén Tóu]

位于县境东南部，浦坝港镇东北。东毗凤凰山，南接黄落山，西毗山里桥，北界山（下张）渔（西）公路。地质构造为火山碎屑岩，植被多松林、灌木丛、毛竹等。主峰在县政府驻地东南 30 公里的里宅村境内，海拔 195.8 米。

大基岩头 [Dàjīyán Tóu]

位于县境东部，浦坝港镇东北，与健跳镇交界处。东南麓上洋村，南接沙北斗山尖与西山坑，西北麓为健跳镇洋市村廿四箩自然村，东北临洋市涂。地质构造为火山碎屑岩，植被以松林为主，部分荒山。主峰在县政府驻地东南 30.5 公里的上洋村境内，海拔 169.2 米。

凤凰山 [Fènghuáng Shān]

位于县境东南，浦坝港镇东北。东接大平坑，南界毛叶岭，西连老官岩。植被以茶林、杉木为主。主峰在县政府驻地东南 28.5 公里的山上村境内，海拔 179 米。

大狮子 [Dàshīzǐ]

位于县境东部，浦坝港镇东北。东至呈坑，南接西山与高背岩，西连白岩山，北界洞前坑。地质构造为火山碎屑岩，植被以杂木、松林为主。主峰在县政府驻地东南 29 公里的前山村境内，海拔 283 米。以山形状似狮子，且面积较大得名。

炮台山（北） [Pàotái Shān(Běi)]

位于县境东部，浦坝港镇东北部。东濒三门湾，南麓金岙村虎门孔自然村，半坡有金岙村，西、北接五指山。地质构造为火山碎屑岩，植被以松林、枫树为主。主峰海拔 259 米，建有明代防御倭寇的烽火台，当地群众惯称烽火台为炮台，故名炮台山。

小岭段 [XiǎoLǐngduàn]

位于县境东部，浦坝港镇东北。东北连仙人头，南至山坑接石龙旗，西界大岭头，西北有浬（浦）渔（西）公路经过。地质构造为火山碎屑岩，植被以茶林为主。主峰在县政府驻地东南 31 公里的山里村境内，海拔 219.8 米。因与西部的大岭头相比较，该岭段略小，故称小岭段。曾用名双岭头，以该山有两个岭头得名。

断崩山 [Duànbēng Shān]

位于县境东部，浦坝港镇东北。四面环三门湾，南近粟米礁，西隔断坝（崩）为牛山。地质构造为火山碎屑岩，植被以荒山为主。主峰在县政府驻地东南 33 公里的木杓村境内，海拔 45.2 米。因牛山至此山之间有断裂，名称断崩山。

前峙山 [Qiánzhì Shān]

位于县境东南部，浦坝港镇南。东隔耕地近小湾山，南临三叉港，有王（间堂）小（湾渡）公路经过，西麓耕地，北接下峙港山。地质构造为火山碎屑岩，植被以灌木丛为主。主峰在县政府驻地东南27公里的新塘村境内，海拔35.9米。位于下峙港山前，故称前峙山。

凤凰山（西） [Fènghuáng Shān(Xī)]

位于县境东南部，浦坝港镇西北。东麓为黄金坦村，南有黄（金坦）泗（淋）公路经过，西麓有岙底水库，北连健跳下岙山。地质构造为火山碎屑岩，植被多松林与茶丛，部分岩石裸露。主峰在县政府驻地东南24公里的下岙堂村与黄金坦村境内，海拔148.1米。山形状似凤凰，故名。

狗屿山 [Gǒuyǔ Shān]

位于县境东南部，浦坝港镇西。西邻上屿山，西北近唐家山，四邻永丰塘，孤立山。地质构造为火山碎屑岩，植被以灌木丛为主，及部分荒山。主峰在县政府驻地东南25公里的丁山脚村大斗门自然村西，海拔18.6米。以该山原是岛屿，状似狗。永丰塘围成后，成为小山，故称狗屿山。

竹屿山 [Zhúyǔ Shān]

位于县境东南部，浦坝港镇西部。东北麓为建设塘，西近小湾渡口，南濒浦坝港。地质构造为火山碎屑岩，植被以禾草、山竹为主。主峰在县政府驻地东南29.5公里的小湾村境内，海拔27.1米。因岛屿山上长满小竹，故名竹屿山。

蟹山 [Xiè Shān]

位于县境东南部，浦坝港镇中部小湾村之西。东北隔三叉港近滩头山与前屿山，南麓蟹山塘，西隔农田毗龟峙，孤立山。地质构造为火山碎屑岩，植被以灌木丛为主。主峰在县政府驻地东南27.5公里的新塘村林家塘自然村境内，海拔41.5米。四周为塘，该处围涂多蟹，故称蟹山。

小湾山 [Xiǎowān Shān]

位于县境东南部，浦坝港镇中部。东北连虎头山，南接滩头山，西南麓为小湾村下岙自然村，北麓为岩岙村。地质构造为火山碎屑岩，植被以松林为主，东部多岩石裸露。主峰在县政府驻地东南28公里的小湾村境内，海拔142.5米。以山之南麓为小湾村，故名。

下峙港山 [Xiàzhìgǎng Shān]

位于县境东南部，浦坝港镇西。东隔农田近岩岙村大岙自然村，东南接前峙山，西与北均为农田，西南有新塘村林家塘自然村。地质构造为火山碎屑岩，植被以松林为主。主峰在县政府驻地东南27公里的林家塘自然村境内，海拔64.1米。

狮子山 [Shīzǐ Shān]

位于县境东南部，浦坝港镇北部。东麓为后陈村，南麓为黄（金坦）泗（淋）公路，西北接象鼻头山，北为仙岩洞岭。地质构造为火山碎屑岩，植被以松林为主。主峰在县政府驻地东南22.5公里的后陈村境内，海拔193.2米。山峰多岩石，形状似狮子，故名。

鸡冠山 [Jīguān Shān]

位于县境东南部，浦坝港镇西北部。东麓下岙堂村，南为黄（金坦）泗（淋）公路，西北均为耕地。地质构造为火山碎屑岩，植被以松林为主。主峰在县政府驻地东南23.5公里的仙岩村境内，海拔105.5米。山形似鸡冠，故名。

上屿山 [Shàngyǔ Shān]

位于县境东南部，浦坝港镇西部，浦坝港北岸。东、北为永丰塘，南临羊峙港，西麓为岩下洋塘。地质构造为火山碎屑岩，植被以疏松为主。主峰在县政府驻地东南24.5公里的丁山脚村大斗门自然村西，海拔23米。

虎头山 [Hǔtóu Shān]

位于县境东南部，浦坝港镇中部。东麓龙坑村，西南接小湾山与岩岙村大岙自然村，西有上岙水库，北麓龙坑村大井头自然村。地质构造为火山碎屑岩，植被以松林为主，部分旱地。主峰大金头山（虎头山尖），在县政府驻地东南28.5公里的龙坑村境内，海拔148.8米。山形似老虎，故名。

尖山 [Jiān Shān]

位于浦坝港镇龙坑村大井头自然村之北，潘家自然村东南，海拔86.2米。以山顶主峰形状名山。当地群众俗称虎尖山。

丁山 [Dīng Shān]

位于县境东南部，浦坝港镇西部。东麓有王（间堂）小（湾渡）公路，南麓有丁山脚村，西至永福塘，北邻下湾塘。地质构造为火山碎屑岩，植被以松林为主。主峰在县政府驻地东南25.5公里的丁山脚村北，海拔76.3米。山形似船钉，故名钉山，后简写丁山。

唐家山 [Tángjiā Shān]

位于县境东南部，浦坝港镇西部。东南山麓毗永丰塘，西麓为后陈村唐家自然村，北隔耕地近仙岩村，东北有山后岭。地质构造为火山碎屑岩，植被以松林、杂木为主，海拔103米。山西有唐家自然村，故名唐家山。

象鼻头山 [Xiàngbítóu Shān]

位于县境东南部，浦坝港镇西部，与横渡镇交界处。东南连狮子山，南麓后陈村横坑自然村，西界横渡镇犁落山，仙人洞岭横亘山上。地质构造为火山碎屑岩，植被以松林为主。主峰在县政府驻地东南22公里的后陈村境内，海拔192米。因山形状似象鼻头，故名。

滩头山 [Tāntóu Shān]

位于县境东南部，浦坝港镇中部。东麓为小湾村，东南麓仙人湾水库，南麓建设塘，西至蟹山塘，有王（间堂）小（湾渡）公路经过，东北接小湾山。地质构造为火山碎屑岩，植被以松林为主。主峰在县政府驻地东南28.5公里的小湾村境内，海拔108.6米。

大湾山（北） [Dàwān Shān(Běi)]

位于县境东部，浦坝港镇北部，与健跳镇交界处。东麓为山里村，南面山麓为浬浦街，西接四炮岭，北麓健跳镇毛叶村。地质构造为火山碎屑岩，植被多松林。主峰里坦山，位于县政府驻地东南28公里的东浦村境内，海拔305.7米。明、清代称龙山，含大湾山一带。《三门年鉴》载："明嘉靖四十年四月倭犯浬浦，戚公败之于龙山。"

黄家山 [Huángjiā Shān]

位于浦坝港镇西里村下庄自然村之北，西里村之东，海拔126米。

西山 [Xī Shān]

位于浦坝港镇贺家村之西，大狮子山之南，海拔317.3米。山处贺家村之西，当地群众惯称西山。

白岩山 [Báiyán Shān]

位于浦坝港镇里宅村北坑自然村西北，健跳镇毛叶村毛王自然村之东，海拔436米。当地群众惯称白岩山。

猫山 [Māo Shān]

位于浦坝港镇小渔西村东北。东北有从岙涂，海拔56米。以山形似猫得名。

洋峙山 [Yángzhì Shān]

位于县境南部，浦坝港镇西。东麓海涂，西南麓洋峙山塘，北麓下栏塘，南、西、北三面有塘堤。地质构造为火山凝灰岩，植被多茅草。主峰在县政府驻地东南28公里的蜍下村北部，海拔27.2米。该山原为海洋中的一个岛屿，故名洋屿，后演变为洋峙山。呈东西向，东部膨大稍高，西部低凹又隆起，略小，好似羊向西站立在穿仓涂上，故名。

下湾山 [Xiàwān Shān]

位于县境南部，浦坝港镇境内，下栏塘之南，为孤立山。东麓耕地，南麓蜍下村前山自然村，西麓耕地，北麓下栏涂。地质构造为火山凝灰岩，植被多松林，部分旱地。主峰在县政府驻地东南29公里的蜍下村之东，海拔55.2米。

里岙岭 [Lǐ'ào Lǐng]

位于浦坝港镇洋底村东岭自然村之北，庄王村之西，海拔44.6米。

张司岙岭 [Zhāngsī'ào Lǐng]

位于浦坝港镇张司岙村西南，王沙村之东，海拔68.4米。因位于张司岙村而得名。

南洋山 [Nányáng Shān]

位于浦坝港镇官塘村东南，与临海市交界处，海拔149.2米。

峙后山 [Zhìhòu Shān]

位于浦坝港镇山场村东北，岙底方村西北，海拔142.2米。

石佛山 [Shífó Shān]

位于县境东南，浦坝港镇西南。东麓金家岙村，南至王沙村，西连岩头山，北界小雄溪有庙屿村。地质构造为火山凝灰岩，植被多松林，部分茶丛。主峰在县政府驻地东南32公里的金家岙村境内，海拔439.2米。清《方舆汇编》记载："石佛山，在县东海中，以形似名。"民国《临海县志·叙山》载："石佛山，在县东南一百零七里，以状如佛，故名。"

乌平山 [Wūpíng Shān]

位于县境东南，浦坝港镇西南。东至浦坝港镇桃峙村，南至永丰塘，西至农田，北麓为东湾村，东北接三角山。地质构造为火山凝灰岩，植被多松林、茶丛，部分岩石裸露。主峰在县政府驻地东南33.5公里的五支岙村之北，海拔201.2米。以山形似壶瓶，故名壶瓶山，后演变为乌平山。

橹柱岩 [Lǔzhù Yán]

位于县境东南，浦坝港镇西部。东麓浦坝村，南接吊忠岩，西界大岙里坑，北麓浦坝涂。地质构造为火山凝灰岩，植被多松林、杂木。主峰在县政府驻地东南30.5公里的浦坝村境内，海拔101.3米。因山上有巨岩，高约10米，形似橹柱，故名。

白岩头 [Báiyán Tóu]

位于县境东南，浦坝港镇西部。东临浦坝塘，南滨石门水库，西连吊忠岩，北侧浦坝塘，山麓有浦坝村。地质构造为火山凝灰岩，植被以松林、杂木为主，部分岩石裸露。主峰在县政府驻地东南31.5公里的毛洋村境内，海拔224.2米。因山上有许多白色岩石，故名白岩头。民国版《临海县地图》标"洞后山"。

山头 [Shān Tóu]

位于县境东南，浦坝港镇西部，与花桥镇交界处。东接吊忠岩，南至小雄溪，东南山麓有石门村，西连上山尖，北麓为下栏涂。地质构造为火山凝灰岩，植被多松林与灌木丛。主峰在县政府驻地东南30公里的石门村境内，海拔272.5米。

大雄山 [Dàxióng Shān]

位于县境东南部，浦坝港镇西部。东麓为庙峙村，南界大雄岭，西南麓岙底方村，北接笔架山。地质构造为火山凝灰岩，植被以松林、杂木为主。主峰癞鹰嘴，在县政府驻地东南30.5公里的庙峙村之西，海拔345.5米。因山上昔有大雄寺，故名大雄山。别名癞鹰嘴，以其山峰得名。民国《临海县志·叙山》载"大雄山"。

三角山 [Sānjiǎo Shān]

位于县境东南，浦坝港镇西南部。东界桃峙岭，南连乌平山，西麓为农田，西北麓有浦坝港镇东湾村，东北接炮台山。地质构造为火山凝灰岩，植被多松林，部分杂木。主峰在县政府驻地东南33.5公里的东湾村境内，海拔193.2米。

金鸡山 [Jīnjī Shān]

位于浦坝港镇浦坝村之北，濒临浦坝港，海拔42米。山形似金鸡报晓，故名。

双打山头 [Shuāngdǎ Shāntóu]

位于花桥镇李岙村之南，海拔 343.1 米。

十八朗 [Shíbā Lǎng]

位于县境南部，浦坝港镇西南，为三门、临海两县（市）界山。东接滩头山，南界临海市盘龙山，西滨后塘坑，山麓有塔坑村，北至西岑溪，山麓有西岑村，地质构造为火山碎屑岩。植被有松林、毛竹和茶丛。主峰在县政府驻地南偏东 32 公里的西岑村之南，海拔 373.8 米。该山绵延十八座山弯，因该地方言称一座山弯为一朗，故名十八朗。

里冲坑山 [Lǐchōngkēng Shān]

位于县境南部，浦坝港镇南部。东连开口岩山，南麓为梅岙村，西接岩头山，北滨小雄溪，山麓有庙峙村。地质构造为火山凝灰岩，植被多松林。主峰在县政府驻地东南 31.5 公里的梅岙村之北，海拔 382.7 米。以山上旧有里冲坑村，山以村得名。

白岩山（南） [Báiyán Shān(Nán)]

位于县境南部，浦坝港镇南部，与临海市交界处。东至临海市小岭村，南界临海市北涧村，西界华柱山头，北麓为南山村上大桥与下大桥自然村。地质构造为火山碎屑岩，植被多松林，部分荒山沙砾地。主峰在县政府驻地东南 33.5 公里的上大桥与下大桥自然村南，为三门、临海两县（市）界山，海拔 296 米。

岩头山 [Yántóu Shān]

位于县境南部，浦坝港镇西南。东接里冲坑山，南端有东山与西山，两山间山弯为埠头村，西边山弯中有岙底方村，北界大雄岭。地质构造为火山凝灰岩，植被有松林与灌木丛。主峰在县政府驻地东南 31.5 公里的岙底方村之东，海拔 258 米。以山峰岩石裸露得名。

滩头山（南） [Tāntóu Shān(Nán)]

位于县境南部，浦坝港镇西南。东接鹅冠山，南界临海市庵前村，西连十八朗山，北麓滩头村。地质构造为火山碎屑岩，植被有松林、灌木丛与茶丛。主峰在县政府驻地东南 32 公里的滩头村之南，为临海市与三门县界山，海拔 383.8 米。因位于滩头村之南，以村名山。

鹅冠山 [Eguān Shān]

位于县境南部，浦坝港镇西南。东接华柱山头，南邻临海市楼山村，西连滩头山，北麓为滩头村。地质构造为火山碎屑岩，植被多茶丛与灌木丛。主峰鹅冠山，在县政府驻地东南 32.5 公里的滩头村之南，为临海市与三门县界山，海拔 399 米。以山峰状如鹅冠得名。

下坑庵山 [Xiàkēng'ān Shān]

位于县境南部，浦坝港镇西部，与花桥镇交界处。东至黄（金坦）泗（淋）公路，山麓有五小柱村后塘自然村，东南接田岙山，南麓为茂林村，西界岙里坑，北接龙潭坑。地质构造为火山凝灰岩，植被多松林、茶丛。主峰后林岗，在县政府驻地东南 29 公里的茂林村之北，海拔 299.5 米。山上有下坑庵，山以庵名。

田岙山 [Tián'ào Shān]

位于县境南部，浦坝港镇西部。东麓有黄（金坦）泗（淋）公路与五小柱村，南耕地，山麓有西岑村，西北接下坑庵山，北界龙潭坑，东北有五小柱村后塘自然村。地质构造为火山凝灰岩，植被多松林，部分毛竹。主峰在县政府驻地南偏东 30 公里的后塘自然村西南，海拔 260.4 米。

长田南山 [Chángtiánnán Shān]

位于县境东南，浦坝港镇南。东至里岙岭接开口岩山，南麓农田，西至黄（金坦）泗（淋）公路，山麓有长田村吴形自然村，北麓农田，西北麓有长田村。地质构造为火山凝灰岩，植被多松林，部分枫林、茶丛。主峰在县政府驻地东南 34 公里的长田村之东南，海拔 144 米。因该山位于长田村之东南，故名。民国版《临海县地图》标“长田山”。

积谷山 [Jīgǔ Shān]

位于县境东南，浦坝港镇东南。四周均为农田，为孤立山。地质构造为火山凝灰岩，植被多松林。主峰在县政府驻地东南 34.5 公里的张司岙村花堂自然村之南，海拔 97 米。此山如仓，当地群众喻称积谷山。

山人头 [Shānrén Tóu]

位于县境东南，浦坝港镇中部。东连上山尖，南至小雄溪，山麓有庙峙村张家自然村，西接笔架山，北麓有花桥镇蜍下村上严自然村。地质构造为火山凝灰岩，植被多松林，部分灌木丛。主峰在县政府驻地东南 30 公里的张家自然村境内，海拔 152 米。因山峰有 2 米高巨岩耸立，状似人头，故名山人头。

蛇蟠乡

蛇蟠山 [Shépán Shān]

位于县境北部，蛇蟠乡东部。东麓红岩塘，南麓印山塘，西南接垫头山，西、北麓为蛇蟠塘，东北麓大麦湾塘。地质构造为火山凝灰岩，植被多松林，部分岩石裸露。主峰在县政府驻地东 21 公里的山后村境内，海拔 98.7 米。该山位于蛇蟠岛上，山以岛得名。清《方舆汇编》记载："蛇盘山，在县东南海中，四围皆水，盘屈如两蛇，故名，其石坚腻，利数郡采用。"

上市山 [Shàngshì Shān]

位于县境北部，蛇蟠乡东南。东、南、西三面环蛇蟠水道，东北连蛇蟠山，有山前村。地质构造为火山凝灰岩，植被多茅草。主峰在县政府驻地东 20 公里的山前村西南，海拔 27.5 米。原是蛇蟠洋中的一个岛屿，位于蛇蟠岛上首，故名上屿山，后演变为上市山。又传，在明、清开采石板鼎盛时，工人很多，曾在此处立过市日，故名上市山。

垫头山 [Diàntóu Shān]

位于县境北部，蛇蟠乡南部。东麓建有蛇蟠码头，南濒蛇蟠水道，东北接蛇蟠山，西麓建有蛇蟠塘堤陡门及河港。地质构造为火山凝灰岩，部分已开辟为旱地。主峰在县政府驻地东 18.5 公里的黄泥洞村上岩头自然村西部，海拔 17 米。该山东北连蛇蟠山，这座小山好似大山蛇蟠山的垫子，故称垫头山。

圆山 [Yuán Shān]

位于县境北部，蛇蟠乡东北。四周环绕蛇蟠涂，东北稍远处为青山港，南陆滩涂与蛇蟠山相对。地质构造为火山凝灰岩，植被多茅草与灌木丛。主峰在县政府驻地东 21.5 公里的山前村孝头自然村之北，海拔 19.7 米。以山呈圆形得名。

小蛇山 [Xiǎoshé Shān]

位于县境北部，蛇蟠乡中部。东麓蛇蟠塘，有亭旁滩涂开发公司及邵亭、中南、彭坝 3 村。地质构造为火山凝灰岩，植被多茅草，部分松林。主峰在县政府驻地东南 17.5 公里的邵亭、中南、彭坝 3 村境内，海拔 67.6 米。该山位于蛇蟠岛上，与东面之蛇蟠山比较，面积较小，故名小蛇山。

第二节 山峰

海游街道

双尖山 [Shuāngjiān Shān]

位于县境西北部，海游街道西北部，为三门县与宁海县界山。东连道地平，南接毛山岗，西界宁海县，北界沙柳街道。地质构造为火山碎屑岩，植被多松林和茶丛。主峰双尖山，在海游街道松门村之北，海拔 523.3 米，是本县北支群山的主体。山上有测量三角点。双尖山，因双峰东西耸立，故名。又名天堂山。清光绪《宁海县志·山脉》载："天堂山，县西南三十里，高331丈，山腰平旷，左右围绕。立其处，如坐堂上，故名。天堂峰有二尖，又名双尖。"山麓有龙王庙。

望海楼 [Wànghǎilóu]

位于县境西北部，海游街道西南。东麓新场村，南连大尖山，西麓邻山董村，北连丹峰（章家）山。地质构造为火山碎屑岩，植被多松林、毛竹。主峰望海尖，在海游街道统建村之东，海拔491.6米。登其巅，视野宽广，可瞭望三门湾，故名望海尖。清光绪《宁海县志·山脉》载："望海楼山，山如龙楼宝殿。可以观海。"

药王山 [Yàowáng Shān]

位于县境西北部，海游街道西部。北界竹岭坑接里山岗头，东接天打山，东南接乌岩山，西南连毛洋山，西界珠岙镇仙照山。地质构造为火山碎屑岩，植被多松林、杂木、茶丛和灌木丛。主峰菜坑山，在海游街道里田湾村之东南，海拔386.9米。

毛洋山 [Máoyáng Shān]

位于县境西北部，海游街道之西，与珠岙镇交界。东至红岩坑连乌岩山，南接珠岙镇里岙斗山，西坡珠岙镇外田湾村，北至乐云钻接药王山。地质构造为火山碎屑岩，植被多松林、杂木和茶丛。主峰毛洋山尖，在海游街道里田湾村毛洋自然村之南，海游街道与珠岙镇交界处，海拔368.4米。清光绪《宁海县志·分图二十二》标"红岩山"。

精秘山 [Jīngmì Shān]

位于县境西北部，海游街道北部。东界海游岭接将军山，东南连飞鹤山，南接老乌山，西接风吹罗带山，北麓有清溪流过，有沙柳街道路上周、前王诸村。地质构造为火山碎屑岩，植被多松林、杂木。主峰精秘山，在海游街道紫云山庄之北，海拔407.8米。以主峰南有精秘庵，山以庵得名。

海润街道

外湾山 [Wàiwān Shān]

位于县境北部，海润街道中部。东麓头岙塘、园里溪，南麓头岙村，西界头岙岭，北滨海游港。地质构造为火山凝灰岩，植被以松林为主。主峰外湾山，位于外湾山嘴山上，在海润街道头岙村之北，海拔90.8米。别名外湾山岗。

后林斗 [Hòulíndǒu]

位于县境北部，海润街道东南。东接健跳镇倒巾山，有小蒲村郑公山自然村，南界三门县林场，西连狮子岩，北至小蒲岭，有后林斗水库。地质构造为火山凝灰岩，植被以杂林为主。主峰后林斗（水鸭团），在海润街道后林村东南，郑公山自然村之西北，海拔413.5米。上有测量埋石点。

乌龟山 [Wūguī Shān]

位于县境北部，海润街道东北。东、南、北伸入大塊涂中，西南至南亭岭，接关栏狮子，山麓海润街道晏农村，西北麓沙柳街道南亭村，北有塘堤通鸡笼山。植被以松林为主，兼有果树、茶叶等。主峰乌龟山，在海润街道晏站（片村名）境内，海拔179.6米。以峰顶状似乌龟得名。曾用名叉斗山。

龙角尖 [Lóngjiǎo Jiān]

位于县境北部，海润街道东部。东麓头岙村，东南接坑王山，西南连双尖山，西北麓有下枫坑村，东北麓有潺岙村，北部有S224省道经过。地质构造为火山凝灰岩，植被以松林、杂木为主，部分灌木丛。主峰龙角尖，在海润街道头岙村之西，海拔437.1米，上有测量埋石点。以峰高耸尖峭似龙角得名。

双尖山 [Shuāngjiān Shān]

位于海润街道岭脚陈村西北，最高点海拔519.7米，上有测量埋石点，山多杂木林及部分荒山，蕴藏镜铁矿。

沙柳街道

双老山头 [Shuānglǎo Shāntóu]

位于县境西北，在沙柳街道和宁海县桑洲镇交界处。东连乌岩山，南麓至清溪，西傍书带看溪，与宁海县毗邻，北为东坑，有西坑村白岩自然村、东坑村。地质构造为火山碎屑岩，植被以灌木丛、茶丛为主。主峰双老山头，在海润街道卢林村境内，海拔229米。

乌岩山 [Wūyán Shān]

位于沙柳街道东山头村之东，最高点海拔508.8米，上有测量埋石点。

狮子头 [Shīzi Tóu]

位于沙柳街道流洋村之北，最高点海拔351米。

笔架山 [Bǐjià Shān]

位于沙柳街道外黎村之东，大周村之西。最高点海拔347米，局部疏松，部分荒山。

叉斗岗 [Chādòu Gǎng]

位于沙柳街道南亭村之东，晏站（片村名）东北，乌龟山嘴岬角上。最高点海拔179.2米，上有测量埋石，山多松林、杂木。清光绪《宁海县志·分图十六》及民国十五年版《海游镇地图》均标“叉斗岗”。

珠岙镇

笔尖山 [Bǐjiān Shān]

位于珠岙镇文明村西北。山多松林、杂木和部分荒山，上有测量埋石点，最高点海拔448.9米。因此山峰顶尖峭，形如笔尖，故名。珠岙溪发源于山之东南。

双峰尖 [Shuāngfēng Jiān]

位于县境西部，珠岙镇与临海市交界处。东北距县政府驻地19公里，为朱平山（清光绪《宁海县志》标名）主峰。东连桐岩岭，南、西界临海市，北面是珠岙镇石壁山村。地质构造为火山碎屑岩，植被多茅草及松林，海拔449.2米。因有左右两个山峰并峙，故名双峰尖。

锁岩双峰尖 [Suǒyán Shuāngfēngjiān]

位于县境西部，珠岙镇锁岩村之西偏北，西北界宁海县，最高点海拔618.2米。山多松林、疏林。以该山有两峰对峙，故名。清光绪《宁海县志·分图二十二》标“舍岩山尖”。

老样山尖 [Lǎoyàng Shānjiān]

位于县境西部，珠岙镇南部。南连老鼠尾巴山，西界珠游溪，北界珠游溪有胡村村。地质构造为火山碎屑岩，植被多松林、杂木。主峰老样山尖，在珠岙镇胡村村之南，海拔139.1米。以此山峰位于老样山，故名老样山尖。

蜂桶岩 Fēngtǒng Yán]

位于县境西部，珠岙镇与亭旁镇之间，为九朗山主峰，海拔489.3米。清光绪《宁海县志·山脉》载：“九朗山，横连九峰，在马湖村东南。”以主峰岩石圆且高耸，形状似养蜂的蜂桶得名。

亭旁镇

下岙山 [Xià'ào Shān]

位于县境西南，亭旁镇与珠岙镇交界处。东面山麓为任家、下岙、上鲍等村，南至大龙岭，西与珠岙镇接界，北至任家村至下谢村山岭。地质构造为火山碎屑岩，植被多松林，部分荒山。主峰亩杓山头，在县政府驻地西南10.3公里，海拔430米。以位于下岙村之西得名。别名华岙山，以“华”与“下”谐音，故名。清光绪《宁海县志·分图二十五》标“官爷山”。

直朗山头 [Zhílǎng Shāntóu]

位于县境西南，亭旁镇与海游街道交界处。东边山麓为任家、岙楼村，南至下谢山岭，西接观音尖，北至狮子岩。地质构造为火山碎屑岩，植被以松林、杂木为主，蕴藏铁矿。主峰直朗山头，在亭旁镇任家村境内，海拔505.1米。以山势陡直得名。

王戏梁 [Wángxìliáng]

位于亭旁镇之东，三门县林场之西，为湫水山主峰。海拔882.4米，是本县的最高峰，上有测量三角点，多松林、杂木。登上顶峰，东望浩瀚大海，海天一色。每当东方破晓，一轮红日喷薄欲出，霞光四月强，光芒万丈，景色绚丽，蔚为大观。在此赏海色，观日出，览山景，瞰群峰，顿觉心旷神怡，尘埃顿消。据传，古代曾有帝王到此山岗游戏，故名王戏梁。

龙虎山 [Lónghǔ Shān]

位于县境西南，亭旁镇境内。东界南溪（水名）接梁岩岗，南至虎陇头（虎狼头），西至上模溪，北与老公岩接界。地质构造为火山凝灰岩，植被多松林、杂木。主峰龙虎山，在亭旁镇叶家山村境内，海拔387.6米。山形似龙虎相峙而卧，故名。

双尖山 [Shuāngjiān Shān]

位于县境西南部，亭旁镇与湫水山三门县林场之间。东连稻蓬山，南接水牛背脊，西麓庄基村，北界湫水山主峰王戏梁。地质构造为火山凝灰岩，植被多茅草，部分灌木丛。主峰在亭旁镇枧头村东北，海拔852.4米。以山顶有两个耸立山峰，故名双尖山。

挂帘山头 [Guàlián Shāntóu]

位于县境西南边陲，亭旁镇与临海市交界处，西为挂帘村。地质构造为火山凝灰岩，植被多松林，部分荒山。主峰挂帘山头，在亭旁镇挂帘村境内，海拔539米。以此山峰位于挂帘村境内得名。

狮子岩 [Shīzǐ Yán]

位于县境西南部，亭旁镇与珠岙镇交界处。东与北界十八朗，南连直朗山头，西与珠岙镇山为邻。地质构造为火山碎屑岩，植被多松林，部分旱地。主峰在亭旁镇上卢村境内，海拔354.9米。以该山峰的岩头似狮子得名。

大岗头 [Dàgǎng Tóu]

位于县境西南，亭旁镇东南，三门县与临海市交界处。东至十八肩岭，南、西界临海市，北至亭（旁）流（水岩）公路。地质构造为火山凝灰岩，植被多松林与灌木丛。主峰大岗头，在亭旁镇便岭坑村之南，海拔493.6米，上有测量埋石点。以此山岗大且高得名。

仙人眠床岗 [Xiānrénmiánchuáng Gǎng]

位于县境西南，亭旁镇境内，为狮子山主峰。在亭旁镇坑洪村之东，汪家村之西，海拔386.2米。清光绪《宁海县志·分图二十一》标“眠床岗”。以主峰山岗之形状似古代花眠床之眠床杠得名。当地群众认为此眠床岗系仙人所造，故今名仙人眠床岗。

大尖山 [Dàjiān Shān]

位于县境西南，亭旁镇南部，与临海市交界处。东至亭（旁）流（水岩）公路，南界临海市，西界骆家岭，北临南溪（水名）。地质构造为火山凝灰岩，植被多茅草，部分开辟为旱地。主峰大尖山（大莱山），在亭旁镇南溪村之南，海拔685.5米。因该山峰为当地诸山的最大最高山峰，故名大尖山。清光绪《宁海县志·分图二十六》与民国版《宁海县地图》标“大莱山”。民国《临海县志·叙山》载：“大莱山，在县东八十五里，自分水岭至界岙山，屹立高峰山之北，界宁海山之南，如县东之岭根、康谷维系于其麓，溪路一百二十里逆流北源盖由于此。”

龙洞岗 [Lóngdòng Gǎng]

位于县境西南边陲，亭旁镇楼下郑村与临海市东塍镇交界处。东界宁和岭，南接临海市，西界上塘岭，东北连狮子岩。地质构造为火山碎屑岩，植被以松杉为主，部分毛竹、茶丛。主峰龙洞岗，在亭旁镇楼下郑村西南，海拔611米。据传山岗下有龙洞，故名龙洞岗。

双尖山 [Shuāngjiān Shān]

位于县境西南，亭旁镇与珠岙镇交界处，杨家村境内。主峰在县政府驻地西南9公里，海拔561.5米。

植被有松林、杂木，大部分荒山。清光绪《宁海县志·山脉》载:“双尖山，高二百五十丈，亭旁镇西。”因一山两峰，西南、东北峙立，尖峭高耸，故名双尖山。别名天摩尖，以山峰高耸接天得名。

木杓山头 [Mùsháo Shāntóu]

位于县境西南，亭旁镇与珠岙镇下洋村交界处，上鲍村境内，为下岙山主峰，在县政府驻地西南10.3公里，海拔611.9米。以山峰似舀水用的木杓得名。曾用名马哈头尖，以山峰高耸似马头得名。又曾用名望海尖，因山峰为此处最高峰，站在顶上能看见海洋，故名。民国十五年版《海游镇地图》所标“下岙山”之主峰。

笔架山 [Bǐjià Shān]

位于县境西南部，东为骆家岭（山岭名），西濒亭旁溪，东南有下梅村，西北有坑河村，北有何家村。地质构造为火山凝灰岩，植被以松林、杂木为主。主峰在亭旁镇何家村与赖家村之间，海拔427米。以山尖有三峰，似搁笔的笔架得名。

山王头 [Shānwáng Tóu]

位于县境西南，亭旁镇西南。东连虎山，南与西界唐家岙里，北界大龙岭。地质构造为火山碎屑岩，植被多松林、油茶，部分茅草。主峰山王头，在亭旁镇半岭村之南，海拔501.1米。因1950年前，山上原有山王头村（七八户，土地改革时迁居任家），故名。

健跳镇

高背岩 [Gāobēi Yán]

位于健跳镇与浦坝港镇交界处，健跳镇毛叶村东北，为白岩山主峰，海拔454.5米。山上建有茶园。此处山高雾浓，所产茶叶色翠味醇，清香可口，名闻县内。原名筊杯岩，清光绪《宁海县志·分图二十四》、民国版《临海县地图》及民国三十二年版《三门县山脉图》均标“筊杯岩”，因山上有巨岩形似“筊杯”而得名，后演变为高背岩。查《辞海》:“杯筊，占吉凶之器。剖竹为之，故亦从竹。”杯筊，当地群众习惯语颠倒称为“筊杯”。

大屏山 [Dàpíng Shān]

位于县境东部，健跳镇西北部。东界烟墩岗，南麓西边村，西麓长加湾塘，北接金鸡山，海拔361.2米，上有测量埋石点。地质构造为火山凝灰岩，植被以松林、杉木为主。曾用名东郭山，清光绪《宁海县志·分图二十》标“东郭山”，因山南麓有东郭（片村名）得名。

下岙山 [Xià'ào Shān]

位于健跳镇上陈村西南，最高点海拔304.2米，上有测量三角点，山多松林。清光绪《宁海县志·分图二十五》标“官爷山”。

炮台岗 [Pàotái Gǎng]

位于县境东南，健跳镇西南，大蛟龙村之南。主峰炮台岗，在健跳镇下店村东北，海拔180.9米，上有测量埋石点。山多松林，局部疏松。清光绪《宁海县志·分图二十五》标“烟墩山”，1986年版《三门县地名志》标“炮台山”，以山峰有明代建造的烽火台得名，当地群众称烽火台为烟墩、炮台。

老倌岩 [Lǎoguān Yán]

位于县境东部，健跳镇东南，为白岩山南部主峰，海拔350米，在健跳镇毛叶村境内。以顶峰有一块岩石，状似老倌端坐山顶得名。

狮子山 [Shīzi Shān]

位于县境东部，健跳镇境内。东有S224省道经过，南界峧头村张家岙自然村，西麓为乾岙村，北接老鹰岩。地质构造为火山凝灰岩，植被以松林为主。主峰在健跳镇乾岙村境内，海拔158.4米，上有测量埋石点。山形及主峰形似狮子，村民故称狮子山。又因山处健康塘东边，故名前山。

五指岩 [Wǔzhǐ Yán]

位于县境东部，健跳镇南部，为西岙山西南部主峰。在健跳镇与浦坝港镇交界处，毛张村境内，海拔246.8米。山峰有五块岩石形似五指，故名。

野猪山 [Yězhū Shān]

位于县境北部，健跳镇西部，西渡村东侧。东连强盗岩顶，南接茶叶山，西侧白象岩，北面炮台山。地质构造为火山凝灰岩，植被以灌木丛为主。主峰在健跳镇西渡村境内，海拔368.8米。山形似野猪，故名。

炮台山 [Pàotái Shān]

位于县境东北部，健跳镇北部。东界龙潭坑，南连野猪山，西麓为西渡村，北接洋山头山。地质构造为火山碎屑岩，植被以松林、杂木为主。主峰在健跳镇上敖村之南，海拔355.2米。因顶峰建有明代烽火台，俗称烽火台为炮台，故名。曾用名燕窠山、湾窠山，以湾深得名。

四顾基山 [Sìgùjī Shān]

位于县境东南部，浦坝港镇东北。东界平岩坑，南连白岩山，西至健跳镇西岙岭，北接健跳镇将岩。地质构造为火山碎屑岩，植被以茶丛、松林为主。主峰在浦坝港镇、健跳镇交界处，海拔449.4米。清光绪《宁海县志·山脉》载："四顾基山，登山四顾，可眺临海、象山数县。"

纱帽岩 [Shāmào Yán]

位于健跳镇西南下店村境内，为炮台山主峰，海拔148.9米。以主峰岩石形似纱帽得名。

大湾山 [Dàwān Shān]

位于县境东部，健跳镇外岗村长沙自然村之西，大湾村之东，北界长沙岭。地质构造为火山凝灰岩，植被以松林、杂木为主，部分旱地。主峰在健跳镇大湾村境内，海拔191米。以该山西麓有一大湾得名。

猫头山 [Māotóu Shān]

位于健跳镇猫头村大猫头自然村之西，最高点海拔271.6米，上有测量三角点，山多松林。据传该山形似虎头，故原名"虎头山"。后来，遭到"风水先生"的妒忌，被更名为"猫头山"。清光绪《宁海县志·分图十九》标"双岩山"。清光绪《宁海县志·山脉》载："双岩山，可设瞭台，登巅望之内地诸港口及外洋，皆在目前。"

高湾山 [Gāowān Shān]

位于健跳镇高湾山嘴岬角，最高点海拔238米，上有测量埋石点，荒山。

瞭高山 [Liàogāo Shān]

位于健跳镇东北，最高点海拔171.2米，上有测量埋石点，山多耕地。清光绪《宁海县志·分图十九》标"凤山"。清光绪《宁海县志·山脉》载："凤山，如凤张翼。明洪武间，设兵备以控制海道，城其山为健跳所。"民国十一年版《健跳所城地图》标"瞭高山"。健跳自古即为海防重地，兵家曾在此山设台瞭望，故群众惯称"瞭高山"，今所城残址尚存。山上有佛寺"仰天庵"，建筑典雅，景色旖旎，可览海天风光，昔有"四面有山皆入画，一年无日不看潮"之联句。

铁冠山 [Tiěguàn Shān]

位于健跳镇西山头村之西，孤立山。最高点海拔91.8米，上有测量埋石点，山麓有灯塔，山上多松林、杂木。

将岩 [Jiāng Yán]

位于健跳镇上七市村东南，下七市村西南。最高点海拔272米，山多松林、杂木。

横渡镇

东山 [Dōng Shān]

位于县境中部，横渡镇东北。东濒健跳港，南临蛎江滩，西南山麓为铁强村，西界大坑，西北接托岙岭，东北连虎头山，北接仰天岗。地质构造为火山凝灰岩，植被以松林为主，部分沙砾。主峰东山，在横渡镇铁强村境内，海拔226.2米。上有测量埋石点，南麓有路廊一座。以位于铁强村之东得名。

龙母山 [Lóngmǔ Shān]

位于县境中部，横渡镇北部，与海润街道交界处。东界桂桥坑，南接黄泥塘岗，西至东屏溪，北接仙人头尖山，东北连水牛背脊。地质构造为火山凝灰岩，植被多灌木，部分杂木。主峰龙母山，在横渡镇大横渡村西北，海拔741.8米。清光绪《宁海县志·山脉》载："屈母山，一名龙母山，世传吴尚书屈晃子坦偕母隐此，母死葬焉。"民国版地图标"龙母山"。清光绪《宁海县志·分图二十》、民国三十二年版《三门县山脉图》标"屈母山"。民国十五年版《海游镇地图》标"龙蟠山"。南宋嘉定《赤城志》载："屈母山，在县南九十里，即龙母山。旧传屈氏母子徙居此，其母死，且葬焉。"宋代景尧《敕台州宁海县龙母山玉溪院龙王记》载："《地志》云：临海郡，吴朝所置，在州北大固山，县镇附焉，吴尚书屈晃宅是山。晃早殁，母氏遇一老丈造之投宿，因通而孕，寻诞子名坦。长有神变，乃蛟螭之类也。一旦思川泽兴雷雨与母氏往广度东北山而隐，人莫测之，因号此山为'屈母山'。山高一千五百丈，周一百三十里，中有三潭，即其窟宅也。潜跃自由，云雾时起。"武肃王改屈母山为龙母山。据传，三国吴尚书屈晃子屈坦，偕母隐居此山。后屈坦化龙，母葬于此山，故称龙母山。曾用名屈母山、龙蟠山，亦由屈氏母子而来。

太平山 [Tàipíng Shān]

位于县境中部，横渡镇西部。东与北濒长林溪，南邻西坑，山麓善见村，西连稻杆棚山，北麓南林村。地质构造为火山凝灰岩，植被以松林、灌木丛为主。主峰太平山，在横渡镇善见村境内，海拔367米。原名大平山，后演化为太平山.

南山尖 [Nánshān Jiān]

位于县境中部，横渡镇东南。东麓小横渡村下山头自然村，西南连长马地坦，西北和东部有亭（旁）流（水岩）公路经过。地质构造为火山凝灰岩，植被以松林、灌木丛为主。主峰南山尖，在横渡镇小横渡村北部，海拔377.4米。因位于大横渡村之南，故名南山尖。曾用名南山，名称来历同南山尖。又曾用名笔架山，因山峰状似笔架得名。清光绪《宁海县志·分图二十五》标"南山"，民国十五年版《海游镇地图》标"笔架山"。

水牛背脊 [Shuǐniú Bèijǐ]

位于县境西南部，亭旁镇与横渡镇交界处。东至横渡镇长林村，南连撒悬崖山，西界上辽山，北接双尖山。地质构造为火山碎屑岩，植被大部分荒山，部分茶园和杂木林。主峰在横渡镇枧头村境内，海拔745米。以山岗形似水牛背脊得名。

黄泥岭 [Huángní Lǐng]

位于县境中部，横渡镇南部。东界黄泥岭，南有小横渡溪，山腰建有王申坦水库，西北有桥头溪支流岩下之水，建有朝阳水库与水电站。地质构造为火山凝灰岩，植被多杂木、松林与灌木丛。主峰黄泥岭，在横渡镇和花桥镇交界处，海拔315.6米。山峰以东部黄泥岭得名。

大科头 [Dàkē Tóu]

位于县境中部，横渡镇西部。东、西、北三面环水，东为桥头溪支流岩下之水，西、北为桥头溪、桥头村。地质构造为火山凝灰岩，植被以松林、灌木丛为主。主峰大科头，在横渡镇岩下潘村境内，海拔383米。曾用名虎头山，以山峰状似虎头得名。

稻杆棚山 [DàoGānPéng Shān]

位于县境中部，横渡镇西部，与亭旁镇交界处。东连太平山，南接杉树林湾，西界亭旁镇下坑口，北濒长林溪。地质构造为火山凝灰岩，植被多杉木与灌木丛，部分荒山。主峰稻杆棚山，在横渡镇善见村境内，海拔580米。上有测量埋石点。

百丈岩 [Bǎizhàng Yán]

位于县境中部，横渡镇东南，系大斗山西南一座长形巨岩。南北向，长0.25公里，在县政府驻地东南21.5公里，海拔285米。因巨岩长形，绵延数十丈，故名百丈岩。

稻蓬山 [Dàopéng Shān]

位于横渡镇长林村之北，最高点海拔634.1米，上有测量埋石点，山多薪炭林。清光绪《宁海县志·分图二十》标“大稻蓬”。

花桥镇

长大山 [Chángdà Shān]

位于县境东南部，花桥镇南部，与浦坝港镇交界处。长大山从花桥镇西南的临（海）三（门）交界处的南丰岭入境，绵延花桥镇、浦坝港镇，为三门县南支山脉的主体。主峰长大山，在花桥镇上潘村之南，海拔469米。因该山既长且大，为本县南支山脉的主体，故名长大山。民国《临海县志·叙山》载：“长大山，一名晓霞山。”

大茅坪 [Dàmáopíng]

位于县境南部，花桥镇中部，系大岙里山北部山峰。上有山洞，名“狮子洞”。主峰在花桥镇上旺村西北，海拔273米。以顶峰较平坦，且多生长茅草得名。民国版《临海县地图》标“芝岙山”，因该山峰坐落芝岙村西南，故名。

笔架山 [Bǐjià Shān]

位于县境南部，花桥镇东南，系双峰山最高峰。主峰在花桥镇李岙村东南，海拔441米。因有三个山峰并峙，形似搁笔的笔架，故名笔架山。

帽尖山 [Màojiān Shān]

位于县境南部，花桥镇西北。东至四周岭，接水井岗山，南界枫树岭，西至临海市交界，北连横渡镇山。地质构造为火山凝灰岩，植被多松林，部分茶丛。主峰帽尖山，在县政府驻地南偏东22公里，海拔498.7米，上有测量埋石点。以山峰似“绍兴毡帽”，故名。又名毛天山，因“毛天”与“帽尖”谐音，故名。民国《临海县地图》标“毛尖山”。

尖嘴山头 [Jiānzuǐ Shāntóu]

位于县境南部，花桥镇中部，系大岙山南部山峰。主峰在花桥镇上郑村西北，海拔299.7米。因山峰尖峭如鸟嘴，故名尖嘴山头。民国版《临海县地图》标“舒岐山”，以该山峰位于舒岐村东北得名。

千山尖 [Qiānshān Jiān]

位于县境南部，花桥镇南部，系双峰山西部山峰。主峰在花桥镇李岙村西南，海拔356.9米，上有测量埋石点。因附近山尖很多，以此山尖为最高，故名千山尖。

关头山 [Guāntóu Shān]

位于花桥镇关头村之北，以村名山，最高点海拔362.7米，上有测量三角点，山多松林、杂木及部分荒山。

浦坝港镇

炮台山 [Pàotái Shān]

位于县境东南部，浦坝港镇西部，为唐家山主峰。主峰在浦坝港镇后陈村唐家自然村境内，海拔103米。因顶峰建有烽火台，当地群众称烽火台为炮台，故名炮台山。

彰化湾山 [Zhānghuàwān Shān]

位于浦坝港镇扩塘山岛，白带门水道之彰化湾畔。位于浦坝港镇狼鸡胆之北，海拔206米。

大麦山 [Dàmài Shān]

位于县境东南部，浦坝港镇境内。东麓为耕地，南连大湾山与孟平洞山尖，西北连狮子山。地质构造为火山碎屑岩，植被多松林与灌木丛。主峰大麦山，在浦坝港镇赤坎村之西，海拔291.7米。民国《临海县地图》标“望潮山”，因山峰高峻能望见海潮而得名。

小乌龟 [Xiǎowūguī]

位于浦坝港镇西里村境内，海拔 205.5 米，为西坑山主峰。因顶峰上有一块奇石，状似一只小乌龟而得名。

大平山 [Dàpíng Shān]

位于县境东南部，浦坝港镇西部。东、北为农田，环山麓有山下、山头郭、庄王等村。东南连开口岩山，西南麓为洋底、东林村，西北至里岙岭接长田、南山村与小雄片交界。地质构造为火山凝灰岩，山头平坦，植被多松林、茶丛。主峰大平头，在浦坝港镇山头郭村境内，海拔 152 米。因山头郭村位于海拔 125 米的山头，村民姓郭，故名。

开口岩 [Kāikǒu Yán]

位于县境东南部，浦坝港镇西南。东、南、东北、西南山麓为农田，西北山岙坡地，与大平山连接。地质构造为火山凝灰岩，植被有松林、枫树，局部岩石裸露。主峰在浦坝港镇下院村之东，海拔 138.8 米。因山峰巨岩下有一洞穴，似张开大嘴，故名。

大湾山 [Dàwān Shān]

位于浦坝港镇浬浦之北，健跳镇毛张村之南，最高点海拔 305.7 米，上有测量埋石点，山多松林及部分荒山。据民国《三门年鉴》载：“明嘉靖四十年（1561 年）四月，倭犯浬浦，戚公败之于龙山。”据当地群众反映，龙山即指岙里山、尼姑抱子、四炮岭、大湾山一带。

尖峰 [Jiānfēng]

位于县境东部，健跳镇东南，与浦坝港镇交界处，为凤凰山西南部山峰。主峰在健跳镇毛叶村与浦坝港镇山里村之间，海拔 288.5 米。以山峰矗立尖峭得名。

炮台山 [Pàotái Shān]

位于浦坝港镇金岙村东北，最高点海拔 259 米，山多松林、杂木及部分荒山。民国二十一年版《健跳所城地图》标“凤凰山”。

骑岩岗 [Qíyán Gǎng]

位于浦坝港镇小渔西村岭脚自然村东南，最高点海拔 240.5 米，上有测量埋石点，山多松林、杂木。民国《临海县地图》标“倒拔龙”。

笔架山 [Bǐjià Shān]

位于浦坝港镇虎颅头山之北，最高点海拔 258 米，上有测量埋石点，荒山。民国《临海县志・叙山》载：“笔架山，在县东一百三十五里海滨，山峰峭削如架，故名。”

石佛山 [Shífó Shān]

位于浦坝港镇金家岙村西北，王沙村之北，最高点海拔 439.2 米，上有测量三角点，山多松林。民国《临海县志・叙山》载：“石佛山，在县东南一百零七里，以状如佛，故名。”

上山尖 [Shàngshān Jiān]

位于浦坝港镇蜍下村上严自然村东南，最高点海拔 329 米，山多松林及部分荒山。

鹅冠山 [Éguàn Shān]

位于浦坝港镇东湾村东岙自然村东南，最高点海拔 399 米，山多松林、杂木及部分荒山，为三门、临海两县（市）之界山。

滩头山 [Tāntóu Shān]

位于浦坝港镇滩头村之南，以村名山，最高点海拔 383.8 米，荒山，为三门、临海两县（市）之界山。

陈栋山 [Chéndòng Shān]

位于浦坝港镇下山村上湾自然村之北，最高点海拔 173.9 米，上有测量三角点，山多杉、松林，南麓有洞港闸。

炮台山 [Pàotái Shān]

位于浦坝港镇桃峙村之北，高湖村东南，据传古代设炮台于山上，故名。最高点海拔301.1米，上有测量三角点，山多松林、杂木。民国《临海县志·分图中二》标“蛟湖山”，民国版《临海县地图》及民国三十二年版《三门县山脉图》均标“鼓牛山”。民国《临海县志·叙山》载：“蛟湖山，在县东一百一十五里，旁有桃峙故城（一作陶峙），即旧志蛟湖巡检司城。”

第三节 洞穴

海游街道

古佛洞 [Gǔfó Dòng]

位于海游街道石城山万定庵悬崖峭壁之中。洞口朝南，高6米，深12米。乡人相传，明代裘公活佛在此得道成佛。据说活佛在此洞修炼之时，有一只猛虎日夜相伴守护，现万定庵还雕塑有一头猛虎，就是当年裘公活佛所收服的老虎。古人有诗赞道：“古洞幽深紫气浓，此中何处觅真龙。悬崖飞瀑夺千尺，石径盘梯一万重。”因洞中塑有古佛像，故名。又名龙洞。据民国《章氏宗谱》载：“龙洞，石城岩底有潭，澄碧深不可测，仰视悬崖，数丈空明，一洞俨若神工鬼斧所规度，而剜穿者，入其中，天光所照，似从寸管中窥见，昭昭之多，尤佳在晴宵，洞中月影如玉匣露镜，下视澄潭如冰壶濯魄，非复人间光景。岩隙有白桃花，冷艳欺雪，洗尽脂粉，此又非刘阮所曾见者，大抵神龙奥区，险莫能陟，且虽盛暑，时飒然寒气逼人，非有济胜之具，济胜之胆者，不能探其源焉。”

珠岙镇

大魁洞 [Dàkuí Dòng]

在珠岙镇娄坑村西贵人峰顶，可容十数人，旁镌“大魁洞”三字，昔尝闻箫声。古人有《奎洞观星》诗：“奎阁厂烟霄，洞门罗列宿。七曜分四维，三台作领袖。映地灿云霞，周天开锦绣。遥指斗牛间，德星聚华胄。”

亭旁镇

岩峰洞 [Yánfēng Dòng]

位于亭旁镇佃石村南之长坑旁。洞口朝西，面积20平方米，深10米，宽2米，高3米。以此洞位于悬崖峭壁的山峰下得名。

仙岩洞（南） [XiānYán Dòng (Nán)]

位于亭旁镇桃山村东北纱帽额山中，民间相传系仙人所凿，故称仙人洞。洞口朝西，直径约1.5米，深3米，宽2.5米，高2米，面积7.5平方米。洞里壁还有小洞，深不可测。

健跳镇

罗岙洞 [Luó'ào Dòng]

位于健跳镇西北，西渡村石斗门山。洞口朝西南，深10米，宽2米，高3米，面积20平方米。因洞位于罗岙村（建罗岙水库时迁）旁而得名。

老虎洞 [Lǎohǔ Dòng]

在健跳镇上街村九龙山半山腰有一块很大的岩石，当中有一个洞，只容一个人爬进爬出，洞内可供一桌人吃饭打坐。旧时常有樵夫和牧童在此休息。民国相传有老虎隐身于此，故名。

白虹洞 [Báihóng Dòng]

位于健跳镇狮子鼻头山峰西南，岙口村之东北。洞口朝南，深3米，宽2米，高1米，面积6平方米。

民间相传，此洞有白虹（当地传说出没无常的一种妖物）居住。故名。

白岩前洞 [Báiyán Qiándòng]

位于健跳镇西南，白岩前村西北，故名。洞口朝南，海拔32米，深20米，宽2米，高10米，面积30平方米。

上仙洞 [Shàngxiān Dòng]

位于健跳镇西南，西郭村南千丈岩山西南。当地群众认为此洞奇异，只有上界仙人才能开凿，故名为上仙洞。洞口朝南，深4米，宽3米，高6米，面积12平方米。

东郭门洞 [Dōngguōmén Dòng]

位于健跳镇西，发洪岗西，因位于东郭门村得名。洞口朝东南，海拔100.2米，深16米，宽3米，高6米，面积48平方米。

东郭山玉门洞 [Dōngguōshān Yùmén Dòng]

《仙岩大忠祠录》载："仙岩一山，南障临海，其北面实界缑城，山势蜿蜒，断而复续者十有五里。忽分岗立顶，结而为东郭之山，岩崖苍秀，云垂壁立，中有玉门洞天，灵秘幽敞，欲与百花争胜矣。游之，自仙岩至黄度岭，取道北行，遥见山形若龙楼构空，则东郭之巅也。及至麓，反不见其顶，惟密树疏篁，苍然太古，山径宽坦，幽而不险，如行云林、天竺。道上数折，登石峡，两崖玉立如门，下则幽涧飞流，触石如奏琴筑，游人到此不觉尘心涤尽矣。自门入，左涧石壁，几疑无路，忽坦道从岩腰削出如砥，路旁有大石，宽坦数丈，人可登览。路尽又开一门，更玲珑可爱，数十武至洞，两旁秀石林立，中悬崖轩豁，植以修竹，翼翼以华檐，入其中者，不复知有琳宫琼室也。旁又列一侧室相附，障以锦屏岩，天然玉案，可凭可倚，案之外有远峰三，从烟雾中耸出如笔架，左右重峦叠嶂，龙盘虎踞，使台南无百花、雨花、芙蓉，则此洞不几独绝耶。康熙间，有养鹤老人开山，至今二三僧居之。余与翟君宁远刻名于壁，且以订后约也。时乾隆甲午乾月三日。"

东白岩明星洞 [Dōngbáiyán Míngxīng Dòng]

《仙岩大忠祠录》载："去仙岩十余里，当石屏、穿岩之北，一石峦屹起如狮子，玉质嶙峋，所谓东白岩也。地发属缑城，实仙岩之支山。洞在悬崖下，石室嵌空，幽旷明净，如桂苑兰轩。洞外岩屏峭直，石光璀璨如琢明玉，径窦迂回，林岚苍翠，幽人之居也。旧名白岩洞，以雷同雉溪，改今名。"

下岙山洞 [Xià'àoshān Dòng]

位于健跳镇西南，上陈村南，下岙山东，故名。洞口朝东，深3米，宽3米，高4米，面积9平方米。

龙卤孔洞 [Lónglǔkǒng Dòng]

位于健跳镇西南，炮台山北面。深6米，宽2.5米，高3米，面积15平方米。当地群众认为此洞是龙居住的孔穴，故名龙卤孔。

花桥镇

白云洞 [Báiyún Dòng]

位于花桥镇东南，李岙村东北部，蜍下岭岭头之西北。洞口朝西南，深10米，宽22米，高5.5米，面积28.5平方米。因洞在高峻陡峭之岩石上，常有白云缭绕，故名白云洞。洞口石壁凿有石臼一口，石壁有字径寸许楷书：天赐石臼度灾情，一斗谷物臼十升。可叹凡人心不足，贪心扩臼一场空。民国《临海县志·叙山》载："白云洞，县（临海）东吴都太乙山，与初阳洞相对，下有蟾蜍岩。"清冯赓雪《仙岩洞纪略》载："山在吴都，当仙岩西南，隔岸一大港，相去一十八里，山势秀润，挺立如人，顶平颈削，张口蓬头，酷肖太乙，故名。洞在太乙之口，自山背登，磴道峻直，跨崖肩一迳横入，则洞门也。悬岩如揭盖，四围低垂，独缺其南一面，道人以石墙接之，上开天窗，旁置门户。入其中，空旷幽洁，石灶、经床，左右布置，古佛一龛，白云一榻，坐卧片时，魂梦俱冷，不知世外有风波也。洞壁深处，泉影皎然，如立鹤，岩香多结其阴，旁注石潭，味甘洌，窗外岗峦纷错，翠蔼侵肌，盖此洞外窄内宽，故清静潜藏极其幽异。"

初阳洞 [Chūyáng Dòng]

位于花桥镇长大山。洞口朝东，系人工开凿的石龛，深 8 米，宽 5 米，高 12 米，面积 32.5 平方米。朝阳洞坐西向东，每当朝阳初升，有阳光射入洞内，故名。又因近上潘村，又名上潘洞。曾以洞口朝太阳上山的东方，又得名朝阳洞。民国《临海县志・叙山》记载："长大山，一名晓霞山，在县东 100 里，有初阳洞，高辟豁达如华堂，可观日出。" 又载："朝阳洞……在晓霞山，巉崖壁立，直窥东海，今又名初阳洞。"

朝阳洞最早开凿于明嘉靖元年（1522 年），乡民观其山势险峻，环境幽静，捐资凿壁造像，鸠工庀材，建楼构堂，内凿三世佛像 3 尊，最高 3.7 米，戴冠赤足，结跏趺坐，神态安详，仪容端庄，庄严宝相，整个佛龛及佛像系整块岩石镂雕而成，工程之浩大，在台州市亦不多见。清康熙壬寅年（1662 年）上潘人潘国赏，法号志尚与素奇再度多方募资，创立寺院，改名朝阳洞，整修洞殿，殿堂楼阁，焕然一新，洞殿规模又有了新的发展。清乾隆三十六年（1771 年），花桥人朱炳南曾设馆于朝阳洞，结友讲经，从学者甚众，并题诗曰："端坐朝阳洞，昙斋别有天，凿岩成古佛，接竹引清泉。"

三角洞 [Sānjiǎo Dòng]

位于花桥镇笔架山东南。洞口朝东，深 9 米，宽 6 米，高 3 米，面积 54 平方米。洞口呈三角形，故名。

狮子洞 [Shīzi Dòng]

位于花桥镇中部，大茅坪山峰西。洞口朝南，深 9 米，宽 2 米，高 8 米，面积 18 平方米。因洞形似狮子大开口，故名。

浦坝港镇

白岩洞 [Báiyán Dòng]

位于浦坝港镇东北，浦坝村南，白岩头山东北部，故名。洞口朝东北，深 6 米，宽 2.5 米，高 4 米，面积 15 平方米。

孟平洞 [Mèngpíng Dòng]

位于浦坝港镇大湾山东部。孟平洞原为原始天然溶洞，古时村民砍柴放牛常在此遮阳避雨。明嘉靖年间（1522—1566 年），戚继光曾在这里率兵抗倭。明末清初，鹊山人傅孟平率众人捐资建孟平洞，故名。解放前，三五支队也在这里剿过匪。此外，孟平洞里还供奉着白衣观音大士、济公等佛像，百姓经常到山上拜佛祈福。洞口朝南，深 6 米，宽 5 米，高 4 米，面积 30 平方米。

老虎洞 [Lǎohǔ Dòng]

位于浦坝港镇四顾基山东，前山村西北。洞口朝东南，深 5 米，宽 3 米，高 6 米，面积 15 平方米。因洞形似老虎，故名。

礁岩洞 [Jiāoyán Dòng]

位于浦坝港镇扩塘山岛虾沟洞山西南。洞口朝西，深 5 米，宽 2 米，高 10 米，面积 15 平方米。以该洞位于海岸，系岩礁构成，故名礁岩洞，别名虾姆洞。

仙岩洞 [Xiānyán Dòng]

位于浦坝港镇石笋山上。洞口朝南，深 50 米，宽 50 米，高 25 米，面积 250 平方米。据《仙岩大忠祠录》记载，仙岩洞始建于晋朝，称"法云院"，宋朝改名为"百花清洞"。南宋德祐二年（1276 年），文天祥曾在仙岩洞登岸避难。洞壁留有明、清、民国留下的"八仙""三世尊""刘海戏金蟾"等石造像以及"仙境""海天胜景""海角仙涯""卫乡保国"等摩崖石刻。洞内还立有明嘉靖四十三年（1564 年）礼部主事临海陈锡撰文《临海仙岩洞新建宋文信公碑记》、清乾隆庚辰年（1760 年）大学者齐召南撰文《重修仙岩洞大忠祠碑记》、清宣统三年（1911 年）陈卧冈撰文《重修仙岩洞大忠祠碑记》三通石碑。1981 年 12 月被公布为县级文物保护单位。

仙岩小洞 [Xiānyán Xiǎodòng]

位于浦坝港镇西北，石笋山南。洞口朝东，深 8 米，宽 3 米，高 6 米，面积 24 平方米。因位于仙岩洞东，洞较小，故名。

寡妇洞 [Guǎfù Dòng]

位于浦坝港镇海山之南端。洞口朝东南，深20米，宽3米，高7米，面积60平方米。据传，古有渔夫下海捕鱼，久未回家，其妻日日站在洞口盼夫归来。嗣后，得知夫亡于海，妻亦殉节于此，故名寡妇洞。

纺车岩洞 [Fǎngchēyán Dòng]

又名梁虹洞。位于浦坝港镇西北下岙山纺车岩，故名。洞口朝南，深12米，宽48米，高10米，面积576平方米。清冯赓雪《仙岩洞纪略》载："自仙岩叶氏村东行三里许，北面群山屏列，中隆如龙，奋迅而下，忽岩势规成，若长桥悬挂，其光润圆转，又若车轮，揭其半，故俗名车岩，又称仙人桥。其下沙石，作五色纹。旁有洞，可栖可隐，不异夏屋，仰望悬岩，如玉虹卧空。然犹于填塞中得其一窍，若尽辟而空之，虽天台、悬磴、雁荡、石梁无此高旷窟穹窿也。"民国《临海县志·叙山》载："梁虹洞，在仙岩叶氏村后东行三里之纺车岩。"又据《太阴洞碑》记载："系黄金坦村隐士吴士亭，于民国二十五年（1936年）独立建造。不辞舍身之苦，负块石于奇冈，叠成海市，搭高棚于绝壁，造起琼楼。中塑观音大士菩萨，合堂圣像诸佛。"

穿岩洞 [Chuānyán Dòng]

位于浦坝港镇西北部，黄金坦村东北，万松洞之东。东西贯穿，深4米，宽2米，高8米，面积8平方米。清光绪《宁海县志》载："穿岩，其壁立如城，中有洞，如城门，有径可通。"

万松洞 [WànSōng Dòng]

位于浦坝港镇黄金坦村北石屏山，穿岩之西，海拔239米。山巅有一巨石如屏，形似半月，岩底有洞，上下重叠，成"S"形，洞口朝南，下层洞高3米，面宽12米，深9米。上层洞口高约4米，宽6米，深8米。民国《临海县志·叙山》载："万松洞，在纺车岩之东，去仙岩五里。"清冯赓雪《仙岩洞纪略》载："地名黄金坦，在穿岩之东，去仙岩五里，一山蟠绕而起，至高处结为数顶，顶上岩壁秀削，俱作石屏一朵，中顶更峭拔出群，万松洞在其下，洞上绝壁，又开一洞，人不能陟，山僧于下洞构檐居之。"

蜍下洞 [Chúxià Dòng]

又名丹书洞。位于浦坝港镇蜍下村西北，蛤蟆山北麓。洞口朝东北，深20米，宽2.5米，高12米，面积50平方米。民国《临海县志·叙山》载："丹书洞，俗名蜍下洞，在太乙山舞蟾岩，一名虾蟆山。"

第四节 岩石

海游街道

慈母石 [Címǔ Shí]

位于海游街道马家山左侧半山腰，面临海游港。旧称垒石岩，俗称大岩头，由许多块硕大的石头垒叠而成，宛如坛台，高约10米，横宽三四十米，顶平可坐10余人，站在慈母石上可尽揽海游小城风光。

据《瑞云山广润寺志》记载："瑞云山以东，近海游港有马家山。山半磊落大石块，即为慈母石。"又载："昔有渔于海者，其母登此望之，故名。"据清光绪《宁海县志·山脉》记载："马家山，宋罗适故里，有墓碑在。国朝同治中，耕者在田中掘出，今存海游。山麓有岩，罗适曾在此哭母，号慈母石。"又据民国《章氏宗谱》记载："慈母石，在马家山，两石相合，若擘开，双玉峡裂，罅中一线天，日光斜露，青翠欲滴，其上登道平坦，宜围棋，宜饮酒，宜眠琴。慈母之名不知何来，自罗提刑作赋遂传名胜。"

慈母石形象逼真，起初并不为人所知，后来成为当地一个众所周知的名胜，主要原因来自于罗适所写的《慈母石》一诗："叠石江边峻如壁，舟人指云慈母石。慈母石兮不可闻，巉岩坑压秋江碧。我闻慈母石，启我慈母思。我有父母谁不思，我思父母偏伤悲。忆昔生我童稚时，家贫日逐图生资。父母衣我宁自寒，父母食我宁自饥。拾薪为我代灯烛，鬻衣为我买诗书。朝夕劝我苦勤读，戒我勿作庸常儿。嗟哉我生命多疾，父母提携延岁月。忽朝卧病一呻吟，父母咿哑面如漆。有时为我祝神祇，愿我早著蓝袍归。此时我心常感发，愿如夫子言无违。嗟哉我生命多蹇，少年不第第已晚。况兼父母未死时，食不饱兮衣不暖。今日身为一命士，薄俸聊堪奉甘旨。双亲已逝掩荒丘，薄俸反将饱妻子。有时举箸食新鲜，默默不知双泪涟。拭目空将酒杯奠，酒杯不到阴容前，慈母石，世稀有，当在江头天地久。我思父母不得养，此恨当同汝不朽。呜呼罔极恩难报，于今赖有移忠孝。行当竭力事明君，庶可扬名酬双亲。”

仙人岩 [Xiānrén Yán]

位于海游街道下谢村后。据清光绪《宁海县志·山脉》记载：“石佛山，下谢村后，圆正如佛头，左有石笋排列，右有岩，台人耸立，名仙人岩。”

仙人岩 [Xiānrén Yán]

在海游街道望海楼山麓。据民国《章氏宗谱》载：“仙人岩，在望海楼山麓，平方一岩，可供坐憩。民间相传神仙所托足，尝皓月空中，闻有步虚声。”

木鱼岩 [Mùyú Yán]

在海游街道石城山。据民国《章氏宗谱》载：“木鱼岩，在石城。稍迤而东，巍然大岩，其上有坟，起空中一块，圆径四寸许，叩之作木鱼声，亦名响岩。”

珠岙镇

铜鼓岩 [Tónggǔ Yán]

位于珠岙镇娄坑村海拔200多米高的大魁洞。其岩用木棍击之，声音如铜鼓，故名。铜鼓岩又称大魁洞，其下为宁波至台州官道。铜鼓岩岩洞有十几平方米，在右侧巨石岩壁上有明代摩崖石刻“大魁洞”三个楷体大字，每字约40厘米见方。

龙缠岩 [Lóngchán Yán]

位于海游街道松门村之北双尖山。清光绪《宁海县志·山脉》载：“双尖左有龙缠岩，高数十丈。”

健跳镇

四将岩 [Sìjiàng Yán]

据清光绪《宁海县志·山脉》记载：“四将岩，县东南五十六里，高一百五十丈。四岩排列如四将，故名。在东郭村东，旧志府志云‘东郭岩’，县南一百里。”

筊杯岩 [Gāobēi Yán]

位于健跳镇毛叶村东北高背岩。山上有巨岩形似“筊杯”而得名。据清光绪《宁海县志·山脉》记载：“筊杯岩，县东南六十八里。”

介橱岩 [Jièchú Yán]

在健跳镇上街村大湾坑与方家坑之间的山岗中，为一块直立的大岩石，形如一口介橱，故名。民间相传介橱岩中有金盏、银杯、铜碗、象牙箸，谁家办宴席，只要面向介橱岩说一下，橱门就会打开，任你借用。后来，有一户人家不守信用，有借不还。从此，介橱岩再也打不开了。

青蛙脚腿 [Qīngwājiǎotuǐ]

在健跳镇上街村木桥塘水库里，因此岩石像一只上山的青蛙，故名。上街村包氏子孙兴旺，据说与祖坟安葬在青蛙脚腿这块风水宝地有关。青蛙一次产卵数十到数千颗，寓意子孙众多，故青蛙脚腿两旁多包氏祖坟。

龟头嘴 [Guītóuzuǐ]

在健跳镇上街村方家坑与大湾坑相隔一岗的地方，有形如下山乌龟的巨石，故名。因龟与鬼同音，人们又称鬼头嘴。既是鬼头嘴，就会刮鬼头风。1940年三门县治新造的10多间楼房就被鬼头风刮倒，所以此名一直流传至今。

孟姜女岩［Mèngjiāngnǚ Yán］

位于健跳镇西北大白岩山上。占地面积134平方米，巨石形似少妇，发髻高高挽起，身背包袱，面向琴江（健跳港），屈膝而坐。民间相传孟姜女为夫送寒衣至此，恰逢雄鸡啼鸣，天将破晓，化作岩石。以岩石形似孟姜女得名。2004年被命名为县级旅游景点。

横渡镇

梅花岩［Méihuā Yán］

位于大横渡岭西侧，石峰壁立，高十几米。南宋嘉定《赤城志》记载："岭西一石峰撑空特立，名石柱峰，石上点白如梅花片，又名梅花岩。"

第五节　溪流、湖泊

三门县背山面海，海岸曲折，属侵蚀山地海岸，因而多港湾。由于各支山体分布，多自西南至东北走向，形成与诸山体大体平行的溪流，流注入港。

本县较大的河流，有清溪、珠游溪、亭旁溪、白溪、花桥溪和山场溪等，都属山溪型河流。集水面积不大，河道短小，水流湍急，比降较大，水位季节变化明显，易涨易落。下游分别流入旗门、海游、健跳、浦坝、洞港诸港。

海游街道

珠游溪［Zhūyóu Xī］

位于县境西部，居于北支山脉双尖山与中支山脉大龙岭之间。民国《三门县水道图》标注"海游溪"。1981年更名为珠游溪，因该溪流经珠岙、海游二地，是这二地的主要灌溉溪流，故名。据南宋嘉定《赤城志》记载："海游溪在县南四十里，东流五十里入海。"据清光绪《宁海县志》记载："海游溪，源出天台龙鸣山。"1981年地名普查实地查勘，珠游溪系发源于临海市羊岩山，东流到仙人桥东北，西纳黄支罗之水；东北流至赤壁坑桥，入本县境。向东北流经岩下徐，到小桐岩，南纳桐岩岭头之水；又经珠萃屏、桐岩李，到后畈，南纳大麦山坑之水，东纳梅坑水；出后畈公路桥，经岙坑、独山，至胡村，西汇吴岙溪。再向东北转东南流至樟树下村西，南纳短竹山之水；复向东北，流经樟树下，到吕岙，南纳大龙岭之水；经沙岸，到下洋，东纳双尖山之水，西纳石马之水；到下谢，东纳双尖山之水，到马湖，西北汇支流珠岙溪。再东北流，到上坑，西纳北山村之水，北纳药王山之水；出上叶公路桥，南纳统建、山董两水；到谢家，又西北汇竹岭坑。继流至山陈，南纳山陈之水，到西山（海拔81.9米）麓，西纳松门、湘山两水，到城北村，西纳石岬岭之水；转向东南，北纳精秘山和海游岭之水；出海游桥，入海游港。全流域面积202.5平方公里，主源长38公里，干流长23.9公 里，宽40~120米，属山溪型河流。河床覆盖砂卵石，系常流水。

主要支流有吴岙溪、珠岙溪、竹岭坑溪3条。

竹岭坑溪［Zhúlǐngkēng Xī］

发源于宁海县牛油岭东北，西南流至坎头湾路，入本县海游街道境内。往东南流，经竹岭坑，到里庵，西纳里田湾水，流入竹岭坑水库，向东南到谢家，西纳上叶之水，再流入珠游溪。干流长约5.5公里。以溪主流流经所在地竹岭坑，故名。

悬渚溪［Xuánzhǔ Xī］

发源于县境西部，海游街道、亭旁镇、横渡镇交界之处湫水山平坑岭，向西北转向东北流，到岩头山麓，东南纳石井坑水，东纳苎槽岭水；再经悬渚、方卢村，流入亭旁溪。干流全长约5公里。以该溪主流流经悬渚村，故名。2015年建成左岸复合式堤防结构2371米，右岸1950米。

石井坑溪［Shíjǐngkēng Xī］

南起湫水山北麓，向北汇入悬渚溪。长1.68公里，水域平均宽3.68米，水域面积14平方公里，容积0.05万立方米，为镇村级河流。发源湫水山北麓石井坑，故名。

善岙溪［Shàn'àoXī］

北起大平山南麓，向南至善岙渡头折东经岩嘴头汇入海游港。长2.41公里，水域平均宽6米，水域面积0.0145平方公里，容积1.81万立方米，为镇村级河流。溪以主流流经善岙得名。

望海楼溪［Wànghǎilóu Xī］

西起望海楼观天台东麓，向东流经新场小区折北汇入石羊溪。长2.12公里，水域平均宽8米，水域面积0.0169平方公里，容积3.39万立方米，为镇村级河流。

石羊溪［Shíyáng Xī］

又名澄溪，原为珠游溪故道，明时改道。发源于望海楼观天台北麓，向北流经石羊溪路折东，经交通路折南至心湖公园，再折东汇入亭旁溪。旧石羊溪长不过1公里，在青萍桥下小桥头入海，现由于围塘填海，延伸至大湖塘。长3.08公里，水域平均宽10米，水域面积0.0308平方公里，容积6.16万立方米，为镇村级河流。据民国《章氏宗谱》记载："大宗祠前有石羊，宋丞相叶梦鼎造坟广润寺所遗，遂以名溪。"昔人有诗句："华表空传人化鹤，澄溪尚有石称羊。"

文化路河［Wénhuàlù Hé］

发源于海游岭南麓，南流经文化路，汇入珠游溪。长2.28公里，水域平均宽5米，水域面积0.0114平方公里，容积3.42万立方米，为镇村级河流。以该河道流经附近的文化路得名。旧名花溪，据《广润重兴记略》记载："复有慈云忏主讳遵式，出本邑叶氏，初谒宝云，与常同参誓传四教之旨，入大慈佛室，精进行道彻了心要说法。广润百鸟衔花散于内外，唯前溪厚积如锦，人指为花溪云。"

东坑溪［Dōngkēng Xī］

发源于双尖山南麓，南流经松门、湘山村折北，东流入珠游溪。长4.16公里，水域平均宽7米，水域面积0.0291平方公里，容积5.82万立方米，为镇村级河流。双尖山东面山坑，得名东坑。该河道流经东坑，故名。

下叶坑溪［Xiàyèkēng Xī］

发源于县境西北海游街道之双尖山东南部，向东南流，纳杨柳坑之水，向南流至山麓，转向东南，绕湘山村三年自然村西南，折向东北，注入珠游溪。干流全长约2.5公里。因此坑在下叶（湘山村惯称）境内，故名。2014年新建堤坝1050米。

岱阜溪［Dàifù Xī］

发源于县境西部，海游街道、亭旁镇、横渡镇交界之处湫水山，向西北流经岱阜，到小坑村尤家自然村，流入亭旁溪，干流全长约5公里。以该溪主流流经岱阜（片村名），故名。

海润街道

茶园坑溪［Cháyuánkēng Xī］

南起白栲岭南麓，向北汇入园里溪。长3.83公里，水域平均宽5米，水域面积0.02平方公里，容积3.96万立方米，为镇村级河流。因此山谷为白栲林区茶场，得名茶园坑。溪以流经茶园坑得名。

平岩斗溪［Píngyándǒu Xī］

东起平岩斗西麓，向西汇入园里溪。长2.02公里，水域平均宽6米，水域面积0.0121平方公里，容积1.62万立方米，为镇村级河流。山岭平坦形如烟斗，得名平烟斗，谐音平岩斗。溪以源于平岩斗得名。

横渡岭溪［Héngdùlǐng Xī］

南起龙母山北麓，向北汇入园里溪。长2.61公里，水域平均宽6米，水域面积0.0156平方公里，容积2.08万立方米，为镇村级河流。以流经横渡岭得名。

大虚坑溪［Dàxūkēng Xī］

南起白楞岭北麓，向北流经庵基汇入头岙溪。长2.82公里，水域平均宽5米，水域面积0.0141平方公里，容积1.41万立方米，为镇村级河流。此山岙当地俗称大虚坑，溪以流经大虚坑得名。

岙里坑溪［Àolǐkēng Xī］

发源于龙角尖山北麓，向北流经潺岙村汇入海游港。长3.20公里，水域平均宽19米，水域面积0.0607平方公里，容积28.77万立方米，为镇村级河流。潺岙里边，得名岙里坑，溪流以主径流经岙里坑得名。

下枫坑溪［Xiàfēngkēng Xī］

南起龙角尖北麓，向北流经下枫坑村汇入海游港。长2.75公里，水域平均宽3米，水域面积0.0083平方公里，容积0.41万立方米，为镇村级河流。溪流以主径流经下枫坑村得名。

上枫坑溪［Shàngfēngkēng Xī］

南起龙角尖北麓，向北流经上枫坑村汇入海游港。长2.73公里，水域平均宽5米，水域面积0.0137平方公里，容积2.05万立方米，为镇村级河流。溪流以主径流经上枫坑村得名。

北港河［Běigǎng Hé］

发源于乌龟山—金鳞湖北侧，长4850米，长水位河面宽25~30米，最小河面宽49~54米。河堤自乌龟山北侧—环东路北侧，长4000米，长水位河面宽25米，最小河面宽49米。环东路北侧—金鳞湖北侧，长850米，长水位河面宽30米，最小河面宽54米。以河流为东西走向，流经原北港区域，故命名为北港河。

门前河［Ménqián Hé］

发源于海润街道流水坑水库，至横港流入金鳞湖。长1550米，长水位河面宽15米，最小河面宽34米。

园里溪［Yuánlǐ Xī］

发源于县境中部，海游街道、横渡镇交界之龙母山东侧横渡岭。北流至叶家村，西纳牌位头之水，东纳狮子山之水；到后林村，西纳狗屎尖垮之水，东纳后林山之水；经东严，纳东严山之水，西纳寒山头之水；到园里塘，至S224省道园里大桥外与头岙溪汇合，流入海游港。全长5.83公里，为二级支流。以该溪主流流经园里村，故名。

头岙溪［Tóu'ào Xī］

发源于县境中部，海游街道、亭旁镇交界之湫水山北箬帽岗。向东北流至龙王殿水库，南纳白沙山之水；出水库，西纳平坑岭之水；再向东北转北流，到岭脚陈村，西纳苎槽岭水；到孙家村，南纳孙家山之水；到林家洋村，西纳双尖山之水，东纳大明寺水库之水；经东陈村，到头岙村，西纳龙角尖之水，至S224省道头岙溪大桥外与园里溪汇合，流入海游港。流域面积19平方公里，主源长8.6公里，主流长6.87公里。以该溪主流流经头岙村，故名。

金鳞湖［Jīnlín Hú］

位于滨海新城中部。北至滨纬六路，南至环南路，东至环东路，西至滨经一路。北段：晏站河—滨经一路，长2000米，长水位河面宽≥80米，最小河面宽≥120米；南段：晏站河—海游港北侧，长2200米，长水位河面宽≥60米，最小河面宽≥100米。由海游港、旗门港潮汐共同影响形成的自然滩涂湿地区域，以波光粼粼得名，是横港、金鳞湖、正屿港的统称。

沙柳街道

清溪［Qīng Xī］

发源于天台县东部苍山（海拔1113.4米）东北麓，东流经天台县东部下溪头村东进入宁海县西南桑洲镇至本县沙柳街道竹山脚路廊入境，横贯整个沙柳街道，至将军山北麓，注入旗门港。全长40公里，流域面积180平方公里，县境内全长约7公里，流域面积30平方公里，宽70~120米，系山溪型常流河。因溪水清澈见底，故称“清溪”。在县境内的主要支流有书带看溪、路上周溪和溪头杨溪三条。

路上周溪 [Lùshàngzhōu Xī]

在清溪之南，发源于双尖山东北麓沙柳街道的道地坪（海拔 326 米）之西，东北流经前王村，至路上周村注入清溪。干流长约 3.5 公里。因溪主流流经路上周村得名。

白洋坑溪 [Báiyángkēng Xī]

发源于双尖山北麓，东北向流经水坑山塘，出山塘后流入大岙田水库，出大岙田水库经前王，最后经路上周流入清溪。长 4.03 公里，水域平均宽度 10 米，水域面积 0.0403 平方公里，容积 12.09 万立方米。主要功能为行洪除涝，为镇村级河流。双尖山北麓山坑群众俗称白洋坑，溪以源头流经白洋坑得名。

溪头杨溪 [Xītóuyáng Xī]

在清溪之北，发源于县境西北沙柳街道金板山南麓，向南流经坎头杨村，转东南流至溪头杨村，注入清溪。干流全长约 5.5 公里。因主流经溪头杨村而得名。

汗头岭溪 [Hàntóulǐng Xī]

金板山岭又名汗头岭，以溪源头汗头岭得名。源起汗头岭南麓，南向流经淡竹岙，最后流入清溪。长 3.1 公里，水域平均宽 7 米，水域面积 0.0201 平方公里，容积 2.79 万立方米。主要功能为行洪除涝，为镇村级河流。

山里庵溪 [Shānlǐ'ān Xī]

源双尖山北麓，东北向流经路坑山塘，出山塘后纳入前山溪，折东最后流入清溪。长 2.98 公里，水域平均宽 7 米，水域面积 0.0194 平方公里，容积 2.68 万立方米。主要功能为行洪除涝，为镇村级河流。溪以流经山里庵得名。

乌岩溪 [Wūyán Xī]

源起碳山，东北向流经岙里王，流入清溪。长 2.73 公里，水域平均宽 6 米，水域面积 0.0164 平方公里，容积 2.18 万立方米。主要功能为行洪除涝，为镇村级河流。

顺利溪 [Shùnlì Xī]

源起宁海县前童镇顺利村，南向流经岭脚村北入三门境，纳岭脚溪折西南，经龙头背纳入金板山溪，最后经白岩出三门境。三门境内长 2.76 公里，水域平均宽 9 米，水域面积 0.0235 平方公里，容积 3.87 万立方米，主要功能为行洪除涝，为镇村级河流。溪以源自顺利村得名。

书带看溪 [Shūdàikàn Xī]

在清溪之北，发源于宁海县前童镇之杨家山，南流经下山村，入本县境，转西南流经白岩村，东纳东坑水，西纳西坑水，又西南流出县境，经宁海县桑洲镇的外庵、沙地村，再进入本县境，至书带看村注入清溪。干流长 4 公里。因该溪主流流经书带看村得名。

珠岙镇

吴岙溪 [Wú'ào Xī]

以主流流经吴岙，故名。发源于临海市汇溪镇梅羊岙，东北流到廿四坑，入天台县境，再经毛楼，到岩板寺水库，汇龙潭坑水，北流经希董村，到大一村，纳分水岭之水，东南流到上界溪，入本县境。向东流至下界溪，北纳大岙之水，南纳焦坑水库之水，到东谢村，南纳外坑之水；东北流至吴岙，南纳岙里殿之水，到隔水村，西纳白岭之水；东流至高枧，北纳西吴之水，转南向东流，到胡村，流入珠游溪。全流域面积 16.25 平方公里，主源长 16.25 公里，主流长 10.1 公里。20 世纪 90 年代后，护岸砌石挡墙单岸长 13.65 公里，防洪治理区上界溪至高枧护岸长 4.79 公里。

吴岙溪，旧称语溪。唐代大学者元结任道州刺史时，十分喜欢泉清石奇，草木葱郁，环境优美的城西小溪，名为语溪。吴岙先人认为本地之溪环绕宅北，波澜渺渺，流韵涓涓，映唐峰而倒影，临旭日以浮光，其奇胜与永州语溪可以相媲美，故假其名而名之。语溪之水自西向东缓流而下，如光似练，溪水环宅，如北斗而曲折，像长蛇而蜿蜒。

珠岙溪 [Zhū'ào Xī]

发源于县境西部珠岙镇笔尖山（官田之北），东南流经洋郎村至柿树湾村，西纳官田水；往南流，经岭里村，到西陈村，西纳柿树湾、张家和岙底谢三水；到珠岙村，西纳塘岙和坎头二水；东北流至岭口村，西纳岩坑之水，北纳娄坑之水；折向东南流经溪下、梅村，至前郭、后郭村，流入珠游溪。主源长8.7公里，主流长5.7公里。该地有座山，称珠山，山前有一条溪，流经村旁而过，故又称珠溪。1981年，以该溪主流流经珠岙，故名珠岙溪。至2014年，西陈至梅村建护岸结构长7.972公里，砌石挡墙14.28公里，砌石护坡11.83公里。

塘岙溪 [Táng'ào Xī]

源起双峰尖南麓，经珠岙镇塘岙村南下，经西吴村折东，经黄罗村和小岙村公路交会处折南经百岁庵汇入吴岙溪。长4.68公里，水域平均宽2米，水域面积0.01平方公里，容积2.17万立方米，为镇村级河流。溪以流经塘岙村得名。1990年扩岸砌石挡墙左右岸加固300米。

陈岙溪 [Chén'ào Xī]

源起珠岙镇陈岗，经油麻岭折东南，经隔水汇入珠游溪。长2.16公里，水域平均宽9米，水域面积0.02平方公里，容积2.72万立方米，为镇村级河流。溪以流经陈岙村得名。2000年扩岸干砌石挡墙左右岸加固500米。

里桐溪 [Lǐtóng Xī]

源起珠岙镇青里岙村西南三门县与临海市交界处，西北流经青里岙村，经东谢村汇入吴岙溪。长3.27公里，水域平均宽5米，水域面积0.0163平方公里，容积1.63万立方米，为镇村级河流。

龙潭背溪 [Lóngtánbēi Xī]

源起临海市汇溪镇桐岩辽，北流经牛鱼坑入境，经珠岙镇小桐岩村汇入珠游溪。三门境内长2.81公里，水域平均宽21米，水域面积0.058平方公里，容积7.92万立方米，为镇村级河流。溪流经龙潭背，故名。

小桐岩溪 [Xiǎotóngyán Xī]

源起临海市汇溪镇桐岩辽，北流流经珠岙镇牛鱼坑入境，经珠岙镇小桐岩村汇入珠游溪。三门境内长2.34公里，水域平均宽21米，水域面积0.05平方公里，容积9.19万立方米，为镇村级河流。据传，古时村后有一岩洞，不时流出铜的矿砂，故称小铜岩，后演变成为小桐岩。溪以流经小桐岩得名。溪局部扩岸干砌石挡墙加固300米。

铺里溪 [Pūlǐ Xī]

源起宁海县桑洲镇里山季村，西南流经珠岙镇雌雄山北入境，折东南经珠岙镇铺里村、娄坑村汇入珠岙溪。三门境内长4.2公里，水域平均宽10米，水域面积0.04平方公里，容积9.68万立方米，为镇村级河流。溪以流经铺里得名。局部扩岸干砌石挡墙加固，长500米。

腊塔岩溪 [Làtǎyán Xī]

源起宁海市桑洲镇下高坑，南流经珠岙镇里岩坑北入境，经岭口村汇入珠岙溪。三门境内长2.51公里，水域平均宽20米，水域面积0.05平方公里，容积10.68万立方米，为镇村级河流。2014年对岭口村段进行了扩岸砌石挡墙加固，长300米。

东园溪 [Dōngyuán Xī]

北起双峰尖南麓，南流流至岙兴村折北经祥里村东园自然村汇入珠岙溪。长4.47公里，水域平均宽7米，水域面积0.03平方公里，容积6.9万立方米，为镇村级河流。溪因流经东园自然村得名。2000年对单岸挡墙进行了扩岸砌石，长2100米。

岙底谢溪 [Àodǐxiè Xī]

西起笔尖山南麓，经岙底谢村、韩联村，纳张家之水，向北汇入珠岙溪。长2.13公里，水域平均宽5米，水域面积0.0107平方公里，容积1.07万立方米，为镇村级河流。溪以流经岙底谢村得名。

亭旁镇

亭旁溪［Tíngpáng Xī］

居于县境西南中北支山脉大龙岭与中支山脉湫水山之间。民国《三门县水道图》、清光绪《宁海县志》名宁和溪。1986年以该溪干流流经亭旁全镇，且为亭旁镇的最大溪流，故名。据南宋嘉定《赤城志》记载："宁和溪在县南九十里，源出天台屈母山，北流四十里又东流一十里入海。"清初顾祖禹《读史方舆纪要》记载："宁和溪在县南九十里，源出天台诸山中，入县境北流四十里，又东流十里入海。"流域面积146平方公里，主源长28.4公里，主流长20.3公里，宽40~100米，平均流量3.74米^3/秒，属山溪型河流，系常流水。2014—2015年，建成左岸重力式结构8274米，右岸9298米，王村至尤家段防洪坝10.84公里。

发源于亭旁镇鳌岗村西南的大尖山南坡，南流经界岙村，转西南，南纳分水岭之水，西流至下梅村，北纳郭岙之水，又西流，南纳挂帘山头、坐塘、里洪三支水，自此西北流至彭家，西纳彭家西山之水；经赖家，到山头平，西纳山坑之水；北流到坑河村，东纳何家之水，西北流经横路村，到佃石水库，西纳宁和岭之水；又西北流，到湖头徐村，南汇芹溪。再西北流至湖头园村，西汇支流梅坑溪。转东北流，经上任郑，到上王村（村已废），东纳牛立峰垮水，又经石滩、王村，到下蒋村，西纳大龙岭水；到上鲍，西纳上鲍坑之水，又西纳下岙山之水，到前楼，西纳天摩山之水和坑下之水，出前楼公路桥到横山麓，与来自南、东两方向的支流南溪、湫水溪汇合，经马村，到栗柴蓬，东南汇支流岙王溪，又西纳下路朱水、石头岙水，东流至尤家，东南汇岱阜溪。东北流经小坑村，向东，经桥外王村，转北，经石岩村，出石岩公路桥，到方卢，与南来支流悬渚溪汇合，北流经大湖塘，注入海游港。主要支流有芹溪、梅坑溪、南溪、上模溪、湫水溪、岙王溪、岱阜溪、悬渚溪八条。

湫水溪［Jiūshuǐ Xī］

湫水溪，旧名东溪，以该溪主流流经湫水岙，故名。发源于县境中部亭旁镇与海润街道交界处之双尖山西坡，西经龙潭坑，到湫水寺水库，再经潘家，到格水邵西南，南纳中口水，西北流，经湫水下叶、岩头，西流到横山南麓，注入南溪。干流全长约6.5公里。2014年湫水下叶村上山自然村至前楼村700米两边溪坎加固，岩头至百亩头200米靠南边已驳坎加固。

据南宋嘉定《赤城志》记载："东溪在（宁海）县南七十五里，源出屈母山，西北三十里入宁和溪。"《明史・地理》记载："东溪，中有铁砂，冶之成铁。"清初顾祖禹《读史方舆纪要》记载："东溪源出县南九十里屈母山，中有铁沙，冶之成铁。会宁和溪以入海。"

梅坑溪［Méikēng Xī］

发源于县境西部，亭旁镇与珠岙镇交界处之梅坑岭南坡。向东南流，经里金、梅坑杨等村，到梅坑胡村，南纳梅坑胡山之水，再向东至湖头园，流入亭旁溪。干流全长约3公里。以该溪发源于梅坑岭，故名。2012年里金村外150米两岸加固。2013年梅坑杨村头150米进行加固。

芹溪［Qín Xī］

发源于临海市北部之千洋岭，东流至稻蓬岩麓，流入本县亭旁镇境。东流至泗洲堂，南纳上塘（临海市）水和龙洞岗水；到芹溪村，西纳鸣凤水；到湖头徐，入亭旁溪。干流全长约6公里。以该溪主流流经芹溪村，故名。2014年建成左右岸重力式结构2886米。

上模溪［Shàngmó Xī］

发源于县境西南亭旁镇项家山村西，北流到东湖，东纳上段水；又经虎陇头、申改卢，到陌更，西纳银坑庵水，又经朱模、上岩、狮岭等村，流入亭旁溪支流南溪。干流全长约5公里。以该溪主流流经上模（片村名），故名。

南溪［Nán Xī］

发源于县境西南，亭旁镇之鸟田，经半岭堂，到赖岙村，西南纳鳌岗水，东北纳岙坑里水；向西北流，经周山、方田、龚家、韩家、南溪五村，到石门坑水库，再北流到刘家（这一段古称鲸溪），东纳小林山、梅家坑之水；再转向西流，经铁场、寺前岩，到包家两头沸，西南纳上楧溪。自此向北，流经叶家庄，到上蔡，东纳坑洪水；经沙地、东王，到横山，东纳湫水溪，向北流入亭旁溪。主源长12.7公里，为亭旁溪的最大支流。以该溪位居亭旁之南，故名。2014年建成左岸重力式结构3064米，右岸589米；左岸护岸4988米，右岸8208米。

岙王溪 [Àowáng Xī]

发源于县境中部，亭旁镇与海润街道交界处之湫水山西坡。西北流经岙王、上钱、邵家、马村，至栗柴蓬，流入亭旁溪。干流全长约4公里。以该溪主流流经岙王（片村名），故名。2015年佛殿至外陈桥头300米两边溪坎已加固。

健跳镇

浮门溪 [Fúmén Xī]

源起田岙岭，西北向经浮门村流入浮门水库，自浮门水库西向经市弄塘自然村流入万余塘溪，入岙口塘港，最终汇入健跳港。长2.74公里，水域平均宽8米，水域面积0.0228平方公里，容积2.02万立方米，为镇村级河流。溪以流经浮门村得名。2010年对溪左右岸进行了加固，长3000米。

梅家岙溪 [Méijiā'ào Xī]

源起白岩前村梅家岙自然村，流入岙口塘港，最终汇入健跳港。长2.41公里，水域平均宽5米，水域面积0.0121平方公里，容积1.21万立方米，为镇村级河流。溪以源于梅家岙自然村得名。

岙口溪 [Àokǒu Xī]

源起白岩山西麓，东北向经田岙、岙口村，流入岙口塘港，最终汇入健跳港。长2.10公里，水域平均宽5米，水域面积0.0105平方公里，容积1.05万立方米，为镇村级河流。溪以主要流经岙口村得名。2012年对左右岸堤坝进行了加固，长1500米。

毛张溪 [MáoZhāng Xī]

源起尖峰西麓，东北向经毛叶、毛张村，流入岙口塘港，最终汇入健跳港。长2.31公里，水域平均宽5米，面积0.0116平方公里，容积1.16万立方米，为镇村级河流。溪以主要流经毛张村得名。

下叶溪 [Xiàyè Xī]

源起白象岩南麓，东北向流入下叶水库，折东经白岩前村，汇入岙口塘。长3.75公里，水域平均宽8米，水域面积0.03平方公里，容积6.56万立方米，为镇村级河流。主要流经原东郭乡下叶村（该村在建水库时迁移），以所在地得名。

岙口塘溪 [Àokǒutáng Xī]

发源于健跳镇上陈横坑，东流到下叶水库，又经白岩前、外护山，转东北流，东纳毛张、毛叶、毛王之水，转北流，入岙口塘，东纳岙口水；到小宅塘，西纳小宅水；到肖湾，转东北流；到岙口塘村，出岙口塘闸，流入健跳港，全长10公里。岙口塘前身是永安塘、永兴塘，于1939年筑成。因塘基欠固，新中国成立不久，以岙口村群众为主，进行扩建、加固后，统称岙口塘。在岙口公社安排下逐步移民定居，后以塘名村。以该溪主流流经岙口塘和岙口塘村得名。

岙口塘港 [Àokǒutáng Gǎng]

源起毛张村石桥自然村，东北向纳毛张溪折北，经小宅村肖湾自然村折东北，汇入健跳港。长7.38公里，水域平均宽66米，水域面积0.4901平方公里，容积54.4万立方米。主要功能为行洪除涝、蓄水灌溉，为镇村级河流。以该港主流流经岙口塘和岙口塘村，故名。

石斗门溪 [Shídǒumén Xī]

源起横渡岭东麓羊角尖，东向流，纳入牛场溪折东北，西纳牵牛港溪折东汇入罗岙水库，流入健跳港。长3.18公里，水域平均宽4米，面积0.0127平方公里，容积1.27万立方米，为镇村级河流。原名罗岙溪，2010年水利普查时改为石斗门溪。

西渡岭头溪 [Xīdùlǐngtóu Xī]

源起倒禁山东麓西渡岭头，东北向流经西渡村折北，经西渡庄折西北流经西渡斗门汇入海游港。长2.33公里，水域平均宽6米，水域面积0.0141平方公里，容积1.87万立方米，为镇村级河流。溪以源起西渡岭头得名。2014年对两侧堤坝进行了加固，长1000米。

小蒲溪 [Xiǎopú Xī]

源起倒禁山西麓，北流经小蒲村汇入海游港。长2.01公里，水域平均宽5米，面积0.0101平方公里，容积2.01万立方米，为镇村级河流。溪以流经小蒲村得名。2007—2009年分两期建造堤坝，长1000米。

罗岙溪 [Luó'ào Xī]

发源于县境北部横渡镇羊角尖山东北坡，向北流，进入健跳镇，西纳郑公山之水，北纳西渡岭之水；三水会合后向东流，经罗岙（废村），到罗岙水库，流入健跳港。干流全长3公里。以该溪主流流经罗岙（废村），故名。

大沙港 [Dàshā Gǎng]

该港位于健跳镇中部，两岸多泥沙流入港中，故名。河岸线高程0.21~1.83米，河道长2.14公里，正常高水位水域面积0.1457平方公里，容积15.43万立方米，水域面积0.146平方公里，容积16.86万立方米，有部分淤积。

芦塘港 [Lútáng Gǎng]

两岸多芦苇，北邻山后塘与盖门塘，故名。位于县政府驻地东23公里，东至盖门港，南靠乾岙村山后自然村，西与健跳港相连，北邻山后塘村，属健跳港流域。河道长1.98公里，正常高水位水域面积0.1134平方公里，容积12.29万立方米。有淤积，大雨时常漫堤。历史上是一片海滩，系健跳港向东北延伸所成。

盖门塘港 [Gàiméntáng Gǎng]

位于县政府驻地东部23公里。河岸线高程−0.84~1.2米，河道长1.77公里，正常高水位水域面积0.1904平方公里，容积24.25万立方米，水域面积0.1904平方公里，容积27.78万立方米。历史是一片海滩，东至前潭村，南岸临狮子头山与狮子头村，北岸连盖门塘村，西与芦塘港相连，注入健跳港。

横渡镇

桥头溪 [Qiáotóu Xī]

发源于县境西南亭旁镇七乌岭，向东流，经便岭坑、丈家坑到王岐庄，南纳峙洋水库之水；北流到岩下潘，西纳荞麦地之水，东纳东吴水；到善见，西纳稻秆棚山之水；自此东流到桥头村，南纳源出于花桥镇岔坑和黄泥头的岩下罗水；再东流，到白溪村，流入白溪。河流上游岩下潘堰坝以上是长流水，桥头村附近为伏流。流域面积为92平方公里，属一级水。桥头溪，以该溪上游王岐庄和岩下两水在桥头村丈家山堂（清光绪《宁海县・志分图二十六》标“永志堂”）汇合而成，故名。

长林溪 [Chánglín Xī]

发源于县境西南之亭旁镇石竹坑，南流到洞桥庵，西纳山隍岭之水；东流到横渡镇倒洞，南纳葫芦田、老鹰尖头、杉树林湾、下坑口四条水，再东北流经橙子坛，到长林，西纳双狮子山、水牛背脊山之水；东流到南林，南纳南林山之水，北纳龙孔山之水；经坎下金，到木里湾，与东屏溪会合，流入白溪。主源长13公里，宽10~14米，最高洪水位2.5米，属二级支流。1986年版《三门县地名志》标“长林坑”，以该坑主流流经长林村得名。

小横渡溪 [Xiǎohéngdù Xī]

发源于县境南部花桥镇帽尖山北坡，东北流，经长山头，到王申坦水库，又经八岭头、横渡镇唐家、庄四岙，到岭根陈，西纳岭根陈水；到小横渡，东纳仙岩岭水，西纳野山水，转北流，又东纳姜山头水，到下山头，流入健跳港。流域面积20.4平方公里，主流长10.2公里，宽15米，属山溪型河流。以该溪主流流经小横渡村，故名。

白溪 [Bái Xī]

居于中支湫水山与中南支石笋山之间，发源于湫水山主峰王戏梁北坡，向东流，南纳双尖山之水；又东流，北纳老鹰岩之水；再东流，南纳稻蓬山和龙孔山等五条水，北纳大茶园和天梯山两条水；到大岙坑，北纳白栲岭、西坑岭西条水；至此，折向南流，东纳龙母山两条水；到上角头，西纳青龙山之水；到东屏，东纳龙母山之水；经眠牛山麓，到木里湾，西汇支流长林坑。东南流至白溪村，有支流桥头溪自西来汇。又向东转东北流，经南豪水泥桥到大横渡，北纳源于龙母山的上王水；到横渡刘，北纳桂桥岭水；东流到下罗山北麓，流入健跳港。全流域面积 115.5 平方公里，主源长 16 公里，属山溪型河流。据东屏《陈氏宗谱》记载，清人陈正升《咏屏山舆图》诗有“横溪白石如银砌”之句，即形容此溪石之白，故前人以白溪命名。白溪溪床宽阔，多银白色鹅卵石，一望如万千鹅蛋垒砌于溪道中，水波粼粼，银蛋闪闪，交相辉映，前人谓之白溪。

岩下溪 [Yánxià Xī]

发源于县境南部花桥镇帽尖山西坡，向北流到朝阳水库。出水库经上房、岩下、溪洋等村，在桥头公路桥下流入桥头溪。流域面积 19 平方公里，主源长 8.1 公里，宽 10~20 米，历年高洪水为 2.5 米，系二级支流。以该溪主流流经岩下村得名。

石仓岙溪 [Shícāng'ào Xī]

源起石笋山北麓，北向流经石仓岙村，最后汇入健跳港。长 2.46 公里，水域平均宽 5 米，水域面积 0.0123 平方公里，容积 1.23 万立方米。主要功能为行洪除涝，为镇村级河流。溪以流经石仓岙村得名。

鬼叫岭溪 [Guǐjiàolǐng Xī]

旧称桂桥岭溪、佹桥岭溪。源起大横渡岭南麓，东南向流经横渡刘自然村，西纳湾塘溪，最终汇入白溪。长 4.29 公里，水域平均宽 10 米，面积 0.0429 平方公里，容积 8.58 万立方米。主要功能为行洪除涝，为镇村级河流。溪以源自鬼叫岭得名。

湾塘溪 [Wāntáng Xī]

源起龙母山南麓，东南向流经大横渡村上王、许家山自然村，到大横渡村折东北纳入鬼叫岭（桂桥岭、佹桥岭）溪，最后汇入白溪。长 4.55 公里，水域平均宽 8 米，水域面积 0.0364 平方公里，容积 5.46 万立方米。主要功能为行洪除涝，为镇村级河流。溪以流经湾塘得名。

独井坑溪 [Dújǐngkēng Xī]

源起龙母山西麓，西向东屏村上角头自然村折南汇入东屏溪。长 3.15 公里，水域平均宽 6 米，水域面积 0.0189 平方公里，容积 2.52 万立方米。主要功能为行洪除涝，为镇村级河流。溪以流经独井坑得名。

东屏溪 [Dōngpíng Xī]

源起双尖山东北麓，东经大岙林区、东屏村大岙坑自然村，折东南经上角头、水坑、东屏汇入长林溪。长 10.06 公里，水域平均宽 46 米，水域面积 0.3005 平方公里，容积 64.49 万立方米。主要功能为行洪除涝、灌溉，为镇村级河流。溪以流经东屏村得名。

荞麦地溪 [Qiáomàidì Xī]

源起稻杆棚山，东向汇入白溪。长 2.71 公里，水域平均宽 5 米，面积 0.0136 平方公里，容积 1.36 万立方米。主要功能为行洪除涝，为镇村级河流。

十八肩岭溪 [Shíbājiānlǐng Xī]

源起临海市与三门县交界的十八肩岭，西北向经松树坑村，纳入岩门溪，折东北汇入白溪。长 2.07 公里，水域平均宽 5 米，水域面积 0.0104 平方公里，容积 1.04 万立方米。主要功能为行洪除涝，为镇村级河流。

大坑溪 [Dàkēng Xī]

源起横渡岭东麓，东南向经铁强村，汇入健跳港。长 3.93 公里，水域平均宽 5 米，水域面积 0.0196

平方公里，容积1.96万立方米。主要功能为行洪除涝，为镇村级河流。溪以流经大坑得名。

潭井溪 [Tánjǐng Xī]

源起山隍岭南麓潭井，东北向流经葫芦田村后纳杉树林溪，折东北汇入长林溪。长3.9公里，水域平均宽8米，水域面积0.0312平方公里，容积4.86万立方米，为镇村级河流。山隍岭南麓山泉汇集成潭形似井，故名潭井，溪以源自潭井得名。

花桥镇

花桥溪 [Huāqiáo Xī]

居于县境南部，中南支山脉石笋山与南支山脉长大山之间，以此溪主流流经花桥得名。源出花桥镇长大山倒尖峰，西北流至里院水库，转东北流，经方前，至双洋，南纳盐坑岭水，到溪头，东纳上潘水，北流，经下洋毛，至花桥，西汇甘东岙溪。再北流到两头门，西纳四周岭和西坑岙二水，东北流至白湾山麓，北纳八岭水，到海头，南纳上苏水；北流到关头，转东流至白连山南麓，出红旗塘闸，流入浦坝港。主要支流有甘东岙溪。流域面积38.9平方公里，主源长12公里，干流长10公里，为山溪型河流。2014年溪坝两岸加固400米。

后溪山溪 [HòuXīShān Xī]

源起上潘岭东北麓，东北向流经吴都，纳入黄溪，注入吴都溪。长2.57公里，水域平均宽5米，面积0.0129平方公里，容积1.29万立方米。主要功能为行洪除涝，为镇村级河流。吴都村西部溪流群众俗称后溪，紧靠溪流的山称为后溪山，溪以流经后溪山得名。2010年新建、改道堤坝2700米。

两头门溪 [Liǎngtóumén Xī]

源起冒尖山东麓，东向流经两头门，最后流入花桥溪。长3.23公里，水域平均宽6米，面积0.02平方公里，容积3.75万立方米。主要功能为行洪除涝，为镇村级河流。溪以流经两头门村得名。2003年新建堤坝1000米。

小溪岭溪 [Xiǎoxīlǐng Xī]

源起南丰岭北麓，东北向流经甘东岙，到上宅处流入花桥溪。长3.12公里，水域面积0.03平方公里，容积5.86万立方米。主要功能为行洪除涝，为镇村级河流。南丰岭又名小溪岭，溪以源头小溪岭得名。

里院溪 [Lǐyuàn Xī]

源起长大山西麓，西北向流入里院水库，出水库折东北，流经方前，到溪头村流入花桥溪。长2.12公里，水域平均宽9米，面积0.02平方公里，容积4.59万立方米。主要功能为行洪除涝，为镇村级河流。溪以主流流经里院村（里院村因修里院水库迁移）得名。2003年新建堤坝1850米。

蒲峰港 [Púfēng Gǎng]

位于县政府驻地东南22.5公里。东连花桥港，南滨下岙方村，西穿关小线，北抵李家岙溪闸、连峰塘老闸，属花桥港流域。河岸线高程-1.59~3.44米，河道长4.02公里，正常高水位水域面积0.2777平方公里，容积48.19万立方米，水域面积0.2817平方公里，容积68.18万立方米。该港位于蒲峰村南，以村名命名。历史上是一片海滩，新中国成立后围涂建塘，现港居中间。

甘东岙溪 [Gāndōng'ào Xī]

发源于县境南部花桥镇狮子头东北坡，东北流至甘东岙，北纳天灯盏之水；到花桥，流入花桥溪，主流径长13公里。古代此山岙中盛产柑桔、桐子，人称柑桐岙，后演化为甘东岙。溪以村名得名。

吴都溪 [Wúdū Xī]

发源于县境南部花桥镇上潘岭东坡，东流至小岭水库，转东北流至吴都，东纳李岙水，往北流，西纳双龙角、上郑两水，东纳茗岙水，东北流至下沙山，流入浦坝港。全长5公里。以溪主流流经吴都村，故名。旧名鉴溪，清代冯甦《山场柯氏宗谱序》记载："其地饶，其风醇，有洞曰"朝阳"，其溪曰'鉴溪'，其桥曰'柯桥'，其山曰'大雄'，皆名贤硕彦之所钓游，卿士大夫之所憩息，列诸旧乘，灿然可观，而余得取之，以光我台邦矣。”2012年新建、改道堤坝2800米。

浦坝港镇

山后岭溪［Shānhòulǐng Xī］

源起狮子山北麓，东向流注入仙岩水库，折东南流经后陈再折东，汇入永丰塘溪，最终流入浦坝港。长2.63公里，水域平均宽5米，水域面积0.0131平方公里，容积1.31万立方米。主要功能为行洪除涝，为镇村级河流。位于狮子山北，溪以主流流经山后岭得名。

永丰塘溪［Yǒngfēngtáng Xī］

源起仙岩岭南麓，东南向流经下岙堂再折南，最后流入浦坝港。长3.26公里，水域平均宽度5米，水域面积0.0163平方公里，容积1.63万立方米。主要功能为行洪除涝，为镇村级河流。永丰塘原名狗屿塘，1963年12月动工修建，1967年10月完工，围垦面积1206亩，作物旱涝保收，提高农作物产量，遂改名为永丰塘。溪以主流流经永丰塘得名。

岩下洋溪［Yánxiàyáng Xī］

源起狮子山南麓，东南向流经后陈村岩下洋自然村，经唐家自然村折向南，最后流入浦坝港。长2.08公里，水域平均宽3米，水域面积0.0062平方公里，容积0.31万立方米。主要功能为行洪除涝，为镇村级河流。溪以主流流经岩下洋自然村得名。

洞前坑溪［Dòngqiánkēng Xī］

位于浦坝港镇，源起四顾基山南麓，东向经前山，折南流经戴家，最后流入里陈坑溪。长5.11公里，水域平均宽6米，水域面积0.0307平方公里，容积4.09万立方米。主要功能为行洪除涝，为镇村级河流。四顾基山西麓有一山洞名为老虎洞，该洞正对山坑，人们把此山坑称为洞前坑。溪以主流流经洞前坑得名。2014年底列入省级小流域山洪沟防洪治理项目，新建砌石护岸、蓄水堰坝长2.5公里。

北坑溪［Běikēng Xī］

源起高背山东麓，南向经里宅村北坑自然村，最后流入里陈坑溪。长2.37公里，水域平均宽3米，水域面积0.0071平方公里，容积0.35万立方米。主要功能为行洪除涝，为镇村级河流。溪以主流流经北坑自然村得名。

渔溪岭溪［Yúxīlǐng Xī］

源起渔溪岭东麓，东向经山里、里宅村，最后流入里陈坑溪。长2.5公里，水域平均宽3米，水域面积0.0075平方公里，容积0.37万立方米。主要功能为行洪除涝，为镇村级河流。以溪源自渔溪岭得名。

里陈坑溪［Lǐchénkēng Xī］

源起黄落山北麓，北向流入下里陈坑水库，折东北经里宅，折东纳渔溪岭溪后折东南，最后流入东海。长5.83公里，水域平均宽6米，水域面积0.035平方公里，容积4.66万立方米。主要功能为行洪除涝，为镇村级河流。因村宅建于山弯里边，且村民皆姓陈，称里陈坑，后来村因修建下里陈坑水库迁出，溪以源头里陈坑得名。

石门溪［Shímén Xī］

源起双峰山南麓，东向流经庙岭村张家、方家自然村，汇入石门水库。石门水库以下称小雄溪。长2.02公里，水域平均宽4米，面积0.0081平方公里，容积0.81万立方米。主要功能为行洪除涝，为镇村级河流。溪以主流流经石门村得名。

埠头溪［Bùtóu Xī］

源起大雄岭南麓，南向流经埠头村折东，汇入山场溪。长2.08公里，水域平均宽3米，水域面积0.0062平方公里，容积0.31万立方米。主要功能为行洪除涝，为镇村级河流。溪以流经埠头村得名。

岙底方溪［Àodǐfāng Xī］

源起大雄岭西南麓，西南向流经岙底方村折南，经岩头谢村折东南汇入山场溪。长2.39公里，水域平均宽3米，水域面积0.0072平方公里，容积0.72万立方米。主要功能为行洪除涝，为镇村级河流。溪以流经岙底方村得名。2005年结合村内机耕道路建设，对河道进行了综合整治，新建砌石堤坝200米。

桥头坑［Qiáotóu Kēng］

源起沿坑岭南麓，东向流经五小柱村大岙自然村折东南，经山场村汇入山场溪。长4.15公里，水域平均宽10米，面积0.04平方公里，容积7.42万立方米。主要功能为行洪除涝，为镇村级河流。溪以流经桥头坑得名。2011年、2012年被列入“清水绿廊”项目，新建砌石堤坝、蓄水堰坝等长1600米。

上董溪［Shàngdǒng Xī］

源起长大山南麓，南向流入岙里坑水库，出水库经上董村折东南，最后到胡家峙村汇入山场溪。长2.15公里，水域平均宽5米，水域面积0.0107平方公里，容积1.07万立方米。主要功能为行洪除涝，为镇村级河流。溪以流经上董村得名。2014年右岸胡家峙村和西岑村段水毁工程修复改造加固堤坝长555米。

小雄溪［Xiǎoxióng Xī］

发源于县境南部，浦坝港镇小雄西之双峰山，东流经庙屿村张家、方家自然村，到石门水库，转东南流，到五支岙村，北纳坑林水，经下畔，到长浦庄，南纳泗淋水，到丁家峙（金家峙）塘，出洞港闸，注入洞港。以该溪流经小雄，故名。2013年被列入“清水绿廊”项目，新建砌石堤坝、蓄水堰坝等长1.3公里。

山场溪［Shānchǎng Xī］

居于县境南部，长大山东支与东南支之间，发源于临海市山炮岭北坡，入县境后，继北流，到塔坑，西纳发源于临海雷家坑的金家水；东北流，到西岑，西北纳长大山、麻车坑之水；转东流，到山场村，北纳后塘、外坦之水；东南流，到岩头谢，北纳岙底方水；到下大桥，北纳埠头水；转东流，到官塘，北纳王沙水；东南流，到洞陡门，南纳临海县北涧水；转东北流，到下道头，北纳西庙之水；东流到金家峙之南，出天德闸，注入洞港上游。流域面积26.03平方公里，主源长7.4公里，干流长5.9公里，宽13~24米，为山溪型河流。以该溪主流流经山场村而得名。2010年被列入“清水绿廊”项目，整治河道长1.3公里。2014—2015年被列入小流域治理项目，治理长6公里。

芝麻港［Zhīmá Gǎng］

发源于县境东部浦坝港镇岭上炮台山，西流至路下水库，转西北流至路头王，北纳浬浦水；再转西南流至圩岙塘，西纳丁山脚之水，南流至建设塘，流入浦坝港，长8公里。

金峙河［Jīnzhì Hé］

位于浦坝港镇沿海工业城原赖峙涂海塘，故名。起自金塘路西端，止于雁南路西端，南北走向，长2158米，宽25米。2015年5月命名。

耀金河［Yàojīn Hé］

位于浦坝港镇沿海工业城。起自金塘河西端，止于兴港河中端，南北走向，长991.48米，宽25米。耀金，“跃金”的谐音，像金光跳动闪烁，出自宋范仲淹《岳阳楼记》“浮光跃金”，故名。2015年5月命名。

长清河［Chángqīng Hé］

位于浦坝港镇沿海工业城。起自金塘河中端，止于雁汀湖中端，南北走向，长2339.69米，宽25米。长清为“常青”谐音，喻源远流长，永不衰败，故名。2015年5月命名。

金波河［Jīnbō Hé］

位于浦坝港镇沿海工业城。起自金塘河东端，止于雁汀湖东端，南北走向，长2521.83米，宽25米。金波谓月光，故名。2015年5月命名。

万兴河［Wànxìng Hé］

位于浦坝港镇沿海工业城。起自兴港大道东端，止于牛头门海塘，南北走向，长896.86米，宽25米。万兴，意为家和万事兴，故名。2015年5月命名。

金塘河 [Jīntáng Hé]

位于浦坝港镇沿海工业城。起自耀金河北端，止于金波河北端，东西走向，长 1698.73 米，宽 25 米。金塘，坚固的石塘，喻其坚固若金，故名。2015 年 5 月命名。

盐城河 [Yánchéng Hé]

位于浦坝港镇沿海工业城。起自赖峙涂，止于万兴河北端，东西走向，长 3678.14 米，宽 25 米。沿海工业城旧为三门盐场，有盐城之称，故名。2015 年 5 月命名。

雁汀湖 [Yàntīng Hú]

位于浦坝港镇沿海工业城。起自牛头门海港，止于金波河，东西走向，长 2652.32 米，宽 40 米。因处雁汀湖湿地公园之中，故名。2015 年 5 月命名。

第六节 潭、泉、瀑

海游街道

隐迹潭 [Yǐnjì Tán]

在海游街道松门村后双峰尖龙王殿右。民间相传有龙居住在三井潭，为居民所污，遂徙居隐迹潭。据清光绪《宁海县志》记载："隐迹潭。县南五十里下叶村后双峰尖，相传有龙潜三井潭，为居民所污，徙此。有樵者至，见一潭甚清而深，心异之，结茅为记，后觅不得，故以此名其潭。云起雨意电浓，逢湫水云发，旋即散去，佥云未受封故也。光绪间，章孝廉文鼐、万尚书青藜题请，敕封双峰尖灵异龙王神，赐额曰'澍霖广被'，万尚书书。"

羊岩潭 [Yángyán Tán]

据清光绪《宁海县志》记载："县西南六十里，在上叶村，祷雨必应。"

石城飞瀑 [Shíchéng Fēipù]

海游街道北有石城山，山中有古佛洞，洞右为悬崖绝壁，远眺如石城，故名。据清光绪《宁海县志》记载："石城山，岩石横列如城垣。"石城山石壁陡峭，壁如刀削，上有飞瀑如白练，喷珠溅玉，声达数里，为海游一大景观。特别是雨后，气势更为壮观，巨瀑飞流直下，如同银河漏底，化作玉珠纷飞。夕阳西下，瀑水流金泻银，仿佛从天而降，烟霞升腾，弥漫山野，隔远眺望，飞瀑恰似千仞白布，挂在悬崖峭壁上，蔚为壮观。石城飞瀑为海游旧八景之一，有诗云：海国山城镇一隅，金陵会此擅雄图。云开猛掷千寻练，雨过高倾万斛珠。破石频教惊霹雳，望洋未许叹江湖。天边睥睨今如旧，封得丸泥百二石。

珠岙镇

脚桶潭 [Jiǎotǒng Tán]

在珠岙镇高枧村山井坑中段，潭中的水呈绿色，常年不涸。因形如脚桶，人们称它为"脚桶潭"。

大松潭 [Dàsōng Tán]

据清光绪《宁海县志》记载："旧志府志县西南六十里，潭有三。上潭险绝，无径不可登。中潭圈圆如井，有瀑布，水清浅龟鱼可数，名煎茶潭。下有径三丈许，外隘内宽，水绀色莫知浅深。"

惠泉 [Huì Quán]

在麻岙岭南侧半岭，据清光绪《宁海县志》记载："麻岙岭，旧名黄公岭，西有惠泉，明曹令学程建亭其上。"明代宁海县令曹学程并题《惠泉》诗一首："泉脉发山椒，清洌有余味。挹之不盈勺，涓滴杂莽蔚。我来问鬘之，玉壶胜然沸。寒光照毛发，冷液彻肌胃。行道渴者甘，达浍耕者灌。谁将惠泉名，惠而不为费。"

亭旁镇

湫水潭［Qiūshuǐ Tán］

在湫水山东麓，据南宋嘉定《赤城志》记载："在县东南一百里，一名玉溪，旧传吴尚书屈晃生子坦，坦偕其母隐于此，寻化为龙，母亦尸解葬其处，世所谓龙母山也。隋开皇九年，僧智顗自建业至，薄暮，睹一大厦，莫知何所。扣户有老妪出迎，顗已悟为龙，遂托宿焉。姥云师远来何以幸教，遂为铺说，且戒曰'旱宜施'。姥受令，惟谨。翌日顗去，回视其处，已成湫矣。按州城隍庙记既指为屈坦，今又以坦为湫水龙，则是一人而主二祠，岂神之变化固无方耶(乾道四年，加封城隍诰词云：至今台岭之人想见玉溪之迹与母俱隐，既著一时之令名，于民有功，宜膺千载之命祀云)。"

大泽潭［Dàzé Tán］

据清光绪《宁海县志》记载："大泽潭，县南七十里亭旁镇西南大龙山上。宋绍圣三年（1096年），令高述尝祷雨刻赞。旧志作西南一百里误。"

健跳镇

小蒲飞瀑［Xiǎopú Fēipù］

位于健跳镇小蒲村滴水岩。飞瀑从峰峦叠翠的滴水岩上倾斜而下，犹如白绸飘荡，水花飞溅，喷珠撒玉，光辉耀眼，好像"水花如明珠，万斛从天落，飞瀑似素练，千丈动地来"。最大落差70米，最大宽6米。

龙潭坑双折瀑［Lóngtánkēng ShuāngzhéPù］

位于健跳镇三岔村龙潭坑，以所在地得名。最大落差105米，最大宽度8米，是本县著名的瀑布胜景之一。瀑布二折，犹如巨匹白练折续悬挂而下。上潭瀑水如翡翠碧玉，潭水清澈见底；下潭则浪花翻滚，涛声震耳，顺溪而下。真有"冲开绝壁烟云喷，响彻深林虎豹惊"之势。这里群峰峥嵘，悬崖陡峭，一泉飞瀑，呼啸而下，轰然捣潭，雾霭横飞，水点蒙蒙。太阳照处，呈现七色彩虹，游人至此顿觉心神缥缈，有置身于桃源仙境之感。

第二章 海域实体

第一节 群岛

浦坝港镇

五子岛 [Wǔzǐ Dǎo]

位于县政府驻地东约40.5公里，在三门岛西北，三门湾口中部。由相对集中、相距很近的青士豆、鸡笼山、猫头山，小踏道、长口舌、猪头山、踏道山、干山8个岛和门头礁、百亩田礁、拗斗礁、大泥礁、黄胖礁、赖孵礁、板琴礁7处礁组成。岛区呈西北—东南向，最高点踏道山海拔83.7米，长约3.5公里，宽约2.5公里，岛礁总面积约0.72平方公里。因由主岛踏道山和小踏道、干山、鸡笼山、青士豆五个较大的岛屿组合，故称"五子岛"。群岛基岩为火山岩，多裸露，少表土，盛长禾草和白茅。脊椎动物有海鸥、蛇、鼠等。有季节性渔点（张网），无人定居，均系荒岛。

群岛东、西两侧各有一条水道，水域宽阔。东侧水道水深8~10米，西侧水道水深2~7米。踏道山西北2.5公里处的平礁上，建有灯桩，一闪10秒13米7海里。群岛附近海区曾盛产经济鱼类，近几年产量剧降。

三门岛 [Sānmén Dǎo]

位于县政府驻地东44公里，在五子岛东南，三门湾口中部。由相对集中，相距很近的龙塘山、燕坤山、龙头、丁桩4个岛和门口礁、小燕礁、豆腐岩、碎末礁、燕西礁、龙珠礁6处礁组成。岛区呈西～东向，最高点燕坤山海拔55.8米，长约1.5公里，宽约1公里，岛礁总面积约0.23平方公里。三门岛，以位居三门湾口中部，为进入三门湾的第一个群岛，故名。

群岛基岩属火山岩，少树木，多茅草，有海鸥、乌鸦等鸟类，也有老鼠等脊椎动物，岸边有贝类。岛上早年曾开垦过，现已抛荒。岛区岸线曲折，有船舶避风之处。龙塘山、燕坤山有临时渔民生活点。主岛龙塘山北侧，建有灯桩，一闪4秒29米7海里。

泽山岛 [Zéshān Dǎo]

位于县政府驻地东南46.3公里，在三门湾口南部，扩塘山东南，猫头洋中。由相对集中，相距很近的西泽、东泽、北泽、南泽、口门屿、马鞍山6个岛和箬帽礁、西泽礁、大靠背、小靠背、三眼礁、南礁、南泽礁7处礁组成。岛区呈南—北向，最高点南泽岛海拔81.1米，长约3.5公里，宽约2.5公里，岛礁总面积约1.15平方公里。群岛基岩为火山岩，多沙土，盛长白茅，间有少量马尾松和小灌木丛。常有野兔、黄莺和蛇等出没。

据民国《临海县志》卷三记载："泽山，在县东二百八十里海中（《赤城志》按旧志海中之山，其里数皆以水程计），有南泽、北泽二山，总名泽山，上有居民。"可见，泽山之名，至少已有七百多年的历史。根据沿海群众习称，1984年12月命名为泽山岛。

第二节　岛

健跳镇

长屿 [Zhǎng Yǔ]

位于县政府驻地东约29.4公里，灶窝山之北约650米，西北至东南走向，略呈长方形。近陆距离3.83公里，岸线长1025.1米，面积0.0318平方公里，最高点海拔34.1米。岛由岩石组成，部分裸露，局部长灌木、禾草。设有灯塔，双闪6秒41米7海里。以岛形状窄长，故名。

灶窝山 [Zàowō Shān]

位于县政府驻地东29.8公里，田湾岛之北，满山水道与猫头水道之间。近陆距离3.57公里，岸线长3223.7米，面积0.3186平方公里，南北各有山嘴向外伸出。岛上多丘陵，最高点海拔77.7米，白灰黑色的岩石组成，生长稀疏松树、茅草和芒萁，土质较肥，宜于种植旱地作物。岛四周多为泥质滩涂，近岸为沙砾，部分为岩石滩。泥滩自然生长蛏子、泥螺、蛤蜊以及部分水草。近浅海处可以张网捕虾，岛上无人定居。该岛南面有一泥滩，三面环山，形似锅灶的灶膛，当地群众称为灶窝，故名。

竹屿 [Zhú Yǔ]

位于县政府驻地东29.5公里，田湾岛以西约500米处，呈西南—东北走向。近陆距离2.84公里，岸线长428.9米，面积约0.02平方公里，最高点海拔34米。由火山岩组成，四周为陡崖。岛上长有白茅、狗尾草及小量水竹。无人定居，是个荒岛，设有灯塔。该岛历史上曾盛长水竹，故名竹屿。

田湾岛 [Tiánwān Dǎo]

位于县政府驻地东29.3公里，北隔鹿颈门水道与灶窝山岛为邻，东为满山水道。离满山岛约5公里，南临青门水道与下万山岛隔水相望，西为猫头水道，距大陆最近点健跳镇娘娘殿岗2.8公里。因村民在岛上的两山山弯间辟有耕地数十亩，故名田湾。南北长约2公里，东西宽约0.65公里，最狭处约0.4公里，海岸线长约7.599公里，面积约1.6755平方公里。北为田湾山，海拔177.1米，南为青门山，海拔195.5米。岛的四周有大小8处山嘴，较大的有东面的象鼻嘴和西面的涂盲嘴。岛的基部由火山凝灰岩组成，周围的滩涂多砾石和泥滩。岛上的野生动物有山鼠和蜥蜴等。山上长有芒萁、茅草，种有马尾松。

岛上的田湾自然村，属健跳镇盐灶村管辖。有水田16亩，旱地40多亩，养殖塘近500亩，周围还有大片可供养殖的海涂。解放初期，黄鱼盛发时，岛上设过水产加工场，今旧址犹存。1953年解放军剿匪部队在青门山主峰上所建的瞭望台亦留旧址。西侧沙滩为烈士章月华的牺牲地。

下万山 [Xiàwàn Shān]

位于县政府驻地30.6公里，满山水道与猫头水道之间，青门水道之南，呈西北—东南向。东湾嘴头之东有一连体明礁，近陆距离4.28公里，岸线长5768.9米，面积0.5998平方公里，最高点海拔109.8米。火山岩组成，多沙土，长有成片马尾松和小片箬竹林，其他多为白茅、芒萁等，并有蛇、鼠及鸟类栖息。有一积水潭，为重要淡水源。因该岛位于青门山之南，群众俗称“下爿山”，后谐音演变为“下万山”。曾用名“南礁”，清光绪《宁海县志·分图十九》即标此名。

满山 [Mǎn Shān]

位于县政府驻地东35.3公里，满山水道东侧。近陆距离8.74公里，岸线长2702.8米，海岛面积0.1818平方公里。山之南和西南各有一连体小山，南山海拔50.9米，西南山为10.5米。由红色岩石组成，表层风化成土，多长白茅、萱草、芒萁及杜鹃、麻栎等乔木、灌木丛。动物有雉鸡、鼠、蛇等，潮间带生长贝、螺等。山顶和北坡局部栽种小片马尾松。土质肥厚处曾辟为耕地，种植番薯、麦类等旱地作物，现已停垦还林。东、西山岙有两处地下水汇流，流量约0.01米^3/秒，筑有山塘，水味甘冽，供来岛渔民饮用，但干旱季节，则经常断流。东南山麓有平屋四间，西北山坡有简易平屋三间，为渔民来岛时临时居住。岛的东岸有岩石堆砌的简易码头一座。满山由东西两岛组成，中隔一条水道，因海浪夹带卵石不断冲积，年长日久，成为一条天然卵石堤坝，连接两岛，高潮时亦能徒步通过。岛的东岸崖壁陡峭，水深

10 多米，其他三面水深均在 2 米以内，遍布泥滩，多有机质，宜于养殖。

满山名称来之有因。据记载，很早以前，这里曾发生过一次强烈地震，激起的海啸漫过山顶，因名“满山”。民国《三门年鉴》第一辑记载，岛上昔有“此路通东京”导航石牌一座，现无存。1975 年发掘出战国时期的硬陶和东汉“米”字纹印花陶、双色陶等碎片。

青山 [Qīng Shān]

位于县政府驻地东 25.3 公里，健跳镇长沙村之东 200 米处，猫头水道西侧的高泥埈中。近陆距离 0.17 公里，岸线长 499 米，面积 0.0138 平方公里，呈东—西向，最高点海拔 28 米。紫红色火山岩组成，长有松树、竹子、茅草等，并有蛇、鼠、鸟类栖息。该岛东西略长，形似蛏子，当地群众惯称“蛏山”。因“蛏”与“青”方言同音，故演变为“青山”。

黄岩岛 [Huángyán Dǎo]

位于县政府驻地东约 25.3 公里，健跳镇外岗村东约 150 米，猫头水道西侧的高泥埈中。面积约 0.003 平方公里，呈东—西向，最高点海拔 8.8 米。由黄色厚层块状石砾岩组成，表层有土，长少量茅草。该岛岩石呈黄色，故名。

小狗山 [Xiǎogǒu Shān]

位于县政府驻地东约 28.7 公里，龙山之北 300 米处，猫头水道中。近陆距离 1.73 公里，岸线长 2307.4 米，海岛面积 0.0214 平方公里，最高点海拔 77.2 米，火山岩组成，长禾草。动物有雉鸡、鼠、蛇等。早年曾经开垦，现已荒废。每年 4—10 月间，有临时居民暂住岛上，在附近张网捕虾。周围是海涂，西南侧养殖蛏子。此岛南邻狗头山（今名龙山），因面积小，故名“小狗山”。

小狗山与长山岛、木杓屿之间具有建港条件良好的深水岸段，岸线前沿水域宽阔，水深条件优良，航道和船舶泊稳条件较好，为台州港远景发展主要的深水作业区之一。配套健跳港区龙山作业区开发，通过围垦形成新增陆域，作为三门县未来的大宗水路物流集散兼顾石油天然气储罐基地。

木杓岛 [Mùsháo Dǎo]

位于县政府驻地东 30 公里，龙山东北，长山之北约 300 米，猫头水道中。近陆距离 2.08 公里，岸线长 671.3 米，海岛面积 0.0218 平方公里，岸线长 0.6 公里，最高点海拔 32.4 米。基岩为火山岩，表面呈青灰色，长有茅草及映山红等灌木。脊椎动物有鼠、蛇等，系荒岛，无人居住。南、西有泥涂，面积约 0.1 平方公里。岛形略似木杓（木制舀水用具），故名。

龙山 [Lóng Shān]

原名狗头山，又名大狗头，因地名庸俗，1984 年 8 月以岛的南侧有“龙洞”（洞名）更为今名。位于县政府驻地东约 27.5 公里，健跳港口。东为米筛门，与长山、点灯岛相望；南隔狗头门水道，与高湾山相对；西与平岩村隔海相望，北近小狗山，是健跳港的天然屏障。呈西北至东南走向，长约 2.4 公里，宽约 0.6 公里，面积约 1.15 平方公里，最高点海拔 126 米。岛上建有龙山村民委员会，辖北沙、足市、龙肚沙、山头、龙脚 5 个自然村，现已迁移。

岛之基部为岩石，表层由沙土覆盖，少裸露，疏长松树、枫树等，多禾草。气候和大陆相同。岛上有淡水，供居民饮用。南侧有一处连岸礁石，名龙洞礁，涨潮时淹没，退潮时相连，上设灯桩一座，为航行的重要标志。

长山 [Cháng Shān]

位于县政府驻地东 30 公里，健跳港口，龙山之东，木杓岛之南，猫头水道中。近陆距离 1.75 公里，岸线长 2361.2 米，面积 0.1226 平方公里，最高点海拔 52.6 米。基岩为火山岩，表面呈青灰色，长茅草及映山红等灌木。脊椎动物有鼠、蛇等。系荒岛，无人居住。东南、西北两侧有海涂，面积约 0.3 平方公里，有待开发。该岛呈长形，原名长屿岛或长市岛，因重名，1984 年 12 月更名为“长山”。

点灯岛 [Diǎndēng Dǎo]

位于县政府驻地东 31 公里，龙山以东，长山东南，猫头水道主航道中间，为西入健跳港的门户，岛上设有灯桩。据记载，早年健跳有个渔民，为使船只安全通航，常在岛上点灯，作为夜航船只的航标，点灯岛即以此得名。近陆距离 2.55 公里，岸线长 664.3 米，面积 0.0193 平方公里，最高点海拔 23.2 米。岩石组成，表层有沙土，植物主要是茅草，动物有蛇、鼠等。系荒岛，无人居住，设有灯塔。

外鲎岛 [Wàihòu Dǎo]

又名外吼岛。位于县政府驻地东约 30.3 公里，健跳港口南侧，洋市湾口之东，鲎门之北，奶儿礁西南 450 米，近陆距离 0.67 公里，岸线长 807.6 米，面积 0.0274 平方公里，最高点海拔 27.5 米。由岩石组成，表层多沙土，长茅草，动物有蛇、鼠等。以岛形似鲎（海生动物），又居洋市湾外侧，故名“外鲎”。

花桥镇

穿仓山 [Chuāncāng Shān]

位于县政府驻地东南约 24.2 公里，羊峙港西北，跳头嘴东南 400 米处。近陆距离 0.3 公里，岸线长 991.4 米，海岛面积 0.0399 平方公里，最高点海拔 36.1 米。由黄色岩石组成，表层长杂草，四周滩涂养殖蛏子。岛中部因开采石板留下一个南北相通的石仓，穿仓山即由此得名。别名“川仓岛”。

圆屿 [Yuán Yǔ]

位于县政府驻地东南约 24 公里，白莲山东南，穿仓山西南，花桥港中。面积 0.0041 平方公里，海岸线长 246 米，滩地与大陆滩地连接，最高点海拔 14.2 米。基岩为火山岩，表层长禾草。此岛略呈圆形，且孤立于花桥港中，故名。

浦坝港镇

里鲎岛 [Lǐhòu Dǎo]

又名里吼岛。位于县政府驻地东约 30.3 公里，洋市湾口之东，外鲎岛之南约 225 米，东嘴头之北，近陆距离 0.26 公里，岸线长 760.8 米，面积 0.025 平方公里，最高点海拔 34.2 米。岩石为上白垩统塘上组浅灰色流纹质凝灰岩，土壤为石砂土，表层多沙土，早年曾开垦，现已抛荒。植被有白茅草丛等。该岛位于外鲎岛之南 200 米，当地群众根据鲎（海生动物）有成对活动的特性，故惯称此岛为“里鲎岛”。

青士豆 [Qīngshìdòu]

位于县政府驻地东约 39.2 公里，门头礁之北 350 米，为五子岛群最北岛。近陆距离 5.06 公里，岸线长 458 米，面积 0.0038 平方米，最高点海拔 22 米。岩石为上白垩统塘上组浅灰色流纹质凝灰岩，土壤为石砂土。系荒岛，无人居住，设有灯塔。因岛上长有青色野豆（蔓藤植物），故名。

鸡笼山 [Jīlóng Shān]

位于县政府驻地东 39.7 公里，猫头山之北，百亩田礁之西，属五子岛。近陆距离 5.4 公里，岸线长 583.6 米，面积 0.0239 平方公里，最高点海拔 49.7 米。由岩石组成，呈青灰色，植被多为茅草、芒秆等。脊椎动物有海鸥、鼠、蛇等。系荒岛，无人居住。以山形似鸡笼，故名。别名“门头山”。

猫头山 [Māotóu Shān]

位于县政府驻地东 39.7 公里，鸡笼山之南，小踏道之北，属五子岛。长约 500 米，最宽处 100 米，最狭处 50 米，近陆距离 5.45 公里，岸线长 708.5 米，面积 0.0156 平方公里，最高点海拔 28.9 米。岩石为上白垩统塘上组浅灰色流纹质凝灰岩，呈紫褐色，大部裸露，土壤为石砂土。植被为白茅草丛，偶有海鸥栖息，周围海域环境良好，水温适宜，经济鱼类和贝藻资源丰富。此岛形似猫头，根据沿海群众习称，1984 年 12 月命名为“猫头山”，别名“猴山”。

小踏道 [Xiǎotàdào]

位于县政府驻地东 39.7 公里，猫头山之南，拗斗礁东北，属五子岛群。近陆距离 5.35 公里，岸线长 1750 米，面积 0.0724 平方公里，最高点海拔 53.9 米。岩石为上白垩统塘上组浅灰色流纹质凝灰岩，土壤为黄泥土。植被为茅草、芒秆等，脊椎动物有鼠、蛇、海鸥等。无人居住，系荒岛。因此岛东南紧邻踏道山，面积较少，故名“小踏道”。别名“小夫娘”。

长口舌 [Chángkǒushé]

位于县政府驻地东 40.2 公里，踏道山西北，板琴礁之南，属五子岛群。近陆距离 5.59 公里，岸线长 552.3 米，海岛面积 0.0169 平方公里，最高点海拔 30.6 米。基岩岛，无平地，岩石为上白垩统塘上组浅灰色流纹质凝灰岩，土壤为黄泥土。植被有白茅草丛。此岛长形，根据沿海群众习称，1984 年 12 月命名为“长口舌”。又因岩石呈黄色，别名“黄岩”。

踏道山 [Tàdào Shān]

别名大夫娘。位于县政府驻地东约 40.2 公里，小踏道、长口舌东南，干山、猪头山西北，为五子岛中之主岛。近陆距离 5.37 公里，岸线长 2633.1 米，面积 0.2918 平方公里，最高点海拔 83.7 米。基岩岛，无平地，岩石为上白垩统塘上组浅灰色流纹质凝灰岩，土壤为黄泥土。植被有白茅草丛、胡葱等。海岛周围岩礁形状各异，生态环境良好，周围经济鱼类和贝藻资源丰富。岛上有大量海鸟栖息，形成海岛特色景观，具有海岛旅游和现代农渔业开发优势。以岛西侧有天然生成的石阶，方言叫“踏道”，故名。

猪头山 [Zhūtóu Shān]

别名小鸡笼。位于县政府驻地东约 41.3 公里，踏道山之南，干山西北，属五子岛群。近陆距离 5.62 公里，岸线长 526.3 米，面积 0.0182 平方公里，最高点海拔 30.2 米。基岩岛，无平地，岩石为上白垩统塘上组浅灰色流纹质凝灰岩，土壤为石砂土。植被为白茅草丛。山形似猪头，根据沿海群众习称，1984 年 12 月命名为“猪头山”。

干山 [Gàn Shān]

别名大鸡笼。位于县政府驻地东约 41.6 公里，踏道山东南，水面礁之北，属五子岛群。近陆距离 5.49 公里，岸线长 1386.1 米，海岛面积 0.08584 平方公里，滩地面积 0.025 平方公里，最高点海拔 68.9 米。基岩岛，无平地，岩石为上白垩统塘上组浅灰色流纹质凝灰岩，土壤为黄泥土。植被为柃木灌丛。因岛上盛长黑褐色的小灌木丛，远望似干柴，又名干山。

干屿 [Gàn Yǔ]

位于县政府驻地东南 33 公里，宫前山南约 100 米处，从岙涂内。近陆距离 0.02 公里，岸线长 365.2 米，面积 0.0095 平方公里，最高点海拔 26.2 米。岩石组成，四周为岩岸，表层有风化土，长茅草。因岛上盛长芒秆，故名“秆屿”。又因“秆”与“干”方言同音，后演变为“干屿”。该区域浅海滩涂平展广袤，水温适宜，饵料丰富，为重点滩涂养殖区。

虾屿 [Xiā Yǔ]

位于县政府驻地东南约 33.2 公里，宫前山南约 450 米，居干屿、弓前岛南侧。近陆距离 0.37 公里，岸线长 781 米，海岛面积 0.0243 平方公里，呈东西向，最高点海拔 32 米。基岩岛，无平地，岩石为上白垩统塘上组浅灰色流纹质凝灰岩，土壤为石砂土。植被为白茅草丛。因岛形状似虾，故名。

黄金屿 [Huángjīn Yǔ]

位于县政府驻地东南约 32.5 公里，虾屿西南，猫山嘴东北，宫前湾内，距大陆海岸约 200 米。陆域面积 0.0211 平方公里，海岸线长 573 米，呈椭圆形，最高点海拔 38 米。岩石组成，表层有沙砾土，长小松树、茅草等。退潮时，四周为滩涂。以岛上部分岩石呈金黄色，故名。

上韭屿 [Shàngjiǔ Yǔ]

又名橘屿。位于县政府驻地东南 33.4 公里，宫前湾南侧，钳嘴头东北，居冬瓜山西侧。近陆距离 0.68 公里，岸线长 314.3 米，海岛面积 0.0069 平方公里，最高点海拔 21.6 米。岩石组成，表层有沙土，长茅草。因岛上长有野韭，且位于下韭屿之北（上），故惯称上韭屿。

下韭屿 [Xiàjiǔ Yǔ]

位于县政府驻地东南 33.4 公里，宫前湾南侧，钳嘴头东北，从岙涂内。北距上韭屿约 100 米，近陆距离 0.55 公里，岸线长 288.8 米，面积 0.0043 平方公里，最高点海拔 13.3 米。岩石组成，表层略有沙土，长有少量茅草。因该岛与上韭屿相邻，且位居上韭屿之南（下），根据沿海群众习称，1984年12月命名为“下韭屿”。该区域浅海滩涂平展广袤，水温适宜，饵料丰富，为重点滩涂养殖区。

冬瓜山 [Dōngguā Shān]

位于县政府驻地东南34.1公里，大被山西北。近陆距离0.62公里，岸线长461米，面积0.0093平方公里，最高点海拔13.2米，西南—东北向，呈长条形，状如冬瓜，故名。基岩为火山岩，表层有沙土，长茅草等植物。

小被山 [Xiǎobèi Shān]

又名小皮山。位于县政府驻地东南34.6公里，被絮门、大被山之北。近陆距离0.36公里，岸线长701.5米，海岛面积0.0116平方公里，最高点海拔15.7米。岩石组成，表层有沙土，长茅草等植物，无人居住。该岛位于大被山之北，面积较小，故相对名之小被山。

大被山 [Dàbèi Shān]

位于县政府驻地东南34.6公里，烟墩岗、被絮门之北，小被山之南，呈东西向。近陆距离0.09公里，岸线长1174.1米，海岛面积0.0518平方公里，最高点海拔45米。基岩岛，无平地，岩石为上白垩统塘上组浅灰色流纹质凝灰岩，土壤为石砂土，植被有白茅和芒萁。因岛上有一较大的喻为被絮的长方形灰白色岩石，取名“大被山”。

龙头岛 [Lóngtóu Dǎo]

位于县政府驻地东南约43.7公里，龙塘山西南，属三门岛群岛之一。近陆距离6.04公里，岸线长788.2米，面积0.0066平方公里，最高点海拔17.5米。岩石为上白垩统塘上组浅灰色流纹质凝灰岩，土壤为黄泥土。植被为茅草。西有一干出礁，东北有一明礁，退潮后可与龙塘山相通。以该岛形似龙头，故名。

龙塘山 [Lóngtáng Shān]

又称弄堂山。位于县政府驻地东南约43.7公里，龙头岛东北，燕坤山西北，属三门岛群之一。近陆距离6.27公里，岸线长1718.7米，海岛面积0.0734平方公里，滩地面积0.1134平方公里，最高点海拔27.8米。基岩岛，无平地，岩石为上白垩统塘上组浅灰色流纹质凝灰岩，西南凹处多砾石和沙，其余山土较厚，为黄泥土，盛长茅草，原曾开垦，现已抛荒。岛上建有临时房，可供渔民作季节性张虾居住，并设有灯桩，山弯处可停泊小船。东北侧有一干出礁，西南端有一明礁，低潮时可与龙头岛相通。该岛好似一条蛟龙被捆于此，当地群众惯称“龙落塘”，龙塘山由此得名。

燕坤山 [Yànkūn Shān]

位于县政府驻地东南约44.6公里，龙头岛之东，小燕礁之南，为三门岛群之主岛。设有灯塔。近陆距离6.88公里，岸线长2130.2米，面积0.1298平方公里，滩地面积0.032平方公里，最高点海拔55.8米。基岩岛，无平地。岩石为上白垩统塘上组浅灰色流纹质凝灰岩，土壤为黄泥土。植被为白茅草丛。西南有一干出礁，北有一明礁。岛呈“L”形，中部凹靥，形似燕的窟臀（方言），谐音为“燕坤”，燕坤山由此得名。1971年版航摄五万分之一地图标叶坤山，长浦庄村民国版《台临吕氏宗谱》卷一称“易坤山”。

丁桩 [Dīngzhuāng]

位于县政府驻地东南约44.5公里，龙塘山之东，豆腐岩之西，属三门岛群之一。近陆距离7.34公里，岸线长506.6米，面积0.0127平方公里，滩地面积0.0039平方公里，最高点海拔25.6米。基岩岛，无平地。岩石为上白垩统塘上组浅灰色流纹质凝灰岩，土壤为石砂土。植被有白茅草丛。东部有一明礁，西部有一干出礁，与燕坤山之间又有干出礁和明礁。遥望此岛形似木桩钉在海中，根据沿海群众习称，1984年12月命名为“丁桩”。别名“豆腐（乳）坛”。

青峙山 [Qīngzhì Shān]

位于县政府驻地东南38.7公里，牛尾堂嘴之北，两爿礁西南。近陆距离0.01公里，岸线长1462.4米，面积0.0762平方公里，最高点海拔56.8米。岩石组成，表层为泥土，长杜鹃、禾草等。脊椎动物有雉鸡和其他鸟类。退潮后可与牛尾堂山通行。因岛上禾草青绿，故名。

牛口岛 [Niúkǒu Dǎo]

曾名小牛岛。位于县政府驻地东南约 39.5 公里，牛尾堂嘴之东 200 米，蛤蟆礁西南约 100 米处。南侧多礁石，近陆距离 0.7 公里，岸线长 296.3 米，面积 0.0056 平方公里，最高点海拔 27.3 米。岩石组成，表层多沙土，长茅草等。因该岛位于牛头山牛口部位，根据沿海群众习称，1984 年 12 月命名为牛口岛。

桩头屿 [Zhuānglóu Yǔ]

别名丁椿山。位于县政府驻地东南约 40 公里，牛口岛东南约 400 米处。西北距蛤蟆礁约 450 米，近陆距离 0.54 公里，岸线长 455 米，面积 0.0074 平方公里，最高点海拔 19.2 米。岩石组成，四周陡峭，生长杂草。该岛形似木桩，群众惯称桩头，故名。

小鸡山 [Xiǎojī Shān]

位于县政府驻地东南约 39 公里，浦坝港牛头门口外北侧大陆滩上，屿平嘴东南，大鸡山之西。近陆距离 0.38 公里，岸线长 1234.9 米，面积 0.0556 平方公里，最高点海拔 48 米。岩石组成，现为荒岛，长茅草等植物。南面海涂有人工养殖缢蛏。西侧有一长约 150 米，宽约 80 米，海拔 12.8 米的连体礁。该岛与近邻大鸡山相比，面积较小，故名小鸡山。

大鸡山 [Dàjī Shān]

位于县政府驻地东南 40 公里，浦坝港牛头门外北侧，小鸡山之东 500 米处。近陆距离 1.05 公里，岸线长 3664.8 米，面积 0.1959 平方公里，最高点海拔 73 米。岩石、沙土组成，四周为岩滩岩崖。植物主要有茅草和白栲。岛上无人定居。以岛形似鸡，且较西边小鸡山为大，故名大鸡山。

黄岩屿 [Huángyán Yǔ]

位于县政府驻地东南 39.6 公里，大鸡山之西约 80 米。近陆距离 1 公里，岸线长 474.5 米，面积 0.01 平方公里，最高点海拔 19.6 米。山上有少量沙土，长茅草。基部多岩石，四周为岩滩，岩石多呈黄色。根据沿海群众习称，1984 年 12 月命名为黄岩屿。

木鱼山 [Mùyú Shān]

又名八佛山、八物山。位于县政府驻地东南约 38.7 公里，浦坝港牛头门外北侧，宫北嘴之东 100 米处，滩地与大陆滩地连接。近陆距离 0.06 公里，岸线长 299.2 米，海岛面积 0.0057 平方公里，最高点海拔 16.6 米。岩石组成，表层风化成土，盛长茅草等。此岛略呈圆形，好似木鱼（佛教法器名），故名。

蟹山 [Xiè Shān]

位于县政府驻地东南约 39 公里，浦坝港牛头门口外北侧，宫北嘴东南 200 米处。近陆距离 0.21 公里，岸线长 675.6 米，海岛面积 0.0159 平方公里，最高点海拔 23.2 米。岩石组成，表层风化成土，长茅草等。以岛形似蟹，故名。

悬五屿 [Xuánwǔ Yǔ]

位于县政府驻地东南约 40.6 公里，浦坝港牛头门外大鸡屿南方。距五峙山西北约 120 米处，近陆距离 1.87 公里，岸线长 365.3 米，海岛面积 0.0079 平方米，最高点海拔 22.4 米。基岩为火山岩，表层局部长茅草。因该岛悬立于五峙山之西海中，根据沿海群众习称，1984 年 12 月命名为悬五屿。

五峙山 [Wǔzhì Shān]

位于县政府驻地东南 41 公里，浦坝港牛头门口外，大鸡山东南约 600 米处。近陆距离 2.07 公里，岸线长 1137.6 米，海岛面积 0.0304 平方公里，最高点海拔 31.9 米。基岩为火山岩，表层长小灌木和茅草，有蛇出没，并有鹭鸶长期栖居。因岛上有五座小山峙立，故名"五峙山"。

钓鱼岛 [Diàoyú Dǎo]

别名带鱼礁。位于县政府驻地东南约 39.6 公里，牛头门东侧，扩塘山岛东北海中。近陆距离 0.91 公里，岸线长 386.1 米，海岛面积 0.0089 平方公里，最高点海拔 20.5 米。岩石组成，表层长茅草等，为一荒岛。早年，常有渔民在此海区放钓捕鱼，“钓鱼岛”之名，由此而得。

羊峙岛 [Yángzhì Dǎo]

曾名羊峙头。位于县政府驻地东南约27.5公里，在浦坝港上游羊峙港、花桥港的汇合处。近陆距离0.29公里，岸线长596米，面积0.016平方公里，最高点海拔27.5米。岩石组成，土层较厚，生长茅草及灌木。西面20米处有一干出礁。该岛呈东西向，东部膨大稍高，西部低凹又隆起，略小，好似羊向西站立在穿仓涂上，故名。

扩塘山 [Kuòtáng Shān]

位于县政府驻地东南37.5公里，浦坝港口，东连猫头洋，南隔白带门水道与临海市南门坑相望，北为牛头门水道与沿海工业城为邻。东西长约4公里，南北最宽处约2.5公里，最狭处约0.7公里，近陆距离0.39公里，岸线长17.709公里，面积5.9935平方公里，其中丘陵3.811平方公里，平地2.184平方公里，最高点彰化湾山海拔206.0米。

扩塘山，又名白岱山。据民国《临海县志·叙山》记载：“白岱山，一作白汏山，在县东牛头山之南，悬居海中。”因岛东北部有座下园山，故岛也叫下园山。民国时，岛上海盗出没无常，群众贬称为“落壳（方言，即土匪）塘”，遂演变为壳塘山。解放后，沿赤、泗淋两地农民相继迁入，围堤筑塘，扩大耕地面积，历史上曾一度无人居住的荒山孤岛，得到了开发，再沿用“壳塘山”之名，已不具新意，故于1984年12月更名为“扩塘山”，含围垦扩充塘地之意。扩塘山，系本县南支长大山入海后隆起之山。山峦重叠，海拔在100米以上的山峰有5座。天然岩洞遍布全岛，多达数十个。扩塘山岛海岸海蚀地貌景观奇特，东南部海岸有海蚀地貌博物馆之称，海鸟种类繁多，生态良好，具有开发海岛旅游的天然优势。

岛西部扩塘山塘，北起老鼠峙，南连竹山、半岗，东接竹峙、里湾，塘堤总长2227米，由沿赤、泗淋2个公社，4个生产大队，自1966年至1970年联合围垦而成，面积1400亩。岛上有里湾、老鼠峙两个自然村，属三角塘、罗石村管辖。村民以近海捕捞、海水养殖等为生。岛上水源充裕，里湾水井四季不涸。老鼠峙建有水库一座，蓄水量4.9万立方米，供农田灌溉。

岛上岩石北部为晚白垩世潜石英粗面斑岩和潜石英霏细斑岩，约占该岛丘陵的三分之一。其余丘陵为上白垩统塘上组浅灰色流纹质含角砾凝灰岩，局部夹凝灰质砂砾岩。地貌以低丘陵为主，地势东高西低。岛的西部有一海积平地，由滩涂围筑而成。海岸线曲折，有诸多湾岙。岛北的秤钩湾长1500米，宽600米，现正待围涂开发；岛南的彰化湾，长1700米，宽1000米，三面环山，是天然的避风港湾和良好的贝类养殖区。彰化湾的潮汛，平均高潮间隙09时07分，平均低潮间隙02时55分，大潮升5.9米，小潮升4.5米，平均海面3.3米。岛上土壤有黄泥土、石沙土和轻咸泥土等土种。滩地为泥涂。植被主要有针叶林、草丛、草本栽培植被和木本栽培植被等。此外还有阔叶林、灌丛、沼生和水生植被，植被覆盖率80.1%。潮间带分布有大米草和盐地鼠尾粟。野生脊椎动物有水獭、田狗、蛇、鼠、穿山甲等。

扩塘山岛的北面为牛头门水道，南面为白带门水道，是进出浦坝港的必经通路。岛北有供渡船和农用船只靠泊的码头，岛东南建有水产码头和海洋潮位站。岛的东北部下圆山嘴设有灯桩。

北泽岛 [Běizé Dǎo]

位于县政府驻地东南约44.2公里，南泽岛之北，西泽与东泽中间，属泽山岛群。近陆距离5.28公里，岸线长3386.5米，海岛面积0.2263平方公里，最高点海拔60.1米。岩石组成，表层有沙土，多长白茅，有少量松树。除季节性渔民上岛以外岛上人迹罕至，基本保持原生态，海岛植被茂密，周围海域贝藻资源丰富，海鸟种类繁多且数量较大，生物多样性丰富。解放初期，岛上有临时居住的捕虾渔民，还建有水产加工厂房屋、简易码头和淡水库等设施。此岛为泽山岛中的主岛，因居北，1984年12月命名为“北泽岛”。

南泽岛 [Nánzé Dǎo]

位于县政府驻地东南45.8公里，北泽岛之南2.5公里，属泽山岛群，为三门县海区中最南的一个岛屿。近陆距离 7.08 公里，岸线长 3174 米，海岛面积 0.2421 平方公里，最高点海拔 81.8 米。岛顶较平，四侧陡峭，基岩为火山岩，表层有沙土，长有小片马尾松疏林和白茅，常有野兔、黄莺和蛇出没。住有临时居民，从事季节性捕虾。此岛为泽山岛群中的一个岛，因居南，故名南泽岛。

东泽岛 [Dōngzé Dǎo]

位于县政府驻地东南约 44.7 公里，北泽岛之东，南泽岛东北，属泽山岛群。近陆距离 5.51 公里，岸线长 3257.2 米，面积 0.2463 平方公里，最高点海拔 72.2 米。岩石组成，表层有沙土，长有茅草等。此岛为泽山岛群中的一个岛，因居东，1984 年 12 月命名为“东泽岛”。别名“下门洞”。

西泽岛 [Xīzé Dǎo]

位于县政府驻地东南约 44 公里，扩塘山之东约 4.5 公里，南泽岛西北 2 公里，北泽岛西南，属泽山岛群。近陆距离 5.03 公里，岸线长 1707 米，面积 0.0772 平方公里，最高点海拔 45.8 米。岩石组成，表层有沙土，长茅草，无人定居。此岛为泽山岛群中的一个岛，因居西，1984 年 12 月命名为“西泽岛”。

马鞍山 [Mǎān Shān]

位于县政府驻地东南 44.2 公里，北泽岛之南约 250 米，属泽山岛群。近陆距离 5.68 公里，岸线长 626.3 米，面积 0.0174 平方米，最高点海拔 23.2 米。岩石为上白垩统塘上组浅灰色流纹质凝灰岩，基岩裸露，无高等植物。岛形似马鞍，根据沿海群众习称，1984 年 12 月命名为“马鞍山”。别名“峻山”。

口门屿 [Kǒumén Yǔ]

位于县政府驻地东南 44.2 公里，北泽岛西侧湾口，属泽山岛群。近陆距离 5.38 公里，岸线长 346.1 米，海岛面积 0.0065 平方公里，最高点海拔 14.2 米。岩石组成，东北峻陡，西南较平缓，表层有沙土，长有茅草。此岛为扼守北泽岛之门户，根据沿海群众习称，1984 年 12 月命名为“口门屿”。

云斗屿 [Yúndòu Yǔ]

位于县政府驻地东南 39.2 公里，扩塘山岛大高坎西南 80 米，彰化湾滩涂内。近陆距离 2.24 公里，岸线长 112.2 米，海岛面积 0.0008 平方公里，最高点海拔 6.8 米。基岩为火山岩，有土壤，长松树、茅草等。岛原称“熨斗礁”，因形似一只老式熨斗，北面有一礁石伸出像熨斗柄，故名，后谐音演变为“云斗”。现经实地查勘，此处实为岛屿，故于 1984 年 12 月订正为“云斗屿”。

南屿 [Nán Yǔ]

位于县政府驻地东南 39.5 公里，牛头门水道东端南侧，下园山与小门头之间。陆域面积 7205 平方米，海岸线长 361 米，滩地面积 0.0013 平方公里，最高点海拔 15.5 米。基岩为火山岩，上有土壤，长茅草。根据沿海群众习称，1984 年 12 月命名为“南屿”。

六头 [Liùtóu]

位于县政府驻地东南 38.8 公里，扩塘山岛虾姆山之南 50 米，彰化湾口。近陆距离 2.04 公里，岸线长 697.6 米，海岛面积 0.0228 平方公里，最高点海拔 32.3 米。岩石组成，表层有沙土，长茅草，系荒岛。该岛紧邻虾姆山，喻为断落的“虾姆头”，当地群众习称“落头”，后谐音演变为“六头”。

豆腐渣山 [Dòufǔzhā Shān]

位于县政府驻地东南 41 公里，白带门口北侧，扩塘山岛东南约 600 米。近陆距离 2.95 公里，岸线长 978.5 米，海岛面积 0.0401 平方公里，最高点海拔 44.6 米。长有小片疏松林，地面则多长白茅草、映山红（杜鹃）等。西面为泥滩。岛的东南与西南各有一个附属小岛，面积分别为 0.0175 平方公里和 0.0045 平方公里，海拔分别为 34.5 米和 12.5 米，最低潮时皆与主岛相连。因岛四周裸露的岩石为海水所侵蚀，留下蜂窝状的洞穴，好似豆腐渣子，故名。

小铁砖 [Xiǎotiězhuān]

位于县政府驻地东南 42.7 公里，浦坝港白带门外侧，豆腐渣山东南约 1500 米处，大铁砖北 40 米海中。近陆距离 3.76 公里，岸线长 119.8 米，海岛面积 0.0009 平方公里，最高点海拔 8.6 米。岩石组成，长茅草等植物，系荒岛。该岛位于大铁砖之北，面积较少，故称“小铁砖”，别名“小叠砖”。

大铁砖 [Dàtiězhuān]

又名叠砖山。位于县政府驻地东南42.7公里，豆腐渣山东南1400米，小铁砖之南40米。近陆距离3.7公里，岸线长322.5米，面积0.0031平方公里，最高点海拔17.4米。岩石组成，长茅草等植物，为一荒岛。该岛岩石坚硬似铁，俗称铁砖，因较北邻的小铁砖面积大，故称“大铁砖”。又因该岛岩石状像许多砖块堆叠，故有“大叠砖”的别名。

金浜口岛 [Jīnbāngkǒu Dǎo]

位于浦坝港镇东北。陆域面积0.0341平方公里，海岸线长285米，近陆距离0.01公里，最高点海拔10.1米。滩地与大陆滩地连接。基岩岛，无平地，基岩裸露，岩石为上白垩统塘上组浅灰色流纹质凝灰岩，无高等植物。

木杓嘴岛 [Mùsháozuǐ Dǎo]

位于浦坝港镇东部岸外约100米处，以形得名。陆域面积0.015平方公里，海岸线长684米，滩地面积0.003平方公里，最高点海拔为33.0米。基岩岛，无平地，岩石为上白垩统塘上组浅灰色流纹质凝灰岩。土壤为石沙土，植被为白茅草丛等。

蛇蟠乡

蛇蟠岛 [Shépán Dǎo]

位于县政府驻地东约17.5公里，西界旗门港，西南临正屿港、海游港，北及东为青山港，南濒蛇蟠水道。岛之东南名大蛇山，系本县北支双尖山入海后隆起之山，呈西南—东北向，最高点海拔99.1米。西为小蛇山，与大蛇山相距3.4公里，悬为两岛。潮涨若离，潮退即连。1978年，经围垦后合成一岛，为台州市第二大岛。岛由岩石、淤泥组成，山上长有松林、芒萁和茅草。野生动物有山鼠、雉鸡、蛇等。据清光绪《宁海县志》记载：“蛇蟠山，在县东海中，四周皆水，相顾盘屈如两蛇，故名。”

据岛上石碑记载，明万历年间（1573—1620年）就有福建人来此定居采石，因疫病相继绝代。此后，本县亭旁李、任两姓又陆续迁居此岛，开辟农田，从事种植兼营采石，日渐兴旺。据传在鼎盛时曾达近千户。由于海盗出没无常，部分居民迫于生计，只得迁出此岛。解放后，人民政府重视海岛建设，组织人民筑堤围塘，发展生产，人民生活安定，经济收入提高。

岛四周的蛇蟠涂，面积约11.6平方公里，近岸多沙砾，以外多淤泥，主要养殖蛏子。蛇蟠水道盛产鲻鱼、中华鲎、小虾、对虾、虾潺、梭子蟹等。渔民以拗樽、张捕进行捕捞。

蛇蟠石呈棕红色，质地软韧，易于雕琢，宜作装饰物。加工成石板、石条，更是优等的建筑材料，为本县著名特产，畅销于县内和宁波、上海等地。由于人工长期开采，留下大小岩洞1360多个，有“千洞岛”之美誉。为国家AAAA级旅游景区、全国“十大文化经典景区”、非物质文化经典景区、中国书法家创作培训基地。

明人王廷藩有《蛇蟠洋》诗赞之云：“千山紫菜万山苔，叶叶轻帆四面开；清夜船头声聒耳，成群石首溯潮来。”1932年夏著名剧作家田汉、洪深，人民音乐家任光，电影编导蔡楚生等曾随三门湾考察团来岛考察，饱览三门湾景色。1933年6月由蔡楚生编导，安娥作词，任光作曲，王人美、韩兰根、罗明主演的电影《渔光曲》就在三门湾和该岛拍摄外景。

第三节 群礁

浦坝港镇

七子礁［Qīzǐ Jiāo］

位于县政府驻地东约43公里，五子岛东南与三门岛西北海区中。由相对集中、相距很近的三礁、馒头礁、龙塘礁3处明礁和水面礁、短拄礁、梅花礁、海猪礁4处干出礁组成，根据沿海群众习称，1984年12月命名为“七子礁”。礁区呈东南—西北向，长约2公里，宽约1公里，面积约2平方公里。群礁基岩为火山岩，无植被。主礁三礁最高点海拔11.1米。该礁区为航行事故多发地，常有船只在此触礁沉没，故群众有“七姐妹妖怪礁”之贬称。

第四节 礁

健跳镇

鲳鱼礁［Chāngyú Jiāo］

位于县政府驻地东约30.75公里，灶窝山东北，双礁西北，系明礁。面积约0.013平方公里，海拔6.7米，岩石组成。附近海域昔日盛产鲳鱼，每年4、5月间，鲳鱼结群洄游在此产卵，鲳鱼礁即以此得名。20世纪60年代后资源渐衰，现为张网作业区。设有灯桩。

糠礁［Kāng Jiāo］

位于县政府驻地东约29.1公里，米礁之西，东距灶窝山650米，系干出礁，干出高3.7米。岩石组成，表层呈青灰色，无植被。因东边紧邻米礁，故群众称此为“糠礁”。

米礁［Mǐ Jiāo］

位于县政府驻地东约29.6公里，灶窝山西约150米处，系干出礁。面积约3200平方米，干出高1.8米。岩石组成，表层呈青灰色，无植被。群众惯称“米礁”，与西邻的糠礁相对而言。民国八年(1919年)浙江陆军测量局绘制《健跳所城》地图即标此。

双礁［Shuāng Jiāo］

位于县政府驻地东约31.7公里，灶窝山之东，鲳鱼礁东南，由两个邻近的干出礁组成，故名“双礁”。两礁中间相隔约200米，其中东北侧的礁石面积约1200平方米，干出高5.6米；西南侧的礁石面积约660平方米，干出高4.2米。两礁均在2米等深线内，涨潮或雾天不易看出，为航行事故多发地。

鱼床礁［Yúchuáng Jiāo］

位于县政府驻地东约31公里，灶窝山之东750米，鲳鱼礁之南，双礁西南约450米处，系干出礁，岩石组成。因此礁附近是鲳鱼产卵区，沿海群众惯称“鲳鱼眠床”，1984年12月命名为“鱼床礁”。

后岭礁［Hòulíng Jiāo］

位于县政府驻地东约25.5公里，猫头山嘴下湾岭之北500米，蛇蟠水道东南侧海中。系干出礁，干出高2.3米，岩石组成。因地处猫头山嘴下湾岭之北，根据沿海群众习称，1984年12月命名为“后岭礁”。

拦门暗礁［Lánménàn Jiāo］

位于县政府驻地东31.6公里，青门水道东北端，拦门礁之西约300米，系暗礁。岩石组成，低潮时淹水2.2米。因位于拦门礁之西，1985年5月命名为“拦门暗礁”。别名“蓬浪礁”。

拦门礁［Lánmén Jiāo］

位于县政府驻地东约31.8公里，青门山之东，老鼠屿东北800米，青门水道东入满山水道的口部，系干出礁。面积约1500平方米，干出高5米，岩石组成，上无植被。此礁拦截于青门水道东侧口中，故名。

小沙礁 [Xiǎoshā Jiāo]

位于县政府驻地东约30.2公里，田湾岛西侧湾内100米，里水牯礁东北，系明礁。岩石组成，面积约2000平方米，海拔9.3米。此礁因居沙滩中，面积又小，根据沿海群众习称，1984年12月命名为“小沙礁”。

里水牯礁 [Lǐshuǐgǔ Jiāo]

位于县政府驻地东约29.8公里，青门山之西偏北，竹屿之东，系干出礁。干出高6米，火山岩组成。此处有两块礁石，南北相距约250米，低潮时出露部分形似水牯牛背，沿海群众统称“水牯礁”，因紧邻田湾岛，1984年12月命名为“里水牯礁”。

外水牯礁 [Wàishuǐgǔ Jiāo]

位于县政府驻地东约29.84公里，青门山之西偏南，竹屿东南，系干出礁。干出高3.4米，火山岩，无植被。此处南有两块礁石，低潮时出露部分形似水牯牛背，沿海群众统称“水牯礁”，因此礁距田湾岛稍远，1984年12月命名为“外水牯礁”。

鼠尾礁 [Shǔwěi Jiāo]

位于县政府驻地东约31.5公里，满山水道西侧，下万山东湾嘴头之东450米处，系干出礁，岩石组成。面积约0.025平方公里，最高点海拔16米。清光绪《宁海县志·分图十九》标“虎口”。因此礁紧靠老鼠屿西南，沿海群众把它比拟为老鼠的尾巴，1984年12月命名为“鼠尾礁”。

三牙礁 [Sānyá Jiāo]

位于县政府驻地东约32.4公里，下万山之东，老鼠屿之南，满山水道中，系明礁。近陆距离5.81公里，岸线长126.4米，面积1065.5平方米，最高点海拔6.1米。由三块连体礁石组成，呈西—东向排列，形似三颗牙齿，故名。

鳘鱼礁 [Mǐnyú Jiāo]

位于县政府驻地东约31.8公里，下万山南偏西约150米，猫头水道中，系明礁。近陆距离4.74公里，岸线长106.7米，面积731.6平方米，最高点海拔6.7米，岩石组成。以该礁附近海域盛产鳘鱼，根据沿海群众习称，1984年12月命名为“鳘鱼礁”。

涨八礁 [Zhǎngbā Jiāo]

位于县政府驻地东约32公里，下万山南，鳘鱼礁之东100米处，系干出礁。岩石组成。此礁当潮水涨到八分时，就全被淹没，根据沿海群众习称，1984年12月命名为“涨八礁”。

狗槽 [Gǒucáo]

位于县政府驻地东约27.5公里，龙山岛的龙山嘴之北约50米处，系干出礁。干出高2.6米，岩石组成。龙山原名狗头山，群众把此礁比拟为喂狗食的槽，根据群众习称，1984年12月命名为“狗槽”。

小礁 [Xiǎo Jiāo]

位于县政府驻地东约29.7公里，龙山东北，米筛门之西，系明礁，岩石组成。近陆距离1.72公里，岸线长122.3米，面积746.1平方米。此礁与附近各岛、礁相比，面积较少，故名小礁。

狗子礁 [Gǒuzǐ Jiāo]

位于县政府驻地东约29.17公里，龙山岛东80米处，系干出礁。面积约230平方米，干出高2.2米，岩石组成，无植被。此礁居狗头山（今名龙山）狗脚自然村（今名龙脚）东南，面积很小，当地群众惯称“狗卵子礁”。因名称庸俗，1984年12月更名为“狗子礁”。

龙洞礁 [Lóngdòng Jiāo]

位于县政府驻地东约29公里，龙山龙洞西南侧，并以此得名。系干出礁，长约150米，宽约65米，近陆距离0.54公里，岸线长86.5米，面积305.1平方米，干出高3.2米。向南突出约100米处建有灯桩。该礁与西南高湾山嘴岬角的门头嘴，成为扼守健跳港的门户。

杨礁 [Yáng Jiāo]

位于县政府驻地东约 34.5 公里，点灯岛东 3 公里，大礁东北，系明礁，岩石组成。长约 150 米，宽约 100 米，近陆距离 4.03 公里，岸线长 166 米，面积 1904.6 平方米，最高点海拔 10.9 米。基岩岛，无平地，岩石为上白垩统塘上组浅灰色流纹质凝灰岩。基岩裸露，无高等植物。岛上建有灯桩，闪 4 秒 11 米 7 海里，为进出健跳港和海游港船舶导航。据当地老渔民口述：古代有一姓杨的商人，因所乘商船在此触礁沉没淹死，尸体由当地渔民作了善后处理。是年适逢此处黄鱼盛发，渔民说是“杨大人”（对杨尊称）报恩，遂把该礁取名“杨礁”，以资纪念。

奶儿礁 [Nǎiér Jiāo]

位于县政府驻地东约 30.7 公里，龙山之东，狗头门东南，外鲎东北，大礁之西，系明礁。面积 37.89 平方米，最高点海拔 7.9 米，由紫红色火山凝灰岩组成，表层无植被，生有贝类。礁上建有灯桩，东与大礁之间的水域是一危险航区。该礁南侧 20 米处，还有一较小连体干出礁，干出高 0.2 米。以该礁东邻大礁，且较小，似其囡儿，故当地群众习称“囡儿礁”。因“囡”与“奶”方言同音，后演变为“奶儿礁”。

大礁 [Dà Jiāo]

位于县政府驻地东 32 公里，健跳港口外，点灯岛南约 1.4 公里，奶儿礁之东约 1.2 公里，大礁卵子东北，系明礁。呈西南—东北向，长 300 米，中部宽 60 米，近陆距离 1.77 公里，岸线长 577 米，面积 8294.4 平方米，最高点海拔 9.7 米。礁石紫红色，潮间带有贝类、紫菜等附生物，无植被。原建有灯桩，现已拆除，桩基尚存。该礁系县内较大明礁之一，故名。

大礁卵子 [Dàjiāo Luǎnzǐ]

位于县政府驻地东约 31.4 公里，狗头门口，奶儿礁东南，大礁西南 300 米处，系干出礁。面积约 3100 平方米，干出高 0.8 米。底部自东至西有较长的适淹礁。因紧靠大礁，面积又小，故群众惯称“大礁卵子”。

横山洞外礁 [Héngshāndòng Wàijiāo]

位于里鲎岛西南 2 公里，近陆距离 0.03 公里，陆域面积 1796.2 平方米，海岸线长 152.7 米，最高点海拔约 5.0 米。基岩岛，无平地，岩石为上白垩统塘上组浅灰色流纹质凝灰岩，基岩裸露，无高等植物，滩地为大陆滩，附近为贝类养殖区。

外海小山礁 [Wàihǎixiǎoshān Jiāo]

位于健跳镇东北高泥垵滩涂。近陆距离 0.02 公里，岸线长 200.5 米，面积 1521.7 平方米。

小癞头山礁 [Xiǎolàitóushān Jiāo]

位于健跳镇东北高泥垵滩涂。近陆距离 0.03 公里，岸线长 144.2 米，面积 488.9 平方米。

黄岩礁 [Huángyán Jiāo]

位于健跳镇东北高泥垵滩涂。近陆距离 0.09 公里，岸线长 169.1 米，面积 1796.2 平方米。

稻桶岩礁 [Dàotǒngyán Jiāo]

位于健跳镇洋市涂内，通过围垦已成新增陆域。近陆距离 0.03 公里，岸线长 82.3 米，面积 469 平方米。

大龙鳞屿 [Dàlónglín Yǔ]

位于健跳镇满山岛旁。面积约 4347.02 平方米，岸线长 294.8 米，干出高 13 米，岩石组成。

小龙鳞屿 [Xiǎolónglín Yǔ]

位于健跳镇满山岛旁。面积约 2097.37 平方米，岸线长 203.7 米，干出高 9.7 米，岩石组成。

花桥镇

网礁 [Wǎng Jiāo]

位于县政府驻地东南约 26.8 公里，浦坝港中，花桥港北侧，羊峙岛之西 1.1 公里处，系明礁。近陆距离 0.67 公里，岸线长 158.5 米，面积 1794.9 平方米，最高点海拔 5 米。岩石为上白垩统塘上组浅灰色流纹质凝灰岩，基岩裸露，无高等植物。此礁四周渔民张网甚多，故名“网礁”。别名“王礁”。

羊角礁 [Yángjiǎo Yiāo]

位于县政府驻地东南约 28.15 公里，羊峙岛之南约 600 米，系干出礁。面积约 2500 平方米，干出高 6.2 米，岩石组成，无植被。此礁北邻羊峙岛，礁体叉开如羊的两角，当地群众惯称“羊角礁。别名“牛头礁”。

浦坝港镇

鲎门礁 [Hòumén Jiāo]

位于县政府驻地东约 30.7 公里，东嘴头之北，里鲎岛之南，系干出礁。干出高 2.8 米，岩石组成，无植被。因礁居鲎门水道，根据沿海群众习称，1984 年 12 月命名为“鲎门礁”。

四牛礁 [Sìniú Jiāo]

位于县政府驻地东约 34.5 公里，牛山嘴岬角的小牛嘴东北，系干出礁。面积约 584.07 平方米，干出高 2 米，岩石组成，无植被。此处有四块礁石，其中三块与小牛嘴连体，此礁属四，突悬于海中，根据沿海群众习称，1984 年 12 月命名为“四牛礁”。

粟米礁 [Sùmǐ Jiāo]

位于县政府驻地东约 33.8 公里，牛山嘴岬角的南嘴头东南，系明礁。近陆距离 0.01 公里，岸线长 64.3 米，面积 263.2 平方米，岩石组成，无植被。此礁面积很小，喻为粟米，根据沿海群众习称，1984 年 12 月命名为“粟米礁”。

门头礁 [Méntóu Jiāo]

位于县政府驻地东约 39.8 公里，南北界于鸡笼山与青士豆之间，系两块连体明礁，属五子岛群。长约 200 米，宽约 120 米，近陆距离 5.3 公里，岸线长 597 米，面积 282.5 平方米，最高点海拔 5.5 米。火山岩组成，无植被，为一危险航区。因此礁居青士豆与鸡笼山航道门口，根据沿海群众习称，1984 年 12 月命名为“门头礁”。

黄胖礁 [Huángpàng Jiāo]

位于县政府驻地东 39.7 公里，鸡笼山之西 100 米处，系明礁，属五子岛群。最高点海拔 2.6 米，面积约 2500 平方米，岩石组成，无植被。礁石呈黄色，根据沿海群众习称，1984 年 12 月命名为“黄胖礁”。

百亩田礁 [Bǎimǔtián Jiāo]

位于县政府驻地东约 40.9 公里，鸡笼山之东约 400 米处，由高低两块连体礁石组成，系干出礁，属五子岛群。面积约 30000 平方米，干出高 2.3 米，岩石紫褐色，无植被。据传，此礁附近海域，早年盛产大黄鱼，一网打上的黄鱼价值，能买一百亩田，根据沿海群众习称，1984 年 12 月命名为“百亩田礁”。

赖孵礁 [Làifū Jiāo]

位于县政府驻地东约 39.9 公里，小踏道北 50 米，系明礁，属五子岛群。近陆距离 5.31 公里，岸线长 221 米，面积 2967.2 平方米，最高点海拔 12 米，岩石组成，无植被。此礁位于鸡笼山西南海中，沿海群众比拟为赖孵母鸡跳出“鸡笼”，独居于此，1984 年 12 月命名为“赖孵礁”。

大泥礁 [Dàní Jiāo]

位于县政府驻地东约 39.7 公里，小踏道西南，拗斗礁西北 80 米处，系干出礁，属五子岛群。干出高 2.7 米，岩石组成。此礁形平扁，底盘较大，常有船只在此触礁沉没。因其四周多泥涂，根据沿海群众习称，1984 年 12 月命名为“大泥礁”。

中央礁 [Zhōngyāng Jiāo]

位于县政府驻地东约 33.3 公里，宫前山东南，虾屿之北，干屿之南，系明礁。形狭长，呈南北向，近陆距离 0.24 公里，岸线长 128.3 米，面积 515.9 平方米，最高点海拔 5 米。岩石组成，无土层和植被。因位于虾屿与干屿中央，故名。

平礁 [Píng Jiāo]

位于县政府驻地东约38.1公里，踏道山之西约2.2公里，系明礁。长约350米，宽约80米，近陆距离3.81公里，岸线长548.6米，面积11617.8平方米，最高点海拔14.9米，火山岩组成。礁上建有灯桩，为通航显要标志。因礁形平扁，面积较大，故名。别名"扁礁"。

拗斗礁 [ǎodòu Jiāo]

位于县政府驻地东约40公里，小踏道西南500米，大泥礁东南150米处，系由两块连体礁石组成的干出礁，属五子岛群。面积约0.025平方公里，干出高4.6米，火山岩组成。此礁上部叉开，一高一矮，低潮时，露出水面形似拗斗（木制提水用具），根据沿海群众习称，1984年12月命名为"拗斗礁"。

板琴礁 [Bǎnqín Jiāo]

位于县政府驻地东40.3公里，小踏道东南，踏道山、长口舌之北，系干出礁，属五子岛群。面积约35000平方米，干出高6米，火山岩组成。此礁略长，形似板琴（乐器），根据沿海群众习称，1984年12月命名为"板琴礁"。

水面礁 [Shuǐmiàn Jiāo]

位于县政府驻地东约42公里，干山之南，馒头礁西北，系干出礁，属七子礁。面积约5000平方米，干出高3.1米，岩石组成。此礁除特大潮汛淹没外，余均出露水面，根据沿海群众习称，1984年12月命名为"水面礁"。

馒头礁 [Mántóu Jiāo]

位于县政府驻地东约40公里，水面礁东南，短拄礁西北，系明礁，属七子礁。面积约2321平方米，海岸线长185米，最高点海拔5.2米，岩石组成，无植被，滩地与大陆滩地连接。此礁小而圆，形似馒头，根据沿海群众习称，1984年12月命名为"馒头礁"。

短拄礁 [Duǎnzhǔ jiāo]

位于县政府驻地东约42.7公里，馒头礁东南，三礁之北，系干出礁，属七子礁。干出高1.3米，岩石组成，无植被。此礁底部连体，上部叉开，低潮露出时，形似短拄（挑担的辅助工具），根据沿海群众习称，1984年12月命名为"短拄礁"。

三礁 [Sān Jiāo]

位于县政府驻地东约42.8公里，龙塘山之西约1公里，龙塘礁东北100米处，由三块连体礁石呈东北—西南向联列而得名。系明礁，属七子礁。长约200米，宽约50米，面积约4387平方米，岸线长0.35公里，最高点海拔11.5米，火山岩组成，无植被。此礁连同西南之龙塘礁，东南之梅花礁，构成危险航区。

梅花礁 [Méihuā Jiāo]

位于县政府驻地东约43.5公里，三礁东南，龙头岛之西，系干出礁，属七子礁。干出高1.8米，岩石组成，无植被。附近多礁，为危险航区，常有船只在此触礁沉没。此礁上部多不规则开裂，低潮时出露海面形似梅花状，根据沿海群众习称，1984年12月命名为"梅花礁"。

海猪礁 [Hǎizhū Jiāo]

位于县政府驻地东约43.45公里，龙塘山西北约300米处，系干出礁，属七子礁群。最低潮位时，干出高1米。此处曾沉过船，为危险航区。该礁低潮出露部分形似海猪，根据沿海群众习称，1984年12月命名为"海猪礁"，别名"娘娘印"。

龙塘礁 [Lóngtáng Jiāo]

位于县政府驻地东约43公里，龙塘山之西约1.25公里，三礁东南约100米处，系明礁，三门岛群之一。长约80米，宽约40米，近陆距离5.39公里，岸线长353.1米，面积7567.6平方米，最高点海拔11.3米，火山岩。以东之龙塘山得名。

门口礁 [Ménkǒu Jiāo]

位于县政府驻地东约44.9公里，小燕礁之东，碎末礁东北，丁桩之南，由一块连体的明礁和干出礁组成，属三门岛群。明礁海拔 4.4 米，干出礁干出高 0.2 米，岩石组成，无植被。因此礁居龙塘山、燕坤山两岛之间水道的门口，故名。

小燕礁 [Xiǎoyàn Jiāo]

位于县政府驻地东约 44.5 公里，燕坤山之北，碎末礁西北，系明礁，属三门岛群。长约 150 米，宽约 50 米，近陆距离 6.96 公里，岸线长 239.1 米，面积 2371.5 平方米，最高点海拔 11.6 米，岩石组成，无植被。此礁南邻燕坤山，面积又小，根据沿海群众习称，1984 年 12 月命名为“小燕礁”。

豆腐岩 [Dòufu Yán]

位于县政府驻地东约 45 公里，丁桩之东，门口礁东北，系明礁，属三门岛群。近陆距离 7.62 公里，岸线长 49.5 米，面积 167.4 平方米，最高点海拔 5.3 米，岩石组成，无植被。根据沿海群众惯称，1984 年 12 月命名为“豆腐岩”。

碎末礁 [Suìmò Jiāo]

位于县政府驻地东约 44.5 公里，燕坤山之北，小燕礁东南，由多处明礁和干出礁组成，属三门岛群。近陆距离 7.14 公里，岸线长 220.5 米，面积 1685.1 平方米，最高点海拔 11 米。岩石组成，无植被。此礁区隐现不规则礁石较多，根据沿海群众惯称，1984 年 12 月命名为“碎末礁”。

燕西礁 [Yànxī Jiāo]

位于县政府驻地东约 44.5 公里，燕坤山之西，系干出礁，属三门岛群。干出高 1 米，岩石组成，无植被。此礁居燕坤山之西，根据沿海群众习称，1984 年 12 月命名为“燕西礁”。

龙珠礁 [Lóngzhū Jiāo]

位于县政府驻地东约 43.5 公里，龙头岛之西，系干出礁，属三门岛群。干出高 1.9 米，岩石组成，无植被。此礁东邻龙头岛，面积很小，犹如“游龙戏珠”，根据沿海群众习称，1984 年 12 月命名为“龙珠礁”。

龙矿礁 [Lóngkuàng Jiāo]

属三门岛群。近陆距离 5.16 公里，海礁面积 3416 平方米，海岸线长 246.3 米，最高点海拔 11.5 米。基岩岛，无平地，岩石为上白垩统塘上组浅灰色流纹质凝灰岩。基岩裸露，无高等植物。

印得 [Yìndé]

位于县政府驻地东南约 32.8 公里，猫山嘴之北，黄金屿西南，系明礁。长约 54 米，宽约 30 米，近陆距离 0.12 公里，岸线长 156.2 米，面积 1717.8 平方米，最高点海拔 5 米。基岩岛，无平地，岩石为上白垩统塘上组浅灰色流纹质凝灰岩，基岩裸露，无高等植物。此礁形似青蟹，方言称蟥，惯称“印头”，后谐音演变为“印得”。

水底礁 [Shuǐdǐ Jiāo]

位于县政府驻地东南 35 公里，小被山之东，大被山之北，系干出礁。长约 50 米，宽约 43 米，面积约 2000 平方米，干出高 3.9 米。岩石组成，无植被。因此礁大部分时间淹没水下，根据沿海群众习称，1984 年 12 月命名为“水底礁”。又因此礁居牛嘴头和牛山嘴口部，故群众惯把此礁称为“牛栏栅”。

冬瓜蒂礁 [Dōngguādì Jiāo]

位于县政府驻地东南 34.2 公里，小被山之西，冬瓜山之南 150 米，系干出礁。面积约 400 平方米，干出高 4.8 米，岩石组成。此礁北邻冬瓜山，面积很小，沿海群众比拟其为“冬瓜蒂”。1984 年 2 月命名为“冬瓜蒂礁”。又因此礁出露水面部分嶙峋磊叠，呈褐色，形似铁螺，故别名“铁螺礁”。

冬瓜花礁 [Dōngguāhuā Jiāo]

位于县政府驻地东南 34.5 公里，冬瓜山东南 400 米，小被山西南 250 米，系明礁。近陆距离 0.28 公里，岸线长 78.4 米，面积 385.5 平方米，最高点海拔 6.2 米，岩石组成。此礁居冬瓜山东南，较西侧之冬瓜蒂礁面积为大，比拟其为“冬瓜花”，根据沿海群众习称，1984 年 12 月命名为“冬瓜花礁”。又因此礁出露水面部分呈圆形，且很小，故别名“小圆礁”。

牛粪团礁 [Niúfèntuán Jiāo]

位于县政府驻地东南 36.4 公里，白象山嘴岬角的牛嘴头北 350 米，系明礁。长约 100 米，宽约 40 米，近陆距离0.33公里，岸线长113.9米，面积990.6平方米，最高点海拔5米。岩石组成，无植被。此礁居牛嘴头之北海中，面积不大，根据沿海群众习称，1984年12月命名为“牛粪团礁”。

坟湾礁 [Fénwān Jiāo]

位于县政府驻地东南37.2公里，白象山嘴的坟湾之东，鳗礁嘴西南400米处，系明礁。近陆距离5.63公里，岸线长108.1米，面积727.3平方米，最高点海拔7.2米。岩石组成，无植被。因此礁形似馒头，故名“馒头礁”。当地群众惯称“大礁”，因重名，以其西邻坟湾，1984年12月更名为“坟湾礁”。

小田礁 [Xiǎotián Jiāo]

位于县政府驻地东南37.1公里，白象山嘴的小田湾之东，坟湾礁西南，系干出礁。长约50米，宽约20米，面积约1000平方米，干出高2.2米，岩石组成，无植被。此礁原名“小礁”，因重名，以其西邻小田湾，1984年12月更名为“小田礁”。

两爿一礁 [Liǎngpán Yī Jiāo]

位于县政府驻地东南约39公里，青峙山之北，系明礁。长约50米，宽约40米，近陆距离0.55公里，岸线长224.3米，面积3368.8平方米，最高点海拔11.8米，岩石组成，无植被。此礁石底部连体，上部中间断裂成两爿，与两爿二礁当地群众合称“两爿礁”。

两爿二礁 [Liǎngpán Èr Jiāo]

位于县政府驻地东南约39公里，青峙山之北，系明礁。长约50米，宽约40米，近陆距离0.64公里，岸线长192.9米，面积2198.4平方米，最高点海拔11.8米，岩石组成，无植被。此礁石底部连体，上部中间断裂成两爿，与两爿一礁当地群众合称“两爿礁”。

鲎礁 [Hòu Jiāo]

位于县政府驻地东南约39.3公里，青峙山之东150米，两爿礁东南300米处，系明礁。面积约2918.1平方米，最高点海拔7.4米，岩石组成，无植被。此礁形似鲎（海生动物），根据沿海群众习称，1984年12月命名为“鲎礁”。又因表层呈黑色，故别名“乌皮礁”。

蛤蟆礁 [Hámá Jiāo]

位于县政府驻地东南约39.8公里，牛口岛西南，桩头西北，系明礁。长约130米，宽约40米，近陆距离0.01公里，岸线长332.9米，海岛面积6595平方米，最高点海拔26.0米，岩石组成，无植被。此礁形似蛤蟆，根据沿海群众习称，1984年12月命名为“蛤蟆礁”。别名“下马山”。

小蛤蟆礁 [Xiǎohámá Jiāo]

位于县政府驻地东南39.8公里，蛤蟆礁西南，剑礁东约50米处，系干出礁。长约80米，宽约30米，面积约2400平方米，干出高4.6米，岩石组成，无植被。此礁东北邻蛤蟆礁，面积较小，根据沿海群众习称，1984年12月命名为“小蛤蟆礁”。

剑礁 [Jiàn Jiāo]

位于县政府驻地东南约39.75公里，牛尾堂嘴之南约280米，小蛤蟆礁西约50米处，系干出礁。面积约1000平方米，干出高6.3米，岩石组成。此礁狭长如剑，涨潮时淹没水中，经常损伤渔船，根据沿海群众习称，1984年12月命名为“剑礁”。

里牛栏礁 [Lǐniúlán jiāo]

位于县政府驻地东南约38.95公里，三娘湾南侧，外牛栏礁之西，系明礁。长约125米，宽约70米，近陆距离0.01公里，岸线长184.3米，面积1598.2平方米，最高点海拔11.2米，后端有断状，岩石呈黑色，无植被。此礁位于牛头山牛肚臌部位之东约300米海中，附近有东西两处礁石，当地群众把它形象化为关牛的“牛栏”，该礁居西，靠近大陆，故称“里牛栏礁”。

外牛栏礁 [Wàiniúlán Jiāo]

位于县政府驻地东南约39.2公里，三娘湾南侧，系干出礁。长约150米，宽约50米，近陆距离0.18公里，岸线长191.4米，面积551.1平方米，干出高6.9米，石呈黑色，无植被。此礁位于牛头山牛肚膨之东约700米海中，附近有东西两处礁石，当地群众把它形象化为关牛的“牛栏”，该礁居东，根据沿海群众习称，1984年12月命名为“外牛栏礁”。

上铺篷礁 [Shàngpùpéng Jiāo]

位于县政府驻地东南约39.9公里，大鸡山西南约500米，系明礁，呈椭圆形。近陆距离1.1公里，海岸线长204米，陆域面积2673平方米，滩地面积2666平方米，最高点海拔7.2米。岩石组成，无土无植被，西南岩滩长有野紫菜。该处有东西二处明礁，形如船篷曝晒于此，当地群众惯称“铺篷礁”，因该礁居西称“上”，1984年12月命名为“上铺篷礁”。别名“高背礁”。

下铺篷礁 [Xiàpùpéng Jiāo]

位于县政府驻地东南约40.4公里，大鸡山之南约125米，系明礁，呈椭圆形。长约180米，宽约140米，近陆距离1.46公里，岸线长150米，面积1040.8平方米，最高点海拔7.3米，岩石组成，无土无植被。该处有东西两处明礁，形如船篷铺晒于此，当地群众惯称“铺篷礁”，因该礁居东称“下”，1984年12月命名为“下铺篷礁”。

铁墩礁 [Tiědūn Jiāo]

位于县政府驻地东南40.75公里，五峙山之西320米处，系明礁。近陆距离1.91公里，岸线长157.4米，面积1442.8平方米，最高点海拔13.5米，暗红色火山岩组成，无土无植被。该礁形似铁墩（打铁工具），根据沿海群众习称，1984年12月命名为“铁墩礁”。

乌皮礁 [Wūpí Jiāo]

位于县政府驻地东南37公里，浦坝港下游牛头门与白带门分叉处，扩塘山竹山西北，系明礁。长约45米，宽约35米，面积约1500平方米，最高点海拔4.6米，近陆距离0.99公里，岸线长161.2米。礁上宽平，长有极稀疏野草，四周为泥滩。该礁裸露的基岩呈黑色，名乌礁，因重名，1984年12月更名为“乌皮礁”。

乌子礁 [Wūzǐ Jiāo]

位于县政府驻地东南约36.7公里，扩塘山之西，系两块干出礁。干出分别高3.8米和3.2米，由岩石组成，无植被。二礁分居于乌皮礁的东西两侧，面积较少，当地群众惯称“乌礁卵子”，1984年12月命名为“乌子礁”。

泥礁 [Ní Jiāo]

位于县政府驻地东南38.6公里，彰化湾西侧，虾姆山之东150米处，系明礁。长约25米，宽约23米，近陆距离0.1公里，岸线长544.5米，面积约1516平方米，最高点海拔6.1米。基岩岛，无平地，岩石为上白垩统塘上组浅灰色流纹质凝灰岩，基岩裸露，无高等植物。周围是泥涂，以礁居泥涂中，故名。

箬帽礁 [Ruòmào Jiāo]

位于县政府驻地东南约44.8公里，东泽岛之北100米处，系干出礁，属泽山岛群。干出高3.6米，岩石组成，无植被。此礁上小下大，呈圆形，状如箬帽，根据沿海群众习称，1984年12月命名为“箬帽礁”。

西泽礁 [Xīzé Jiāo]

位于县政府驻地东南约44.2公里，西泽岛之南，系干出礁，属泽山岛群。干出高3.6米，岩石组成，无植被。此礁形似羊角，沿海群众惯称羊角礁。因重名，以其紧靠西泽岛，1984年12月更名为“西泽礁”。

大靠背 [Dàkàobèi]

位于县政府驻地东南约45.6公里，南泽岛之西南约600米，东邻小靠背约50米处，为本县最南的一处明礁，属泽山岛群。近陆距离6.71公里，岸线长282.8米，面积4047.1平方米，最高点海拔5米。岩石组成，无植被。此礁背靠南泽岛，面积较大，根据沿海群众习称，1984年12月命名为“大靠背”。

小靠背 [Xiǎokàobèi]

位于县政府驻地东南约45.65公里，南泽岛之西约450米，西邻大靠背约50米处，系明礁，属泽山岛群。近陆距离7.5公里，岸线长129.6米，面积747.5平方米，最高点海拔3.8米。岩石组成，无植被。此礁背靠南泽岛，西邻大靠背，面积很少，根据沿海群众习称，1984年12月命名为“小靠背”。

南泽礁 [Nánzé Jiāo]

位于县政府驻地东南约46公里，南泽岛之西20米处，系干出礁，属泽山岛群。面积约1600平方米，干出高4.3米，岩石组成，无植被。此礁紧靠南泽岛，根据沿海群众习称，1984年12月命名为“南泽礁”。

三眼礁 [Sānyǎn Jiāo]

位于县政府驻地东南约46.6公里，南泽岛之南50米，南礁东北250米处，系明礁，属泽山岛群。近陆距离7.53公里，岸线长103.1米，面积648.5平方米，海拔6.9米。岩石组成，无植被。此礁由三块连体明礁组成，形似三孔斗门，沿海群众惯称“三眼斗门礁”，1984年12月命名为“三眼礁”。

南礁 [Nán Jiāo]

位于县政府驻地东南约46.3公里，南泽岛之南约250米处。系干出礁，干出高4米，属泽山岛群。近陆距离1.05公里，岸线长435.9米，面积9273.9平方米。岩石组成，无植被。因礁居南泽岛之南，为本县海区最南端的一个干出礁，根据沿海群众习称，1984年12月命名为“南礁”。

小门头礁 [Xiǎoméntóu Jiāo]

位于里鲎岛西南2公里，近陆距离1.08公里，岸线长175.7米，面积1573.8平方米。滩地为大陆滩，最高点海拔约5.0米。基岩岛，无平地，岩石为上白垩统塘上组浅灰色流纹质凝灰岩，基岩裸露，无高等植物。

大木杓礁 [Dàmùsháo Jiāo]

位于扩塘山岛东面，泽山岛群西部。近陆距离2.6公里，岸线长249.7米，面积3611.2平方米，最高点海拔17.1米。基岩岛，无平地，岩石为上白垩统塘上组浅灰色流纹质凝灰岩。基岩裸露，无高等植物。

黄茅拦礁 [Huángmáolán Jiāo]

位于浦坝港镇武曲村下洋山自然村东，牛山嘴头外侧后坑涂内。近陆距离0.01公里，岸线长181.8米，面积1416平方米。通过围垦形成新增陆域。

钳嘴头礁 [Qiánzuǐtóu Jiāo]

位于浦坝港镇从岙涂内，近陆距离0.51公里，岸线长142.2米，面积1371平方米。

第五节　滩涂

海润街道

晏站涂 [Yānzhàn Tú]

位于海润街道东，晏站村和水岙门山嘴之东，烂漫涂之西，正屿港与海游港之间。长约3公里，宽约2公里，面积约5平方公里，主要由淤泥组成。涂中有大庵岛及大庵自然村。因滩涂西侧原叫晏站村，故名。2007年围垦成为滨海新城的一部分。

长埏 [Cháng Chán]

位于海润街道东北，大埏山之东，正屿港与旗门港之间，呈东西向。长约4.5公里，宽约1公里，面积约2.75平方公里。南北两侧是淤泥，东西稍尖，别名湖埏。高潮时进出旗门港的船只易在此搁浅。2007年围垦成为滨海新城的一部分。

泥沙背 [Níshābēi]

位于海润街道东南，海游港中段的港中央。北为滨海新城，南近头岙塘，西临水岙门大桥。沙洲呈菱形，中间略高，高潮时船舶航行易出搁滩事故，低潮时露出水面。东西长约2公里，南北宽约0.5公里，面积约0.7平方公里。由海游港上游的珠游溪和亭旁溪夹带泥沙长期在港中央淤积而成，根据当地群众习称，1984年12月命名为泥沙背。2007年围垦成为滨海新城的一部分。

大埏 [Dà Chán]

位于沙柳街道东北，旗门港之南，晏站涂之北，长埏之西，乌龟山嘴岬角和将军山之东。长约4.5公里，宽约1.75公里，面积约4.1平方公里。南北两侧是淤泥，涂中有老鼠山和鸡笼山。2007年围垦成为滨海新城的一部分。

烂漫涂 [Lànmàn Tú]

位于海润街道东，花鼓岛之西，晏站涂之东，正屿港与海游港之间。东西长约2公里，南北宽约1.3公里，面积约2.5平方公里，淤泥组成。此涂自然生长有多种贝类水产品，有如山花烂漫，当地群众惯称烂漫田。2007年围垦成为滨海新城的一部分。

健跳镇

洋市涂 [Yángshì Tú]

位于县政府驻地东部，健跳镇洋市村之东，洋市湾内。长（南起上洋，北至门头嘴）约3.5公里，宽（西起洋市，东至东嘴头）约2.5公里，面积约4.3平方公里（已围垦的面积约0.5平方公里，未计在内），略呈圆形，向东倾斜。近岸有宽约15米的沙石带。涂居洋市湾内，故名。2012年4月批准区域农业围垦，2015年11月围堤合龙。

六敖北涂 [Liù'áo Běitú]

位于县政府驻地东部，健跳镇西北，东靠赤头山嘴，西接峋岩北涂，北临蛇蟠水道，南连六敖北塘。东西长约6公里，南北宽约0.4公里，面积约1.59平方公里，淤泥组成。因涂居六敖之北，故名。2007至2010年批准围填海项目8个，面积151.2206公顷。

峋岩北涂 [Xúnyán Běitú]

位于县政府驻地东部，健跳镇西北，巡检司码头之东，六敖北涂之西，友谊塘之北，海游港之南。长约4.5公里，宽约0.2公里，面积约0.75平方公里，淤泥组成。此涂居峋岩村之北，故名。

高泥塆 [Gāoní Chán]

位于县政府驻地东部，健跳镇东北，猫头山嘴之南，猫头、外岗、平岩等村之东，狗头山与猫头水道交界处。南北长约6公里，东西宽约1.5公里，面积约8平方公里，滩面高程约0.23米。近岸多沙砾，以外多淤泥。又因此滩为多村所有，故又有按区域称为猫头涂、长沙涂、外岗涂、平岩涂等。此滩涂靠近猫头水道部分滩面较高，泥质较好，根据当地群众习称，1984年12月命名为“高泥塆”。

横渡镇

蛎江滩 [Lìjiāng Tān]

位于县政府驻地东部，横渡镇东部，居健跳港上游，东郭村西南，西郭村西部，铁强村东南，下罗山东北，呈西南—东北向。长约4.5公里，宽约2.25公里，面积约6.96平方公里，略呈三角形。落潮时，滩面高程0~4.5米，四周多沙砾，中间多淤泥。此滩盛产牡蛎，故名。别名“大泥塆”。因该滩为多村所属，故又按区域称铁强滩、下罗滩、西郭滩等。

花桥镇

穿仓涂 [Chuāncāng Tú]

位于县政府驻地东南，花桥镇东北，浦坝港上游，红旗塘之东，花桥港以北，栅下村东南，洋峙港西南。东西长约3公里，南北宽约1.5公里，面积约2.98平方公里，淤泥组成。涂中有穿仓岛，故名。

下栏涂 [Xiàlán Tú]

位于县政府驻地东南，花桥镇东部，东接浦坝港，西至红旗塘坝，北为花桥港，南为下栏塘。长约4.5公里，宽约1公里，面积约4.44平方公里，淤泥组成。涂南临下栏塘，故名。已建成下栏塘0.70万亩，用于水产养殖。

浦坝港镇

彰化涂 [Zhānghuà Tú]

位于县政府驻地东部，浦坝港镇南部，白带门水道之北，扩塘山南侧。滩口有六头岛（海拔 32.3 米）和滩内两处明礁。滩涂长约 1.9 公里，宽约 1 公里，面积约 1.55 平方公里。淤泥组成，滩面高程 0~2.5 米。涂居彰化湾内，故名。

秤钩涂 [Chèngōu Tú]

位于县政府驻地东南，浦坝港镇南部，扩塘山北侧，牛头门水道之南，秤钩湾内。东西长约 1.55 公里，南北宽约 0.75 公里，面积约 1.16 平方公里，主要由淤泥组成。涂居秤钩湾内，故名。

赖屿涂 [Làiyǔ Tú]

位于县政府驻地东南，浦坝港镇南部，南临牛头门水道与浦坝港，西接高埯涂，北靠跃进塘。东西长约 9.5 公里，南北宽约 0.3 公里，面积约 2.63 平方公里，滩面高程为 0~3.5 米。涂西北侧有赖屿山，故名。

后坑涂 [Hòukàng Tú]

位于县政府驻地东部，浦坝港镇东北，下洋山嘴之东，平岩嘴西南，牛头山嘴之北，石塘湾内。东西长约 1.7 公里，南北宽约 1.3 公里，面积约 1.07 平方公里。近岸多沙砾，以外为淤泥。涂居后坑湾内，故名。别名石浪湾。

大域涂 [Dàyù Tú]

位于县政府驻地东南，浦坝港镇东部，太平山嘴之东，白象山嘴之西，大域湾内。东西长约 2.15 公里，南北宽约 1.67 公里，面积约 1.4 平方公里。滩面干出高程 0~3 米，近岸多沙砾，以外多淤泥。因涂居大域湾内，故名。

从岙涂 [Cóng'ào Tú]

位于县政府驻地东南，浦坝港镇东部，宫前湾南侧，东北连渔西涂，东南靠从岙塘。东西长约 2.5 公里，宽约 2 公里，面积约 2.95 平方公里。近岸多沙砾，以外多淤泥。涂中有冬瓜山、上韭屿、下韭屿等岛屿。涂南侧为从岙塘，故名。

山后涂 [Shānhòu Tú]

位于县政府驻地东南，浦坝港镇东部，白象山嘴东南，牛头山嘴之北，山后湾内。东西长约 2.3 公里，南北宽约 1.4 公里，面积约 1.8 平方公里。滩面干出高程 0~1 米，主要由泥沙组成。涂居山后湾内，故名。

七干涂 [Qīgàn Tú]

位于县政府驻地东部，浦坝港镇南部，东北临浦坝港，东临白带门水道，南至洞港闸以南的水壶甩口，西北接浦坝涂，西南连夹礁塘。东西长约 7 公里，南北宽约 2.5 公里，最狭处约 0.25 公里，面积约 7 平方公里。因涂南侧有七头山和干头嘴，取其首字命名。

浦坝涂 [Pǔbà Tú]

位于县政府驻地东南，浦坝港镇西部，东接七干涂，西连下栏涂，南为浦坝塘，北临浦坝港。东西长约 4 公里，南北宽约 1.1 公里，面积约 4.32 平方公里。淤泥组成，质地细黏。因涂邻浦坝村，故名。

羊峙港涂 [Yángzhìgǎng Tú]

位于县政府驻地东南，浦坝港镇西南，羊峙港北侧，西起老鹰山嘴，东接小湾渡头。东西长约 5 公里，南北宽约 1.1 公里，面积约 1.73 平方公里，泥质较硬。因临羊峙港，故名。

渔西涂 [Yúxī Tú]

位于县政府驻地东部，浦坝港镇东部，牛山嘴之南，从岙涂之北，木杓、虎门孔之东，宫前湾内。南北长约 4.4 公里，东西宽约 2.4 公里，面积约 6.05 平方公里。滩面高程为 0~3.5 米，近岸多沙砾，以外为淤泥。此涂属原渔西乡地域，故名，别名“宫前涂”。

高埯涂 [Gāochán Tú]

位于县政府驻地东南，浦坝港镇南部，西起小湾渡头，东连赖屿涂，南临浦坝港。东西长约 3 公里，南北宽约0.2公里，面积约0.6平方公里，滩面高程为0~3.5米，地质较硬。涂面高程较周围滩涂为高，故名。

岩下洋塘滩涂 [Yánxiàyángtáng Tāntú]

位于浦坝港镇岩下洋塘南，面积600多亩，主要养殖蛏苗为主。

蛇蟠乡

蛇蟠涂 [Shépán Tú]

位于县政府驻地东部，青山港之南，蛇蟠水道之北，西至白旗埯。长约8公里，宽约4公里，面积约11.6平方公里。近岸多沙砾，以外多淤泥。因该涂环绕蛇蟠岛四周，故名。蛇蟠岛北面滩涂2003年已与宁海县合围，面积180.225公顷。

第六节　岬角

海润街道

乌龟山嘴 [Wūguī Shānzuǐ]

位于县政府驻地东约9公里，旗门港之南，正屿港西北，系乌龟山向东北伸入旗门港的突出部。基部宽约0.85公里，突出约1.25公里，面积约1平方公里，最高点乌龟山海拔179.2米，向东北倾斜，至前部枪鱼嘴海拔66米。基岩为紫黑色岩石，多沙土，长松林及禾草，顶部平坦处辟有旱地。岬角主体为乌龟山，1984年12月命名为“乌龟山嘴”。

水岙门山嘴 [Shuǐàomén Shānzuǐ]

位于县政府驻地东约7.2公里，海游港内陆段的口部，大庵山之西，水岙门北侧，系水岙门山向南伸入海游港的突出部。基部宽约400米，突出约490米，面积约0.19平方公里，最高点海拔50米。基岩为火山岩，三面岩岸较陡，山土多沙砾，长有松林和芒萁。南侧岩岸曾建有灯桩。岬角主体为水岙门山，根据当地群众习称，1984年12月命名为“水岙门山嘴”。

沙柳街道

笔架山嘴 [Bǐjià Shānzuǐ]

位于县政府驻地东北7.5公里，西临沙柳塘（1982年围垦），东濒大周港，系笔架山向北伸入旗门港的突出部，其地有大岩头和东山头两个小岬角。基部宽约1.6公里，突出约1.5公里，面积约1.85平方公里，最高点基部笔架山海拔347米，向北倾斜，至前部将军山海拔181米，至东山头海拔80米。基岩为火山岩，三面岩岸较陡，多裸露。山土多沙砾，长松林、芒萁。山坡垦有旱地，山下辟有农田。东有卢家塘村和卢家塘，北有东头村和东头塘，东南有大周村，西南有外黎村。岬角主体为笔架山，根据当地群众习称，1984年12月命名为“笔架山嘴”。

健跳镇

赤头山嘴 [Chìtóu Shānzuǐ]

位于县政府驻地东约24公里，六敖北涂东侧，猫头山嘴西北，系赤头山向北伸入蛇蟠水道的突出部。基部宽约350米，突出约250米，面积约0.075平方公里，最高点海拔80米。基岩为火山岩，基部多长禾草，前端部岩石多裸露，且较平坦，为天然晒场。以赤头山得名。

猫头山嘴 [Māotóu Shānzuǐ]

位于县政府驻地东约24公里，高泥埯之北，系猫头山向东伸入蛇蟠水道与猫头水道之间的突出部。其地有乌龟嘴头、拦嘴头、老鹰嘴头、黄岩嘴头、八分嘴头5个小岬角。基部宽约0.6公里，突出约2公里，总面积约0.88平方公里，最高点海拔基部为152米，向东倾斜，至前部娘娘殿岗海拔90.1米。基岩为火山岩，各小岬角前端有连岸礁石。中部山弯处有猫头村大路湾自然村。1984年新建的专用公路自健康塘直达岬角中部。岬角主体为猫头山，根据当地群众习称，1984年12月命名为“猫头山嘴”。

该岬角由于地理、地形条件优越，1984年学者、专家多次到此考察，勘测与研究、论证，并作出报告，认为该处地震地质、总体布置、海水淡水、环境保护、水上运输等条件较好，宜于设核电厂址。2004年7月三门核电站一期工程建设获得国务院批准。2009年4月19日开工建设。核电站一期工程总投资400多亿元人民币，共有2台机组。

乌龟嘴头 [Wūguī Zuǐtóu]

位于县政府驻地东约25.25公里，猫头山嘴南侧，高泥埆之北，拦嘴头之西，系猫头山嘴岬角上的乌龟山向南伸入高泥埆的小岬角，故名乌龟嘴头。基部宽约150米，突出约250米，面积约0.03平方公里，长禾草。北侧有大路湾自然村。

拦嘴头 [Lán Zuǐtóu]

位于县政府驻地东约25.9公里，猫头山嘴南侧，高泥埆之北，乌龟嘴头之东，系猫头山嘴岬角上的娘娘殿岗（海拔90.1米）向南伸入高泥埆的小岬角。基部宽约200米，突出约350米，面积约0.0475平方公里。基岩为火山岩，表层有沙土，长禾草，局部裸露。此岬角南伸较长，能拦阻东北风，西侧湾内常有船只避风、停靠，故名。

老鹰嘴头 [Lǎoyīng Zuǐtóu]

位于县政府驻地东约26.6公里，猫头山嘴东侧，高泥埆北口，黄岩嘴头之南，系猫头山嘴岬角上的娘娘殿岗（海拔90.1米）向东伸入猫头水道的小岬角。基部宽约250米，突出约200米，面积约0.0475平方公里。基岩为火山岩，表层有沙土，长禾草，岩岸多裸露。以形似老鹰嘴，故名。

黄岩嘴头 [Huángyán Zuǐtóu]

位于县政府驻地东约26.5公里，猫头山嘴东北侧，八分嘴头之东，老鹰嘴头之北，系猫头山嘴岬角上的娘娘殿岗（海拔90.1米）向东北伸入猫头水道的小岬角。基部宽约150米，突出约150米，面积约0.0187平方公里。基岩为火山岩，表层有沙土，长禾草，岩岸多裸露。以岩石呈黄褐色，故名。

八分嘴头 [Bāfèn Zuǐtóu]

位于县政府驻地东约26.1公里，猫头山嘴东北侧，黄岩嘴头之西，系猫头山嘴岬角上的娘娘殿岗（海拔90.1米）向北伸入猫头水道的小岬角。基部宽约130米，突出约110米，面积约0.01平方公里。基岩为火山岩，表层有沙土，长禾草，岩岸多裸露。在娘娘殿岗伸出的4个山嘴中，以此岬角的突出部为最短，形容其只有八分长，根据当地群众习称，1984年12月命名为“八分嘴头”。

虎头山嘴 [Hǔtóu Shānzuǐ]

位于县政府驻地东25.3公里，高泥埆西北，乌龟嘴头西南，系猫头山（海拔271.6米）向东北伸入高泥埆的突出部。基部宽约180米，突出约200米，面积约0.03平方公里。岩石组成，表层有沙土，长禾草，前端有连岸礁石。原名猫头山嘴，因与东北的猫头山嘴重名，1984年12月以曾用名虎头山（今猫头山）更名为“虎头山嘴”。

高湾山嘴 [Gāowān Shānzuǐ]

位于县政府驻地东约28.5公里，健跳港口南岸，狗头门水道西南，洋市湾之西，系高湾山向东北伸入狗头门的突出部。其地有鹰头、蛇头、门头嘴、柴爿花嘴、双沙嘴5个小岬角。基部宽约1.75公里，突出约2公里，面积约2.72平方公里，最高点（高湾山）海拔238米。东部为山地，西部为农田，中部有高湾水库，旁有高湾和中央塘2个自然村。岬角主体为高湾山，根据群众习称，1984年12月命名为“高湾山嘴”。

鹰头 [Yīngtóu]

位于县政府驻地东约27.5公里，健跳港口南岸，蛇头之西250米，系高湾山嘴岬角向北伸入健跳港的小岬角。基部宽约300米，突出约250米，面积约0.0475平方公里。长芒萁、柴草，偶有野兔出没。

以该岬角形似鹰头得名。别名“和尚坟”。

蛇头 [Shétóu]

位于县政府驻地东约27.9公里，健跳港口南岸，鹰头之东250米，系高湾山嘴岬角向北伸入健跳港的小岬角。基部宽约190米，突出约200米，面积约0.018平方公里。上长禾草，有独立树一株，旧庙一间。以形似蛇头得名。

门头嘴 [Méntóu Zuǐ]

位于县政府驻地东约28.5公里，健跳港口，狗头门西南，柴爿花嘴之北，系高湾山嘴岬角向东北伸入狗头门的小岬角。基部宽约450米，突出约400米，面积约0.1平方公里。基岩为火山岩，两侧遍布高8.9米的浪蚀崖，前端崖壁高达10余米，崖下多连岸礁石，顶部长稀疏马尾松林和禾草。以该岬角居狗头门水道之门口，故名。

柴爿花嘴 [Cháipánhuā Zuǐ]

位于县政府驻地东约29公里，健跳港口，门头嘴之南，洋市湾北侧，系高湾山嘴岬角向东伸入狗头门水道的小岬角。基部宽约440米，突出约460米，面积约0.175平方公里。三面岩岸较陡，多裸露，基岩为火山岩，表层有沙土。以多长柴爿花（映山红），故名。

双沙嘴 [Shuāngshā Zuǐ]

位于县政府驻地东约28.8公里，洋市湾西岸，柴爿花嘴西南，系高湾山嘴岬角向东伸入洋市湾的小岬角。基部宽约400米，突出约300米，面积约0.1平方公里。沿岸为岩壁，表层有风化土和碎石，长稀疏松树和杂草，有蛇等动物。因该岬角南北两侧滩涂有大量黄沙沉积，当地群众惯称“双沙嘴”。

龙口嘴 [Lóngkǒu Zuǐ]

位于县政府驻地东南20公里，健跳港西南端，东郭塘之西，系长山向西伸入健跳港的突出部。基部宽约375米，突出约500米，面积约0.024平方公里，最高点海拔66.6米。海拔10米以下为岩石，大部为山地，长乔木、灌木及禾草。因此岬角西向龙口地片伸出，故名。

花桥镇

跳头嘴 [Tiàotóu Zuǐ]

位于县政府驻地东南24公里，羊峙港、穿仓山西北，系北岙山向南伸入羊峙港的突出部。基部宽约155米，突出约255米，面积约0.038平方公里。下部为基岩，表层有沙土，长禾草。此岬角素有从北岙进入穿仓山的“跳板”之称，故名“跳头嘴”。

浦坝港镇

下洋山嘴 [Xiàyángshān Zuǐ]

位于县政府驻地东约30.8公里，洋市湾东南，石塘湾西北，系下洋山向北伸入三门湾的突出部。其地有东嘴头、下礁头、平岩嘴3个小岬角。基部宽约0.85公里，突出1.25公里，面积约0.675平方公里，最高点下洋山海拔112米，向东北倾斜，至中部平岩山海拔109米。岩石组成，表层有沙土，长疏松林、禾草，局部开垦。因岬角主体为下洋山，根据当地群众习称，1984年12月命名为“下洋山嘴”。

东嘴头 [Dōng Zuǐtóu]

位于县政府驻地东约31公里，洋市湾口南侧，里鲎岛之南250米处，系下洋山嘴岬角的平岩山（海拔109米）向东北伸入三门湾的小岬角，故名东嘴头，为船舶航行的显要标志。基部宽约375米，突出约490米，面积约0.22平方公里。

平岩嘴 [Píngyán Zuǐ]

位于县政府驻地东约31.5公里，石塘湾口北侧，系下洋山嘴岬角的平岩山（海拔109米）向东伸入三门湾的小岬角，故名平岩嘴。基部宽约400米，突出约500米，面积约0.188平方公里。岩石组成，表层有沙土，长禾草。

下礁头 [Xiàjiāo Tóu]

位于县政府驻地东约30.3公里，洋市湾东侧，东嘴头西南，系下洋山嘴岬角的平岩山（海拔109米）向西伸入洋市湾的小岬角。基部宽约350米，突出约260米，面积约0.063平方公里。岩石组成，多长禾草。此岬角多连岸礁石，当地群众惯称“礁头”，因此处海拔较下洋山为低，故称“下礁头”。

牛山嘴 [Niúshān Zuǐ]

位于县政府驻地东约34.5公里，石塘湾之南，宫前湾之北，木杓嘴东北，系牛山向东伸入三门湾的突出部，其地有黄茅拦嘴、长拦嘴、小牛嘴、南嘴头、上牛脚、下牛脚6个小岬角。基部宽约0.5公里，突出约3.2公里，面积约1.52平方公里，最高点（基部）海拔168米，向东倾斜，牛山海拔124.5米；向北倾斜，黄茅拦嘴海拔58米；向南倾斜，南嘴头海拔53.6米。在牛山与南嘴头、小牛嘴之间有断坝，下为基岩，表层多沙土，长禾草，部分开垦。岬角主体为牛山，根据当地群众习称，1984年12月命名为“牛山嘴”。

黄茅拦嘴 [Huángmáolán Zuǐ]

位于县政府驻地东约32.9公里，石塘湾口南侧，长拦嘴西北，系牛山嘴岬角上的牛山向北伸入三门湾的小岬角。基部宽约400米，突出约300米，面积约0.161平方公里，最高点海拔58米。岩石组成，表层为沙土，长禾草。山嘴前部多连岸礁石。该岬角岩石多呈棕黄色，上有泥层覆盖，盛长茅草，突出于海面，将此处水域拦隔成东、西两部分，当地群众惯称为“黄茅拦嘴”。

长拦嘴 [Chánglán Zuǐ]

位于县政府驻地东约33公里，牛山嘴东侧，黄茅拦嘴东南，系牛山嘴岬角上的牛山（最高海拔124.5米）向东伸入三门湾的小岬角。基部宽约195米，突出约280米，面积0.045平方公里，前部多连岩礁石，为船舶航行显要标志。表层有沙土，长禾草，部分已垦种。此岬角突出海面较长，将此处水域拦隔成南、北两部分，群众惯称“长拦嘴”。别名“黄毛拦”。

小牛嘴 [Xiǎoniú Zuǐ]

位于县政府驻地东约34.45公里，牛山嘴断坝东侧，系牛山嘴岬角上的牛山（海拔124.5米）向东伸入三门湾的小岬角。基部宽约250米，突出约400米，面积约0.082平方公里。顶部长禾草，未垦种。前端有连岸礁石，为船舶航行显要标志。东北50米处有一干出礁（四牛礁）。此岬角系牛山嘴岬角中的一个小岬角，故名。

南嘴头 [Nán Zuǐtóu]

位于县政府驻地东约33.8公里，牛山嘴断坝南侧，下牛脚东南，系牛山嘴断坝向西南伸入宫前湾的小岬角。基部宽约225米，突出约600米，面积约0.115平方公里，最高点海拔53.6米。曾经垦种，现已荒芜，长禾草。以此岬角位于牛山嘴断坝之南，故名。又因在海拔约18米以下有一向南伸出15米的连岸礁石，当地群众称大礁头，故别名“大礁头”。

上牛脚 [Shàngniújiǎo]

位于县政府驻地东32.5公里，牛山嘴南侧，宫前湾北端，下牛脚西北，系牛山嘴岬角上的牛山（海拔124.5米）向南伸入宫前湾的小岬角。基部宽约200米，突出约250米，面积约0.04平方公里。下部为基岩，上部为砂壤土。牛山嘴南侧偏西有两处小岬角，比拟为“牛（牛山）”的两脚，因此岬角居西称上，故名“上牛脚”。

下牛脚 [Xiàniújiǎo]

位于县政府驻地东约33公里，牛山嘴南侧，宫前湾北端，上牛脚东南，系牛山嘴岬角上的牛山（海拔124.5米）向西南伸入宫前湾的小岬角。基部宽约300米，突出约300米，面积约0.047平方公里。下部为基岩，表层有沙土。牛山嘴南侧偏西有二处小岬角，比拟为“牛（牛山）”的两只脚，因此岬角居东称下，故名“下牛脚”。

木杓嘴［Mùsháo Zuǐ］

位于县政府驻地东约32.5公里，宫前湾西北侧，牛山西南，系炮台山（海拔259米）向北转东伸入宫前湾的突出部。基部宽约400米，突出约500米，面积约0.12平方公里。海拔12米以下为基岩，上有泥层覆盖，长禾草，东部多黄土，中部有木杓村。此岬角里小外大，喻为舀水之木杓，故名。

猫山嘴［Māoshān Zuǐ］

位于县政府驻地东南32.5公里，宫前湾内印得礁西南，系猫山向东伸入宫前湾的突出部。基部宽约300米，突出约300米，面积约0.07平方公里，最高点海拔54.9米。为岩石基岸，表层多风化土，长松树及杂草，野生动物有蛇、鸟等。以基部之猫山得名。

钳嘴头［Qián Zuǐtóu］

位于县政府驻地东南33.4公里，宫前湾西南侧，猫山嘴东南，推出岩西北，系烟埠墩（海拔106米）向北伸入宫前湾的突出部。基部宽约100米，突出约290米，面积0.0175平方公里。下部为基岩，表层有沙土，长有马尾松、芒箕等，局部已开垦。岩崖下低潮时能见泥涂。此岬角与东南的推出岩岬角形如钳状，故名。

推出岩［Tuīchū Yán］

位于县政府驻地东南33.6公里，宫前湾西南侧，钳嘴头东南，塌蛇头西北，系烟埠墩（海拔106米）向东北伸入宫前湾的突出部。基部宽约200米，突出约200米，面积约0.025平方公里。表层有沙土，长有疏松林、白茅等。岩崖下低潮时能见泥涂。此岬角伸人海中，较之西北的钳嘴头和东南的塌蛇头两岬角更为突出，根据当地群众习称，1984年12月命名为“推出岩”。别名“小沙岗”。

塌蛇头［Tāshétóu］

位于县政府驻地东南34.2公里，宫前湾南侧，推出岩之南，牛头岗山西北，系上腾岗（海拔158米）向东北伸入宫前湾的突出部。基部宽约90米，突出约160米，面积约0.01平方公里。前端岩石裸露，长约50米。50米之后有土层覆盖，长马尾松、枫树、芒萁等。此岬角形似蛇头，又塌下一些，故当地群众惯称“塌蛇头”。

太平山嘴［Tàipíngshān Zuǐ］

位于县政府驻地东南约35公里，宫前湾南端，大域湾西北，系太平山向东北伸入三门湾的突出部。其地有牛头岗、仰天饭蒸、火门岗、烟墩岗4座山岗和下湾嘴、蟹钳嘴2个小岬角。基部宽约1.3公里，突出约1.85公里，面积约1.51平方公里。最高点太平山海拔209米，向东北倾斜，至中部火门岗海拔96米，至前部烟墩岗海拔96.9米。基岩为火山岩，表层多沙砾土，遍长芒萁、白茅等，间有稀疏小松树，并有蛇、鼠、鸟等动物。中部有从岙村和从岙塘。岬角基部为太平山，根据当地群众习称，1984年12月命名为“太平山嘴”。

下湾嘴［Xiàwān Zuǐ］

位于县政府驻地东南35公里，太平山嘴北端，宫前湾南口，被絮门之南，系太平山嘴岬角上的烟墩岗（海拔96.9米）向西北伸入宫前湾的小岬角。基部宽约400米，突出约800米，面积约0.25平方公里。表层有沙土，长映山红等灌木和白茅。此岬角居宫前湾口南端，俗称“下”，根据群众习称，1984年12月命名为“下湾嘴”。

蟹钳嘴［Xièqián Zuǐ］

位于县政府驻地东南约35.5公里，太平山嘴东侧，大域湾口西北，系太平山嘴岬角上的火门岗（海拔96米）向东伸入大域湾的小岬角。基部宽约180米，突出约200米，面积约0.045平方公里。岩石组成，上部多沙砾土，长有松树、芒萁、茅草等。以形似蟹钳，故名。

白象山嘴［Báixiàngshān Zuǐ］

位于县政府驻地东南约36.17公里，大域湾东南，山后湾西北，系笔架山向东北伸入三门湾的突出部。其地有笔架山、白象山2座山和牛嘴头、鳗礁嘴、红岩嘴、馒头岙嘴4个小岬角。基部宽约0.6公里，突出约1.85公里，面积约0.75平方公里。最高点基部笔架山海拔258米，向东北倾斜至中部白象山海拔135米，又向北倾斜至牛嘴头海拔62.3米。据记载，白象山原名百丈山，形容山高百丈而得名，后谐音演变为“白象山”，故岬角旧名“百丈山”。以中部之白象山得名。

牛嘴头［Niú Zuǐtóu］

位于县政府驻地东南36.7公里，大域湾口，牛粪团礁之南，系白象山嘴岬角上的白象山向北伸入三门湾的小岬角。基部宽约300米，突出约450米，面积约0.08平方公里，最高点海拔62.3米。正北有一连岸礁石，海拔5.8米，涨潮时淹没。基岩组成，上部略有沙土，长芒萁、白茅等。当地群众惯称“牛嘴头”。

鳗礁嘴［Mánjiāo Zuǐ］

位于县政府驻地东南约37.4公里，山后湾口北侧，系白象山嘴岬角上的白象山（海拔135米）向东伸入三门湾的小岬角。基部宽约450米，突出约480米，面积约0.12平方公里。东北侧有一块长150米，宽50米，海拔10.9米的连岸礁石。基岩组成，长有少量灌木及芒萁、茅草等。此山嘴连同外伸的连岸礁石，里大外狭长，喻为鳗鱼，根据当地群众习称，1984年12月命名为“鳗礁嘴”。又因当地渔民常在此山嘴抛锚停船，故别名“锚缆嘴”。

红岩嘴［Hóngyán Zuǐ］

位于县政府驻地东南约36.5公里，大域湾东侧，系白象山嘴岬角上的白象山（海拔135米）向西伸入大域湾的小岬角。基部宽约200米，突出约130米，面积约0.0125平方公里。岩石组成，表层有沙土，长禾草。此岬角岩石呈红褐色，故名。

馒头岙嘴［Mántóuào Zuǐ］

位于县政府驻地东南约36.4公里，大域湾南侧，系白象山嘴岬角上的笔架山（海拔258米）向北伸入大域湾的小岬角。基部宽约200米，突出约100米，面积约0.01平方公里。岩石组成，表层有沙土，长禾草。以基部之馒头岙得名。

牛头山嘴［Niútóushān Zuǐ］

位于县政府驻地东南约39.7公里，山后湾之南，三娘湾之北，系牛头山向东伸入三门湾的突出部。其地有牛头山、天灯盏、牛角门、木杓山、虾岗5座山岗和牛尾堂嘴、木杓山嘴2个小岬角。基部宽约1.1公里，突出约2.5公里，面积约1.88平方公里。最高点基部牛头山海拔202.2米，向东倾斜，至中部木杓山海拔152米，至东前部牛尾堂海拔97米。基岩组成，表层多沙土，长有松林、禾草等。岬角主体为牛头山，根据当地群众习称，1984年12月命名为“牛头山嘴”。

牛尾堂嘴［Niúwěitáng Zuǐ］

位于县政府驻地东南约39，7公里，山后湾东南，桩头屿西北，青峙山之南，系牛头山嘴岬角上的牛尾堂向东伸入三门湾的小岬角。基部宽约250米，突出约1050米，面积约0.175平方公里，最高点海拔97米。岩石组成，表层多沙土，长禾草等。此岬角居牛头山东北部，比拟为“牛（牛头山）”之尾巴。又因早年山弯建有庙堂，故当地群众习惯称“牛尾堂”，“牛尾塘嘴”之名由此而得。

木杓山嘴［Mùsháoshān Zuǐ］

位于县政府驻地东南39公里，牛尾堂嘴西南，三娘湾北侧，系牛头山嘴岬角上的木杓山（最高点海拔152米）向东南伸入三门湾的小岬角。基部宽约350米，突出约450米，面积约0.1平方公里。岩石组成，表层有沙土，长杂草。岬角前部有宽约10米，深约12米的明显断裂状。此岬角形似木杓，原名木杓嘴，因重名，1984年12月更名为“木杓山嘴”。

龙嘴头［Lóng Zuǐtóu］

位于县政府驻地东南约40公里，小鸡山之北约700米处，系牛头山（海拔119米）向东南伸入三门湾的突出部。基部宽约150米，突出约350米，面积约0.425平方公里。岩石组成，表层长稀疏的乔、灌木及芒萁、白茅等。岬角前端有连岸礁石。此岬角以形似龙头，故名。

屿平嘴 [Yǔpíng Zuǐ]

位于县政府驻地东南约38.8公里，龙嘴头西南，小鸡山西北约400米处，系牛头山（海拔119米）向南伸入三门湾的突出部。基部宽约200米，突出约150米，面积约0.02平方公里。岩石组成，前端多连岸礁石，顶部有沙土，长稀疏马尾松、芒萁、白茅等。据传，早年有艘载柿饼的商船在此山嘴触礁沉没，后人为永记教训，取名“柿饼嘴”，因谐音演变为“屿平嘴”。

宫北嘴 [Gōngběi Zuǐ]

位于县政府驻地东南约38.8公里，浦坝港牛头门水道口北侧，系牛头山（海拔119米）向东北伸入三门湾的突出部。基部宽约190米，突出约400米，面积约0.063平方公里，最高点海拔51.3米。山嘴两侧遍布高5米的浪蚀崖，山土较薄，多长禾草及稀疏马尾松。北侧有潮位台旧址。岬角东南端与象山县南田岛长皮长岬角东南端的连线为三门湾与猫头洋的分界线。早年，此山嘴东南建有“娘娘宫”，因在牛头山上，群众多称“牛头宫”。其北侧海湾处沉积有大量黄沙，人们称为“宫北沙”。根据当地群众习称，1984年12月命名为“宫北嘴”。

干头嘴 [Gàntóu Zuǐ]

位于县政府驻地东南37公里，浦坝港口七干涂南侧，系干头山向东北伸入浦坝港白带门的突出部。基部宽约400米，突出约750米，面积约0.175平方公里，最高点海拔65米。遍长白茅、芒萁，栖息雉鸡、蛇等动物。岬角主体为干头山，故名。

第七节 海

猫头洋 [Māotóu Yáng]

位于县政府驻地东及东南，西靠大陆岸线，东至渔山列岛与东海相通，南至台州湾，北至象山县檀头山，海域属三门、象山、临海三县（市）。面积约2768平方公里，水深约20米，以三门湾口的猫头山得名。较大的岛屿有渔山列岛、草鞋耙屿、泽山岛、小鹅冠、东矶列岛等。潮流属往复流，洋面涨潮流向西北，流速1.5~2节；落潮流向东南，流速1.5~2.5节，于嵊山洋绿华山高低潮时转流。助航标志有草鞋耙屿灯桩。水产资源丰富，盛产大黄鱼、小黄鱼、鳓鱼、鳗鱼、墨鱼、虾、蟹等，有著名的猫头、渔山两大渔场。

第八节 海湾

三门湾 [Sānmén Wān]

位于在浙江省东南沿海中部，核心区包括宁海、象山、三门三县，是浙江省区域面积仅次于杭州湾的第二大海湾。湾域四至：东迄石浦铜瓦门，西至海游街道，相距约60公里，南迄健跳港南岸之中山嘴，北至岳井洋上游的泗洲头，距约40公里，海陆方圆2400平方公里，低潮总面积390余平方公里。湾内西部水域较深，东部水域较浅，一般水深5~10米，青门山以西水域水深达10~25米，满山东北水域水深仅0.4~1米，平均水深约9米。主要锚地有猫头、蛇蟠水道，可避7~8级风。满山水道的北部至五屿门海域礁石较多，航行极为不便。

三门湾东连猫头洋，南、西、北三面皆峰峦叠嶂，群山环抱，形状有如匏口。东北有饭甑山、庵山、狗山三岛，统名为三门山，形成航门三条，故名“三门湾”。南宋嘉定《赤城志》记载：“三门山在县东二百五十里海中，以三峰如门鼎立，故名。”清康熙《宁海县志》载：“三门山，东二百五十里海中，三峰鼎立，故名。海舟出入必经此。”民国《中国古今地名大辞典》载：“三门湾，在浙江象山半岛之南，宁海县之东，有南田岛（南田县治在其上）为外蔽，停泊舰队，无虞东北恒风。湾内群岛罗列，中有三门山，三峰鼎立，为海舶出入必经之路。地居港沪之中，气候温和，物产丰富。民国九年，定为农垦模范自治区域，以安置回国侨民，俾兴实业。”因为它的富饶和位置，引起了帝国主义列强的觊觎。清光绪二十五年（1899年）意大利殖民主义者曾公开提出要求“租借”三门湾，由于遭到举国上下一致反对，才没有得逞。民国五年（1916年）八月间孙中山先生至此视察，对三门湾赞不绝口，称其为实业之要港，并在其所著《建国方略》中，将三门湾定为东方第九渔业港。其后，徐世昌、蒋介石曾先后颁布开发三门湾的政令，南洋华侨郭春阳、邹辉清和上海实业家许廷佐等先后携资付诸实践，皆因战乱和时局动荡而未成。

三门湾为宽浅型多汊港湾，岸线曲折，潮流汊道众多，水道稳定，海域和滩涂辽阔。与一般半封闭型港湾相比，三门湾内外水体交换速度与自净能力超群，水体交换周期仅为一天，区域环境承载力较强，是座天然的半封闭海湾。三门湾湾顶潮差大，汊面广，纳潮量大，潮汐性质属正规半日潮，可供开发潮汐能源。在青门山附近平均高潮间隙9时17分，湾口大潮升6.2米，小潮升4.7米，平均海面3.5米。潮流基本顺水道而流，流速湾口1.5~2.5节，蛇蟠水道2.3~3.3节。三门湾处于北亚热带夏湿冬温气候区，年均降水量约1400毫米。

三门湾周围属凝灰岩组成的山体，海湾受北北东和北北西两组断裂所控制，历经各历史时期的地貌发育演变，形成6个良好深水港汊和淤泥舌状滩地相间分布，主要为岳井洋、胡陈港、沥洋港、蛇蟠北港、蛇蟠水道和健跳港，宛如五指巨掌伸入浙东大陆，构成了独特的港湾淤泥质地貌。

三门湾东侧的石浦港，西侧的健跳港，均为较大的海港。湾内还有海游、胡陈、沥洋、车岙等港。田湾岛、健跳、高塘岛等泊位在2~10万吨级的港区，可规划码头泊位40个，规划年吞吐量超过11000万吨。区域内的田湾岛与宁海下洋涂直线距离仅4公里，可开发3.5~5万吨级散杂货泊位8个，规划年吞吐量1000万吨。三门湾拥有丰富的土地资源，海岸曲折，泥滩宽阔，滩面高，间嵌有蛇蟠山、青门山、下万山、满山等大小岛屿40余个，部分泥滩与岛屿之间已被围垦。可开发利用滩涂面积150多平方公里，这对土地资源越来越紧缺的浙江来说，无疑是十分宝贵的资源。

洋市湾 [Yángshì Wān]

位于县政府驻地之东，洋市村和高湾山嘴之东，鲎门和下洋山嘴之西，湾口向东北，总面积约4.5平方公里。湾内生长鱼、虾、泥螺、毛蚶、海螺等和人工养殖蛏子。洋屿，原为当地小山名，旁边的村庄亦名洋屿，因“屿”与“市”方言同音，后演变为洋市。根据当地群众习称，1984年12月命名为“洋市湾”。地属健跳镇和浦坝港镇。

石塘湾 [Shítáng Wān]

位于县政府驻地之东，下洋山嘴之东，平岩嘴东南，牛山嘴之北，湾口向东北，面积1.07平方公里。湾内生长鱼、虾、泥螺、毛蚶、蛤蜊，养殖蛏子。高潮时可航一般渔船。根据当地群众习称，1984年12月命名为“石塘湾”。属浦坝港镇。

宫前湾 [Gōngqián Wān]

位于县政府驻地东南，牛山嘴之南，太平山嘴之北，西靠大陆，湾口向东，面积约14平方公里。水深高潮时为4.5米，低潮时为1米，中部略浅。湾内有渔西、从岙二涂，还有黄金屿、虾屿、冬瓜山、上韭屿、下韭屿等14个岛礁分布其中，面积约12平方公里，为本县主要海涂养殖区之一。因湾西侧中部有宫前山，根据当地群众习称，1984年12月命名为“宫前湾”。属浦坝港镇。

大域湾 [Dàyù Wān]

位于县政府驻地东南，太平山嘴之东，白象山嘴之西，南靠大陆，湾口向东北，面积约1.5平方公里。湾内自然生长鱼、虾、花蚶、毛蚶、海螺、沙蟹、蛏子等，部分人工养殖蛏子。高潮时可航一般渔船。当地群众习称“大域湾”。属浦坝港镇。

山后湾 [Shānhòu Wān]

位于县政府驻地东南，白象山嘴之东，牛头山嘴之北，湾口向东北，面积约2.6平方公里。湾内野生鱼、虾、泥螺、沙蟹等，还可养殖蛏子。高潮时可航100吨级船舶，适宜张网作业。此海湾居笔架山后，故名。属浦坝港镇。

三娘湾 [Sānniáng Wān]

位于县政府驻地东南，牛头山嘴之南，里、外牛栏礁西北，湾口向东南，面积约0.3平方公里。当地群众惯称“三娘湾”。属浦坝港镇。

秤钩湾 [Chènggōu Wān]

位于县政府驻地东南，扩塘山之北，牛头门水道之南，湾口向北，面积约1.16平方公里。湾内生长鱼、虾、泥螺、毛蚶等。湾口东侧下园山麓建有灯桩。此湾形似秤钩，故名。属浦坝港镇。

彰化湾 [Zhānghuà Wān]

位于县政府驻地东南，扩塘山之南，白带门水道之北，湾口向南，面积约1.55平方公里。高潮时水深约2~4.5米，小型渔船可通航。湾内盛产鱼、虾、毛蚶、花蚶、蛤蜊、沙蟹、泥螺等，养殖蛏子。又有六头（海拔34.5米）、云斗屿（海拔8.2米）两岛和一处明礁（泥礁）。该湾以湾北之彰化湾山得名。属浦坝港镇。

第九节 港湾

海游港 [Hǎiyóu Gǎng]

位于县政府驻地之东，呈西—东向，以位于海游得名。系珠游溪与亭旁溪的入海河段，受到河流水和海潮水的双重影响，属入海河口类。该河段的水吞门，系海游港的入海口门，涨潮时，海水流进水吞门，并沿港上溯到下山桥，潮流速正好和河流速相抵消，潮水停止倒灌，此处称潮流界。海游桥系河水位仅受潮流顶托的最远地点，称潮区界，是感潮河段的上界。从陆到海，在海游桥到下山桥之间的河段，称近口段，长约1.25公里，水流为单一流向，地貌完全呈河流形态，在下山桥到水吞门之间的河段，称河口段，长约7.75公里，具有双向水流，地貌表现为河面展宽，河口有泥沙背（沙洲），在水吞门到花鼓岛涛头埃之间，称口外海滨段，长约10公里。全河口西纳珠游溪，南纳亭旁溪、头吞、园里溪，向东流经海游街道、海润街道、健跳镇、蛇蟠乡，注入蛇蟠水道，总长约19公里，面积约12平方公里。港面最狭处约50米，最宽处约650米。水深低潮位最浅处不到1米，最深处3.4米，小潮时潮位升高3米，大潮时升高5米。港底部多泥质，两侧多石砌堤岸，泥岸长白茅、狗尾草、狼尾草等。

1951年河流改道，自木杓山麓至新港口新开河2公里，宽60米，深2.5米。1977年12月至1978年4月老港截弯取直，自新港口至三山新开河道1公里，宽200米，深3.5米。1981—1983年建海游排水闸1座3孔，堵黄埠突港，建海游环城公路。

健跳港 [Jiàntiào Gǎng]

位于县政府驻地海游东25公里，内段港湾作为健跳镇与横渡镇之界河，西南起自横渡镇下罗山麓，东至健跳镇的狗头门，注入三门湾，全长约17公里，面积约20.12平方公里。港湾狭长弯曲，呈“厂”字形。港口宽约700米，港面一般宽度300~500米，最窄处为黄门峡，宽度约170米。港内大部水深5米以上，5米等深线宽度约200米，以眠床头嘴至黄门峡段水面较宽，水深较好，吃水3米以下船舶，可以随时进出，不受潮位限制，但千吨级船舶尚须候潮通过，年吞吐量超400万吨。全港大致可分三段深槽：口门内深槽段长约2100米，宽度约300米，水深一般为10~30米，最深达47米；中段深槽在眠床头嘴至黄门峡附近，长约3300米，宽度约200米，水深一般大于9~20米，最深达42米；内段深槽从蟹钳山以西至罗城礁一带，长4000~5000米，宽度约200米，水深一般为7~8米，最深达30米，但个别处水深仅5~6米。在中、外深槽之间，有一处水深4米左右的浅段，长约1800米，最浅处水深约3米。口门以外水深一般超过6米，大部分为8~9米。港口高湾山附近有涡流。

健跳港为规则半日潮港。大潮升6.2米，小潮升4.7米，平均海面3.5米。潮流为往复流，与水道方向一致，涨潮时流速为1.8节，落潮流速2.3节。又据健跳潮位站提供潮位情况：健跳港最高潮位（吴淞标高）+6.07米，最低潮位–1.72米，最大潮位差7.25米，年平均潮位差4.2米。含沙量0.01公斤/立方米。

健跳港多年平均风速2米/秒，强风向东南东，最大风速16米/秒，常风向东北，频率12%，全年除7月及1月刮西南风外，其余各月都是以东北风为主。港内风力较少，年平均风力2~3级。健跳港多年平均雾日数14天，最多年雾日数29天，1月至4月为雾季，其雾日每月有1~2天，5月及7月、8月无雾日出现，其余各月平均为1天。

健跳港是三门湾内的自然避风良港。本县中支湫水山延伸耸峙于西、北，中南支石笋山逶迤蟠亘于南，有高湾山、龙山、点灯岛等为其屏障。除偏东大风和台风之前，港口附近有较强涌浪外，一般港内水面平静。据《中国航路指南》载，1974年13号台风在三门湾登陆，最大风力在12级以上，但健跳港附近波高不超过1米，200吨级船舶在此避风安全无恙。健跳镇前及黄门峡与凤凰山之间，为泥底锚地，可锚泊避10~12级大风。

健跳港为浙江省四大深水良港之一，距甬台温铁路20公里，甬台温沿海高速公路贯穿其中，是浙东最便捷的出海通道之一。从这里至上海216海里，至宁波111海里，至海门港46海里，距宁波机场、台州路桥机场均100公里以内，且健跳港地处连接三门县港南港北的中心枢纽地带，地理位置十分优越。健跳港及港口有较完善的航标。据《中国航路指南》第二卷载，点灯岛、大礁、奶儿礁、罗城渡口、凤凰山渡口、沙木渡口、铁冠山南麓、健跳鹭鸶山南麓、龙洞礁等处均设有灯塔，狗头门设有罐形浮标。此外，点灯岛和高湾山嘴，都是进出健跳港的天然助航标志。

健跳港近海，靠山，隐蔽，历来是兵家“海防重地”。据民国《三门年鉴》第二辑记载，宋高宗南渡，经健跳车马渡（现名沙木渡），投琴于江，故别名琴江。据清光绪《宁海县志》记载：健跳所城“明洪武二十年（1387年）信国公汤和奏设，千户尚膺筑城，高二丈三尺，围三里二十七步。门二，西曰登明，北曰崇武，以防倭寇。”民国《中国今地名大辞典》载：“明洪武时建千户所，清顺治间徙近海居民，因墟其地，后复设守备驻守。”

旗门港［Qímén Gǎng］

位于县政府驻地东北11.8公里，系三门与宁海两县的界港，主航道中心线以北属宁海县，以南属三门县。上游纳清溪之水，西起笔架山嘴岬角的将军山北麓，东到白旗塆与湖塆之间，注入蛇蟠水道，全长约10公里，流域面积24.18平方公里。港面最宽处1.25公里，最狭处0.5公里，面积约18平方公里，港道最深处7.8米，最浅处3米，低潮时航行易搁浅。该港属正规半日潮港，潮流往复与航道方向一致，多年平均最高潮位4.05米。

旗门港西端的龙头山（属宁海县一市镇），清光绪《宁海县志·分图十五》标“旗门山”，旗门山与老鼠山之间标“旗门渡”，旗门港即以此命名。旗门港上游两岸原是一片海滩，历代围涂4.48平方公里，新中国成立后共围涂4.19平方公里，涂面共减少8.67平方公里。港中的老鼠山、鸡笼山，现已筑堤与笔架山嘴连接。老鼠山海拔55米，昔置墩台（烽火台），早废。主要水产资源为毛蚶、蛤蜊、虾虮、青蟹等，其他小鱼、小虾亦甚丰富。

洞港［Dòng Gǎng］

位于县政府驻地东南约38公里处，浦坝港镇东南，介于三门县、临海市之间，山场溪入海处。西南起于天德闸，向东北流经水壶甩口，转北出洞港新闸，注入白带门水道。全长约7公里，港口自干头嘴至长腰礁宽约4公里，面积约14.25平方公里。

洞港，别名后港，据民国《临海县志》卷四载：“洞港，亦曰‘后港’，出山场岭，东南流，又东曲流，泗淋水自西北来合，又东经朱门，入于海。”可见洞港原为河名，因此河经此入海，故港从河名。洞港，历史上潮水上涨到山场乡埠头，民国三年(1914年)在上游蓄淡建造陡门3孔，道头以上成为淡水河。1966—1970年台州地区组织临海、三门二县联合治理洞港，围筑塘堤4公里，原建在两县分界处水壶甩口的洞港闸，为求闸基巩固安全，利于泄蓄，重新选址于三门县境内的陈栋山南麓，建造具有现代化规模的9孔洞港新闸。2013年被列入“清水绿廊”项目，整治河道长1.6公里，新建堤坝、仿木栏杆、生态环境治理等项目。2015年被列入中央小流域治理项目，长5.36公里，新建堤坝2.8公里，护岸4.5公里等生态环境治理项目。

正屿港 [Zhèngyǔ Gǎng]

位于县政府驻地之东，旗门港之南，花鼓岛之北，自西向东流入蛇蟠水道。长8公里，面积约7平方公里，港面最宽处约900米，最狭处约200米。低潮时水最深处约5米，最浅处约0.2米，一般约2~4米。港底部多泥质，两岸为海涂，养殖蛏子等。以南侧的正屿山得名。属海润街道。

花桥港 [Huāqiáo Gǎng]

位于县政府驻地东南，西北起自花桥镇红旗塘闸，向东南流至羊峙岛与羊峙港汇合，为浦坝港上游的支港。长约4.5公里，港面最宽处约700米，最窄处约100米，平均宽约350米，面积约3平方公里，水深2.9~4.2米。潮汐一昼夜涨落2次，涨潮时100吨船可通航，落潮时可通30吨船。港两岸为滩涂，养殖蛏子。港以原花桥港上游的花桥村得名。

羊峙港 [Yángzhì Gǎng]

位于县政府驻地东南，西北起自穿仓山，向东南流至羊峙岛与花桥港汇合，为浦坝港上游的支港。长约3公里，宽约0.25公里，水深最深处5米。港两侧为滩涂。以港之东端羊峙岛得名。

浦坝港 [Qǔbà Gǎng]

位于县政府驻地海游街道东南30公里处，三门湾以南，椒江口以北。西起红旗塘，上游有羊峙港和花桥港两支流，自羊峙岛汇合后，向东南流经花桥镇、浦坝港镇，入白带门、牛头门，至扩塘山岛外、小门山连线。长约19公里，口门宽约5公里，面积约54平方公里，系一伸向内陆的狭窄港湾。据民国《临海县志》卷四记载:“铺坝江，在县东百一十里海乡，源出长大山。北流经花桥镇东北，曰‘花桥港’，又东而南经仙岩南，曰‘仙岩港’，又东南经铺坝渡，曰‘铺坝江’，又东经大域营南，其海口有牛头、白岱两门，东则经牛头门入海，东南则经白岱门入海。”浦坝港原称铺坝江，而原铺坝江为现浦坝港中的一段，且铺坝江得名于铺坝渡。查港中段白岩山北麓，有一处自南而北向港底延伸约1公里的沙岗，形似水下堤坝，附近设渡，铺坝渡之名，由此而得。后铺坝江演变为“浦坝港”。

浦坝港水域宽阔，但可航宽度狭窄，是该港的一个特点。上游蟹山塘与大岙里之间，水域宽约3.5公里，可航宽度仅741米左右，下游赖屿与干头嘴之间，水域宽约3.5公里，可航宽度也不到1公里。东侧扩塘山立于港口中部，把港分成南北两条水道，南侧为白带门水道，是船舶主要出入航道，北侧为牛头门水道，建有码头。水浅滩多，是浦坝港的又一特点。港内水深一般3~5米，主航道白带门水深也只有4~10米，一般可通航和锚泊百吨的船只。航船候潮可到达花桥镇红旗塘闸。全港两岸多大片干出滩涂，有穿仓涂、羊峙港涂、高堍涂、赖屿涂、下栏涂、捕坝涂、七干涂等，总面积约8.18万多亩，现已围垦4.38万多亩，成为本县重要的养殖区和种植区。据《中国航路指南》载，浦坝港为半日潮港，潮流流向与航道一致。流速牛头门2.5节左右，白带门涨潮流1.8节，落潮流3节。

第十节　水道、航道

青山港 [Qīngshān Gǎng]

位于县政府驻地之东，为三门县与宁海县的交界水道，呈西北—东南向，南北介于蛇蟠岛与三山（开井山，属宁海县）之间，东南流入蛇蟠水道。长约9公里，宽约1.8公里，主航道水深2~6米。以上游之青山得名。地属三门、宁海二县。

蛇蟠水道 [Shépán Shuǐdào]

位于县政府驻地东20公里，蛇蟠乡东南，南北界于大陆岸滩与蛇蟠岛之间，西通旗门港、正屿港及海游港，东至八分嘴头北端，连通猫头水道。蛇蟠水道为西东向，长约11公里，最宽处约4.5公里，最窄处约1.5公里，面积约46平方公里，水深3~10米，正航道水深5米以上，最深处11.62米。自猫头水道进入蛇蟠水道的左侧，离岸500米处有后岭礁（系干出礁，干出高2.3米）。在海游港进入该水道的南侧有两条鱼栅。涛头山（海拔77.8米）是进入海游港的良好目标。涛头山东2公里处有黑色装顶灯罐形浮标一座，灯标至涛头山间为岸侧泥滩。潮流为规则半日潮，涨潮流向西，流速2.3节，退潮流向东，流速3.3节左右。多年平均风速为2米／秒，最大风速16米／秒，强风向为东南东，常风向为东北。每年1—4月为雾季，雾日12天;5—8月无雾日，其余每月平均1天。多年平均雾日数14天，最多年雾日数29天。水道处于三门湾内，正东有田湾岛、灶窝山等为天然屏障，风浪较小，凡水深5米以上区域皆可抛锚，可避8级北—西—东南风。以北侧蛇蟠山得名，别名“蛇蟠洋”。

满山水道 [Mǎnshān Shuǐdào]

位于县政府驻地东34公里三门湾东部，健跳镇东北，东西介于满山与灶窝山、田湾岛、下万山之间，北起鲳鱼礁，南至杨礁，贯通五屿门与三门岛东北侧两水道，呈南北向。长约9公里，宽约2.7公里，面积约54平方公里，水深一般3~10米，最深达46米。西北端多礁石，系危险水道，不宜通航。南北两端之杨礁和鲳鱼礁上各有灯桩一座。以满山岛得名，别名“满山洋”。

猫头水道 [Māotóu Shuǐdào]

位于县政府驻地之东，东为长屿、灶窝山、田湾岛、下万山诸岛，西靠大陆，西北自八分嘴头北端连接蛇蟠水道，东南至下万山南端与点灯岛一线，通三门岛西侧和东北侧水道，呈西北—东南向。长约9.5公里，宽约3公里，面积约30平方公里。底部多泥质，水深5米以上，最深处猫头山嘴东侧500米处为50米，系三门湾内最深之处。凡水深5米以上区域皆可抛锚，可避七级东北及西南风。潮流涨潮流速每小时1.5节，落潮流速每小时2.5节。为出入海游港、正屿港、旗门港、沥洋港、胡陈港之主要航道。以水道西侧猫头山得名，别名“猫头洋”。

鹿颈门 [Lùjǐng Mén]

位于县政府驻地之东，介于田湾岛与灶窝山之间，呈西北—东南向，低潮可通航百吨级船舶。贯通猫头与满山两水道，长约1.6公里，最宽处约500米，最窄处约250米，面积约1.5平方公里。水深从西北向东南逐渐加深，大都在5米以上，最深处达46米。西北端口外有糠礁、米礁。此门狭长，形似鹿颈，故名。又因居灶窝山南侧，别名“灶窝门”。

青门 [Qīng Mén]

位于县政府驻地之东，居田湾岛与下万山之间，东西贯通满山水道与猫头水道，呈东西向。长约1.25公里，宽约250米，面积约1平方公里，低潮时最窄处为180米左右。水深由两岸向中间渐增，最深处达16米。因其东侧口门连接满山水道处，有拦门礁和拦门暗礁所阻，一般大船不宜通航。因水道水色清莹，遂名“清门”，后演变为“青门”。清光绪《宁海县志·分图十九》标“青门”。根据当地群众习称，1984年12月命名为“青门”。

米筛门 [Mǐshāi Mén]

位于县政府驻地之东，健跳港口，东西介于长山与龙山之间，南北贯通猫头水道，呈南北向。长约1公里，水最深处6米，小潮时可通行百吨级船舶，大潮高潮时数百吨级船舶也能通过。两岸有狭长的泥涂带。因该水道的中段，居龙山与长山之间，宽仅100米，比较狭小，形容其只有米筛那么大，故名“米筛门”。

长杓门 [Chángsháo Mén]

位于县政府驻地之东，健跳港口，南北介于长山与木杓岛之间，高潮时可通航100吨级船舶。东西贯通猫头与米筛门两水道，呈东西向。长约1公里，最宽处约250米，最狭处约150米，水深3~5米，潮流为往复流，南北岸为泥涂。该水道居长山与木杓岛之间，1984年12月以二岛中各取一字命名为“长杓门”，别名“木杓门”。

狗头门 [Gǒutóu Mén]

位于县政府驻地之东，健跳港口外，龙山（原名狗头山）之南，高湾山嘴东北，呈西北—东南向，贯通健跳港与三门湾。长约3公里，宽约0.5~2.5公里不等，面积约4平方公里，形似东西横卧两头成喇叭状的短管。因受水流影响，西北部两岸多泥滩，中部、东部两岸为崖壁，高约8米，水道底部为泥质。水深由两岸向中间逐渐增至30多米，最深达37米，水道北侧龙洞礁上设灯桩一座，南侧高湾山嘴北端泥涂旁设罐形浮标，附近有漩涡。高潮时可通过七千吨的舰船，吃水3米以下船舶通航无阻，是进出健跳港的孔道。当地群众惯称“狗头门”，以水道北侧之原狗头山（今名龙山）得名。

鲎门 [Hòu Mén]

位于县政府驻地之东，洋市湾东部，南北介于里鲎岛和外鲎岛之间，呈东西向，西连洋市湾，东通三门湾。长约500米，南北宽约230米，面积约0.1平方公里，水深约6米，可通航小型渔船。因水道介于里鲎岛与外鲎岛之间，故名。

被絮门 [Bèixù Mén]

位于县政府驻地东南，南北介于下湾嘴与大被山之间，西连宫前湾，东通三门湾，呈东西向。长约0.7公里，最宽处约650米，最窄处约90米，面积约0.5平方公里，平均水深1.5米，水流较急。以水道北侧之大被山得名。

牛头门 [Niútóu Mén]

位于县政府驻地东南，浦坝港口北侧，南北介于扩塘山与沿海工业城之间，呈西南—东北向，西南自乌皮礁西侧白带门与牛头门分岔处起，东北至蟹山止，贯通浦坝港与猫头洋。长约5.5公里，宽约1.5公里，面积约5平方公里。涨落潮流速2.5节，水深一般2.5~5米，系浅水道，大船不宜航行。两岸有泥涂，东南端中部有段岩岸，东南侧下园山北麓设有航标灯桩。以水道北侧之牛头山得名。

白带门 [Báidài Mén]

位于县政府驻地东南，浦坝港口南侧，南北介于长腰礁与扩塘山之间，呈西北—东南向，西北自乌皮礁西侧白带门与牛头门分岔处起，东南至豆腐渣山止，贯通浦坝港与猫头洋。长约5.5公里，最宽处约2公里，最窄处约1.2公里，面积约13平方公里，水深4~10米，涨潮流向西北，流速1.8节，退潮流向东南，流速3节，是出入浦坝港的重要航道。两岸滩涂可养殖蛏子。据民国《临海县志》卷三载，白岱门以北侧白岱山（今名扩塘山）得名，后演变为“白带门”。

前泗线 [Qiánsì Xiàn]

起于前所升船机，沿椒江北区和洞港水系，经椒江区前所、章安，临海市杜桥、上畔、桃渚，终于浦坝港镇泗淋洞港闸，全长39.26公里，是椒江北部平原重要航道，全线均未达到七级航道标准，通航能力较差。2000年全市内河干线航道有6条，其中前泗线里程数为39.26公里。

健跳港区进港航道 [Jiàntiàogǎngqū Jìngǎng Hángdào]

由南北两条航线组成，南线起于东矶岛东侧东航路，向西北延伸至草鞋婆屿东南侧，转向西北偏西向，经大甲山待泊锚地南侧水域进入健跳港口狗头门。北线起于油菜花峙附近西航路，向西南延伸至草鞋婆东南侧，并与南线相接。水深8~10米，万吨级船舶乘潮进出港区。2006年健跳港区控制性详规的编制完成，进港航道和锚地等专项规划也已编制完成。

第七编

历史地名

第一章 政区、街巷历史地名

第一节 政区历史地名

宁和乡 [Nínghé Xiāng]

旧为宁海县六乡之一。据南宋嘉定《赤城志》记载："宁和乡，在县南七十五里。管里五：清溪、怀逊、奉化、万岁、新进。"乡境包括现在的健跳镇、亭旁镇全境，海游街道、海润街道部分地区和象山县鹤浦镇、高塘乡等地。清雍正六年（1728年）为便利田赋，施行乡庄制，宁海县分县治8庄，东、南、西、北4乡84庄，外寺产一庄，共93庄，1254村，宁和乡才退出历史的舞台，结束了它上千年的乡一级行政单位。1940年7月宁海县旧六乡之宁和乡划归新成立的三门县管辖。

仙岩乡 [Xiānyán Xiāng]

原为宁海县六乡之一。据南宋嘉定《赤城志》记载："仙岩乡，在县西南六十里。管里三：井山、梅枝、合欢。"地域包括现在的珠岙镇和海游街道一部分。清雍正六年（1728年）为便利田赋，施行乡庄制，宁海县分县治8庄，东、南、西、北4乡84庄，外寺产1庄，共93庄，1254村，仙岩乡才退出历史的舞台，结束了它上千年的乡一级行政单位。1940年7月宁海县旧六乡之仙岩乡划归新成立的三门县管辖。明太守俞稳撰有《仙岩乡记》，南宋黎公奭《灵康庙记》曰："余惟仙岩峰峦挺秀，状若仙人对月，玉女临风，形学家以为珠溪镇之关键，倘有岩石奔腾，即为吾镇吉凶之报兆。"

悬渚镇 [Xuánzhǔ Zhèn]

在海游街道外俞村慈胜自然村前。据南宋嘉定《赤城志》记载："悬渚镇，在县南七十里，唐武德年间（618—626年）建。"

三十三都 [Sānshísān Dū]

据明崇祯《宁海县志》记载："三十三都，辖曼岙、石所庄、胡芦岙、跳头。"

三十四都 [Sānshísì Dū]

据明崇祯《宁海县志》记载："三十四都，辖前王、岙王、石马、竹山头、邓家、六庄。"

三十五都 [Sānshíwǔ Dū]

据明崇祯《宁海县志》记载："三十五都，辖流洋、桑洲、南山。"

三十九都 [Sānshíjiǔ Dū]

据明崇祯《宁海县志》记载："三十九都，辖娄坑、麻岙。"

四十都 [Sìshí Dū]

据明崇祯《宁海县志》记载："四十都，辖朱岙、高枧。"

四十一都 [Sìshíyī Dū]

据明崇祯《宁海县志》记载："四十一都，辖双楼、大樨岙、独山、吴岙、小桐岩。"

四十二都 [Sìshí'èr Dū]

据明崇祯《宁海县志》记载："四十二都，辖坑口、胡村、马湖。"

四十三都 [Sìshísān Dū]

据明崇祯《宁海县志》记载："四十三都，辖海游、广润。"范围大致包括东至善岙蒋，南至石岩，西至下叶，北至海游岭。

四十四都 [Sìshísì Dū]

据明崇祯《宁海县志》记载："四十四都，辖窦岙、上岙、西洞、小蒲、下山、蔡屿、浮门。"

四十五都 [Sìshíwǔ Dū]

据明崇祯《宁海县志》记载："四十五都，辖西郭、仙岩、小黄肚。"

四十六都 [Sìshíliù Dū]

据明崇祯《宁海县志》记载："四十六都，辖大黄肚。"

四十七都 [Sìshíqī Dū]

据明崇祯《宁海县志》记载："四十七都，辖上郡、湫水。"

四十八都 [Sìshíbā Dū]

据明崇祯《宁海县志》记载："四十八都，辖车溪、马村、岙楼。"

四十九都 [Sìshíjiǔ Dū]

据明崇祯《宁海县志》记载："四十九都，辖宁和、上胡、亭傍。"

五十都 [Wǔshí Dū]

据崇祯《宁海县志》记载："五十都，辖下任、芹溪。"

悬渚都 [Xuánzhǔ Dū]

据明崇祯《宁海县志》记载："悬渚都，辖悬渚。"

南乡 [Nán Xiāng]

据清光绪《宁海县志》记载，自清雍正六年（1728 年）起至清光绪三十四（1908 年）止，施行乡庄制，三门县原属宁海县部分有 2 乡 21 庄。其中南乡辖沙篓庄、海游庄、上叶庄、葛岙庄、头岙庄、西洞庄、悬渚庄、邵家庄、任家庄、杨家庄、包家庄、梅家庄、大横渡庄、小横渡庄、岭根陈庄、石桥庄。

西乡 [Xī Xiāng]

据清光绪《宁海县志》记载，自清雍正六年（1728 年）起至清光绪三十四（1908 年）止，施行乡庄制，三门县原属宁海县部分有 2 乡 21 庄。其中西乡辖娄坑庄、石马庄、朱岙庄、高枧庄、吴岙庄。

承恩乡 [Chéng'ēn Xiāng]

据民国《临海县志》记载，自清雍正六年（1728 年）起至清光绪三十四（1908 年）止，施行乡庄制，三门县原属临海县部分有 2 乡 14 庄。其中承恩乡辖城门庄、关头庄、仙岩庄、黄荆坛庄、赤坎庄、大域庄、渔西庄、沿江庄。

保乐乡 [Bǎolè Xiāng]

据民国《临海县志》记载，自清雍正六年（1728 年）起至清光绪三十四（1908 年）止，施行乡庄制，三门县原属临海县部分有 2 乡 14 庄。其中保乐乡辖吴都庄、山场庄、小雄庄、梅岙庄、张司岙庄、泗淋庄。

和仁里 [Hérén Lǐ]

浦坝港镇浬浦旧称承恩乡和仁里。1940 年 7 月临海县析承恩乡、保乐乡、宁海十八乡及南田县设立三门县。

盘石里 [Pánshí Lǐ]

浦坝港镇渔西旧称承恩乡盘石里。1940 年 7 月临海县析承恩乡、保乐乡、宁海十八乡及南田县设立三门县。

海游镇 [Hǎiyóu Zhèn]

废止地名。以镇政府驻地海游得名。清代为宁海县海游庄。民国元年（1912 年）至民国二十八年

（1939年）为宁海县海游镇。民国二十九年（1940年）至民国三十八年（1949年9月30日）为三门县海游镇。解放后建政为海游镇人民政府，属海游区。1958年冬改建为海游镇管理区，归属海游人民公社管辖。1961年以海游镇管理区改建为海游镇人民公社，属海游区公所。1962年改为县直辖。1968年成立海游镇革命委员会。1981年重建海游镇人民政府，为县直属建制镇。1992年5月撤区扩镇并乡时，撤上叶乡、葛岙乡（鲍家、王家、祁家、葫芦岙、晏农、晏渔等村并入海游镇外，其他村并入沙柳镇）、悬渚乡、头岙乡并入海游镇。2004年1月珠岙镇梅村、北山、后郭、前郭、南岙、下谢6个村并入海游镇。2013年11月撤海游镇分设海游、海润街道。

沙柳镇［Shāliǔ Zhèn］

废止地名。清代为宁海县南乡沙篓庄。民国为沙柳乡。1946—1947年为旗门乡。1948年复为沙柳乡。1949年7月解放，建政为金板、流洋、沙柳乡人民政府，属宁海县一市区。1956年3个乡合并称沙柳乡。1958年沙柳乡与东岙乡联合成立旗门人民公社，沙柳乡改为管理区。1961年旗门人民公社撤销，以管理区建立沙柳人民公社。1968年8月成立沙柳公社革命委员会。1980年改为沙柳人民公社管理委员会。1983年5月20日省政府以浙政发〔1983〕75号文件批准将宁海县沙柳公社划归三门县管辖，属海游区。同年改建为沙柳乡人民政府，葛岙乡外黎、姚家划入。1985年沙柳乡改镇。1992年5月撤区扩镇并乡，原葛岙乡大周、曼岙、东头、南亭、卢家塘等村并入。2013年11月撤沙柳镇设沙柳街道。

悬渚乡［Xuánzhǔ Xiāng］

废止地名。位于县境西北部。东邻原头岙乡，东南接三门县林场，南界邵家乡，西与上叶乡接壤，北隔海游港与海游镇、葛岙乡相望。乡政府驻地悬渚，在县政府驻地东南4.5公里。面积29.67平方公里，辖11个村民委员会，70个村民小组，22个自然村，2805户，10587人。

乡政府以原驻地村悬渚得名。悬渚东面靠山，南、西、北三面近水，围绕数里，波流潆洄，上有沙渚，村居其上，望之若悬崖，故名。清代为宁海县南乡悬渚庄。民国时改庄为乡，称悬渚乡。1940年三门建县时，仍称悬渚乡。解放后，建政为悬渚乡人民政府，属海游区。1950年分设为悬渚、枫坑、小坑3个乡。1956年悬渚、枫坑、小坑3个乡又合并为悬渚乡。1958年冬改建为悬渚管理区，属海游人民公社。1961年春悬渚管理区改建为悬渚人民公社，归属海游区。1962年撤销海游区，改为县直属。1968年11月14日成立悬渚人民公社革命委员会。1973年恢复海游区，公社回属之。1978年为县直属。1981年7月改为悬渚人民公社管理委员会，复属海游区。1983年政社分设，改建为悬渚乡人民政府。1992年撤区扩镇并乡时，并入海游镇。

上叶乡［Shàngyè Xiāng］

废止地名。位于县境西北部边陲。东与海游镇、悬渚乡相邻，南与邵家乡接壤，西靠马娄乡，北界宁海县桑洲镇。乡政府驻地下达田，在县政府驻地西南3.6公里。面积19.92平方公里，辖12个村民委员会，70个村民小组，23个自然村，2105户，8158人。

乡以驻地片村名得名，系上坑、下坑、下达田、上坎头4个自然村总称。清代为宁海县上叶庄。民国时，初为宁海县上娄乡，后改为上叶乡。解放后改为上叶乡人民政府，属珠岙区。1958年冬建制为海游人民公社上叶管理区。1961年春以上叶管理区成立上叶人民公社，属海游区。1968年10月22日成立上叶人民公社革命委员会，由县直辖。1978年改属珠岙区。1981年7月改建上叶人民公社管理委员，属海游区。1983年改建上叶乡人民政府。1992年5月撤区扩镇并乡时，并入海游镇。

葛岙乡［Gě'ào Xiāng］

废止地名。位于县境北部偏西，东濒正屿港与蒲西乡相望，南临海游港与头岙、悬渚两乡相邻，西南界海游镇，西北与沙柳镇接壤，东北临旗门港与宁海县东岙乡相接。面积32.98平方公里，辖14个村民委员会，85个村民小组，17个自然村，2798户，10760人。乡政府驻地祁家，在县政府驻地东4公里。

以乡政府驻地葛岙得名。葛岙为祁家、王家两村片村名。据传，宋朝中期，该地长着一种叫“葛藤”的野生植物，祖先从宁海县东岙迁居此山岙时，取葛藤和山岙中的二字，命其村名为“葛岙”。清代为宁海县葛岙庄。民国时改庄为乡，称葛岙乡。1940年三门建县时仍称葛岙乡。解放后建政为葛岙乡人民政府，属海游区。1950年分设为葛岙乡和晏站乡。1958年冬葛岙、晏站两乡各自改建为管理区，属海游人民公社。1961年春葛岙、晏站2个管理区合并成立葛岙人民公社，属海游区。1962年改由县直辖。1968年11月20日成立葛岙公社革命委员会。1973年回属海游区。1978年复由县直辖。1981年7月改为葛岙公社管理委员会，仍属海游区。1983年改建为葛岙乡人民政府，外黎、姚家并入沙柳乡。1992年5月撤区扩镇并乡时，除鲍家、王家、祁家、葫芦岙、晏农、晏渔、许家塘村并入海游镇外，其他几个村并入沙柳镇。

高枧乡 [Gāojiǎn Xiāng]

废止地名。以乡政府原驻地高枧村得名。古人为引水灌溉，在溪的上游高高架起一槽水枧，而后村庄取名为高枧。清朝分属宁海县高枧庄、吴岙庄、朱（珠）岙庄和石马庄。1928年建高枧、吴岙乡。1939年高枧乡与吴岙乡合并，改称高吴乡。1940年三门建县时仍分属高枧乡和吴岙乡。解放初建政属珠岙区高吴乡人民政府。1950年高吴乡分为高枧、吴岙、山岙、桐岩4个乡。1956年桐岩乡及山岙乡部分村并入高枧乡。1958年冬吴岙乡又并入高枧乡，改建为高枧管理区，属海游人民公社。1961年吴岙乡分设，以原高枧乡与山岙乡部分村成立高枧人民公社，属海游区。1962年公社改为县直辖，同时原山岙乡部分村回属山岙公社。1968年11月11日成立高枧人民公社革命委员会。1973年回属珠岙区。1981年9月改为高枧公社管理委员会。1983年政社分设，重建高枧乡人民政府。1992年5月撤区扩镇并乡，吴岙乡、山岙乡并入。2013年11月撤销珠岙镇、高枧乡，合并设立新的珠岙镇。

吴岙乡 [Wú'ào Xiāng]

废止地名。位于县境西部边陲，东接高枧乡，南与临海市仙人桥相邻，西与天台县洪畴镇交界，北靠山岙乡。面积13.83平方公里，辖12个村民委员会，54个村民小组，14个自然村，1816户，6622人。乡政府驻地吴岙，在县政府驻地西南15.7公里。

以乡政府驻地吴岙得名。村民又以吴姓居多，故名吴岙。清为宁海县吴岙庄。民国时改庄为乡，称吴岙乡。1940年三门建县时，仍称吴岙乡。解放初建政属珠岙区高吴乡。1950年建立吴岙乡。1958年冬并入高枧管理区，属海游人民公社。1961年与高枧管理区分建，成立吴岙人民公社，属海游区。1962年由县直辖。1968年6月15日成立吴岙公社革命委员会。1973年回属珠岙区。1981年7月改为吴岙公社管理委员会。1983年重建吴岙乡人民政府。1992年5月撤区扩镇并乡时，并入高枧乡。

山岙乡 [Shān'ào Xiāng]

废止地名。位于县境西部边陲，西北邻天台县，东界珠岙镇，南连高枧乡，西南接吴岙乡。乡政府驻地小岙，在县政府驻地西南13.5公里。面积7.9平方公里，辖12个村民委员会，41个村民小组，12个自然村，1032户，3746人。

因地处山区，村落大多分布在山岙里，故名。清代分属宁海县高枧庄和吴岙庄。民国时分属吴岙、珠溪、高枧3个乡。1940年三门建县时，仍分属上述三乡。解放初建政属高吴乡。1950年7月从高吴乡分出成立山岙乡。1956年撤销山岙乡，分属珠岙、高枧2个乡。1958年冬分属珠岙、高枧两个管理区。1962年以原山岙乡属地成立山岙人民公社，由县直属。1968年10月28日成立山岙人民公社革命委员会。1973年回属珠岙区。1981年7月改为山岙人民公社革命委员会。1983年政社分设，重建山岙乡人民政府。1992年5月撤区扩镇并乡时，并入高枧乡。

马娄乡 [Mǎlǒu Xiāng]

废止地名。位于县境西部，东与上叶、邵家两乡相邻，东南与亭旁镇接界，南与坝头乡毗连，西与高枧乡、珠岙镇接壤，北界宁海县。面积30.1平方公里，辖20个村民委员会，118个村民小组，26个自然村，3714户，13777人。乡政府驻地马湖（片村名），在县政府驻地西南6.5公里。

取该乡马湖（片村名）、娄坑两村的首字，故名马娄乡。清代分属宁海县石马庄和娄坑庄。民国时改庄为乡，称石娄乡。1940年三门建县时仍称石娄乡。解放初建政为珠岙区石娄乡人民政府。1950年石娄乡分为小港乡、马娄乡。1956年小港、马娄两乡合并，仍称马娄乡。1958年冬改为马娄管理区，属海游人民公社。1961年马娄管理区建制为马娄人民公社，属海游区。1962年由县直辖。1969年2月13日成立马娄人民公社革命委员会。1973年回属珠岙区。1981年7月改建马娄人民公社管理委员会。1983年政社分设，重建为马娄乡人民政府。1992年5月撤区扩镇并乡时，并入珠岙镇。

邵家乡 [Shàojiā Xiāng]

废止地名。位于县境西部，东靠三门县林场，南连中门乡，西界亭旁镇，西北毗马娄乡、上叶乡，北接悬渚乡。乡政府驻地邵家，在县政府驻地南7公里。全乡面积24.83平方公里，辖23个村民委员会，102个村民小组，31个自然村，2864户，10744人。

以乡政府驻地村得名。1975年10月1日迁址于百亩头。清代分属宁海县邵家庄和任家庄。民国时改庄为乡，分属任家和邵家乡，后两乡合并为任邵乡。1940年三门建县时仍为任邵乡。解放初建政为任邵乡人民政府，属亭旁区。1950年建政为邵家乡。1958年冬改为邵家管理区，属亭旁（区）人民公社。1961年成立邵家人民公社，改属海游区。1962年回属亭旁区。1968年4月14日成立邵家公社革命委员会。1981年6月改为邵家公社管理委员会。1983年改为邵家乡人民政府。1992年5月撤区扩镇并乡时，并入亭旁镇。

中门乡 [Zhōngmén Xiāng]

废止地名。清属宁海县梅家庄。民国时改庄为乡，称梅家乡。据当地《梅氏宗谱》记载，晋代桐庐梅盛，人称“长者”，为章安县令，后弃官隐居于宁海之宁和。生三子，将其分居的地方取名为上门、中门、下门。今中门乡之称，系得名于该乡的中门。1940年三门建县时，称梅家乡。解放后建政为中门乡人民政府。1956年撤销南溪乡，并入中门乡。1958年冬原南溪乡划出，以中门乡改建为中门管理区，属亭旁（区）人民公社。1961年以中门管理区成立中门人民公社，归属海游区。1962年回属亭旁区。1968年12月7日成立中门公社革命委员会。1981年7月改称中门公社管理委员会。1983年改为中门乡人民政府。2001年11月撤乡并入亭旁镇。

南溪乡 [Nánxī Xiāng]

废止地名。位于县境西南部，东与桥头乡相邻，南与临海市交界，西南与彭赖乡接壤，西连坝头乡，北界亭旁镇、中门乡。面积25.94平方公里，辖21个村民委员会，83个村民小组，28个自然村，2429户，9321人，均系汉族。乡政府驻地南溪村，在县政府驻地南14公里。

以乡政府驻地南溪得名。清代为宁海县南乡梅家庄。民国初改名丹凤乡。民国十七年（1928年）分属虎陇乡、南溪乡。民国二十四年（1935年）并乡后分属梅家乡、包家乡。民国二十九年（1940年）三门县建县后仍称梅家乡、包家乡。解放后建政为南溪乡人民政府，属亭旁区。1956年撤销南溪乡，并入中门乡。1958年冬自建南溪管理区，属亭旁（区）人民公社。1961年春以南溪管理区成立南溪人民公社，改属海游区。1962年回属亭旁区。1968年11月10日成立南溪人民公社革命委员会。1981年7月改为南溪人民公社管理委员会。1983年改为南溪乡人民政府。1992年5月撤区扩镇并乡时，并入中门乡。

坝头乡 [Bàtóu Xiāng]

废止地名。位于县政府驻地西南13.5公里。东与南溪、彭赖乡接壤，南至宁和岭头与临海县交界，西连梅坑岭与高枧乡毗邻，北接大龙岭与亭旁镇、马娄乡相连。乡政府驻地坝头村。面积27.5平方公里，山占71.4%，耕地占22.6%，水面占6%。下辖19个行政村，23个自然村，计1720户，7900人，均系汉族。

以驻地坝头得名。民国时，坝头初属宁海县宁和乡，后属杨家乡。1940年三门建县时仍属杨家乡。解放后建政坝头乡人民政府，属亭旁区。1958年改为坝头管理区，属亭旁（区）人民公社。1961年以坝头管理区成立坝头人民公社，改属海游区。1962年回属亭旁区。1968年10月30日成立坝头公社革命委员会。1981年7月改建为坝头公社管理委员会。1983年改为坝头乡人民政府。2001年11月撤乡并入亭旁镇。

彭赖乡 [Pénglài Xiāng]

废止地名。位于县境西部边陲，东、南、西三面均与临海市交界，北与南溪乡相邻，西北与坝头乡接壤。全乡面积15.31平方公里，辖16个村民委员会，64个村民小组，20个自然村，1503户，6062人。乡政府驻地下梅村，在县政府驻地海游南17公里。

乡名系取该乡彭家、赖家二村首字得名。清代属宁海县包家庄。民国十七年（1928年）改建分水乡。民国二十四年（1935年）分水乡与虎陇乡、鹤山镇合建包家乡。1940年三门建县时仍属包家乡。解放后建政为彭赖乡人民政府，驻地赖家村，属亭旁区。1958年年底改为彭赖管理区，属亭旁（区）人民公社。1959年迁驻下梅村。1961年以管理区成立彭赖人民公社，改属海游区。1962年回属亭旁区。1968年10月28日成立彭赖人民公社革命委员会。1981年7月改为彭赖人民公社管理委员会。1983年复建彭赖乡人民政府。1992年5月撤区扩镇并乡时，并入坝头乡。

六敖镇 [Liù'áo Zhèn]

废止地名。地处县境东部，东濒东海，南临健跳港，西连海游镇和亭旁镇，北接海游港与蛇蟠水道。镇政府驻下街村，距县政府驻地东19.8公里。面积155.74平方公里，耕地面积2.47万亩，人均0.75亩。有S224省道过境，境内全长13.3公里；县级公路六（敖）横（渡）线、上（敖）蛇（蟠）线，总长17.3公里；专用公路六（敖）老（鹰咀）线，全长5.75公里。

原名六鳌，因该地上敖、花市、前墩、门头等处有6座形似大鳌的小山，故名六鳌，后为书写方便，演变成六敖。又传，该地峋岩、花市、尖坑塘、马庄、盐灶、上敖6个自然村，古时均以熬盐为业，故名六熬，后演变为六敖。清代属宁海县西洞庄、窦岙庄。民国时为六鳌乡。1940年三门建县前后，分属六敖、永丰2个乡。曾设县治于健康塘，同年9月移治海游镇。1950年8月永丰乡分设头岙、园里、西渡3个乡，六敖乡分设六敖、上敖2个乡。1956年2月上敖乡并回，前潭乡部分划入，仍称六敖乡；由西渡分设的涛头、蛇蟠2个乡，并回西渡乡，改称蒲西乡。1958年11月分属六敖、健康、蒲西3个管理区。1959年9月复建前潭管理区，原划入的部分重又划出。1961年10月建六敖、蒲西2个人民公社，1983年10月政社分设，为六敖、蒲西2个乡。1987年10月六敖乡改制六敖镇，辖30个村。1992年5月撤蒲西乡，除蛇蟠岛3个村外，其余部分并入六敖镇，辖37个村。2013年撤销六敖镇并入健跳镇.

蒲西乡 [Púxī Xiāng]

废止地名。位于县境北部，东与六敖乡接壤，南靠横渡镇，西南界三门县林场，西与头岙乡毗连，北濒旗门港与宁海县隔海相望。乡政府驻地巡检司村，在县政府驻地东14.2公里。面积66.7平方公里，辖10个村民委员会，101个村民小组，25个自然村，2285户，9034人。

乡名系取境内小蒲、西渡两村各一字得名。清代属宁海县南乡窦岙、西洞两庄。民国十七年（1928年）分属仙源、巡检、蛇蟠乡。民国二十八年（1939年）合称永丰乡。1940年三门建县时仍称永丰乡。解放后，建政为西洞乡人民政府，属六敖区。1950年分设为西洞、蛇蟠、涛头3个乡。1956年西洞、涛头、蛇蟠3个乡和上敖乡的峋岩村合并成立蒲西乡，乡人民政府驻巡检司村。1958年撤销蒲西乡，改为蒲西管理区，属六敖（区）人民公社。1961年六敖（区）人民公社解体，以蒲西管理区成立蒲西人民公社，归属健跳区。1962年健跳区撤销，公社改由县直辖。1968年10月26日成立蒲西人民公社革命委员会。1973年六敖区工作组成立，该公社回属。1981年7月改为蒲西人民公社管理委员会，隶属六敖区公所。1983年重建蒲西乡人民政府。1992年5月撤区扩镇并乡时，并入六敖镇，蛇蟠岛黄泥洞、山前、山后3个村加上增设的邵亭、中南、彭坝3个村，成立蛇蟠乡。

头岙乡 [Tóu'ào Xiāng]

废止地名。位于县境北部，东依蒲西乡，南连桥头乡，东南及西南均为三门县林场，西界悬渚乡，北临海游港与葛岙乡相邻。面积46.29平方公里，辖14个村民委员会，94个村民小组，19个自然村，2379户，9722人。乡政府驻地头岙村，在县政府驻地东南8.5公里。

以乡政府驻地头岙得名。因窦姓居住此山岙，故称窦岙。解放后，为了书写方便，改名头岙。清代为宁海县南乡窦岙庄。民国十七年（1928年）改称窦岙乡。民国二十八年（1939年）窦岙、巡检2个乡合并，称永丰乡。1940年三门建县时仍为永丰乡。解放后，建政为头岙乡人民政府，属六敖区。1958年冬改建为头岙管理区，属海游人民公社。1961年以管理区成立头岙人民公社，属健跳区。1962年健跳区撤销，公社由县直辖。1968年10月29日成立头岙公社革命委员会。1973年六敖区工作组成立，该公社回属。1981年9月改为头岙公社管理委员会，隶属六敖区公所。1983年重建头岙乡人民政府。1992年5月撤区扩镇并乡时，并入海游镇。

浬浦镇［Lǐpǔ Zhèn］

废止地名。地处县境东南面，东接沿赤乡，南与小雄镇隔港相望，西连花桥镇、横渡镇，北邻健跳镇。镇政府驻东浦村浦南路39号，距县政府驻地东南28公里。面积156.78平方公里，辖29个村民委员会，70个自然村，共9191户，25980人。地势东北与北部高，西南低，属滨海丘陵地带。自北至南有四顾基山、大狮子山、大湾山、石笋山、炮台山、西坑山、七姐妹岗、石龙旗、黄落岭等，北部的高背岩海拔454.5米，为最高峰。溪流短小，主要有2支，一支发源于四顾基，向南流，一支发源于大岭头，向北流，两支在渔西东汇合，经虎门孔塘出海。西南部河港多流入浦坝港。镇区街道有浬浦街、中街、浦北路、育才路、桔乡路、东浦路、西周巷、东头巷、塘岸巷、东井巷、上林巷、后王巷、王家巷等13条。镇区原滨海洋，有里、外两船埠，以里埠为村名，后演化为浬浦。以镇政府驻地浬浦得名。

清代分属临海县仙岩庄、赤墈庄。民国时为澧浦乡，1940年三门建县后仍为澧浦乡。解放后建政浬浦乡人民政府。1958年冬称浬浦管理区，属沿江（区）人民公社。1961年由浬浦管理区成立浬浦人民公社，属健跳区。1962年改属沿江区。1968年6月15日成立浬浦公社革命委员会。1981年7月改为浬浦公社管理委员会。1983年复改为浬浦乡人民政府。1987年10月改为建制镇。1992年5月撤区扩镇并乡，渔西乡、三岩乡并入浬浦镇。2013年11月撤销浬浦镇，与沿赤乡、小雄镇、泗淋乡合并设立浦坝港镇。

沿赤乡［Yánchì Xiāng］

废止地名。地处县境东南部，东濒三门湾，南临埔坝港，西北与浬浦镇接壤。乡政府驻罗石村罗石街201号，距县政府驻地31.8公里。面积217.94平方公里，辖16个村民委员会，243个村民小组，35个自然村，6116户，19960人。

沿赤乡的名称，系取于原沿江、赤坎两乡之首字。清代分属临海县沿江庄、大域庄、赤墈庄。民国时为三门县浬浦区沿江乡。解放初建政为沿江、赤坎两乡人民政府，属沿江区。1950年沿江、赤坎两乡合并为沿赤乡。1958年冬改建为沿赤管理区，属沿江（区）人民公社。1961年由沿赤管理区成立沿赤人民公社，属健跳区。1962年属沿江区。1968年12月4日成立沿赤公社革命委员会。1981年12月改为沿赤公社管理委员会。1983年政社分设，改为沿赤乡人民政府。2013年11月撤销沿赤乡，与浬浦镇、小雄镇、泗淋乡合并设立浦坝港镇。

渔西乡［Yúxī Xiāng］

废止地名。位于县境东部，东濒三门湾，南毗沿赤乡，西南邻浬浦镇，西界岙口乡，北与健跳镇接壤。乡政府驻地渔西村，在县政府驻地东南30公里。面积87平方公里，其中海域、岛屿面积61平方公里。辖11个村民委员会，91个村民小组，18个自然村，2140户，8150人。

渔西古名“鱼溪”，因其地三面环山，东临海洋，从前经此入海的溪流盛产各种鱼类，当地人民大多在此从事捕鱼作业，故地名鱼溪。后谐音演变为“渔西”，沿用至今，乡亦以此得名。清代分属临海县渔西庄和宁海县西洞庄。1940年三门建县时分属浬浦乡和蛟龙乡。解放后建政渔西乡人民政府，属沿江区。1958年冬改为渔西管理区，属沿江（区）人民公社。1961年以渔西管理区成立渔西人民公社，归属健跳区。1962年回属沿江区。1968年11月10日成立渔西公社革命委员会。1981年7月改为渔西公社管理委员会。1983年改为渔西乡人民政府。1992年5月撤区扩镇并乡时，并入浬浦镇。

三岩乡［Sānyán Xiāng］

废止地名。位于县境东南，东临浬浦镇，南、西两面濒临浦坝港与小雄区隔港相望，北枕石笋山，与横渡、东郭、岙口3个乡镇接壤。乡政府驻地丁山脚村，在县政府驻地东南26公里。辖12个村民委员会，119个村民小组，34个自然村，3237户，12151人。

乡名取之境内三沙洋和仙岩两村中的一字而得名。清代分属临海县仙岩庄、黄荆坛庄。民国时属澧浦区澧浦乡。解放初建政为三岩乡，属沿江区。1958年冬改为三岩管理区，属沿江（区）人民公社。1961年成立三岩人民公社，归属健跳区。1962年回属沿江区。1968年成立三岩人民公社革命委员会。1981年7月改为三岩公社管理委员会。1983年政社分社，改建为三岩乡人民政府。1992年5月撤区扩镇并乡，并入浬浦镇。

东郭乡 [Dōngguō Xiāng]

废止地名。位于县境东部，东毗岙口乡，南邻三岩乡，西傍横渡镇，北临健跳港与六敖、健跳两镇隔港相望。乡政府驻地东边村，在县政府驻地东南21公里。面积29.29平方公里，辖13个村民委员会，106个村民小组，22个自然村，2428户，9242人。

以乡政府驻地东郭（片村名）得名。清代地属宁海县石桥庄、小横渡庄和大横渡庄。民国时地属蛟龙乡。1940年三门建县时仍属蛟龙乡。解放后建政为东郭乡人民政府，属沿江区。1950年分为东郭、岙口两个乡。1956年与岙口乡合并，仍称东郭乡。1958年冬改建为东郭管理区，属沿江（区）人民公社。1961年沿江（区）人民公社撤销，改为以管理区建社，与岙口公社分设，新建的东郭公社归属健跳区。1962年撤销健跳区，恢复沿江区，回属之。1968年11月23日成立东郭公社革命委员会。1981年7月改为东郭公社管理委员会。1983年政社分设，改建为东郭乡人民政府。1992年5月撤区扩镇并乡，并入健跳镇。

岙口乡 [Àokǒu Xiāng]

废止地名。位于县境东部，东邻渔西乡，南连浬浦镇，西南毗三岩乡，西接东郭乡，北临健跳港与健跳镇为邻。乡政府驻地岙口村，在县政府驻地东南26公里。面积25.9平方公里，辖6个村民委员会，89个村民小组，19个自然村，2356户，8782人。

以驻地岙口村得名。岙口，意即山岙之口。清代地属宁海县石桥庄。民国时地属蛟龙乡。1940年三门建县时仍属蛟龙乡。解放后建政属东郭乡人民政府。1950年与东郭乡分设，建立岙口乡，1956年并回东郭乡。1958年冬属沿江（区）人民公社东郭管理区。1961年冬分设，成立岙口人民公社，归属健跳区。1962年回属沿江区。1968年12月28日成立岙口公社革命委员会。1981年7月改为岙口公社管理委员会。1983年又改为岙口乡人民政府。1992年5月撤区扩镇并乡时，并入健跳镇。

吴都乡 [Wúdū Xiāng]

废止地名。位于县境南部，东北濒临浦坝港，东南邻小雄镇，南界山场乡，西接花桥镇，北毗关头乡。面积23.07平方公里，辖6个村民委员会，78个村民小组，13个自然村，1884户，6794人。乡政府驻地吴都村，在县政府驻地东南28公里。

以乡政府驻地吴都村得名。据当地《柯氏宗谱》记载：始祖柯耑从山场村迁居此都时，为纪念柯母吴氏，故名吴都。清代属临海县保乐乡吴都庄。民国时地属山场乡。1940年三门县建县后仍属山场乡。解放初地属沿江区小雄乡。1950年从小雄乡分出，自建吴都乡，属小雄区。1958年冬改为吴都管理区，属临海县小雄（区）人民公社。1961年改建为吴都人民公社，属桃渚区。1962年回属三门县小雄区工委。1968年7月26日成立吴都公社革命委员会。1978年属小雄区公所。1981年7月改为吴都公社管理委员会。1983年政社分设，改建为吴都乡人民政府。1992年5月撤区扩镇并乡时，并入花桥镇。

关头乡 [Guāntóu Xiāng]

废止地名。位于县境南部，东临浦坝港，隔港与三岩乡相望，南与吴都乡交界，西连花桥镇，北毗横渡镇。乡政府驻地关头村，在县政府驻地东南23公里。面积25.22平方公里，辖12个村民委员会，86个村民小组，24个自然村，2200户，8470人。

以乡政府驻地关头得名。关头以其地在古代有土城，并设关卡于埠头，大小船只进出均要在此靠埠头接受检查，故名关头。清代属临海县关头庄。民国时分属浬浦区城关乡。解放初建政城关乡人民政府，属沿江区。1950年属关头乡，属花桥区。1958年冬以关头乡改为关头管理区，归属临海县花桥（区）人民公社。1961年与花桥管理区合建花桥人民公社，属桐峙区。1962年与花桥公社分设，自建关头公社，回属花桥区工委。1964年属花桥区工作组。1968年10月18日成立关头公社革命委员会。1978年属花桥区公所。1981年7月改建为关头公社管理委员会，因花桥区撤销改属小雄区。1983年政社分设，改为关头乡人民政府。1992年5月撤区扩镇并乡时，并入花桥镇。

桥头乡 [Qiáotóu Xiāng]

废止地名。位于县境中部，东与横渡镇毗连，东南靠关头乡，南连花桥镇，西南界临海市，西有南溪、中门乡接壤，西北与三门县林场相接，北与头岙乡相连。乡政府驻地原在桥头村，后移址丈家山堂，在县政府驻地东南16.8公里。面积64.6平方公里，辖14个村民委员会，87个村民小组，23个自然村，2384户，9652人。

以乡政府原驻地桥头村得名。桥头村《罗氏宗谱》载："横渡上行八、九里，桥头也。何以名？以桥名也。"清代分属宁海县南乡大横渡庄。民国初分属屏山、金桥、白岩3个乡。民国二十四年（1935年）后合并为双溪乡。1940年三门建县时仍称双溪乡。解放初建政为双溪乡人民政府，隶属沿江区公所。1950年撤双溪乡，分设东屏乡和桥头乡，改属花桥区公所。1956年撤东屏乡，并入桥头乡。1958年冬改为桥头管理区，属花桥（区）人民公社。1961年以管理区建立桥头人民公社，属花桥区公所。1981年9月改为桥头人民公社管理委员会。同年因花桥区公所撤销，归属六敖区公所。1983年改为桥头乡人民政府。1992年5月撤区扩镇并乡时，并入横渡镇。

泗淋乡 [Sìlín Xiāng]

废止地名。地处县境最南端，东濒东海，西南与临海市桃渚镇交界，西与小雄镇接壤，北与沿赤乡隔海相望。乡政府驻地泗淋村，在县政府驻地东南34公里。面积136.09平方公里，其中陆域面积36.8平方公里。辖19个村民委员会，225个村民小组，28个自然村，6109户，20704人。

泗淋乡以乡政府驻地泗淋得名。清代分属临海县泗淋庄和张司岙庄。民国时三门建县后，属澧浦区小雄乡。1949年解政后建政为沿江区泗淋乡人民政府。1950年分设泗淋乡和道头乡，改属小雄区。1958年冬以泗淋乡改建为泗淋管理区，属临海县小雄（区）人民公社。1961年与道头管理区合建为泗淋人民公社，属桃渚区。1962年回属三门县小雄区工委。1964年属小雄区工作组。1968年6月1日成立泗淋公社革命委员会。1981年7月改为泗淋人民公社管理委员会，隶属小雄区公所。1983年政社分设，改为泗淋乡人民政府。2013年11月撤销泗淋乡，与浬浦镇、小雄镇、沿赤乡合并设立浦坝港镇。

山场乡 [Shānchǎng Xiāng]

废止地名。位于县境东南，东接小雄乡，南与临海县北涧乡相邻，西同临海县小芝乡接壤，北靠吴都乡。东西长约8公里，南北宽约4公里，总面积约23.7平方公里。辖12个行政村，32个自然村，2768户，12908人，其中男6728人，女6180人，均系汉族。乡政府驻地山场村，距县政府驻地31公里。

以乡政府驻地山场村得名。清代称山场庄，属临海县。民国时期称山场乡。1940年三门建县后仍称山场乡。解放初建政为沿江区山场乡人民政府。1950年分设山场、梅岙2个乡，归属小雄区。1956年梅岙乡并入山场乡。1958年冬改为山场管理区，属临海县小雄（区）人民公社。1961年由山场管理区成立山场人民公社，属桃渚区。1962年回属三门县小雄区工委。1968年10月28日成立山场人民公社革命委员会，属小雄区工作组。1981年改为山场人民公社管理委员会，属小雄区公所。1983年政社分设，改为山场乡人民政府。1992年5月撤区扩镇并乡时，并入小雄镇。

小雄镇 [Xiǎoxióng Zhèn]

废止地名。以镇政府驻地小雄得名。清代分属临海县小雄庄、张司岙庄、吴都庄、梅岙庄和山场庄。民国时分属浬浦区小雄乡和山场乡。解放后建政为小雄乡人民政府，属沿江区。1950年小雄乡分设小雄、吴都两乡，属小雄区。1958年冬以小雄乡改建为小雄管理区，属临海县小雄（区）人民公社。1961年小雄（区）人民公社解体，小雄管理区改建为小雄人民公社，属桃渚区。1962 年回属三门县小雄区。1968 年 7 月 26 日成立小雄公社革命委员会。1981 年 7 月改称小雄公社管理委员会。1983 年政社分设，改建为小雄乡人民政府。1987 年 10 月 9 日小雄乡改制为小雄镇。1992 年 5 月撤区扩镇并乡时，山场乡并入。2013 年 11 月撤销小雄镇，与浬浦镇、泗淋乡、沿赤乡合并设立浦坝港镇。

第二节 城区历史地名

海游街道

蒋家义弄 [Jiǎngjiā Yìnòng]

蒋氏世居海游蒋家义弄，就是今太尉巷，为太尉庙所在地。蒋氏自唐灭梁后，分支移居海游之南蒋家等地。据民国《章氏宗谱》记载：有蒋姓“瓏公者，在梁（后梁 907—923 年）为殿下指挥加封招讨使，及(后)唐灭(后)梁，有使劝降者，不屈自刎，其子五人毅然相诫曰：父死于忠，否则有何面目见先人于地下，皆溺于塘。唐庄宗（后唐 886—926 年）甚嘉悯之，追封五太尉，敕赐就地建庙祀像。”

蒋家坑口 [Jiǎngjiā Kēngkǒu]

在海游街道善好花园北边一带，原珠游溪经此再到黄埠突、太湖塘入海游港。蒋家坑口建有东岳庙，现已迁址。

摆米墩 [Bǎimǐdūn]

旧在海游街道菖蒲岭脚，即现在蟠龙公园之北沧海路一带，为石羊溪故道，因当时米市交易曾兴盛一时而得名。

大夫第 [Dàfūdì]

旧在县邮政局附近，为海游清代贡生的私宅，与孝节牌坊相呼应。大夫第门楼为褐红色蛇蟠石打造，上刻“大夫第”三字。建筑廊柱合抱，雕梁画栋。后泛称附近一带为大夫第。

牌坊前 [Páifāngqián]

节孝牌坊系清廷为翰林院检讨章梫曾祖母包氏而建，址在县电力公司（光明路1号）内。20 世纪 60 年代石牌坊还高高地耸立在大夫第的右面，后毁于“文化大革命”。乡人称节孝牌坊前面一带为牌坊前，现存石雕子母狮一对和倒挂狮子一对。

上马石 [Shàngmǎshí]

在海游街道太尉庙西，古人曾在村口大路旁，放有一块供人上马时垫脚用的石头，称上马石。据民国《章氏宗谱》记载：“上马石，在境庙之西，不知所自始，今石已失所在。”

宁海县治基、石鼓头 [Nínghǎixiàn Zhìjī、Shígǔtóu]

海游街道石鼓头巷相传遗有古代衙门遗留的石鼓而得名，今石鼓已不知去向。据民国《章氏宗谱》载：“唐武德四年（621 年），宁海县第二次建县时建治海游，县治设于此。因海潮山水有时冲涨，移建缑城（今宁海）。相传今石鼓头为旧治基。”现有石鼓头巷，南起石羊溪路北侧，经向北转西拐弯，至城中村北侧。

海游课税局 [Hǎiyóu Kèshuìjú]

在海游街道，宋朝设置，局址未悉，事见叶兑《四梅轩集》。清末，设海游下街船埠。崇祯《宁海县志》记载：“南六十里海游。洪武元年开设，正统三年革，课程属县。”

玉泉盐场公署 [Yùquán Yánchǎng Gōngshǔ]

在海游街道。民国二十八年（1939 年），因抗战从象山县迁海游，初借桃园民房办公。民国三十四年（1945 年）借维新盐廒办公。抗战结束后移回象山县石浦。

育婴堂 [Yùyīng Táng]

在海游街道三门县实验小学内。清光绪年间（1875—1908 年）知县柳商贤购民房一座，创办育婴堂，收养弃婴。民国二十七年（1938年）侨光中学借用，仅留左厢。后为海游中心国民学校（三门县实验小学旧称）借用。

同善堂［Tóngshàn Táng］

在海游街道黄埠突左山。民国年间天台与海游同乡建，计锁字形屋一座，为停柩之所，又在屋外首建房若干间，为守堂者居住。

悬渚仓［Xuánzhǔ Cāng］

在海游街道外俞村慈胜自然村前。据南宋嘉定《赤城志》记载："悬渚仓，在县南六十里。"

广润义仓［Guǎngrùn Yìcāng］

在海游街道三门中学内，原广润寺西。明正统五年（1440年）建。

砂糖岸［Shātáng'àn］

在海游粮管所前石羊溪南侧，旧为海游人气最旺的地方之一，也是海游医疗诊所和各种集会的地方。

上街头［Shàngjiētóu］

位于现海游街中段，就是石羊溪路与老街交汇处，又称三角坦，旧为卵石路。上街头以经营南北百货和服务业为主。

下街头［Xiàjiētóu］

位于现下街一带，石羊溪路至老街交汇处，旧为卵石路。下街头外昔为海游码头，集中着海游的盐业和渔业经销商，经营盐业、干鲜鱼货。每逢鱼汛，渔船穿梭往来，商贾云集，销往台州各县及省内外。

状元坛［Zhuàngyuántán］

在海游街道石羊溪畔，原海游镇幼儿园处。据民国《章氏宗谱》载："状元坛，老宗祠大门下一坛，方丈许，为状元廷鷫公所设。"

大操场［Dà Cāochǎng］

在海游街道首府广场一带。北至石羊溪，西至门前潭，东至原县政府围墙，南临人民路。原为运动场，民国三十三年（1944年）县长陈诚征用田地建。

监狱所［Jiānyù Suǒ］

在海游街道青萍桥北侧。民国三十九年（1940年）三门县成立后设，借用桥头金青萍古刹为所址。

训练所［Xùnliàn Suǒ］

在海游街道双并巷东侧。民国三十一年（1942年）一月三门县成立地方行政干部训练所，借海游章氏双并祠左祠为所址。民国三十四年（1945年）抗战结束，训练所裁撤，所址为司法处借用。

浙江省地方银行三门县办事处［Zhèjiāngshěng Dìfāngyínháng Sānménxiàn Bànshìchù］

在海游街道人民路北侧原县政府内。民国三十九年（1940年）三门县成立后开办，借章良元私宅为银行行址。

邮政局［Yóuzhèng Jú］

在海游街道石羊溪路南侧沙塘岸。民国三十年（1941年）设，初借海游大街为局址。民国三十四年（1945年）借章英卿家为局址。民国三十六年（1947年）冬移设沙塘岸之南华旅社旧址。

镬盖滩［Huògài Tān］

位于海游街道心湖公园中心位置。原为一滩涂，形如镬盖，故名。镬盖滩北面是大湖塘，南面是黄岩塘，西南是师姑塘，每塘之间有较宽的河港相隔。

中坦［Zhōngtǎn］

在三门汽车东站对面，现人民路农业银行一带，原珠游溪从木杓山嘴经大洋桥、天后宫（今三门医院），再经此至蒋家坑口、黄埠突、太湖塘入海游港。

沙堤［Shādī］

沙堤又称西沙堤，自西山嘴头至海游大桥处，蜿蜒数里，底阔12米，面阔6米，高6米，以防水患，为海游屏障。沙堤始建时间不详，后毁于水，清道光年间（1821—1850年）又复增筑，沿堤遍植松树，葱茏秀映。堤外珠游溪流水潺潺，堤内海游村舍幢幢，特别是寒食前后，惠风和畅，绿意渐浓，一堤春色，游春的人们挚伴踏青，尽情享受春日美景，饱览湖光山色之美，心旷而神怡。“沙堤踏青”为海游八景之一。

萝崖［Luóyá］

龙山乡民又称塔山，基址在现县妇幼保健站、计生委大楼处。据民国《章氏宗谱》记载：“丹山高出云表，迤逦于龙山，势渐平旷，而复峥嵘突起，奇杰雄壮者，则龙山书院也。”黄岩人葛炳琅在《游龙山书院记》中写道：“拾级以登，仍七十许，至书院大门，门前有石梁，关若跨虹。过石梁是为二门。其上为元武祠，奉元武君像，即俗称‘元天上帝’是也。由二门上石磴十余级，是为讲堂，两旁层轩对敞，为多士诵读之所。其楼之侧为奎星楼，又由讲堂而上，石磴十余级是为文昌阁，其阁与奎星楼南北对峙，盖以星经奎星一属文星垣也。”萝崖在龙山文昌阁下。由文昌阁前凭栏四望，则丹山立于前，万山盘绕其下，四周古木森森，皆傍岩隙而生，亭亭如盖，荫庇馆舍。有清泉从石隙中出，凉气袭人，是读书作文的好去处。“萝崖消夏”为海游八景之一。

纡岸［Yū'àn］

上叶（片村名）旧称纡岸，为海游街道上坑、下坑、下达田、上坎头村的统称。《纡岸叶氏宗谱》载：“邑之东南，乃仙岩乡纡岸里，四梅叶先生故宅也。”

太师田［Tàishī Tián］

在海游街道马湖西南太平山，与村庄隔岸相望。明徐子瑜《太师田记》记载：“惟马湖西南有山，山有小庵，名曰‘太平庵’。庵之前有田，名之曰‘太师田’。”“吾祖讳雍海公曾疏骸，为宋尚书，归田而陟此山。彼时凉风袭体，避暑一月，宋帝宠渥，吾祖不忍遗，故旧老臣复诏进京，封为太师。而吾祖享帝之德，复卒于京东，而太平处所曾为吾祖经临，故以太师田名焉。”

海润街道

窦川［Dòuchuān］

为海润街道头岙一带旧称。吴越王时，有位窦将军，名光龙，号飞轩，生三子，长蒙龙，次蒙利，三蒙贞。蒙贞无子有一女，名玉英，因窦将军与孙肇彦同僚，相知相契，遂招赘孙肇彦之三子伯仁为女婿，其产业悉归伯仁承管。后来窦氏家道衰落，其地为孙氏所有，故曰“窦川（窦岙）”，现为了简便，写作头岙。窦将军之墓在孙家族山，有华表柱石，县志失载。

沙柳街道

石林［Shílín］

沙柳旧称。关于石林地名的由来，跟南宋大儒叶梦得有关。叶梦得(1077—1148年)，字少蕴，苏州长洲(今苏州市)人。因定居吴兴弁山，家有石林园，因自号石林居士、石林山人、石林老人。时人及后人称他为叶石林，门人、后裔称他为石林先生。叶梦得五子叶橹一，南宋初年析居宁海县南四十里屿山下，也就是现在的沙柳街道塘岸道村屿山。元大德年间(1297—1307年)，七世裔孙再二公迁前店村。

叶氏后裔为纪念其祖，以示不忘本之意，故以始祖的号“石林”命名村居，代代传承、相沿成俗，石林就成了沙柳一带的地名。如塘岸头村叶氏宗谱曰《石林叶氏宗谱》、溪头杨村宗谱曰《石林杨氏宗谱》等，还有前店村前有“石林六保前宫庙”，为沙柳下六保境庙。

石所庄［Shísuǒ Zhuāng］

沙柳街道外黎村旧称。

柳洲［Liǔzhōu］

沙柳街道后周村旧称。

海头孙 [Hǎitóusūn]

旧在沙柳街道道岸头村与殿后村之间，因孙姓居住而得名，现已无人居住。

铺基 [Pùjī]

在沙柳街道沙柳村，为古代邮亭驿舍旧址，商旅聚集的地方。

黄郎庄 [Huángláng Zhuāng]

旧在沙柳街道沙柳村北。

里阮 [Lǐruǎn]

旧在沙柳街道沙柳村北。位于沙柳村里面，阮姓人居住，故名。

双岙 [Shuāng'ào]

原址在沙柳街道办事处西面四五百米处。发源于天台山麓的青溪原从双岙村前流过，村后是一大片平坦而肥沃的田地。今天的山岭下，曾出土过许多破碎的古陶器，还有土地庙遗址。

第三节　海游设县治时命名的街巷

民国二十九年（1940 年）一月，浙江省政府依据全省专员会议特种审查报告，将南田县废治，以其全部并划入宁海县东南乡及临海县东北隅，成立三门县，新治遂于 7 月 1 日成立，设县治于健康塘。同年 9 月，设临时县治于海游上祠堂（现石羊溪步行街一带）。随着县政府的设立，以当地标志性建筑及地片名命名已经不适应社会经济的发展需要，街巷命名应运而生。

海游街巷以县政府所在地上祠堂为中心，沿石羊溪自西而南分别取名为民族路、县府路、民生路、抗战路与教战路。石羊溪北侧自西而东分别有一山巷、抗战巷、忠孝巷、仁爱巷、信义巷、和平巷、建国路；石羊溪南侧自西而东分别有明耻路、复兴街、中正街。这些街巷大都比较曲折狭窄，以鹅卵石铺设，两侧密密麻麻分布着青砖黑瓦的民居。

1949 年后，随着时代的变迁，三门最早命名的街巷不少内容涉及新社会的禁忌，从而海游街取代了复兴街，石羊溪路代替了民族路、县府路、民生路、抗战路与教战路。但旧街巷名是一个时代的符号，深深烙上时代的印记，像“忠孝、仁爱、信义、和平”为中华民国初新生活运动所倡导的国民道德；像“抗战、中正、复兴”等是特定时代的产物，从一个侧面诠释了一段历史，是一个城市成长中无法绕过的名字，传递了海国山城人们最朴素的价值观。

民族路 [Mínzú Lù]

以太尉庙为界，东与县府路相接，西至一山巷，为鹅卵石路面，呈弧形，弯曲狭窄。自北向南的一山巷、上马石巷、忠孝巷均止于路的北侧，沿途多为民居。1981 年 8 月命名为丹峰路。

县府路 [Xiànfǔ Lù]

西起太尉庙，东在和平巷与民生路相接。原道路为鹅卵石路面，呈弧形，弯曲狭窄，自北向南的仁爱巷、信义巷、和平巷均止于路的北侧，沿途有田粮管理处、十道地、县政府、县商会、青年团等。新中国成立后几经拓宽整修，1981 年 8 月命名为石羊溪路，成为石羊溪路西段。

民生路 [Mínshēng Lù]

西在和平巷与县府路相接，过桥，沿石羊溪南岸，东在复兴街与教战路相接。自北向南的信义巷、和平巷、建国路均止于路的北侧，鹅卵石路面，沿途多为民居、商铺。

抗战路 [Kàngzhàn Lù]

西在建国路与民生路相接，过桥，沿石羊溪北岸，至下桥头，鹅卵石路面。自北向南的建国路、桥头金、救济院、监狱署等位于路的北侧。

教战路 [Jiàozhàn Lù]

西在复兴街与民生路相接，沿石羊溪南岸，至下街头，鹅卵石路面。

一山巷 [Yīshān Xiàng]

巷内道路弯曲，鹅卵石路面，沿途两侧均为民居。因章梫（号一山）故居位于巷内而得名，现在上马石巷西侧。

抗战巷 [Kàngzhàn Xiàng]

南起民族路，北至上西，鹅卵石路面，两侧均为民宅。因三门县成立于抗战时期，故名。路口有一块供人上马时垫脚用的石头，称上马石，故今名上马石巷。

忠孝巷 [Zōngxiào Xiàng]

南起民族路，北至上堂，鹅卵石路面，沿途多为民居。1981 年 8 月以南端巷口太尉庙而命名太尉巷。

仁爱巷 [Rén'ài Xiàng]

南起县府路，北至石鼓头，鹅卵石路面，沿途多为民居。1981 年 8 月以巷内有十个道地而命名为十道地巷。

信义巷 [Xìnyì Xiàng]

南起县府路，北至杏树堂，鹅卵石路面，沿途多为民居。1981 年 8 月以巷内地片名桔树园而得名桔树园巷。

和平巷 [Hépíng Xiàng]

南起县府路，北至章氏大房，道路曲折，鹅卵石路面，沿途多为民居。1981 年 8 月以此巷位于章氏“三房”地片而命名为三房巷。

建国路 [Jiànguó Lù]

现称双并巷。南起石羊溪北侧，北至章氏小房，宽 3 米，全长 150 多米，原为鹅卵石路面，巷东侧南北两端为民房，中段为双并祠，西侧为海游粮管所。

明耻路 [Míngchǐ Lù]

今为南山路一段。位于县府路南侧，南北向，南为良田，路西侧为大操场，东侧为原县政府。

复兴街 [Fùxīng Jiē]

今为海游街中段。北至民生路与教战路交叉，东侧与中正街相接。

中正街 [Zhōngzhèng Jiē]

西北起自复兴街东侧，东南出券洞门至龙山，长 200 多米，宽 5 米，鹅卵石路面。沿街开有酒馆、南北百货、药店、渔行等，是镇内主要商业区。1981 年 8 月命名为老街。

第二章 自然实体历史地名

第一节 岛屿

海润街道

龙珠岛 [Lóngzhū Dǎo]

位于县政府驻地东约7.5公里，水岙门山东100米，大庵岛西500米处，最高点海拔4米，面积约600平方米。由火山岩组成，岛上植被多长荆棘、茅草等。远望水岙门山和大庵山像两条龙，该岛位于两龙嘴之间，且形圆如珠，犹如“双龙抢珠”，故名。2008年7月随着晏站涂围垦工程的完工，成为滨海新城一部分。

大庵岛 [Dà'ān Dǎo]

位于县政府驻地东7.8公里，水岙门山以东，原在海游港中。此岛原为大庵（早年建有庵堂一所）、下峙、茶山三个孤立而又邻近的小岛。新中国成立后，经葛岙乡晏站村民两次筑堤围塘，把三岛连成一岛，并沿用主岛大庵岛原名。大庵岛东西长约0.75公里，南北宽约0.30公里，面积约0.13平方公里，山麓有晏农村大庵自然村。该岛中有大庵山，南有下峙山，西北有茶山，最高点大庵山海拔33米。火山凝灰岩和淤泥组成，山土多沙泥。植被有马尾松、毛竹、枫树，间有白茅、芒萁，下峙山长有栗树和白茅；茶山长有稀疏的茶叶、小灌木和茅草。野生脊椎动物有山兔等。2008年7月随着晏站涂围垦工程的完工，成为新海新城一部分。

大屿 [Dà Yǔ]

位于县政府驻地东南4.5公里，上枫坑村何家自然村以北，许家塘村以南。原为海游港内段的唯一大岛，因而取名“大屿”。岛长约1公里，最宽处约0.7公里，面积约0.6平方公里，最高点海拔45.5米。火山岩和淤泥组成，山土多沙泥，盛长芒萁、禾草和大片松林及少片毛竹。岛上大屿自然村，属善岙蒋村管辖。2002年被围入枫坑塘内。

健跳镇

老鼠屿 [Lǎoshǔ Yǔ]

位于县政府驻地东约31.6公里，满山水道西侧，下万山之北，面积约0.025平方公里，最高点海拔15米。岩石组成，表层系沙土，长有少量禾草。无人居住。紧靠西南端有一干出礁，名曰“鼠尾礁”。该岛形似鼠，故名。曾用名“虎口”，清光绪《宁海县志·分图十九》即标此名。20世纪90年代，海滨造船厂选址老鼠屿一带（属高湾村），将老鼠屿炸平填海，作为船厂厂址。

鸡冠屿 [Jīguàn Yǔ]

位于健跳镇东南七市塘，健跳港南岸。20世纪90年代浩友船厂选址七市塘，炸平鸡冠屿为厂址。

蛇蟠乡

乌礁 [Wū Jiāo]

位于县政府驻地东约8.95公里，蛇蟠岛之北，青山港南侧，面积约2700平方米，系三门县最北的一个干出礁，干出高5.5米，岩石组成，呈黑色，故名“乌礁”。2006年蛇蟠涂围垦工程完工，将乌礁围垦在内。

第二节　河道、溪坑

珠岙镇

垂带河 [Chuídài Hé]

为珠岙镇吴岙村村中一段溪流，源自唐峰，注入吴岙溪。据《吴岙吴氏宗谱》中记载：“垂带河，在大村六板桥下。”

亭旁镇

车溪 [Chē Xī]

为亭旁溪支流。据南宋嘉定《赤城志》记载：“车溪在县南九十里，弥望皆细沙，沙出铁屑，冶者陶炼成之。”

健跳镇

直龙港 [Zhílóng Gǎng]

位于健跳镇工人路和沿港东路北侧，旧为健跳塘通过健跳闸直排健跳港的一条短河，因人们称河水为“龙”，直排大海的称“直龙”，故名。距健跳闸150米处，建有两眼闸门。20世纪90年代对健跳港实行回填，健跳闸失去作用，直龙港中间的小闸门至今犹在。

第三节　山

海游街道

覆钟山 [Fùzhōng Shān]

在海游街道珠游溪北。据民国《章氏宗谱》载：“覆钟山，在溪水之北，圆覆如钟，弥望皆松翠，郁郁葱葱。时有黑莺流响与风泉林籁相答，于白云青霭间。”

豺豹山 [Cháibào Shān]

位于海游外国语小学后山弯。唐代，海游后洋陈陈氏始祖陈熙，号二耆，因避乱，于后唐庄宗同光二年（924年）自健跳浮门泛舟至豺豹山居住。

屿山 [Yǔ Shān]

在海游街道马湖村。明江登龙《屿山记》载：“庙前之有屿山也，高不过太山之与东山，卑亦非大阜之连丘垤，固是马湖水口之罗叠，固守图也，不然汉周宋元黎氏之多产英贤，名著邦国胡为乎来哉。”

沙柳街道

屿山 [Yǔ Shān]

在沙柳街道塘岸头村中，为一小山包。屿山为石林叶氏始迁祖叶橹一避世迁居之地。山麓有明初参议叶仕英墓。

珠岙街道

龟山 [Guī Shān]

吴岙有两座龟山，两个龟潭。一在吴岙村西，山北麓为上龟潭，“在宅西二百步”。另一龟山在珠岙镇陈岙村村口，临吴岙溪，山南麓有潭名下龟潭。据《吴岙吴氏宗谱》记载：“龟山，在宅北一里，状如龟，故名。”

亭峰 [Tíng Fēng]

在珠岙镇娄坑村北，为仙照山最高峰，又名望海尖。清光绪《宁海县志》名“亭峰”，古有亭阁，今圮，石柱犹存。古人有《亭峰望海》诗：“亭峰并华峰，卓卓连太乙。足下青云生，海上浮白云。中有一仙人，潜修黄老术。何必效祖龙，驾鼍观所出。”

唐峰 [Táng Fēng]

今称龙头山，在珠岙镇吴岙村南。唐峰为珠岙镇吴岙吴氏发祥之地，始祖吴集义于唐昭宗年间（889—903年）自越徙台，卜宅于唐峰山下。据《吴岙吴氏宗谱》记载：“发脉天台苍山，南趋羊岩山，东旋北转，又复东转至吴岙，是为唐峰。”

五形山 [Wǔxíng Shān]

在珠岙镇吴岙村西三里，又名百亩岭。山形五行具备，参列南方，俨若舒屏，中间竹树离奇，古木荫翳，烟云出没，呈现天然图画，非镂金错彩所能描绘。

狮岩 [Shī Yán]

狮岩在珠岙镇吴岙村西五里。山势峭拔崒嵂，巉岩峭削，高出群峰。站在山巅俯瞰群峰，云气秀蔚，俨如狮子盘踞碧霭中，故名。

月峰 [Yuè Fēng]

位于珠岙镇东谢村南。天台苍山盘旋起伏而至吴岙，分左右两支，右支为唐峰，左支为月峰。东谢村即倚月峰其胜而居，山麓旧建有楼阁，山间翠竹苍松、奇岩秀石与楼中稀珍古玩、翰墨图书交相辉映。

火崦 [Huǒ Yān]

在珠岙镇吴岙村东石架山麓。巉岩千尺，上蔽山木，下逼溪流，山脚有古道通高枧。每当夕阳返照，林壑尽染，溪水染金，故名“火崦夕辉”。

灵岩 [Líng Yán]

在珠岙镇吴岙村东石泰山水口，挺秀高出，林端形胜，吴氏先人以为宜安神立庙，而文昌星掌管科举与仕途等文魁事宜。清嘉庆十一年（1806年），傍岩辟基，建文帝庙、奎星阁，又开辟庵堂，中三楹奉佛，周围为书屋，招延僧人住持，烹茶以济旅人。登临灵岩远眺，群峰拱秀，众壑回湍，波光烟景，云天一色。等到夕阳西下，村落明灯，上交星彩，为一方胜概。

箫客山 [Xiāokè Shān]

在珠岙镇吴岙村西，山不高，却群峰叠翠，泉清石奇。山麓有一深潭，民间相传，晋朝时，有位吹箫的书生时常在潭边的一块大磐陀石垂钓，故称之。

狮岩山 [Shīyán Shān]

在珠岙镇东谢村北，高286米，因形似狮子而得名。在狮岩山下一个仰船山的地方，原有一座古建筑叫彭村殿，当地人称为“奓殿”。据老人讲，此地原是姓彭人居住的村落，叫彭家村，烟灶上千户，村中还有条彭村街。

亭旁镇

老横(璜)山岗 [Lǎohéng(Huáng)Shāngǎng]

在亭旁镇山上任村东。山岗枇杷地中有两晋至六朝墓，数量众多，近年为不法分子盗掘，盗洞触目惊心，墓砖散落一地。墓砖有双鱼纹、太阳纹、龙纹及“太康九年”铭记等。

花桥镇

碧莲峰 [Bilián Fēng]

在花桥镇吴都村东柯谷之南。据《吴都柯氏宗谱》记载:“柯氏仙女幼时浣衣溪上，偶见桃实，食之，自是终日不饥，或终月，或终年不饥。冬夏惟衣一夹布，至敝不易，家人惊异之。宋高宗南渡，金兵追之，夜泊谷口，人无有知之者。先一日，女忽大哭奔山，众骇之，尾曳山南碧莲峰下，遂失所在。忽闻石中言曰:‘速来携汝妻孥，毋来受祸。’众大惧，即携乡民深入陈公山中，而金人入谷，焚掠而去。后众循峰下，向石作礼，恍闻石中笑语声。众乃归，自是境有水旱疾疫，咸祈祷焉，无不显应。时大元泰定乙酉二月事也。”

吴都柯天乐有《题仙女行》云:柯氏淑女双髻丫，生长天台弄赤霞。时当红颜不似花，可怜三十无夫家。一朝食桃即伏气，等闲绝粟惊人异。东柯崖谷走复来，猛虎长蛇惧勿避。碧峰莲头脱凡去，隐隐曾闻石中语。家君南渡马如龙，金人剽掠四师旋。台州万姓遁山川，非他阴报何由全。吁嗟嫦娥只在天，夜拜天光月团圆。仙女精神亦爽然，赚我仰企还年年。

马蹄山 [Mǎtí Shān]

古山名，在花桥镇下洋毛村。下洋毛始祖毛恒(684—734年)有《马蹄山》诗:“春风万里促征骖，擢跃长空摘碧蟾。尽力擘蹄留落此，待吾依此建庄庵。”

销碧岩 [Xiāobì Yán]

在花桥镇附近，高插云天，玉箫声声，碧桃满山，紫阳真人曾在此跨鸾仙去。下洋毛始祖毛恒(684—734年)有《销碧岩》诗:“销岩万仞插天高，紫阳曾此跨鸾腰。玉箫吹彻碧桃熟，还待吾来食二肴。”

第四节　岩

珠岙镇

飞来石 [Fēilái Shí]

在珠岙镇娄坑村北，申明亭大路下田岸。宁海县令曹学程于明万历二十年(1592年)刻“飞来石”三字于旁，有小引。西首又有“跃龙”二字。1968年造田时毁。

珠岙响石 [Zhūào Xiǎngshí]

在珠岙镇临海至宁海驿道旁，为《珠溪八景》之一。干人俊记云:“县西珠岙道中有响石，击之其声铮铮。一似磬，然清顺治间文人过其地者，多赋诗记之，余检宁海康熙志亦载有珠岙响石诗，诗云:珠岙道旁石，叩之作磬鸣。铮铮山水绿，来往引人听。诗作者项织，字玉如，宁海人。”清康熙《宁海县志》流览中记载:“道间响石，在珠岙五里许，往来行者以石扣之清亮作磬声。相传自唐宋以来有此，移之他处，无声，仍还故地复响，殊为怪异。”下桃山《周氏宗谱》收录有清雍正年间(1723—1735年)曾任象山县令张人崧所作《灵石赋》:禹贡泗滨惟浮磬，箫韶协奏击戛鸣。千载元音允凋零，谁斫山骨似天成。珠岙村前荦确迎，厥石磷磷铿有声。牧人孺子互扣挺，南音涵胡北音清。一如元鹤唳空冥，又如无射撞铿鍧。小声隐隐大声谹，清清切切罔不应。苏髯漫数仇池英，李勃何烦鈚响腾。有客远致费排撤，石不能言类冻蝇。方讶戊申陨宋星，旋喜赵璧返连城。乃知尤物信多灵，肯播区区凡耳听。黄家叔度循且能，爱石诛茅结小亭。歇末凭吊茸屺倾，赘以长言表前楹。皇家有道泰阶平，雍容礼乐际盛明，八音克谐类宁馨，我欲携之贡朝廷。

健跳镇

虎卵子 [Hǔluǎnzǐ]

在健跳镇棺材坦北头，瞭高山嘴山脚处，原有两块状如动物卵子的岩头，故名。20 世纪 70 年代被炸毁，是去沙岗、后沙等地的必经之处。旧时，入虎卵子，即算已进入健跳地界。

第三章　交通运输设施历史地名

第一节　渡、渡口、码头

海游街道

海游渡 [Hǎiyóu Dù]

位于海游街道木杓山南麓，横跨珠游溪。南宋嘉定《赤城志》云:“县南六十里有新市桥，旧为海游渡，长四十丈。”清嘉庆十六年（1811年）废海游义渡，改建石板平桥。

上山头义渡 [Shàngshāntóu Yìdù]

位于海游街道善岙杨之南。清光绪《宁海县志·津渡》载:“上山头义渡，在南五十五里善岙杨氏茶亭外。国朝光绪二十三年（1897年）杨宏基等募村内杨氏各户出资建。”

善岙渡 [Shàn'ào Dù]

又名“义江善渡”，原在善岙渡头村，因1977年海游港改道，东移约700米。地处善岙蒋村得名。位于海游街道善岙蒋村之南，善岙渡口为善岙渡的北端渡口，向南可渡至三山渡口。宽50米，人力渡船1艘，载重2.5吨，载位24人，渡工2人，横渡海游港，为原海游镇和悬渚乡的重要津渡。清光绪《宁海县志·津渡》载:“义江善渡，在南五十六里善岙村。国朝同治十一年（1872年）生员蒋清涟捐筑道头，以利行人，未成，卒。清光绪二十一年（1895年）子宗周募建渡船，又造路廊四间，成先志焉。”

善岙渡口 [Shàn'ào Dùkǒu]

位于县政府驻地东3.5公里，海游街道善岙蒋村之南，为善岙渡北端渡口，向南至三山渡口。地处善岙蒋村，故名。

三山渡口 [Sānshān Dùkǒu]

位于县政府驻地东3.5公里，海游街道善岙蒋村三山自然村北部，为善岙渡的南端渡口，向北可至善岙渡口。地处三山自然村，故名。

海游码头 [Hǎiyóu Mǎtóu]

旧在海游老街券洞门外，就是海游码头。昔日运盐船、抲渔船，还有运土特产、日杂百货等船只络绎不绝。码头上车水马龙，人来人往，煞是热闹。而龙山脚下的关爷殿及对面的天妃宫则香烟袅袅，经久不绝。

善岙杨码头 [Shàn'àoyáng Mǎtóu]

旧在海游街道善岙杨村南，为海游港的重要码头。

黄埠突码头 [Huángbùtū Mǎtóu]

旧在海游街道黄埠突，民国年间海游码头淤积后迁此。20世纪70年代海游港二期治理，修建了海游大闸，黄埠突码头被废弃。

海润街道

长潭义渡 [Chángtán Yìdù]

清光绪《宁海县志·津渡》载：“长潭义渡，在南四十二里，国朝光绪十七年（1891年）葛岙等村捐设。”

潺岙渡 [Chán'ào Dù]

位于县政府驻地东6公里，南端渡口位于海润街道潺岙村西北潺岙渡口，北端渡设在海润街道沙塘南岸。渡宽200米，人力渡船1艘，载重2吨，载位12人，渡工2人，横渡海游港，为葛岙、头岙两地的重要津渡。以地处潺岙村，故名。清光绪《宁海县志·分图二十一》称“连社渡”。

潺岙渡口 [Chán'ào Dùkǒu]

位于县政府驻地东约6公里，海润街道潺岙村西北面，故名。为潺岙渡的南端渡口，向北可渡至沙塘渡口。

沙塘渡口 [Shātáng Dùkǒu]

位于县政府驻地东约6公里，为潺岙渡的北端渡口，横渡海游港，向南可至潺岙渡口。以地处沙塘村（已废），故名。

水岙门渡 [Shuǐ'àomén Dù]

位于县政府驻地东7公里，北端渡口在海润街道水岙门山嘴水岙门渡口，南端渡口在海润街道黄屿山北麓黄屿山渡口。人力渡船1艘，载重2吨，载位12人，渡工2人，横渡海游港，为葛岙、头岙两地的重要津渡。地处水岙门，故名。清光绪《宁海县志·津渡》载：“水岙门渡，在南七十里。”

水岙门渡口 [Shuǐ'àoméng Dùkǒu]

位于县政府驻地东约7公里，海润街道水岙门山嘴，故名。为水岙门渡的北端渡口，向南可渡至黄屿山渡口。

黄屿山渡口 [Huángyǔshān Dùkǒu]

位于县政府驻地东7公里，海润街道北部黄屿山北麓。为水岙门渡的南端渡口，横渡海游港，向北可至水岙门渡口。地处黄屿山，故名。

花鼓漫渡口 [Huāgǔmàn Dùkǒu]

位于县政府驻地东14公里，花鼓漫塘南岸，为巡检司渡的北端渡口，向南可至巡检司渡口，通达大陆，建有锯齿形简易渡埠1座。地处花鼓漫塘，故名。

江边山渡口 [Jiāngbiānshān Dùkǒu]

位于县政府驻地东10公里。海润街道江边山东北麓。是江边山渡的南端渡口。渡宽300余米，机动渡船1艘，计马力12匹，载重2吨，载位18人，渡工2人，横渡海游港，为园里村江边山自然村至花鼓岛津渡。地处江边山自然村，故名。

沙柳街道

旗门义渡 [Qímén Yìdù]

在沙柳街道后周村。清光绪《宁海县志·津渡》载：“旗门义渡，在南五十里，右龙头山，左旗门圆珠，两山对峙，国朝光绪二年（1876年）周应甫设渡船及南北道头。十七年（1891年）监生周树勋建路廊三间。”

外黎渡 [Wàilí Dù]

位于县政府驻地东北5公里，沙柳街道长老塘北面的清溪下游，外黎村西，故名。外黎渡口为外黎渡的东南端渡口，向北至道岸头渡口。该渡宽50米。人力渡船1艘，载重1.5吨，载位12人，渡工1人，横渡清溪，为原葛岙乡与宁海县东岙乡间的津渡。

外黎渡口 [Wàilí Dùkǒu]

位于县政府驻地东北约5公里，沙柳街道外黎村西，故名。为外黎渡的东南端渡口，向西北可至道岸头渡口。

道岸头渡口 [Dào'àntóu Dùkǒu]

位于县政府驻地东北约5公里，沙柳街道道岸头村东南面，故名。为外黎渡的西北端渡口，向东南可至外黎渡口。

健跳镇

长洛渡 [Chángluò Dù]

又名常乐渡，位于健跳城外。据明崇祯《宁海县志》记载："常乐渡，健跳城外，正德间(1506—1521年)里人张士斌造舟以济渡，阔四百丈。"

黄门渡 [Huángmén Dù]

清光绪《宁海县志·津渡》载："黄门渡，在健跳城西十里。"

梅岙渡 [Méi'ào Dù]

位于县政府驻地东南约20公里，健跳镇梅岙塘北面，故名。向南可渡至梅岙渡口，向北可渡至凤凰山渡口。宽约700米，系人渡，渡船1艘，载重2吨，载位20人，渡工1人，横渡健跳港，为原东郭、六敖两乡的重要津渡。2003年撤渡。

梅岙渡口 [Méi'ào Dùkǒu]

位于县政府驻地东南约20公里，健跳镇梅岙塘北面，故名。为梅岙渡的南端渡口，向北可渡至凤凰山渡口。

凤凰山渡口 [Fènghuángshān Dùkǒu]

位于县政府驻地东南约20公里，健跳镇凤凰山南面，故名。为梅岙渡的北端渡口，系人渡，横渡健跳港，向南可至梅岙渡口。

沙木渡 [Shāmù Dù]

位于县政府驻地东南约22.5公里，健跳镇北部沙木山西南麓蟹山脚，竖有灯桩，便利航行，向西南可渡至大宅渡口。渡宽800米，原系人渡，渡工由八村、大宅村各出一名担任，轮流摆渡。后改机动渡船，2艘，计马力15匹，载重2吨，载位43人，渡工4人，横渡健跳港，为原东郭、健跳、六敖三乡镇重要津渡。健跳大桥建成后，渡废。

原名车马渡，后演变为沙木渡。据民国《三门年鉴》第二辑载，宋建炎年间，"琴江之车马渡，宋高宗南渡经此"，以车马从此渡口而过，称为"车马渡"，后演变为"沙木渡"。

沙木渡口 [Shāmù Dùkǒu]

位于县政府驻地东南约22.5公里，健跳镇北部沙木山西南麓蟹山脚，为沙木渡的东北端渡口，向西南至健跳镇大宅渡口。

大宅渡口 [Dàzhái Dùkǒu]

位于县政府驻地东南约22公里，健跳港南岸大宅塘，故名。为沙木渡的西南端渡口，横渡健跳港，向东北可至沙木渡口。

巡检司渡 [Xúnjiǎnsī Dù]

又称涛头渡。位于县政府驻地东14公里的健跳镇巡检司山北麓。巡检司渡口为巡检司渡的南端渡口，向北可至花鼓岛渡口和蛇蟠渡口。清光绪《宁海县志·津渡》载："涛头渡，在南九十里，巡检山下。"巡检司渡口至花鼓岛渡口，渡宽500米，有机动渡船3艘，计马力31匹，载重15吨，载位126人，渡工3人。巡检司渡口至蛇蟠渡口，渡宽5600米，有机动渡船3艘，计马力131匹，载重30吨，载位205人，渡工11人。巡检司渡横渡海游港，为大陆至花鼓岛、蛇蟠岛的重要津渡。地处巡检司，故名。2013年因客流量少，渡船年久失修，被海事部门拆解，现该渡口已无渡船。

巡检司渡口 [Xúnjiǎnsī Dùkǒu]

位于县政府驻地东14公里巡检司山北麓，故名，为巡检司渡的南端渡口。建有锯齿形简易渡埠1座，向北可至花鼓岛渡口和蛇蟠渡口。

健跳汽车渡 [Jiàntiào Qìchē Dù]

位于县政府驻地东南约25.5公里，健跳镇南健跳港，渡宽600余米。北端渡埠为北道头六级锯齿形石砌码头，南端渡埠为南道头五级锯齿形石砌码头。1958年5月开工，1959年10月1日竣工。1981年3月调入120匹马力拖轮1艘。1986年6月投资19万元建造铁壳趸船四车渡1艘，又投资3万元建造120匹马力拖轮1艘，县公路段设1轮渡班，渡工14人。1987年12月28日划归地方管理，成立健跳汽车渡管理所，隶属县交通局，有120匹马力拖轮2艘，30吨和40吨趸船各1艘，为县内唯一的机动车辆渡口，省重点渡口。因地处健跳，为专用运输客、货车辆过渡，故名。2001年11月23日健跳大桥建成通车，健跳汽车渡撤渡。

北道头渡口 [Běidàotóu Dùkǒu]

位于县政府驻地东南约25公里，健跳港北岸。渡口设专供公路衔接的30吨和50吨车渡船停靠的六级锯齿形石砌码头一座，为健跳汽车渡北端渡口，向南至南道头渡口。因地处健跳港北岸，故名。

南道头渡口 [Nándàotóu Dùkǒu]

位县政府驻地东南约25.5公里，健跳港南岸。为健跳汽车渡的南端渡口，有车渡、机渡和人渡，横渡健跳港，向北可渡至北道头渡口。因地处健跳港南岸，故名。

健跳人渡 [Jiàntiào Réndù]

原名健跳渡。位于县政府驻地东南25公里，健跳镇南面。南北端渡口设在健跳汽车渡下游，渡宽600米，有机动渡船13艘，计马力93匹，载重37.5吨，载位365人，渡工26人，横渡健跳港，为健跳港南北两岸的重要津渡，是三门县南北交通咽喉。因地处健跳，故名。1987年省交通厅拨款10万元，将南北两端简易渡埠改建成五吨级锯齿形码头和简易候船室。健跳镇集资11万元，购置1艘退役的50吨登陆艇，改装成载位150人的钢质渡轮。2001年11月23日健跳大桥建成通车，健跳人（客）渡撤渡。

健跳渡口 [Jiàntiào Dùkǒu]

位于县政府驻地东南25.5公里，健跳镇南面，南端渡埠设在汽车渡下方。因地处健跳，故名。

东郭渡口 [Dōngguō Dùkǒu]

位于县政府驻地东南约19.5公里，在健跳镇东郭（片村名）西面的长山嘴，故名。为铁强渡的东端渡口，系人渡，横渡健跳港，向西可至铁强渡口。

龙山渡口 [Lóngshān Dùkǒu]

位于县政府驻地东南26公里，健跳镇东之龙山岛上龙山村的龙肚沙。为龙山渡的东北端渡口，向西南至健跳港北岸的健跳渡口。渡宽2000米，有机动渡船1艘，计马力12匹，载重5吨，载位37人，渡工2人，横渡健跳港，是龙山岛与大陆唯一的通道。地处龙山村，故名。

横渡镇

金鸡渡 [Jīnjī Dù]

清光绪《宁海县志·津渡》载："金鸡渡，在南一百里罗岙村。"

下罗渡 [Xiàluó Dù]

位于健跳港上游，横渡镇大横渡村下罗，故名。下罗渡南岸是山，北岸为下罗，是南来北往百姓的必经之路。亭流线下罗渡大桥建成后，渡废。据《柳氏宗谱》记载：元朝时，大横渡村柳氏有一位富户出资赞助，建成下罗石板桥，后因山洪暴发而冲毁。之后则改为人工摆渡。

铁强渡 [Tiěqiáng Dù]

位于县政府驻地东南19.5公里，横渡镇东部铁强村东山东麓，横渡健跳港，为横渡镇与健跳镇东郭的重要津渡。健跳镇西边村西面的长山嘴东郭渡口，为铁强渡的东端渡口，向西至横渡镇东部铁强村东山东麓铁强渡口。渡宽700米，有机动渡船1艘，马力12匹，载重2.5吨，载位30人，渡工2人。地处铁强村，故名。清光绪《宁海县志·津渡》载："铁强渡在横渡铁强村外，通东郭。"

铁强渡口 [Tiěqiáng Dùkǒu]

位于县政府驻地东南 19 公里，横渡镇东部铁强村的东山东麓。为铁强渡的西端渡口，向东至健跳镇东郭渡口。

小水埠 [Xiǎoshuǐ Bù]

位于横渡镇大横渡村下罗滩北侧。大水潮时，船运在下罗渡埠头装卸物资，小水潮则停靠在小水埠头。由于溪流改道，加之淤泥堆积，小水埠废弃。

浦坝港镇

高湖渡 [Gāohú Dù]

位于县政府驻地东南 34.5 公里，浦坝港镇西南之跃进塘南岸跃进渡口，为高湖渡的东北端渡口，向西南至高湖渡口。渡宽 5000 米，系机渡，横渡浦坝港，为浬浦、沿赤等地与小雄、泗淋等地的重要津渡，亦是本县渡程最长的一条渡。因地处高湖村北边，故名。

高湖渡口 [Gāohú Dùkǒu]

位于县政府驻地东南约 33 公里，在浦坝港镇高湖村北边，故名。为高湖渡的西南端渡口，向东北可至跃进渡口。因地处高湖村，故名。

跃进渡口 [Yuèjìn Dùkǒu]

位于县政府驻地东南约 34.5 公里，在浦坝港镇跃进塘南岸，故名。为高湖渡的东北端渡口，向西南至高湖渡口。因地处跃进塘，故名。

浦坝渡 [Pǔbà Dù]

位于县政府驻地东南约 31 公里，浦坝港镇浦坝港南岸浦坝村北面。南端为浦坝渡口，向北至小湾渡渡口。渡宽 2500 米，有机动渡船 1 艘，载重 18 吨，载位 72 人，渡工 4 人，横渡浦坝港，为小雄、浬浦两地的重要津渡。因地处浦坝村北面，故名。

浦坝渡口 [Pǔbà Dùkǒu]

位于县政府驻地东南约 31 公里，浦坝港镇浦坝港南岸浦坝村北面，故名。为浦坝渡的南端渡口，向北至小湾山渡口。因地处浦坝村北面，故名。

小湾山渡口 [Xiǎowānshān Dùkǒu]

位于县政府驻地东南 28.5 公里，原浬浦镇西南小湾山南麓的长屿，故名。为浦坝渡的北端渡口，向南至原小雄镇浦坝渡口。因地处小湾山，故名。

赖峙渡口 [Làizhì Dùkǒu]

位于县政府驻地东南 34.5 公里，浦坝港镇西南，在三门盐场五工区内，赖峙山麓。为赖峙渡北端渡口，向南端至九孔洞港闸口边的洞港渡口。渡宽 3500 米，设机动船 1 艘，马力 40 匹，载重 3 吨，载位 53 人，渡工 2 人。横渡浦坝港，为沿赤、三门盐场与泗淋的一条津渡。因地处赖峙山，故名。

长坝头渡口 [Chángbàtóu Dùkǒu]

位于县政府驻地东南 33.5 公里，浦坝港西南下洋墩村长坝头自然村，为长坝头渡的东北端渡口，向南至浦坝港镇的双峙。渡宽 4000 米，设机动船 1 艘，马力 15 匹，载重 5 吨，载位 44 人，渡工 3 人。横渡浦坝港，为小雄与浬浦、沿赤的重要津渡之一，是县内农渡中最早 (1976 年) 使用机动船的渡。因地处长坝头村，故名。1988 年 2 月撤销。

洞港渡 [Dònggǎng Dù]

位于县政府驻地东南 37.5 公里，渡宽 4000 米，浦坝港镇扩塘山岛老鼠峙山麓的扩塘山渡口为洞港渡的东北端渡口，陈栋山南麓九孔洞港新闸边洞港渡口为洞港渡西南端渡口。有机动渡船 3 艘，马力 15 匹，载重 10 吨，载位 105 人，渡工 6 人，横渡浦坝港，为泗淋、沿赤往返扩塘岛的重要津渡。因地处洞港，故名。2007 年撤渡。

洞港渡口 [Dònggǎng Dùkǒu]

位于县政府驻地东南 37.5 公里，浦坝港镇南部陈栋山东南麓洞港新闸边，为洞港渡西南端渡口，向东北端至老鼠峙山麓扩塘山渡口。因地处洞港，故名。

第二节 古道、驿铺

章埠岭 [Zhāngbù Lǐng]

又名菖蒲岭。位于海游街道西山与丹山接壤处，旧为海游西至台州府城与宁海县城的交通要道，岭头旧有路廊茶亭。民间相传，章氏在南宋迁居海游时，章埠岭脚还是沿海码头。

悬渚驿 [Xuánzhǔ Yì]

在海游街道外俞村慈胜自然村前。据南宋嘉定《赤城志》记载："悬渚驿，在县南七十五里。"

悬渚铺 [Xuánzhǔ Pù]

在海游街道外俞村慈胜自然村前。据南宋嘉定《赤城志》记载："悬渚铺，在县南七十五里。"

朱家岙驿 [Zhūjiā'ào Yì]

在珠岙镇桐岩岭。顾祖禹《读史方舆纪要》记载："县西南百二十里有桐岩岭，其上为朱家岙驿。又西南六十里即府城也。旧路由狼坑、悬渚、海游而西，纡回阻滞。宋靖康以后，取道于此，至今便之。明嘉靖中，戚继光讨倭寇，驻军桃渚，寇屯聚桑洲，粮援久之不至，盖控扼要地也。"据清康熙《宁海县志》记载："朱家岙驿，西南一百二十里桐岩岭上。旧在朱家岙，洪武庚戌开设，丁卯徙建，今废。"清光绪《宁海县志》记载："朱岙驿轿夫十六名，馆夫十名。"

南路驿铺 [Nánlù Yìpù]

据清康熙《宁海县志》记载：宁海南路（今属三门）铺递有"卢家塘铺，四十里；葫芦铺，五十里；西陡门铺，六十里，旧曰百里；小蒲铺，七十里，旧曰九十里；赤礁铺，八十里；箭坑铺，九十里；干门塘铺，一百里；健跳铺，一百一十里；速目渡铺，一百二十里；万年塘铺，一百三十里。至此为临海县界。"每铺"各编铺司一名，铺兵二名，每名工食银五两。国朝奉裁，每名工食银二两二钱一分"。

西路驿铺 [Xīlù Yìpù]

据清康熙《宁海县志》记载：宁海西路（今属三门）铺递有"娄坑铺，八十里；朱岙铺，九十里；双楼铺，一百里；小桐岩铺，一百一十里，又十里至桐岩驿，为临海县界。"

朱岙公馆 [Zhū'ào Gōngguǎn]

在珠岙镇珠岙街。据清康熙《宁海县志》记载："朱岙公馆，西九十里，今废。"

桐岩公馆 [Tóngyán Gōngguǎn]

在珠岙镇桐岩岭。据清康熙《宁海县志》记载："桐岩公馆，西一百二十里，今废。"

万年驿 [Wànnián Yì]

在健跳镇毛张村，因位于万年塘而得名。过此即为临海界。

第三节 桥梁

海游街道

新市桥 [Xīnshì Qiáo]

又名普济桥。位于海游街道海游大桥东约 60 米处，南北横跨珠游溪。宋绍兴年间（1131—1162 年）筑。南宋嘉定《赤城志》云："县南六十里有新市桥，旧为海游渡，长四十丈。"清嘉庆十六年（1811 年）改建 4 板 15 孔石板平桥。民国二十九年（1940 年）水毁严重，募捐重修，改名"下洋桥"，条石桥面，仅通手拉车。由于桥身低矮，每逢山洪暴发或大潮倒灌，水漫桥上，行人、牲畜伤亡事故时有发生。1982年5月海游大桥建成后废。

小桥头 [Xiǎoqiáotóu]

位于海游街道青萍桥东100米处，影剧院前，横跨石羊溪，为五孔平面石板桥，中间三孔建有水闸，具体建筑年代无考，应与青萍桥同时修建。据民国《章氏宗谱》记载："筑闸建桥，以停水势。"解放初，海游港的潮水还可以涨到小桥头，桥内绿水盈盈，两岸杨柳依依，桥外千帆林立，商贾云集。小桥头一带当时是海游盐业、渔业的主要集散地。20世纪80年代建海游农贸市场，将小桥头拆除。

马架桥 [Mǎjià Qiáo]

旧在海游东，通天后宫（今三门医院门诊大楼处），俗名大洋桥。东西向，计宽四板十洞石桥。1951年海游港截弯改直，填为平地而拆除。位于马架山（马家山）前，故名。

上王桥 [Shàngwàng Qiáo]

在海游街道西北（今化肥厂宿舍外），横跨珠游溪。宽3板石桥，12洞。1978年为化肥厂运输需要，拆建为钢筋混凝土盖板桥。以桥处上王，得名。清光绪八年（1882年）建，1978年拆除。

横塘桥 [Héngtáng Qiáo]

位于海游街道上叶（片村名），横跨珠游溪，已圮。据清光绪《宁海县志》卷三载："横塘桥，南五十里，吴越时叶景泰建。"

跃龙桥 [Yuèlóng Qiáo]

据民国《章氏宗谱》载："跃龙桥，在龙山之下大路上穹起处，小桥通水出溪。"

解脱桥 [Jiětuō Qiáo]

旧在广润寺，为寺院出入必经之桥。据弘觉禅师《栽夹道松记》记载：广润寺"有大道焉！横计五丈，纵十倍是数，平如掌，直如发，北抵日月池，南通解脱桥。传闻逸公亲植，有合抱千松，而松韵水声和梵呗杂奏。"

广济桥 [Guǎngjì Qiáo]

位于海游街道谢家与山陈村之间，因地处千井潭畔，故又名"千井潭桥"，建于清同治七年（1868年）。据清光绪《宁海县志》记载："广济桥，在南六十里海游村西千井潭，国朝同治间章培之等募建。"桥为条石结构，17孔梁桥，长64米，宽2米，高2米，东南—西北向，横跨珠游溪。广济桥为石板平桥，是三门县孔数最多的条石桥梁之一。1973年拆建成混凝土桥。

沙柳街道

广济桥 [Guǎngjì Qiáo]

位于沙柳街道沙柳村南，为石板梁桥。南北向，横跨清溪。据清光绪《宁海县志》卷三载："广济桥，在南五十里沙篓村街下，国朝道光六年建。"沙柳新桥建成后，原广济桥拆废。

上岙桥 [Shàng'ào Qiáo]

位于沙柳街道上岙村北面，以所在地上岙得名。南北向，横跨清溪。原为木板桥，后改石板桥，长70米，宽2米，高2米，系19孔条石梁桥。20世纪90年代毁。

珠岙镇

永逸桥 [Yǒngyì Qiáo]

据南宋嘉定《赤城志》记载："永逸桥，西系双楼至小桐岩十里，大溪二，小溪四，万历丁亥（1587年）令周应雷建，石承芳记。"

积庆桥 [Jīqìng Qiáo]

在珠岙镇岩下徐村。据清光绪《宁海县志》载："积庆桥，在西南一百二十里。国朝道光间郑元朝募建，后圮，郑茂、杨学书重修。"

拱神桥 [Gǒngshén Qiáo]

在珠岙镇隔水村南，四墩五孔石板平桥，横跨吴岙溪。清末，隔水吴惟海念村前语溪阻隔，旧虽有小桥以通来往，经常为洪水所冲毁，过溪者无不望洋兴叹。于是倡议修建高桥，不想桥未成，而身已卒。其妻戴氏悲恸几绝，忍痛含悲，边抚育弱子边操持家政，节衣缩食，以酿酒销售的收入，鸠工庀材，完成丈夫未竟事业，建成拱神桥。

避水桥 [Bìshuǐ Qiáo]

在珠岙镇东谢村东，横跨下马坑，为天（台）宁（海）孔道，往来行人络绎不绝。清同治十三年（1874年）建，杭临公路修建时毁。

六板桥 [Liùbǎn Qiáo]

在珠岙镇吴岙村，是一座东西走向，横跨垂带河的平板石桥，长不过3米，宽也不过3米，因用六块长石板拼凑一起为桥面而得名，现已为水泥板所代替。据说，垂带河以前绿水盈盈，游鱼翔底，荷叶田田，现在只留下短短一段淤积了污泥的浅水沟。

亭旁镇

泮桥 [Pàn Qiáo]

在亭旁镇邵家文昌阁前，横跨泮池。已圮。

积善桥 [Jīshàn Qiáo]

原名丁家桥，在亭旁镇湫水山玉溪寺山脚下。此桥是玉溪寺山脚下的丁家村所造，原本是一座木桥，后来改建成石桥。

下里金桥 [Xiàlǐjīn Qiáo]

位于亭旁镇山根邵村、下里金村西北，以所在地下里金村而得名。始建不详，系条石7孔梁桥，长25米，宽1.7米，高2米，南北向，横跨湫水溪。

栗柴蓬桥 [Lìcháipéng Qiáo]

旧称福星桥。位于亭旁镇下路朱村东一里，马村之北，以所在地栗柴蓬得名。东西向，横跨亭旁溪，为亭旁通往海游和宁海县城的重要桥梁。自石（岩）里（金）公路建成通车后，该桥虽非公路线，但仍是附近村民的主要通道。桥系条石和石板相结合的9孔梁桥，墩高丈余，长69米，宽2.7米，高5米，用条石六棱石结晶形砌，内塞以大石，极为坚固。桥石先用三根石条为骨干，再铺以二道石板，平且美，两边桥头皆有十三步石级。此桥非研究工程有素者，所不能出，为本县古代建筑最壮丽之桥。栗柴蓬桥募建于清光绪五年（1879年）。清光绪十三年（1887年）中洞水损，重新募修。民国七年（1918年）、十年（1921年）皆有修理。1981年在原桥的桥面上加铺一层钢筋混凝土桥面，以增加桥的牢度和载重量。1989年为大水冲毁。

余庆桥 [Yúqìng Qiáo]

在亭旁镇铁场村两头碘，清光绪二十三年（1897年）王廷家等募建。已圮。

花桥镇

下洋桥 [Xiàyáng Qiáo]

在花桥镇上宅村南边，横跨溪头，长约10米，宽约2.6米，系三孔石桥。是花桥到临海、三门各地的交通要道。20世纪70年代修建公路时毁。

第四章 水利设施流失地名

第一节 井

海游街道

双井 [Shuāng Jǐng]

在海游街道双井头巷南端，旧有两口并列的水井，叫双井头。两口方井相连，水深不过二三尺，却清澈见底。民国《章氏宗谱》载："双井，一水界作为两井，一饮一涤，判若泾渭，源自丹峰流出，水仅盈尺，旱暵不干，绠汲不尽，冬温夏冽，六七月间大水暴涨，他井经宿难饮，惟此源头汩汩涌出，以庳于涨水浊流中，激而扬之，浏其清矣。"

健跳镇

山嘴头水井 [Shānzuǐtóu Shuǐjǐng]

位于健跳镇上街村山岗头脚下。上街村包氏第三世祖先，见山嘴头水源甘美，就挖了一口水井，专供村民饮用。已圮。

花桥镇

上宅水井 [Shàngzhái Shuǐjǐng]

在花桥镇上宅村贞节牌坊后面。清康熙年间（1662—1722 年）该地下有一处夜晚会发光，民众以为地下有宝，商量掘之。掘至四五米深时，出土泗洲佛一尊，并有泉水涌出，水清见底，遂留作水井，供民饮用。泗洲佛奉于下路廊，供过路行人敬拜。

浦坝港镇

洗眼泉仙井 [Xǐyǎnquán Xiānjǐng]

在浦坝港镇石笋山仙岩洞，大忠祠后。

第二节 池塘、潭

海游街道

日月池 [Rìyuè Chí]

旧在广润寺山门前。

殿前塘 [Diànqián Táng]

在海游街道马湖村灵康庙前，南宋筑。已圮。

珠岙镇

三塘 [Sān Táng]

珠岙镇吴岙村旧有“三塘七井半边月”之说，说的是村中旧有三口池塘、七口水井和一弯如半边月的水池。三塘：柳荫塘，在上街路下；连井塘，在祠堂后；永安塘，在三贤堂前。

柳塘 [Liǔ Táng]

柳塘在珠岙镇吴岙村西，广亩余，上接沙堤，塘畔栽榆柳。每当春暖花开，柳塘春水，新绿满目，飞絮撩人，游人行吟坐对，逸兴横飞。

苍蒲塘 [Cāngpú Táng]

在珠岙镇娄坑村东南，已圮。

龟潭 [Guī Tán]

在珠岙镇吴岙之西南，南北峙两山，如龟形而得名。山麓为水所冲击，深而多鱼，俗名“上龟潭”。潭畔柳荫拂面，常有老叟垂钓于此。前人吴承配所作的吴濠十景之一《龟潭垂钓》：“龟山潭水碧潆洄，岩石粼粼胜钓台。匝岸浓阴铺绿树，满湾春色漾苍苔。老翁守饵常忘返，稚子敲针复笑来。剧似桐江留古迹，烟波浩渺净无埃。”后因修建杭（州）临（海）公路，已被填塞。

亭旁镇

泮池 [Pàn Chí]

在亭旁镇邵家文昌阁前，有石拱桥横跨泮池。

健跳镇

笕城坑潭 [Jiǎnchéngkēng Tán]

据南宋嘉定《赤城志》记载：“在县东南一百三十里，凡旱祷必饭粟羹鳣以祭，得龟鱼即雨。又有双峰潭，同在其处，皆号险怪云。”

浦坝港镇

大塘 [Dà Táng]

在浦坝港镇浬浦上下街中间，占地面积2亩多，是一个大水塘。如发生火灾，民众就在此取水，用以救火。20世纪50年代末回填，在此建工商所。

第三节 海塘

海游街道

师姑塘 [Shīgū Táng]

在海游街道新场村马路外，心湖公园西南，东南与黄岩塘隔河相望。新场的祖辈章、马、俞、林四姓在滩外围了上百亩的塘田，但到每年七八月发大水，塘坝就被冲塌，咸潮水倒灌，不能耕种。人们一次次地筑，塘坝一次次被冲毁，心思白化，个个束手无策，只得唉声叹气。倒塘的情况让新场石照庵的尼姑知道了，就主动献身，坐在缸中，与泥柴一起堵缺，才将缺口堵住，故名“师姑塘”。

黄岩塘 [Huángyán Táng]

在海游街道心湖公园南，西北与师姑塘隔河相望。

沙柳街道

南塘 [Nán Táng]

旧在沙柳街道道岸头村前半里余，田亩圈海为之，名曰“南塘”。

砚池塘 [Yànchí Táng]

形似砚池而得名。旧在沙柳街道道岸头村边，故又曰“门前塘”。

健跳镇

黄门塘 [Huángmén Táng]

在健跳所城西，始筑不详。明崇祯《宁海县志》记载：“黄门塘，南一百二十里。”

健阳塘 [Jiànyáng Táng]

健阳塘东起健跳双凤山尖闸门，西至西山头山脚，即今搬运公司处，坝长约1500米。明崇祯《宁海县志》记载：“健阳塘，健跳所城外。唐僧怀玉筑堤五百丈余。陡门柱刻云：端平间重建。明成化间决，副使杨瑄重筑。嘉靖间总兵戚继光重修。万历壬辰秋决，令曹学程修筑。”

万年塘 [Wànnián Táng]

在健跳镇毛张村、毛叶村北，岙口村西南一带。塘坝东西走向，东起金鸡山嘴，西止笔架山，全长500米，面积3600多亩。北宋时天台万年寺筹资修筑，故名。清光绪《宁海县志》：“万年塘，县南八十里。”明正德方志所撰写的《修筑万年寺陡门记》：“邻邑天台有寺曰万年，寄庄于宁籍，田三千六百余亩，岁征子粒二百六十六石有奇，内包宁海玉溪寺湫水塘。”

杭州塘 [Hángzhōu Táng]

范围包括今健跳镇下洋潭、十八庄、马庄、盐灶、永丰、门头、上街、中街、下街村一带。清朝末年杭州一个寡妇出钱围垦而成，故名。

灰漏塘 [Huīlòu Táng]

在健跳镇盐灶村南，清晚期所筑。因制盐以摊灰制卤，故称灰漏塘。

寨聚塘、素塘、前门塘 [Zhàijù Táng 、Sù Táng 、Qiánmén Táng]

在健跳镇繁荣、花屿村一带。清乾隆年间(1736—1795年)，虾屿山周边陆续围垦了寨聚塘、素塘、前门塘等，此后虾屿山周边高地相继迁居了张氏、李氏、金氏等10多户约50人。清光绪二十七年（1901年），喻长霖围垦榜眼塘，将寨聚塘、素塘、前门塘等连成一片。

盐坞塘 [Yánwù Táng]

位于健跳镇沿港西路和直龙港之间，老水产加工厂西头到西山头山脚一带。盐坞塘一直是三门沿海较大的官盐和私盐销售中心之一，始建年代不详，明、清时期已初具规模。

古时交通落后，运盐全凭肩挑。盐坞塘因位于健跳港口之便，食盐从这里可海运到宁海、临海、海游等地，再挑到天台、仙居等内陆各县。解放初期，废盐坞，建起炼焦炉十来只，改炼焦炭。20世纪50年代炼焦厂停产，工人遣散，盐坞塘的名字也被人们渐渐淡忘。

里小塘 [Lǐxiǎo Táng]

坐落在健跳镇南山下，小陡门到新堤坝之间的低洼处。小塘原为良田，中间有一条“天河”，储水灌溉。1958年大兴水利时，将这一低洼良田筑为水库，村民都叫“里小塘水库”，现改叫“健跳水库”。

下塘 [Xià Táng]

因位于盐灶塘的下面，所以叫下塘。清光绪初，始有人迁居。解放初期，下塘改名永丰。

第四节 碶

马湖山黎碶 [Mǎhú Shānlí Fú]

在海游街道马湖村西北珠游溪，为三门有史记载最早的碶坝，已圮。为五代时马湖人黎彦褒所建。黎彦褒为马湖黎氏六世孙，官居明经博士、少师。马湖黎氏临珠游溪而居，峰回水绕，东南有沃土肥田千余亩。每逢天道亢旱，禾苗焦枯，往往颗粒无收。黎彦褒组织资金，命子弟工役穿凿岩石，设立石槽，以便水渠通水，"沿山充碶以灌田稻，叠石横溪而御其水势"。五代时龙图阁大学士鲁仲连有《马湖山黎碶记》："夫山黎，大山之号也。曰碶沟洫通泉之坚也，其山挺萃，临于大溪之上，峰回水绕，源泉混混不舍昼夜。上接天台之流派，下充巨海之洪涛。黎氏居于此山之畔，息宦乐道，服田力穑，其东南有沃土肥田千百余亩，俱属黎氏之常业。或天道亢旱，禾苗焦枯，惟周少师彦褒公操心虑后，命诸子弟工役穿凿其石土于山西北，下置立石漕，沟洫通水，沿山充碶以灌田稻，叠石横溪而御其水势。其后旱潦不忧，耕耨得时，国之输征有望，田家之穑稼无虞，含哺鼓腹，享乐于太平之世者为何如哉？公之立心惠后，其浩然矣乎！如夫子所谓卑宫而尽力乎！沟洫也，公之立功岂如白圭之治水也耶？"

黎家碶 [Líjiā Fú]

在海游街道马湖村西北珠游溪。宋淳熙年间（1174—1189 年）马湖黎氏第十五世裔孙黎雍海，献兵策，历官四十多年，曾任礼部尚书，加封太师，后要求告老还乡，皇帝不准，赐予本里田地一千多亩。他对皇帝说："感承帝恩，赐臣土田。臣虑天道不时亢阳，灌溉不给，车戽不及，禾稻枯槁，民心憔悴，无由措仰。臣思其田近于大溪，可设碶滩浚通，本以灌其禾苗，而济其急也(《黎家碶记》)。"皇帝听从他的话，命礼部行文委派宁海县督造黎家碶，"夫于大溪中叠石逆止水势，沿山扦浚顺水势，以溉救田禾(《黎家碶记》)"。然后官吏贪污黎家碶工程款，被告发，皇帝又派魏侍郎来马湖监工，督修黎家碶，并将原来主管工程的杨巡检鞭打而毙。"夫役俱惧，争奋用力，于五月十五日至六月初十日，碶洫俱已告竣，叠石如山之厚，开沟数尺之深于碶之东埠岸，号曰洋大岙(《黎家碶记》)。"并在碶坝旁建四柱石亭，请宏文阁大学士、诰封赞善太师洪擬撰写《黎家碶记》，勒石刻碑立于亭中。为了更好管理碶坝，在亭后修建房屋三间，拨田壹拾五硕，招佃户耕种，租金用于看护碶坝之费用。

大奇碶 [Dàqí Fú]

南宋高宗年间（1127—1162 年）王大奇退隐金溪（今亭旁镇铁场村），不惜巨资，苦心筹措，从中门溪拦坝引水，筑碶灌田，长 40 米，灌溉农田 300 亩，称大奇碶，今称铁场碶。

外洋岭碶、剡溪碶、和尚碶、黎家碶、中碶、乌隐碶、涌溪碶、毛二娘潭碶、石马湖村碶 [Wàiyáng lǐng Fú、Yǎnxī Fú、Héshàng Fú、Líjiā Fú、Zhōng Fú、Wūyǐn Fú、Yǒngxī Fú、Máo'èrniángtán Fú、Shímǎhúcūn Fú]

位于海游街道、珠岙镇境内，明崇祯《宁海县志》有记载。据南宋嘉定《赤城志》记载，海游街道、珠岙镇境内有黎家碶、上碶、下碶、涌溪碶、毛二娘潭碶、乌隐碶、剡畈碶、石马湖村碶、外洋碶、和尚碶。

圣前塘坑碶、东洋店桃碶、东壁碶、塘前水孔碶、管溪碶、岭下碶、蒋家碶、下任碶、前金碶 [Shèng qiántángkēng Fú、Dōngyángdiàntáo Fú、Dōngbì Fú、Tángqiánshuǐkǒng Fú、Guǎnxī Fú、Lǐngxià Fú、Jiǎngjiā Fú、Xiàrén Fú、Qiánjīn Fú]

位于亭旁镇境内，明崇祯《宁海县志》有记载。据南宋嘉定《赤城志》记载，亭旁镇境内有圣前塘坑碶、东洋店桃碶、东壁碶、管溪碶、前金碶、下任碶、岭下碶、蒋家碶。

巽水碶 [Xùnshuǐ Fú]

在海游街道悬渚村，清康熙二十二年（1683 年）俞瑞星等率族人筑，六月初一日起工，初五日水通。

第五节 闸、坝

盐灶新斗门 [Yánzào Xīndǒumén]

在健跳镇盐灶村东北面，为三眼闸门，全部由蛇蟠石砌成，上建有房子。开闸放水，声震数里，甚是壮观。20 世纪 70 年代盐灶外塘建成，新斗门弃之不用。

九罗坝 [Jiùluó Bà]

在海游街道城西村墙里自然村北部。坝高 2 米，长 100 多米，为明代之前珠游溪之堤坝。今已圮。

松树坝 [Sōngshù Bà]

在亭旁镇亭旁中学内。明朝时，为防水患，修筑了一条长约 1 公里，宽约 15 米的防洪坝。坝上栽有松树、柏树等。大坝现还有一段在亭旁中学内，古树已不多。

前沿坝 [Qiányán Bà]

位于南大街健跳镇人民政府门口西侧至健跳派出所门口一带，直穿健跳塘，把健跳塘分为南北两塘，中间有个小拱桥，仅容一条小泥船通过，是村人出入的必经之路。

第五章 建筑历史地名

第一节 宅第民居

海游街道

四梅轩 [Sìméi Xuān]

在海游街道下坑村，为明初布衣叶兑故宅。清光绪《宁海县志》记载："四梅轩，在南乡上叶，明隐士叶兑尝植梅四种于轩，故名。" 据叶兑《四梅轩》记载："予于所居之左，辟屋数楹，植梅四种于其侧，为隐居读书之所。" 清康熙邑令陈戬式其间，刻石以志，今石刻尚存。

又小园 [Yòu Xiǎoyuán]

在海游街道下坑村。清道光年间（1821—1850 年）叶冶亭在所居之南，叶兑四梅轩旧址建园。清宋晓峰有《又小园记》："纡岸叶冶亭君，卜宅之西偏，诛茅剃草，植木莳花，地展三弓，居容十笏，以又小园名焉。"

中府华堂 [Zhōng Fǔhuátáng]

旧在海游街道马湖，为熊安节度使黎公奭宅第。《马湖黎氏宗谱》收有《中府华堂记》："安居架于高堂，所谓富润屋也。创业铭以中府，诚为后嗣荣耀之址也。惟马湖黎氏，大宋时登少卿尚书太师，荣显宠渥，建堂标厦，颜其额曰'中府华堂'。其木桥梓，高巍三丈有余，行递一十二架，柱栋璘璘，彩以花凤，饰以文藻，兽栋鸳瓦，磨砖琢石，明溶灿烂，雕甍兀突。"

章梫故居 [Zhāngqǐn Gùjū]

在海游街道三门县实验小学内，1994 年小学扩建而拆毁。清光绪二十八年（1902 年），章梫受聘为上海澄衷中学校长，就写信给家乡章氏族长，要他们在海游创立学校，造就人才。当年，他为筹措办学经费，又向台州府学请准，每年拨助五百元，不足部分向地方各商户集资，于 1903 年借老宗祠为校址，创办海游小学，定学制为十年。此为宁海县第一所新型学校，而章梫先生乃是集资创立海游小学的创始人之一。民国二十六年 (1937 年) 他得知海游小学历久无校舍，又慨然将祖遗楼屋十四间半，平房八间和少量田产及藏书二十箱一并献给学校。其中有一幢房子古传是出"秀"之地。他认为"秀"出我一家，未免太狭隘，如赠给海游小学，众人出"秀"，何其乐也。章梫先生之子章以吴 (1897—1978 年)，解放前，曾与周总理在南开大学附中读书，后任天津某银行经理。抗战胜利后任上海金城银行经理。解放后，任中央文史馆馆员。当年，章梫先生献屋办学的意见，立即得到他的赞同，并请一位老友执笔，写好赠契，由章梫和章以吴具名，寄到海游小学。

章梫（1861—1949 年），名正耀，字立光，号一山，海游人。著名学者、教育家、书法家。清光绪三十年（1904 年）登进士，殿试选授翰林院检讨。历任京师大学堂译学馆提调、监督，国史馆协修、纂修、功臣馆总纂，邮传部、交通部传习所监督，北京女子师范学校校长等职。1949 年 2 月 17 日病逝于杭州勾山里，享年 89 岁。

珠岙镇

进德堂 [Jìndé Táng]

在珠岙镇西陈村，为陈连茹宅第。已圮。

燕翼楼 [Yànyì Lóu]

在珠岙镇西陈村，为陈居荐宅第。已圮。

星聚楼 [Xīngjù Lóu]

在珠岙镇西陈村，建于清嘉庆庚申（1800 年），为陈守时宅第。已圮。

怡怡堂 [Yíyí Táng]

在珠岙镇西陈村，为陈秉坦、陈秉林宅第。已圮。

一山房 [Yīshān Fáng]

在珠岙镇吴岙村。清乾隆十四年（1749 年）吴益斋入太学，构小轩于西牖，列奇岩异卉以为憩息之所。齐召南名曰“一山房”，台州知府张联元赠匾曰“儒林硕望”，宁海县令王蛟给匾曰“秋水文心”。吴益斋著有《一山房诗稿》。

积善堂 [Jīshàn Táng]

在珠岙镇吴岙村，建于元延祐元年（1314 年），为饭松老人故宅，已圮。进士储国秀作有《积善堂记》。

植樗轩 [Zhíchū Xuān]

在珠岙镇吴岙村，明时建，为吴思哲故宅。《吴岙吴氏宗谱》收有《植樗轩记》。

树德堂 [Shùdé Táng]

在珠岙镇吴岙村，吴崇高、吴崇表建于明成化己丑（1469 年），明卢琡作有《树德堂记》。

善庆楼、夸白堂、宾月楼、三勤斋、十惜斋 [Shànqìng Lóu、Kuābái Táng、Bīnyuè Lóu、Sānqín Zhāi、Shíxī Zhāi]

在珠岙镇吴岙村，均建于明代。已圮。

文映楼、德星楼、聚华楼、三余楼 [Wényìng Lóu、Déxīng Lóu、Jùhuá Lóu、Sānyú Lóu]

在珠岙镇吴岙村，均建于清代的。已圮。

贻芳堂 [Yífāng Táng]

在珠岙镇吴岙村，为吴昆玉宅第，堂名为宁海崔县令所赠，清顺治进士洪若皋撰有《贻芳堂记》。

承芳堂 [Chéngfāng Táng]

在珠岙镇吴岙村，为吴伴琴宅第。已圮。

修德楼 [Xiūdé Lóu]

在珠岙镇吴岙村，清嘉庆年间（1796—1820 年）建，为吴国香兄弟宅第。清代举人陈有文作有《修德楼记》。已圮。

亭旁镇

梅盛宅 [Méishèng Zhái]

在亭旁镇丹邱寺。据清光绪《宁海县志》记载：“梅盛宅，晋梅盛令章安，后迁徙居邑之宁和乡，其宅改为丹邱院。”

些春子楼 [Xiēchūnzǐ Lóu]

旧在亭旁镇任家村，为任倜故宅。

任倜，字孟中，别号些春子，任家人。自幼颖悟不凡，从叶兑游，得其内学，兼受百家。擅长医术善岐黄，尤妙针法，治效若神，又精堪舆。娶上叶叶兑女，续娶陈氏，葬下岙风吹罗带又名廿株松。

健跳镇

仇家 [Qiú Jiā]

为砖木结构二层四合院，二楼木栅栏，大厅浇水门汀（水泥），天井砌以鹅卵石，中有一水井。四合院南面东西走向建有一排粮食储藏库，中为石板路，与四合院相连，东大门有围墙，墙外为石子路，门口建一水井，水质甘甜、清澈，终年不枯，至今尚在使用。四合院西头建有一座条石砌成的护院用的碉堡，四周设枪眼。仇家房屋在解放后作为乡、公社、镇政府的办公场所，2011 年被拆毁，改建为健跳幼儿园。现为健跳小学食堂、教师宿舍。

仇家屋主仇灼华（1901—1957 年），民国十五年（1926 年）任地方保卫团团长。1928 年任琴江镇镇长。1943 年 2 月任浙江温台沿海护航队健跳办事处副主任，兼第三大队护航队队长。1945 年 5 月任三门县第一届参议会议长。仇灼华经过几十年经营，成为名扬一方的“海角大王”，有田产 300 余亩，步枪 400 余支，轻机枪 10 多挺。1949 年 12 月逃往台湾。1957 年在台湾病故。

白家 [Bái Jiā]

在健跳北门崇武巷老派出所北面。白家房产众多，挖有一口水井，水源清澈，水质甘甜，常年不枯。并建有一座五圣殿，内塑五圣老爷，作为家庙和护家的神圣。后白家家业败落，一蹶不振。当地民间传说：“白家若能兴，健跳港变清。白家如要发，老母鸡变鸭。”2010 年后白家水井被填，现只剩一个井圈。

林淡秋故居 [Líndànqiū Gùjū]

在健跳镇小蒲村中部，砖木结构二层建筑，2010 年拆毁。

林淡秋 (1906—1981 年)，原名林泽荣，笔名林彬、应冰子、应服群、肖颂明，健跳小蒲村人。肄业于上海大学。1935 年在上海参加左联并任常委，曾任《抗战报》《时代日报》编辑，《时代》杂志主编，1949 年后历任《人民日报》副总编辑、文艺部主任、杭州大学副校长、浙江省委宣传部副部长、浙江省文联主席。1935 年开始发表作品。1953 年加入中国作家协会。著有短篇小说集《黑暗与光明》《雪》，文集《交响》《业余漫笔》，长篇报告文学《中国的新生》，评论集《散荒》，译著长篇小说《大饥饿》《布罗斯基》《巧克力》《时间呀，前进！》等。

横渡镇

听雨楼 [Tīngyǔ Lóu]

在横渡镇东屏村，为东屏陈氏二十四世孙陈树杏宅第。陈树杏家室富裕，性情旷达，尝建“听雨楼，窗明几净，朝夕吟诗于其上，时而闲谈说古人，时而对景赋诗篇，一时才人方士相赠答之”。陈树杏著作甚富，著有《秀民间课徒草》《桥东集》《咏诗稿》《听雨楼文抄》等。

花桥镇

菉漪堂 [Lùyī Táng]

旧在花桥镇方前村，初名义方堂，是张和孙读书教子处，早废。南宋德祐二年（1276 年）文天祥偕杜浒、吕武、胡文可从元营脱险，潜往通州下海，至三门湾遇寇船登岸，夜宿仙岩洞，化名刘洙，至方前张和孙家义方堂，共约举义抗元，张和孙欣然应诺。文天祥在其家题菉漪堂并诗一首。

据《仙岩大忠祠录》记载：“菉漪堂，初名‘义方’，在临邑之城门，哲斋张氏读书教子处也。溪山幽僻之中，独聚一村。文信国宿其家，见其丛篁环宅，绿荫参天，遂题其堂曰‘菉漪’，作《菉漪堂》诗。”其诗序云：“予自海门登岸至城门张氏家，盖国初名将永德之后，主人号哲斋，辟堂教子，匾曰‘菉漪’，为赋八句。”诗云：“义方堂上看，窗户翠玲珑。砚里雩坛月，席间淇水风。清声随地到，直节与天通。庭玉森如笋，干霄雨露功。”赋毕，署名“清江刘洙书”。

三台（幢） [Sāntái (Zhuàng)]

原在花桥镇花桥老街，三台四合院建筑，占地面积 2700 平方米，为大户人家宅第。1988 年因村镇建设，将其拆毁，变为大道和民居，现叫花桥老街。

东宅双台 [Dōngzhái Shuāngtái]

现为花桥中心街。占地3333平方米，堂前挂有牌匾，台门前竖有两根旗杆，房主系有功名绅士。1988年镇政府为改造城区建设，将其拆毁，改建为民居。

浦坝港镇

三松轩 [Sānsōng Xuān]

在浦坝港镇仙岩村。叶德善（1354—1408年），字养民，世居临海仙岩村（今属三门）。叶养民少即聪明而勤勉，11岁丧父，由祖父抚养成人，未弱冠却稳重如成人，为人直率，倜傥好义，慷慨好施，不乐仕进，寄情山水之间，喜欢结交士大夫。成年后，生活俭朴，经营有方，家业日趋兴旺。因其居之侧有古松三株，状如蟠龙虬横，遮天蔽日，余荫二亩余，每与客人分坐其下，品茗读书，吟风弄月，悠哉人生，故自号"三松处士"。翰林学士张廷璧过其轩，见其晴耕雨读，闲来赋曲，为作《三松轩记》，以铭其志。叶三松又在居室四周广植松树，培植新苗。卒于明永乐六年（1408年），享年五十五岁，张廷璧为之作墓志铭。

林迪生故居 [Líndíshēng Gùjū]

在浦坝港镇泗淋村，砖木结构二层四合院，清代建筑，20世纪90年代拆毁。

林迪生（1903—1997年），原名林攸绵，泗淋村人。1926年在上海读书期间加入中国共产党，后受组织委派，到宁海、临海、仙居等地建立党组织，开展农民运动。1929年春又调上海搞工人识字运动，同年秋赴日本留学。1931年秋林迪生回到家乡创办泗淋小学。此后四年，他先后参加陶行知先生创办的"山海工学团"活动，在湖北宜昌、浙江新登等地学校教书并开展革命工作。1936年9月林迪生到西安，被分配在中央苏维埃西北办事处教育部徐特立身边工作，任社会教育科科长。后任鲁迅师范学校校长，对陕甘宁边区的教育文化事业做出了贡献。1941年9月任延安大学教育科长兼高中部主任。1949年延安大学迁到西安，改名为西北人民大学，林迪生任第二部主任。1950年3月调任西北军政委员会教育部副部长。1953年3月调任兰州大学校长。1979年林迪生任中国教育学会常务副会长兼秘书长。1981年已届78岁高龄的林迪生仍在工作，足迹遍于祖国的西南、西北、华北、华中各地，不辞辛苦，直至1988年离休，享受正部级待遇。

第二节 亭、塔、阁

海游街道

振衣亭 [Zhènyī Tíng]

旧在海游龙山。明万历十九年（1591年）在文峰塔右侧建成一亭，万历二十四年（1596年）遭火灾而毁。万历四十二年（1614年）重建，石质圆柱，单檐翘角。福建莆田人林映苍高中进士，任宁海县令，到海游一带观风问俗，见亭"乐其宜霁宜雨，宜风宜雪，宜登高，宜远眺，宜观海，宜搔首青天，颜以'振衣'，盖命之矣"。书匾额曰"振衣亭"。后又圮。明进士任大冶曾作《振衣亭记》。

水上亭 [Shuǐshàng Tíng]

位于上石马巷入口中国银行大楼处，以原门前潭入口处建有凉亭而得名。双井头至上马石巷一带叫水上亭。

桥亭 [Qiáo Tíng]

在海游街道下坑村，横跨溪坑，原建有桥，桥上有亭，故名。为纡岸叶氏发祥地。

文峰塔 [Wénfēng Tǎ]

旧在海游龙山。龙山文峰塔最早为梁（后梁907—923年）殿下指挥加封招讨副使蒋珑为祈母疾而建，塔成蒋母却双目失明，悔之晚矣。据清光绪《宁海县志》记载：有蒋姓“璩者，仕梁为殿下指挥加封招讨副使，及(后)唐灭(后)梁，有劝使降者，不屈自刎。”蒋璩世居海游蒋家义弄，就是今大尉巷，海游当境殿太尉庙祀奉的五太尉就是他的五个儿子。龙山塔后毁于战火。明万历十九年(1591年)在原址重建，又圮。清乾隆三十九年(1774年)重建，塔门横额上有章六如题额“文峰”两个大字，于是此塔又得名“文峰塔”。文峰塔点缀在绿荫丛中，影如梦笔生花，作为代表当地“文风”绵长的象征，寄托了章氏族人振兴当地文风，文脉兴盛，多出人才的厚望。文峰塔，为六角七级，用赭色蛇蟠石砌成，屹立山巅，青松翠柏，景色秀丽。晨昏文峰塔上层层檐角上悬挂小铁铃，松风微吹，铃声争鸣，与广润寺钟声遥相呼应。清廪生章正位有《塔顶闻铃》诗曰：浮图挺拔出长林，闲听松风语不禁。檐铁争鸣朝雨急，寺钟遥答暮云深。一声破寂飞苍霭，七级凌空镇碧岭。瞻仰文峰留旧笔，题名淡笔试先临。“塔顶闻铃”为海游八景之一。1966年，文峰塔成了封建糟粕，被炸毁。

悬渚文昌阁［Xuánzhǔ Wénchāng Gé］

在海游街道悬渚村，创于清雍正年间(1723—1735年)，现已废。据《俞氏宗谱》记载：“文昌阁者，俞之俊秀，率其弟子延师讲学之所也。”

沙柳街道

白岩寺塔［Báiyánsì Tǎ］

在沙柳街道白岩寺前路旁，始建何时已无从考证，清光绪二十九年(1903年)十月十五日清兵火烧白岩寺时毁。

珠岙镇

享亭［Xiǎng Tíng］

在珠岙镇吴岙村东南宅后山。从政郎吴希尹、进士吴霁山墓都在山麓，旧时因春秋享祀，因名享亭。已圮。

灵石亭［Língshí Tíng］

在珠岙镇临海至宁海驿道旁。亭内有响石，高数尺，击之其声铮铮。下桃山《周氏宗谱》收录有宁海县令黄光岳所撰《灵石亭记》：“宁之西近百里，当宁台孔道，旁有一石，数尺许，扣之，厥声疏越如磬焉。前为有力者持去，其声顿哑，复还之，响乃如初。父老告予，明之末季，发响亦不振。我朝定鼎三日，乃宏壮俨有黄钟无射之目，噫异矣！石一微物尔，安土不迁，能为国家效灵，若是益知皇上位育之功无微不居，况夫习秀而为人者，顾不知所兴哉。予惜此石之委弃道旁不知几百年矣。今为设架以居，而书数言在志之。”

义凤阁［Yìfèng Gé］

在珠岙镇洋顺(片村名)。元时胡梦凤建，后因方国珍起义，义凤阁被焚毁。胡梦凤，字舜乡。元至正二十六年(1366年)举于乡，授德州教授，后升知府。辞官归里后在珠岙镇洋顺建义凤阁，著诗文，课子孙，延师训诲，耕读传家。

亭旁镇

着衣亭［Zhuóyī Tíng］

在亭旁镇杨家上街村口。当时老百姓所穿的衣服都较为破旧，很多人出门访客的穿着都是借来的。为了表示对拜访者的尊重，也为了自己的体面，他们在村口着衣亭换上体面的衣衫。回去时，在此再把自己原来的衣衫换回去。20世纪50年代毁。

湫水寺塔［Qiūshuǐsì Tǎ］

旧在亭旁镇湫水寺右侧塔山，所传毁于清乾隆年间(1736—1795年)泥石流。塔为唐代所建，文献旧志中没有记载，遗址中保留着大量砖瓦碎片。

邵家文昌阁 [Shàojiā Wénchāng Gé]

在亭旁镇邵家。为邵家四份曾任宁海县知事太公所建，位于回龙山余脉，邵下去马村老路边。文昌阁旁有文昌桥，溪名长潭溪。前门一排柏树，进入台门为泮池，水池正中有一石拱桥，过桥有三间二层小楼，二楼有雕花栏杆，进入正堂正中供奉文昌帝君，上悬“文昌武运”匾。两侧有厢房，阶旁立有文昌阁碑记。进入后堂有房屋一排，比前屋稍低，正中挂“回龙书院”匾，二楼为宿舍。西厢为厨房，东厢为柴间。

浦坝港镇

照忠亭 [Zhàozhōng Tíng]

在浦坝港镇石笋山仙岩洞山脚，明代中期建。已圮。

着衣亭 [Zhuóyī Tíng]

在浦坝港镇石笋山仙岩洞山脚，明代中期建。已圮。

浬浦文昌阁 [Lǐpǔ Wénchāng Gé]

在浦坝港镇浬浦下街，原为老爷殿，三间小屋。解放初期倒塌，现为民居。

第三节　书院、学校

海游街道

龙山书院 [Lóngshān Shūyuàn]

旧在海游龙山之麓。黄岩葛炳琅在《游龙山书院记》中写道：“拾级以登，仍七十许。至书院大门，门前有石梁，关若跨虹。过石梁是为二门。其上为元武祠，奉元武君像，即俗称‘元天上帝’是也。由二门上石磴十余级，是为讲堂，两旁层轩对敞，为多士诵读之所。其楼之侧为奎星楼，又由讲堂而上，石磴十余级是为文昌阁，其阁与奎星楼南北对峙，盖以星经奎星一属文星垣也。”

清乾隆十三年（1748 年）海游庠生章志发在龙头山振衣亭旧址募建龙山书院，后毁于火。清乾隆四十八年（1783 年）由国学生章志巨牵头负责重建。后由于学生增多，清嘉庆九年（1804 年）在书院对面建文昌阁，作为教师和学生的宿舍。清同治八年（1869 年）台州知府刘璈重建龙山书院，从盐税中拨少量款项资助，宁海县令周祖升拨邵忠清入官案的田产 40 亩作为膏火。

宝积精舍 [Bǎojī Jīngshè]

旧在海游街道马湖东。精舍湖水环绕，修竹茂林，四时花鸟常鸣。明万历四十七年（1619 年）进士任大冶未及第时在此设绛帐，授徒数载，后官授庐州府知府，曾亲笔题于壁上：“吾功修肇基于兹！”并作诗二首以记之。

蟠龙山房 [Pánlóngshān Fáng]

在海游街道巨丰巷侧。清同治年间（1862—1874 年）巨丰行创办蟠龙山房，供子弟求学。清光绪元年（1875 年）乙亥恩科举人章文曾绘有“蟠龙山房图”一卷。

东山书院 [Dōngshān Shūyuàn]

在海游街道悬渚村。清光绪年间（1875—1908 年）设。

鼎新、立宝、日新义塾 [Dǐngxīn、Lìbǎo、Rìxīn Yìshú]

清咸丰年间（1851—1861 年），海游设鼎新、立宝、日新三所义塾。

海游镇女子小学 [Hǎiyóuzhèn Nǚzǐ Xiǎoxué]

民国十二年（1923 年）海游小学校长和地方上有识之士共同商量，借养和堂（原县政府机关干部宿舍处）西厢空房作教室和教员宿舍，从天台请来两名女教师，招收20余名女生，办起海游镇女子小学。民国十五年(1926年)迁至上祠堂（现石羊溪路步行街一带）西厢上课。民国十六年(1927年)并入海游小学男女合班上课，学校停办。

上海市私立侨光中学宁海分校 [Shànghǎishì Sīlìqiáoguāngzhōngxué Nínghǎi Fènxiào]

民国二十七年(1938)夏，邑人章骞，经过徐梅坤（早期共产党员，解放后任国务院参事室参事）的启示和帮助，上海市私立侨光中学校长邱汉平的同意，并得到海游、亭旁一带绅士和教育界的支持，组成校董事会，借海游育婴堂（现海游小学校址内）为校舍，创办上海市私立侨光中学宁海分校，是年9月1日开学。当时，有秋一新生70余人，春一插班生30人，秋二插班生20人和春三插班生10余人，共4班140余人，教职工10余人。章骞为争取办校的合法性，派教师包仲修与杨道庭做伴赴丽水（时浙江省政府教育厅迁至丽水县）向省教育厅办理备案手续。12月1日经省教育厅批准，正式成立上海市私立侨光中学宁海分校。民国二十八年（1939年）九月学生增至200余人（6班），校舍无法容纳，几经周折始迁广润寺办学。民国二十九年(1940年)夏国民党浙江省教育厅下文，勒令停办侨光中学宁海分校。是年7月学期结束，侨光分校终止。

侨光中学宁海分校问世短短两年，在中国共产党领导下的抗日救亡斗争中，教育和锻炼了大批青年学生，1941—1942年去苏北、四明山抗日根据地的有11人，有的成为高级干部。

三门县战时初中学生补习学校 [Sānménxiàn Zhànshíchūzhōngxuéshēng Bǔxíxuéxiào]

民国二十九年(1940年)夏，侨光中学宁海分校接到勒令停办后，由俞岳出面邀请海游相关士绅及部分教师商量，另办学校。于是公推包仲修、俞岳、鲍善等去六敖县政府要求续办学校，经县政府秘书李洁同意，然后又请包仲修与许良其二人同去省教育厅联系，后经厅长许绍棣批准，于11月把侨光中学宁海分校改办为三门县战时初中学生补习学校（简称“战时补中”）。自此学校转为公办，以俞岳任校长，在校生4班126人，教职工13人。民国三十年（1941年）秋，浙江省教育厅下令，战时补中改办县立简易师范学校，留下3班，学生78人，附设简师，修满初中课程，学校终止。

三门县立简易师范学校 [Sānmén Xiànlìjiǎnyìshīfàn Xuéxiào]

民国三十年(1941年)秋，奉浙江省教育厅令，改三门县战时初中学生补习学校为三门县立简易师范学校，由县长钱模兼任校长，校址设广润寺，招收秋一学生15人，学制4年，加上战时补中留下3班和新招初中1班，教职工13人。民国三十二年（1943年）春战时补中停止招生，增办小学教师培训班1班，学员33人，培训5个月，考试合格28人。民国三十三年（1944年）春县立初级中学创办，划给战时补中附读的3班，学生97人。同年秋，简师学制由4年改为3年，从新招的秋1班开始。当时，县立初级中学校舍无着，两校暂时共址。为了管理方便，两校联合成立校务委员会，由简师校长黄中宁任主委负责校务。民国三十四年（1945年）秋增设简师科1班，招初中毕业生52人，学制一年，结业后作四年简师毕业程度。民国三十五年（1946年）秋冬之际，县立初级中学部分迁到海游天妃宫（现县人民医院处），翌年春两校互换校址。1949秋执行省军管会通知，学校停办，原秋一学生48人有的转入县立初级中学就读，有的自找门路，秋二学生44人附读县中，修满课程。

三门县立初级中学 [Sānmén Xiànlì Chūjízhōngxué]

1944年4月，经省教育厅批准开办三门县立初级中学（亦称三门县立中学，简称“三门县中”）。原附读于简师的补习班并入，与三门简师共址广润寺。1946年10月，三门县中迁址天妃宫（现三门医院处）。1947年2月，三门县中迁回广润寺。1956年，经省教育厅批准三门县中增设高中部。至此，三门县中遂成完全中学，更名为浙江省三门中学。

三门县初级工业技术学校 [Sānménxiàn Chūjígōngyèjìshù Xuéxiào]

校址在三门中学内。1958年9月由中共三门县委工交部创办，副部长兼任校长，借三门中学校舍，招收高中一年级学生和同等学力的共20余人，学制原定3年，后因三门县撤销，学校仅上化学课月余停办，学生分配到三门钢铁厂等单位当学徒。

三门县师范学校 [Sānménxiàn Shīfàn Xuéxiào]

校址在三门中学内。1958年秋创办，借三门中学校舍，招收初中一年级肄业生44人，学制3年。1959年春因撤县后调整学校布点，并入临海师范上沙分校（学生毕业后属初级师范学历），学校停办。

临海县初级师范学校 [Línhǎixiàn Chūjíshīfàn Xuéxiào]

校址在海游街道人民路南侧原县政府招待所处。1960年2月临海县在海游镇（时属临海县）创办初级师范学校，学制3年，招收高小毕业生300余人，分6班，教职工20余人。同年秋又招新生4班200余人。因教学、生活用房不足，在大田镇下高（大田小学旧屋）设立分部，容纳新生。1961年4月经调整，学校辍办，年龄小一点的学生安排在其家乡附近的普通中学就读，年龄大一点的学生，动员回队支农。

三门县初级卫生学校 [Sānménxiàn Chūjíwèishēng Xuéxiào]

校址在三门县人民医院。1958年秋由县卫生科创办，附设在县人民医院，学制3年，招收高小毕业生1班41人，教员4人，实行半工半读，后因工作需要，进行教学突击，提前于1959年9月毕业，学生提前分配工作，学校辍办。

沙柳街道

环溪书院 [Huánxī Shūyuàn]

旧在沙柳街道溪头杨祠堂旁。清光绪年间（1875—1908年）建，设有正屋三楹，前厅三楹及两厢连偎屋五楹。

石所庄书院 [Shísuǒzhuāng Shūyuàn]

在沙柳街道外黎村，清光绪年间（1875—1908年）设。

珠岙镇

红杏书屋 [Hóngxìng Shūwū]

位于珠岙镇娄坑村。俞丹岩创办于清晚期，因房前屋后多杏花，而名红杏书屋。清光绪六年(1880年)海游举人章文在《红杏书屋记》中写道："红杏书屋邑西八十里嵝阳（娄坑古称），余姻长丹岩俞翁之别墅也，翁性重儒林，名标国学，子孙挺立，文武齐驱……(红杏书屋)山川迹胜，图画开升，狮子峰高，马头山险，近邻梓童之阁远……此地多杏花，借芳名以题额。"民国二十八年（1939年）冬，红杏书院因祭祖失火被毁。红杏书屋课程和条规对分级、考课以及考课的日期、内容、奖惩、教学组织、课时安排、生活规范等各方面作了严厉细致和教条的规定，表明了当时红杏书屋已具备了一定的独立成熟的教育制度，标志着古代教育的进一步制度化。

诰山书院 [Gàoshān Shūyuàn]

位于珠岙镇娄坑村东北仙照山。明永乐年间（1403—1424年）俞瑾创建诰山书院，为太守公俞稳读书处。明詹泰在《重修仙照庵碑记》中写道："仙照庵创业于耨学公，太守公爱其寂静，肄业其中，故后有诰山书院名焉……兹庵系我祖手创，太守公读书处。"据《诰山书院记》记载："诰山者回浦之西，去县治不百里，有山崱屴如展诰，故以为名焉，其上可结庐藏修。息多积书史，招萃俊英，为明道立德之资，故以书院名迹其所……延师课子有成，恩赠工部主事耨学公其首创也。"又《敏求公诰山书院记》曰："景缑里胜区，缅娄阳盛绩，邑乘记东屏之名，形如展诰，拂景选亭峰之秀，势耸云霄，精舍于麓撰于巅。"

东山书屋 [Dōngshān Shūwū]

在珠岙镇东谢村月峰山。清雍正年间（1723—1735年）吴岙吴氏二十八世吴益斋，讳谦吉，以东谢水口稍缺，建东山书屋补其罅，延子弟读书。其上种竹栽花，诗酒自乐，天台齐召南著有《东山书屋记》。

鳌峰书院 [Áofēng Shūyuàn]

在珠岙镇高枧村左鳌峰山，建于明嘉靖年间（1522—1566年）。郡庠生谢锦堂诗云：旧有鳌峰书院，今唯旧址存。杏花卖酒处，深柳读书村。皓月无私照，伊人自讨论。临风怀古迹，想象郑公门。

珠山书院 [Zhūshān Shūyuàn]

旧在珠岙镇珠岙村珠山上的文昌阁，清乾隆年间（1736—1795 年）建，由珠岙五庄捐款创办。

珠岙私塾 [Zhū'ào Sīshú]

在珠岙镇珠岙街，清末至民国初设。

亭旁镇

亭山书院 [Tíngshān Shūyuàn]

在亭旁镇杨家村，原在丹邱寺。清同治十一年（1872 年）知县王耀斌与县丞丁维庚会禀台州知府刘璈批准，以丹邱寺改设，拨寺田 240 石，并由五庄捐租谷 200 石充费。清光绪十九年，杨兆秀于丹邱寺左厢外捐建正屋三间，左边厢楼五间。清光绪三十年（1904 年）移至杨氏宗祠，改名亭山小学。先后于包氏宗祠、城隍庙旁上庵办学。清宣统元年（1909 年）改为亭山高等小学，迁亭旁中街旧县丞址。民国十九年（1930 年）由于房屋倾斜，杨士燮出己资建造前座七间，并开拓运动场四亩，又募建后座七间。

回澜书屋 [Huílán Shūwū]

在亭旁镇任家，清乾隆年间（1736—1795 年）设。

回龙书院 [Huílóng Shūyuàn]

在亭旁镇邵家文昌阁。清光绪年间（1875—1908 年）为族内子弟和异姓子弟读书方便而设。因选址于回龙山余脉，故名。

育英书院 [Yùyīng Shūyuàn]

在亭旁镇花园屋前，清光绪年间（1875—1908 年）设。

兴教义塾 [Xīngjiào Yìshú]

在亭旁镇上鲍。清同治十一年（1872 年）县丞丁维庚会同县令王耀斌以兴教寺改设，并以寺田 50 余亩充修脯等费用。清光绪年间（1875—1908 年）移至民房开学。清光绪三十四年（1908 年）移至鲍氏宗祠，改名兴教蒙学堂。民国二十年（1931 年）改名上鲍初级小学。民国三十二年（1943 年）改名任邵乡保国民学校。

钟岩书院 [Zhōngyán Shūyuàn]

在亭旁镇岙楼村。明代建，后又称“钟山书院”。前人有《钟岩书院》诗：“奇岩特兀近村垠，建学延师桃李春。不作钟声别学士，只留杯影待文人。山川秀涌文章老，金石韵谐句调新。馆席已非岩迹在，令人千载仰清尘。”

三门县私立亭山初级中学 [Sānménxiàn Sīlìtíngshān Chūjízhōngxué]

民国三十四年（1945 年）秋亭旁湫水下叶绅士叶达三发起创办，招生 1 班，设在亭山小学内。翌年春，省教育厅以未经备案批准为由，勒令停办。

健跳镇

健跳义塾 [Jiàntiào Yìshú]

清光绪间（1875—1908 年）建于健跳镇。知府陈璚拨款洋 500 元，每年计息洋 60 元以为塾师修金膏火费用。

花屿义塾 [Huāyǔ Yìshú]

旧在健跳镇花屿村。清光绪二十三年（1897 年）宁海县令柳商贤捐廉创设。

三门县初级农业技术学校 [Sānménxiàn Chūjí Nóngyèjìshù Xuéxiào]

校址在健跳镇六敖原三门县良种繁育场。1958 年秋县农林水利局创办，局长任校长，招收 57 名高小毕业生，教员 2 人，学制 3 年，实行半农半读，勤工俭学。1959 年春调整网点，并入临海县琳山农校，学校停办。

三门县农业技术学校（六敖）[Sānménxiàn Nóngyèjìshù Xuéxiào（Liùáo）]

校址在健跳镇六敖中心小学。1964年9月30日创办，以县良种繁育场为劳动基地，借用六敖小学校舍为课堂，招收小学毕业程度者入学，有学生57人，教职工4人，修业年限为3年，“文化大革命”中停办。1983年进行中等教育结构改革，以花桥中学高中部为基础，恢复县农业技术学校。

三门县“五七”中学[Sānménxiàn Wǔqī” Zhōngxué]

1972年利用已撤的凤凰山县“斗批改”干校原有耕地60亩，房屋建筑面积672平方米及其他设备，改办为三门县“五七”中学。以初中毕业程度者为招生对象，当年招收春季生60人，秋季生67人，修业年限2年，实行半农半读，勤工俭学。毕业后不包分配，从哪里来回哪里去。1972年年底开办在岙口塘的台州地区“斗批改”干校撤销，遗下耕地、房屋和设备。1973年春县“五七”中学迁移至原台州地区“斗批改”干校所在地。1974年学校规模扩大，有学生242人，教职工20人。教学科目设有政治、语文、数学、理化等基础课程，与普通中学相同，但不设外语课，增设农机、农村会计、畜牧、柑桔栽培、植保等专业课，并调整各科教学总时数，安排劳动生产时间，每周1~2天。1976年开始增办师范专业，培训中小学师资。同年11月，招收高中毕业程度的在职民办教师和个别同等学力的社会青年共10人，修业年限为1年，培训初中理化教师27人，初中农业教师30人。1977年10月至1978年7月先后开办为期5个月的小教培训班两期，计有学员117名。1980年夏县委为发展林业生产，撤销县“五七”中学，改办县林业局苗圃场。

横渡镇

秀屏书院[Xiùpíng Shūyuàn]

在横渡镇东屏村。始建不详，据《东屏陈氏宗谱》记载，清乾隆年间（1736—1795年）郡增生陈树杏“后科场偃，即不得志，遂退居讲学于故乡秀屏书院，弟子从游都甚众”。

大横渡义塾[Dàhéngdù Yìshú]

在横渡镇大横渡村。清光绪十七年（1891年）宁海县令王瑞成捐廉创建。

花桥镇

平山书院[Píngshān Shūwū]

在花桥镇花桥村，为花桥镇中心小学前身。

养正书屋[Yǎngzhèng Shūwū]

在花桥镇花桥村。

鉴溪书院[Jiànxī Shūyuàn]

在花桥镇吴都村柯氏宗祠侧，为宋末元初柯醽所建。书院祀著名理学家周敦颐、叶水心于其中，台州知府王华甫题颜“鉴溪书院”以赠之。鉴溪书院毁于风雨，后又在原址重建。清《方舆汇编》记载：“鉴溪书院，在县东一百里，元邑人柯醽建。”据《三门县志》记载，鉴溪书院建于宋乾道年间（1165—1173年），为三门最早的书院之一。柯醽生卒不详，当为宋末元初。宋亡为1279年，距乾道年间已有一百多年了，柯醽不应有此高寿。鉴溪书院应建于元初，而非乾道年间，县志上记载应有讹。

柯醽，字仁甫，吴都人。宋末中神童科，卒业太学，曾为上蔡书院宾席，后任宁海县教谕。宋亡后，绝意仕途，挂冠而归，回到家乡隐居在东谷，纵情山水之间，以诗画自娱，建书院于鉴溪之旁，延请名师以教授乡人子弟。

三门县农业技术学校[Sānménxiàn Nóngyèjìshù Xuéxiào]

校址在花桥镇花桥中学内。创办于1983年秋，由花桥中学的高中部和种鸡场改办而成。1986年秋，搬迁到种鸡场新校舍。校园占地面积1.15万平方米。1988年接收六敖凤凰山原地区劳改支队用房为校舍，占地面积3.32万平方米，建筑面积7765平方米。两处校园合计占地面积4.47万平方米，建筑面积1.0356

万平方米。1989年设畜禽兽医、果树、家用电器、服装4个专业，在校学生9个班323人，附设普通初中1班20人，教职工38人。1997年5月，升格为三门县职业中等专业学校。

浦坝港镇

五峰书院 [Wǔfēng Shūyuàn]

旧在浦坝港镇山场梅岙东山麓，翟春嵘创办于明末，后废，至明嘉靖初复办，后式微。清乾隆年间（1736—1795年）重建，后又废。

东井书院 [Dōngjǐng Shūyuàn]

在浦坝港镇涅浦文昌阁左侧，始建不详。清道光年间林振声有《东井书院》诗："东井景逾幽，书声出画楼。萧萧闻夜静，一树翠梧秋。"

上街私塾 [Shàngjiē Sīshú]

在浦坝港镇涅浦上街，清光绪年间（1875—1908年）设。

三沙洋私塾 [Sānshāyáng Sīshú]

在浦坝港镇三沙洋，清末至民国初设。

第四节 路廊

海游街道

菖蒲岭路廊 [Chāngpúlǐng Lùláng]

位于菖蒲岭岭头，现海游入城口处，旧为海游至台州府城与宁海县城的交通要道。岭头旧有路廊茶亭若干间，修建电厂时拆毁。路廊有联：日午茶香，林鸟唤声留客住；雪来柳往，山花不语笑人忙。

大坝头茶亭 [Dàbàtóu Chátíng]

在海游街道下坑大坝头，为海游至珠岙要道。清光绪元年（1875年）创建佛堂三间，装塑佛像，又建茶亭路廊三间，以济行人。堂名"普济"，招僧住持，"行迈者可以息肩，往来者无忧哉"。

大畈桥头新路廊 [Dàfàntóu Xīnlùláng]

海游街道上叶大畈桥头，为商旅往来必经之地。据《纡岸叶氏宗谱》记载："当孔道，上通台衢，下接宁绍，南隔清溪，北离乡村，近无屋舍，每逢骤风烈雨，栖身无所，行人咨嗟。"清光绪七年（1881年）建。

珠岙镇

桥下东升堂 [Qiáoxià Dōngshēng Táng]

在珠岙镇桥下村石泰山，地处孔道，建有路廊、佛堂。据清吴国琛《桥下东升堂碑记》记载：清道光六年（1826年）始建，清咸丰辛酉（1861年）扩建，"中三楹，香火奉佛，鼓鼓钟钟示因果，训薄俗也。环庑十数房，规模略具，置田若干亩者，供僧若干者具饮，而是举于是乎观成"。

桥下路廊 [Qiáoxià Lùláng]

在珠岙镇桥下村口，地处孔道。清同治年间（1862—1874年）吴国琛撰有《桥下东升堂碑记》，记载了修建路廊茶亭的由起及捐资人、茶田等情况，是不可多得的路廊茶亭史料。

石街亭 [Shíjiē Tíng]

位于珠岙镇吴岙街中街，规模宏大，为两进建筑，临街建有戏台，后毁。后面为二层五间佛殿，至今还保存完好。两侧为厢房，供过往客人休息。茶亭内有水井，每天一大早，烧茶者就烧好二大缸甏水，免费供过往行人饮用。石街亭茶亭还保存着一方青石《吴岙中街施茶碑记》，字迹漫漶不清，上部为记，下部为捐资者名单。

洋头堂 [Yángtóu Táng]

在珠岙镇吴岙村北，位于语溪桥与百丈岗古道之间，旧有修行人常住此烹茶施舍，为南来北往的行人提供解渴、休息之便。洋头堂规模宏大，庙里香火很旺盛，老爷很灵验，到解放时只剩下三间大殿和几间破旧的茶亭，现为厂房。

百丈岗路廊 [Bǎizhànggǎng Lùláng]

位于珠岙镇吴岙村北，旧有天台至宁海驿道经过。

下界溪星德堂 [Xiàjièxī Xīngdé Táng]

在珠岙镇下界溪村。清咸丰年间（1851—1861年）吴国琛撰有《界溪星德堂茶亭碑记》："台俗每暑月，则村居往往烹茗饮，以饮行旅之往来渴者，大抵皆醵金为之，又于温凉之月则止。其出自一人，要以终始，历四时不辍者，大概见界溪为宁天两邑孔道，行者蚁织，肩贩尤众，其需饮尤急。"

上界溪路廊 [Shàngjièxī Lùláng]

在珠岙镇上界溪村，旧有天台至宁海驿道经过。

亭旁镇

上路廊、下路廊 [Shàng Lùláng、Xià Lùláng]

位于亭旁镇下路朱村至邵下村之间桃园。上路廊在桃园南，下路廊在桃园北，此道通福星桥，为旧时临海通宁波官道。路廊内原有石碑，设旅店，有饭食和开水供应。下路廊20世纪60年代拆毁，上路廊2000年倒塌。

下街路廊 [Xiàjiē Lùláng]

在亭旁镇隐鹤庵旁，有路廊一间，并有良田数亩，供路廊烧水之资。毁于解放后。

前楼路廊 [Qiánlóu Lùláng]

位于亭旁镇前楼村口，为旧时亭旁至海游要道。路廊三开间，夏天设茶水，供行人饮用。20世纪40年代，中共亭旁地下党组织曾在此设立秘密联络站。

健跳镇

小陡门路廊 [Xiǎodǒumén Lùláng]

在健跳供电所一带，有一条大堤，筑在小陡门岗（山因陡门而名），用以排塘内积水。山脚设一路廊，五间，有人居住，专司烧水等事。路廊东头设一停尸房。村人死外地者及外地无人认领的死尸，皆放此收敛。凡到平岩、外岗去的人，皆要从山上经过此路廊。路廊现已拆除，改建成耶稣堂。停尸房移至耶稣堂东边100米处。

峧头路廊 [Jiāotóu Lùláng]

在健跳镇峧头村中段，三间单层瓦房建筑，路从路廊中通过，后面部分为佛堂，供泗洲佛。从健跳方向去峧头各自然村，必经此路廊。公社化时，路廊被用于生产队堆放杂物。2005年被拆毁，卖给村民建为民居。

坑下路廊 [Kēngxià Lùláng]

在健跳镇前潭村流水坑前方，三间瓦房，路从路廊穿过。后半部分用墙砌死，供人居住及烧茶，中间供泗洲佛。现已圮。

下七市路廊 [Xiàqīshì lùláng]

在健跳镇下七市外局村口，长约20米。下七市现称外七市、里七市，解放初期称外局、里局。路廊东头开有一爿小店，经营烟酒、副食、药品等，紧挨路廊后面是下七市小学。现已圮。

浮门岭头路廊 [Fúménlǐngtóu Lùláng]

建造年代不详。路廊为五间直通建筑，紧挨路廊有"7"字形两排建筑。东三间，南两间，北为道地，筑有围墙。由浮门、田岙两村拨给田地，用于烧茶之资。浮门岭为港南交通要道，是健跳去田岙、岙口等港南村庄必经之路。浮门岭古道皆由块石铺砌，岭头路廊是附近村民歇息以及过路客人歇脚、避风雨的场所。

乾岙路廊 [Qián'ào Lùláng]

在健跳镇蒋家岙与乾岙村山岗之间，是健跳到盖门塘、狮子头等村的必经之地。路廊有三间平房，中间奉神像，天井周围设围墙。大门口和廊檐下供过往路人休息。20 世纪 70 年代毁。

两里路廊 [Liǎnglǐ Lùláng]

在健跳渡南道头上岸处向南 100 米，第二条海塘坝脚，因路廊去浮门有两里地，故称两里路廊。原为三间草房，后改建为三间瓦房，始建年代不详。房柱为条石，上刻有对联文字，由于近海，常年咸气侵蚀，解放初期就已经漫漶不清。路廊地处去港南、港北的埠头要道，供过往行人遮风避雨，歇脚喝茶聊天，也供摇夜渡的渡工歇宿用。路廊内供有数尊石像，毁于 20 世纪 50 年代中期。

里路廊 [Lǐ Lùláng]

在健跳南道头到浮门村外的拐弯处，离两里路廊 0.5 公里。三间瓦房，行人穿中而过。路廊两边设有长凳，供行人歇息用。毁于 20 世纪 60 年代初期。

大宅路廊 [Dàzhái Lùláng]

在健跳镇沙木渡对岸码头。五间建筑，筑有围墙，供过渡村民歇脚，也供摇夜度的渡工住宿。是去东郭、梅岙各村的必经之路。

沙木渡路廊 [Shāmùdù Lùláng]

在健跳镇沙木渡渡口，始建年月不详。据传，自有渡口以来，就设有路廊。路廊共七间，砖木结构，前半部设有长凳，供待渡商旅歇息，后半部供奉泗洲佛及渡工住宿。开水由摆渡的渡工负责，村里补贴一定的费用。2010 年部队在沙木渡建军港时拆毁。

穿心路廊 [Chuānxīn Lùláng]

在六敖老街。建于清嘉庆年间（1796—1820 年），是六敖到凤凰山、横渡等地的必经之地。大路从路廊中间穿过，两边长凳穿屋柱而设，供行人歇脚，有专人烧茶。1976 年前后，修建公路而拆毁。

白虎路廊 [Báihǔ Lùláng]

在六敖和刘塘墩村中间。三间石头瓦房，住有烧茶人，是海游到六敖的必经之地。因地处山脚，十分偏僻，民间相传曾有白虎现身而得名。海游至健跳公路建成后，路廊倒毁。

十八庄路廊 [Shíbāzhuāng Lùláng]

在健跳镇十八庄村东面，三间石质瓦房，为六敖到健跳的必经之地。海游至健跳公路建成后，路廊无人修理而倒毁。

相公殿路廊 [Xiànggōngdiàn Lùláng]

在健跳镇前潭村北面，三间石质瓦房，为相公殿到猫头、盐灶等地的必经之地。毁于修建公路。

横渡镇

横渡刘路廊 [Héngdùliú Lùláng]

位于横渡镇大横渡村横渡刘自然村，2015 年上半年因修建道路被拆毁。

横渡上路廊 [Héngdùshàng Lùláng]

位于横渡镇大横渡村村口西面。因横渡村庄大，横渡街贯穿东西，故在村西头设路廊一座，叫上路廊。为过路客人遮风挡雨、休息之地。解放后，上路廊改建为横渡卫生所。21 世纪初在上路廊旧址又建起了横渡镇敬老院。

横渡下路廊 [Héngdùxià Lùláng]

位于横渡镇大横渡村下街。因横渡村庄大，横渡街贯穿东西，故在村东头设一座路廊，叫下路廊。

供过路客人遮风挡雨、休息。1950年供销部门因修建收购站，将下路廊拆除。

柳氏路廊 [Liǔshì Lùláng]

位于横渡镇大横渡村上街柳氏宗祠北侧25米处。2002年对横渡老街进行改造，浇水泥路时将柳氏路廊拆除。

花桥镇

下街路廊 [Xiàjiē Lùláng]

地处花桥下街路边，是通往三门、临海、椒江各地的通衢要道。路廊为三间石木建筑，分为前后两部分。前半部分略大，行人从中间通过，两边廊柱设有木板凳，可供行人歇脚。后半部分住人，专供烧茶，并拨给一定的良田，供烧茶者种植。1988年花桥镇进行城镇建设，路廊被拆毁。

中街路廊 [Zhōngjiē Lùláng]

位于花桥中街，建于明代。三间二层，上层住人，下层供路人休息，在茶水缸的后面有一佛龛，供奉泗洲佛。是花桥至临海、三门等地的必经之地。1988年因村镇建设拆毁。

上宅上路廊 [Shàngzháishàng Lùláng]

在花桥镇交警中队边上，原有一条上宅街，上路廊设在街边，有建筑两间，分前后两部分。前半部分沿廊柱设有长凳，供行人歇脚、喝茶之用。后半部分住人、烧茶。上路廊有薄田几亩，作为烧茶之资，是花桥到三门、临海等地的交通要道。毁于公社化期间。

上宅下路廊 [Shàngzháixià Lùláng]

在花桥镇原老小学处。下路廊也叫兜宫，前为路廊，后供奉太上老君像。毁于公社化期间。

浦坝港镇

上街路廊 [Shàngjiē Lùláng]

浦坝港镇浬浦街普照堂前面，共有七间房子，分为前后两部分。20世纪50年代拆毁，现为民居。

第五节　寺院、道观

海游街道

普济院、广润寺 [Pǔjì Yuàn、Guāngrùn Sì]

在海游街道三门中学校园内。晋兴宁年间（363~365年）昙猷禅师所建。明释受昌《石城广润寺中兴记》记载："师以道眼谛观其地，有将军峰卓于左，象山峙于右，石城环乎外，瑞云崛乎中；南引涓流，北罗岩石，实福庭胜壤也。遂驻锡于此，垦石为址，披沙为田，辟榛刈莽，奄有梵宇，题名'普济'。嗣后寻方广之真，叩石梁之钥，长往不返，竟尸解于支提。宋祥符年间（1008—1016年），住持法真偕慈云大师，双宏禅慧，感百鸟衔花之瑞，赐额'广润'。"南宋嘉定《赤城志》记载："广润寺，有田728亩，地770亩，山857亩。"

据《广润寺重兴记》记载：东晋兴宁年间（363—365年），天竺（古印度）僧人昙猷乘枫槎（枫树制的筏）从海上东渡，在三门湾畔登岸，见有山五彩祥云绕其顶，遂在山南麓建造普济院，宋大中祥符年间(1008~1016年)赐额广润寺。明洪武、万历、崇祯年间不断增修扩建，规模宏伟。全寺有山门、弥勒佛殿、大雄宝殿、藏经楼、方丈堂、斋堂、千佛楼等建筑。均系砖木结构，采用莲花斗拱支架，重檐飞阁、黄墙青瓦、红柱画廊，古朴精美。寺院竹木掩映，古木参天，雅致幽静，风景独佳。绵绵上千年，香火不息，高僧辈出，为浙东著名寺院。民国二十八年（1939年），改建为校舍，今为三门中学高楼大厦所取代。

新寺 [Xīn Sì]

在广润寺北二里海游岭脚，明朝裘公建。今圮。

茅洋庵 [Máoyáng Ān]

在广润寺北两里，明万历间（1573—1620年）僧正俸建。今圮。

广福堂 [Guǎngfú Táng]

在海游街道钵盂山，明万历年间（1573—1620年）体空建。今圮。

震春堂 [Zhènchūn Táng]

旧在海游青萍桥侧，海游卫生院一带，始建不详。清光绪辛亥（1911年）仲冬毁于火，后重建。据民国《章氏宗谱》记载："在青萍桥畔，有古刹'震春堂'，辛亥不慎失火。"

水口庵 [Shuǐkǒu Ān]

原在海游青萍桥北，始建不详。据民国《章氏宗谱》记载："青萍桥在水口庵前，溪水至此注入港汇海，村人筑闸建桥，以濠水势。因其形似剑，故名。"

太平庵 [Tàipíng Ān]

在海游街道马湖西南太平山。太平山太师田前有小庵，名曰"太平庵"。太平庵居山腰，四面山峦环绕，烟云出没，创始于宋，鼎盛于明。逸士叶四梅、太守俞稳、任大冶等人，少时曾游学于斯，后皆登第。骚人墨客凭吊流连，颇不乏人，乃马湖西南一名胜。清嘉庆三年（1798年）临海能仁寺僧人达然，重兴太平庵。历代屡遭兵燹，现已经荒芜，只存残墙断垣。

金仙庵 [Jīnxiān Ān]

在海游街道下坑村后门山半山腰。据《纡岸叶氏宗谱》记载：金仙庵"在桥亭后门山腰，系桂林府同知太史公惠仲女所建。"庵虽荒芜日久，遗址犹存。

金仙庵事关中国历史上一桩著名的文字狱。明成祖朱棣在夺取帝位三个月后，为了抹去他起兵夺权的记录，下诏重修《太祖实录》。参与其事的叶惠仲因秉笔直书有关"燕王谋反"之事，被诬陷为"靖难君臣为逆党，论死籍没"。明永乐元年（1403年）二月二十二日叶惠仲因照直记录"靖难"事件获罪凌迟，诛灭全族，妻子萧氏被发配永平卫千户秦贵为奴。叶惠仲被杀后，家产悉被抄没，家中男女老少杀头的杀头，充军的充军，为奴的为奴。叶惠仲女吉奴，明洪熙元年(1425年)正月初四蒙恩赦归，终身未嫁，与母亲在下坑后门山腰建庵三间、两庑并四园基，名"金仙庵"，庵中供奉"伯刑部主事夷仲、父南昌府知府惠仲、兄廷振进士各神位"。此事在《明史》中亦有记载。

乐云庵 [Lèyún Ān]

在海游街道田湾山。乐云庵为上叶叶文卿创建，因"观云气卷舒，欣然若有所得"，故名"乐云"。清乾隆四年（1739年）重建，今圮。

普照庵 [Pǔzhào Ān]

即药王庵。位于海游街道上叶药王山，始建不详。明万历丙申（1596年）临海十五都柏树下人韩道聪，法号省空，筹资再兴七架，堂三间，罗汉一十八尊，并置田地以为香灯之助。今已圮，故址尚存。

普济庵 [Pǔjì Ān]

在竹岭坑龙潭背之岗，有平屋三间，二库两厢平屋各三间，路廊三间。明万历甲午年（1594），叶公极、叶公术等建。

德星堂 [Déxīng Táng]

旧在海游街道上坎头东百步外。清康熙二十六年（1687年）叶大相、叶言卿、叶晋卿、叶善卿等建造正屋三间，两厢屋各三间，众又捐田二十三石，地二亩四分，为香灯之费。

普济院 [Pǔjì Yuàn]

在海游街道小坑村。清光绪《宁海县志》记载："普济院在南六十里小坑。"清乾隆三十三年（1768年）杨文升、李光映倡建。

石照庵 [Shízhào Ān]

庵址在海游街道新场幼儿园处。已圮。

珠岙镇

龙祥院 [Lóngxiáng Yuàn]

东晋兴宁年间（363—365年），昙猷法师乘枫槎东渡，自三门湾畔白水庵上岸，西去天台，一路创建八寺，龙祥即为其一。据文献资料记载旧在山后周，南宋时迁址高枧，年代久远，旧址难觅。据香山村村民讲，龙祥院旧址在珠岙镇香山村茶坑山东，旧时挖地，时常掘到砖瓦。考其基，地不广，约100平方米。

留云庵 [Liúyún Ān]

在珠岙镇娄杭村之西，官田山下，宁海至台州府古驿道旁。始建不详，清康熙二年（1663年）僧澄心以人家远隔，移至官田外。清乾隆四年（1739年）移至磊石岩东以镇水口。1954年因建宁波至临海公路而拆毁。

留云庵建筑恢宏，梁架用材硕大，风格古朴。庵门外设驿亭三间，娄坑俞氏置义田数石，作为驿亭薪水之费，常年驻有烧水的老人，每年4月开始，止8月免费提供茶水，供行人避风躲雨、歇脚休息。留云庵有联云：闲招白鹤云千里；静读黄庭香一炉。天雨可注名利客；清水长济往来人。今存雕花石柱础三对及铸于民国十三年（1924年）的古钟一口，上有铭文“民国拾叁年柱月吉旦立，娄阳留云庵住持僧宝连鼎铭香生募，首事俞国玱”及捐资者姓名。

迎旭禅堂、隐清庵 [Yíngxù Chántáng、Yǐnqīng Ān]

在珠岙镇吴岙村北，吴岙溪之畔，为吴岙吴氏十九世吴仲昂次子吴崇高偕诸弟于明天顺四年(1460年)创建，作为母亲拜经礼佛之所。明成化四年（1468年）拆去茅舍，构木为庐，复建一庵。以其地僻心偏万缘俱寂，因名之曰“隐清”，招僧人一元住持，永为迎旭香火之资。清嘉庆年间（1796—1820年）因年久倾圮，吴载阳、吴玉亭又鼎新重建，延僧人住持。

亭旁镇

众兴庵 [Zhòngxīng Ān]

在岱阜岭头，旧为浙东沿海驿道要津。据《从兴庵碑记》记载：“有僧曰超，发菩提心，告檀越等，岭头隙地，鼎建小庵，恭奉香火并设驿馆，供给茶汤。”

兴福庵 [Xīngfú Ān]

旧在亭旁镇中门，系中门刘氏建造。据载兴福庵由刘启创舍田肆硕创建，坐柿树堂殿前。每年清明放焰口一堂，以酬舍主。

李家寺 [Lǐjiā Sì]

旧在亭旁镇邵上村缸窑自然村西北，缸窑岭旁。据传当时寺门很大，后被泥石流所吞没。李家寺旁山脚有烂田，曰“李家烘”，面积不大，约1亩，现已经长满荒草。据村人讲，田中有大如米筛、米箩的地方，耘田杆也探不到底，人畜掉下去，没到齐腰深就掉不下去了，甚为奇怪。

大龙寺 [Dàlóng Sì]

位于亭旁镇大龙山东麓，上鲍村西北1公里。宋天禧初僧如拱建大龙寺，鲍德嶷助田230亩，规模日隆，前来参拜求神的善男信女络绎不绝。后毁于水。明隆庆二年（1568年）重建，改名兴教寺。清同治十一年（1872年）亭旁县丞丁维庚会同宁海县令王耀斌在兴教寺兴建义塾，名为兴教义塾，并以寺田50余亩充修脯费，聘请名师，村中凡有志于诗书者方有书可读。据南宋嘉定《赤城志》记载：“兴教院，在县（宁海）西南一百里大龙山，旧名兴国，治平三年改今额。”

健跳镇

上茅蓬 [Shàng Máopéng]

坐落在健跳镇城里山，距南门洞数十米，在去圆通禅寺的大路旁，为观音堂小尼姑碧云住处。民间相传碧云以诗词、对联形式赢了长老的圆通禅寺，改为“仰天庵”。长老为了雪耻，率众僧为碧云搭建了一座茅屋，作为其礼佛之处，并悬挂匾额“碧云庵”，因是茅屋，村民称之为“上茅蓬”。后又将匾额移至四顾基。清末，茅蓬翻成瓦房。20世纪70年代后，因年久失修颓败。现门口古井、石窗犹存。

横渡镇

慈源寺 [Cíyuán Sì]

位于横渡镇大横渡村上路廊北侧约200米处。据南宋嘉定《赤城志》记载：“慈源院，在县（宁海）东南一百五十里，旧名龙泉，晋天福七年建，国朝治平三年赐额。”后毁于回禄，遗址尚存。1950年前后，仅存的一棵古樟也被砍伐出卖。

明因寺 [Míngyīn Sì]

在横渡镇小横渡村。据南宋嘉定《赤城志》记载：“明因院，在县（宁海）东南一百三十里，晋会同中建，国朝治平三年赐额。”清光绪《宁海县志》记载：“明因寺，在南九十里横渡，晋会同中建。”已圮。

花桥镇

兴善庵 [Xīngshàn Ān]

在花桥镇吴都村横岭。

洞阳观 [Dòngyáng Guàn]

在花桥镇吴都村白龙潭下，为元代吴都人龙虎山道士柯天乐所建。已圮，今尚存摩崖石刻。

浦坝港镇

演法寺 [Yǎnfǎ Sì]

在浦坝港镇下岙堂村纺车洞前。唐代景福间（892—893年）僧行恭建，宋大中祥符元年（1008年）赐额。南宋嘉定《赤城志》记载，寺有田442亩，地1311亩，山8937亩。今废。

安性寺 [Ānxìng Sì]

在浦坝港镇山场村，“安性钟声”为山场十大景观之一。据南宋嘉定《赤城志》记载：“安性院在县（临海）东一百七十里，旧名‘新安’。晋天福四年（939年）建，国朝治平三年（1066年）改今额。”清顺治年间（1644—1661年）毁，康熙年间（1662—1722年）僧真缘重建。据说安性寺鼎盛时期占地百余亩，僧人上百个，到了清末逐渐衰败，至解放后坍毁，后来在遗址旁边建起了山场小学。

仰高庵 [Yǎnggāo Ān]

在浦坝港镇石笋山仙岩洞山脚，明代中期建。

法云院 [Fǎyún Yuàn]

在浦坝港镇石笋山仙岩洞。据南宋嘉定《赤城志》记载：“法云院，在县（临海）东一百三十里，旧名仙岩，晋开运四年(947年)建，国朝大中祥符元年(1008年)改今额。”今废。

保真寺 [Bǎozhēn Sì]

在浦坝港镇下道头村。据南宋嘉定《赤城志》记载：“保真院，在县（临海）东一百三十里，梁乾化中（911—915年）建，国朝治平三年（1066年）赐额，今废。”清康熙九年（1670年）僧慈敬复业。旧址尚存。

鸿祐院 [Hóngyòu Yuàn]

在浦坝港镇金家岙村。据南宋嘉定《赤城志》记载：“鸿祐院，在县（临海）东一百六十里，旧名资福，晋天福八年建，国朝治平三年改今额。”清顺治间（1644—1661年）毁，康熙十六年(1677年)僧通表重兴。今废。

宝惠寺 [Bǎohuì Sì]

在浦坝港镇。据南宋嘉定《赤城志》记载：“宝惠院，在县（临海）东一百三十里，旧名水陆，太平兴国六年(981年)建，大中祥符中(1008—1016年)改今额。”今废。

渔西寺 [Yúxī Sì]

在浦坝港镇渔西。据记载，渔西寺，在县(临海)东一百四十里。始建年代不详，今废。

第六节 庙宇

海游街道

老宗祠 [Lǎo Zōngcí]

为海游章氏总祠。原址位于南山路东，石羊溪北侧。建于清康熙年间(1662—1722年)，解放初县文化馆设于此，后改办海游镇幼儿园。宗祠前原有状元坛，方丈许，为状元章黼所设。

上宗祠 [Shàng Zōngcí]

位于石羊溪畔，现石羊溪步行街处，为海游章氏四年宗祠。移建于清同治十一年(1872年)，占地面积2000余平方米。分门厅、戏台、厢房、大殿等建筑，石板铺地，梁柱均精雕细刻，翘角屋檐。宗祠内悬挂有“状元及第”“钦点翰林”等匾额。1940年7月三门立县，9月设县政府于此，后为海游镇人民政府驻地。1969年遭火毁。

双并祠 [Shuāngbìng Cí]

在今海游街道双并巷，原公安局、法院处。为海游章氏九年宗祠，因两个宗祠并列而建，故名。

纡岸叶氏祠堂 [Yū'àn Yèshì Cítáng]

位于海游街道上叶小学处。创建于明嘉靖辛亥(1551年)正月，重建于清康熙三十五年(1696年)九月，清雍正七年(1729年)奉众神位入祠。解放后拆除。

三官堂 [Sānguān Táng]

旧址在海游老街。建于清中期，咸丰九年(1859年)重修，中祀三官佛，左右张仙财神。

东溪堂 [Dōngxī Táng]

在海游街道下达田村东百步，有七架厂堂，三间两厢。据《纡岸叶氏宗谱》记载：“万历十三年(1585年)，族长允泓、房长公春等率众捐建。其基地明堂田地系允廪、公极、公术、大坎、公豸、道人康角武等舍，今废。兹将现在田地开后。本堂住持和尚普护，字文法，系杨(洋)顺景迁公二十三世孙。自幼出家，实心修行，恪守戒规，庵宇倾颓，捐资修整，结砌明堂、道路。为久远计，更置田三石六斗礼佛及僧，洵释子中所罕觏者也。”

旭日堂 [Xùrì Táng]

亦名三官堂。位于海游街道下坑村，系明嘉靖四十二年(1563年)上叶叶允浓捐资鼎建。清乾隆二十年(1755年)族人捐资再兴堂宇，中塑侯王，旁列娘娘圣像，灵显非常。清同治九年(1870年)捐资建东厢，另构宫殿四楹，装塑胡公大帝，为四方祈梦者伏卧之区。

宝积堂 [Bǎojī Táng]

在海游街道马湖灵康庙东。南宋时建有横屋三间，中三门，厅三门。

昭彰观 [Zhāozhāng Guàn]

在海游街道马湖村。宋黎氏高祖少卿黎舜连建百鹤帝宫于岭根水口之上，名曰“昭彰观”。宋淳熙初，被洪水冲坍，十五世祖黎雍海为尚书时重建。

它山行宫 [Tāshān Xínggōng]

在海游街道上叶沙坝头。

后洋陈殿 [Hòuyángchén Diàn]

又名双溪庙。在海游街道后洋陈路北端。据民国《章氏宗谱》记载：“双溪庙，庙有石人像，极魁梧，相传叶丞相造坟广润寺所遗。今于庙前建戏台一座，每年演剧以报神庥。”双溪亦指澄溪（石羊溪）与珠游溪。双溪庙规划宏大，民国时建有戏台，每年演戏，以祈神灵护佑，热闹非凡。

白鹤殿 [Báihè Diàn]

旧在海游街道青萍桥北，奉白鹤大帝赵炳。后毁。

海游关帝庙 [Hǎiyóu Guāndì Miào]

旧在海游街道龙山北麓，庙前就是海游船埠头。关帝庙奇险幽秀，乔木森然，里人商贾百姓莫不受其福，四时祭祀，远近闻名。关帝庙始建于何时已不可知，但《关帝庙祀田碑记》有“国朝崇奉关壮缪（壮缪是宋高宗建炎二年追赠给关羽的封号）夫子，立庙与至圣先师埒”的记载，从中可以得知，关帝庙始建于清代，清咸丰九年（1859年）重修，新建厢房，红墙黑瓦，壮观巍峨，招僧居守，并置田若干石，以备牲醴之典及土木修葺之资。“文化大革命”后龙山逐渐被夷为平地，关帝庙也被拆毁。

海润街道

福慧堂 [Fúhuì Táng]

位于海润街道园里村。清宣统二年（1910年）建。

珠岙镇

小宗祠 [Xiǎo Zōngcí]

在珠岙镇娄坑村溪东，建于明代，遗址尚存。

追思堂 [Zhuīsī Táng]

在珠岙镇吴岙村月池之畔，为吴岙吴氏二房祠堂。建于清乾隆四十四年（1779年），吴英锋作有《追思堂记》。已圮。

东镇堂 [Dōngzhèn Táng]

在珠岙镇珠岙街。据《纡岸叶氏宗谱》记载：“东镇堂在朱溪铺后，宅之东南百步外。”

钟敬堂 [Zhōngjìng Táng]

旧在麻岙岭（黄公岭）头，宋时建，后废。明正统八年（1443年）俞仲玉重建。1968年毁。明崇祯《宁海县志》载：“钟敬堂，黄公岭上，宋时建。”

三官堂 [Sānguān Táng]

在珠岙镇珠岙村。据《三官堂碑记》记载：“宁邑之郊，西去县治九十里地，名朱溪。其街下之东有三官堂者，路界通衢，烹茶施众，甚为要地。起于前僧名真明者，与善人麻树正、杨性继诸公，置产立业，募化十方，建造房宇以成其堂，由来久矣，诚哉须菩提之善果也。越于乾隆庚申年，祝融肆虐，而佛像堂庑俱为焦土，厥后住僧奠定，草筑无常，衲自披剃，台临法轮。岁值己未，檀那延衲来地住持香火，仍募十方，重建大殿两楼，以及路廊。今已告竣，兹堂内旧有山园田地，递住接理，将来贤愚不一，难保无虞，至各善信乐捐之项，若不铭诸石，无以鼓励其美。爰是以募化，鸠工勒石，以垂永久云。”

恩敬堂 [Ēnjìng Táng]

在珠岙镇西陈村，后毁于火。

泽龙庙 [Zélóng Miào]

在珠岙镇石马村左泽龙山，建于清康熙四十三年（1704年）。

柯村庙 [Kēcūn Miào]

在珠岙镇石马村龙岭之麓，虎尾之傍，奉白鹤帝君圣位。清王应兆《柯村庙记》：“初庙之作也，有巨族四：曰柯、曰严、曰董、曰谢，柯姓为尤盛，而庙遂以其村名。”

洪恩庙 [Hóng'ēn Miào]

在珠岙镇下洋村，始建不详。据《石马郑氏宗谱》记载：“康熙时飓母风起，裂屋拔材，佥谋复建之既而不果。迄乾隆癸巳之秋，庙貌重辉，四缭以墙，前辟以门，托宏规而大启，距今六十余载矣。乡绅士郑伯着暨以昌、以积、无宗等，瞻神像之昏颓，而瞿然曰：呼是谁之责欤？爰倡义输捐，而多财足谷之翁，各解贵囊以襄盛事，断之砻之丹之雘之黝之垩之，不数月而轮奂以新。繇是设色之工，且施妙手以绘圣容，明明赫赫，而士女拜祭坛前者，动以千百计。伫见居歆而神陟降，锡福而岁丰盈，士则高攀双桂，不徒州郡茂才，商则广积万金，允推市门上客，颜之曰‘洪恩庙’。”

植福庙 [Zhífú Miào]

在客岭，创建于清道光六年（1826年）。客岭又名珠岙岭，为珠岙通往石马的交通要道。

亭旁镇

车溪殿 [Chēxī Diàn]

原址在现亭旁棉纺厂后面，大殿三间，坐北朝南，内塑蔡元帅神像。每逢古历八月初四，蔡元帅寿日，各地的善男信女，纷纷来此礼拜，热闹非常。毁于“文化大革命”期间。

拔稗殿 [Bábài Diàn]

在亭旁镇上蔡村过桥东北面去邵家的路边。当时，田里的稗草很多，农民拔都拔不光，人们只得求神灵来帮忙。建于清朝中期，毁于20世纪50年代。

财神殿 [Cáishén Diàn]

在亭旁镇杨家下街，城隍庙南面，内塑文武财神。据说非常灵验，凡祈求者，都有应验，因此香火甚盛。“文化大革命”大破四旧时毁。

灵润庙 [Língrùn Miào]

在亭旁镇邵家。据清光绪《宁海县志》记载：“在南一百里，祀湫水潭龙神，唐元和年间（806—820年）建，吴越王封为‘通灵王’。宋建炎中赐额封‘仁济侯’。”

羊祜庙 [Yánghù Miào]

在亭旁城隍殿南面。羊祜，四川人，唐朝象山县知县。他对沿海一带的老百姓非常眷顾，经常派兵保护渔民的生产，民间传说他像“妈祖”一样，保护着渔民。当时亭旁一带的农民，很多人都受雇于沿海一带，跟渔民下海作业，妇女则在家织网，卖与沿海渔民。那些百姓感恩羊祜，就塑其像供奉，香火极盛。土改后，亭山小学曾在此办学。已圮。

杨府庙 [Yángfǔ Miào]

亭旁城隍殿南，羊祜庙边上。民间相传，隋炀帝后代逃至江南，隐居在天台、新昌一带。杨氏百姓为了纪念他们，建造了此庙，内塑隋炀帝等像。土改后，亭山小学曾在此办学。已圮。

猎坛将军庙 [Lìètánjiāngjūn Miào]

在亭旁镇沙湾村。供奉射猎将军，民间相传为鼻祖陈拱辰随行香火。

健跳镇

戚公祠 [Qīgōng Cí]

位于健跳镇中心小学处。解放后被县粮食局征用，改为碾米厂和粮食储备仓库，兼门市部。1956年毁于台风。现存有戚公祠石匾、大都督南塘戚令公去思碑等文物。明嘉靖四十年（1561年），戚继光率领戚家军在三门沿海一带抗击倭寇，后人为纪念这位民族英雄，在健跳城内建造了戚公祠。

包公祠堂 [Bāogōng Cítáng]

在健跳镇上街村。清康熙年间(1662—1722年)亭旁包氏十六世包兆濡、包兆鼎析居九龙山麓。18世纪初，修建包公祠堂。1959年拆毁包公祠堂，改建成村公屋。

东殿堂 [Dōngdiàn Táng]

在健跳镇上街村孔雀山嘴头，有上堂和下堂之分。上堂供奉着白鹤大帝，下堂供奉着各方神仙菩萨。

每逢三月二十三东殿堂庙会，老者求寿，年轻的求子，也有善男信女来求平安康福，熙熙攘攘，香火缭绕。庙会上演独脚戏、卖香蜡烛、特色小吃的热闹非凡，游客如云，盛极一时。

娘娘宫 [Niángniáng Gōng]

旧在健跳西城门，供奉妈祖、顺风耳、千里眼等。当时渔民不管出海，还是归来，都要去娘娘宫敬拜，求妈祖娘娘保佑平安。

李真人殿 [Lǐzhēnrén Diàn]

旧在健跳镇洋溪村。李真人，洋溪人，善于除妖捉怪，死后被奉为神，建祠祭之，今毁。农历五月十七日是李真人寿诞，人们于此日办祭品（麦焦）来祭拜他，这一习俗一直延续至今。

健跳城隍殿 [Jiàntiào Chénghuáng Diàn]

原址在健跳上街尽头处。20世纪60年代被拆毁，改建成健跳大会堂兼剧院。20世纪90年代在东门坑山腰重建。

关王殿 [Guānwáng Diàn]

旧在健跳古城西城门口内，即今梅英饭店至华益大药房之间。大殿坐南朝北，供关羽、关平、周仓等神像。大殿对面为戏台，戏台后面为城墙。清末，西城门设有税关，由税吏坐镇，收取关税。20世纪50年代初，关王殿、妈祖庙、税关尚在，随着城镇建设，西城门荡然无存。20世纪80年代在双凤巷重建关王殿。关羽是民间信奉的武财神，逢农历二月十三关羽升天日，关王殿举行盛大的庙会，商贾云集，由南门、北门两支板龙队及舞龙、舞狮表演，热闹非凡。

七保杠绳殿 [Qībǎo Gàngshéng Diàn]

在健跳镇境内，为健农、健渔、平岩、外岗、六村、前潭、狮子头七保境殿。民间传说村民在推白蟹时，拣到一块浮石，将石头抬到这里时，绳杠断了，就在此建殿，故名。解放初期，取消保甲制度时，因殿里供奉白鹤大帝，故改叫白鹤殿。

土地庙 [Tǔdì Miào]

坐落于健跳镇上街村土地老爷岭脚，供奉土地神。此岭原有十八道石阶，是村民上山下山必经之路。

横渡镇

刘氏宗祠 [Liúshì Zōngcí]

位于横渡镇大横渡村横渡刘自然村，毁于何时不详。1966年前后刘氏宗祠原址被三门木材公司征用，并建起二层砖混结构房子三间。1980年左右木材公司又将此屋卖给县教育局，作为横渡中学办公室。现刘氏宗祠原址权属归镇政府所有。

郦氏宗祠 [Lìshì Zōngcí]

位于横渡镇大横渡村下街，始建于明代。1950年郦氏宗祠被国家无偿征用，供粮食部门使用，自此郦氏宗祠又称横渡粮站。1973年粮食局将郦氏宗祠拆除，改建为砖混结构的粮食仓库。1995年粮食系统转制。2005年县粮食局将横渡粮站房产卖给村民，现为横渡华联超市。

金堂 [Jīn Táng]

位于横渡镇大横渡村龙山前。元末明初时为横渡金氏祖先所建。1950年夏季，山洪暴发，将金堂及附近一株600多年的古樟冲毁。

泗洲堂 [Sìzhōu Táng]

位于横渡镇大横渡村下街北侧约一公里桂桥岭，始建不详。堂内塑有一尊“泗洲佛”，只有独只耳朵。民间相传，有一年横渡一带大旱，庄稼晒死，老百姓喝水也有困难。泗洲佛假传圣旨，命龙王下雨，解了百姓之难，后被玉帝割了一只耳朵以作惩罚。20世纪60年代泗洲堂因破败倒毁，后由横渡村下街片重建，供村民、过往客人避风躲雨、歇脚休息。

里堂 [Lǐ Táng]

又名“积善堂”，位于横渡镇大横渡村下街北侧约400米，泗洲堂南边，为桂桥岭交通要道。1985年后改为双龙寺。

下殿［Xià Diàn］

位于横渡镇大横渡村十八泡龙山脚下，东、西两厢供奉各方菩萨。旧时去龙山十八泡上殿要经过下殿殿内。1950年后下殿改为双龙卫生所。1960年左右改为商店。1993年商店卖给村民，后坍塌。2013年由户主出卖给大横渡村老人协会，并于2016年建成砖混结构三层村老人活动场所。

大横渡关爷庙［Dàhéngdù Guānyé Miào］

位于横渡镇大横渡村下街镇政府围墙西南角，建于清初，供奉三国时关羽。1970年前后，双龙公社搬运站办公室设此。1975年前后，成为双龙中小学学生宿舍。21世纪初拆除。

花桥镇

邱公祠［Qiūgōng Cí］

在花桥县丞署东。20世纪50年代前后，建造花桥中学时被拆除。平屋三门，祀清光绪七年（1881年）被金满所杀的县丞邱洪源。邱公祠碑记存三门博物馆。

兴福堂［Xīngfú Táng］

在花桥镇交警队边上，与上路廊相邻。民间相传，清康熙年间（1662—1722年）伽蓝菩萨显灵，夜间该地周围出现佛光。清康熙五十年（1711年）村民集资修庙，因是女性主持管理庙务，故叫兴福堂。兴福堂大殿三间，正中供奉如来，两边供奉观世音等佛像，山门供奉伽蓝菩萨。两边厢房为主持住房、客房、食堂。兴福堂香火极为旺盛，1995年前后，因村镇建设而拆毁。堂外建有一口水井，叫外水井，现还在。

曹宅堂［Cáozhái Táng］

位于黄（金坦）四（岔）线花桥镇邮电局旁。因是曹宅人所造，故名曹宅堂，也叫老佛堂。20世纪70年代修公路，此堂被拆毁。

笠帽殿［Lìmào Diàn］

在花桥镇政府对面下街，建于南宋。古庙三间，内塑广德真君等神像，香火极盛。1988年因村镇建设需要，将庙拆毁。

上街头殿［Shàngjiētóu Diàn］

在花桥镇上街头。明代，上宅人出资兴建上街头殿大殿三间，两边厢房若干间，中间塑有六和大仙、财神、土地等神像。20世纪70年代为建造供销社，将大殿拆毁，财神被民众移至五龙殿，其他神像被毁。现在每逢农历正月十四夜，人们照旧去五龙殿把财神抬出来，一路鞭炮，抬到原址处迎游，然后抬回，热闹非凡。

中表庙［Zhōngbiǎo Miào］

在花桥老街，建于明朝。建筑坐东朝西，先奉元弼真君，后奉鹿御大仙，香火极盛。1958年被毁，移作他用。

永封庙［Yǒngfēng Miào］

在花桥镇上宅村曹宅堂的南面，占地一亩多。明永乐年间（1403—1424年）建。庙内供奉文武财神，香火极盛。20世纪70年代移至花桥镇工商所后面，现已毁。

浦坝港镇

普照堂［Pǔzhào Táng］

在浦坝港镇浬浦街西，现华联超市处。有大殿三间，房屋十余间，内供如来、观音、弥勒等诸佛。20世纪50年代为建供销社，被拆除。

半月宫［Bànyuè Gōng］

在浦坝港镇石笋山仙岩洞大忠祠后。

小殿殿 [Xiǎodiàn Diàn]

在浦坝港镇浬浦街到西里村的中间，沿海高速公路边上。解放初期已毁，现尚留有遗址。

定海将军庙 [Dìnghǎijiāngjūn Miào]

在浦坝港镇牛头门。清康熙中，有游击阎福玉，甚勇猛，率其子与贼舟逆巨浪奋战而死，敕封将军，百姓立庙祭祀，传颂千古。清齐召南有《牛头门定海将军庙》诗。

第六章 史迹及其他历史地名

第一节 石刻

珠岙镇

“飞来石”摩崖石刻 [Fēiláishí” Móyáshíkè]

位于珠岙镇娄坑村北大路下田岸，有石大如屋，明代宁海县令曹学程重九日经此，石自山飞堕跟前，乃于万历壬辰年(1592 年)镌“飞来石”三字于石西面，又镌“跃龙”二字于石北面，字大径尺，两旁镌细字不可辨。“大跃进”时毁于改山造田。

“保障”摩崖石刻 [Bǎozhàng” Móyáshíkè]

位于珠岙镇桐岩岭半岭堂路旁岩壁上，三门、临海两县（市）交界处。镌有阴刻空心行书“保障”两字，四周线框长 2 米，宽 1.1 米，每字径长 1 米，宽 0.8 米，落款楷书“嘉庆壬戌重春，宁海县令陈鹏南题”。毁于扩建临（海）三（门）公路。

“虎岭”摩崖石刻 [HǔLǐng” MóYáShíKè]

位于珠岙镇岩下徐村南去临海市仙人桥公路旁石壁上。字大 1 米正方，正楷，旁有“曾养甫”3 个小字。1974 年公路加宽时毁。

“峰回路转”摩崖石刻 [Fēnghuílùzhuǎn” Móyáshíkè]

旧在珠岙镇小桐岩村前临溪石壁。高十余仞，字大径二尺，笔势飞舞遒劲，清嘉庆初宁海县令陈鹏南题。石刻毁于扩建临（海）三（门）公路。

“峰环水带”摩崖石刻 [Fēnghuánshuǐdài” Móyáshíkè]

旧在珠岙镇后畈村西古道崖壁旁，落款为“雍正己酉（1729 年）知宁海县事郭文鋕书”，毁于“大跃进”时。

第二节 老字号

海游街道

养和堂 [Yǎnghé Táng]

清咸丰二年（1852 年）章孝方在海游石羊溪畔创办养和堂中医店，以济世救人，诊病售药，为百年老店“养和堂”创办人。章孝方故后侄章必寅继之。1955 年经县政府批准以养和堂为基地，联合其他中药店成立“海游区中医联合诊所”，为海游卫生院前身。

章必寅（1876—1958 年），字绍羲，资质聪颖，少入私塾，后入叔“养和堂”当学徒，得岐黄之秘，为人乐善好施，博览群书精通药理，善鉴真伪，广取众长，不偏一见，深得任松云和祁一斋之经验，于《金匮》颇有体味，擅长内科杂病，善治疑难之症，尤专儿科，名闻宁海、天台、象山一带。经营“养和堂”因品种齐全，服务周到，炮制精细，货真价实，童叟无欺，坚守信誉，生意兴隆，以致家业兴旺。

章必寅不但医术高超，而且医德高尚，故名愈噪。

益寿堂 [Yìshòu Táng]

在海游街道小坑村小坑街，清嘉庆十八年（1813 年）开设益寿堂中药铺。

巨丰行 [Jùfēng Háng]

位于海游老街南侧。巨丰行为民国时海游较大的经营水产品的商店，店门口高悬着辛亥革命老人、国民党元老、草圣于右任先生所书的“巨丰行”店匾。巨丰行后面为巨丰行道地，建于清中期，门前曾立过旗杆，院中有一棵百年铁树，至今仍枝繁叶茂。

大东酒坊 [Dàdōng Jiǔfāng]

在三门县实验小学东，民国十五年（1926 年）开业，其前身系章靖臣开设的“馥润酒坊”。酒坊除自己酿造外，还吸收一批个人委托代酿酒（委托者出主料糯米，酿酒一缸，出糯米 75 公斤，给酒 150 公斤，酒坊收取酒药及加工费约折 25 公斤）。1939 年，大东酒坊析产倒闭。

六邑官盐总廒 [Liùyìguānyán Zǒng'áo]

在海游街道青萍桥附近盐岙道地。清末至民国初设“六邑官盐总廒”，直属两浙盐运使，总揽台州六县的官盐销售，后改“维新总盐廒”，并在亭旁、沙柳、桑洲等地设六个分廒。

履端南北货号 [Lǚduān Nánběi Huòhào]

清光绪十六年（1890 年），章绍溪与人合资，在海游丹峰路双井头东首开设“履端元号”南北货店。由于经营有方，营业额蒸蒸日上。为扩展业务，迁至海游老街三官堂东首坐南朝北的已有店屋，仍留分店于原址，亦称“履端”，乡人咸称“上履端”。为便于管理，不久就并入本店。经营范围逐年扩大，除南北果品、海参、鱼翅、燕窝等高档食品外，又自制蜡烛、酱油、豆制品等，商品远销宁海、天台，营业额为宁海各商号之冠。抗日战争后，业务萎缩。1939 年易店名为“荣康”。1945 年宣告停业，改组为“源源”。1949 年 2 月三门解放，恢复“履端”原名。1951 年春履端南北货号盘给他人，结束了 60 多年的历史。

鼎泰南北货店 [Dǐngtài Nánběi Huòdiàn]

创办于民国初年，海游章良彩与石浦美孚石油行、旗昌南货店、宁波糖行四家合伙经营，设在海游街。1935 年全归章良彩，时有资金六千银元。经营范围主要有南北杂货，同时也兼营人参、鹿茸、燕窝等高级中药和海参、鱼翅、白木耳等高级食品，还兼做水作。每年营业额 5 万银元左右，是仅次于“履端”的大店。由于讲信誉、讲质量，生意一直较好，抗日战争期间也未受影响。抗战胜利后，物价一日数涨，造成经营困难，到了解放前夕，只剩下空架子。

信记渔行 [Xìnjì Yúháng]

位于海游街道下街头（县建材公司门市部一带）。建筑面积 2000 多平方米，有三间铺面，三幢栈房，是台州六县稍有名气的海游街六爿渔行之一。信记渔行资产雄厚，规模较大，人手齐全，配有阿大（经理）、里外账房、出海（采购）、伙计（店员）、火头（炊事员）和学生（学徒）等约十四五人。信记渔行的经营方式以代购、代销为主，自购自销为辅。主营水产品，兼营南北杂货、瓜菜水果，尤以运销黄鱼、带鱼、鳓鱼、目鱼以及虾皮、白鲞（黄鱼鲞）、鲓头为大宗，并有鱼胶、鱼翅、鱼皮等高档商品。1946 年是该行比较发达旺盛时期，尤其是鱼汛期间，更是购销大旺季节，特别是集市日，人山人海，拥拥挤挤，营业员忙得满头大汗，连饭都吃不上，司秤员的蹲号声、报数声，不绝于耳，一片繁忙景象。最高日销售量达二三百担，价值几千银元。1945 年夏天日寇窜犯海游，渔行遭受不少损失。1948—1949 年三门县成了游击区，毗邻的宁海等县驻有国民党长江部队，实行海禁，封锁三门湾海面，渔货资源减少，物价飞涨，市面萧条，信记渔行也随之门庭冷落，生意清淡，行将倒闭。1951 年海游镇政府将濒临倒闭的信记、立大、立生、万隆、万泰、元大六爿渔行合并，开设大生渔行。1955 年对私营工商业进行社会主义改造，大生渔行转为公私合营。1956 年以大生渔行为基础，建立地方国营三门县水产供销公司。

杏春堂 [Xìngchūn Táng]

清同治四年（1865 年）任松云在亭旁街开设“杏春堂”中药铺，坐堂诊病，求医者甚众，士民誉为“松云神医”。时宁海县亭旁县丞丁维庚患足疾，久治无效，经他治愈，赠以“妙手回春”匾额及对联：“处世半生双白眼，济人万卷一青囊。”乡绅骆星河患偏瘫重症，屡请医诊治，均无起色。经松云治愈，赠联：“古佛心头观，奇方肘后悬。”同治元年（1862年）秋，业师笠亭作诗赞曰：“和易春风生腕下，诚哉国手济长庚。”从此声名远扬，邀他出诊的人络绎不绝于庭。任松云以中医内科见长，肝胆疾患更是得心应手。晚年虽卧床不起，凭人口述患者症状，命人代写处方，获效亦不出所料。先生还将毕生临床经验整理成《医药养生录》12卷、《证治心法》1卷，有证有方，条分缕析，可按图索骥，以惠后学。惜未付印，原稿散在后学者手中。

任松云(1836—1912年)，名盛汀，字鹤所，号松云，任家人。7岁丧父，少习诗赋，因家道衰微，于15岁立志习医。19岁娶妻杨氏。妻得痰饮，经多方治疗无效，学医益加专心致志。先后购置中医书籍200多种，十阅寒暑，才出门行医，久而经验益富，博览群书，造诣愈高。大小疑似难治之症，经他诊治，往往转危为安。

健跳镇

仇和泰 [Qiúhétài]

在健跳下街，现生产资料处。系仇灼华于20世纪20年代所建，前后两台。前为四五间三层店面，后为三间二层职工住房。仇和泰主要经营南北百货、杂货。1956年店面建筑毁于大火，后台建筑20世纪80年代被健跳工商行政管理所占用。落实政策后，归还仇灼华孙子。

水产加工厂 [Shuǐchǎn Jiāgōngchǎng]

南为健跳镇沿港西路，北为工人路，西接盐坞塘，东大门系琴江路，濒临健跳车渡码头，占地面积1.33万平方米，主要加工各类水产品，并把盐坞塘一带作为晒场。20世纪90年代改制，现为民居区和冷冻厂厂房。

浦坝港镇

养元堂 [Yǎngyuán Táng]

1926年林春山在浬浦开设“养元堂”中药店，坐堂行医，并带徒弟四人。1955年参加沿江区中医联合诊所，名誉颇高。

林春山（1864—1964年），名素兰，浦坝港镇西里人。春山幼入私塾，资质颖悟，才识过人，年十八，患风痹症，卧床十年，遍请诸医诊治无效。遂购置医籍，攻读钻研，并得中医林彩极指点，有所领悟，就自行处方，不下数剂，竟获奇效，才矢志医道，熟读医书，经典名著皆能背诵，精通内、外、妇、幼各科，前来求医者日众，经其医治，沉疴多有神效。

第三节　牌坊、旗杆

海游街道

节孝牌坊 [Jiéxiào Páifāng]

位于海游光明路东北路口。据民国《章氏宗谱》记载，节孝牌坊为旌表清代翰林章梫曾祖母包太夫人而立。章梫曾祖母包氏，亭旁包家人，曾祖父章必昌年轻病死，留下三个孤儿和老母亲，由遗孀包氏扶养，几年后婆婆又故去，一门孤弱，生活非常困难，幸包氏勤俭持家，备尝艰苦，费一腔心血，含辛茹苦二十年，抚育儿女和小叔子长大成人。长子入贡，次子为国子监，三子授登仕郎，章氏一门由此振兴，村民无不盛赞包氏之德。清道光二十年（1840年）呈请朝廷批准建坊。20世纪60年代毁，现存石雕狮子2对。

海润街道

钦旌节孝坊 [Qīnjīngjiēxiào Fāng]

位于海润街道园里村仙源观旁。四柱三门，上嵌“钦旌节孝”四字石匾。1966年“文化大革命”时牌坊被列入四旧拆除名单，接公社通知，大队干部急借葫芦（滑轮），搭木架自行拆毁。现“钦旌节孝”四字石碑存于三岔路小道地，左右小石碑存一失一，石夹柱仅留一小截。

钦旌节孝坊建于清乾隆年间（1736—1795年），旌表园里陈氏第二十八世陈明学之妻章氏。章氏善书算，青年守志，勤理家务，辛苦万状。宁海县令王继槐向朝廷呈报建坊，以表芳徽。清嘉庆年间（1796—1820年）陈元培有诗云：姑老夫亡日，时艰子幼时。冰心存妇道，柏节见民彝。墓树随儿长，堂萱与鬓衰。降祥由积善，天地本无私。

珠岙镇

进士坊 [Jīnshì Fāng]

在珠岙镇娄坑村俞氏家庙南。明弘治庚戌科钱福榜进士俞稔建。1966年“文化大革命”中拆毁，今仅存遗址。

双节坊 [Shuāngjié Fāng]

在珠岙镇娄坑村俞氏家庙侧。清雍正八年（1730年）为生员俞应宰妻杨孺人暨媳章孺人建，并建有双节祠。1966年“文化大革命”时毁。

孝节坊 [Xiàojié Fāng]

在珠岙镇桥下村。清雍正七年（1729年）五月，为旌表叶氏孝行节操奉旨建孝节坊，20世纪60年代被拆毁。叶氏，候选州同知吴启取之妻，儒学训导吴应鳌之母。据说叶氏刚孀居时，有失偶的孤燕，独自栖息于吴家屋梁上八九年，人们都说孤燕为叶氏坚守节操，矢志不渝所感化，引得文人墨客争相赋诗吟诵，以志其异。为纪念母亲抚孤守贞，一生孝节，吴应鳌将诗词荟萃成《孤燕吟诗》，并请天台进士陈溥作序，印刷出版。叶氏的节孝感动了当时士子们，像宁海县学廪增附生员陈奕封、吕来滨、葛谦吉、陈星聚等呼吁为其建坊，天台齐召南为之撰《钦旌节妇吴叶氏事略》，以旌表叶氏孝行节操，阐扬懿德，嘉奖徽音。

百岁坊 [Bǎisuì Fāng]

在珠岙镇桥下村，20世纪60年代被拆毁。吴岳吉，迪功郎。生于清康熙三十九年（1700年）正月十七日，乾隆三十六年（1771年）恭逢太皇太后万寿，吴岳吉年七十二岁，蒙赐粟帛，此后两次迭承恩赐。嘉庆四年（1799年）寿满百龄，鬓发皤然，姿颜矍铄，四代同堂，躬历三朝，恩诏粟帛，给予顶戴，朝廷旌表，建百岁坊。

娄坑旗杆 [Lǒukēng Qígān]

珠岙镇娄坑人杰地灵，人才辈出，耕读传世的家风绵绵不息。村中立有旗杆六对：一在娄坑村街南，明正德甲戌（1514年）选贡，授临清参军俞稽建，明季兵燹圮；一在溪东虎啸坛，明嘉靖辛酉（1561年）选贡，授南靖县尹俞渐建，明季兵燹圮；一在娄坑村中街，明万历辛卯（1591年）科拔贡，授湖广兴国州知州俞沇建，明季兵燹圮；一在娄坑街南，明崇祯乙亥（1635年）科贡，授福建邵武府教授俞弘谷建，今已圮；一在娄坑街北，清康熙乙卯（1675年）科贡俞廷仕建，今已圮；一在娄坑中街，为清同治癸酉（1873年）科中式二十名武举俞瑞芳建，今已圮。

健跳镇

东南挺秀坊 [Dōngnántǐngxiù Fāng]

据明崇祯《宁海县志》记载：“东南挺秀坊，健跳城西，为成化丙午（1486年）张辅立。”

横渡镇

登云坊 [Dēngyún Fāng]

旧在横渡镇大横渡村横渡刘自然村。据明崇祯《宁海县志》记载:“登云坊，南一百里，为永乐丁酉(1417年)刘芬立。”

花桥镇

贞节牌坊 [Zhēnjié Páifāng]

位于花桥镇上宅村。上宅曹姓六份里上代是个大财主，家私很大，田产很多。六份里有一寡妇，姓王，年轻丧夫，一直在家守节奉孝，孝敬公婆，敬老爱幼，和睦邻里，一直到老，深得族人称赞。清光绪二十一年(1895年)朝廷徐太宗师视学至台，欣闻曹王氏之举，上奏朝廷，圣上下旨，旌以“冰心玉操”四字以视褒奖，准予立石牌坊一座，以供后人瞻仰。民国十八年(1929年)遭特大台风袭击，石柱断裂，牌坊损坏严重。“文化大革命”时被拆毁。

第四节　军事设施

海游街道

海游寨汛 [Hǎiyóu Zhàixùn]

位于海游街道东木杓山。木杓山因形似木杓而得名，珠游溪自山脚下流过，自古为海游门户。明洪武年间(1368—1398年)为防倭寇始建海游汛，设左营千总一员，兵额44名，下辖窦岙山台、枫坑山台、老鼠山台、坎头山台、石岩山台等。清延设，旧建有烟墩女墙。清同治年间(1862—1874年)建有城隍庙和关帝庙等，今已圮。清康熙《宁海县志》记载:“南路新置海游寨，离城六十里，建营房三百六十间屯兵，又置墩台一十五处，各遣兵守望。”

临门寨 [Línmén Zhài]

位于海游街道悬渚村，宋时设。

海润街道

窦岙汛 [Dòu'ào Xùn]

在健跳镇巡检司山。左营外委驻防，领兵十名，辖巡检司烽火台。清末废。

沙柳街道

曼岙汛 [Màn'ào Xùn]

在沙柳街道笔架山麓，驻兵十三人，由海游汛兼防，辖晏站、龙珠山、葛岙烽火台。清末废。

亭旁镇

亭旁汛 [Tíngpáng Xùn]

在亭旁镇，辖赖岙山、山隍岭、分水岭烽火台。清末废。

健跳镇

千户所 [Qiānhù Suǒ]

明洪武二十年(1387年)信国公汤和奏请在健跳设千户所，初属台州卫，继属海门卫，明正统间(1436—1449年)隶属宁海县。明时“凡军之政，必听于卫，卫下千户所，千户督百户，百户下总旗、小旗，率其伍卒以听。所有卫指挥使1人，同知2人，佥事4人，卫镇抚2人，升授、改调、增置无定员。其属经历、知事各1人(《续文献通考》)”。健跳千户所有所官11名，旗军241名。清顺治五年(1648年)，设参将1名，千总2名，把总4名，兵589名。右营守备1名，千总2名，把总4名，兵584名。合计兵员1173名。

水师营 [Shuǐshī Yíng]

清雍正七年(1729年)左营改设健跳汛水师，有守备1员，把总1员，管理兵船，专巡洋汛，三月一换，兵250名。并增设黄标双篷船4只，快哨船2只。汛期酌配兵船巡防内外洋汛。所辖高湾、靖寇门、狗头山、五屿洋、五屿门、满山、台宁屿、三门、罗汉堂、五夷山、长山门、九龙港、石浦所、林门、南田山、大佛山、罗源、珠门、花岙、青门、迷江山、急水门等洋面。

西郭汛 [Xīguō Xùn]

在健跳镇西郭。设左营把总1名，兵额9名，辖梅岙山、白岩、咽喉山烽火台。清末废。

大校场 [Dàjiào Chǎng]

俗称校场头，占地10余亩。西靠健跳城脚下，南临城里山，东至祖师爷殿，现为健跳粮食贮藏仓库，为明嘉靖年间(1522—1566年)戚继光训练戚家军之处。

小校场 [Xiǎojiào Chǎng]

即现在健跳小学校址。明嘉靖三十四年(1555年)戚继光进驻健跳，在健跳城北门山脚建行辕。校场建有平房十余间和楼房数间，作为戚家军亲兵住所、办公场所和厨房，并在此训练兵卒。

石桥汛 [Shíqiáo Xùn]

在健跳镇毛张村石桥。设左营把总1名，兵额9名，辖田岙烽火台。明代设，清末废。

横渡镇

大横渡汛 [Dàhéngdù Xùn]

在横渡镇大横渡村。设左营把总一名，领兵8名，辖大山、火煅山烽火台。清末废。

花桥镇

花桥汛千总署 [Huāqiáoxùn Qiānzǒngshǔ]

清同治七年(1868年)梅岙汛移驻花桥，即今花桥中学校内。设左营千总1名，兵额50名，20世纪50年代前后毁。

城门寨 [Chéngmén Zhài]

在花桥镇花桥村。驻兵不详。

吴都寨 [Wúdōu Zhài]

位于花桥镇吴都村，建于宋嘉定十五年(1222年)，额兵140人。清改汛，设中营千总1名，兵额85名，兼顾三江口台。

关头寨 [Guāntóu Zhài]

位于花桥镇关头村，占地5000平方米。清康熙九年(1670年)建，并设关卡于埠头，大小船只进出均要在此靠埠接受检查，部分城墙尚存。清设右营把总1名，兵额85名，兼顾门杰、栅下、金家、浬浦4台。据《台州府志》载：“关头寨在县东一百六十里，康熙九年建。自本寨到宁海县界止。瞭台四：一在门杰山，一在栅下山，一在金家山，一在浬浦山。”

浦坝港镇

赤坎汛 [Chìkǎn Xùn]

在浦坝港镇赤坎村。设右营把总1名，领兵85名，辖里宅、小渔西、田后洋、下岙烽火台。清末废。

浬浦汛 [Lǐpǔ Xùn]

在浦坝港镇渔西。设右营把总1名，领兵43名，辖草头、唐家山、岭上烽火台。清末废。

小雄汛 [Xiǎoxióng Xùn]

在浦坝港镇小雄。明弘治间（1488—1505年）建，清康熙九年（1670年）建寨，清同治年间（1862—1874年）改汛。设中营把总1名，领兵85名，辖桃峙山烽火台，兼顾昌埠、栅下、金家、浬浦4台。清末废。据记载："小雄城在县东一百二十里，明弘治间建筑，周围不满半里，有东西二门。东之外有桥曰'市桥'，西之外有桥曰'车桥'。又有四山环绕，在东曰'壶瓶'，中有石笋挺立，高耸数丈；南曰'长蛇'，以守水口；北曰'大屏'，可壮遐胆；西曰'栖云''石佛'二山。石佛之上有洞，以道清名。城中向有汛官驻扎，定为二、七市期。"《台州府志》载："小雄寨在县东百四十里。康熙九年建立，本寨瞭台三：一在蛟湖山，一在□□山，一在上郑山。"

泗淋汛 [Sìlín Xùn]

在浦坝港镇泗淋村。设左营外委1名，辖下道头烽火台。清同治年间（1862—1874年）设，清末废。

牛头门汛 [Niútóumén Xùn]

在浦坝港镇牛头门。设左营把总1名，兵额14名，辖牛头门烽火台。清末废。

北沙壁垒 [Běishā Bìlěi]

位于浦坝港镇小岭下村之北沙。壁垒北起大官山，环山傍海，长约500米，高3米多，块石结构，现已拆除，基础尚存。明洪武二十年（1387年）为防止倭寇侵扰而筑。20世纪60年代因围海造田，壁垒被拆。

牛头门哨 [Niútóumén Shào]

位于浦坝港镇牛头门。哨官1员，统领大小战船6只，兵129名。泊牛头门汛地，南哨至北泽、技人沙奥等处洋面，与主山官兵会哨；东北哨至渔西、沙堰等处海洋，与静寇门官兵会哨。

桃峙巡检司 [Táozhì Xúnjiǎnsī]

位于浦坝港镇桃峙村炮台山，呈方形，有南北二门，城内中心建有城隍庙，北门角建赵元帅殿。由原蛟湖巡检司移驻，明洪武三年（1370年）设，城址尚存。民国《临海县志·叙山》记载："蛟湖山，在县东一百一十五里，旁有桃峙故城，即旧志蛟湖巡检司城。"

寨部 [Zhàibù]

据民国《三门年鉴》记载："沿江乡之赤坎，为明初方国珍发祥地点，亦称寨部，今元代古松仍在，青郁可观。"

第五节 其他

珠岙镇

嵝阳 [Luǒyáng]

娄坑旧称嵝阳，位于县政府驻地西南7.5公里。娄坑俞氏自明初因避方孝孺祸而迁居，历代人才辈出，名震朝纲，耕读传世的家风绵绵不息。娄坑村"源远流长，乡贤名宦接踵，代有生辉，三台人士多艳称之"，尊师重教蔚然成风。明初曾在亭峰仙照庵建诰山书院，清晚期村里建红杏书屋，教书育人，文风蔚然，曾立有二牌坊，六旗杆，显赫一时。

朱溪 [Zhūxī]

珠岙旧称。据明屠隆《珠溪陈氏宗谱》原序："宁邑有地曰'朱溪'，盖其灵区，岙环起伏，联缀似珠之错落，因以名焉。一水环绕，群峰拱护，实山水之最也。"《三官堂碑记》载："宁邑之郊，西去县治九十里地，名朱溪。"

珠岙义仓 [Zhūào Yìcāng]

在珠岙镇珠岙街。据清康熙《宁海县志》记载："西南九十里（按社仓之设，朱夫子治浙东时仿长孙平义仓之意为之，即成，周县都各有委积，以待凶年之古制也），宁海邑城乡皆行之，荒废已久，今幸年谷颇登，应遵朱夫子法。"

盐市 [Yánshì]

吴岙历史上就是台州府通往天台县的"官道"所在，地处天台、三门、临海三县交界，周边村落密布，人口众多，民风淳朴。自清代至解放前夕，吴岙村西面大溪罗树下形成了食盐交易市场。盐市设在吴岙村西溪滩上，平坦开阔，细砂碎石铺地，岸边柳树成行，溪椤树如盖，夏遮烈日，冬挡寒风。由于吴岙地处要道，交通便捷，从海游、六敖、健跳一带的盐贩运到这里后，再从这里翻山越岭销往天台、磐安、新昌诸县山里，更远的销往江西、安徽等地，使之形成了运销食盐交易集散地。

亭旁镇

亭旁县丞署 [Tíngpáng Xiànchéngshǔ]

位于亭旁镇杨家村。清同治二年(1863年)宁海县理民分县县丞署(亭旁县丞署)设于海防同知署东，与健跳左营守备署合称文武衙门。民国初撤销。从保存的亭旁县丞署图中可以看出当年县丞署规模，而今只留下衙门里的地名。

亭旁汛衙 [Tíngpáng Xùnyá]

位于亭旁镇杨家村。同治三年(1864年)健跳左营守备署移驻亭旁海防同知署废址西，改称亭旁汛衙，与亭旁县丞署合称文武衙门。

亭旁五乡仓厫 [Tíngpáng Wǔxiāng Cāngáo]

在亭旁镇鹤山城隍庙外。民国二十五年（1936年）包、杨、任、邵、梅五乡集资建造，计平屋7间，横屋3间。仓厫建成后，贮粮时间甚短，大都为杨家乡公所及亭旁区署借用。

太平屋 [Tàipíng Wū]

在亭旁城隍庙门口，两间建筑，供一些要饭的人居住。当地人死在外面的，死人不得进村，就放在太平屋收敛、出殡。20世纪50年代毁。

牛场、猪场 [Niú Chǎng 、Zhū Chǎng]

在亭旁城隍殿门口，太平屋边上，现在已建为红旗第一飘纪念广场。当时这一带为农贸市场，经营小猪、耕牛交易。卖牛的地方叫牛场，卖猪的地方称为猪场。20世纪60年代随着城镇建设而被拆毁。

管山孔 [Guǎnshānkǒng]

又名孔家，在亭旁镇杨家村南面。原为一村落，居住着孔氏一族，约七八十人。明末全族外迁，不知去向。

大坑洋 [Dàkēngyáng]

在亭旁镇杨家村东北面约1公里处。当时是一个大村，有几百户人家，全村姓傅。明末清初，村民陆续减少，不知去向，后来竟成为无人居住的空旷之地。

郭家 [Guōjiā]

在亭旁镇杨家祠堂后面，原有100多户人家，大都姓郭，故称郭家。清末，郭氏逐渐搬走，去向不明。

郑家岙 [Zhèngjiā'ào]

在亭旁镇杨家村东南面，原来是个大村，有百来户人家，毁于明朝末年。

唐家 [Tángjiā]

旧址在亭旁中学边上，村民数十人，自成一族，称为唐家，亦叫唐公陵。民间相传，有唐家祖先安葬在此。后因杨家人丁逐渐兴旺，民国初期，唐家举族迁至小横渡居住。

后塘包 [Hòutángbāo]

位于亭旁幼儿园边上。当时称为后塘，因姓包的祖先首先定居此地，故名后塘包。后来，包氏子孙繁衍壮大，形成现在的包家村。

张家岙［Zhāngjiā'ào］

位于亭旁镇任家。据《长春公传》："元仁宗皇庆癸丑，世路益艰，蹙蹙靡骋，及闻天台诸旁邑多胜境，即弃家奋然长往，渡松关，涉螺源，息肩于宁海邑南之窦岙，自谓高飞长啸之志遂矣。越三年丙辰，虑其地负山滨海，流俗勇悍，不尚节义，无故家遗韵，即喟然叹曰：'此非所以居吾家也。'乃移至奉化里之岙楼卜居，比邻订约，婚赘居无何，又因楼氏地窄难容，且子弟颇纵逸多相习于浮靡，益不悦曰：'此亦非所以居吾家也。'复买山西麓，距楼半里许，乐业栖迁即今地而定宅焉。世称岙楼任是也，旧名张家岙。"

大模村［Dàmó Cūn］

位于亭旁镇石滩村东头大模山脚。解放前，村民多以剃头、抬轿、吹唢呐为业。20世纪60年代，村民陆续移居石滩村。

李家宅［Lǐjiāzhái］

在亭旁镇格水邵村后山上，俗称大盆山岗，为李氏所居，至今山上仍有断壁残墙。

山头谢［Shāntóuxiè］

在亭旁镇应家村侧。据《璜山邵氏宗谱》记载："邵氏十四世良枢卒后，其家因虑坟墓孤单，遣奴谢才、谢奴至大园屋上坟侧之西，管样山地、坟墓。"今谢姓已不知所终，空留地名而已。

小坑头［Xiǎokēngtóu］

在亭旁镇隔水邵村隔河对面，至今乱石成堆，村边原有古桥一座，小坑头因住桥头得名。居民有许、李、王等姓。

汪家［Wāngjiā］

原址在亭旁镇中口塘外首，民间相传清代村中闹狐狸精，部分村人偷偷迁居横（璜）山王家庵后。因不放心故居亲人，携食物去探望，狐狸精尾随至庵，新居也闹狐狸精，从此人心惶惶，村人四散，有迁居汪家。

下徐、下娄［Xiàxú、Xiàlóu］

下徐与下娄相邻而居，旧址在亭旁镇湫水下叶山嘴风水墙外。《台州金石志》玉溪寺五代《龙王碑记》有相关徐姓人记载，邵家一带主要庙宇都祀徐主府君大王，说明徐氏在唐以前就已迁居此地。

王家［Wángjiā］

位于亭旁镇岙王，现已没王氏居住。岙王村建在虎牙（崖）下，某年雨水过多，泥石流将虎牙（崖）冲塌，村庄被埋大半。幸存村民含泪告别故园，四散投亲而去。从实地考证来看，岙王宋代之前就有王氏居住，元明时废。

邓家［Dèngjiā］

邓家在亭旁镇上钱村后，有古桥一座通岱埠岭。古有马蹄墩在村边圆丘，村内有庙宇一座，内供赵公元帅、关圣夫子，现尚存水井一口。邓氏为邵家一带迁居最早的四姓之一。邓家人丁兴旺，后一夜死了十八个后生，村庄开始衰败。

梅家园［Méijiāyuán］

在亭旁镇邵家卫生院旁，梅姓聚居而得名。今有断壁残墙石子路可辨，梅家井井水碧清，还有相公殿一座，至今香火旺盛。

梅园［Méiyuán］

在亭旁镇邵上村东北角水塘边，今成菜园，残墙犹在。

祝家林［Zhùjiālín］

在亭旁镇邵上村村后年糕米面厂周边，有祝姓、林姓居住。

麻地园［Mádìyuán］

在亭旁镇邵上村北面，原邵家信用社后面。村民以麻姓居多，故名。

上应 [Shàngyìng]

在亭旁镇邵上村西宫庙边，老邵家小学至碾米厂周围一带，多应姓。

马栏前、马栏后 [Mǎlánqián、Mǎlánhòu]

在今亭旁镇百亩头村到邵家老乡政府周边。为驿站养马的地方，故名。20 世纪 80 年代烧砖头铲土曾出土青铜锄头，马栏后西边有米字纹陶片出土。

邵家岙 [Shàojiā'ào]

在亭旁镇太平岭下金凤里，为邵家邵氏始居地。

横（璜）山毛 [Héng(Huáng)shānmáo]

亭旁镇邵家雉鸡墩南面。不知何故，村民外迁临海、花桥等地。横（璜）山毛水井在村墙外北边，民国有邵家人从此井担水做酒。

桃园 [Táoyuán]

在亭旁镇下路朱村至邵下村之间，亭旁溪西侧。后桃园为水所淹，马氏分迁山厂、六敖刘塘墩和狮子山马村。

岱阜周、岱阜杨 [Dàifùzhōu、Dàifùyáng]

在岱阜岭（缸窑岭）北，岱阜周、岱阜杨两村相隔不到一里。已圮。

杨家田 [Yángjiātián]

在太平山北麓，村内住朱、杨两姓。民间传说朱、杨同住一地相克，后因多次盗贼光顾，村庄开始衰落，至民国时只有一户朱姓，后迁小坑尤家，至今只存墙基。

横（璜）山王家 [Héng(Huáng)shānwángjiā]

王家俗称西王，在今亭旁镇邵下村至马村之间竹园里一带。

沙村 [Shācūn]

据《邵家庄六宝地界坛状化牒》记载："乡主庙，在沙村，奉徐主府君大王。"地址无考。沙地，在亭旁镇东王村北，是否就是沙村，不得而知。

长墩 [Chángdūn]

在亭旁镇山根邵村北，今存长墩路廊，古有"下里金府长墩县"的传说，现耕作时仍可发现瓦砾等古建筑遗物。据老人们说，长墩原是一个大村，村中有一口水井，在山根邵前井头山脚，早年不许山根邵村民饮用，可见其兴盛一时。明时山根邵邵氏迁入，并建起山根邵庵。庵内木鱼常敲，把东边的乌龟头敲缩了，长墩村即败落。

上娄 [Shànglóu]

在亭旁镇山上任村老横（璜）山半山腰，大麦山洛阴洞下面，今址犹存。

茅家湾 [Máojiāwān]

在亭旁镇山上任村老横（璜）山山脚，毛姓居住，传和横（璜）山毛为同宗。

车溪王家 [Chēxī Wángjiā]

在横（璜）山西，今亭旁镇老横（璜）山岗脚至蛤蟆塘一带，又名车溪街。村民自古有洗砂炼铁的习惯。明代因河道改变，族人迁居山头王、上模等地。现仅存车溪庙一座。

上墙王 [Shàngqiángwáng]

在横（璜）山西边，姓王，至今水井还在，人早已绝迹。

丁家桥 [Dīngjiāqiáo]

在亭旁镇中口塘，出过打虎英雄丁六郎。

南义阡 [Nányì Qiān]

据清光绪《宁海县志》记载："在南乡亭旁，同治十一年（1872 年）丁丞维庚捐廉置山一亩五分，又捐廉雇民掩埋无主弃柩二百余额具。"

健跳镇

三门县政府旧址 [Sānménxiàn Zhèngfǔ Jiùzhǐ]

1940年7月1日三门县成立，县治初设六敖乡健康塘，故民众呼之为“县堂”。健康塘清代围垦成塘，因坐落于尖坑山东麓，故名尖坑塘，后谐音演变为健康塘。民国《三门年鉴》序言中指出：“……以此为政治中心，建立县治，至为适宜。”三门县成立后规划县政府建在六敖乡尖坑山东麓山脚，即设治于老鼠尾巴（民国称老虎尾巴，今乾墩村），就是现六敖自来水厂旁边，旧址因1964年建设木桥塘水库而沉入库底。当年县政府木结构大楼已上栋，不料9月的一次大台风，将县政府夷为平地，加上六敖地处沿海，深受日寇威胁，于是暂迁至海游镇，一直沿袭至今。

三门县良种繁育场 [Sānménxiàn Liángzhǒngfányù Chǎng]

建于1951年10月，原名三门县农场，1962年以专业繁育推广农、畜业良种而改名。场部设在六敖乡健康塘，有职工62人，总面积0.33平方公里，耕地387.4亩，建筑面积6426平方米。拥有耕作、排灌、收割、植保、加工等农业机械46台，计300匹马力。场内分设农业队、农科队、种猪场、机械队、酒厂5个专业队，主要从事种植业、畜牧业的良种的引进与推广。2001年，良种繁育场改制，耕地整体被征用，用于大沙湾工业园区开发。2003年3月为了理顺原三门县良种繁殖场改制后职工的管理设立三粮居委会。

盐灶坛、唐家墩 [Yánzàotán 、Tángjiādūn]

在健跳镇盐灶村一带，清道光二年（1822年）张氏二十一世张碧生、张奇生、张富生着手围垦过路墩，以晒盐营生。此后，丁氏、童氏、唐氏等相继迁入，围垦盐灶周边的灰漏塘，并居住在盐灶坛、唐家墩一带。

健跳五村 [Jiàntiào Wǔcūn]

解放初期，健跳分为五村。健跳上街叫民主村，南门为和平村，北门为爱国村，下街为互助村，道头为团结村。健跳5个村划分后，峧头（蒋家岙、后坑、长大厂、塘里壁、里外庄、岭头、黄门）被划为六村，西山头划为7个村，沙木岙、沙木塘、沙木山头3个自然村被划为八村。“文化大革命”后，健跳的五个村改名健农大队、健渔大队，现名健农村、健渔村。

上衙门 [Shàngyámén]

在健跳上街南门山山脚，为凹字形建筑，砌有围墙，南面有一操场。清顺治六年(1649年)，鲁王朱以海率部驻健跳监国，作为反清复明基地，曾于此办公。解放后为健跳小学校址，20世纪60年代毁于电线老化引起的大火。

长大厂 [Zhǎngdàchǎng]

即今健跳镇校场巷一带。原紧靠健跳城内西墙脚，北起水沟头，南至大校场有数排茅房，成一长溜。当地俗语一长溜叫“一长大”。后城墙拆毁，长大厂犹存。20世纪50年代，修建道路、房屋，几经改造，长大厂才彻底被毁。

踏道头 [Tàdàotóu]

在健跳上街。大坑里的水经过上街仇家墙脚，穿过碉堡底下汇入水沟头。踏道头地形稍高，有两排房子，沿水沟上方而建，有石条堆砌成的台阶（俗称踏道）与外面相通，故称踏道头。人民公社时，生产队上、下午出工，都在这里聚集，等待分工。也是老人们晒太阳、下棋、摆龙门阵的地方。20世纪60年代建健跳大会堂时被拆除，现为民居。

十间头 [Shíjiāntóu]

在健跳上街，靠后门山山脚，一色的茅草房，连片共十来间，当地居民称其为“十间头”。为农民、渔民混居之所。这一带较为偏僻，后面就是百姓的自留地，且多树木，更显其阴森。加之交通不便，连手拉车进出都很困难。20世纪60年代初因修建房屋、道路而拆毁。

棺材坦 [Guāncáitǎn]

在今健跳镇琴江路县农特产公司一带的瞭高山山脚处，北为虎卵子，南到北门坑口附近。因在健跳城外，成为一处乱葬岗。土葬、天葬（娃池）、海里捞起的无名死尸等，皆安葬于此。20世纪50年代末，在此建棉花站。现棺材坦一带居民密集。

东门［Dōng Mén］

在健跳城东面山岗上，临海，为健跳所城四门之一。南面为仰天庵，北面接后门山，东面从山顶到山脚，平均坡度为60度，易守难攻。城门为单道门，供士兵出击用。

南门［Nán Mén］

坐落在城里山，为健跳所城四门之一。南临健跳港，东接仰天庵。城门如洞形，平时关闭，战时出击用。

西门［Xī Mén］

又称登明门，为健跳所城四门之一。城内有套墙，须拐弯朝南出城。拐弯处建有关王殿，城上建有娘娘宫（妈祖庙）。民国和解放初期，在城门口设税关。出西门，往南有大路，直通港口，现叫登明巷。沿城墙脚往西，有大路直通前沿坝。

北门［Běi Mén］

又名崇武门，在崇武巷和继光巷交界处，为健跳所城四门之一。城门有两道，有弯角。出北门过善思堂往西即为通衢大道。因冷水潭水流较大，直接从善思堂门口流过，故这里建有一座平桥，所以也称北门坑口。戚继光离开健跳时，出的是北门，故今称“继光巷”。

锁木岙［Suǒmù'ào］

即现在的沙木岙。因旧时交通不便，沙木岙山上的树木运不出去，就像被锁在山坳里，故叫锁木岙。清时改叫沙木岙。

锁木山头［Suǒmùshāntóu］

即沙木山头。民国时有天台齐姓人迁居于此，解放时有20多户人家，后迁居锁木塘。

臧相墓［Zāngxiāng Mù］

在健跳镇上七市村南程家，龙岗山脚。民国八年（1919年）正月宁海南乡学界《致知事吴公葆诚书》：“臧佥事相，系健跳人，正德间进士，累官京城佥事，殁后归葬本里上插屿地方，后以外甥章姓人入继，历年祭扫，邱垅岿然。讵有插屿村人赵桂树、赵松等惑于风水，觑臧氏微弱可图，胆敢锄握古坟，毁坏墓志，开圹拆石，欲就穴而改葬亲尸，倚力恃财，施蛮野而毫无顾忌，言之酸鼻，听者寒心。”已圮。

横渡镇

南宋古窑址［Nánsòng Gǔyáozhǐ］

2015年下半年因“五水共治”工程建设，在横渡镇大横渡村龙山脚下发现大量韩瓶、残瓷及窑址，面积约0.04平方公里，据考证，为南宋古窑址。窑址背山靠海，船运方便，韩瓶销往沿海一带，后因山洪暴发而败落。韩瓶，民间相传为南宋名将韩世忠攻打金兵时，军队里的士兵用的汲水器，是一种流行于南宋和元朝时期的瓷瓶。

郑家［Zhèngjiā］

位于横渡镇大横渡村下岙郑家山脚，因郑姓人居住于此，故名。一千多年前，大横渡村一带还是溪滩，郑氏就迁徙于山脚居住，围溪造地，维持生计，繁衍后代。现还保留有屋基等遗址。

蔡家［Càijiā］

位于横渡镇大横渡村下岙蔡家山脚，因旧有蔡姓人居住而得名“蔡家”。后蔡姓不知什么原因外迁，屋基尚存。

横溪［Héngxī］

横渡旧称。宋储国秀有《宁海刘氏家谱初修原序》：“刘公讳桂，字乔攀，治南之横溪人。在余之前一科举进士于绍定五年壬辰徐元杰榜。”

季家 [Jìjiā]

在横渡镇东屏村东南4里。为季姓人居住。已圮。

王道地 [Wángdàodì]

在横渡镇东屏村东南500米。已圮。

白日湾 [Báirìwān]

在横渡镇东屏村西南角，离村500米。已圮。

法洪 [Fǎhóng]

在横渡镇东屏村西北角，离村500米，因泥石流暴发，村人全部埋在下面，故名。

西岙 [Xī'ào]

在横渡镇东屏村西南角水稻田中，离村1公里。已圮。

花桥镇

三房街 [Sānfáng Jiē]

现花桥中学东边，原有中心街、三角尖街、三房街等。1988年因村镇建设而拆毁。

李八院 [Lǐbāyuàn]

唐僖宗时（875—888年）襄王李及唐九世孙长史参军李子祩，号汉雍，任中议大夫，司并州牧，因遭乱殉节于官署。李子祩的后裔李德，字宏道，号乾一，因从叔咏为吴越节度粮务副使，遂迁徙台州府临海县东百余里的城门西岑居住，遂为花桥李氏始祖。李德当时居住于大虫坑口的李八院，离现在的花桥村西约4公里处。从明末开始，李姓子孙开始移居各地，李八院逐渐败落，现在遗址犹在。

三亩园 [Sānmǔyuán]

位于花桥镇供销社处，原居住着五六户人家。解放前被大火烧毁后，整片土地卖给他人栽种桃子，故又叫桃园。20世纪50年代初卖给供销社建造房子。

苦子树下 [Kǔzǐshùxià]

在花桥镇东宅南，为砖木结构四合院建筑。台门为双层设置，住有10来户人家，原系地主屋。土地改革时，分给了穷人居住。1988年村镇建设规划时被拆毁。

上道地 [Shàngdàodì]

在花桥镇上宅村西面，羊头园东北方向。占地面积约2.6万平方米，村镇建设规划时毁，现名为曹宅街。

下道地 [Xiàdàodì]

在花桥镇上宅村西，中间为羊头园，占地面积约1.3万平方米，当时住有30余户人家。也不知是什么原因，逐渐搬走，移居到吴都、两头门等地。

南大房 [Nándàfáng]

占地面积约3.3万平方米，在花桥镇上宅村南。民间相传一夜之间，南大房的后生死了18个，全部葬于天灯盏山。该族害怕，纷纷移居宁海、象山、临海、黄岩等地。

长家岭 [Chángjiālǐng]

花桥镇上宅村东面的金字山脚，距上宅村约1公里，原住有40来户人家，约150人。1958年“大跃进”时，在此建造水库，村民全部移入上宅村。后在水库边上建畜牧场，现畜牧场已倒塌，该地成为无人居住的空旷之地。

浦坝港镇

渔溪 [Yúxī]

现名渔西。《渔西坎头记》记载：“台郡之东百余里，有地曰‘渔溪’，以多山水而名之也。”

塘岸头 [Táng'àntóu]

因这一带原是浬浦的港口，是商船和渔船的停靠处，并筑有大堤（当地人称为塘岸）。清朝时已涨为陆地，“文化大革命”后在此修建浬浦市场。

穿岩、上山、施家岙、上边、里门、石桥、山头郑、下里基 [Chuānyán、Shàngshān、Shījiā' ào、Shàngbiān、Lǐmén、Shíqiáo、Shāntóuzhèng、Xiàlǐjī]

位于浦坝港镇施家岙水库库区。1957 年由于修建施家岙水库，穿岩、上山、施家岙、上边、里门、石桥、山头郑、下里基自然村迁居到黄金坦处居住，形成了如今的黄金坦村。

三门盐场 [Sānmén Yánchǎng]

位于县政府驻地东南部，是浙江省最大的国营盐场，场部设在三角塘。1958 年从临海、黄岩、温岭、天台、宁海、三门 6 个县抽调了 4500 名青壮年民工，经过五个多月的奋斗，到年底，围起了 377 公顷的滩涂，当年建成投产 100 公顷。1960 年盐场全面投产。1974 年扩建第五工区。至 1978 年扩建第六工区后全面完成建场工作。2002 年集体转制。海塘西起赖屿山，东至牛头门一号闸，全长 4816 米。沿塘设有 500 吨级码头 1 座，水闸 5 座。场区总面积 9 平方公里。投产盐田 9760 亩，年产原盐 3.5 万吨左右。主要从事海盐生产，并建有以盐为原料的小型化工厂，生产溴素、氯化钾、液体氯化镁及四溴乙烷等。

第八编

地名艺文

第一章 文选

第一节 记

马湖山黎碑记

五代·鲁仲连

夫山黎，大山之号也。曰：碑沟洫通泉之坚也。其山挺萃，临于大溪之上，峰回水绕，源泉混混，不舍昼夜。上接天台之流派，下充巨海之洪涛。黎氏居于此山之畔，息宦乐道，服田力穑，其东南有沃土肥田千百余亩，俱属黎氏之常业。或天道亢旱，禾苗焦枯，惟周少师彦褒公操心虑后，命诸子弟工役穿凿其石土于山西北，下置立石漕，沟洫通水，沿山充碑以灌田稻，叠石横溪而御其水势。其后旱潦不忧，耕耨得时，国之输征有望，田家之穑稼无虞，含哺鼓腹，享乐于太平之世者为何如哉？公之立心惠后，其浩然矣乎！如夫子所谓卑宫室而尽力乎沟洫也。公之立功岂如白圭之治水也耶！余故不揣固陋，以记公之盛德云尔。

【题注】山黎碑在海游街道马湖西珠游溪。

黎家碑记

宋·洪拟

宋淳熙丁酉岁，尚书黎雍海疏乞骸骨归田，上赐本里岭根田壹千拾贰亩。上复诏取公至京见帝，拜毕，复封公为太师。公复与上言，曰："感承帝恩，赐臣土田。臣虑天道不时亢阳，灌溉不给，车戽不及，禾稻枯槁，民心憔悴，无由措仰。臣思其田近于大溪，可设碑浚通水以灌其禾苗，而济其急也。"

帝准其言，遂命该部行文牒，府委本县署印官吴呈起倩人。夫于大溪中叠石逆止水势，沿山扦浚顺水势以溉救田禾。是年三月初十日起工，就四月终。本官贪婪，碑洫不完，公子禹刁至府呈言，府主详文到京，帝敕魏侍郎来地监工，重究杨巡检贪婪悞公之罪，则杨巡检被鞭而毙。

夫役俱惧，争奋用力，于五月十五日至六月初十日，碑洫俱已告竣。叠石如山之厚，开沟数尺之深，于碑之东埠岸号曰洋大岙，建四石柱亭，刻立石碑，铭其出处。亭后创屋三间，招火佃业彝，管看其碑，拨田壹拾五硕，资其管看之劳。

其公子来适谒余，索余言以立碑记。予为雍海公朝廷大臣，有帝重之德，怀慈众之心，故能操略止水灌田，千百世后播种斯田者，其戴德为何如哉？虽则筑扦砂石，民不恐劳，使不恨官倏忽而成若功也，复何罅隙之可议焉。余故不辞铭之，以垂永鉴云。

【题注】黎家碑在海游街道马湖西珠游溪。

敕台州宁海县龙母山玉溪院龙王记

宋·景尧

管内都僧正都兼监坛选练明智大师赐紫景尧撰，天台讲僧子华书文篆额。

《地志》云：临海郡，吴朝所置，在州北大固山，县镇附焉，吴尚书屈晃宅是山。晃早歿，母氏遇一老丈，造之投宿，因通而孕，寻诞子名坦。长有神变，乃蛟螭之类也。一旦思川泽，兴雷雨，与母氏往广度东北山而隐，人莫测之，因号此山为屈母山。山高一千五百丈，周一百三十里，中有三潭，即其窟宅也。潜跃自由，云雾时起。隋平陈之后，更临海郡为海州。开皇九年，释智者大师自建业适始丰，假道于兹。无何薄暮，睹一大厦，扣门良久，老母启开。师他心已通，知非人境。于是老母据实而答，知师远来，化潭为宅以相待之，辄欲请师受戒，愿闻正法。师徇其命，仍有嘱焉。郡邑间岁或大旱，汝可薄施甘泽，以济民田。龙母与眷属喏喏而已。师翌日登途，夜来所泊之处，唯湫泺耳。自此或值亢阳，郡牧严备威仪，远迎潭水，入城供养，感应聿彰，已至邻州不无祷请，遗秉滞穗，可致丰登。唐武德二年，太史占星，改海州为台，以屈氏之故第，乃为钤阁，咸曰城隍神即其子也。洎元和五年，建湫水院，选僧住持，及创龙王殿，塑龙王像。长兴三年，钱氏有国，武肃王改屈母山为龙母山，谥龙王为湫水通灵王，迄今生聚所依，蒸尝不绝。

院主庆祥积善修德，和众安僧，真法器也。比丘惠俦，无诸人□止有年矣，常诵《孔雀王经》，以道自怡，于利不畜，一食终日，一纳终身。造立桥梁，开拓路径，作大利益，为出世因。属以今圣皇帝纂嗣丕业，率服万邦，以百姓为心无一物失所。戊申岁将封泰岳，预降广恩，应诸伽篮改赐敕额，兹院昔名湫水，今号玉溪，斯乃龙王之灵佑也。俦公欲纪岁序，请余为文。余僶俛抽毫，得无愧色。时距宋大中祥符三年冬十二月望日记。陈文惠刊字。首座志明大□惠洪，知库僧庆能，徒弟僧庆琮，同缘前教练使奚仕福，菩萨戒弟子叶善觉、徐仁泽、许居惠，祝师叶仁宝。

【题注】《敕台州宁海县龙母山玉溪院龙王记》立于宋代，旧在亭旁镇玉溪院，原碑已佚，清代重刻。

灵康庙记

宋·黎公爽

大宋黎氏高祖少卿舜连公建百鹤帝宫于岭根水口之上，名曰“昭彰观”，焕然其可观矣。在倏于淳熙初，被洪水冲坍，十五世祖雍海公为尚书时重建之，此其鼎新尤足羡矣。乃至绍兴壬辰年，洪水横流，又被冲坍，水挽其敕牌逆水而上，至马湖田中，挈举不动，里人叶敬筠告称敕牌逆水之由。爽愕然曰：“此田即吾之田也，牌止此而止，想久安长治之意。”遂命里人扛石运土，出俸资以买梱木，建屋三座，中镇高三丈三尺，前五间，中三间，后六间，两庑二十四间，外石柱鹊门，前后照塘。后殿中间塑有鹤帝像，东宫塑西山境主、夫人二位神像，西宫塑朱、叶两神像，其左右塑少卿尚书一位祖像，中间安一大铁鼎，外立一石纸炉，塑四将于两侧，鹊门横刊三大字曰“灵康庙”。离殿东一舍地建横屋三间，中三门，厅三门，名曰“宝积堂”，塑观音菩萨，以便乡民修道行善，暇时于此憩息游玩。离殿后一舍地并小屋三间，与祝司休道者居住。拨庙东田二十五亩，与伊播种，后改林为黎法明，永奉吾祖宗之香火。拨与之田，子子孙孙不许侵夺，与伊燃灯烛火之劳。其庙堂倘有风雨损漏，仍合修葺，毋许坐视。

【题注】灵康庙在海游街道马湖东。

四梅轩记

明·叶兑

梅为天下之尤物，草木中之拔萃者也。当风霜沍涸，万物凋瘁之时，独含英扬翅，吐花发秀，有壁立万仞之操，故幽人贞士爱之。

予于所居之左，辟屋数楹，植梅四种于其侧，为隐居读书之所。披诵余暇，举首则梅在目，游神则梅在心，吟诵笑傲莫不于梅发之。

一曰“玉梅”。即梅之白者，举世有之。山巅水涯，竹篱茅舍，名园丽苑，不择地而出，著于商书，咏于周诗，唐宋诗人之品题皆此本也。

二曰“绯梅”。标格绝类，梅而花色粉红者。范致能《梅谱》谓宋承平独盛于姑苏，题亦颇多。公独取方子“紫府与丹来换骨，春风吹酒上凝脂”即此种也。

三曰“蜡梅”。其类与众不同，叶极粗大，以其开同时，故得梅名。色似蜜，脾而香，尤芬馥，虽盛开而开口常半含，故亦号为磬口梅。东坡赠赵景贻所谓“天工点酥作梅花”。山谷简齐，以其难题，仅作五言小诗，独杨廷秀“来从真蜡国，自号小黄香”乃为特出耳。

四曰“金梅”。亦非梅，以其在玉蜡梅之次，有凌风霜之节，故人亦以梅名之。本体柔袅，颇类藤蔓，又不能自立，必傍枯干倚之，而成树枝条，屈曲随人所揉，花之大小，与梅不异。其色则吐耀金影特立中黄，既无绿叶障蔽，眩目晔然，遇雨雪积粉之时，尤为奇观。昔人于玉蜡绯三者，皆以见于咏歌，而独于此本未之或见也，岂亦有所遗欤。抑金梅当昔日名贤继作之时，汩没于遐陬僻壤，沉沦于樗散蒿莱，而未之遇耶！何异抱道守贞之士，无闻于世也。

予于是窃有感焉，尝昶案读易对四梅而玩剥之。上九圣人取硕果不食之象，夫剥九月卦也，剥尽则为纯坤，须历建亥十月而后一阳来复。今上九之硕果，即有生之象，是生意已萌纯坤之月矣。夫物芸芸，各归其根，独于梅见之，术家谓木生于亥，于梅观之，尤为亲切，盖梅之萼，胚胎硕果不食之时，而蓓蕾始见于纯坤，阖户之月，至一阳来复而始花，以易图考之，正当坤复之间。邵子曰：“无极之前，阴含阳也。”朱子曰：“坤复之间，乃无极也。”其谕密矣，梅之结英吐花适契其时，乃贞元之会静之中动之端也。可以见太和元气之流行，无间容息与造化生物之心于穆不已者，乃梅之精微也。若乃品为花魁，标其香影，特其浅浅者耳。

于是，味易图坐。兹轩友四梅，以终身焉。

【题注】四梅轩在海游街道下坑村，为明代叶兑故宅。

梅长者祠堂碑

明·方孝孺

天地至和之气，时得之而为春，日得之而为煦，风得之而为薰，皆所以长养万物，其化至密，其用至醇。其在天德也，则为仁，为至善之德，为惇厚之化，为无言之教。备其理者，在唐虞为八元，在周为仁人，在汉始称长者，其取义以为能长育人材，先躬行而尚本质，有长盛昌大之道，故善治天下者，必贵之。汉之大臣，惟塞侯、张欧，皆以长者称，因其行而求之。若曹懿侯之清净宁谧，万石君之父子谦谨不狂，丙丞相之居德不伐，皆长者之选。长者之为，用迂而不曲，缓而不滞，宽大忠厚，得圣人之度。人主能用之者，其国必兴，后嗣必蒙其利。非若才智之士，浅而易穷也，彼孑孑然而露其智术，任之以事，声威错出，非不可喜，然刻薄少恩，行法无余意，而虑民无隐情，喜之者，未终而厌，苦之者，众矣。若商鞅之于秦，王猛之于符也，曾未旋踵而大乱作，岂其才智之不足欤？长厚之道微，而人不怀其德也，故天下可以无才能之人，不可以无长者。不幸而乏才能焉，事不过于废弛；不幸而无忠厚之长者，其谁恃而不亡乎！长者之用梁肉也，才智之效药石也。吾以所闻所见，推之国有忠厚之治者，后必不衰；家之久存而不坠者，必长者之子孙。

台之宁海有梅氏，考之图谱，昔讳盛，字昌图者，仕晋为章安令，擢南昌别驾，知晋将亡，即是邑而隐焉！常诵佛书，而有灵鸟降其所居之侧，若谛听者岁余。始知郡县，以为凤集，上其事，宋文帝闻而下诏褒之。上表称谢曰：“此殆览陛下之德辉耳！臣何与焉？”帝咨嗟，称为“长者”。仍命郡县辟其所为丹邱寺，去今八百，其子孙众多，为邑望族，而寺亦不废。宋淳祐中，诸孙子学佛者良阜建重阁，像而事之，历年虽久，而未有记其事者。

夫以刘宋立国，未数十年而宗社为墟。长者之传，今千载而犹未艾，此其所为之可称，岂特一言之善哉！宋文帝知其为长者，而不知长者之为用，国之不寿也固宜，而长者之泽，至于子孙而益著矣！天之于善人，其所施甚远矣！祠而奉之，非特寓于尊祖之思，使闻长者之风者，却去浮薄而趋忠厚，岂不足为天下之劝乎。然则长者不获如塞侯等之有益当时，而其遗泽之所及，未始不同也。乃为诗以系之，诗曰：

中世取士，贵乎才智。巧伪如云，非国之利。无言而化，不为而成。长者之功，沛然难名。汉祀四百，将相多有。匪任长者，其何能久？如山之常，如地之容。不震不腾，涵以雨风。或乖于时，世不能以。泽钟厥家，千载祚祉。有晋之衰，攘于篡臣。先生耻之，高蹈海滨。行修于身，闾里咸化。灵鸟降祥，自天来下。玺书旌门，惟德是嘉。曰匪于躬，邦家之华。有而不居，天下仪式。赐之嘉名，江海动色。上下百世，作者几君。其谁于今，尚有子孙。列堂森森，衣冠奕叶。孰能祐之，长者之泽。为善无位，所系则长。君惟尊崇，卒取危亡。有严祠宫，浮屠攸宅。岁时蒸尝，子孙千百。辅德惟天，为善惟人。载其醇风，民俗是悖。

【题注】梅长者祠堂在亭旁镇中门。

钟敬堂碑文

明・郭治

葵藿之倾向太阳，江汉之朝宗东海，此物理之昭然者也。况下民栖居畎亩之中，耕田而食，凿井而饮，熙熙皞皞，自跻于仁寿之域者，果谁之赐与，实繇我皇上德泽之所沾濡也。其可不存尊敬之心，且祝圣寿于无疆乎！此宁海黄公岭地，所以有钟敬堂之作也。按郡志，堂建于宋季，岁久浸就颓圮，鞠为茅草盖有年矣。然是地，乃南来北往之要道，远接两京，傍通诸郡，轮蹄之迹相错，商旅之肩相摩。蜿蜒险崖，十里之间，阒无人烟，行道之人莫不病焉。

正统八年，邑士俞仲玉过而叹曰："堂之废，无以利人也，不可不复。"乃谋于其地之岭，复创堂宇碣碑，镌文以伸祝诞之情，继塑佛像，奉香火以致皈依之意。当路联回廊，东西翼两庑，冬夏有义酱之施，朝夕有炊宿之所，今将四十年矣。而俞君又虑无恒产以安居者之心，乃捐近便之田肆亩及六郎君乐施者，通计叁拾余亩。存其粮数于己籍，以免差役之扰；勒其号第于碑阴，以杜侵蠹之患。其用心可谓仁矣，其虑事可谓周矣。爰琢贞珉，纪其岁月为经久之图，以书抵予，征文纪其事。予谓君恩之大，固民心之不敢忘也，然佛教之奉亦其不可忽者，因首揭立石之义而复叙其兴废之由，后之居者当知其创立之艰，而世守之，览者亦宜鉴其兴作之勤，而赞成之。予言安足为轩轾云。

【题注】钟敬堂旧在黄公岭头（即麻岙岭头），宋时建，后废。明正统八年（1443年）俞仲玉重建。1968年毁。

大宗祠碑文

明・李东阳

宁海俞氏者，其先汴人也。宋南渡，徙浙之嘉兴。元至正间，坦斋徵君丁胡元之末，耻于仕进，始迁宁海学西。国朝永乐初，屏山避方氏祸，深自沉晦，乃择于县西梅村嵝阳而居焉。居既定，屏山欲创祠堂以祀祖先，率其子仲玉追念先志，卜地于居之左，为堂三楹，奉主其中。仲玉照为库藏、礼服、庋几、祭器，又置田肆拾捌亩，以供祀事，岁时率子若孙以祭焉。因其子稳上京师请予记，刻石于堂，以遗其子若孙。夫圣人之于人子，生必使之以养。曰："不能养，不足以称为子，没必使为祠以祭之。"曰："不能祭，不足以称为子，是皆因人情之不能已者，为之非有所勉强也。"然情无不尽，而祭必以四者，盖以渎，则不钦。不钦之弊，均于不能尽者，不得而逾之。夫缘情定礼，因礼达情，使本支百世展孝享之，诚而可以至于无穷，则屏山之诒谋，仲玉之肯构，皆所谓孝思维则矣。若夫簠簋笾豆，仪文度数，葬以士，祭以大，夫者亦圣人之制，君子所以衍之万世者也。自是崇祀者将益盛，而所以遗其子孙者亦无穷矣。是为序。

【题注】大宗祠在珠岙镇娄坑村。

听竹轩记

明・范吉柏

阁曰"松风"，听松也。亭曰"蕉雨"，听蕉也。宁海吴君尚广，匾其轩曰"听竹"。听竹之名，古所未睹，虽王子猷日对此君，文与可绘墨作堂，何尝云听哉。吴君曰：“吾居山中耳，饱久倚槛微哦，有翛然远韵助余吟思者，非此碧琅玕乎！其或天籁怒号猛舞，而笑则有奔涛走马之声，至雷轰雨骤，烟云冥蒙，则其声又有不可名言者，虽截为管箫，制为笙竽，实不如自然之音，尤为可听也。彼松以风鸣，蕉以雨鸣，竹其兼是二者哉。吾厌夫嚣嚣然者而听乎，此聊以洗吾耳也。”余闻而深嘉吴君之不俗也，遂记之，而为之诗曰：先生自是人中杰，嘉遁丘园守高节。一毫不染世间尘，赢得襟怀敌冰雪。构轩种竹环四檐，满圃森森翠云结。绿窗半掩人自闲，坐听风声弄珂玦。先生种竹三十年，而今万个齐参天，一年饱听三百六。从教时序相推迁，谷风东来振寒玉。无限琴声在华屋，藤床睡起面青山。酌酒哦诗听不足，南薰披拂白昼长。浓阴还琴书覆湘，簟间忽铺六月霜。爽气满轩清可掬，商飚一夜鸣郊垌。半空瑟瑟生寒声，篝灯展卷起复坐。窗外时驰甲马轻，朔风呼号寒气肃。长梢短干敲窗棂，乱声聒耳不成寐。地炉烧竹煎茶瓶，先生韬光既不似。此君自合供啸吟，我念先生济世才。竹林未许终徘徊，且须一饮三百杯。

【题注】听竹轩旧在珠岙镇吴岙村。

纡岸叶氏祠堂记

明·包湘

礼曰：君子将营宫室，宗庙为先，厩库次之。盖惟庙妥灵，而报本反始之道之所由行也，可不重哉。

予尝历阅当世自匮乏不能存者，无暇于礼义可诿也。其诸充裕之家，恒于居室乎！留心而建祠之举，谩弗加之意焉。此与豺獭能知所报者尚且不逮，况责之人乎！甚可慨也。

纡岸叶氏自五代时南徙，厥后为吾宁巨族。逮宋有云居先生，中咸淳五年进士，适宋亡遂隐。传至元末，其孙四梅先生挟《一纲三目策》，谒我太祖高皇帝于金陵。允合圣意，辞不受而归，惟以孝悌忠信礼义廉耻之学训其子孙，以淑诸乡人为事。又传至永乐间，有惠仲、夷仲二先生由乡荐，长任桂林府通判，次任常州府同知，居官有声，治家亦有法嗣，而代不乏隽，故乡称大姓，不忒矩度者，惟叶族稽焉。然其能积勤以拓业而富甲一郡者，则今西川君其人也。予尝闻其务本诚，乐施与，既为乡善人。一日过其家，则见其居也。以址则土阶，以楹则散木，以栋宇则敝而弗完，以辅房则皆辅茸而弗整。予心谓其俭而或失之固乎！及游其东圃，又见其祠也。址则实实然，楹则穹穹然，栋宇则炳炳然，房庑则秩秩然，而复缭以垣，壁彩以门楣，周以器具，蓄以祀仪。且督其子，曰漾，为太学生者；曰注，为郡从椽者；曰渔，习举子业者。朝夕洁余饬之，四时之祭一以敬行焉。予乃作而美之曰：西川其贤而中礼者乎！穷欢夫奉身之风，炽追远之念，微如前之不逮，豺獭者何限也。能如君之建祠十无六七焉，能如君之先祠而后居十无二三焉。昔大禹克勤俭人也，孔子赞之曰：吾无间然矣。菲饮食而致孝乎，鬼神恶衣服而致美乎，黻冕以其丰俭得宜也，君以居如彼其陋，以祠如彼其新，仰视禹之勤俭，得中宛然一家法也哉。我太宗文皇帝首谕永春侯曰：为庶人，能继家业，不失坠或又能扩充增益于前，可以为孝；士为官食禄，能持身循理，建功立业，荣亲于当时，显名于后日，可以为孝。由前而言，君成庶人之孝矣；由后而言，三子者能无成士之孝乎。诗云：孝子不匮，永锡尔类。此之谓矣。予因嘉其事而并记之，以申宗祐于无疆而胤厥后者，当所自矣。

君名璜字莹玉，西川其别号云。

【题注】纡岸叶氏祠堂旧在海游街道下坑村。

石城广润寺中兴记

明·释受昌

县南一由旬有禅月山，嶙峋摩云，左右二支蜿蜒盘踞排列，群岩状如雉堞，因呼“石城”。广数百亩，中涌小岳，名曰“瑞云”。内有梵刹，名曰“广润”，乃晋兴宁中昙猷禅师所建。师本青门敦煌人，因探九峰八溪之胜，乘枫槎，渡溟渤，直抵宁之海岸。委石于坡，掷槎于岭，今枫槎山寿宁石是也，而海游之称亦缘师游海而得焉。师以道眼谛观其地，有将军峰卓于左，象山峙于右，石城环乎外，瑞云崛乎中；

南引涓流，北罗岩石，实福庭胜壤也。遂驻锡于此，垦石为址，披沙为田，辟榛刈莽，奄有梵宇，题名“普济”。嗣后寻方广之真，叩石梁之钥，长往不返，竟尸解于支提。

昙公既往，贤者绳绳，敷教阐宗，累代不乏。唐武德中，邑徙海游，凡祝国祐民之事尽属于斯，故法席鼎盛，而伊蒲之供日殷隆矣。宋祥符间，住持法真偕慈云大师，双宏禅慧，感百鸟衔花之瑞，赐额“广润”。因慈云法雨，普洽元元，故命名焉，而普济之称湮矣。南宋嘉熙间，宰相叶镇之谋作佳域，拆殿毁像，僧不能拒，幸护神示灵，表闻于上，诏使撤茔。叶相亦遂感化，遂给俸重建，遐迩士庶，因之富者输金，贫者输力，宝刹僧寮复翕然轮奂矣。自宋历元，隆替非一。迨明景泰间，有休庵逸公，神通自在，示人祸福，初若狂言，终无不验，僧俗慕之。至嘉隆间，总众者无律颠倒，旧章规绳扫地。树私者易禅和为应赴，而法座瓜分，狙诈者罄众物饱己囊，而挈资归俗。以致金相剥落，绀殿倾颓，较古际今，谓之何哉？今兹令法座纪纲不堕于地，复振晋宋之旧者，赖悟公印明师也。师幼入石城，素具愿力，每悼正法披离，人情龌龊，发一宏誓，戒杀除腥，而香积已清，大众悦怿，而无复有衡法律玷规绳者。于以新圣像，壮法容，筑讲坛，建禅室，二三年间胜事累累，惟能捐私业为给孤，合幅裂为一鬢，而兴宁祥符之盛允复观矣。

余从四明赴讲，访询畴昔，嘉师志，纪师功，备考寺中兴替颠末，用勒贞珉，以志不朽云尔。

【题注】广润寺位于海游街道东北瑞云山麓，已圮。

仙岩洞新建宋文信公祠碑记

明·陈锡

文信公节义文章彻天壤间矣，其至吾台也，则拜相后。讲师于北时，吴、贾辈充祈请使，因以图降，公大骂，遂被留镇江。欲死之，有家铉翁、杜浒，以箕子事谏，乃谋脱身。渡仪真，历万死，而济守将苗再成得谍语，疑丞相赚城治，往扬州，俾二路分伺而杀之。二路分察公忠义，不忍，遇荷畚者，荷公以去扬。帅李廷芝，正所谍者，于是窘甚。与浒及胡文可、吕武先等由通州航海，求二王于永嘉，以图恢复。至仙岩港，赭衣操舟追公，公遂登岸，宿士人张和孙家。和孙后知公也，纠合义士以从，卒死王事。《赤城志》《吉安志》《文山集》《忠义传》载是甚详，然未有以祀公也。

顷岁，倭寇内扰，有叶氏者业兹洞，郡别驾胡侯济世，以兵饷事至问地，感昔泫然泪下，曰：“文可公吾先也。”庠士叶子琰者，进曰：“往有神附，乩为诗，悲愤岂此也夫。”侯曰：“神不可知，愿文信公所过地莫不有祀者，台可遗耶！”庠士王子梅龄，率同志言于太府李公光宸，因计地为祠。叶子曰：“无庸愿以先世所业益以田园充之。”别驾复捐五十金为助，合而告于督学秦公梁、兵宪赵公大河，佥曰：“义举也。”著为令典，俾永守弗坏。事竣，嘱锡为之，太息曰：“忠义在人心同也。”然所遭则殊矣，若文信公者，穷天地亘古今无可比，与三代无论已。箫曹房杜竭策殚诚，可谓忠于其君耳！非社稷世守所系也。诸葛武侯狄梁公，可谓忠于社稷矣，不幸心不得遂。公谋其君，君亡矣，谋其社稷，社稷亡矣，乃仗孤忠而引一线，必欲申之于死之余，至今怀古者欷歔感激，与岳氏一节，饮恨未已，岂非忠之变。与乃今海上孤踪沉沦未泯，三百年来，以别驾之至，书生之言，与群公之乐而举之，阴崖尊俎，遐陬设像，而相从者，亦侧一豆其间，又岂偶然哉。大抵忠义在人，其相感也，如是可以观天地之性矣。

锡因为歌一章，使祀公者歌之，或是以动千古之心而树之防也。歌曰：

岩高柱兮青天，海浩障兮百川，忠精流布矣八埏，我邦凿地兮得泉，陈鼎俎兮沸管弦，公乘怒潮兮来翩然，醉止执取蛟龙鞭，神州有哉谁敢联翊，我国家兮亿万年，年年海上无风烟。

【题注】文信国公大忠祠在浦坝港镇仙岩洞内。

振衣亭记

明·任大冶

宁邑南六十里为海游，其族蕃而人文秀出者为章氏。章之居，枕山夹流，而离负坎艮位之麓，浮图卓立，七级凌虚，若干霄之彩笔者，则章氏之所筑，以壮风气者也。稍迤而左，有亭翼然，高丈许，广可趺坐数人，其楹、其榱、其题、其桷，俱伐石为之。右招浮图，左瞰鲛室，为伯昏瞀人之所慑者振衣亭也。亭成万历辛卯，毁而再新，历二纪矣。而未有名之者，岂山灵秘措不以视人，抑王名岩石品题胜迹，慨往古来兹，而有待耶？甲寅春，莆田映苍林公以进士高第令宁，观风问俗，道兹亭憩焉，乐其宜霁，宜雨，宜风，宜雪，宜登高，宜远眺，宜观海，宜搔首青天，颜以“振衣”，盖命之矣。于是章之多俊咸喜，而嘱予记。予惟古之名命于物者必以意，子云之“问奇”也，永叔之“醉翁”也，子瞻之“超然”也，皆以意所独得，寄之庄楣，侯之振衣名亭，意可不识哉？侯以出世之姿，绝尘之韵，令宁诸美政载在口碑中不具论，乃其清虚旷达之襟，真有只立九天之上俯瞰人寰，不独行千仞岗头，振衣欲举者也。观其緦心厝意，操割而加调者，直将种碧桃花于天上，栽红杏于日边，人间鸡犬皆为云中之鸣吠。世跻仁寿，人乐春台，斯满侯之雅志，使足毕振衣之旨耳。侯既名亭，复命莳其旁以花木，则四时之烂焉，披云锦而焚百和者，非即侯所留乎？河阳之花满县，蔽芾之棠勿剪，千百世后，人将指兹亭为侯之所憩，过其下，徘徊不忍去者。是亭且托侯以不朽，章氏又安得独私兹亭耶？语诸父老，章氏之亭之为甘棠也，予嘱与若辈共之矣。

【题注】振衣亭旧在海游街道龙山，已圮。

狮峰任氏新建文昌阁记

明·任大冶

文昌阁者，祠梓潼帝君之所也。凡神有功德于人，及有所祈请而邀福焉则祀，故司社、司稷、五祀、八蜡，列杻岁典。矧帝君为文章司命，士人含毫濡颍，理征丘索，而词掞烟云者，匪神畴相之，彼其生笔花而吐白凤者，皆神之为也，则何可无祠也。

吾家自始祖景庭府君以宋礼部尚书希夷公孙，徙居于狮子峰之阳，遂为狮峰任氏。宅区匝三四里许，类两飞鹤交舞盘旋。左涧水纡折九曲，环抱鹤膝，经鹤喙以出，春夏水流汩汩，觉两鹤味戛戛欲动，出而与宅右水会，则汇为龙头潭，旧讹为无头潭。

辛丑岁，予按家乘订之，盖宅址崭削若卓截圭，而结脉处，复蜿蜒昂耸，作九皋幽禽欲唳状。亦复若老龙延颈，饮于涧中者，其为龙头无疑。而外之宾山，则灵湫东接，丹穴南拱，称胜概矣。独左维先有岗阡数十武，多茂林修竹。近为阳侯啮去，形家俱言艮维宜崇，予乃就族之长老商所以祠文昌君者。于鹤喙之东，龙头潭之侧，以壮地维而邀灵贶，则佥曰：“唯。”

于是共醵金若干，以戊申冬月，构为楼者三楹，中庄严帝君像，左绘朱衣魁星，右拱张仙一龛，四围缭以垣墙，重甍丹垩，仿佛仙居。既成，相与登楼祇谒。礼毕，因而徘徊四望，则见夫屏翳四集，烟雾氤氲，湫山蜃气，时接宇下。子夜读书声琅琅达斗牛间，则丹山灵凤若谛听焉。至于万壑怒号，松涛四吼，恍闻狮子咆哮声。而澄宇一碧，凭栏清啸，则联翩双鹤，固可招而起也。且泉流下不断，梵磬时闻，万户寒砧，千家烟火，足斯楼之景矣，有不足以妥帝君而为所福飨也哉。

诸父老喜甚而命为记，某惟帝君为天下文章之主而产于蜀。蜀多佳山水，灵异甲天下，而当尧舜周孔时犹以阴绝阻隔，故其奇秘蕴蓄，结为帝君。帝君蜀产，而功德遍于天下，盖与尧舜之泽，周孔之教，无地不之焉，则无地而不得祀之也。

吾宗自景庭府君至今十余世。其先虽多闻士伟人，而俱不以经术显，亦犹之蚕丛厥明之蜀。至溯某五世而上，后先以明经起者若干人，人复属有天幸，滥竽乡牍，以妄意于南宫之选，若是皆神庥也。而所邀福于神者犹未有涯也，顾得无祀乎哉。

某人按谱系，任氏之先为蜀人。有兄弟讳孜、伋者，倡明道学，与朱考亭友。从南渡徙居于婺，几传而礼部公，复再传而景庭府君，为狮山鼻祖，则任之先固帝君乡人也。其子若孙，犹帝君所私相焉，必有继礼部公起者，又不必以地维言也。某拜手纪其岁月，而系之以迎神，侑神送神之歌。

朝霱灿，晨霭暾。俯瑶阶，瞩天门。帝之驾，乘赤虬。乘赤虬兮行蕤绥，承音飚兮眇陆离。卿云叆跶兮狮山隈。右迎神。元醴湛，涧芷茸，牲茧栗，粢庀饎。歆明德，馨明德兮帝所嘉。饫灵贶兮遗天葩，狮山万祀蒸云霞。右侑神，鼍填渊，鹭振舞。香笑肸，介繁祜。帝之起，云舆翩。云舆翩兮斗辰簇，弥祥光兮播灵馥。狮山夜夜藜光煜，右送神。

【题注】文昌阁旧在亭旁镇任家村，已圮。

游仙照记

明·俞应铨

峪阳之东有诰山焉。以其如展诰，然故名曰“诰山”也。诰山而北，峻岭逼仄，屈曲盘旋。至其巅，岩石排列，谓之冷饭岗，为游人憩息之所。延山而入，林木荫翳，千株松存焉，蔽护谷口。游其下者，赐闻琴韵铮铮然，由是入其中而见坦易宽平，四山回抱势如仰盂，名曰“仙照”，昔先祖恕庵公读书处也。

三春含秀，六月生凉，丹枫耀彩，翠竹耐寒，暄尘之所，不及禽鸟为之栖翔，诚仙境也。耨学公以为静修者，必于此建栋宇，置田亩，招僧主持焉。即于其中设学，曰“诰山书院”，使人读书于其中，今之学者犹赖之。自庵东而上一里许，有顶处，谓望海尖，志名“亭峰”，即其所也。西望台山在指顾间，东望大海而银浪横空，紫气飞腾。

斯时也，孟夏之月，渔舟相接，若浮鸥之游于水中者，然不亦壮游，观之一快哉！于是复回庵中，与二三友人，携酒赋诗，并作诗记，以志一日之胜云尔。

【题注】仙照山在县政府驻地北6.5公里，最高处名望海尖，清光绪《宁海县志》名亭峰，古有亭阁，今圮，石柱犹存。

游仙岩洞记

清·秦锡淳

临海东南旧传有十八洞，相去不百里，而奇巧秀丽绝类雁荡，惟仙岩一洞显，自文信国而名较著。

岁庚辰，余设席于黄岩樊川书院，冯子瑶田亦主席羽山，携所编《仙岩大忠祠录》向余订定。余览其图像、传记，一一详赡，语瑶田曰：“山川之奇胜若此洵乎！信国公之灵萃焉。是录成，礼宜至仙岩拜谒以告成功。”瑶田因请余偕往。

夏六月廿三日，自澄江泛舟出三港口，泛椒江，见一阜突起如飞鳞状。瑶田曰：“此金鳌山也，宋高宗之遗迹在焉，亦文信国题诗处也。”因从牡蛎滩登岸，行至山麓，见怪石层叠嵌而为洞，高三丈，下宽上锐，如合掌。然岩崚透漏，石色点缀，灿若黄金。此名蘸金洞，即十八洞天之一也。复从洞侧登山顶，访善济寺。如画轩遗迹，惟蔓草一片，与江风海潮相呜咽。因思此山自南渡以来，宝坊亭阁盛于一时，今何寂寞至此耶？与瑶田叹息久之。下山至章安，访成公绥赤栏，从东北取道，遥见东面一山，秀拔入云，如重台楼阁，瑶田曰：“此白石山也。上有白岩峥嵘，二洞隔山有雨华洞。”予以游仙岩为急，不能游，惟神往而已。过古桥，取道合旗山，山中有寺，乃灌顶道场，予亦不暇往。暮过二岭，宿童君草窗家。次日度南风岭，山势益雄。至坊前访张氏菉漪堂。丛竹短墙，徒存遗址。午过花桥，傍石仓北走，见一台凌空陡绝，即仙岩前山也。过此为叶氏村。仰见仙岩，浑茫劈翠如张大屏。又二里，至照忠亭。坐亭中望洞中楼阁，幽邃缥缈如天上十二城。东一石笋佐之，苍润尖秀，矗入云表。石笋之下有龙湫，垂练百尺。稍东有纺车岩，状如车轮，旁为穿岩。一石壁插天，中留大窍，天光透漏于其中，空明轩豁，真奇绝也。自此过仰高庵，登着衣亭而上里许，始为仙岩洞。

洞极高，东边岩石，峻嶒如削，离奇粗猛；西则玲珑嵌空，虽鬼斧神工不能雕镌其仿佛。其上悬崖作盖，如灰云下垂，又如翠华高揭。洞门叠石为墙，墙外皆美竹秀箭，绿影参天。余从竹径至洞门，上刻有“百花清洞”四大字。由门而入，楼三重。道人引余从中楼坐，汲天然泉烹茶，清冽异常。茶罢，道人引余从三层楼度石梯数十级，恍开一洞天，而大忠祠在焉，颜曰：“日星河岳”。闽汀雷贯一先生笔也，于是与瑶田肃衣冠，焚瓣香而拜告于文信国公。宛见神光炯炯，正气如生焉。后及杜、张、胡、吕诸公像。礼毕，玩东旁碑刻二道，系明陈主事锡、王侍郎宗沐先生所撰；西一碑，今齐少宗伯琼台先生所记也。由是向祠外一览，则见海阔天低，茫茫无极。时天光开霁，数千里一目可鉴。海上诸峰，千螺万黛俱从波涛中涌出，色色如画，道人一一为予指数之。有直立如人者，石佛峰也；其突若金蟆戏水者，蟾岩也；自海口一石拔水千尺皎洁而翘首者，白豸矍也；有森挺排列，状如插笔者，石柱山也；有两崖相斗而疾浪冲激其中者，牛头门也。他若龙符、翠环、螭洋、倚青、穿礁、乱礁诸岛，皆在烟波杳霭间，道人虽与余言，不能尽识，惟意逆之耳。

午后，大海之外，忽见电光闪烁，黑烟一缕薰蒸而上，道人曰："潮雨来矣。"罡风蓬蓬，吹海水欲立。巨浪拍天，烟霾四塞，诸山尽在烟雾里。既而万窍怒吼，雨点如拳，排卷林而来，即洞口诸山亦尽失。余伫立惊恐不知措足于何地。须臾雨过，洞外诸峰皆云衣其半，遥见诸岛屿浮蓝浴碧，俱从烟雾中破白而出，忽开忽阖，更觉秀媚可爱。因是思信国公之祠，虽瓯江，闽岭、匡山、庐陵、燕京皆有之，而岩洞之奇，山海之胜，应未有过于此者，神当于此有独眷矣，况为张哲斋、杜梅壑桑梓之乡，昔与公宾主作合，今与公合庙配食，人神一理，安知公不式凭于斯，乐观于高山之巅，大海之涯也哉！余与瑶田瞻仰徘徊，不忍别去。

时日下卷，斜阳炙海角，红霞片片。道人道余晚食，是夜宿洞中，与瑶田分韵作诗。次日，道人送余出洞门，望石鼓、芙蓉诸山洞，攒翠云表。道人欲引余遍游，余以瑶田秋试近，辞不往，与山灵留后约耳。二十七日，复从金鳌山下船，抵澄江，转樊川书院。爰录所游而为之记。

【题注】仙岩洞在浦坝港镇石笋山。

东山书屋记

清·齐召南

由天台苍山岗阜蜿蜒而南，以趋于郡治，其东迤逆行转，北面复东者，峙为唐峰，所谓吴岙是也。村居有三，皆负山临水而居，远近相望，岙口重峦叠嶂，围绕如城郭。然吴氏所以聚族永远，自唐至今不少替。上村离水口稍远，三面皆环而东方独缺，形家谓沙不护则气不聚。吴太学益斋先生乃依山麓平坡，横架溪上而作楼，宏巨若丽，谯颜其楣，曰"东山书屋"。登楼以望，则凡岙中诸山，向背阴阳，纵横偃仰，千态万状，不可名言者皆画屏列而绵绣张。其下，居人万户，室庐巷陌及溪流之曲折，上下一览可尽得之。而由上村以望，斯楼则巍峨截□，碧瓦之色与岸上老松古树混为郁苍，竟若山麓之踊跃，旧迅而挺，为此峰以承其缺也者。楼上下为室，延族众读书，旁以僧守之，俾勿坏，可谓善经营者矣。先生嘱余记，为言曰：沙护而气聚，此形家言耳，若夫发族之元气，实何尝在形势乎。培元气莫如修德，知修德莫如读书，先生作是楼以为书室，其所以培护子孙元气者大矣。为之记，使后人作者之所自。

【题注】东山书院在珠岙镇东谢村，建于清雍正年间（1723—1735年）。

重兴太平庵记

清·黎建山

释氏达然师，临邑能仁寺僧人也，重兴太平庵。

是庵之环山幽谷，秀竹茂林，古所称马湖太师田之胜境也。忆昔有庵之日，不知兴昉于何代年月也？所惜文献无存，而不得所取征焉。厥后废替之由，故老无传，又不可考。所幸残垣觅诸蔓草基址尚在，空山间有学士文人登临凭吊，莫不流连太息。叹胜境之荒落，于高山深谷中，也不知何年矣？遐想僧堂倾于兵燹之后，庵外有田数十亩，但名之曰"太师田"者，何所取义乎？传曰昔黎氏先公官至太师，间居娱老之处，最后禅者居之，此太师田为太平庵业也。究之终未识其由来矣。

古有文瑛僧人，居大云庵后，苏子美建沧浪亭，前后改观，古今之变，不可胜记。归有光云尝登姑苏之台，望五湖之渺茫，群山之苍翠，阖闾、夫差所争守，子胥、种、蠡所经营，今皆无有矣。庵与亭何为哉？此太师田、太平庵亦犹是焉。

时嘉庆三年戊午之岁，达然师寻古遗迹，重兴庵宇，太师之田皆归于庵，黎氏乐助银钱树木叠出资用，凡兴土石运砖瓦，族皆效劳，所谓众志成城，日起有功也。行见香烟结慈云之瑞，钟鼓振深山之韵。樵夫牧童歌吟其间，过禅堂以憩息者，咸称清净道场也。至若装塑佛像，润色开光，又在嘉庆十三年戊辰正月十二日良辰，不惟本村捐资，近乡仁人各施财物，共成盛举。第恐世远年湮，隆替不测，遂成乌有乎。是以达然师邀予作文以记之，敢不为之，然师深陈其重兴之苦志也，故书以垂百世云。

【题注】太平庵在海游街道马湖西南太平山。

吴氏宗祠记

清·鲍谦

古者庶人无庙，各祭于其寝。汉后以氏为姓，于是郡县著姓始合族为大宗祠，奉始迁者为百世不迁之祖，其余支分派别各为小宗，凡春秋祀事，必合纛群主而祭于其中，此亦尚存古人大小宗之遗意。事有变乎，古而实宜于今者，此类是也。

吴岙旧宗祠系永乐年间老长房十八世孙南轩公所建，名“时思堂”，盖取孝思维则之义。奈岁远年湮，久而将颓，族有兆玺、兆广二人顾而伤之，有志重修。众以鲜积贮难之，兆广首引为己任，偕董其事。按丁口捐资，庀材鸠工，适当匮之，则二人自出已资弥补，劳心竭力阅十余年而工竣。堂构聿新，愈三楹为大门，居前中，三楹为堂，子姓牲醴所止也；后三楹安大小宗神主，春秋祠焉，洵足展孝思矣。

方经始之初，兆广建私宅未落成，而此举兴，即停工不事，委任于侄锡玉，而专力于此。其重公庙而轻私室，可谓知礼之意者，其视世之高大，其私门美轮美奂，坏及世室而不顾者，其贤不肖为何如也。因记其巅末，为后人劝。

【题注】吴氏宗祠在珠岙镇吴岙村，为省级文物保护单位。

文昌阁记

清·王应兆

文昌为天上司中，自郡国以逮乡间，皆崇奉之。

小蒲林氏，宁之匡族也。大京元学海先生等首建奎阁于湖心中，连廓四注，层构三层，最上者以奉梓潼圣位，中下二十余楹，为远近诸生肄业之所。外环以水，如泮宫，然于前则有浦珠梵宇，而基鼓晨钟，时与诵读声相应。

壬申岁，余馆其地，一时从游者，类皆英姿倜傥，头角崭然，而林氏子有八焉。释卷之余，排飞闼而上，出者游目于天表，沧海汤汤，揭波涛于数百里外者，望之皆在两掖下。繇是南观泻瀑，北眺山城，左盼狮岩，右瞻象岫，陡门武庙镇其旁，登云石桥亘其侧，伏虎饮泉壮其势，香岩夜月增其光，此诚地灵人杰之区也。蝉联鹊起，骧聘龙骧，直拱手竣之耳。

初邑侯王爽武公行部至其下，颜之曰“乐育堂”，自丁未肇造以来，盖数十年于兹矣。厥后洪波行溢，环堵倾颓，诸父老欲更诸爽垲者，而林君蔚如适于辛未青其衿，遂相与鸠工庀材，仍旧址而增饰焉。落成后，众捐金数百，以为春秋享祀之费，夙夜膏火之资。董其谋者，林君凤巢等是也，至若登高舒啸，临流赋诗，奚公楠圃咏之详矣。兆不敏，窃附尾而为之记。

【题注】文昌阁在健跳镇小蒲村，内设双桂书院。

磡下金地舆记

清·陈西园

昔欧阳文忠公醉翁亭记，后人传颂不衰，无非即景抒情，寄意山水以自鸣其乐也。夫山水之景何地没有，况台郡在乡，居民皆傍山依水而处，无论村有大小，地有广狭，莫不各有山水之胜景，以供文人之咏歌。

兹礅下金刘氏，村幅员不过五六里，而四围环绕夫村者皆山与水也。彼夫东望岌岌似兵弁军容冠于首者，则铁盔冠顶也；南望□□其羽览德辉而下之者，则飞凤朝阳也；至于有岩如虎伏而不昂，风生若啸者，易所谓风从虎是也；若夫金毛星眼，雄踞于一方，高出林表者，曰“狮子出林”；瑶光掩映于岩阿，回顾多情者，曰“白象回头”。时而春也，载好其音，其与昔人携柑往听，以鼓吹诗肠者不是过也；时而秋也，泉水泛涨，击石冲岩，恍似伯牙琴操，铿锵盈耳者，真堪倾听也。观览之下，目不暇给，何止奇峰作鬟，古木为髻，夸美景于游鱼跃水哉。以言神佛之所凭依，上有境主庙焉，保障村居，降福降祥，以谷士女者，其赫声濯灵为何如也。至若钟磬交作，慈云遍覆，于西方佛光普照于东土者广济堂也。若夫路傍建设庙宇，其为佛也至灵，求之必应，感而遂通者，则上下泗洲也。

夫自古地灵者，人必杰。颂曰“天作高山”，雅曰“惟岳降神，生甫及申”有明徵矣。从此刘氏得山川清淑之气与舆图灵秀之奇，行见人文蔚起，后嗣炽昌，理有固然，事有必至者矣。

【题注】礅下金，现名坎下金，在横渡镇。

渔西坎头记

清·陈阳谷

台郡之东百余里，有地曰“渔溪”，以多山水而名之也。其中曰“坎头”，陈氏之族聚焉。岗岭回合，独缺其东一面为潮汐之所冲。登高而望，烟云竹树，村落丘墟，历历在目，盖别开一天地也。其地旧分内外两岙，衡宇相望，鸡犬相闻，而弦诵之声，不绝于耳，如南阮北阮之居。然村之西有庙，庙建于山之阿，阶级层层，松荫夹道，当迎猫祭虎之时，村人咸于此祈祷焉。庙之前有池，池宽半亩，山岚倒影，藻荇抽妍，游人常倚石栏而观，名曰“积翠”，洵不诬也。离村百余步其东有潭，曰“长江潭”，潭之上有亭，其亭翼然不甚高广，为行人之所憩息。前绕双溪水声潺潺，萦亩络丘状若环带，每当春夏之交，绿泛鸭头，红拖鹭足，两岸垂杨，互相掩映。绿溪而前有一沙，平正高旷可容坐数百人，故老相传，谓自海浮来，至今以为美谈云。南望五指一山，掀天揭地，壁立千仞，势若青莲吐空，承仙露而焕彩云，土人不以此名陋矣。由南而北怪石异岩，诡状奇形，不可追视。归乘所云，仙人石是耶非耶，旁有魁星岩磊磊落落，气象峥嵘，有掷笔天外之意。峰回路转，屋舍俨然，亦为陈氏之所居地，名“下岙”，乃大房三十一世国佑公雅爱其地卜居于此，今已成望族矣。过此则有木杓山，前临大海，水石相搏，声如洪钟。余原与友人禺山憩息其地，恍如成连鼓琴，不觉有移我情之慨。余思渔西诸景，幽致奇绝，非惟可以入长吉之囊，而并可以入辋川之画矣。夫美不美，因人而彰，兰亭是也，不遇右军则清流修竹，芜没空山而已。以渔西僻在海隅，苟不得其人而为之点缀，不且发寂寂笑人之叹欤！禺山氏以为不可负此山水也，余遂不揣固陋，约略而为之记，并作八景著于前。

【题注】渔西坎头，在浦坝港镇，现名渔西村。

菉漪堂记

清·张世珂

余族世居临海城门庄之坊前，离治东九十里。环山带溪，林木蓊翳，风景幽僻中独聚一村。旧有堂名“菉漪”，盖宋末余祖斋公建，即公始会文信国处也。初曰“义方”，寻改今名。信国偕杜、吕辈航海登陆，宿余祖家，题诗云“义方堂上看，窗户翠玲珑”是也。历久堂圮，惟有修竹数竿，干霄擢翠，是当日之遗荫焉。数百年来，过而访者，俯仰凭吊，感喟而悲歌者，代不乏人。

一日，客有揖余而问，余引之。客伫立四顾，慨然曰：“豪杰如公，片土所留，皆关风教，岂必其堂之存耶？”遂引余于古甃间并坐，语曰：“君奉公祀，其知斯堂之不容漠视耶？义方明教子也，见齐家之意焉；菉漪兴君子也，见修身之意焉。宾主五人契合，罔非忠义，虽欧阳之星聚不得专美于前矣！捐家赴义，实至性所激，其于赵昂发之从容，不庶几无愧哉！厥后崇祀仙岩洞，仍惟五公，则昔年作合，实开建祠之兆。虽谓堂至今存也可，且与仙岩相望非遥，诸公英灵，安知不于洞中凭眺丛篁，惓惓焉，有抚今追昔之感耶？义士故宅，久为乡邑倾心，矧今祠宇再新，祀典由旧。将重锓《大忠祠录》版，名公硕彦，撰以序文，赠以诗赋，无不抗怀芳征，寄咏斯堂者。堂虽海滨隙地，足以擅誉台邦，生色于千百万祀，顾不重哉？宜详厥巅末于《祠录》中，俾人一展卷，如临其处，且以志手泽之存君之事也。”

言已，赋诗一绝。揖余去，客为谁？童君草窗也。余归，心领其言，爰为之记。

【题注】莱漪堂，旧在花桥镇方前村，初名义方堂，为张和孙读书教子处。

仙岩乡记

清·黎应乾

夫岩生于石，石出于山；山之有岩，非异常也。诗云：“他山之石，可以攻玉。”则石有攻玉之需，可岩何需乎？诗又云：“节彼南山，维石岩岩。”而岩亦有嵯峨之险，可为尔瞻之具曷。尝有仙之名，惟于马湖西南有山峙于巽方，而其峰岳挺秀。远而望之，则有袅袅轻扬之势；迩而视之，不乏艮止静一之观。此山之秀丽也，然而岩之重重若天之云霞，岩之叠叠如佛之龛座，故昔人嘉之曰“仙岩”。若各姓来居，未有如黎氏之来，兹自汉而唐，与宋而元，迄今固已旧矣。周宋时，名仕著于国家。绍定间，遭水挽牌，有熊安节度使黎公奭，俾体帝天赫灵之意，置灵康于马湖，即以为仙岩乡之保障也。宁邑有六乡，马湖灵康曰仙岩乡，上下八九十里之遥，咸深覆戴予之祖，来兹相协厥居，得叨甲第，睹此风景，详访来由，志之以为千万世景仰焉尔。

【题注】仙岩乡为宁海县六乡之一，范围包括现在珠岙镇、海游街道等地。

桥头地舆记

清·杨何荣

缑城之南百二十里有横渡，上行八九里，而氏族之过于横渡者桥头也。地何以名？以桥名也。桥以名地，则其桥之创自何代？建自何世？不可得而知也。

斯地自台岳发祖，劈脉分龙，迁延迤逦，历三百余里至亭旁山隍岭，特起小祖。山势迢迢，岩峰叠叠，越十八肩岭、峙洋一气而下，结一眠牛望月之形。水随龙转，四围环抱，而土气之深厚，地脉之壮盛何如也。其间茂林郁郁，古木森森，月映长潭，霞标仙岛，龙栖云，虎嘶风，古井蟠龙，月洞桂馥，双峰作镇于北，旗山挺秀于南，丹凤昂霄，大护回抱，水秀山明，景色如画，文人墨士过斯地者，辄玩赏吟咏不能尽焉。而且南界临黄，西上台郡，北至县城，达四明而通浙省，东出建关洋洋大海，无远弗届，谓非乡城之一大都会耶。是以人才杰出，姓氏繁衍，自桥头、泄下溪、峙门至山萝田，联绵六七里，烟火相望，鸣犬相闻，俱属罗氏之亲支嫡派者。猗欤休哉！何地之灵，而族之盛也。

【题注】桥头在横渡镇。

五龙殿记

清·朱应南

殿奉白鹤大帝。帝姓赵，讳炳。诞降于灵献间八月十六良辰，与伏魔关圣帝君同出东汉。其时，且有道友东海徐先生，偕帝通仙术，曾于金华乌伤之溪斗法度生，一则朽木重花，一则庖鱼再活，此间圣迹然也。后游于台州古郡章安，郡遭时疫，帝以符水普救生灵，郡人德之，称为赵先生。昊天不吊，金解后浮尸于马头山江中，人有识龙颜者，敬葬于白鹤山，建庙于麓山，祈报享祀于斯。然而圣迹岂仅斯乎，适有商舟遭飓风几没，神化白鹤衔救之，舟人随鹤到山，终身在庙供奉香火焉。于是台人尸而祝之，无一里一乡不然。

城门昔有庙供奉无异，而建于五龙山顶，则系后周显德七年间也。里人曹幸、李仁、柯用、毛顺等因此山自望天山而来，群峰盘聚，中突圆丘如五龙戏珠状，可以奉圣庇民。岁时祭赛，故老云此时神显地灵，夜燃巨烛，光照岩下洋人家，缸中恍若龙珠，不知其信然耶！抑传闻者谬也，第弗深考。得宋高宗南渡，航海至台，夜登金鳌山，帝与碧螺龙王后先护驾。且皇极殿失火，烈焰冲霄，神化白鹤带雨救熄。累朝诰敕加封崇和大帝。自宋历元，神庙未改。至明时，曹平、李舍敬迁于山麓，有谓前水如弓，后山如鼓，可以宁神受天之祐，其为嘉靖六年欤。迨国朝顺治六年，毁于迁遣，己酉展界，后至康熙十年辛亥，李楚和曹一气集众重建，庙貌重新。又越百余载，于乾隆五十六年，曹、李二姓与保内诸人同请师装塑庙神像共二十六尊。至六十年乙卯，虔换神腹于良辰，始知前辈敬神共事者不独曹、李先人，且柑桐岙有杜、叶二姓，张家岭任姓，下街张姓、万姓，俱次第书姓名进于诸神腹中，以祈庇祐。是日，仍将诸人姓氏，依次进腹，小异大同，时南偕诸姓亲邻肃拜瞻仰其间，得谨志夫巅末云尔。

保下庠生朱应南沐手敬书，嘉庆九年岁次甲子二月中浣。

【题注】五龙殿位于花桥镇五龙山麓。

追思堂记

清·吴英锋

雅诗曰“孝思”，论语曰“追远”。古圣人垂训诚欲后之人追崇祖德，尽其孝思以报本也。

我吴氏祖南轩公建宗祠曰“时思堂”，盖示子孙当时时怀思前烈。迄今二房建小祠堂颜曰“追思”，殆又仿时思之义而名之也。然祖先之创业垂统，其示子孙以可思者，亦不一而足矣。记有云“思其居处”，我祖创居唐峰之麓，月池之畔，曾建楼曰“宾月堂”，曰“承芳轩”，曰“三勤斋”，曰“十惜”，皆其优游而玩憩者，即其居处可思也。记又云“思其笑语”。我祖好吟咏，尝见藤萝挂月，喜作长歌，所著有《竹楼吟》《知源诗窟》等篇，皆其舒啸而托兴者，即其笑语可思也。至于仪容之可思者，如饭松老人倜傥不羁，植樗散人古貌道心，思明解元美姿容，时称璧人，其仪容僾然，如见者不益可思乎！若夫行谊之可思者，如迪功公洲子赠官，端二进士公鬻田代输，孝光公避世隐居，崇祀乡贤，其行谊卓尔不群，不愈可思乎！故宗祠曰“时思”，而小祠堂则继曰“追思”，此物此志也，后之登斯堂者穆然而深长思，常怀水源木本，咸自尽其追远孝思之道也。

时道光己亥葭月之吉，房孙斗南英锋谨识。

【题注】追思堂旧在吴岙村，已圮。

界溪星德堂茶亭碑记

清·吴国琛

台俗每暑月，则村居往往烹茗饮，以饮行旅之往来渴者，大抵皆醵金为之，又于温凉之月则止。其出自一人，要以终始，历四时不辍者，大概见界溪为宁天两邑孔道，行者蚁织，肩贩尤众，其需饮尤急。

吾氏宗人嘉院公曾发婆心，以饮饮人行之有年，今已下世。其元配戴氏，续娶周氏，承夫志，踵而行之，又恐阅久而渝也，置田若干石，为烹茶永业，岁收其入，以雇烹人，以给薪水计。其所值有赢而不匮，庶乎善其始而成其终，永永年代，行之不息矣。万事莫为己，儒释之通言也。是举也，为人乎！为己乎！是不待言而知者。人生世上，不拘流品，惟有益于人为可贵耳。

若嘉院公夫妇，虽一介耕氓，其有益于人多矣！今勒其田于石，以垂不变，因疏其可贵之意，弁诸首。共茶田二十硕零柒斗，坐处佃户在碑。

【题注】星德堂在珠岙镇下界溪村。

天后宫碑记

清·章旭

圣王之制祀典也，能御大灾，则祀之；能捍大患，则祀之。驶一叶于长风巨浪，万怪惶惑，澜漫无踪，灾患有大于此者乎？之死而致生，之从而佑启，之昌祚，之祷辄，至也视有见也，捍御有大于此者乎？此天后宫之作，所以错列于诸都会；牲牢之礼，所以独隆于诸祀典也。海游为远商杂沓之区，扬帆至者，或神之默而牖焉，或神之显为授焉，有思所以报之，而海游旧无宫，铭恩中止□然矣。

道光乙巳年间，里义士允席、亦化、志元、高泮、高满诸公首议创建之，佥踊跃以从，遂度地于住址之东南面，与武庙隔溪对峙，土木之费若干，朴斫丹雘之工若干，刻期毕，举不愆。时日既臻厥成，巍然焕然，堂庑宏敞，房室周备，既又置田亩为久远计，骎乎方兴未艾也。是举也，妥神之灵亦速客之来，他日商旅至者如归，得以安其业，享其利，皆神之赐也，亦诸公之力也。

夫事难于创始，亦难于继成，是不可不镂诸石，以急后人而善其继也。爰记其由，并志其业于石云。

【题注】天后宫旧在三门县人民医院内，后移城东村下山碧岩。

蟾岩记

清·郑汝夔

原夫蟾，为月宫之神物，而山亦以蟾名者，以形取也。山之下即北涧，而涧之上，有仙人船、聚香亭，一系天就，一系人成。陈氏之庐，正当蟾岩之麓。斯岩也，削壁千寻，横空耸翠，下临无地，有如虎踞，有如狮蹲；翘首东顾，蹠足西蟠，景象无再。而岭下有洞，深广而幽邃，开敞而明显；其平如砥，上有石龙嶙峋，蜿蜒盘绕；上顶且有飞泉瀑布，如雁山小龙湫之胜，中空可聚千余人。

相传昔讳显宗，字邦达；讳荣宗，字邦吉；讳胜宗，字邦武，三公俱于此联床诵读。不待门户而无寇盗之可乘，不事帘幕而无风雨之所故。

草窗童芸先生，系临邑文词大手笔，自芝山二岭下，来访蟾岩佳胜，有纪游诗云："一见蟾岩兴不穷，天排灵物镇台东。雁宕游归谁解闷，此来如到碧霄中。"涌泉赓雪冯先生，次仙岩洞，谒文丞相，沿海来观蟾岩巨胜，诗中有一联云："蟾岩陈氏衣冠古，北涧祠堂俎豆香。"

观本朝词人，皆留笔墨，则先世诸祖之吟咏，而伤于兵火，不大可惜乎！余与村人善，邀余作记。余即其所见所闻者而志之，亦何山灵之不可约乎！然则陈氏始祖总管公笔迁兹土，宜对今日之象，如见当年之卜契。

【题注】蟾岩在浦坝港镇蜍下村，因山似蟾而得名蟾岩。

太尉庙记

佚名

自来聪明正直之神，皆出于忠孝节义之士，如张睢阳、岳少保、于忠肃及吾邑正学先生类，皆致身成仁，舍生取义，其浩气塞天地间，其庙祀绵百世。

吾族境主庙设五太尉神像，闻太尉蒋胜，蒋氏咸祖之。因阅蒋氏家乘，知太尉父讳瓏公者，仕梁，为殿下指挥加封招讨副使。及唐灭梁，有劝使降者，不屈自刎。其子五人毅然相诫曰："父死于忠，我辈当尽孝以全忠，否则何面目见先人于地下。"遂皆溺于塘。母临塘而悲，越七日，忽浮五木，剖而有血，此忠孝精诚所感也。时当事者闻于朝，后唐庄宗直嘉悯之，追封五太尉，赐就地建庙祀像。

庙邻于族，先世遂奉为境内主。上元灯市，圣像巡行，四境则时和年丰。每岁正月廿七日演剧，晋觞为寿，遐迩拜瞻，道途相嘱，寒暑无间焉。至道光癸巳年，族中经事者，以庙古而隘，曾为之廓其基址，高其闬闳。咸丰己未之冬，又启重廓，以尊庙貌。后之人非敢媚神以邀福也，盖忠臣孝子之身，后其食报有必隆焉尔。

【题注】太尉庙位于海游街道中心，石羊溪畔。

红杏书屋记

清·章文

窃闻林处士之诗屋，遍植寒梅；刘江夏之书堂，独栽深柳。小斋幽厂，晦翁则修竹压檐；岩桂丛生，子諲之芗林绕屋。古来高士多爱名花，爰品群芳，独推红杏，此杏花堰争胜于铜陵杏花村，擅名于丰县也。

红杏书屋者，邑西八十里曰“嵝阳”，余姻长丹岩俞翁之别墅也。翁性重儒林，名标国学，子孙挺立，文赋齐驱。岁次庚辰，年登耄耋，东南卜筑，轮奂聿新。此地多杏花，借芳名以题额。人家藏春树即仁里以为邻，堂构一龛为祖宗奠安之计，楼开四面作儿曹诵读之居。分负郭之田，膏油可给；辟面场之圃，蔬水有资。况复山川迹胜，图画天开，狮子峰高，马头山险，近邻梓童之阁，远接梵皇之宫，倒流溪环于前，飞来石镇于后，桥排一字作文案之平横，树绕千章当画屏之远列。每当春风及和第，红杏迎人，倚树闲吟，拈花微笑或触景而动，题红之思或凝眸而兴簪杏之怀。道上红花一色，咏状元之句；枝头春闹千古，传尚书之名。洵并称于董奉之杏林，亦媲美于王维之杏馆者矣。

文也？名山养晦，京洛浪游，昔日群英会中，未与杏花之宴，今时黑酣乡里，犹作杏园之游，际此花发长春成不日有不心花怒放，笔花之顿开也哉！

【题注】红杏书屋创办于清晚期，在珠岙镇娄坑村。

双庙记

清·蒋韶九

我族翠巘插天，岗陇四合，居人如在盘谷中，惟空其东，一面通海口，涧水顺流村外，数步水南有庙，中奉关圣帝君，欲其有护本村龙脉，颜曰“护龙庙”。

由庙下过石矶，水北之原建社稷庙，旧称扬嘉庙，今仍其名。双庙对峙，中界飞流，惟溪边隙地尚多族人培植溪罗，坩溉成林，乃因其林木之产，息储为庙银，以作庙中修葺禋祀之资，其田亩银钱另有薄籍存据，所以庙神赫声濯灵，凡在宇下无不共蒙福阴。

然有为之前，以彰其美，更赖有为之后，以永其传。愿继起者缵承先业，培其林木，勿剪勿伐，以塞东向之空，而壮村居之势，增积庙银以隆其香火祀事，庶神灵益深其呵护，而村人实嘉赖于无穷。

【题注】护龙庙与社稷庙合称双庙，在海润街道孙家村口。

游龙山书院记

清·葛炳琅

宁邑海游之胜为四乡最，而丹山高出云表，迤逦止于龙山势渐平旷，而复峥嵘突起，奇杰雄壮者，则龙山书院也。其地累石成基，四面石壁峭立，欹者，侧者，蹲者，伏者，圆而正者，方而削者，奇形骇状，不可殚述。柳子所谓怒者，虎斗企者，鸟厉嵚然相累而下者，若牛马之饮于溪，冲然角力而上者，若熊罴之登于山，其景一一皆其于此。而东西北三面又环以水，其水清浅澈底，游鱼潜泳，大小毕见。予顾而乐之，与乡前辈绍溪先生拾级以登，仍七十许，至书院大门。门前有石梁，关若跨虹。过石梁是为二门，其上为元武祠，奉元武君像，即俗所称“元天上帝”是也。由二门上石磴十余级，是为讲堂，两旁层轩对敞，为多士诵读之所。其楼之侧为奎星楼，又由讲堂而上，石磴十余级是为文昌阁。其阁与奎星楼南北对峙，盖以星经奎星本属文星垣也。由阁前凭栏四望，则丹山拱立于前，万山盘绕其下，势若城阙雉堞，周回四围古木数十樟，皆傍岩隙而生，亭亭如盖，荫庇馆舍，亦微有清泉白石从罅中出，凉气袭人，尤于夏月读书为宜。予以知兹地之胜，所以为四乡最者，以其多佳山水也，而山水之佳又独萃于龙山。东望蒋家村，双峰插天，林莽丛翳，杂花披谷，群鸟乱飞，修竹幽篁，梢云拂日，而溪水之东流者，湾环如九曲状，商贾帆樯，往来杂沓，皆在吾目前；西望海游一镇屋舍鳞比，烟火万家，鸡犬之声不绝于耳，外有良田美地，桑柘之属，麦陇摇青，水光漾碧，左右映带一色葱茏，予于此想见其乡先贤农桑乐利之贻焉；南望山色苍苍，长松古柏凌霜不凋，其上云霞斑驳，倏起倏灭，诡谲万状，殆天使之出云降雨以庇乡者乎；北望下山村居历历，而一带小山若断若续，若奔若卧，逶迤迢递络绎相互，古人所谓常山之蛇，殆不是过。予转疑造物者何以位置之巧如斯也。予方四顾踌躇，欲穷其胜而探其幽，会微雨自东来，不可以游，遂与绍溪冒雨以归。既归因为之记，以示后之好游山水者。

【题注】龙山书院旧在海游街道龙山，已圮。

游太平庵记

民国·叶仰山

岁在癸酉孟夏之初，余道马湖，悟故友，茂才李君黼生、谢君玉如主修黎氏宗谱。是夜检阅诸文艺，内有太平庵，即古太师田。余前闻太师田名久矣，不果游。披览之下，心神为之怡，况且余一生有山水癖，足迹半中国，五岳四京无不登览，矧咫间而不顾？不几贻山灵笑乎！

于是坐以待旦，阴云四布，微雨如丝，吾友李君伴游，艰于行中止，幸蕴堂黎兄作向导，不数里抵其地，仅存大殿三座，横庑数间而已，其余鞠为莽草。噫！古今来兴废无常，天实为之，而实由人为之。

黎氏为西南望族，自五代后汉鼻祖汝恒公避难停泊正屿，越六世彦褒公为周少师，始迁马湖，至十六世雍海公为宋礼部尚书，疏骸归田，晋封太师，名之曰“太师田”，其由来也久矣。后公奭公为熊安节度使，其墓志凿凿可考，然按诸府邑志无可稽，兹不故论惟汝恒公迁宁始祖，系五代时后汉，非东汉之汉也。其庵居山腰，四面山峦环绕，烟云出没，创始于宋，鼎盛于明，如逸士叶四梅、太守俞稳、任大冶诸公，少时曾游学于斯，后皆登上第，骚人墨客凭吊流连，颇不乏人，洵西南一名胜区。奈屡遭兵燹，恨乏能力修理，岂造化有数定焉，抑亦人谋有不臧欤。

蕴堂告余曰：“吾乡乡名‘仙岩’，庙名‘灵康’，为全乡之保障。太守俞稳撰《仙岩记》，节度使公奭公撰《灵康庙记》，余惟仙岩峰峦挺秀，状若仙人对月，玉女临风，形学家以为珠溪镇之关键，倘有岩石奔腾，即为吾镇吉凶之报兆。”

斯言也，其然乎！岂然乎！他如观音尖峙右，象鼻岗峙左，俱为本庵生色。吾愿黎氏之子孙毋忘先人遗泽，重兴兰若，俾子第读书成名，出则为民国建立，归则为林下优游，追忆吾祖太师养老之风，不亦善乎！则此一游也，不几同乡前辈旷怀千古耶！

【题注】太平庵在海游街道马湖西南，已圮。

亭旁地形图记

民国·包子聪

志乘之重舆图，犹谱籍之重祀产也。盖以舆图者，所以纪川形势、兵事政治，藉是以资考境、祀产者，所以载篁山祭田，俾后人知所感慕，以崇德报功耳。

我族自留贤徙居以来，谱牒续修再四，所记者仅论列亭旁形胜一篇，无图失之遗留，无山场田亩之开示，非惟年远就湮，抑且因此而启争端，不无缺憾焉。况亭旁山水清奇，甲于他乡，山脉则出自天台华顶山，其南榦经临邑，折而东至县境南及斗山而达梅坑、大龙岭、双尖山，于违屈曲凡三十余蟠，蜿蜒东向达虎唱岭东麓，乃告一段落；又自仪凤山迄东，经宁和岭折东北而经分水岭曰“大莱山”，高四百十丈，分东西二支。东延弱箬山、善见山、塘下山、屿湖岩，西分上样山，其北至山隍岭、眠床冈、大麦山（山根邵南），西延丹凤山朗（丹邱寺，梅长者休官隐此），岭之东北至湫水山（高四百三十丈，与屈母山并峙，为联南巨镇），北延开口岩，之西为圆钟山、狮子山、横山、岱阜山，至小坑而尽。然我亭镇之山，亦祖大莱山，之西为石柱山，其西出经骆家岭折而北为蟾头山，又经絮岭，曰“天马山”，下于亭镇。过峡土地平衍，约里许复起曰“鹤山”，至前楼村而尽。山势起状跌岩，陵赠秀峙，以故英灵清淑之气振华郁采，蔚起人文良有以也。亭旁之溪分为二流，前溪源出大莱山东北，流至赖岙，会弱箬岭水，折而西北经梅家庄西山村，合山隍岭水，达铁场村西南有百柱山水，经桥头、麦更、朱模诸村来注，又迤东北，经东王与东来之湫水会合。后溪则源出分水岭，东流经下梅，南合蒋公坦岭水，经叠石有宁和岭水自南来注，又西北汇芹溪水，经湖头徐西，有梅坑水来注，折而东北，经拜头、石滩出臻福桥，有大龙岭水自西观注，又东北经前楼兴福桥与前溪之水自南会合。二溪既合，始可通筏，又出福星桥有岱阜坑水经上黄来注，此即亭乡五庄山水之关键也。迤东出小坑桥，经悬渚有海潮可通舟，又北流入海游港（亭溪长四十余里）。亭旁土深田沃，阡陌鳞次，包氏为最，山川之胜十六景备焉。故有“两山亭立如天马，二水旁流若地龙”之句，足征先人择处之智，岂偶然哉。

兹当宗谱杀青，承诸族长委以测绘事。余以频年簿书央掌，甫距归里，既逢其会，奚敢辞，乃事铅椠制成亭形势总图，使披览者得窥全豹。亭旁镇分图一并说沿革，藉知感奋，又天马山、马鞍山、黄狗蟠山分图各一份，叙产权知所由来，其图之驻记、梯尺等悉依泰西盛耐梯氏新法描画，惟山图仍绘侧面形以便识别，而示简明也。付梓时促仪具未备，率而操觚，聊备留心掌故者之一助巳耳，至若精确测绘，详明祀产，是在后贤。

【题注】亭旁在县政府驻地西南。

第二节 赋

仙岩洞祠堂赋有序

清·冯赓雪

今台人士大修仙岩之祠，鸠工庇材，杰阁岿然，于是督学雷公、郡主张公、邑候胡公、天台齐宗伯并以碑刻题辞，辉映林谷，而仙岩一洞遂蔚为台南巨观。始叹地以人传，犹必待人而兴，有如此也。夫以信国之忠，四义士之烈，岂以此荣而百世，下登斯堂，读斯石，仰其丹诚浩气，足以化顽立懦。斯祠也，有关纲常名教不少矣。丁丑之秋祠堂告成，余思辛未怀古作未足光赞盛典，因复赋此以广其意。辞曰：

鲤浦淡漫，龙符赫奕。鳌极滭潆，鲸波滷涾。镇仙岩以中居，拓洞天而高辟，攒崖扇于松关，嵌璇房于翠石。盘矗乎若五城之构元虚，森蹲乎俨三山之驾潮汐。伟哉，大忠之祠，兹何照烂而翕赩也。夫其峻极之状，环璚之材，闳阆奥窔，巙巙嵲嵬，峨峨叠阁，仡仡层台，古嵲切云而鳞襀，飞檐轩翥而霞开。错雕嵲之琰琬，缀画栋之玫瑰。公输运斤钻琼嵲于岩窦巨霊，奋掌擘石室于雾隈其上。岞崿嶙峋嵌空绉裂石，齿嵲砑苔花剥齿万状。嵚嵌千重嵘嵲，苍藤垂蔓乎青崖，老树蟠根乎古穴。郁崇阿之翠霭，数点归云；泻绝壁之珠泉，一瓢溅雪。下而扃大域(俗名大鹄)，枕小荣(俗名小雄)，瞰石佛，指轻盈。桃渚江边花染啼鹃之血，涧芦村畔月寒落雁之声。抹石笋烟光千寻拔翠，挹芙蓉山色几朵含英(二山俱近仙岩)。至若内抱金鳌，外控白豸。浩浩沧江，茫茫渤澥。鼎沸雷鸣，云谲波骇。螭洋之紫电还明，翠环之绿萝未解。潮冲鼠屿，雪练横飞；浪打牛门，琼花乱灑。缺东南之地，道砥柱斯存。旋日月于天，根扶桑远挂。诚足为台山之保障，奠信国之精灵，泄南宋之忠愤，着北伐之芳馨。壮士归兮！烟漠漠；美人逝兮！浪溟溟。囚黄冠兮！龙髯绝膏。碧血兮！虎膻腥浴；海日兮！臣心犹赤。霁江峯兮！史汗同青。可似厓山片土，依然庐陵庙庭，于是向若欷歔。登堂拜谒，招吕杜之忠魂，吊张胡之烈骨，悲处士以从军，扶孤臣以挞伐。四明巳陷，铮铁嵲摧，五岭难支，珊瑚纲没。俘仲连于围内，谁蹈东海之波；戮伯夷于马前，莫采西山之蕨。从丞相兮！赴白刃以同归；隆气矜兮！附青云而不竭。至今盛世褒忠，邦人好义。搜其遗踪，阐其轶事，辟秘宇于仙山，崇芳祠于福地，祀以信国之神，配以四贤之位。琼楼贝阙，依岩势而雕镌；瑶室珠栏，面海涛以布置。狂澜可挽，长风卷影，而来毅魄犹存。巨浪拍空，而至洵足想其勤王报国之心，如见取义成仁之志也。

爰作歌曰：仙岩耸兮海之滨，石床冷兮无倦人。丞相来兮才数晨，丞相去兮五百春。尸之祝之兮勤海民，巍殿开兮俎豆新。惟正气之不死兮，历万世而常伸。

又歌曰：张胡杜吕人之杰兮，仗剑从征建奇节兮，死依信国气何列兮，赫赫丹诚至今不来兮，人孰无死，泰山鸿毛，当知所别兮。

仙岩洞文山祠赋

清·林锡爵

瞻层岩之突兀兮，壮奕庙之雄观。带岗峦以岃嵬兮，障巨海而回澜。上峨峨而屹屹兮，下浩浩而漫漫。若彩凤之振翮兮，俨虎踞而龙蟠。尔其中闳外肆，水带山襟，紫琼为壁，蕊玉为岭，訇然开洞，割然透心。嵚崎荫屴，轩豁阴森，辟鸿濛之元秘兮，屹乾坤而第一楼。三重而盘矗兮，花百树而映日。招仙人而不见兮，药炉灰冷于丹室。惟正气之长存兮，仰文山之秘殿。倚削壁之峻峻兮，抹海霞之片片。华檐错而翼云兮，琼窗悬其正面。与日星河岳以争耀兮，郁香台而葱倩。遇照忠之古亭兮，蹑石蹬以回旋。板云梯而上征兮，掬仙井之甘泉。祠堂敞以闶阆兮，神像赭乎绚妍。信公冕服而中居兮，四杰配坐乎两边。恍图兴于此日兮，似忧乱于当年。成仁而取义兮，讶慷慨激烈之依然。肃青衫而拜谒兮，意怵怵而虔虔。俨神灵其鉴余兮，觉顽懦之忽捐。洵百世之师范兮，何羡乎神仙。羌独立而吊古兮，复向若以太息。望长淮于云杪兮，浑水天而一色。牛门澎湃而淢瀁兮，石柱巍峨以才刻。涌金鳌于海门兮，蹲白豸于江侧。浴翠鸟于乱礁之洋兮，眺红日于扶桑之国。浪拍天而洶磕兮，云沉浓而山黑。泄信公之忠愤兮，灵与海而俱长。骖青虬而驾赤螭兮，乘怒潮以徜徉。其或歆兹庙食兮，或宾帝于云乡。神无往而不之兮，岂人世之所量。辞曰：

临海仙岩，峙海滨些。洞天开阔，玉嶙峋些。层楼叠阁，百花春些。中有俎豆，荐藻苹些。以妥以栖，文山之神。梅壑香魂，菉漪寒筠。相与胡吕，附明祀奉。天风海涛，正气独伸。我倚绝壁，思美人焉。

二房重修新庵落成赋

清・吴应鳌

吴濠溪畔，唐峰村前，合波亭上，箫客山边，泉流竞秀，岩壑争妍，有名庵焉，创始有年。背茂林而雀起，襟碧藻而龙旋。美哉！一境名胜，清芳谁侣展矣。千秋香火衣钵相传，尔乃时远岁深，雨妒风摧，梵王宫鸳瓦片片坠地，菩提境莲座渐渐生埃。四大本空，游人欲坐而无处；五蕴非有，衲子一去而不回。

于时有霞城比丘，偕延陵耆老，念鼻祖之经营，每饭不忘，击古佛之凄，其忧心如捣。由是聚邦族，振三宝，仍故址议新造。或捐金而为广土拓地之资，或指囷而邀斧斤畚插之好。命匠庀材，丁丁声传幽谷；佣工筑室，峨峨光昭大道。一桥初递，不减武陵桃源；三径甫开，恍疑蓬莱仙岛。况复旭日当轩，清波浴凫，四围烟景，十里画图。白沙滩头，闻渔歌处处；绿杨堤上，听鸟韵疏疏。爽垲斯更，天花与山花交映；高明可陟，贝叶与木叶平铺。宜其回子猷之船，频劳应接携谢公之屐，一卧虚无也。

鳌碌碌陋儒，庸庸下士，吟灵隐之诗，效颦未能读天台之赋，学语何似顾宝树，虽非谢家而芳邻幸同，孟氏所以灶下焦尾，弃材曾见，收于中郎，兰渚流觞，末艺亦借光于内史。

因握寸管，聊书片纸，敬受栽于名公，爰取征夫诸子，于以表我族仗义之为，于以志新庵落成之始。

【题注】新庵在珠岙镇吴岙村，吴岙溪畔，已圮。

蟾岩山水赋

佚名

原夫蟾村者，余祖爵公播迁之建始也。观林峦之荫翳，睹山水之秀灵，峙如虎状，峰似蟾形，泉鸣无调之曲，涧列锦屏之名，抱四境以周遭处崒嵂，叠千峦之拱揖处清宁。喜海屋之幽闲，临流筑室，乐山峦之，倚嶂对景为庭。尔乃滴翠西耸，连冈南回。双石擎珠，色映东江之水；一乳冰结，寒催北院之梅。逐鸽蛇行，促春烟而起伏奔放；捕鼠猫览，闪晓电而牙爪横开。拔地千嶂，奇树迷离一色；排云万笏，螺鬟夭矫数堆。西岭樵歌，惊醒仙床之梦；小堂夜梵，音起佛慈之腮。林中之苔石花磁，俱属罕有；岩畔之樱桃金桔，传自仙栽。此为西南之壮丽也，岂非蟾村之大观哉！若夫日轮初上，水鸟朝啼。月泛江心，恍垂弓于海国；鹢横渡口，时挂席于沙堤。危崖接地，丹壁盘梯。乱落明珠，蟾岩之斜飞密雨；高标罗谷，蟾溪之氤氲绿绨。仙人船横于北涧，学士祠镇于东溪。雁落下沙，玉蟾洞口以排字；艇飞东渡，养士山前以牧羝。总管堂前，水轮初上；聚香亭畔，丹桂将齐。此乃东北之灵秀允哉，衡泌之可栖。

别有泉声四达，献歌互送。书梆夜响，高震白云之峰；社鼓晨喧，远应百花之洞。人杰地灵，人聚族众。冬则彤云朔雪，此对宇兮彼望衡；春则钓艇渔蓑，吹熏伯兮吹篪仲。抚堂上之松牖松扉，步阶前之金菊金凤。麈襟可涤，坐爱月入疏帘；村内何观，惟见霞披画栋。爰思有唐祖先身，系世族，位列尚书，躬食天禄，发迹闽邦，迁居斯谷。结亭于涧水之旁，构堂于蟾山之麓，枕流而歌，照黎而读，寄笑傲于山巅，托幽兴于松竹。今则芳徽云遥，遗像长沐。水含遗韵以清锵，山带青苍而芬馥。树拂岭以齐云，石千霄而骇目。冀启佑于后人，绵甲第于海屋。

纡岸纪胜赋

清·单济川

乙卯春，秦鉴泉先生游緱城纡岸归，道山川风物之美，予虽不能至，然心向往焉。先生命赋之，余恐幻稚无知，未亲历其地，难以摹拟。先生曰：“昔兴公赋天台山，亦未亲历，尔何妨为之纪胜乎！”爰取李白鼓噪丹阳之句，示以为韵，因搦管而志之。

台城东部，宁邑南隅，环山四面，傍水一区，建村庄之邃密，带极浦而萦。纡岸芳草连溪，趁入武陵之岙；晴川丽雾，别开魏野之图。是属海游，名曰纡岸，土堰旧修，清流远灌，想工筑之方兴，利葘田而无算。郑氏立坝，瓠子无侵；苏公设堤，平湖始判。看戏凫兮，岸对中州；玩枫林兮，岸临�畔。又何必门沟之起于仲堪，霸陵之吟于王粲，由是异境天开，幽居地称，植杨柳于平堤，夹松萝于古径。东山仙去，石迹于奕迹，犹存西槛，人闲书声偕鸟声互应。双坑鼓浪，碎玉乱飞，三井眠龙，灵珠含孕。登桥玩月，驾如乌鹊填成；倚洞观云，变若苍梧元定。此纡岸之奇迹，实乡关之最胜。其外则林麓参差，山川逦迤，波浩渺而石铿，崖踞而兽似。

珠溪出自天姥，长波穿峡，千回寿岭，接于门岩。崇袖凝烟，十里高楼，望海缥缈凌虚，堆谷盈畴崇窿崛起。龟出似献书于廷，马饮似投钱于水。是纡岸之外观更森罗，而难犯其内，则沟塍绮错，衡宇云攒，三农饶富，百物阜安，蒲葵带紫，果实凝丹。雨过峦清，畮畔之风光细腻；黍油麦秀，邱中之黛色萦蟠。力田者荷蓑携插，垂钓者临水持竿。暇日祝嘏称觞，介庞眉之上寿，腊月歓豳饮，携稚子而言欢。此纡岸之中区，植物产而汗漫，且闻大雅，君子奕代增光。

宋有云居教授，明有忠节部郎，惟四梅之处士，进三目与一纲。同子房之遇汉，肖李泌之归唐，齐名王佐，退老仙乡，曩日冠缨济济，今兹儒雅皇皇。是以淮海高才，随车题咏；石林雅望，吐颖生香。此纡岸之人杰，又足比胜于高阳。

予家住单溪，无多风景，将学龙门之游，仅类子安之省。先生在座，盛称叶生。山居童子，何知亦慕木华碕岭。乘槎有志，难临牛斗之虚；采秀何年，思入桃源之境。追携屐之高风，愿担囊而游骋。愧无孙公之赋，掷地成金；聊继楚客之词，临轩歌郢。

【题注】纡岸为海游街道上坑、下坑、下达田、上坎头四村旧称。

第三节 杂文

仙岩洞纪略

清·冯赓雪

台南岩洞之奇，金鳌、盖竹外，惟仙岩之名特著。盖其雄镇海口，挺拔开张，为文信国勤王所流寓，至今俎豆庙食著于祀典，轰然与首阳、祁原并峙，名之彪炳如日星照耀，不亦宜乎！而其实岩窍豁达，洞宇崇峨，极造物雕刻之巧，足以空宇内洞天而莫与二也。且与石笋、穿岩诸山相续连，十里内外多石室玲珑，《临海志》称其奇崛灵异，而万松、虹梁诸洞，缺焉不载，非所以表胜山川，标奇真迹也。今详纪本洞名胜事实，而以邻近七洞录附之，为仙岩洞志。

仙岩山百花洞

在县东一百二十里，去金鳌七十里，当浬浦之西，蒲峰之东，前滨大海，一石峦涌起如张大屏，下有百花洞。《志》云："高数百丈，中有十窍，广四亩，洞侧有石泉，深尺许，久旱不涸，积雨不盈，味极甘冽，左右有泉亦如之，相传同潮汐消长。旁有石笋山、穿岩、纺车岩，皆奇崛灵异，宋末文信国至此募兵。"《台中山水记》亦云："仙岩有窍，可建十丈旗，坐千人，宋末文信国航海止宿焉。"合观二说，仙岩洞之擅胜久矣。

游之。自城门取道过方前张氏村，有菉漪堂故址，即宋末哲斋教子，信国投宿处也。丛竹古墙，清风如在。五里过花桥，二十里至仙岩街叶氏村，仰见仙岩，磅礴谽岈，欝嵂际天，旁联石笋山，差肩夹峙，尖锐如削，洞门檐桷隐现幽篁古树中，苍翠如罨画，然景中人犹在五里外也。自狮子山入，沿涧行三里，至照忠亭，坐仰高庵，览岩态，奇险惊人。由是登山，磴道峻直，里许至着衣亭。盘旋自东向入，则洞门也。门前叠石为城，上石刻"百花清洞"四大字，活泼翔舞，明初，张古学笔也。洞极高，建楼三层，左右翼以栖云、望月二阁，皆因岩势结构，半板半地。至中层，如人间大厦，可坐千人，可望沧海。三层之上，岩势溢雄，其嵌处又分二洞。右轩豁而横空之，下通灶房，中为密室，上为库亭；左高旷而直深之，前为大忠祠，中为昊天殿，后则洗眼泉仙井在焉。一岩覆顶上，如神物奋力蜕出，圆空光润，无屼嶍形，惟一缝中界如线，左边云垂霞簇，岩纹独皱叠菝。其上下洞壁又嵌空为小洞，如丹房净室，可卧可栖者八九处。若大忠祠后之半月宫，右洞之莲花轩，厨房侧之栖真窟，尤其玲珑奇巧。至灶后一石穴，甘泉涌出，曰天然泉，即《志》所云不涸不盈者也。泉之后又开一洞，深宽如堂坳，诸窍若在他山，得其一二，便可称为洞天玉室，此则从聚四列，直等闲耳。大忠祠与莲花轩俱在三层楼，七级之上，高耸极矣。然以楼板为天井，以楼房为外屏，虽高耸而实幽藏，其通明开豁，又多日月之光，不独绝风雨之侵也。至于入楼房披闼，从檐前下瞰，则石佛、牛门诸岛出没烟涛杳霭间，青翠万状，始觉身立缥缈飞楼，可唾落东海也。及回顾洞中所谓飞仙座、佛掌岩、题字岩，尚在十余丈之上。细按洞中形势，楼虽三层，实未及其半，至大忠祠为第四层，昊天殿为第五层，洗眼泉与半月宫又自为两层，共七层。高一层即深一层，深一层更宽敞一层，所以穹窿幽邃，径穿纡回，屋中有岭，楼上有池，洞下有天，灵奇之至，无与二矣。国初，俞青微题曰"乾坤第一岩"，洵定评也。

大忠祠兴于明之嘉靖，里人叶琰创议，请祀宋丞相信国文公，配以杜、张、胡、吕四义士，当宋之亡也。信国自通州航海以访两王，避入仙岩港，望见洞山与石笋山秀耸云外，疑为雁荡，题诗云：

鲸波万里送归舟，倏忽惊心欲白头。
何处赭衣操剑戟，同时黄帽理兜鍪。
人间风雨真成梦，夜半江山总是愁。
雁荡双峰片云隔，明朝蹑憍作清游。

遂舣舟登陆，遍览岩洞，投宿张哲斋家，为匾"菉漪堂"，赠诗云：

义方堂上看，窗户翠玲珑。
砚里雩坛月，席间淇水风。
清声随地到，直节与天通。
庭玉森如笋，干宵雨露功。

题罢署曰"清江刘洙书"。盖公渡淮后即变姓名为刘洙也。至黄岩寄一绝云：

魏唯变张禄，越蠡改陶朱。
谁料文山氏，姓刘名是洙。

哲斋方知文丞相，追及之，约以勤王。后信国成仁，哲斋取义，此仙岩洞所以有大忠祠也。后洞楼坍坏，祀典不行。乾隆五年，道人陈一中来主是洞，营造修葺，其师弟方一定继之。二十年，台人士请建大忠祠于三层楼之上，规模宏远，而仙岩百花洞遂与匡山、庐陵照耀天壤。其祠柱有一联云"宰相状元生为南北无双品；成仁取义死镇乾坤第一岩。"噫！自有宇宙，便有此山，自有此山，便有此人品。今古于以不磨矣。仙岩之名不知始于何代，相传大茅君尝居之，按《神仙通鉴》，大茅君来东海武曲，食黄鱼得道，今武曲与仙岩相去仅二十里，安知不栖上于此乎？至宋白玉蟾亦居其地，有诗一篇，然洞宇实明洪武间里人叶三松始建楼，以供香火，至嘉靖四十三年，其裔孙琰，号文岩，以洞楼易为大忠祠，有祠录传世，今增而续之，凡信国过台事迹，四义士本传及祠田祀典、古今文人题咏，俱列于中，兹不赘。洞中产香草，叶如苔钱，高二三寸，风过芳气袭人；有石髓滴下，如琼膏，然不可常遇，有白鹊、黑画眉，时来窃食。伏翼大如鹅，飞坐岩窍，如猕猴；天然泉水数年必溢出一次，方一定住持十年已两见之，若以荤秽触之，即涸，须至敬礼祷，复盈如故，非独岩洞精灵，其所生物亦然。洵元圣之都上真之府也。

滴翠岩潜真洞

乾隆岁次甲午四月朔，祭大忠祠之明日也，道人虞成虔言仙岩后洞之胜，余与友人林芦泉等游之。

百花洞门左趋横岗百余步，一岩峰挺起如削，夹为崖门，拱一巨岩，方整如玉印。四围秀石拥卫，可结茅而居，下有石床洞，大岩覆其上，可枕可卧，惜无好事者辟之，以息游屐也。石笋山翠影参天，自崖门入，登岩肩径，一缕可横绕至仙岩之后洞，绝壁下左倚岩，滴滴从翠壁洒落，大似雨花。时住持他出，洞门闭矣，余与林君依崖立，应生承显启其钥，乃入。则见岩悬如盖，高二丈余，深敞如堂奥，两旁又别开小洞，可置若廊房、竹榻，床侧有窍如龛，可置蒲团趺坐，皆天造地设，无斧凿痕。外筑短墙，日色从天窗入，晃朗虚明，此洞若在他山，不知作何标榜？惜附近仙岩，为百花大洞所掩耳。旧未知名，因疑其名岩曰“滴翠”，洞曰“潜真”，书以遗主斯洞者，乃为之闭门封铂而归。沿径多生覆盆子，大如杨梅，色如火，味如蜜，惜日暮未能多采。旁岩一洞，高揭玲珑可爱，须凿石梯数十级可上，余与应生伫盼久之。

纺车岩虹梁洞

自仙岩叶氏村东行三里许，北面群山屏列，中隆如龙，奋迅而下，忽岩势规成，若长桥悬挂，其光润圆转，又若车轮，揭其半，故俗名车岩，又称仙人桥。其下沙石，作五色纹。旁有洞，可栖可隐，不异夏屋，仰望悬岩，如玉虹卧空。然犹于填塞中得其一窍，若尽辟而空之，虽天台、悬磴、雁荡、石梁无此高旷窟穹窿也。近有山僧欲开凿以建梵宇，山下居民恐伤地脉，群哗而逐之，惜哉。

石屏山万松洞

地名黄金坦，在车岩之东，去仙岩五里，一山蟠绕而起，至高处结为数顶，顶上岩壁秀削，俱作石屏一朵，中顶更峭拔出群，万松洞在其下，洞上绝壁，又开一洞，人不能陟，山僧于下洞构檐居之，石屏排列于前，如翠障银墙，葱郁辉媚，左倚高崖，一窍中通，天光透漏如皎月一团，所谓穿岩也。更觉奇幻惊人，惟西南一面无障碍，直见海影沙痕，烟岛出没，坐洞中，松涛竹籁，浣耳洗心，泠泠然不复知人间世也。洞不甚大，而幽洁绝尘，崖门左右，石壁俱如削成，亦奇矣哉。自山麓至洞里许，亦不甚险峻。乾隆初僧松隐开山，今一女真居之。

东白岩明星洞

去仙岩十余里，当石屏、穿岩之北，一石峦屹起如狮子，玉质嶙峋，所谓东白岩也。地发属缑城，实仙岩之支山。洞在悬崖下，石室嵌空，幽旷明净，如桂苑兰轩。洞外岩屏峭直，石光璀璨如琢明玉，径窦纡回，林岚苍翠，幽人之居也。旧名白岩洞，以雷同雉溪，改今名。

东郭山玉门洞

仙岩一山，南障临海，其北面实界缑城，山势蜿蜒，断而复续者十有五里。忽分岗立顶，结而为东郭之山，岩崖苍秀，云垂壁立，中有玉门洞天，灵秘幽敞，欲与百花争胜矣。游之，自仙岩至黄度岭，取道北行，遥见山形若龙楼构空，则东郭之巅也。及至麓，反不见其顶，惟密树疏篁，苍然太古，山径宽坦，幽而不险，如行云林、天竺。道上数折，登石峡，两崖玉立如门，下则幽涧飞流，触石如奏琴筑，游人到此不觉尘心涤尽矣。自门入，左涧石壁，几疑无路，忽坦道从岩腰削出如砥，路旁有大石，宽坦数丈，人可登览。路尽又开一门，更玲珑可爱，数十武至洞，两旁秀石林立，中悬崖轩豁，植以修竹，翼翼以华檐，入其中者，不复知有琳宫琼室也。旁又列一侧室相附，障以锦屏岩，天然玉案，可凭可倚，案之外有远峰三，从烟雾中耸出如笔架，左右重峦叠嶂，龙盘虎踞，使台南无百花、雨花、笑蓉，则此洞不几独绝耶。康熙间，有养鹤老人开山，至今二三僧居之。余与翟君宁远刻名于壁，且以订后约也。时乾隆甲午乾月三日。

太山白云洞

山在吴都，当仙岩西南，隔岸一大港，相去一十八里，山势秀润，挺立如人，顶平颈削，张口蓬头，酷肖太乙，故名。洞在太乙之口，自山背登，磴道峻直，跨崖肩　迳横入，则洞门也。悬岩如揭盖，四围低垂，独缺其南一面，道人以石墙接之，上开天窗，旁置门户。入其中，空旷幽洁，石灶、经床，左右布置，古佛一龛，白云一榻，坐卧片时，魂梦俱冷，不知世外有风波也。洞壁深处，泉影皎然，如立鹤，岩香多结其阴，旁注石潭，味甘洌，窗外岗峦纷错，翠蔼侵肌，盖此洞外窄内宽，故清静潜藏极其幽异。

仙岩杂记

清·冯赓雪

仙岩胜迹

王太初先生《台中山水记》云："仙岩去城东百里，滨海一巨石如屏，下有窍，可建五丈旗，坐千人。宋文信国航海止宿焉，遂俎豆于中。"《台志》云："仙岩在县东百二十里，高广数百仞，中有十窍，广四亩。洞侧有石泉，深尺许，久旱不涸，积雨不盈，味极甘冽，左有泉亦如之，相传同潮汐消长。旁有石笋山、穿岩、纺车岩，皆奇崛灵异。宋末文信国至此募兵，迄今按其岩壑，其名胜洵不诬也。"想信国初到时，必登览，先寄宿盘桓于斯，而后寓张氏菉漪堂。晋许迈寄王羲之书有云：自天台山至临海，多有金台、石室、仙人、芝草，则此岩灵秀在临海又以仙名，安知无茹芝羽化轻举于中者？然古迹无传，不得妄为臆云。第念自有宇宙便有此山，亿万年来得文信公一发其秘，遂与首阳、祁原并矗于高天厚地，较诸仙灵窟宅，不几泰岱视培塿耶？故台州诸山皆以仙释著，而此岩独以正气显，其胜迹不必夸张山水可也，而山水之雄奇绝特又如此。

百花清洞

百花洞即仙岩洞之别名，旧没沙石榛莽间。明初，里人叶养民捐赀辟治，为台六层，构楼七楹，施田地山园五十亩以畀守者。郡有志，骚人有咏，古学张先生题为百花清洞，佛徒因奉为檀越主。嘉靖时，其裔孙琰率宗人累石为城备寇，复思文信公航海时自此登岸，请于判府胡侯济世，因祀公于洞，而以旧业充焉。仍自输田地山园五亩，谕从侄台输田，从弟齐塑像，督学秦公题之，并命仍设其先世神主，俾子孙世守祀事云。

洞中楼阁

洞极高，下建三层楼，洞门叠石为墙如城堵。门上有两刻，一曰"百花清洞"，一曰"乾坤第一岩"。墙外皆修篁劲竹，苍翠逼人。由门而入为第一层楼，两旁附阁，东曰"栖云"，西曰"望月"，皆依岩势结构，壮雄奇伟，不类人间。由一层至二层，目界开豁，可望见山麓江水。至第三层，直窥东海。三层之上，岩势叠雄，凹处又分为二洞，左为大忠祠，右则天然泉亭也。

大忠祠堂

祠在三层楼之上，下瞰大海，一望无际。石柱、龙符、乱礁等山出没烟涛杳霭中，青翠万状，洵大观也。祠三楹，结构精巧，中坐文信国像，杜、胡东边，张、吕西边，神像俱壮丽。岩覆祠上，尚高数丈，嵚寄岞崿，人不敢仰视。祠后有一泉，一勺涓涓不竭，曰"洗目潭"，右边有仙井，滃溹清冽，俱从石坎涌出，味甘，可以愈疾。

山麓亭庵

曲洞门里许，为着衣亭。依岩而构，苍松翠柏环植亭侧，下窥涧壑，风烟缭绕，幽异可人。仰高庵在着衣亭岭下，祀元弼真君。庵无奇，惟仰望仙岩排列云霄，亦选胜者所憩息寓目也。去着衣亭里许为照忠亭，道人方一定建其亭。上荫古树，下环溪流，与仙岩相向，望大忠祠如在天际，楼台竹树之类皆从云烟中涌出，如罨画。然游人到此悦目赏心，尘襟为之一洗。天台齐宗伯题一联云：

曾遇天风停白舫，长悬海日明丹心。

颜曰：高山景行。乃仙岩道中绝胜处也。

菉漪书堂

菉漪堂，初名义方，在临邑之城门，哲斋张氏读书教子处也。溪山幽僻之中独聚一村，文信国宿其家，见其丛篁环宅，绿影参天，遂题其室曰“菉漪”，遂作菉漪堂诗，诗云：

义方堂上看，窗户翠玲珑。
砚里雩坛月，席间淇水风。
清声随地到，直节与天通。
庭玉森如笋，干霄雨露功。

历久堂圮，至今寒藤野草，遗址蔓塞，只有劲竹数竿，敲风泣雨，似当年遗荫耳。

乱礁洋诗

乱礁洋在大海中，顺风舟行不半日可抵仙岩，其间羊礁、石柱、牛门、白豸、赤金诸岛并出没波涛，嵚嵌林立。文丞相泛海时亲览其胜，云：自北海渡杨子江至苏州，其间最难得山，仅得蛇山、洋山、大小山数山而已，自入浙东，山渐多，入乱礁洋，青翠万叠如画图中。在洋中者，或高或低，或大或小，与水相击触，奇怪不可名状；其在两傍者，如岸上山丛，山实则皆在海中，非有畔际。是日，风小浪微，舟行石间，天巧捷出，令人接应不暇，殆神仙国也。孤愤愁绝中为之心广目明，是行为不虚云。因题诗曰：

海山仙子国，邂逅寄孤篷。
万象画图里，千崖玉界中。
风摇春浪软，礁激暮潮雄。
云气东南密，龙腾上碧空。

题罢舟东行。报者云，前有贼船。行十数里，梢人亟取仙岩港避之。此城门、金鳌之游所自始也。

《指南集》入浙东诗，当以乱礁洋始，次避舟仙岩，次菉漪堂，次金鳌山及夜潮，次过黄岩，而后至温州。今集中以金鳌山作始，盖高宗驻跸之处，信公为尊者崇重其题，特揭以首列耳，非先来金鳌而后入仙岩也。

浮门故琴

《金鳌集》有张哲斋吊高宗云：

鳌背龙飞集武林，无端麦饭也关心。
五城无限思乡泪，莫向浮门泣故琴。

今考浮门，在仙岩之东，宁波之南，盘亘海上。宋绍兴中，渔人于此获一琴，腹间题云：“臣雷某造。”以献于朝，高宗视之，为垂涕，乃在建炎时航海所失物也。观此，哲斋之诗可谓善风矣。惜死难之后，当时篇什无有传者，然麟毛凤羽得一可窥其全。始附于此，使百世下想见文雅风流真不愧文山“菉漪题咏”也。

亭旁女庙

仙岩东界宁海之亭旁，村中有古庙，其像好女，其神甚灵，故老相传是文丞相女避兵死此，迭为此处之神，至今水旱皆有祷焉。

余考文丞相女有六：长定娘、次柳娘、次环娘、次监娘、次奉娘、次寿娘，或陷或死，无一存者。丞相在燕狱集杜句悼之曰：痴女饥咬我，郁没一悲魂。不得叹骨肉，痛哭苍炯根。又云：床前两小女，各在天一涯。所愧为人父，风物长年悲。又六歌第三歌云：有女有女婉清扬，大者学帖临钟王。小者读书声琅琅，朔风吹衣白日黄。一双白璧委道旁，雁儿啄啄秋无梁。随母北首谁人将。呜呼三歌兮！歌愈伤，非为儿女泪淋浪。今观三诗则六女皆信公所钟爱，聪明端洁死而为神，不亦宜乎？然定娘、寿娘病死于河源；监娘、奉娘死潮阳乱兵中；柳娘、环娘当空坑之败与欧阳夫人被掳入都后，柳娘从公主下嫁王大德，间殁沙靖州，环娘从公主下嫁岐王，后老河州，并无有入台者，然则死亭旁之说，不知何所据乎？岂监娘、奉娘未死潮阳，为元兵虏以至此乎？抑当时聪丽女子避乱客死，恐尸骸暴露，特假丞相女名，使人怜惜收葬乎？然竟为神矣，是未可解也，姑附此以存疑。

石马地图志

佚名

自鸿蒙开而地已辟于丑矣，奠丽于中而称坤。维为乾元覆育为人，物栖止大而参域中，之边幅小而止乡曲，之比闾其间，有名山大川为古笔之留题，有乔木灵草为诗书之所纪载者，固不择地而产也，设不为之穷究纪录，指图绘画有胜境而瓯脱置之耳。

余家龙脉起自括苍，挟赤城天姥而来，至枫岭而衍一□线，为大地过脉。眺而望之，则蛟湖耸翠，迭嶂青葱，若锦屏之围护。至下而纡徊盘折，旅人往来者客岭也。客岭之北，不有秀穴为乐琴公之马鬣封乎；客岭之南，不有始祖文迥公之若斧若坊若覆夏屋之奇冢乎。绕膝之前，即庆云古刹也。旁建两庑，若宗祠则南拱而已。跬步而东，乔木森秀，郁若邓林、龙山翁两世灵窆也。灵峒兀峙，泽龙回顾，新庙奕奕，明神赫赫，岂非一方保障乎。巉岩而势若奔马，至梅村则结一大局，为仙人仰卧，高翁之墓在斯。括苍地脉，停毓而为石马孕秀者，此政其概也。若夫澎湃怒号，清流湍激，自清溪衍派，至湖村与桐岩别沚合流，武夷屈曲下入海游港口，其名洋溪。围绕于石马宅侧，与龟峰映带，古树挺秀，高枝蔽芾，方塘连溪，水光接天，鸡鸣犬吠相闻，书音与杵声遥应。越前溪而下洋，则九炮峰之接脉也，沙岸则大龙岭之旁蹊也。盱衡一盼，青蛙绿野，熙然满目，柯村古庙，重镇于斯。是舆图也，发脉远而迴龙长。带砺之险，几侔天府。台之东，宁之西，扶舆磅礴，是亦一称大岙区矣。若其间佳景奇观，不尽绘画，则维是诸骚人逸士别为之登记云尔。

【题注】石马在珠岙镇东。

璜岭兴善庵考

佚名

尝闻仙教之由，始于汉明帝，盛于梁武帝，中间虽有佛骨之辟，迨宋宗又复崇之。

横岭之庵，名曰“兴善”，自先祖开基以来，有此宅第，便有此仙刹矣。即阳谷中柯姓者各舍田共一十亩零，各舍地共三十亩，总计田地四十亩零。又山二陇，俱坐庵前西畔，并无别业间杂。择处苦心诚实道人居住，以供香火。上以祝圣寿，下以阜民康，其兴废亦尝有之。自见闻所及，而方景泰朝一废，时招黄和尚以主其铎，江导师以演其传，守成有陈宏善、陈崇完、陈明赐、翟道，遂皆善继清规，建置法堂，赞竖两楼，铺砌石坛，以为一时美观。类有功于庵祚者，道遂亡似遭式微之运，又得旧法，惟胡明才、罗道霸相与夹持，议取善行，林道伏禅师郑古陵来接其衣钵，嗣后未料其何如茗夫香烛供给之资，值嘉靖通例丈量，凡在本里姓子户领其额数，各随数派税代完粮差于官，不涉道人册籍在局。非为空言，后有子姓从事于举子业者胥此焉，习之则卫国福民，兴善檀越亦未必不为一助也。

【题注】兴善庵在花桥镇吴都村横岭。

洞阳观考

佚名

按寺观之设，其名难殊，而理则一，为羽士而立。赤城有栖霞宫，为保厘而立，今兹有洞阳观，亦为得道幽栖而立也。

六世祖讳大受，云孙有锐祖者，学道龙虎山，法名大本，别号天乐，居天师府上清宫。大定甲子从三十九代天师入觐，制授讲师，赐金澜道服。回省往温州，值大旱，有司请祷，遂以慰云汉之望，赠以旗幛。归故里复构祠于白龙潭下，名曰“洞阳观”，以为栖息之所。后返上清宫而卒。

其观在永乐时尚存。自兹以后，风雨所坏，积久而丘墟焉。今丈量故址，复为之随形填基登记，以示后人之知，世叶而重兴也。

【题注】洞阳观在花桥镇吴都村，为元代吴都人龙虎山道士柯天乐所建，今尚存摩崖石刻。

鉴溪书院考

佚名

圣贤勉人，进道有曰：百工居肆，以成其事。又曰：工欲善事，必先利器。罕而譬之肆，即讲道之所，利即进道之功也。

祖先尝为上蔡宾席，仕宋季。元代宋，挂冠而归，建书院于鉴溪之旁，郡主王华甫公颜“鉴溪书院”以赠之，邑乘尚未磨也。嗣颓于风雨，后又重葺之，原为祀周濂溪、叶水心于其中。一开道统，一亲授业也。延聘名儒为师，群族中及里人之子弟而教之。夫何阅废已久，今其地在大宗祠后北畔，相距不越二十丈。后有读书向上，步祖芳尘者，当随时价以偿，其值居肆，以执经利器，以雪案，不惟肄业，有赖而邑乘之载，不为纸上之陈言矣。

【题注】鉴溪书院旧在花桥镇吴都村，已圮。

第二章 诗、楹联

第一节 地名诗

丹邱寺

唐·郑虔

缚草为庐弃紫衣，讲经能致凤来仪。
至今千载云孙在，日倚层楼罔极思。

丹邱寺

唐·贾岛

何处是丹邱？深林林尽头。
金星耀沙渚，铁屑浑溪流。
冷落残僧少，荒芜古殿幽。
披图考名实，曾有凤来游。

销碧岩

唐·毛恒

销岩万仞插天高，紫阳曾此跨鸾腰。
玉箫吹彻碧桃熟，还待吾来食二肴。

安住寺道中

宋·舒岳祥

半村晴日乌盐角，十里春溪雀李花。
饼饵风来香冉冉，教人那得不思家。

过黄塘岭

宋·朱熹

屈曲危塍转，阴沉山气昏。
蝉声高树暗，石濑浅流喧。
已过黄塘岭，欲觅桃花源。
无为此留滞，驱马逾三樊。

东岗积翠

宋·鲍德嶷

亭亭山脊当窗左，翠竹苍松千万棵。
青葱不改四时颜，晨昏长把云烟锁。
山中趣味谁能知，了猷元亮是吾师。
人生世上贵适意，浮云富贵何足为。

邃岭呈样

宋·鲍德嶷

好山远自南闽来，群峰罗列环楼台。
映带溪流绕其侧，松堤柳岸相徘徊。
雨后岚光透窗牖，浩浩诗怀对樽酒。
轻狂不觉天地宽，一曲南山庆黄耉。

兴教钟声

宋·鲍德嶷

烟霞堆里招提隐，深锁楼台看不尽。
蒲牢朝夕舂舂容，不碍云林闻远近。
何人策杖寻钟声，但听山鸟鸣催耕。
禅室老僧正趺坐，午余香静篆烟清。

过琴江

宋·张和孙

鳌背龙飞集武林，无端麦饭也关心。
五城无限思乡泪，莫向浮门泣故琴。

灵凤山

宋·林景熙

月淡梧枝洞锁苔，人闻绘缴几惊猜。
九苞自是冲霄翮，曾为箫韶一奏来。

渡桐岩岭

明·许继

鹃啼山月落，旅枕乡梦返。
遇途谢平皋，首路指崇巘。
石门天梯峻，径逐苍崖转。
谷树碧云深，涧花红露泫。
回头望故隐，我行亦未远。
风景岂不佳，羁怀自难展。

题大忠祠

明·吴宽

休指厓山吊战场，忠魂久已过钱塘。
三仁可少文丞相，一死如前李侍郎。
毒雾涨天横沴气，落星浮海散寒芒。
孤坟最是无杯土，新庙依然有瓣香。

独上高丘望大洋，晚风吹泪湿衣裳。
何人忍耻修降表，当日临危进讲章。
岛国全身惟叛相，潭州无事却勤王。
史家未识留燕意，便把祥兴系宋亡。

厉阶千古恨辽金，戮力终成国步侵。
鼎足一时撑海角，旌头中夜到天心。
间关豺虎魂空返，寂寞鱼龙共骨沉。
臣节屡书犹不尽，欲将遗事托碑阴。

飓母谁怀国事忧，回看夜壑已无舟。
山河满地皆胡马，潮汐常时自海鳅。
空使谶书符四广，不教宗社复东周。
孱兵至此谁非死，名姓纷纷惜未收。

仙岩文信国公祠

明·金立敬

海上风生草树寒，谁开祠宇吊忠肝。
孤臣死去遂留辙，五马年来独系鞍。
赴国岂惟身仗节，感怀偏自发冲冠。
千秋洞口焦黄色，应有棠化一树看。

仙岩祠

明·张铁

砥柱层霄上，英灵复妥栖。
功应卑管乐，风不下夷齐。
地压金鳌重，堂临玉洞低。
春深凉月夜，知有杜鹃啼。
国步浮苑后，臣踪亦梗萍。
挥戈先落日，击楫已沉星。
草树辉千古，波涛壮入溟。
孤祠当盛世，无泪洒新亭。

仙岩洞

明·张廷璧

一上仙岩望，孤高万岭低。
乾坤分上下，日月割东西。
沧海浮鳌背，红尘隔马蹄。
仙人磨石壁，留待老夫题。

过菉漪堂

明·辛司吉

张氏旧书堂，当年号义方。
人归空有竹，直节冷秋霜。

元夕宿精进寺（二首）

明·王士性

一

淡云疏雨晚风晴，吹入人间不夜城。
僧寺独余松际月，洞箫声里万山明。

二

小桥流水隔溪东，日暮疏钟度岭风。
人定不惊泉底石，读经时起钵中龙。

宿庆云净刹

明·任大冶

睡起频登百尺楼，水天声价重山丘。
闲来莫浪题诗句，忒把辉光逼斗牛。

蛇蟠洋

明·王廷藩

千山紫菜万山苔，叶叶轻帆四面开。
清夜船头声聒耳，成群石首溯潮来。

龙母山

明·张羽

龙母峰高春雾清，下方路转上方平。
花先得日开偏早，鸟惯闻钟宿不惊。
飞阁危从云外起，迴泉幽似镜中倾。
梦游更觉云霓远，拟借仙人鹤背轻。

广润寺（二首）

明·曹学程

一

问俗郊行晚，停骖海上山。
潮随月初涌，僧共白云闲。
越峤年无警，花村夜不关。
青青麦秀野，一望且舒颜。

二

攀岭寻山寺，蓝舆过石城。
峰回云气渺，林密山痕清。
忽睹诸天近，皈心觉地明。
清潭时止止，临去一钟声。

自题精秘庵

明·僧清逸

清风迭迭水潺潺，新卜幽居不灵山。
朝看白云横谷口，暮看明月下天关。
僧来问话拳为示，客到煎茶坐当闲。
吩咐锄田足生计，休将偈话落人间。

登碧岩慈母石

清·章素

碧岩此夜江声冷，箫鼓声中白鹭飞。
绿水涟漪慈母泪，秋风萧瑟去儿噫。
一番鸟语和钟韵，数点渔灯对夕晖。
隔岸芦花人未扫，孤舟空载月明归。

过海游岭

清·章了禽

踏尽千秋路，惊看一岭横。
云浓添石滑，天热快风清。
苍鼠缘崖坐，幽禽隔树鸣。
物情皆自得，吾老愧奔程。

题朝阳洞

清·朱炳南

端坐朝阳洞，昙斋别有天。
凿岩成古佛，接竹引清泉。

禅月山

清·释正昼

面目全彰古佛仪，风前天地寄盈亏。
点开海印光在处，不落人间十二时。

石城

清·释本丰

瀑雪为汤岩作门，天城宝堑不干勋。
冷磨日薄难依鸟，险割风回欲堕云。
自币梵幢维帝域，目随莲漏送余曛。
千林似锦留春住，翠霭明霞退远氛。

松风坡

清·释本丰

寒原最喜盈眸翠，烈日犹惊洒面霜。
十万虬龙成队舞，涛声飞出撼穹苍。

翠屏山

清·释本怀

峭壁排空翠岫联，天开图画列庭前。
诗敲甚有险岩句，词赋无非风月篇。
霜露缀苔珠更灿，云霞绕树锦尤鲜。
好看文彩全彰处，尽在毛锥未举先。

解脱桥

清·释宗耀

人生谁解脱，我受寺门桥。
桥边有古树，日夕风萧萧。
桥下有流水，悠悠纳海潮。
有时桥上立，四顾天地寥。

古佛洞

清·叶凤梧

古洞幽深云气浓，此中何处觅真龙？
悬崖飞瀑三千丈，石径盘梯一万重。
猿鸟偷泉频据穴，孤鼬拜月打残钟。
何时沧海春雷动，霖雨苍生得再逢。

花溪

清·释照智

半山青霭倒溪流，不待花衔鸟自浮。

漾漾潮声香热耳，棱棱石气卷清眸。
断桥空锁潺湲势，老树欣灵落叶秋。
尽道当年生瑞色，澜光滴滴为谁留？

东山书屋

清・吴应鳌

东山晚眺意悠然，中有藏书敞数椽。
式燕一时怀妣祖，庭花几点悟坤乾。
探奇如睹匡庐画，倚棹还歌夷典荐。
圣域贤关殊不远，青黄碧绿翠无边。

三门湾

清・鲍谦

明州割界忆当年，健跳东关一水连。
月落潮平风色好，一帆稳趁夜航船。

丹邱寺

清・叶一舟

天台仙迹在丹邱，路入宁和景物幽。
灵凤回翔梅盛宅，神龙守护葛玄楼。
山连桐柏烟霞胜，地接蓬莱日月悠。
闻道羽人常萃集，笙歌响彻海天秋。

丹邱

清・谢赓明

神游何地不飞花，炼就丹炉郁晚霞。
龙林不随云影逝，犹疑深谷有仙家。

览金仙庵故址（二首）

清・叶永清

一

一朝恩宥独鸣秋，归筑金仙迹尚留。
堪羡姑心同皓月，清光千古照荒丘。

二

托迹空山伴石泉，百年风雨泪涓涓。
虽然求得缇萦愿，崇祀焚修奕世传。

题新庵

清・吴兆坚

旧日禅房今已摧，谁家修葺出新裁。

鱼儿乱跃门前水，鹿子安眠石上苔。
人坐溪桥空世事，僧间竹院脱尘埃。
牧童踏破苍烟晚，短笛无腔岭半来。

游多宝寺

清·释西雨

探幽来古寺，地僻路不通。
尘世隔天外，溪山疑画中。
僧归三径月，钟吼一林风。
此夕禅关内，清淡百虚空。

屏山舆图

清·陈正升

四围山景作墙城，龙首三三护曲屏。
五马回环双凤集，两樟端拱一祠兴。
横溪白石如银砌，湫水轻雷似鼓鸣。
乘兴再来翻锦浪，合村踊跃共飞腾。

游蛇蟠山

清·朱章程

迎凉天宇值中秋，挈伴鸣桡乘月游。
素魄辉呈银世界，碧江波泛玉华舟。
杯留客韵兴无限，风渡渔歌饮未休。
孤棹依依凌万顷，岂同鲁叟恋中浮。

龙山即景

民国·金南

日午蝉声歇，深林鸟雀哗。
山云蒸白雨，溪浪卷黄沙。
暑退农多暇，年丰酒易赊。
村南三五里，烟景羡渔家。

第二节　景诗

石马八景诗律

明·任大冶

庆云时荐

三绝传芳擅讲坛，彩云随日叆晴寰。
文章五色辉千古，秀并三台映万山。
骚客岂能供品味，画工空自吮铅丹。

科名应运几非偶，太史应占在此间。

石马春游

顽然突兀见孤村，仿佛骅骝尽足蹲。
一瞚未能夸过影，千秋谁得说空郡。
长霄不是缰收晚，遍地徒令草自春。
可使江都人着眼，绘成神爽出风尘。

蛟湖牧笛

一望平湖路更赊，数声羌笛起谁家。
桓伊去后人留慕，箫史名遗世所夸。
杯底不妨浮竹叶，管中喜听落梅花。
牧童且漫狂歌舞，恐动潜蛟驾紫霞。

客岭樵歌

耸壑昂霄叹寂寥，腰镰缓步陟山椒。
双棋未变柯先烂，一箭相酹风自饶。
长啸山灵应互答，清歇过客讶逍遥。
逢人不肯通名姓，浪说山禽唤伯劳。

龟峰耸秀

从说龟峰势俨然，停骖指顾岂虚传。
昂头似解先天诀，曳尾应知引寿年。
几处楼台依北麓，一溪流水曲当前。
山灵预报图书兆，指日相看鹤鹭骞。

龙岭阐云

巨巅嵯峨分外奇，神龙变幻恍依稀。
喷泉作甫声如吼，堆石成林势欲飞。
极目扶桑天际远，回头尘界众峰低。
登高胜地君知否，不道操蛇暗里移。

洋溪钓月

摆脱繁嚣自在闲，夜深得处几层阑。
迎风短笠移云影，牵月长思过别滩。
起傍余光寻野店，欲沽独酒壮酡颜。
一竿不为三公换，敢是桐江得早还。

沙岸耕云

为道农家春事忙，一犁时雨足田庄。
关情布谷频相促，过眼烟光属渺茫。

壤系竹歌忘岁月，息耕陇上话兴亡。
妻挈护慰田工苦，几片仙云袖里藏。

纡岸八景

明·屠隆

西槛书声

爽气入郊墟，窗间明月落。
夜静然青藜，咿唔澈林薄。

东山奕迹

屐齿何蹁跹，日向东山奕。
烂柯人已归，宛然见双迹。

三井潜龙

巨石势磅礴，三井声喧逐。
潜龙唤不起，应自待春雷。

双坑飞瀑

绝壁暖云雾，疑作香炉峰。
斜阳忽相对，青山飞白龙。

桥亭玩月

虹梁驾百尺，青天如可上。
把玩玉蟾蜍，清光满仙掌。

石洞归云

霭霭洞中云，飞出青天外。
日暮还归来，猿鹤深相待。

龟峰日晚

蓬莱水清浅，群峰戴巨鳌。
欲垂龙伯钓，直待晚来朝。

马湖春霁

胡儿饮马川，移向青山下。
春波似掌平，霁色堪插画。

朱溪八景

佚名

蛟湖春雷

风雷倏忽空山里，潜蛟直立波涛起。

乞得天池水一瓢，来向人间作云雨。

枫岭秋色

一夜西风万木乾，岭头枫叶红于丹。
秋光不让春光好，策杖行吟醉后看。

幽涧冰弦

千崖万壑水淙淙，谁抱云和幽涧中。
白石磷磷双雁足，碧溪苍藓荐梧桐。

响岩清磬

泗滨古磬色苍然，何日浮来沧海边。
清夜唤醒猿鹤梦，泬寥声到大罗天。

高畈耕云

上平田在青山麓，春草潇潇春雨足。
农家阿叟荷锄来，耕破春云千顷绿。

朱溪钓月

日暮溪头坐钓槎，溶溶春水汛桃花。
钩悬香饵沉波滑，一曲沧浪月未斜。

金岙樵夫

丁丁伐木向空山，空山深处白云起。
闲看仙人一局棋，半肩挑得归家去。

杨溪牧笛

绿柳丝丝春草青，牧童芦笛坐来横。
溪头日暮穿林去，巧弄风前三两声。

海游八景

清·齐迟昌

丹峰积翠

拔地孤峰插碧空，丹成葛灶溯仙翁。
纯时便结千重翠，炼处难求九转红。
鸟道青迷春雨后，蚕业绿绕暮云中。
如从顾陆毫端写，赤峤霞标建未工。

石城飞瀑

海国山城镇一隅，金陵会此擅雄图。
云开猛掷千寻练，雨过高倾万斛珠。

破石频教惊霹雳，望洋未许叹江湖。
天边睥睨今如旧，封得丸泥百二石。

眠牛夕照

荷笠来思趁落晖，毋吪尚寐几时归。
沿堤乱听黄鹂骂，隔水惊看白鹭飞。
芳草斜阳三撅笛，桃林牧野两忘机。
如骑老子函关去，紫气东迎满翠微。

青萍夜月

渺茫轻风淡淡波，青萍月上影婆娑。
偷来乐趣闲中少，占得清光分外多。
折桂惭无登玉阙，浮槎恨不到银河。
生涯抱此谁终古，一拍洞箫一曲歌。

端云晓钟

一片钟声出翠微，斋鱼粥鼓昨宵非。
鲸方镗□穿云吼，鹤已惺忪破雾飞。
泊客惊醒愁月落，诗人送到怨春归。
景阳宫里知会否，书尽双蛾露未稀。

沙堤踏青

三月年逢上己辰，暖风吹绿一堤春。
桥眠杨柳虹腰浅，屐印莓苔蜡齿匀。
绕径还迎斗草侣，出门不约看花人。
寻芳泗水同行乐，那苦桃源还同春。

萝崖消夏

虬萝压径翠交加，峭壁嶙峋拔水涯。
月影圆时翻玉兔，波光漾处走金蛇。
寻凉爱入诗中画，避暑闲停镜里车。
到此趋名趋利客，热肠涤尽胜浮瓜。

双峰剪云

织锦天孙杼未停，神工霎尔破云扃。
眉凭翠黛分终古，掌自鸿蒙擘巨灵。
细縠千层开落日，轻罗几幅付零星。
风姨收拾何无赖，依旧长空雨点青。

吴濠十景

清·吴承配

唐峰耸翠

云龙夭矫耸唐峰，翠色参天入望浓。
凤翅绿梳淇水竹，虬枝青结景山松。
雨余嫩向莺声滴，日丽清含螺影封。
甲舍千家绵巨麓，悠悠长仰秀灵钟。

语水回澜

溪流韵逸语潺潺，源远澜回一带环。
练影雨晴拖曲岸，琴音风度鼓深湾。
花萦荇菜参差处，柳映鱼儿出没间。
游子临渊频侧耳，赏心无复志高山。

五形舒屏

翠巘重重列五形，村西作障宛如屏。
珠帘日卷松风绿，绣闼时排竹雨青。
云布岩崖开画壁，鸿书林杪映纱棂。
凭栏雅爱层峦秀，不藉仙游始效灵。

龟潭垂钓

龟山潭水碧潆洄，岩石粼粼胜钓台。
匝岸浓荫铺绿树，满湾春色漾苍苔。
老翁守饵常忘返，稚子敲针复笑来。
剧似桐江留古迹，烟波浩渺净无埃。

旭院晓钟

堂开迎旭语溪头，傍晓鸣钟韵最悠。
影送天花飞碧汉，声扬贝叶渡中流。
松梢梦断翔栖鹤，柳岸魂惊起宿鸥。
漫拟蒲牢相应吼，有时鼍鼓共夷遒。

火崦夕辉

岩限星火崦逾明，日色西行分外晶。
图写辋川辉入画，诗题石径晚含情。
林端绮结栖霞影，野外红喧宿鸟声。
远近归人回首望，群欣风景一时情。

狮岩隐雾

危岩崒屼耸层空，踞作狮儿势自雄。
昂首彩云低远岫，栖身薄雾啸长风。

雨滋毛竖芳林绿，日霁眸凝曙旭红。
球彩千秋谁敢系？灵威直拟降神嵩。

享亭栖霞

古亭崇享傍丘阿，常见栖霞一抹拖。
谷口风旋飘素练，陇头雨渍浣轻罗。
声迷鸠妇呼花坞，影失莺儿织柳坡。
山客最忻长作伴，时时携杖听樵歌。

梅冈积雪

寒雪盈岗绝点尘，老梅几树辩难真。
辉凝古干枝枝玉，艳缀奇葩朵朵银。
云薄清堪寻卧士，月明淡可引佳人。
十分景色标千仞，织入诗囊句句新。

沙堤纳凉

夏木千樟映古堤，凉风缥缈渡前溪。
游人雅爱烦襟涤，佳客常来永日栖。
两岸水光天上下，一林云影日东西。
携柑赏胜情何限，隔叶黄鹂恰恰啼。

马湖黎氏村居八景诗

清·黎大缙

古庙悬灯

庙宇崔巍上应台，烟浮宝鼎绕苍苔。
千株火树冲牛斗，万颗银灯闪帝台。
配享先公明德远，奉祠奕叶肆筵开。
燃藜逐马弦歌闹，玩赏何愁漏箭催。

屿山芳草

坤仪一撮屿员巅，疑是青珠丽碧川。
邀友邀邀来蝶舞，衔杯谈笑值莺迁。
野花森秀凝春露，曲水环绕带晓烟。
潇洒忘怀晞落照，轻风拂袖兴翩翩。

后畈耕云

绿野迢迢日影微，农夫荷耒出柴扉，
半黎气暖莺声啭，数插泥融燕子飞。
有渰凄凄云出岫，如锦朵朵湿侵衣。
耕莘歌咏忘青紫，十亩闲闲适化机。

井潭钓月

读倦闲游步碧渊，清光掩映上连天。
潜观鳣鲔来滩畔，忽见蟾蜍近水边，
放下一纶冰鉴转，收回六物桂花鲜。
当年渭叟鲲鹏化，伫看扶摇万里迁。

大嵛望海

南岗叠巘耸云隈，蹑屐登临步紫苔。
石结观音腾碧汉，岩成狮子驾蓬莱。
遥瞻浪涌千艘疾，试看潮来万壑回。
长啸山鸣云路近，冯夷好景任徘徊。

马湖观莲

浩浩平湖紫陌中，澄泓一曲洗青骢。
花开十丈邀明月，瑞结千珠弄晓风。
菡萏含羞光滟滟，金钱舞媚色葱葱。
环桥凝睇同周爱，体态妖娆映日红。

太平避暑

赤帝行天气蕴隆，闭门谢客道稀踪。
倚南啸傲禅堂冷，卧此翱翔古刹空。
移椅山阴凉柳下，飞仙河朔醉林中。
佻佻公子侵肌髓，此地玄都总一同。

仙岩望远

巉岩三叠插青空，宛似朝端立汉中。
雨涧嶙峋苍藓绿，云披崖壁彩霞红。
携樽登效龙山会，餐菊依稀阆苑风。
想是禅门归紫府，故遗仙迹在崆峒。

孙家八景诗

清・孙子东

湫水听泉

湫水潺潺下碧流，波心委折到江头。
两山夹入松枫古，曲岸频添竹露幽。
危石咽时喧万里，溪声寒处报三秋。
知音弹出元弦曲，洗耳奚烦步许由。

西岭归云

山居无事对斜晖，坐爱闻云护石扉。
晓向东山随鹤去，暮穿西岭伴龙归。

采芝客到留深处，沽酒人来入翠微。
马首东回谁氏子，晚竹犹自湿征衣。

双尖笼雾

两峰对峙势嵯峨，一缕烟光锁碧萝。
南豹有文闻里得，北鸿无字静中过。
苔衣湿处留双屐，石发稀时绝点螺。
吹落山巾红日丽，举头千仞兴何如。

正屿渔船

海外孤峰高插天，声声欸乃趁渔船。
水光山色推蓬近，挑浪松风入耳连。
楚竹煎来依晓岸，清湘汲处净朝烟。
悠然一幅云林画，拟共闲游学半仙。

寒山积雪

寒拾到今何处寻？玉尘犹自满芳林。
空山不扫无人径，白云长留人古心。
半榻茶烟真淡荡，一天梅影费沉吟。
闲来读罢孙康句，得唱阳春卧绿荫。

曲水西回

曾向西溪下竹竿，悠然曲水见回澜。
一波欲起经三折，万派回流过几滩。
雁齿排排青断岸，鸭头涨处绿成团。
待看落日飞残照，银练翻为九转丹。

云居晓钟

古刹鸣钟响几层，白云深处有高僧。
溪头撞破阑更月，海角敲残静夜灯。
满座松风惊唳鹤，一帘花雨起飞鹏。
陶君何事攒眉去，何晚清音最上乘。

牛山月望

良宵挈伴步牛山，任兴登临月势弯。
玉兔凌空辉禹甸，银蟾倚汉耀人寰。
光移碧涧猿啼澈，色转青松鹤梦阑。
翘首苍苍天路近，恍疑身世隔云关。

狮峰任氏八景诗

佚名

双峰挺秀

山峦矗矗耸双峰，秀色参天入望浓。
螺髻齐梳如子态，蛾眉对画美人容。
恒留雾谷空中罩，每借云罗断处封。
排闼青光如远送，依稀小大插芙蓉。

九曲回澜

桃花源里汇清湍，水势堪分九折观。
屈曲澜翻珠累累，绵长浪卷雪团团。
羊肠缭绕绿溪径，鹤渚潆洄傍石滩。
最好流觞修禊事，三三佳节共追欢。

鹳桥步月

碧天悬月朗清宵，约伴同游到鹳桥。
绿泛鸭头形点点，红明雁齿影迢迢。
一轮圆镜当空印，九曲翻澜随步遥。
诗思浑如灞上得，夜阑更喜学吹箫。

鹤渚归云

烟霭苍茫日影斜，村墟树树噪归鸦。
鹳桥流水通变涧，鹤渚栖云遍两涯。
缥渺浮光低处护，氤氲佳色望中奢。
几回璧絮寻途上，洞口依稀散绮霞。

花湾揽胜

环村烟火几人家，水曲湾深每见花。
最妙一枝横竹坞，何妨数点透篱笆。
引人入胜溪流绕，挈伴寻芳石径斜。
彷彿桃源仙客地，迷香莫辨路三叉。

荷塘纳凉

夏日炎炎畏若何？清飚时纳野塘荷。
花非解语偏能笑，人为招凉每作歌。
十里闻香风乍到，一时消暑雨初过。
澄怀静坐抛紈扇，且看游鱼掷锦梭。

横屏展翠

一带阴翳展翠屏，凭轩凝望列亭亭。
风来牵影环村绿，雨雾拖光绕郭青。

雾谷烟绡交掩映，松涛竹韵杂玲珑。
天然满幅云林画，雅欲移来绘户庭。

螺潭汇青

潭影涵空绿水浔，一螺青黛吐中心。
螭头雨过迷苹末，羊角风旋间柳荫。
恍似琼仙杯乍覆，依然玉女髻高簪。
纡盘垒石成形古，隐约中流峙碧岭。

石林屿山八景诗

清·叶芬芳

沙溪烟柳

雨山随处有深溪，此出天台远可稽。
在昔谁人栽细柳，而今几树映长堤。
风牵弱线迎波绿，烟带游丝极浦迷。
照水斜阳知影乱，连宵密雨着条低。
章台点缀应堪拟，彭泽临文必并提。
欲展翠眉常冉冉，将舒青眼每萋萋。
傍川艳色陪红杏，近岸清华衬碧荑。
宛是王维图一幅，淡妆浓抹挂村西。

竹涧虹桥

涧边何日种苍筤，竹韵波声昼夜忙。
叠石高悬湄两岸，修桥横挂水中央。
依然蝃蝀长可指，宛矣虹霓久不藏。
讵必凌寒思济洧，曾于末冽早为梁。
节原劲直停游士，影自扶疏适过商。
枝动叶翻千个字，人行迹乱九秋霜。
风流真可方淇澳，龟驾无容让洛阳。
坐爱萧骚频入耳，隔溪听似凤求凰。

双潭秋月

村前古迹凿何年？秋至潭中绝淡烟。
未入晚阳殊焕丽，方井素月最婵娟。
孤轮已觉流霄汉，合璧旋看浴野泉。
上下呈形如印印，明虚有象见渊渊。
风来水面光斯动，镜涌波心色转鲜。
乾健坤柔参易理，鸢飞鱼跃悟奠铨。
缘知成六由于一，更信名川出自天。
直待夜深人静后，自然道妙与谁传。

南浦春潮

律回冻向暖时消，南浦阳开景已韶。
两岸潆洄钦海信，孤帆欸乃听春潮。
波横地纪知来远，派引天潢觉去遥。
每带浓雾殊有势，共生皎月岂相邀。
薰风乍与新涛杂，碧草几同翠浪飘。
仿佛一雷从震发，依稀万马自干超。
斜侵柳黛明中逐，倒映花红暗里摇。
得此奇观增识力，况乎潋滟夜连潮。

石马朝阳

奇崖岂系鬼工成，形肖骐骝是则名。
蹑蹀面东神欲骋，轩昂向日静无声。
几时拔地高居耸，千古凌霁远照明。
晚色红增岩骨峭，晨光动若雪蹄轻。
垂头宛似回羲驭，彝足偏能禀震精。
骑鹿欲为秦可指，图龙非此负难横。
文同朱豹琅琅灿，彩映金貂郁郁荣。
眄彼峥嵘之体势，依然天骥以材呈。

笔架凌云

特峙三峰体势雄，巍巍坐镇万家东。
形成笔架传千古，秀挺云端接太空。
泱漭行来知弗墨，峥嵘散去或因风。
危峦晚见随霞赤，绝顶晨侵捧日红。
擘絮突然居海岱，腾虚卓尔插苍嵩。
幸从天外余光衬，似得封中五色笼。
若上莲台星可摘，倘扳鹤翅汉能通。
此山四面原如一，佑启文人蔚不穷。

屿山松鹤

平原持出一悬山，前有烟村咫尺间。
自古虬松敦本性，于今仙鹤住尘寰。
江临孤屿凭来去，树接名禽任往还。
清唳因风听处远，高姿对水望中间。
载飞得月安吾素，已举经霜笑彼斑。
恰似缑笙歙静夜，喜从天籁舞青鬟。
巢居岂与寒鸡侣，得所原同彩凤班。
海上蓬莱今不远，端张翼翮孰能拔。

石所归帆

大川得涉造为舟，致远能通万里流。
欲出旗门牵缆起，得归石所落帆收。
每于春夏秋冬去，无不东西南北游。
满拔牙樯惊渚雁，轻摇桂棹动沙鸥。
济川日届三千路，泊岸声闻十二楼。
影人翠屏萦海底，风翻碧树印江头。
山间明月闲时取，溪上清烟舰外浮。
夜静船灯森古渡，余皇岂为白云留。

中门十景诗

清·梅汪

石坦玩月

每逢明月夜，玩赏石坦中。
玉质连砂净，金波合水融。
徘徊苔磴上，徙倚粉墙东。
待到天心处，清光万里同。

岗阜迎灯

元夜乡风古，掌灯岗阜迎。
原非资玩赏，特为赛神明。
月色交灯色，炮声杂鼓声。
新年登大有，击壤乐升平。

双溪迭浪

波迭层层浪，双溪水合襟。
东流横几丈，南涧直千寻。
鲸跋淆经渭，龙鳞混浅深。
回澜多紫色，岸上快登临。

百亩铺云

沃野拟铺云，平畴百亩闻。
来牟浮夏季，禾稼霭秋分。
阡陌纷鳞次，沟塍乱水纹。
三农时荷播，一望气氤氲。

鲸潭钓叟

鬓发峰松叟，一竿潭上横。
矶头端立脚，水面静凝睛。
尽得江湖趣，都缘名利轻。
钓来又掷去，着意在长鲸。

蟾岛耕夫

春雨一犁足，晨耕蟾岛田。
源头分白水，野畔走鸟犍。
荷蓑荷笠日，宜晴宜雨天。
黄昏归饱饭，早起敢安眠。

亭山牧笛

牧笛横牛背，亭山引兴长。
登临同榭阁，吹唱叶宫商。
莫道儿童戏，须知天籁扬。
少年无些事，欢乐有千场。

屏岭樵歌

屏岭登登上，樵夫逸兴多。
双肩空负担，众口发高歌。
唱和时巅岭，喁吁转曲阿。
析薪争迅速，犹恐夕阳过。

福庵梵呗

福庵归净土，梵呗透禅关。
说法几蹊脱，谈经谷虑删。
蒲团忝悟静，钟鼓养心间。
爱看河沙佛，牛花独破颜。

柿庙神灵

柿庙由来久，神明百代灵。
蒙庥三族子，呵护一乡丁。
德并狮峰峙，恩偕鲸水溟。
馨声时赛祝，境下保安宁。

亭旁十六景诗

佚名

黄豹春色

黄豹山头草色鲜，牧童樵子半云烟。
苔痕纵有三分绿，难禁牛羊日夕牵。

赤雁秋謦

天高气朗月清清，赤雁秋声似不平。
欲就江南违塞北，蹄心客思两哀鸣。

龙珠二争

陡作云雷万里搏，为因圆颗起争端。
有朝一日霜风至，匿迹销馨胆自寒。

狮球独抱

龙争虎斗万千千，独抱青锋独自眠。
猫逐鼠兮狗逐兔，长馨安得吼山边。

阶梯步云

直上青云步九霄，风衣鸾夜自逍遥。
何劳阶级层层叠，一曲背儿一折腰。

楼台观海

海阔天高浪泼堤，盐田苦煞我蒸黎。
无心逸老长观变，独上楼台笑重蠢。

岩背松楸

天生不老一松楸，错节盘根任自由。
春雨难争千树色，秋霜始见百花愁。

洞门桃柳

洞门小小若秦关，鸡犬桑麻尽日闲。
为问前朝兴废事，如今曾否旧江山。

桂林书屋

桂馥兰香月满楼，书声朗朗读春秋。
乱臣贼子今何在？千古兴亡一卷收。

花湾钓矶

山有花兮水有矶，自然无地不光辉。
我今也把丝丝钓，钓水钓山钓是非。

管溪群牧

一年一渡一填河，牛女双星苦太多。
不及人间群牧乐，管溪坑畔任穿梭。

谢龙耦耕

前人田地后人耕，还有耕人在后生。
王谢虽衰燕子去，太沮桀溺棕同行。

双溪罗带

形胜天生本自然，奚烦人力击山川。
双溪罗带盘旋绕，宛似东南洛泗连。

万亩绮纹

半年辛苦半午闲，苦苦辛辛不大艰。
万亩绮纹如织锦，田家信有乐余颜。

东山丹灶

炉火十年去学仙，仙人一去寂无烟。
萤萤星斗青青草，犹绕东山丹灶边。

西岭梵宫

西方竺国一梵宫，岭桥高悬百步中。
能有几人通彼岸，烟霞闲扫了尘红。

第三节　楹联

吴岙合波亭联

寄春一任折梅沽酒；无须望杏随时娱玩。

广润寺大雄宝殿联

自李唐、赵宋而代更，世有兴衰，佛无生灭；继真觉、报恩以重构，师多缘法，寺益长灵。

海游太尉庙联

忠在国，孝在家，一门忠孝；继父志，报君恩，五代英贤。

精秘庵门联

入门顶礼黄金相；进步皈依大法王。

精秘庵大殿联

禅月清幽三门名山第一；圣僧正果海湾佛地无双。
山外皆山峦岫绕成清净界；峰上有峰禅月就是极乐地。
九品莲台，狮吼象鸣登法座；三尊金相，龙吟虎啸出天台。

振衣亭联

一亭风月新诗卷；四面云山古画图。
楼台四望烟云合；草木一溪文字香。

建雄古庙联

青史未书殉国烈；白云长护建雄祠。

孔曰成仁，孟曰取义，堪与梁光媲美；先而尽孝，继而完贞，乃同曹娥颉颃。
挟姐妹以偕来，祝里风清，堪映凉天明月；痛君父之大去，崖山变惨，难回苦海狂澜。

玉溪寺（湫水寺）联

密云常护三千界；甘露均沾亿万春。
海不扬波，稳渡星槎远迩；民皆乐业，遍歌母德渊源。
超四海以为王，功能配地；迈群龙而立极，德可参天。
飞六合之甘霖，功隆化育；供九州以玉液，德迈乾坤。

潺岙渡头庵大殿联

春去禅林，松老不花云坞寂；苔生杖室，月明无主竹窗寒。

健跳仰天庵联

四面有山皆入画；一年无日不看潮。

海游菖蒲岭路廊联

日午茶香，林鸟唤声留客住；雪来柳往，山花不语笑人忙。

东屏镇东堂联

两峰耸秀佛力皆屏山永峙；九曲汪洋慈恩与湫水长流。

娄坑留云庵联

闲招白鹤云千里；静读黄庭香一炉。
天雨可注名利客；清水长济往来人。

仙岩洞文信国公大忠祠大门联

丹室辟洞天，仙踪犹在；忠祠崇福地，正气长存。
宰相状元生为南北无双品；成仁取义死镇乾坤第一岩。

仙岩洞照忠亭联

曾遇天风停白舫；长悬海日照丹心。

湘山兴隆庙联

殿宇辉煌人杰地灵千古迹；神威浩荡民安物阜万家春。

朝阳庵大殿联

槛外潮生得慈航便是南海；庭前云霞控妙韵既是西天。
宏开示之崇大海吞流崇山纳壤；契圆常之理慧镜无垢慈灯照微。

瑞岩寺联

借新音而为木铎；凭往事以定金针。

西渡佛堂联

仙缘有分胜地同登显佛堂，大道无私玄机妙语旺西渡。

龙岭云开空界自成清净地，笔架月皓园光常现慈善心。

江遥岭头联

白莲座遇良辰构；紫竹林逢佳日兴。

青山绿水西来意；翠竹黄花古佛心。

长墩路廊联

风送雨来留客处；日暖花开与君知。

龙德岭联

乾道祥开龙德岭；坤兴秀集鹿泉村。

海屋丰宁沾圣泽；山君炳蔚起人文。

为国为民酬素志；曰神曰帝布鸿恩。

峭启笔峰观凤舞；山通湫水听龙吟。

山场民居联

检点五知知及早；因循六悔悔应迟。

立业维艰无非俭勤二字；传家有道要在耕读两行。

青叶民居联

一水护田将绿绕；两山桃岗送春来。

中门上将第楹联

忠孝作家箴文武一门辉隶萼；诗书传世宝经营百福荫兰荪。

惠泉亭联

普泽万方同食德；长流百世且闻清。

吴岙吴氏宗祠联

祠对唐峰钟秀气；堂临语水毓人文。

上鲍鲍氏宗祠联

溯本源于上党宗功深厚；分枝派于亭林世泽绵长。

西山梅氏宗祠联

鲸水宗源远；丹山祖德馨。

西陈陈氏宗祠柱联

周封公梁禅帝千秋血脉传玉牒；汉元勋宋隐士万古精忠写家书。

园里陈氏家庙楹联

太丘德望颍水家声远；御史功勋窦山世泽长。

立国宛丘昌盛临淄支复颍川派分禹域；乔迁固始率征福闽游卜中亭繁衍越疆。

蜍下陈氏宗祠联

蟾岩陈氏衣冠古；北涧祠堂俎豆香。

源远流长自颍川以迄福闽几经积德培成名宗；根深实茂从长溪而至蟾岩悉本继志递作鼎族。

松门陈氏宗祠联

双尖山松柏巍巍碧千古；董家桥英才济济华一堂。

积著华山白云一片心偕远；典崇乡国黄菊百株名俱香。

娄坑大宗祠联

甲第著嵝阳世胄；文章逆缑里名家。

东山耸秀贻谋远；西水环流衍派长。

岙楼楼氏祠堂联

御笔封楼传千古；半县粮饷祝千秋。

杨氏祠堂联

汉时四世三公第；宋室一门八将家。

上模王氏祠堂联

西宅仰名宗，将相王侯附马；南门推望族，祖孙父子从龙。

山场柯氏宗祠联

柯氏从克庸抵德远航江浙；始祖自避乱至台爰处山场。

后周周氏宗祠联

种柳仿将军世泽遥承垂百祀；爱莲称君子宗风广被锡三多。

石马郑氏宗祠联

陟龟山以望东山若近若远；临泽水而恩泗水非迩非遐。

三台道学传千古，礼由入庙而问；六邑文章本一人，教不出家而成。

卜迁在龟峰之麓雅雅鱼鱼会见子孙逢吉；作庙当龙岭之阳翔翔济济永昭赫濯声灵。

后陵陈氏宗祠联

广陵传湖海之隽；颖川萃奎辟之华。

擅六奇伟略济时垂百世；名高七彦文章经国耀千秋。

第九编

地名管理

第一章 大事记

西晋太康元年（280 年）

析临海 200 户，鄞地 800 户置宁海县，县治设白峤。今三门分为临海、宁海两县地，属临海郡。

隋开皇九年（589 年）

撤宁海县并入临海县，属处州。今三门为临海县地。

唐武德四年（621 年）

宁海县自临海县析置，治设海游，属海州，后废。

永昌元年（689 年）

分临海县东北部置宁海县，治设广度里（今宁海县治所在）。时三门分为临海、宁海两县地，属台州。

宋熙宁七年（1074 年）

分两浙路为两浙东路、两浙西路，时三门分属临海、宁海两县，隶台州。

元至元十四年（1277 年）

改台州为台州路，置总管府，治临海，时三门分属临海、宁海两县，属台州路，隶江浙等处行中书省浙东道。

明洪武三年（1370 年）

重建珠岙驿丞厅（宋设珠岙邮亭，后废）。洪武二十年（1387 年）徙建于桐岩岭上，清初裁。

同年，设曼岙、窦岙巡检司。

洪武二十年 (1387 年)

信国公汤和奏设健跳所，尚膺筑城。

清康熙四年 (1665 年)

台州海防同知署移驻亭旁，后迁葭沚。

雍正六年（1728 年）

施行乡庄制，时三门属宁海县部分有 2 乡 21 庄，属临海县部分有 2 乡 14 庄。

雍正七年（1729年）

建健跳汛，管辖蛇蟠洋、满山等21处。同时，建西郭、大横渡、窦岙、海游、曼岙、关头、澧浦、赤坎、吴都、小雄、泗淋、梅岙汛。

乾隆八年（1743年）

创建亭旁城隍庙，二十二年扩建。

同治三年（1864年）

健跳左营守备署移至亭旁海防同知署废址西，改称亭旁汛衙。宁海理民分县（亭旁县丞署）设于东，合称文武两衙门。

同治七年（1868年）

梅岙汛移驻花桥，称花桥汛千总署。

同治十年（1871年）

临海县海门分县移治于花桥，称花桥县丞署。

宣统元年（1909年）

施行地方自治。时三门属临海县部分的行政区划有1个镇，1个乡，14个庄。原属宁海县部分的行政区划有1个镇，3个乡，21个庄。

民国元年（1912年）

1月，中华民国宣告成立后，废亭旁县丞署，建亭旁执法分署。翌年撤销建制。

民国十七年（1928年）

5月26日，亭旁起义成立亭旁区苏维埃政权，为浙江省第一个苏维埃政权。

时三门属宁海县部分的行政区划，有3个区，4个镇，44个乡。

民国二十四年（1935年）

时三门属宁海县部分的行政区划，调整为1个镇，22个乡，分属3个督导区。

民国二十八年（1939年）

时三门属宁海县部分的行政区划，调整为1个镇，17个乡，分属2个区。时属临海县部分的行政区划，调整为城关、山场、小雄、沿江、澧浦5个乡。

民国二十九年（1940年）

7月1日，撤销南田县，划宁海县东南18个乡镇（麻岙乡因事暂缓划入，实际为17个乡镇）、临海县东北5个乡镇及原南田县6个乡镇，成立三门县，共2个区，4个镇，25个乡，隶属第七行政督察区。县治初设健康塘，9月移海游。

是年，新昌—天台—临海公路通车，途经吴岙、高枧。

民国三十一年(1942年)

1月，重行划编行政区，计4个区，20个乡。

民国三十二年（1943年）

2月，《浙江省三门县全图》出版，为三门县第一张行政图。

海游镇改为县直辖，另增设珠岙、健跳2个区，全县调整为6个区，4个镇，25个乡，288个保，3152个甲。

民国三十四年（1945年）

2月，撤珠岙、亭旁2个区，并为亭溪区；撤澧浦区，另划入琴江、六鳌2个乡，并为东郭区；划上叶、悬渚、永丰、葛岙4个乡与海游共5个乡镇为直辖区。全县计4个区，4个镇，25个乡。

民国三十六年（1947年）

3月，编并乡镇，调整行政区划。全县计2个区，3个镇，22个乡，278个保，2958个甲。

1949年

2月17日，三门县解放，建立县人民政府，是浙江省第一个解放的县，治海游。辖6个区，4个镇，31个乡。

1950年

废除保甲制，实行乡（镇）村制。全县设8个区，1个镇，58个乡。

1952年

4月，南田区划归象山县管辖。增设蛇蟠、涛头2个乡，调整为6个区，1个镇，48个乡。

1954年

5月26日。台州专区撤销，三门县划归宁波专区管辖。

原花桥区划出小雄、泗淋、吴都、山场、道头5个乡，增设小雄区。同年下半年，又从山场乡分设梅岙乡，并将亭旁、健跳2个乡改为区属镇，全县计7个区，3个镇，47个乡。

1955年

6月，国防公路宁（波）高（枧）线三门支线建成，9月通车。

10月，位于杭（州）温（州）公路的高枧车站建成，是三门县第一个汽车站。

1956年

2月，取消乡（镇）村制，实行乡（镇）社制。将行政村改为农业生产合作社，同时撤区并乡，全县调整为1个镇，24个乡。

5月，县城海游至健跳公路通车。

1957年

7月13日，台州专区恢复，三门县属之。

1958年

8月，撤销区建制，实行县乡（镇）两级制。

10月4日，省委决定撤销台州专区，三门县并入临海县，改属温州专区。

1959年

9月，健跳至三角塘公路通车。

1961年

取消海游镇等6个大公社，恢复区一级建置，管理区改为人民公社。原三门县区域调整为31个公社。

1962年

6月4日，恢复三门县建制，原三门县区域全部从临海划回，成立人民公社，辖6个公社，33个管理区。

1963年

增设山岙、关头公社。

1966年

增设上叶公社，全县共计2个区，1个镇，32个公社。

1977年

7月，调整行政区划，设海游镇、珠岙、亭旁、六敖、沿江、小雄6个区，32个人民公社。

1978年

9月，改置台州地区行政公署，三门县属之。

1980年

12月6日，成立县地名普查领导小组，开展地名普查工作。

海游镇调整为县属镇。

1981年

5月，撤销县革命委员会，建立县人民政府。

8月28日，县政府下发《关于启用新地名的通知》，开始启用新地名，旧地名同时作废。

1982年

1月14日，县政府出台《关于使用标准地名的通知》。

3月30日，县地名普查验收合格。参加人员348人，共收集各种地名资料350万字。

5月17日，县地名普查领导小组改名为三门县地名委员会。

6月21日，启动编辑《三门县地名志》。

7月，海游镇恢复区建制，双龙公社改名为横渡公社。全县计6个区，1个镇，32个公社。

1983 年

5月20日，宁海县沙柳公社划归三门县管辖，葛岙公社的外黎、姚家两个大队划给沙柳公社管辖。

8月，健跳人民公社改为健跳镇人民公社，为县属建制镇。

年底，实行政社分设，取消社队制，恢复乡（镇）村制。全县辖镇2个，6个区公所，32个乡。

1984 年

9月，海游区与海游镇、六敖区与健跳镇合并。

1985 年

5月9日，县地名办公室划归县城乡建设环境保护局。

8月2日，亭旁、沙柳两乡改为乡级建制镇。

11月16日，花桥、珠岙两乡改为乡级建制镇。全县计6个区，6个镇，28个乡，6个居委会，496个行政村，815个自然村。

12月，三门县岛礁地名普查成果资料经省地名办验收合格。

1986 年

2月，外俞、悬渚陈、慈胜3个自然村从悬渚乡悬渚村分设，建外俞村民委员会。

7月31日，《三门县地名志》印行。全书共收录2608条地名，约67万字。

1987 年

5月，健跳镇改为区属建制镇。

10月，六敖、横渡、浬浦、小雄4个乡改为区属建制镇，全县调整为6个区，10个镇，24个乡，6个居委会，500个行政村。

1988 年

7月15日，坝头乡石坑村划归高枧乡管辖。

12月，卢家塘从沙柳镇大周村分设，建卢家塘村民委员会。

1989 年

6月7日，三门县地名办划归县民政局。

7月26日，《三门县地图》发行。

1990 年

2月，长山头从花桥镇王申坦村分设，建长山头村民委员会。

12月，胡家峙从山场乡塔坑村分设，建胡家峙村民委员会。东严从头岙乡后林村分设，建东严村民委员会。

1992 年

4月8日，设立中南、邵亭、彭坝村村民委员会，属蒲西乡。

4月，撤销大龙岭村，并入郑家村；撤销缸窑村，并入邵上村。

5月26日，撤销珠岙、海游、亭旁、六敖、沿江、小雄6个区公所，撤销上叶、悬渚、头岙、葛岙、山岙、马娄、邵家、南溪、彭赖、蒲西、桥头、岙口、东郭、渔西、三岩、关头、吴都、山场等18个乡，设置海游、沙柳、高枧、珠岙、亭旁、中门、坝头、六敖、蛇蟠、横渡、健跳、浬浦、沿赤、花桥、小雄、泗淋16个乡镇。

是年，田湾从盐灶村分设，建盐灶村民委员会。

1996年

8月，《三门县地名手册》发行。

是年，花桥镇蜍下村划归小雄镇管辖。

是年，六敖镇南野村分设天字号、手字埯、南丰、南新村。

1997年

5月，成立三门县勘界工作领导小组。

7月7日至9日，在临海召开三门、天台两县第一次核定边界线会议。

24日，出台《三门县地名管理实施办法》。

1998年

花桥镇东岙村分设东岙、上苏、岭下舒3个村民委员会。

2001年

6月12日，三门县公路普查结束，有省道83.1公里，县道151.6公里，乡道128.36公里，专用公路31.5公里。

11月19日，撤销中门乡、坝头乡、邵家乡建制，并入亭旁镇。

2003年

10月16日，三门县城划分为蟠龙、平安、龙山、石羊、广润5个社区。

2004年

1月18日，珠岙镇北山、前郭、后郭、梅村、南岙、下谢6个行政村划归海游镇管辖。

2005年

9月，全开挂图式《三门县地图》《三门县城区图》出版。

2007年

5月28日，三门县地名网开通。

2009年

8月9日，对三门、天台两县行政区域界线界桩进行了检查。

9月24日，对三门、天台、临海三县（市）界线交会点界桩进行了实地联检。

10月9日，三门县地名评审专家组成立。

2010年

7月26日，对滨海新城18条道路，6座桥梁，3处山体，5条水系和1个公园名称进行命名。

9月，《三门县地名图》出版发行。

2011年

7月4日，县第二次地名普查试点工作领导小组成立。

2012年

3月，第二次地名普查结束，共收录地名4462条，涉及12个大类，其中水系43条，陆地地形组织类地名520条，居民点类地名884条，交通运输设施类地名779条，水利电力通信设施类地名411条，纪念地类地名187条，建筑物类地名88条，单位类地名631条，海域类地名25条，历史地名118条。

2013年

11月，撤销健跳镇、六敖镇，合并设立新的健跳镇；撤销浬浦镇、小雄镇、沿赤乡、泗淋乡，合并设立浦坝港镇；撤销珠岙镇、高枧乡，合并设立新的珠岙镇；撤销海游镇、沙柳镇建制，设立海游街道、海润街道、沙柳街道，由三门县政府直辖。调整后，全县辖海游、海润、沙柳3个街道，珠岙、亭旁、健跳、横渡、浦坝港、花桥6个镇，蛇蟠1个乡。

12月，《三门县行政区划图》《三门县城区图》出版发行。

2014年

4月18日，三门、天台两县对“三天线”行政区域界线界桩进行了联合检查。

4月，海游街道增立上叶社区、心湖社区。

11月，撤销田湾村民委员会，属健跳镇盐灶村民委员会管辖。

2015年

5月29日，沿海工业城20条道路，8条水系，30座桥梁，3个公园名称正式启用。

6月30日，为第一次地理国情普查标准时点。

2016年

12月15日，“崔溥漂海三门古道”被公布为三门县第一批地名文化遗产保护名录，涉及3个镇17个古道地名。

第二章 管理机构与职责

第一节 机构设置

1980年12月6日，成立三门县地名普查领导小组，开展地名普查工作。下设办公室，地点在县民政局。1982年5月17日，县地名普查领导小组改名为县地名委员会。下设办公室，地点设县基建办公室。1985年5月9日，县地名办公室划归县城乡建设环境保护局。1989年6月7日，县地名办公室划归县民政局。

第二节 职责范围

地名管理是政府履行社会管理职能的一项基础性工作。1949年2月三门县解放后，境内的地名管理工作逐步得到加强，但在“人民公社化”时期和“文化大革命”期间，地名管理工作一度中断，随意命名与变更地名现象较为突出。其后经过1981年的第一次全县地名普查，2011年第二次全县地名普查，基本查清了境内地名的现状、来历、沿革和含义，逐步纠正了前期滥改的地名，以及历史遗留下来的重名及含义不妥的地名。1991年根据“更新、补漏、改错”的原则，县地名办公室完成了1400份三门县地名补查登记表的填写工作，逐步纠正了前期滥改的地名，涉及历史遗留下来的重名及含义不妥的地名。后来开展了全县门牌清理整顿工作，地名规范、地名标志、地名规划、数字地名等地名公共服务建设，自此，三门的地名管理工作逐步进入规范化、标准化管理阶段。

县地名委员会作为地名管理工作的协调机构，主要负责协调全县各类地名的管理工作，下设办公室，职责为：贯彻执行国家关于地名工作的方针、政策、法律和法规，负责县地名委员会的日常工作；承办县政府审批的地名命名和更名事项，审核全县各类地名的命名和更名的申报、公布标准地名；收集和整理地名资料，管理地名档案；编制地名规划并组织实施；设置和管理地名标志；指导专业部门的地名管理工作；编辑地名图书，审核各类公开或者内部出版物中的地名；组织地名学术研究，挖掘地名文化，提供地名咨询服务；推行与监督标准地名的使用；对违反地名管理的违法行为提出处罚建议，并办理相关的具体事宜。

第三章 地名管理与实施

第一节 地名普查

1980年12月6日，成立三门县第一次地名普查领导小组。1981年4月，开始全县性地名普查，于1982年3月结束。参加普查人员348人，收集各种地名资料约350万字。普查了规定范围内的全部地名，搞清了主要地名的现状、来历、沿革和涵义。地名普查结果统计共2127条，其中行政区划636条，村783条，道路44条，企业15条，事业9条，行政单位2条，人工建筑83条，渡口97条。1982年3月30日，三门县地名普查验收合格，填交普查成果表一份。

1984年3月24日至4月中旬，全省沿海岛礁地名普查试点在三门进行，查明全县岛礁地名12类256条。1985年12月，省地名办对三门县岛礁地名普查成果资料验收合格。

1993年，做好地名补查和资料更新工作，完成地名补查成果表的修改、整理、定稿任务及地名补查村名表的填写工作；完成地名图标注补更初稿；三门县地图资料稿绘制定稿，初步绘制完成三门湾地形图；对海游镇的七条街巷进行命名，并绘制资料图110份；编印了三门县村级标准地名及别名对照资料。1995年，修改、复制上交中地委地名补更资料1132份，上交省地名档案馆成果资料2780份，台州市2666份。

2001年6月12日，三门县公路普查结束，有省道83.1公里，县道151.6公里，乡道128.36公里，专用公路31.5公里。

2011年7月4日，三门县第二次地名普查试点工作领导小组成立。2012年3月中旬，普查结束。本次共收录地名4462条，涉及12大类，其中水系43条，陆地地形组织类地名520条，居民点类地名884条，交通运输设施类地名779条，水利电力通信设施类地名411条，纪念地类地名187条，建筑物类地名88条，单位类地名631条，海域类地名25条，历史地名118条。

2015年6月30日，为第一次地理国情普查标准时点。三门县组织人员，先后花费了几年时间进行普查资料搜集、前期准备工作、普查落实和成果统计。

第二节 地名标志设置

遵照国务院《关于地名命名、更名的暂行规定》，对全县地名（包括海域地名）的命名、更名进行标准化处理。有1个公社，3个居民委员会，1个农场，47个大队更名；新命名海游镇3个居民委员会和12条路、街、巷。对海域地名有96个岛礁更名，26个岛礁进行新命名。经过标准化处理，解决了一地多名、一名多写、用义不当、涵义不妥、重名等问题。1982年1月14日，县政府下发《关于启用新地名的通知》，启用新地名，旧地名同时作废，全县启用标准化地名。1983年8月29日，改“公社”为“乡（镇）”，改“大队”为“村”。县政府责成有关部门在全县各乡镇及主要道路、行政村设置地名标牌。1988年1月，县政府出台《关于加强地名标志和管理的通知》，要求对全县地名标志的保护与管理。年末，全县已设置地名标牌126块，门牌5103块，路、街、巷标牌792块。

1995年，补编海游镇门牌326块外，对横渡镇的街巷、路牌、门牌进行全面登记、命名、订制。1996年，新命名街路18条，废止及更名1条，完成门牌设置100余只，县物价部门对地名门牌收费价格作了相应规定。1996年12月9日，成立了三门县整顿设置门牌发证工作领导小组，出台了《关于在城乡编置门牌和制发门牌证有关事项规定的通知》。整顿、设置门牌和制发门牌证工作，是为了适应经济发展，方便群众日常生活，实现标准地名社会化的重要手段。使在整顿、编置门牌和制发门牌证工作中编排有规律、户户有门牌、实现门牌号码序列化，方便群众日常生活。

2002年，新命名、变更街路巷32条，设置路街标牌20块，门牌577块，为城市化建设作出努力。2004年，对县城新城区的道路进行广泛的调查和征询，新命名道路8条，公园1个。2005年，新命名街路巷19条，更名4条。设置乡镇行政路牌4条12块，设置门牌1900多块，其中乡镇1600多块。2006年6月27日，正式起用三门县工业园区的地名，并命名了10条道路的名称。2007年，做好各乡镇门牌整编工作，共完成21476块门牌编排。2008年，共编制上牌6401块，并对永昌家园等6个小区和部分乡镇道路进行命名。2015年5月29日，沿海工业城部分道路（水系、桥梁、公园）名称命名正式启用，涉及20条道路，8条水系，30座桥梁，3个公园。

第三节　地名的监督与管理

遵照国务院发布的《地名管理条例》和省政府颁发《浙江省地名管理实施办法》对地名的命名、更名、译写、使用、档案管理等作出的规定，县政府于1985年1月24日发布《关于施行海域自然地理实体标准名称的布告》。为有效地发挥地名标志的作用，县人民政府于1988年1月发布了《关于加强地名标志管理的通告》。1989年4月发布《关于加强地名管理的通告》，规定本县行政区划内的所有地名均属县地名办公室管理地名的范围。据《地名管理条例》和省《地名管理实施办法》规定，地名的命名，一个县、市内的乡、镇名称，一个镇内的街道名称，一个乡内的村庄名称，及一个县内的岛、礁和较大的山（峰）名称，不应重名，并避免同音，各专业部门使用的具有地名意义的台、站、港、场等名称，一般应与当地地名统一。不符合“条例”规定的地名，必须更名。一地多名、一名多写的，应当确定一个统一的名称和用字。地名命名、更名，按照国务院《关于行政区划管理的规定》办理。县内地名的命名、更名，由所在地政府或主管部门提出申请，经县地名办公室核查后提出意见报县政府审批。

自1981年8月始，县政府陆续颁布标准地名和新地名，并发文通知全县各单位和个人必须使用标准地名名称，凡使用不符合标准地名的，应迅速纠正。1994年3月至9月，在海游镇开展门牌整顿工作。1996年，公安局、地名委联合下发《关于全面开展整顿、设置门牌和制发门牌证的通知》。同时，地名档案管理和咨询服务也有序开展。1997年7月24日，出台《三门县地名管理实施办法》，在珠岙镇区内开展门牌整顿、设置工作试点，绘制各类各种地图多份。1999年2月，下发了《关于立即安装地名标志的通知》，4月10日出台了《关于加强地名管理的通告》。

2000年，开展县城二轮门牌整顿设置工作。2004年，完成无居民海岛调查摸底，制定《三门县无居民海岛名称管理工作实施方案》。2008年，按照海洋与渔业局提供的海岛数据，通过实地调查走访、召开座谈会等形式对全县22个无名称无居民海岛进行名称排查工作，形成命名方案，开展无居民海岛名称标准化管理工作。2009年10月9日，三门县地名评审专家组成立，着手编制三门县地名规划。2010年，为完善地名标志管理，加大县城地名门牌整治，对平安社区道路路牌进行全面检查，重新设置，对沿街门牌标志和住宅区地名标志（幢牌、单元牌）进行免费更换。2016年12月15日，为加强对地名文化的挖掘和保护，“崔溥漂海三门古道”被公布为三门县第一批地名文化遗产保护名录，涉及3个镇17个古道地名。

第四节 地名资料的整理与编辑

三门县地名委员会办公室将第一次地名普查的原始资料标准化处理后，制作地名表176张，地名卡片924张，标准地名图51幅，文字概况材料约15万字，并立卷归档，计225卷。1982年7月开始编纂《三门县地名志》，历时3年，数易其稿，于1986年7月出版。该书共分10卷，收录了行政区划、居民点、专业部门、人工建筑、自然地理实体、名胜古迹和革命纪念地等各类标准地名2608条，约67万字，地图51幅，照片94帧。内容是在纵观地名的历史，明察地名的现状，记载标准化地名的同时，反映了社会主义建设的成就，是本县第一部完整而系统的地名科学资料，获省1985—1986年度社会科学优秀成果三等奖。

1982年9月至1996年12月，先后编印了《三门县地名手册》《三门县地图册》《三门县地名录》等。1989年7月26日，发行《三门县地图》。1992年，整理3000多份地名调查表，制作1570条行政区划类的地名成果表，绘制蛇蟠乡行政区划图，编制乡镇、村（居）标准地名对照表。1996年，绘制新命名街名名称地图200余幅，编纂出版《三门县地名手册》2000本。1998年，修改绘制全县16个乡镇的行政区划图初稿。

2000年，为有关单位和部门绘制各种地图13幅，为人普办提供地名信息60余次。2002年，完成三门行政区划工作图制作、出版、发行任务，着手编制县城及乡镇所在地城区图和乡镇概况的编写。2004年，出版全开挂图式《三门县地图》和《三门城区街路巷图》，完成《台州市地图册》三门部分的核稿工作。2005年，完成地名数据库建库工作，录入2021条数据。2007年，开通三门县地名网站，实现区划地名信息的可视化、数字化。

2010年9月，省第一测绘院、县地名办公室编制的《三门县地名图》出版。2013年12月，由县民政局、县测绘与地理信息局、省测绘资料档案馆联合编制《三门县行政区划图》和由县地名委员会办公室、省测绘资料档案馆联合编制的《三门县城区图》出版。负责编辑的《中华人民共和国政区大典》浙江分卷三门篇词条编纂工作在5月通过省编纂办公室的审核，其中乡镇词条是台州市第一个通过审核的县。

第五节 界线工作

三门县勘定市、县两级陆地行政区域界线3条，其中地（市）线1条，县际线2条，合计长152.82多公里，共设界桩10根，涉及本县的珠岙镇、亭旁镇和浦坝港镇。

三门与天台两县行政区域界线全长15.71公里，边界线北起宁（波）台（州）线段接点，即宁海、天台和三门三县边界线交会点，南止三门、天台和临海三县（市）交会点（三面小型花岗岩界桩3310222382s号），涉及珠岙镇。全线共埋设两面界桩1只（界桩号3310223001），位于三门县珠岙镇上界溪村和天台洪畴镇大三村交界处。

三门、临海两县（市）边界线全长85. 67公里，西起三门、天台、临海三县（市）交会点（三面小型花岗岩界桩3310222382s号 ），东至老洞港原出海口海塘坝，涉及三门县珠岙、亭旁、横渡、花桥、浦坝港5个乡镇，共埋设两面界桩6只。

“宁台线”宁海、三门段界线全长51. 44公里，西北起宁海、天台、三门县交会点（“宁台线”段接点3-1号界桩），编号330210003-1，未埋设界桩，东南止宁海县一市镇跳头村与三门县沙柳街道后周村交界处的6号界，编号330210006，实地未埋设界桩。涉及珠岙镇、海游街道和沙柳街道，界线共设置3个界桩点位，实际埋设界桩2个，为“宁台线”4号、5号界桩。

1997年1月，成立县勘界工作领导小组。7月7日至9日，在临海召开三门、天台两县第一次核定边界线会议。7月17日至18日在三门召开第二次核办会议，在双方勘界办的共同努力下，全长15.71公里边界全线路贯通。7月23日、8月11日，三门、临海举行了两次核界会议，经过充分协商达成一致，三临85.67公里行政区域界线全线贯通。1998年，基本完成“三天线”“三临线”行政区域边界线、附图及其他有关文字的签字等勘界档案整理工作。2004年，重新埋设“三天线”界桩1只，完成边界协议的签订和资料的归档、上报。2009年，开展二轮勘界工作。8月9日，对三门、天台两县行政区域界线界桩进行了检查。9月24日，对三门、天台、临海三县（市）界线交会点界桩进行实地联检。2014年4月18日，三门、天台两县组织力量对“三天线”行政区域界线界桩进行了联合检查。

第四章 文件选编

第一节 区划工作

国务院关于行政区划管理的规定

国发〔1965〕8号

第一条 为了加强行政区划的管理，根据《中华人民共和国宪法》和《中华人民共和国地方各级人民代表大会和地方各级人民政府组织法》的有关规定，制定本规定。

第二条 行政区划应保持稳定。必须变更时，应本着有利于社会主义现代化建设，有利于行政管理，有利于民族团结，有利于巩固国防的原则，制订变更方案，逐级上报审批。

第三条 省、自治区、直辖市的设立、撤销、更名，报全国人民代表大会审议决定。

第四条 下列行政区划的变更由国务院审批：

（一）省、自治区、直辖市的行政区域界线的变更，省、自治区人民政府驻地的迁移；

（二）自治州、县、自治县、市、市辖区的设立、撤销、更名和隶属关系的变更以及自治州、县、自治县、市人民政府驻地的迁移；

（三）自治州、自治县的行政区域界线的变更，县、市的行政区域界线的重大变更；

（四）凡涉及海岸线、海岛、边疆要地、重要资源地区及特殊情况地区的隶属关系或行政区域界线的变更。

第五条 县、市、市辖区的部分行政区域界线的变更，国务院授权省、自治区、直辖市人民政府审批；批准变更时，同时报送民政部备案。乡、民族乡、镇的设立、撤销、更名和行政区域界线的变更，乡、民族乡、镇人民政府驻地的迁移，由省、自治区、直辖市人民政府审批。

第六条 行政公署、区公所、街道办事处的撤销、更名、驻地迁移，由依法批准设立各该派出机关的人民政府审批。

第七条 变更行政区划向上级人民政府报告的内容应包括：变更的理由、范围，隶属关系，政治经济情况，人口和面积数字，拟变更的行政区域界线地图，以及县级和县级以上人民政府（含行政公署）的报告或意见等。

第八条 各级民政部门分级负责行政区划的管理工作。各级民政部门在承办行政区划变更的工作时，应根据情况分别同民族、人事、财政、外事、城乡建设、地名等有关部门联系洽商；在承办民族自治地方的行政区划变更的工作时，应同民族自治地方的自治机关和有关民族的代表充分协商拟定。各级民政部门，应建立完整的行政区划档案。

第九条 本规定由民政部负责解释。

第十条 本规定自发布之日起施行。

一九八五年一月十五日

浙江省人民政府关于乡镇等行政区划管理有关问题的通知

浙政发〔1999〕40号

各市、县人民政府，丽水地区行政公署，省民政厅：

为了进一步加强我省行政区划管理工作，根据国务院有关规定，省政府决定：乡、民族乡、镇的设立、撤销、更名和行政区域界线的变更，县、市、市辖区的部分行政区域界线的变更（其中自治县行政区域界线的变更由国务院审批），乡、民族乡、镇人民政府驻地的迁移，均由所在县（市、区）人民政府上报市（地）人民政府（行政公署）审核，再由市（地）人民政府（行政公署）上报省人民政府审批。

浙江省人民政府

一九九九年三月三日

第二节　界线工作

行政区域界线管理条例

国务院令第353号

第一条　为了巩固行政区域界线勘定成果，加强行政区域界线管理，维护行政区域界线附近地区稳定，制定本条例。

第二条　本条例所称行政区域界线，是指国务院或者省、自治区、直辖市人民政府批准的行政区域毗邻的各有关人民政府行使行政区域管辖权的分界线。

地方各级人民政府必须严格执行行政区域界线批准文件和行政区域界线协议书的各项规定，维护行政区域界线的严肃性、稳定性。任何组织或者个人不得擅自变更行政区域界线。

第三条　国务院民政部门负责全国行政区域界线管理工作。县级以上地方各级人民政府民政部门负责本行政区域界线管理工作。

第四条　行政区域界线勘定后，应当以通告和行政区域界线详图予以公布。

省、自治区、直辖市之间的行政区域界线由国务院民政部门公布，由毗邻的省、自治区、直辖市人民政府共同管理。省、自治区、直辖市范围内的行政区域界线由省、自治区、直辖市人民政府公布，由毗邻的自治州、县(自治县)、市、市辖区人民政府共同管理。

第五条　行政区域界线的实地位置，以界桩以及作为行政区域界线标志的河流、沟渠、道路等线状地物和行政区域界线协议书中明确规定作为指示行政区域界线走向的其他标志物标定。

第六条　任何组织或者个人不得擅自移动或者损坏界桩。非法移动界桩的，其行为无效。

行政区域界线毗邻的各有关人民政府应当按照行政区域界线协议书的规定，对界桩进行分工管理。对损坏的界桩，由分工管理该界桩的一方在毗邻方在场的情况下修复。

因建设、开发等原因需要移动或者增设界桩的，行政区域界线毗邻的各有关人民政府应当协商一致，共同测绘，增补档案资料，并报该行政区域界线的批准机关备案。

第七条　行政区域界线毗邻的任何一方不得擅自改变作为行政区域界线标志的河流、沟渠、道路等线状地物；因自然原因或者其他原因改变的，应当保持行政区域界线协议书划定的界线位置不变，行政区域界线协议书中另有约定的除外。

第八条　行政区域界线协议书中明确规定作为指示行政区域界线走向的其他标志物，应当维持原貌。因自然原因或者其他原因使标志物发生变化的，有关县级以上人民政府民政部门应当组织修测，确定新的标志物，并报该行政区域界线的批准机关备案。

第九条 依照《国务院关于行政区划管理的规定》经批准变更行政区域界线的，毗邻的各有关人民政府应当按照勘界测绘技术规范进行测绘，埋设界桩，签订协议书，并将协议书报批准变更该行政区域界线的机关备案。

第十条 生产、建设用地需要横跨行政区域界线的，应当事先征得毗邻的各有关人民政府同意，分别办理审批手续，并报该行政区域界线的批准机关备案。

第十一条 行政区域界线勘定确认属于某一行政区域但不与该行政区域相连的地域或者由一方使用管理但位于毗邻行政区域内的地域，其使用管理按照各有关人民政府签订的行政区域界线协议书有关规定或者该行政区域界线的批准机关的决定执行。

第十二条 行政区域界线毗邻的县级以上地方各级人民政府应当建立行政区域界线联合检查制度，每5年联合检查一次。遇有影响行政区域界线实地走向的自然灾害、河流改道、道路变化等特殊情况，由行政区域界线毗邻的各有关人民政府共同对行政区域界线的特定地段随时安排联合检查。联合检查的结果，由参加检查的各地方人民政府共同报送该行政区域界线的批准机关备案。

第十三条 勘定行政区域界线以及行政区域界线管理中形成的协议书、工作图、界线标志记录、备案材料、批准文件以及其他与勘界记录有关的材料，应当按照有关档案管理的法律、行政法规的规定立卷归档，妥善保管。

第十四条 行政区域界线详图是反映县级以上行政区域界线标准画法的国家专题地图。任何涉及行政区域界线的地图，其行政区域界线画法一律以行政区域界线详图为准绘制。

国务院民政部门负责编制省、自治区、直辖市行政区域界线详图；省、自治区、直辖市人民政府民政部门负责编制本行政区域内的行政区域界线详图。

第十五条 因对行政区域界线实地位置认定不一致引发的争议，由该行政区域界线的批准机关依照该行政区域界线协议书的有关规定处理。

第十六条 违反本条例的规定，有关国家机关工作人员在行政区域界线管理中有下列行为之一的，根据不同情节，依法给予记大过、降级或者撤职的行政处分；致使公共财产、国家和人民利益遭受重大损失的，依照刑法关于滥用职权罪、玩忽职守罪的规定，依法追究刑事责任：

（一）不履行行政区域界线批准文件和行政区域界线协议书规定的义务，或者不执行行政区域界线的批准机关的决定的；

（二）不依法公布批准的行政区域界线的；

（三）擅自移动、改变行政区域界线标志，或者命令、指使他人擅自移动、改变行政区域界线标志，或者发现他人擅自移动、改变行政区域界线标志不予制止的；

（四）毗邻方未在场时，擅自维修行政区域界线标志的。

第十七条 违反本条例的规定，故意损毁或者擅自移动界桩或者其他行政区域界线标志物的，应当支付修复标志物的费用，并由所在地负责管理该行政区域界线标志的人民政府民政部门处1000元以下的罚款；构成违反治安管理行为的，并依法给予治安管理处罚。

第十八条 违反本条例的规定，擅自编制行政区域界线详图，或者绘制的地图的行政区域界线的画法与行政区域界线详图的画法不一致的，由有关人民政府民政部门责令停止违法行为，没收违法编制的行政区域界线详图和违法所得，并处1万元以下的罚款。

第十九条 乡、民族乡、镇行政区域界线的管理，参照本条例的有关规定执行。

第二十条 本条例自2002年7月1日起施行。

行政区域界线界桩管理办法

民政部令第 36 号

第一条 为了加强行政区域界线界桩的管理和保护，根据《行政区域界线管理条例》的规定，制定本办法。

第二条 行政区域界线界桩，是由行政区域毗邻的各方人民政府共同埋设的，用于指示行政区域界线实地位置的标志物。

第三条 县级以上各级人民政府民政部门根据职责分工分级负责各级行政区域界线界桩的管理工作。行政区域毗邻的县级人民政府民政部门具体承担各级行政区域界线界桩（以下简称“界桩”）的管理和保护工作。

第四条 行政区域界线协议书或者有关各方人民政府达成的其他协议中未明确界桩管理责任方的，有关各方人民政府民政部门应当签订协议予以明确，经有关各方人民政府批准后实施，并报该行政区域界线批准机关的民政部门备案。

第五条 界桩管理的依据：

（一）毗邻双方人民政府签订的行政区域界线勘界协议书及其附图、界桩成果表；

（二）毗邻双方人民政府民政部门签订的行政区域界线、界桩管理协议或者签发的行政区域界线、界桩管理文件；

（三）毗邻各方人民政府或者民政部门签订的行政区域界线交会点协议书及其附件；

（四）行政区域界线联合检查工作报告；

（五）有关界桩变动的协议书或者文件；

（六）界桩登记表。

第六条 县级以上各级人民政府民政部门在界桩管理工作中，应当明确职责分工，按照规定程序移动或者增设界桩、及时修复或者恢复损坏的界桩、查处损坏界桩的行为，确保界桩位置准确、埋设牢固、明显易见、注记清晰、档案完备。

第七条 界桩埋设后，任何组织和个人不得擅自移动或者损坏。因建设、开发项目确需移动界桩的，建设、开发单位应当提出申请，由行政区域界线毗邻的任何一方人民政府民政部门报经各有关人民政府协商一致。界桩移动、埋设和测绘的费用由建设、开发单位承担。

第八条 需要增设界桩时，毗邻双方人民政府民政部门应当协商一致，确定增设界桩的数量和埋设位置，明确界桩管理责任方，共同提出方案报该行政区域界线批准机关的民政部门批准后实施。

第九条 对主体完整、边角轻微损坏的界桩应当修复；对基座松动但主体完整的界桩应当在原地加固扶正。

第十条 对丢失或者严重损坏、修复困难的界桩，应当重新制作，并根据下列情形在原地恢复埋设或者移位埋设：

（一）双立、多立界桩和位于行政区域界线上的单立界桩，按照界桩成果表和登记表的记载在原地予以恢复；无法在原地恢复的，由双方就近选定适当位置移位埋设；

（二）不在行政区域界线上的单立界桩，由双方就近在行政区域界线上选定适当位置埋设或者改设为双立界桩埋设；

（三）行政区域界线交会点单立界桩无法在原地恢复的，可以改设为双立或者多立界桩埋设；

（四）重新制作、埋设的界桩，其标注年份为重新埋设时的年份。

第十一条 移动、增设、修复或者恢复界桩，应当在毗邻行政区域各方人民政府民政部门人员在场的情况下，由负责管理该界桩的一方组织实施。

第十二条 移动、增设或者恢复界桩，应当按照勘界测绘技术规定的有关要求，制作、埋设界桩，测定界桩坐标，填写界桩成果表和登记表，拍摄界桩照片。

第十三条 负责界桩管理工作的地方各级人民政府民政部门应当建立本级界桩日常管理档案，每年向毗邻行政区域人民政府民政部门通报界桩管理情况。移动、增设或者恢复界桩后，由负责管理的一方将有关界桩变动的文件、资料整理归档，并送毗邻各方保存一套，同时报该行政区域界线批准机关及其民政部门备案。

第十四条 负责管理界桩的县级人民政府民政部门可以聘请当地居民为界桩维护员。

第十五条 界桩维护员应当适时检查所维护的界桩，清除界桩周围杂草、淤泥和遮挡物，刷新界桩注记，保持界桩整洁，明显易见，做好检查记录，制止损坏界桩的行为。界桩维护员发现界桩松动、移动、丢失、损坏时，应当及时报告负责管理该界桩的县级人民政府民政部门。

第十六条 界桩管理经费由界桩管理责任方按照国家有关规定从同级行政区域界线管理经费中列支。

第十七条 故意损毁或者擅自移动、增设、修复、恢复界桩以及指使他人故意损毁或者擅自移动、增设、修复、恢复界桩的，按照《行政区域界线管理条例》第十六条、第十七条的规定处罚。因过失造成界桩损坏的，过失人应当及时报告界桩所在地任何一方县级人民政府民政部门。

第十八条 乡、民族乡、镇的行政区域界线界桩的管理和维护参照本办法执行。

第十九条 行政区域界线依法变更后，原行政区域界线上的界桩即行废止，由有关各方人民政府民政部门共同组织销毁。在变更后的行政区域界线上设立新界桩，应当按照勘界的有关规定进行。

第二十条 本办法自2008年9月1日起施行。

浙江省行政区域界线管理办法

浙江省人民政府令第232号

第一条 为了加强行政区域界线管理，预防行政区域界线附近地区纠纷发生，维护社会稳定，根据《行政区域界线管理条例》（以下简称《条例》）及其他有关法律、法规，结合本省实际，制定本办法。

第二条 本办法适用于本省县级以上行政区域陆域界线（以下简称界线）的管理。乡、民族乡、镇行政区域界线的管理，参照本办法的有关规定执行。国家另有规定的，从其规定。海域行政区域界线的管理，按照国家有关规定执行。

第三条 界线管理应当遵循合法性原则，维护界线的权威性、稳定性。

第四条 界线由毗邻的县级以上人民政府共同管理。上级人民政府应当加强对下级人民政府界线管理的协调、指导；毗邻的县级以上人民政府应当加强沟通、协作，建立界线联合检查、报告制度和涉界纠纷应急处理机制。

第五条 县级以上人民政府民政部门主管本行政区域界线管理工作，履行下列职责：

（一）具体实施本行政区域界线的勘定、变更；

（二）负责界线的日常管理及界线的联合检查；

（三）协调、指导下级民政部门的界线管理工作；

（四）协调、处理界线纠纷；

（五）其他应当承办的界线管理事项。

第六条 县级以上人民政府发展改革、财政、公安、国土资源、测绘、水利、农业、林业、海洋与渔业、建设、规划、交通、旅游、民族宗教、监察等部门，应当按各自职责做好界线管理相关工作。

第七条 县级以上人民政府应当将界线管理所需经费列入同级财政预算，予以保障。

第八条 行政区域毗邻的县级以上人民政府共同组织勘定界线，签订界线协议书，并按《条例》规定的权限报请批准。依法勘定后的界线，由省人民政府以通告和界线详图予以公布。因行政区划调整需要变更界线的，按照《条例》第九条规定执行。

第九条 界线的实地位置标定，以界桩和作为界线标志的线状地物以及界线协议书中明确规定作为指示界线走向的其他标志物为准。界线协议书未规定的任何标志物，不得作为界线走向的依据。

第十条 依法设立的界桩，任何组织或个人都不得擅自移动、增减、损坏。作为界线标志的河流、沟渠、道路等线状地物以及界线协议书规定的其他标志物，任何组织和个人不得擅自改变。

第十一条 依法设立的界桩毁坏、松动、移位的，根据界线协议书规定，分工管理该界桩的一方应当在毗邻方在场的情况下复原。界桩点位、线状地物或者其他标志物因自然原因或其他原因发生重大变化的，毗邻的县级以上人民政府民政部门应当共同组织有界线测绘资质的单位按照勘界测绘技术规范进行测绘、记录，并根据实际情况易址设立或者新设界桩，或者确定新的其他标志物，并上报原批准该界线的人民政府备案。除界线协议书另有约定的外，应当保持界线协议书划定的界线位置不变。

第十二条 毗邻的县级以上人民政府应当每五年共同组织一次界线联合检查。界线联合检查计划由毗邻的县级以上人民政府共同的上一级人民政府民政部门制定，有关人民政府应当按计划要求实施。界线联合检查结果，由毗邻的县级以上人民政府共同报送批准该界线的人民政府备案。发生影响界线实地位置认定的事件时，应当及时组织临时联合检查。

第十三条 界线联合检查应当完成下列主要事项：

（一）实地察看界桩的变化和维护情况以及其他标志物的变化情况；

（二）检查跨界生产、建设、经营等活动中依法履行审批手续、遵守界线审批文件和界线协议书的情况；

（三）对检查中发现的问题，现场能够纠正的，应当立即纠正；现场不能纠正的，共同商定处置办法，及时纠正；

（四）其他共同商定的检查事项。

第十四条 民政部门应当加强对界桩的管理、维护，加强对线状地物、其他标志物的巡检；根据工作需要，可以聘请界线管理员，委托其对界桩、线状地物或者其他标志物进行日常巡视和报告有关情况。聘请界线管理员，民政部门应当与受聘人签订委托书，明确管护的区间、标志物位置以及权利、责任。

第十五条 属于某一行政区域但不与其相连接的地域，或者由一方使用管理但位于毗邻行政区域内的地域，其管辖、使用、管理应当按照界线协议书有关规定或者批准该界线的人民政府的决定执行。

第十六条 生产、建设、经营用地需要横跨界线的，应当事先征得毗邻的县级以上人民政府同意，分别办理审批手续，并报批准该界线的人民政府备案。邻近界线进行生产、建设、经营，对毗邻的另一方的环境和资源可能产生较大影响的，应当按照国家有关规定办理审批手续，并报批准该界线的人民政府备案。因生产、建设、经营，造成界桩、线状地物及其他界线标志物毁坏或者发生重大变化，应当按本办法第十一条规定采取相关措施，有关费用由该业主承担。

第十七条 因界线实地位置认定不一致引发的争议，由毗邻的县级以上人民政府根据界线协议书有关规定协商处理；协商不成的，由其上一级人民政府协调；协调不成的，由省人民政府依法裁决。与界线相关的资源管理纠纷，由有关人民政府及其主管部门根据界线协议书有关规定及相关法律、法规规定调查处理。

第十八条 各级民政部门应当按照档案管理法律、法规、规章的规定，建立界线档案管理制度，确保行政区域界线档案安全。在界线勘定、维护、检查、变更等过程中形成的界线档案资料，应当按照国家和省有关档案管理规定立卷、归档、保管、移交、验收。行政区域界线档案管理工作接受同级档案行政管理部门的指导、监督和检查。

第十九条 界线档案管理机构应当按照电子政务要求，加强界线档案的利用服务工作，为政府土地、资源普查和其他相关行政管理工作无偿提供基础性数据。界线档案管理机构应当向社会提供界线档案的查询、咨询及其他利用服务，法律、法规规定应当保密的除外。

第二十条 界线详图是国家专题地图，由批准界线的人民政府民政部门会同测绘行政主管部门组织编制，其他任何组织和个人不得编制。编制、出版或者展示、登载各类地图，涉及界线的，其界线画法按照有关法律、行政法规的规定执行。

第二十一条 违反本办法规定的行为，按照《条例》和其他有关法律、法规、规章的规定追究法律责任。

第二十二条 本办法自2007年9月1日起施行。

第三节 地名工作

地名管理条例

国发〔1986〕11号

第一条 为了加强对地名的管理，适应社会主义现代化建设和国际交往的需要，制定本条例。

第二条 本条例所称地名，包括：自然地理实体名称，行政区划名称，居民地名称，各专业部门使用的具有地名意义的台、站、港、场等名称。

第三条 地名管理应从我国地名的历史和现状出发，保持地名的相对稳定。必须命名和更名时，应当按照本条例规定的原则和审批权限报经批准。未经批准，任何单位和个人不得擅自决定。

第四条 地名的命名应遵循下列规定：

（一）有利于人民团结和社会主义现代化建设，尊重当地群众的愿望，与有关各方协商一致；

（二）一般不以人名作地名。禁止用国家领导人的名字作地名；

（三）全国范围内的县、市以上名称，一个县、市内的乡、镇名称，一个城镇内的街道名称，一个乡内的村庄名称，不应重名，并避免同音；

（四）各专业部门使用的具有地名意义的台、站、港、场等名称，一般应与当地地名统一；

（五）避免使用生僻字。

第五条 地名的更名应遵循下列规定：

（一）凡有损我国领土主权和民族尊严的，带有民族歧视性质和妨碍民族团结的，带有侮辱劳动人民性质和极端庸俗的，以及其他违背国家方针、政策的地名，必须更名；

（二）不符合本条例第四条第三、四、五款规定的地名，在征得有关方面和当地群众同意后，予以更名；

（三）一地多名、一名多写的，应当确定一个统一的名称和用字；

（四）不明显属于上述范围的、可改可不改的和当地群众不同意改的地名，不要更改。

第六条 地名命名、更名的审批权限和程序如下：

（一）行政区划名称的命名、更名，按照国务院《关于行政区划管理的规定》办理；

（二）国内外著名的或涉及两个省（自治区、直辖市）以上的山脉、河流、湖泊等自然地理实体名称，由省、自治区、直辖市人民政府提出意见，报国务院审批；

（三）边境地区涉及国界线走向和海上涉及岛屿归属界线以及载入边界条约和议定书中的自然地理实体名称和居民地名称，由省、自治区、直辖市人民政府提出意见，报国务院审批；

（四）在科学考察中，对国际公有领域新的地理实体命名，由主管部门提出意见，报国务院审批；

（五）各专业部门使用的具有地名意义的台、站、港、场等名称，在征得当地人民政府同意后，由专业主管部门审批；

（六）城镇街道名称，由直辖市、市、县人民政府审批；

（七）其他地名，由省、自治区、直辖市人民政府规定审批程序；

（八）地名的命名、更名工作，可以交地名机构或管理地名工作的单位承办，也可以交其他部门承办；其他部门承办的，应征求地名机构或管理地名工作单位的意见。

第七条 少数民族语地名的汉字译写，外国地名的汉字译写，应当做到规范化。译写规则，由中国地名委员会制定。

第八条 中国地名的罗马字母拼写，以国家公布的“汉语拼音方案”作为统一规范。拼写细则，由中国地名委员会制定。

第九条 经各级人民政府批准和审定的地名，由地名机构负责汇集出版。其中行政区划名称，民政部门可以汇集出版单行本。出版外国地名译名书籍，需经中国地名委员会审定或由中国地名委员会组织编纂。各机关、团体、部队、企业、事业单位使用地名时，都以地名机构或民政部门编辑出版的地名书籍为准。

第十条 地名档案的管理，按照中国地名委员会和国家档案局的有关规定执行。

第十一条 地方人民政府应责成有关部门在必要的地方设置地名标志。

第十二条 本条例在实施中遇到的具体问题，由中国地名委员会研究答复。

第十三条 本条例自发布之日起施行。

一九八六年一月二十三日

地名管理条例实施细则

民行发〔1996〕17 号

第一章 总则

第一条 根据《地名管理条例》（以下简称《条例》）的规定，制定本实施细则。

第二条 凡涉及地名的命名与更名、地名的标准化处理、标准地名的使用、地名标志的设置，地名档案的管理等行为，均适用本细则。

第三条 《条例》所称自然地理实体名称，包括山、河、湖、海、沙滩、岬角、海湾、水道、地形区等名称；行政区划名称，包括各级行政区域和各级人民政府派出机构所辖区域名称；居民地名称，包括城镇、区片、开发区、自然村、片村、农林牧渔点及街、巷、居民区、楼群（含楼、门号码）、建筑物等名称；各专业部门使用的具有地名意义的台、站、港、场等名称，还包括名胜古迹、纪念地、游览地、企业事业单位等名称。

第四条 地名管理的任务是：依据国家关于地名管理的方针、政策和法规，通过地名管理的各项行政职能和技术手段，逐步实现国家地名标准化和国内外地名译写规范化，为社会主义建设和国际交往服务。

第五条 国家对地名实行统一管理、分级负责制。

第六条 民政部是全面地名管理的主管部门。其职责是：指导和协调全国地名管理工作；制定全国地名工作规划；审核地名的命名和更名；审定并组织编纂全国性标准地名资料和工具图书；指导、监督标准地名的推广使用；管理地名标志和地名档案；对专业部门使用的地名实行监督和协调管理。

第七条 县级以上民政管理部门（或地名委员会）主管本行政区域的地名工作。其职责是：贯彻执行国家关于地名工作的方针、政策、法律、法规；落实全国地名工作规划；审核、承办本辖区地名的命名、更名；推行地名的标准化、规范化；设置地名标志；管理地名档案；完成国家其他地名工作任务。

第二章 地名的命名与更名

第八条 地名的命名除应遵循《条例》第四条的规定外，还应遵循下列原则：

（一）有利于国家统一、主权和领土完整；

（二）反映当地人文或自然地理特征；

（三）使用规范的汉字或少数民族文字；

（四）不以外国人名、地名命名我国地名；

（五）人民政府不驻在同一城镇的县级以上行政区域名称，其专名不应相同。一个省、自治区、直辖市行政区域内，较重要的自然地理实体名称不应重名；上述不应重名范围内的地名避免使用同音字。一个县（市、区）内的乡、镇、街道办事处名称，一个乡、镇内自然村名称，一个城镇内的街、巷、居民区名称，不应重名；国内著名的自然地理实体名称不应重名；一个省、自治区、直辖市行政区域内，较重要的自然地理实体名称不应重名；上述不应重名范围内的地名避免使用同音字；

（六）不以著名的山脉、河流等自然地理实体名称作行政区域专名；自然地理实体的范围超出本行政区域的，亦不以其名称作本行政区域专名；

（七）县、市、市辖区不以本辖区内人民政府非驻地村镇专名命名；

（八）乡、镇、街道办事处一般应以乡、镇人民政府驻地居民点和街道办事处所在街巷名命名；

（九）新建和改建的城镇街巷、居民区应按照层次化、序列化、规范化的要求予以命名。

第九条 地名更名除应遵循《条例》第五条的规定外，凡不符合本细则第八条（四）、（五）、（七）、（八）项规定的地名，原则上也应予以更名。需要更改的地名，应随时着城乡发展的需要，逐步进行调整。

第十条 地名命名、更名的审批权限按照《地名管理条例》第六条（一）至（七）项规定办理。

第十一条 申报地名的命名、更名时，应将命名、更名的理由及拟采用的新名的含义、来源等一并加以说明。

第十二条 地名的命名、更名由地名管理部门负责承办。行政区域名称的命名、更名，由行政区和地名管理部门共同协商承办。专业部门使用的具有地名意义的名称，其命名、更名由该专业部门负责承办，但应事先征得当地地名管理部门的同意。

第三章 地名的标准化处理

第十三条 凡符合《地名管理条例》规定，并经县级以上人民政府或专业主管部门批准的地名为标准地名。

第十四条 标准地名原则上由专名和通名两部分组成。通名用字应反映所称地理实体的地理属性（类别）。不单独使用通名词组作地名。具体技术要求，以民政部制定的技术规范为准。

第十五条 汉语地名中的方言俗字，一般用字音（或字义）相同或相近的通用字代替。对原有地名中带有一定区域性或特殊含义的通名俗字，经国家语言文字工作委员会审音定字后，可以保留。

第十六条 少数民族自治地方及民族乡名称，一般由地域专名、民族全称包括（“族”字）和相应自治区域通名组成。由多个少数民族组成的民族自治区地方名称，少数民族的称谓至多列举三个。

第十七条 少数民族语地名的译写。

（一）少数民族语地名，在各自民族语言、文字的基础上，按其标准（通用）语音，依据汉语普通话读音进行汉字译写。对约定俗成的汉字译名，一般不更改；

（二）多民族聚居区的地名，如不同民族有不同的称谓并无惯用汉语名称时，经当地地名管理部门征得有关少数民族的意见后，选择当地使用范围较广的某一语种称语进行汉字译写；

（三）少数民族语地名的汉字译写，应尽可能采用常用字，避免使用多音、贬义和容易产生歧义的字词；

（四）有文字的少数民族语地名之间的相互译写，以本民族和他民族规范化的语言文字为依据，或者以汉语拼音字母拼写的地名为依据；

（五）少数民族语地名译写的具体技术要求，以民政部商同国务院有关部门制定的或经民政部审定的有关规范为依据。

第十八条 国外地名的汉字泽写。

（一）国外地名的汉字译写，除少数惯用译名外，以该国官方语言文字和标准音为依据；有两种以上官方语言文字的国家，以该地名所属语区的语言文字为依据。国际公共领域的地理实体名称的汉字译写，以联合国有关组织或国际有关组织颁布的标准地名为依据；

（二）国外地名的汉字译写，以汉语普通话读音为准，不用方言读音。尽量避免室用多音字、生僻字、贬义字；

（三）国外地名专名实行音译，通名一般实行意译；

（四）对国外地名原有的汉译惯用名采取“约定俗成”的原则予以保留；

（五）国外地名译写的具体技术要求，以国家地名管理部门制定的外国地名译名规范为依据。国外地名的译名以国家地名管理部门编纂或审定的地名译名手册中的地名为标准化译名。

第十九条 中国地名的罗马字母拼写。

（一）《汉语拼音方案》是使用罗马字母拼写中国地名的统一规范。它不仅运用于汉语和国内其他少数民族语，同时也通用于英语、法语、德语、西班牙语、世界语等罗马字母书写的各种语文；

（二）汉语地名按《中国地名汉语拼音字母拼写规则（汉语地名部分）》拼写；

（三）少数民族的族称按国家技术监督局制定的《中国各民族名称的罗马字母拼写法和代码》的规定拼写；

（四）蒙、维、藏语地名以及惯用蒙、维、藏语文书写的少数民族语地名，按《少数民族语地名汉语拼音字母音译转写法》拼写；

（五）其他少数民族语地名，原则上以汉译名称按《中国地名汉语拼音字母拼写规则（汉语地名部分）》拼写；

（六）台湾省和香港、澳门地区的地名，依据国家有关规定进行拼写；

（七）地名罗马字母拼写具规范由民政部商同国务院有关部门负责修订。

第四章 标准地名的使用

第二十条 各级地名管理部门和专业主管部门，应当将批准的标准地名及时向社会公布，推广使用。

第二十一条 各级地名管理部门和专业管理部门，负责编纂本行政区域或本系统的各种标准化地名出版物，及时向社会提供法定地名。其他部门不得编纂标准化地名工具图书。

第二十二条 机关、部队、团体、企业、事业单位的公告、文件、证件、影视、商标、广告、牌匾、地图以及出版物等方面所使用的地名，均应以正式公布的标准地名（包括规范化译名）为准，不得擅自更改。

第二十三条 对尚未公布规范汉字译写的外国地名，地名使用单位应根据国家地名管理部门制定的译名规则进行汉字译写。

第五章 地名标志的设置

第二十四条 行政区域界位、城镇街巷、居民区、楼、院、自然村屯、主要道路和桥梁、纪念地、文物古迹、风景名胜、台、站、港、场和重要自然地理实体等地方应当设置地名标志，一定区域内的同类地名标志应当力求统一。

第二十五条 地名标志的主要内容包括：标准地名汉字的规范书写形式；标准地名汉语拼音字母的规范拼写形式。在习惯于用本民族文字书写地名的民族自治区域，可依据民族区域自治法有关文字书写规定，并列该民族文字规范书写形式。

第二十六条 地名标志的设置和管理，由当地地名管理部门负责。其中街、巷、楼、门牌统一由地名主管部门管理，条件尚不成熟的地方，地名主管部门应积极取得有关部门的配合，共同做好标志的管理工作，逐步实现统一管理，专业部门使用的具有地名意义的名称标志，由地名管理部门协调有关专业部门设置和管理。

第二十七条 地名标志的设置和管理所需费用，当地人民政府根据具体情况，可由财政拨款，也可采取受益单位出资或工程预算费列支等方式筹措。

第六章　地名档案的管理

第二十八条　全国地名档案工作由民政部统一指导，各级地名档案管理部门分级管理。地名档案工作在业务上接受档案管理部门的指导、监督。

第二十九条　各级地名档案管理部门保管的地名档案资料，应不少于本级人民政府审批权限规定的地名数量。

第三十条　地名档案的管理规范，应执行民政部和国家档案局制定的有关规定。

第三十一条　各级地名档案管理部门，要在遵守国家保密规定原则下，积极开展地名信息咨询服务。

第七章　奖励与惩罚

第三十二条　各级地名管理部门应当加强地名工作的管理、监督和检查。对擅自命名、更名或使用不规范地名的单位和个人，应发送违章使用地名通知书，限期纠正；对逾期不改或情节严重、造成不良后果者，地名管理部门应根据有关规定，对其进行处罚。

第三十三条　地名标志为国家法定的标志物。对损坏地名标志的，地名管理部门责令其赔偿；对偷窃、故意损毁会擅自移动地名标志的，地名管理部门报请有关部门，依据《中华人民共和国治安管理处罚条例》的规定予以处罚；情节恶劣、后果严重触犯刑律的，依法追究刑事责任。

第三十四条　当地人民政府对推广使用标准地名和保护地名标志作出贡献的单位和个人，应当给予表彰和奖励。

第八章　附则

第三十五条　各省、自治区、直辖市人民政府可根据本细则，制定本行政区域的地名管理办法。

第三十六条　本细则由民政部负责解释。

第三十七条　本细则自发布之日起施行。

一九九六年六月十八日

浙江省地名管理办法

浙江省人民政府令 309 号

第一章　总则

第一条　为了加强地名管理，实现地名的规范化、标准化，方便人民群众生产生活，适应经济社会发展的需要，根据有关法律、法规的规定，结合本省实际，制定本办法。

第二条　本办法适用于本省行政区域内的地名管理工作。海域地名的管理，国家和省人民政府另有规定的，从其规定。本办法所称地名，是指为社会公众指示具有特定方位或者地域范围的地理实体名称。

第三条　地名管理工作应当遵循规范化、标准化的要求，兼顾历史和现状，尊重群众意愿，保持地名的相对稳定和延续，保护和传承优秀的地名文化，提高公共服务水平。

第四条　县级以上人民政府应当加强对地名管理工作的组织领导，建立健全地名管理工作协调机制，将地名管理工作所需经费列入本级财政预算。乡（镇）人民政府、街道办事处应当按照规定职责做好地名管理相关工作。

第五条　县级以上人民政府民政部门是地名主管部门，负责本行政区域地名工作的统一管理；具体工作可以委托依法设立的地名管理工作机构承担。县级以上人民政府交通运输、住房和城乡建设、农业、林业、水利、旅游、环境保护、工商行政管理、公安等有关主管部门负责本部门职责范围内的地名管理工作。县级以上人民政府财政、国土资源、文化、档案管理等其他有关部门按照各自职责做好地名管理相关工作。

第六条 县级以上人民政府及其民政部门应当组织调查地名文化遗产，建立地名文化遗产保护名录，采取有效措施予以保护。

第七条 县级以上人民政府及其民政部门和有关主管部门在地名管理工作中，应当建立健全公众参与、专家咨询等工作机制，听取公众和专家的意见。

第二章 地名规划与命名标准

第八条 城市、镇应当编制地名规划。城市地名规划由设区的市、县（市）民政部门组织有关部门编制，报本级人民政府批准后公布实施。镇地名规划由镇人民政府组织编制，经县（市、区）民政部门审核后，报县（市、区）人民政府批准后公布实施。地名规划应当包括规划原则、地名体系及其空间布局、道路名称、地名标志、地名文化遗产保护等内容。

第九条 地名规划应当以城市、镇总体规划明确的内容作为规划依据。城市、镇详细规划涉及地名命名的，应当与地名规划确定的名称相衔接；规划编制部门应当征求同级民政部门意见。工业、农业、水利、交通、土地利用、旅游等专项规划，涉及地名命名的，应当与地名规划确定的名称相衔接；有关主管部门应当征求同级民政部门意见。

第十条 地名的命名应当符合地名规划的要求，反映当地历史、文化、地理等特征，含义健康，不得损害国家主权、领土完整和公共利益。

第十一条 地名的命名应当一地一名。一地多名、一名多写的，应当进行标准化处理。

第十二条 地名的命名应当名实相符。派生地名应当与主地名相协调；含有行政区域、区片或者道路（含街、巷、桥梁、隧道、轨道交通线路，下同）名称的，应当位于该行政区域、区片范围内或者该道路沿线。乡（镇）人民政府、街道办事处名称不得使用非乡（镇）人民政府驻地、非街道办事处所在街巷名称。具有地名意义的车站、港口、码头、机场、水库等名称应当与所在地名称一致。使用大厦、公寓、花园、庄园、别墅、中心、苑、居等通名的住宅小区（楼）、建筑物，应当具备与通名相适应的占地面积、总建筑面积、高度、绿地率等条件和功能。住宅小区（楼）、建筑物通名的使用标准由省民政部门制定。

第十三条 一般不以人名作地名。禁止以国家领导人的名字以及外国的地名和人名作为地名。

第十四条 下列地名不得重名，并避免使用近似、易混淆的名称：

（一）省内行政区域和重要自然地理实体名称；

（二）同一县（市、区）内的社区、村（居）民委员会辖区名称；

（三）同一乡（镇）内的自然村名称；

（四）同一城市、镇内的道路、住宅小区（楼）、建筑物名称。

第十五条 地名用字应当使用规范汉字，避免使用生僻或者易产生歧义的字。

汉语地名的罗马字母拼写，应当按照《汉语拼音方案》和《中国地名汉语拼音字母拼写规则》执行。少数民族地名和外国语地名的汉字译写，按照国家有关规定执行。

第三章 地名命名、更名和销名程序

第十六条 山、河、湖、内陆岛屿等自然地理实体需要命名的，由县级以上人民政府民政部门予以命名；跨行政区域的，由相邻各方的民政部门报共同的上一级民政部门予以命名。

第十七条 行政区域名称，由申请设立行政区划的人民政府提出，报有审批权的人民政府在依法批准设立行政区划时一并确定。社区、村（居）民委员会辖区名称，由申请设立社区、村（居）民委员会的乡（镇）人民政府或者街道办事处提出，经县（市、区）民政部门审核后，报县（市、区）人民政府在依法批准设立社区、村（居）民委员会时一并确定。工业区、开发区、保税区、风景名胜区、自然保护区等名称，由申请设立该区的行政机关提出，经有关主管部门征求同级民政部门意见后，报有审批权的行政机关在依法批准设立该区时一并确定。自然村名称，由乡（镇）人民政府或者街道办事处提出申请，经县（市、区）民政部门审核后，报县（市、区）人民政府审批。

第十八条 铁路、公路、航道、港口、渡口、车站、机场、水库、堤坝、海塘、水闸、电站、通信基站、公园、公共广场等具有地名意义的专业设施名称，由建设单位或者有关专业主管部门征求同级民政部门意见后，报有审批权的专业主管部门在依法批准建设专业设施时一并确定。

第十九条 新建道路，地名规划已确定名称的，建设单位或者有关主管部门在申请立项时应当使用地名规划确定的名称，并在建成交付使用前向设区的市、县（市）民政部门办理正式命名手续；未确定名称的，建设单位或者有关主管部门应当在申请立项时提出道路预命名方案并征求设区的市、县（市）民政部门意见后确定和使用预命名的名称，在建成交付使用前向设区的市、县（市）民政部门办理正式命名手续。已建道路无名的，由设区的市、县（市）民政部门予以命名。设区的市、县（市）民政部门在道路命名前应当将命名方案向社会公示，并征求有关主管部门意见。

第二十条 住宅小区（楼）、公开销售的建筑物以及其他需要命名的大型建筑物名称，由建设单位提出申请，报设区的市、县（市）民政部门审批。建设单位申请发布涉及住宅小区（楼）、建筑物地名的广告，申请办理商品房预售许可证、房地产权属证书以及门（楼）牌的，应当向有关主管部门出示地名批准文件。已建住宅小区（楼）、建筑物未命名，其所有权人或者物业所在的业主大会要求命名的，分别由所有权人或者其委托管理的单位、业主大会或者其授权的业主委员会提出申请，报设区的市、县（市）民政部门审批。

第二十一条 申请住宅小区（楼）、建筑物命名的，应当提交下列材料：

（一）建设用地和建设工程规划许可文件及总平面图；

（二）拟用地名的用字、拼音、含义的说明；

（三）其他与申请命名相关的材料。

设区的市、县（市）民政部门应当自收到申请之日起10个工作日内作出审批决定。对符合要求的名称，应当予以批准，并出具批准文件；对不符合要求的名称，应当不予批准，书面告知申请人并说明理由。但是，征求利害关系人及有关方面意见或者进行协调所需的时间除外。

第二十二条 门（楼）牌号码由县（市、区）民政部门或者乡（镇）人民政府、街道办事处按照国家和省有关规定统一编制。

第二十三条 地名确定后无特殊理由不得更名。地名损害国家主权、领土完整和公共利益的，或者含义不健康的，或者有本办法第十四条规定重名情形的，应当更名。地理实体因改造、拆除，其名称与改变后状态明显不符的，可以更名。专有部分占建筑物总面积三分之二以上且占总人数三分之二以上的业主同意，并提供业主大会决议的，住宅小区（楼）、建筑物可以更名。

第二十四条 地名更名程序按照地名命名的相关规定执行。对本办法第二十三条第二款规定的情形，地名所在地设区的市、县（市、区）民政部门应当发出地名更名通知书，有关单位或者个人应当自收到通知书之日起2个月内办理地名更名手续。

第二十五条 因自然地理实体变化、行政区划调整和城乡建设等原因而不使用的地名，由县级以上人民政府民政部门根据职责予以销名。

第二十六条 地名文化遗产保护名录中在用地名的更名应当严格控制；不使用的地名，县级以上人民政府民政部门和有关主管部门应当采取就近移用、优先启用、挂牌立碑等措施予以保护。地名文化遗产保护名录涉及的地理实体拆除重建或者迁移后重新命名的，应当优先使用原地名。

第二十七条 有关主管部门按照本办法第十七条第三款、第十八条、第二十三条的规定对地名进行命名、更名的，应当在命名、更名后10个工作日内报同级民政部门备案；民政部门发现备案的地名不符合规定要求的，应当要求或者建议审批机关予以纠正。

第二十八条 县级以上人民政府民政部门和有关主管部门应当及时向社会公布命名、更名和注销的地名信息，同时抄告同级公安、住房和城乡建设、工商行政管理、测绘与地理信息、邮政等相关管理部门。因行政机关依照职权主动作出地名命名、更名和注销决定，致使公民、法人和其他组织的居民身份证、营业执照、房地产权属证书等证照和批文的地名信息需要作相应变更的，县级以上人民政府民政部门和有关主管部门应当根据公民、法人和其他组织的申请，在各自职责范围内免费为其提供出具相关地名证明或者换发证照和批文等服务，但法律、行政法规另有规定的除外。

第四章 标准地名的使用和监督

第二十九条 依法命名、更名的地名为标准地名。本办法实施前已经使用并由县级以上人民政府民政部门编入地名录（志、图）或者地名数据库的地名，视同标准地名。县级以上人民政府民政部门和有关主管部门应当采取措施，宣传、推广和监督使用标准地名。

第三十条 下列情形使用的地名应当是标准地名：

（一）地名标志、交通标志；

（二）地图、电话号码簿、交通时刻表、邮政编码簿等出版物；

（三）国家机关、企业事业单位、人民团体制发的公文、证照及其他法律文书；

（四）媒体广告、户外广告；

（五）其他应当使用标准地名的情形。

第三十一条 重要自然地理实体、行政区域界位、社区、村（居）委员会辖区、风景名胜区、自然保护区、专业设施、道路等，应当按照国家和省规定的有关标准设置地名标志。

第三十二条 道路、门（楼）牌地名标志由设区的市、县（市、区）民政部门或者乡（镇）人民政府、街道办事处负责设置和管理。其他地名标志由提出地名命名申请的单位或者有关主管部门负责设置和管理。属于建设项目的地理实体地名标志，应当在建设项目竣工验收前设置完成。

第三十三条 任何单位和个人不得涂改、遮盖、损毁或者擅自设置、移动、拆除地名标志。因施工等原因确需移动、拆除地名标志的，应当事先征得设置单位或者管理单位同意，并在施工结束前恢复原状，所需费用由工程建设单位承担。地名标志管理单位应当保持地名标志的清晰和完好，发现损坏或者字迹残缺不清的，应当及时予以更新。

第三十四条 县级以上人民政府民政部门应当建立本行政区域的地名数据库，及时更新地名信息，保证地名信息的真实、准确。县级以上人民政府民政部门和有关主管部门应当加强地名信息协作，实现地名信息资源共享。县级以上人民政府民政部门和有关主管部门可以通过设立地名网站、地名信息电子显示屏、地名问路电话等方式，向社会提供地名信息服务。

第三十五条 县级以上人民政府民政部门和有关主管部门负责出版本行政区域或者本系统的标准地名出版物。其他任何单位和个人不得出版标准地名出版物。

第三十六条 县级以上人民政府民政部门和有关主管部门应当按照国家和省有关规定，建立健全档案管理制度，加强地名档案的收集、整理和保存工作，维护地名档案的完整、系统和安全。县级以上人民政府档案管理部门应当加强对地名档案管理工作的指导和监督。

第五章 法律责任

第三十七条 单位和个人违反本办法规定，有下列行为之一的，由县级以上人民政府民政部门予以行政处罚，法律、法规另有规定的，从其规定：

（一）擅自命名或者更名住宅小区（楼）、建筑物名称的，责令其停止使用、限期改正；逾期不改正的，撤销其名称，并对经营性的违法行为处1万元以上5万元以下的罚款，对非经营性的违法行为处2000元的罚款；

（二）未按照规定使用标准地名的，责令限期改正；逾期不改正的，对经营性的违法行为处1万元以上5万元以下的罚款，对非经营性的违法行为处2000元的罚款；

（三）擅自编制或者更改门（楼）牌号码的，责令限期改正；逾期不改正的，对个人处500元的罚款，对单位处2000元的罚款。

第三十八条 涂改、遮挡、损毁或者擅自设置、移动、拆除地名标志的，由县级以上人民政府民政部门和有关主管部门按照各自职责责令限期改正；逾期不改正的，处500元以上2000元以下的罚款；造成经济损失的，应当依法赔偿。法律、法规另有规定的，从其规定。

第三十九条 行政机关及其工作人员违反本办法规定，有下列行为之一的，由有权机关责令改正；情节严重的，对直接负责的主管人员和其他直接责任人员依法给予处分：

（一）未按照规定权限和程序实施地名命名、更名审批的；

（二）未按照规定职责设置和管理地名标志的；

（三）违法收费的；

（四）其他滥用职权、玩忽职守、徇私舞弊的行为。

第六章　附则

第四十条 本办法自 2013 年 2 月 1 日起施行。

三门县地名管理实施办法

第一章　总则

第一条 为了加强地名标准化管理，适应社会主义经济建设和社会交往的需要，根据《地名管理条例》和《浙江省地名管理办法》的规定，结合本县实际，制定本办法。

第二条 地名管理应当维护国家利益，保持地名的相对稳定，继承优秀的历史文化，适应现代城乡建设需要，有利于促进社会的文明进步，对外开放和合作交流。

第三条 本实施办法所称的地名包括：

（一）自然地理实体名称：河（溪）、山岭、山峰、山洞、地片、海、岛、滩涂、海湾等名称；

（二）行政区域和居民点名称：县、镇、乡、村，居民区、自然镇、自然村、片村、住宅区、广场、街、路、巷、弄、经济区域等名称；

（三）专业部门名称：具有地名意义的场、矿、航道、站、台、渡口、码头、公路等名称；

（四）人工建筑、名胜古迹和游览地名称：水库、隧道、桥梁、海塘、江堤、水闸、航标、公园、风景名胜区、自然保护区、名胜古迹、纪念地等名称；

（五）其他需命名的大型建筑物等名称。

第二章　地名管理机构

第四条 县地名委员会在县人民政府领导下，统一管理全县地名工作。县地名委员会下设办公室（以下简称县地名办公室），其主要职责为：

（一）负责县地名委员会的日常工作；

（二）承办县人民政府审批的地名命名和更名事项，审核全县各类地名的命名和更名的申报，核发《地名使用批准书》，公布标准地名；

（三）收集和整理地名资料，管理地名档案；

（四）编制地名规划并组织实施；

（五）设置和管理地名标志；

（六）指导专业部门的地名管理工作；

（七）编辑地名图书，审核各类公开或内部出版物中的地名；

（八）组织地名学术研究，提供地名咨询服务；

（九）推广和监督标准地名的使用；

（十）向县民政部门提出处罚违法行为的建议，并办理相关的具体事宜。

第五条 乡、镇人民政府负责本辖区的地名工作，民政助理员兼任地名管理员；县级有关主管部门和各类经济区、风景名胜区等管理部门应当指定专人负责做好本部门或本辖区内的地名管理工作，业务上接受县地名办公室的指导。

第三章　地名命名、更名的原则及申报与审批

第六条　地名的命名应当符合下列规定：

（一）符合国家和社会的利益，尊重当地居住人的意愿；

（二）符合城乡总体规划要求，反映历史、文化和自然地理特征，含义健康，用字规范，与有关各方协商一致；

（三）一般不用人名、外国地名命名本县地名，禁止用国家领导人的名字命名本县地名；

（四）避免使用生僻字；

（五）派生地名一般应与主地名统一。

第七条　在下述规定范围内的同类地名应当不重名，并避免同音：

（一）本县范围内的行政村、居民区、农场、林场、渔场、盐场、岛、礁、较大的山（峰）；

（二）在同一个乡镇范围内的自然镇、自然村、片村；

（三）在同一个乡镇、经济区域内的广场、公园、街、路、巷、弄、住宅区、区片、专业市场和第三条（四）项中的各类地名。

第八条　下列地名应当予以取消并重新命名：

（一）有损国家利益和民族尊严的地名；

（二）极为庸俗或者带有侮辱性含义的地名；

（三）不符合本办法第六条、第七条规定的地名。

第九条　下列地名的命名更名由县人民政府审批：

（一）村、居民区、自然镇、片村等名称，经县地名办公室提出审核意见，由乡、镇人民政府申报；

（二）乡、镇内的街、路、巷、弄、住宅区、公园、广场、区片等名称，由乡、镇人民政府申报；

（三）由县人民政府审批的桥梁、立交工程、长途汽车站、专业市场和其他需命名的大型建筑物等名称，由县地名办公室提出审核意见后，由各主管部门申报。

上列申报应填写申报表并附说明。报告应明确实体位置、名称、含义和命名或更名的理由，属更名的还应注明原名称命名的时间及含义等。属批量或街路命名、更名的在申报时还要附相关图件。

第十条　经县人民政府批准的地名，应由县地名委员会核发《地名使用批准书》作为标准地名的凭证。属申领门牌号码的，应在核准后实行“一牌一证”的地名标志形式，发放门牌使用证。

第十一条　县地名办公室应当及时向社会公布批准的标名。

第四章　地名标志的设置和管理

第十二条　县、乡镇人民政府应当责成有关部门在城镇、街、路、巷、弄、住宅区、自然村（镇）、交通要道、名胜游览地、纪念地和重要的自然地理实体等地方设置地名标志：

（一）县城中的街、路、巷、弄、住宅区等地名标志，包括平面分布图和门牌，由海游镇人民政府和县地名办公室负责设置和管理；

（二）各乡、镇的街、路、巷、弄、住宅区等地名标志，包括平面图和门牌，以及乡村中的村碑（牌）、门牌等地名标志，由各乡镇人民政府负责设置和管理，业务上接受县地名办公室指导；

（三）公路站、道路交叉口、桥梁和码头、渡口等地名标志，由交通主管部门设置和管理；

（四）重要的自然地理实体和其他有必要设置地名标志的地方的地名标志，由县、乡镇人民政府责成有关部门设置和管理。

第十三条　各类地名标志的式样、布局、书写内容统一由县地名办公室审定。

第十四条　地名标志的设置和维护经费按下列规定办理；

（一）县城镇中的平面示意图牌、街路牌等地名标志的经费由县地名办公室牵头落实；

（二）门牌、单元牌、幢牌的设置和正常更换费用，按物价部门核准的收费标准，由房屋产权单位或

户主承担；

（三）乡、镇、村示意图牌（碑）、指路牌等的设置经费，由乡镇人民政府和村民委员会承担；

（四）重要的自然地理实体、专业部门和新建的开发区、改建区、住宅小区的街路牌、巷牌、幢牌、单元牌、指路牌及平面示意图的地名标志设置经费，由设置单位和开发建设经营单位承担。

第十五条 各类地名标志的设置、拆除、迁移、更改等，须经县地名办公室审批。未经批准不得擅自变更、移动或拆除地名标志。

第十六条 地名标志牌上的广告，由县地名办公室设计、制作和设置，任何单位和个人未经县地名办公室同意，不得擅自制作设置。

第五章 标准地名管理

第十七条 经县人民政府批准或者授权单位批准的地名为标准地名。标准地名应按国家规定的规范汉字书写，不得使用自造字、异体字，其罗马字母拼写应当以国家公布的《汉语拼音方案》和《中国地名汉语拼音字母拼写规则》拼写。

第十八条 下列范围中使用的地名必须是标准地名：

（一）县政府及其所属部门、乡镇人民政府的文告、文件、证件、协定、报纸和书刊；

（二）广播、电视、刊物、地图、教材和各类典、录、志等书籍；

（三）标有地名的各类标牌、印鉴、票证、商标、广告；

（四）邮件传递、工商登记、户籍管理、房地产管理等。

第十九条 地名密集的出版物，如地名录、地图、电话簿、交通时刻表、邮政编码簿、工商企业名录等出版前应送县地名办公室进行地名审定。

第六章 法律责任

第二十条 对违反本办法的单位或者个人，由所在地民政部门给予处罚：

（一）擅自命名、更名的，责令停止使用，拒不执行的，处300元以上3000元以下的罚款，并代为改正，其改正所需要的费用由违反本办法的单位或个人承担；

（二）擅自设置地名标志的，责令限期改正，逾期不改的，可代为改正，费用由违反本办法的单位或者个人承担；

（三）使用非标准地名的，责令限期改正，逾期不敢的，处每日100元的罚款；

（四）擅自移动、涂改、损坏、涂污、遮挡地名标志的，责令限期恢复原状，或者代为改正，其改正所需费用由违反本办法的单位或者个人承担。

（五）未经审定擅自出版地名密集出版物的，责令停止发行，没收获利所得，并可处300元以上3000元以下的罚款。

第二十一条 对违反本办法的单位和个人给予行政处罚，应当出具行政处罚决定书。收缴罚款应当出省统一的罚没收据。罚款全部上缴国库。

第二十二条 被处罚单位和个人不服行政处罚决定的，可以按照《行政复议条例》和《中华人民共和国行政诉讼法》的规定申请行政复议或者提起诉讼。

第七章 附则

第二十三条 本办法的具体应用问题由县民政局负责解释。

第二十四条 本办法自发布之日起施行。

一九九七年七月二十四日

附录

附录一　三门县行政村规模调整行政区划

2018年8月，三门县开展行政村规模调整工作，全县510个行政村中有371个行政村涉及调整，调整后形成新村136个，全县调整后总村数为275个。

三门县行政区划及驻地、辖区自然村一览表（2018年）

表9

乡镇	机关驻地	社区（居委会）	村数	行政村（自然村）
海游街道	珠海路1号	龙山、石羊、平安、广润、蟠龙、上叶、心湖	行政村22个，自然村75个	城北、丹峰（丹峰、后洋陈）、城西（城西、墙里、山陈、谢家）、城中（城中、坝头）、城东（城东、蒋家、黄狗盘、下山、斗门头岗、黄埠突、大湖塘）、港北（溪北、寺后、中央坝、洋庄、马家山）、善岙杨（善岙杨、善岙渡头）、善岙蒋（善岙蒋、刺棚坑、外岗头、马鞍鸟头、山里庵、大屿）、上坑、下坑、金叶（下达田、上坎头、上屋、下辽、外湾、下坎、隔岸、乐云钻、毛洋）、松门、湘山（中村、九年、三年）、祥和（山董、新屋、后地、民塘岸、外房、西岙）、新场、石岩、小坑（小坑、下洋李、下岙周、上黄、桥外王、尤家、坑下、岱阜里、岱阜外、奚家岙）、悬渚（悬渚、外俞、悬渚陈、慈胜、方卢）、港溪（南岙、梅村、园洋）、后郭（北山、后郭）、前郭、下谢（下谢、岙里）
海润街道	滨港路3号		行政村15个，自然村33个	王家（王家、鲍家、梅叶）、祁家、滨海（葫芦岙、许家塘）、晏站（晏农、晏渔、大庵）、上枫坑（上枫坑、三山、何家）、下枫坑、潺岙（潺岙、戴家）、头岙（头岙、东陈）、陈家（林家洋、岭脚陈）、孙家（孙家、隔坑）、园里（园里、江边山、长湾）、后林（后林、东严）、西严（西严、上林）、涛头（大涛、小涛、正屿）、叶家（叶家、三里严）
沙柳街道	清溪西路38号		行政村17个，自然村46个	沙柳、石马林（华山、前店、前山、西陈、上岙、西坑、白岩、龙头背、岭脚、东坑、仙人坪、东山头、里庵）、金板山（金板山、天堂、水口）、书带看（书带看、大山）、板樟山、流源（汪家洋、流洋、岙里王、大家园）、云溪（路上周、路下周、后山周、前王、淡竹岙）、坎头杨、下南山、青叶、溪头杨、旗门（殿后、后周）、道岸头、姚家（姚家、田洋）、船帮里（大周、外黎、塘里、东头、卢家塘）、曼岙（曼岙、风闪坑）、南亭

续表 9

珠岙镇	珠溪路 3 号		行政村 34 个，自然村 102 个	珠岙、岭里（岭里、里桃、洋郎、大朗头）、双峰（柿树湾、中央线、岗头、石桥头、文明、王石、石朗山）、里洋（韩联、外张家、里张家、山王头、岙底谢）、香山、枫马岭（里塘、人马山、后辽丁）、坎头岙（坎头、岙兴）、西陈、祥里（祥里、东园、塘岙、彭家）、胡周（上胡、下胡、下桃山）、娄坑、铺岩（铺里、外岩坑、里岩坑）、岭口、溪东（上方、溪下、岗后、外田湾）、石马（石马、姜家山）、下洋（下洋、马家、沙岸、横山、吕岙）、樟树下、独山、山岙（小岙、明姚、锁岩、塘岙、格岭、楼下、支下、周家）、云涧（西吴、长岗、黄罗、大平头）、语溪（陈岙、隔水、山后、莱湾、油麻岭）、桥下、吴岙、东谢、清湖（下界溪、王田、上界溪、里坑、外坑）、珠萃屏（珠萃屏、石壁山）、仙人峡（岩下徐、里桐、外桐、小桐岩、王殿、涨潮）、桐岩李、黄坦洋（后畈、岙坑、下回山、双门岩、大麦坑、石地栿、隔岸山、石坑）、竹墩、梅坑、双楼、高枧（高枧、陈吴岙、西塘）、金湖洋（胡村、三板桥、竹家山、严家岙、举目桥）
亭旁镇	宁和路 280 号		行政村 54 个，自然村 144 个	杨家（杨家、小路头、上蔡、半岭）、包家（包家、寺前岩）、石滩（石滩、朱模、唐家岙）、陌更（陌更、申改卢）、叶家山（叶家山、上岩）、狮岭（狮岭、园洋）、上蒋、王村（王村、塘下垃、下蒋）、上鲍、任家（任家、下岙、花湾）、岙楼（岙楼、坑下）、前楼（前楼、东王、沙地）、叶家庄、中口堂（应家、中口、中口堂、庄基）、玉溪（潘家、汪家、格水邵）、山根邵（山根邵、下里金、山上任、老王山、坑洪）、湫水下叶（湫水下叶、上山、水孔山）、岙王（里陈、外陈、上钱、徐家）、邵上（邵上、岩头、缸窑）、邵下、马村（马村、百亩头）、下路朱、石头岙（石头岙、半岭、箸笼岩）、坝头（坝头、湖头园、上任郑、上任梅、上任庵、坦湾）、芦田山（胡家、郑家、大龙岭）、梅里（梅坑胡、梅坑杨、里金）、下吴、金干（金干、湖头徐、桃山）、芹溪、佃石（佃石、佃石山脚）、楼下郑（楼下郑、外洋马、路四坑、沙湾）、坑坞（山头平、坑河、横路）、何祝岙（何家、路上黎、祝家、外祝、郭岙）、界岙、彭赖（彭家、赖家）、上下梅（上梅、下梅）、挂帘（挂帘、山头、大溪下、外楼）、坐塘（坐塘、里洪）、铁场、西山、板沸、山上杨（山上杨、下庄、岭根、梅家坑）、枧头（枧头、下洋）、小林山（小林山、下高、上高）、刘家（刘家、早田洋、山后芦、外山王）、上模（王家庄、东湖、桥头胡）、项家山（项家山、山头王）、上卢（上卢、坟庵、石门坑）、南溪（南溪、黎家山）、韩家（韩家、五水岙、龚家、上段、石柱下）、下湾（周山、下湾、上样、方田）、鳌岗（鳌岗、大尖、王家山、乌田、半岭堂）、葫芦田、赖岙（赖岙、百两岗、便岭坑）

续表 9

健跳镇	望海路48号	健中、沿港、三良、凤凰山	行政村39个，自然村133个	健农、健渔、猫头（大猫头、小猫头、大黄礁、小黄礁、大路湾）、平岗（平岩、外岗、老屋、长沙）、琴江（蟹山脚、沙木岙、沙木塘、山头、西山头）、峧头（峧头、塘里壁、王门、岭头、后坑、张家岙、北沙、足市、龙肚沙、山头、龙脚）、七市（外七市、高湾、中央塘、里七市、上七市、洋市、田龙、廿四箩）、东边（东边、刺涂、上山）、西边（西边、金鸡塘）、梅山、双宅（小宅、大宅、肖湾）、西郭、后洋（下店、田里、陈家、王家、里岙、白岩前、梅家岙）、上陈（上陈、岙里）、龙溪（大蛟龙、小蛟龙、东郭门、洋溪）、毛张（毛张、里加畔、石桥）、毛叶（毛叶、毛王、山门坑）、田岙、岙口（岙口、南山）、大塘（下蓬厂、山亩、园山里、上蓬厂、八亩田、市弄塘、流塘、西岙、锁门、岙口塘、浮门）、下街（下街、山后塘、新塘岙）、中街（中街、乾墩、尖坑山）、上街、小蒲（小蒲、郑公山）、巡检司（巡检司、小蒲店、赤礁、西渡陡门）、峋岩（峋岩、塘岸、下峧、昌塘）、西渡（西渡、西渡庄、种子场）、龙潭（上敖、小牛湾、三岔）、花市、繁荣、刘塘墩（刘塘墩、地字号）、十八庄（十八庄、犁头塆、下洋潭、南洋厂）、南野（天字号、南新、南丰、手字塆）、南塘（鸟屿、猪头岩塘、乾岙、山后）、珠港（盖门塘、狮子头）、港源（前潭、河头、大湾、相公殿）、三核（大冲、前墩、上岙、里峙）、永盛（门头、赤头）、双港（永丰、盐灶、田湾、马庄）
横渡镇	横渡街28号		行政村13个，自然村44个	大横渡（大横渡、许家山、横渡刘、上王、石燕）、铁强（铁强、托岙、下罗）、白溪（白溪、碧潭、上陈、南豪）、小横渡（小横渡、麻岙、下山头、深土洋、石仓岙）、岭根陈（岭根陈、唐家、庄四岙）、岩下（岩下、快岙、小溪、千洋、上房、快岙里）、桥头、善见、岩下潘、王岐庄（王岐庄、丈家坑、东吴、峙洋、松树坑、里岙）、坎下金（坎下金、木里湾、苎麻厂）、东屏（东屏、大岙坑、上角头、水坑）、双林（南林、长林）
花桥镇	广场路88号		行政村17个、自然村57个	花桥、金山（八岭、八岭头、王申坦、长山头、岔坑、银山、麻坑、黄泥头）、寺前（寺前、某名头、西坑岙、溪头方、下路廊）、两头门、上宅（上宅、甘东岙）、下洋毛（下洋毛、大村）、舒岐（舒岐、上施、兰田）、联谊（上洋、方前、西山、溪头、上潘洋、六房）、上潘、关头、蒲峰（蒲峰、流水岩、外塘、方家、李家岙）、连下（栅下、北岙、白连、南岙）、下岙（下岙方、上盘、白湾、海头）、芝岙（芝岙、下谢、下里、李岙、岭南）、东岙（东岙、上苏、岭下舒）、上旺（上旺、下路头）、吴都（吴都、小岭、上郑、茗岙）

续表 9

浦坝港镇	盐城路3号	新城	行政村60个；自然村186个	东浦（东浦、路头王）、西浦、西里（西里、高岭、下庄、小金山）、两头塘（两头塘、坝头马、中央坝）、圩岙（圩岙、西湾）、六村（山下张、姜家、路上、岭上、南山）、仙岩（仙岩、下洋黄、后陈、岩下洋、唐家、横坑、连盘头）、永安（黄金坦、下岙堂）、古松（下占松、上占松、王间塘）、丁山脚（丁山脚、中央港、三份头、富窑厂、格港、大斗门、小斗门）、河里（河里、河外）、双墩、新塘（新塘、林家塘、蟹山后、龟峙）、龙坑（龙坑、潘家、大井头、小湾、下岙、岩头、大岙）、程家（里宅、北坑、山上、山里）、渔西、前山（前山、李家、贺家、戴家）、武曲（武曲、下洋山、上洋）、观海（木杓、草头、金岙、虎门孔）、小雄（小雄、路下、南岙陈）、浦坝、庙屿（朱家、方家、张家）、方罗（王沙、官塘）、金司田（金家岙、长田、吴彤、张司岙、花堂）、毛石源（上毛洋、下毛洋、石门）、高东（高湖、东岙、下湾）、坑林、五支岙、梅岙（梅岙、王沙堂、前山、下岙）、滩南（南山、上大桥、下大桥、滩头、中保、岩头谢）、方家（岙底方、埠头）、五小柱（姑嫂臼、塘边、外坦、后塘、大岙）、山场、茂林、西岑（西岑、林家岙、东岙）、塔坑（塔坑、金家、隔溪、胡家峙、横祠堂）、长大山（金家山、界岸、瓦坦、下塘屋、上董）、蜍下（蜍下、麻岙、前山、上严）、罗石（石桥、罗家、上石桥、峙山下、万户塘、八岙里、墩根）、赤坎、大域（大域、小官塘、胜利）、下洋墩（下洋墩、大金山、长坝头、跃进）、三角塘（三角塘、老鼠峙、海山）、渔家岙（从岙、上从岙、张家、岭脚、北坑）、钳口（钳口、里塘、钳口墩）、小岭下、郑畔（下畔、大郑）、佳岙、沿江（沿江、沈加王、下岙）、泗淋、桃峙（桃峙、大泥湾）、鹤井（鹤井、上湾、外塘、下湾、下盘岭）、长浦庄（长浦庄、下畔）、山王港（庄王、山头郭、山下、下港）、泗淋塘、金家峙、蒲岙、下道头（下道头、娘娘宫、闸门）、洋底（洋底、东岭、山前塘、下院）、上道头（上道头、西庙、九念、寺头洋、大塘）
蛇蟠乡	渔光曲路170号		行政村4个，自然村10个	山前、山后（山后、市门、孝头）、黄泥洞（黄泥洞、上岩头、老人岩）、小蛇(彭坝、中南、邵亭)

新村简介

海游街道

金叶村 [Jīnyè Cūn]

驻地下达田。位于海游街道驻地西南2.5公里。东毗善好酒厂，南至西区大道、岭枫公路，西毗溪东村，北与宁海县接界。辖下达田、上坎头、上屋、下辽、外湾、下坎、隔岸、乐云钻、毛洋9个自然村，14个村民小组，699户，2044人。下达田、上坎头自然村地处天打山东南麓，珠游溪下游北侧河谷平地，地势北向南略有倾斜；上屋、下辽、外湾、下坎、隔岸、乐云钻、毛洋自然村地处天打山西北麓，点状聚落，呈阶梯形，属山区。行政区域面积6.05平方公里，其中耕地面积38.36公顷，林地面积382.63公顷。村集体经济总收入18.72万元，固定资产合计686.52万元。

查当地《纡岸叶氏宗谱》，下达田、上坎头、田湾三村都姓叶，为纡岸叶氏裔孙，同宗同脉，一支相连。金，喻尊贵、珍贵，含金枝玉叶之意，故名金叶。2018年8月行政村规模调整，上坎头村、里田湾村、下达田村调整为新的金叶村民委员会。

祥和村 [Xiánghé Cūn]

驻地统建。位于海游街道驻地西南2.8公里。东至望海楼，西南为下朱庙，西北临珠游溪、光明路。地处望海楼（山）之西，珠游溪下游东侧河谷平地，地势东南向西北倾斜，聚落呈长方形块状，属河谷平地。辖山董、西岙、新屋、后地、民塘岸、外房6个自然村，9个村民小组，581户，1651人。行政区域面积3.68平方公里，其中耕地面积22.14公顷，林地面积248.67公顷。村集体经济总收入31.01万元，固定资产合计314.8万元。

祥和路自东北至西南折北贯通村中部，是连接各自然村的主要道路，以路得名，寓意吉祥、和谐、美好。2018年8月行政村规模调整，西岙村、山董村、统建村调整为新的祥和村民委员会。

后郭村 [Hòuguō Cūn]

驻地后郭。位于海游街道驻地西南5.4公里。后郭地处里岙斗山东南麓，珠游溪与其支流珠岙溪汇合处东北侧，地势西北向东南略有倾斜，东、南临珠游溪，西邻港溪村梅村自然村，北至前郭村。北山位于海游街道驻地西南4.4公里，地处药王山南麓，点状聚落，属半山区，东与上坑村接壤，南近前郭村，南至岭枫公路。辖后郭、北山2个自然村，9个村民小组，372户，1037人。行政区域面积2.27平方公里，其中耕地面积16.63公顷，林地面积170.08公顷。村集体经济总收入7.27万元，固定资产合计126.39万元。

据《黎氏宗谱》记载："村前有座山，状如马头，山下有一湖，四季清澈如镜，似马饮水，故称马湖。"马湖片村分前郭、后郭两村，该村位于片村的南半部，故名。2018年8月行政村规模调整，后郭村、北山村调整为新的后郭村民委员会。

城西村 [Chéngxī Cūn]

驻地城西。位于海游街道驻地东1.1公里。地处章家山（丹峰山）之西北，珠游溪下游沿岸河谷平地，地势平坦。东靠丹峰村，西毗金叶村，南至章家山、望海楼，北临珠游溪、松门村。辖城西、墙里、山陈、谢家4个自然村，10个村民小组，701户，2029人。行政区域面积3.03平方公里，其中耕地面积10.79公顷，山林面积125.71公顷。集体经济总收入178.65万元，固定资产合计3111.26万元。

城西原名上西，土改时改名翻身。因位于原海游镇西部，1982年更名城西村。2018年8月行政村规模调整，城西村、山陈村、谢家村调整为新的城西村民委员会。

城东村 [Chéngdōng Cūn]

驻地城东。位于海游街道驻地东1.7公里。地处珠游溪下游、石羊溪沿岸，黄狗盘山东北麓，花坟山（即马家山）西南麓，地势平坦。南邻新场村，西邻城中村，北与港北村相邻，紧邻大湖塘新区。辖城东、蒋家、黄狗盘、黄埠突、大湖塘、下山、斗门头岗7个自然村，23个村民小组，762户，2316人。行政区域面积4.78平方公里，其中耕地面积34.6公顷，林地面积198.95公顷。村集体经济总收入984.35万元，固定资产合计2918.95万元。

原名溪南，因地处石羊溪南岸，故名。1982年以村居县城东部，更名为城东。2018年8月行政村规模调整，城东村、黄埠突村、城南村、新港村调整为新的城东村民委员会。

港北村 [Gǎngběi Cūn]

驻地溪北。位于海游街道驻地东1.8公里，地处将军山南麓，地势东北向西南倾斜，属山间平地，聚落为块、点状混合分布。东靠大平山，北至海游岭，西毗三门中学、外国语小学，南临石羊溪。辖溪北、中央坝、洋庄、马家山、寺后5个自然村，10个村民小组，570户，1693人。行政区域面积4.37平方公里，其中耕地面积51.05公顷，林地面积315.01公顷。村集体经济总收入222.14万元，固定资产合计1541.21万元。

位于海游港（珠游溪）之北而得名。2018年8月行政村规模调整，溪北村、联合村、寺后村调整为新的港北村民委员会。

小坑村 [Xiǎokēng Cūn]

驻地小坑。位于海游街道驻地南偏东4.9公里。地处亭旁溪下游两岸，狮子山北麓。聚落沿溪岸分布，系河谷平地。东依大背山，南靠狮子山，西毗石头岙村，北邻石岩村、海游中学。辖小坑、下洋李、下岙周、上黄、桥外王、尤家、坑下、奚家岙、岱阜外、岱阜里10个自然村，17个村民小组，1472户，4138人。行政区域面积7.95平方公里，其中耕地面积159.58公顷，林地面积483.04公顷。村集体经济总收入142.96万元，固定资产合计867.61万元。

小坑自然村村南有一条小溪坑，村紧靠坑边，故称小坑。2018年8月20日行政村规模调整，岱阜里村、岱阜外村、小坑村、奚家岙村调整为新的小坑村民委员会。

悬渚村 [Xuánzhǔ Cūn]

驻地悬渚。位于海游街道驻地东南5.5公里。地处亭旁溪下游东侧，落脉山西南麓，地势东南向西北倾斜，聚落呈点、块状分布，属半山区。东北靠落脉山，南毗小坑村，北临亭旁溪与大湖塘新区相望，东北毗三和江景花苑。辖悬渚、外俞、悬渚陈、慈胜、方卢5个自然村，25个村民小组，1588户，4445人。行政区域面积10.94平方公里，其中耕地面积99.11公顷，林地面积722.12公顷。村集体经济总收入70.06万元，固定资产合计2902.62万元。

此地东面靠山，南、西、北近水，围绕数里，波流潆洄，朝宗其间，上有沙渚，望之若悬崖，故名悬渚。2018年8月20日行政村规模调整，外俞村、悬渚村、方卢村调整为新的悬渚村民委员会。

港溪村 [Gǎngxī Cūn]

驻地南岙。位于海游街道驻地西南6.4公里。地处下桃山（山名）东北麓，观音尖山北麓，珠岙溪与珠游溪汇合处三角地带，聚落呈点、块状分布。东毗后郭村，西至溪东村溪下自然，北至S224省道，珠游溪、珠岙溪穿村而过。辖南岙、梅村、园洋3个自然村，6个村民小组，383户，1067人。行政区域面积1.12平方公里，其中耕地面积15.9公顷，林地面积60.29公顷。村集体经济总收入16.45万元，固定资产合计1869.72万元。

村庄处于小港公路始点，也是珠游溪与珠岙溪交汇处，取小港公路、珠游溪各一字而得名。2018年8月行政村规模调整，南岙村、梅村调整为新的港溪村民委员会。

海润街道

头岙村 [Tóuào Cūn]

驻地头岙。位于海润街道办事处驻地东南2.7公里。坑王山东麓，地势西南高东北低，属山间平地。东至看守所，西南至陈家村，西靠坑王山，北至S224省道。辖头岙、东陈2个自然村，18个村民小组，676户，2064人。行政区域面积6.29平方公里，其中耕地面积47公顷，林地面积311.55公顷。村集体经济总收入107.25万元，固定资产合计268.95万元。

古时有窦姓迁居此岙，故称窦岙，后演变为头岙。2018年8月行政村规模调整，东陈村、头岙村调整为新的头岙村民委员会。

陈家村 [Chénjiā Cūn]

驻地林家洋。位于海润街道办事处驻地南4.8公里。地处头岙溪两侧，属溪谷平地，聚落呈方形块状，属山区。东靠红茅山，与孙家村为邻，西至苎槽岭，南毗孙家村，北接头岙村。辖林家洋、岭脚陈2个自然村，11个村民小组，320户，1013人。行政区域面积6.1平方公里，其中耕地面积51.8公顷，林地面积495.49公顷。村集体经济总收入169.8万元，固定资产合计357.97万元。

因原岭脚陈、林家洋两村村民都姓陈，同宗同脉，故名。2018年8月行政村规模调整，林家洋村、岭脚陈村调整为新的陈家村民委员会。

孙家村 [Sūnjiā Cūn]

驻地孙家。位于海润街道办事处驻地南5.4公里。地处大平岗北麓偏西，头岙溪上游南侧，地势南高北低，系半山区。东靠流水岩，南至天梯山，北、东北毗陈家村。辖孙家、隔坑2个自然村，16个村民小组，542户，1694人。行政区域面积9.5平方公里，其中耕地面积44.27公顷，林地面积802.28公顷。村集体经济总收入59.63万元，固定资产合计436.38万元。

宋朝时，孙氏始祖孙伯仁入赘窦岙窦家，子孙繁衍，后孙氏迁居孙家，故名。2018年8月行政村规模调整，孙家村、隔坑村调整为新的孙家村民委员会。

园里村 [Yuánlǐ Cūn]

驻地园里。位于海润街道办事处驻地东南4.5公里。地处东山头麓，地势南向北倾斜，系河谷平地。东邻巡检司村，南至西严村，西依红茅山，北至海游港。辖园里、江边山、长湾3个自然村，19个村民小组，828户，2560人。行政区域面积7.64平方公里，其中耕地面积35.4公顷，林地面积325.09公顷。村集体经济总收入374.52万元，固定资产合计785.65万元。

始祖陈怀珣从福建迁入时，此地三面环山，中间平坦，遍地野花，好似花园，取名园里陈，后简称园里。2018年8月行政村规模调整，园里村、长湾村调整为新的园里村民委员会。

后林村 [Hòulín Cūn]

驻地后林。位于海润街道办事处驻地东南6.3公里。地处狮子山西北麓，地势东高西低，属半山区。东至后林斗、小蒲岭，南至叶家村，西毗西严村，北近园里村。辖后林、东严2个自然村，5个村民小组，228户，721人。行政区域面积3.86平方公里，其中耕地面积43.02公顷，林地面积302.13公顷。村集体经济总收入54.19万元，固定资产合计200.02万元。

原村后有一片茂盛的树林，故称后林。又传，村后有一条山涧直泻，远看如清泉淋背，故名后淋，后演变为后林。2018年8月行政村规模调整，后林村、东严村调整为新的后林村民委员会。

西严村 [Xīyán Cūn]

驻地西严。位于海润街道办事处驻地东南5.1公里。地处红茅山东麓，地势平坦，聚落呈长方形块状，属河谷平地。东近后林村，东南近叶家村，西靠红茅山，北邻园里村。辖西严、上林2个自然村，13个村民小组，310户，925人。行政区域面积3.28平方公里，其中耕地面积15.92公顷，林地面积272.91公顷。村集体经济总收入138.21万元，固定资产合计202.4万元。

古代有一户姓严的两兄弟，从黄坛迁此，因住在园里溪西边，故称西严。2018年8月行政村规模调整，西严村、上林村调整为新的西严村民委员会。

涛头村 [Tāotóu Cūn]

驻地大涛。位于海润街道办事处驻地东7.7公里。地处花鼓岛东北部，涛头山西南麓、正屿山南麓，地势平坦。东至蛇蟠洋，西接滨海新城，南临海游港，北近正屿港。由大涛、小涛、正屿3个自然村组成，辖7个村民小组，655户，1931人。行政区域面积9.16平方公里，其中耕地面积21.62公顷。村集体经济总收入162.84万元，固定资产合计1465.45万元。

以村所处涛头岛得名。2018年8月行政村规模调整，涛头村、正屿村调整为新的涛头村民委员会。

晏站村 [Yànzhàn Cūn]

驻地晏站。位于海润街道办事处驻地北偏东1.3公里。地处乌龟山西南麓，狮子头山东侧。东临正屿港，南毗滨海新城，西邻滨海村，北与南亭村隔山为邻。为不规则的块状聚落，属沿海平原地区。辖晏农、大庵、晏渔3个自然村，14个村民小组，1117户，3242人。行政区域面积9.8平方公里，其中耕地面积16.2公顷，林地面积136.72公顷。村集体经济总收入319万元，固定资产合计417.35万元。

南宋末年，福建有倪氏兄弟三人自南安县北迁，途经晏站涂，见此地依山傍海，地理条件优越，便“停”了一下，“站”了一会儿，随即决定安顿下来。从此，晏站涂旁边多了两个村，一个叫“南停”（南亭村），一个叫“安站”（晏站村）。2018年8月行政村规模调整，晏农村、晏渔村调整为新的晏站村民委员会。

滨海村 [Bīnhǎi Cūn]

驻地葫芦岙。位于海润街道办事处驻地西1.9公里。地处海游港北岸，三门中心陵园东南，东近晏站村，南毗邻海游港，西北与祁家村隔山为邻。地势北向南倾斜，块状聚落，呈长方形，系沿海平地。辖葫芦岙、许家塘2个自然村，5个村民小组，316户，1035人。行政区域面积2.46平方公里，其中耕地面积19.06公顷，林地面积140.72公顷。村集体经济总收入82.46万元，固定资产合计425.86万元。

滨海，意为靠近海边、沿海的意思。葫芦岙村、许家塘村临海而居，故名。又村居毗邻滨海新城而得名。2018年8月行政村规模调整，葫芦岙村、许家塘村调整为新的滨海村民委员会。

王家村 [Wángjiā Cūn]

驻地王家。位于海润街道办事处驻地西3.5公里。地处杨梅山东麓，地势西高东低，块状聚落，呈方形，属半山区。东近滨海村，西依杨梅山，南邻祁家村，北毗外黎村。辖王家、鲍家、梅叶3个自然村，18个村民小组，649户，1960人。行政区域面积2.79平方公里，其中耕地面积74.47公顷，林地面积124公顷。村集体经济总收入85.97万元，固定资产合计384.84万元。

村民以王姓居多，故名王家。2018年8月行政村规模调整，王家村、鲍家村调整为新的王家村民委员会。

沙柳街道

石马林 [Shímǎlín Cūn]

驻地华山。位于沙柳街道办事处驻地西南0.7公里。石马林村分为山上片与山下片两部分。山下片地处精秘山东北麓、将军山南麓，清溪下游南侧，东邻青叶村，南毗沙柳隧道，西近云溪村，北临清溪，地势平坦，块状聚落，属平原地区；山上片地处老鹰山东南、乌岩山西北山湾中，地势西高东低，聚落呈点状，属山区，东至金板山村，南至下洋周山岗，西至白岩岭，北与宁海县杨家山村交界。辖前店、前山、上岙、华山、西陈、西坑、白岩、龙头背、岭脚、东坑、仙人坪、东山头、里庵13个自然村，15个村民小组，541户，1439人。行政区域面积5.18平方公里，其中耕地面积30公顷，林地面积406公顷。村集体经济总收入61.31万元，固定资产合计128.29万元。

清溪下游前店、华山一带旧称石马林，故名。2018年8月行政村规模调整，前店村、东坑村、西坑村、龙头背村、卢林村、上岙村、华山村调整为新的石马林村民委员会。

船帮里村 [Chuánbānglǐ Cūn]

驻地大周。位于沙柳街道办事处驻地东偏南4.3公里。地处笔架山西麓、东北麓、东南麓、东麓，濒临旗门港，南邻大周塘、曼岙村。地势东向西、西南向东北、西北向东南倾斜，块状聚落，属沿海平地。辖大周、外黎、塘里、东头、卢家塘5个自然村，10个村民小组，543户，1768人。行政区域面积6.41平方公里，其中耕地面积44.96公顷，林地面积234.57公顷。村集体经济总收入70.15万元，固定资产合计357.94万元。

唐宋时，三门湾沿海的船帮就与邻县港埠进行密切的货物交易，同时还北达上海、宁波，南至闽粤台澎，也有东渡日本远涉重洋，特别是大周周氏祖先，在宋代曾开创了著名的“三门湾船帮”，定期往来于三门湾与琉球群岛，商贸往来频繁。为纪念周氏祖先的伟业，传承家风，故名船帮里。2018年8月行政村规模调整，卢家塘村、大周村、东头村、外黎村调整为新的船帮里村民委员会。

旗门村 [Qímén Cūn]

驻地殿后。位于沙柳街道办事处驻地东1公里。地处殿后山南麓，清溪下游北侧，地势自西北向东南倾斜，块状聚落，属平原地区。东邻道岸头村、旗门塘，南靠殿后山脚，西南近溪头杨村。辖殿后、后周2个自然村，4个村民小组，230户，688人。行政区域面积2.44平方公里，其中耕地面积39.79公顷，林地面积36.27公顷。村集体经济总收入8.49万元，固定资产合计997万元。

旗门村东临旗门塘，故名。2018年8月行政村规模调整，后周村、殿后村调整为新的旗门村民委员会。

云溪村 [Yúnxī Cūn]

驻地路上周。位于沙柳街道办事处驻地西1.7公里。地处精秘山北麓，清溪下游两岸河谷平地，地势平坦，块状聚落，属平原地区。东毗石马林村、坎头杨村，南靠精秘山，西与下南山村、流源村相接，北靠高椅山。辖路上周、路下周、后山周、前王、淡竹岙5个自然村，20个村民小组，714户，2174人。行政区域面积7.47平方公里，其中耕地面积44.2公顷，林地面积563.14公顷。村集体经济总收入54.54万元，固定资产合计92.3万元。

在中国传统文化中，“云”是自然的象征，也是一种人生境界的写照。“云”随风动，顺应自然的规律，与自然融为一体，因而“云”不与自然相矛盾，所以能够坦然遨游于太空。清溪发源于天台县东部苍山(海拔1113.4米)东北麓，横贯整个沙柳街道，因溪水清澈见底，故称“清溪”。村位于清溪之旁，溪水如云，云如溪水，故名云溪。2018年8月行政村规模调整，路上周村、路下周村、淡竹岙村、后山周村、前王村调整为新的云溪村民委员会。

流源村 [Liúyuán Cūn]

驻地汪家洋。位于沙柳街道办事处驻地西北4公里。地处板樟山东北麓，清溪两岸河谷平地，地势平坦，块状聚落。东邻云溪村，南靠下南山村，西靠板樟山村与宁海县竹山头村，西北毗书带看村，北依狮子头山。辖汪家洋、流洋、岙里王、大家园4个自然村，10个村民小组，416户，1242人。行政区域面积2.94平方公里，其中耕地面积25公顷，林地面积228.61公顷。村集体经济总收入14.53万元，固定资产合计231.88万元。

清溪发源于天台县东部苍山东北麓，东流经天台县、宁海县入三门县境，横贯整个沙柳街道，注入旗门港。村居清溪旁，清溪之水源头很远，水流很长，以“流水之源”而名流源，寓意村民幸福生活源远流长。2018年8月行政村规模调整，岙里王村、大家园村、流洋村、汪家洋村调整为新的流源村民委员会。

珠岙镇

高枧村 [Gāojiǎn Cūn]

驻地高枧。位于珠岙镇政府驻地西南3.3公里。东邻双楼村，南为黄坦洋村，西至黄莲岗，北至山岙。地处黄莲岗东北麓，东、北两面紧临S326省道，南靠西塘山。地势自西北向东南略有倾斜，聚落由不规则块状，沿公路自西、北向南作弧形分布，系半山区、山区。辖高枧、陈吴岙、西塘3个自然村，18个村民小组，1143户，3585人。行政区域面积4.31平方公里，其中耕地面积54.13公顷，林地面积211.47公顷。村集体经济总收入123.73万元，固定资产合计1444.5万元。

高枧之名来之有因，“枧”，水器也；高枧，高高之水枧也。据传，古人为引水灌溉，在溪的上游高高架起一槽水枧，而后村庄就取名为高枧。2018年8月行政村规模调整，高枧村、西塘村调整为新的高枧村民委员会。

坎头岙村 [Kǎntóu'ào Cūn]

驻地坎头。位于珠岙镇政府驻地西南1.3公里。东、南、西毗枫马岭村，西南靠岩峰竖尖山麓，北傍大竹园南麓。地势西北高东南低，聚落为点、块状混合分布，系半山区。辖坎头、岙兴2个自然村，12个村民小组，325户，930人。行政区域面积0.79平方公里，其中耕地面积9.93公顷，林地面积81.5公顷。村集体经济总收入11.75万元，固定资产合计73.4万元。

由坎头、岙兴村名组合而得名。2018年8月行政村规模调整，坎头村、岙兴村调整为新的坎头岙村民委员会。

云涧村 [Yúnjiàn Cūn]

驻地西吴。位于珠岙镇政府驻地西4.7公里。地处大岗头山西南麓，地势西北高，东南低，为不规则的块、点状分布，属山区。东北毗山岙村，南邻陈岙村，西南毗菜湾村，西与天台县接界，西北近泗洲堂。辖西吴、长岗、黄罗、大平头4个自然村，23个村民小组，475户，1556人。行政区域面积3.9平方公里，其中耕地面积29.79公顷，林地面积173.21公顷。村集体经济总收入41.63万元，固定资产合计66.16万元。

云涧，云气弥漫的山间。云涧隐于半山之上，周边无任何干扰，常年云雾缭绕，是一个天然的世外桃源，是现代人隐居的最佳目的地，故名。2018年8月行政村规模调整，长岗村、西吴村、黄罗村、大平头村调整为新的云涧村民委员会。

石马村 [Shímǎ Cūn]

驻地石马。位于珠岙镇政府驻地东南1.6公里。石马自然村地处珠游溪西岸，东与下洋村隔溪相望，北靠石马岭，聚落沿溪岸分布，呈长条形，属半山区；姜家山自然村地处石牯牛山东北海拔425米的高山上，东近短竹山，南近梅坑岭，东北至樟树下村，东南至芦田山界，西至独山山界，地势如阶梯，西高东低，属山区。辖石马、姜家山2个自然村，10个村民小组，407户，1376人。行政区域面积2.96平方公里，其中耕地面积31.47公顷，林地面积188.5公顷。村集体经济总收入20.56万元，固定资产合计170.51万元。

据《郑氏宗谱》载，郑文回于元朝初期迁居此地，因村边一岩石形似马，故称石马。2018年8月行政村规模调整，姜家山村、石马村调整为新的石马村民委员会。

下洋村 [Xiàyáng Cūn]

驻地下洋。位于珠岙镇政府驻地东南2.2公里。地处双尖山西南麓，珠游溪中游东侧河谷平地，地势东南向西北倾斜，聚落沿溪岸分布，呈长条形，属半山区。东北邻海游街道下谢村，南靠大龙岭，西南毗樟树下村，西与石马村隔溪相望。辖下洋、马家、沙岸、横山、吕岙5个自然村，18个村民小组，597户，2245人。行政区域面积3.94平方公里，其中耕地面积43.66公顷，林地面积274.38公顷。村集体经济总收入18.39万元，固定资产合计274.81万元。

据当地《郑氏宗谱》载，明初，三太公由石马分居隔溪村下的田垟，故称下垟，后演变为下洋。2018年8月行政村规模调整，吕岙村、下洋村、横山村调整为新的下洋村民委员会。

金湖洋村 [Jīnhúyáng Cūn]

驻地胡村。位于珠岙镇政府驻地南偏西2.3公里。地处珠游溪北岸，宁（波）临（海）公路穿村而过。地势西高北低，聚落为不规则的块状，属半山区。东邻樟树下村，南依珠游溪，西南毗独山村，西与高枧村相邻。辖胡村、三板桥、竹家山、严家岙、举目桥5个自然村，11个村民小组，520户，1572人。行政区域面积1.54平方公里，其中耕地面积21.2公顷，林地面积85.33公顷。村集体经济总收入15.88万元，固定资产合计360.28万元。

20世纪90年代，设立工业开发区，以地片名金湖洋命名开发区。村庄处于金湖洋开发区，故名。2018年8月行政村规模调整，胡村村、严家岙村、三板桥村调整为新的金湖洋村民委员会。

溪东村 [Xīdōng Cūn]

驻地上方。位于珠岙镇政府驻地东北3.2公里。溪下、上方、外田湾自然村东邻海游街道港溪村，西近岭口村，南靠下桃山北麓，北面靠仙照山，S224省道从村境经过。溪下、上方自然村地势西北向东南倾斜，聚落呈不规则的块状，属半山区。外田湾自然村地势东、西、北均高，南低，四面皆山，聚落呈点状，属山区。岗后自然村位于珠岙镇政府驻地北偏东5.6公里。东、南、西三面与宁海接壤，南临芭蕉山，麻岙岭头之西，地势东、西、北均高，南低，系山区。辖上方、溪下、岗后、外田湾4个自然村，13个村民小组，397户，1098人。行政区域面积1.58平方公里，其中耕地面积15.66公顷，林地面积101.16公顷。村集体经济总收入24.85万元，固定资产合计39.58万元。

以村庄地理方位命名。因村庄处于珠岙溪东部，故名。2018年8月行政村规模调整，上方村、溪下村、外田湾村、岗后村调整为新的溪东村民委员会。

里洋村 [Lǐyáng Cūn]

驻地韩联。位于珠岙镇政府驻地西北2公里。东靠马鞍腰山麓，邻西陈、岭里村，南近香山村，西毗山岙村，北近双峰村。岙底谢自然村地势西、北高，东、南低，点状聚落，属山区；韩联自然村地势西北高东南低，聚落呈不规则的块状，属山区；山王头自然村地势西北高东南低，块状聚落，呈长方形，属山区；外张家、里张家自然村地势北高南低，属山区。辖韩联、外张家、里张家、山王头、岙底谢5个自然村，7个村民小组，227户，721人。行政区域面积1.35平方公里，其中耕地面积16.26公顷，林地面积89.06公顷。村集体经济总收入22.14万元，固定资产合计8.86万元。

以地片名里洋得名。2018年8月行政村规模调整，岙底谢村、山王头村、韩联村、张家村调整为新的里洋村民委员会。

岭里村 [Lǐnglǐ Cūn]

驻地岭里。位于珠岙镇政府驻地北1.6公里。岭里地处白岙山西北山麓，珠岙溪上游岙里坑东岸，东隔山与铺岩村岩坑自然村为邻，南毗西陈村，西邻里洋村，北至宁海县慕湖山界。地势自东向西略有倾斜，属河谷平地；里桃、洋郎、大朗头自然村地处天灯盏山东、东南，笔架山东北麓，东至宁海县桑洲镇石桥村，南毗双峰村，北与宁海县里岙村接壤，西邻双峰村、天台县里坑和二百央村，为三门县西北边缘山区。聚落呈不规则的块状，属山区。辖岭里、里桃、洋郎、大朗头4个自然村，12个村民小组，413户，1183人。行政区域面积3.87平方公里，其中耕地面积22.14公顷，林地面积242.67公顷，村集体经济总收入23.38万元，固定资产合计120.93万元。

因村处于矮山岭头里边，故名岭里。2018年8月行政村规模调整，岭里村、大朗头村、洋郎村、里桃村调整为新的岭里村民委员会。

双峰村 [Shuāngfēng Cūn]

驻地柿树湾。位于珠岙镇政府驻地北偏西3.4公里。地处笔尖山（双峰尖）麓，珠岙溪支流上游山弯中。东靠大姆山，北接岭里村大朗头、洋郎、里桃自然村，西与天台县接界，南毗里洋村里张家、外张家自然村。地势北高南低，聚落呈点、块状分布，属山区。辖柿树湾、中央线、岗头、石桥头、文明、王石、石朗山7个自然村，14个村民小组，424户，1219人。行政区域面积3.11平方公里，其中耕地面积77.41公顷，林地面积145.27公顷。村集体经济总收入22.67万元，固定资产合计24.31万元。

村处双峰尖山麓，故名双峰村。2018年8月行政村规模调整，岗头村、柿树湾村、文明村、王石村调整为新的双峰村民委员会。

清湖村 [Qīnghú Cūn]

驻地下界溪。位于珠岙镇政府驻地西南7公里。地处吴岙溪南侧，东邻东谢村，南近蜈蚣岭，西为天台县洪畴镇，S326省道穿村而过。地势西南向东北倾斜，聚落呈块、点状混合分布，属河谷平地。辖下界溪、王田、上界溪、里坑、外坑5个自然村，13个村民小组，511户，1660人。行政区域面积3.54平方公里，其中耕地面积24.51公顷，林地面积277.34公顷。村集体经济总收入31.86万元，固定资产合计66.3万元。

村庄环山临溪，寓青山绿水，湖光山色之意。2018年8月行政村规模调整，上界溪村、青里岙村、外坑村、下界溪村调整为新的清湖村民委员会。

语溪村 [Yǔxī Cūn]

驻地陈岙。位于珠岙镇政府驻地西南4.9公里。地处吴岙溪北岸，东为云涧村大平头自然村，南与桥下村隔溪相望，西傍白岭头。陈岙、隔水自然村地处吴岙溪北岸河谷平地，地势自北向南倾斜，为不规则的点、块状聚落，属半山区；菜湾、油麻岭自然村地势东南高西北低，聚落呈不规则的块状，属山区。辖陈岙、隔水、山后、菜湾、油麻岭5个自然村，14个村民小组，490户，1551人。行政区域面积2.09平方公里，其中耕地面积23.52公顷，林地面积250.54公顷。村集体经济总收入25.05万元，固定资产合计183.47万元。

吴岙溪，旧称语溪。村处语溪北岸，故名。2018年8月行政村规模调整，菜湾村、油麻岭村、隔水村、陈岙村调整为新的语溪村民委员会。

铺岩村 [Pùyán Cūn]

驻地铺里。位于珠岙镇政府驻地东北4.2公里。铺里自然村地处人头岩东北麓与仙照山西南麓之间，里岩坑、外岩坑自然村地处人头岩山南麓山坑边。东、南与娄坑村为邻，西隔山与岭里村接壤，北至溪东村岗后村自然村，宁（波）临（海）公路从村中通过。地势西北高东南低，块状聚落，属半山区。辖铺里、里岩坑、外岩坑3个自然村，9个村民小组，341户，1130人。行政区域面积3.13平方公里，其中耕地面积13.94公顷，林地面积242公顷。村集体经济总收入24.29万元，固定资产合计41.38万元。

取铺里村、岩坑村各一字为村名。2018年8月行政村规模调整，岩坑村、铺里村调整为新的铺岩村民委员会。

仙人峡村 [Xiānrénxiá Cūn]

驻地小桐岩。位于珠岙镇政府驻地西南7.1公里。地处大塘山南麓，珠游溪上游沿岸，蜈蚣岭西，东邻珠萃屏村，西与临海市交界，宁波至临海公路从村中经过。聚落呈不规则块状，属半山区。辖岩下徐、里桐、外桐、小桐岩、王殿、涨潮6个自然村，5个村民小组，241户，809人。行政区域面积1.9平方公里，其中耕地面积12.53公顷，林地面积369.73公顷。村集体经济总收入22.32万元，固定资产合计50.59万元。

珠游溪系发源于临海市羊岩山，东流到仙人桥东北入三门境内。仙人桥至岩下徐、小桐岩这段溪近年开发为漂流，称仙人峡漂流，故名仙人峡村。2018年8月行政村规模调整，小桐岩村、岩下徐村调整为新的仙人峡村民委员会。

黄坦洋村 [Huángtǎnyáng Cūn]

驻地后畈。位于珠岙镇政府驻地西南5.1公里。后畈、岙坑、下回山自然村地处下回山东南麓，西南毗桐岩李村，东、南临杭（州）温（州）公路和珠游溪，东北与双楼村为邻，北傍西塘山，地势自北向南倾斜，呈长方形块状聚落，呈阶梯形，属溪谷平地；双门岩、大麦坑、石地栿、隔岸山、石坑自然村地处珠岙镇南部，与临海市接界，南至临海大山岗，北毗竹墩村，点状聚落，系山区。辖后畈、岙坑、下回山、双门岩、大麦坑、石地栿、隔岸山、石坑8个自然村，9个村民小组，325户，1072人。行政区域面积3.07平方公里，其中耕地面积21.26公顷，林地面积303.54公顷。村集体经济总收入21.63万元，固定资产合计162.96万元。

后畈、岙坑自然村一带旧称黄坦洋，故名。2018年8月行政村规模调整，双门岩村、岙坑村、后畈村、石坑村调整为新的黄坦洋村民委员会。

胡周村 [Húzhōu Cūn]

驻地上胡。位于珠岙镇政府驻地东0.9公里。宁（波）临（海）公路、珠岙溪穿村而过，西近珠岙村，北靠白岙山麓，东北毗岭口村，东、南两面皆靠下桃山。属河谷山地，聚落点、块混合分布，属半山区。辖上胡、下胡、下桃山3个自然村，8个村民小组，302户，912人。行政区域面积2.5平方公里，其中耕地面积3.8公顷，林地面积71.13公顷。村集体经济总收入20.89万元，固定资产合计628.72万元。

上胡、下胡村村民姓胡，下桃山村村民姓周，取三村姓氏胡、周为村名。2018年8月行政村规模调整，下胡村、下桃山村、上胡村调整为新的胡周村民委员会。

山岙村 [Shān'ào Cūn]

驻地小岙。位于珠岙镇政府驻地西4.4公里。东毗里洋村，西、南靠大岗头山与云涧村隔山为邻，西北与天台县接界，北连双峰村。聚落为点、块状混合分布，属山区。辖小岙、明姚、锁岩、塘岙、格岭、楼下、支下、周家8个自然村，25个村民小组，536户，1749人。行政区域面积3.55平方公里，其中耕地面积32.72公顷，林地面积304.19公顷。村集体经济总收入93.94万元，固定资产合计256.26万元。

小岙、明姚、锁岩、塘岙、格岭、楼下、支下、周家自然村原属山岙乡，以片村名命名。2018年8月行政村规模调整，小岙村、格岭村、塘岙村、明姚村、锁岩村、支下村、楼下村、周家村调整为新的山岙村民委员会。

珠萃屏村 [Zhūcuìpíng Cūn]

驻地珠萃屏。位于珠岙镇政府驻地西南6.3公里。东至梅坑村，南靠双峰尖山，西至仙人峡村小桐岩自然村，北濒珠游溪，与桐岩李村隔溪为邻。地势自南向北略有倾斜，聚落呈点、块状混合分布，属山区、半山区。辖珠萃屏、石壁山2个自然村，13个村民小组，274户，908人。行政区域面积2.67平方公里，其中耕地面积21.46公顷，林地面积208.5公顷。村集体经济总收入23.4万元，固定资产合计40.95万元。

村东的矮山岗上长有成片槠树，为全村屏障，槠树屏即以此得名，后演化为珠萃屏。2018年8月行政村规模调整，珠萃屏村、石壁山村调整为新的珠萃屏村民委员会。

枫马岭村 [Fēngmǎlǐng Cūn]

驻地里塘。位于珠岙镇政府驻地西南1.1公里。里塘、后辽丁自然村东毗宁（波）临（海）公路，南近金湖洋村三板桥自然村，北与坎头岙村坎头自然村为邻，西毗坎头岙村岙兴自然村，地势西南向东北略有倾斜，聚落呈不规则的块状，属半山区；大马山自然村东邻大竹园，南近山殿，西靠高枧上山，北毗香山庵，地势北、西、西南高，东南低，为不规则的块状聚落，属山区。辖里塘、大马山、后辽丁3个自然村，9个村民小组，345户，1041人。行政区域面积1.13平方公里，其中耕地面积20.38公顷，林地面积50.8公顷。村集体经济总收入17.92万元，固定资产合计103.22万元。

村旁有古道枫马岭，以岭名村。2018年8月行政村规模调整，大马山、里塘、后辽丁调整为新的枫马岭村民委员会。

亭旁镇

马村村 [Mǎcūn Cūn]

驻地马村。位于亭旁镇政府驻地东北3.6公里。马村自然村坐落亭旁溪东岸，东靠太平庵，南邻邵下村，西与下路朱村隔溪相望，块状聚落，略似方形，属溪谷平地；百亩头自然村东南毗邵上村岩头自然村，南邻山根邵村下里金自然村，西近亭旁溪，北接邵家。系溪谷平地，块状聚落，呈长方形。辖马村、百亩头2个自然村，6个村民小组，275户，787人。行政区域面积0.94平方公里，其中耕地面积16.2公顷，林地面积61.2公顷。集体经济总收入15.03万元，固定资产合计422.26万元。

因系马姓村民聚居，故名马村。2018年8月行政村规模调整，马村村、百亩头村调整为新的马村村民委员会。

岙王村 [Àowáng Cūn]

驻地里陈。位于亭旁镇政府驻地东北4.1公里。地处虎尾巴山西南麓，东近回龙庵，南毗湫水下叶村，西近邵上村岩头自然村，北为邵上村缸窑自然村。聚落为不规则的块状，属山间平地。辖里陈、外陈、上钱、徐家4个自然村，14个村民小组，359户，1098人。行政区域面积6.37平方公里，其中耕地面积35.86公顷，林地面积447.07公顷。集体经济总收入20万元，固定资产合计172.08万元。

此山岙始由王姓创住，称岙王。2018年8月行政村规模调整，上钱村、外陈村、里陈村、徐家村调整为新的岙王村民委员会。

玉溪村 [Yùxī Cūn]

驻地潘家。位于亭旁镇政府驻地东3.8公里。东近湫水水库，东南接中口堂村，南傍洋山岭，西毗湫水下叶村上山自然村，北傍铜钿坪山。聚落为不规则的块状，属山间平地。辖潘家、汪家、格水邵3个自然村，7个村民小组，305户，906人。行政区域面积3.48平方公里，其中耕地面积27.4公顷，林地面积154.67公顷。集体经济总收入10.2万元，固定资产合计113.49万元。

境内原有玉溪寺，故名。2018年8月行政村规模调整，潘家村、格水邵村、汪家村调整为新的玉溪村民委员会。

中口堂村 [Zhōngkǒutáng Cūn]

驻地应家。位于亭旁镇政府驻地东偏南3.9公里。地处湫水山西南岙中，湫水溪上游。聚落呈不规则点、块状分布，属山区。东靠双尖山，南傍牌里门，西毗玉溪村汪家自然村，西近玉溪村潘家自然村。辖应家、中口、中口堂、庄基4个自然村，6个村民小组，317户，979人。行政区域面积2.74平方公里，其中耕地面积32.87公顷，林地面积256.73公顷。集体经济总收入19.3万元，固定资产合计64.01万元。

以境内旧有庙宇“中口堂”得名。2018年8月行政村规模调整，庄基村、中口村、应家村调整为新的中口堂村民委员会。

小林山村 [Xiǎolínshān Cūn]

驻地小林山。位于亭旁镇政府驻地东南5.2公里。地处山隍岭头之西，梁岩岗北麓，南溪支流小林山之水的东北岸山腰中。西南毗梁岩岗，西接刘家村外山王自然村，北与山上杨村为邻。聚落为块、点状混合分布，属山区。辖小林山、上高、下高3个自然村，13个村民小组，286户，801人。行政区域面积2.06平方公里，其中耕地面积32.34公顷，林地面积118.99公顷。集体经济总收入13.02万元，固定资产合计102.41万元。

查当地《梅氏宗谱》载，南宋年间，炳公在杏树头旁看到天生一块奇石，形似宝玺，遂以玺琳山名村，后演变为小林山。2018年8月行政村规模调整，小林山村、下高村、上高村调整为新的小林山村民委员会。

刘家村 [Liújiā Cūn]

驻地刘家。位于亭旁镇政府驻地东南2.8公里。地处仙人眠床岗南麓，南溪、梅家坑溪两溪汇合处，东毗板沸、山上杨村，东南为小林山村，南靠梁岩岗，西与西山村接壤。刘家、旱田洋自然村聚落为不规则块状，地势平坦，属半山区；山后芦、外山王自然村聚落为块、点状混合分布，系山区。辖刘家、旱田洋、山后芦、外山王4个自然村，18个村民小组，469户，1415人。行政区域面积2.05平方公里，其中耕地面积61.36公顷，林地面积100.07公顷。集体经济总收入39.1万元，固定资产合计123.42万元。

查当地《刘氏宗谱》载，始祖从福建长溪迁居台州府宁海县宁和乡横渡刘，至十六世裔孙刘永操，始居中门。因刘氏聚居，故名刘家。2018年8月行政村规模调整，刘家村、山后芦村调整为新的刘家村民委员会。

陌更村 [Mògèng Cūn]

驻地陌更。位于亭旁镇政府驻地南偏西3.3公里。东临亭（旁）流（水岩）公路和叶家山村相邻，东南近虎陇头，西靠纱帽额山麓，北毗石滩村。聚落呈不规则的块状，属半山区。辖陌更、申改卢2个自然村，4个村民小组，193户，628人。行政区域面积1.31平方公里，其中耕地面积16.46公顷，林地面积34.28公顷。集体经济总收入20.75万元，固定资产合计21.78万元。

陌更村主要耕作区风水墙外田畈的田塍，朝南北方向的长且大，朝东西方向的短而小，村即以此特点取名陌埂，后演变为陌更。2018年8月行政村规模调整，申改卢村、陌更村调整为新的陌更村民委员会。

石滩村 [Shítān Cūn]

驻地石滩。位于亭旁镇政府驻地西南2.9公里。地处亭旁溪两岸，东毗叶家山村上岩自然村，南邻陌更村，西界下吴村，北接上蒋村。块状聚落，地势平坦，属河谷平地。辖石滩、朱模、唐家岙3个自然村，11个村民小组，654户，1969人。行政区域面积3.65平方公里，其中耕地面积50公顷，林地面积230.6公顷。集体经济总收入66.55万元，固定资产合计212.94万元。

因村西有湜水（亭旁溪石滩村这一段的古称），两岸溪滩宽广漫长，故村名湜滩，后演化为石滩。

2018年8月行政村规模调整，石滩村、唐家岙村调整为新的石滩村民委员会。

叶家山村 [Yèjiāshān Cūn]

驻地叶家山。位于亭旁镇政府驻地南3.8公里。地处龙虎山西麓，南靠虎陇头，西近陌更村申改卢自然村，北与狮岭村为邻。聚落呈不规则的块状，系半山区。辖叶家山、上岩2个自然村，8个村民小组，390户，918人。行政区域面积1.93平方公里，其中耕地面积26.2公顷，林地面积98.67公顷。集体经济总收入15.5万元，固定资产合计51.2万元。

明朝，有一户姓叶的人，迁至该山岙居住，遂取名叶家山。2018年8月行政村规模调整，叶家山村、上岩村调整为新的叶家山村民委员会。

楼下郑村 [Lóuxiàzhèng Cūn]

驻地楼下郑。位于亭旁镇政府驻地南偏西南7.5公里。东北近佃石水库，西北邻芹溪村，北傍岭脚堂，西南靠铁墩岩，南毗宁和岭。地处群山之中，聚落呈不规则的点、块状，属山区。辖楼下郑、外洋马、路四坑、沙湾4个自然村，14个村民小组，398户，758人。行政区域面积3.91平方公里，其中耕地面积33.9公顷，林地面积144.13公顷。集体经济总收入25.66万元，固定资产合计136.11万元。

早先有楼、夏、郑三姓居住，故名楼夏郑，后演变为楼下郑。2018年8月行政村规模调整，外洋马村、楼下郑村、路四坑村、沙湾村调整为新的楼下郑村民委员会。

金干村 [Jīngàn Cūn]

驻地金干。位于亭旁镇政府驻地西南5.1公里。东靠纱帽额山西南麓，北与坝头村隔溪相望，南、西、北三面均临亭旁溪，南毗邻佃石水库，东近虎陇头。聚落为块、点状混合分布，系半山区。辖金干、湖头徐、桃山3个自然村，9个村民小组，311户，853人。行政区域面积2.29平方公里，其中耕地面积19.46公顷，林地面积126.34公顷。集体经济总收入10.8万元，固定资产合计366.02万元。

查当地《金氏宗谱》载，宋朝时，祖先由台城迁此干山，因姓金，故名金干。2018年8月行政村规模调整，桃山村、金干村、湖头徐村调整为新的金干村民委员会。

梅里村 [Méilǐ Cūn]

驻地梅坑胡。位于亭旁镇政府驻地西南5.6公里。东毗坝头村，东南近金干村湖头徐自然村，西靠黄泥丘山、九岩山，北为芦田山。聚落为不规则的块状，为半山区。辖梅坑胡、梅坑杨、里金3个自然村，13个村民小组，527户，1593人。行政区域面积6.45平方公里，其中耕地面积32.2公顷，林地面积438.33公顷。集体经济总收入23万元，固定资产合计186.17万元。

取原梅坑胡、梅坑杨、里金三村首字得名。2018年8月行政村规模调整，里金村、梅坑胡村、梅坑杨村调整为新的梅里村民委员会。

坝头村 [Bàtóu Cūn]

驻地坝头。位于亭旁镇政府驻地西南4.7公里。地处纱帽额山西北麓，东北与下吴村接壤，东南临亭旁溪，西毗梅里村。坝头、湖头园自然村聚落为块、点状混合分布，属溪谷平地；上任郑、上任梅、上任庵、坦湾自然村聚落为不规则的块状，属半山区。辖坝头、湖头园、上任郑、上任梅、上任庵、坦湾6个自然村，8个村民小组，353户，1037人。行政区域面积1.65平方公里，其中耕地面积22.38公顷，林地面积85.33公顷。集体经济总收入19.7万元，固定资产合计109.16万元。

查当地《王氏宗谱》载，村南溪坝之首，有一岩石，形似人头，受溪水冲击，锵锵有声，故称坝头。2018年8月行政村规模调整，坝头村、上任郑村调整为新的坝头村民委员会。

杨家村 [Yángjiā Cūn]

驻地杨家。位于亭旁镇政府驻地南0.3公里。杨家、小路头、上蔡自然村地处天马山与亭山、亭旁溪与南溪之间，地势平坦，东至山根邵村山上任自然村，南邻包家村，西靠华岙山，北毗任家村花湾自然村；半岭自然村地处大龙岭东北，东至王村村，南靠山王头，西至芦田山村郑家村自然村，为“品”字形的点状聚落，呈阶梯形。辖杨家、小路头、上蔡、半岭4个自然村，23个村民小组，1485户，4541人。

行政区域面积4.08平方公里，其中耕地面积72.94公顷，林地面积141.06公顷。集体经济总收入85.87万元，固定资产合计1602.46万元。

因系杨氏聚族而居，故名杨家。2018年8月行政村规模调整，杨家村、半岭村调整为新的杨家村民委员会。

包家村 [Bāojiā Cūn]

驻地包家。位于亭旁镇政府驻地西南0.9公里。包家自然村地处狮子山东北，南溪西，西北与杨家村相接，地势平坦，属河谷平地；寺前岩自然村东靠灵凤山，西毗狮岭村，北邻叶家庄，南溪迂回于村之南、北、西三方，块状聚落，呈方形，属河谷平地。辖包家、寺前岩2个自然村，18个村民小组，660户，1845人。行政区域面积1.46平方公里，其中耕地面积36.27公顷，林地面积29.8公顷。集体经济总收入59.22万元，固定资产合计221.83万元。

因系包氏聚居，故名包家村。2018年8月行政村规模调整，包家村、寺前岩村调整为新的包家村民委员会。

山根邵村 [Shāngēnshào Cūn]

驻地山根邵。位于亭旁镇政府驻地东北2.2公里。地处亭旁溪支流南溪之南，地势平坦，属溪谷平地，聚落为块、点状混合分布。东毗湫水下叶村，东南傍仙人眠床岗，西近御龙湾小区，西北邻前楼村东王自然村，北连火车三门县站。辖山根邵、下里金、山上任、老王山、坑洪5个自然村，12个村民小组，447户，1306人。行政区域面积2.24平方公里，其中耕地面积44.4公顷，林地面积112.07公顷。集体经济总收入42万元，固定资产合计121.98万元。

邵姓祖先从邵家分居狮子头山西北山脚根，故名山根邵。2018年8月行政村规模调整，山根邵村、下里金村、山上任村、坑洪村调整为新的山根邵村民委员会。

前楼村 [Qiánlóu Cūn]

驻地前楼。位于亭旁镇政府驻地北偏东2.1公里。亭旁溪环绕于村西、北，东邻火车三门县站、邵上村，东南毗山根邵村，西邻岙楼村，北毗下路朱村。块状聚落，地势平坦，属河谷平地。辖前楼、东王、沙地3个自然村，7个村民小组，358户，1040人。行政区域面积1.02平方公里，其中耕地面积15.93公顷，林地面积22.6公顷。集体经济总收入18万元，固定资产合计398.5万元。

据当地《楼氏宗谱》载，明朝，岙楼村有楼延温者，移住村的东边。因该处位于岙楼村前，故名前楼。2018年8月行政村规模调整，前楼村、东王村调整为新的前楼村民委员会。

赖岙村 [Lài'ào Cūn]

驻地赖岙。位于亭旁镇政府驻地东南6.9公里。东近老鹰尖头山，东南为王岐庄村丈家坑自然村，西南靠鳌岗村，西北邻周山自然村，北毗下湾自然村。聚落为不规则的点、块状混合分布，紧靠亭（旁）流（水岩）线，属山区。辖赖岙、百两岗、便岭坑3个自然村，12个村民小组，437户，1315人。行政区域面积5.3平方公里，其中耕地面积37公顷，林地面积420.27公顷。集体经济总收入23.66万元，固定资产合计59.2万元。

据当地《赖氏宗谱》载，唐末，黄巢起义时，福建有一户姓赖的人，先迁到南溪乡下岙园，后迁居此岙，村以姓氏取名赖岙。2018年8月行政村规模调整，百两岗村、赖岙村、便岭坑村调整为新的赖岙村民委员会。

韩家村 [Hánjiā Cūn]

驻地韩家。位于亭旁镇政府驻地东南5.8公里。紧靠亭（旁）流（水岩）线，东邻下湾村，北毗南溪村，西与上模村接壤。聚落为不规则块状，属山区。辖韩家、五水岙、龚家、上段、石柱下5个自然村，11个村民小组，379户，1136人。行政区域面积2.72平方公里，其中耕地面积34.53公顷，林地面积99.74公顷。集体经济总收入38.28万元，固定资产合计71.93万元。

宋朝时，福建有个姓韩的人，避难到此，定居后取名韩家。2018年8月行政村规模调整，韩家村、龚家村、上段村调整为新的韩家村民委员会。

下湾村 [Xiàwān Cūn]

驻地周山。位于亭旁镇政府驻地东南 6.5 公里。地处梁岩岗东南麓，东南邻赖岙村，南靠鳌岗山，西毗韩家村龚家自然村、三门铜矿。聚落为块、点状混合分布，属山区。辖下湾、上梓、方田、周山 4 个自然村，9 个村民小组，207 户，586 人。行政区域面积 2.8 平方公里，其中耕地面积 22.8 公顷，林地面积 64.87 公顷。集体经济总收入 32 万元，固定资产合计 10.09 万元。

宋高宗南渡时，健跳浮门村陈德长兄弟七人，分迁各地。陈德二迁岭头陈，陈德五到赖岙，见满山林木葱翠，景色宜人，遂在下面的一个山湾内结庐定居，取名下湾。2018 年 8 月行政村规模调整，上梓村、方田村、下湾村、周山村调整为新的下湾村民委员会。

项家山村 [Xiàngjiāshān Cūn]

驻地项家山。位于亭旁镇政府驻地南 6 公里。东北接韩家村上段自然村，南靠骆家岭，西南邻坑坞村横路自然村，北毗上模村。聚落呈块、点状混合分布，属山区。辖项家山、山头王 2 个自然村，6 个村民小组，232 户，624 人。行政区域面积 1.12 平方公里，其中耕地面积 17.73 公顷，林地面积 50.67 公顷。集体经济总收入 9.9 万元，固定资产合计 65.97 万元。

南宋时，项姓祖先迁居此山上，故名项家山。2018 年 8 月行政村规模调整，项家山村、山头王村调整为新的项家山村民委员会。

上模村 [Shàngmó Cūn]

驻地王家庄。位于亭旁镇政府驻地南 5 公里。东北两面临亭（旁）流（水岩）公路，上模溪穿村而过，南为项家山村，西邻金干村桃山自然村，北毗叶家山村。聚落呈不规则的块状，属半山区。辖王家庄、东湖、桥头胡 3 个自然村，11 个村民小组，475 户，1327 人。行政区域面积 3.21 平方公里，其中耕地面积 38.6 公顷，林地面积 139.07 公顷。集体经济总收入 35.3 万元，固定资产合计 143.65 万元。

上模为原王家庄村、东湖村、桥头胡村一带的地片名，三村曾同属上模大队，上模溪从村中流过，故名。2018 年 8 月行政村规模调整，王家庄村、东湖村、桥头胡村调整为新的上模村民委员会。

任家村 [Rénjiā Cūn]

驻地任家。位于亭旁镇政府驻地北 1.8 公里。地处亭旁溪两岸，东北近岙楼村，东靠鹤山，南近亭旁街，西南邻上鲍村，西靠双尖山，北傍天摩山。块状聚落，属河谷平地。辖任家、下岙、花湾 3 个自然村，9 个村民小组，551 户，1632 人。行政区域面积 3.98 平方公里，其中耕地面积 48.46 公顷，林地面积 195.4 公顷。集体经济总收入 50 万元，固定资产合计 222.16 万元。

因系任氏聚居，故名任家。2018 年 8 月行政村规模调整，任家村、下岙村、花湾村调整为新的任家村民委员会。

上卢村 [Shànglú Cūn]

驻地上卢。位于亭旁镇政府驻地北偏东 2.5 公里。上卢、坟庵自然村地处十八朗山东南麓，东至亭旁溪，南毗岙楼村坑下自然村，西北邻下路朱村田，地势自西北向东南倾斜，聚落呈现不规则块状，属溪谷平地；石门坑自然村位于亭旁镇政府驻地南偏东 4.3 公里，东北近山后芦自然村，南毗南溪村，背山面溪，块状聚落，略呈长方形，属山区。因高山移民，石门坑自然村在上卢村建新村。辖上卢、坟庵、石门坑 3 个自然村，9 个村民小组，261 户，791 人。行政区域面积 1.31 平方公里，其中耕地面积 17.8 公顷，林地面积 67.74 公顷。集体经济总收入 22.1 万元，固定资产合计 105.99 万元。

卢姓人创住于下路朱村西边，以地形高于下路朱，取名上卢。2018 年 8 月行政村规模调整，上卢村、石门坑村调整为新的上卢村民委员会。

岙楼村 [Àolóu Cūn]

驻地岙楼。位于亭旁镇政府驻地北 2.1 公里。东临亭旁溪和前楼村，西南为任家村，西靠天摩山，南与任家村花湾自然村隔溪相望，东北毗上卢村。村落呈块状分布，属河谷平地。辖岙楼、坑下 2 个自然村，9个村民小组，244户，719人。行政区域面积1.5平方公里，其中耕地面积19.66公顷，林地面积106.6公顷。集体经济总收入24.26万元，固定资产合计105.63万元。

据当地《楼氏宗谱》载，隋朝，有一支军队越过天摩山、十六窟，一楼姓士兵留居该岙，故名岙楼。2018年8月行政村规模调整，坑下村、岙楼村调整为新的岙楼村民委员会。

上下梅村 [Shàngxiàméi Cūn]

驻地下梅。位于亭旁镇政府驻地南8.8公里。地处笔架山东南麓，南近挂帘村外楼自然村，东北毗界岙村，北邻何祝岙村郭岙自然村。块状聚落，呈长方形，属山区。辖下梅、上梅2个自然村，9个村民小组，245户，739人。行政区域面积2.95平方公里，其中耕地面积18.67公顷，林地面积143.4公顷。集体经济总收入10万元，固定资产合计53.96万元。

查当地《梅氏宗谱》，宋朝，中门西山梅长者后裔迁此定居，生二子，分居两地，地势稍高称上梅，地势较低称下梅。组合上梅、下梅村地名命名。2018年8月行政村规模调整，上梅村、下梅村调整为新的上下梅村民委员会。

挂帘村 [Guàlián Cūn]

驻地挂帘。位于亭旁镇政府驻地南10.8公里。地处挂帘山头西、西北部，亭旁溪上游东，东、南与临海市接壤，北邻上下梅村下梅自然村，西与坐塘村相接。地势东高西低，属山区。块状聚落，呈阶梯形，属山区。辖挂帘、山头、大溪下、外楼4个自然村，7个村民小组，235户，664人。行政区域面积3.86平方公里，其中耕地面积29.99公顷，林地面积118.07公顷。集体经济总收入15万元，固定资产合计132.66万元。

村以位于挂帘山头麓得名。2018年8月行政村规模调整，外楼村、大溪下村、挂帘村调整为新的挂帘村民委员会。

坐塘村 [Zuòtáng Cūn]

驻地坐塘。位于亭旁镇政府驻地南10.5公里。地处狮子岩北麓，东毗挂帘村，西南靠风水岗，西界临海市鲍家村，北与彭赖村彭家自然村隔山为邻。块状聚落，属半山区。辖坐塘、里洪2个自然村，9个村民小组，272户，802人。行政区域面积2.14平方公里，其中耕地面积33.2公顷，林地面积79.67公顷。集体经济总收入20万元，固定资产合计3.07万元。

金姓祖先于唐朝时迁居此地，因村处于四面环山，形像山塘的一块较平坦的山地中，故名坐塘。2018年8月行政村规模调整，里洪村、坐塘村调整为新的坐塘村民委员会。

彭赖村 [Pénglài Cūn]

驻地彭家。位于亭旁镇政府驻地南8.2公里。地处笔架山西麓，亭旁溪两岸，东南毗上下梅村，西北邻坑坞村山头平自然村，西与临海市交界。块状聚落，呈长方形，属半山区。辖彭家、赖家2个自然村，6个村民小组，272户，779人。行政区域面积3.8平方公里，其中耕地面积20.94公顷，林地面积139.2公顷。集体经济总收入15万元，固定资产合计30.6万元。

取彭家、赖家村各一字命名。2018年8月行政村规模调整，彭家村、赖家村调整为新的彭赖村民委员会。

何祝岙村 [Hézhù'ào Cūn]

驻地何家。位于亭旁镇政府驻地南7.3公里。东南邻界岙，南为上下梅村，西南近彭赖村，西毗坑坞村，北与项家山村相邻。地处群山环抱之中，聚落块状分布，属山区。辖何家、路上黎、祝家、外祝、郭岙5个自然村，24个村民小组，334户，976人。行政区域面积2.46平方公里，其中耕地面积29.46公顷，林地面积164.64公顷。集体经济总收入30.95万元，固定资产合计92.18万元。

以何家村、祝家村、郭岙村各取一字命名。2018年8月行政村规模调整，祝家村、何家村、郭岙村调整为新的何祝岙村民委员会。

坑坞村 [Kēngwù Cūn]

驻地山头平。位于亭旁镇政府驻地南7.4公里。地处亭旁溪两岸，东毗何祝岙村，西邻彭赖村，西北近佃石水库。块状聚落，沿山麓与亭旁溪分布，属山区。辖山头平、横路、坑河3个自然村，10个村民小组，161户，443人。行政区域面积1.7平方公里，其中耕地面积13.73公顷，林地面积69.87公顷。集体经济总收入15万元，固定资产合计87.86万元。

以坑河旧称坑坞得名。2018年8月行政村规模调整，横路村、坑河村、山头平村调整为新的坑坞村民委员会。

芦田山村 [Lútiánshān Cūn]

驻地胡家。位于亭旁镇政府驻地西南5.2公里。地处大龙岭（岭名）西南，乌造坑（水名）环流村庄，芦田山（片村名）西南部分，东与上蒋村相接，南为梅里村里金自然村，北毗石马村姜家山自然村。地势北高、南低，属山区。辖胡家、郑家、大龙岭3个自然村，8个村民小组，161户，474人。行政区域面积3.64平方公里，其中耕地面积18.87公顷，林地面积205.6公顷。集体经济总收入9.76万元，固定资产合计21.13万元。

原称龙缠山，因山形似葫芦，有田有山，风景秀丽，后改称芦田山。2018年8月行政村规模调整，郑家村、胡家村调整为新的芦田山村民委员会。

健跳镇

巡检司村 [Xúnjiǎnsī Cūn]

驻地巡检司。位于健跳镇政府驻地西北12.2公里。东近西渡村种子场自然村，东南邻西渡村，西南与小蒲村接壤，北濒海游港，S224省道穿村而过。地势平坦，聚落为点、块状分布，属沿海平原地区。辖巡检司、小蒲店、赤礁、西渡斗门4个自然村，18个村民小组，334户，1070人。行政区域面积2.74平方公里，其中耕地面积51.87公顷，林地面积196.4公顷。集体经济总收入20.69万元，固定资产合计275.73万元。

明代，曾设巡检司于此，后即以此名村。2018年8月行政村规模调整，巡检司村、赤礁村调整为新的巡检司村民委员会。

龙潭村 [Lóngtán Cūn]

驻地上敖。位于健跳镇政府驻地西北8.5公里。地处S224省道两侧，地势平坦，聚落为块、点状混合分布，系平原地区。东邻花市村，南为龙潭坑水库，北濒蛇蟠水道，西北毗岣岩村。辖上敖、小牛湾、三岔3个自然村，20个村民小组，635户，2029人。行政区域面积4.58平方公里，其中耕地面积144.18公顷，林地面积176.6公顷。集体经济总收入89.31万元，固定资产合计648.86万元。

村位于龙潭坑水库旁，故名。2018年8月行政村规模调整，上敖村、三岔村调整为新的龙潭村民委员会。

刘塘墩村 [Liútángdūn Cūn]

驻地刘塘墩。位于健跳镇政府驻地西北7.1公里。地处蛇蟠水道南岸，地势平坦，聚落呈块、点状混合分布，属沿海平原地区。东邻双港村盐灶自然村，东南毗双港村马庄自然村，南为大沙湾水库，西与花市村接壤，北临蛇蟠水道。辖刘塘墩、地字号2个自然村，14个村民小组，456户，1369人。行政区域面积2.4平方公里，其中耕地面积50.26公顷，林地面积90.06公顷。集体经济总收入17.44万元，固定资产合计406.57万元。

明初，刘姓祖先迁住强盗岩山脚，取名刘塘里。后来人口发展，移住到外面一个土墩旁，改称刘塘墩。2018年8月行政村规模调整，地字号村、刘塘墩村调整为新的刘塘墩村民委员会。

双港村 [Shuānggǎng Cūn]

驻地永丰。位于健跳镇政府驻地北偏西6.7公里。东邻永盛村门头自然村，南接上街、中街、下街村，北至蛇盘洋，西毗刘塘墩村。聚落呈点、块状分布，属沿海平原地区。辖永丰、盐灶、田湾、马庄4个自然村，28个村民小组，626户，1920人。行政区域面积3平方公里，其中耕地面积63公顷，林地面积

206.74 公顷。集体经济总收入 23.67 万元，固定资产合计 850.33 万元。

原永丰村、盐灶村、马庄村位于横港、大沙港两条河港之间，故名。2018 年 8 月行政村规模调整，永丰村、盐灶村、马庄村调整为新的双港村民委员会。

永盛村 [Yǒngshèng Cūn]

驻地门头。位于健跳镇政府驻地北偏西 6.2 公里。地处大冲山西侧，门头自然村地势村中向四周倾斜，赤头自然村地势东南向西北倾斜，聚落呈块、点状混合分布，属沿海平原地区。东靠猫头山，南与三核村大冲自然村接壤，西邻双港村，北濒蛇蟠水道。辖门头、赤头 2 个自然村，11 个村民小组，428 户，1294 人。行政区域面积 2.02 平方公里，其中耕地面积 43.86 公顷，林地面积 128.6 公顷。集体经济总收入 44.91 万元，固定资产合计 420.81 万元。

希望新村永远繁荣昌盛，故名。2018 年 8 月行政村规模调整，门头村、赤头村调整为新的永盛村民委员会。

下街村 [Xiàjiē Cūn]

驻地下街。位于健跳镇政府驻地西北 5.2 公里。地处健康塘片村东部，地势平坦，属平原地区。东至十八庄村界，南接南塘村鸟屿自然村，西毗中街村，北临 S224 省道。辖下街、山后塘、新塘岙 3 个自然村，36 个村民小组，727 户，2046 人。行政区域面积 1.74 平方公里，其中耕地面积 94.79 公顷，林地面积 37.34 公顷。集体经济总收入 264.14 万元，固定资产合计 544.44 万元。

村处健康塘街下街，故名。2018 年 8 月行政村规模调整，下街村、山后塘村、新塘岙村调整为新的下街村民委员会。

中街村 [Zhōngjiē Cūn]

驻地中街。位于健跳镇政府驻地西北 5.5 公里。中街、乾墩自然村地处健康塘片村中部，地势平坦，属沿海平原地区，东邻下街村，西毗上街村，北至双港村马庄自然村，南毗南野村；尖坑山自然村地处樟树湾山南麓，地势自北向南倾斜，聚落呈不规则块状，属平原地区，东邻乾墩自然村，南毗南野村，西为尖坑山水库，北至西殿山。辖中街、尖坑山、乾墩 3 个自然村，35 个村民小组，793 户，2483 人。行政区域面积 5.21 平方公里，其中耕地面积 129.01 公顷，林地面积 273.06 公顷。集体经济总收入 31.87 万元，固定资产合计 1024.99 万元。

村处健康塘街中部，故名。2018 年 8 月行政村规模调整，乾墩村、中街村、尖坑山村调整为新的中街村民委员会。

南野村 [Nányě Cūn]

驻地天字号。位于健跳镇政府驻地西北 5.5 公里。东邻下街村山后塘自然村，南毗凤凰山农垦场，西近海珠塘水库，北为中街村乾墩自然村。聚落呈点、块、带状混合分布，属平原地区。辖天字号、手字埯、南新、犁头埯 4 个自然村，24 个村民小组，人口 720 户，2246 人。行政区域面积 4.29 平方公里，其中耕地面积 110.06 公顷，林地面积 125.13 公顷。集体经济总收入 41.83 万元，固定资产合计 514.23 万元。

地处南野片，沿用老村名。2018 年 8 月行政村规模调整，天字号村、南新村、南丰村、手字埯村调整为新的南野村民委员会。

南塘村 [Nántáng Cūn]

驻地鸟屿。位于健跳镇政府驻地西偏北 3.5 公里。地处沙木山头西北侧，地势西向东略有倾斜，聚落呈不规则块状，属平原地区。东南邻峧头村，南与琴江村接壤，西至凤凰山农垦场，北毗珠港村狮子头自然村。辖鸟屿、猪头岩塘、乾岙、山后 4 个自然村，20 个村民小组，522 户，1679 人。行政区域面积 3.07 平方公里，其中耕地面积 92.26 公顷，林地面积 152.87 公顷。集体经济总收入 95.41 万元，固定资产合计 502.7 万元。

村位于六敖南塘，故名。2018 年 8 月 20 日行政村规模调整，乾岙村、鸟屿村调整为新的南塘村民委员会。

珠港村 [Zhūgǎng Cūn]

驻地盖门塘。位于健跳镇政府驻地西北 3.8 公里。地处狮子山北麓，聚落块状分布，系平原地区。东邻港源村，南毗南塘村乾岙自然村，西近下街村山后塘自然村，北与十八庄村下洋潭自然村接壤。辖盖门塘、狮子头 2 个自然村，18 个村民小组，444 户，1346 人。行政区域面积 1.95 平方公里，其中耕地面积 58.8 公顷，林地面积 81.6 公顷。集体经济总收入 54.4 万元，固定资产合计 904.95 万元。

盖门头港原大量养殖河蚌，盛产珍珠，有珠港之称。村处盖门头港两岸，故名。2018 年 8 月行政村规模调整，盖门塘村、狮子头村调整为新的珠港村民委员会。

三核村 [Sānhé Cūn]

驻地大冲。位于健跳镇政府驻地北偏西 5.5 公里。地处蛇蟠水道南侧，地势平坦，聚落呈块、点状混合分布，属沿海平原地区。东隔山与猫头村接壤，南邻港源村、S224 省道，西南毗十八庄村，西北近永盛村门头自然村，北与永盛村赤头村接壤。辖大冲、里峙、前墩、上岙 4 个自然村，28 个村民小组，535 户，1604 人。行政区域面积 3.05 平方公里，其中耕地面积 65.66 公顷，林地面积 149.38 公顷。集体经济总收入 15.05 万元，固定资产合计 698.37 万元。

村庄与三门核电站隔山毗邻，是三门核电站的必经之地，以三门核电简称名村。2018 年 8 月行政村规模调整，里峙村、大冲村、前墩村调整为新的三核村民委员会。

港源村 [Gǎngyuán Cūn]

驻地前潭。位于健跳镇政府驻地北偏西 3.5 公里。地处 S224 省道两侧，地势平坦，聚落呈不规则块状，系平原地区。东靠大湾山，南毗珠港村狮子头自然村，西近十八庄村，北与三核村前墩自然村接壤。辖前潭、河头、大湾、相公殿 4 个自然村，31 个村民小组，557 户，1674 人。行政区域面积 3.05 平方公里，其中耕地面积 71.39 公顷，林地面积 223.74 公顷。集体经济总收入 71.05 万元，固定资产合计 405.31 万元。

地处盖门头港的尾巴、源头，故名港源。2018 年 8 月行政村规模调整，大湾村、前潭村调整为新的港源村民委员会。

十八庄村 [Shíbāzhuāng Cūn]

驻地十八庄。位于健跳镇政府驻地西北 4.9 公里。地势平坦，自北向南倾斜，聚落呈块状分布，属沿海平原地区。东邻三核村前墩自然村，南毗珠港村盖门塘自然村，西接下街村，北至 S224 省道。辖十八庄、犁头垅、下洋潭、南洋厂 4 个自然村，25 个村民小组，655 户，1956 人。行政区域面积 1.67 平方公里，其中耕地面积 94.07 公顷，林地面积 28.53 公顷。集体经济总收入 17.42 万元，固定资产合计 292.8 万元。

18 世纪，小蒲村林百万的家业曾发展到十八个庄园，把该村列为第十八庄，因而得名。又因村内主要道路皆石板铺砌，故亦称石板庄。2018 年 8 月行政村规模调整，下洋潭村、十八庄村调整为新的十八庄村民委员会。

峧头村 [Jiāotóu Cūn]

驻地峧头。位于健跳镇政府驻地西北 1.4 公里。峧头、塘里壁、王门、岭头、后坑、张家岙自然村地处后砂山西南麓，麦碎山东南的山峧上，东南邻健农村，南毗琴江村西山头自然村，紧临 S224 省道，地势北向南倾斜，聚落呈点块状，属沿海平原地区；北沙、足市、龙肚沙、山头、龙脚自然村位于健跳镇政府驻地东北部龙山岛，距大陆最近点高湾山北麓 0.8 公里，因交通不便，已无人居住。辖峧头、塘里壁、王门、岭头、后坑、张家岙、北沙、足市、龙肚沙、山头、龙脚 11 个自然村，19 个村民小组，448 户，1330 人。行政区域面积 6.67 平方公里，其中耕地面积 24.53 公顷。集体经济总收入 469.97 万元，固定资产合计 109.93 万元。

村处后砂山与麦碎山之间的山峧上，故名峧头。2018 年 8 月行政村规模调整，峧头村、龙山村调整为新的峧头村民委员会。

琴江村 [Qínjiāng Cūn]

驻地蟹山脚。位于健跳镇政府驻地西 3.2 公里。地处健跳港中游北侧，东近健农村，南临健跳港，北与南塘村乌屿自然村隔山为邻。地势北高南低，聚落为点、块状混合分布，属平原地区。辖蟹山脚、沙木岙、沙木塘、山头、西山头5个自然村，20个村民小组，528户，1661人。行政区域面积4.33平方公里，其中耕地面积40.2公顷。集体经济总收入23.69万元，固定资产合计97.56万元。

健跳港旧称琴江，村处琴江北岸，故名。2018年8月行政村规模调整，八村村、西山头村调整为新的琴江村民委员会。

平岗村［Pínggǎng Cūn］

驻地平岩。位于健跳镇政府驻地北偏东2.4公里。东濒猫头水道，南接健农村，西南邻峧头村，北毗猫头村。地势西北高东南低，聚落呈点状，系沿海半山区。辖平岩、外岗、老屋、长沙4个自然村，15个村民小组，329户，990人。行政区域面积5.4平方公里，其中耕地面积8.46公顷。集体经济总收入81.71万元，固定资产合计348.69万元。

取平岩、外岗村名各一字而得名。2018年8月行政村规模调整，平岩村、外岗村调整为新的平岗村民委员会。

大塘村［Dàtáng Cūn］

驻地下蓬厂。位于健跳镇政府驻地西南1.8公里。地处健跳港南岸，东与七市村隔山为邻，南近田岙、岙口村，西毗双宅村。聚落为块、点状混合分布，属平原地区。辖下蓬厂、山亩、园山里、上蓬厂、八亩田、市弄堂、流塘、西岙、锁门、岙口塘、浮门11个自然村，27个村民小组，779户，2317人。行政区域面积6.69平方公里，其中耕地面积59.93公顷。集体经济总收入45.17万元，固定资产合计327.57万元。

据当地老人反映，清代晚期祖先把大片海涂围垦成塘，因围塘工程巨大，取名大塘。2018年8月行政村规模调整，大塘村、岙口塘村、浮门村调整为新的大塘村民委员会。

双宅村［Shuāngzhái Cūn］

驻地小宅。位于健跳镇政府驻地西南4.7公里。地处大白岩山东、北麓，东毗大塘村，西隔山与东郭为邻，东北近健跳港。聚落为块、点状混合分布，属平原地区。辖大宅、小宅、肖湾3个自然村，15个村民小组，520户，1623人。行政区域面积2.49平方公里，其中耕地面积59.07公顷。集体经济总收入49.84万元，固定资产合计187.96万元。

取小宅村、大宅村"宅"字而得名双宅。2018年8月20日行政村规模调整，小宅村、大宅村调整为新的双宅村民委员会。

七市村［Qīshì Cūn］

驻地外七市。位于健跳镇政府驻地东南2.6公里。地处将岩山北麓偏西，健跳港下游南侧，东滨洋市涂，西近浮门水库，北滨健跳港。地势平坦，聚落呈不规则的块状，属平原地区。辖外七市、高湾、中央塘、里七市、上七市、洋市、田龙、廿四箩8个自然村，52个村民小组，1242户，3675人。行政区域面积11.58平方公里，其中耕地面积52.05公顷。集体经济总收入25.2万元，固定资产合计866.39万元。

此地滨临健跳港，原是一片海涂，境内有七个小岛屿，明末清初围垦成塘，总名七屿，后演变为七市。2018年8月行政村规模调整，里七市村、外七市村、洋市村、上七市村调整为新的七市村民委员会。

后洋村［Hòuyáng Cūn］

驻地下店。位于健跳镇政府驻地西南6.7公里。东毗岙口村，南近下叶水库，西靠丈岩山东麓，北毗龙溪村。聚落为块、点状混合分布，属半山区。辖下店、田里、陈家、王家、里岙、白岩前、梅家岙7个自然村，25个村民小组，565户，1645人。行政区域面积3.73平方公里，其中耕地面积53.97公顷。集体经济总收入34.89万元，固定资产合计308.41万元。

以片村名后洋得名。2018年8月行政村规模调整，下店村、白岩前村、田里村、里岙村调整为新的后洋村民委员会。

龙溪村［Lóngxī Cūn］

驻地大蛟龙。位于健跳镇政府驻地西南5.7公里。地处炮台山北麓，东临岙口塘，南靠炮台山，西毗蛎江滩，北与双宅村相连。聚落为不规则的块、点状混合分布，属半山区。辖大蛟龙、小蛟龙、东郭门、洋溪4个自然村，14个村民小组，423户，1305人。行政区域面积4.21平方公里，其中耕地面积67.6公顷。集体经济总收入105.2万元，固定资产合计348.72万元。

取大蛟龙村、洋溪村各一字组成村名。2018年8月行政村规模调整，大蛟龙村、洋溪村调整为新的龙溪村民委员会。

横渡镇

小横渡村 [Xiǎohéngdù Cūn]

驻地小横渡。位于横渡镇政府驻地南偏东2.9公里。地处健跳港上游，南山尖东南麓，石笋山北麓。东至东郭，南到小横渡岭，西南邻岭根陈村，北濒蛎江滩、大横渡村。地势自西北向东南倾斜，块状聚落，属河谷平地。辖小横渡、麻岙、下山头、深土洋、石仓岙5个自然村，51个村民小组，1321户，4064人。行政区域面积11.5平方公里，其中耕地面积126.66公顷。集体经济总收入5.63万元，固定资产合计176.23万元。

因村南有一港湾，人们外出往返必须驾舟横渡，称横渡港。又因此港比北面的大横渡港狭小，故称小横渡，遂以之名村。2018年8月行政村规模调整，小横渡村、深土洋村、石仓岙村调整为新的小横渡村民委员会。

白溪村 [Báixī Cūn]

驻地白溪。位于横渡镇政府驻地西南3.4公里。地处白溪两岸，块状聚落，系河谷平地、半山区。东与小横渡村隔山为邻，南毗沙平岭，西与桥头村相邻，北至后门山为界。辖白溪、碧潭、上陈、南豪4个自然村，16个村民小组，543户，1546人。行政区域面积3.03平方公里，其中耕地面积91.34公顷。集体经济总收入0.1万元，固定资产合计11.31万元。

宋朝，朱氏始祖迁居于此，因村前有一条溪，溪滩多白色砾石，取名白溪，并以溪名村。2018年8月行政村规模调整，白溪村、南豪村调整为新的白溪村民委员会。

岩下村 [Yánxià Cūn]

驻地岩下。位于横渡镇政府驻地西南7公里。地处大科头山东麓峡谷中，东隔山与岭根陈相邻，南靠黄泥岭，西靠大科头山，北邻桥头村。聚落为块、点状混合分布，属河谷平地。辖岩下、快岙、小溪、千洋、上房、快岙里6个自然村，22个村民小组，808户，2388人。行政区域面积6.46平方公里，其中耕地面积75.67公顷。集体经济总收入5.8万元，固定资产合计323.17万元。

村四周峰峦叠嶂，千岩竞秀，故名岩下。2018年8月行政村规模调整，溪洋村、岩下村、快岙村、上房村调整为新的岩下村民委员会。

双林村 [ShuāngLín Cūn]

驻地南林。位于横渡镇政府驻地西6.8公里。地处稻蓬山、太平山北麓，东邻坎下金村，东南与善见村隔山为邻，西南与葫芦田村山为界，北至稻蓬山。块状聚落，属山区。辖南林、长林2个自然村，8个村民小组，325户，1029人。行政区域面积3.29平方公里，其中耕地面积29.73公顷。集体经济总收入0.2万元，固定资产合计102.94万元。

取长林、南林两村中的“林”字命名。2018年8月行政村规模调整，长林村、南林村调整为新的双林村民委员会。

坎下金村 [Kǎnxiàjīn Cūn]

驻地坎下金。位于横渡镇政府驻地西4.9公里。地处青龙山东南侧，北邻东屏村，南邻桥头村，西毗双林村南林自然村。地势平坦，聚落呈不规则块状，属半山区。辖坎下金、木里湾、苎麻厂3个自然村，8个村民小组，262户，815人。行政区域面积2.05平方公里，其中耕地面积28.54公顷。集体经济总收入0.2万元，固定资产合计2.51万元。

因村位于青龙山东南麓勘下，村民原以金姓居多，故名勘下金，后演变为坎下金。2018年8月行政村规模调整，坎下金村、木里湾村调整为新的坎下金村民委员会。

王岐庄村 [Wángqízhuāng Cūn]

驻地王岐庄。位于横渡镇政府驻地西南8.5公里。地处十八肩岭东面，东北与岩下潘村接壤，南毗金山村银山、岔坑自然村，西与赖岙村百两岗、便岭坑自然村、临海市前四庄村接界。聚落呈不规则的块状、点状混合分布，属山区。辖王岐庄、丈家坑、峙洋、东吴、松树坑、里岙6个自然村，14个村民小组，416户，1198人。行政区域面积5.95平方公里，其中耕地面积36.26公顷。集体经济总收入5.17万元，固定资产合计28.34万元。

查当地《林氏宗谱》载，唐贞观年间（627—649年），孺公自宁海马林田迁入，名曰“黄岐庄”。后为了书写方便，演变为王岐庄。2018年8月行政村规模调整，王岐庄村、松树坑村调整为新的王岐庄村民委员会。

花桥镇

蒲峰村 [Púfēng Cūn]

驻地蒲峰。位于花桥镇政府驻地东北5.1公里。地处关头山东南麓，东、南至红旗塘，西南毗关头村，西毗金山村八岭自然村，北至流水岩岭头。聚落为不规则块、点状分布，属平原地区。辖蒲峰、流水岩、外塘、方家、李家岙5个自然村，21个村民小组，725户，2060人。行政区域面积4.64平方公里，其中耕地面积86.92公顷，林地面积261公顷。集体经济总收入46.96万元，固定资产合计606.31万元。

据当地《黄氏宗谱》载，黄氏祖居福建莆田县，宋孝宗时黄懋迁居临海柔川，长子黄嗣又转迁关头山峰东南麓，为尊祖意，取名莆峰，后演变为蒲峰。2018年8月行政村规模调整，蒲峰村、李家岙村调整为新的蒲峰村民委员会。

下岙村 [Xiàào Cūn]

驻地下岙方。位于花桥镇政府驻地东北2.9公里。东邻芝岙村，南傍东岙村，西毗寺前村，北至关头村。聚落为点、块状混合分布，属平原地区。辖下岙方、上盘、白湾、海头4个自然村，15个村民小组，573户，1688人。行政区域面积2.56平方公里，其中耕地面积64.7公顷，林地面积132.2公顷。集体经济总收入38.83万元，固定资产合计548.94万元。

以地处龙头山西麓的山岙里，取名下岙。2018年8月行政村规模调整，下岙方村、海头村、白湾村调整为新的下岙村民委员会。

连下村 [Liánxià Cūn]

驻地栅下。位于花桥镇政府驻地东北7.2公里。东邻狗屿塘，南濒穿山涂，西毗蒲峰村，北界蒲峰村流水岩自然村。聚落为不规则点、块状，属平原地区。辖栅下、北岙、白连、南岙4个自然村，11个村民小组，370户，1185人。行政区域面积4.69平方公里，其中耕地面积199.2公顷，林地面积134.8公顷。集体经济总收入53.87万元，固定资产合计188.2万元。

取栅下村、白连村各一字得名。2018年8月行政村规模调整，栅下村、白连村调整为新的连下村民委员会。

吴都村 [Wúdōu Cūn]

驻地吴都。位于花桥镇政府驻地东南4.7公里。东隔山与蜍下村相邻，南连吴都岭，东南毗芝岙村李岙自然村，西近上潘村，北与上旺村接壤。聚落为不规则块状，属平原、半山区。辖吴都、小岭、上郑、茗岙4个自然村，32个村民小组，1146户，3407人。行政区域面积6.57平方公里，其中耕地面积157.74公顷，林地面积379.2公顷。集体经济总收入356.7万元，固定资产合计1048.11万元。

据当地《柯氏宗谱》载，柯芪蟾从福建莆田县先迁居山场，后分居吴都，为纪念柯母吴氏，取名吴都。又传，该村因地处浦坝港湾，产鱼很多，人称“鱼多”，后演化为吴都。2018年8月行政村规模调整，茗岙村、吴都村、上郑村调整为新的吴都村民委员会。

东岙村 [Dōng'ào Cūn]

驻地东岙。位于花桥镇政府驻地东2公里。东与上旺村隔山相邻，南接舒岐村，西毗花桥村，北近白湾村。点、块状聚落，属半山区。辖东岙、上苏、岭下舒3个自然村，18个村民小组，390户，1134人。行政区域面积1.91平方公里，其中耕地面积36.2公顷，林地面积81.6公顷。集体经济总收入37.17万元，固定资产合计62.68万元。

地处花桥村以东2公里的山岙里，故名。2018年8月行政村规模调整，东岙村、岭下舒村、上苏村调整为新的东岙村民委员会。

芝岙村 [Zhī'ào Cūn]

驻地芝岙。位于花桥镇政府驻地东偏北4公里。芝岙、岭南自然村地处猪山西麓，东至下栏塘，西南毗上旺村，西邻下岙村，北濒红旗塘，聚落为不规则块状，属沿海平原地区；岭南自然村地处大茅坪山东麓，东至下栏塘，西南连上旺村，北毗芝岙村，聚落为不规则块状，属平原地区。辖芝岙、下谢、下里、李岙、岭南5个自然村，15个村民小组，569户，1754人。行政区域面积4.32平方公里，其中耕地面积62.33公顷，林地面积220.14公顷。集体经济总收入186.81万元，固定资产合计906.43万元。

因村东面有座芝山（今名猪山），故名。2018年8月行政村规模调整，芝岙村、李岙村、岭南村调整为新的芝岙村民委员会。

联谊村 [Liányì Cūn]

驻地上洋。位于花桥镇政府驻地南2.1公里。地处龙头山北麓，东连上潘村，南靠龙头山，北至下洋毛村，西南至里院水库。聚落为不规则块状，属河谷平地。辖方前、西山、溪头、上洋、上潘洋、六房6个自然村，19个村民小组，450户，1373人。行政区域面积3.48平方公里，其中耕地面积44.35公顷，林地面积278.61公顷。集体经济总收入29.75万元，固定资产合计105.27万元。

该地有一所联谊小学，为周边几村自筹资金，联合创办，故名联谊，以学校名得名。2018年8月行政村规模调整，方前村、溪头村、双洋村调整为新的联谊村民委员会。

金山村 [Jīnshān Cūn]

驻地八岭。位于花桥镇政府驻地北偏东3公里。东邻关头村，南与寺前村接壤，西至临海市交界，北为横渡岭山。聚落为点、块状混合分布，属半山区。辖八岭、八岭头、王申坦、长山头、岔坑、银山、麻坑、黄泥头8个自然村，23个村民小组，762户，2298人。行政区域面积10.92平方公里，其中耕地面积82.38公顷，林地面积907.47公顷。集体经济总收入79.88万元，固定资产合计227.69万元。

银山村、岔坑村、王申坦村、长山头村、八岭头村、八岭村位于同一山脉，都是水源保护地王申坦水库水源保护范围，境内青山绿水，植被茂盛，按照习总书记“绿水青山就是金山银山”的理念，取名金山。2018年8月行政村规模调整，银山村、岔坑村、王申坦村、长山头村、八岭头村、八岭村调整为新的金山村民委员会。

浦坝港镇

仙岩村 [Xiānyán Cūn]

驻地仙岩。位于浦坝港镇政府驻地西北11.8公里。地处鸡冠山西南侧，东邻永安村下岙堂自然村，南临羊峙港，西南邻连下村栅下自然村，西至流水岩，北至仙岩洞。地势自北向南倾斜，为块、点状混合聚落，属平原地区。辖仙岩、下洋黄、后陈、岩下洋、唐家、横坑、连盘头7个自然村，18个村民小组，857户，2692人。行政区域面积6.5平方公里，其中耕地面积125.8公顷，林地面积390.07公顷。集体经济总收入246.11万元，固定资产合计383.1万元。

仙岩村西北山势险峻，有一山洞，称仙岩洞。明代有叶姓人，迁居此山脚，遂以洞名村。2018年8月行政村规模调整，后陈村、仙岩村调整为新的仙岩村民委员会。

永安村 [Yǒng'ān Cūn]

驻地黄金坦。位于浦坝港镇政府驻地西北10.4公里。地处凤凰山南麓，东濒施家岙水库，南接丁山脚村，西毗仙岩村。地势自北向南倾斜，块状聚落，属平原地区。辖黄金坦、下岙堂2个自然村，31个村民小组，727户，2080人。行政区域面积5.52平方公里，其中耕地面积107.33公顷，林地面积360.67公顷。集体经济总收入84.47万元，固定资产合计383.71万元。

下岙堂村、黄金坦村地域相近，寓意永远平安相处，故名。2018年8月行政村规模调整，下岙堂村、黄金坦村调整为新的永安村民委员会。

龙坑村 [Lóngkēng Cūn]

驻地大岙。位于浦坝港镇政府驻地西偏北7.6公里。东濒圩岙塘，南濒浦坝港，西毗新塘村，北与两头塘村相邻。聚落呈点、块状混合分布，属平原地区。辖龙坑、潘家、大井头、小湾、下岙、岩头、大岙7个自然村，13个村民小组，669户，1983人。行政区域面积4.94平方公里，其中耕地面积90.4公顷，林地面积277.33公顷。集体经济总收入44.85万元，固定资产合计506.44万元。

村后山坑的水潭中，古代曾盘踞着一条龙，故称龙坑，村亦以此得名。2018年8月行政村规模调整，龙坑村、小湾村、岩岙村调整为新的龙坑村民委员会。

程家村 [Chéngjiā Cūn]

驻地里宅。位于浦坝港镇政府驻地北偏西7.4公里。地处高背岩南麓，东毗从岙涂，东北与渔西村为邻，西至官地岗，南至门前山，北靠高背岩。为不规则的块状聚落，属半山区。辖里宅、北坑、山上、山里4个自然村，35个村民小组，847户，2732人。行政区域面积11.37平方公里，其中耕地面积98.06公顷，林地面积957.33公顷。集体经济总收入134.79万元，固定资产合计632.53万元。

三村村民都姓程，为同宗裔孙，故名程家。2018年8月行政村规模调整，山里村、山上村、里宅村调整为新的程家村民委员会。

前山村 [Qiánshān Cūn]

驻地前山。位于浦坝港镇政府驻地北10公里。地处欹人头山东北、东南麓，东至观海村，西隔山与田岙村为邻，西南毗渔西村。地势西北高东南低，聚落为不规则块状，属半山区。辖前山、李家、贺家、戴家4个自然村，21个村民小组，705户，2265人。行政区域面积6.54平方公里，其中耕地面积79.13公顷，林地面积516公顷。集体经济总收入121.39万元，固定资产合计376.97万元。

因村前有座高山，称前山，村以山名。2018年8月行政村规模调整，前山村、贺家村调整为新的前山村民委员会。

武曲村 [Wǔqǔ Cūn]

驻地武曲。位于浦坝港镇政府驻地北偏东12.1公里。地处下洋山西南麓，东临后坑涂，南毗观海村，北濒洋市涂。为块、点状混合聚落，属半山区。辖武曲、下洋山、上洋3个自然村，16个村民小组，508户，1493人。行政区域面积4.23平方公里，其中耕地面积33.8公顷，林地面积269.33公顷。集体经济总收入231.46万元，固定资产合计399.65万元。

查当地宗谱，始祖从福建迁入。据传，祖先以卖武弹唱为业，故将住地定名武曲。2018年8月行政村规模调整，上洋村、武曲村调整为新的武曲村民委员会。

观海村 [Guānhǎi Cūn]

驻地木杓。位于浦坝港镇政府驻地北偏东10.5公里。地处炮台山麓，东濒渔西涂，南临从岙涂，西与前山村为邻，北毗武曲村。地势北高南低，块状聚落，属半山区。辖木杓、草头、金岙、虎门孔4个自然村，11个村民小组，432户，1350人。行政区域面积5.39平方公里，其中耕地面积29.06公顷，林地面积215.33公顷。集体经济总收入136.28万元，固定资产合计413.4万元。

观海语出《孟子．尽心上》：“孔子登东山而小鲁，登太山而小天下，故观于海者难为水，游于圣人之门者，难为言。”比喻视野或见识广大。草头、木杓、金岙都背山临海，视野开阔，资源丰富，寓意前途无量，故名。2018年8月行政村规模调整，草头村、木杓村、金岙村调整为新的观海村民委员会。

三角塘村 [Sānjiǎotáng Cūn]

驻地三角塘。位于浦坝港镇政府驻地东偏北0.6公里。地处大金山东、南麓，东邻沿海工业城，北毗罗石村，西毗下洋墩村。点状聚落，属平原地区。辖三角塘、老鼠峙、海山3个自然村，28个村民小组，786户，2314人。行政区域面积5.18平方公里，其中耕地面积64.67公顷，林地面积205.4公顷。集体经济总收入129.12万元，固定资产合计755.32万元。

村所在的海塘，呈三角形，故名三角塘，并以此名村。2018年8月行政村规模调整，海山村、三角塘村调整为新的三角塘村民委员会。

大域村 [Dàyù Cūn]

驻地大域。位于浦坝港镇政府驻地西北3.8公里。地处大湾山南麓，东邻罗石村，南毗跃进塘，西与龙坑为邻，北靠大湾山。为不规则的点、块状聚落，属平原地区。辖大域、小官塘、胜利3个自然村，31个村民小组，954户，2825人。行政区域面积5.89平方公里，其中耕地面积119.18公顷，林地面积370.06公顷。集体经济总收入181.31万元，固定资产合计704.15万元。

大域原名大鹄，因村前南面有座凤凰山，山上有一大鹄鸟，经常到村前谷山头墩吃谷，村遂以大鹄鸟取名大鹄，后演称大域。2018年8月行政村规模调整，大域村、小官塘村、胜利村调整为新的大域村民委员会。

下洋墩村 [Xiàyángdūn Cūn]

驻地下洋墩。位于浦坝港镇政府驻地北偏西1.7公里。地处大金山麓，东毗三角塘村，南临跃进塘，西与大域村相邻，北接罗石村。聚落为块、点状混合分布，属平原地区。辖下洋墩、大金山、长坝头、跃进4个自然村，20个村民小组，472户，1377人。行政区域面积5.1平方公里，其中耕地面积53.2公顷，林地面积49.22公顷。集体经济总收入20.09万元，固定资产合计277.44万元。

下洋墩原是浦坝港北岸的海涂，后经人工围垦，形成一个土墩，建村后取名下洋墩。2018年8月行政村规模调整，跃进村、下洋墩村调整为新的下洋墩村民委员会。

渔家岙村 [Yújiā'ào Cūn]

驻地从岙。位于浦坝港镇政府驻地东北5.3公里。东近太平山嘴，南靠太平山，西接小渔西岭，东北濒从岙涂。聚落为块、点状混合分布，属半山区。辖从岙、上从岙、张家、岭脚、北坑5个自然村，11个村民小组，358户，1089人。行政区域面积6.9平方公里，其中耕地面积24.66公顷，林地面积569.2公顷。集体经济总收入23.39万元，固定资产合计230.36万元。

村庄背山靠海，村民世世代代以海为生，是典型的渔家，又因地处海边山岙，故名渔家岙。2018年8月行政村规模调整，小渔西村、从岙村调整为新的渔家岙村民委员会。

方家村 [Fāngjiā Cūn]

驻地岙底方。位于浦坝港镇政府驻地西南14.2公里。东南与梅岙村接壤，西南毗山场村，南邻滩南村滩头自然村，北界李岙村。岙底方聚落呈半圆形，属半山区；埠头聚落为不规则块状，属平原地区。辖岙底方、埠头2个自然村，20个村民小组，616户，1899人。行政区域面积3.49平方公里，其中耕地面积45.37公顷，林地面积238.2公顷。集体经济总收入9.79万元，固定资产合计137.22万元。

村民都姓方，故名。2018年8月行政村规模调整，岙底方村、埠头村调整为新的方家村民委员会。

滩南村 [Tānnán Cūn]

驻地南山。位于浦坝港镇政府驻地西南14.4公里。地处华柱山头山北麓，山场溪西岸，南至临海市，西北毗山场村，北与方家村相邻。聚落为不规则块状，属平原地区。辖南山、上大桥、下大桥、滩头、中保、岩头谢6个自然村，17个村民小组，533户，1590人。行政区域面积3.11平方公里，其中耕地面积55.73公顷，林地面积216.14公顷。集体经济总收入11.77万元，固定资产合计28.82万元。

取滩头村、南山各一字得名。2018年8月行政村规模调整，滩头村、南山村调整为新的滩南村民委员会。

金司田村 [Jīnsītián Cūn]

驻地金家岙。位于浦坝港镇政府驻地西南10.2公里。地处石佛山东南麓，东与山王港村相邻，东北邻五支岙村，东南毗洋底村，西与方罗村王沙自然村接壤，北与小雄村接壤。点、块状聚落，属平原地区。辖金家岙、长田、吴形、张司岙、花堂5个自然村，21个村民小组，649户，2182人。行政区域面积3.13平方公里，其中耕地面积76.73公顷，林地面积148.67公顷。集体经济总收入38.34万元，固定资产合计310.09万元。

取原长田、金家岙、张司岙各一字组成，故名。2018年8月行政村规模调整，长田村、金家岙村、张司岙村调整为新的金司田村民委员会。

高东村 [GāoDōng Cūn]

驻地高湖。位于浦坝港镇政府驻地西南7.2公里。北濒浦坝港，东南邻坑林村，西毗毛石源村毛洋自然村。为不规则点、块状聚落，属沿海平原地区。辖高湖、东岙、下湾3个自然村，9个村民小组，318户，944人。行政区域面积2.15平方公里，其中耕地面积26.14公顷，林地面积124.67公顷。集体经济总收入45.32万元，固定资产合计221.59万元。

取东湾、高湖各一字组成，1961年10月二村曾合并建立建高东大队，故名。2018年8月行政村规模调整，东湾村、高湖村调整为新的高东村民委员会。

方罗村 [Fāngluó Cūn]

驻地官塘。位于浦坝港镇政府驻地西南12.4公里。东邻张司岙村，西毗梅岙村，南至临海界，北靠石佛山。点、块状聚落，属平原地区。辖官塘、王沙2个自然村，14个村民小组，458户，1301人。行政区域面积3.11平方公里，其中耕地面积76.33公顷，林地面积162.6公顷。集体经济总收入18.33万元，固定资产合计108.94万元。

村民主要以方姓与罗姓为主，以姓氏命名。2018年8月行政村规模调整，官塘村、王沙村调整为新的方罗村民委员会。

塔坑村 [Tǎkēng Cūn]

驻地塔坑。位于浦坝港镇政府驻地西南17.7公里。东邻西岑村，南、西至临海界，北近长大山村上董自然村。块状聚落，属半山区。辖塔坑、金家、隔溪、胡家峙、横祠堂5个自然村，22个村民小组，673户，2130人。行政区域面积3.79平方公里，其中耕地面积41.54公顷，林地面积262.86公顷。集体经济总收入22.11万元，固定资产合计118.73万元。

村南有一条坑，坑中有个自然土墩，上尖下大，形状像塔，故名塔坑。2018年8月行政村规模调整，塔坑村、胡家峙村调整为新的塔坑村民委员会。

长大山村 [Zhǎngdàshān Cūn]

驻地金家山。位于浦坝港镇政府驻地西南17.2公里。地处长大山南麓，东邻茂林村，南毗塔坑村，西至临海界，北靠长大山。聚落成块状分布，属半山区。辖金家山、界岸、瓦坦、下塘屋、上董5个自然村，24个村民小组，552户，1665人。行政区域面积3.42平方公里，其中耕地面积42.93公顷，林地面积259.86公顷。集体经济总收入21.14万元，固定资产合计259.08万元。

位于长大山南麓而得名。2018年8月行政村规模调整，麻车坑村、上董村调整为新的长大山村民委员会。

毛石源村 [Máoshíyuán Cūn]

驻地上毛洋。位于浦坝港镇政府驻地西南8.9公里。地处白岩头山东南麓，石门水库东西两侧，东至塔坑村，南接小雄村，西南毗庙峙村，北与浦坝村相连。块状聚落，属半山区。辖上毛洋、下毛洋、石门3个自然村，11个村民小组，477户，1343人。行政区域面积2.23平方公里，其中耕地面积31.8公顷，林地面积151.2公顷。集体经济总收入122.42万元，固定资产合计310.21万元。

取毛洋、石门各一字，加一“源”字，寓意两村历史源远流长，以后有更好的发展前途，故名。2018年8月行政村规模调整，毛洋村、石门村调整为新的毛石源村民委员会。

小雄村 [Xiǎoxióng Cūn]

驻地小雄。位于浦坝港镇政府驻地西南9.1公里。地处石门水库东南、南侧，乌平山西北，东邻坑林村，东南界五支岙村，北近毛石源村毛洋自然村，西毗庙岐村，南与金司田村金家岙自然村接壤。块状聚落，属平原地区。辖小雄、路下、南岙陈3个自然村，27个村民小组，772户，2442人。行政区域面积2.78平方公里，其中耕地面积56.34公顷，林地面积59.47公顷。集体经济总收入111.07万元，固定资产合计1058.5万元。

据民国《临海县志》载，在花桥镇东南十八里，有一大雄山。以村居大雄山之东，称小雄。2018年8月行政村规模调整，南岙陈村、小雄村调整为新的小雄村民委员会。

长浦庄村 [Chángpǔzhuāng Cūn]

驻地长浦庄。位于浦坝港镇政府驻地西南7.9公里。地处桃岐岭南边山麓，东邻鹤井村，南毗泗淋村，西近五支岙村，北与桃岐村接壤。块状聚落，属沿海平地。辖长浦庄、下畔2个自然村，14个村民小组，566户，1691人。行政区域面积1.76平方公里，其中耕地面积39.73公顷，林地面积63.86公顷。集体经济总收入233.34万元，固定资产合计96.21万元。

村庄沿河旁而建，聚落呈长条状，故名长浦庄。2018年8月行政村规模调整，长浦庄村、下畔村调整为新的长浦庄村民委员会。

上道头村 [Shàngdàotóu Cūn]

驻地上道头。位于浦坝港镇政府驻地西南11公里。地处炮台山西麓，东南邻下道头村，南为临海市界，西靠积谷山，北毗洋底村。地势东北向西南倾斜，块状聚落，属沿海平地。辖上道头、西庙、九念、寺头洋、大塘5个自然村，36个村民小组，726户，2150人。行政区域面积2.39平方公里，其中耕地面积112.04公顷，林地面积33.53公顷。集体经济总收入59.3万元，固定资产合计59.93万元。

此地原是搭船埠头，当地人惯称道头。因村处道头上方，故名。2018年8月行政村规模调整，念寺塘村、上道头村、西庙村调整为新的上道头村民委员会。

山王港村 [Shānwánggǎng Cūn]

驻地庄王。位于浦坝港镇政府驻地西南8.9公里。地处太平山北麓平原，东邻泗淋村，西南毗洋底村，西与金司田村接壤，北与长浦庄村下畔自然村为界。地势平坦，块状聚落，属沿海平原地区。辖庄王、山头郭、山下、下港4个自然村，10个村民小组，493户，1436人。行政区域面积1.35平方公里，其中耕地面积63.41公顷，林地面积8.53公顷。集体经济总收入86.33万元，固定资产合计166.2万元。

山头郭、山下、下港、庄王原同属山王港大队，沿用旧名。2018年8月行政村规模调整，山头郭村、山下村、下港村、庄王村调整为新的山王港村民委员会。

鹤井村 [Hèjǐng Cūn]

驻地鹤井。位于浦坝港镇政府驻地西南7.3公里。地处鹤井山、陈栋山南麓，东临洞港闸，南毗泗淋塘村，西邻长浦庄村。地势平坦，点、块状聚落，属沿海平原地区。辖鹤井、上湾、下湾、外塘、下盘岭5个自然村，40个村民小组，926户，2926人。行政区域面积5.68平方公里，其中耕地面积135.8公顷，林地面积80.4公顷。集体经济总收入408.83万元，固定资产合计149.6万元。

据宗谱载，宋朝始祖从福建移居到此，以村旁的鹤山和鹤山南麓一古井，取名鹤井。2018年8月行政村规模调整，鹤井村、下山村调整为新的鹤井村民委员会。

洋底村 [Yángdǐ Cūn]

驻地洋底。位于浦坝港镇政府驻地西南10.2公里，地处炮台山西北山谷中，东至下院岭头，西与张司岙村接壤，南毗上道头村，北与山王港村相邻。块状聚落，属沿海平地。辖洋底、东岭、山前塘、下院 4 个自然村，20 个村民小组，565 户，1658 人。行政区域面积 2.16 平方公里，其中耕地面积 74.8 公顷，林地面积 8.4 公顷。集体经济总收入 48.46 万元，固定资产合计 40.5 万元。

唐朝时，此地是一片海滩，因地势较低，定居后，取名洋底。2018 年 8 月行政村规模调整，下院村、洋底村调整为新的洋底村民委员会。

蛇蟠乡

小蛇村 [Xiǎoshé Cūn]

以村民委员会驻地小蛇得名。位于蛇蟠乡政府驻地西北 2 公里。东至山后大路，西至大头港，南至黄泥洞山脚，北至青山港。地势西北高东南低，块状聚落。辖彭坝、中南、邵亭 3 个自然村，6 个村民小组，430 户，1406 人。行政区域面积 5.59 平方公里，其中耕地面积 230.37 公顷。集体经济总收入 42.58 万元，固定资产合计 30.6 万元。

地处小蛇山麓，故名。2018 年 8 月行政村规模调整，彭坝村、中南村、邵亭村调整为新的小蛇村民委员会。

附录二 地名条目索引

检索说明

一、按分编对标准地名建立索引。
二、按条目首字的汉语拼音字母音序排列（数字除外）。
三、首字汉语拼音相同的，按第二字字母音序排列，以此类推。
四、相同条目，加注括号并注明所在村或社区。
五、条目后的数字，为该条目在书中的页码。

第二编 行政区划和居民点地名

J

K

L

Y

第三编　专业单位（部门）地名

第四编 人工建筑地名

D

第五编 古迹和旅游地地名

第六编 自然地理实体地名

Y

第七编　历史地名

附录　三门县行政村规模调整行政区划

后记

本志始修于2017年年底，如今终于出版，这是三门继1986年7月出版的《三门县地名志》之后又一部具有工具书性质的地名典籍。

2011年7月，三门县成立第二次地名普查试点工作领导小组，到次年3月结束，共收录地名4000余条，涉及12个大类。之后对相关地名资料进行进一步复核、补充和考证，对现有政区、聚落和自然实体、人工建筑等一系列地名作了标准化处理。2016年年初，又组织人员搜集资料，查阅文献，下乡采访，不辞劳苦，披沙拣金，在短短的四个月时间里搜集历史地名近千条。2017年年底开始编撰《三门县地名志》，2019年10月完成初稿。针对初稿内容，召开了不同层次的地名志评审工作会议。在编撰过程中，参考近年来陆续出版的周边县（市、区）各类志书、本行政区域内的部门志、乡邦文献等资料，通过对照各专业部门所开展的公路、桥梁、岛屿、水利、文物等原始普查资料，对《三门县地名志》作了更进一步的修改和完善。在这两年紧张的工作中，编纂人员始终抱着严谨审慎、一丝不苟的工作态度，勤谨于业，视编志为对社会及后人所尽的一份责任，进行抢救性挖掘，下基层探访古稀老人，纠正前人的失误，为后人留下了不可多得的宝贵文化资料。

《三门县地名志》共收录地名5900多条，其中包括居民点类地名1542条、单位类地名424条、交通设施类地名1015条、水利设施类地名434条、高层建筑类地名11条、市场类地名20条、亭台碑塔类地名51条、寺观教堂类地名282条、古迹类地名355条、旅游类地名31条、自然地理实体类地名1068条和历史类地名646条。

在志书编纂过程中得到了县委、县政府领导的高度重视，也得到了全县各部门、乡镇街道、各单位的大力配合，县民政局全程参与和热心指导，一些社会各界人士，特别是三门县地名专家组成员给本志书修纂提供了诸多帮助，中国科学院陈洪渊院士为本志书题写了书名，三门县民政局缪世钿局长为本志书撰写了序言，陈彩省、祁先群、鲍先元、叶崇兴等为本志书提供了精美照片。本志书的顺利出版离不开他们的鼎力支持和配合，在此一并表示衷心的感谢。

限于编者水平及所参考的资料，志书难免有疏漏、错误之处，敬请读者通过各种途径和渠道提出宝贵意见和建议，以便后续修志中进一步完善。

陈建华

2020年7月

图书在版编目（CIP）数据

三门县地名志 / 三门县地名委员会编. -- 北京 : 方志出版社，2022.6

ISBN 978-7-5144-4866-5

Ⅰ. ①三… Ⅱ. ①三… Ⅲ. ①地名－三门县 Ⅳ. ①K925.54

中国版本图书馆 CIP 数据核字（2022）第 063837 号

三门县地名志

编　　者：三门县地名委员会
责任编辑：刘方圆

出 版 者：方志出版社
地址　北京市朝阳区潘家园东里 9 号（国家方志馆 4 层）
邮编　100021
网址　http://www.zgfzcb.cn
发　　行：方志出版社图书营销中心
电话（010）67110500
经　　销：各地新华书店
印　　刷：浙江经纬印业股份有限公司

开　　本：889×1194　　1/16
印　　张：58
字　　数：1699 千字
版　　次：2022 年 6 月第 1 版　　2022 年 6 月第 1 次印刷
印　　数：0001 ～ 2000 册

ISBN 978-7-5144-4866-5　　定价：380.00 元